Paris des Bonnes affaires

Flammarion

26, rue Racine – 75006 Paris

Avertissement

Les enquêtes destinées à la rédaction du guide PARIS DES BONNES AFFAIRES ont été menées d'avril à juillet 1998 par une équipe de 12 enquêteurs-rédacteurs; depuis des n° de téléphone, des horaires, des prix... ont pu changer. De plus, malgré toute la rigueur des enquêtes et les vérifications faites par l'éditeur, des erreurs ou des inexactitudes ont pu demeurer. Merci de nous les signaler s'il vous arrive d'en découvrir et, par avance, nous prions nos lecteurs ainsi que les enseignes mentionnées, de nous en excuser.

Attention aux horaires indiqués : de nombreuses petites boutiques en changent régulièrement sans avertissement et d'autres les adaptent pendant les périodes de vacances; vérifiez par téléphone avant de vous déplacer.

Dans chaque chapitre, les enseignes sont classées par arrondissement, ou par commune pour la région parisienne, et par ordre alphabétique strict (c'est-à-dire article compris) à l'intérieur de ces classements géographiques. Pour certains chapitres dans lesquels l'indication de l'arrondissement ou de la commune n'est pas prioritaire — Services, automobile, etc. — nous avons conservé ce classement sans le repérer par des titres.

De nombreuses enseignes étant susceptibles de figurer dans plusieurs chapitres, nous ne les avons mentionnées que dans le chapitre correspondant à leur activité dominante ou à celle pour laquelle nos enquêteurs les ont sélectionnées. Reportez-vous à l'index en fin d'ouvrage pour une recherche sur un thème précis.

directeur d'ouvrage
Jean-Jacques BRISEBARRE

Réalisation ARCHIPEL CONCEPT
Paris – Grignan

Enquêtes et rédaction
Sylvie BASDEVANT - Thérèse BOUVERET - Catherine COCAUL
Béatrice GIRARD - Eric JUHERIAN - Laetitia LAFFORGUE
Gaëlle LOR - Marc OLUJIC - Gaël SEGUILLON
Aurélie SURGET-ROY - Marie TROISSANT - Sylvie WOLFF

secrétariat de rédaction, relectures, corrections
Rose-Hélène LEMPEREUR - Irène NOUAILHAC

informatique éditoriale
Reza SHAKARALIZADEH

mise en page
Ronan GUENNOU

ÉDITIONS FLAMMARION

direction artistique
Valérie GAUTIER

maquette
Caroline CHAMBEAU

© Flammarion 1998
ISBN 2-0820.1109-7

INTRODUCTION

L'ESPRIT COMPLICE ! La « bonne affaire », c'est la trouvaille inespérée, le service et l'accueil rêvés, le meilleur rapport qualité/prix, le conseil du pro, tout ce qui laisse l'impression que l'on en a eu vraiment pour son argent... ce qui ne signifie pas forcément payer le moins cher possible. Les boutiques où l'on trouve ce genre d'affaires, on se les garde ou on se les repasse entre amis, comme des secrets. Où se nichent ces bons coins ? Voilà l'objet du PARIS DES BONNES AFFAIRES. Guide de conception nouvelle, il tient compte de la préoccupation du consommateur moderne qui recherche avant tout la satisfaction dans l'achat et le service rendu : chacun sait qu'il vaut mieux parfois payer un peu plus cher pour avoir des produits de meilleure qualité et offrant une longévité plus grande. Ainsi, le guide PARIS DES BONNES AFFAIRES est né de l'observation de ces nouvelles tendances à la recherche du bon rapport qualité/prix et de la volonté de créer un esprit de complicité avec ses lecteurs.

Le PARIS DES BONNES AFFAIRES est le résultat du travail minutieux d'une équipe de douze enquêteurs-rédacteurs spécialisés qui ont découvert, visité et analysé 3000 enseignes les plus intéressantes à Paris et en région parisienne : maison-décoration, cadeaux, mobilier, mode, spectacles et loisirs, santé-beauté, optique, gastronomie, jardin, informatique, auto-moto-vélo, etc. Facile à consulter par le classement, la sélection et la présentation visuelle des principales informations ; convivial et pratique pour aider le lecteur à faire rapidement son choix selon la notation et les commentaires des enquêteurs, le PARIS DES BONNES AFFAIRES donne aussi à chacun la possibilité de faire connaître ses remarques, souhaits ou suggestions.

Le PARIS DES BONNES AFFAIRES est un guide indépendant. Il n'accepte aucune publicité ni rémunération quelconque. Donnez-nous votre avis sur les boutiques que vous fréquentez, faites-nous part de vos expériences positives ou négatives : une enseigne aura peut-être changé de propriétaire depuis le moment où notre enquêteur l'aura visitée... Utilisez pour cela le questionnaire qui est à votre disposition en fin d'ouvrage. N'hésitez pas à nous indiquer les boutiques que vous aimez et que nos enquêteurs ont ignorées. Nous leur rendrons visite pour que la prochaine édition corresponde encore plus à vos souhaits et qu'aucune « bonne affaire » de la région parisienne ne puisse échapper au lecteur du guide PARIS DES BONNES AFFAIRES.

Bons achats, bonnes affaires pour cette dernière année du siècle !

SOMMAIRE

MODE D'EMPLOI

Enseignes, boutiques, magasins… :

1

HARRY WILSON

N

2 Pulls, polos, sweats, chemises, pantalons,
tee-shirts, jupes, robes

3 Q/P : 9/10 • ASSORTIMENT : 8/10
+ : Qualité et choix des articles
− : Une seule cabine d'essayage

4 • 10, rue de la Grange-Batelière — 75010 Paris • Tél. : 01 42 46 80 10 • Horaires : lun.-ven.
10h30-18h30 • Métro : Rue Montmartre • Bus : 48, 67, 74, 85

5 Au fond de la cour d'un superbe hôtel particulier, un petit havre de paix. Espace restreint, large choix d'articles pour hommes et femmes, en toutes tailles et jusqu'à 44 pour femmes, XXXL pour hommes. Articles rangés par coloris. Pulls marins femme 115 F, polos homme 175 F, sweats 250 F, promotion sur les chemises à carreaux 150 F. Magasin recommandé surtout pour les hommes. Bon accueil. Belle lumière naturelle. Une seule cabine d'essayage ! Venir de préférence en début de saison.

1 • Nom d'enseigne ou de boutique   **2** • Ce que vous y trouverez

3 • **Tableau « coup d'œil »** :   • **Q/P** : *Rapport qualité prix noté sur 10*

    • **ASSORTIMENT** : *Assortiment ou choix noté sur 10*

    • **+** : *Point fort*

    • **−** : *Point faible*

4 • *Adresse* • *Tél., Fax, Internet…* • *Horaires* • *Métro et bus*   **5** • *L'avis de votre enquêteur*

N • *Nouvelle boutique (Ouverte depuis le 1er juillet 1997)*

Encadrés

1   Sergent Major

2 *Un parcours presque sans faute pour Sergent Major. C'est très joli, d'une excellente qualité, très peu cher. Peut-être un peu trop classique pour les garçons, mais excellente adresse. Tout est à portée de regard et de la main. Vous apprécierez les classiques : bermuda 129 F, pantalon toile 129 F ; vous craquerez pour les robes en coton imprimé 129 F, vous adorerez le vert d'eau des molletons brodés 149 F. Conseil et possibilité d'échanger les articles. À noter : un cahier mensuel de nouveautés très attractif.*

3 • SERGENT MAJOR : 15 magasins en R.P. — Tél. 01 42 06 67 11

1 • *Titre : enseigne à boutiques multiples, conseils d'achat, catalogue VPC, service télématique, etc.*

2 • *Texte commentaire*

3 • *Adresses, numéro de téléphone centralisateur, serveur MINITEL, adresse Internet, service VPC, etc.*

SERVICES

- SANTÉ, URGENCES
- ADMINISTRATION, PAPIERS
- AIDES À DOMICILE
- EMPLOIS ET JOBS
- BANQUES, CRÉDITS
- DÉMÉNAGEMENTS ET GARDE-MEUBLES
- LOGEMENT
- AIDES JURIDIQUES

GAGNEZ DU TEMPS! Voici quelques services essentiels aux Parisiens puisqu'il faut bien parfois refaire sa carte d'identité ou son passeport, trouver de l'aide à domicile, chercher un job, déménager, se loger, se faire assister par un avocat ou même — mais que nos adresses ne vous servent jamais — appeler une ambulance. Il n'y a guère de bonnes affaires en ce domaine, si ce n'est celles qui font gagner du temps.

Des agences spécialisées se chargent de toutes vos démarches administratives et font économiser un temps précieux, mais leurs services ne sont pas donnés. Quelques associations (comme Dépann'Famille) peuvent même se charger de la garde de vos enfants pendant que vous effectuez ces fastidieuses obligations.

Si vous avez besoin d'aides à domicile, il existe de nombreuses associations efficaces; leurs services vous coûteront certes plus cher que ceux d'un ami ou d'un voisin, mais vous serez déchargé de toutes formalités et déclarations. N'oubliez pas qu'une partie de ces frais d'aides à domicile est déductible de vos impôts.

Dans le domaine du travail, les organismes d'aides et de recherche d'emploi sont plus nombreux en région parisienne que partout ailleurs : ici, vous trouverez plutôt des conseils et des astuces pour dénicher des jobs d'étudiant et des petits boulots.

Si vous déménagez et si vous avez le courage de le faire tout seul, nous vous avons déniché quelques entreprises spécialisées qui vous loueront des camions adaptés à vos besoins (avec diables, caisses et couvertures de protection) à des prix très compétitifs.

Enquêtes et rédaction :
Gaëlle Lor, Marc Olujic, Gaël Seguillon

Santé, urgences

Les urgences parisiennes

À Paris, les hôpitaux recevant en urgence sont spécialisés. Ainsi, l'hôpital Necker est spécialisé dans les urgences ORL, l'Hôtel-Dieu dans les urgences ophtalmologiques, l'hôpital de la Pitié dans la stomatologie et les problèmes dentaires, et l'hôpital Mondor dans les problèmes dermatologiques. Mais avant de vous déplacer, assurez-vous que vos soins ne peuvent attendre car les urgences sont souvent surchargées. Vous retrouverez la liste de ces spécialisations (et des autres) sur le serveur Minitel. Serveur minitel : 3615 APHP (0,67 F/min)

• *HÔPITAL NECKER* : 149, rue de Sèvres — 75015 Paris — Tél. : 01 44 49 46 86

• *HÔPITAL PITIÉ-SALPÉTRIÈRE* : 47, bd de l'Hôpital — 75013 Paris — Tél. : 01 42 16 00 00

• *HÔPITAL HENRI-MONDOR* : 51, av. Maréchal-de-Lattre-de-Tassigny — 94000 Créteil — Tél. : 01 49 81 21 11

• *HÔTEL-DIEU* : 2, rue d'Arcole — 75004 Paris — Tél. : 01 42 34 80 36

SOS Médecins

Ces médecins se déplacent le plus rapidement possible selon la demande, mais ils viennent toujours, de jour comme de nuit. Une fois sur place, ils sont habilités à demander une hospitalisation si cela est nécessaire, sinon, les soins seront prodigués à domicile. La demande est de plus en plus importante puisque les médecins généralistes travaillent de moins en moins la nuit.

• SOS MÉDECINS : 87, bd du Port-Royal — 75013 Paris — Tél. : 01 47 07 77 77

SAMU

Le centre de SAMU de Paris est un intermédiaire qui vous dirige sur le service hospitalier le plus apte à répondre à votre problème. Bien sûr, il est particulièrement opérationnel en cas d'urgence, et vous envoie un véhicule dans des délais très courts.

• SAMU : composez le 15 sur n'importe quel téléphone, y compris les cabines publiques.

ACOUSTIQUE MUTUALISTE

Prothèses d'audition   Q/P : 8/10 • ASSORTIMENT : 8/10
                                  ✚ : Prothèses auditives

• 18, rue Monge — 75005 Paris • Tél. : 01 40 46 11 39 • Horaires : lun.-ven. 9h-13h, 14h-18h • Métro : Maubert-Mutualité • Bus : 47, 86, 87

• 34, av. de la République — 78200 Mantes-la-Jolie • Tél. : 01 34 77 45 45 • Horaires : mar.-sam. sur rendez-vous

• 4, rue René-Brylay — 78500 Sartrouville • Tél. : 01 39 15 89 60 • Horaires : sur rendez-vous

Si vous êtes mal-entendant et que vous souhaitez porter une prothèse auditive, ou si vous voulez tout simplement vous renseigner à titre préventif, l'équipe du centre vous accueille sur rendez-vous. Avant d'entreprendre la fabrication d'une prothèse, il est nécessaire de faire un audiogramme. Tiers payant pratiqué.

CENTRE DE SANTÉ MÉDICO-DENTAIRE DE LA MNEF

Généralistes, spécialistes, dentistes   Q/P : gratuit
                                              ✚ : Gratuité ou ticket modérateur

• 22, bd St-Michel et 24, rue St-Victor — 75005 Paris • Tél. : 01 42 84 43 02 • Horaires : lun.-ven. 9h-18h • Métro : Odéon • Bus : 63, 85, 86, 87, 96

• 21, rue du Moulinet — 75013 Paris • Tél. : 01 40 46 13 46 • Horaires : lun.-ven. 9h-18h • Métro : Tolbiac • Bus : 47, 62

Le centre de soins de la MNEF vous accueille toute la semaine pour des problèmes de médecine générale, médecine spécialisée ou dentisterie. Il est préférable de prendre RDV à l'avance. Soins gratuits pour les adhérents à la MNEF, ticket modérateur pour les autres.

ÉCOLE FRANÇAISE D'ORTHOPÉDIE ET DE KINÉSITHÉRAPIE

Pédicure et semelles orthopédiques Q/P : 9/10 • ASSORTIMENT : 6/10
+ : Pédicurie

• 15, rue Cujas — 75005 Paris • Tél. : 0143299527 • Horaires : lun.-ven. 9h-12h, 13h30-18h
• Métro : Cluny-la Sorbonne • Bus : 21, 27, 63, 81, 85

Pour une pédicure classique (60 F), vous serez installé dans une salle commune où les élèves proposent leurs services à celles et ceux qui le souhaitent. L'école vend aussi des semelles orthopédiques (120 F). Dans tous les cas, la prise de rendez-vous est obligatoire.

CENTRE DENTAIRE GARANCIÈRE

Soins dentaires Q/P : 8/10 • ASSORTIMENT : 9/10
+ : Ticket modérateur
– : Attente pour obtenir un rendez-vous

• 5, rue Garancière — 75006 Paris • Tél. : 0142347905 • Horaires : lun.-ven. 9h-12h30, 13h30-17h, 17h30-20h • Métro : St-Sulpice • Bus : 63, 84

Cette école propose des soins dentaires des plus simples aux plus compliqués. Mais mieux vaut ne pas avoir de rage de dent, car il faut attendre un peu pour obtenir un rendez-vous. Ce centre est pris en charge par la Sécurité sociale, vous ne payerez donc que le ticket modérateur. Pas d'inquiétude, les élèves de 5e année sont largement confirmés.

PHARMACIE EUROPÉENNE DE LA PLACE CLICHY

Pharmacie ouverte la nuit Q/P : 7/10 • ASSORTIMENT : 9/10
+ : Ouvert la nuit

• 6, pl. de Clichy — 75009 Paris • Tél. : 0148746518 • Fax : 0142855039 • Horaires : 7 J/7 24h/24
• Métro : Place-de-Clichy • Bus : 30, 54, 68, 74, 80

En pleine nuit, pour une urgence, ou tout simplement en journée, vous trouverez dans cette grande pharmacie tout ce dont vous avez besoin en produits pharmaceutiques, homéopathie, herboristerie ou cosmétologie.

CENTRE DE BILAN DE SANTÉ DE L'ENFANT

Bilan de santé pour enfant Q/P : gratuit
+ : Gratuit
– : Enfants de 10 mois, 2 ans ou 4 ans

• 96-98, rue Amelot — 75011 Paris • Tél. : 0149235900 • Horaires : lun.-ven. 8h30-17h30 • Métro : Filles-du-Calvaire • Bus : 75, 96

Pour procéder au bilan de santé de votre enfant, celui-ci doit avoir 10 mois, 2 ans ou 4 ans. Écrivez au centre pour obtenir un rendez-vous. L'examen dure environ 4h, il est gratuit, et vous partirez avec un compte-rendu écrit de tous les examens effectués.

CENTRE D'EXAMENS DE SANTÉ

Bilan de santé pour adulte Q/P : 9/10
+ : Gratuit

• 5, rue de la Durance — 75012 Paris • Tél. : 0140197300 • Horaires : lun.-ven. 8h30-17h • Métro : Daumesnil • Bus : 26, 46, 62

Si vous êtes affilié au régime général de la Sécurité sociale d'Île-de-France, ce centre vous permet de faire gratuitement un bilan de santé général tous les 5 ans.

INTER-PRATICIEN

Vente et location de matériel Q/P : 8/10 • ASSORTIMENT : 8/10
d'hospitalisation à domicile **+** : Location du matériel

• 27, rue de Picpus — 75012 Paris • Tél. : 0143433214 • Horaires : lun.-ven. 9h30-12h30, 14h-18h
• Métro : Nation • Bus : 56, 86

Ce magasin propose à l'achat ou à la location tout le matériel nécessaire à une hospitalisation à domicile : lits spéciaux, fauteuils roulants (432 F pour 4 semaines minimum), etc. Une caution de 2500 F est demandée pour les locations. Centre affilié à la Sécurité sociale.

|10

LES PRINCIPAUX SERVICES DE SANTÉ À PARIS

Alcooliques anonymes

Discussions par petits groupes pour aider ceux qui le souhaitent, grâce au soutien d'anciens alcooliques. L'anonymat et la gratuité sont garantis. Présentez-vous du lundi au vendredi de 9h à 18h, sans interruption. Le centre d'accueil téléphonique Frédéric-Sauton reçoit vos appels 24h/24.

• *ALCOOLIQUES ANONYMES* : 21, rue Trousseau — 75011 Paris — Tél. : 01 48 06 43 68
• *ALCOOLIQUES ANONYMES* : 3, rue Frédéric-Sauton — 75005 Paris — Tél. : 01 43 25 75 00

allô Enfance Maltraitée

Numéro de téléphone gratuit ouvert aux enfants maltraités, aux adolescents à problèmes, et aux adultes souhaitant communiquer des informations. Contact avec des professionnels qui vous conseilleront la meilleure marche à suivre. Le service est ouvert 24h/24, tous les jours de l'année.

• *ALLÔ ENFANCE MALTRAITÉE* : Tél. : 0800 05 41 41

allô Kiné Assistance

Si la douleur vous prend en pleine nuit, si vous ne pouvez plus bouger ou si vous avez le dos bloqué… Assistance 1h après votre appel. Tarif conventionné.

• *ALLÔ KINÉ ASSISTANCE* : 320, rue St-Honoré — 75001 Paris — Tél. : 01 44 24 00 33

Centre anti poison

Si vous ou votre enfant avez ingurgité des produits toxiques, le centre est joignable 24h/24.

• *CENTRE ANTI POISON* : 200, rue du Fg-St-Denis — 75010 Paris — Tél. : 01 40 37 04 04

Centres de vaccination municipaux

Gratuits et sans rendez-vous, vaccinations contre le tétanos, la diphtérie, la poliomyélite, la rougeole, les oreillons et la rubéole. Munissez-vous de votre carte d'identité et de votre carnet de santé.

• *CENTRES DE VACCINATION* : Tél. : 01 44 97 86 80.

Centres d'information et de dépistage du VIH

Dépistage anonyme et gratuit, réception sans rendez-vous pour vous informer et répondre à toutes vos questions.

• *CENTRE FIGUIER* : 2, rue du Figuier — 75004 Paris — Tél. : 01 42 78 55 53
• *CENTRE RIDDER* : 3-5, rue Ridder — 75014 Paris — Tél. : 01 45 43 83 78
• *CENTRE BELLEVILLE* : 218, rue de Belleville — 75020 Paris — Tél. : 01 47 97 40 49
• *INSTITUT ALFRED FOURNIER* : 25, bd St-Jacques — 75014 Paris — Tél. : 01 40 78 26 56

Pharma Presto

Service de livraison de médicaments à domicile 24h/24. Les frais de livraison sont de 120 F du lundi au vendredi, de 8h à 18h, et de 180 F la nuit, les samedis, dimanches et jours fériés.

• *PHARMA PRESTO* : Tél. : 01 42 42 42 50 — Serveur minitel : 3615 PHARMA PRESTO (1,29 F/min)

Planning familial

Pour parler de contraception, de sexualité, de grossesse ou d'IVG. Confidentialité pour les mineurs. Uniquement sur rendez-vous.

• *CENTRE DE PLANIFICATION* : 27, rue Curnonsky — 75017 Paris — Tél. : 01 48 88 07 28
• *PLANNING FAMILIAL* : 10, rue Vivienne — 75002 Paris — Tél. : 01 42 60 93 20
• *PLANNING FAMILIAL* : 94, bd Masséna — 75013 Paris — Tél. : 01 45 84 28 25

Suicide Écoute

À votre écoute 24h/24, uniquement par téléphone. La conversation reste anonyme.

• *SUICIDE ÉCOUTE* : Tél. : 01 45 39 40 00

DISPENSAIRE HOMÉOPATHIQUE HAHNEMANN

Homéopathes, allergologues,
ophtalmologistes, rhumatologues

Q/P : gratuit
+ : Médecins spécialistes
− : Délais

• 1, rue Vergniaud — 75013 Paris • Tél. : 0145801503 • Horaires : lun.-ven. 9h-12h, 14h-18h, sam. 9h-12h • Métro : Glacière • Bus : 21, 62

Ce dispensaire médical vous propose de rencontrer des médecins homéopathes, allergologues, ophtalmologistes ou rhumatologues à des tarifs conventionnés. Sur RDV uniquement, délais plus ou moins longs selon les spécialités.

CENTRE DE SOINS ÉTUDES ET SANTÉ DE LA SMEREP

Consultation de médecins généralistes
et spécialistes

Q/P : gratuit
+ : Gratuité ou ticket modérateur
− : Attente assez longue

• 12, rue Viala — 75015 Paris • Tél. : 0145712738 • Horaires : lun.-ven. 8h30-19h, sam. 8h30-12h • Métro : Dupleix • Bus : 42, 80

Le centre de soins de la SMEREP permet à tous les Parisiens de consulter, sans RDV, des médecins généralistes ou spécialistes. Attente moins longue en milieu de matinée ou en milieu d'après-midi. Entièrement gratuit pour certains adhérents à la SMEREP (selon la mutuelle choisie), les autres ne paient que le ticket modérateur, soit 35 F pour la médecine générale et 45 F pour la médecine spécialisée.

PARIS ADOS SERVICE

Dialogue et écoute des adolescents

Q/P : gratuit
+ : 24h/24

• 3, rue André-Danjon — 75019 Paris • Tél. : 0142402042 • Horaires : 7 J/7 9h-19h • Métro : Ourcq • Bus : 60

Paris Ados Service écoute et informe les adolescents en difficulté. Ouvert la journée, vous pouvez cependant appeler 24h/24.

Pharmacies ouvertes 24h/24
• *PHARMACIE EUROPÉENNE* : 6, place de Clichy — 75017 Paris — Tél. : 0148746518
• *PHARMACIE DERRHY* : 84, av. des Champs-Élysées — 75008 Paris — Tél. : 0145620241
• *PHARMACIE DAUMESNIL* : 6, place Félix Eboué — 75012 Paris — Tél. : 0143431903

Administration, papiers

ALLÔ SOCIAL

Information, orientation, conseils, aide
sociale

Q/P : gratuit
+ : Conseils et orientation

• 2, quai de Gesvres — 75004 Paris • Tél. : 0140279800 • Horaires : lun.-jeu. 9h-17h15 (18h au téléphone), ven. 9h-16h40 • Métro : Hôtel-de-Ville • Bus : 67, 72, 74, 76

Ce service social vous informe et vous oriente pour toutes les questions d'ordre familial, social, médical, professionnel, vos démarches auprès de l'ANPE et de l'Assedic (une permanence quotidienne est assurée par un délégué de l'Assedic) et des différents organismes d'aide sociale.

CENTRE INTERMINISTÉRIEL DE RENSEIGNEMENTS ADMINISTRATIFS

Renseignements administratifs en tout genre　　Q/P : gratuit
　　　　　　　　　　　　　　　　　　　　✚　: Disponibilité

• 31, sq. St-Charles — 75012 Paris • Tél. : 0140011101 • Horaires : lun.-ven. 9h30-12h 14h-17h30

Uniquement par téléphone, renseignements sur la Sécurité sociale, la retraite, les indemnités et les allocations (maladie, RMI, allocations logement, naissances, allocations familiales), le droit du travail, l'obtention de pièces d'identité, etc.

AES ASIE EXPRESS VISA

Démarches administratives auprès des ambassades et des consulats　　Q/P : 7/10
　　　　　　　　　　　　　　　　　　　　✚　: Délais réduits

• 3, rue Primatice — 75013 Paris • Tél. : 0145350250 • Fax : 0145350100 • Horaires : lun.-ven. 9h-12h30, 14h-18h, sam. 10h-13h • Métro : Place d'Italie • Bus : 27, 47

Démarchages administratifs et obtention de visas pour l'Asie, traduction de documents officiels, délais réduits et accès privilégié aux ambassades asiatiques.

Info-Préfecture

Serveur vocal est à votre disposition 24h/24 pour vous aider dans toutes vos démarches administratives : cartes d'identité, permis de conduire, passeports, associations, fourrières…
• *INFO-PRÉFECTURE* : Tél. : 0836672222 — Serveur minitel : 3615 INFO-PREFECTURE (1,49 F/min)

CNIDFF

Conseils administratifs et pratiques　　Q/P : gratuit
　　　　　　　　　　　　　　　　　　　　✚　: Conseils personnalisés

• 7, rue du Jura — 75013 Paris • Tél. : 0142171234 • Horaires : lun.-jeu. 9h-12h30 (permanence téléphonique) • Métro : Gobelins • Bus : 47

Centre national d'information et de documentation des femmes et des familles : tout renseignement sur la vie familiale, la consommation, la santé, les aides sociales, les allocations. Service Minitel : 3615 CNIDFF (1,29 F/min).

VISAS EXPRESS

Démarches administratives auprès des ambassades et des consulats　　Q/P : 7/10
　　　　　　　　　　　　　　　　　　　　✚　: Délais réduits

• 54, rue de l'Ouest — 75014 Paris • Tél. : 0144107272 • Horaires : lun.-ven. 9h-12h30, 14h-18h, sam. 10h-13h • Métro : Gaîté • Bus : 28, 58

Toutes démarches administratives auprès des consulats et des ambassades : visas de tourisme ou d'affaires, validation de documents officiels étrangers… 140 à 200 F plus les frais de visas versés aux ambassades et l'expédition des papiers.

CIRSS

Informations et renseignements sur la Sécurité sociale　　Q/P : gratuit
　　　　　　　　　　　　　　　　　　　　✚　: Information, orientation

• 21, rue Georges-Auric — 75019 Paris • Tél. : 0153387070 • Horaires : lun.-ven. 8h30-17h (17h30 pour l'accueil téléphonique) • Métro : Ourcq • Bus : PC

Le Centre d'information et de renseignement de la Sécurité sociale vous accueille personnellement ou au téléphone et vous donne toutes les informations dont vous avez besoin concernant les remboursements de prestations, les accidents et maladies, l'invalidité, la maternité, les accidents du travail… En aucun cas le CIRSS ne traite votre dossier, mais il vous oriente vers les organismes compétents susceptibles de résoudre votre problème. Minitel 3615 LA SECU (1,01 F/min).

MBO VISA SERVICE

Formalités, obtention de visas   Q/P : 6/10
                   ✚ : Service performant et pratique

• 15, rue des Pas-Perdus — BP 8338 — 95804 Cergy-St-Christophe • Tél. : 0134254402 • Fax : 0134254445 • Horaires : lun.-sam. 8h30-18h • Métro : RER A Cergy-St-Christophe • Bus : 434N, 439, 440, 444, 445 • Internet : http ://www. worldbandb. com • e-mail : wtch@easynet. fr

Obtentions de visas auprès des ambassades et éventuellement expéditions à domicile. De 24h à 10 jours de délais, et de 180 à 350 F selon les pays, 120 à 200 F par personne supplémentaire. Paiement d'avance exigé, frais de livraison de 45 à 125 F. Serveur Minitel 3615 INFOVISA (5,57 F/min).

Aides à domicile

AIDE AUX MÈRES DE FAMILLE

Familles en difficulté   Q/P : 9/10
                   ✚ : Aide gratuite et efficace

• 12, rue Chomel — 75007 Paris • Tél. : 0145484600 • Horaires : lun.-jeu. 8h-18h30, ven. 8h-17h30 • Métro : Sèvres-Babylone • Bus : 83, 84, 87, 94

Si vous traversez une période difficile, l'association Aide aux mères de famille peut vous venir en aide. La durée de l'aide et les frais engagés seront déterminés après examen de votre dossier. Pour tous les besoins du quotidien.

HOME SERVICE

Aide ménagère à domicile, garde   Q/P : 7/10 • ASSORTIMENT : 7/10
d'enfants, aide aux personnes âgées   ✚ : Disponibilité immédiate

• 2, rue Pierre-Sémard — 75009 Paris • Tél. : 0142820504 • Horaires : lun.-sam. 9h-13h 14h-20h, sam. 12h30-20h30 • Métro : Poissonnière • Bus : 42, 43, 48

• 135, rue Anatole-France — 93700 Drancy • Tél. : 0148314088 • Fax : 0148316630 • Horaires : lun.-ven. 9h-12h30, 14h-19h, sam. 12h30-20h30

Home Service envoie rapidement ses employés à votre domicile pour effectuer ménage, repassage, lessive… 40 à 50 F/h. Également baby-sitting et aide aux personnes âgées (de 32 à 40 F/h). Service assuré sur Paris et la proche banlieue.

Chèque Emploi-Service

Plutôt que de faire travailler quelqu'un au noir, procurez-vous auprès de votre banquier le chéquier emploi-service. On l'utilise comme un chéquier classique et il vous permet de rémunérer votre employé (garde à domicile, aide ménagère, garde-malade, travaux de jardinage et de réfection de votre domicile, soutien scolaire…). L'employeur bénéficie de réductions d'impôts et l'employé de l'ensemble des droits sociaux reconnus à tout salarié.

• CHÈQUE EMPLOI-SERVICE : Tél. : 0147870101 — Serveur minitel : 3615 EMPLOI (1,29 F/min)

ASAD

Aide aux personnes âgées   Q/P : 9/10 • ASSORTIMENT : 7/10
                   ✚ : Prix selon les revenus

• 132, rue du Fg-St-Denis — 75010 Paris • Tél. : 0153262510 • Horaires : mar. et ven. 9h-12h • Métro : Gare-de-l'Est • Bus : 30, 31, 32, 38, 39

Soins à domicile pour les personnes âgées, ainsi que courses, cuisine et ménage. Les tarifs varient selon les revenus de la personne concernée, sur dossier.

CROQUE LA VIE

Ménage, repassage, garde d'enfants

Q/P : 8/10 • ASSORTIMENT : 8/10
✚ : L'abonnement

• 44, rue Boissonade — 75014 Paris • Tél. : 0140640064 • Horaires : lun.-ven. 9h-18h30 • Métro : Raspail • Bus : 68

Ménage, repassage, garde d'enfants et bien d'autres services… de jour comme de nuit, sur Paris et proche banlieue. Prestations ponctuelles, pour 92 F/h, ou abonnement, pour un minimum de 6h/mois, pour 87 F/h.

EMPLOI 14/PROXI-SERVICE 75

Peinture, plomberie, bricolage, ménage, garde d'enfants, garde-malade

Q/P : 7/10 • ASSORTIMENT : 8/10
✚ : Personnel qualifié

• 70, rue du Moulin-Vert — 75014 Paris • Tél. : 0140520880 • Fax : 0145417454 • Horaires : lun.-ven.8h-19h, sam. 9h-12h • Métro : Pernety • Bus : 62

Association de réinsertion : tous travaux de bricolage à 102 F/h et ménage, repassage, courses, garde d'enfants, garde-malade à 80 F/h.

ACSP

Bricolage, peinture, électricité, plomberie, petits déménagements, débarras…

Q/P : 8/10 • ASSORTIMENT : 8/10
✚ : La variété des services proposés

• 47 bis, rue de Lourmel — 75015 Paris • Tél. : 0145774545 • Horaires : lun.-ven. 9h-13h, 14h-18h • Métro : Charles-Michels • Bus : 70

Association de réinsertion de jeunes : petits travaux de bricolage (95 F/h), peinture, électricité, plomberie (105 F/h), petits déménagements ou débarras (85 F/h), ménage ou repassage (75 F/h).

OZANAM

Manutention, débarras, peinture, carrelage

Q/P : 8/10 • ASSORTIMENT : 6/10
✚ : Les prix
━ : Matériel à fournir

• 153, rue de la Croix-Nivert — 75015 Paris • Tél. : 0155769899 • Fax : 0155769759 • Horaires : lun et ven 9h-12h30, 14h-18h, mar.-jeu. 9h-12h30 • Métro : Félix-Faure • Bus : 62

Association d'aide aux demandeurs d'emploi : travaux de manutention, débarras, peinture, carrelage.

ALLÔ STP

Petits travaux, réparations, plomberie, chauffage, peinture, carrelage

Q/P : 6/10 • ASSORTIMENT : 9/10
✚ : 7 J/7 24h/24

• 30, rue Parent-de-Rosan — 75016 Paris • Tél. : 0800080808 • Fax : 0140711718 • Horaires : 7 J/7 24h/24 • Métro : Porte-de-St-Cloud • Bus : 62

Sur Paris et la proche banlieue, dépannage pour tout ce qui concerne la maison (plomberie, électricité, chauffage, réparations…). Allô STP effectue aussi des travaux de peinture et de carrelage. Abonnement possible, qui offre le déplacement pour tout dépannage. Facturation environ 270 F/h, divisible en quarts d'heure.

CÔTÉ EMPLOI

Garde d'enfants, courses, ménage, repassage

Q/P : 8/10 • ASSORTIMENT : 7/10
✚ : Tarifs intéressants

• 7 bis, rue Boulainvilliers — 75016 Paris • Tél. : 0140507144 • Horaires : lun.-ven. 8h30-12h30, 14h-18h • Métro : La Muette • Bus : 22, 52

Tout ce qui concerne l'entretien de la maison (courses, ménage, repassage…) et aussi de la garde d'enfants (70 F/h).

RELAIS FAMILLE

Garde d'enfants, aide aux personnes âgées, ménage, repassage

Q/P : 8/10 • ASSORTIMENT : 8/10
✛ : Dans toute l'Île-de-France

• 138, bd Murat — 75016 Paris • Tél. : 01 42 15 20 10 • Fax : 01 40 71 80 87 • Horaires : lun.-ven. 9h-13h, 14h-18h • Métro : Porte-de-St-Cloud • Bus : PC, 15, 72, 126, 136

Association de services à domicile : aide aux familles de jour comme de nuit (gardes d'enfants ponctuelles ou non, ménage, aide aux personnes âgées, etc.).

ASSOCIATION COUP DE MAIN

Services, prestations à domicile

Q/P : 8/10 • ASSORTIMENT : 8/10
✛ : Interventions rapides

• 60, rue de Berzélius — 75017 Paris • Tél. : 01 46 27 61 00 • Fax : 01 46 27 61 19 • Horaires : lun.-ven. 9h30-12h30, 13h30-17h30 toute l'année • Métro : Brochant • Bus : 54, 66, 74

Lien entre des intérimaires et les particuliers : coup de main pour repassage, ménage, déménagement, courses, petite plomberie, petite maçonnerie, etc., à 70 F/h.

ASSOCIATION LES AMIS

Soins à domicile, aide ménagère

Q/P : 8/10 • ASSORTIMENT : 6/10
✛ : Soins à domicile

• 12, rue Jacquemont — 75017 Paris • Tél. : 01 44 85 29 00 • Horaires : lun.-ven. 9h-12h30, 14h-17h • Métro : La Fourche • Bus : 54, 74

Si vous avez besoin de soins ou d'une aide quotidienne à domicile pour les courses ou le ménage… les tarifs sont fixés selon les revenus de la personne concernée.

PAS DE PANIQUE!

Garde d'enfants, soutien scolaire, ménage, courses, cuisine, jardinage

Q/P : 7/10 • ASSORTIMENT : 8/10
✛ : Grand choix de services

• 15, rue Chappe — 75018 Paris • Tél. : 01 42 23 36 37 • Horaires : lun.-ven. 8h-13h, 15h-19h, sam. 11h-18h • Métro : Abbesses • Bus : 80

Association d'aide à domicile : gardes d'enfants, suivi scolaire, ménage, courses, cuisine courante, jardinage, accompagnement lors de sorties. 300 F de frais d'inscription et 1 900 F de cotisation annuelle. Sans abonnement, intervention ponctuelle à 45 F/h.

QUALIFIL

Garde d'enfants, ménage, courses, jardinage, écrivain public

Q/P : 8/10 • ASSORTIMENT : 9/10
✛ : La variété des services proposés

• 9, rue des Sablons — 77300 Fontainebleau • Tél. : 01 64 22 57 00 • Horaires : lun.-ven. 9h-18h

En Seine-et-Marne, des aides pour ménage, courses, bricolage, jardinage, garde d'enfant (65 F/h). Service d'écrivain public pour vos lettres administratives. Tarifs préférentiels accordés aux demandeurs d'emplois, à ceux qui touchent le RMI et aux femmes isolées.

Union des associations de services aux personnes

Plate-forme téléphonique de renseignements sur les associations d'aide à domicile. Regroupant 70 associations parisiennes, elle établit la liaison entre vos besoins et les associations compétentes : garde d'enfants, aide aux personnes âgées, ménage, repassage, etc.
• *UNION DES ASSOCIATIONS DE SERVICES AUX PERSONNES* : Tél. : 01 42 28 92 43

Emplois et jobs

ESPACE INFORMATION JEUNESSE

Informations, sport, culture, jobs jeunes
Q/P : 9/10 • ASSORTIMENT : 9/10
+ : Abondante documentation

• Kiosque Bastille — 25, bd Bourdon — 75004 Paris • Tél. : 0142762260 • Horaires : lun.-ven. 10h-17h • Métro : Bastille • Bus : 86, 87, 91

Publications gratuites, informations pratiques sur différentes activités sportives et culturelles, offres d'emploi, conseils et offres de voyages à prix réduits.

ESPACE CYBER-EMPLOI JEUNES

Recherche d'emploi sur Internet, initiation à l'informatique
Q/P : 10/10 • ASSORTIMENT : 9/10
+ : Gratuité

• 21, rue des Écoles — 75005 Paris • Tél. : 0140519616 • Horaires : lun.-ven. 9h-12h, 14h-18h • Métro : Maubert-Mutualité • Bus : 63, 86, 87

Aide aux jeunes Parisiens pour réussir leur insertion professionnelle en utilisant l'informatique. Libre accès à des ordinateurs connectés à Internet, initiation à l'informatique. Gratuit pour les jeunes de 16 à 26 ans habitant Paris et en recherche d'emploi.

OFFICE DES SERVICES ÉTUDIANTS

Jobs, CV transmis aux entreprises
Q/P : 6/10 • ASSORTIMENT : 7/10
+ : Transmission des CV

• 11, rue Serpente — 75006 Paris • Tél. : 0155428080 • Fax : 0155428085 • Horaires : lun.-jeu. 9h-18h, ven. 9h-17h • Métro : St-Michel • Bus : 21, 24, 38, 47

Offres d'emploi et stages pour étudiants. Pour 350 F par an, vous pouvez consulter les annonces renouvelées chaque jour. Dossiers de candidature transmis aux entreprises.

ELLES CONSEIL

Hôtesses d'accueil et d'animation
Q/P : gratuit
+ : Accueil et animations

• 165, rue de l'Université — 75007 Paris • Tél. : 0145556969 • Horaires : lun.-ven. 9h-19h • Métro : Alma-Marceau • Bus : 42, 63, 72, 80

Opérations événementielles et ponctuelles, à temps plein ou à temps partiel, missions de 2h à plusieurs jours. Envoyez un CV avec photo, en indiquant votre taille et les langues étrangères que vous parlez.

FLORENCE DORÉ

Hôtesses pour salons et événements
Q/P : gratuit
+ : Haut de gamme

• 101, rue St-Dominique — 75007 Paris • Tél. : 0147053817 • Horaires : lun. 9h-18h • Métro : École-Militaire • Bus : 28, 49, 82, 92

Pour être admise, il faut mesurer au moins 1,70 m et parler une langue étrangère. Réception uniquement sur RDV, présentation stricte : coiffée, en tailleur et hauts talons, maquillée. Les mineures sont acceptées avec autorisation parentale.

DEAL HÔTESSE

Hôtesses d'accueil
Q/P : gratuit
+ : Paris et province

• 201, rue du Fg-St-Honoré — 75008 Paris • Tél. : 0145636939 • Horaires : sur RDV • Métro : St-Philippe-du-Roule • Bus : 28, 32, 43

Hôtesses pour des prestations très variées, il faut mesurer 1,68 m au minimum et parler une ou plusieurs langues. Uniquement sur RDV.

FRIMOUSSE

Agence de casting pour enfants

Q/P : gratuit
➕ : Publicité

• 8, rue de Ponthieu — 75008 Paris • Tél. : 01 53 75 40 40 • Horaires : lun.-ven. 9h-18h • Métro : Franklin-Roosevelt • Bus : 32, 73

Réservée aux enfants, à partir de 3 mois. Pour inscrire votre enfant, envoyez 5 photos couleurs avec indication de la date de naissance, de la taille et du poids, ainsi qu'une enveloppe timbrée pour la réponse de l'agence.

LES MOINS DE 20 ANS

Agence de casting pour enfants et adolescents

Q/P : gratuit
➕ : Multiples possibilités

• 11, rue de Navarin — 75009 Paris • Tél. : 01 42 82 12 12 • Horaires : sur RDV • Métro : Pigalle • Bus : 30, 54, 67

Agence de mannequins réservée aux moins de 20 ans. Pour obtenir un RDV, envoyez 3 photos (autres que des photos d'identité) et une enveloppe timbrée pour la réponse.

CIDJ

Emplois, orientation, information, formation professionnelle

Q/P : gratuit • ASSORTIMENT : 9/10
➕ : Offres d'emploi

• 101, quai Branly — 75015 Paris • Tél. : 01 44 49 12 00 • Horaires : lun.-sam. 10h-18h • Métro : Bir-Hakeim • Bus : 63, 80, 82

Centre d'Information de Documentation de la Jeunesse : nombreuses annonces de jobs sur tous les secteurs d'activité et renouvelées tous les jours, documentation et informations sur toutes les écoles et les formations à toutes les professions, dates des journées portes ouvertes des grandes écoles, voyages, séjours et places de spectacles (théâtre, concerts...). À ne pas rater : les deux journées "jobs d'été" qui ont lieu en mars.

Cours municipaux pour adultes

Dans plus de 110 établissements scolaires, 800 professeurs enseignent près de 150 formations : français, enseignement général, langues, entreprise, informatique, techniques industrielles, artisanat, arts appliqués et métiers d'art. Sessions de 30 ou 60h.
• *COURS MUNICIPAUX POUR ADULTES* : 9, rue de la Perle — 75003 Paris — Tél. : 01 44 61 16 16 — Serveur minitel : 3615 Paris rubrique ENS (1,29 F/min)

CHARLESTOWN

Hôtesses pour salons, émissions de télé ou avant-premières de cinéma

Q/P : gratuit
➕ : Salons

• 59, bd Exelmans — 75016 Paris • Tél. : 01 40 71 30 00 • Sur RDV • Métro : Exelmans • Bus : 22

Recrutement de jeunes filles pour des salons, émissions de télé, avant-premières de cinéma, etc. Missions attribuées selon les profils et contrats CDD exclusivement.

BUREAU POUR L'INFORMATION ET L'ORIENTATION PROFESSIONNELLE

Formation professionnelle, bilan de compétences

Q/P : gratuit • ASSORTIMENT : 7/10
➕ : Informations et compétences

• 47, rue de Tocqueville — 75017 Paris • Tél. : 01 40 26 14 14 • Horaires : lun.-jeu. 13h30-17h • Métro : Villiers, Malesherbes • Bus : 31, 53, 94

Informations par téléphone sur les formations proposées par le Conseil Régional d'Île-de-France, la Direction Départementale du Travail et de l'Emploi et la Chambre de Commerce et d'Industrie de Paris. Accueil agréable.

LA CITÉ DES MÉTIERS

Documentations, offres d'emploi, orientation

Q/P : gratuit • ASSORTIMENT : 9/10
+ : Base de données et orientation

• Cité des Sciences et de l'Industrie de la Villette — 30, av. Corentin-Cariou — 75019 Paris • Tél. : 01 40 05 85 85 • Horaires : mar.-ven. 10h-18h, sam. 12h-18h • Métro : Villette • Bus : PC

Consultation de l'ensemble des offres d'emploi de l'ANPE, conseils de spécialistes de l'emploi et de la formation, bilan de compétences, préparation à l'entretien d'embauche, etc. 600 m^2, quinze conseillers, documentation et bases de données à disposition.

OTESSA

Hôtesses pour salons, distribution de tracts, événements

Q/P : gratuit
+ : Les salons

• 98, rue du Château — 92100 Boulogne • Tél. : 01 41 10 22 22 • Horaires : sur RDV • Métro : Jean-Jaurès • Bus : 52, 123

Emploi de jeunes filles pour des opérations ponctuelles : salons, distributions de tracts, événements. Envoyez un CV et une photographie (pas d'identité). Pour être admise, mieux vaut mesurer au moins 1,70 m mais ce n'est pas indispensable.

CENTRE INFFO

Formations professionnelles

Q/P : gratuit • ASSORTIMENT : 10/10
+ : Toutes les formations

• Tour Europe — 92409 La Défense CEDEX 07 • Tél. : 01 41 25 22 22 • Fax : 01 47 73 74 20 • Horaires : lun.-ven. 8h45-12h, 14h-17h • Métro : La Défense • Bus : 73

Le Centre pour le Développement de l'Information sur la Formation Permanente est un organisme du ministère du Travail. Il vous informe sur vos droits en matière de formations et vous indique tous les organismes de formation.

STAG'ÉTUD

Stages et emplois pour étudiants

Q/P : 7/10 • ASSORTIMENT : 7/10
+ : Travail ponctuel

• 12, av. Raspail — 94257 Gentilly CEDEX • Tél. : 01 49 08 99 99 • Fax : 01 47 40 82 09 • Horaires : lun.-ven. 9h-13h, 14h-18h • Bus : 57, 125 • Internet : www. lefigaro. fr/campus

Offres de stages, de jobs et d'emplois pour étudiants, annonces consultables sur Internet et dans les points d'accueil de la MNEF contre une adhésion de 50 F pour les titulaires de la carte Campus, et de 160 F pour les autres.

Jeunes à Paris

Journal, distribué gratuitement dans les lycées et les facultés, truffé de bons plans pour les jeunes de 14 à 26 ans. Nombreux services proposés : 10000 offres de jobs étudiants, 2500 offres de stages-emplois, 6000 offres de logements étudiants, agenda soirées étudiantes, plans voyages et vacances à prix réduits, salons emploi-formation, etc. Sur Minitel également, des conseils pour rédiger CV et lettres de motivation.

• JEUNES À PARIS : Serveur minitel — 3615 JAP (2,23 F/min)

Banques, crédits

CRÉDIT MUNICIPAL DE PARIS

Prêts sur gage, crédits Q/P : 8/10
✛ : Solidité de l'institution

• 55, rue des Francs-Bourgeois — 75004 Paris • Tél. : 0144616400 • Horaires : lun.-jeu. 9h-16h30, ven. 9h-15h30 • Métro : Rambuteau • Bus : 29

Prêt sur gage d'objets de valeur (chaque année, plus de 100000 prêts sont accordés), prêts à la consommation, prêts personnels et prêts immobiliers.

CENTRE D'INFORMATION BANCAIRE

Conciliations, informations Q/P : gratuit
✛ : Les informations

• 18, rue Lafayette — 75009 Paris • Tél. : 0148005012 • Fax : 0148005010 • Horaires : lun.-ven. 9h-13h, 14h30-18h • Métro : Chaussée-d'Antin • Bus : 26, 32, 42, 43, 49

Le CIB, de l'Association Française des Banques, a pour rôle d'informer les consommateurs dans le domaine bancaire. En cas de litige avec une banque, deux permanents, spécialistes des problèmes bancaires et des organismes de consommateurs, peuvent vous aider à trouver une solution amiable avant d'engager une procédure.

Déménagements et garde-meubles

TRANSPORT ÉCONOMIQUE

Déménageurs spécialistes des pianos Q/P : 7/10 • ASSORTIMENT : 7/10
✛ : Assurance de la qualité

• 207, rue du Fg-St-Antoine — 75011 Paris • Tél. : 0143567677 • Horaires : lun.-ven. 9h-19h • Métro : Faidherbe-Chaligny • Bus : 46, 86

Si vous souhaitez faire appel à des déménageurs compétents et expérimentés, ceux-ci n'emballeront pas vos affaires mais les transporteront, et vous pouvez leur faire confiance pour les pianos et le mobilier volumineux. Téléphonez pour demander un devis et appelez de préférence un mois à l'avance. Tout déménagement est couvert par une assurance.

INTER TOURING SERVICE

Location de camions et camionnettes Q/P : 8/10 • ASSORTIMENT : 8/10
✛ : Prix bas des forfaits

• 117, bd Auguste-Blanqui — 75013 Paris • Tél. : 0145885237 • Fax : 0145808930 • Horaires : lun.-sam. 8h30-18h30 • Métro : Glacière • Bus : 21

Location d'utilitaires à des tarifs intéressants : camion de 10 m³ pour une journée à 580 F (100 km et assurance inclus, 1,29 F le km supplémentaire). Également disponibles, des véhicules de 6 m³ (460 F) et de 8 m³ (510 F).

LES DÉMÉNAGEURS BRETONS

Déménagements, garde-meubles
Q/P : 7/10 • ASSORTIMENT : 6/10
✚ : Personnel compétent

• 80, rue du Dessous-des-Berges — 75013 Paris • Tél. : 0145835144 • Fax : 0145850406
• Horaires : lun.-ven. 8h30-18h • Métro : Chevaleret • Bus : 89

Un bon rapport qualité-prix pour cette entreprise qui possède la norme NF Service et demande à ses clients leurs avis sur les déménagements effectués. Prix uniquement sur devis.

LA BOUTIQUE DU DÉMÉNAGEMENT

Fournitures de déménagement
Q/P : 6/10 • ASSORTIMENT : 8/10
✚ : Articles spécialisés

• 10, rue d'Alésia — 75014 Paris • Tél. : 0140470910 • Fax : 0140476683 • Horaires : lun.-ven. 9h-13h, 14h-18h, sam. 9h-12h • Métro : Alésia • Bus : 28, 38, 62, 68

Tout le matériel nécessaire pour un déménagement serein, du bullpack pour emballer votre vaisselle, du scotch industriel pour sceller vos cartons, des couvertures de protection pour les meubles, des sangles pour caler le mobilier volumineux et des cartons de toutes tailles pour un déménagement sur mesure. À partir de 10 F le carton standard.

ADA

Location de camions et camionnettes
Q/P : 7/10 • ASSORTIMENT : 8/10
✚ : Choix et nombreux modèles

• 34, av. de la République — 75011 Paris • Tél. : 0148065974 • Horaires : lun.-ven. 8h-18h, sam. 9h-12h, 15h-17h • Métro : Parmentier • Bus : 46, 96
• 52, rue de Tolbiac — 75013 Paris • Tél. : 0144245556 • Horaires : lun.-ven. 8h-18h, sam. 9h-12h, 15h-17h • Métro : Tolbiac • Bus : 62
• 80, av. de St-Ouen — 75018 Paris • Tél. : 0146273687 • Horaires : lun.-ven. 8h-18h, sam. 9h-12h, 15h-17h • Métro : Porte-de-St-Ouen • Bus : 81, PC

Locations de véhicules utilitaires de 6 m³, 9 m³, et jusqu'à 20 m³, à la journée, pour un week-end ou à la semaine. Tarifs plus intéressants en semaine (379 F/jour, assurance comprise, + 1,60 F/km) que le samedi ou le dimanche (599 F/jour, assurance comprise, 100 km gratuits). Attention, réservez à l'avance, surtout pour les véhicules de 20 m³.

ETS BIGUET

Déménagements classiques
Q/P : 8/10 • ASSORTIMENT : 8/10
✚ : Le forfait

• 170, rue Marcadet — 75018 Paris • Tél. : 0142581836 • Fax : 0142648822 • Horaires : lun.-ven. 8h30-18h • Métro : Marcadet-Poissonniers • Bus : 31, 56, 60, 80

Forfait déménagement à partir de 3000 F : location d'un camion capitonné de 35 m³ avec deux déménageurs qualifiés, pour une durée de 8h et un parcours de 40 km aller-retour (7,50 F/km supplémentaire), déménageur supplémentaire pour 960 F. Transports de piano, location de vestiaire portatif, fournitures pour déménagement, etc.

MICHEL TRANSPORTS

Déménagements
Q/P : 9/10 • ASSORTIMENT : 7/10
✚ : Rapidité et souplesse

• 5, impasse Fraysse — 92600 Gennevilliers • Tél. : 0147990020 • Horaires : lun.-ven. 9h-18h
• Métro : Gabriel-Péri • Bus : 140, 176, 235

Des prix très intéressants. Devis remis sur description précise des lieux et des objets et meubles à transporter.

COGAM STRICHER

Déménagements et garde-meubles
Q/P : 7/10 • ASSORTIMENT : 7/10
✚ : Tous services

• 1, av. Alphand — 94160 St-Mandé • Tél. : 0143741177 • Fax : 0143980613 • Horaires : lun.-ven. 8h-19h • Métro : St-Mandé-Tourelle • Bus : 56, 86

Cette entreprise, agréée NF Service, propose tous les services que l'on peut attendre d'un déménageur : mobiliers volumineux et fragiles, monte meuble, pianos (1500 à 5000 F, selon le modèle et le nombre d'étages), coffres, matériel informatique. Prix sur devis. Également services d'emballage et de garde-meubles.

Abri Stock

Les 4 sites parisiens de ce garde-meubles offrent un service remarquable pour un prix raisonnable : à partir de 160 F HT le m3. Réduction de 6 % pour toute location supérieure à 10 mois. Chaque box possède une clé qui vous permet ainsi d'y accéder 24h/24. Télévidéo-surveillance et présence d'un gardien assurent une excellente sécuritél. Boutique avec tout ce qui est nécessaire pour déménager soi-même. Horaires bureaux : lun.-ven. 7h-20h, sam. 7h-18h

- **ABRI STOCK ST-DENIS** : 170, rue du Landy — 93000 St-Denis — Tél. : 01 48 20 43 43
- **ABRI STOCK ARCUEIL** : 24, rue Berthollet — 94014 Charenton — Tél. : 01 49 85 11 11
- **ABRI STOCK BERCY** : 20, rue Escoffier — 94014 Charenton — Tél. : 01 48 93 10 00
- **ABRI STOCK GENTILLY** : 119, av. Vaillant-Couturier — 94250 Gentilly — Tél. : 01 49 85 14 14

Logement

CROUS

Logements pour étudiants	Q/P : gratuit • ASSORTIMENT : 7/10
	+ : Prix bas

- 39, av. Georges-Bernanos — 75005 Paris • Tél. : 01 40 51 36 00 • Horaires : lun.-ven. 13h-17h
- Métro : Port-Royal • Bus : 38, 83, 91

Logements en foyer ou en résidence universitaire. Les étudiants servis en priorité sont les boursiers et les provinciaux. Attention, réservations du 15 janvier au 30 avril.

UNION PARISIENNE DES ÉTUDIANTS LOCATAIRES

Logements pour étudiants	Q/P : 9/10 • ASSORTIMENT : 9/10
	+ : Accueil agréable

- 2, rue Pernety — 75014 Paris • Tél. : 01 45 41 58 18 • Horaires : lun.-mar. et jeu.-ven. 14h-18h, mer. 10h-20h • Métro : Pernety • Bus : 58, 62

Logements étudiants, chambres chez l'habitant ou appartements partagés à des prix abordables. Cotisation annuelle de 120 F.

DE PARTICULIER À PARTICULIER

Formulaires administratifs, documentation, conseils juridiques	Q/P : 7/10 • ASSORTIMENT : 8/10
	+ : Spécialistes du secteur

- 40, rue du Docteur-Roux — 75015 Paris • Tél. : 01 40 56 35 35 • Horaires : lun.-ven. 9h-18h
- Métro : Pasteur • Bus : 48 • Internet : http//www. pap. fr

Services liés au logement : formulaires (vente, bail de location habitat et commercial, quittances, etc.), documentation (23 guides sur le logement et l'immobilier, de 23 à 38 F), service juridique gratuit (par téléphone uniquement) et service d'évaluation (90 F).

INTER LOGEMENT

Location de meublés de courte durée　　Q/P : 7/10 • ASSORTIMENT : 9/10
　　　　　　　　　　　　　　　　　　　　　　✦　: Locations de courte durée

• 1, impasse d'Astrolabe — 75015 Paris • Tél. : 01 45 66 66 88 • Fax : 01 45 67 04 22 • Horaires : lun.-ven. 10h-19h • Métro : Falguière • Bus : 48, 95 • Internet : http ://www. inter-logement. com

Cette société centralise l'offre et la demande de logements meublés destinés aux étudiants, stagiaires ou touristes. Les frais de médiation sont fonction de la durée de la location.

ANIL

Association nationale d'information sur le logement : conseils liés au financement de logements, à la copropriété, à la location et à tout ce qui a trait au logement. Réception sur RDV (délai de 2 jours à une semaine), permanences dans toutes les mairies d'arrondissement de Paris et dans certaines villes de banlieue. Des renseignements sont également donnés par téléphone.
• ANIL : 46 bis, bd Edgar-Quinet — 75014 Paris — Tél. : 01 42 79 50 50 — Minitel : 3615 ANIL 75 (1,29 F/min)

AT HOME IN PARIS

Location de meublés de courte et　　Q/P : 6/10 • ASSORTIMENT : 8/10
moyenne durée　　　　　　　　　　　✦　: Qualité des appartements

• 16, rue Médéric — 75017 Paris • Tél. : 01 42 12 40 40 • Fax : 01 42 12 40 48 • Horaires : lun.-ven. 9h-18h • Métro : Courcelles • Bus : 30, 31

Logements meublés avec possibilité de prestations annexes (ménage, repassage, etc.). Parc de locations de qualité et régulièrement renouvelé. Idéal pour les touristes, les étudiants, les professeurs ou les sociétés. Compter 4000 F mensuels pour un studio.

France USA Contact

Journal gratuit paraissant tous les 15 jours, que l'on trouve dans les bars, les restaurants et les lieux culturels américains. Annonces de locations, d'appartements partagés et d'échanges d'appartements avec les USA, jobs d'étudiants à Paris et aux États-Unis. 110 F l'annonce.
• FRANCE USA CONTACT : 3, rue Larochelle — 75014 Paris — Tél. : 01 45 38 56 57 — Fax : 01 43 21 45 17

Aides et services juridiques

Aide juridique de la Mairie de Paris

Dans toutes les mairies d'arrondissement de Paris sont organisés des services d'aide juridique. Vous pouvez vous y rendre sur RDV, tous les lundis de 17h à 19h40 (appelez la mairie de Paris, qui vous passera votre mairie d'arrondissement). Un avocat est à votre service, gratuitement, pour répondre à vos questions sur le droit de la famille, du logement ou autre, selon vos besoins.
• *MAIRIE DE PARIS* : Place de l'Hôtel-de-Ville — 75001 Paris — Tél. : 0142764040

FEPEM

Aide aux particuliers employeurs

Q/P : 7/10
✚ : Conseillères expérimentées

• 10, rue du Mont-Thabor — 75001 Paris • Tél. : 0142604677 • Fax : 0142601315 • Horaires : lun.-ven. 9h-16h • Métro : Tuileries • Bus : 72

Tous les renseignements nécessaires sur les conventions collectives, les règles administratives et sociales et la législation fiscale, conseils juridiques téléphoniques sur d'autres sujets. Abonnement annuel : 800 F.

PALAIS DE JUSTICE

Conseils juridiques gratuits

Q/P : gratuit
✚ : Service gratuit

• 4, bd du Palais — 75001 Paris • Tél. : 0144325050 • Horaires : lun.-ven. 9h-12h • Métro : Cité

Tous les matins, en semaine, des avocats se mettent à votre service gratuitement pour vous aider à résoudre vos problèmes juridiques. N'oubliez pas vos documents!

TISSOT

Formulaires juridiques

Q/P : 7/10 • ASSORTIMENT : 8/10
✚ : Formulaires expliqués

• 19, rue Lagrange — 75005 Paris • Tél. : 0144417111 • Fax : 0144417100 • Horaires : lun.-ven. 9h30-18h • Métro : Maubert-Mutualité • Bus : 63, 86, 87

Informations et formulaires juridiques : mandats, promesses ou compromis de vente, baux de location, constitutions de société, etc. Accueil agréable et compétent.

JUSTICE PLUS

Victimes de procédures judiciaires

Q/P : gratuit
✚ : Toutes procédures

• 11, rue d'Arsonval — 75015 Paris • Tél. : 0145385840 • Fax : 0145385840 • Horaires : lun.-mar. et ven. 13h30-17h30 • Métro : Pasteur • Bus : 28

Aide aux particuliers en difficulté victimes de procédures judiciaires. Cotisation annuelle de 900 F.

MÉDIATEUR DE LA RÉPUBLIQUE

Conflits avec l'administration

Q/P : gratuit
✚ : Dernier recours

• 53, av. d'Iéna — 75016 Paris • Tél. : 0145027272 • Horaires : lun.-ven. 9h-18h30 • Métro : Alma-Marceau • Bus : 42, 63, 80, 92

Le Médiateur de la République peut vous aider en cas de conflits avec l'administration, mais seulement lorsque tous les autres recours possibles ont échoué.

Ligue des Droits de l'Assuré

Vous défendre face aux assureurs, démêler les dossiers complexes, accélérer les affaires qui traînent, réparer les injustices : telles sont les missions de cette association qui regroupe plus de 10000 membres. Sur 10 dossiers traités, 6 connaissent une issue favorable, dans un délai raisonnable de 2 à 6 mois. Documentation abondante par Minitel.
• LIGUE DES DROITS DE L'ASSURÉ : BP 204, 1- 5, place Boislandry — 61306 L'Aigle CEDEX — Tél. : 0836682142 — Serveur minitel : 3617 LDDA (5,57 F/min)

ADAS

Assistance juridique dans tous les domaines   Q/P : 8/10 • ASSORTIMENT : 10/10
                                    ✚ : Tous les domaines
• 15 ter, rue des Tournelles — 94240 L'Haÿ-les-Roses • Tél. : 0147403536 • Horaires : lun.-sam. 10h-18h • Bus : 184

Assistance juridique dans tous les domaines : assurance, automobile, famille, scolarité, fiscalité, emploi ou encore administration. Cotisation annuelle de 120 F, et 10 % des indemnités réglées.

Inter Services Parents

Renseignements gratuits par téléphone sur le droit de la famille, l'orientation scolaire, les adresses de centres de loisirs, les allocations familiales. Permanence toute l'année, lun.-ven. 9h30-12h30, 13h30-17h, sauf mer. après-midi et jeu. matin.
• ÉCOLE DES PARENTS ET DES ÉDUCATEURS : Tél. : 0144934493

BEAUTÉ, SOINS, FORME, SANTÉ

- PRODUITS DE BEAUTÉ, PARFUMS
- PARAPHARMACIE, PRODUITS DIÉTÉTIQUES
- INSTITUTS DE BEAUTÉ

- REMISE EN FORME, HAMMAMS, SAUNAS
- COIFFURE
- MAQUILLAGE
- TATOUAGE, PIERCING
- OPTIQUE

UN P'TIT COUP D'PEIGNE!

En 1999, les UV sont très prisés, les hammams et les saunas font oublier les frimas, la beauté rime avec santé et la santé descend de son piédestal grâce à de nouvelles chaînes de parapharmacie. Comparez les prix des produits de beauté et de la parfumerie avant d'acheter, mais il y a peu de différence entre ceux des discounters et ceux des autres boutiques. En général, les produits de beauté sont moins chers dans les parapharmacies que dans les instituts ou les grands magasins spécialisés mais, pour les grandes marques, la différence est souvent minime.

Les parapharmacies envahissent Paris et proposent des produits de beauté, jusque-là vendus surtout en pharmacies, à 30 % moins cher selon les marques. On y trouve aussi des compléments alimentaires, des produits diététiques, du maquillage et même, pour certaines, des soins d'instituts de beauté.

Les instituts de beauté proposent des tarifs parfois alléchants et les centres d'UVA et d'épilation vous acceptent de plus en plus fréquemment "sans rendez-vous", en contrepartie, il faut parfois attendre plus d'une demi-heure pour qu'une cabine se libère enfin.

Les centres de remise en forme des clubs sportifs ont l'avantage de proposer de nombreuses activités, mais ils pratiquent des tarifs un peu élevés (lorsque l'on peut passer par un comité d'entreprise, ils fondent souvent comme neige au soleil).

Pour se détendre dans un bain d'algues ou d'eau salée, il n'est plus indispensable de partir sur les côtes lointaines : plusieurs instituts proposent ces soins au cœur de Paris, en séances d'une ou trois heures ou même en séjours d'une semaine.

Chez les coiffeurs, la nouvelle mode consiste à adapter scrupuleusement les tarifs aux seuls services demandés. On peut maintenant y entrer pour un simple coup de peigne sans craindre de payer une mise en plis. Les écoles de training demeurent d'excellentes affaires pour être dans le vent à l'œil (ou presque), mais elles ne sont pas conseillées aux gens pressés.

Enquêtes et rédaction :
Gaëlle Lor, Laetitia Lafforgue, Gaël Séguillon

Produits de beauté, parfums

Les produits de beauté les moins chers

Dans le domaine de la parfumerie et des produits de beauté, les magasins affichant de 20 à 30 % de réduction sur le prix courant sont si nombreux qu'il devient difficile de payer le prix réel. Mais Parfums de Femme, une chaîne de magasins en plein essor, vous assure les prix plus bas puisqu'ils s'engagent à vous rembourser la différence si vous trouvez moins cher ailleurs, qu'il s'agisse de parfums ou de produits de soins. Dans les autres chaînes de discount, les prix varient selon les marques et les magasins : on ne peut donc que vous conseiller d'y comparer les prix de vos marques préférées...

• PARFUMS DE FEMME, 14 magasins en R.P. — Tél. : 0149420996

PARIS 1er

LA TASTE

Produits de beauté, parfums d'ambiance

Q/P : 7/10 •ASSORTIMENT : 8/10
✦ : Espace cadeaux

•29, rue Danielle-Casanova — 75001 Paris •Tél. : 0147039952 •Horaires : lun.-ven. 10h30-18h30 •Métro : Opéra, Pyramides •Bus : 22, 29, 52, 53, 66

Des savons parfumés, du savon de Marseille (11 F les 300 g), des laits pour le corps, des bains moussants, mais aussi des produits d'ambiance pour la maison. Le choix est vaste et la boutique très agréable.

PARIS LOOK

Parfums à prix réduits

Q/P : 9/10 •ASSORTIMENT : 8/10
✦ : Prix bas

•187, rue St-Honoré — 75001 Paris •Tél. : 0140159173 •Horaires : lun.-sam. 10h-19h •Métro : Palais-Royal •Bus : 27, 39, 48, 95

Connu essentiellement des touristes, Paris Look propose des parfums, des eaux de toilette et des produits de beauté à des prix très compétitifs, sans compter les promotions régulières. Le choix est grand, vous y trouverez toutes les grandes marques françaises, ainsi que des sacs, des bagages, des ceintures et de multiples autres accessoires.

ZADIG & VOLTAIRE

N

Savons parfumés

Q/P : 6/10 •ASSORTIMENT : 7/10
✦ : Savon à la coupe

•12, rue Ste-Croix-de-la-Bretonnerie — 75001 Paris •Tél. : 0142721520 •Horaires : mar.-ven. 10h-19h30, sam. 10h-20h •Métro : Hôtel-de-Ville, Rambuteau •Bus : 29, 69, 72, 74

Sur les étalages d'une ancienne supérette, des produits cosmétiques et plus particulièrement des savons végétaux. Les savons sont vendus à la coupe (20 F les 100 g) ou prédécoupés, avec une grande variété de parfums : santal, vanille, miel amande, argile menthe, et le plus classique lavande. Vous trouverez aussi des vêtements, des sacs et des objets décoratifs.

Aqualiance : vente par correspondance

Plus que des produits de beauté classiques pour le visage, le corps et les cheveux, l'on vous propose toute une gamme de produits de beauté à base d'eau de source. Les prix sont petits, pour des produits d'une grande qualité (60 F le masque exfoliant). Pour obtenir le catalogue, appelez du lundi au vendredi, en journée.

• AQUALIANCE : Route de la Source — 40380 Gamarde-les-Bains — Tél. : 0558984949

PARIS 2e

CÔTÉ PROVENCE

Savons naturels　　　　　　　　Q/P : 7/10 •ASSORTIMENT : 8/10
　　　　　　　　　　　　　　　　✚ : Grands choix de savons parfumés

•36, rue des Petits-Champs — 75002 Paris •Tél. : 0142961537 •Fax : 0142961651 •Horaires : lun.-sam. 10h-19h •Métro : Bourse •Bus : 29

Une multitude de savons parfumés (12 F les 100 g) et, pour prolonger le plaisir, des bougies d'intérieur, des coussins parfumés à la lavande : c'est la Provence !

L'Occitane

Une chaîne de magasins avec un très grand choix de produits de beauté : savons, crèmes, laits, le tout parfumé, mais aussi du linge de maison. Petits prix (savon bois de santal 19 F les 75 g). Des boutiques à retenir pour faire des cadeaux ou tout simplement pour se faire plaisir. Échanges possibles.

L'Occitane : 55, rue St-Louis-en-l'Île — 75004 Paris — Tél. : 0140468171
L'Occitane : 84, rue de Rivoli — 75004 Paris — Tél. : 0142787401
L'Occitane : 18, pl. des Vosges — 75004 Paris — Tél. : 0142726036
L'Occitane : 26, rue Vavin — 75006 Paris — Tél. : 0143250771
L'Occitane : 12, rue d'Auteuil — 75116 Paris — Tél. : 0140507050
L'Occitane : 53, rue de Passy — 75116 Paris — Tél. : 0140507829
L'Occitane : 109, av. Victor-Hugo — 75116 Paris — Tél. : 0144059600

PARFUMERIE FRAGONARD

Parfums et eaux de toilette　　　　Q/P : 8/10 •ASSORTIMENT : 7/10
　　　　　　　　　　　　　　　　✚ : La finesse des parfums

•39, bd des Capucines — 75002 Paris •Tél. : 0142603714 •Horaires : lun.-sam. 9h-17h50 •Métro : Opéra •Bus : 22, 52, 53, 66

Les parfums Fragonard sont reconnus dans le monde entier pour leur finesse. Vous pouvez les obtenir à prix fabricant : qu'il s'agisse de "Soleil", "Rêve indien" ou "Murmure", parfums et eaux de toilettes sont toujours coordonnés. Musée, la visite est gratuite.

PARFUMERIE LES HALLES-MONTMARTRE

Cosmétiques, parfums　　　　　　Q/P : 9/10 •ASSORTIMENT : 7/10
　　　　　　　　　　　　　　　　✚ : Petits prix

•85, rue Montmartre — 75002 Paris •Tél. : 0142331113 •Horaires : lun.-sam. 9h30-19h •Métro : Sentier •Bus : 67, 74, 85

Produits nettement moins chers que dans d'autres parfumeries, grandes marques de cosmétiques et de parfumerie à prix réduit.

Empreinte

Une chaîne de parfumeries classiques, dans laquelle vous aurez accès à de grandes marques à des prix très compétitifs. Des produits de beauté sont aussi en vente, Clinique ou Estée Lauder.

- EMPREINTE : 4, rue de Constantinople — 75008 Paris • Tél. : 01 42 22 67 07
- EMPREINTE : 42, rue d'Amsterdam — 75009 Paris • Tél. : 01 45 26 10 53
- EMPREINTE : 3, rue de Paradis — 75010 Paris • Tél. : 01 48 00 92 92
- EMPREINTE : 50, bd Pasteur — 75015 Paris • Tél. : 01 43 22 27 45
- EMPREINTE : 24, bd des Batignoles — 75017 Paris • Tél. : 01 42 93 00 88
- EMPREINTE : 3, rue Pierre-Brossolette — 92600 Asnières • Tél. : 01 47 91 03 05

PARIS 3e

AUTOUR DU MONDE

Cosmétiques naturels

Q/P : 7/10 • ASSORTIMENT : 5/10
✚ : Produits naturels
━ : Peu de choix

• 8, rue des Francs-Bourgeois — 75003 Paris • Tél. : 01 42 77 06 08 • Horaires : mar.-sam. 11h-19h, dim.-lun. 14h-19h • Métro : St-Paul, Hôtel-de-Ville • Bus : 67, 69, 76, 96

Autour du Monde consacre désormais quelques m² de sa boutique aux produits de beauté naturels (gel douche à la bergamote, au pamplemousse ou encore au citron vert, 55 F les 200 ml, laits de toilette, lotions rafraîchissantes).

PARIS 4e

BAINS PLUS

Produits de beauté de grandes marques

Q/P : 7/10 • ASSORTIMENT : 9/10
✚ : Ouvert le dimanche

• 51, rue des Francs-Bourgeois — 75004 Paris • Tél. : 01 48 87 83 07 • Fax : 01 48 87 19 12 • Horaires : mar.-sam. 11h-19h, dim. 14h30-19h • Métro : St-Paul • Bus : 58, 70, 72, 74

Grand choix des meilleures marques de produits de beauté (Crabtree & Evelyn, Côté Bastide, L'Occitane) à des prix raisonnables (30 F le savon naturel).

PARIS 5e

JOSEPHA

Produits capillaires pour cheveux frisés et bouclés

Q/P : 7/10 • ASSORTIMENT : 6/10
✚ : Cheveux frisés et bouclés, conseils

• 62, rue Claude-Bernard — 75005 Paris • Tél. : 01 45 35 44 88 • Fax : 01 45 35 44 88 • Horaires : mar.-sam. 10h-19h • Métro : Censier-Daubenton • Bus : 83

Spécialisée dans les chevelures frisées et bouclées, Josepha a créé une gamme de produits lavants et traitants adaptée aux cheveux difficiles à coiffer. Les conseils prodigués vous feront oublier que les produits sont un peu chers (entre 60 et 80 F). Livraison possible à Paris, en province ou à l'étranger.

LE SERPENT VERT

Cosmétiques naturels, produits diététiques

Q/P : 7/10 • ASSORTIMENT : 5/10
✚ : Bons conseils

• 40, bd St-Marcel — 75005 Paris • Tél. : 01 43 31 63 63 • Horaires : mar.-sam. 10h-19h • Métro : St-Marcel • Bus : 91

Choix un peu restreint mais vous avez l'assurance d'être conseillé par une spécialiste, dans votre intérêt : si aucun produit ne répond à votre problème, on vous le dira. Vous trouverez un certain nombre de produits cosmétiques naturels et des compléments alimentaires.

L'Artisan Parfumeur

Parfums pour homme et femme, parfums d'intérieur… Dans un cadre chaleureux, des parfums pour homme et femme, ou des parfums d'intérieur créés par un artiste des fragrances. Les noms des parfums sont évocateurs des produits utilisés pour leur élaboration : "Folies de mûres", "l'Eau d'ambre", "Mimosa : Moi", "Drôle de rose", "Voleur de rose", "Premier Figuier", "Bois d'Orient"… Vous ne pouvez pas vous tromper sur la matière première. Compter 260 F les 50 ml, et 385 F les 100 ml. Horaires : lun. 13h30-19h, mar.-sam. 10h-19h.

- **L'ARTISAN PARFUMEUR** : 32, rue du Bourg-Tibourg — 75004 Paris — Tél. : 0148045566
- **L'ARTISAN PARFUMEUR** : 24, bd Raspail — 75007 Paris — Tél. : 0142222332
- **L'ARTISAN PARFUMEUR** : 22, rue Vignon — 75009 Paris — Tél. : 0142663266
- **L'ARTISAN PARFUMEUR** : 24, rue de Chartres — 92200 Neuilly-sur-Seine — Tél. : 0147451010

PARIS 6e

FLORAME

Santé, entretien de la forme
Q/P : 7/10 •ASSORTIMENT : 9/10
✚ : Grand choix d'huiles essentielles

•3, rue Dupuytren — 75006 Paris •Tél. : 0144073453 •Horaires : lun.-sam. 10h-13h, 14h-19h •Métro : Odéon •Bus : 63, 86

Boutique spécialisée dans les huiles essentielles. Aussi savons végétaux et autres produits naturels. Michelle Pélissier vous conseille avec le sourire!

Le Club des créateurs de beauté

Pour commander de chez soi, sur un catalogue de plus de 300 produits, du maquillage Agnès B (embellisseur abricot, 95 F), des crèmes de jour Cosmence, des shampoings Maniatis (39 F), il vous suffit de demander le catalogue. Une fois devenue cliente, vous le recevrez automatiquement, ainsi que les nombreuses promotions qui l'accompagnent (chèques-cadeaux, réductions, etc.).

- **LE CLUB DES CRÉATEURS DE BEAUTÉ** : 10, rue de la Paix — 75002 Paris — Tél. : 0141056805

PARIS 7e

CRABTREE & EVELYN

Produits de beauté anglais
Q/P : 9/10 •ASSORTIMENT : 7/10
✚ : Petits prix

•177, bd St-Germain — 75007 Paris •Tél. : 0145446876 •Horaires : lun.-sam. 10h-19h •Métro : St-Germain-des-Prés •Bus : 63, 70, 86, 96

Grand choix de produits cosmétiques anglais de la marque Crabtree & Evelyn – savons, laits pour le corps, laits démaquillants –, mais aussi quelques parfums d'intérieur et des produits alimentaires. Un lieu très agréable et des produits bon marché.

PARFUMS DE NICOLAÏ

Parfumeur
Q/P : 8/10 •ASSORTIMENT : 6/10
✚ : Artisan parfumeur

•80, rue de Grenelle — 75007 Paris •Tél. : 0145445959 •Horaires : lun.-sam. 10h-18h30 •Métro : Rue-du-Bac •Bus : 69

Créés par l'une des descendantes de Guerlain, les Parfums de Nicolaï proposent des parfums, des eaux de toilette et des senteurs pour la maison d'un grand raffinement. Arrêtez-vous notamment sur l'Eau d'été (224 F les 100 ml), sur les bougies Au nom de la rose et sur les parfums d'intérieur du même nom, ils valent le détour.

PERLIER

Produits de beauté au miel, aux amandes, aux agrumes

Q/P : 7/10 •ASSORTIMENT : 7/10
+ : Eaux pour le corps

•8, rue de Sèvres — 75007 Paris •Tél. : 0145484805 •Horaires : mar.-sam. 10h-19h •Métro : Sèvres-Babylone •Bus : 48, 83, 84, 94

Chez Perlier, gamme étendue de produits de beauté uniquement à base de produits naturels, comme le miel, l'amande et les agrumes. Soins du corps, crèmes et bains moussants, soins du visage. Particulièrement agréables, les eaux Perlier, au parfum de votre choix.

PARIS 9e

PARIS LOOK

Parfums à prix réduits

Q/P : 9/10 •ASSORTIMENT : 8/10
+ : Prix réduits

•16, bd Haussmann — 75009 Paris •Tél. : 0144833030 •Horaires : lun.-sam. 10h-19h •Métro : Chaussée-d'Antin •Bus : 20, 39, 48 • Voir Paris Look, Paris 1er.

Patchouli & Luxe Parfums

Les magasins Patchouli & Luxe Parfums sont désormais réunis pour vous proposer un plus grand nombre d'avantages dans toutes leurs boutiques. Toutes les grandes marques de parfumerie et, dans huit d'entre elles, des soins d'institut (épilations, soins du corps et du visage, modelage, soins amincissants, UV). Prix compétitifs et promotions fréquentes. Carte Privilège : après 10 achats de plus de 200 F, un chèque de 100 F de réduction, utilisable dans toutes les boutiques du groupe.
• PATCHOULI & LUXE PARFUMS, 29 magasins en R.P. — Tél. : 01 40727297

PARIS 13e

DIANE SHELLEY

Parfumerie, institut de beauté

Q/P : 8/10 •ASSORTIMENT : 8/10
+ : Grandes marques

•109, av. d'Italie — 75013 Paris •Tél. : 0145850040 •Horaires : lun. 13h-19h, mar.-sam. 9h30-19h •Métro : Maison-Blanche •Bus : 47

•96, bd Masséna — 75013 Paris •Tél. : 0145842055 •Horaires : lun.-sam. 10h-20h •Métro : Porte-de-Choisy •Bus : PC

Petite boutique qui propose néanmoins un grand choix de marques de parfumerie et de produits de beauté. Outre les promotions régulières, prix très inférieurs au marché, selon les marques. La boutique propose également des soins d'institut de beauté classiques, uniquement sur rendez-vous.

PARIS 15e

ART ET BEAUTÉ

Parfumerie à petits prix

Q/P : 8/10 •ASSORTIMENT : 7/10
+ : Des conseils avisés

•180, rue Lecourbe — 75015 Paris •Tél. : 0145322094 •Horaires : lun.-sam. 10h-19h •Métro : Convention •Bus : 62

Ancienne Parfumerie Kleber devenue indépendante, Art et Beauté a cependant gardé la même politique de tarifs : des prix très compétitifs en parfumerie et produits de beauté. Toutes les grandes marques françaises de produits de soins, de parfumerie et de maquillage. Vendeuses formées et compétentes, elles peuvent donc vous conseiller les produits dans votre intérêt. Soins esthétiques, prix un peu plus élevés (soins du visage, 250 F).

Marionnaud Parfumeries

Cette chaîne de boutiques propose les grandes marques de la parfumerie et des produits de beauté. Les promotions sont régulières et les prix courants restent moins chers que la normale d'environ 20 % selon les marques. Des téléviseurs avec des casques sont installés dans un coin de la boutique pour que vos enfants puissent regarder des dessins animés pendant que vous faites votre choix en toute tranquillité. Minitel : 3615 MARIONNAUD (1,29 F/min).

• MARIONNAUD, 20 magasins en R.P. — Tél. : 0148086969

PARIS 16ᵉ

CRABTREE & EVELYN

Produits de beauté anglais   Q/P : 8/10 •ASSORTIMENT : 7/10
   ✚ : Petits prix

•Galerie Passy-Plaza — 53, rue de Passy — 75016 Paris •Tél. : 0142882476 • Fax : 0142882481
•Horaires : lun.-sam. 10h-19h •Métro : Passy, Muette •Bus : 32 • Voir Crabtree & Evelyn, Paris 7e.

Euro Santé Beauté

Le choix des produits et l'espace qui leur est réservé sont une réelle invitation à la consommation. Produits cosmétiques, dermocosmétiques, soins capillaires, hygiène corporelle, diététique, hygiène dentaire, soins du bébé et podologie sont les principaux thèmes développés, sans oublier les compléments alimentaires. La plupart de ces centres (13 magasins) pratiquent également des soins d'institut de grande qualité à des prix concurrentiels (soins du visage, du corps, modelage corporel, épilation).

• EURO SANTE BEAUTÉ, 18 magasins en R.P. — Tél. : 0146720641

LES COMPTOIRS DU TROCADÉRO

Cosmétiques, mode, décoration,   Q/P : 7/10 •ASSORTIMENT : 5/10
meubles   ✚ : Marque Avon

•17, av. Raymond-Poincaré — 75016 Paris •Tél. : 0153657575 •Horaires : lun.-sam. 10h30-19h30 •Métro : Trocadéro •Bus : 22, 52

Grand espace de vente exclusivement consacré aux produits cosmétiques Avon. Une exclusivité qui ne change en rien la qualité des produits, très naturels : masque adoucissant à la mangue (40 F les 75 ml), crème pour les mains à la camomille (30 F les 100 ml), shampoing à l'huile de coprah (33 F les 250 ml), sans oublier une gamme de maquillage. Également, des vêtements, de la décoration et du mobilier.

Parfumeries Kleber

Leur réputation n'est plus à faire : toutes les marques de la parfumerie à prix très compétitifs. Désormais, les parfumeries Kleber proposent également des soins d'institut (UV, soins du corps, du visage et épilations), mais uniquement dans les centres les plus grands. Les vendeuses sont formées et diplômées, vous pouvez donc compter sur leur compétence.

• PARFUMERIES KLEBER, 16 magasins en R.P. — Tél. : 0147371419

PARFUMS DE NICOLAÏ

Création de parfums   Q/P : 8/10 •ASSORTIMENT : 6/10
   ✚ : Artisan parfumeur

•69, av. Raymond-Poincaré — 75016 Paris •Tél. : 0147559092 •Fax : 0147042401 •Horaires : lun.-sam. 10h-13h, 13h30-18h30 •Métro : Victor-Hugo •Bus : 52, 82 • Voir Parfums de Nicolaï, Paris 7e.

The Body Shop

Grand choix de produits de beauté naturels, beaucoup de petits prix (lait démaquillant à l'huile d'orchidée, 48 F les 250 ml; tonique à l'huile d'arbre à thé, 51 F les 250 ml; crayon à lèvres, 37 F). Du maquillage, des shampoings, des crèmes, des huiles et des parfums. Les hommes ne sont pas en reste puisqu'une gamme de produits leur est consacrée. Les produits Body Shop sont garantis non testés sur les animaux.
• THE BODY SHOP : 12 magasins en R.P. — Tél. : 01 42 60 56 08

Parapharmacie, produits diététiques

PARIS 1er

HERBORISTERIE DU PALAIS-ROYAL

Herboristerie, huiles essentielles, cosmétiques, produits diététiques	Q/P : 8/10 • ASSORTIMENT : 9/10 ✚ : Grand choix

• 11, rue des Petits-Champs — 75001 Paris • Tél. : 01 42 97 54 68 • Fax : 01 42 97 44 22 • Horaires : lun.-sam. 9h-19h • Métro : Bourse, Palais-Royal • Bus : 29

Grand choix de plantes médicinales (35 F les 100 g) et aromatiques, de cosmétiques naturels, de crèmes et huiles de massage, de senteurs pour la maison et de compléments alimentaires diététiques. Également le savon le plus naturel qui soit, le lingot d'Alep, fait à partir d'huiles d'olive et de laurier. À disposition, un serveur minitel (3615 HERBO, 2,23 F/min) pour vous informer sur les plantes aromatiques et médicinales.

Para ✚

Produits diététiques, compléments alimentaires, cosmétiques... Un très grand choix de cosmétiques, avec des prix plus ou moins avantageux selon les marques. Le petit plus : les conseils prodigués par le personnel de vente et l'institut de beauté adjacent à la boutique (manucure avec pose de vernis 120 F, épilation demi-jambes 80 F, aisselles 60 F). Horaires : lun.-ven. 10h-19h30, sam. 11h-19h30.
• PARA ✚ : 15, rue du Louvre — 75001 Paris — Tél. : 01 40 28 48 08
• PARA ✚ : 1, rue du Quatre-Septembre — 75002 Paris — Tél. : 01 49 27 93 10
• PARA ✚ : 72, bd Raspail — 75006 Paris — Tél. : 01 45 49 90 66

Parasanté

Cosmétiques, diététique, compléments alimentaires... Prix compétitifs, grand choix de produits, voilà les caractéristiques principales de cette chaîne de magasins. La nouveauté : une carte de fidélité qui donne droit à une remise de 10 % après 5 passages dans l'un des magasins. Horaires : mar.-sam. 9h30-19h30.
• PARASANTÉ : 44, rue de Sèvres — 75007 Paris — Tél. : 01 45 44 00 01
• PARASANTÉ : 116, rue de Courcelles — 75017 Paris — Tél. : 01 47 63 03 50
• PARASANTÉ : Centre commercial Les 4 Temps — 92000 La Défense — Tél. : 01 47 74 65 03
• PARASANTÉ : Centre commercial Belle Épine — 94320 Thiais — Tél. : 01 46 87 56 00

PARIS 6ᵉ

HERBORISTERIE D'HIPPOCRATE

N

Herboristerie, huiles essentielles   Q/P : 7/10 •ASSORTIMENT : 9/10
+ : Plantes médicinales et écoute

•42, rue St-André-des-Arts — 75006 Paris •Tél. : 0140518703 •Horaires : 7j/7 11h-20h •Métro :
St-Michel, Odéon •Bus : 28, 38, 85

Cette herboristerie a l'aspect d'une pharmacie du début du siècle et des murs couverts
de pots contenant des plantes : vous êtes sûr de ne pas vous être trompé d'adresse. Plus
de 900 espèces de plantes médicinales et un large choix d'huiles essentielles. Les conseils
sont personnalisés et l'on prend le temps de vous écouter.

LES HERBES DU LUXEMBOURG

Herboristerie, produits diététiques,   Q/P : 8/10 •ASSORTIMENT : 8/10
cosmétiques naturels   **+** : De bons conseils

•3, rue Médicis — 75006 Paris •Tél. : 0143269153 •Horaires : lun.-sam. 10h30-19h30 •Métro :
Odéon •Bus : 63, 86

Avec un grand choix de produits diététiques, de produits cosmétiques et de plantes
médicinales, vous aurez affaire à des personnes formées pour vous aider.

PARIS 8ᵉ

ALPHA SANTÉ

Diététique, soins par les plantes,   Q/P : 8/10 •ASSORTIMENT : 10/10
cosmétiques, institut de beauté   **+** : Grand choix

•37, rue de La Boétie — 75008 Paris •Tél. : 0153753333 •Fax : 0153751570 •Horaires : lun.-sam.
10h-19h30 •Métro : Miromesnil •Bus : 22, 43

La plus grande parapharmacie de Paris, sur trois étages, avec un grand choix de produits
dans tous les domaines, surtout les compléments alimentaires. Vous y trouverez toutes
les grandes marques de cosmétiques à des prix compétitifs et un vaste étalage de plantes
médicinales.

PARIS 9ᵉ

MOGADOR SANTÉ

Parapharmacie : bilan et produits   Q/P : 8/10 •ASSORTIMENT : 7/10
diététiques, cosmétiques, soins   **+** : Bilan alimentaire
d'institut

•31, rue Mogador — 75009 Paris •Tél. : 0142814225 •Horaires : lun.-ven. 9h30-19h30, sam.
10h30-19h30 •Métro : Trinité •Bus : 32, 68, 81

Comme beaucoup d'autres, cette parapharmacie propose des produits cosmétiques, de
la diététique et des soins d'institut. Mais sa particularité est d'effectuer votre bilan alimentaire diététique, à partir de vos habitudes alimentaires et de votre hygiène de vie. La
consultation dure 45 min et coûte 150 F.

PARIS 13ᵉ

LA SANTÉ PAR LA NATURE

Herboristerie, diététique, compléments   Q/P : 6/10 •ASSORTIMENT : 8/10
alimentaires, phytothérapie   **+** : Les conseils
     — : Un peu fouillis

•60, av. d'Italie — 75013 Paris •Tél. : 0145801679 •Horaires : mar., jeu. et sam. 9h-19h, mer. et
ven. 9h-13h, 14h-19h •Métro : Tolbiac •Bus : 47, 62

L'espace n'est pas grand mais surchargé de produits divers. La boutique fait office d'herboristerie, mais propose également des produits diététiques, des compléments alimentaires et de la phytothérapie. Marques européennes : Cérérales, Vital Plus, Super Diet, etc. Prix corrects et bon conseil, par une spécialiste qui tient sa boutique depuis 50 ans. Promotions régulières.

PARIS 14ᵉ

DIETETIC SHOP

Produits diététiques et produits de beauté naturels

Q/P : 8/10 •ASSORTIMENT : 5/10
✛ : Épicerie diététique en nocturne

•11, rue Delambre — 75014 Paris •Tél. : 0143353975 •Horaires : lun.-sam. 11h-22h30 •Métro : Vavin, Edgar-Quinet •Bus : 68

Produits alimentaires et produits de beauté dans cette petite boutique de produits naturels qui fait aussi office de restaurant.

PARIS 16ᵉ

MARJOLAINE

Diététique, produits de beauté

Q/P : 7/10 •ASSORTIMENT : 6/10
✛ : Produits biologiques personnalisés

•65 bis, av. Mozart — 75016 Paris •Tél. : 0145270210 •Horaires : mar.-sam. 10h30-13h, 15h-19h •Métro : Jasmin •Bus : 22, 52

Vous trouverez dans ce lieu insolite, tout en longueur, des produits diététiques et des soins de beauté, principalement à base de tilleul, pour lutter contre la pollution des grandes villes et retrouver un teint frais.

PAULINE MAZZONI

Cosmétiques, diététique, compléments alimentaires

Q/P : 9/10 •ASSORTIMENT : 9/10
✛ : Petits prix

•36, rue de la Pompe — 75016 Paris •Tél. : 0145031211 •Horaires : lun.-sam. 10h-19h •Métro : La Muette •Bus : 52

Probablement l'une des parapharmacies les moins chères de Paris, avec en plus des promotions régulières : bain crème au miel Perlier 55 F les 500 ml, savon liquide surgras Laroche-Posay 46 F les 200 ml, Atoderm 66 F les 500 ml. Juste à côté se trouve un institut de beauté un peu cher, appartenant à la même maison, mais surtout le hammam (170 F l'entrée), ouvrant aux mêmes heures que la boutique.

PARIS 17ᵉ

NUTRITION-HYGIÈNE

Médecine chinoise

Q/P : 9/10 •ASSORTIMENT : 7/10
✛ : Médecine chinoise

•59, rue des Dames — 75017 Paris •Tél. : 0145224448 •Horaires : lun.-ven. 9h30-19h •Métro : Rome •Bus : 66

Dans ce royaume de la médecine chinoise, vous serez conseillé par un diététicien diplômé naturopathe. Produits biologiques, compléments alimentaires, plantes, huiles essentielles, élixirs floraux, etc. Très bon rapport qualité-prix.

PARAPHARMACIE CONSEIL

Médecine naturelle

Q/P : 8/10 •ASSORTIMENT : 8/10
✛ : Les conseils d'une naturopathe

•3, rue de Tocqueville — 75017 Paris •Tél. : 0147634002 •Horaires : lun.-ven. 10h-19h, sam. 10h-13h •Métro : Villiers •Bus : 30

Fondée par Mme Lê, diplômée de naturopathie, la Parapharmacie Conseil est spécialisée dans la médecine naturelle. Choix de plus de 500 produits, conseils personnalisés. Pour un drainage, des problèmes de minceur, et si vous souhaitez des produits alimentaires biologiques, vous trouverez tout ce dont vous avez besoin.

PARIS 18ᵉ

ALPHA SANTÉ

Diététique, soins par les plantes, cosmétiques, institut de beauté Q/P : 8/10 •ASSORTIMENT : 9/10
✛ : Grand choix

•2 bis, rue Poteau — 75018 Paris •Tél. : 0142545556 •Horaires : lun. 12h-19h30, mar.-sam. 10h-19h30 •Métro : Jules Joffrin •Bus : 31, 60, 80, 85 • Voir Alpha Santé, Paris 8e.

VITALDIET

Alimentation biologique et diététique Q/P : 7/10 •ASSORTIMENT : 8/10
✛ : Boutique bien organisée

•28, rue Lepic — 75018 Paris •Tél. : 0142591147 •Horaires : mar.-ven. 9h30-13h, 15h30-19h30 •Métro : Blanche •Bus : 30, 54

Petite supérette de produits biologiques et diététiques. Grand choix de produits frais et pains variés : complet, sésame, lima, seigle, soja, etc. Espace bien organisé et très agréable. Rayon produits de beauté avec des savons de purs produits végétaux (L'Occitane).

MONTREUIL 93

LE COMPTOIR AUX HERBES

Herboristerie, produits de beauté, huiles essentielles, parfums d'ambiance Q/P : 7/10 •ASSORTIMENT : 8/10
✛ : Miel d'Ardèche

•16, rue du Général-Gallieni — 93100 Montreuil •Tél. : 0148598469 •Horaires : mar.-sam. 10h15-19h30 •Métro : Croix-de-Chavaux •Bus : 122, 127

Boutique spécialisée dans les produits naturels comme les huiles essentielles, les produits de beauté à base de plantes, les senteurs pour la maison. Produits de grande qualité.

Instituts de beauté

Le moins cher des instituts de beauté

Les centres exclusivement réservés aux épilations et aux séances d'UV sont de plus en plus nombreux. Sans rendez-vous, à l'heure de votre choix et au dernier moment. Services rapides afin d'accepter un plus grand nombre de clients, d'où des prix très concurrentiels.

- *ÉPIL'MINUTE* : 69, av. de Villiers — 75017 Paris — Tél. : 0143807167
- *ESPACE ÉPILATION* : 3, rue Étienne-Marcel — 75001 Paris — Tél. : 0153407220
- *ESPACE ÉPILATION* : 14, rue Cler — 75007 Paris — Tél. : 0140629297
- *ESPACE ÉPILATION* : 82, rue Vaneau — 75007 Paris — Tél. : 0145480889
- *ESPACE ÉPILATION* : 76, rue de Javel — 75015 Paris — Tél. : 0145771444
- *SOLEIL D'ÉTÉ* : 84, bd Beaumarchais — 75011 Paris — Tél. : 0143550991

PARIS 1er

ESPACE ÉPILATION

Institut de beauté en self-service

Q/P : 7/10 •ASSORTIMENT : 9/10
+ : Sans rendez-vous et prix bas
− : À la chaîne

•3, rue Étienne-Marcel — 75001 Paris •Tél. : 0153407220 •Horaires : lun.-sam. 10h-20h •Métro : Étienne-Marcel •Bus : 29, 38, 47

Sans RDV, prix les plus bas du marché. Prestations nombreuses (épilations, soins du corps, manucure, etc.) et service rapide (abonnement pour une période de 6 mois : 300 F, + 100 F de frais de dossier). Mais vous ne serez pas dorloté, ici on travaille à la chaîne…

INSTITUT JOSIANE LAURE

Acupuncture, épilations, soins esthétiques

Q/P : 7/10 •ASSORTIMENT : 7/10
+ : L'acupuncture

•255, rue St-Honoré — 75001 Paris •Tél. : 0142868002 •Horaires : mar.-sam. 10h-18h •Métro : Concorde •Bus : 24, 42, 72, 73, 94

Soins du corps et du visage par l'acupuncture, l'électropuncture et les huiles essentielles. D'autres soins proposés : épilations, nettoyage de peau (295 F), soins lift du visage (310 F) et soins du corps relaxant (280 F). Uniquement sur RDV.

INSTITUT LANCÔME

Soins esthétiques, épilations, massages

Q/P : 7/10 •ASSORTIMENT : 8/10
+ : Les massages

•29, rue St-Honoré — 75001 Paris •Tél. : 0142653074 •Horaires : lun.-sam. 10h-20h •Métro : Châtelet •Bus : 21, 69, 72, 76, 81

Soins exfoliants, gommages corporels, soins électriques ainsi qu'épilations (200 F les demi-jambes). Petit plus, les massages prodigués avec des mains expertes (100 F le quart d'heure, et vous pouvez en demander autant que vous voulez). Cadre chic et agréable, très soigné.

INSTITUT SYLVIE ELSTNER

Soins du corps, maquillage à domicile

Q/P : 7/10 •ASSORTIMENT : 7/10
+ : Technique professionnelle

•10, rue des Pyramides — 75001 Paris •Tél. : 0142604559 •Horaires : lun.-ven. 10h-19h •Métro : Pyramides, Tuileries •Bus : 42, 72, 94

Situé sous un salon de coiffure, cet institut de beauté vous ravira par sa simplicité et par l'accueil de Sylvie qui tient seule cet établissement. Ici, vous aurez l'assurance de ne pas être épilée au lance-pierres, car les petites crèmes apaisantes sont de rigueur. Outre les soins classiques, vous pouvez demander une séance de maquillage à domicile (450 F).

INSTITUT VINCENT BERNI

Soins du corps, coiffure

Q/P : 7/10 •ASSORTIMENT : 8/10
+ : Coupe de cheveux au même endroit

•1, place des Deux-Écus — 75001 Paris •Tél. : 0140262640 •Horaires : lun.-ven. 9h30-19h, jeu. 12h-21h •Métro : Louvre-Rivoli •Bus : 67, 74, 85

Pour gagner du temps, coupe de cheveux et soins du corps se déroulent au même endroit. Grande qualité de service et d'accueil, à des prix corrects. Nocturne le jeudi.

MISS CHINA SELECT

Manucure, mode chinoise de luxe

Q/P : 8/10 •ASSORTIMENT : 7/10
+ : Manucures exotiques

•3, rue Française — 75001 Paris •Tél. : 0140410892 •Fax : 0140410807 •Horaires : lun.-sam. 11h-19h30 •Métro : Étienne-Marcel •Bus : 29, 38, 47 •Internet : http ://www. misschina. tm. fr

Espace manucure exotique dans le cadre d'une boutique de mode, où l'on vous initiera aux techniques chinoises de massage des mains. On y pratique des manucures classiques et des décorations d'ongles, à des prix raisonnables (135 F le forfait).

PARIS 2e

ÉCOLE PRIVÉE CATHERINE SERTIN

Esthétique, soins du corps, épilations

Q/P : 9/10 •ASSORTIMENT : 5/10
+ : Petits prix
– : Peu de choix de soins

•9, rue Volney — 75002 Paris •Tél. : 0142610125 •Fax : 0142612286 •Horaires : lun.-ven. 10h-18h •Métro : Opéra •Bus : 22, 52, 53, 66

L'une des adresses les moins chères de Paris (soins du visage, épilations, 70 F). Appelez en début de semaine pour connaître les horaires des séances de soins, les stages n'ont pas lieu tous les jours. Vous serez en tout cas aussi bien traité que dans d'autres instituts.

PARIS 4e

NICKEL

Institut pour hommes : manucure, beauté des pieds, soins esthétiques, massages

Q/P : 7/10 •ASSORTIMENT : 8/10
+ : Pour l'homme

•48, rue des Francs-Bourgeois — 75004 Paris •Tél. : 0142774110 •Horaires : lun. 14h-19h30, mar.-mer. et ven.-sam. 10h-19h30, jeu. 10h-21h30 •Métro : St-Paul •Bus : 29

Institut exclusivement réservé aux hommes, Nickel propose tous les soins classiques : manucure (70 F), beauté des pieds (90 F), soins du corps et du visage, ainsi que massages relaxants ou tonifiants. L'intitulé des épilations fait comprendre que les femmes ne sont pas les bienvenues : jambes de cyclistes (160 F), dos de nageur (140 F), torse de boxeur (140 F), épaules et bras d'athlètes (90 F).

PARIS 6e

ARTISTIC NAIL

Onglerie, manucure

Q/P : 7/10 •ASSORTIMENT : 8/10
+ : Décorations d'ongles

•84, rue du Cherche-Midi — 75006 Paris •Tél. : 0142220062 •Horaires : lun.-ven. 10h-18h30, sam. 9h30-17h30 •Métro : Vaneau •Bus : 83, 84, 94

Cette onglerie met à votre disposition des professionnels pour des soins classiques comme la manucure ou la "french manucure". On y pratique également les décorations d'ongles avec des couleurs et des formes originales. Uniquement sur RDV.

PARIS 7e

ÉDEN BEAUTÉ

Soins esthétiques, épilation, balnéothérapie, UV, manucure, massages

Q/P : 9/10 •ASSORTIMENT : 8/10
+ : Ouvert tôt et tard

•39, rue du Champ-de-Mars — 75007 Paris •Tél. : 0145513725 •Horaires : mar.-ven. 8h30-20h, sam. 8h30-19h •Métro : École-Militaire •Bus : 28, 49, 82, 92

Pour être chouchoutée sans y laisser son porte-monnaie, Éden Beauté propose de nombreux soins d'un très bon rapport qualité-prix. Dans une ambiance relaxante de musique classique, épilations (35 F les sourcils, jambes entières et maillot 185 F), soins du corps (massages 30 min 220 F, 45 min 260 F, balnéothérapie 150 F) ainsi que gommages corporels, soins du visage (soins, massages, maquillage), manucures et UV. Des soins classiques et variés. L'accueil est naturel et souriant, on prendra soin de vous!

Allô Beauté

Si vous préférez le cadre de votre appartement à celui d'un institut de beauté, et surtout si vous n'avez pas de temps à perdre, appelez le service Allô Beauté. Ils se déplacent à domicile, sur Paris et la proche banlieue, pour des soins aux huiles essentielles, des épilations (160 F les demi-jambes) et des drainages. Comptez quelques jours pour obtenir un rendez-vous.
• **ALLÔ BEAUTÉ** : Tél. : 0143983614

ESPACE ÉPILATION

Institut de beauté en self-service   Q/P : 7/10 •ASSORTIMENT : 9/10
                                             ✚ : Sans RDV

•82, rue Vaneau — 75007 Paris •Tél. : 0145480889 • Métro : Vaneau •Bus : 39, 70
•14, rue Clerc — 75007 Paris •Tél. : 0140629297 •Métro : École-Militaire •Bus : 28, 49, 82, 92
•Horaires : lun.-sam. 10h-20h • Voir Espace Épilation, Paris 1er.

HAIR NET

Manucures, soins esthétiques,   Q/P : 7/10 •ASSORTIMENT : 8/10
épilations, soins du corps, coiffure   ✚ : Soins et coiffure sans RDV

•71, av. de Suffren — 75007 Paris •Tél. : 0147835102 •Horaires : lun.-mer. et ven. 9h30-19h, jeu. 10h-20h, sam. 9h30-18h •Métro : La Motte Picquet-Grenelle •Bus : 49, 80

Pour les imprévus, Hair Net propose des soins d'institut et de salon de coiffure, sans RDV (avec, c'est aussi possible!). Vous pourrez tout y faire : manucures, soins esthétiques, épilations, soins du corps. De même pour le salon de coiffure (coupe, décolorations, mèches, etc.). Les prix sont abordables et le service agréable.

INSTITUT DE BEAUTÉ SOLEIL

Soins esthétiques personnalisés, UVA   Q/P : 7/10 •ASSORTIMENT : 10/10
                                             ✚ : Séances d'UVA sans RDV

•39, rue de Sèvres — 75007 Paris •Tél. : 0145443979 •Horaires : lun.-sam. 8h30-20h30 •Métro : Sèvres-Babylone •Bus : 48, 84, 87, 94

Des soins en grand nombre, pour tous les goûts, à durées variables. 16 soins du visage (à partir de 150 F), 20 soins du corps différents (à partir de 120 F), aux huiles essentielles et aux extraits végétaux. Un système d'abonnement pour les épilations vous donne accès à des prix très compétitifs : abonnement d'un an 480 F, puis 20 F chaque prestation.

JARDIN DES ONGLES

Soins des mains et des ongles   Q/P : 8/10 •ASSORTIMENT : 6/10
                                             ✚ : Soins à l'huile

•77, av. de la Bourdonnais — 75007 Paris •Tél. : 0147059373 •Horaires : lun.-ven. 10h-19h •Métro : École-Militaire •Bus : 28, 49, 82, 92

Cet institut est spécialisé dans les soins des mains, les manucures et les poses de faux ongles (ongles américains en fibre de verre). Les manucures peuvent être effectuées avec des soins de bains d'huile, pour homme et femme. Prenez RDV deux semaines à l'avance.

SEPTIÈME BEAUTÉ SANTÉ

Soins esthétiques et parapharmacie   Q/P : 8/10 •ASSORTIMENT : 9/10
                                             ✚ : Le soin aromadermine

•96, rue St-Dominique — 75007 Paris •Tél. : 0145551255 •Horaires : lun.-sam. 10h-19h30 •Métro : École-Militaire, Invalides •Bus : 28, 49, 82, 92

Parapharmacie classique au RDC et institut de beauté au sous-sol. On vous y prodigue des soins à tout petits prix : forfait épilation jambes, maillot, aisselles 125 F, décoloration des bras 90 F, mais aussi soins anti-rides ou revitalisants, nettoyages de peau, teintures, soins corporels, massages (150 F les 30 min), manucures, maquillage, etc. Promotions régulières, sur les soins comme sur les produits.

CENTRE DE FORMATION PÉRIGOT

École d'esthétique

Q/P : 9/10 •ASSORTIMENT : 7/10
+ : Prix bas
— : Réserver 1 mois à l'avance

•9, rue St-Florentin — 75008 Paris •Tél. : 0142601114 •Horaires : lun.-ven. 10h-17h •Métro : Concorde •Bus : 42, 72, 73, 84

Pour obtenir un rendez-vous mieux vaut s'y prendre à l'avance. Mais une fois sur place, prix très bas (maillot, aisselles, 40 F, demi-jambes, 50 F) et service de très bonne qualité. École ne signifie pas limitation des services : ici vous pouvez demander ce que vous voulez.

ÉCOLE INTERNATIONALE D'ESTHÉTIQUE

Soins du visage, épilations

Q/P : 8/10 •ASSORTIMENT : 6/10
+ : Prix école

•14, rue du Fg-St-Honoré — 75008 Paris •Tél. : 0142659977 •Horaires : lun.-ven. 10h-12h, 14h-17h •Métro : Concorde •Bus : 24, 42, 72, 94

Les soins et les épilations se font uniquement sur RDV, selon les plannings des stages donnés par les professeurs. Ils ont lieu soit en matinée, soit en après-midi, et uniquement pendant l'année scolaire. Tous les soins sont à 100 F. Les élèves sont très professionnelles, donc rien à craindre.

ESPACE COCOONING

Soins du visage, soins du corps, maquillage, épilation

Q/P : 7/10 •ASSORTIMENT : 9/10
+ : Journées Tentations

•23 bis, rue de Constantinople — 75008 Paris •Tél. : 0142949440 •Horaires : lun.-sam. 10h-20h •Métro : Villiers •Bus : 30, 94

Premier centre pilote de micro-peeling, technique spéciale de nettoyage de la peau, l'Espace Cocooning a élargi ses services. Micro-peeling, soins phyto-régénérence, soins lifting pour une restructuration du corps et du visage, mais aussi épilations à la cire vierge, épilation définitive, maquillage définitif et cours d'auto-maquillage. Tous les soins sont effectués avec des produits biologiques. Le petit plus : l'institut organise des journées Tentations (650 F) où l'on vous propose de choisir des soins appropriés à vos envies : balnéo, modelage californien, soins du visage et épilations. Uniquement sur rendez-vous.

Esthétique à domicile

Équipe de 29 professionnels (coiffeurs, esthéticiennes, maquilleuses, masseurs, kinésithérapeutes, pédicures), tous services à domicile possibles, le jour comme la nuit, et les dimanches aussi! Seul le prix change selon l'heure du déplacement : coiffeur après 23h, 500 F, manucure après 20h, 400 F, massage en journée, 650 F (1h). Service assuré 1/2h après votre appel, 24h/24 et 7j/7.
• BEATI CORPUS : 1, rue Moncey — 75009 Paris — Tél. : 0148744493

L'ONGLERIE

Onglerie, manucure

Q/P : 7/10 •ASSORTIMENT : 8/10
+ : Avec ou sans rendez-vous

•26, rue Godot-de-Mauroy — 75009 Paris •Tél. : 0142654913 •Horaires : lun.-ven. 10h-20h, sam. 10h-19h •Métro : Opéra •Bus : 22, 52, 53, 66

Institut spécialisé dans l'ongle, manucures, "french manucures", soins des mains et décorations d'ongles. La beauté des pieds est aussi au programme. Les prix ne sont pas excessifs (soins complets, 230 F) et vous pouvez venir avec ou sans rendez-vous.

PARIS 11ᵉ

L'HEURE BLEUE

Massages orientaux   Q/P : 7/10 •ASSORTIMENT : 7/10
                                  ✛ : Massages orientaux

•39, bd de Ménilmontant — 75011 Paris •Tél. : 0143718086 •Horaires : lun.-ven. 9h30-19h
•Métro : Père-Lachaise •Bus : 61, 69

L'Heure Bleue est un centre dermographique, esthétique et artistique. Massages orientaux (auxquels on procède avec des pierres saponifères), tatouages et maquillage permanent (contour des lèvres, 2000 F). Décor particulièrement agréable et accueil chaleureux.

SOLEIL D'ÉTÉ

UVA   Q/P : 8/10 •ASSORTIMENT : 6/10
                                  ✛ : Grand espace

•84, bd Beaumarchais — 75011 Paris •Tél. : 0143550991 •Horaires : lun.-sam. 8h-21h, dim. 9h-21h •Métro : Saint-Sébastien Froissart •Bus : 20, 65

L'espace est grand et les cabines nombreuses. Séances d'UVA en intégral ou en facial, à haute ou basse pression. Comptez 35 F la séance. Abonnement pour 5 séances, 175 F, pour 10 séances, 300 F.

PARIS 12ᵉ

TOP SOLEIL

Soins esthétiques orientaux   Q/P : 8/10 •ASSORTIMENT : 7/10
                                  ✛ : Cire orientale au miel

•86, bd de Reuilly — 75012 Paris •Tél. : 0153170253 •Horaires : 7j/7 9h-21h •Métro : Bel-Air, Daumesnil •Bus : 29

Séances d'épilation orientale, à l'aide d'une cire à base de miel qui évite une repousse rapide. Soins du visage également basés sur des produits naturels. Séances d'UVA, sans rendez-vous (40 F la séance, sans abonnement). Pour les épilations, mieux vaut prendre rendez-vous la veille. Accueil très agréable.

PARIS 15ᵉ

CENTRE DE SOINS DE L'ÉCOLE D'ASSAS

Pédicure, podologie   Q/P : 8/10 •ASSORTIMENT : 5/10
                                  ✛ : Petits prix

•1, rue Jules-Simon — 75015 Paris •Tél. : 0148560912 •Horaires : lun.-ven. 9h-12h, 14h-16h
•Métro : Félix-Faure •Bus : 62

L'école se trouve au fond de la cour de l'immeuble. Soins de pédicurie et tout ce qui concerne les pieds (pédicurie, 35 F). Prendre rendez-vous à l'avance car les demandes sont nombreuses. Exceptionnellement, l'école pratique aussi des manucures.

Point Soleil

Chaîne d'instituts indépendants, connue surtout pour ses séances d'UVA, service sans rendez-vous, à petit prix (30 F les 10 min) et ouvert tous les jours. Séances de soins esthétiques et d'épilation font partie du programme de certains centres. Quel que soit le service demandé, propreté et hygiène sont toujours la règle d'or de Point Soleil.
• *POINT SOLEIL* : 12 magasins en R.P. — Tél. : 0147453838

ESPACE ÉPILATION

Institut de beauté en self-service
Q/P : 7/10 •ASSORTIMENT : 9/10
+ : Sans RDV
− : À la chaîne

•76, rue de Javel — 75015 Paris •Tél. : 0145771444 •Horaires : lun.-sam. 10h-20h •Métro : Charles-Michel •Bus : 42, 70 • Voir Espace Épilation, Paris 1er.

HADJALA

Épilation orientale, gommages
Q/P : 7/10 •ASSORTIMENT : 7/10
+ : Gommages aux plantes

•7, rue du Laos — 75015 Paris •Tél. : 0145671802 •Horaires : mar.-jeu. 8h-22h, ven. 8h-15h •Métro : Cambronne •Bus : 49, 80

Hadjala utilise les techniques orientales d'épilation avec des produits à base de miel et de citron. Compter 120 F pour les demi-jambes. Les gommages du corps et du visage recourent à la même technique, avec des produits à base de plantes (corps, 450 F). Les soins durent 40 min en moyenne. Prendre RDV.

INSTITUT PARVANEH

Soins du corps, épilations, massages et bains de pieds
Q/P : 8/10 •ASSORTIMENT : 7/10
+ : Bains de pieds

•3, rue de la Procession — 75015 Paris •Tél. : 0147347888 •Horaires : mar.-ven. 10h30-19h30, sam. sur rendez-vous •Métro : Volontaires •Bus : 39, 80, 89

Institut de beauté original, soins classiques pour le corps et le visage, épilations (forfait demi-jambes, maillot, aisselles, 210 F) mais aussi soins plus exotiques comme bains et massages des pieds. Tout est effectué à l'aide de produits naturels (sans conservateurs). Soins longs ou soins courts, comptez entre 250 et 460 F pour une prestation.

PARIS 17e

CLUB SAMIKARIM

Soins orientaux
Q/P : 7/10 •ASSORTIMENT : 7/10
+ : Ouvert tous les jours

•7 bis, rue de l'Étoile — 75017 Paris •Tél. : 0147549107 •Horaires : 7j/7 8h30-22h •Métro : Charles de Gaulle-Étoile •Bus : 31

Cet institut propose des soins orientaux : épilation au caramel (ou à la cire jetable), UVA, gommages corporels (350 F, 1h) et soins du visage (100 F). Cire orientale utilisée pour les épilations faites sur place, à base de sucre et de citron. Tous les jours sans RDV.

COUP DE POUDRE

Soins esthétiques, maquillage, épilation, manucure, pédicurie
Q/P : 7/10 •ASSORTIMENT : 8/10
+ : Le soin frigithalgo

•45, rue Poncelet — 75017 Paris •Tél. : 0142278940 •Horaires : mar.-ven. 10h-19h30, sam. 10h-18h30 •Métro : Ternes •Bus : 31

Institut de beauté assez classique. Soins du visage et du corps, épilations (maillot, aisselles, 65 F), maquillage, manucure, soins des pieds (130 F). Deux nouveautés : le soin frigithalgo (180 F) et le soin remodelant (180 F). Pour les moins de 25 ans, 20 % de remise sur les soins du visage. Une adresse très professionnelle.

ÉPIL'MINUTE

Épilations
Q/P : 6/10 •ASSORTIMENT : 8/10
+ : Sans rendez-vous

•69, av. de Villiers — 75017 Paris •Tél. : 0143807167 •Horaires : lun.-sam. 10h-20h •Métro : Wagram •Bus : 31

Centre d'épilation sans RDV. Vous êtes rapidement introduite dans l'une des cabines pour recevoir les soins de votre choix. 100 F de frais de dossier pour l'inscription, puis 65 F par mois de cotisation. Vous pourrez alors accéder à des tarifs très bas : tous les services proposés sont à 25 F. Toutes les épilations sont possibles, ainsi que des manucures.

St-Algue

Bien connu pour ses salons de coiffure, St-Algue propose également désormais des soins d'institut nombreux et complets. Épilations à la cire traditionnelle par forfaits (demi-jambes, maillot et aisselles, 200 F), et combinaison d'épilations et de soins (soin du visage, demi-jambes, maillot et aisselles, 360 F). Autres services : soin du corps, drainage lymphatique (260 F), maquillage, teinture (cils, sourcils), manucure, maquillage permanent.

• **ST-ALGUE** : 120 magasins en France — Tél. : 0836686202

BOULOGNE-BILLANCOURT 92

INSTITUT FRANÇAIS D'ESTHÉTIQUE ET DE DIÉTÉTIQUE

Soins esthétiques, manucure,　　　　Q/P : 8/10 •ASSORTIMENT : 7/10
balnéothérapie　　　　　　　　　　　✚ : La balnéothérapie

•58, rue de Sèvres — 92100 Boulogne-Billancourt •Tél. : 0149099414 •Horaires : lun.-mer. et ven. 9h-19h, jeu. 10h-20h, sam. 9h30-17h30 •Métro : Billancourt •Bus : 72, 123

Essentiellement des soins classiques : soins du corps (amincissants), enveloppement d'algues (300 F), soins du visage (entre 250 et 300 F) et manucures (entre 130 et 150 F). Possibilité de s'abonner aux soins pour 6 ou 10 séances. Prise de RDV obligatoire. Vous serez bien accueillie et très bien soignée.

CLARINS

Produits Clarins, soins esthétiques,　　Q/P : 8/10 •ASSORTIMENT : 6/10
cours de maquillage　　　　　　　　✚ : Produits Clarins

•4, rue Berteaux-Dumas — 92200 Neuilly-sur-Seine •Tél. : 0146240181 •Horaires : lun.-ven. 9h-19h •Métro : Les Sablons •Bus : 82

Soins du visage, soins du corps et cours de maquillage. Les produits utilisés sont bien sûr les produits Clarins. Les soins durent 1h ou 1h15, la leçon de maquillage, 1 h (200 F). Tarifs à la séance (à partir de 300 F) ou par abonnement : abonnement fidélité, 10 soins, carte valable 6 mois (2000 F), ou abonnement classique, valable 1 an (3100 F).

ÉCOLE BINEAU

École d'esthétique　　　　　　　　Q/P : 8/10 •ASSORTIMENT : 7/10
　　　　　　　　　　　　　　　　　✚ : Petits prix
　　　　　　　　　　　　　　　　　━ : 6 mois par an seulement

•96, bd Bineau — 92200 Neuilly-sur-Seine •Tél. : 0146244316 •Horaires : 15/10-10/4 sur RDV •Métro : Les Sablons •Bus : 73

Mieux vaut prendre rendez-vous à l'avance, car les places sont comptées. Mais une fois sur place, soins à petits prix : épilation aisselles 40 F, jambes entières 80 F, manucure 40 F. La gamme de soins est étendue : vous pouvez demander un nettoyage de peau ou une séance de maquillage. Élèves très compétentes.

L'ONGLIER

Soins classiques　　　　　　　　Q/P : 9/10 •ASSORTIMENT : 7/10
　　　　　　　　　　　　　　　　✚ : Prix compétitifs

•83, rue Aristide-Briand — 92300 Levallois-Perret •Tél. : 0147377176 •Horaires : lun.-mar. et jeu.-sam. 10h-18h30 •Métro : Anatole-France •Bus : 174

Des soins classiques de bonne qualité pour un prix compétitif, cela devient assez rare. Manucures (150 F), avec ou sans vernis, épilations (demi-jambes 125 F, aisselles ou maillot 60 F, sourcils 55 F). Si vous voulez que l'on prenne soin de vous, prenez RDV.

ÉCOLE DE FORMATION EN ONGLERIE

Pose de faux ongles
Q/P : 8/10 •ASSORTIMENT : 5/10
✚ : Prix compétitifs

•10, galerie Michelet — 92400 Courbevoie •Tél. : 0147739007 •Horaires : lun. 11h-19h, mar.-ven. 10h-19h •Métro : La Défense •Bus : 73, 175, 176

Cette école de formation en onglerie propose exclusivement des poses de faux ongles en résine et des "french manucures" pour, respectivement, 30 F et 20 F. La prise de RDV est impérative. Un salon adjacent à l'école propose des manucures. Élèves agréables et services très professionnels.

Remise en forme, hammams, saunas

PARIS Ier

Le moins cher de la remise en forme

Tous les soins de remise en forme sont en général assez onéreux. Cependant, il est possible de trouver des centres de formation ou des écoles où vous serez soignés par des élèves encadrés par des professeurs, tout aussi bien que dans un institut. Le meilleur exemple est celui de l'École de Shiatsu, où vous pourrez vous laisser masser par des mains expertes.
Les serveurs Minitel Dégrif'Tour et Réduc'Tour proposent des séjours de thalassothérapie à prix réduits. Si vous décidez entre 1 et 15 jours avant de partir, ces serveurs vous permettront d'obtenir des réductions conséquentes : environ 40 % de remise. Leur sommaire contient un chapitre spécialisé sur la thalasso et la remise en forme.
• ÉCOLE DE SHIATSU : 41, rue du Paradis — 75010 Paris — Tél. : 0145234888
• DÉGRIF'TOUR ET RÉDUC'TOUR : Serveurs minitel — 3615 DT et 3615 RT (1,29 F/min)

SIMONE NACHMIACH

Massages, nettoyage de peau, remodelage
Q/P : 7/10 •ASSORTIMENT : 7/10
✚ : Produits Phytomer

•10, rue Cambon — 75001 Paris •Tél. : 0142602353 •Horaires : mar.-sam. 11h30-21h •Métro : Concorde •Bus : 42, 52, 72, 73

Le soin complet (800 F) dure en moyenne 2h, avec nettoyage de peau, massage, remodelage du corps et, en plus, si vous le souhaitez, séance de bain auto-chauffant. Produits Phytomer utilisés pour les séances de soins.

PARIS 2e

INSTITUT GUINOT

Massages, acupuncture
Q/P : 6/10 •ASSORTIMENT : 7/10
✚ : La lympho-énergie

•4, rue de la Paix — 75002 Paris •Tél. : 0142860830 •Horaires : sur RDV •Métro : Opéra •Bus : 27, 48, 68, 81, 95

Massages spéciaux, appelés lympho-énergie, qui associent la technique du drainage lymphatique et celle de la pression sur les points d'acupuncture. Uniquement sur RDV, et mieux vaut réserver assez à l'avance, car il y a du monde. Tarif un peu élevé (500 F/h) mais la technique se paie!

PARIS 4ᵉ

AUX BAINS DU MARAIS

Hammam, sauna, institut de beauté   Q/P : 6/10 •ASSORTIMENT : 9/10
                                          ✦ : Les massages orientaux

•31-33, rue des Blancs-Manteaux — 75004 Paris •Tél. : 0144610202 •Horaires : lun. 11h-20h, mar. 10h-23h, mer. 10h-20h, jeu. 10h-23h, ven. 11h-19h, sam. 10h-20h, dim. 11h-23h •Métro : Rambuteau •Bus : 29

Dans un cadre chic et soigné, tous les soins et services pour votre bien-être : hammam (180 F), sauna, esthétique, épilations, coiffure, manucure, pédicure et massages relaxants (350 F/h) ou gommage-massage oriental. Prix un peu élevés mais vous avez l'avantage de pouvoir tout faire sur place. Réservé aux femmes du lundi au mercredi, aux hommes du jeudi au samedi, et mixte le dimanche. N'oubliez pas votre maillot de bain, obligatoire.

PARIS 5ᵉ

HAMMAM DE LA MOSQUÉE DE PARIS

Hammam, salon de thé   Q/P : 7/10 •ASSORTIMENT : 7/10
                             ✦ : Grand hammam

•39, rue Geoffroy-St-Hilaire — 75005 Paris •Tél. : 0143311814 •Horaires : 7j/7 10h-21h •Métro : Censier-Daubenton •Bus : 67

Pour vous détendre, vous remettre en forme, le hammam de la mosquée de Paris vous accueille les mardis et dimanches pour les hommes, les autres jours pour les femmes. Interdit aux moins de 16 ans. Le prix d'entrée est unique (85 F). Vous pourrez profiter des salles restaurées, chauffées de 30°C à 80° C. Un thé à la menthe peut être dégusté.

PARIS 7ᵉ

THALASSA INTERNATIONAL

Cures en France pour hommes et   Q/P : 8/10 •ASSORTIMENT : 6/10
femmes   ✦ : Tout est pris en compte

•40, av. Bosquet — 75007 Paris •Tél. : 0160879070 •Horaires : lun.-ven. 8h-20h, sam. 9h-18h •Métro : École-Militaire •Bus : 28, 49, 82, 92

Neufs centres de remise en forme en France, dont un à Paris. Les cures ont des objectifs divers : santé, remise en forme, cure jambes toniques, cure postnatale, cure esthétique marine ou cure masculin tonic, préconisées pour les hommes comme les femmes. Les prix des cures ne comprennent pas les honoraires médicaux et les activités sportives. Le catalogue est envoyé à domicile sur demande.

Office de la Thalasso

L'Office de la Thalasso organise des séjours et des cures de thalassothérapie, de thermalisme ou de balnéothérapie. Les séjours se déroulent en France ou à l'étranger, selon vos envies et vos besoins (remise en forme, cure minceur, cure beauté, cure postnatale, jambes lourdes, migraines, spécial dos, etc.). Que vous choisissiez la mer ou la montagne, en France ou à l'étranger, vous aurez le choix entre plus d'une cinquantaine de centres. Écoutez les conseils avisés qui vous seront donnés.

• **OFFICE DE LA THALASSO** : 61, rue des Petits-Champs — 75001 Paris — Tél. : 0142604492

BLEU COMME BLEU

Massages, soins esthétiques, coiffure, restaurant　　Q/P : 7/10 •ASSORTIMENT : 9/10
✚　 : L'accueil et le cadre

•47 bis, av. Hoche — 75008 Paris •Tél. : 0153818553 •Horaires : lun.-sam. 9h-19h •Métro : Charles de Gaulle-Étoile •Bus : 22, 43, 52, 93

Institut très complet : vous pouvez leur demander des soins esthétiques (épilations, soins du visage, du corps, etc.) ou prendre RDV pour le salon de coiffure, vous laisser aller au bonheur d'un massage shiatsu (350 F/h) ou d'un massage anti-stress, et finir au restaurant, si tout cela vous a épuisé. Accueil et cadre très agréable.

CENTRE RESSOURCES

Massages personnalisés　　Q/P : 8/10 •ASSORTIMENT : 6/10
✚　 : La restructuration énergétique

•26, rue de Washington — 75008 Paris •Tél. : 0142892252 •Horaires : lun.-sam. 8h-20h •Métro : Georges V •Bus : 22, 52, 73

Séances d'amincissement et soins personnalisés par les massages et la technique de l'acupression. Massages amincissants, raffermissants ou relaxants, soins du visage selon les mêmes méthodes. Les soins durent en moyenne 1h et sont tous à 350 F (3000 F pour 10 séances).

INSTITUT MARC DELACRE

Hammam, sauna, massages, soins esthétiques, UV　　Q/P : 6/10 •ASSORTIMENT : 8/10
✚　 : Beauté et remise en forme

•17, av. Georges V — 75008 Paris •Tél. : 0140709970 •Horaires : lun. et ven.-sam. 10h-18h30, mar.-jeu. 10h-20h •Métro : Georges V •Bus : 73, 92

Outre les soins esthétiques classiques – UV, pédicurie (240 F), manucure (160 F), soins du visage (380 F) et du corps –, vous aurez également accès à des soins de remise en forme : hammam, sauna et massages se déroulent au même endroit, mais les prix sont un peu élevés.

INSTITUT PARALAND　　Ⓝ

Balnéothérapie, massages, soins　　Q/P : 7/10 •ASSORTIMENT : 9/10
✚　 : Soins du visage

•91, av. des Champs-Élysées — 75008 Paris •Tél. : 0153574715 •Horaires : lun.-sam. 10h-21h •Métro : Franklin-Roosevelt •Bus : 73

Sur deux étages, soins variés pour votre bien-être. Premier étage consacré à la vente des produits, soins au sous-sol. Soins classiques et massages selon les méthodes du shiatsu. Soin du visage intensif 400 F (1h30), bains bouillonnants 240 F. Vous pouvez également y passer la journée. Décor très agréable.

INSTITUT SOTHYS

Balnéothérapie　　Q/P : 8/10 •ASSORTIMENT : 7/10
✚　 : Peeling au sel marin

•128, rue du Fg-St-Honoré — 75008 Paris •Tél. : 0153939153 •Horaires : lun.-ven. 9h-19h30, sam. 9h-17h •Métro : St-Philippe-du-Roule •Bus : 28, 32, 43

Peelings au sel marin (sels de la mer Morte et huile de maïs) pour le nettoyage de peau, l'hydratation et la détente (390 F), bains d'algues (190 F) ou séances d'enveloppement de boues de la mer Morte (290 F). Cadre très agréable, 13 cabines.

LA VILLA THALGO

Balnéothérapie, massages　　Q/P : 8/10 •ASSORTIMENT : 7/10
✚　 : Les journées de remise en forme

•218-220, rue du Fg-St-Honoré — 75008 Paris •Tél. : 0145620020 •Horaires : lun.-jeu. 8h30-20h30, ven.-sam. 8h30-19h •Métro : Ternes •Bus : 22, 43, 52, 83

Les soins et massages sont prodigués avec des produits maison à base d'huile et d'algues. Massage 1h, 390 F. Journées organisées pour une remise en forme complète : balnéothérapie, soins des mains et des pieds, du visage et du corps (1700 F).

PARIS 9ᵉ

APMA

Massages indiens, bains de vapeur Q/P : 8/10 •ASSORTIMENT : 6/10
✚ : Massages ayurvédiques

•34, rue Vignon — 75009 Paris •Tél. : 0148657469 •Horaires : sur RDV •Métro : Havre-Caumartin •Bus : 24, 42, 84, 94

L'association pour la promotion du massage ayurvédique vous initie à la méthode indienne de remise en forme : séances de massage ou de formation. Les massages ayurvédiques durent 1h15 (350 F) et peuvent être précédés de bains de vapeur pour un nettoyage complet de la peau (450 F). Carte de fidélité avec une séance gratuite après 4 séances. Stages de formation de 3 week-ends consécutifs (2500 F et 500 F de cotisation).

PARIS 10ᵉ

ÉCOLE DE SHIATSU

Aromathérapie et massages shiatsu Q/P : 8/10 •ASSORTIMENT : 6/10
✚ : Massages shiatsu

•41, rue du Paradis — 75010 Paris •Tél. : 0145234888 •Horaires : sur RDV •Métro : Château-d'Eau •Bus : 38, 39, 47

Deux formules : des soins avec les élèves, ou des soins prodigués par le professeur. Bien sûr, les prix ne sont alors pas les mêmes : les massages des élèves sont à 100 F (350 F les 4 séances) et ceux du professeur sont à 300 F/h. Les élèves font très bien leur travail.

LES BAINS ST-MARTIN

Hammam et gommages corporels Q/P : 7/10 •ASSORTIMENT : 7/10
✚ : L'accueil

•50, rue du Fg-St-Martin — 75010 Paris •Tél. : 0142064395 •Horaires : lun. et mer.-ven. 12h-18h30, dim. 13h-18h30 •Métro : Strasbourg-St-Denis •Bus : 20, 38, 39, 47

Le hammam des Bains St-Martin, spacieux et agréable, est un cadre parfait pour une pose détente. Vous pouvez également demander un gommage du corps et vous ressortirez parfaite. L'entrée coûte 90 F, vous pouvez rester le temps que vous voulez.

SAUNA DE PARIS

Hammam, sauna, massages, solarium Q/P : 7/10 •ASSORTIMENT : 8/10
✚ : Tous les services pour 310 F

•15, rue du Fg-du-Temple — 75010 Paris •Tél. : 0142020505 •Horaires : lun.-mar. et jeu.-sam. 11h30-22h, mer. 14h-21h •Métro : République •Bus : 20, 75

Pour un bon moment de détente, un prix global donnant droit à tous les services : 310 F pour l'entrée du hammam, le gommage du corps et un massage. D'autres services : sauna, piscine, aquathermes et solarium.

Syndicat national des établissements thermaux

Pour tout savoir sur les établissements thermaux de France, appelez ce numéro (réservations pour certains centres). Cure médicale (remboursée) ou demande personnelle, ils sont à votre disposition pour toute information. S'occupant personnellement de certains établissements thermaux, ils vous indiqueront néanmoins les renseignements utiles pour les autres.
• SYNDICAT NATIONAL DES ÉTABLISSEMENTS THERMAUX : 10, rue de la Trémoille — 75008 Paris — Tél. : 0147204525 — Fax : 0147202762

PARIS 14ᵉ

LES BAINS D'ODESSA

Hammam et massages Q/P : 7/10 •ASSORTIMENT : 7/10
 ✚ : Le hammam

•5, rue d'Odessa — 75014 Paris •Tél. : 0143209121 •Horaires : lun.-mar. et jeu.-sam. 9h30-21h •Métro : Montparnasse •Bus : 28, 58, 68

Connus pour le hammam et le sauna (entrée 112 F), ils pratiquent également les massages relaxants (150 F les 30 min). Hommes et femmes sont les bienvenus, tous les jours.

PARIS 15ᵉ

CENTRE TAPOVAN

Massages indiens, soins esthétiques, Q/P : 9/10 •ASSORTIMENT : 7/10
yoga, cuisine indienne   ✚ : Massage de la plante des pieds

•9, rue Gutenberg — 75015 Paris •Tél. : 0145779059 •Horaires : mar.-sam. 12h-19h •Métro : Javel •Bus : 62

Le centre culturel indien propose des massages à la technique indienne : massage de la plante des pieds (190 F, 50 min), massages et soins du visage (230 F/h), soins du corps avec des huiles (350 F/h). Tarifs différents pour massages à deux ou à quatre mains.

PARIS 17ᵉ

ROSE-MARIE BRUNET

Massages Jaquet, drainages du cuir Q/P : 8/10 •ASSORTIMENT : 6/10
chevelu   ✚ : Massages personnalisés

•95, rue Jouffroy — 75017 Paris •Tél. : 0147633303 •Horaires : lun.-ven. 9h-19h •Métro : Wagram •Bus : 92, 93

Massages du corps et du visage selon la méthode Jaquet, une technique de pincement qui muscle et tonifie. Massages tonifiants ou relaxants. Vous pouvez également demander un drainage du cuir chevelu. Tarifs de 450 F/h.

ST-DENIS 93

HAMMAM PACHA

Hammam, massages marocains Q/P : 7/10 •ASSORTIMENT : 9/10
 ✚ : Massages marocains

•147, rue Gabriel-Péri — 93200 St-Denis •Tél. : 0148291111 •Horaires : lun. 12h-20h, mar.-mer. 12h-22h, jeu. 12h-20h, sam.-dim. 10h-20h •Métro : St-Denis-Basilique •Bus : 253, 268, 354

Sur 700 m² de marbre et de faïences orientales, salles de hammam, sauna, massages (115 F les 25 min) et service de restauration. Entrée 130 F, sans limitation de temps (carte de 10 entrées, 850 F). Soins esthétiques (gommage corporel 65 F, épilations…).

ENGHIEN-LES-BAINS 95

LES THERMES D'ENGHIEN

Thalasso, remise en forme, Q/P : 8/10 •ASSORTIMENT : 8/10
gymnastique, esthétique   ✚ : Thalasso proche de Paris

•87, av. du Général-de-Gaulle — 95880 Enghien-les-Bains •Tél. : 0139341200 •Fax : 0139341201 •Horaires : sur rendez-vous •Métro : RER C Épinay

Le centre de thalassothérapie d'Enghien-les-Bains propose des cures thermales, pour raisons médicales (remboursées par la Sécurité sociale) ou pour une simple remise en forme (750 F la semaine, non remboursées). Soins esthétiques (modelage corporel 205 F, épilation demi-jambes 125 F) et cours de gymnastique (2800 F l'année).

Coiffure

Coiffeurs pas chers

Deux tendances se distinguent aujourd'hui : ceux qui ne font payer que le service demandé, et qui peuvent donc être moins chers selon votre souhait, et les écoles de coiffure ou centres de formation, qui restent le meilleur choix pour les petites bourses; il faut compter y passer une demi-journée, mais vous serez entièrement pris en charge par des professionnels.

- **TRAINING CAMILLE ALBANE** : 37, av. Franklin-Roosevelt — 75008 Paris — Tél. : 0143593132
- **ÉCOLE INTERNATIONALE DE COIFFURE** : 76, rue Réaumur — 75001 Paris — Tél. : 0142330612
- **JACQUES DESSANGE FORMATION** : 51, rue du Rocher — 75008 Paris — Tél. : 0144700808
- **TRAINING JEAN-LOUIS DAVID** : 5, rue Cambon — 75001 Paris — Tél. : 0149260267
- **TRAINING JEAN-MARC MANIATIS** : 12, rue du Four — 75006 Paris — Tél. : 0146347983
- **L'ORÉAL PROFESSIONNEL** : 14, rue Royal — 75001 Paris — Tél. : 0140209730
- **MOD'S HAIR** : 46, rue d'Amsterdam — 75009 Paris — Tél. : 0145265300

PARIS 1er

COIFFEUR MAGIC CIRCUS

Coiffure, tatouage, piercing Q/P : 7/10 •ASSORTIMENT : 8/10
  ✚ : Tatouages au henné

•44, rue des Lombards — 75001 Paris •Tél. : 0140264838 •Horaires : lun. 11h-19h, mar.-sam. 11h-20h, ven. 11h-22h •Métro : Châtelet •Bus : 47, 58, 70, 75, 76, 81

Rien que pour le cadre et l'ambiance (télé, café, expositions, etc.), ce coiffeur mérite le déplacement. Services classiques : shampoing-coupe-brushing, 240 F (190 F pour les moins de 25 ans), couleurs et décolorations, 150 F. Mais aussi des choses plus exotiques : tatouage artistique, piercing, maquillage permanent, tatouage au henné. Hygiène garantie.

ÉCOLE INTERNATIONALE DE COIFFURE

École de coiffure Q/P : 6/10 •ASSORTIMENT : 8/10
  ✚ : Coiffure à petits prix
  ▬ : Séances à heures fixes

•76, rue Réaumur — 75001 Paris •Tél. : 0142330612 •Horaires : lun.-sam. 9h15 et 13h15 •Métro : Réaumur-Sébastopol •Bus : 29, 38, 47

Cette école de coiffure, située au deuxième étage de l'immeuble, est très pratique pour les petites bourses (55 F la coupe). Munissez-vous de votre serviette, elles ne sont pas fournies sur place. Les séances ont lieu deux fois par jour, et vous passerez en priorité si vous souhaitez une coloration ou une permanente.

TRAINING JEAN-LOUIS DAVID

Coiffure, training Q/P : gratuit •ASSORTIMENT : 6/10
  ✚ : Coupe gratuite

•5, rue Cambon — 75001 Paris •Tél. : 0149260267 •Horaires : lun.-ven. 10h-18h •Métro : Concorde •Bus : 24, 42, 72, 73

Si vous aimez les coupes Jean-Louis David, rendez-vous au centre de perfectionnement, où vous pourrez choisir votre coupe sur un catalogue de modèles. La prestation est gratuite, compter seulement 15 F pour le vestiaire.

L'ORÉAL PROFESSIONNEL

Coiffure, training

Q/P : 9/10 •ASSORTIMENT : 7/10
+ : La qualité d'écoute
− : Trop d'attente

•14, rue Royale — 75001 Paris •Tél. : 0140209730 •Horaires : sur rendez-vous •Métro : Madeleine •Bus : 42, 52, 84

Pour 60 F, colorations et balayages pour toutes les femmes qui le désirent. Il faut parfois attendre 1 mois avant de participer à un stage, et surtout ne pas être trop pressée : entre 3 et 4 heures. Mais vous avez la garantie d'un travail soigné et souvent original.

PARIS 3ᵉ

CITY LOOK

Coiffure sans rendez-vous

Q/P : 7/10 •ASSORTIMENT : 9/10
+ : Prix modulables

•23, rue aux Ours — 75003 Paris •Tél. : 0142722924 •Horaires : lun.-sam. 9h30-19h30, jeu. 9h30-20h •Métro : Réaumur-Sébastopol •Bus : 29, 38, 47

Respect de votre choix et petit prix. Sans rendez-vous, on vous reçoit sur un prix de base de 69 F (uniquement la coupe), tous les autres services étant en supplément (shampooing, brushing, coloration, permanente). Vous ne payez que les prestations effectuées.

KEMET

Coiffure architecturale

Q/P : gratuit •ASSORTIMENT : 8/10
+ : Gratuité et convivialité

•40, rue de Montmorency (dans la cour) — 75003 Paris •Tél. : 0148048387 •Horaires : mar.-ven. 10h-19h, sam. 9h-19h •Métro : Arts-et-Métiers •Bus : 20, 29, 38, 75

Spécialiste de la coiffure architecturale, Dorah recherche des modèles aux cheveux longs tout au long de l'année, pour des transformations spectaculaires. Uniquement les lundis et mardis matins (prestation gratuite). Elle coiffe également dans son salon les cheveux de tous âges, masculins et féminins. Les shampoings ressemblent plus à des séances de massages pour lesquels il faut compter une bonne heure. Inutile d'être pressé, vous êtes ici dans un lieu de convivialité où les discussions vont bon train. Prendre rendez-vous.

SPACE HAIR

Couleurs

Q/P : 8/10 •ASSORTIMENT : 8/10
+ : Grand choix de colorations

•10, rue Rambuteau — 75003 Paris •Tél. : 0148872851 •Horaires : lun. 12h-22h, mar.-ven. 9h-23h, sam. 9h-22h •Métro : Rambuteau •Bus : 29

Ce coiffeur, au public plutôt jeune, propose dans une ambiance musicale bien rythmée toutes les sortes de coiffures possibles. Les colorations, spécialité des lieux, se font dans un choix de plus de 260 nuances… Les prix sont corrects : -15 % avant 11h30 du mardi au jeudi, et -15 % pour les étudiants. Accueil très agréable.

PARIS 4ᵉ

GALA

Coiffure classique

Q/P : 7/10 •ASSORTIMENT : 6/10
+ : Le cadre et l'écoute

•60, rue du Roi-de-Sicile — 75004 Paris •Tél. : 0142726956 •Horaires : mar. 11h-20h, mer. 14h-22h, jeu. 12h-22h, ven. 11h-20h, sam. 10h-19h •Métro : Hôtel-de-Ville •Bus : 69, 70, 72, 74, 76

Prix des prestations peut-être un peu élevé : shampoing-coupe-brushing 310 F pour femme, 210 F pour homme, couleur 180 F, balayage flash 200 F. Mais ici la qualité vaut le déplacement. Pour ceux et celles qui ont peur de ressortir transformés, un entretien préliminaire permettra au coiffeur de comprendre exactement votre souhait.

LES COIFFEURS DE LA RUE

Coiffure distinguant les cheveux longs des cheveux courts Q/P : 6/10 •ASSORTIMENT : 8/10
 + : On ne paie que le service demandé

•10, rue St-Antoine — 75004 Paris •Tél. : 0144540902 •Horaires : mar.-sam. 9h30-19h30, jeu. 9h30-21h •Métro : Bastille •Bus : 69, 76

Ce coiffeur propose des soins classiques mais distingue, par les prix, les cheveux longs des cheveux courts. De plus, vous ne payez que les services demandés : shampoing traitant 25 F, coupe à partir de 120 F, brushing selon la longueur de 180 à 220 F, mèches de 220 à 350 F. Nocturne le jeudi.

PARIS 6e

GRAINE DE BEAUTÉ

Salon de coiffure Q/P : 7/10 •ASSORTIMENT : 7/10
 + : Produits naturels

•60, rue du Cherche-Midi — 75006 Paris •Tél. : 0145442513 •Horaires : mar.-sam. 9h30-18h30 •Métro : St-Placide, Vaneau •Bus : 39, 70

Pour sortir des sentiers battus, voici la coiffure au naturel : shampoings, soins et colorations faits à l'aide de produits naturels. Et si vous avez une idée précise de ce que vous voulez, écoutez les conseils avisés qui vous seront donnés : ils peuvent changer vos projets dans votre intérêt. Une adresse pour les adeptes du naturel, prix très raisonnables (250 F le soin complet).

Coiffure à domicile

Si vous n'avez pas la possibilité de vous déplacer, deux enseignes se proposent de venir vous coiffer chez vous. Chez SOS Beauté, le shampoing-coupe-brushing (320 F) peut se faire rapidement. Autres services : shampoing-brushing, permanente, coloration. Séances du lundi au samedi, de 9h30 à 18h. Chez Aphrodite Coiffure, choix entre la coupe-brushing (250 F), la permanente (250 F) ou la coloration. Pour les habitants de Versailles, du Chesnais et des villes limitrophes. Prenez RDV à l'avance pour les lundis, mardis ou jeudis matins.
• APHRODITE COIFFURE : 1, rue Vautrier — 78150 Le Chesnais — Tél. : 0139554512
• SOS BEAUTÉ SERVICE : 4, rue des Chartreux — 75006 Paris — Tél. : 0143290660

TRAINING JEAN-MARC MANIATIS

Coiffure, training Q/P : 10/10 •ASSORTIMENT : 6/10
 + : Gratuit
 – : Que les coupes Maniatis

•12, rue du Four — 75006 Paris •Tél. : 0146347983 •Horaires : mercredi soir •Métro : St-Germain-des-Prés •Bus : 63, 70, 86, 96

Le centre de perfectionnement Maniatis vous accueille le mercredi soir pour avoir une première approche de vos cheveux, de leur texture et de la coupe qui pourrait vous convenir. C'est gratuit, mais le choix de la coupe se fait sur catalogue Maniatis.

LAETITIA GUENAOU

Coiffure classique et bain-massage japonais Q/P : 7/10 •ASSORTIMENT : 8/10
 + : Le cadre et l'accueil

•9 ter, bd du Montparnasse — 75006 Paris •Tél. : 0142190123 •Horaires : mar.-mer. et ven.-sam. 9h30-19h, jeu. 11h-21h •Métro : Duroc •Bus : 39, 70, 82, 92

Ce coiffeur plutôt classique vous reçoit dans un cadre exotique où se mêlent sculptures et peintures à tendance africaine. La salle d'attente est composée de tables de bar, mais de toute façon, vous n'attendrez pas longtemps. Prix un peu élevés, mais un petit plus, le bain-massage japonais (120 F), très agréable. 20 % de réduction pour les moins de 20 ans.

NICOLE D'ORSAY

Coiffure, maquillage, manucure, espace enfant

Q/P : 8/10 •ASSORTIMENT : 8/10
✛ : Animations pour enfants

•87, bd du Montparnasse — 75006 Paris •Tél. : 0142228935 •Horaires : lun.-sam. 9h30-19h, jeu. 10h-20h30 •Métro : Montparnasse •Bus : 58, 82, 91

Coiffeur mixte, coupes classiques (de 120 à 240 F), manucures et séances de maquillage pour celles qui veulent être parfaites. Le petit plus : un espace enfant aménagé au sous-sol, avec jeux vidéo, dessins animés pour les plus petits et accessoires de coiffure. De quoi leur faire passer un bon moment. Coupes enfant comprises entre 55 et 115 F.

PARIS 8e

CAMILLE ALBANE

Coiffure, training

Q/P : 9/10 •ASSORTIMENT : 9/10
✛ : Choix de la coupe

•37, av. Franklin-Roosevelt — 75008 Paris •Tél. : 0143593132 •Horaires : lun.-mer. sur rendez-vous •Métro : Franklin-Roosevelt •Bus : 32, 73

Les stages ont lieu les lundis, mardis et mercredis, 40 F. Prenez votre temps, car les stagiaires se réunissent autour de vous pour parler de votre cas. Vous pouvez choisir la coupe que vous désirez.

CARITA

Coiffure et petit-déjeuner

Q/P : 7/10 •ASSORTIMENT : 7/10
✛ : Petit déjeuner-coiffure

•11, rue du Fg-Saint-Honoré — 75008 Paris •Tél. : 0144941100 •Horaires : mar.-sam. 8h-19h •Métro : Concorde •Bus : 42, 52, 84, 94

Outre les soins classiques shampooing-coupe-brushing, Carita propose désormais les petits déjeuners-coiffure : entre 8h et 9h du matin, tous les jours, coupe de cheveux (pas de changement radical de la coupe) avec un petit-déjeuner complet et les journaux du jour (250 F). Pour hommes et femmes. Réservation obligatoire.

JACQUES DESSANGE FORMATION

Coiffure, training

Q/P : 9/10 •ASSORTIMENT : 5/10
✛ : Prix bas
━ : Pas pour tous

•51, rue du Rocher — 75008 Paris •Tél. : 0144700808 •Horaires : lun.-ven. 9h-11h, 14h-16h30 •Métro : St-Lazare •Bus : 20, 21, 24, 26, 27

Si vous avez moins de 45 ans, que vous souhaitez couper entre 3 et 5 cm, et effectuer un dégradé, alors cette adresse est pour vous car ici, on n'accepte pas les simples rafraîchissements. Les tarifs sont de 40 F, 5 F si vous avez moins de 25 ans.

PARIS 9e

BLACK BEAUTY

Coiffure antillaise, africaine et européenne

Q/P : 7/10 •ASSORTIMENT : 7/10
✛ : Coiffure afro

•13, rue de Bruxelles — 75009 Paris •Tél. : 0148749268 •Horaires : lun.-sam. 9h-19h •Métro : Place-de-Clichy •Bus : 68, 81

Petit salon de coiffure traditionnel, avec une légère ambiance musicale. Ce spécialiste de la coiffure afro propose tresses bouclées, curly, tressage-tissage, défrisage à chaud et à froid, et des soins capillaires en tous genres. Accueil chaleureux garanti.

TRAINING MOD'S HAIR

Training	Q/P : 8/10 •ASSORTMENT : 9/10
	✚ : Stages réguliers

•46, rue d'Amsterdam — 75009 Paris •Tél. : 0145265300 •Horaires : lun.-ven. sur rendez-vous •Métro : Liège •Bus : 80, 95

Le centre de formation Mod's Hair propose ses services du lundi au mercredi, 50 F, jeudi et vendredi, 80 F. Vous pouvez choisir la coupe que vous désirez. Les prestations techniques (permanentes, couleurs, mèches) sont à 100 F.

PARIS 10°

DELORME

Matériel pour salons de coiffure,	Q/P : 9/10 •ASSORTMENT : 9/10
produits capillaires	✚ : Produits capillaires à petits prix
	▬ : Conseil

•17-19, passage de l'Industrie — 75010 Paris •Tél. : 0144836500 •Fax : 0147703490 •Horaires : mar.-sam. 10h-19h •Métro : Stasbourg-St-Denis •Bus : 38, 39, 47

Un très grand choix de produits capillaires, essentiellement des produits disponibles dans les salons de coiffure. Prix bas car il s'agit d'un grossiste mais il vaut mieux ne pas attendre trop de conseils, le magasin étant en général destiné aux professionnels et non aux particuliers.

PARIS 11°

CHECK HAIR

Coiffure mixte	Q/P : 7/10 •ASSORTMENT : 8/10
	✚ : Cadre, et jusqu'à 2h du matin

•75, bd Beaumarchais — 75011 Paris •Tél. : 0148879000 •Horaires : lun.-sam. 11h-20h •Métro : St-Sébastien Froissart •Bus : 20, 65

C'est dans un cadre très coloré que les grands et les petits sont accueillis. Tarifs corrects : homme 150 F, femme 200 F, enfant 120 F, pour les coupes classiques. Coupe à toute heure, jusqu'à 2 h du matin !

OLIVE HAIR LINE

Coupes classiques et massages du cuir	Q/P : 7/10 •ASSORTMENT : 7/10
chevelu	✚ : Massages du cuir chevelu

•5, rue Amelot — 75011 Paris •Tél. : 0143386653 •Horaires : lun.-mer. et ven. 10h-19h30, jeu. 10h-21h30, sam. 9h30-18h •Métro : Bastille, Bréguet-Sabin •Bus : 20, 29, 65

Dans un cadre mêlant fer forgé et bois, ainsi que des expositions d'œuvres d'artistes, coupes classiques (femme 195 F, homme 130 F) mais aussi séances de massage du cuir chevelu. Accueil très agréable avec café et musique (vous pouvez apporter vos disques).

TOMASSO

Tissages, extensions de cheveux	Q/P : 7/10 •ASSORTMENT : 7/10
	✚ : Les tissages

•127, rue de la Roquette — 75011 Paris •Tél. : 0143792001 •Horaires : lun. 10h30-19h30, mar.-jeu., sam. 9h30-19h, ven. 10h30-21h •Métro : Voltaire •Bus : 46, 61, 69

Salon de coiffure plutôt classique qui propose néanmoins des services spéciaux. Outre le shampoing, la coupe et le brushing, vous pouvez vous faire poser des extensions, ou procéder au tissage de vos cheveux, avec des fils de couleurs variées (compter 10h de travail pour un tissage complet…). Tarif réduit pour les moins de 25 ans (-20 %).

PARIS 15ᵉ

STYLE & BEAUTÉ

Produits capillaires Furterer

Q/P : 6/10 •ASSORTIMENT : 7/10
\+ : Produits Furtener

•235, rue de Vaugirard — 75015 Paris •Tél. : 0142730230 •Horaires : lun.-sam. 9h-19h30, jeu. 9h-21h •Métro : Volontaires •Bus : 70

Salon à la décoration exotique, chargée de plantes vertes. Outre les soins classiques, des soins particuliers du cuir chevelu (237 F), pour atténuer les effets des shampoings fréquents et ceux de la pollution. Produits utilisés de marque Furtener, une garantie de soins de grande qualité. Soins à domicile sur rendez-vous, pour Paris et la proche banlieue. Accueil professionnel mais pas des plus chaleureux.

PARIS 17ᵉ

L'ACTOR'S STUDIO

Coiffure pour homme

Q/P : 9/10 •ASSORTIMENT : 7/10
\+ : Le cadre et l'accueil

•95, rue Lemercier — 75017 Paris •Tél. : 0142260589 •Horaires : lun. 12h-19h, mar.-sam. 9h15-20h30 •Métro : Brochant •Bus : 66

Coiffure exclusivement réservée aux hommes. Vous serez accueillis avec un café ou un apéro, selon l'heure de votre venue. Le cadre est très impressionnant, avec plus de 3000 photographies de cinéma, sur lesquelles vous pouvez choisir votre coupe. Petits garçons de 105 à 135 F. Homme, 150 F. Prendre RDV.

PARIS 18ᵉ

HAIR COIFFURE

Coiffure afro

Q/P : 8/10 •ASSORTIMENT : 6/10
\+ : Ambiance conviviale

•60, rue Marcadet — 75018 Paris •Tél. : 0142238183 •Horaires : lun.-sam. 9h30-18h •Métro : Marcadet-Poissonniers •Bus : 80

Petit salon de coiffure à l'ambiance musicale très agréable, mais mieux vaut avoir envie de discuter car la responsable est loquace. Défrisages, teintures, mèches (à partir de 50 F), tissages (à partir de 300 F). Les rendez-vous ne sont pas obligatoires.

UN COIFFEUR POUR TOUS

Coiffure dans toutes les langues

Q/P : 9/10 •ASSORTIMENT : 7/10
\+ : L'ambiance et l'accueil

•19, rue Lepic — 75018 Paris •Tél. : 0142524240 •Horaires : lun. 9h-19h, mar.-jeu., sam. 10h-20h, ven. 11h-21h •Métro : Blanche •Bus : 54, 67

Coiffures branchées, classiques, chignons et coiffures artistiques, avec un thé, un café ou un chocolat, dans un cadre où exposent chaque mois de jeunes artistes. Ici, l'on parle beaucoup de langues différentes (espagnol, anglais, italien et même créole) car l'équipe est composée de coiffeurs du monde entier. Prix corrects : shampoing-coupe 180 F pour femme et 120 F pour homme, couleur 245 F. Avec ou sans rendez-vous.

MONTREUIL 93

PAUL LEMONNIER

Coiffure en famille

Q/P : 7/10 •ASSORTIMENT : 7/10
\+ : Espace enfant

•39, av. de la République — 93300 Aubervilliers •Tél. : 0143521459 •Horaires : mar.-ven. 9h-19h, sam. 9h-18h •Métro : Aubervilliers-Pantin-Quatre-Chemins •Bus : 150

Ce coiffeur propose des soins classiques, mais ne fait payer que les services demandés : shampoing 30 F, coupe 95 F, brushing 90 F, couleur 125 F. Les prix sont variables selon la longueur des cheveux. Un espace est réservé aux enfants, avec gadgets et consoles de jeux, pour qu'ils gardent un bon souvenir de leur passage, et surtout que les mamans soient tranquilles pendant les soins. Réservation préférable.

Maquillage

PARIS 2e

M. YXT

Maquillage professionnel	Q/P : gratuit •ASSORTIMENT : 9/10
	✚ : Qualité professionnelle et gratuité

•11, rue de la Jussienne — 75002 Paris •Tél. : 0142213980 •Fax : 0142213989 •Horaires : lun.-ven. 10h-19h, sam. 12h-19h •Métro : Étienne-Marcel •Bus : 29

Conseils de maquillage en cabine et à la lumière du jour. Marques professionnelles utilisées (Ben Nye, Il Makiage, Trucco, Kryolan, Paris-Berlin, Maquillage Professionnel) et vous pourrez acheter les produits après la démonstration. Habitué aux comédiens et aux mannequins, Damien apprend aux femmes le maquillage du quotidien.

PARIS 4e

CRÉATION CONCEPT BEAUTÉ

Studio de maquillage	Q/P : 6/10 •ASSORTIMENT : 7/10
	✚ : Cours d'auto-maquillage

•6, rue de Jarente — 75004 Paris •Tél. : 0142716503 •Fax : 0142716506 •Horaires : lun.-sam. 9h-13h, 14h-19h •Métro : St-Paul •Bus : 29, 69, 76, 96

Pour apprendre à se maquiller : séance de maquillage classique (350 F, 1h30) et auto-maquillage en 3 séances (990 F). L'équipe peut vous maquiller le jour de votre mariage ou de tout autre événement important. Produits de qualité (Shu Uemura).

PARIS 6e

SHU UEMURA

Produits de maquillage	Q/P : 6/10 •ASSORTIMENT : 9/10
	✚ : Grand choix de produits et conseils

•176, bd St-Germain — 75006 Paris •Tél. : 0145480255 •Horaires : lun. 11h-19h, mar.-sam. 10h-19h •Métro : St-Germain des Prés •Bus : 63, 86, 87

Style moderne et ligne épurée, vous serez surpris par le nombre de produits proposés. Les couleurs se suivent, qu'il s'agisse de vernis (89 F) ou de fards à joue (97 F), dans un nombre de tons incroyables. On vous propose également les accessoires (éponges, pinceaux, etc.), et surtout des conseils pour faire le bon choix.

PARIS 7e

MAC

Maquillage professionnel et grand public	Q/P : 7/10 •ASSORTIMENT : 9/10
	✚ : Nombreuses couleurs

•76 bis, rue des Saints-Pères — 75007 Paris •Tél. : 0145486024 •Horaires : lun.-sam. 10h30-19h •Métro : Sèvres-Babylone •Bus : 70, 87, 96

Cette marque de maquillage, utilisée par les professionnels, s'ouvre désormais au grand public. Les produits, fabriqués à Toronto, s'étendent sur de larges palettes de couleurs : plus de 130 ombres à paupières (70 F le petit modèle, 80 F le grand modèle), 140 rouges à lèvres (80 F), 50 fards à joues (80 F), fonds de teint (entre 115 et 165 F), ainsi que tous les accessoires pour vous maquiller (éponges, pinceaux, démaquillants, etc.). Le plus : les contenants peuvent être rapportés à la boutique pour être recyclés; après 6 retours, le rouge à lèvre de votre choix vous est offert.

PARIS 8e

LE MAQUILLAGE PROFESSIONNEL

Studio de maquillage, produits de beauté

Q/P : 7/10 •ASSORTIMENT : 8/10
+ : Cours de maquillage

•7, rue de Courcelles — 75008 Paris •Tél. : 0142563428 •Fax : 0153761060 •Horaires : lun.-ven. 9h-19h, sam. 13h-18h •Métro : St-Philippe-du-Roule •Bus : 52, 83, 93

Enseigne reconnue dans le monde du cinéma. Large choix de teintes (250 déclinaisons de couleurs). Initiation au maquillage effectuée en cabine (500 F la séance), pour un maquillage naturel de tous les jours, adapté à la morphologie de votre visage. Pour recevoir des conseils supplémentaires, gratuits, prendre rendez-vous. Fonds de teint de très bonne qualité (200 utilisations minimum), 200 F.

MAKE UP FOR EVER

Cours de maquillage, maquillage professionnel, maquillage à domicile

Q/P : 7/10 •ASSORTIMENT : 8/10
+ : Qualité professionnelle

•5, rue de La Boétie — 75008 Paris •Tél. : 0142660160 •Horaires : lun.-sam. 10h-18h45 •Métro : St-Augustin •Bus : 22, 43, 49, 80

Avec plus de 200 références, diffusées généralement dans le monde de la mode et du spectacle, Make Up for Ever garantit des produits de qualité, pour un maquillage discret ou plus créatif. Pour le public, ajouter 40 % aux prix indiqués. Cours de maquillage (950 F la journée) et déplacements à domicile si nécessaire.

PARIS 9e

MAKI

Maquillage professionnel

Q/P : 8/10 •ASSORTIMENT : 8/10
+ : Qualité professionnelle

•9, rue Mansart — 75009 Paris •Tél. : 0142813376 •Horaires : mar.-sam. 11h-13h, 14h30-18h30 •Métro : Blanche •Bus : 67, 74

Fournisseur de comédiens, danseurs et maquilleurs professionnels. Vous trouverez dans cette boutique professionnelle, spécialiste des paillettes, des produits de maquillage de très grande qualité : fards à paupières (70 teintes, 50 F), crayons à lèvres (25 F), rouges à lèvres. On peut vous conseiller derrière le comptoir, mais pas de cours organisés.

PARIS 11e

ATELIER INTERNATIONAL DE MAQUILLAGE

École de maquillage

Q/P : gratuit •ASSORTIMENT : 8/10
+ : Gratuit
– : Horaires imposés

•36, rue de la Folie-Régnault — 75011 Paris •Tél. : 0143480880 •Fax : 0143488656 •Horaires : lun.-ven. 13h30-16h •Métro : Voltaire, Père-Lachaise •Bus : 61, 69

Avec une technique accomplie, les élèves de cette école mettent en œuvre gratuitement leur savoir-faire pour un déguisement total ou un maquillage léger de tous les jours. Il suffit de se présenter à l'école à 13h30. Produits utilisés vendus dans le hall d'accueil.

Tatouage, piercing

Paris 15ᵉ

BERNARD TATOUAGES

Tatouages classiques et exotiques

Q/P : 8/10 •ASSORTIMENT : 8/10
+ : Modèles japonais

•18, rue de l'Abbé-Groult — 75015 Paris •Tél. : 0145320644 •Horaires : lun.-sam. 14h-20h •Métro : Commerce •Bus : 70

Bonne adresse pour ceux qui souhaitent un tatouage de qualité, classique ou plus exotique : la maison est spécialisée dans les modèles japonisants. Les premiers prix sont de 300 F en noir et blanc, et 600 F pour la couleur. Hygiène assurée et grand choix de modèles.

Paris 18ᵉ

BRUNO TATOUAGES

Tatouages artistiques, maquillage permanent

Q/P : 8/10 •ASSORTIMENT : 9/10
+ : Le camouflage des cicatrices

•4-6, rue Germain-Pilon — 75018 Paris •Tél. : 0142643559 •Horaires : lun.-mar. et jeu.-sam. 10h-19h •Métro : Pigalle •Bus : 30, 54, 67

Recommandé pour les tatouages artistiques, une sorte de maquillage permanent, mais pratique aussi des choses plus sérieuses, comme le tatouage médical (camouflage de cicatrices). Enseigne agréée par les hôpitaux de Paris, une assurance de qualité.

Paris 19ᵉ

BIOCÉANE

Tatouages artistiques et semi-permanents

Q/P : 7/10 •ASSORTIMENT : 7/10
+ : Les tatouages semi-permanents

•22, av. de Flandre — 75019 Paris •Tél. : 0140365801 •Horaires : mar.-sam. 10h-19h •Métro : Stalingrad •Bus : 26

Tatouages semi-permanents, d'une durée de 5 à 6 ans, avec disparition progressive. Choix de modèles artistiques disponible sur le catalogue de la boutique, mais vous pouvez également venir avec votre propre dessin. Compter entre 500 et 1 000 F la prestation.

Le Plessis-Trévise 94

PRESTIGE TATTOO

Tatouages artistiques

Q/P : 8/10 •ASSORTIMENT : 7/10
+ : Nocturnes
– : S'y prendre à l'avance

•10 bis, av. Marbeau — 94420 Le Plessis-Trévise •Tél. : 0145945634 •Horaires : lun.-mar., jeu. et sam. 14h-19h, mer. et ven. 19h-21h •Bus : 206, 208b

Spécialisé dans les tatouages artistiques, Prestige Tattoo vous assure le choix, la qualité et l'hygiène. Le premier prix du plus petit tatouage est de 300 F. Comptez au minimum 2 semaines d'attente pour obtenir un RDV, mais vous pouvez y aller en nocturne.

Optique

CENTRE MUTUALISTE D'OPTIQUE

Grandes marques et montures sans marque

Q/P : 9/10 •ASSORTIMENT : 8/10
✚ : Montures sans marques

•68, bd Beaumarchais — 75001 Paris •Tél. : 0143556373 •Horaires : mar.-sam. 9h30-19h •Métro : Chemin-Vert •Bus : 20, 65

Grand choix de montures de grandes marques, classées par thèmes : femmes, enfants, solaires, etc. : Jean Patou, Lafont, Balanciaga, Laguiole, Façonnable, Armani, Sergio Tacchini, et Catimini pour les enfants. Montures sans marque à partir de 20 F.

Optique Jourdan

Grand choix de marques classiques et tendance, une garantie d'un an pièces et main-d'œuvre sur les montures achetées dans le magasin, et remboursement de leur prix si vous trouvez les mêmes moins chères, dans les 15 jours suivant l'achat. Réduction de 450 F pour tout achat d'un équipement optique (monture + verre) de plus de 990 F.

•OPTIQUE JOURDAN : 175, rue St-Honoré — 75001 Paris — Tél. : 0142606044
•OPTIQUE JOURDAN : 22, place St-André-des-Arts — 75006 Paris — Tél. : 0140518485
•OPTIQUE JOURDAN : 9, rue Richepance — 75008 Paris — Tél. : 0142602710

VOGUE OPTIQUE

Montures de créateurs

Q/P : 8/10 •ASSORTIMENT : 7/10
✚ : Montures de créateurs et de couturiers

•95, rue Rambuteau — 75001 Paris •Tél. : 0145089874 •Horaires : lun.-sam. 10h30-19h30 •Métro : Les Halles •Bus : 29, 38, 47
•Galerie des Trois Quartiers — 23, bd de la Madeleine — 75001 Paris •Tél. : 0140209793 •Horaires : lun.-sam. 10h-19h •Métro : Madeleine •Bus : 42, 52, 84

Cette enseigne prône la qualité des montures et du service avant le prix. Montures de créateurs qui sortent de l'ordinaire, mais aussi quelques montures plus classiques. Les marques : Paul Smith, Kenzo, Red Rose, Matsuda, Donna Karan, Persol, Cartier, Klein, Armani, Oliver Peoples…

Centre Optical Discount

Un certain nombre de marques représentées, mais le point fort est les différentes formules proposées sur une sélection de montures : forfait Invisibles (monture + verres, 790 F), une paire achetée = une paire offerte, solaires de vue 390 F, lentilles jetables de couleur 119 F.

•C. O. D. : 10, rue Vivienne — 75002 Paris — Tél. : 0142601343
•C. O. D. : 34, rue de Ponthieu — 75008 Paris — Tél. : 0142250167
•C. O. D. : 84, bd Soult — 75012 Paris — Tél. : 0146285687
•C. O. D. : 84, av. Victor-Hugo — 92300 Levallois-Perret — Tél. : 0147560020
•C. O. D. : CC E. Leclerc — 21, rue Michelet — 92700 Colombes — Tél. : 0147804087
•C. O. D. : CC Art de Vivre — 1, rue du Bas-Noyer — 95610 Cergy — Tél. : 0130377443

PARIS 2ᵉ

MIKI OPTIQUE

Montures de marques   Q/P : 6/10 •ASSORTIMENT : 8/10
                             ✦ : Essais avec vidéo

•33-35, av. de l'Opéra — 75002 Paris •Tél. : 0142617248 •Horaires : lun.-sam. 10h-19h •Métro : Opéra •Bus : 20, 21, 80, 95

Un grand espace, un grand choix des marques les plus prestigieuses : Calvin Klein, Armani, Versace, Yves St-Laurent, Christian Dior, Miki, Ray Ban, Nina Ricci, Oakley, etc. Boutique intéressante pour ceux qui n'y voient rien : les montures peuvent être essayées par système vidéo, vous pouvez donc vous voir rapidement avec différentes montures sur le nez.

Alain Afflelou

Les magasins Afflelou proposent un large choix de montures : Célio, Ray Ban, Vuarnet, Lolita Lempicka, Versace, Lagerfeld, Renoma, etc. Il y en a pour tous les goûts. Mais leur particularité vient de leurs exclusivités, des montures que vous ne trouverez nulle part ailleurs : la Funny, par exemple, sur laquelle des prix spéciaux sont pratiqués. Forfaits peu nombreux mais avantageux : si vous achetez un équipement optique, on vous offre deux verres solaires pour 1 F de plus.
• ALAIN AFFLELOU : 100 magasins en R.P. — Tél. : 0145616969

Optique 2000

Cette chaîne de magasins propose un large choix de montures (plus de 2000), sans compter celles qu'ils peuvent faire venir par commande spécifique. Nombreuses marques proposées : Kenzo, Dior, Armani, Jullien, Sferoflex, Beausoleil, Morel, Silhouette, Titanair, et bien d'autres. Les forfaits pratiqués sur certaines montures sont également là pour vous convaincre. Chaque magasin est indépendant, et propose donc les marques de son choix.
• OPTIQUE 2000 : 15 magasins en R.P. — Tél. : 0143904040

Europtical

Des conseils personnalisés et un bon choix de marques : Dior, Kenzo, Armani, St-Laurent, Mikli, Gucci, Persol, Brendel, Brooks, Brothers, etc. Un certain nombre d'avantages : garantie des verres minéraux, garantie de perte ou de vol, et surtout le remboursement si vous trouvez moins dans les 15 jours suivant votre achat. Verres Essilor.
• Europtical : 84, rue de Richelieu — 75002 Paris — Tél. : 0149270505
• Europtical : 53, rue de Rennes — 75006 Paris — Tél. : 0145484940
• Europtical : 69, rue Fondary — 75015 Paris — Tél. : 0145780285
• Europtical : 29, rue Bois-le-Vent — 75016 Paris — Tél. : 0140507574
• Europtical : 134, rue de Saussure — 75017 Paris — Tél. : 0147668598
• Europtical : 6, rue de Buzenval — 75020 Paris — Tél. : 0143731516

PARIS 4ᵉ

OPTIC LAND

Montures de marques américaines   Q/P : 8/10 •ASSORTIMENT : 8/10
                                         ✦ : Originalité des montures

•14, bd Sébastopol — 75004 Paris •Tél. : 0142722114 •Horaires : lun.-sam. 10h-19h •Métro : Châtelet •Bus : 38, 47

Exclusivement de marques américaines, comme L.A. Eyeworks, Oliver People, Mossimo, les montures proposées changent beaucoup de l'ordinaire. Vaste choix, plus de 700 montures en stock, prix de 500 à 2500 F. Toutes les montures sont garanties.

CLUBOPTIC

Montures classiques
Q/P : 6/10 •ASSORTIMENT : 7/10
✚ : Promotions tous les mois

•125, rue de Rennes — 75006 Paris •Tél. : 0145482395 •Fax : 0142843036 •Horaires : lun.-sam. 9h30-19h30 •Métro : St-Placide •Bus : 58, 91, 96

Une assurance de qualité avec des grandes marques (Armani, Klein…). Les prix ne sont pas plus bas qu'ailleurs, mais tous les mois une nouvelle promotion, sur un produit précis.

VOGUE OPTIQUE

Montures de créateurs
Q/P : 8/10 •ASSORTIMENT : 7/10
✚ : Montures de créateurs et de couturiers

•74, av. des Champs-Élysées — 75008 Paris •Tél. : 0142250251 •Horaires : lun.-sam. 11h-20h •Métro : Franklin-Roosevelt •Bus : 32, 73 • Voir Vogue Optique, Paris 1er.

AXIAL OPTIQUE

Montures classiques
Q/P : 7/10 •ASSORTIMENT : 9/10
✚ : Grand choix de marques

•36 bis, rue du Fg-Montmartre — 75009 Paris •Tél. : 0147700856 •Horaires : lun.-ven. 9h-19h30 •Métro : Rue-Montmartre •Bus : 48

Saint-Laurent, Armani, Kenzo, Nina Ricci, voici un bref aperçu du grand choix de marques que vous pourrez trouver ici. Promotions régulières. Carte Paris-Santé acceptée.

Fédération Mutualiste De Paris

Les magasins d'optique de la Fédération mutualiste proposent un grand choix de montures classées par thèmes (femmes, hommes, enfants). Vous y trouverez Naf-Naf, Yves St-Laurent et bien d'autres marques jeunes et connues. Compter une réduction d'environ 20 % par rapport aux prix courants. Service professionnel.
• *FÉDÉRATION MUTUALISTE DE PARIS* : 24, rue Saint-Victor — 75005 Paris — Tél. : 0140461137

VOGUE OPTIQUE

Montures de créateurs
Q/P : 8/10 •ASSORTIMENT : 7/10
✚ : Montures de créateurs et de couturiers

•104, rue d'Alésia — 75014 Paris •Tél. : 0145410503 •Horaires : lun. 14h30-19h30, mar.-sam. 10h30-19h30 •Métro : Alésia •Bus : 38, 62, 68 • Voir Vogue Optique, Paris 1er.

ALAIN ET BRIGITTE CHANTREL OPTIQUE

Montures mode et rares
Q/P : 7/10 •ASSORTIMENT : 8/10
✚ : Montures originales

•39, rue des Entrepreneurs — 75015 Paris •Tél. : 0145780361 •Horaires : mar.-sam. 9h-12h15, 14h-19h •Métro : Charles-Michel •Bus : 39, 80, 89

Montures rares et originales. Marques Olivier Peoples, Lafont, Paul Smith, Starck Eyes, Théo ou Kata Eyewear. Si vous aimez le style années 1970, cette adresse est pour vous.

PARIS 18ᵉ

OPTA

Montures de créateurs

Q/P : 7/10 •ASSORTIMENT : 9/10
✚ : Originalité des montures

•25, rue des Abesses — 75018 Paris •Tél. : 0142627142 •Horaires : lun. 14h-19h30, mar.-sam. 9h30-19h30 •Métro : Abesses •Bus : Montmartrobus

•1, rue Lepic — 75018 Paris •Tél. : 0142580405 •Horaires : lun. 14h-19h, mar.-sam. 9h30-19h30 •Métro : Blanche •Bus : 30, 54

Dans un cadre très agréable, découvrez des montures de création et de créateurs, très originales (Théo, Paul Smith, etc.), même lorsqu'il s'agit de créateurs classiques.

La Générale d'Optique

Des murs entiers de montures, classés par thème (enfant, junior, adulte). Vous y trouverez un large choix et surtout de petits prix. Ils fonctionnent par forfait (390 F pour une monture enfant, avec verres correcteurs résistant aux rayures, et garantie 1 an). Aucune grande marque n'est représentée, mais des montures pour tous les goûts. La devise du magasin, "Habillez vos yeux à prix très doux", devrait à elle seule vous convaincre.
• **LA GÉNÉRALE D'OPTIQUE** : 26 magasins en R.P. — Tél. : 0130138181

NEUILLY-SUR-SEINE 92

VOGUE OPTIQUE

Montures de créateurs

Q/P : 8/10 •ASSORTIMENT : 7/10
✚ : Montures de créateurs et de couturiers

•79, av. du Roule — 92200 Neuilly-sur-Seine •Tél. : 0146240717 •Horaires : mar.-sam. 10h-19h30 •Métro : Les Sablons •Bus : 43

Voir Vogue Optique, Paris 1er.

SOS Optique

Service de dépannage 24h/24 tout à fait exceptionnel. De nuit comme de jour, montures et verres peuvent être réparés en 15 min, sans aucune majoration de tarif selon l'heure. Des lentilles sont également disponibles. On vous indiquera par téléphone l'adresse de l'opticien affilié au service le plus proche de chez vous. Pour les personnes invalides, un service mobile d'enlèvement et de livraison des lunettes mis en place gratuitement. Équipe très professionnelle et accueil agréable, même à 4h du matin !
• **SOS OPTIQUE** : Tél. : 0148072200

MODE ADULTE

- Vêtements hommes et femmes
- Fripes, occasions
- Chaussures
- Lingerie
- Cuirs et peaux
- Robes de mariées
- Tissus et mercerie
- Retouches et couture

ACHETEZ MALIN! Les vêtements arrivent en deuxième position dans les dépenses des ménages de la région parisienne. C'est dire s'il s'agit d'achats importants. Mais attention, c'est aussi le secteur où l'on trouve le plus de fausses bonnes adresses, de magasins de prétendus dégriffés ou de soldes soi-disant permanentes. Alors, choisissez de préférence parmi les marques réputées et ne courez pas Paris dans tous les sens!

Pour les vêtements, les 4e, 6e et 14e (Marais, Saint-Placide et Alésia) abritent le plus grand nombre de magasins de dégriffés. Le Marais est plutôt branché créateurs alors qu'Alésia et Saint-Placide sont plus classiques, plus famille. Les rues de Turenne et de Turbigo concentrent de nombreuses boutiques de vêtements pour homme de gros ou demi-gros qui ne vendent, en principe, qu'aux détaillants. Mais si vous évitez le lundi (jour d'achat des commerçants) et que vous rangez chéquiers et cartes bleues, vous pouvez y faire d'excellentes affaires. De nombreux fourreurs sont concentrés rue d'Hauteville, dans le 10e, où l'on trouve aussi de belles pelisses et des peaux lainées à prix de fabrique.

Pour la lingerie, le quartier de l'Opéra regroupe plusieurs boutiques aux prix intéressants et le quartier Sèvres-Babylone, dans le 6e, des magasins des créateurs, souvent très chics mais plus chers.

Les 7e et 16e sont surtout intéressants pour leurs dépôt-vente, et l'on peut y faire de bien meilleures affaires que dans les autres arrondissements de Paris. Enfin, si vous cherchez du tissu, courez vite à Montmartre, au pied du Sacré-Cœur, où le déballage du Marché Saint-Pierre et toutes les boutiques alentour permettent de véritables trouvailles, à condition d'avoir l'œil et de savoir fouiller!

Un voyage à Troyes, la capitale des magasins d'usine, ne vaut plus guère le déplacement puisque le même type de centre commercial existe maintenant en région parisienne, à l'Ile-St-Denis ou à Franconville par exemple.

Pour les chaussures, il faut parcourir le 3e, du côté de la République, et en particulier la rue Meslay. On y trouve beaucoup de sous-marques italiennes et un large choix de chaussures anglaises.

Les adresses et les encadrés qui suivent vous indiquent le moins cher et le meilleur rapport qualité-prix du marché. À vous de faire votre choix selon votre porte-monnaie et selon vos goûts, mais n'oubliez pas que la bonne qualité, qui durera, dont les couleurs ne se terniront pas et qui ne se déformera pas, est bien souvent un gage de meilleure économie que le moins cher dont vous ferez peu d'usage.

Enquêtes et rédaction :
Catherine Cocaul, Gaëlle Lor, Marie Troissant

Vêtements
hommes et femmes

Le moins cher de la mode

Paris regorge de bonnes affaires à saisir. Mais quand on pense bas prix, on pense Tati; c'est LA référence en la matière. La célèbre marque rose Vichy a essaimé dans un grand nombre de quartiers de la capitale, même les plus chics. Les magasins sont toujours bondés, préférez le matin, à l'ouverture. Les marchandises arrivent par lots, de façon irrégulière, passez souvent sans idée trop préconçue. L'enseigne joue avant tout sur les prix. Pour la qualité, à vous d'avoir le coup d'œil. Tati commercialise aussi sa propre marque "La Rue est à Nous", de style très tendance, à tout petits prix comme le reste : pulls femme acrylique 30 F, chemisiers soie 40 F, jupes-portefeuille laine mélangée 69 F… Tati est aussi – on l'oublie parfois – le plus gros vendeur de robes de mariées. Là, le rapport qualité-prix est imbattable puisqu'il propose des modèles dégriffés de grands couturiers à partir de 1 000 F, soit 10 % de leur valeur initiale.

Si vous n'aimez pas trop fouiller dans les marchandises en vrac, essayez Eurodif. Les magasins ressemblent à des boutiques et les prix sont aussi très bas (pantalons toile imprimée femme 39 F, robes maxi coton mélangé 45 F, vestes femme 169 F). Aucun dégriffé mais des produits exclusifs provenant du monde entier. Pour la qualité, à vous de voir.

Les magasins populaires type Prisunic et Monoprix viennent de fusionner et proposent les mêmes marques (Laurène M, Miss Helen, Reflex), des articles très mode à prix imbattables. Venez de préférence en début de saison car les meilleurs modèles partent vite. Choisissez aussi votre quartier, on ne trouve pas le même choix à Belleville qu'à Neuilly. Un bon tuyau : le Monoprix de l'avenue de l'Opéra. Enfin, de plus en plus de chaînes, comme Promod ou Camaïeu, proposent des vêtements à prix très étudiés.

- *TATI* : 2-42, bd Rochechouart — 75018 Paris — Tél. : 01 42 55 13 09
- *TATI* : 140, rue de Rennes — 75006 Paris — Tél. : 01 45 48 68 31
- *TATI* : 11, rue de Belhomme — 75018 Paris — Tél. : 01 43 57 93 80
- *TATI* : 13, place de la République — 75003 Paris — Tél. : 01 48 87 72 81
- *TATI* : 106, rue du Fg-du-Temple — 75011 Paris — Tél. : 01 43 57 93 80
- *TATI* : 50, av. de Fontainebleau — 94270 Le-Kremlin-Bicêtre — Tél. : 01 45 15 01 45
- *EURODIF* : 57-61, rue de Passy — 75016 Paris — Tél. : 01 45 25 74 46
- *EURODIF* : 58, rue de la Chaussée-d'Antin — 75009 Paris — Tél. : 01 48 78 08 22
- *PROMOD* : Tél. : 01 42 21 09 41
- *CAMAÏEU* : Tél. : 01 48 03 03 46
- *MONOPRIX* : Tél. : 01 53 89 67 75

PARIS 1er

CENTIMÈTRE

Vestes, manteaux, tailleurs, jupes, robes, hauts, pulls, costumes, chemises	Q/P : 9/10 •ASSORTIMENT : 10/10
	+ : Beaucoup de choix de créateurs
	– : Boutique minuscule difficile à trouver

•17, rue du Cygne — 75001 Paris •Tél. : 01 42 21 10 49 •Horaires : lun.-sam. 10h30-19h30 •Métro : Les Halles •Bus : 29, 38, 47

Le nom est bien trouvé tant la boutique est minuscule et peu confortable. Superbe sélection de créateurs, italiens pour la plupart. Pour femmes : pull Dolce & Gabbana 570 F, tailleur Dolce & Gabbana 2200 F, combi Plein Sud 940 F. Pour hommes : pantalon Exté 525 F, veste Gianfranco Ferré 1690 F, jeans en promo 200 F. Au sous-sol, braderie à 100 F. Éclairage un peu sombre.

ESPACE CRÉATEURS

Manteaux, pulls, vestes, robes, jupes, pantalons, tee-shirts, chemises
Q/P : 9/10 •ASSORTIMENT : 7/10
✛ : Des modèles très originaux

•Forum des Halles — 75001 Paris •Tél. : 0140390956 •Horaires : lun.-sam. 11h-19h •Métro : Les Halles •Bus : 38, 47

Une initiative intéressante : 50 créateurs répartis sur 5 boutiques en plein cœur de Paris, des connus et des moins connus, d'Isabelle Marant, Xuly Bët à Ralph Kemp, Erotokritos, Marielle Thiebault. La plupart des modèles sont uniques, les prix très diversifiés. Dommage que les horaires d'ouverture ne soient pas harmonisés d'une boutique à l'autre. Xuly Bët : robes fluides lycra 350 F, tee-shirts 200 F. Yoshi Kondo : vestes matelassées polyamide 650 F, jupes assorties 400 F. Jeanune : robes maxi maille 875 F. Jean Fixo : chemises popeline pour homme 450 F. Boutiques très agréables, ambiance calme, essayage confortable. Attention à la lumière artificielle. Accueil charmant (il s'agit dans la plupart des cas des jeunes stylistes présentant leurs modèles). Mode réservée plutôt aux minces, les articles taillent petit.

LAUDI CINA

Costumes, vestes, pantalons, chemises, cravates
Q/P : 8/10 •ASSORTIMENT : 8/10
✛ : Prix constants d'une année sur l'autre

•57, rue de Richelieu — 75001 Paris •Tél. : 0142974681 •Horaires : lun.-sam. 10h-19h •Métro : Bourse •Bus : 21, 29, 81

Une boutique agréable où le fabricant propose ses propres articles à prix constants d'une année sur l'autre. Grand choix de costumes en laine super 100 à 1590 F, vestes 900 F, pantalons 300 F. Essayage confortable. Service de retouches. Accueil sympathique.

PLÜCK

Pulls, vestes, jupes, robes, tee-shirts, accessoires, bijoux
Q/P : 9/10 •ASSORTIMENT : 9/10
✛ : Qualité de la maille

•18, rue Pierre-Lescot — 75001 Paris •Tél. : 0145081040 •Horaires : lun.-sam. 10h-14h, 14h30-19h •Métro : Étienne-Marcel, Les Halles •Bus : 29, 38, 85

Toute la maille de l'année précédente soldée jusqu'à -70 %! Articles superbes, cabines confortables. Pulls 500 F, vestes 600 F, jupes 400 F, bijoux 400 F. Magasin très soigné et lumineux. Ambiance très "clean". Bon choix de coloris, modèles disponibles dans toutes les tailles (1 à 4). Belle sélection d'accessoires.

SPRINGFIELD

Costumes, chemises, vestes, pantalons, gilets, cravates, pulls, polos homme
Q/P : 7/10 •ASSORTIMENT : 9/10
✛ : L'ambiance du magasin

•Les Halles (place Carrée, niveau -3) — 75001 Paris •Tél. : 0140264333 •Horaires : lun.-sam. 10h-19h30 •Métro : Châtelet, Les Halles •Bus : 38, 39 • Voir Springfield, Paris 8e.

STOCKLUX

Manteaux, vestes, robes, pantalons, chemisiers, pulls, parkas, ceintures, bijoux
Q/P : 9/10 •ASSORTIMENT : 8/10
✛ : La qualité des marques

•8, place Vendôme — 75001 Paris •Tél. : 0149270931 • Fax : 0149279013 •Horaires : lun.-sam. 10h30-13h, 14h-19h •Métro : Opéra •Bus : 20, 29, 42

Située sur une place mythique, nichée sous un porche, une petite boutique débordant de vêtements. Vêtements de ville et de soirée griffés de grands couturiers et de créateurs : Gucci, Prada, Chanel, Dior, Lacroix, Lagerfeld, Versace. Remises de 40 à 50 %. Accueil chaleureux et conseils avisés de la patronne si vous passez à l'ouverture. Encore un peu cher durant l'année, mais superbes affaires au moment des braderies. Pull Galliano 1000 F, veste Mugler 2500 F, pantalon Hervé Leger 800 F, veste caban Les Copains 1000 F Tailles diverses. Essayage confortable si vous êtes seule.

TIM BARGEOT

Cabans, costumes, pantalons, vestes, robes, jupes, tee-shirts, hauts

Q/P : 9/10 •ASSORTIMENT : 7/10
+ : Mode très originale

•3, rue de Turbigo — 75001 Paris •Tél. : 0142210969 •Horaires : lun.-sam. 11h30-19h30 •Métro : Étienne-Marcel, Les Halles •Bus : 29, 38, 85

Dans un décor blanc, typique des films des années 1960, Tim Bargeot propose ses modèles très branchés à prix étudiés pour filles et garçons. Pour lui : caban jean 550 F, pantalons tous coloris 350 F. Pour elle : tee-shirts imprimés transparents 230 F, maxi robe lycra 350 F. Beaucoup de vinyl, robes 400 F, de dentelles et de transparences, petits hauts 200 F. Accueil sympathique. Essayage confortable. Tailles plutôt petites.

ÉT VOUS/STOCK

Vestes, pantalons, tee-shirts, robes, jupes, costumes, chemises, chaussures

Q/P : 9/10 •ASSORTIMENT : 9/10
+ : Ambiance très relaxante

•17, rue de Turbigo — 75002 Paris •Tél. : 0140130412 •Horaires : lun.-sam. 12h-19h •Métro : Étienne-Marcel •Bus : 29, 38, 85

Vaste emplacement très clair, très fonctionnel, présentant les fins de série de la marque. Les vêtements sont bien mis en valeur. Grand choix de tailles jusqu'au 44, de coloris, de matières. Pour femmes : vestes 800 F, tee-shirts 150 F, pantalons 250-300 F. Rayon hommes proposant des costumes entre 1 300 et 1 500 F, beau choix de chaussures 200 F. Essayage confortable et vendeuses agréables. Ambiance relaxante même le samedi.

GD EXPANSION

Tailleurs, vestes, pulls, costumes, pantalons, robes, chemisiers, manteaux

Q/P : 7/10 •ASSORTIMENT : 9/10
+ : Grand choix proposé

•19, rue du Sentier — 75002 Paris •Tél. : 0142333839 •Horaires : lun.-sam. 10h-19h •Métro : Sentier •Bus : 29, 74, 85

Gérard Darel, Olivier Strelli, Helena Sorel, Caractère, Dimension, Ex Æquo, Max Mara, Marella, Week-End, Pablo, Zapa, voici les marques femme présentes au 2e étage de ce magnifique hôtel particulier. Le 3e est consacré aux hommes avec Bruce Field, Olivier Strelli, Christian Dior, Cerruti, Lanvin. Un vaste espace de 250 m2 environ. Décor boiserie style anglais, musique douce, vendeurs compétents et agréables. Pour femmes : tailleurs 2200 F, vestes entre 1 500 et 1 700 F, pulls 500 F. Ce n'est pas donné mais tout de même moins cher qu'en boutique (20 à 30 % de remise). Classement par marques et par coloris. Tailles disponibles jusqu'au 46. Pour les hommes : costumes à partir de 990 F, promotion 2 costumes pour 2990 F. Essayage hyper confortable. Service de retouches. La maison consent des remises supplémentaires aux plus fidèles clients.

GIANNO D'ARNO

Chemisiers, foulards, pulls, vestes, tee-shirts, soie

Q/P : 8/10 •ASSORTIMENT : 7/10
+ : Qualité de la soie

•17, rue St-Marc — 75002 Paris •Tél. : 0142369873 •Horaires : lun.-ven. 9h30-18h30, sam. 10h-18h30 •Métro : Bourse •Bus : 20, 39, 74

Une boutique à l'allure provinciale spécialisée dans la soie lyonnaise et italienne. Une bonne adresse pour les femmes plutôt classiques appréciant les imprimés façon Hermès ou Gucci. Quelques beaux pulls, chemisiers imprimés 550 F, ras-du-cou 370 F, pulls laine Merinos 350 F, carrés Versace 550 F. Grand choix de tailles, sur mesure possible, service de retouches. Au sous-sol, stock de coupons au mètre. Essayage confortable, magasin assez lumineux.

KOOKAÏ STOCK

Jupes, robes, chemisiers, pulls, manteaux, pantalons, hauts, gilets, vestes

Q/P : 9/10 •ASSORTIMENT : 9/10
+ : Étendue du choix et prix imbattables

•82, rue Réaumur — 75002 Paris •Tél. : 0145085100 • Fax : 0145085100 •Horaires : lun.-sam. 10h30-19h30•Métro : Sentier •Bus : 67,20 •Internet : http/www. cgi. fr/kookai

Vaste et superbe magasin, espace permanent pour les collections de l'année ou de la saison précédentes à moitié prix. Beaucoup de choix en début de saison et nombreuses promotions toute l'année. Belles cabines d'essayage, bon éclairage. Pulls 80 à 120 F, pantalons 150 F, jupes 100 F. Grand choix de tailles et de coloris. Vivement conseillé aux filles jeunes et minces. Minitel 3615 KOOKAÏ.

LIL POUR L'AUTRE

Gilets, pulls, robes, jupes, pantalons, vestes

Q/P : 9/10 •ASSORTIMENT : 6/10
+ : Beaucoup de modèles uniques

•39, rue d'Argenteuil — 75002 Paris •Tél. : 0142613626 • Fax : 0142860919 •Horaires : lun.-sam. 10h30-19h •Métro : Pyramides •Bus : 20, 21, 22, 27, 29, 52, 53

Prototypes de collection, fins de série ou soldes de presse proposés en petit nombre, à prix presque bradés compte tenu de leur qualité exceptionnelle : vestes 1500 à 2000 F, pulls 1000 F, robes 1500 F. Magasin calme et aéré. Vendeuses très disponibles.

L'ESPACE CASHEMERE

Parkas, vestes, robes, tee-shirts, jupes, pantalons, pulls femme

Q/P : 9/10 •ASSORTIMENT : 8/10
+ : La qualité des articles
− : L'insistance des vendeuses

•101, rue Réaumur — 75002 Paris •Tél. : 0142369163 • Fax : 0145085270 •Horaires : lun.-sam. 10h30-18h30 •Métro : Sentier •Bus : 29, 74, 85

Une boutique au décor chic, typique des années 70. Grand choix de modèles en maille exclusifs, plutôt destinés aux femmes appréciant les tenues classiques. Belle sélection de pulls en cachemire à partir de 500 F, superbes articles en viscose : pulls 500 F, vestes 1000 F. Les modèles taillent bien. Magasin spacieux, confortable et lumineux. Mais il n'y a pas assez de modèles sur les présentoirs – la plupart sont pliés –, et les vendeuses, trop insistantes, vous laissent peu flâner.

Mangas

Costumes sur mesure, vestes, pantalons, chemises, cravates, pulls homme… Ici, tout est dans les prix, qui s'affichent sans complexe. Cravates 189 F, chemises 269 F, costumes 1690 F, chaussures anglaises 690 F. La particularité de la marque : proposer du sur mesure à prix unique dans un temps record. Magasins élégants, décor bois, parquet, lumière halogène et des coupes très mode, d'allure jeune. Petits, gros et grands peuvent ainsi se vêtir élégamment à prix corrects. Plus de 150 tissus proposés. Essayage confortable, conseils avisés, éclairage flatteur.

• MANGAS : 43, rue Vivienne — 75002 Paris — Tél. : 0145084370
• MANGAS : 36, rue de Berri — 75008 Paris — Tél. : 0142251418
• MANGAS : 41, bd Malesherbes — 75008 Paris — Tél. : 0140071213
• MANGAS : 33, rue de Longchamp — 75016 Paris — Tél. : 0147274872

MENDÈS

Parkas, manteaux, jupes, tailleurs, vestes, pulls, robes, bijoux, bustiers

Q/P : 9/10 •ASSORTIMENT : 8/10
+ : Grand choix de tailleurs
− : Absence de cabines d'essayage

•5, rue d'Uzès — 75002 Paris •Tél. : 0142368336 •Horaires : lun.-sam. 10h-18h30 •Métro : Rue-Montmartre •Bus : 20, 39

Le fabricant vient de s'installer dans ce nouvel espace vaste, très lumineux, extrêmement aéré. Fins de collection Montana, Lacroix, St-Laurent, Variation et Rive Gauche superbement mises en valeur. Grand choix de modèles, de coloris et de tailles, surtout en St-Laurent. Tailleurs à partir de 1900 F, vestes 1300 F. Un must, le caban St-Laurent à 1600 F. Les modèles de Lacroix sont plus chers (attention, la maison ne propose pas la collection Bazar) mais le choix vaut le coup d'œil. Tailleurs à partir de 5000 F, robes velours de panne 3000 F, caracos dentelle 1500 F. Collection Montana plus succincte mais offrant de beaux modèles de tailleurs à 3000 F. Grand choix de tailles jusqu'au 46 pour Lacroix et St-Laurent (qui taille confortablement). Beaucoup de 40-42. Belle collection de bijoux griffés à partir de 200 F (boucles d'oreille). Bref le bonheur, mais il n'y a aucune cabine d'essayage. À vous de prévoir une tenue confortable et pratique en prévision. Accueil charmant et discret, musique douce.

NATHALIE

Tailleurs, vestes, jupes

Q/P : 8/10 •ASSORTIMENT : 7/10
+ : Choix de tailleurs
− : Faible choix d'articles

•11, rue d'Uzès — 75002 Paris •Tél. : 0140390105 •Horaires : lun.-mer. et ven. 11h-18h •Métro : Rue-Montmartre •Bus : 20, 39

Au premier étage, au fond de l'atelier, un espace au décor suranné proposant à prix réduits les modèles du fabricant Romazzino et quelques vêtements de la collection Agatha. Petit choix de modèles mais belle collection de tailleurs très classiques, jusqu'au 44 : tailleurs-pantalons 1600 F, tailleurs-jupes 1200 F. Un petit rayon proposant des prototypes et des fins de collection à prix promotionnels : impers 1200 F, parkas 1200 F. Tailles 38 à 44. Conditions d'essayage acceptables, stock un peu sombre, accueil sympathique. Attention aux horaires, le magasin est fermé le jeudi, ouvert le premier samedi de chaque mois et sur rendez-vous en dehors des horaires habituels.

Delaveine

Polos, vestes, costumes, pantalons, blazers, manteaux, imperméables hommes... Le slogan de la maison est "S'habiller! Pas gaspiller". Dans ce magasin très bien situé, un grand choix d'articles pour hommes à prix imbattables. Style jeune et décontracté au RDC : polo 99 F, veste style pompier américain 299 F, en néoprène 299 F. Au 1er étage, les costumes, vestes et pantalons. Grand choix de coloris et de tailles jusqu'au 58. Costumes Mao 399 F, costumes 4 boutons 599 F, disponibles en 4 coloris. Vestes Prince-de-Galles 399 F, sans oublier le blazer super 100 à 499 F! Vendeuses très efficaces. Magasin confortable mais évitez le samedi. Idéal pour habiller tous les membres masculins de la famille.

• DELAVEINE : 61, rue de Rivoli — 75001 Paris — Tél. : 0142363512
• DELAVEINE : 13, bd Montmartre — 75002 Paris — Tél. : 0142367220
• DELAVEINE : 101, rue St-Lazare — 75009 Paris — Tél. : 0148746222
• DELAVEINE : 47, bd St-Michel — 75005 Paris — Tél. : 0143545252
• DELAVEINE : 58, av. de Clichy — 75018 Paris — Tél. : 0143873014
• DELAVEINE : CC Créteil-Soleil — 94000 Créteil — Tél. : 0149800311

STOCK BOURSE

Vestes, robes, chemisiers, pantalons, jupes, pulls, foulards

Q/P : 6/10 •ASSORTIMENT : 7/10
+ : Les belles griffes italiennes

•7, rue St-Augustin — 75002 Paris •Tél. : 0142614338 •Horaires : lun.-ven. 10h-19h, sam. 11h-19h •Métro : Bourse •Bus : 20, 39, 74

Vous êtes accueillis comme dans un salon par l'hôtesse des lieux. Belle sélection des couturiers italiens et français. Grand choix de tailleurs et de robes habillées. Les vêtements ne sont pas bon marché. Tailleurs à partir de 3000 F, robes 1500 F, pantalons 800 F. Quelques tailles 46. Essayage confortable. Boutique lumineuse. Retouches possibles.

WEINBERG

| Tailleurs, pantalons, jupes, chemisiers, robes, hauts, vestes femme | Q/P : 8/10 •ASSORTIMENT : 7/10
✦ : Jolis modèles pour femmes fortes |

•31, rue des Jeûneurs — 75002 Paris •Tél. : 01 45 08 13 35 •Horaires : mar.-sam. 9h30-13h, 14h-18h •Métro : Sentier •Bus : 29, 67, 74, 85 • Voir Weinberg, Franconville 93.

PARIS 3ᵉ

BASIC DRESSING

| Pulls, chemisiers, chemises, pantalons, robes, tailleurs, costumes, parkas | Q/P : 9/10 •ASSORTIMENT : 9/10
✦ : Prix et choix proposés
▬ : Pour les fans du style Ralph Lauren |

•13-15, rue du Pont-aux-Choux — 75003 Paris •Tél. : 01 42 77 26 20 • Fax : 01 42 87 64 29 •Horaires : lun.-mar. et jeu.-sam. 10h-18h •Métro : St-Sébastien-Froissart •Bus : 20, 29, 65, 96

Pour s'habiller chic et décontracté. Vêtements de la marque Golf & Green (dans le style Ralph Lauren en moins onéreux), à prix de gros ou bradés pour les fins de collection. Décor cosy, vêtements bien mis en valeur par style, coloris, tailles (jusqu'au 44). Pulls à partir de 250 F, robes lin 550 F, vestes style sahariennes 850 F. Beau rayon de sous-vêtements Petit Bateau et chaussures de la marque Requins à 350 F (façon Tod's & Hogan). Au 2e, sous une superbe verrière, dans une ambiance très feutrée, grand choix de costumes pour hommes jusqu'au 68 : Paco Rabanne, Cerruti 1900 F. Polos en promotion 300 F les deux. Grand choix de bermudas écossais 350 F, de parkas 850 F et de polos rugby 200 F. Chaussures anglaises à partir de 500 F. Essayage confortable. Service de retouches. Fermé le mercredi, mais ouvert deux dimanches par mois.

ENTREPÔT DU MARAIS

| Costumes, vestes, pantalons, chemises, cravates, pardessus, gilets homme | Q/P : 8/10 •ASSORTIMENT : 8/10
✦ : Rayon hommes forts et grands |

•3, rue du Pont-aux-Choux — 75003 Paris •Tél. : 01 42 78 14 44 •Horaires : lun. 14h-19h, mar.-ven. 10h-19h •Métro : St-Sébastien-Froissart •Bus : 20, 29, 65, 96

Une boutique au décor agréable proposant en exclusivité les créations Guy d'Ambert. Costumes rayés super 100 1690 F, chemises 299 F, vestes à partir de 795 F. Au fond du magasin, rayon spécial pour les grands et les forts. Accueil sympathique, conditions d'essayage confortables, service de retouches. Venez de préférence aux heures creuses.

FIERMAN

| Chemises, pantalons, costumes, vestes, cravates, polos homme | Q/P : 8/10 •ASSORTIMENT : 8/10
✦ : Grand choix de costumes |

•78, rue de Turbigo — 75003 Paris •Tél. : 01 44 61 06 58 • Fax : 01 44 61 06 60 •Horaires : lun.-sam. 9h30-19h •Métro : Temple •Bus : 20, 65, 56, 75

Un classique des guides de bonnes affaires. Magasin à l'allure paisible proposant des prix intéressants sur certains articles griffés St-Laurent ou Pierre Cardin. Costumes dans les deux marques à partir de 3000 F, vestes à partir de 2000 F, polos Lacoste 375 F, cravates 285 F. Grand choix dans les petites tailles (en dessous du 60), sélection de chemises habillées. Accueil sympathique, ambiance calme, essayage confortable. Magasin très lumineux.

GAMMES DE...

| Manteaux, robes, vestes, pantalons, jupes, tailleurs, pulls, chemisiers, bijoux | Q/P : 8/10 •ASSORTIMENT : 9/10
✦ : La qualité des produits |

•17, rue du Temple — 75003 Paris •Tél. : 01 48 04 34 77 •Horaires : lun.-sam. 10h-19h30 •Métro : Hôtel-de-Ville •Bus : 70, 72, 91

Une boutique élégante, spacieuse et bien éclairée où le chic intemporel a un nom, Guy Laroche, et un prix : 50 % de remise sur la collection de l'année précédente (et plus en période de soldes). Accessoires superbes à prix enfin (!) abordables : tailleurs 2500 à 3000 F, pulls 1000 F, jupes et pantalons 800 F, manteaux 3500 F, colliers 1000 F. Et pour les plus jeunes, la collection "Un Après-Midi de Chien" à prix sympas. Vendeuses efficaces et très disponibles. Conditions d'essayage agréables.

IMEX

Imperméables, manteaux, parkas, blousons, vestes, chapeaux, foulards, robes	Q/P : 8/10 • ASSORTIMENT : 9/10 ✦ : L'ambiance du magasin

•8, rue des Francs-Bourgeois — 75003 Paris •Tél. : 01 48 87 14 76 •Horaires : lun. 14h-19h, mar.-sam. 11h-19h, dim. 14h30-19h •Métro : St-Paul •Bus : 69, 76, 96

En fond de cour d'un superbe hôtel particulier du Marais, ce fabricant vend ses modèles Blue Key et La Cour des Francs-Bourgeois. Magasin spacieux, avec parquet et grandes baies lumineuses. Grand choix de modèles plutôt classiques dans toutes les tailles, jusqu'au 42. Les modèles taillent plutôt bien. Pulls Modal 249 F, pantalons assortis 349 F, robe maxi 310 F. Superbe rayon de fausses fourrures en tous genres : manteaux à partir de 2000 F, parkas 1800 F, chapeaux 250 F. À noter : joli coin mercerie. Essayage très confortable, accueil gracieux. Un havre de paix, ouvert le dimanche. Catalogue à disposition.

JOHANN

Costumes, vestes, pantalons, chemises, cravates, manteaux, gilets, parkas homme	Q/P : 9/10 • ASSORTIMENT : 7/10 ✦ : Petits prix

•106, rue de Turenne — 75003 Paris •Tél. : 01 40 27 03 06 •Horaires : lun.-ven. 9h30-13h, 14h30-18h30, sam. 10h30-18h •Métro : St-Sébastien-Froissart •Bus : 20, 29, 65, 96

Grand choix de marques mais pas dans toutes les tailles. Dormeuil, Smalto, Azzaro, tissus Cerruti à petits prix : costumes 1400 et 1490 F, chemises 180 F, pantalons 280 F, vestes à partir de 790 F. Accueil et conseils efficaces. Service de retouches. Conditions d'essayage agréables. Venez de préférence en dehors des heures de pointe.

KEN CLAUDE

Vestes, blousons, parkas, pantalons, jeans, chemises, tee-shirts, pulls, sacs	Q/P : 7/10 • ASSORTIMENT : 8/10 ✦ : Rabais sur les modèles en cours

•55, rue de Turenne — 75003 Paris •Tél. : 01 42 78 41 13 •Horaires : lun.-ven. 10h-12h, 14h-18h, sam. 15h-18h •Métro : Chemin-Vert •Bus : 20, 29, 65,96

La mode junior à prix réduits. 10 à 20 % de remise sur les collections en cours et importants rabais sur les fins de série. Les marques qu'apprécient les juniors sont toutes là : jeans Levis 501 à 299 F, blousons Schott 800 F, tee-shirts Hanes 100 F. Promo : -20 % sur les chaussures Timberland à partir de 450 F. Magasin un peu sombre, essayage peu confortable. Articles posés en vrac, il faut fouiller. Ambiance jeune, musique un peu forte.

Le Mouton à Cinq Pattes

Robes, tailleurs, manteaux, parkas, jupes, pantalons, pulls, tee-shirts... la référence incontournable. La boutique du Marais propose un large choix de couturiers allemands et italiens à des prix imbattables. Et quelques pièces de créateurs signées Dolce & Gabbana, Exté ou encore Calvin Klein pour les hommes. Modèles et choix des tailles varient d'une livraison à l'autre : chemisiers 350 F, vestes 500 à 800 F, pantalons ou jupes 400 F, pulls 400 F. Cabines d'essayage sommaires. Classement des articles un peu fouillis et étiquetage des tailles peu lisible. Arrivages permanents, venir régulièrement, mais éviter absolument les heures de pointe.

- • LE MOUTON À CINQ PATTES : 15, rue Vieille-du-Temple — 75004 Paris — Tél. : 01 42 71 86 30
- • LE MOUTON À CINQ PATTES : 138, bd St-Germain — 75006 Paris — Tél. : 01 43 26 49 25
- • LE MOUTON À CINQ PATTES : 19, rue Grégoire-de-Tours — 75006 Paris — Tél. : 01 43 29 73 56
- • LE MOUTON À CINQ PATTES : 8, rue St-Placide — 75006 Paris — Tél. : 01 45 48 86 26
- • LE MOUTON À CINQ PATTES : 18, rue St-Placide — 75006 Paris — Tél. : 01 45 44 82 23
- • LE MOUTON À CINQ PATTES : 48, rue St-Placide — 75006 Paris — Tél. : 01 45 48 20 49
- • LE MOUTON À CINQ PATTES : 130, av. Victor-Hugo — 75016 Paris •Tél. : 01 43 26 49 25

LA BOUTIQUE

Tailleurs, vestes, robes, chemisiers, jupes, pantalons, manteaux femme, bijoux

Q/P : 8/10 •ASSORTIMENT : 8/10
✚ : Vrais créateurs à des prix accessibles

•25, rue du Temple — 75003 Paris •Tél. : 0142776236 •Horaires : mar.-sam. 11h-19h30 •Métro : Rambuteau •Bus : 29, 69

Dans un décor raffiné et fonctionnel aux délicieuses senteurs exotiques, voici le temple des créateurs venus d'ailleurs : le Chypriote Erotokritos, le Japonais Yoshi Kondo, Yao le Laotien ou le Français Thibault Gaspard proposent leurs modèles très tendance à prix serrés : tailleurs à partir de 2500 F, robes à partir de 1000 F, chemisiers à partir de 500 F. Recommandé aux femmes menues et pas trop conventionnelles. Quelques beaux bijoux originaux, bagues 200 F.

LE CHOIX DE...

Pulls, vestes, robes, jupes, tee-shirts

Q/P : 9/10 •ASSORTIMENT : 8/10
✚ : Petits prix

•24, rue de Turbigo — 75003 Paris •Tél. : 0142772700 •Horaires : lun.-sam. 10h-19h •Métro : Réaumur-Sébastopol •Bus : 29, 38, 39

Stock Maggy Calhoun proposant ses collections en maille à petits prix. Pull marin coton 250 F, jupe longue 250 F. Particulièrement intéressant en période de déstockage : vestes forme caban laine blanche 500 F, tee-shirts au choix 50 F, robes longues en coton 100 F. Magasin un peu sombre et peu confortable pour l'essayage. Tailles S-M-L.

LIONEL NATH

Parkas, blousons, manteaux, costumes, tailleurs, vestes, pantalons, polos

Q/P : 9/10 •ASSORTIMENT : 9/10
✚ : Le rapport qualité/prix et le choix

•7, rue Béranger — 75003 Paris •Tél. : 0148878130 •Horaires : lun.-sam. 9h-18h30 •Métro : République •Bus : 20, 56, 65, 75

Élégante boutique, superbe choix d'articles de sa propre marque à prix cassés. Tarifs affichés directement sur la vitrine, vous rentrez en connaissance de cause. Costumes à partir de 1400 F, vestes 900 F, chemises 200 F, pantalons 300 F. Grand choix de tailles, de coloris. Le fabricant propose aussi quelques tailleurs pour femmes. Essayage très confortable, éclairage doux, service de retouches. À noter : parking assuré au 11, rue Béranger.

L'HABILLEUR

Pulls, chemises, chemisiers, vestes, costumes, tailleurs, pantalons, robes

Q/P : 9/10 •ASSORTIMENT : 8/10
✚ : Sélection de créateurs
— : Magasin difficile à trouver

•44, rue du Poitou — 75003 Paris •Tél. : 0148877712 •Horaires : lun.-sam. 11h-20h •Métro : St-Sébastien-Froissart •Bus : 20, 65, 96

Une boutique à l'image du quartier, élégante et racée. Dans un décor dépouillé avec sophistication, très lumineux, s'expose le meilleur des créateurs anglais et français. Citons, pêle-mêle, Patrick Cox, Richmond, Martine Sitbon, Plein Sud, Barbara Bui et même Prada. Superbes robes maxi transparentes 460 F, vestes Barbara Bui 1200 F. Pour hommes, vestes Patrick Cox à 1500 F, pantalons à partir de 450 F. Grand choix de chaussures pour femmes Patrick Cox et Clergerie. Prix d'origine indiqués. Remises jusqu'à 60 %. Essayage confortable. Ambiance délicatement parfumée.

MAISON STEIN

Pulls, gilets, jupes, robes, vestes, doudounes, parkas, pantalons

Q/P : 8/10 •ASSORTIMENT : 9/10
✚ : Grand choix de modèles

•22, rue St-Martin — 75003 Paris •Tél. : 0148875448 •Horaires : lun.-sam. 10h-19h •Métro : Hôtel-de-Ville •Bus : 67, 72, 74, 76

Cet incroyable capharnaüm cache de véritables bonnes affaires, surtout pour celles qui apprécient la maille de qualité Rodier ou Fuego. Pulls 800 F, vestes 1500 F, cabans 2000 F. Boutique minuscule et peu confortable. Venez de préférence aux heures calmes.

PRESTIGE HOMMES

Costumes, pantalons, vestes, chemises, chaussures, parkas, blousons homme	Q/P : 9/10 •ASSORTIMENT : 8/10 ✚ : Qualité des vêtements

•79, rue de Turbigo — 75003 Paris •Tél. : 01 48 87 44 88 • Fax : 01 48 87 85 53 •Horaires : lun. 14h-19h, mar.-ven. 10h-19h •Métro : Temple •Bus : 20, 56, 65, 75

Une boutique fonctionnelle, une belle sélection de vêtements à prix réduits (-25 % en moyenne). Beau choix de costumes Nino Ferletti, St-Laurent 1590 F. Intéressant rayon de chaussures sportswear Timberland pour hommes-femmes 1000 F, polos St-Laurent 295 F, pantalons toile 375 F. Bonne adresse pour les hommes minces et d'allure sportive. Service de retouches. Essayage confortable, accueil sympathique, conseils avisés.

STOCK B

Costumes, vestes, pantalons, tee-shirts, polos, parkas, blousons, imperméables	Q/P : 9/10 •ASSORTIMENT : 9/10 ✚ : Costumes

•114, rue de Turenne — 75003 Paris •Tél. : 01 53 01 56 35 • Fax : 01 53 01 56 39 •Horaires : lun. 10h-18h, mar.-sam. 9h-18h •Métro : St-Sébastien-Froissart •Bus : 20, 29, 65, 96

L'entrepôt des griffes porte bien son nom. Le stock Biderman propose des prix ultra compétitifs sur les marques Courrèges, Arrow, St-Laurent, Kenzo, Givenchy, Nino Ferletti. Superbes choix de costumes classiques ou très mode St-Laurent 2000 F, Cerruti 1950 F, Kenzo 2600 F, imperméables St-Laurent 1600 F, polos tous coloris, toutes tailles 175 F, chemises jusqu'au 46, costumes jusqu'au 64. Décor vieillot, vendeuses compétentes. Les cabines d'essayage ont bien besoin d'être rénovées. Bon éclairage.

STOCK GRIFFES

Robes, manteaux, tailleurs, jupes, pantalons, chemisiers, vestes, pulls	Q/P : 9/10 •ASSORTIMENT : 7/10 ✚ : Petits prix

•17, rue Vieille-du-Temple — 75003 Paris •Tél. : 01 48 04 82 34 •Horaires : lun. 12h30-19h30, mar.-sam. 10h30-19h30 •Métro : Hôtel-de-Ville •Bus : 67, 72, 74, 76

Un magasin petit mais confortable. Les vêtements sont tous griffés, mais nous avons promis de ne pas dévoiler leur identité. Sachez qu'il s'agit pour la plupart de "créateurs-bien-connus-des-rédactrices-de-mode", de marques spécialisées dans le vêtement tendance à petits prix : pulls 400 F, pantalons 500 F, tailleurs 2000 F, vestes 1000 à 1 500 F.

La rue de Turenne

Aux hommes désireux de s'habiller à moindres frais, sans trop perdre de temps, nous conseillons la rue de Turenne, dans le quartier du Marais. Là est regroupé un nombre important de fabricants, grossistes spécialisés dans le vêtement homme. Modèles proposés plutôt classiques. Naturellement, aucun prix n'est indiqué en vitrine. Certaines boutiques acceptent de vendre en direct à condition d'observer la discrétion la plus absolue, de payer en liquide et de venir aux heures calmes. Plusieurs fois par an, braderies ouvertes à tous. Groupez les commandes pour obtenir des prix encore plus bas!

• LORDISSIMO : 64, rue de Turenne — 75003 Paris — Tél. : 01 42 71 06 95
• CLAUDE REYNER : 92, rue de Turenne — 75003 Paris — Tél. : 01 48 87 35 82
• MAC KORMER : 58, rue de Turenne — 75003 Paris — Tél. : 01 42 71 97 65

Paris 4e

ALAÏA

Pantalons, pulls, bodies, vestes, robes, jupes, ceintures femme	Q/P : 9/10 •ASSORTIMENT : 7/10 ✚ : Maille sublime

•8, rue de la Verrerie — 75004 Paris •Tél. : 01 48 87 04 36 •Horaires : lun.-sam. 10h-13h, 14h-19h •Métro : Hôtel-de-Ville •Bus : 67, 72, 74, 76

Une mode de rêve à portée de regard, si ce n'est de bourse. Situé au fond de la cour dans un hôtel particulier, le stock du couturier propose une courte sélection de modèles principalement en maille : jupes à 2000 F, robes maxi à 3500 F, bodies à 1100 F, vestes cuir à 4500 F. Quelques tailles L disponibles, mais l'ensemble s'adresse en priorité aux femmes minces. Boutique calme et fraîche. Accueil charmant.

AMMONIAQUE

Pulls, vestes, manteaux, robes,   Q/P : 8/10 •ASSORTIMENT : 7/10
pantalons, doudounes   **+** : Accueil et conseil

•6, rue de Sévigné — 75004 Paris •Tél. : 0148875423 •Horaires : lun.-sam. 10h15-19h30 •Métro : St-Paul •Bus : 67, 69, 96

Le 6 bis vient de fermer. Dommage. Reste la boutique plus sportswear, pour les incondi-tionnelles de Jean-Charles de Castelbajac (attention, beaucoup de modèles en exemplaire unique!), ou les fanatiques des pulls en velours rasé de Caviar à prix tout doux : pulls 400 à 600 F, chemisiers 300 F, manteaux 2000 F, vestes 1500 F. Accueil sympathique.

ANNIE-LAURE STOCK

Manteaux, jupes, tailleurs, vestes,   Q/P : 9/10 •ASSORTIMENT : 9/10
robes, pantalons   **+** : Accueil et ouvert le dimanche

•43, rue de Turenne — 75004 Paris •Tél. : 0142725354 •Horaires : mar.-sam. 11h-19h, dim. 12h-18h •Métro : Chemin-Vert •Bus : 46, 65

Une boutique agréable où l'on trouve le meilleur des collections de la saison ou de l'année précédentes. Dejac, Max Mara, Torrente ou Karl Lagerfeld, proposés à -30 % environ et plus en période de soldes. Tailleurs à partir de 450 F, doudounes 1000 F, manteaux 1300 F. Essayage confortable. Grand choix de tailles et de coloris. Beaucoup de 40-42.

COMPTOIR DU MARAIS

Pulls, pantalons, chemisiers, robes,   Q/P : 9/10 •ASSORTIMENT : 10/10
coupe-vent, parkas, vestes homme et   **+** : Ambiance et choix proposé
femme   **−** : Boutique difficile à trouver

•8, rue de Moussy — 75004 Paris •Tél. : 0142740606 • Fax : 0144598951 •Horaires : lun.-sam. 11h30-19h30, dim. 14h30-19h30 •Métro : Hôtel-de-Ville •Bus : 67, 72, 74, 76

Sur deux niveaux, un vaste espace aménagé en petits coins et déclinant les produits par camaïeux de couleurs. Esthétiquement, c'est très réussi. Vêtements (pour hommes et fem-mes) parfaitement mis en valeur. Le charme opère autant au niveau des formes que des prix. Qu'on en juge : pour femmes, pulls tuniques 135 F, pantalons imprimés coton 145 F, chemi-siers dentelle 235 F, robes tennis col polo 95 F. Pour hommes : coupe-vent à partir de 205 F, polos rugby 210 F, pantalons à carreaux 95 F. Au sous-sol : coin des affaires à -60 %! À fréquenter en famille. Musique douce, essayage confortable et accueil sympathique.

DANIEL

Sweaters, pantalons, tee-shirts,   Q/P : 7/10 •ASSORTIMENT : 8/10
chaussures, jeans, polos, chemises   **+** : Sélection des marques

•42, rue St-Antoine — 75004 Paris •Tél. : 0148049753 •Horaires : lun. 12h-19h30, mar.-ven. 10h30-19h30, sam. 10h-19h30 •Métro : St-Paul •Bus : 29, 50, 70, 72, 74, 76

Boutique conviviale, sur 2 niveaux. Sélection des principales marques pour jeunes. Pro-motions permanentes. Sweat Schott 199 et 279 F, pantalons de jogging Hanes 199 F, tee-shirts Mustang ou Donovan 185 F, Vans 159 F, chaussures DocMartens et Caterpillar à partir de 450 F. Ambiance musicale discrète. Essayage confortable mais boutique un peu sombre. Vendeurs attentifs, venez aux heures creuses.

IRLANDE

Pulls, gilets, polos, vestes homme et   Q/P : 8/10 •ASSORTIMENT : 9/10
femme   **+** : Importance du choix proposé

•24, rue du Roi-de-Sicile — 75004 Paris •Tél. : 0142789478 • Fax : 0142789479 •Horaires : mar.-sam. 11h-19h30, dim. 14h30-19h30 •Métro : St-Paul, Hôtel-de-Ville •Bus : 67, 69, 76, 96

Une boutique entièrement consacrée au pull sous tous ses aspects. Paradoxalement, comme son nom ne l'indique pas, la plupart des articles sont fabriqués en Écosse. Pour hommes et femmes, du classique de bonne facture. Twinset : pull 295 F, gilet 395 F, pull long cachemire et soie 950 F (12 coloris), polos hommes 295 F, large éventail de modèles, tailles et coloris. Essayage très confortable mais magasin un peu sombre.

LOLITA LEMPICKA

Robes, tailleurs, jupes, pantalons, petits hauts, chemisiers, pulls femme

Q/P : 8/10 •ASSORTIMENT : 7/10
+ : Robes longues

•2, rue des Rosiers — 75004 Paris •Tél. : 0148870967 •Horaires : mar.-sam. 10h30-13h30, 14h30-19h •Métro : St-Paul •Bus : 29, 50, 70, 72, 74, 76

Petite boutique au confort sobre, avec les fins de série de la créatrice. Des robes longues habillées (1800 F), des tailleurs (2200 F), des robes en mousseline et fleuries (1120 F), quelques jupes et pantalons en maille (550 F), petits hauts (375 F). Prix divisés par deux, mais encore assez cher. À noter, de rares articles disponibles en taille 44. Magasin plutôt recommandé aux femmes menues.

MASCULIN DIRECT

Imperméables, manteaux, pulls, chemisiers, pantalons, vestes, tee-shirts

Q/P : 9/10 •ASSORTIMENT : 9/10
+ : Les prix et l'importance du choix

•18, rue des Archives — 75004 Paris •Tél. : 0142771656 •Horaires : lun. 14h-19h, mar.-sam. 10h-19h •Métro : Hôtel-de-Ville •Bus : 67, 72, 74, 76

Torrente, Ted lapidus, Pierre Cardin, Bayard, Status... s'affichent ici. Costumes Pierre Cardin 1850 F, Stuart Kent 1695 F, vestes Georges Rech 1100 F, chemises carreaux Tel Lapidus 299 F. Magasin agréable, bien ordonné par style d'articles. Essayage très confortable, grand choix de tailles (jusqu'au 64), service de retouches, sur mesure industriel. Une adresse pour les hommes soucieux d'élégance classique.

OLIVIER BATTINO

Robes, chemisiers, manteaux, pulls, pantalons, vestes

Q/P : 9/10 •ASSORTIMENT : 7/10
+ : Modèles exclusifs
— : Faible choix de tailles

•1, rue Ferdinand-Duval — 75004 Paris •Tél. : 0142782813 • Fax : 0142785548 •Horaires : lun.-sam. 13h-19h30 •Métro : St-Paul •Bus : 29, 50, 70, 72, 74

Le jeune styliste Olivier Battino propose ses modèles raffinés à prix doux dans sa lumineuse boutique du Marais : vestes 700 à 1200 F, sublimes robes longues 650 F. Promotion sur prototypes et fins de collection : pantalons 400 F. Plutôt réservé aux femmes minces et branchées. Cabine d'essayage agréable.

PWS

Costumes, vestes, pantalons, cravates, chemises, ceintures, imperméables

Q/P : 8/10 •ASSORTIMENT : 8/10
+ : Grands choix de marques

•13, rue de Sévigné — 75004 Paris •Tél. : 0144540909 •Horaires : lun. 14h-19h, mar.-sam. 10h-19h •Métro : St-Paul •Bus : 29, 50, 70, 72, 74, 76 • Voir PWS, Paris 8e.

SIDE WALK

Chaussures, chemisiers, sweaters, chemises, parkas, blousons homme et femme

Q/P : 9/10 •ASSORTIMENT : 6/10
+ : Prix attractifs
— : Arrivages imprévisibles

•44, rue St-Antoine — 75004 Paris •Tél. : 0142720468 •Horaires : lun.-sam. 10h30-19h30 •Métro : St-Paul, Hôtel-de-Ville •Bus : 67, 69, 76, 96

Maison proposant des surplus, articles de choix. Une adresse sympa pour jeunes (et moins jeunes!). Dans un espace minuscule, lots d'articles à prix bradés. Stocks renouvelés en permanence. Tennis Converse 245 F, pull marin 129 F, chemisier toile 99 F, sweat

50 F, chemise bûcheron 150 à 199 F, pull irlandais 99 F. Grands choix de tailles et de coloris dans chaque série. Confort extrêmement rudimentaire. Évitez le samedi.

TUTTI QUANTI

Parkas, vestes, manteaux, tailleurs, pantalons femme et homme, chaussures, sacs	Q/P : 9/10 •ASSORTIMENT : 7/10
	+ : Qualité des articles
	= : Petit choix de tailles

•45, rue des Francs-Bourgeois — 75004 Paris •Tél. : 0148876518 •Horaires : lun.-dim. 14h-19h, mar.-sam. 10h30-19h •Métro : St-Paul •Bus : 29, 50, 70, 72, 74, 76

Dégriffés italiens. Espace clair et fonctionnel. Sur les portants, beaux modèles pour hommes : parkas Dolce & Gabbana ou Versace 1800 F, pantalons Paul Smith 450 F. Tailles 52-54 maxi. Pour femmes, ensemble Maska 1300 F, veste Moschino 1400 F, pardessus Dolce & Gabbana 2200 F. Parmi les autres marques : Ramosport, Christian Linarès, Genny, My Time. Courte sélection dans chaque modèle de tailleurs, superbes vestes en exemplaire unique. On trouve quelques 44. Magasin sans confort excessif, mais essayage convenable et bonne luminosité. Évitez les heures d'affluence.

UNISHOP

Chemises, chemisiers, robes, pantalons, vestes, parkas, pulls	Q/P : 8/10 •ASSORTIMENT : 8/10
	+ : Les marques

•40 et 40 bis, rue de Rivoli — 75004 Paris •Tél. : 0142776996 •Fax : 0142872170 •Horaires : mar.-sam. 10h15-19h •Métro : Hôtel-de-Ville •Bus : 67, 72, 74, 76

•61, rue de la Verrerie — 75004 Paris •Tél. : 0142775442 •Horaires : mar.-sam. 10h-19h •Métro : Hôtel-de-Ville •Bus : 67, 72, 74, 76

Pour les juniors à la recherche de leurs marques fétiches à prix réduits. Chemises carreaux tous coloris à 199 F, sweats à 249 F, blousons à 499 F. Magasin agréable, lumineux et climatisé. Essayage confortable, musique douce, accueil charmant.

La Braderie

Tailleurs, robes, jupes, manteaux, pantalons femme, ceintures, sacs, costumes, pantalons, vestes, chemises, pulls, doudounes, sous-vêtements, chaussures, accessoires… le classique côtoie le plus branché. Tailleurs Ann Taylor, Liliane Burty et quelques belles pièces, souvent en exemplaire unique, de chez Versace, Dolce & Gabbana, voire Lacroix ou Moschino : tailleurs 1500 F, vestes 800 à 1000 F, jupes et pantalons 400 F, chemisiers 350 F, pulls 400 F. À noter, un coin junior avec un grand choix d'articles en jean signés Jean-Paul Gaultier. Quelques modèles disponibles en 44-46. Magasins confortables, mais évitez les heures d'affluence. Pour les hommes, beaucoup de créateurs italiens : Versace, Cerruti, Dolce & Gabbana, Armani et quelques Français sympas, tels Jean-Paul Gaultier. Costumes 2500 à 3000 F, pantalons 500 F, etc.

• *LA BRADERIE* : 38, rue de Rivoli — 75004 Paris — Tél. : 01 42 72 22 46
• *LA BRADERIE* : 11, rue Vieille-du-Temple — 75004 Paris — Tél. : 0144610284
• *LA BRADERIE* : 36, rue St-Placide — 75006 Paris — Tél. : 0145482650
• *LA BRADERIE* : 46, rue St-Placide — 75006 Paris — Tél. : 0142229429
• *LA BRADERIE* : 56, rue St-Placide — 75006 Paris — Tél. : 0145441517
• *LA BRADERIE* : 58, rue St-Placide — 75006 Paris — Tél. : 0140490964
• *LA BRADERIE* : 122, rue La Boétie — 75008 Paris — Tél. : 0142894102
• *LA BRADERIE* : 7, rue François-Ponsard — 75016 Paris — Tél. : 0142881977
• *LA BRADERIE* : 16, rue de Lévis — 75017 Paris — Tél. : 0147630951

ZADIG ET VOLTAIRE

Vestes, tailleurs, pantalons, pulls, chemisiers, sacs	Q/P : 9/10 •ASSORTIMENT : 7/10
	+ : Maille et sacs

•25, rue Vieille-du-Temple — 75004 Paris •Tél. : 0142728483 •Horaires : lun. 14h-19h, mar.-sam. 11h-19h30 •Métro : Hôtel-de-Ville •Bus : 67, 72, 74, 76

•4, rue Ste-Croix-de-la-Bretonnerie — 75004 Paris •Tél. : 0142720955 •Horaires : lun. 12h-19h30, mar.-jeu. 11h-19h30, sam. 11h-20h, dim. 15h-19h30 •Métro : Hôtel-de-Ville •Bus : 67, 72, 74, 76

Sur deux niveaux, -20, -30, -50 % sur les modèles de la saison précédente. Beau choix de pulls à partir de 300 F, tailleurs 1 000 F, pantalons 600 F et chemisiers 300 F Zadig et Voltaire. À noter, quelques prototypes et quelques pièces du créateur Joseph à prix bradés. Surtout beaucoup de chemisiers et pulls. Beau choix de sacs de ville et de voyage en nylon à partir de 300 F. Ouvert jusqu'à 23h30 les jours ensoleillés!

PARIS 5e

DANIEL

Sweats, pantalons, tee-shirts, chaussures homme et femme

Q/P : 7/10 •ASSORTIMENT : 8/10
✦ : Sélection des marques

•9, rue Gay-Lussac — 75005 Paris •Tél. : 0143540831 •Horaires : lun. 12h-19h30, mar.-ven. 10h30-19h30, sam. 10h-19h30 •Métro : Luxembourg •Bus : 21, 27, 82, 85 • Voir Daniel, Paris 4e.

La Chemise

Chemises et pulls homme. Une véritable ambiance. Dans un cadre chaleureux, un magasin entièrement consacré aux chemises pour hommes. Modèles exclusifs à tous petits prix et dans toutes les tailles (X et L). Beau choix de pulls hiver et été. Chemises à partir de 69 F, pulls à partir de 119 F. Essayage confortable, accueil charmant.

• LA CHEMISE : Forum des Halles (porte Berger) — 75002 Paris — Tél. : 0145084662
• LA CHEMISE : 64, rue Montmartre — 75002 Paris — Tél. : 0140399504
• LA CHEMISE : 48, rue Mouffetard — 75005 Paris — Tél. : 0143314837
• LA CHEMISE : 11, bd des Batignolles — 75008 Paris — Tél. : 0142931834
• LA CHEMISE : 50, bd Jean-Jaurès — 92000 Boulogne-Billancourt — Tél. : 0147129794

PARIS 6e

AFFAIRES À FAIRE

Tee-shirts, vestes, blousons, pantalons, jupes, pulls, chemises, chemisiers

Q/P : 9/10 •ASSORTIMENT : 8/10
✦ : Les mini-prix

•32, rue St-Placide — 75006 Paris •Tél. : 0145446521 •Horaires : lun.-ven. 10h30-19h, sam. 10h30-19h30 •Métro : St-Placide •Bus : 48, 94, 95, 96

Le magasin, destiné en priorité aux juniors, en regorge de bonnes affaires. Superbe choix pour homme : vestes Milano 399 F, bombers en promo 99 F, 2 chemises pour 200 F, vestes Mec Plus Ultra 399 F, pantalons strecht 299 F. Magasin lumineux et confortable hors affluence. Essayage correct. Petit rayon pour filles. Arrivages permanents. Plutôt conseillé aux minces.

AIGLE

Sweats, chaussures de randonnée, pantalons, pulls, tee-shirts

Q/P : 8/10 •ASSORTIMENT : 7/10
✦ : La réputation de la marque

•141, bd St-Germain — 75006 Paris •Tél. : 0146332623 •Horaires : lun.-ven. 10h-19h, sam.-dim. 10h-20h •Métro : St-Germain-des-Prés •Bus : 24, 63, 69, 83, 84 • Voir Aigle, Roissy 95.

BOUTIQUE STOCK CAROLL

Pulls, vestes, jupes, robes, tee-shirts

Q/P : 8/10 •ASSORTIMENT : 8/10
✦ : Petits prix

•26, 30 et 51, rue St-Placide — 75006 Paris •Tél. : 0145488366 •Horaires : lun. 12h-19h, mar.-sam. 10h-19h •Métro : St-Placide •Bus : 48, 94, 95, 96

La collection de l'année précédente à -50 %. Beaucoup de choix dans certains modèles. Attention, les 38-40 partent rapidement. Pulls à partir de 249 F, tee-shirts à partir de 149 F. Magasin clair et confortable, mais venir de préférence aux heures calmes.

BRITISH STOCK

Pulls, polos, tee-shirts, chemises, parkas, gilets homme, femme, enfant	**Q/P : 8/10 •ASSORTIMENT : 8/10** **+ : La qualité des modèles**

•16, rue Vavin — 75006 Paris •Tél. : 01 44 07 00 77 •Horaires : lun.-sam. 10h30-19h •Métro : Vavin •Bus : 91 • Voir British Stock, Paris 8e.

LA BOUTIQUE DE LISAA

Vestes, jupes, pantalons, chemisiers, robes, combinaisons, parkas, bijoux, sacs	**Q/P : 6/10 •ASSORTIMENT : 7/10** **+ : Des créateurs à découvrir**

•5, rue Dupin — 75006 Paris •Tél. : 01 42 22 36 39 •Horaires : mar.-sam. 11h-19h •Métro : St-Placide, Sèvres-Babylone •Bus : 39, 63, 70, 94

Un espace façon entrepôt, immaculé, aéré, où se dévoile tout ce que compte la création d'avant-garde. Citons entre autres Étasœur, Hollis, Jack Henry, Yoshi Kondo, P.W. Bocquez, Clotro… Robes à partir de 1 000 F, pantalons 700 F, vestes 2000 F. Transparence et superposition pour de superbes vêtements travaillés en biais ou dans des matières nouvelles. À noter, des promos de 20, 30, 40 %. Petit coin enfants : Laurent Ha, Julienne, Bronti Bay… Prix assez élevés mais originalité garantie. Essayage confortable, belle lumière, accueil charmant. Venez régulièrement, les créateurs tournent. Plutôt réservé aux minces.

RENDY

Tee-shirts, pulls, chemisiers, robes, jupes, foulards	**Q/P : 7/10 •ASSORTIMENT : 7/10** **+ : Les prix**

•3, rue St-Placide — 75006 Paris •Tél. : 01 42 22 80 68 •Horaires : lun. 11h-13h, 14h-19h, mar.-sam. 10h-13h, 14h-19h •Métro : St-Placide, Sèvres-Babylone •Bus : 39, 63, 70, 94

La vitrine annonce carrément la couleur, il s'agit du 2e choix René Dhery. Une boutique d'allure très modeste proposant une courte sélection de quelques modèles à prix cassés. Beaucoup d'imprimés multicolores : tee-shirts à partir de 59 F, robes à partir de 149 F, foulards 49 F. Confort d'essayage minimum. Attention, fermeture à l'heure du déjeuner.

PARIS 7e

BOUTIQUE STOCK CAROLL

Pulls, vestes, jupes, robes, tee-shirts femme	**Q/P : 8/10 •ASSORTIMENT : 8/10** **+ : Petits prix**

•91, rue St-Dominique — 75007 Paris •Tél. : 01 44 18 08 76 •Horaires : lun. 12h-19h, mar.-sam. 10h-19h •Métro : Latour-Maubourg •Bus : 82, 87, 92 • Voir Boutique Stock Caroll, Paris 6e.

CORINNE SARRUT

Pulls, robes, jupes, tailleurs, chemisiers, manteaux, pantalons, chemises	**Q/P : 8/10 •ASSORTIMENT : 7/10** **+ : Les prix**

•24, rue du Champs-de-Mars — 75007 Paris •Tél. : 01 45 56 00 65 •Horaires : mar.-ven. 12h-18h, sam. 10h-19h •Métro : École Militaire •Bus : 49, 82, 87, 92

Pour les adeptes du style dépouillé et fonctionnel de la créatrice. Démarque permanente sur les fins de série de la collection précédente, entre -40 et -50 %. Tailleurs à partir de 1 600 F, pantalons 450 F, pulls 350 F. Essayage confortable.

COUCOU, C'EST NOUS!

Robes, tailleurs, jupes, pantalons, pulls, vestes, manteaux, parkas, doudounes	Q/P : 8/10 •ASSORTIMENT : 9/10
	✚ : Beaux classiques

•80, rue St-Dominique — 75007 Paris •Tél. : 0147051493 •Horaires : lun. 13h-19h — mar.-sam. 10h-19h •Métro : Latour-Maubourg •Bus : 47

Remises de 20 à 30 % sur grandes marques : Louis Féraud, Max Mara, George Rech, Escada, Brighton. Collections de l'année précédente, parfois de la saison en cours! Rayon maille intéressant. Tailleurs 2500 F, vestes 2000 F, jupes-pantalons 800 F, pulls 1000 F. Grand choix de tailles et de coloris. Magasin agréable. Essayage confortable.

PARIS 8ᵉ
—

BRITISH STOCK

Pulls, polos, tee-shirts, chemises, parkas, gilets homme, femme, enfant	Q/P : 8/10 •ASSORTIMENT : 8/10
	✚ : La qualité des modèles

•15, rue Tronchet — 75008 Paris •Tél. : 0149249944 •Horaires : lun.-sam. 10h-19h •Métro : Madeleine •Bus : 22, 52, 66

British Stock est un véritable petit havre de paix au fond d'une cour, modèles signés Terre et Mer, Armor et British Stock. Grand choix de pulls torsadés en coton 300 F, tee-shirts marins 170 F, chemises 240 F. Magasin spacieux et clair.

CASHMERE FIRST

Pulls, gilets, polos, vestes, écharpes, châles	Q/P : 7/10 •ASSORTIMENT : 7/10
	✚ : Pour les amoureux du cachemire

•9, rue Richepance — 75008 Paris •Tél. : 0142601278 •Horaires : lun.-sam. 10h-19h •Métro : Madeleine •Bus : 22, 52, 66

Une boutique d'aspect traditionnel, comme les modèles qui y sont présentés. Pulls simple fil 695 F, ou double fil à partir de 995 F (promotion). Grand choix de tailles et de coloris pour hommes et femmes. Essayage confortable. Quelques modèles en poil de chameau (1295 F).

Promod

Promod, c'est gai, on ne sait pas trop pourquoi. Sourire des vendeuses? Agencement agréable? Salon d'essayage confortable? Circulation aisée? Profusion d'accessoires? Clarté, musique? Autant de bonnes raisons de flâner. Vêtements et prix à cette image : ni trop, ni trop peu. Robes chemises 299 F, pulls-tuniques marine et jaune 299 F, vestes lin 599 F. Une mode facile à porter.

• PROMOD, 39 magasins en R.P. : Tél. : 0142210941 — Minitel : 3615 PROMOD (1,85 F min)

PWS

Costumes, vestes, pantalons, cravates, ceintures, manteaux, imperméables	Q/P : 8/10 •ASSORTIMENT : 8/10
	✚ : Grands choix de marques

•1, rue de Penthièvre — 75008 Paris •Tél. : 0147426430 •Horaires : mar.-sam. 10h-19h •Métro : Mirosmesnil •Bus : 22, 24, 53, 86, 94

Vaste surface très agréable, collections de l'année en cours, griffées à prix discount. Cerruti, Louis Féraud, St-Laurent, Lapidus et un peu de Smalto. Prix oscillant entre 1200 et 2800 F pour un costume, vestes à partir de 100 F. Grand choix de modèles et de tailles du 48 au 62. Essayage très confortable. Service de retouches. Une bonne adresse pour s'habiller de pied en cap à prix raisonnable.

SOLDORÉ

Tailleurs, chemisiers, vestes, pantalons Q/P : 8/10 •ASSORTIMENT : 7/10
+ : Choix de tailles du 36 au 48

•6, rue de Constantinople — 75008 Paris •Tél. : 0142935975 •Horaires : lun. 12h-19h, mar.-sam. 11h-19h •Métro : Villiers •Bus : 53, 94

Du Nina Ricci à -50, voire -70 % de son prix? C'est ici. Ce dépôt Nina Ricci vous permettra de vous offrir le tailleur de vos rêves à 2000 F (au lieu de 9000 F), le chemisier en soie qui fera le chic de votre tenue à 500 F, la veste en laine qui ne vous quittera plus à 1300 F. Vendeuse passionnée qui vous fera vite partager son amour pour ces modèles uniques et abordables. Boutique assez banale mais confortable. Soldes sur invitation. Point fort : choix de tailles, du 36 au 48.

SULMACO

Vestes, pantalons, chemises, gilets, Q/P : 8/10 •ASSORTIMENT : 9/10
manteaux, blousons, parkas, polos **+** : La qualité des articles

•68, rue de La Boétie — 75008 Paris •Tél. : 0145631903 •Horaires : lun.-sam. 9h-19h •Métro : Miromesnil •Bus : 80, 84 • Voir Sulmaco, Paris 9e.

PARIS 9e

ATLANTIQUE TEXTILES

Costumes, cravates, chemises, Q/P : 9/10 •ASSORTIMENT : 8/10
pantalons, vestes, ceintures, blousons **+** : Prix très bas
homme

•35, rue du Fg-Poissonnière — 75009 Paris •Tél. : 0145233655 •Horaires : lun.-ven. 9h30-18h30 •Métro : Bonne-Nouvelle •Bus : 20, 39

Décor laid, éclairage brutal mais accueil chaleureux et conditions d'essayage acceptables. L'intérêt de cette petite boutique réside dans ses prix vraiment bas, surtout pour les costumes. Costumes en laine 950 F, chemises Yves Dorsey 100 et 150 F, vestes 650 F, cravates 100 F. En promotion : un costume + une cravate + une chemise 1000 F. Tailles jusqu'au 62. Grand choix de tissus et de coupes. Recommandé aux hommes classiques.

CLUB CHARLY'S

Chemises, cravates Q/P : 9/10 •ASSORTIMENT : 9/10
+ : Le choix

•45, rue de Trévise — 75009 Paris •Tél. : 0142466133 • Fax : 0142471123 •Horaires : lun.-sam. 9h30-19h •Métro : Cadet •Bus : 42, 48, 74, 85

Si vous êtes en panne d'inspiration pour trouver chemises ou cravates, voici une adresse à connaître. Pierre Cardin, Christian Dior, Pierre Clarence, Louis Féraud, Ted Lapidus sont les marques proposées dans cette agréable boutique entièrement consacrée aux chemises et aux cravates. Remises de -30 à -40 %. Chemises manches courtes à partir de 200 F, manches longues à partir de 250 F, cravates à partir de 150 F.

COMPTOIR DES CHEMISES

Chemises, chemisiers, pulls, gilets, Q/P : 8/10 •ASSORTIMENT : 9/10
vestes, tee-shirts, cravates, bermudas **+** : Le choix et le décor

•10, rue de Sèze — 75009 Paris •Tél. : 0147429973 •Horaires : lun.-sam. 10h30-19h •Métro : Madeleine •Bus : 22, 52, 62

Côte à côte, la boutique femmes et la boutique hommes. La plupart des modèles sont faits maison. Pour femmes, grand choix de chemisiers sport en tencel façon jean 290 F soldés 150 F. Quelques tee-shirts Caviar et Autre Chose à 50 et 100 F. Magasin petit mais confortable. Modèles classiques, qualité remarquable. Grand choix dans les tailles et les coloris. La boutique homme ressemble à une mercerie du siècle dernier. Superbe choix de chemises classiques ou sport 290 F. Gilets raffinés 780 F, boxers 295 F. Accueil chaleureux, essayage très confortable.

EURODIF

Robes, jupes, tailleurs, salopettes, pantalons, vestes, caleçons, accessoires	Q/P : 8/10 •ASSORTIMENT : 6/10 ✛ : Les petits prix

•58, rue de la Chaussée-d'Antin — 75009 Paris •Tél. : 0148780822 •Horaires : lun.-sam. 9h45-19h •Métro : Trinité •Bus : 26, 32, 43, 68, 81 • Voir Eurodif, Paris 16e.

HAUT DE GAMME

Vestes, tailleurs, manteaux, chemisiers, jupes, pantalons, robes, pulls, sacs	Q/P : 8/10 •ASSORTIMENT : 8/10 ✛ : Qualité de l'accueil

•9, rue Scribe — 75009 Paris •Tél. : 0140071020 • Fax : 0140071021 •Horaires : lun.-sam. 10h-19h •Métro : Opéra, RER Auber •Bus : 20, 21, 22, 27, 29, 42, 52

Dans le quartier des grands magasins, une nouvelle adresse pour s'habiller griffé à moitié prix, avec le meilleur de la mode italienne et française. La maison préfère que l'on taise les noms des couturiers et créateurs, mais les plus fameux sont là, rassemblés sur deux niveaux : tailleurs 2000 F, vestes 1000 F, pulls 800 F, hauts 500 F. Boutique confortable et bien éclairée. À noter : un beau rayon hommes au sous-sol.

HORTENSIA LOUISOR

Vestes, manteaux, robes, jupes, pantalons, hauts	Q/P : 9/10 •ASSORTIMENT : 6/10 ✛ : Chaleur de l'accueil ▬ : Pas de glace dans la cabine d'essayage

•14, rue Clauzel — 75009 Paris •Tél. : 0145266768 • Fax : 0140374373 •Horaires : lun.-sam. 11h-19h •Métro : St-Georges •Bus : 49, 74 • Voir Patricia Louisor, Paris 18e.

L'ANNEXE DES CRÉATEURS

Robes, manteaux, jupes, tailleurs, pantalons, vestes, chemisiers, pulls	Q/P : 7/10 •ASSORTIMENT : 5/10 ✛ : Sélection des modèles proposés ▬ : Prix un peu élevés

•19, rue Godot-de-Mauroy — 75009 Paris •Tél. : 0142654640 •Horaires : lun.-sam. 10h30-19h •Métro : Auber, Opéra •Bus : 22, 27, 29, 30, 31, 42, 52

Les collections de l'année précédente des principaux créateurs soldées à -50 %. Superbes modèles signés Mugler, Lacroix, Genny, Instante ou Versace, mais choix de tailles limité. Courte sélection pour hommes. Bijoux somptueux. Magasin très étroit, une seule cabine d'essayage, peu confortable. Tailleurs 2500 F, pulls 1000 F, jupes et pantalons 800 à 1000 F. À côté, l'annexe bis, version habillée pour les mariages et les cocktails. Prix en rapport avec la beauté des modèles : robes à partir de 1500 à 2000 F.

La Clé des Marques

Pulls, chemisiers, tailleurs, vestes, pantalons, robes, sous-vêtements… il faut savoir fouiller. Attention, l'éclairage n'est pas flatteur, les conditions d'essayage spartiates. Vêtements bradés jusqu'à -70 %. Parmi les marques que l'on peut citer, chemisiers Le Garage et Equipment, pantalons Cimarron. À noter : une large sélection de tenues de sport. Adultes : chemisiers 300 F, pantalons 400 F; enfants : doudounes 250 F, pantalons-robes 150 F, combinaison de ski à partir de 400 F. Occasions à saisir, mais venir régulièrement. Évitez le samedi et les veilles de départ en vacances.

• LA CLÉ DES MARQUES : 126, bd Raspail — 75006 Paris — Tél. : 0145493100
• LA CLÉ DES MARQUES : 99, rue St-Dominique — 75007 Paris — Tél. : 0147050455
• LA CLÉ DES MARQUES : 86, rue du Fg-St-Antoine — 75011 Paris — Tél. : 0140019515
• LA CLÉ DES MARQUES : CC Les Franciades — Place de France — 91300 Massy — Tél. : 0169209895
• LA CLÉ DES MARQUES : Rond-Point Victor-Hugo — 92130 Issy-les-Moulineaux — Tél. : 0146425700
• LA CLÉ DES MARQUES : 69, rue Pierre-Larousse — 92240 Malakoff — Tél. : 0146550407

RIGUICCI

Costumes, chemises, gilets, cravates, pulls, vestes, pantalons, chaussures homme

Q/P : 8/10 •ASSORTIMENT : 8/10
✚ : La qualité des marques

•22, rue Godot-de-Mauroy — 75009 Paris •Tél. : 0147421316 •Horaires : lun. 12h-19h30, mar.-sam. 10h30-19h30 •Métro : Madeleine •Bus : 22, 52, 62

Superbe sélection d'articles signée Arrow, Versace ou Kenzo. Costumes 3000 F, chaussures 600 F, chemises 400 F, cravates 350 F. Magasin petit mais confortable, un peu sombre. Services de retouches et de sur mesure. Dommage que les prix ne soient pas affichés en vitrine.

SPRINGFIELD

Costumes, chemises, vestes, pantalons, gilets, cravates, pulls, polos homme

Q/P : 7/10 •ASSORTIMENT : 9/10
✚ : L'ambiance du magasin

•12, bd de la Madeleine — 75009 Paris •Tél. : 0142653267 •Horaires : lun.-sam. 10h-19h30 •Métro : Madeleine •Bus : 24, 52, 66

Spacieux, confortable et clair, un élégant magasin, une superbe sélection de vêtements à prix serrés : chemises jusqu'à la taille 6, 169 F, promotion 2 polos 80 F, 2 chemises 200 F, polos rugby 179 F. Au 1er étage, beau choix de costumes à partir de 1000 F. Mode classique et jeune. Accueil agréable.

SULMACO

Vestes, pantalons, chemises, gilets, manteaux, blousons, parkas, polos homme

Q/P : 8/10 •ASSORTIMENT : 9/10
✚ : La qualité des articles

•13, rue de Trévise — 75009 Paris •Tél. : 0148248900 •Fax : 0142463656 •Horaires : lun.-sam. 9h-19h •Métro : Rue-Montmartre, Cadet •Bus : 67, 74, 85

Les plus prestigieuses griffes de la mode italienne à prix discount : -30 % de remise environ sur les collections en cours, signées Canali, Testoni, Valentino, Cerruti, Smalto. 2 boutiques discrètement situées en vis-à-vis sous le porche d'un immeuble. Magasins bien agencés, grand choix de tailles du 46 au 64. Chemises à partir de 250 F, manteaux laine 3500 F. Essayage très confortable. Bon accueil, conseils, retouches gratuites. Intéressant rayon sportswear Henry Cotton's, parkas 1490 F, et sublimes chaussures Fratelli Rosetti, à partir de 690 F. Magasin un peu sombre, attention à la lumière artificielle.

PARIS 10ᵉ

AFTER BEACH

Tailleurs, vestes, pantalons, chemisiers, robes, chemises, jupes

Q/P : 8/10 •ASSORTIMENT : 6/10
✚ : Prix très bas

•12, rue Bouchardon — 75010 Paris •Tél. : 0142451800 •Fax : 0142082719 •Horaires : lun.-sam. 10h-13h, 14h-19h •Métro : Strasbourg-St-Denis •Bus : 20, 38, 39, 47

Magasin d'apparence anodine. Fins de série de Ronald Féra, de 40 à 60 % moins chères qu'en boutique. Petit choix, qualité. Encore plus intéressant en période de soldes. Jupes 200 F, pantalons 200 F, vestes 400 F. Venez plutôt en début de saison. Essayage correct. Accueil chaleureux.

HARRY WILSON

Pulls, polos, sweats, chemises, pantalons, tee-shirts, jupes, robes

Q/P : 9/10 •ASSORTIMENT : 9/10
✚ : Qualité et choix
▬ : Une seule cabine d'essayage

•10, rue de la Grange-Batelière — 75010 Paris •Tél. : 0142468010 •Horaires : lun.-ven. 10h30-18h30 •Métro : Rue Montmartre •Bus : 48, 67, 74, 85

Au fond de la cour d'un superbe hôtel particulier, un petit havre de paix. Espace restreint, large choix d'articles pour hommes et femmes, en toutes tailles, 44 pour femmes,

XXXL pour hommes. Articles rangés par coloris. Pulls marins femme 115 F, polos homme 175 F, sweats 250 F, promotion sur les chemises à carreaux 150 F. Magasin recommandé surtout pour les hommes. Bon accueil. Belle lumière naturelle. Une seule cabine d'essayage! Venez de préférence en début de saison.

MADDEN

Vestes, jupes, pantalons, chemisiers, robes, hauts, manteaux, tailleurs	Q/P : 9/10 •ASSORTIMENT : 8/10
	✚ : Grandes tailles

•22, bd Bonne-Nouvelle — 75010 Paris •Tél. : 0142468736 •Fax : 0148010036 •Horaires : mar.-ven. 11h-19h, sam. 13h-18h •Métro : Rue-Montmartre •Bus : 20, 39

Magasin d'usine, fins de séries ou de collections, et quelques prototypes Gérard Pasquier. Grand choix de tailles jusqu'au 52 et de coloris pour des modèles de qualité à petits prix. Robes 450 F, tailleurs 1000 F, pantalons 450 F. Au minimum 30 à 40 % de rabais. Retouches à partir de 60 F d'achat. Accueil courtois et discret. Boutique claire et aérée.

TANGARA

Manteaux, vestes, impers, chemisiers, chemises, pantalons, tailleurs, jupes	Q/P : 9/10 •ASSORTIMENT : 8/10
	✚ : Les prix et les horaires d'ouverture

•94, quai de Jemmapes — 75010 Paris •Tél. : 0142024987 •Horaires : lun.-sam. 9h30-19h30, dim. et jours fériés 10h30-18h •Métro : Jacques Bonsergent •Bus : 54, 75, 20, 65

Une série de magasins sobres d'aspect, à la décoration rudimentaire et à l'éclairage plutôt brutal. Pour les bénéficiaires de la carte de fidélité (octroyée par les comités d'entreprise ou par parrainage), 50 à 70 % de réduction sur des collections de marques italiennes, françaises et allemandes de l'année précédente. Belle sélection de modèles Escada, tailleurs à partir de 2000 F, jupes 500 F, pantalons 500 F. Rayon chaussures intéressant pour hommes et pour femmes, modèles Bally homme à partir de 500 F, Clergerie femme à partir de 500 F. Large choix de grandes tailles pour hommes et femmes. Conditions d'essayage correctes, service de retouches. Non détenteurs du fameux sésame impitoyablement refoulés dès l'entrée. C'est un club privé!

PARIS 11e

ANNE

Jupes, robes, vestes, pantalons, chemisiers, manteaux	Q/P : 7/10 •ASSORTIMENT : 7/10
	✚ : Beau choix de vêtements

•13, rue Keller — 75011 Paris •Tél. : 0148067406 •Fax : 0148067404 •Horaires : lun.-sam. 11h30-20h •Métro : Ledru-Rollin •Bus : 26

Élégance simplissime et ambiance pour cette nouvelle boutique de créateur. En harmonie avec ce décor, un beau choix de vêtements minimalistes aux couleurs ardoise, beige. Robes à partir de 550 F, vestes 600 F. Atelier de retouches sur place. Essayage confortable. Bon accueil.

ATELIER 33

Gilets, vestes, jupes, pantalons, pulls, tailleurs, parkas, robes, chapeaux	Q/P : 8/10 •ASSORTIMENT : 9/10
	✚ : La décoration et l'ambiance

•33, rue du Fg-St-Antoine — 75011 Paris •Tél. : 0143406163 •Horaires : lun.-sam. 10h-19h30 •Métro : Bastille •Bus : 20, 61, 69, 91

Ici, la mode se décline sur 4 niveaux consacrés à la couture, aux bijoux, à la chapellerie. Aux 1er et 2e niveaux, décoration superbe, modèles exclusifs de grande qualité proposés par corner, suivant les styles : chic, ville, sportswear. Pantalons 590 F, jupes 370 F, vestes 1150 F. Grand choix de tailles (44). Coin salon pour l'essayage hyperconfortable. Service de retouches. Accueil chaleureux, magasin climatisé. Bref, l'idéal pour se vêtir dans le bonheur à des prix raisonnables. Parking au numéro 45.

DORIA SALAMBÔ

Robes, jupes, chemisiers, manteaux, vestes, foulards, pantalons	Q/P : 8/10 •ASSORTIMENT : 7/10 + : L'accueil et le conseil

•40, rue de la Roquette — 75011 Paris •Tél. : 0147001326 •Horaires : lun. 12h-20h, mar.-sam. 11h-20h •Métro : Bastille •Bus : 20, 61, 69, 91

Petite boutique simple et sympa comme on aime en trouver dans le quartier. Courte sélection de modèles exclusifs à prix étudiés. Une mode faite pour tous les jours. Pantalons à partir de 350 F, robes 550 F, vestes 790 F. Essayage confortable, accueil amical et conseils avisés. Service de retouches.

HOME SOLD

Costumes, vestes, pantalons, chemises, cravates, parkas, manteaux, blousons	Q/P : 9/10 •ASSORTIMENT : 8/10 + : Articles griffés

•102, bd Voltaire — 75011 Paris •Tél. : 0147005354 •Horaires : mar.-sam. 9h30-13h, 14h30-19h •Métro : Voltaire •Bus : 56

Les plus grandes marques masculines à prix fabrique (St-Laurent, Balmain, Lapidus). Large choix de tailles, de coupes, de tissus. Tous les costumes jusqu'au 54 : 1 300 F, blazers entre 800 et 900 F. Chemises entre 190 et 240 F, cravates 120 F. Tous les articles sont griffés. Essayage confortable. Accueil charmant. Une adresse à conserver.

NANA RONDE

Chemisiers, jupes, pantalons, gilets, vestes, robes, hauts	Q/P : 7/10 •ASSORTIMENT : 7/10 + : Du 46 au 60

•51, av. de la République — 75011 Paris •Tél. : 0143140315 •Horaires : lun. 14h-19h, mar.-sam. 11h-19h •Métro : Parmentier •Bus : 46, 96 • Voir Nana Ronde, Paris 15e.

TERRAIN VAGUE

Chemisiers, robes, pulls, manteaux, parkas, blousons, tee-shirts, gilets, hauts	Q/P : 8/10 •ASSORTIMENT : 7/10 + : L'originalité des vêtements — : L'accueil

•13, rue Keller — 75011 Paris •Tél. : 0143140323 •Horaires : lun.-sam. 12h-20h •Métro : Ledru-Rollin •Bus : 26

Une boutique hyper branchée à l'image du quartier. Décor style factory, ambiance groove et moue dédaigneuse de la vendeuse (british of course!). Tee-shirts Custo 250 F, pulls Junk par Shimada 300 F, robes Christian H. 350 F. Courte sélection de fripes et dégriffés. Bibelots et accessoires des années 1960-1970. Pour les fans d'originalité.

PARIS 12e

BASTA

Pulls, joggings, jeans, pantalons, sweaters, tee-shirts, hauts, chemises	Q/P : 7/10 •ASSORTIMENT : 7/10 + : Arrivages fréquents

•52, rue Fg-St-Antoine — 75012 Paris •Tél. : 0143459814 •Horaires : lun. 13h-19h, mar.-sam. 10h-19h •Métro : Bastille •Bus : 20, 61, 69, 91

Boutique étroite, plutôt encombrée, sur deux niveaux. Modèles très sportswears destinés aux jeunes. Vestes Électre 699 F, tee-shirts Jus d'Orange 299 F, sweats Blanc-Bleu 350 F, chaussures Adidas 399 F. Arrivages fréquents, n'hésitez pas à venir souvent, de préférence en début de semaine, pour essayer plus tranquillement. Petit rayon enfants.

BETTY

Tailleurs, jupes, pantalons, robes, chemisiers, bermudas, vestes, manteaux	Q/P : 7/10 •ASSORTIMENT : 7/10 + : Ouvert le dimanche matin

•10, place d'Aligre — 75012 Paris •Tél. : 0143074064 •Horaires : mar.-mer. 9h-12h30, jeu.-sam. 9h-12h30, 14h30-19h, dim. 9h-12h30 •Métro : Ledru-Rollin •Bus : 26

Une boutique sans prétention, à prix doux des marques classiques : Fink, Yarell, Louis Féraud, Guy Laroche. Modèles classés par taille jusqu'au 48 et par style. Vestes 700 F, pantalons 400 F, jupes 370 F. Cabines d'essayage fonctionnelles. Éclairage un peu cru. Attention aux heures d'ouvertures. Une adresse sympa.

Le Paradis de la Chemise

Chemises, tee-shirts, polos, caleçons, sweaters, pulls homme… magasins clairs et bien agencés. Large sélection de chemises, polos, tee-shirts, caleçons dégriffés à prix réduits. La plupart des articles coûtent moins de 100 F, chemisettes carreaux 59 F, caleçons promo 2 pour 59 F, polos tous coloris 99 F. À l'entrée du magasin, petite sélection pour femmes. Essayage confortable, magasin climatisé.

- **LE PARADIS DE LA CHEMISE** : 2-4, rue Charras — 75009 Paris •Tél. : 01 49 95 07 26
- **LE PARADIS DE LA CHEMISE** : 31-33, rue de Mogador — 75009 Paris •Tél. : 01 45 26 54 65
- **LE PARADIS DE LA CHEMISE** : 64, rue du Fg-St-Antoine — 75012 Paris •Tél. : 01 43 42 98 86
- **LE PARADIS DE LA CHEMISE** : 5, av. de la Grande-Armée — 75016 Paris •Tél. : 01 44 17 97 26

PICPUS STOCK

Pulls, polos, gilets, jeans, caleçons, tee-shirts, sweaters, pantalons	Q/P : 8/10 •ASSORTIMENT : 8/10 ✚ : Pour les fans de la marque fétiche

•67, rue de Picpus — 75012 Paris •Tél. : 01 43 40 17 18 •Horaires : lun.-ven. 10h-18h, sam. (nov.-déc.) 10h-19h •Métro : Daumesnil •Bus : 62, 87

Un vaste entrepôt proposant ses pulls à prix fabrique (30 à 40 % de remise). Large sélection d'articles pour hommes en lambswool, mérinos, coton, nids-d'abeilles. Modèles disponibles jusqu'à la taille 8, à partir de 200 F. Pour femmes, beaucoup de tailles uniques.

PARIS 13e

FLEUR DE PEAU

Robes, manteaux, hauts, sacs, chapeaux, jupes, chemisiers, tailleurs	Q/P : 8/10 •ASSORTIMENT : 9/10 ✚ : Prix très compétitifs

•29, av. des Gobelins — 75013 Paris •Tél. : 01 47 07 76 89 • Fax : 01 47 73 18 05 •Horaires : mar.-sam. 9h30-19h •Métro : Gobelins •Bus : 48, 63

Adresse précieuse où s'habiller pour les grandes occasions, sans se ruiner. Tenues de cocktail, robes de soirée ou de mariées, disponibles du 34 au 52. Robes en crêpe 1295 F, capelines assorties 485 F, sacs 245 F, boléros en perles 550 F, tops 315 F. Magasin confortable, lumière tamisée. Vendeuse très attentive, service de retouches.
À noter : nombreux accessoires assortis aux tenues à des prix intéressants.

STOCK 2

Pulls, tee-shirts, parkas, blousons, pantalons, chemises, jupes, gilets, vestes	Q/P : 7/10 •ASSORTIMENT : 9/10 ✚ : Rayon sportswear

•16, bd de l'Hôpital — 75013 Paris •Tél. : 01 47 07 88 44 •Horaires : lun.-sam. 10h-19h30 •Métro : Gare d'Austerlitz •Bus : 24, 36, 57, 61, 65, 67, 89, 91 • Voir Stock 2, Paris 14e.

PARIS 14e

AG STOCK

Vestes, pantalons, jupes, robes, pulls, tee-shirts, bodies, tailleurs, parkas	Q/P : 8/10 •ASSORTIMENT : 9/10 ✚ : Petits prix sur les modèles modes

•80, rue d'Alésia — 75014 Paris •Tél. : 01 45 40 74 21 • Fax : 01 45 40 77 38 •Horaires : lun.-sam. 10h-19h30 •Métro : Alésia •Bus : 28, 38, 68

Vaste magasin, grand choix de modèles très actuels à petits prix. Agencement agréable, vêtements bien exposés et essayage confortable. Chemises panne de velours 590 F, sahariennes ficelle et lin 339 F, tailleurs Bye 790 F, pulls rayonne 150 F. Promotions intéressantes : ensemble Laura Baule (robe + chemise) 429 F. Toutes tailles (de 1 à 4) et tous coloris disponibles. Accueil souriant. Belle lumière.

AMAZONE

Jupes, pantalons, hauts, bodies, robes, tee-shirts, chemisiers, combinaisons	Q/P : 9/10 • ASSORTIMENT : 8/10 + : Unique stock de la marque − : Peu de grandes tailles

•92, rue d'Alésia — 75014 Paris •Tél. : 0145400677 •Horaires : mar.-sam. 10h-19h •Métro : Alésia •Bus : 28, 38, 68

L'unique stock de la marque Amazone avec les collections de l'année en cours à -20, -30 % et celles de l'année précédente à -50, -60 %. Robes dentelles maxi 695 F, vestes zippées 650 F, tops 200 F, pantalons 400 F. Magasin féminin et confortable, à l'image de la marque, et conseils d'Ingrid, la directrice, efficaces. Musique douce et cabines d'essayage agréables. Belle lumière naturelle. Beaucoup de robes longues et de tenues habillées. Du côté des tailles, choix moins large, peu de modèles disponibles en 3 (et la marque taille plutôt petit).

BLONDY   N

Tailleurs, jupes, pantalons, hauts, bodies, pulls, robes, chemisiers, collants	Q/P : 9/10 • ASSORTIMENT : 5/10 + : Élégance des modèles − : Choix réduit

•111, rue d'Alésia — 75014 Paris •Tél. : 0145421909 •Horaires : lun.-sam. 10h30-19h30 •Métro : Alésia •Bus : 38, 62, 68

Nouvelle boutique au décor hyper féminin. Courte sélection de modèles à prix réduit de Rochas, Caractère, My Time. Pulls Caractère 300 F, vestes My Time, robes Rochas 450 F. Petit choix de tailles et de coloris. Recommandé aux femmes jeunes, minces et élégantes. Essayage confortable, accueil charmant.

BOUTIQUE STOCK

Vestes, blazers, tailleurs	Q/P : 9/10 • ASSORTIMENT : 9/10 + : Prix bas et grand choix − : Magasin un peu fouillis

•63, av. du Général-Leclerc — 75014 Paris •Tél. : 0143272070 •Horaires : lun. 11h-19h, mar.-sam. 10h-19h •Métro : Alésia •Bus : 28, 38, 68

•92, rue d'Alésia — 75014 Paris •Tél. : 0145425480 •Horaires : lun. 11h-19h, mar.-sam. 10h-19h •Métro : Alésia •Bus : 28, 38, 68

Vêtements chics et classiques à petits prix. Modèles signés Max Bergam. Grand choix de coloris, de taille jusqu'au 48. Vestes tissu brocard beige 299 F, 3/4 matelassé beige 599 F, blazers à partir de 299 F, tailleurs 499 F. Il faut fouiller. Essayage correct aux bonnes heures. Magasin un peu sombre. Accueil sympathique et bon enfant. Bonne adresse pour les femmes d'allure classique s'habillant au-delà du 42. Rapport qualité-prix épatant.

C COMME D'GRIFFES

Vestes, parkas, jupes, robes, hauts, pantalons, costumes, cravates, polos	Q/P : 8/10 • ASSORTIMENT : 9/10 + : Petits prix

•149, rue d'Alésia — 75014 Paris •Tél. : 0145435226 •Horaires : lun. 11h-13h, 14h-19h, mar.-ven. 10h-13h, 14h-19h, sam. 10h-19h •Métro : Alésia •Bus : 38, 62, 68

Vaste boutique pour hommes et femmes. Grand choix de modèles, de coloris et de tailles à prix intéressants. Pour femme : jupe 159 F, petit haut sans manches 169 F, pantalon 175 F. Pour homme : parka peau de pêche 450 F, costume 1490 F, cravate 100 F. Quelques modèles pour enfants. Peu de grandes marques. Essayage confortable, bon éclairage. Beaucoup de 40 pour femme et de 48-50 pour hommes.

CACHAREL STOCK

Vestes, tailleurs, jupes, costumes,   Q/P : 8/10 • ASSORTIMENT : 9/10
chemisiers, pantalons, parkas, pulls,   **+** : Choix de modèles et de tailles
bodies

•114, rue d'Alésia — 75014 Paris •Tél. : 0145425304 •Horaires : lun.-sam. 10h-19h •Métro : Alésia •Bus : 38, 62, 68

Vaste entrepôt confortable, aéré, organisé sur deux niveaux. Bel agencement des vêtements par tailles, coloris, styles. RDC : enfants et hommes. 1er étage : femmes. Grand choix dans toutes tailles (femmes jusqu'au 44, hommes jusqu'au 58), tous coloris. Costumes à partir de 1490 F, chemises 220 F. Tailleurs à partir de 1300 F, vestes pied-de-poule 990 F, chemisiers blancs 330 F, robes imprimées 500 F. Coin Affaires pour hommes et pour femmes. Décor élégant mais pas tape-à-l'œil. Cabines d'essayage confortables avec petit salon. Service de retouches. Pour enfants, choix de tenues 1er âge à prix plutôt élevé : barboteuses 350 F. Nombreux articles pour les filles : robes à fleurs 300 F.

DAISY

Hauts, bodies, jupes, pantalons, robes,   Q/P : 9/10 • ASSORTIMENT : 5/10
tee-shirts, combinaisons, pulls femme   **+** : Mini prix
                                           − : Mini choix

•102, rue d'Alésia — 75014 Paris •Tél. : 0145453101 •Horaires : mar.-sam. 10h-19h •Métro : Alésia •Bus : 38, 62, 68

Boutique minuscule pratiquant des prix mini : 20 à 30 % de remise sur les marques Yumi Mazoo, Ange, Sud Express. Petits hauts lycra 159 F, robes 399 F, pantalons 250 F. Attention, choix pas immense et tailles plutôt réservées aux minces. Quelques modèles en L, mais les marques taillent petit. Évitez les heures d'affluence pour essayer.

DIAPOSITIVE STOCK

Robes, vestes, pulls, pantalons, jupes,   Q/P : 9/10 • ASSORTIMENT : 8/10
gilets, chemisiers, bodies   **+** : Tee-shirts et caleçons

•74, rue d'Alésia — 75014 Paris •Tél. : 0145399727 •Horaires : lun. 14h-19h, mar.-ven. 10h15-19h, sam. 10h-19h •Métro : Alésia •Bus : 28, 38, 68

Tous les invendus de la collection précédente proposés à -40 et -50 %. Magasin particulièrement intéressant en début de saison car on trouve quasiment toutes les tailles et tous les coloris. Attention, les plus grandes partent tout de suite car la marque taille petit. Robes 300 F, vestes 500 F, pulls 300 F. À noter : la braderie permanente sur un portant, proposant des dépareillés (caleçons, tee-shirts à moins de 100 F). Magasin à éviter aux heures de pointe. Bonnes conditions d'essayage.

Guerrisol

Y a-t-il une caverne d'Ali Baba à Paris? Non, il y en a une dizaine. Le phénomène Guerrisol semble envahir la capitale. Du 9e au 20e, tous les arrondissements ont leur Guerrisol. Qu'y trouve-t-on? De tout! Fripes, fins de stock, du pire et du meilleur, à souvent moins de 20 F – oui, oui, une veste en lin, d'un joli vert, neuve, bien coupée : 15 F. Qu'y voit-on? De tout : raz-de-marée de jeunes étudiants en bandes, de vieux du quartier, d'étrangers, de comédiens, de femmes NAP (Neuilly-Auteuil-Passy). Bref, on va bientôt aller chez Guerrisol pour y être vu! Véritable phénomène de mode, qui rappelle le cas Tati : on se prend au jeu et on ne repart pas sans "son" article à moins de 20 F.

- *GUERRISOL* : 19 et 29-33, av. de Clichy — 75017 Paris — Tél. : 0153423131
- *GUERRISOL* : 17 bis, bd Rochechouart — 75009 Paris — Tél. : 01 45 26 38 92
- *GUERRISOL* : 9-21 bis, bd Barbès — 75018 Paris — Tél. : 01 42 61 66 18
- *GUERRISOL* : 22, bd Poissonnière — 75009 Paris — Tél. : 01 47 70 46 08
- *GUERRISOL* : 45, bd de la Chapelle — 75010 Paris — Tél. : 01 45 26 80 85

DOROTENNIS STOCK

Joggings, tee-shirts, sweaters, chemisiers, jupes, pantalons, parkas, chaussures

Q/P : 8/10 •ASSORTIMENT : 9/10
✚ : Tenues de ski et de tennis

•74, rue d'Alésia — 75014 Paris •Tél. : 0145421393 •Horaires : lun. 14h-19h, mar.-ven. 10h15-19h, sam. 10-19h •Métro : Alésia •Bus : 28, 38, 68

Sur deux niveaux, un choix considérable de tenues pour le sport (tennis, ski, jogging) et les activités de loisirs. Grand choix de vêtements dans des coloris vifs. Bonne signalétique, classement par tailles (1 à 4). Gilets zippés 155 F, bas de jogging 139 F, gilets nids-d'abeilles 155 F. Important rayon enfant, tee-shirts 69 F, pantalons 109 F. Idéal pour choisir les tenues de ski (combinaisons de ski à partir de 250 F le 4 ans). Essayage acceptable. Lumière très crue au 1er étage. Magasin très encombré, étroit d'accès.

FABRICE KAREL STOCK

Pulls, vestes, spencers, pantalons, robes, jupes, gilets

Q/P : 9/10 •ASSORTIMENT : 8/10
✚ : Choix dans certaines collections

•105, rue d'Alésia — 75014 Paris •Tél. : 0145424261 •Horaires : lun. 14h-19h, mar.-sam. 10h15-19h •Métro : Alésia •Bus : 38, 62, 68

Marque spécialisée dans la maille, collections de l'année précédente à moitié prix. Grand choix de tailles et de coloris dans certaines séries en début de saison. Pulls à partir de 295 F, vestes entre 795 et 895 F, spencers à 750 F. Boutique petite, essayage peu confortable. À fréquenter plutôt aux heures creuses et en début de saison.

IRÈNE VAN RYB

Vestes, tailleurs, robes, jupes, chemisiers, hauts, pantalons femme

Q/P : 9/10 •ASSORTIMENT : 9/10
✚ : Large choix dans différents styles

•127, rue d'Alésia — 75014 Paris •Tél. : 0145455550 •Horaires : lun. 14h30-19h, mar.-sam. 10h-19h •Métro : Alésia •Bus : 38, 62, 68

Les collections des saisons précédentes démarquées à -40 %, -50 %. Le magasin est spacieux, aéré, très clair. Modèles bien exposés, classés par couleurs et par tailles, jusqu'au 42. Essayage confortable, grand choix de tenues décontractées ou peu habillées. Robes velours de panne 950 F, tailleurs 2000 F, vestes 1 500 F. Accueil sympathique et compétent.

La Halle aux Vêtements

Cette chaîne de magasins reste incontournable en matière de prix et surtout de choix. Les modèles sont exclusifs, les entrepôts clairs, fonctionnels et bien agencés. Prix imbattables et un certain nombre de services. On peut vous réserver l'article de votre choix pendant une semaine, vous l'échanger ou vous le rembourser (15 jours maxi après achat), ou vous accorder des facilités de paiement. Nouveau à Paris : une boutique de 950 m², consacrée à l'habillement pour la famille, spacieuse et fonctionnelle. Les enfants sont les bienvenus et vous pouvez essayer sans problème. 30 à 50 % de remise en permanence sur les collections de l'année René Dhery, Creeks, Complices. Enfants : doudounes 250 F, pulls 150 F, pantalons 150 F. Adultes : tailleurs 1 000 F, chemisiers 250 F. Et aussi les gammes maison, entre autres Fiorella di Verdi (femmes), Sergio Vitti (hommes), Kimbaloo (enfants). Grand choix de tailles et de coloris.
Serveur minitel : 3615 HALLE (1,29 F/min)

• LA HALLE AUX VÊTEMENTS, 40 magasins en R.P. Tél. : 01 46 07 27 30

LE COMPTOIR DE LA MODE

Chemisiers, jupes, pantalons, robes, vestes, tee-shirts, pulls, manteaux, parkas

Q/P : 7/10 •ASSORTIMENT : 8/10
✚ : Belle sélection de tailleurs chics

•118, rue d'Alésia — 75014 Paris •Tél. : 0140447897 •Horaires : lun.-sam. 10h30-19h30 •Métro : Alésia •Bus : 38, 62, 68

Une nouvelle adresse pour les femmes amoureuses du chic italien. 30 à 50 % de remise sur les collections de l'année précédente. Belle sélection de classiques signés Moschino, Balenciaga, Nina Ricci, Escada. Tailleurs et pantalons Escada 2 690 F, vestes Balenciaga 750 F (une affaire !). Superbes pulls Nina Ricci et Givenchy à partir de 650 F. Attention : la boutique est minuscule et peu de tailles sont disponibles dans chaque modèle. À signaler, quelques 44 chez Escada, qui taille bien par ailleurs. Musique discrète, bon éclairage, vendeuse stylée, essayage correct à condition d'être seule.

RÉGINA RUBENS STOCK

Vestes, pantalons, jupes, tailleurs, pulls, chemisiers, hauts, tee-shirts	Q/P : 8/10 •ASSORTIMENT : 6/10 ✚ : Tailleurs

•88, rue d'Alésia — 75014 Paris •Tél. : 0140449005 •Horaires : lun.-sam. 10h-19h •Métro : Alésia •Bus : 28, 38, 68

Magasin aéré, au style fonctionnel, à l'image des collections de Régina Rubens. Remise de 20 à 30 % sur les modèles de l'année précédente. Les prix n'excèdent pas 1000 F pour les manteaux, 800 F pour les tailleurs, 300 F pour les pantalons. Vous trouverez un grand choix de coloris et de tailles (jusqu'au 42) dans certaines collections – pas forcément celles que vous recherchez… Vendeuses discrètes mais attentives. Une bonne adresse pour les petits budgets.

SR STORE

Tailleurs, manteaux, doudounes, pulls, jupes, pantalons, sacs, foulards	Q/P : 7/10 •ASSORTIMENT : 8/10 ✚ : Qualité des modèles proposés ▬ : Prix assez élevés

•64, rue d'Alésia — 75014 Paris •Tél. : 0143950613 •Horaires : lun. 11h-19h, mar.-sam. 10h-19h •Métro : Alésia •Bus : 28, 38, 68

Boutique calme et raffinée, fins de collection Sonia Rykiel à moitié prix. Particulièrement intéressante en période de soldes : tailleurs 3000 à 4000 F, jupes 1200 F, pantalons 1200 F, vestes 2000 F, pulls 1000 F. L'essayage est confortable, l'ambiance feutrée et les vendeuses parfaitement stylées. Grand choix de tailles et de coloris. Quelques modèles taille 44.

STOCK & STYLE

Tailleurs, vestes, pantalons, chemisiers, jupes, robes, joggings, pulls	Q/P : 9/10 •ASSORTIMENT : 8/10 ✚ : Grand choix de tailles et de coloris ▬ : Musique un peu forte

•85, rue d'Alésia — 75014 Paris •Tél. : 0143270431 • Fax : 0143272139 •Horaires : mar.-sam. 10h-19h •Métro : Alésia •Bus : 28, 38, 68

Sur deux niveaux, un espace consacré aux fins de série Pierre Cardin. Beaucoup de pulls 400 à 600 F et de gilets 800 F. La ligne Kampaï propose des tailleurs décontractés à 1200 F, de belles parkas en polyamide à 890 F. Au premier étage, coin des affaires : jusqu'à 70 % de réduction sur la collection précédente. Des trouvailles de qualité à faire. Prix imbattables, magasin clair, spacieux et confortable. Grand choix de tailles et de coloris. Une adresse à garder précieusement.

STOCK 2

Pulls, tee-shirts, parkas, blousons, pantalons, chemises, jupes, gilets, vestes	Q/P : 7/10 •ASSORTIMENT : 9/10 ✚ : Rayon sportswear

•92, rue d'Alésia — 75014 Paris •Tél. : 0145416557 •Horaires : lun.-sam. 10h-19h30 •Métro : Alésia •Bus : 38, 62, 68

Immense entrepôt, fins de série Daniel Hechter uniquement. Agencement fonctionnel, sans ostentation. Beau rayon sport pour hommes : polos rugby 325 F, coupe-vent 895 F, bermudas 250 F, vestes goretex 1990 F. Grand choix de tailles, de coloris. Le coin pour femmes offre une belle sélection de tailleurs classiques signés Hechter Studio 1100 F, jupes 375 F. Dans toutes les tailles jusqu'au 44. Modèles pour enfants moins intéressants car un peu chers si l'on compare avec d'autres enseignes. Toutefois, beau choix de modèles pour baptêmes et communions. Robes piquées coton 269 F, gilets 230 F.

STOCK ST-CLAIR

Chemises, chemisiers, costumes, vestes, pantalons, jupes, robes, tailleurs	Q/P : 8/10 •ASSORTIMENT : 9/10 ✚ : Confort et agencement du magasin

•110-112, rue d'Alésia — 75014 Paris •Tél. : 0145438081 •Horaires : lun.-sam. 10h-19h •Métro : Alésia •Bus : 38, 62, 68

Un vaste entrepôt clair et bien agencé, une mode ultra classique à un bon rapport qualité/ prix. Grand choix de tailles et de coloris dans la plupart des modèles. Sélection surtout intéressante pour les hommes : costumes tissu Cerruti 2390 F, pantalons 500 F, blazer super 120 1595 F. Tailles jusqu'au 58 pour hommes, 42 pour femmes. Coin femmes proposant beaucoup de basiques, en tencel notamment : chemisier saharienne en lin 375 F, jupe longue 350 F, tailleurs en super 100 1 200 F. Essayage très confortable, vendeurs discrets mais efficaces; vous pouvez venir sans problème en famille. Service de retouches.

ZAPA STOCK

Parkas, jupes, robes, chemisiers, pulls, hauts, tailleurs, vestes, pantalons	Q/P : 9/10 •ASSORTIMENT : 8/10 ✚ : Qualité des vêtements ▬ : Étroitesse du magasin

•82, rue d'Alésia — 75014 Paris •Tél. : 0145420752 •Horaires : lun. 14h-19h, mar.-ven. 10h15-19h, sam. 10-19h •Métro : Alésia •Bus : 28, 38, 68

Collections de l'année précédente soldées à 50 %, une aubaine. Magasin trop étroit (malheureusement!), grand choix de modèles, de tailles (jusqu'au 46) et de coloris. Agencement par couleurs (beaucoup de marine, de ficelle et de gris) et par styles. Robes maxi Linéa T 610 F, gilets 405 F, imperméables 1 300 F, pantalons stretch zippés 470 F. Essayage correct mais lumière artificielle! Venir de préférence aux heures creuses et en début de saison.

PARIS 15ᵉ

DÉGRIFF'BOULEVARD

Vestes, pantalons, robes, jupes, chemisiers, jeans homme et femme	Q/P : 7/10 •ASSORTIMENT : 8/10 ✚ : Accueil et prix

•7, bd Victor — 75015 Paris •Tél. : 0148280221 •Horaires : lun. 13h-19h30, mar.-sam. 10h-19h30 •Métro : Porte-de-Versailles •Bus : 39, 49, 80

Degriff'Boulevard a pris ses marques sur ce boulevard pas très gai. Il a ouvert 3 petites boutiques : une pour madame, une pour monsieur, et une où ils se retrouvent pour acheter jeans et chaussures. Des espaces très agréables, un accueil très chaleureux, un grand choix de pantalons bien coupés et de tailleurs pour tous les goûts. Des arrivages tous les 15 jours, des jeans de marque à 300 F et, pour l'homme, beaucoup de Cerruti. Tout cela à environ -50 % du prix boutique. Adresse sympa.

ELYSOLD

Vestes, robes, jupes, chemisiers, pantalons, lingerie, accessoires, chaussures	Q/P : 6/10 •ASSORTIMENT : 7/10 ✚ : Des affaires à faire

•91, rue du Commerce — 75015 Paris •Tél. : 0145321321 •Horaires : mar.-sam. 10h-19h30 •Métro : Commerce

C'est un grand bazar dans lequel, au milieu des objets et accessoires, on trouve des vêtements griffés Naf-Naf, Chevignon, Best Montana à -40 %. Grande surface de plus de 300 m², pas très soignée mais quelques affaires à faire comme ces tee-shirts Best Montana à 65 F, ces jeans Liberto à 149 F ou ces pantalons Surabaya à 199 F.

LE JARDIN DES MARQUES

Vestes, tailleurs, robes, jupes,   Q/P : 7/10 •ASSORTIMENT : 8/10
chemisiers, pantalons homme et femme   ✚ : Grand choix de marques

•17 bis, bd Victor — 75015 Paris •Tél. : 0145336203 •Horaires : lun. 12h30-19h, mar.-sam. 10h-19h •Métro : Porte-de-Versailles •Bus : 39, 49, 80

Armand Ventilo, Versace, Gianfranco Ferré... C'est la ronde des marques dans cette boutique où les prix sont divisés par deux. Pantalons Newman à 199 F, jupes à 159 F, pulls Versace à 199 F. Depuis 20 ans, Le Jardin des Marques habille une clientèle tous styles, habituée et fidèle. Très bon accueil.

MICK'S

Manteaux, vestes, tailleurs, parkas,   Q/P : 9/10 •ASSORTIMENT : 9/10
jupes, robes, pulls, gilets, chemisiers   ✚ : Prix étudiés

•114, rue St-Charles — 75015 Paris •Tél. : 0145779475 •Horaires : lun. 12h-19h30, mar.-sam. 10h-19h30 •Métro : Charles-Michels •Bus : 42

Claire et lumineuse, cette agréable boutique mérite qu'on s'y attarde. Grand choix de superbes modèles classiques et hyper féminins à prix irrésistibles (Georges Rech, Apostrophe...), vestes pied-de-coq 1 000 F, tailleurs tweed frangés 690 F, tee-shirts brodés 99 F, robes maxi 250 F. Essayage confortable. Accueil agréable. Une bonne adresse pour s'habiller sans se ruiner.

MIPRIX

Vestes, tailleurs, robes, jupes,   Q/P : 8/10 •ASSORTIMENT : 9/10
chemisiers, chapeaux   ✚ : Très bonnes affaires à faire

•27, bd Victor — 75015 Paris •Tél. : 0148284248 •Horaires : lun.-sam. 9h45-19h15 •Métro : Porte-de-Versailles •Bus : 39, 49, 80

Depuis 45 ans, cette boutique propose à sa clientèle des vêtements de marques pour femmes, hommes et enfants, des chaussures de marques et tout pour les sports d'hiver, ainsi qu'un choix impressionnant de chapeaux. Valentino, Gianfranco Ferré, Patrick Cox pour les chaussures. Il faut farfouiller, circuler ; le désordre organisé, qui a fait ses preuves, met à l'aise et incite à l'achat. Très bon accueil. Pantalons Valentino à 390 F, polos à 199 F, chemises Pierre Cardin à 19 F, robes Lagerfeld à 290 F.

NANA RONDE

Chemisiers, jupes, pantalons, gilets,   Q/P : 7/10 •ASSORTIMENT : 7/10
vestes, robes, hauts   ✚ : Du 46 au 60

•101, rue St-Charles — 75015 Paris •Tél. : 0145710857 •Horaires : lun. 14h-19h, mar.-sam. 11h-19h •Métro : St-Charles •Bus : 42

Petite boutique sympa qui habille, sans prétention, toutes les femmes du 46 au 60. Tenues à prix doux : chemises 349 F, pantalons 349 F, vestes 599 F. Magasin sobre. Essayage correct, accueil charmant.

SÉLECTION PRIVÉE

Vestes, tailleurs, robes, jupes,   Q/P : 6/10 •ASSORTIMENT : 6/10
pantalons, jeans, chemisiers,   ✚ : Du griffé à moitié prix
accessoires

•55, rue de la Convention — 75015 Paris •Tél. : 0145786980 •Horaires : lun.-sam. 10h-19h •Métro : Javel, Charles-Michels •Bus : 42, 70

Cette boutique d'accessoires griffés sortis d'usine propose aussi des chemisiers à 149 F, des pulls, des parkas à 200 F, des polos Taberly à 350 F. Boutique agréable, claire, tout y est griffé. Moitié prix sur les collections actuelles.

SMART STOCK

| Jupes, pantalons, robes, tee-shirts, chemisiers, hauts, ensembles, tailleurs | Q/P : 8/10 •ASSORTIMENT : 8/10 ✚ : L'accueil et le choix |

•22, rue de Lourmel — 75015 Paris •Tél. : 0145794051 •Horaires : lun. 15h-19h30, mar.-ven. 10h30-14h, 15h-19h30, sam. 10h30-19h30 •Métro : Dupleix •Bus : 49, 80 • Voir Smart Stock, Paris 20e.

PARIS 16e

EURODIF

| Robes, jupes, tailleurs, salopettes, pantalons, vestes, caleçons, accessoires | Q/P : 8/10 •ASSORTIMENT : 6/10 ✚ : Les petits prix |

•57-61, rue de Passy — 75016 Paris •Tél. : 0145257445 •Horaires : lun.-sam. 9h45-19h •Métro : La Muette, Passy •Bus : 22, 32, 52

Prix très bas (très très bas parfois), qualité moyenne, un coin plus "chic" signé Machin-Chose. On peut sans regret acheter sur un coup de tête et mettre une ou deux fois un caleçon à 39 F, une veste à 169 F, un tailleur à 249 F. Grande surface de plus de 200 m², style grand magasin, beaucoup de choix, un rayon bijoux et accessoires.

FATHER & SON'S

| Costumes, chemises, pantalons, vestes homme | Q/P : 9/10 •ASSORTIMENT : 8/10 ✚ : Peu cher |

•100, rue de Longchamp — 75016 Paris •Tél. : 0142180421 •Horaires : mar.-sam. 10h-19h •Métro : Trocadéro, Rue-de-la-Pompe •Bus : 22, 30, 32, 63

Sur deux niveaux, du Father & Son's. Costumes, chemises, pantalons… C'est classique et peu dispendieux : costumes à partir de 1490 F, vestes à partir de 1290 F, pantalons à partir de 449 F, chemises à partir de 299 F.

LA DIFFUSION DU PULL

| Pulls, robes | Q/P : 7/10 •ASSORTIMENT : 7/10 ✚ : Choix en grandes tailles |

•201, av. de Versailles — 75016 Paris •Tél. : 0146512247 •Horaires : mar.-sam. 10h-19h, dim. 10h-19h •Métro : Porte-de-St-Cloud •Bus : 22, 62

Un nom trompeur pour cette boutique qui propose aux femmes (minces comme rondes) des robes de grandes marques dégriffées à -50 % et non exclusivement des pulls. Pour les 50 ans et plus, la collection hiver présente des robes très couture et qui ont de la personnalité, à partir de 800 F. Accueil chaleureux, clientèle fidèle, ce qui bon signe.

L'ATELIER DES CRÉATEURS

| Robes, robes de mariées, redingotes, jupes, chapeaux | Q/P : 9/10 •ASSORTIMENT : 8/10 ✚ : Originalité et sur mesure |

•6, av. de la Porte-Molitor — 75016 Paris •Tél. : 0146510121 •Horaires : mer.-sam. 11h-20h, dim. 14h-19h •Métro : Michel-Ange-Molitor, Porte-d'Auteuil •Bus : 22, 52, 62

Endroit étonnant, point de convergence de stylistes talentueux; on y trouve des créations originales que l'on adapte à votre taille si le modèle vous séduit. Idéal pour un rallye, une cérémonie. Matières fluides et coupes superbes, et ce presque-sur-mesure n'est pas plus cher que du prêt-à-porter, et bien plus original. Grand choix de robes de mariées (à partir de 4000 F), chapeaux superbes, redingotes à moins de 1200 F.

LES COMPTOIRS DU TROCADÉRO

| Pulls, chemisiers, manteaux, doudounes, vestes, pantalons, tailleurs, chaussures | Q/P : 7/10 •ASSORTIMENT : 8/10 ✚ : Ambiance du magasin |

•17, av. Raymond-Poincaré — 75116 Paris •Tél. : 0153657575 • Fax : 0153657665 •Horaires : lun.-sam. 10h-19h •Métro : Trocadéro •Bus : 22, 30, 32

Vêtements plutôt classiques vendus à prix fabrique. Intéressante sélection de tenues sportswear pour la famille. Tailleurs 800 F, chemisiers 250 F, pantalons 300 F, pulls 300 F. Cabines confortables. Bon éclairage. Magasin spacieux (1400 m²). Aussi du linge de maison, des cosmétiques, des chaussures. Vêtements bien mis en valeur. Beaucoup de manteaux classiques pour femmes. Grand choix de tailles et de coloris.

PARIS 17ᵉ

À L'IDÉAL

Robes, chemises, vestes, pantalons femme	Q/P : 7/10 •ASSORTIMENT : 6/10 + : Beaucoup de choix en grandes tailles

•29, rue Legendre — 75017 Paris •Tél. : 0147632687 •Horaires : lun. 14h-19h, mar.-sam. 11h-19h •Métro : Villiers •Bus : 53, 94

Toute petite boutique qui vend du Claude Bauer, du Griffon et fait des promos intéressantes; on y trouve même des petites robes à 50 F. Robe Bauer entre 1000 et 1500 F, chemisier 350 F. C'est minuscule, on en a vite fait le tour; on vient ici pour la marque et on peut repartir avec une affaire...

AMSEL

Costumes, impers, pantalons, polos, vestes, chemises, cravates	Q/P : 5/10 •ASSORTIMENT : 8/10 + : Sur mesure et choix de tissus

•29, rue Legendre — 75017 Paris •Tél. : 0147630456 •Horaires : lun. 14h-19h, mar.-sam. 10h-19h •Métro : Villiers •Bus : 53, 94

Boutique sélectionnée pour son rayon sur mesure : en 8 jours, le costume de vos rêves, à vos mesures, dans l'un des 75 modèles proposés et avec un choix de 400 tissus différents. Mais vous pouvez aussi préférer un Cardin, un Guy Laroche, un Cerruti à emporter tout de suite. Le prêt-à-porter n'est pas donné : chemises Cardin 349 F, costumes Cerruti prestige 1798 F, polos Burlington 375 F. Ambiance classique; confort et conseils.

DIABLERIES

Robes, pantalons, chemisiers, manteaux anciens, bijoux Arts déco	Q/P : 8/10 •ASSORTIMENT : 7/10 + : Originalité et qualité des articles

•67, place du Docteur-Félix-Lobligeois — 75017 Paris •Tél. : 0142299970 •Horaires : lun. 14h-18h30, mar.-sam. 11h-19h •Métro : Rome •Bus : 80, 95

Un coup de cœur pour cette boutique originale. Des vêtements rétro des années 1900 à 1950, neufs ou d'occasion (en parfait état), trônent comme des vestiges du passé. Si vous aimez les matières d'autrefois, les décolletés, les formes, les courbes, les imprimés des années début 1900, vous serez comblé. Modèles à partir de 500 F. Quelques superbes pièces de collection (robes perlées, manteaux de soie), des bijoux Arts déco à partir de 500 F.

DYNAMITE CITY

Jeans, polos, pantalons, blousons, chemises homme et femme, chaussures	Q/P : 7/10 •ASSORTIMENT : 6/10 + : Très grandes tailles

•27, rue de Lévis — 75017 Paris •Tél. : 0146221628 •Horaires : lun. 12h-19h, mar.-sam. 10h-19h •Métro : Villiers •Bus : 53, 94

Il existe encore des boutiques de détail peu chères : celle-là en est une. On y trouve de très grandes tailles, jusqu'au 52, et c'est mixte; les Cimarron femme sont à 399 F, les Levi's 501 à 459 F, les polos rugby à 259 F, les blousons Best Mountain à 2391 F.

EDDY-SWING

Pantalons, chemises, pulls, polos, shorts homme	Q/P : 8/10 •ASSORTIMENT : 6/10 + : Nombreux arrivages et petits prix − : Le confort

•41, rue de Lévis — 75017 Paris •Tél. : 0147630967 •Horaires : lun. 11h30-19h30, mar.-sam. 10h-19h30, dim. 10h-13h30 •Métro : Villiers •Bus : 53, 94

À première vue, on n'a pas trop envie d'entrer dans ce boyau étroit, mais en voyant les prix – jean taille basse 149 F, jean strech 150 F –, les marques – Cimarron, Creeks, Teddy Smith, Liberto –, les tailles – pour les hommes jusqu'au 56, pour les femmes jusqu'au 46 –, on n'hésite plus. Essayage exigu, ambiance très "mec".

JABI

Robes, pantalons, tee-shirts, shorts, chaussures, lingerie	Q/P : 6/10 •ASSORTIMENT : 6/10 ✚ : Petits prix

•15, av. de Clichy — 75017 Paris •Tél. : 0142936745 •Horaires : lun.-sam. 9h-19h30 •Métro : Place-de-Clichy •Bus : 30, 54, 81

Chez ce soldeur, les prix tournent entre 50 et 100 F. Il y a de tout : même des vêtements de marques, 10 fois moins chers qu'ailleurs! Arrivages permanents, trouvailles.

KLOÉ

Robes, caleçons, vestes, jupes, imperméables, hauts femme	Q/P : 7/10 •ASSORTIMENT : 7/10 ✚ : Marque sympa à petits prix

•43, rue de Lévis — 75017 Paris •Tél. : 0140538612 •Horaires : lun. 13h-19h, mar.-sam. 10h-19h •Métro : Villiers •Bus : 53, 94

Petite boutique, petit loyer, petits prix! La marque Kloé est gaie : impers aux couleurs pastel 249 F, tailleurs lin beige 600 F, pantalons stretch 119 F, caleçons 89 F, robes coton 169 F. On achèterait presque pour leur faire plaisir.

La Cerise sur le Gâteau

Chemisiers, jupes, gilets, tee-shirts, accessoires femmes et enfants… Une jolie boutique aux airs de vacances, spacieuse, où il est facile de flâner dans les rayons. Ici c'est le règne de la broderie. Jolis chemisiers pour femmes 149 F, tee-shirts fleurs 129 F; chez les enfants on joue la carte de la campagne, des fleurs, des fruits et des coordonnés (vêtements et accessoires assortis). Tout cela est très gai, très agréable et peu cher.

- LA CERISE SUR LE GÂTEAU : 82, rue de la Victoire — 75009 Paris — Tél. : 0144539889
- LA CERISE SUR LE GÂTEAU : 166, rue du Fg-St-Antoine — 75012 Paris — Tél. : 0146590979
- LA CERISE SUR LE GÂTEAU : 141, rue d'Alésia — 75014 Paris — Tél. : 0145400258
- LA CERISE SUR LE GÂTEAU : 17, rue Lecourbe — 75015 Paris — Tél. : 0147836700
- LA CERISE SUR LE GÂTEAU : 67, rue de Lévis — 75017 Paris — Tél. : 0144400690
- LA CERISE SUR LE GÂTEAU : 62, av. Jean-Jaurès — 75019 Paris — Tél. : 0140409450

L'ANNEXE

Costumes, vestes, pantalons, chemises homme	Q/P : 8/10 •ASSORTIMENT : 8/10 ✚ : Original : le luxe à prix unique

•71, av. de Villiers — 75017 Paris •Tél. : 0147661868 •Horaires : lun.-sam. 10h-19h •Métro : Wagram •Bus : 84

Les prix uniques sont affichés en gros sur la vitrine : costumes 2980 F, vestes 2250 F, pantalons 850 F, chemises 550 F. À l'intérieur, de grandes marques, Strellson et Boss, d'excellentes coupes. Une boutique où les clients savent à quoi s'en tenir.

MIKATEX

Costumes, tailleurs, pantalons, robes, vestes, jupes	Q/P : 7/10 •ASSORTIMENT : 9/10 ✚ : Grands couturiers

•16, rue des Moines — 75017 Paris •Tél. : 0146272637 •Horaires : lun. 14h-19h, mar. sam. 10h-19h •Métro : Brochant •Bus : 31, 66, 74

•50, rue Legendre — 75017 Paris •Tél. : 0142277569 •Horaires : lun. 14h-19h, mar.-sam. 10h-19h •Métro : Villiers •Bus : 30, 53, 94

Fin de séries de grands couturiers, grand choix pour hommes et femmes, on trouve ici Yves St-Laurent, E. Kahn ou Arrow à -50 %. Beaucoup de modèles pour le soir et beaucoup de Thierry Mugler (tailleur 1800 F). Boutique assez neutre et sans charme particulier. Mais le luxe à moitié prix donne envie de craquer.

MISS

Robes, jupes, tailleurs, chemisiers   Q/P : 8/10 •ASSORTIMENT : 7/10
                                                 ✦ : Petits prix

•19, rue Poncelet — 75017 Paris •Tél. : 0146229700 •Horaires : mar.-sam. 10h-19h30, dim. 9h45-13h •Métro : Ternes •Bus : 30, 31, 43, 93

Deux styles très différents dans ces 65 m² consacrés à la femme. À gauche, c'est un peu plus fripes, à droite un peu plus chic. Le tout reste jeune. Deux marques principales, Sinequanone et Yumi Mazoo, se partagent un espace par ailleurs fort agréable. Carrelage valorisant du sol, bon éclairage, classement par couleurs. Petits prix appréciables : vestes lin 495 F, pantalons 245 F.

PAUL BOYÉ

Vestes, parkas, sahariennes, jeans,   Q/P : 9/10 •ASSORTIMENT : 8/10
chaussures homme et femme   ✦ : L'originalité et l'ambiance

•11, rue Laugier — 75017 Paris •Tél. : 0147632184 •Fax : 0147631362 •Horaires : lun.-sam. 10h-13h, 14h-19h •Métro : Ternes •Bus : 30, 43, 93

Amoureux de l'authentique, ce fabricant d'origine montagnarde a voulu faire partager sa passion à ses clients. Confort, aisance, belles matières sont les mots d'ordre pour des articles faits pour la chasse, la pêche, la randonnée, le plein air. Espace vente de 200 m² imprégné d'authenticité : atmosphère chaude, vieux meubles en bois, paniers d'osier. Du 34 au 60, Paul Boyé habille les hommes et les femmes qui aiment les gros pulls douillets. Parka randonnée 249 F, jean 199 F, pull irlandais 379 F. VPC sur catalogue.

RITA CASPI

Dégriffés pour femme : tee-shirts,   Q/P : 6/10 •ASSORTIMENT : 6/10
jupes, robes, ensembles, lingerie   ✦ : Dégriffés de -30 à -50 %

•11 bis, rue Pierre- Demours — 75017 Paris •Tél. : 0145745625 •Horaires : mar. 14h-19h, mer.-sam. 11h-14h, 15h-19h •Métro : Ternes •Bus : 30, 31, 43

Jolie boutique, meubles en bois. Rita Caspi propose un bon stock de vêtements dégriffés à prix doux : jupes Surabaya à 350 F, tee-shirts Calvin Klein 150 F à 50 % moins cher qu'en boutique. Des vêtements impeccables. Accueil un peu réservé.

STOCK CRÉATEUR

Tailleurs, vestes, robes, pantalons,   Q/P : 9/10 •ASSORTIMENT : 7/10
chemises   ✦ : Arrivages fréquents

•27, rue Legendre — 75017 Paris •Tél. : 0146220866 •Horaires : lun.-sam. 11h-14h30, 15h30-19h45 •Métro : Villiers •Bus : 53, 94

En direct de son atelier, ce fabricant fait venir de nouveaux modèles chaque semaine. Marque Doria Salambô. Belles matières (lin, soie), coupes excellentes. Style chic et facile à porter. Boutique confortable. Tailleurs soie 950 F et 485 F, robes lin 390 F, vestes lin 290 F, pantalons lin/viscose 150 F. Grand choix de tailles, même pour les plus robustes.

TANGARA

Manteaux, vestes, impers, chemisiers,   Q/P : 10/10 •ASSORTIMENT : 9/10
chemises, pantalons, tailleurs, jupes   ✦ : Prix et horaires d'ouverture

•7, rue Aumont-Thiéville — 75017 Paris •Horaires : lun.-sam. 9h30-19h30, dim. et jours fériés 10h30-13h, 14h-18h •Métro : Porte-de-Champerret •Bus : 84, 92, 93, PC • Voir Tangara, Paris 10e.

VIA APPIA

Robes, jupes, chemisiers, tailleurs,
chemises homme et femme

Q/P : 8/10 •ASSORTIMENT : 8/10
✚ : Le style et les prix

•37, rue Laugier — 75017 Paris •Tél. : 0140880969 •Horaires : lun.-sam. 10h-19h •Métro :
Péreire •Bus : 84, 92, 93

Deux marques italiennes, Nytia et Via Appia, sont vendues dans cette boutique fraîche.
Sport chic, belles matières (lin, soie, pur coton), coupes parfaites. Chemisiers coton 250 F,
soie 430 F, tailleurs 850 F et belles chemises pour homme 250 F. Essayage confortable.

PARIS 18ᵉ

BONNIE COX

Robes, pantalons, vestes, tee-shirts,
cabans, jeans, accessoires homme et
femme

Q/P : 8/10 •ASSORTIMENT : 7/10
✚ : Ouvert le dimanche

•38, rue des Abbesses — 75018 Paris •Tél. : 0142549568 •Horaires : lun.-sam. 11h-20h, dim.
11h-19h30 •Métro : Abbesses •Bus : 30, 68, 74, 85

Élégante boutique, décor sombre et sobre. Courte sélection de vêtements très branchés. Vestes Toi du Monde 1 250 F, robes 800 F, pantalons 600 F. Belle collection de tee-
shirts Cosmic Wear à 250 F. Intéressants modèles Bonnie Cox à petits prix : vestes
800 F, superbes cabans 1 000 F. Plus une collection de vêtements en jeans. Recommandé
aux femmes plutôt minces (petit 42). Essayage confortable, ambiance conviviale.

CRÉATIONS MICHEL COLIN

Costumes, parkas, manteaux,
chemises, pulls, blousons homme

Q/P : 10/10 •ASSORTIMENT : 9/10
✚ : Costumes demi-mesure

•15, rue du Ruisseau — 75018 Paris •Tél. : 0146063000 •Horaires : lun.-sam. 8h30-18h •Métro :
Lamarck-Caulaincourt •Bus : 31, 80, 95

Au pied de la butte, un immense entrepôt dans un immeuble moderne, réservé presque
exclusivement aux hommes. Au milieu des coupons de tissus et des machines à coudre,
des vendeurs très compétents proposent et conseillent les clients en prêt-à-porter ou
demi-mesure. Grand choix de tailles (jusqu'au 58), de tissus, de coloris, de coupes. Costumes en super 100 à partir de 2950 F. Parkas goretex 1750 F, manteau cachemire soldé à
2500 F, pure laine 1 500 F. Ambiance calme, éclairage au néon et cabines d'essayage rudimentaires. Quelques tailleurs très masculins et hyper classiques pour femmes à 900 F.

FUTURWARE LAB

N

Robes, tee-shirts, jupes, vestes,
pantalons, chemisiers, manteaux

Q/P : 9/10 •ASSORTIMENT : 7/10
✚ : Prix bas et créativité

•2, rue Piemontesi — 75018 Paris •Tél. : 0142236608 •Fax : 0142236609 •Horaires : lun.-sam. 11h-20h,
dim. 14h-19h •Métro : Abbesses, Pigalle •Bus : 30, 68, 74, 85 •e-mail : http ://perso. magic. fr/Itamia

Le nom futuriste de la boutique reflète bien le style des modèles, façon Thierry Mugler.
Tatiana, la styliste russe, officie dans cet espace minuscule. Robes simples 500 F avec tee-
shirts longs 450 F, jupes zippées 450 F, jupes à enrouler 780 F. Robes en coton ciré
960 F. Quelques modèles en taille unique, tailles du 38 au 42. Conditions d'essayage correctes si vous n'êtes pas plus de trois dans la boutique.

LA CITADELLE

Robes, pulls, tailleurs, jupes, pantalons,
chemisiers, tee-shirts, hauts, bijoux

Q/P : 9/10 •ASSORTIMENT : 7/10
✚ : Les petits prix

•3, rue des Trois-Frères — 75018 Paris •Tél. : 0142522156 •Horaires : lun.-sam. 11h-20h, dim.
11h-19h •Métro : Abbesses •Bus : 30, 68, 74, 85

Une petite boutique lumineuse et chaleureuse. Fins de série, prototypes ou modèles de
l'année à prix doux, de marques très diverses. Tailleurs Régina Rubens, Gérard Darel de

700 à 900 F, robes maxi 250 F, chemises French Connection 150 F. Essayage correct. Peu de choix dans les grandes tailles. Venez aux heures creuses et en début de saison.

LA PETITE BERTHE

Chaussettes, pulls, salopettes, robes, jupes, hauts homme, femme, enfant	**Q/P : 8/10 •ASSORTIMENT : 7/10** **+** : Prix bas et arrivages permanents **=** : Difficile d'accès aux heures d'affluence

•7, place St-Pierre/16, rue Sevestre — 75018 Paris •Tél. : 0146065250 •Horaires : lun.-ven. 9h15-18h15, sam. 9h15-18h30 •Métro : Anvers •Bus : 68, 74, 85

Dans cette boutique vêtements du marché St-Pierre, un grand choix de marques à prix bradés pour toute la famille. Arrivages fréquents. Chaussettes 10 F, pulls hommes à 150 F, salopettes 100 F. Pour ceux qui aiment fouiller, de bonnes affaires à saisir.

LAURA BAULE

Pulls, robes, jupes, vestes, tailleurs, chemisiers, tee-shirts femme	**Q/P : 10/10 •ASSORTIMENT : 8/10** **+** : Collections qui se déclinent **=** : Musique un peu forte

•21, rue Houdon — 75018 Paris •Tél. : 0142528296 •Horaires : lun.-sam. 11h-20h, dim. 14h-20h •Métro : Abbesses, Pigalle •Bus : 30, 68, 74, 85

Une bonne adresse pour les femmes à la recherche de beaux vêtements faciles à porter et à des prix raisonnables. Boutique spacieuse et lumineuse. Chaque article est conçu de façon à pouvoir se porter avec l'ensemble des collections proposées. Beau rayon maille à petits prix (pull One Step 400 F), robe maxi rayée 600 F, jupe longue 400 F. Marques One Step/Slugger et Gazebo. Beaucoup de 38-40. À noter le coin des fins de séries à -20 %. Cabines d'essayage confortables. Accueil très courtois. Idéal pour un shopping en famille.

NID D'ABEILLE

Vestes, tailleurs, robes, jupes, pantalons, chemises, tuniques	**Q/P : 8/10 •ASSORTIMENT : 8/10** **+** : Style baba cool assez personnalisé

•22, rue Houdon — 75018 Paris •Tél. : 0142595948 •Horaires : mar.-sam. 12h-20h •Métro : Abbesses, Pigalle •Bus : 30, 68, 74, 85

Dans la pure tradition des années baba cool, robes, vestes, chemises, dans de magnifiques soies indiennes aux tons chauds. Du coton, de la soie et, bien sûr, les effluves de musc et de patchouli. Ambiance cosy et prix peu agressifs : pantalons 320 F, liquettes 280 F, tuniques 210 F, jupes 270 F, robes 280 F. Boutique confortable, très colorée. Attention à la lumière artificielle. Beaucoup de modèles amples.

PATRICIA LOUISOR

Vestes, manteaux, robes, jupes, pantalons, hauts	**Q/P : 9/10 •ASSORTIMENT : 6/10** **+** : Chaleur de l'accueil **=** : Pas de glace dans la cabine d'essayage

•16, rue Houdon — 75018 Paris •Tél. : 0142621042 •Fax : 0142623503 •Horaires : lun.-sam. 11h-20h •Métro : Abbesses, Pigalle •Bus : 30, 68, 74, 85

Une boutique délicieuse. Le choix n'est pas immense, mais les prix sont craquants. Robes Sud Express imprimées ethniques 250 F, pulls, pantalons entre 100 et 150 F. Coin proposant les modèles de Patricia Louisor, manteaux drap de laine à 800 F. Beaucoup de modèles en taille unique. Salon d'essayage avec banquette.

SYMPA

Jupes, pantalons, vestes, robes, manteaux, parkas, doudounes, chemises	**Q/P : 7/10 •ASSORTIMENT : 7/10** **+** : Lots de marques

•1 bis et 2, rue de Steinkerque — 75018 Paris •Tél. : 0146063596 •Horaires : lun.-sam. 10h15-19h30 •Métro : Anvers •Bus : 30, 85

•4, 18 et 24, rue d'Orsel — 75018 Paris •Tél. : 0146063440 •Horaires : lun.-sam. 9h45-19h30 •Métro : Anvers •Bus : 30, 85

•68, bd de Rochechouart — 75018 Paris •Tél. : 0142542697 •Horaires : lun.-sam. 10h15-19h30 •Métro : Anvers •Bus : 30, 85

Grand choix de tailles et de coloris dans les lots. Braderie permanente à l'extérieur. Un conseil : laissez vos enfants à la maison, évitez le samedi et, si vous ne trouvez pas votre taille, faites un tour dans les autres boutiques sises dans le même quartier. Bruyant, asphyxiant, le surplus tel qu'on se l'imagine : l'inconfort total. Arrivages fréquents de lots divers Naf-Naf, Sarah B, Kookaï, Infinitif; ensembles pantalons de 350 à 600 F. Nombreuses occasions à saisir.

UNE HISTOIRE DE GRIFFES

Chemises, chemisiers, pantalons, vestes, robes, tailleurs, hauts	Q/P : 8/10 •ASSORTIMENT : 6/10 ✦ : Articles à petits prix

•89, rue Lamarck-Caulaincourt — 75018 Paris •Tél. : 0142641097 •Fax : 0142571564 •Horaires : lun.-sam. 10h-13h30, 14h-19h •Métro : Lamarck-Caulaincourt •Bus : 31, 80, 95

Une boutique qui ne paye pas de mine, où il faut passer régulièrement pour dénicher la bonne affaire. Peu de griffes connues, mais beaucoup de petits articles pour faire des cadeaux. Chemisiers en mousseline 400 F, tailleurs Georges Rech 2500 F, tailleurs Morgan 1000 F. Belle collection de pulls sport pour hommes de 189 à 490 F, gilets hommes Lac et Montagne 175 F. Magasin un peu sombre, essayage correct, bon accueil.

VERT D'O

Pulls, vestes, chemisiers, gilets, robes, pantalons, tee-shirts, tailleurs	Q/P : 8/10 •ASSORTIMENT : 7/10 ✦ : Adresse unique pour mères et filles

•12, rue de la Chapelle — 75018 Paris •Tél. : 0142091226 • Fax : 0142098303 •Horaires : lun.-sam. 10h-19h30 •Métro : Marx-Dormoy •Bus : 65

Un grand choix de marques pour jeunes et moins jeunes : Morgan, Vango, Sinéquanone, Paul Mausner… Dégriffés et fins de série de l'année précédente à prix imbattables. Super intéressant en période de soldes : tee-shirts 100 F, pantalons 200 F, vestes 350 F, tailleurs 800 F. Essayage correct. Évitez les fins de semaine.

PARIS 19ᵉ

DÉGRIFFÉS DE HAUTE COUTURE

Vestes, tailleurs, manteaux, robes, pantalons, parkas, pulls, jupes, chemisiers.	Q/P : 8/10 •ASSORTIMENT : 9/10 ✦ : Grand choix et prix bas ▬ : Accueil maussade et CB refusées

•39, rue Bouret — 75019 Paris •Tél. : 0142000311 •Horaires : mar.-sam 10h-19h •Métro : Jaurès •Bus : 26

Le sourire n'est pas le point fort de la maison, mais les affaires valent le coup. Articles dégriffés mais la patte des plus grands créateurs français est très reconnaissable. Chaque type de vêtement est à prix unique, toute l'année : vestes 1500 F, pantalons et jupes 1000 F, tailleurs 2500 F. Derrière se trouve un immense entrepôt. Modèles disponibles principalement en 38-40. Vous pouvez essayer tranquillement. Cartes bleues non acceptées.

DIFFÉRENCE

Pulls, tailleurs, vestes, imperméables, blousons, jupes, pantalons robes	Q/P : 9/10 •ASSORTIMENT : 8/10 ✦ : Les petits prix

•115, rue de Meaux — 75019 Paris •Tél. : 0148034428 •Horaires : lun. 14h30-19h30, mar.-sam. 10h30-19h30 •Métro : Laumière •Bus : 60, 75

Merveilleuse petite boutique. Décoration exquise et petits prix. Remise entre -20 et -30 % sur les prix boutique. Superbe collection de blousons et d'imperméables cirés très originaux signés Trucmuche à partir de 450 F. Ensembles Écru 350 F, tee-shirts Un Après-Midi de Chien 100 F. Vestes tissu brocard et velours de panne 750 F, jupes assorties 250 F. Bon choix en taille 42. Éclairage très doux, cabine confortable. Accueil sympathique.

KETER

Manteaux, vestes, parkas, **impermeables, doudounes, blousons,**	Q/P : 8/10 • ASSORTIMENT : 8/10 **+** : Prix très bas, ouverture le dimanche

•19, rue de la Villette — 75019 Paris •Tél. : 0140180860 •Horaires : lun.-ven. et dim. 10h-19h
•Métro : Porte-de-Pantin •Bus : 75

Magasin sans âme, sous une lumière crue. Fins de séries des catalogues de VPC. La marchandise est exposée dans des bacs. Il faut aimer fouiller. Conditions d'essayage rudimentaires. Mais prix imbattables. Occasions à saisir : robes 50 F, vestes 100 F, pantalons enfants 50 F.

PARIS 20e

BLANC BLEU STOCK

Pulls, pantalons, sweaters, tee-shirts, **parkas, chemises homme, femme et** **enfant**	Q/P : 8/10 • ASSORTIMENT : 7/10 **+** : Petite boutique très accueillante

•63, bd de Ménilmontant — 75020 Paris •Tél. : 0147008808 •Horaires : mar.-sam. 10h-19h
•Métro : Père-Lachaise •Bus : 60, 61, 96

Un stock sympa où les prix affichent 30 à 60 % de remise sur la collection précédente. À noter : on trouve parfois quelques prototypes et certains modèles de la collection en cours. Conditions d'essayage acceptables. Grand choix de tailles et de coloris. Sweat 250 à 400 F, pantalons 200 à 350 F, joggings à partir de 500 F.

KETER

Manteaux, vestes, parkas, **impermeables, doudounes, blousons,** **jupes, robes**	Q/P : 8/10 • ASSORTIMENT : 8/10 **+** : Prix très bas, ouverture le dimanche

•30, bd de Belleville — 75020 Paris •Tél. : 0146365594 •Horaires : lun.-ven. et dim. 10h-19h
•Métro : Couronnes •Bus : 26, 96 • Voir Keter, Paris 19e.

LITTLE ROCK STAR

Jeans, tee-shirts, blousons, sweaters, **chemises**	Q/P : 8/10 • ASSORTIMENT : 8/10 **+** : Pour les fans de Levi's

•5, bd Davout — 75020 Paris •Tél. : 0143796999 •Horaires : lun.-ven. et dim. 10h-20h •Métro : Porte-de-Vincennes •Bus : 56, 62

En provenance directe des États-Unis, Levi's aux prix d'origine, soit 20 à 30 % moins cher. Plus de 2000 pantalons disponibles jusqu'au 46. Levi's 501 noirs ou marrons 220 F, gris ou blancs 250 F. Blousons à partir de 250 F. Essayage agréable. Accueil très sympa.

SMART STOCK

Jupes, pantalons, robes, tee-shirts, **chemisiers, hauts, ensembles, tailleurs**	Q/P : 8/10 • ASSORTIMENT : 8/10 **+** : Accueil et choix

•11, bd Davout — 75020 Paris •Tél. : 0143566076 •Horaires : lun. 15h-19h15, mar.-sam. 10h15-14h, 15h-19h15 •Métro : Porte-de-Vincennes •Bus : 26, 56

Pour les inconditionnelles de la marque Teenflo, une adresse à garder. Boutique à l'élégance discrète et raffinée. 50 % de réduction en permanence, sur les collections précédentes, parfois sur quelques modèles de la saison en cours. Grand choix de chemises Equipment, robes du soir, ensembles de 1200 F à 2000 F, chemisiers 250 F, ceintures Richard Gampel à partir de 200 F. Arrivages irréguliers, essayage confortable.

STOCK 2

Pulls, tee-shirts, parkas, blousons, **pantalons, chemises, jupes, gilets,** **vestes**	Q/P : 7/10 • ASSORTIMENT : 9/10 **+** : Rayon sportswear

•62, rue Pelleport — 75020 Paris •Tél. : 0140317769 •Horaires : lun.-sam. 10h-19h30 •Métro : Porte-de-Bagnolet, Pelleport •Bus : 60, 61 • Voir Stock 2, Paris 14e.

BIKERS

Jupes, pantalons, costumes, robes, vestes, pulls, cravates

Q/P : 9/10 •ASSORTIMENT : 7/10
✦ : Rapport qualité-prix

•Usine Center — Rue André-Citroën — 78140 Vélizy-Villacoublay •Tél. : 0139464500
•Horaires : mer.-ven. 11h-20h, sam.-dim. 10h-20h

Des vêtements pour hommes et femmes : Pacco, Alvaro, costumes 3 pièces italiens 1 290 F, costumes coupe moderne à partir de 699 F, pulls, jupes, pantalons à moins de 100 F. 30 % de réduction. Une boutique confortable.

CHARLES MATHIEU

Costumes, pantalons, vestes, chemises homme

Q/P : 7/10 •ASSORTIMENT : 6/10
✦ : De vraies affaires

•Usine Center — Rue André-Citroën — 78140 Vélizy-Villacoublay •Tél. : 0139464500
•Horaires : mer.-ven. 11h-20h, sam.-dim. 10h-20h

Les hommes sont gâtés dans cet Usine Center. Pierre Cardin -30 % : vestes 399 F, costumes 1 795 F. Une boutique vieillotte, mais qui propose de vraies affaires.

EIFFEL

Robes, tailleurs, jupes, chemisiers, robes de mariées, pantalons

Q/P : 8/10 •ASSORTIMENT : 9/10
✦ : Déco de la boutique

•Usine Center — Rue André-Citroën — 78140 Vélizy-Villacoublay •Tél. : 0139464500
•Horaires : mer.-ven. 11h-20h, sam.-dim. 10h-20h

Vêtements Chacok pour femmes dans cette très jolie boutique au sol blanc carrelé, agrémentée d'un aquarium, de grandes glaces et des fleurs. Modèles chatoyants Chacok. Chemisier 495 F, jupe 610 F, superbe robe de mariée 2660 F (valeur 3800 F). Boutique charmante à visiter.

FREE

Robes, jupes, tailleurs, vestes, pantalons, chemises, chemisiers

Q/P : 7/10 •ASSORTIMENT : 8/10
✦ : Déco de la boutique

•Usine Center — Rue André-Citroën — 78140 Vélizy-Villacoublay •Tél. : 0139464500
•Horaires : mer.-ven. 11h-20h, sam.-dim. 10h-20h

Cinoche, les Zinzins, Gardenia, Toi mon Toi... Marques sympas, prix serrés, boutique tout en bois avec un arbre au milieu. Veste Cinoche 599 F, superbe robe Gardenia 599 F.

GRIFF CLASS

Costumes, pantalons, vestes, chemises, cravates, pulls homme

Q/P : 7/10 •ASSORTIMENT : 8/10
✦ : Les marques

•Usine Center — Rue André-Citroën — 78140 Vélizy-Villacoublay •Tél. : 0139464500
•Horaires : mer.-ven. 11h-20h, sam.-dim. 10h-20h

Des costumes pour hommes Cerruti, Courrèges, Ted Lapidus, des vestes à 990 F, des chemises Carven 200 F, des costumes Lapidus 3990 F. Faites votre choix, vous disposez de plus de 200 m² et de 20 à 40 % de réduction. Boutique très agréable; on vous aide sans vous forcer. Un rêve pour les hommes.

MARJY

Robes, robes de soirée, jupes, ensembles, pantalons, tailleurs

Q/P : 6/10 •ASSORTIMENT : 6/10
✦ : Originalité

•Usine Center — Rue André-Citroën — 78140 Vélizy-Villacoublay •Tél. : 0139464500
•Horaires : mer.-ven. 11h-20h, sam.-dim. 10h-20h

Prêt-à-porter pour femmes chez Marjy, qui propose aux jeunes filles branchées des modèles Ornafarho, Vertigo et autres… Un rayon robes habillées et dentelles pour soirées inoubliables. Robes 990 F, pantalons 890 F.

OUTLET

Pantalons, pulls, imperméables, hauts, parkas femme	**Q/P : 7/10 •ASSORTIMENT : 7/10** **✛ : Originalité**

•Usine Center- Rue André-Citroën — 78140 Vélizy-Villacoublay •Tél. : 0139464500 •Horaires : mer.-ven. 11h-20h, sam.-dim. 10h-20h

Depuis 20 ans, ce fabricant et distributeur de sportswear habille les femmes avec sa marque Esprit. Pantalons 290 F, imperméables 300 F, parkas 450 F. C'est bien rangé, clair, on voit bien les articles.

PARIS DRAKKAR

Vestes, jupes, costumes, chemises, chemisiers, tailleurs, pantalons, robes	**Q/P : 7/10 •ASSORTIMENT : 7/10** **✛ : Les tissus et les coupes**

•Usine Center — Rue André-Citroën — 78140 Vélizy-Villacoublay •Tél. : 0139464500 •Horaires : mer.-ven. 11h-20h, sam.-dim. 10h-20h

Du Paris Drakkar mais aussi du Thierry Mugler, de l'Ungaro, du Carnaval de Venise… à -30, voire -50 %. Très intéressant pour l'homme. Superbes manteaux à 1990 F (2590 F prix boutique) réalisés dans des tissus de marque; très belles coupes.

ROUTE DE LA SOIE

Chemises, ensembles jupes, tuniques, débardeurs, shorts, vestes, robes	**Q/P : 8/10 •ASSORTIMENT : 8/10** **✛ : La matière**

•Usine Center — Rue André-Citroën — 78140 Vélizy-Villacoublay •Tél. : 0139464500 •Horaires : mer.-ven. 11h-20h, sam.-dim. 10h-20h

En route pour le pays de la soie et du lin. Chemisiers 169 F, débardeurs, shorts en lin 109 F, vestes imitation daim 199 F, robes 200 F. Tout glisse sur la peau, c'est agréable, doux et bien présenté. Les cabines elles aussi sont tout confort.

STOCK MODE

Robes, jupes, imperméables, pulls femme	**Q/P : 6/10 •ASSORTIMENT : 7/10** **✛ : Bas prix**

•Usine Center — Rue André-Citroën — 78140 Vélizy-Villacoublay •Tél. : 0139464500 •Horaires : mer.-ven. 11h-20h, sam.-dim. 10h-20h

Boutique carrée, claire, petite, où l'on voit tout du 1er coup d'œil, et où l'on trouve des impers à 300 F, des jupes à 100 F, dans les marques Otalia, Sunlight. Profitez-en!

UN R DE PLUS

Robes, chemisiers, jupes, ensembles, tailleurs	**Q/P : 8/10 •ASSORTIMENT : 8/10** **✛ : Du 42 au 60**

•Usine Center — Rue André-Citroën — 78140 Vélizy-Villacoublay •Tél. : 0139464500 •Horaires : mer.-ven. 11h-20h, sam.-dim. 10h-20h

Ici, pas de complexes, on vous habille du 42 au 60 (et au-delà sur commande!), dans des coloris vifs et gais et des marques très "in" : Rondissimo, Umberto Monza, Ronde de Nuit à -30 ou -50 %. Promos toute l'année. Vendeuses souriantes, bref, de quoi avoir les rondeurs joyeuses! Robes de 299 à 499 F, vestes de 299 à 799 F, pantalons de 140 à 399 F!

UNE AFFAIRE DE FEMMES

Manteaux, imperméables, robes, jupes, pantalons femme	**Q/P : 7/10 •ASSORTIMENT : 8/10** **✛ : Coupes des manteaux**

•Usine Center — Rue André-Citroën — 78140 Vélizy-Villacoublay •Tél. : 0139464500 •Horaires : mer.-ven. 11h-20h, sam.-dim. 10h-20h

Dans la marque "Dieu créa la femme", de très jolis manteaux et imperméables à 899 F; de très beaux coloris, tissus et coupes sympa.

US ET COSTUMES

Costumes, pantalons, vestes, chemises homme

Q/P : 7/10 •ASSORTIMENT : 7/10
✚ : Costumes à prix abordables

•Usine Center — Rue André-Citroën — 78140 Vélizy-Villacoublay •Tél.: 0139464500 •Horaires : mer.-ven. 11h-20h, sam.-dim. 10h-20h

Une fois n'est pas coutume, offrez-vous un tissu Cerruti. Ici, vous le trouverez moins cher qu'ailleurs (-30 % environ). Vous trouverez aussi des costumes de la marque Us et Costumes à 1095 F, et pour assortir, des chemises café Cotton à 200 F. Le tout dans un grand espace agréable où le meilleur accueil vous est réservé.

BOULOGNE-BILLANCOURT 92

J.-P.-L. CAFÉ COTON

Chemises, caleçons, cravates, pulls, tee-shirts, polos

Q/P : 7/10 •ASSORTIMENT : 9/10
✚ : Le choix dans les chemises

•79, rue de Paris — 92100 Boulogne-Billancourt •Tél.: 0148256808 •Horaires : lun.-sam. 11h-14h, 15h-19h30 •Métro : Boulogne, Jean-Jaurès •Bus : 32, 52, PC

Le stock de la marque Café Coton. Grand choix à prix doux. Tee-shirts 50 F, cravates 130 F, polos 115 F, pulls à partir de 160 F. Beaucoup de fibres naturelles. Essayage confortable.

MILGRIFF

Maillots, blousons, tee-shirts, pantalons, vestes, jupes, robes, pulls, parkas

Q/P : 6/10 •ASSORTIMENT : 7/10
✚ : Bas prix
━ : Accueil peu sympathique

•46-48, av. du Général-Leclerc — 92100 Boulogne-Billancourt •Tél.: 0147129064 •Horaires : lun.-sam. 10h-19h30 •Métro : Billancourt •Bus : 22

500 m² consacrés à l'habillement de toute la famille. Arrivages fréquents de lots divers. Pantalons femme 69 F, pulls enfants 50 F, maillots de bain femme 125 F. Magasin fonctionnel. Conditions d'essayage correctes. Grand choix de tailles.

LEVALLOIS-PERRET 92

STOCK 2

Pulls, tee-shirts, parkas, blousons, pantalons, chemises, jupes, gilets, vestes

Q/P : 7/10 •ASSORTIMENT : 9/10
✚ : Rayon sportswear

•73, rue Anatole-France — 92300 Levallois-Perret •Tél.: 0147585813 •Horaires : lun.-sam. 10h-19h30 •Métro : Anatole-France • Voir Stock 2, Paris 14e.

MARNES-LA-COQUETTE 92

STOCK MAX MARA

Pulls, pantalons, vestes, jupes, robes, chemises, chemisiers, joggings

Q/P : 9/10 •ASSORTIMENT : 9/10
✚ : Marques
━ : Accessible uniquement en voiture

•35, bd de Jardy — 92430 Marnes-La-Coquette •Tél.: 0147012063 • Fax : 0147012069 •Horaires : lun.-sam. 10h-19h

Décor champêtre dans une belle demeure de style normand; l'ensemble des collections de l'année précédente de Max Mara, Sportmax, Penny Black, Week-End, Pianoforte. Remises de 50 à 70 %. Tailleurs à partir de 1000 F, pantalons à partir de 300 F, chemisiers 250 F. Grand choix de tailles et de coloris pour hommes, belle collection Blanc Bleu. Pulls coton

349 F, pantalons toile 350 F. Également, modèles Dorotennis à prix réduits. Arrivages fréquents. Vaut vraiment le déplacement (à côté se trouve le stock pour enfants).

NANTERRE 92

LECLERC VÊTEMENTS

Pulls, chaussures, joggings, tee-shirts, chemises, chemisiers, vestes, robes

Q/P : 9/10 •ASSORTIMENT : 9/10
 ✚ : Prix
 ▬ : Heures d'ouverture

•2 bis, place du Maréchal-Foch — 92000 Nanterre-Ville •Tél. : 0147218636 •Horaires : mar.-sam. 9h30-12h30, 14h15-19h, dim. 9h30-12h30 •Métro : RER A Nanterre-Ville

Grande surface, choix important pour femmes et juniors, à prix serrés : Levi's, Lee, Manoukian, René Dhery, Paul Mausner, Rhapsodie, Fila, Reebok. De 20 à 30 % sur les collections de l'année. Modèles pour enfants à partir du 8-10 ans. Tailleurs à partir de 1 200 F, jupes à partir de 300 F, chaussures de sport à partir de 199 F. Grand choix de tailles et de modèles. Essayage confortable. Vaut le détour. Attention aux horaires.

SURESNES 92

LE GRAND COMPTOIR

Lingerie, costumes, polos, tee-shirts, pantalons, chaussures, accessoires

Q/P : 8/10 •ASSORTIMENT : 8/10
 ✚ : Un très bel endroit
 ▬ : Cabines communes

•4, rue Palès — 92000 Suresnes •Tél. : 0142041200 • Fax : 0142041271 •Horaires : mar.-sam. 10h-19h, dim. 10h-13h •Métro : Pont-de-Neuilly •Bus : 73

Bel endroit, immense et très clair, avec des vêtements étalés sur de grandes étagères. Prix très clairement indiqués. Sélection vêtements superbe, hommes ou femmes. Arrivages hebdomadaires. -15 % sur toutes les grandes marques : robe Lili Gaufrette 260 F, salopette enfant Oshkosh 200 F, pull coton Jackpot 345 F, pantalon satin Cimarron 270 F. Vous trouverez aussi Cerruti, Bensimon, Lulu Castagnette, Dorotennis, Armani… Un salon femme commun, un salon homme commun. Ambiance musicale agréable.

J.-P.-L. CAFÉ COTON

Chemises, caleçons, cravates, pulls, tee-shirts, polos

Q/P : 7/10 •ASSORTIMENT : 9/10
 ✚ : Choix dans les chemises

•32, rue des Bourrets — 92150 Suresnes •Tél. : 0141382066 •Horaires : mar.-ven. 11h-19h30, sam. 10h-19h30 •Métro : La Défense •Bus : 144 • Voir J.P.L. Café Coton, Boulogne 92.

PANTIN 93

SYMPA

Jupes, pantalons, vestes, robes, manteaux, parkas, doudounes, chemises

Q/P : 7/10 •ASSORTIMENT : 7/10
 ✚ : Lots de marques

•227, av. Jean-Lolive — 93000 Pantin •Tél. : 0148458380 •Horaires : lun.-sam. 9h45-19h, dim. 10h-18h30 •Métro : Église-de-Pantin •Bus : 130 • Voir Sympa, Paris 18e.

ÎLE ST-DENIS/QUAI DES MARQUES 93

1.2.3 STOCK

N

Robes, jupes, vestes, tailleurs, imperméables, chemisiers, pulls, lingerie

Q/P : 9/10 •ASSORTIMENT : 9/10
 ✚ : Boutique très attrayante

•Quai des Marques — 9, quai du Châtelier — 93450 Île St-Denis •Tél. : 0148090405 •Horaires : lun.-ven. 11h-20h, sam. 10h-20h

Circulation aisée, salons d'essayage ultra confortables, on se sent libre d'acheter ou de repartir sans rien. -35 % sur les collections précédentes. Du 36 au 46, parfois 48, chacune y trouve son compte : robe fleurie 415 F, veste soie lavée 455 F, tee-shirt 135 F. Conseils si vous le souhaitez, tout est fait pour mettre à l'aise. Service retouche et carte de fidélité.

Mistigriff

Vastes espaces qui regorgent d'affaires à saisir pour toute la famille. Pour femmes : Cacharel, Nina B., Copain-Copine, Kookaï (robes Kookaï 69 F). Pour hommes : jean 115 F, polos 69 F. Qualité des marques inégales. Arrivages fréquents. Essayage correct. Passez de préférence en semaine.

- *MISTIGRIFF* : 113, av. d'Argenteuil — 92600 Asnières-Gennevilliers — Tél. : 01 47 33 00 04
- *MISTIGRIFF* : 83-85, av. Georges-Clémenceau — 92000 Nanterre — Tél. : 01 47 24 33 56
- *MISTIGRIFF* : 29, rue d'Alsace — 92300 Levallois-Perret — Tél. : 01 42 70 56 00
- *MISTIGRIFF* : 92, av. Aristide-Briand — 92120 Montrouge — Tél. : 01 47 46 12 72
- *MISTIGRIFF* : 18, rue de la Tarenne — 94100 St-Maur-des-Fossés — Tél. : 01 48 89 48 00
- *MISTIGRIFF* : 6, av. de Paris — 94800 Villejuif — Tél. : 01 46 77 10 50
- *MISTIGRIFF* : 3, av. CEP — 70300 Poissy — Tél. : 01 39 79 39 90

COMPLICES

Jeans, sweaters, polos, joggings   Q/P : 7/10 •ASSORTIMENT : 8/10
+ : Tout sur le jean

•Quai des Marques — 9, quai du Châtelier — 93450 Île St-Denis •Tél. : 01 48 09 04 05 •Horaires : lun.-sam. 11h-20h

Marque diffusée dans les grands magasins et autres Monoprix, ainsi qu'en VPC et dans de nombreux points de vente indiqués sur Minitel, 3615 COMPLICES (1,29 F/min). Robes en jean 139 F, tee-shirts 100 F les 3, sweats adultes 200 F les 2, jeans stretch femmes 179 F. Intéressant surtout pour les femmes et les enfants. -30 % sur les collections précédentes.

GÉRARD PASQUIER

Robes, pantalons, tailleurs, jupes,   Q/P : 8/10 •ASSORTIMENT : 8/10
chaussures, accessoires   **+** : Étendue des tailles

•Quai des Marques — 9, quai du Châtelier — 93450 Île St-Denis •Tél. : 01 48 09 04 05 •Horaires : lun.-ven. 11h-20h, sam. 10h-20h

Du 38 au 52, pour les femmes de 40 à 60 ans. Modèles un peu voyants pour les rondes. Cabines confortables, éclairage un peu sombre, service retouches. À noter : les coins "stop affaires" très clairement indiqués (tee-shirt 50 F). Vendeuses aimables. Plus de choix en début de saison. -30 à -40 % sur collections de l'année précédente.

MANUFACTURE CHARLES LE GOFF

Polos, pantalons, chemises, vestes,   Q/P : 8/10 •ASSORTIMENT : 8/10
jupes, chemisiers, sweats, costumes   **+** : Confort et qualité des articles
− : Rayon chemises peu fourni

•Quai des Marques — 9, quai du Châtelier — 93450 Île St-Denis •Tél. : 01 48 09 04 05 •Horaires : lun.-sam. 11h-20h

100 m² pour du sportswear Charles Le Goff. Sous cette enseigne, se cachent de grandes marques. Lesquelles ? À vous de trouver. Polos rugby 200 F, pulls coton 315 F. 30 % moins cher que dans les boutiques; tailles, jusqu'au 44 pour les femmes et 58 pour les hommes. Peu de choix pour les chaussures. Confort très british.

MULTIPLES

Jupes, pulls, robes, vestes, tuniques   Q/P : 8/10 •ASSORTIMENT : 9/10
+ : Collection renouvelée tous les 2 mois
− : Un peu difficile à ajuster soi-même

•Quai des Marques — 9, quai du Châtelier — 93450 Île St-Denis •Tél. : 01 48 09 04 05 •Horaires : lun.-ven. 11h-20h, sam. 10h-20h

Des vêtements à multiples facettes : tel est le pari des boutiques multiples. On joue les superpositions, on enroule, on drape, on conjugue les formes et les couleurs... Bref, on s'amuse et ça fait chic. En boutique, on peut s'aider de la démonstration vidéo, chez soi c'est un peu plus difficile à refaire. Idéal pour toutes les femmes, en toutes occasions. Matière séduisante : un jersey qui ne bouge pas en machine et ne se repasse pas. -40 % sur les collections précédentes appréciables, d'autant plus que les collections se renouvellent tous les 2 mois et n'ont pas le temps de vieillir. Confort d'essayage. Vous pouvez ressortir avec un ensemble jupe ou pantalon, veste, ceinture à partir de 350 F.

ONE STOCK

Robes, jodhpurs, tee-shirts, jupes, vestes

Q/P : 8/10 •ASSORTIMENT : 7/10
+ : Lignes branchées pour femmes pressées

•Quai des Marques — 9, quai du Châtelier — 93450 Île St-Denis •Tél. : 0148090405 •Horaires : lun.-sam. 11h-20h

One Stock, c'est One Step à -30 %, des robes en soie 290 F, des pantalons jodhpurs 150 F, des robes coton 200 F. Pas cher, joli, branché et décontracté. Idéal pour femmes pressées. Matières (polyester, viscose, coton, soie) souples et légères. Confort d'essayage mais éclairage un peu sombre.

STOCK BRUCE FIELD

Chemises, pantalons, vestes, costumes, parkas

Q/P : 7/10 •ASSORTIMENT : 7/10
+ : Rayon chemises hommes
– : Rayon femmes peu intéressant

•Quai des Marques — 9, quai du Châtelier — 93450 Île St-Denis •Tél. : 0148090405 •Horaires : lun.-sam. 11h-20h

Tailles femmes jusqu'au 44, tailles homme jusqu'au 54. Pour eux, 70 m² réservés aux chemises Chistera (249 F), aux pantalons, vestes, costumes fil à fil 100 % laine (1 200 F), parkas (300 F). Cabines confortables.

SUD EXPRESS

Vestes, pulls, gilets, tee-shirts, tailleurs, pantalons

Q/P : 8/10 •ASSORTIMENT : 8/10
+ : Très belles grosses vestes pas chères

•Quai des Marques — 9, quai du Châtelier — 93450 Île St-Denis •Tél. : 0148090405 •Horaires : lun.-sam. 11h-20h

De grandes marques, mais à vous de reconnaître qui se cache derrière ces tailleurs à 399 F, ces grosses vestes tout confort à 149 F, ces tee-shirts à 69 F; 30 % moins cher qu'en boutique. Belles couleurs et, entre 30 et 40 ans, si l'on ne dépasse pas le 44, l'on repart forcément avec quelque chose. Le must : de grosses vestes spécial cocooning aux couleurs chaudes. Attention aux pantalons, ici la taille basse est de mise!

SUITE SANS FIN

Robes, manteaux, impers, chemisiers, pulls, jupes

Q/P : 6/10 •ASSORTIMENT : 8/10
+ : Très beaux coloris

:•Quai des Marques — 9, quai du Châtelier — 93450 Île St-Denis •Tél. : 0148090405 •Horaires : lun.-sam. 11h-20h

Sur 60 m², les anciennes collections Gérard Darel à -30 % et un peu de Ex-Æquo et de Pablo : robes brodées dentelle 680 F, chemisiers voile 550 F, imperméables microfibres 705 F. Un peu cher, sauf pour les inconditionnelles... Vous pouvez essayer tranquillement, la matière est agréable, c'est propre et bien rangé. Réservé aux minces, 36 au 42; les coloris sont superbes, bleu acier, marron glacé. Faites votre choix vous-même, l'accueil et le conseil ne sont pas leurs points forts.

TARA JARMON STOCK

Robes, vestes, jupes, ensembles, accessoires

Q/P : 8/10 •ASSORTIMENT : 7/10
+ : Prix bas
– : Encore un peu "tout neuf"

•Quai des Marques — 9, quai du Châtelier — 93450 Île St-Denis •Tél. : 0148090405 •Horaires : lun.-ven. 11h-20h, sam. 10h-20h

Nouvelle boutique de déstockage ouverte quai des Marques. -40 à -50 % sur les collections précédentes. Un espace qui sent un peu le neuf, manque encore d'âme, mais séduisant et confortable. Ciblé plutôt jeune et smart, bon choix de coloris, clarté et bonne circulation. Robes jersey à 450 F, vestes en lin à 695 F, mais au-delà du 40, n'espérez pas dénicher l'affaire du siècle.

VENTIL STOCK

Robes, pantalons, vestes, jupes, chemises	**Q/P : 9/10 •ASSORTIMENT : 7/10**
	+ : Bonne qualité à prix abordables

•Quai des Marques — 9, quai du Châtelier — 93450 Île St-Denis •Tél. : 0148090405 •Horaires : lun.-ven. 11h-20h, sam. 10h-20h

Petite boutique de 50 m² assez cosy. Armand Ventilo à -40 et -50 % sur les collections précédentes… ce qui rend abordable cette marque un peu coûteuse. Vous y trouverez des robes en jean à 560 F, des chemises 100 % soie à 460 F, des vestes en lin à 900 F. Tailles du 36 au 44 mais, au-delà du 40, pas trop d'espoir. Cabines d'essayage correctes.

NOGENT-SUR-MARNE 94

MILGRIFF

Maillots, blousons, tee-shirts, pantalons, vestes, jupes, robes, pulls, parkas	**Q/P : 6/10 •ASSORTIMENT : 7/10**
	+ : Bas prix
	= : Accueil peu sympathique

•86, Grande-Rue — 94130 Nogent-sur-Marne •Tél. : 0148757885 •Horaires : lun.-sam. 10h-19h30 •Métro : RER A2 Nogent-sur-Marne •Bus : 114 • Voir Milgriff', Boulogne 92.

VINCENNES 94

ALL SPOT

Blousons, jeans, tee-shirts, pantalons, pulls, sweaters, chaussures, shorts	**Q/P : 8/10 •ASSORTIMENT : 8/10**
	+ : Les marques

•64, rue Raymond-du-Temple — 94300 Vincennes •Tél. : 0143747367 •Horaires : lun. 14h30-19h30, mar.-sam. 10h30-19h30, dim. 10h30-13h •Métro : RER A Vincennes •Bus : 56, 62

Petite boutique difficile à localiser. Les meilleures marques de sportswear : Timberland, Oxbow, Levi's, Schott, Converse à prix de gros et même moins. Tee-shirts à partir de 150 F, jeans à partir de 250 F, chaussures à partir de 300 F. Arrivages fréquents. Grand choix de marques et de tailles. Une adresse pour les amateurs de tenues décontractées.

DYNAMIT

Jupes, pantalons, chemisiers, robes, vestes, manteaux, tee-shirts, parkas	**Q/P : 8/10 •ASSORTIMENT : 7/10**
	+ : Les prix

•23, rue du Château — 94300 Vincennes •Tél. : 0143650605 •Horaires : lun. 14h-18h45, mar.-ven. 10h-18h45, sam. 10h-13h, 14h-19h •Métro : Château-de-Vincennes •Bus : 26, 56, 62

Fins de série Marina Rinaldi, Marcelle Griffon, Kookaï, Cacharel… à des prix très bas. Bien sûr, ce n'est pas le meilleur des collections, mais les arrivages étant fréquents, il y a des affaires à saisir. Attention, ça part très vite! Tailleurs grandes marques 599 F, tee-shirts brodés 79 F, pantalons 159 F. Beaucoup de grandes tailles, grand choix de coloris.

SYMPA

Pulls, chemisiers, robes, tailleurs, costumes, joggings, pantalons, doudounes	**Q/P : 7/10 •ASSORTIMENT : 8/10**
	+ : Arrivages fréquents

•27, av. de Paris — 94300 Vincennes •Tél. : 0148084356 •Fax : 0143983252 •Horaires : lun.-sam. 10h-19h30 •Métro : Bérault •Bus : 86

Aux portes de Paris, 300 m² sur deux niveaux. Beaucoup de bonnes affaires. Pour femmes : Vertigo, Sinéquanone, Sarah B. Pour enfants : Absorba, Sergent Major. Pour hommes : Marcel Fuchs, Burlington, etc. Grand choix de tailles, de coloris. Essayage fonctionnel, lumière artificielle plutôt crue. Robes à partir de 249 F, pantalons hommes 295 F, salopettes enfants 115 F; collections en cours ou de l'année précédente.

FRANCONVILLE/QUAI DES MARQUES 94

AGBIS

Tailleurs, robes, jupes, vestes, pantalons femme	Q/P : 7/10 •ASSORTIMENT : 7/10 ✛ : Qualité

•Quai des Marques — 395, av. du Général-Leclerc — 95130 Franconville •Tél. : 0134139374
•Horaires : mar.-ven. 11h-20h, sam. 10h-20h

Les Agatha Girls seront satisfaites de trouver une robe à 540 F, une veste à 790 F, un tailleur à 890 F aux coupes impeccables et aux finitions soignées. Les réductions vont de -30 à -50 %. Salons d'essayage confortables avec fauteuils et grande glace.

ANONYME DE

Robes, vestes, tailleurs, jupes, chemisiers, chemises, accessoires, chaussures	Q/P : 8/10 •ASSORTIMENT : 9/10 ✛ : Grand choix de grandes tailles

•Quai des Marques — 395, av. du Général-Leclerc — 95130 Franconville •Tél. : 0134139374
•Horaires : mar.-ven. 11h-20h, sam. 10h-20h

Anonyme De... Georges Rech sur 200 m² en 2 boutiques réunies. Tailles du 36 au 46, circulation spacieuse, articles très divers : tailleurs acidulés 1 600 F, jupes longues 650 F, robe + veste 1 790 F, pantalons 690 F. 50 % moins cher qu'en boutique. Pour les rondes, c'est le bonheur : beaucoup de choix en grandes tailles. Attention, parquet bien ciré!

ARMOR LUX

Vestes, pulls, pantalons, cabans	Q/P : 8/10 •ASSORTIMENT : 7/10 ✛ : Belle boutique bien décorée

•Quai des Marques — 395, av. du Général-Leclerc — 95130 Franconville •Tél. : 0134139374
•Horaires : mar.-ven. 11h-20h, sam. 10h-20h

Quand on rentre, on cherche la mer : cabines de plage, ambiance bateau, pulls marins 230 F, cabans 85 F, vestes 500 F. Espace bleu et blanc, on est en vacances, c'est sûr. -30 à -50 % sur collections précédentes, on vous offre "plus qu'une mode, un mode de vie", comme dit le catalogue. Un nouveau rayon hommes, bien fourni.

BENSIMON

Jupes, vestes, robes, tee-shirts, pulls, pantalons	Q/P : 8/10 •ASSORTIMENT : 7/10 ✛ : Idéal pour les petites tailles ▬ : Cabines peu confortables

•Quai des Marques — 395, av. du Général-Leclerc — 95130 Franconville •Tél. : 0134139374
•Horaires : mar.-ven. 11h-20h, sam. 10h-20h

Fins de série, surstocks, on peut s'habiller en Bensimon pour 30 à 50 % moins cher qu'en boutique. Pulls 250 F, jupes 250 F, manteaux 575 F au lieu de 1 500 F. Affaires à faire dans ce magasin clair, bien agencé. Les petites tailles (34) y trouveront leur bonheur.

BIG STAR

Pantalons, bermudas, salopettes, tee-shirts, robes, jupes, accessoires	Q/P : 8/10 •ASSORTIMENT : 8/10 ✛ : Les jeans ▬ : Inconfort du magasin

•Quai des Marques — 395, av. du Général-Leclerc — 95130 Franconville •Tél. : 0134139374
•Horaires : mar.-ven. 11h-20h, sam. 10h-20h

300 m² essentiellement consacrés aux jeans. Toutes les tailles jusqu'au 52, et -40 % dans toutes les marques, vendues sous l'étiquette Big Star à partir de 150 F. Vous pourrez éga-

lement choisir une salopette à 349 F, un pantalon stretch pour enfant à 149 F, un tee-shirt à partir de 59 F. Cabines peu confortables, musique assourdissante.

CAROLL

Tee-shirts, pulls, chemises, jupes,   Q/P : 8/10 •ASSORTIMENT : 8/10
robes, manteaux, tailleurs   ✚   : Bonnes réductions
•Quai des Marques — 395, av. du Général-Leclerc — 95130 Franconville •Tél. : 01 34 13 93 74
•Horaires : mar.-ven. 11h-20h, sam. 10h-20h

Si l'on s'aime en Caroll, c'est dans ce magasin d'usine qu'il faut venir chercher son bonheur : -50 % sur les collections précédentes, -60 à -70 % pendant les soldes, 2 fois par an, -30 % sur quelques modèles de la collection actuelle. Cela vaut le détour, même si les cabines d'essayage sont petites et l'éclairage tristounet. Vestes à 350 F, pulls à 155 F, chemisiers du 36 au 44, mais attention, Caroll taille plutôt petit. À notre passage, tee-shirts et jupes à partir de 50 F. Retouches si nécessaire, échanges possibles.

CARVEN

Costumes, vestes, chemises, cravates,   Q/P : 9/10 •ASSORTIMENT : 8/10
pantalons homme   ✚   : Grand choix de costumes
•Quai des Marques — 395, av. du Général-Leclerc — 95130 Franconville •Tél. : 01 34 13 93 74
•Horaires : mar.-ven. 11h-20h, sam. 10h-20h

Ça sent bon le vétiver, c'est un peu sévère côté costumes, plus gai côté chemises : grand choix à partir de 179 F. Cette boutique Carven propose des costumes, chemises, pantalons dans la pure tradition de cette marque intemporelle à -30 % : costume 100 % laine 1 650 F, blouson 890 F. C'est clean, british, de bon ton, clair et bien ciré. Vous pouvez essayer confortablement. Les retouches sont payantes. Comme pour toutes les boutiques du "quai des Marques", prévoyez une voiture pour y aller.

CHIPIE

Jupes, robes, vestes, tee-shirts, pulls,   Q/P : 9/10 •ASSORTIMENT : 8/10
pantalons, chaussures   ✚   : Cible pré-ado
•Quai des Marques — 395, av. du Général-Leclerc — 95130 Franconville •Tél. : 01 34 13 93 74
•Horaires : mar.-ven. 11h-20h, sam. 10h-20h

Cette boutique propose surtout des modèles très sympas pour les pré-adolescents qui sortent du Catimini-Jacadi. Cabines style plage, c'est propre, bien éclairé, bien présenté. Pulls disposés sur étagères et grandes tables. Tee-shirts Chipie en stretch 155 F, avec jupe assortie 155 F, ou pantalon assorti stretch 255 F, Chipie 100 % coton 245 F. De 30 à 50 % de remise sur les collections précédentes.

COLLECTION DIRECTE

Tailleurs, robes, vestes, jupes,   Q/P : 8/10 •ASSORTIMENT : 8/10
chemisiers   ✚   : Beaucoup de choix "chic et choc"
•Quai des Marques — 395, av. du Général-Leclerc — 95130 Franconville •Tél. : 01 34 13 93 74
•Horaires : mar.-ven. 11h-20h, sam. 10h-20h

Dans cet entrepôt de 70 m², la marque Christine Laure s'adresse à toutes les femmes (du 38 au 52) : jupes et chemisiers à partir de 169 F, robes imprimées 595 F, vestes en cupro (fibre synthétique imitation soie) 250 F. C'est bien rangé sur cintres, on circule bien, les cabines sont correctes, les vendeuses un peu réservées; un endroit "bon ton". En revanche, éclairage peu valorisant. Remises variables, -20, -30 ou -40 % sur collections précédentes!

COURIR DÉPÔT

Chaussures et vêtements de sport,   Q/P : 7/10 •ASSORTIMENT : 8/10
baskets, runnings, fitness, training,   ✚   : Très grande amabilité
cross
•Quai des Marques — 395, av. du Général-Leclerc — 95130 Franconville •Tél. : 01 34 13 93 74
•Horaires : mar.-ven. 11h-20h, sam. 10h-20h

Pour le running, le training, le footing, le streeting, le fitnes…, courez chez Courir Dépôt. Ce magasin de chaussures de sport propose des Adidas, Reebok, Nike, Puma, Elesse à - 30 et -50 % sur les fins de série… conseils et amabilité en plus. On se chausse jusqu'au 48 dans certains modèles.

DÉGRIFF GLISS

Chemises, sweats, pantalons, blousons, chaussures, accessoires	Q/P : 8/10 •ASSORTIMENT : 7/10 ✦ : Grand choix d'accessoires

•Quai des Marques — 395, av. du Général-Leclerc — 95130 Franconville •Tél. : 0134139374
•Horaires : mar.-ven. 11h-20h, sam. 10h-20h •Métro : Accessible en voiture

Tous les surfers et ados sportifs connaissent la marque Quick Silver, vendue dans cet entrepôt de 250 m² : chemises, sweats, pantalons, blousons et aussi beaucoup d'accessoires : sacs à dos, sacs de voyage, sacoches, lunettes, ceintures, casquettes. Les hommes trouveront des chemises sympa à 149 F jusqu'au 52, des blousons polaires de 200 à 549 F, des surchemises à 229 F ; les femmes trouveront des chemises à 169 F, des sweats à capuche à 199 F. Bonne présentation, très spacieux, idéal pour les sportifs en tout genre. 40 % moins cher qu'en boutique.

ÉLITE

Jeans, vestes, robes, tailleurs, tee-shirts, salopettes	Q/P : 6/10 •ASSORTIMENT : 6/10 ✦ : Idéal pour les minces

•Quai des Marques — 395, av. du Général-Leclerc — 95130 Franconville •Tél. : 0134139374
•Horaires : mar.-ven. 11h-20h, sam. 10h-20h

Jeune et branchée, la clientèle d'Élite vient chercher un tee-shirt à partir de 140 F, une robe débardeur à 249 F, un jean à 200 F, une veste à 350 F dans une ambiance très "ciné" – affiches, bobines de films… Clair, sympa, gai, confortable en cabines, bonne ambiance et modèles agréables… si vous êtes menue. Prévoyez une voiture pour y accéder.

ÉTAM VÊTEMENTS

Robes, chemises, jupes, pantalons, lingerie	Q/P : 7/10 •ASSORTIMENT : 6/10 ✦ : 1 article acheté = 1 article offert

•Quai des Marques — 395, av. du Général-Leclerc — 95130 Franconville •Tél. : 0134139374
•Horaires : mar.-ven. 11h-20h, sam. 10h-20h

Pantalons 99 F, chemises sympas 79 F, robes coton 80 F, — 30 % de remise. Si ce n'est pas toujours très dernière mode, on n'hésitera pas à renouveler plus souvent sa garde-robe. Des affaires toute l'année : 1 article acheté = 1 article offert.

FER 7 STOCK

Costumes, parkas, chemises, blousons, polos, pantalons homme	Q/P : 8/10 •ASSORTIMENT : 7/10 ✦ : Décor, ambiance et prix

•Quai des Marques — 395, av. du Général-Leclerc — 95130 Franconville •Tél. : 0134139374
•Horaires : mar.-ven. 11h-20h, sam. 10h-20h

Les femmes accompagnent volontiers leurs époux rien que pour la beauté des lieux : tout est en bois. L'ambiance est chaleureuse, agréable, pas guindée. Bon accueil, tendance à la baisse des prix. Chemises 279 F, parka 790 F, blazer 949 F…

GRÉGORY PAT

Tailleurs, pantalons, robes, chemises, chemisiers	Q/P : 8/10 •ASSORTIMENT : 8/10 ✦ : Grandes tailles

•Quai des Marques — 395, av. du Général-Leclerc — 95130 Franconville •Tél. : 0134139374
•Horaires : mar.-ven. 11h-20h, sam. 10h-20h

Rien que pour l'essayage, vous aurez envie de revenir dans ce magasin d'usine qui était autrefois une boutique de vêtements marins. Véritable salon d'essayage, isolé, avec une immense glace, digne d'une boutique de haute couture. Grandes tailles, matières intéres-santes – tencel, polynosique (fibres de bois naturelles) –, excellent accueil, conseils aimables et bonne circulation. Vous hésiterez entre les parkas aux couleurs vives à 999 F, les vestes courtes sans col à 495 F ou vous craquerez pour une jupe doublée à 299 F. Moins 40 à moins 50 % sur les collections précédentes.

JACQUES HEIM

Blousons, vestes sport, costumes, chemises, polos homme

Q/P : 7/10 •ASSORTIMENT : 6/10
+ : Du Balmain à -50 %

•Quai des Marques — 395, av. du Général-Leclerc — 95130 Franconville •Tél. : 0134139374
•Horaires : mar.-ven. 11h-20h, sam. 10h-20h

Jacques Heim propose 200 m² du quai des Marques consacrés en partie à la collection Balmain : -40 et -50 % sur les collections précédentes, ce qui permet de s'offrir un costume à 1395 F, un blouson à 795 F, une veste de sport à 690 F. Boutique agréable, bon éclairage, cabines d'essayage confortables, retouches payantes.

JEREM

Costumes ville, pantalons, vestes, chaussures, cravates

Q/P : 9/10 •ASSORTIMENT : 9/10
+ : Bonne adresse pour costumes de ville

•Quai des Marques — 395, av. du Général-Leclerc — 95130 Franconville •Tél. : 0134139374
•Horaires : mar.-ven. 11h-20h, sam. 10h-20h

350 m² pour l'homme chic et bon genre chez ce fabricant Balmain, mandaté par d'autres grandes marques : Valentino, Pierre Cardin, Clarence, Cerruti. De -30 à -50 % sur les collections précédentes, mais comme le souligne le maître des lieux : un costume Cerruti ne se démode pas en 1 an et ici vous le paierez presque moitié prix. 2100 F un costume Cerruti, 180 F une cravate, 1075 F un blazer (jusqu'au 58), 330 F une chemise Valentino. Service retouche. Cabines d'essayage confortables. Éviter les heures de pointe.

MANUFACTURE

Tricots, pulls, jupes, débardeurs, tee-shirts, ensembles

Q/P : 8/10 •ASSORTIMENT : 8/10
+ : Grand choix de pulls coton

•Quai des Marques — 395, av. du Général-Leclerc — 95130 Franconville •Tél. : 0134139374
•Horaires : mar.-ven. 11h-20h, sam. 10h-20h

De la maille 100 % coton, la marque Ornans, mais aussi Tricot Artisan et Simplement Coton. Gros pulls 225 F, pantalons 249 F, tee-shirts et débardeurs aux jolis décolletés. Accueil agréable, bonne circulation, cabines d'essayage confortables, lumière plaisante. La marque Ornans est également vendue dans les grands magasins.

MODULO

Jupes, robes, ensembles, blousons, chemisiers, maillots, tee-shirts, accessoires

Q/P : 9/10 •ASSORTIMENT : 7/10
+ : Les couleurs Kenzo
− : Articles ni repris ni échangés

•Quai des Marques — 395, av. du Général-Leclerc — 95130 Franconville •Tél. : 0134139374
•Horaires : mar.-ven. 11h-20h, sam. 10h-20h

Magasin de déstockage accessible uniquement en voiture. Kenzo à -40 et -50 % sur collections précédentes. Couleurs chatoyantes, très Kenzo. Boutique accueillante, claire, modèles bien présentés, cabines confortables. Blousons à fleurs 400 F, vestes écossaises 600 F, maillots à partir de 200 F, chemisiers imprimés à partir de 250 F. Réfléchissez avant d'acheter, les articles ne sont ni repris, ni échangés, ni remboursés.

SHIBANI

Maille : pulls, polos, sweats, vestes, jupes

Q/P : 7/10 •ASSORTIMENT : 6/10
+ : Superbes modèles très bien présentés

•Quai des Marques — 395, av. du Général Leclerc — 95130 Franconville •Tél. : 0134139374
•Horaires : mar.-ven. 11h-20h, sam. 10h-20h

Shibani est un tricoteur et fait de la maille. Si vous cherchez un pull douillet, une veste spéciale cocooning, du pur coton, pure laine ou pur cachemire, c'est ici qu'il faut aller car vous bénéficierez de -30 à -40 % sur les collections en cours. Jacquards 275 F, vestes style St. James 495 F, polos rugby pour hommes 189 F. Notre coup de cœur : superbes chinés laine et fil bordés côtes écrus à 235 F. Boutique agréable, accueil sympathique. L'on vous conseille et vous informe sur les matières, l'entretien, la fabrication.

SR STORE

Robes, tailleurs, impers, pulls, jupes,   Q/P : 9/10 •ASSORTIMENT : 7/10
shorts, bermudas, accessoires   ✚ : Le charme de la boutique

•Quai des Marques — 395, av. du Général-Leclerc — 95130 Franconville •Tél. : 0134139374
•Horaires : mar.-ven. 11h-20h, sam. 10h-20h

Sonia Rykiel (la mère) et la fille (marque : inscription Rykiel). L'une intemporelle, l'autre plus branchée, plus jeune, meilleur marché. Un vrai charme opère dans cette boutique en harmonie avec les modèles proposés. De "vrais prix", -60 % sur collections précédentes, qui mettent les tailleurs à 1575 F (4500 F en boutique), les costumes à 1860 F (4650 F en boutique), la robe enfant impression marguerite (superbe) à 220 F. Ravissantes collections enfants, nouveau rayon homme prometteur.

STOCK A

Tailleurs, pantalons, chemises, jupes,   Q/P : 8/10 •ASSORTIMENT : 7/10
pulls femme   ✚ : Les promotions

•Quai des marques — 395, av. du Général-Leclerc — 95130 Franconville •Tél. : 0134139374
•Horaires : mar.-ven. 11h-20h, sam. 10h-20h

Nous entrons dans l'antre Antonelle. Cette marque s'est fait remarquer en vendant de jolis chemisiers brodés et chics, ici à -50 %. Intéressantes promotions : 200 F les 2. Intéressants aussi les tailleurs de 650 à 700 F, et de superbes chemises en lin à 269 F. Une surprise : en hiver, les tailles vont jusqu'au 48, en été il faut maigrir, les modèles ne dépassent pas le 46!

STOCK DANIEL HECHTER

Pulls, robes, tailleurs, jupes, pantalons,   Q/P : 7/10 •ASSORTIMENT : 9/10
costumes, sweats homme et femme   ✚ : Stock important

•Quai des marques — 395, av. du Général-Leclerc — 95130 Franconville •Tél. : 0134139374
•Horaires : mar.-ven. 11h-20h, sam. 10h-20h

C'est très grand (500 m²), très fourni (stock important), moins cher (30 à 50 %) qu'en boutique, on peut y aller en famille (chacun dans son espace, homme, femme, enfant), et se retrouver à la sortie pour comparer ses achats. Sweat enfant 135 F, tailleur femme 990 F, parka homme 1490 F. La boutique manque un peu de charme.

SURABAYA

Vestes, robes, manteaux, tailleurs,   Q/P : 7/10 •ASSORTIMENT : 6/10
jupes   ✚ : Adresse idéale pour mariage et cérémonie

•Quai des Marques — 395, av. du Général-Leclerc — 95130 Franconville •Tél. : 0134139374
•Horaires : mar.-ven. 11h-20h, sam. 10h-20h

Vous avez un mariage en vue? Une cérémonie? Vous voulez une tenue chic, aux couleurs et imprimés originaux? Vous ne faites pas plus de 44? Vous voulez payer moins cher (20 à 30 %) les modèles de l'année? Allez chez Surabaya. Petites robes fleuries dans divers coloris avec manteaux assortis (699 F et 1199 F), robes sans manches 399 F, vestes en lin laqué 1049 F. On vous remarquera en tenue Surabaya.

TRICOBEL

Robes longues et courtes, jupes, pulls   Q/P : 6/10 •ASSORTIMENT : 7/10
chemisiers   ✚ : Prix babas
      ▬ : Un peu "cheap" et difficile d'accès

•Quai des Marques — 395, av. du Général-Leclerc — 95130 Franconville •Tél. : 0134139374
•Horaires : mar.-ven. 11h-20, sam. 10h-20h

Nous avons trouvé la caverne d'Ali Baba. Sur près de 200 m², 2 boutiques Tricobel se jouxtent. L'une propose des robes à partir de 50 F style "hippy-baba cool", c'est tout fouillis, plein de marchandises, très coloré, entre la fripe et la robe sympa-à-porter-une-ou-deux-fois. Accueil sympathique. À côté, c'est un peu mieux rangé, plus clean, plus classique. Les matières sont fluides, ensembles à 300 F. Petites cabines d'essayage. Un endroit amusant et très peu cher : de 30 à 50 % de remise sur les prix boutique.

Scalp

Tailleurs, vestes, robes, jupes, chemisiers, hauts… On entre, on aime. D'abord la boutique, 120 m² très agréablement agencés, avec des prix très visibles, des vêtements bien rangés dans de petites cabines, un coin des affaires bien indiqué. Ensuite, les modèles signés Weill. Pour tous les goûts, tous les âges, toutes les tailles. Jusqu'au 46, chemisier en soie 399 F. À notre passage, un très bel ensemble veste-pantalon bleu azur à 749 F.

- *SCALP* : 188, av. du Maine — 75014 Paris — Tél. : 0145404493
- *SCALP* : •102, rue St-Charles — 75015 Paris — Tél. : 0145771309
- *SCALP* : 12, bd de Charonne — 75020 Paris — Tél. : 0143731085
- *SCALP* : av. de la Voulzie — 77160 Provins — Tél. : 0160676999
- *SCALP* : Quai des Marques — 395, av. du Général-Leclerc — 95130 Franconville — Tél. : 0134139374
- *SCALP* : ZI Paris Nord II — 95500 Gonesse — Tél. : 0148632072

TRICOMER

Maille : vestes, polos, marinières, jupes, ensembles homme et femme	Q/P : 7/10 •ASSORTIMENT : 7/10 ✦ : Très grandes tailles

•Quai des Marques — 395, av. du Général-Leclerc — 95130 Franconville •Tél. : 0134139374
•Horaires : mar.-ven. 11h-20h, sam. 10h-20h

Tout est grand : la boutique (217 m²) et les tailles (jusqu'au 52 pour les femmes et jusqu'au n° 12 pour les hommes, ce qui semblerait correspondre à un XXXL!). En laine, c'est facile à porter. Vestes en laine 609 F, jupes jersey 285 F, polos rugby 295 F. De 30 à 40 % de remise. Idéal pour une tenue de campagne ou de ville décontractée. Ne venez pas un jour d'affluence, il n'y a qu'une seule cabine d'essayage.

WEINBERG

Tailleurs, pantalons, jupes, chemisiers, robes, hauts, vestes femme	Q/P : 8/10 •ASSORTIMENT : 7/10 ✦ : Jolis modèles pour femmes fortes

•Quai des Marques — 395, av. du Général-Leclerc — 95130 Franconville •Tél. : 0134139374
•Horaires : mar.-ven. 11h-20h, sam. 10h-20h

Vous avez grossi et vous êtes désespérée? Courez voir Weinberg. Sur 240 m², et jusqu'au 52, on vous conseillera et vous guidera vers des tailleurs à 690 F, des robes microfibres à 490 F, des jupes à 420 F. Espace clair et confortable.

WESTERN PACIFIC

Pantalons, blousons, sweaters, chemises, chaussures homme, femme, enfant	Q/P : 7/10 •ASSORTIMENT : 9/10 ✦ : Le choix ▬ : Fouillis

•Quai des Marques — 395, av. du Général-Leclerc — 95130 Franconville •Tél. : 0134139374
•Horaires : mar.-ven. 11h-20h, sam. 10h-20h

Ce stock américain (accessible uniquement en voiture) n'est pas un magasin d'usine mais les prix sont corrects. Pantalons "Arny" 150 F, sweaters, pantalons, vestes Timberland, Schott, Levis, chaussures trappeurs 399 F. Ambiance très western, boutique en bois et très haute de plafond. On s'attend à rencontrer Lucky Luke, les ados adoreront.

KIABI

Vestes, parkas, pantalons, jupes, robes, chemisiers, polos, tee-shirts

Q/P : 9/10 •ASSORTIMENT : 9/10
+ : Les services offerts

•130, av. de la Plaine — ZAC Paris-Nord II — 95500 Gonesse •Tél. : 0149381555 •Horaires : lun.-sam. 10h-20h

Vous ne connaissez pas Kiabi? Alors, découvrez ces deux magasins côte à côte de toute urgence : l'un pour l'enfant, l'autre pour l'adulte. Leur slogan, "La mode à petits prix", dit tout : c'est mode et pas cher. Robes à moins de 100 F, tee-shirts à moins de 30 F, formes et couleurs sympas pour une mode de tous les jours. Et en plus, des services attractifs : retouches gratuites, articles échangés ou remboursés, paiement en 3 fois pour 1000 F d'achats.

AIGLE

Chemises, sweaters, blousons, parkas, chaussures, bottes, cirés, coupe-vent

Q/P : 8/10 •ASSORTIMENT : 8/10
+ : Les horaires d'ouverture

•Usines Center — ZI Paris Nord II — 95700 Roissy •Tél. : 0148637613 • — fax : 0148637620
•Horaires : lun.-ven. 11h-19h, sam.-dim. 10h-20h

Fins de séries ou 2e choix, tous les classiques de la marque entre -30 et -40 %. Dans ce vaste magasin, vous n'aurez que l'embarras du choix pour trouver la tenue la mieux adaptée pour votre activité favorite, au meilleur prix. Chaussures à partir de 250 F, blousons en goretex 780 F, coupe-vent à partir de 280 F. Essayage confortable. Arrivages fréquents. Venir de préférence en milieu de semaine.

BRICE

Blousons, vestes, chemises, costumes, pantalons homme

Q/P : 7/10 •ASSORTIMENT : 6/10
+ : Prix intéressants

•Usine Center — ZI Paris-Nord II — 95700 Roissy •Tél. : 0148632072 •Horaires : lun.-dim. 10h-19h, sam. 10h-20h

Boutique très agréable, cabines spacieuses et prix intéressants : blousons 299 F, chemises 59 F (100 F les 2), pantalons 179 F, vestes à 499 F… Les hommes auront le sourire.

COOKIES

Robes, tailleurs, jupes, pantalons, chemisiers

Q/P : 7/10 •ASSORTIMENT : 7/10
+ : Grandes tailles

•Usine Center — ZI Paris-Nord II — 95700 Roissy •Tél. : 0148632072 •Horaires : lun.-ven. 10h-20h

Toute petite surface valorisée par un jeu de glaces, vêtements présentés sur cintres, grandes tailles et beaucoup de motifs fleuris, entrecoupés d'un rayon noir et blanc plus sobre. 4 cabines d'essayage très agréables. Du 34 au 44, on casse les prix. Pulls à côtes : 45 F, ensembles tailleurs à 329 F.

GRIFFON FRÈRES

Tailleurs, ensembles pantalons, robes, jupes, chemisiers

Q/P : 8/10 •ASSORTIMENT : 7/10
+ : Grandes tailles

•Usines Center — ZI Paris Nord II — 95700 Roissy •Tél. : 0148632072 •Horaires : lun.-ven. 10h-20h

Du Griffon taillé jusqu'au 60! Bonnes coupes et tissus colorés, quelques très jolies créations : ensemble habillé noir pantalon + chemisier + veste très bien coupé à 979 F. Cabines confortables, éclairage reposant, certains modèles un peu chers mais il est rare de trouver des articles aussi sympas dans des grandes tailles. Décoration anodine.

LEXINGTON

Chemises, pantalons, vestes, jeans,   Q/P : 8/10 •ASSORTIMENT : 7/10
chaussures homme   ✚ : Les petits prix

•Usine Center — ZI Paris Nord II — 95700 Roissy •Tél. : 0148632072 •Horaires : lun.-ven. 10h-20h

Ce fabricant propose des chemises à manches longues à 185 F et des chemises à manches courtes à 150 F. Également des pantalons à partir de 595 F, des vestes à partir de 699 F. C'est 40 % moins cher que dans les magasins. Accueil fort chaleureux et cabines agréables.

LINE B

Tailleurs, ensembles, pantalons, robes,   Q/P : 7/10 •ASSORTIMENT : 7/10
imperméables, chemisiers   ✚ : Grandes tailles

•Usines Center — ZI Paris Nord II — 95700 Roissy •Tél. : 0148632072 •Horaires : lun.-ven. 10h-20h

Ce fabricant habille les femmes jusqu'au 54. Tissus très fleuris, beaucoup de choix, boutique confortable et claire. Cabines agréables. Ensembles pantalons-vestes à 389 F, tailleurs doublés 8 coloris du 44 au 50 à 289 F, imperméables à 3091 F. Une petite boutique qui mérite d'être découverte.

MASCULIN DIRECT

Vestes, pantalons, costumes, chemises   Q/P : 7/10 •ASSORTIMENT : 8/10
homme   ✚ : Marques à prix abordables

•Usine Center — ZI Paris Nord II — 95700 Roissy •Tél. : 0148632072 •Horaires : lun.-ven. 10h-20h

200 m² consacrés à l'homme. Clair, agréable, style boutique, cabines confortables pour des vêtements signés principalement Georges Rech et Status. -40 et -50 % sur les collections précédentes. Présentation sur cintres. Prix d'origine indiqué. Costumes 1295 F au lieu de 1690 F, vestes Georges Rech 995 F, chemises à partir de 175 F.

SIMILAIRE

Tailleurs, chemisiers, robes, jupes   Q/P : 7/10 •ASSORTIMENT : 8/10
                                                   ✚ : Les lots

•Usines Center — ZI Paris Nord II — 95700 Roissy •Tél. : 0148632072 •Horaires : lun.-ven. 10h-20h

Du 36 au 46, les femmes sont habillées avec originalité dans ce magasin. Boutique agréable à visiter, coin affaires attractif et prix doux : tailleurs à 299 F, jupes à 199 F. De 10 à 40 % de réduction sur l'ancienne collection et des promos toute l'année. À visiter souvent car des lots de dégriffés de grandes marques arrivent régulièrement.

SPORT OPÉRATOR

Survêtements, joggings, coupe-vent,   Q/P : 7/10 •ASSORTIMENT : 7/10
chemises, pulls, tee-shirts   ✚ : Marques sportives

•Usines Center — ZI Paris Nord II — 95700 Roissy •Tél. : 0148632072 •Horaires : lun.-ven. 10h-19h, sam.-dim. 10h-20h

Déstockages d'usine, vêtements et chaussures de sport vendus à moitié prix dans cette boutique où toutes les marques sportives sont représentées. Chaussures Nike ou Adidas 249 F, tee-shirts Nike 69 F, survêtement Adidas 279 F. Lieu clair, agréable, circulation aisée. On peut faire son shopping en footing dans ces 150 m² consacrés au sport.

STOCK J

Robes, pantalons, salopettes, jupes,   Q/P : 7/10 •ASSORTIMENT : 8/10
tailleurs, chemisiers   ✚ : Tenues sympas à bas prix

•Usines Center — ZI Paris Nord II — 95700 Roissy •Tél. : 0148632072 •Horaires : Lun.-ven. 10h-20h

Une seule marque, Jennifer, pour cette boutique très claire, toute en longueur. Une clientèle jeune et branchée, des modèles courts et cintrés, des coupes sympas et des décolletés… On peut trouver une tenue à moins de 200 F.

SWEAT POSITION

Sweats, joggings, polos, tee-shirts,
chemises, coupe-vent, pulls

Q/P : 7/10 •ASSORTIMENT : 7/10
+ : Les prix

•Usines Center — ZI Paris Nord II — 95700 Roissy •Tél. : 0148632072 •Horaires : lun.-ven. 10h-19h, sam.-dim. 10h-20h

Encore un lieu où le sport est roi, dans ce magasin d'usine où Ethnic, Camps, Best Montana… se partagent les rayons. -40 % sur des vêtements pour tous ; sweats 239 F, jogging 6 ans 139 F, polo homme 50 F. Boutique sans histoire pour prix sans surprise.

WESTERN PACIFIC

Jeans hommes et enfants, parkas,
chaussures

Q/P : 7/10 •ASSORTIMENT : 7/10
+ : Le choix

•Usine center — ZI Paris Nord II — 95700 Roissy •Tél. : 0148632072 •Horaires : lun.-ven. 10h-20h

Une boutique ambiance western, tout en bois, du parquet jusqu'au plafond pour des jeans hommes et enfants. Jeans Crosby à 159 F, sweats Schott à 279 F, parkas polaires à 1090 F, Levi's 501 à 449 F. Des chaussures aussi : trappeur à 399 F, bottes mexicaines à 499 F.

Marques Avenue — Troyes

Avec ses 60 magasins sur 5 bâtiments, Marques Avenue est le plus grand centre de magasins d'usine d'Europe. Pour écouler leurs surstocks (prototypes, fins de série, commandes annulées, invendus…), les fabricants ont créé des magasins reconnaissables au label "véritable magasin d'usine" apposé en vitrine. À l'entrée, une fiche signalétique est présentée avec toutes les informations utiles. Parking gratuit de 1 000 places. Parmi les services proposés : sandwicherie, restaurant, nurserie, espaces jeux, distributeurs automatiques de billets. Depuis peu, des guides d'accueil vous facilitent la vie. Vous les reconnaîtrez à leurs tenues spécifiques. N'hésitez pas à vous adresser à eux car le site est immense. Enfin, la SNCF propose chaque fin de semaine des forfaits achat-découvertes. Renseignez-vous auprès de votre gare.

Internet : www, marquesavenue. com

• *MARQUES AVENUE* : 114, bd de Dijon — 11000 Troyes/St-Julien — Tél. : 0325820072 — Lundi : 14 h-19h. Mardi/vendredi : 10h-19h. Sam. 9h30-19h

• *MARQUES AVENUE MAISON* : 230, fg Croncels — 11000 Troyes

Fripes, occasions

PARIS 2ᵉ

AU TROC MONTORGUEIL

Vêtements femme mode, bijoux, sacs,
chaussures, foulards, chapeaux

Q/P : 9/10 •ASSORTIMENT : 9/10
+ : Marques courantes

•34, rue St-Sauveur — 75002 Paris •Tél. : 0140130848 •Horaires : mar.-sam. 11h-19h30 •Métro : Sentier •Bus : 20, 39

Des vêtements pour femme, d'un style très mode. Dans ce dépôt-vente, on fait rarement de grandes marques, mais uniquement des produits de qualité : Agnès B, Plein Sud, Capucine Puerari, Prada, Miu-Miu… Vêtements classés par tailles et par couleurs.

Le moins cher de la fripe

Le quartier des Halles offre un important choix de boutiques branchées, très bon marché. Certes, les puces de la porte de Clignancourt demeurent un RDV incontournable. Mais le centre de Paris offre un confort d'achat qui en fait un secteur privilégié pour les jeunes. Voici une sélection des boutiques les plus tendance.

- DILIDAM : 127, rue St-Denis — 75001 Paris — Tél. : 01 42 33 92 65
- RAG : 83-85, rue St-Martin — 75004 Paris — Tél. : 01 48 87 34 64
- LE CAILLOU BLANC : 1, rue Tiron — 75004 Paris — Tél. : 01 42 77 69 95
- CASABLANCA : 17, rue Moret — 75011 Paris — Tél. : 01 43 57 10 12
- EMMAÜS : 54, rue de Charonne — 75012 Paris — Tél. : 01 48 07 02 28
- EMMAÜS : 105, bd Davout — 75020 Paris — Tél. : 01 46 59 13 06
- EMMAÜS : 11, av. Joffre — 94160 St-Mandé — Tél. : 01 43 65 26 69

KILIWATCH

Fripes hommes et femmes Q/P : 8/10 •ASSORTIMENT : 9/10
✚ : Ampleur du choix

•64, rue Tiquetonne — 75002 Paris •Tél. : 01 42 21 17 37 •Horaires : lun. 13h-19h, mar.-jeu.-ven. 10h30-19h30, mer.-sam. 10h30-19h30 •Métro : Les Halles, Étienne-Marcel •Bus : 29, 38, 85

Un superbe entrepôt entièrement dévoué à la fripe des années 60-70. Vêtements de qualité, ayant tous reçu le label Kiliwatch, à des prix défiant toute concurrence. Jupes collégienne type Sheila 180 F, chemises Tahiti 180 F, vestes combat 550 F. Beaucoup de lurex 160 F, de macramé : robes 500 F. Rayon de survêtements à partir de 160 F. Décor style fabrique et fond musical signé Björk. Essayage pas trop confortable, grand choix de tailles et de coloris.

PARIS 4ᵉ

ALTERNATIVES

Vestes, blazers, robes, chemisiers, Q/P : 9/10 •ASSORTIMENT : 8/10
jupes, pantalons, chaussures ✚ : Variété des griffes proposées

•18, rue du Roi-de-Sicile — 75004 Paris •Tél. : 01 42 78 31 50 •Horaires : mar.-sam. 11h-13h, 14h30-19h •Métro : St-Paul •Bus : 29, 50, 70, 72, 74, 76

Articles en dépôt-vente ou fins de collection de presse. Tout ce que la mode offre de mieux : robe blanche très dépouillée de Martin Margiela 550 F, chemisier en soie Gucci 550 F, mocassins Prada 450 F, veste Joseph façon Poulain 800 F, blazer Ralph Lauren 550 F. Belle sélection pour hommes. Modèles en exemplaires uniques mais beaucoup de 38-40.

PARIS 6ᵉ

CHERCHEMINIPPES

Pantalons, manteaux, vestes, Q/P : 7/10 •ASSORTIMENT : 8/10
chemises, tee-shirts, pulls homme ✚ : L'ampleur du choix

•102, rue du Cherche-Midi — 75006 Paris •Tél. : 01 45 44 97 96 •Horaires : lun.-sam. 10h30-19h •Métro : Duroc •Bus : 70, 87, 92

•109, rue du Cherche-Midi — 75006 Paris •Tél. : 01 42 22 45 23 •Horaires : lun.-sam. 10h30-19h •Métro : Duroc •Bus : 70, 87, 92

•111, rue du Cherche-Midi — 75006 Paris •Tél. : 01 42 22 53 76 •Horaires : lun.-sam. 10h30-19h •Métro : Duroc •Bus : 70, 87, 92

Superbe dépôt-vente, grand, spacieux, lumineux. Vêtements impeccablement rangés par tailles et coloris; provenance clairement indiquée ainsi que le prix. Veste St-Laurent 750 F, ensemble Tehen 400 F, pantalon Kenzo 300 F. Au fond du magasin (une enfilade de petites pièces), le coin des dégriffés et soldes à prix bradés. Ensemble maille Dikton's 750 F, maillots de bain grandes marques à partir de 200 F. Grand choix de tailles du 36 au 42, cabines d'essayage impeccables, accueil charmant. La référence dans le domaine du dépôt-vente pour le quartier.

CHLOROPHYLLE

Robes, pantalons, chemisiers, vestes, tailleurs, chaussures, ceintures, sacs	Q/P : 7/10 •ASSORTIMENT : 7/10 ✛ : Sélection et qualité des modèles ▬ : Boutique minuscule et accueil déplorable

•2, rue du Sabot — 75006 Paris •Tél. : 0145440244 •Horaires : lun.-ven. 10h-19h •Métro : St-Sulpice •Bus : 48, 66, 84, 63

Pour les amoureux de belles griffes, une adresse à garder. Boutique minuscule, accueil pas toujours aimable (parfois franchement méprisant, dommage!), mais modèles choisis avec soin, dans un état quasi neuf. Sac matelassé Chanel 4500 F, chaussures Sonia Rykiel 600 F, veste Chanel 6000 F, ceinture Hermès 3000 F. Magasin un peu sombre, essayage confortable. Mieux vaut venir avec l'intention d'acheter. Prix élevés. Beau rayon maroquinerie. Munissez-vous d'un plan pour trouver la boutique.

L'EMBELLIE

Pantalons, jupes, robes, chemisiers, tailleurs, gilets, vestes, doudounes, pulls	Q/P : 8/10 •ASSORTIMENT : 7/10 ✛ : Ambiance chaleureuse ▬ : Prix un peu élevés

•2, rue du Regard — 75006 Paris •Tél. : 0145482982 • Horaires : lun.-sam. 12h-19h, mar.-ven. 10h30-19h •Métro : St-Placide •Bus : 39, 63, 70, 94

Une ambiance délicieusement provinciale, avec une fenêtre donnant sur une cour intérieure. Boutique chaleureuse, belle sélection de vêtements de couturiers et de créateurs : vestes Kenzo 550 F, chaussures Philippe Model 450 F, carré Hermès 750 F, ceintures Chanel 1 200 F. Malheureusement, la plupart des modèles sont en exemplaire unique. Beaucoup de 38-40. Bon accueil. À noter : la boutique vient chercher vos vêtements à domicile.

PLACE DU TROC

Robes, vestes, pantalons, jupes, manteaux, chemisiers, pulls	Q/P : 8/10 •ASSORTIMENT : 7/10 ✛ : Rayon habillé

•90, rue de Vaugirard — 75006 Paris •Tél. : 0145443776 •Horaires : lun.-sam. 10h30-13h30, 14h30-18h30 •Métro : St-Placide •Bus : 39, 63, 70, 94

Dans un décor d'allure bourgeoise sur deux niveaux, une belle sélection de vêtements élégants plutôt réservés aux femmes chics et classiques. Robes Guy Laroche à partir de 1 200 F, tailleurs Ungaro 1 800 F. Important rayon habillé et nombreux accessoires. Choix de tailles limité (quelques 46). Magasin un peu sombre, essayage confortable.

PARIS 10ᵉ

JUPON ROUGE

Pulls, chemisiers, robes, jupes, pantalons, vestes, imperméables, gilets, sacs	Q/P : 8/10 •ASSORTIMENT : 7/10 ✛ : Ambiance de la boutique

•19, rue de Rochechouart — 75010 Paris •Tél. : 0153219376 •Horaires : lun.-sam. 10h30-19h30 •Métro : Cadet •Bus : 26, 42, 48, 49

Une formule originale : moitié fin de série, moitié dépôt-vente. Articles rangés par styles et couleurs, sans distinction d'origine. Grande variété de marques : Agnès B, Irié, Vertigo, et petits prix. Jupes 200 F, pulls 150 F, vestes 300 F. Ambiance cosy. On essaye devant une grande psyché.

FRING'HALLES

Chemisiers, pulls, gilets, vestes, manteaux, robes, pantalons, jupes, bijoux	Q/P : 6/10 •ASSORTIMENT : 6/10 **+** : Climat très ésotérique **—** : Peu d'articles intéressants

•49, bd St-Marcel — 75013 Paris •Tél. : 0147071983 • Fax : 0147078050 •Horaires : lun.-ven. 10h30-13h, 14h-19h, sam. 10h30-12h, 14h30-19h •Métro : Gobelins •Bus : 47, 67

La boutique vaut vraiment le détour pour les amateurs d'ambiances insolites. Plus qu'un simple dépôt-vente, un lieu d'échange. Une courte sélection de vêtements mis en dépôt par des clientes amies. Peu d'articles intéressants, beaucoup de "nanars". Pulls 250 F environ, jupes 300 F, vestes 500 à 600 F. Du 38 au 44. À noter : un petit rayon de manteaux de fourrure, 3000 F environ, et surtout un beau choix de bijoux couture. Pour les adeptes : librairie ésotérique et consultation de tarots de Marseille. Magasin un peu sombre, essayage confortable, ambiance très relaxante.

HALF & HALF

Vêtements, robes de mariées, bijoux, chaussures, sacs femmes	Q/P : 7/10 •ASSORTIMENT : 8/10 **+** : Beaucoup d'articles

•28, av. des Gobelins — 75013 Paris •Tél. : 0143369115 •Horaires : lun. 15h-19h, mar.-ven. 10h-19h, sam. 10h-13h30, 14h30-19h •Métro : Gobelins •Bus : 47, 67

La vitrine annonce des noms de couturiers prestigieux, on est un peu déçu quand on rentre. Teenflo, Kookaï, Morgan plus présents que Chanel, Kenzo ou Sonia Rykiel. Vestes Plein Sud 450 F, tailleurs Weinberg, Paul Mausner 595 F (tailles jusqu'au 44), tailleurs Zapa 750 F. Grand choix de chemisiers et de petits hauts, ainsi que de robes de mariées. Bijoux à prix sympas. Magasin confortable, ambiance cosy. Beaucoup de 38-40.

TROC MODE

Jupes, vestes, pantalons, impers, robes, manteaux, parkas, tailleurs, chemisiers	Q/P : 8/10 •ASSORTIMENT : 8/10 **+** : Emplacement

•230, av. du Maine — 75014 Paris •Tél. : 0145404593 •Horaires : mar.-sam. 10h30-19h •Métro : Alésia •Bus : 38, 68

Bien située, juste à la sortie du métro, une adresse facile d'accès à garder. La boutique offre le meilleur de ses griffes en vitrine, tailleurs Rykiel 2200 F, vestes boléro Lacroix 880 F, ensembles Bazar de Lacroix 1100 F, robes Électre 660 F. À l'intérieur, grand choix de vêtements toutes griffes, à tous les prix. À vous de faire votre sélection. Magasin dépouillé, clair, essayage confortable. Petit rayon de chaussures grandes marques.

BLEU PACIFIC

Manteaux, vestes, pantalons, robes, jupes, chemisiers, sacs, bijoux	Q/P : 8/10 •ASSORTIMENT : 7/10 **+** : Vêtements en bon état

•111, rue St-Charles — 75015 Paris •Tél. : 0145755080 •Horaires : mar.-sam. 10h-14h, 15h-19h •Métro : Charles-Michels •Bus : 42

Sobre mais clair et bien ordonné, ce dépôt-vente propose une belle sélection de vêtements griffés ou non. Robe Capucine Puerari 690 F, saharienne Dejac 450 F, gilet et jupe Apostrophe 250 F + 350 F. Essayage confortable, accueil charmant.

CATHERINE

Tailleurs, vestes, robes, jupes, hauts,
accessoires, bijoux

Q/P : 6/10 •ASSORTIMENT : 6/10
✛ : Vêtements impeccables

•25, rue Desnouettes — 75015 Paris •Tél. : 0142505255 •Horaires : lun.-sam. 15h-19h

Un dépôt-vente classique, où les vêtements (de marque ou non) sont impeccables. Grand choix, du quotidien et du très habillé. Déco un peu rococo. On y déniche des affaires comme des ensembles Sinequanone à 300 F, des tailleurs René Hazan à 390 F, des chemisiers Ronde de Nuit à 120 F.

SYSTEM TROC

Vestes, pantalons, robes, jupes,
tailleurs, manteaux, foulards,
chemisiers

Q/P : 7/10 •ASSORTIMENT : 7/10
✛ : Bonne sélection

•57, place St-Charles — 75015 Paris •Tél. : 0145782954 •Horaires : lun.-sam. 10h-19h •Métro : Charles-Michels •Bus : 42

Magasin à l'ambiance provinciale proposant une bonne sélection de vêtements griffés, neufs ou déjà portés. Veste St-Laurent 600 F, veste Kamosho (neuves) 750 F, tailleur Weinberg 800 F. Beaucoup de classiques. Quelques modèles couture. Grand choix d'accessoires. Essayage correct. À côté, au 59 rue St-Charles, la boutique hommes propose des costumes Cerruti à 1400 F.

TROC ÈVE

Vestes, robes, pantalons, jupes,
chemisiers, bibelots, accessoires,
bijoux

Q/P : 7/10 •ASSORTIMENT : 7/10
✛ : Diversité

•25, rue Violet — 75015 Paris •Tél. : 0145793836 •Horaires : mar.-sam. 9h-18h45 •Métro : Émile-Zola •Bus : 70

Dépôt-vente et brocante chez Troc Ève, où s'amoncellent bijoux, argenterie et vêtements griffés pour femmes branchées ou plus classiques. Vêtements neufs ou très peu portés, conseils et accueil chaleureux de Mme Troc Ève, qui connaît sa clientèle. Jeans Les Copains 350 F, tailleurs Électre et Thierry Mugler 525 F.

PARIS 16e

DÉPOSITIF

Vestes, robes, jupes, chemisiers,
pantalons, chaussures, accessoires
femme

Q/P : 7/10 •ASSORTIMENT : 8/10
✛ : Vêtements d'excellente qualité

•28, bd Exelmans — 75116 Paris •Tél. : 0140508889 •Horaires : lun.-sam. 10h-19h •Métro : Exelmans •Bus : 22, 72

Un dépôt-vente fort agréable où l'on veut habiller les maigres (34) comme les rondes (56), et où l'on propose à toutes beaucoup de choix. On accueille tout le monde avec le sourire, dans une vraie boutique rouge, propre, claire. Vêtements tous d'excellente qualité, et même grands couturiers représentés : Dior, Hermès, Céline… On peut aussi trouver une petite robe à 250 F. Simplicité, bon goût et savoir-faire.

DÉPOSITIF HOMMES

Vestes, costumes, pantalons, chemises,
polos homme

Q/P : 7/10 •ASSORTIMENT : 7/10
✛ : Le classicisme

•96, rue Chardon-Lagache — 75016 Paris •Tél. : 0140503202 •Horaires : mar.-sam. 10h30-13h30, 15h-19h30 •Métro : Chardon-Lagache •Bus : 32, 52, 72

Ce nouveau dépôt-vente masculin, ouvert depuis peu, s'offre un look tout neuf pour la rentrée et ouvre ses portes aux modèles d'un classicisme indémodable et aux valeurs sûres : Kenzo, Mudler, R. Lauren, Cerruti, Dior. Costumes à partir de 800 F, vestes à partir de 190 F, chemises à partir de 150 F. À découvrir.

DÉPÔT-VENTE DE PASSY

Vestes, jupes, robes femme
Vestes, pantalons, costumes homme

Q/P : 7/10 •ASSORTIMENT : 7/10
✚ : Jolis tissus

•14-16, rue de La Tour — 75016 Paris •Tél. : 0145209521 •Horaires : lun. 14h-19h, mar.-sam. 10h-19h •Métro : Passy •Bus : 32

•25, rue de La Tour — 75016 Paris •Tél. : 0145271146 •Horaires : lun. 14h-19h, mar.-sam. 10h-19h •Métro : Passy •Bus : 32

Que de marques pour ce dépôt-vente de 60 m² très chic et impeccable : Chanel, Armani, Alaïa, Moschino. Prix attirants (robe St-Laurent 800 F, veste Georges Rech 1 600 F), boutique spacieuse, cabines ultra confortables. Tout est présenté sur cintres comme dans une boutique. Le dépôt-vente homme est au 25, rue de La Tour.

FABIENNE

Costumes, chemises, pantalons,
accessoires, chaussures, cravates

Q/P : 7/10 •ASSORTIMENT : 7/10
✚ : Jolis tissus

•77 bis, rue Boileau — 75016 Paris •Tél. : 0145256426 •Horaires : mar.-sam. 10h-13h30, 14h30-19h30 •Métro : Michel-Ange-Molitor, Exelmans •Bus : 22, 72

De toute évidence, les vendeuses de chez Fabienne connaissent leurs clients, des habitués qui viennent et reviennent. Dépôt-vente pour hommes, du classique, de la qualité, des marques : Cerruti, Torrento, Dior… et des prix intéressants : costume marine tissus Cerruti 850 F, chemise M./L. de 90 à 280 F, pantalons de 130 à 250 F. Une boutique un peu triste mais sécurisante pour les hommes qui aiment leurs habitudes.

LE DÉPÔT D'ANGÉLIQUE

Tailleurs, robes, jupes, chemisiers,
pantalons, chemises, accessoires

Q/P : 7/10 •ASSORTIMENT : 7/10
✚ : Bonne sélection de vêtements

•104, rue de Boileau — 75016 Paris •Tél. : 0142883212 •Horaires : mar.-sam. 10h-13h, 15h-19h •Métro : Michel-Ange-Molitor •Bus : 42, 72

Un bon dépôt-vente avec une ambiance très boutique. Choix, atmosphère reposante et agréable. Tailleurs 750 F, Cerruti 600 F, vestes de 600 à 1 500 F. À notre passage, une superbe robe Christian Lacroix à 1 700 F. Une bonne sélection de vêtements quasi neufs.

LES CAPRICES DE SOPHIE

Robes, vestes, jupes, pantalons,
chemisiers, chemises, accessoires

Q/P : 7/10 •ASSORTIMENT : 8/10
✚ : Jolies coupes

•24, av. Mozart — 75016 Paris •Tél. : 0145256302 •Horaires : lun. 10h-13h, 14h-19h, mar.-sam. 9h30-13h, 14h-19h •Métro : La Muette •Bus : 22, 32, 52

Sophie nous propose les plus grandes marques : Chanel, G. Rech, Yves St-Laurent, Lacroix, Dior… Dépôt-vente très fourni. Boutique sur jardin, intérieur plus agréable que les vitrines, où tout est un peu fouillis. De très nombreux accessoires de marques et une bonne sélection de petites robes noires pour petites tailles. Vêtements impeccables et bien coupés. Tailleur St-Laurent 1 500 F, foulard Hermès 750 F, robe noire Dior 1 500 F.

L'OCCASERIE

Vestes, robes, jupes, tailleurs,
pantalons, chemisiers, accessoires,
bijoux

Q/P : 7/10 •ASSORTIMENT : 7/10
✚ : Grandes marques

•14, rue Jean-Bologne — 75016 Paris •Tél. : 0145273240 •Horaires : mar.-sam. 11h-19h •Métro : Passy •Bus : 22, 32, 52

•16 et 21, rue de l'Annonciation — 75016 Paris •Tél. : 0145251138 •Horaires : mar.-sam. 11h-19h •Métro : La Muette •Bus : 22, 32, 52

•19, rue de la Pompe — 75016 Paris •Tél. : 0145031799 •Horaires : mar.-sam. 11h-19h •Métro : La Muette •Bus : 22, 32, 52

•30, rue de la Pompe — 75016 Paris •Tél. : 0145031656 •Horaires : mar.-sam. 11h-19h •Métro : La Muette •Bus : 22, 32, 52

5 boutiques "L'Occaserie" pour femmes qui proposent tous des vêtements de grandes marques (beaucoup de Chanel rue Jean-Bologne; un rayon homme en plus au 19, rue de la Pompe). Ambiance boutique sans signe particulier. Pour grands soirs. Grand choix de bijoux Chanel. Vestes à partir de 500 F, robes autour de 800 F, vestes Chanel 2500 F.

NIP'SHOP

Accessoires, chapeaux, tailleurs, Q/P : 8/10 •ASSORTIMENT : 9/10
robes, jupes, chemisiers, pantalons, **+** : Grandes marques à petits prix
pulls

•6, rue Edmond-About — 75016 Paris •Tél. : 0145046619 •Horaires : mar.-ven. 10h30-13h, 14h30-19h, sam. 10h30-13h, 15h-19h •Métro : Rue-de-la-Pompe •Bus : 52

Tout petit endroit pour un des grands dépôts-vente de la capitale. Une clientèle qui vient de partout, de province et même de l'étranger. Des grandes marques à petits prix (tailleurs Givenchy 800 F, Guy Laroche 495 F), un stock énorme un peu difficile d'accès.

PASSY PUCES

Vestes, pantalons, jupes, robes, Q/P : 9/10 •ASSORTIMENT : 8/10
chemisiers, accessoires, bijoux **+** : Accueil et conseil

•6, rue Francis-Millet — 75016 Paris •Tél. : 0145254136 •Horaires : lun.-ven. 10h-19h •Métro : Jasmin, Église-d'Auteuil •Bus : 52

Au niveau du 30, rue La Fontaine, tournez dans cette petite rue cachée. Au 6, attention stop affaires. Passy Puces se niche depuis 25 ans à ce numéro pour vous dénicher les meilleures affaires. Un dépôt-vente qui ne paye pas de mine, mais qui vous propose des trésors. Haut de gamme, griffés ou non, neufs ou quasi neufs, vêtements bien alignés vous attendent à tous les prix. Robes de 200 à 2000 F, tailleurs de 400 à 4000 F. Tout est impeccable, surtout l'accueil et le conseil. Très beaux bijoux Chanel neufs, au quart de leur prix.

RÉCIPROQUE

Vestes, robes, jupes, pantalons, Q/P : 9/10 •ASSORTIMENT : 9/10
chemisiers, pulls, accessoires **+** : Le choix

•89-123, rue de la Pompe — 75116 Paris •Tél. : 0147043028 • — fax : 0147048224 •Horaires : mer.-ven. 11h-19h30, sam. 10h30-19h30 •Métro : Rue-de-la-Pompe •Bus : 32

Ces 800 m² de dépôt-vente (le plus grand de la capitale), consacrés à la mode et aux objets de décoration, sont à découvrir d'urgence. 7 boutiques pour s'habiller, pour tous les budgets, tous les goûts, toutes les occasions, et une boutique d'objets de décoration toute neuve. Nicole Morel mène tout cela de main de maître et avec une gentillesse et un calme qui font sûrement en partie son succès.

PARIS 17e

À VOS MARQUES

Robes, tailleurs, jupes, pulls, Q/P : 7/10 •ASSORTIMENT : 7/10
accessoires de marques **+** : Marques à petits prix

•9, rue Villebois-Mareuil — 75017 Paris •Tél. : 0144097111 •Horaires : lun. 15h-19h, mar.-ven. 11h-19h •Métro : Ternes •Bus : 30, 31, 43

Prêts? Partez à la recherche de vos griffes préférées : Dior, Chanel, Georges Rech…, et payez-les trois fois moins cher. Dans ce dépôt-vente, on vous conseille très gentiment, et si vous n'achetez pas cette fois-ci, tant pis. Tailleur 2700 F (valeur 7000 F), Chanel 6000 F (valeur 18000 F) robe 550 F (valeur 1500 F).

AU GRENIER D'ANGÉLIQUE   N

Robes, jupes, chemisiers, tailleurs, Q/P : 7/10 •ASSORTIMENT : 8/10
chaussures femme, accessoires **+** : Stock important
  = : Petites tailles

•122, bd Péreire — 75017 Paris •Tél. : 0142270692 •Horaires : lun.-ven. 11h15-19h15 •Métro : Péreire •Bus : 84, 92, 93

Depôt-vente pour femmes, vêtements de marques : Chanel, Armani, Valentino, Christian Lacroix, ainsi que de nombreux accessoires : bijoux, foulards et quelques chaussures. Ouverte depuis un an, cette adresse semble circuler de bouche à oreille car le stock est fourni et la boutique animée. On y trouve de l'original et du classique, à des vrais prix de dépôt-vente. Robes à moins de 500 F, tailleurs de 350 à 500 F, foulards Hermès 650 F.

DÉPÔT-VENTE DU 17ᵉ

Tailleurs, robes, costumes, accessoires, bijoux	Q/P : 8/10 •ASSORTIMENT : 6/10
	✦ : Les grandes marques à prix doux

•109, rue de Courcelles — 75017 Paris •Tél. : 0140538082 •Horaires : lun. 14h-19h30, mar.-sam. 10h30-19h30 •Métro : Courcelles •Bus : 30

Nouveau dépôt-vente spacieux (200 m²), les meilleures marques : Chanel, Nina Ricci, Versace, Hermès, Max Mara, Lolita… aux meilleurs prix. Articles tous en parfait état, de la robe très habillée au petit tailleur Chanel facile à porter. Lieu très agréable, joliment éclairé, vêtements tous présentés sur cintres. Coin essayage confortable. L'occasion de porter du "top" à un prix raisonnable. Certains articles grandes tailles contenteront les plus rondes, et ces messieurs trouveront, en sous-sol, des costumes, eux aussi très marqués et très stylés, à partir de 1000 F. Bijoux de marque et nombreux accessoires.

GIROUETTE

Accessoires, bijoux, fourrures, tailleurs, robes, jupes, pantalons, vestes	Q/P : 7/10 •ASSORTIMENT : 8/10
	✦ : Grandes tailles
	▬ : Vêtements ni échangés, ni remboursés

•54, rue des Acacias — 75017 Paris •Tél. : 0147637326 •Horaires : mar.-sam. 11h-19h •Métro : Ternes •Bus : 30, 43, 93

Pour les femmes rondes et très rondes. Il y a du choix, même en 50-52, mais si vous faites du 40, on ne vous mettra pas à la porte. Grandes marques : Chanel, Rinaldi, Thierry Mugler, à moitié prix et moins : tailleurs environ 500 F, tee-shirt Chanel 180 F. Beaucoup d'habituées. Soyez sûres de votre choix, les vêtements ne sont ni échangés, ni remboursés.

GRIFF-TROC

Robes, tailleurs, vestes, jupes, pulls, chemisiers, sacs, accessoires	Q/P : 8/10 •ASSORTIMENT : 9/10
	✦ : Très haut de gamme à -50 %
	▬ : Agencement de la boutique

•17, bd de Courcelles — 75017 Paris •Tél. : 0142258907 •Horaires : lun. 14h-19h, mar.-sam. 10h30-19h •Métro : Villiers •Bus : 53, 94

Du très haut de gamme à -50 % de la valeur réelle. Articles, en parfait état, vendus dans les 3 mois, ou rendus. En poussant la porte (vitrines peu attirantes), vous découvrirez un fouillis qui contraste avec la haute qualité des vêtements. Boutique assez mal agencée, mais on s'y sent plus à l'aise pour aborder Hermès, Dior, Chanel, St-Laurent, Christian Lacroix ou Cerruti. Les prix restent eux aussi "haut de gamme", mais les inconditionnelles apprécieront les chemisiers Hermès à 2900 F (valeur boutique 8000 F), les tailleurs G. Rech à 800 F (valeur boutique 2500 F), les tailleurs Chanel à 4500 F (valeur boutique 9000 F). Beaucoup de choix et d'accessoires, et beaucoup de monde dans cette petite boutique dont on garde l'adresse.

GUERRISOL LUXE

Vestes, pantalons, chemises, impers	Q/P : 7/10 •ASSORTIMENT : 7/10
	✦ : L'originalité des articles

•33, av. de Clichy — 75017 Paris •Tél. : 0153423131 •Horaires : lun.-sam. 9h30-19h •Métro : Place-de-Clichy •Bus : 30, 54, 74, 80, 81, 95

"Luxe", c'est un peu abusif. On vient ici farfouiller en vue de dénicher L'affaire. Très fréquenté par les stylistes, idéal pour le théâtre, le déguisement ou rien que pour le fun…

L'APRÈS-MIDI

Tailleurs, jupes, robes, chemisiers, pantalons

Q/P : 7/10 • ASSORTIMENT : 8/10
+ : La haute couture accessible à tous

•23, rue Brunel — 75017 Paris •Tél. : 0145740025 •Horaires : lun.-ven. 13h30-19h •Métro : Argentine, Porte-Maillot •Bus : 73

Offrez-vous une pause café à L'Après-Midi. Dans ce dépôt-vente, de beaux vêtements, des grandes tailles, des modèles qui sortent de l'ordinaire. Petite boutique sympa où se côtoient Chanel (jupes à 950 F), Lagerfeld (robes à 900 F), Lacroix (tailleurs à 2000 F), Chloé (tailleurs à 950 F)…

STÉPHANE

Imperméables, vestes, costumes, parkas, blousons, chaussures homme

Q/P : 9/10 • ASSORTIMENT : 6/10
+ : Très british

•67, place du Docteur-Félix-Lobligeois — 75017 Paris •Tél. : 0142860014 •Horaires : lun.-mar. 10h-19h, jeu.-sam. 10h-19h •Métro : Rome

Chaussures et vêtements d'occasion pour hommes à moitié prix. Petite boutique rigolote. Vous pouvez ressortir avec une paire de Weston (entre 600 et 1100 F) mais aussi un imperméable Burberry's à 1000 F, une veste Harris en tweed à 550 F ou un costume Dandy à moins de 1500 F. Idéal pour frimer sans se ruiner. Very smart !

TROC MITAINE

Robes, vestes, pulls, tee-shirts, chaussures, accessoires

Q/P : 7/10 • ASSORTIMENT : 7/10
+ : Modèles faciles à porter

•18, rue Pierre-Demours — 75017 Paris •Tél. : 0145746121 •Horaires : mar.-ven. 10h30-19h, sam. 10h30-13h, 15h-19h •Métro : Ternes •Bus : 30, 31

Bon choix pour femmes, neuf et occasion en bon état, beaucoup de petites tailles, du Kenzo, de l'Ungaro, robes taille 38 à 1300 F, de jolies petites robes à moins de 500 F. La boutique a un côté un peu rétro (remarquez les moulures au plafond), les prix ne sont pas trop élevés pour une mode de tous les jours. Facile à vivre. Un magasin qui existe depuis 3 ans et qui semble fidéliser sa clientèle.

TROC-HOM

Costumes, vestes, pantalons, cravates, chaussures, accessoires

Q/P : 7/10 • ASSORTIMENT : 7/10
+ : Charme de la boutique

•4, rue Villebois-Mareuil — 75017 Paris •Tél. : 0145747126 •Horaires : mar.-sam. 11h-19h •Métro : Ternes

Petite boutique pour hommes. Ce dépôt-vente, avec sa cour intérieure et ses tableaux modernes aux murs, a un charme indéniable. On s'y sent bien pour essayer tranquillement des vêtements de marques, ou pas, en excellent état, et jusqu'à 5 fois moins cher que le neuf : costume Gucci 1400 F au lieu de 7000 F prix boutique. Lieu à découvrir au plus vite.

TROCADE

Tailleurs, vestes, jupes, robes, pulls, accessoires, fourrures

Q/P : 8/10 • ASSORTIMENT : 8/10
+ : Beaucoup de choix en petites tailles.

•9, av. de Villiers — 75017 Paris •Tél. : 0142678014 •Horaires : mar.-sam. 10h-19h •Métro : Villiers •Bus : 94

Un des premiers dépôts-vente de Paris, Trocade a pignon sur rue depuis 20 ans. On s'occupe désormais exclusivement des femmes et vous y trouverez les marques Chanel, Ted Lapidus, Thierry Mugler, Christian Lacroix. Bonne disposition, clarté et stock important, les clientes sont des habituées. Beaucoup d'accessoires de marques.

TROCISSIMO

Robes, vestes, tailleurs, pulls, jupes, bijoux, accessoires

Q/P : 6/10 •ASSORTIMENT : 6/10
➕ : Quelques bonnes affaires
➖ : Inégal en qualité

•17, rue Fourcroy — 75017 Paris •Tél. : 0147664099 •Horaires : mar.-sam. 10h30-19h •Métro : Ternes •Bus : 30, 31, 43, 93

Dépôt-vente pour femme, vêtements et accessoires de marques ou non. C'est un peu inégal dans les sélections, mais il y a des nouveautés, comme cette robe de Sonia Rykiel à 260 F lors de notre passage. Il faut fouiller, y retourner, pour tomber sur "la" bonne affaire.

PARIS 18e

DIALOGUE

Vêtements, bijoux et chaussures femmes

Q/P : 9/10 •ASSORTIMENT : 7/10
➕ : Tailleurs
➖ : Inconfort du magasin

•117, rue Caulaincourt — 75018 Paris •Tél. : 0142551171 • Fax : 0142551755 •Horaires : mar.-sam. 10h30-19h30 •Métro : Lamarck, Caulaincourt •Bus : 31, 80, 95

Boutique qui déborde de modèles et vaut vraiment le déplacement même si vous n'habitez pas le quartier. Articles classés par camaïeux de couleurs, ce qui facilite les recherches car le magasin est très petit. Adresse idéale pour celles qui sont à la recherche d'un tailleur plutôt habillé, d'une robe ou d'un chemisier griffés "couture". Tailleur en lycra Irié 850 F, tailleur Mugler à partir de 2 000 F, beaucoup de modèles Escada, Nina Ricci, Saint-Laurent 3000 F environ. Articles souvent en exemplaire unique; tailles les plus fréquentes : 40-42, et quelques 44-46. À noter, un lot de pantalons neufs Gianfranco Ferré grandes tailles à 600 F. Cabine d'essayage peu confortable, et lumière artificielle au fond du magasin. De beaux accessoires, bijoux, chaussures… Accueil discret et efficace.

TUXEDO

Chemises, chemisiers, pulls, vestes, pantalons, manteaux, parkas, gilets

Q/P : 7/10 •ASSORTIMENT : 7/10
➕ : Prix et horaires d'ouverture

•28, rue Yvonne-Le-Tac — 75018 Paris •Tél. : 0142623949 • Fax : 0142626434 •Horaires : 7 J/7 11h-20h •Métro : Abbesses •Bus : 80, 95

Une adresse sympa pour s'habiller branché à petits prix. Arrivages permanents de fripes en bon état et quelques fins de série, surtout pour hommes, sans marque. Salopettes 250 F, tee-shirts 50 F, jeans 300 F. Décor agréable. Recommandé aux jeunes.

PARIS 19e

INTEMPOREL

N

Manteaux, imperméables, vestes, chemisiers, pulls, pantalons, jupes

Q/P : 9/10 •ASSORTIMENT : 7/10
➕ : Mini-prix

•6, rue de la Villette — 75019 Paris •Tél. : 0140038782 •Horaires : mar.-ven. 11h30-13h30, 15h-19h, sam. 15h-19h •Métro : Jourdain, Pyrénées •Bus : 26

Pour les femmes habitant pas trop loin du quartier, une adresse de dépôt-vente agréable pour s'habiller à très petits prix. Magasin sans prétention, clair et spacieux; courte sélection d'articles de style jeune, de marques peu connues, à des prix très étudiés : pantalons 100 F, jupes 100 F, tailleurs 250 F, colliers 60 F, sacs 80 F. Grand choix de petites tailles.

Chaussures

Le moins cher des chaussures

Pour ceux qui l'ignoreraient encore, la chaussure est la spécialité de La Halle aux Chaussures, présentée en vrac ou en boîte. On a l'embarras du choix pour petits et grands. Les modèles sont exclusifs : chaussures pour femmes entre 200 et 400 F, pour hommes à partir de 299 F, pour enfants à moins de 100 F. Les entrepôts sont clairs, fonctionnels et bien agencés. Il est recommandé de venir aux heures creuses si l'on veut essayer dans de bonnes conditions. Arrivages et nouveautés chaque semaine. Outre les prix imbattables, la chaîne propose un certain nombre de services. On peut vous réserver l'article de votre choix pendant une semaine, vous l'échanger ou vous le rembourser pendant 15 jours. Paiement en 2 fois à partir de 1000 F d'achat, offres spéciales pour collectivités. Promotions de -20 à -50 % à certains moments de l'année (Festival de la Taille). À noter que la chaîne vient d'ouvrir sa première boutique à Paris.

• **LA HALLE AUX CHAUSSURES** : 26, rue du Maroc — 75019 Paris — Tél. : 01 40 36 63 27

80 autres magasins en R.P. — Tél. : 0800 10 23 20 — Serveur minitel : 3615 HALLE (1,29 F la min)

PARIS 3ᵉ

ADÉQUAT

N

| Chaussures femme et homme : | Q/P : 8/10 • ASSORTIMENT : 9/10 |
| escarpins, sabots, sandales, mocassins | + : Choix des coloris |

• 10 et 14, rue Meslay — 75003 Paris • Tél. : 01 48 87 55 73 • Fax : 01 48 87 68 77 • Horaires : lun.-sam. 10h-19h • Métro : République • Bus : 20, 56, 65, 75

Vaste boutique lumineuse, aérée et chaleureuse. Modèles classés par styles dans leur boîte d'origine et faciles d'accès. Beaucoup d'articles italiens à partir de 299 F jusqu'à 450 F, nombreux coloris et toutes les tailles. Grand choix d'escarpins et de sabots.

BEAUBOURG 59

| Chaussures femme | Q/P : 8/10 • ASSORTIMENT : 9/10 |
| | + : Qualité des modèles |

• 59, rue Beaubourg — 75003 Paris • Tél. : 01 42 78 40 25 • Horaires : lun.-sam. 11h-19h • Métro : Rambuteau • Bus : 29, 69

Derrière ce nom, se cache le stock Colisée de Sacha et Charles Kammer. Fins de série, prototypes ou soldes de presse dans leurs boîtes d'origine. Grand choix de modèles dans toutes les pointures (on trouve parfois du 41) à partir de 250 F. Arrivages fréquents.

CENTER 51

| Chaussures homme | Q/P : 9/10 • ASSORTIMENT : 9/10 |
| | + : Rapport qualité-prix et choix |

• 51, rue Meslay — 75003 Paris • Tél. : 01 48 87 69 92 • Fax : 01 42 74 01 94 • Horaires : lun.-sam. 9h30-18h30 • Métro : République • Bus : 20, 56, 65, 75

Vaste magasin fonctionnel, un peu sombre. Choix immense de chaussures à prix demi-gros pour hommes. Anglaises tous modèles entre 350 et 850 F. Italiennes à partir de 299 F. Boots entre 499 F et 899 F. Conditions d'essayage correctes, la maison n'accepte pas les chèques.

DINA BRICE

| Chaussures femme et homme, sacs, | Q/P : 9/10 • ASSORTIMENT : 8/10 |
| ceintures | + : Beaucoup d'escarpins |

• 13, rue Meslay — 75003 Paris • Tél. : 01 48 87 58 78 • Fax : 01 42 77 58 09 • Horaires : lun.-sam. 9h30-19h • Métro : République • Bus : 20, 56, 65, 75

Vitrines très étroites peu incitatives. Vaste magasin situé à l'entresol, un peu sombre (surtout le coin pour homme) mais de véritables bonnes affaires : articles signés Charles Jourdan, Séducta, René Caty, Karl Lagerfeld pour femmes à -50 %. Grand choix d'escarpins et de talons acier ou plexiglass dans toutes les tailles, et nombreux coloris à partir de 300 F. Pour les hommes, large choix de modèle Pierre Cardin à 450 F.

J.-P. CHAUSSURES

Chaussures femme et homme :   Q/P : 8/10 •ASSORTIMENT : 8/10
escarpins, mocassins, sabots, sandales   ✚ : Petits prix

•55, rue Meslay — 75003 Paris •Tél. : 0142729292 • Fax : 0142721816 •Horaires : lun.-ven. 10h-19h •Métro : République •Bus : 20, 56, 65, 75

Tous les modèles dernier cri réunis à des prix imbattables : mocassins polyamide marine 280 F, escarpins en promo 1 paire 190 F, 2 paires 300 F. Sacs très tendance tous coloris 220 F. Ne prend pas les chèques et ne reprend pas les articles.

MELBURY

Chaussures femme et homme   Q/P : 8/10 •ASSORTIMENT : 8/10
   ✚ : Chaussures jogging anglaises

•53, rue Meslay — 75003 Paris •Tél. : 0142741614 • Fax : 0148871058 •Horaires : lun.-sam. 9h-18h30 •Métro : République •Bus : 20, 56, 65, 75

Petit magasin au décor soigné, large choix de chaussures à prix réduits (entre -20 et -30 %). Pour femmes : grand choix de chaussures jogging Green, Morgan, Whosh, No One à 495 F. Belle sélection de modèles anglais pour hommes : mocassins semelles cuir 350 F. Super promotion (homme et femme) 1 paire 290 F, 2 paires 400 F. Accueil agréable. Magasin lumineux. Essayage confortable à condition de venir aux heures calmes.

R. MUST   **N**

Chaussures femme et homme :   Q/P : 8/10 •ASSORTIMENT : 8/10
escarpins, mocassins, boots, sandales,   ✚ : Talons hauts
sabots

•25, rue Meslay — 75003 Paris •Tél. : 0148043004 •Horaires : lun.-sam. 10h-19h •Métro : République •Bus : 20, 56, 65, 75

Large sélection de modèles Charles Jourdan et Karl Lagerfeld à -40 % toute l'année. Important choix de tailles et de coloris. Modèles plutôt habillés et talons de 7-8 cm en moyenne. Escarpins Charles Jourdan à partir de 300 F, modèles Karl Lagerfeld à partir de 850 F. Lieu un peu sombre, mais essayage confortable et accueil charmant.

SHOE BIZZ

Chaussures femme   Q/P : 8/10 •ASSORTIMENT : 9/10
   ✚ : Modèles très mode

•25, rue Beaubourg — 75003 Paris •Tél. : 0142747240 •Horaires : mar.-sam. 10h30-19h30 •Métro : Rambuteau •Bus : 29, 69

•48, rue Beaubourg — 75003 Paris •Tél. : 0148871273 •Horaires : mar.-sam. 10h30-19h30 •Métro : Rambuteau •Bus : 29, 69

Deux bonnes adresses pour se chausser à la mode sans se ruiner. Le magasin du 25, au décor de laboratoire, rassemble les modèles les plus avant-gardistes, à partir de 450 F. Coin de bonnes affaires permanentes, à partir de 150 F. Bon accueil, essayage confortable.

PARIS 4e

MODELLA

Chaussures femme   Q/P : 7/10 •ASSORTIMENT : 8/10
   ✚ : Ouvert 7 J/7

•37, rue St-Antoine — 75004 Paris •Tél. : 0148047172 •Horaires : 7 J/7 10h-19h30 •Métro : Bastille •Bus : 76, 86, 87, 91

Un petit espace très confortable proposant des modèles très mode à partir de 399 F, jusqu'à 600 F maxi. Accueil agréable. Bel éclairage. Évitez les heures de pointe.

PARIS 6ᵉ

BARGAIN'S DE MANSFIELD

Chaussures homme, femme, enfant, sacs, parkas, vestes

Q/P : 8/10 •ASSORTIMENT : 7/10
+ : Qualité supérieure à des prix abordables
— : Articles ni repris ni échangés

•47, rue St-Placide — 75006 Paris •Tél. : 0140490396 •Horaires : lun. 14h-19h, mar. sam. 10h-19h •Métro : St-Placide •Bus : 48, 94, 95, 96 • Voir Bargain's de Mansfield, Île St-Denis 93.

MODA

Chaussures homme, femme et enfant, sacs

Q/P : 9/10 •ASSORTIMENT : 6/10
+ : De grandes marques à petits prix
— : Peu de tailles dans certains modèles

•45, rue St-Placide — 75006 Paris •Tél. : 0145493260 •Horaires : mar.-sam. 10h15-19h •Métro : St-Placide •Bus : 48, 94, 95, 96

Une vraie bonne adresse de dégriffés mais, discrétion totale, la maison préfère ne donner aucune marque. Superbes modèles des plus grands chausseurs français à des prix vraiment intéressants (plus de 50 % de remise). Classement par tailles. Bon choix de modèles italiens. Chaussures griffées à partir de 499 F, mocassins bicolores 499 F, chaussures italiennes à partir de 299 F, sacs cuir en polyamide 899 F. Petit coin hommes, mocassins à 650 F, et mini coin enfants, à partir de 199 F. Magasin très lumineux, spacieux et aéré.

PARIS 7ᵉ

DONEGAN

Chaussures homme, prêt-à-porter et sur mesure

Q/P : 8/10 •ASSORTIMENT : 7/10
+ : Le sur mesure

•27, bd de la Tour-Maubourg — 75007 Paris •Tél. : 0145557147 •Horaires : lun. 14h-19h, mar.-ven. 10h30-14h, 15h-19h, sam. 10h30-19h •Métro : Latour-Maubourg •Bus : 69 • Voir Donegan, Paris 16e.

PARIS 9ᵉ

40 RUE CODET

Chaussures homme et femme, maroquinerie

Q/P : 8/10 •ASSORTIMENT : 7/10
+ : Marque Vicmatic
— : Aspect du magasin

•40, rue Codet — 75009 Paris •Tél. : 0140239535 •Horaires : lun.-sam. 10h-19h •Métro : Cadet •Bus : 26, 42, 48

Devanture peu engageante et lumière chiche. Mais de bonnes affaires, surtout pour les inconditionnelles de la marque Vicmatic. Grand choix toutes tailles, tous modèles à 300 F. Beau rayon de chaussures anglaises hommes à partir de 250 F. Essayage peu confortable. Le patron assure les réparations d'articles en cuir. Petite maroquinerie à bas prix.

DÉGRIFF SÉLECTION

Chaussures femme et homme

Q/P : 6/10 •ASSORTIMENT : 9/10
+ : Choix
— : Modèles sans originalité

•68, rue La Fayette — 75009 Paris •Tél. : 0147707789 •Horaires : lun. 12h-19h15, mar.-sam. 10h-19h15 •Métro : Cadet •Bus : 67, 74, 85

Boutique sans cachet particulier, modèles plutôt passe-partout. Beaucoup de marques italiennes pour hommes à partir de 250 F, anglaises pour hommes à partir de 350 F. Essayage peu confortable. Magasin très achalandé. Grand choix dans toutes les tailles et tous les modèles. Petit rayon de maroquinerie.

MODA D'ANDRÉA

Chaussures homme, femme, enfant, sacs   Q/P : 9/10 •ASSORTIMENT : 8/10
+ : Marques à petits prix

•79, rue de la Victoire — 75009 Paris •Tél. : 0148744889 • Fax : 0145255164 •Horaires : lun. 12h30-19h, mar.-sam. 10h30-19h •Métro : Chaussée-d'Antin •Bus : 20, 68, 81

De vrais dégriffés à prix cassés. Essentiellement des modèles italiens, avec quelques marques françaises haut de gamme. Classement par pointures à partir de 300 F. Coin enfants avec de superbes modèles très glamour pour petites filles, à partir de 199 F. Et présentoir chaussures anglaises et italiennes hommes, à partir de 300 F. Magasin clair et aéré. Vendeuses agréables. Essayage confortable en dehors des heures de pointe.

PARIS 10°

GROLLE

Chaussures homme, femme, enfant, chaussons   Q/P : 8/10 •ASSORTIMENT : 7/10
+ : Chaussures sports

•393, rue des Pyrénées — 75010 Paris •Tél. : 0143661487 •Horaires : mar. 11h-13h, 15h30-19h30, mer.-ven. 10h-13h, 15h-19h30, sam. 10h-19h30 •Métro : Pyrénées •Bus : 26

Chaussures en tous genres dans ce magasin de quartier sans cachet particulier. Modèles empilés dans leur boîte d'origine et pas toujours faciles d'accès. Beaucoup de marques italiennes pour femmes à petits prix : escarpins à partir de 249 F. Pour les jeunes, grand choix de Caterpillar à partir de 400 F. Beau choix de modèles sports pour enfants (199 F) et adultes (250 F) (La Gear, Adidas, Nike). Promotions permanentes dans des bacs. Arrivages fréquents. Venir régulièrement si vous n'habitez pas trop loin.

MAGENTA CHAUSSURES

Chaussures homme, femme, enfant   Q/P : 9/10 •ASSORTIMENT : 8/10
+ : Arrivages fréquents

•158, bd Magenta — 75010 Paris •Tél. : 0142853227 •Horaires : lun. 11h-19h, mar.-sam. 10h-19h •Métro : Barbès-Rochechouart •Bus : 31, 54, 56

Pour chausser toute la famille sans se ruiner, voici l'adresse à connaître : sur 250 m², plus de 50000 paires de chaussures! Grand choix de modèles pour femmes, même dans les pointures extrêmes, à partir de 100 F. Arrivages fréquents, qualité irrégulière, sélection plus intéressante pour les enfants : Mod's, Babybotte, Doc Martens, Start Rite à partir de 80 F. Hommes à partir de 200 F. Essayage peu confortable. Attention aux heures de pointe. 1ère heure de parking offerte à partir de 250 F d'achat.

ROYAL SOLDES

Chaussures homme, femme, enfant   Q/P : 7/10 •ASSORTIMENT : 9/10
+ : Beau choix enfants

•137, bd Magenta — 75010 Paris •Tél. : 0142801201 •Horaires : mar.-sam. 10h15-19h •Métro : Gare-du-Nord •Bus : 42, 43, 46, 47, 48, 49

Un choix royal de grandes marques pour toute la famille. Modèles hommes et femmes entre 100 et 499 F, enfants à partir de 59 F. Arrivages fréquents. Venir aux heures creuses.

PARIS 11°

GIANI SCARPE   N

Chaussures homme, femme, enfant   Q/P : 7/10 •ASSORTIMENT : 9/10
+ : Importance du choix

•13, rue du Fg-St-Antoine — 75011 Paris •Tél. : 0143417810 •Horaires : lun.-sam. 10h-19h30, dim. 14h-19h •Métro : Bastille •Bus : 20, 61, 69, 91

Nouvel espace très agréable sur 3 niveaux, entièrement consacré aux chaussures. Au RDC, large choix pour femmes de modèles italiens et espagnols à petits prix : escarpins 250 F, chaussures tressées Pikolinos 300 F; pour les enfants, à partir de 149 F. Le 1er étage est consacré aux modèles hommes, entre 400 et 800 F. Au sous-sol, large choix de chaussures pour les activités de loisirs. Magasin climatisé. Essayage confortable, nombreuses tailles.

SABOTINE

Chaussures femme, sacs Q/P : 7/10 •ASSORTIMENT : 7/10
✚ : Facilité d'accès

•35, rue de la Roquette — 75011 Paris •Tél. : 0143551004 •Horaires : lun. 14h-19h, mar.-sam. 10h-19h •Métro : Bastille •Bus : 20, 61, 69, 91

Magasin sobre où des modèles signés Carel et Thierry Mugler sont proposés en libre service. Grand choix de chaussures plutôt habillées. Rangement par taille (jusqu'au 41) et style. Modèles pas toujours récents. Prix modérés, de 250 à 600 F. Conditions d'essayage acceptables mais éclairage un peu cru. Accueil charmant et discret.

PARIS 12ᵉ

KASS'OLD

Chaussures homme et femme Q/P : 7/10 •ASSORTIMENT : 7/10
✚ : Prix bas

•79, rue Crozatier — 75012 Paris •Tél. : 0143420888 •Horaires : mar.-sam. 9h30-13h, 15h30-19h, dim. 9h30-13h •Métro : Ledru-Rollin •Bus : 26

La boutique n'investit pas en frais de décoration. Confort simple. Modèles présentés dans leur boîte, libres d'accès. Marques inconnues mais prix vraiment très attractifs. Modèles femmes de 99 à 249 F; modèles hommes tout unis à partir de 199 F. Copies de Nike, made in China 99 F. Pour la qualité, à vous de voir. Promos permanentes, arrivages fréquents.

PARIS 15ᵉ

APOCALYPSE

Chaussures homme, femme et enfant, mocassins, escarpins, sandales Q/P : 7/10 •ASSORTIMENT : 8/10
✚ : Super qualité pour hommes

•236, rue de la Convention — 75015 Paris •Tél. : 0148566554 •Horaires : mar.-sam. 10h-19h30 •Métro : Convention •Bus : 39, 49

Des chaussures italiennes pour hommes et femmes à 299 F pour la plupart. Quelques très belles paires de fabrication anglaise tout cuir pour homme à 399 F. Des promos toute l'année : 2 paires hommes à 500 F. Très bonne adresse pour vos pieds.

PARIS 16ᵉ

AUTHENTIC SHOES

Chaussures femme Q/P : 9/10 •ASSORTIMENT : 8/10
✚ : Les prix

•5, av. Mozart — 75016 Paris •Tél. : 0142881605 •Horaires : lun. 10h-13h, 14h-19h, mar.-sam. 9h30-13h, 14h-19h •Métro : La Muette •Bus : 22, 32, 52

D'authentiques affaires dans cette boutique de chaussures pour femmes. Toutes les paires à 299 ou 399 F. Marques espagnoles et italiennes. Les prix sont vraiment triés et les chaussures ont de bonnes découpes. Boutique claire et agréable.

AUTOUR DES MARQUES

Chaussures femme Q/P : 6/10 •ASSORTIMENT : 7/10
✚ : Petits prix

•129, rue de la Pompe — 75016 Paris •Tél. : 0155730040 •Horaires : mar.-ven. 10h30-13h, 14h30-19h, sam. 10h30-13h, 15h-19h •Métro : Rue-de-la-Pompe •Bus : 32

Autour des chaussures et d'une très jolie rotonde qui personnalise cette boutique, et lui donne un éclairage valorisant, affaires à partir de 100 F. Fins de série de la marque Monderer mais aussi S. Kelian, S. Rykiel… Surtout, des promos boutique toujours indiquées.

DONEGAN

Chaussures homme prêt-à-porter et sur mesure — Q/P : 8/10 •ASSORTIMENT : 7/10
✚ : Le sur mesure

•103, rue de la Pompe — 75116 Paris •Tél. : 0147047884 •Horaires : lun. 14h-19h, mar.-ven. 10h30-14h, 15h-19h, sam. 10h30-19h •Métro : Rue-de-la-Pompe, La Muette •Bus : 22, 32, 52

Une boutique au style british : bois, poutres peintes en vert, le raffinement londonien. En bas, de très belles chaussures et du prêt-à-marcher sur mesure : idéal pour les grands pieds ou les petites pointures. Pour les autres, du standard classique. À partir de 395 F et jusqu'à 1490 F pour les plus beaux modèles. Du Donegan chic, charme, confort.

STOCK SHOES

Chaussures homme et femme — Q/P : 7/10 •ASSORTIMENT : 7/10
✚ : Ouvert le dimanche

•182, av. de Versailles — 75016 Paris •Tél. : 0142249205 •Horaires : mar.-sam. 10h-19h, dim. 10h30-13h •Métro : Porte-de-St-Cloud •Bus : 22, 62

Ici, on ouvre le jour du marché (dimanche matin), c'est bon à savoir! Cette boutique de détail offre classicisme et confort d'essayage. On trouve à se chausser (homme et femme) pour 350 F et peu de paires dépassent les 600 F. Les cuirs sont souples et il y a du choix. À noter, de jolies paires de chaussures noires pour femmes.

PARIS 17e

BRITISH SHOES

Chaussures homme et femme, mocassins, escarpins — Q/P : 7/10 •ASSORTIMENT : 8/10
✚ : Choix du talon des escarpins

•51, bd des Batignolles — 75017 Paris •Tél. : 0142932960 •Horaires : lun.-sam. 10h-19h30 •Métro : Villiers •Bus : 94

Marques d'Outre-Manche, modèles américains plus sportifs, et quelques marques françaises, Timberland, Caterpillar, se partagent élégamment les rayons de cette boutique distinguée. Un must : on peut choisir la hauteur et la largeur du talon des escarpins (450 à 690 F). Chaussures femmes à partir de 490 F, hommes à partir de 590 F.

DISTER

Chaussures femme et homme — Q/P : 8/10 •ASSORTIMENT : 7/10
✚ : Carte fidélité

•67, rue de Lévis — 75017 Paris •Tél. : 0146222463 •Horaires : lun. 15h-19h, mar.-sam. 10h-14h30, 15h-19h •Métro : Villiers •Bus : 53, 94

Pour la ville, pour le sport, Dister vous propose des sandales Petrucelli à 299 F, des Paco Herrero à partir de 229 F et, notre coup de cœur, des Kebo, chaussures italiennes pour hommes tout cuir, souples et superbes à 349 F. En plus du conseil, on vous expliquera l'origine et la fabrication des chaussures. Coussins confortables, boutique bien agencée mais trop faiblement éclairée. Sur la 5e paire achetée, vous bénéficierez de -20 %.

JULIEN DAVID

Chaussures femme et homme : mocassins, escarpins, sandales — Q/P : 7/10 •ASSORTIMENT : 8/10
✚ : Décoration de la boutique

•19, rue Poncelet — 75017 Paris •Tél. : 0147636390 •Horaires : lun.-sam. 10h-19h •Métro : Ternes •Bus : 30, 31, 43, 93

Essayer du Vivaldi, du Kammer, du Hans Moore ou du Stéphane Kélian sur des banquettes en velours, entouré de beaux meubles en merisier, c'est agréable. De plus, les prix n'ont rien de prohibitif. Chaussures de 395 à 1100 F.

COMME IL VOUS PLAIRA

Chaussures homme, femme, enfant   Q/P : 9/10 •ASSORTIMENT : 8/10
     +   : Prix serrés

•22, av. de St-Ouen — 75018 Paris •Tél. : 0146271090 •Horaires : mar.-sam. 10h-19h30 •Métro : Porte-de-St-Ouen •Bus : 81• Voir Comme Il Vous Plaira, Paris 10e.

GROLLE

Chaussures homme, femme, enfant,   Q/P : 8/10 •ASSORTIMENT : 7/10
chaussons   +   : Chaussures sports

•110 bis, rue Ordener — 75018 Paris •Tél. : 0142648846 •Horaires : mar.-ven. 10h-13h, 15h-19h15, sam. 9h30-19h15 •Métro : Jules-Joffrin •Bus : 31, 61 • Voir Grolle, Paris 10e.

CORIEL

Chaussures homme, femme, enfant,   Q/P : 7/10 •ASSORTIMENT : 7/10
chaussons   +   : Le rayon enfant

•18, av. Sécrétan — 75019 Paris •Tél. : 0142454275 •Horaires : lun. 14h30-19h30, mar.-sam. 10h30-13h30, 14h30-19h30 •Métro : Jaurès •Bus : 26 • Voir Coriel, Paris 20e.

CORIEL

Chaussures homme, femme, enfant,   Q/P : 7/10 •ASSORTIMENT : 7/10
chaussons   +   : Rayon enfant

•154, rue de Belleville — 75020 Paris •Tél. : 0143581990 •Horaires : lun. 14h30-19h30, mar.-sam. 10h30-13h30, 14h30-19h30 •Métro : Jourdain •Bus : 26, 60

Bonne adresse pour les habitants du nord de Paris. Belle sélection pour femmes et enfants, quelques modèles anglais pour hommes. Chaussures Bopi, Pom d'Api, Berlingot à partir de 199 F. Pour femmes, grand choix de modèles Bocage et Paco Herrero à partir de 249 F. Magasin fonctionnel, essayage correct, arrivages fréquents. Éviter le samedi.

EMILIO BALATON

Chaussures homme, femme, enfant,   Q/P : 8/10 •ASSORTIMENT : 8/10
sacs   +   : Modèles exclusifs de qualité

•20, rue Juliette-Dodu — 75020 Paris •Tél. : 0142022299 •Horaires : lun. 14h-19h, mar. sam. 10h-19h •Métro : Colonel-Fabien •Bus : 31, 32

Situé sur la place du Colonel-Fabien, élégant magasin, superbe sélection de modèles de qualité de fabrication italienne, griffés Balaton. Grand choix pour femmes à partir de 400 F, hommes à partir de 500 F. Promotions intéressantes à partir de 200 F. Essayage confortable. Accueil charmant.

CADENCE

Chaussures homme et femme   Q/P : 8/10 •ASSORTIMENT : 7/10
     +   : Chaussures homme

•Usine Center — Rue André-Citroën — 78140 Vélizy-Villacoublay •Tél. : 0139464500 •Horaires : mer.-ven. 11h-20h, sam.-dim. 10h-20h

Pas de doute : avec les chaussures Laura Camino, Travel et Stanford pour l'homme, vous marquerez la cadence sans problème. Essayage sur chaises en bois, boutique classique, claire, bien remplie. Des modèles de 200 à 300 F pour les femmes et de très belles Stanford à 499 F pour les hommes.

DAVID ALEXANDER

Chaussures homme et femme — Q/P : 8/10 •ASSORTIMENT : 7/10
+ : De très belles qualités

•Usine Center — Rue André-Citroën — 78140 Vélizy-Villacoublay •Tél. : 0139463618
•Horaires : mer.-ven. 11h-20h, sam.-dim. 10h-20h

Boutique agréable à visiter. Pour hommes, des chaussures anglaises superbes à 380 F, des chaussures italiennes aussi; pour femmes, plus de 250 modèles italiens, anglais et espagnols. Escarpins tout cuir à 250 F.

MULTI-CHAUSSURES

Chaussures homme, femme, enfant — Q/P : 9/10 •ASSORTIMENT : 10/10
+ : Énorme choix

•Usine Center — Rue André-Citroën — 78140 Vélizy-Villacoublay •Tél. : 0139464500
•Horaires : mer.-ven. 11h-20h, sam.-dim. 10h-20h

Plus de 200 m² pour les femmes, les hommes et les enfants. 50 % moins cher qu'en boutique. Séries très mignonnes pour enfants. Petites chaussures très mode à 109 F. De vraies affaires.

MALAKOFF 92

APOCALYPSE

Chaussures homme, femme et enfant, — Q/P : 7/10 •ASSORTIMENT : 8/10
mocassins, escarpins, sandales — **+** : Super qualité pour hommes

•49, rue Pierre-Larousse — 92240 Malakoff •Tél. : 0147469666 •Horaires : lun.-sam. 10h-19h30
•Métro : Malakoff • Voir Apocalypse, Paris 15e.

NOISY-LE-SEC 93

KICKERS

Chaussures homme, femme, enfant, — Q/P : 8/10 •ASSORTIMENT : 7/10
vêtements — **+** : Qualité des modèles

•105, rue Jean-Jaurès — 93130 Noisy-le-Sec •Tél. : 0148451733 •Horaires : lun.-sam. 9h30-12h30, 14h30-19h •Bus : 105

Un vaste magasin (300 m²) bien situé en face de la gare de Noisy-le-Sec. Grand choix de modèles Kickers pour adultes jusqu'au 45 et petites remises de 30 %. Arrivages fréquents mais passez plutôt en début de saison. Kick Color toutes tailles à partir de 320 F. Beau rayon enfant de 0 à 16 ans, Absorba, Mot de Passe, Alphabet. Grenouillères 69 F, robes 115 F, ensemble garçon 85 F. Collections des années précédentes.

ÎLE ST-DENIS/QUAI DES MARQUES 93

BARGAIN'S DE MANSFIELD

Chaussures homme, femme, enfant, — Q/P : 8/10 •ASSORTIMENT : 7/10
sacs, parkas, vestes — **+** : Qualité supérieure à des prix abordables
— : Articles ni repris ni échangés

•Quai des Marques — 9, quai du Châtelier — 93450 Île St-Denis •Tél. : 0148090405 •Horaires : lun.-sam. 11h-20h

Le chic du pied : Mansfield est vendu dans ce magasin d'usine à -30 % sur les collections précédentes, mais les chaussures sont loin d'être démodées d'une collection à l'autre. Mocassins 350 F. Possibilité de trouver des modèles en moins de 46 pour l'homme et moins de 41 pour la femme. Modèles femmes essentiellement Mansfield, modèles hommes : Church's, Timberland, Bowen, à 595 F. Soyez sûr de votre choix, articles ni repris ni échangés.

COMPAGNIE FRANÇAISE DE LA CHAUSSURE

Chaussures homme, femme, enfant Q/P : 7/10 •ASSORTIMENT : 9/10
+ : Grand choix de petits prix

•Quai des Marques — 9, quai du Châtelier — 93450 Île St-Denis •Tél. : 0148090405 •Horaires : lun.-sam. 11h-20h, sam. 10h-20h

Dans cet entrepôt de 600 m², avec plus de 30000 articles, vous ne saurez plus où donner de la tête. Ambiance un peu impersonnelle, chaussures en vrac. À vous de vous orienter entre les espaces femme, homme, enfant. Filiale du groupe André, sous-marques peu connues à petits prix. Pour les hommes, jusqu'au 47, on peut trouver chaussure à son pied pour 250 F. Modèles femmes moins avantageux. Notre coup de cœur, les modèles enfants, craquants : Kimbaloo, Naf-Naf, Chipie, jusqu'au 33 pour moins de 200 F.

St-Mandé 94

APOCALYPSE

Chaussures homme, femme et enfant, Q/P : 7/10 •ASSORTIMENT : 8/10
mocassins, escarpins, sandales **+** : Super qualité pour hommes

•16-18, av. du Général-de-Gaulle — 94160 St-Mandé •Tél. : 0143284560 •Horaires : lun.-sam. 10h-19h30 •Métro : St-Mandé-Tourelle •Bus : 86 • Voir Apocalypse, Paris 15e.

LADY SHOES

Chaussures femme, baskets enfant Q/P : 8/10 •ASSORTIMENT : 8/10
+ : Accueil et conseil

•63, av. du Général-de-Gaulle — 94160 St-Mandé •Tél. : 0143286923 •Horaires : mar.-sam. 9h30-12h, 15h-19h •Métro : St-Mandé-Tourelle •Bus : 86, 325

Agréable boutique, large sélection de modèles pour femmes, de marques italiennes ou françaises : St-Laurent, Bally, Scherrer, Testoni. À partir de 200 F, jusqu'à 600 F. Large choix de tailles dans chaque modèle. Petit rayon hommes et coin enfants proposant tennis Reebok à petits prix. Conseils avisés. Essayage confortable.

Vincennes 94

APOCALYPSE

Chaussures homme, femme et enfant, Q/P : 7/10 •ASSORTIMENT : 8/10
mocassins, escarpins, sandales **+** : Super qualité pour hommes

•172, av. de Fontenay — 94300 Vincennes •Tél. : 0143745163 •Horaires : lun.-sam. 10h-19h30 •Métro : RER A Vincennes •Bus : 118 • Voir Apocalypse, Paris 15e.

Franconville/Quai des Marques 95

BARGAIN'S DE MANSFIELD

Chaussures homme, femme, enfant, Q/P : 8/10 •ASSORTIMENT : 7/10
sacs, parkas, vestes **+** : Qualité supérieure à des prix abordables
− : Articles ni repris ni échangés

•Quai des Marques — 395, av. du Général-Leclerc — 95130 Franconville •Tél. : 0134152026 •Horaires : mar.-ven. 11h-20h, sam. 10h-20h • Voir Bargain's de Mansfield, Île St-Denis 93.

J.-B. MARTIN

Chaussures femme et homme : Q/P : 6/10 •ASSORTIMENT : 7/10
mocassins, escarpins, sandales **+** : Qualité

•Quai des Marques — 395, av. du Général-Leclerc — 95130 Franconville •Tél. : 0134139374 •Horaires : mar.-ven. 11h-20h, sam. 10h-20h

Cette marque, surtout vendue aux Galeries Lafayette et Nouvelles Galeries, propose ici ses modèles à 20 et 30 % moins cher. Sandales homme cuir 425 F, mocassins 399 F. Ça reste un peu cher, mais c'est solide et confortable. Essayage sur banquettes, éclairage valorisant, très bonne présentation des modèles.

PODIUM

Chaussures de sport homme, femme et enfant, accessoires, sportswear

Q/P : 7/10 •ASSORTIMENT : 7/10
✚ : Très grandes tailles

•Quai des Marques — 395, av. du Général-Leclerc — 95130 Franconville •Tél. : 0134139374
•Horaires : mar.-ven. 11h-20h, sam. 10h-20h

Chez Podium, toute la famille trouvera ses Nike, ses Reebok, ses City ou son jogging pour le footing. Vous aussi monsieur, même si vous chaussez du 52! Un principe : des prix pour tous, des marques pour tous. Amabilité, convivialité et conseil. Arrivages chaque semaine. Chaussures à partir de 220 F. Sweats 250 F. Magasin fonctionnel, conditions d'essayage correctes. Venir aux heures calmes.

REGINA

Chaussures homme, femme et enfant, accessoires

Q/P : 8/10 •ASSORTIMENT : 7/10
✚ : Les promos

•Quai des Marques — 395, av. du Général-Leclerc — 95130 Franconville •Tél. : 0134139374
•Horaires : mar.-ven. 11h-20h, sam. 10h-20h

Vous ne vous sentez bien qu'en Bally? Vous craquez pour les Timberland? Regina vous les propose à -30 et -50 % dans certains modèles, jusqu'au 49 pour l'homme et au 41 pour la femme. Timberland à 320 F! En plus, on vous propose des promos toute l'année : 1 paire achetée = 1 paire offerte, 2 paires achetées = 2 paires offertes, et encore d'autres. Pour éviter la bousculade, venir en milieu de semaine et souvent. Arrivages fréquents et irréguliers.

SALAMANDER

Chaussures femme et homme : mocassins, bottes, escarpins, sandales

Q/P : 8/10 •ASSORTIMENT : 6/10
✚ : Prix très intéressants

•Quai des Marques — 395, av. du Général-Leclerc — 95130 Franconville •Tél. : 0134139174
•Horaires : mar.-ven. 11h-20h, sam. 10h-20h

La marque Salamander est vendue dans 30 magasins en France et les surstocks arrivent ici à 40, 50, voire 60 % moins cher. Si vous trouvez votre taille, vous pourrez acheter une paire de sandales tout cuir à 99 F, des chaussures bateau à 299 F, des mocassins à 149 F. Tout sport ou tout confort. Agencement du magasin amusant : un labyrinthe étroit entre des colonnes de chaussures, les enfants s'amusent beaucoup et vous laissent tranquilles pendant que vous essayez.

SCARPISSIMA

Chaussures de sport homme, femme, enfant

Q/P : 6/10 •ASSORTIMENT : 8/10
✚ : Ambiance sympathique

•Quai des Marques — 395, av. du Général-Leclerc — 95130 Franconville •Tél. : 0134139374
•Horaires : mar.-ven. 11h-20h, sam. 10h-20h

Entrepôt de 120 m², chaussures Bata, sport et peu chères, à 10 et 20 % moins cher qu'en boutique, sur les collections en cours. À notre passage, des tennis bleues sympas pour femme à 200 F, des Reebok à 269 F. Ce n'est pas de la haute qualité, mais c'est correct, vous choisissez, vous vous servez et vous pouvez chausser la famille sans vous ruiner. L'éclairage manque un peu de douceur, mais vous repartirez content.

SHOP

Chaussures homme, femme, enfant : mocassins, escarpins, trotteurs, sandales

Q/P : 7/10 •ASSORTIMENT : 8/10
✚ : Choix important

•Quai des Marques — 395, av. du Général-Leclerc — 95130 Franconville •Tél. : 0134139374
•Horaires : mar.-ven. 11h-20h, sam. 10h-20h

Écoulement des stocks, invendus, échantillons, retours, annulations... Ils se retrouvent tous là à 30 % moins cher. Des Lapidus, Loïs, Derby, Benetton, Aquarelle, Caramel à prix sympas : trotteurs Derby 329 F, mocassins 179 F. La boutique est grande, très claire, vous pouvez demander de l'aide ou choisir seul, à votre guise.

ROISSY/USINES CENTER 95

BOING

Chaussures pour tous, mocassins, escarpins, sandales, bottes, tennis	Q/P : 7/10 •ASSORTIMENT : 8/10 **+** : Prix très intéressants

•Usine Center — ZI Paris-Nord II — 95700 Roissy •Tél. : 01 48 63 20 72 •Horaires : lun.-ven. 10h-20h

Embarquement immédiat au pays des chaussures Bally dans ce magasin d'usine du célèbre groupe. Grand choix, stocks souvent renouvelés, promos attractives : I paire achetée = I paire offerte, 3e paire gratuite. Chaussures et vêtements pour hommes, femmes et enfants à 30, 50, voire 70 % moins cher. Chaussures classées par thème ("femme confort", "femme été", "femme détente"), valeur d'origine indiquée.

SHOP AFFAIRES

Chaussures homme et femme, mocassins, escarpins, sandales	Q/P : 8/10 •ASSORTIMENT : 7/10 **+** : Bonnes affaires

•Usines Center — ZI Paris Nord II — 95700 Roissy •Tél. : 01 48 63 20 72 •Horaires : lun.-ven. 10h-20h

Des chaussures Ted Lapidus, René Dhery, Bechett & Johnes... classées par taille dans ces 50 m² consacrés aux pieds. Les hommes d'un côté, les femmes de l'autre, on peut se retrouver au centre près du coin promos. Des réductions de 20 à 30 % sur les prix boutique.

Lingerie

La lingerie la moins chère

Trois enseignes nous paraissent les boutiques les moins chères de Paris, offrant à la fois de la qualité et des prix réellement bas. Les collections précédentes de nombreuses grandes marques entre -30 et -50 % du prix de base, mais surtout des articles dépareillés. Si vous aimez fouiller dans les bacs, Tab et Nikita offrent plein de surprises à tout petits prix : l'exposition des marchandises n'est guère plaisante, mais la fouille vaut le coup.

- PIMENT DOUX : 38, rue Godot-de-Mauroy — 75009 Paris — Tél. : 01 47 42 71 92
- TAB : 3, bd Victor — 75015 Paris — Tél. : 01 45 54 68 63
- TAB : 52, rue de la Chaussée-d'Antin — 75009 Paris — Tél. : 01 48 74 41 11
- NIKITA : 22, rue Lévis — 75017 Paris — Tél. : 01 42 58 20 30

PARIS I er

ALICE CADOLLE

Lingerie sur mesure	Q/P : 6/10 •ASSORTIMENT : 7/10 **+** : Sur mesure **—** : Prix élevés

•14, rue Cambon — 75001 Paris •Tél. : 01 42 60 94 22 • Fax : 01 49 27 92 30 •Horaires : lun.-sam. 9h30-13h, 14h-18h30 •Métro : Concorde •Bus : 72

Au RDC, boutique de prêt-à-porter. Le salon d'essayage se situe au 3e étage, pour une lingerie sur mesure. Corsets, guêpières, soutiens-gorge en soie et dentelle, nuisettes à vos mensurations.

FIFI CHACHNIL

Lingerie de jour et de nuit, prêt-à-porter féminin

Q/P : 7/10 •ASSORTIMENT : 6/10
+ : Originalité et décor

•68, rue Jean-Jacques-Rousseau — 75001 Paris •Tél. : 0142211993 • Fax : 0142211993 •Horaires : lun.-sam. 10h-19h •Métro : Louvre-Rivoli, Châtelet •Bus : 29, 48, 74

Charmante boutique, au fond d'une cour pavée, au décor étonnant. Lingerie en nylon et dentelle. Environ 400 F le soutien-gorge noir incrusté de dentelle rose. Combinettes assorties entre 350 et 600 F. À noter une collection de prêt-à-porter en angorette.

Princesse Tam-Tam

Lingerie de jour et de nuit, accessoires de toilette… Lingerie dont les modèles en coton, aux motifs fleuris, sont devenus des classiques (environ 300 F l'ensemble imprimé) et toujours des modèles en coton blanc (environ 200 F). La lingerie de nuit assortie à celle de jour, ainsi que quelques accessoires, comme la trousse de toilette, complètent la panoplie.
• *PRINCESSE TAM-TAM* : 5, rue Montmartre — 75001 Paris — Tél. : 0140419951
• *PRINCESSE TAM-TAM* : 9, rue Bréa — 75006 Paris — Tél. : 0143540358
• *PRINCESSE TAM-TAM* : 25, rue Tronchet — 75008 Paris — Tél. : 0140170741
• *PRINCESSE TAM-TAM* : 2, rue Guichard — 75016 Paris — Tél. : 0142151885

SOIE SAUVAGE

Lingerie de jour, collants

Q/P : 8/10 •ASSORTIMENT : 7/10
+ : Amabilité

•41, rue des Petits-Champs — 75001 Paris •Tél. : 0142860762 •Horaires : lun.-sam. 10h30-19h •Métro : Pyramides •Bus : 29, 39

Des grandes marques à des prix corrects car les marges pratiquées sont raisonnables. Guêpière Millésia à 800 F. Ravage, Yannis Ziros (ligne de sous-vêtements en coton) et Wolford sont quelques exemples de ce que vous trouverez dans cette boutique. L'accueil est remarquable : vous pouvez tout essayer et prendre tout votre temps.

PARIS 2ᵉ

UN AMOUR DE LINGERIE

Lingerie de jour, collants

Q/P : 8/10 •ASSORTIMENT : 8/10
+ : Sélection de marques
= : Accueil

•80, rue Montmartre — 75002 Paris •Tél. : 0142361554 •Horaires : lun.-ven. 10h-19h, sam. 11h-19h •Métro : Sentier •Bus : 29 • Voir Un Amour de Lingerie, Paris 14e.

PARIS 4ᵉ

AMATCHI

Sous-vêtements féminins et masculins, maillots de bain

Q/P : 6/10 •ASSORTIMENT : 8/10
+ : Produits peu distribués
= : Cabine peu accessible

•13, rue du Roi-de-Sicile — 75004 Paris •Tél. : 0140299011 •Horaires : lun. 14h30-19h30, mar.-sam. 11h30-19h30, dim. 14h30-19h •Métro : St-Paul •Bus : 69, 76, 96

Très jolie boutique, dessous de luxe pour hommes et femmes. De grandes marques : Capucine Puerari, Falke, Habella, M.-F. Girbaud, Paul Smith, André Sarda… À noter, des maillots de bain toute l'année, notamment ceux de Villebrequin (environ 400 F). Caleçons longs pour hommes 250 F et ensembles féminins à partir de 500 F (bonnets A à E)

BAIN PLUS

Sous-vêtements masculins, lingerie de nuit Q/P : 7/10 •ASSORTIMENT : 5/10
+ : Ouvert le dimanche
: Cabine d'essayage trop petite

•51, rue des Francs-Bourgeois — 75004 Paris •Tél. : 0148878307 • Fax : 0148871912 •Horaires mar.-sam. 11h-19h30, dim. 14h30-19h30 •Métro : St-Paul •Bus : 29, 76, 96

Des caleçons Achille et Bain Plus Diffusion, des pyjamas, des liquettes pour hommes, femmes et enfants en coton gratté. Des unis gris, bleu ou rose, ou des rayures ton sur ton qui créent une atmosphère de douceur. Environ 100 F le caleçon et 400 F la liquette. Le conseil est attentif et la possibilité d'échange compense la difficulté d'essayage (petite cabine).

ÊTRE RONDE EN COULEUR

Lingerie et prêt-à-porter féminin Q/P : 8/10 •ASSORTIMENT : 6/10
+ : Grandes tailles

•1, rue de Rivoli — 75004 Paris •Tél. : 0148045657 •Horaires : lun.-sam. 10h30-19h30 •Métro St-Paul •Bus : 69, 76, 96

Spécialiste des grandes tailles, rayon lingerie à partir du 95C jusqu'au 130G. Anthinéa, Barbara, Gossard, Hélène Deschamps et Rien sont les marques que vous pourrez y trouver. À partir de 250 F le soutien-gorge. L'accueil est souriant et le conseil précis. De cabines spacieuses sont à votre disposition.

Samy Lingerie

Une sélection de lingerie de marques (Aubade, Barbara, Lise Charmel, Lou, Simone Pérèle...) à des prix sympathiques. Une carte de fidélité qui vous permet de bénéficier de 5 % de remise au 6e achat. Conseil et accueil souriants.
• SAMY LINGERIE : 33, rue de Rivoli — 75004 Paris — Tél. : 0142729717
• SAMY LINGERIE : 46, bd St-Michel — 75006 Paris — Tél. : 0146333141
• SAMY LINGERIE : 151 bis, rue de Rennes — 75006 Paris — Tél. : 0142229400
• SAMY LINGERIE : 54, rue de Passy — 75016 Paris — Tél. : 0142151000

STÉPHANE PLASSIER

Sous-vêtements masculins et féminins Q/P : 8/10 •ASSORTIMENT : 7/10
+ : Matières

•8, rue du Trésor — 75004 Paris •Tél. : 0140291020 •Horaires : hiver lun.-ven. 12h-20h, sam. 14h-22h, été lun.-ven. 12h-22h, sam. 14h -24h, dim. 14h-20h. •Métro : St-Paul •Bus : 69, 76, 96

Sous-vêtements originaux pour garçons et filles en coton lycra. Outre une gamme de modèles standard en blanc, noir et bleu marine, des collections saisonnières que l'on aurait envie de porter dessus. Entre 140 et 240 F le caleçon homme, 170 F le "marcel" et 230 F la brassière.

PARIS 6e

CI-DESSOUS

Lingerie de jour et de nuit Q/P : 9/10 •ASSORTIMENT : 7/10
+ : Matières

•48, rue du Four — 75006 Paris •Tél. : 0142842531 •Horaires : lun. 12h-19h, mar.-ven. 10h30-13h30, 14h30-19h, sam. 10h-19h •Métro : Sèvres-Babylone •Bus : 39, 70, 87

Du naturel ! Voilà une lingerie en coton, éponge et voile de coton qui vous séduira et dont les prix restent doux. À noter des soutiens-gorge d'allaitement avec de jolis motifs et une ligne de lingerie de nuit ultra confortable (pyjamas en éponge).

COMME DES FEMMES

Lingerie de jour, collants

Q/P : 9/10 •ASSORTIMENT : 7/10
✛ : Prix bas

•31, rue St-Placide — 75006 Paris •Tél. : 0145489733 •Horaires : lun.-sam. 10h30-19h •Métro : St-Placide •Bus : 48, 94, 95, 96

Fins de série des marques Aubade, Barbara et Simone Pérèle qui permettent de s'offrir de très beaux ensembles à des prix très intéressants. Modèles récents en promotion.

LA STORIA

Lingerie de jour et de nuit

Q/P : 6/10 •ASSORTIMENT : 7/10
✛ : Accueil et ambiance

•4, rue de Sèvres — 75006 Paris •Tél. : 0145482004 • Fax : 0142841823 •Horaires : lun.-sam. 10h30-19h •Métro : Sèvres-Babylone •Bus : 39, 68, 70

C'est dans un décor original que l'on est accueillie, rideaux bleus, orange pour les cabines d'essayage, aquariums incrustés dans les meubles. Atmosphère chaleureuse renforcée par un coin salon de thé au fond de la boutique. Accueil agréable, clientèle fidèle. Lingerie Aubade, Cotton Club, Ibici, Millesia, Ravage, Rien, Rosy… et déshabillés Flora Nikroz.

LAURE SOKOL

Lingerie de jour et de nuit, maillots de bain

Q/P : 8/10 •ASSORTIMENT : 8/10
✛ : Conseil

•135, rue de Sèvres — 75006 Paris •Tél. : 0145665484 •Horaires : lun.-sam. 10h-19h •Métro : Duroc •Bus : 39, 70, 89 • Voir Laure Sokol, Paris 14e.

MARIE BRUNON

Lingerie de jour et de nuit

Q/P : 6/10 •ASSORTIMENT : 8/10
✛ : Gamme étendue de sous-vêtements d'hiver

•52, rue Vavin — 75006 Paris •Tél. : 0146333800 •Horaires : lun. 15h-19h, mar.-ven.11h-19h30, sam.11h-19h •Métro : Vavin •Bus : 68, 82, 84, 91

Lingerie raffinée des meilleures marques italiennes et françaises (citons pêle-mêle La Perla, Cotton Club, Nina Ricci, Rochas) et, en hiver, une gamme de sous-vêtements en soie ou laine et soie des marques Hanro et Oscalito. Prix variant de 220 F pour un caraco à fines bretelles, à 650 F pour une chemise à manches longues ornée de dentelle. En été, la lingerie s'accompagne d'une jolie ligne de maillots de bain. Accueil souriant et efficace.

SABBIA ROSA

Lingerie de jour et de nuit

Q/P : 6/10 •ASSORTIMENT : 8/10
✛ : Qualité haut de gamme

•71-73, rue des Saints-Pères — 75006 Paris •Tél. : 0145488837 • Fax : 0145487316 •Horaires : lun.-sam. 10h-19h •Métro : Sèvres-Babylone •Bus : 39, 70, 87

100 % soie pour ces créations. Les prix des combinettes varient entre 1000 et 6000 F, mais les dentelles incrustées vous feront sans doute craquer. Les mules à pompons finissent de donner un côté star aux silhouettes de cette créatrice.

PARIS 7e

BON MARCHÉ

Lingerie de jour et de nuit

Q/P : 6/10 •ASSORTIMENT : 9/10
✛ : Exposition des marchandises

•20, rue de Sèvres — 75007 Paris •Tél. : 0144398000 •Horaires : lun.-sam. 9h30-19h •Métro : Sèvres-Babylone •Bus : 39, 63, 68, 70, 83, 84, 87

Le nouvel espace lingerie de ce grand magasin parisien est un lieu réellement plaisant. Toutes les grandes marques possèdent ici une alvéole, sorte de micro-magasin où les vendeuses vous conseillent parfaitement. Un véritable salon d'essayage est mis à votre disposition et surtout des fauteuils confortables au milieu de cet espace pour les éventuels accompagnateurs.

PARIS 8e

1.2.3

Lingerie de jour et de nuit Q/P : 7/10 •ASSORTIMENT : 8/10
+ : Salon d'essayage
− : Détail des articles peu visible

•35, rue Tronchet — 75008 Paris •Tél. : 0142661248 •Horaires : lun.-sam. 9h30-19h30 •Métro : Havre-Caumartin •Bus : 24, 39, 84

Toute une ligne de lingerie de jour et de nuit à petits prix. 300 F l'ensemble en maille tendresse, 225 F le caraco en soie. Un accueil attentif, un choix exhaustif et surtout un véritable salon d'essayage avec des cabines spacieuses et de grandes glaces à l'intérieur.

LES DESSOUS DE VIGNON

Lingerie de jour et de nuit Q/P : 6/10 •ASSORTIMENT : 7/10
+ : Conseil

•25, rue de Vignon — 75008 Paris •Tél. : 0142680912 • Fax : 0142680912 •Horaires : lun. 11h-19h, mar.-sam. 10h30-19h •Métro : Havre-Caumartin, Madeleine •Bus : 24, 28, 52

Petite boutique où seuls quelques modèles sont exposés en vitrine. Mais lorsque vous poussez la porte, on vous ouvre le tiroir correspondant à votre taille. Et si vous ne la connaissez pas, pas d'inquiétude, on est là pour vous conseiller. Outre les dessous (Barbara, Millésia, Ravage), des jupons, des fonds de robe et des liquettes.

Orcanta

Cette chaîne de lingerie propose des marques telles qu'Aubade, Barbara, First, Gossard, Huit, Simone Pérèle... à des prix très raisonnables. Environ 200 F le soutien-gorge Gossard. Aménagement des lieux agréable, circulation et accès aux produits très faciles.
- **ORCANTA** : Passage du Havre — 107, rue St-Lazare — 75009 Paris — Tél. : 0144536188
- **ORCANTA** : 6, rue Halévy — 75009 Paris — Tél. : 0147424947
- **ORCANTA** : CC Italie II — 30, av. d'Italie — 75013 Paris — Tél. : 0145891749
- **ORCANTA** : 15, rue du Commerce — 75015 Paris — Tél. : 0145752223

PARIS 9e

1.2.3

Lingerie de jour et de nuit Q/P : 7/10 •ASSORTIMENT : 8/10
+ : Salon d'essayage
− : Détail des articles peu visible

•42, rue de la Chaussée-d'Antin — 75009 Paris •Tél. : 0140160425 •Horaires : lun.-sam. 9h30-19h30 •Métro : Chaussée-d'Antin •Bus : 68, 81, 95 • Voir 1.2.3, Paris 8e.

DES GRIFFES EN DESSOUS

Lingerie de jour, maillots de bain Q/P : 8/10 •ASSORTIMENT : 8/10
+ : Sourire
− : Étroitesse

•38, rue Godot-de-Mauroy — 75009 Paris •Tél. : 0147427192 • Fax : 0130769282 •Horaires : lun.-ven. 11h-19h30, sam. 12h-19h30 •Métro : Havre-Caumartin •Bus : 22, 24, 42, 53, 94

Petite boutique très sympathique où les ensembles ne dépassent jamais 400 F. Les maillots s'exposent toute l'année. Cabine d'essayage étroite et circulation difficile sont largement compensées par un accueil souriant et la disponibilité de la vendeuse.

PARIS 14ᵉ

1.2.3

Lingerie de jour et de nuit

Q/P : 7/10 •ASSORTIMENT : 8/10
+ : Salon d'essayage
= : Détail des articles peu visible

•66, av. du Général Leclerc — 75014 Paris •Tél. : 0153901091 •Horaires : lun. sam. 9h30-19h30 •Métro : Alésia •Bus : 38, 68 • Voir 1.2.3, Paris 8e.

LAURE SOKOL

Lingerie de jour et de nuit, maillots de bain

Q/P : 8/10 •ASSORTIMENT : 8/10
+ : Conseil

•62, rue d'Alésia — 75014 Paris •Tél. : 0145425500 •Horaires : lun.-sam. 10h-19h •Métro : Alésia •Bus : 38, 62, 68

Lingerie pour toutes les femmes! Du 85A au 115G, les tiroirs débordent de soutiens-gorge aux coloris variés. Marques allemandes et espagnoles, spécialistes des grandes tailles, côtoient Aubade, Dior et Rien. À noter, maillots de bain toute l'année, avec les mêmes caractéristiques. Pyjamas en soie et liquettes seyantes pour femmes aux formes généreuses. Accueil chaleureux et cabines spacieuses où l'on peut essayer tranquillement incitent à de nouvelles visites. Possibilité de VPC.

UN AMOUR DE LINGERIE

Lingerie de jour, collants

Q/P : 8/10 •ASSORTIMENT : 9/10
+ : Sélection de marques
= : Accueil

•109, rue d'Alésia — 75014 Paris •Tél. : 0145424292 •Horaires : lun. 11h-19h30, mar.-sam. 10h-19h30 •Métro : Alésia •Bus : 38, 62, 68

Aubade, Boléro, Lejaby, Rosy, Warner's sont quelques exemples des marques distribuées par cette boutique. Choix tout aussi important dans les tailles, jusqu'au 100E. L'ensemble Lise Charmel est à 400 F. À noter, un coin affaires permanent, où les offres sont variables mais toujours intéressantes. Et -10 % sur les collants Falke et Wolford.

PARIS 15ᵉ

CARLINE'S

Lingerie de jour et de nuit

Q/P : 7/10 •ASSORTIMENT : 7/10
+ : Retouches

•95, rue du Commerce — 75015 Paris •Tél. : 0142503442 •Horaires : lun. 15h30-19h30, mar.-sam. 10h-19h30 •Métro : Commerce •Bus : 81

Boutique conseil Barbara qui distribue d'autres marques telles que Lou, Lise Charmel, Rien. Lingerie de nuit (Neyret) et lingerie fine de jour, comme les caracos Hanro. Petites et grandes tailles se côtoient puisque l'on trouve aussi bien du 80A que du 115E. Le service est irréprochable, avec possibilité d'échange et de retouche.

CAROLL

Lingerie de jour et de nuit

Q/P : 7/10 •ASSORTIMENT : 7/10
+ : Accueil
= : Accès aux cabines étroit

•16, rue du Commerce — 75015 Paris •Tél. : 0145796685 •Horaires : lun.-sam. 10h-19h30 •Métro : La Motte-Piquet •Bus : 81

Depuis un an, Caroll a créé une ligne de lingerie qui suit ses collections de prêt-à-porter. On y retrouve donc des dessous coordonnés aux dessus. De jolies matières et des couleurs toujours tendance. Du 80A au 95D, environ 250 F le soutien-gorge. Le short en soie 165 F.

Tab

De 270 à 320 F l'ensemble Antinéa, Boléro ou Lejaby, 340 F le body Simone Pérèle et des porte-jarretelles entre 30 et 150 F. Nombreux bacs remplis de slips ou soutiens-gorge dépareillés à des prix défiant toute concurrence.
- TAB : 52, rue de la Chaussée-d'Antin — 75009 Paris — Tél. : 01 48 74 41 11
- TAB : 3, bd Victor — 75015 Paris — Tél. : 01 45 54 68 63

PARIS 16ᵉ

LES FOLIES D'ÉLODIE

Lingerie de luxe   Q/P : 5/10 •ASSORTIMENT : 8/10
                                    + : Conseil et qualité
                                    − : Prix élevés

•56, av. Paul-Doumer — 75016 Paris •Tél. : 01 45 04 93 57 • Fax : 01 40 72 71 85 •Horaires : lun. 11h-18h30, mar.-sam. 10h30-19h •Métro : La Muette •Bus : 22, 32

La nuisette Barbie (rose avec de la dentelle) reflète l'esprit de cette boutique; des combinettes et des dessous en soie et dentelle à vous faire perdre la tête. Le voile de satin pour le corps complète l'ensemble. Un endroit étonnant et une lingerie sublime à se faire offrir.

Frou-Frou

Sur ce site Internet, des mannequins présentent des ensembles de lingerie qu'il suffit ensuite de commander en suivant les instructions. La livraison s'effectue dans les 15 jours. Le descriptif est assez complet. Compter environ 500 F l'ensemble.
- FROU-FROU — Internet : http//:www. froufrou. com

PARIS 17ᵉ

NIKITA

Lingerie féminine   Q/P : 7/10 •ASSORTIMENT : 8/10
                                    + : Prix bas

•22, rue de Lévis — 75017 Paris •Tél. : 01 42 58 20 30 •Horaires : lun.-sam. 9h30-19h30, dim. 9h30-13h30 •Métro : Villiers •Bus : 30

Nikita déballe des bacs de sous-vêtements sur le trottoir aux prix attractifs de 50 à 100 F les culottes et soutiens-gorge (chacun). À l'intérieur, nombreuses promotions (Boléro, Chantelle) à -10 %, -20 %. Et si l'article de votre choix ne fait pas partie de cette sélection, vous pourrez quand même bénéficier d'une baisse de tarif grâce à la carte de fidélité.

PARIS 18ᵉ

LINTOX

Sous-vêtements masculins   Q/P : 7/10 •ASSORTIMENT : 8/10
                                    + : Conseil

•11, rue Lepic — 75018 Paris •Tél. : 01 42 52 09 26 •Horaires : mar.-sam. 10h-20h, dim. 10h-13h30 •Métro : Blanche •Bus : 30, 54

Large choix de sous-vêtements, du plus classique au plus sexy. De nombreuses marques, dont certaines sont peu diffusées (Olaf Benz, Gregg, Gallop, PB pour lui, Letiga, Calvin Klein). Les prix varient entre 100 et 350 F.

Cuirs et peaux

Le moins cher du cuir et de la fourrure

C'est surtout en fréquentant directement les ateliers des fabricants qu'on trouve les meilleures affaires dans ce domaine. Outre le quartier de la rue d'Hauteville, haut lieu de création et de diffusion, il existe un grand nombre de fabricants dans le 3e arrondissement (République-Bastille) ainsi que dans le 10e (gare de l'Est). Attention : la plupart de ces magasins ont des horaires particuliers, téléphonez-leur avant de passer. Les prix sont souvent négociables. De plus, en période d'été, ils sont nettement revus à la baisse, et le choix est large.

- *FRANK ALEXANDRE* : 21, rue Béranger — 75003 Paris — Tél. : 0142741973
- *JCS* : 19, rue de Commerce — 75003 Paris — Tél. : 0142776869
- *PEAU D'ÈVE* : 133, rue Vieille-du-Temple — 75003 Paris — Tél. : 0142770414
- *LA MAISON DE LA FAUSSE FOURRURE* : 34, bd Beaumarchais — 75003 Paris — Tél. : 0143552421
- *MOSS ET COMPAGNY* : CC Maine-Montparnasse — 17, rue de l'Arrivée — 75015 Paris — Tél. : 0145386583
- *JEKEL PARIS* : 22, rue de Paradis — 75010 Paris — Tél. : 0147707390
- *OSCAR DE SCARPERT* : 32, rue de Paradis — 75010 Paris — Tél. : 0142467622
- *BRUBER FOURREUR* : 46, bd Voltaire — 75011 Paris — Tél. : 0148050230
- *STEIN FOURRURES* : 26, rue Taine — 75012 Paris — Tél. : 0143438755

PARIS 3e

ARON'S CUIR

Manteaux, parkas, vestes, pantalons, chemises, gilets, blousons	Q/P : 9/10 • ASSORTIMENT : 5/10
	✚ : Prix bas
	▬ : Peu de choix dans les modèles

•4, rue du Pont-aux-Choux — 75003 Paris •Tél. : 0142728501 • Fax : 0142728034 •Horaires : lun.-ven. 9h30-12h30, 14h-18h •Métro : St-Sébastien-Froissart •Bus : 20, 29, 65, 96

L'aspect extérieur de la boutique aurait besoin d'un petit coup de neuf. Toutefois, la maison propose ses propres modèles à des prix intéressants. Sur mesure possible dans des délais rapides. Service de retouches. Belles affaires à réaliser sur des modèles classiques. Parkas col fourrure 2500 F, pantalons, jupes 1000 F, blousons 1800 F. Rayon porc velours à prix bradés : chemises 700 F, blousons 900 F. Faible choix de tailles dans chaque modèle.

PARIS 9e

BRIGITTE Z

Vestes, parkas, manteaux, gilets, jupes, pantalons	Q/P : 8/10 • ASSORTIMENT : 6/10
	✚ : Modèles exclusifs
	▬ : Petit choix de tailles

•19, rue du Fg-Poissonnière — 75009 Paris •Tél. : 0147702346 • Fax : 0148009163 •Horaires : lun.-ven. 9h30-19h •Métro : Bonne-Nouvelle •Bus : 20, 39

Dans sa minuscule boutique au décor chaud comme un écrin, Brigitte Z propose ses modèles exclusifs en cuir pour "les femmes de caractère". Superbe veste matelassée rouge vif avec boutons bijoux 4500 F. Peaux lainées, 3/4 nubuck à partir de 3500 F. Attention, choix de tailles restreint; demi-sur mesure possible. Accueil charmant, essayage confortable à condition de venir aux heures creuses.

SAM RONE

Fourrures femme, parkas, manteaux, maroquinerie

Q/P : 8/10 •ASSORTIMENT : 8/10
+ : Modèles décontractés

•31, rue du Fbg-Poissonnière — 75009 Paris •Tél. : 0142462100 •Horaires : lun.-ven. 9h15-19h •Métro : Bonne-Nouvelle •Bus : 20, 39, 74

Élégante boutique, superbe choix de pelisses pour femmes, aux formes très actuelles avec col garni de fourrure, à partir de 2500 F. Ici, la fourrure se porte décontractée. Petit rayon maroquinerie. Magasin lumineux. Essayage confortable, grand choix de tailles. Services : gardiennage, retouches, transformations.

SOPHIE L.

Manteaux, blousons, vestes, jupes, pantalons, parkas, gilets

Q/P : 8/10 •ASSORTIMENT : 7/10
+ : Transformations et retouches

•23, rue du Fg-Poissonnière — 75009 Paris •Tél. : 0148244942 •Horaires : lun. 14h-19h, mar.-ven. 10h-19h •Métro : Bonne-Nouvelle •Bus : 20, 39, 74

Boutique microscopique et très sombre, modèles peu accessibles, car suspendus très haut faute de place. Mais accueil charmant et conseil avisé. Dans son atelier voisin, ce fabricant transforme et répare les manteaux de fourrure à partir de 5 000 F, les manteaux de laine à partir de 700 F (pose d'un col tailleur en lapin). Belle collection de peaux lainées. Promotions intéressantes : blousons peau huilée aviateur 1800 F, 3/4 cachemire beige avec revers et poignets lapin façon panthère 1200 F. Demi-sur mesure possible.

PARIS 10ᵉ

SANGRIFF

Manteaux, parkas, blousons, vestes, pantalons, tailleurs, jupes, imperméables

Q/P : 8/10 •ASSORTIMENT : 9/10
+ : Beau choix de marques
− : Vente un peu trop encadrée

•16, place de la République — 75010 Paris •Tél. : 0142413630 •Horaires : mar.-sam. 9h30-19h •Métro : République •Bus : 20, 56, 65, 75

20 % de remise sur les plus grandes marques : St-Laurent, Nina Ricci, Torrente, Chevignon, Avirex, Schott… Blouson nubuck à partir de 1490 F pour homme, doudoune cirée noir Torrente pour femme 2490 F, jupe cuir agneau et lycra 1400 F, veste 2300 F, manteau vison lunarein en promotion 15000 F. Grand choix de tailles et de modèles. Magasin vaste et élégant, dans le style des années 1970, sur 2 niveaux : RDC pour les hommes, 1er pour les femmes. Vendeuses stylées mais trop empressées. Essayage confortable. Magasin un peu sombre, mais l'on vient ici pour acheter plus que pour regarder. Service de retouches. Beau rayon de chaussures Church's, proposées à -20 % environ. Conditions privilégiées pour les possesseurs de la carte Fnac.

PARIS 14ᵉ

MAJESTIC BY CHEVIGNON

Vestes, parkas, coupe-vent, pantalons, sweaters, tee-shirts, chaussures

Q/P : 10/10 •ASSORTIMENT : 9/10
+ : Blousons et vestes en cuir

•122, rue d'Alésia — 75014 Paris •Tél. : 0145434025 • Fax : 0142851497 •Horaires : lun.-sam. 10h-19h •Métro : Alésia •Bus : 38, 62, 68

Pour les fans de la marque, grand choix de fins de séries à prix réduits. La plupart des modèles sont des classiques qui ne se démodent pas. Grand choix de vestes en nubuck à 500 F, blousons en agneau plongé 1450 F, coupe-vent 300 F. Promotions sur les sweats (200 F l'un, 300 F les deux). Rayon chaussures, Naf-Naf 250 F environ. Quelques modèles pour filles. Ambiance cosy, décor bois, musique douce et essayage confortable bien que l'éclairage soit un peu sombre dans les cabines. L'accueil est agréable. Le magasin est petit, éviter les heures de pointe.

HENAFORD CUIR ET PEAU

Maroquinerie, sacs, fourrures, canapés, blousons, pantalons, jupes, manteaux

Q/P : 8/10 •ASSORTIMENT : 10/10
✛ : Sur mesure et service après-vente

•205, bd Péreire — 75017 Paris •Tél. : 0145742402 •Horaires : lun. 14h30-19h, mar.-ven. 10h-19h, sam. 10h-12h30, 14h30-19h •Métro : Porte-Maillot •Bus : 43, 94

Ce fabricant de vêtements cuir et peau vous prend en charge de A à Z. Prêt-à-porter ou sur mesure, entretien, nettoyage, réparations : il s'occupe de tout, pour vos blousons, pantalons, vestes, sacs mais aussi canapés et fauteuils. Le raccourci fabricant — vente directe permet d'acheter à des prix intéressants : vestes 1 700 à 2 300 F, pantalons 1 200 à 1 600 F.

COLLECTION FEMMES

Vestes, pantalons, imperméables, manteaux femme

Q/P : 7/10 •ASSORTIMENT : 8/10
✛ : Superbes fourrures à prix abordables

•Usine Center — Rue André-Citroën — 78140 Vélizy-Villacoublay •Tél. : 0139464500 •Horaires : mer.-ven. 11h-20h, sam.-dim. 10h-20h

Le domaine des Sprung Frères, bien connus pour leurs cuirs, fourrures et cachemires. Manteaux aux très belles coupes, vestes, pantalons, fourrures en fins de séries, 40 % moins cher qu'ailleurs. Impers doublés fourrure 3300 F, superbe veste renard allongé 11800 F, etc.

GOOD LUCK

Vestes, blousons, pantalons, bombers homme et femme

Q/P : 8/10 •ASSORTIMENT : 7/10
✛ : Le déstockage bi-annuel

•Usine Center — Rue André-Citroën — 78140 Vélizy-Villacoublay •Tél. : 0139464500 •Horaires : mer.-ven. 11h-20h, sam.-dim. 10h-20h

Daim et cuir pour hommes et femmes. Les plus grandes marques (Redskins, Giorgio, Oakwood, Stefano) pour les peaux lainées, à -30 % des prix boutique. Deux fois par an, grand déstockage ; toute l'année, beaucoup d'amabilité. Devise de la maison : de justes prix pour de belles qualités. Pari tenu : blousons Pilote Flight 1 400 F, bombers Schott 600 F.

LEATHER WEAR

Blousons, pantalons, vestes, jupes, maroquinerie homme et femme

Q/P : 7/10 •ASSORTIMENT : 7/10
✛ : Coupes sympas

•Usines Center — ZI Paris Nord II — 95700 Roissy •Tél. : 0148632072 •Horaires : lun.-ven. 10h-20h

Du cuir et des peaux pour tous en prêt-à-porter, jusqu'au 62 pour les hommes et 46 pour les femmes. Dans ce magasin qui vend du McDouglas, on trouve des blousons pour hommes à 990 F, des pantalons à 1 000 F, des blousons en soie doublés + capuche pour femmes à 390 F et un grand choix de sacs. Coupes sympas et bon accueil.

PÔLES NORD

Pantalons, blousons, vestes homme et femme

Q/P : 7/10 •ASSORTIMENT : 7/10
✛ : Grandes tailles

•Usines Center — ZI Paris Nord II — 95700 Roissy •Tél. : 0148632072 •Horaires : lun.-ven. 10h-20h

Fabricant de la marque Bickers, c'est de cuir qu'il est question chez Pôles Nord. Grandes tailles, jusqu'au 60, paiement en 4 fois sans frais. Cette petite boutique propose des vestes à partir de 790 F, des pantalons à 700 F, des blousons à 990 F. Un bon accueil vous est réservé. À visiter avant de partir pour les grands froids !

Robes de mariées

PARIS 4e

MARLÈNE COUTURE

Création de robes sur mesure Q/P : 8/10 •ASSORTIMENT : 8/10
  ✚ : Sur mesure

•44, rue Vieille-du-Temple — 75004 Paris •Tél. : 0148043113 •Horaires : lun.-sam. 12h-19h
•Métro : St-Paul •Bus : 29

Ancienne de la haute couture, Marlène propose désormais des robes de mariées sur mesure. Vous pouvez regarder les modèles de l'atelier mais en préférer un tout autre, issu de votre imagination. Modèles créés d'après la morphologie et les saisons. Outre les robes de mariées, Marlène peut se charger des vêtements pour toute la famille et des robes des demoiselles d'honneur.

PARIS 9e

SONIA L.

Robes de mariées neuves Q/P : 8/10 •ASSORTIMENT : 8/10
  ✚ : Tous les prix

•66, rue d'Amsterdam — 75009 Paris •Tél. : 0142810310 •Horaires : lun. 14h30-19h, mar.-sam. 10h-19h •Métro : Liège •Bus : 68, 81

Pour choisir votre robe de mariée d'après modèle (Demetrios, Matrimonia, Nuptial, Saint-Patrick) ou demander une création, vous aurez du choix et tous les prix possibles, à partir de 2500 F. Les retouches se font en boutique.

PARIS 18e

GINETTE COUTURE

Robes sur mesure Q/P : 6/10 •ASSORTIMENT : 8/10
  ✚ : Robes sur mesure
  ▬ : Agencement de la boutique

•8, bd Barbès — 75018 Paris •Tél. : 0142544975 •Horaires : lun.-sam. 10h-19h •Métro : Barbès-Rochechouart •Bus : 30, 31, 54, 56, 85

Toute petite boutique qui ressemble à un couloir. Les modèles de robes, pour mariages ou cocktails, sont accrochés aux murs. Les robes peuvent être faites à la demande (à partir de 900 F), sur le modèle de votre choix. Comptez pour cela 1 à 2 mois d'attente, selon la saison. Livraisons gratuites sur Paris.

Tati Mariage

Voici certainement les robes de mariées les moins chères de Paris. Vous y trouverez une gamme de plus de 60 robes, pour tous les goûts et pour tous les styles. Un catalogue est vendu dans les magasins et par correspondance, pour que vous puissiez choisir depuis chez vous la robe qui vous convient. Prix des robes entre 399 et 2000 F, donc rien d'excessif, mais aucune retouche n'est effectuée. Également, des accessoires : collants, chaussures ou chapeaux, ainsi que tout ce qu'il faut aux demoiselles d'honneurs et aux enfants en général.
•TATI MARIAGE : 13, place de la République — 75003 Paris •Tél. : 0148877281
•TATI MARIAGE : 140, rue de Rennes — 75006 Paris •Tél. : 0142229531
•TATI MARIAGE : 11 bis, rue Scribe — 75009 Paris •Tél. : 0147422028
•TATI MARIAGE : 79, rue Belhomme — 75018 Paris •Tél. : 0142551309

ZÉLIA, SUR LA TERRE COMME AU CIEL

Robes uniques   Q/P : 8/10 •ASSORTIMENT : 8/10
         ✚ : Conseils personnalisés

•47 ter, rue d'Orsel — 75018 Paris •Tél. : 0146069651 •Horaires : lun.-sam. 10h-19h •Métro : Abesses •Bus : Montmartrobus

Vous pouvez vous présenter à la boutique rien que pour le plaisir des yeux, mais le choix des robes ne se fait que sur RDV. Les robes que vous allez voir sont uniques. Vous choisirez sur un book de modèles ou sur les modèles présents dans le magasin. Avant toute chose, la créatrice cherchera à vous connaître pour vous présenter des modèles qui vous ressemblent et dans lesquels vous vous sentirez à l'aise. Les prix varient de 9000 à 15000 F.

Pronuptia

Les robes sont griffées Pronuptia, Jean Condillon, Jean-Paul Mattera, Laura Ashley, Manae Mari ou Christian Lacroix, autant de modèles que vous pourrez consulter sur catalogue. Pronuptia propose des services particuliers : retouches gratuites, robe livrée à domicile dans les jours précédant le mariage, et remise en état après la cérémonie.
• PRONUPTIA : 10 Magasins en R.P. — Tél. : 0149467700 — Serveur minitel : 3615 PRONUPTIA (1,29 F la min)

ST-DENIS 93

L'EMPIRE DU MARIAGE

Robes à tous les prix   Q/P : 8/10 •ASSORTIMENT : 7/10
         ✚ : Ouvert le dimanche

•95, rue Gabriel-Péri — 93200 St-Denis •Tél. : 0148202821 •Horaires : mar.-sam. 9h30-19h, dim. 10h-19h •Métro : St-Denis-Basilique •Bus : 153, 253

Pour celles qui ne veulent pas se ruiner pour leur robe de mariée, robes de très bonne qualité à des prix défiant toute concurrence. Le premier prix de la robe blanche est à 399 F, et le dernier (pour la plus belle, Organza) est à 13500 F. Vous aurez le choix et un accueil à la hauteur de votre attente. Si vous n'habitez pas à côté, pas de problème, ils sont ouverts le dimanche!

Tissus et mercerie

PARIS 1er

DECLERCQ PASSEMENTIERS

Passementerie de luxe   Q/P : 6/10 •ASSORTIMENT : 9/10
         ✚ : Accueil
         ━ : Prix élevés

•15, rue Étienne-Marcel — 75001 Paris •Tél. : 0144769070 • Fax : 0142331375 •Horaires : lun.-ven. 9h-18h •Métro : Étienne-Marcel •Bus : 29

Une très jolie boutique avec verrière et parquet. Ce fabricant de passementerie propose des articles d'une qualité remarquable. Nombreux galons, franges, crêtes, embrasses. Les prix varient pour un galon plat entre 125 et 300 F (article en soie fait main).

D'OR ET D'ARGENT

Boutons en émail, en corne, dorés à l'or fin, avec des strass...	**Q/P : 8/10 •ASSORTIMENT : 8/10** **+ : Accueil**

•8, rue St-Florentin — 75001 Paris •Tél. : 0142613368 •Horaires : lun. 14h-19h, mar.-ven. 11h-19h •Métro : Concorde •Bus : 72

Ce fabricant offre un large choix de boutons : de 10 à 95 F le bouton selon qu'il est en émail, corne, doré à l'or fin ou avec des strass. Possibilité de choisir deux boutons pour les monter en boutons de manchette. Suivi des collections.

IRIS BOUTONS

Mercerie, boutons, boucles	**Q/P : 6/10 •ASSORTIMENT : 9/10** **+ : Boutons luxueux** **– : Prix élevés**

•350, rue St-Honoré — 75001 Paris •Tél. : 0142615375 • Fax : 0142615376 •Horaires : lun.-sam. 11h-18h30 •Métro : Concorde •Bus : 42, 52

De 10 à 900 F le bouton! Une gamme de choix étonnante. De la nacre, du bois, de la corne ou bien du strass, il suffit de mettre le prix pour obtenir le bouton désiré. Beaucoup de boutons anciens.

LA DROGUERIE

Mercerie, boutons, laine	**Q/P : 7/10 •ASSORTIMENT : 8/10** **+ : Conseil et fiches explicatives**

•9-11, rue du Jour — 75001 Paris •Tél. : 0145089327 • Fax : 0142363080 •Horaires : lun. 14h-18h45, mar.-sam. 10h30-18h45 •Métro : Les Halles •Bus : 29, 38, 47

En plus des articles classiques de mercerie, boutons (entre 1,50 et 25 F), galons, rubans et laines (alpaga 37 F les 50 g), fiches explicatives pour effectuer soi-même de petits travaux manuels. Modèles exposés pour donner des idées mais non à vendre, l'objectif de cette boutique étant d'inciter la clientèle à créer elle-même ses modèles. Ainsi, la vente de laine s'effectue-t-elle au détail, vous permettant de n'acheter que la quantité nécessaire à la réalisation de votre ouvrage.

MOKUBA

Rubans, galons, passementerie	**Q/P : 7/10 •ASSORTIMENT : 9/10** **+ : Accès aux produits**

•18, rue Montmartre — 75001 Paris •Tél. : 0140138141 • Fax : 0145081691 •Horaires : lun.-ven. 9h30-18h30 •Métro : Les Halles •Bus : 29, 38, 47

Nombre important de rubans et galons. Des centaines de rouleaux de toutes les couleurs et de différentes largeurs sont exposés sur des panneaux recouvrant la totalité de la surface de vente. Également des glands, pompons et franges.

PARIS 2e

PETILLAUD

Tissus	**Q/P : 8/10 •ASSORTIMENT : 9/10** **+ : Tissus anciens** **– : Accès**

•2, rue de la Paix (au 2e étage) — 75002 Paris •Tél. : 0142615845 • Fax : 0149279535 •Horaires : lun.-jeu. 9h-18h, ven. 9h-17h •Métro : Opéra •Bus : 21, 22, 42, 52, 68

Tissus haute couture, taffetas de soie, crêpe imprimé, coton piqué suisse... un choix remarquable. Mais aussi des coupons de soie (350 F les 3 mètres) et un petit secteur "mariée". Possibilité de flâner parmi toutes ces merveilles. Le conseil est précis sans être pressant et l'accueil est irréprochable.

LA BOUTIQUE À BOUTONS

Boutons   Q/P : 7/10 •ASSORTIMENT : 9/10
       + : Accueil

•110, rue de Rennes — 75006 Paris •Tél. : 0145483485 •Horaires : mar.-ven. 10h-19h, sam. 10h30-12h30, 14h-19h •Métro : Rennes •Bus : 39, 48, 96

Des murs recouverts de boîtes à boutons et un choix exhaustif qui comble les clientes. De 2 à 400 F le bouton, de l'ordinaire au véritable bijou. Et surtout, on prend le temps de chercher avec vous le bouton idéal.

AU BON GOÛT

Boutons, passementerie   Q/P : 6/10 •ASSORTIMENT : 7/10
       + : Nombreux accessoires de couture

•137, rue St-Dominique — 75007 Paris •Tél. : 0145560322 •Horaires : lun.-sam. 10h 14h, 15h30-19h •Métro : Invalides •Bus : 49 • Voir Au Bon Goût, Paris 16e.

AU BONHEUR DES DAMES

Ouvrages en tapisserie, objets, kits à broder   Q/P : 6/10 •ASSORTIMENT : 8/10
       + : Conseils techniques et formation

•39, passage Jouffroy — 75009 Paris •Tél. : 0147709911 •Horaires : mar.-sam. 10h30-14h, 14h30-19h •Métro : Rue-Montmartre •Bus : 20, 48 67, 85

•8, passage Verdeau — 75009 Paris •Tél. : 0145230611 •Horaires : lun. 12h30-19h, mar.-sam. 10h30-14h, 14h30-19h •Métro : Rue-Montmartre •Bus : 20, 48, 67, 85

Voir Au Bonheur des Dames, Paris 12e.

AU BONHEUR DES DAMES   [N]

Ouvrages en tapisserie, objets, kits à broder   Q/P : 6/10 •ASSORTIMENT : 8/10
       + : Conseils techniques et formation

•Viaduc des Arts — 17, av. Daumesnil — 75012 Paris •Tél. : 0143420627 • Fax : 0142420644 •Horaires : mar.-sam. 10h30-14h, 14h30-19h, dim. 14h-19h •Métro : Gare de Lyon •Bus : 29

Une sélection d'objets brodés et des ateliers de création. Coussins en tapisserie en kit + boudins de porte brodés et montés, 253 F. Une sélection d'objets au look très début de siècle : savons, bibelots, lampes, céramiques, carterie à des prix très doux. Également, des rubans, des fils, des kits points comptés et imprimés, du linge à broder, des tissus pour créer vous-même vos modèles en tapisserie, des laines de couleur, des objets de décoration (maquette de canoë en bois, 414 F). Cours du lundi au samedi, ateliers de broderie, de tapisserie, de points comptés et de dessin (renseignez-vous pour les horaires).

TISSAGE D'ÉCOSSE

Tissus haut de gamme   Q/P : 6/10 •ASSORTIMENT : 7/10
       + : Conseil
       — : Prix élevés

•6, rue Mouton-Duvernet — 75014 Paris •Tél. : 0145409230 •Horaires : lun. 14h-19h, mar.-sam. 10h-12h30, 14h-19h •Métro : Mouton-Duvernet •Bus : 38, 68

Certes, du tissu écossais, mais surtout des tissus haut de gamme : coton suisse, laine, soie, laine-soie et cachemire. À partir de 190 F et jusqu'à 600 F le mètre de soie en largeur 140.

PARIS 15e

MADAME COUPON

Tissus, patrons, adresses de cours de couture et de couturières

Q/P : 7/10 •ASSORTIMENT : 7/10
✚ : Conseils

•125, rue de Cambronne — 75015 Paris •Tél. : 0147347044 •Horaires : lun.-ven. 10h-14h, 15h-19h •Métro : Cambronne •Bus : 39, 49, 70, 89

De nombreux coupons de laine, polyester, coton. Également des tissus à la coupe et de nombreux patrons (environ 45 F pièce). Des adresses de cours de couture ou de couturières et de nombreux conseils vous sont donnés dans cette petite boutique sympathique.

PARIS 16e

AU BON GOÛT

Boutons, passementerie

Q/P : 6/10 •ASSORTIMENT : 7/10
✚ : Nombreux accessoires de couture

•1, rue Guichard — 75016 Paris •Tél. : 0142886168 • Fax : 0140509549 •Horaires : lun.-sam. 9h-12h30, 14h-19h •Métro : La Muette •Bus : 22, 52

La couturière trouvera ici tout ce dont elle a besoin. Du bouton haute couture à 350 F au standard à 5 F, de la passementerie à partir de 30 F le mètre, mais aussi des fermoirs au mètre et des boucles de ceinture. Astuces et conseils vous sont donnés gracieusement.

TISSUS ÉDRÉ

Tissus, fins de série de haute couture

Q/P : 8/10 •ASSORTIMENT : 7/10
✚ : Conseils et coupons à petits prix

•16, rue Jean-de-Bologne — 75016 Paris •Tél. : 0146476018 •Horaires : lun. 14h30-18h30, mar.-sam. 9h30-18h30 •Métro : La Muette •Bus : 22, 52

Grand choix de fins de série de tissus de haute couture. Exemple : fil à fil Hermès à 250 F le mètre. Sens du conseil remarquable.

PARIS 18e

AU BOUTON ST-PIERRE

Mercerie, boutons, passementerie

Q/P : 7/10 •ASSORTIMENT : 8/10
✚ : Conseils et astuces

•5, rue de Steinkerque — 75018 Paris •Tél. : 0146060974 • Fax : 0146060119 •Horaires : lun. 11h-18h45, mar.-sam. 9h45-18h45 •Métro : Anvers •Bus : 54

Tout le nécessaire à couture se trouve dans cette boutique. Bouton classique de 1,50 à 4,50 F, bouton couture de 15 à 165 F. Fermeture Éclair de 8,50 à 28 F. Fil à broder, fil à crocheter, rubans satin, galons de gala… Conseils et astuces sont délivrés avec le sourire.

MERCERIE ST-PIERRE

Mercerie, passementerie, boutons

Q/P : 8/10 •ASSORTIMENT : 7/10
✚ : Calme

•6, rue Charles-Nodier — 75018 Paris •Tél. : 0146060074 •Horaires : lun. 13h15-18h25, mar.-ven. 9h15-18h15, sam. 9h15-18h25 •Métro : Anvers •Bus : 54

La mercerie du marché St-Pierre est une boutique beaucoup plus calme que celle des tissus. Elle propose des rubans de 2 à 10 F le mètre, des dentelles, des voiles de mariées… ainsi que des articles de passementerie, galons, embrasses.

SACRÉS COUPONS

Tissus Q/P : 7/10 •ASSORTIMENT : 8/10
➕ : Choix

•4 bis, rue d'Orcel — 75018 Paris •Tél. : 01 42 64 69 96 •Fax : 01 42 64 86 48 •Horaires : lun.-sam. 9h-19h •Métro : Anvers •Bus : 32, 54

Des tas de coupons présentés sur des tables par catégorie. Tissus pour jupe de 75 à 150 F le coupon. Doublure en satin aux coloris variés à 30 F le mètre. Tissus pour costume en laine, 300 F le coupon de 30 m.

TISSUS ÉDRÉ

Tissus, fins de série de haute couture Q/P : 8/10 •ASSORTIMENT : 7/10
➕ : Conseils et coupons à petits prix

•142, rue Ordener — 75018 Paris •Tél. : 01 42 54 28 35 •Horaires : lun. 15h-19h, mar.-sam. 10h-13h, 14h-19h •Métro : Marcadet-Poissonniers •Bus : 56, 60 • Voir Tissus Édré, Paris 16e.

TISSUS LIONEL

Tissus Q/P : 6/10 •ASSORTIMENT : 7/10
➕ : Accueil attentif

•21, rue d'Orcel — 75018 Paris •Tél. : 01 42 58 04 36 • Fax : 01 42 58 27 77 •Horaires : lun.-sam. 9h-19h •Métro : Anvers •Bus : 32, 54

Petite boutique de charme, du lycra imprimé à 69 F le mètre à la dentelle de Calais entre 200 et 800 F le mètre, en passant par le satin, le madras et la panne de velours.

TISSUS ORIENTAUX

Tissus, robes de mariées Q/P : 7/10 •ASSORTIMENT : 9/10
➕ : Choix
➖ : Accueil

•19, rue d'Orcel — 75018 Paris •Tél. : 01 42 55 17 54 •Horaires : lun.-sam. 10h-19h •Métro : Anvers •Bus : 32, 54

Cette boutique déborde de tissus orientaux. Des robes de mariées suspendues au plafond, des babouches recouvrant le sol et de nombreuses étoffes scintillantes. Un univers des mille et une nuits et un choix incroyable.

Le quartier du Sacré Cœur

Si vous voulez faire d'une pierre deux coups, le quartier du Sacré Cœur vous permettra d'acheter le tissu au Sacré Coupon, et les boutons ou rubans à la Mercerie St-Pierre pour un prix très raisonnable. N'oubliez pas La Droguerie pour des boutons originaux à petits prix.
• LA DROGUERIE : 9-11, rue du Jour — 75001 Paris — Tél. : 01 45 08 93 27
• SACRÉ COUPON : 4 bis, rue d'Orcel — 75018 Paris — Tél. : 01 42 64 69 96
• MERCERIE ST-PIERRE : 6, rue Nodier — 75018 Paris — Tél. : 01 46 06 00 74

Retouches et couture

LEGRAND TAILLEUR

Chemises sur mesure, retouches   Q/P : 7/10 •ASSORTIMENT : 8/10
✚ : Tailleur

•27, rue du Quatre-Septembre — 75002 Paris •Tél. : 0147427061 •Horaires : lun.-sam. 10h-18h •Métro : Quatre-Septembre •Bus : 20, 39

Des chemises sur mesure à des prix abordables. D'autres vêtements peuvent être effectués à la demande. Service de retouches sur tous vêtements et tous tissus.

MICHEL BALI

Retouches de vêtements   Q/P : 9/10 •ASSORTIMENT : 7/10
✚ : Petits prix

•67, rue Greneta — 75002 Paris •Tél. : 0142339225 •Horaires : mar.-sam. 8h-13h, 14h-19h •Métro : Étienne-Marcel •Bus : 29

Prix bas (surtout sur les travaux importants) et travail soigné : ourlets entre 50 et 70 F, doublure de veste 290 F (tissu fourni). Le patron, très souriant, travaille sur tous tissus.

SOS RETOUCHES

Retouches tous vêtements, urgences,   Q/P : 8/10 •ASSORTIMENT : 9/10
vêtements sur mesure   ✚ : Vêtements sur mesure

•65, rue Ste-Anne — 75002 Paris •Tél. : 0140150314 •Horaires : mar.-ven. 11h30-19h30, sam. 12h-19h •Métro : Quatre-Septembre •Bus : 20, 39

Quel que soit votre problème, vos vêtements seront pris en charge et très bien soignés. Ici, tout est possible : ourlets piqués (60 F), avec revers (100 F), raccourcissement de manches (100 à 150 F). En cas d'urgence, vous pouvez toujours les apporter, ils seront faits le plus rapidement possible. La responsable est également experte en vêtements sur mesure, il suffit de lui apporter le tissu et une photo. Mais il vaut mieux ne pas être trop pressé.

SAINT-MARCEL RETOUCHE

Retouches de vêtements   Q/P : 8/10 •ASSORTIMENT : 6/10
✚ : Urgences acceptées
− : Uniquement sur tissu

•14, bd St-Marcel — 75005 Paris •Tél. : 0147075254 •Horaires : mar.-ven. 9h30-19h, sam. 9h30-17h •Métro : St-Marcel •Bus : 91

Les retouches sont effectuées uniquement sur tissu, et les prix sont précisés sur présentation des vêtements. Le petit plus : le travail est de grande qualité et les urgences ne font pas peur au propriétaire des lieux.

Retouches à domicile

Si vous n'avez pas le temps de déposer vos vêtements, Allô Retouches propose un service de retouches à domicile. Les vêtements sont pris à votre domicile, et y seront livrés une fois le travail terminé. Comptez 50 F pour les ourlets et 70 F pour les revers. Le déplacement est gratuit à partir de 250 F de travaux. Tous les tissus sont acceptés, le délai ne dépasse pas 3 jours. Le service est proposé à Paris intra-muros et en proche banlieue.
• *ALLÔ RETOUCHES* — Tél. : 0147975430

PARIS 6ᵉ

BEST RETOUCHES

Retouches de vêtements   Q/P : 6/10 •ASSORTIMENT : 8/10
                                    ✚ : Livraison et enlèvement

•110, rue du Cherche-Midi — 75006 Paris •Tél. : 0145490403 •Horaires : lun.-sam. 10h-19h •Métro : Vaneau, Falguière •Bus : 39, 70

Spécialiste des retouches proposant des travaux très diversifiés : tissus, manteaux, ourlets, poches, etc. Les prix sont corrects (à partir de 70 F), mais surtout, Best Retouche propose l'enlèvement et la livraison des vêtements – gain de temps évident.

PARIS 7ᵉ

BEST RETOUCHES

Retouches de vêtements   Q/P : 6/10 •ASSORTIMENT : 8/10
                                    ✚ : Livraison et enlèvement

•2 bis, rue Malar — 75007 Paris •Tél. : 0144180660 •Horaires : lun. 14h30-19h, mar.-ven. 10h-13h30, 14h30-19h, sam. 9h-13h30 •Métro : La Tour-Maubourg •Bus : 28, 49 • Voir Best Retouches, Paris 6e.

DÉS D'ALYA

Vêtements sur mesure, couture, Q/P : 8/10 •ASSORTIMENT : 7/10
retouches   ✚ : Tous travaux, tous tissus

•20, rue du Champ-de-Mars — 75007 Paris •Tél. : 0144183377 •Horaires : mar.-sam. 9h30-18h30 •Métro : École-Militaire •Bus : 28, 49, 82, 92

Grand espace de retouche : vous pouvez y apporter tous vos vêtements. La responsable préfère voir le travail à effectuer pour donner les bonnes informations, plutôt que de répondre par téléphone. Prix corrects, travail soigné et rapide : revers à partir de 70 F, changement de fermeture Éclair de pantalon 90 F (le matériel est fourni). Possibilité d'effectuer des travaux de tailleur.

SERVICE RETOUCHE

Toutes les retouches, y compris de Q/P : 8/10 •ASSORTIMENT : 9/10
vêtements de qualité   ✚ : Travail très soigné

•14, rue Cler — 75007 Paris •Tél. : 0144180538 •Horaires : mar.-sam. 9h45-19h15 •Métro : École-Militaire •Bus : 28, 49, 82, 92

Vous pouvez apporter vos vêtements en toute confiance, ils seront bien soignés, même s'il s'agit de grandes marques, cela ne fait pas peur à la responsable. Les prix sont petits : ourlets à partir de 65 F, bas de manches de veste avec fente 120 F, sans fente 95 F, fermeture Éclair de pantalon 85 F... Tous les tissus, le daim et le cuir, sont acceptés.

PARIS 8ᵉ

DOIGTS DE FÉE COUTURE

Vêtements sur mesure, couture, Q/P : 7/10 •ASSORTIMENT : 8/10
retouches   ✚ : Vêtements sur mesure

•11, rue Tronchet — 75008 Paris •Tél. : 0142655739 •Horaires : lun.-ven. 9h-19h •Métro : Madeleine •Bus : 24, 42, 52, 84

Dans un délai relativement court, vous pouvez commander des vêtements de toutes sortes, sur mesure. Compter 950 F pour un pantalon, tissu non fourni. L'atelier effectue également des retouches sur tous tissus, ourlets, reprises, etc.

STYL'UP NICOLAS

Retouches de vêtements, tailleurs sur mesure

Q/P : 7/10 •ASSORTIMENT : 8/10
+ : Tailleurs sur mesure

•5, rue Pasquier — 75008 Paris •Tél. : 0142664485 •Horaires : lun.-ven. 9h-18h •Métro : St-Augustin, Madeleine •Bus : 22, 28, 83, 84

Outre les retouches sur tissu, daim ou cuir, l'atelier qui travaille avec le monde de la haute couture propose des tailleurs sur mesure. Pour cela, appelez la styliste le matin. Le travail est de très bonne qualité et très professionnel, l'accueil agréable.

PARIS 9ᵉ

ATOM

Retouches de vêtements

Q/P : 8/10 •ASSORTIMENT : 9/10
+ : Travail rapide

•19, rue du Fg-Poissonnière — 75009 Paris •Tél. : 0142467454 •Horaires : lun.-sam. 9h-19h •Métro : Bonne-Nouvelle •Bus : 32, 43, 48, 49

Pour toutes retouches sur tissu, cuir ou daim, cette maison, qui travaille pour le cinéma et la haute couture, assure un résultat soigné et rapide. En cas d'urgence, les petits travaux peuvent être effectués dans la journée, mais déposez vos affaires dans la matinée. Livraison possible sur Paris.

LORNA GREG COUTURE

Vêtements sur mesure, retouches

Q/P : 7/10 •ASSORTIMENT : 8/10
+ : Ouvert tard
− : 2 mois d'attente

•7, rue Manuel — 75009 Paris •Tél. : 0142821729 •Horaires : lun.-ven. 10h30-21h •Métro : Notre-Dame-de-Lorette •Bus : 67, 74

Vêtements sur mesure, atelier de retouches de vêtements et atelier de création, voici toutes les possibilités que vous offre Lorna Greg Couture. Pour les vêtements sur mesure, le mieux est de venir avec un modèle à reproduire. Le tissu est vendu sur catalogue, mais vous pouvez venir avec votre propre choix. Prix sur devis uniquement. Compter 2 mois d'attente.

PARIS 12ᵉ

MARIE LAVANDE

Restauration de dentelles et broderies

Q/P : 7/10 •ASSORTIMENT : 8/10
+ : Outillage et savoir-faire

•83, av. Daumesnil — 75012 Paris •Tél. : 0144677878 •Horaires : mar.-sam. 8h30-13h, 14h-18h •Métro : Montgallet •Bus : 29

Sous les arches de la Coulée verte, s'est installé l'atelier de Joëlle Serres. Travail de qualité traditionnel pour du linge fin, orné ou non de dentelle ou de "tuyaux". Les lingères viennent chercher le linge et le rapportent à domicile une fois traité. Devis estimatif obligatoire avant restauration. Dentelles, appliques, broderies, tout peut être restauré et repassé à l'ancienne.

TAILLEUR PICPUS

Tailleur

Q/P : 7/10 •ASSORTIMENT : 8/10
+ : Vêtements sur mesure

•29, rue Picpus — 75012 Paris •Tél. : 0146289724 •Horaires : mar.-sam. 9h-12h, 14h-19h •Métro : Nation •Bus : 56, 86

Ce tailleur confectionne les modèles de votre choix sur tissus, cuirs ou fourrures. Outre les travaux sur mesure, il pratique également des retouches : compter au minimum 2 jours d'attente selon le travail à effectuer. Les prix sont communiqués sur devis, sur présentation des vêtements et non par téléphone.

PARIS 14ᵉ

ACTIF

Retouches de vêtements en tissu ou en cuir

Q/P : 8/10 •ASSORTMENT : 7/10
+ : Petits prix

•11, rue d'Odessa — 75014 Paris •Tél. : 0143212838 •Horaires : lun.-sam. 9h-19h30 •Métro : Montparnasse, Edgar-Quinet •Bus : 28, 58, 68

Agrandir, élargir, rétrécir, vous pouvez apporter tous vos vêtements en tissu ou cuir, Actif travaille sur tous supports. Les prix sont bas (ourlets à partir de 40 F, doublures à partir de 300 F, tissu fourni), le travail très soigné, et l'accueil chaleureux.

PARIS 15ᵉ

AZUR RETOUCHES

Retouches de vêtements

Q/P : 7/10 •ASSORTMENT : 7/10
+ : Travail rapide

•32, rue des Bergers — 75015 Paris •Tél. : 0145756780 •Horaires : lun.-sam. 8h30-18h45 •Métro : Charles-Michel •Bus : 62

Tout est possible, sur tous les tissus, le daim ou le cuir, y compris les retouches de manteaux. Compter 60 F pour un revers de pantalon, 70 F pour une reprise de taille. Le travail est soigné et rapide, surtout si vous êtes pressé. Pas de livraison possible.

FOSSET

Retouches de vêtements, tailleurs sur mesure

Q/P : 6/10 •ASSORTMENT : 7/10
+ : Travail rapide

•22, rue de l'Abbé-Groult — 75015 Paris •Tél. : 0148284974 •Horaires : lun.-sam. 10h-20h •Métro : Convention •Bus : 39, 80, 89

Petit atelier, qui travaille sur tous tissus pour vêtements, rideaux, tissus d'ameublement, et qui fabrique aussi des tailleurs sur mesure. Le travail est rapide et soigné, compter entre 70 et 240 F selon la demande.

FREGGIANI

Retouches de vêtements, vêtements, accessoires de mode

Q/P : 8/10 •ASSORTMENT : 9/10
+ : Tous tissus

•16, rue Maublanc — 75015 Paris •Tél. : 0145301392 •Horaires : lun. 12h-19h30, mar.-sam. 9h-14h, 15h-19h30 •Métro : Vaugirard •Bus : 39, 80, 89

Freggiani se charge de travaux de retouches sur tous tissus, cuirs et fourrures, à des prix concurrentiels : revers-ourlets 50 F, ourlets cuirs 70 F, pose de fermeture Éclair 60 F. Le magasin propose également des vêtements et accessoires de mode.

PARIS 16ᵉ

CLINIQUE DU VÊTEMENT

Retouches de vêtements

Q/P : 6/10 •ASSORTMENT : 8/10
+ : Tous travaux
− : Prix élevés

•25, rue de Passy — 75016 Paris •Tél. : 0142887960 •Horaires : mar.-sam. 9h-13h, 14h-19h •Métro : La Muette •Bus : 22, 32, 52

Atelier minuscule, au fond de la galerie commerciale, cette retoucherie porte bien son nom. Toutes les retouches et réparations peuvent être effectuées, par des couturières professionnelles, et toutes les matières sont acceptées. Seul point négatif, un prix un peu élevé : 80 F l'ourlet, 650 F la doublure de veste, et il faut fournir le tissu.

WAGRAM RETOUCHES

Retouches rapides tous vêtements, rideaux, literie...

Q/P : 8/10 •ASSORTIMENT : 9/10
✚ : Travail rapide

•136, av. de Wagram — 75017 Paris •Tél. : 0142674470 •Horaires : lun. 13h-19h, mar.-mer. et ven. 9h30-19h, jeu. 9h30-21h •Métro : Wagram •Bus : 31

Pour un manteau, une veste, une jupe, un pantalon, des fermetures Éclair, du cuir, des rideaux ou un couvre-lit : tout est possible dans cette boutique. Si vous êtes très pressé, les travaux peuvent être effectués dans la journée. Et pour ceux qui travaillent beaucoup, nocturne le jeudi jusqu'à 21h.

LA COUTURIÈRE DE MONTMARTRE

Vêtements sur mesure

Q/P : 9/10 •ASSORTIMENT : 7/10
✚ : D'après photos ou dessins

•90, rue du Mont-Cenis — 75018 Paris •Tél. : 0142584868 •Horaires : lun.-ven. 9h30-19h, sam. 9h30-12h30 •Métro : Jules-Joffrin •Bus : 80

Cet atelier de couture se propose de vous confectionner des vêtements sur mesure, d'après modèles photo ou dessins. Vous pouvez apporter votre tissu, mais vous en trouverez également en magasin. Compter 1 200 F pour un pantalon en tissu, 900 F pour une jupe. Vestes et robes sur devis uniquement.

ENFANTS

- GROSSESSE ET
  PUÉRICULTURE
- COIFFEURS
- VÊTEMENTS ENFANT
- CHAUSSURES ENFANT
- JOUETS, JEUX, LIVRES ET
  CD-ROM

- MOBILIER ENFANT,
  AMÉNAGEMENTS
- GARDES
- SPORTS, VACANCES,
  LOISIRS, ATELIERS
- COURS PARTICULIERS,
  AIDE SCOLAIRE, LANGUES

VACANCES ET CD-ROM! S'il n'y a qu'un seul budget en augmentation par ces temps de crise, c'est bien celui des enfants. Que ce soit pour l'arrivée d'un bébé, l'aménagement d'une chambre, l'achat de CD-rom et de jouets ou l'inscription à un stage, un atelier ou un séjour de vacances, on ne lésine pas à la dépense pour s'assurer qualité et sécurité…

Alors, mis à part les incontournables adresses pas chères, qui concernent surtout les vêtements et que tout le monde connaît aujourd'hui, nous avons pris les chemins de traverse, afin de vous faire découvrir de jolies boutiques, pour rester belle et séduisante lorsque l'on est enceinte, des magasins de jeux et de jouets à la sélection pointue, des ateliers intelligents, des organismes de gardes et de baby-sitting expérimentés et, bien sûr, toute une panoplie de boutiques de vêtements et de chaussures, car elles sont de plus en plus créatives et, si l'on sait choisir, de plus en plus économiques.

Dans le domaine des vêtements pour enfants, le concept *Du Pareil au Même* a fait école. De nouvelles enseignes du même type fleurissent presque chaque mois et les marques plus haut de gamme, comme *Clayeux*, *Marese* ou *Catimini*, s'implantent dans les magasins d'usine aux portes de Paris. Du coup, les boutiques de dégriffés et les dépôts-vente ont perdu de leur intérêt, mais ils restent néanmoins intéressants pour les gros achats : certains jeux et jouets, le matériel de puériculture… Notez qu'on y trouve toujours beaucoup de layette nouveau-né dans un état parfaitement neuf.

Pour chausser les enfants, le moins cher se trouve dans les magasins d'usine et dans les chaînes de dégriffés spécialisées, dont *Petits Petons* est un des meilleurs exemples. Mais attention, ne lésinez pas sur la qualité et n'achetez jamais de chaussures dans les dépôts-vente car, même si elles paraissent neuves, elles peuvent avoir été déformées et provoquer ampoules, brûlures ou problèmes plus importants.

Enquêtes et rédaction :
Catherine Cocaul, Béatrice Girard, Sylvie Wolff

Grossesse et puériculture

PARIS 1er

LA SAMARITAINE

Matériel de puériculture, vêtements, listes de naissance	Q/P : 7/10 •ASSORTIMENT : 8/10 **+** : Choix **—** : Accueil

•19, rue de la Monnaie — 75001 Paris •Tél. : 0140412226 •Fax : 0140412325 •Horaires : lun.-sam. 9h30-19h, jeu. 9h30-22h •Métro : Pont-Neuf •Bus : 72

Plus de 2000 références consacrées aux bébés et aux futures mamans, tous produits confondus : poussettes, landaus, lits, baignoires, 13 marques de layette. Possibilité de déposer sa liste de naissance. Vous trouverez forcément votre bonheur, à condition de tomber sur une vendeuse commerçante!

PARIS 2e

FORMES

Vêtements pour femmes enceintes	Q/P : 7/10 •ASSORTIMENT : 7/10 **+** : Accessoires **—** : Aucun sous-vêtement

•10, place des Victoires — 75002 Paris •Tél. : 0140156381 •Horaires : lun.-sam. 10h30-19h •Métro : Étienne-Marcel •Bus : 29 •Internet : http://www. formes. com

Vestes cintrées, mailles confortables ou robes évasées, chez Formes, la collection est résolument contemporaine avec une gamme de prix entre 500 et 600 F. Accessoires : ceintures, maillots de bain, mais aucun sous-vêtement. VPC, catalogue gratuit sur demande et consultable sur le site Web; livraison assurée sous 10 jours.

PARIS 6e

FORMES

Vêtements pour femmes enceintes	Q/P : 7/10 •ASSORTIMENT : 7/10 **+** : Accessoires **—** : Aucun sous-vêtement

•5, rue du Vieux-Colombier — 75006 Paris •Tél. : 0145490980 •Horaires : lun.-sam. 10h30-19h •Métro : St-Sulpice •Bus : 63, 84 •Internet : http://www. formes. com • Voir Formes, Paris 2e.

MAISON DE NATALYS

Décoration pour chambres d'enfants, luminaires, accessoires de puériculture	Q/P : 6/10 •ASSORTIMENT : 7/10 **+** : Cadre **—** : Accueil

•76, rue de Seine — 75006 Paris •Tél. : 0146334648 •Horaires : lun.-sam. 10h-19h •Métro : Odéon •Bus : 58, 63, 70, 86, 87, 96

La marque Natalys se lance dans la décoration pour enfants. Le cadre est très agréable : un espace de 150 m² de plain-pied, dans un style très cosy, à la fois clair et chaleureux (parquet, pilier de pierre, poutres en ogive…). Vous trouvez toujours de tout, de la layette aux poussettes, en passant par le lit silhouette de nounours en bois massif (2995 F), joli mais un peu cher ! Vous ferez donc d'une pierre deux coups en allant choisir la tapisserie et le berceau de bébé. Grand choix aussi en matière de papiers peints et de tissus, réalisation de rideaux sur mesure à partir de 400 F. Pour les services, la carte Rhinocéros donne droit à 15 % de réduction pendant un an en matière de puériculture, à partir de 1 500 F d'achat.

UN ET UN FONT TROIS

Vêtements de femmes enceintes Q/P : 7/10 •ASSORTIMENT : 8/10
                                   ✚ : Choix

•11, rue Bréa — 75006 Paris •Tél. : 0156244594 •Horaires : lun.-sam. 10h30-13h, 13h30-19h •Métro : Vavin •Bus : 68, 94 • Voir Un et Un font Trois, Paris 7e.

Allô cigogne!

C'est bien connu : ce sont les cigognes qui livrent les bébés… Pour entretenir la légende, Allô Cigogne a mis au point un concept original de livraison, à domicile ou à la maternité, de corbeilles de naissance, par une cigogne grandeur nature, à partir de 550 F sur Paris et banlieue : pyjama, drap housse, bavoir, nounours en vichy bleu, rose ou rouge. Jusqu'à 3000 F avec champagne, parure de lit, édredon brodé… Le tout sur simple appel téléphonique, délai le matin pour l'après-midi, 7 J/7. La cigogne parle, elle lit un poème à la maman ou lui délivre un message personnel sur demande.

• ALLÔ CIGOGNE : Showrom — 38, av. du Général-Billotte — 94000 Créteil — Tél. : 01 43771003

PARIS 7e

UN ET UN FONT TROIS

Vêtements de femmes enceintes Q/P : 7/10 •ASSORTIMENT : 9/10
                                   ✚ : Choix

•3, rue de Solférino — 75007 Paris •Tél. : 0140629215 •Fax : 0147656877 •Horaires : lun.-sam. 10h30-13h, 13h30-19h •Métro : Solférino •Bus : 63, 83, 94

Être enceinte et suivre la mode, c'est un peu le concept de la boutique. Ici, robes moulantes en strech, pantalons trompette, et un choix important de vêtements habillés. La décoration du magasin change avec les saisons. Quelques sous-vêtements.

PARIS 9e

BALLOON

Vêtements et sous-vêtements de femmes enceintes Q/P : 8/10 •ASSORTIMENT : 5/10
                                   ✚ : Prix très abordables
                                   ▬ : Choix assez limité

•26, rue des Mathurins — 75009 Paris •Tél. : 0147421762 •Fax : 0147421762 •Horaires : lun. 11h-18h45, mar.-sam. 10h-18h45 •Métro : Havre-Caumartin •Bus : 66 • Voir Balloon, Paris 16e.

PARIS 12e

CORMIER

Location et vente de matériel de puériculture Q/P : 7/10 •ASSORTIMENT : 6/10
                                   ✚ : Tarif unique de livraison

•121, bd Soult — 75012 Paris •Tél. : 0143450578 •Fax : 0143452056 •Horaires : mar.-sam. 9h-12h30, 14h-18h30 •Métro : Porte-de -Vincennes •Bus : PC • Voir Cormier, Les Lilas 93.

L'Association des parents de naissances multiples

Vous n'en attendiez qu'un, vous en avez eu quatre d'un seul coup... Pas de panique, l'Association des parents de naissances multiples est un véritable réseau d'entraide. Les conditions pour y adhérer sont simples, il suffit d'avoir au moins des jumeaux et de payer une cotisation de 160 F par an. Ensuite, les activités sont multiples et variées : réunions d'entraide morale, location et achats groupés de matériel de puériculture, conférences (sur la jalousie, la scolarisation ou le langage...).

• APNP : 201, rue d'Alésia — 75014 Paris — Tél. : 01 45 45 45 98

PARIS 15e

LA NURSERY

Vêtements enfants, jouets, matériel de puériculture, listes de naissance	**Q/P : 7/10 •ASSORTIMENT : 8/10** **+** : Promotions fréquentes **−** : Pas de VPC

•79, rue de la Convention — 75015 Paris •Tél. : 01 45 78 26 56 •Fax : 01 45 78 26 56 •Horaires : lun.-sam. 9h30-19h15 •Métro : Boucicaut •Bus : 42, 62

Ici, l'on habille les enfants de 0 à 6 ans, et l'on propose aussi des tailles 00 pour les prématurés. Grandes marques de puériculture (Jamic, Gracco, Chicco), ainsi que du mobilier en bois ou laqué blanc. Pour les jouets, le premier âge est à l'honneur avec Fisher Price, Corolle et de nombreuses peluches. Pour fêter les heureux événements, un service de livraison naissance dans les 3h, pour 45 F, sur Paris et la petite couronne.

PARIS 16e

BALLOON

Vêtements et sous-vêtements de femmes enceintes	**Q/P : 8/10 •ASSORTIMENT : 5/10** **+** : Prix très abordables **−** : Choix assez limité

•4, rue Guichard — 75016 Paris •Tél. : 01 42 88 19 40 •Fax : 01 42 88 19 40 •Horaires : lun. 11h-18h45, mar.-sam. 10h-18h45 •Métro : La Muette •Bus : 22

Une ligne de vêtements pour femmes enceintes dans des gammes de prix moyens mais abordables : pantalon entre 350 et 400 F, jupe à partir de 295 F, robe à partir de 490 F.

FORMES

Vêtements de femmes enceintes	**Q/P : 7/10 •ASSORTIMENT : 7/10** **+** : Accessoires **−** : Aucun sous-vêtement

•1, rue Sontay — 75016 Paris •Tél. : 01 45 01 72 78 •Horaires : lun.-sam. 10h30-19h •Métro : Victor-Hugo •Bus : 82 •Internet : http://www. formes. com • Voir Formes, Paris 2e.

MAISON DE NATALYS

Décoration pour chambres d'enfants, luminaires, accessoires de puériculture	**Q/P : 6/10 •ASSORTIMENT : 7/10** **+** : Cadre **−** : Accueil

•5, rue Guichard — 75016 Paris •Tél. : 01 40 50 61 43 •Fax : 01 40 50 37 42 •Horaires : mar.-ven. 10h-19h, sam. 10h-19h15 •Métro : La Muette •Bus : 22 • Voir Maison de Natalys, Paris 6e.

VALERIA ATTINELLI

Ligne de vêtements, linge, puériculture	**Q/P : 6/10 •ASSORTIMENT : 6/10** **+** : Des matières confortables **−** : Un peu cher

•27, av. de Versailles — 75016 Paris •Tél. : 01 42 24 18 24 •Fax : 01 42 24 71 20 •Horaires : lun.-ven 9h-19h •Métro : Mirabeau •Bus : 52

Couleurs pastel et linge de maison pour les tout-petits. Valéria crée et commercialise sa ligne, dans tous les grands magasins et les boutiques spécialisées (Natalys, Les Petits Enfants, Le Bon Marché…). Style classique et épuré : pochette de naissance en tissu couche à partir de 570 F, châle couverture à partir de 290 F, housse de matelas à langer à partir de 150 F… Pour les petites filles, on trouve cette année des robes (robe Bloomer à partir de 300 F). Pour obtenir la liste des points de vente, téléphoner au 0142241824.

PARIS 17e

BLEU CIEL

Vêtements de femmes enceintes
Q/P : 7/10 •ASSORTIMENT : 7/10
+ : De nombreuses marques

•14, av. Niel — 75017 Paris •Tél. : 0142276389 •Horaires : lun, 13h30-18h30, mar-sam, 10h30-18h30 •Métro : Charles de Gaulle-Étoile •Bus : 52

Des marques françaises et étrangères, une mode raffinée mais colorée et surtout des modèles que l'on ne voit pas partout. Bleu Ciel a décidé de sortir des sentiers battus.

EN ATTENDANT BÉBÉ

Vêtements pour femmes enceintes : pantalons, robes, salopettes, chemisiers, tee-shirts
Q/P : 8/10 •ASSORTIMENT : 8/10
+ : Mode stylée dans un cadre agréable

•6, rue Cardinet — 75017 Paris •Tél. : 0147663687 •Horaires : mar.-ven. 10h30-14h, 14h45-19h, sam. 10h30-13h, 13h45-19h •Métro : Courcelles, Ternes •Bus : 30, 43

Pantalons tulipes à 399 F, salopettes à 535 F, robes à 400 F, très bien coupés et dans des matières particulièrement agréables, notamment en double lycra. Une ligne très tendance, un style future maman branchée et une jolie boutique où l'on vous chouchoute : tout ce que l'on aime en attendant bébé.

MONTREUIL 93

STOCK PAPOUILLE

Matériel de puériculture neuf dégriffé
Q/P : 7/10 •ASSORTIMENT : 8/10
+ : Un grand parking
– : Pas de livraison

•71 bis rue Ernest-Savart — 93100 Montreuil •Tél. : 0148707970 •Fax : 0148707191 •Horaires : mar.-sam. 9h30-12h30, 13h30-18h •Métro : Mairie-de-Montreuil •Bus : 322

Vous ferez sûrement des affaires dans ces 200 m² d'exposition : matériel de puériculture et mobilier enfant neuf, avec des rabais de 15 à 20 %. Mais inutile de négocier car les prix sont déjà démarqués ! Le choix est là : Bébéconfort, Maxicosy, Raymond… Tout pour les enfants de 0 à 2 ans; mobilier et landaus uniquement sur commande. Les vendeurs sont de vrais conseillers, et le patron sait de quoi il parle puisqu'il est fournisseur de nombreux établissements spécialisés dans la petite enfance.

LES LILAS 93

CORMIER

Location et vente de matériel de puériculture
Q/P : 7/10 •ASSORTIMENT : 6/10
+ : Livraison tarif unique

•63, rue de Romainville — 93260 Les Lilas •Tél. : 0143628561 •Fax : 0143626078 •Horaires : lun.-sam. 9h-12h30, 14h-18h30 •Métro : Mairie-des-Lilas

Pèse-bébés électroniques, tire-lait pour les mamans, matelas anti-reflux. Ici, tout se loue et tout se vend. Matériel de professionnel, donc plus intéressant à la location : 180 F/mois, la durée de location minimale est d'un mois sans tarif dégressif. Livraisons les jours ouvrables sur toute l'Île-de-France pour un montant de 60 F.

GENTILLY 94

CORMIER

Location et vente de matériel de puériculture

Q/P : 7/10 •ASSORTIMENT : 6/10
+ : Livraison tarif unique

•1, rue Mazagran — 94250 Gentilly •Tél. : 01 45 46 18 70 •Fax : 01 45 46 44 00 •Horaires : mar.-sam. 9h-12h30, 14h-18h30 •Métro : RER B Gentilly •Bus : PC • Voir Cormier, Les Lilas 93.

Coiffeurs

PARIS 6ᵉ

AU PAYS D'OSCAR

Salon de coiffure

Q/P : 7/10 •ASSORTIMENT : 7/10
+ : Le cadre
− : Plus cher les mercredis et samedis

•16, rue Vavin — 75006 Paris •Tél. : 01 43 54 14 97 •Horaires : lun., mer. et sam. 9h30-18h30, mar., jeu. et ven. 10h-21h •Métro : Vavin •Bus : 58, 82

Un salon conçu comme une chambre d'enfant, avec mobilier à leur taille, jouets et maquettes, bonbons, pains au chocolat et barbes à papa. Les coiffeurs sont formés par Oscar lui-même. Forfait shampoing-séchage ou shampoing-coiffure : 80 F. Forfait shampoing-coupe 140 F. Pour les bébés jusqu'à 15 mois, 110 F la coupe, mais attention, les prix sont majorés de 10 % les mercredis et samedis.

MARIANNE GRAY

Salon de coiffure

Q/P : 7/10 •ASSORTIMENT : 7/10
+ : Salon familial
− : Un peu cher pour les enfants

•47, rue St-André-des-Arts — 75006 Paris •Tél. : 01 43 26 58 21 •Horaires : lun.-sam., 9h30-19h •Métro : St-Michel •Bus : 96

Ici, on vient de génération en génération. Les petites filles se font coiffer aux côtés de leur grand-mère, pendant que leur maman se fait faire un soin bio-esthétique... Vieilles pierres, poutres apparentes et carrelages en font un endroit agréable et reposant, propice aux rendez-vous de beauté puisque le salon fait aussi institut.

PARIS 17ᵉ

BAMBINO

Salon de coiffure

Q/P : 8/10 •ASSORTIMENT : 7/10
+ : Les télés et les cadeaux

•10, bd de Courcelles — 75017 Paris •Tél. : 01 42 12 03 60 •Horaires : mar.-ven. 10h-19h, sam. 10h-19h30 •Métro : Villiers •Bus : 30

Cadre coloré, mobilier adapté aux enfants et une télé devant chaque fauteuil pour qu'ils suivent leurs dessins animés préférés pendant qu'on les coiffe et, après la coupe, une surprise attend chaque enfant. Le salon vend également des peluches, des objets de décoration et un grand choix d'accessoires de coiffure. Tarif des coupes en fonction de l'âge : 83 F de 0 à 3 ans, 105 F de 4 à 6 ans et 115 F de 7 à 12 ans.

Vêtements enfant

PARIS 1er

ADIDAS

Vêtements et chaussures de sport   Q/P : 7/10 •ASSORTIMENT : 7/10
+ : Unique enseigne Adidas sur Paris

•1-3, rue du Louvre — 75001 Paris •Tél. : 0142603483 •Fax : 0142869805 •Horaires : lun.-sam. 10h-18h45 •Métro : Louvre-Rivoli •Bus : 38, 65

Boutique Adidas exclusivement réservée aux enfants, de 4 à 14 ans. Grand choix de baskets dans des tailles convenant dès 4 ans (à partir de 229 F) et toute la gamme sportswear de la marque, en version petite taille.

PARIS 2e

LA MARELLE

Dépôt-vente de chaussures et vêtements   Q/P : 8/10 •ASSORTIMENT : 6/10
+ : Sélection rigoureuse des articles

•21-25, galerie Vivienne — 75002 Paris •Tél. : 0142600819 •Horaires : lun.-ven. 10h30-18h30, sam. 14h-18h30 •Métro : Bourse •Bus : 85, 39, 74

Superbe boutique installée dans la très chic galerie Vivienne. Larges vitrines à l'extérieur, décor immaculé à l'intérieur. Très belle sélection d'articles, choix strict de vêtements et de chaussures en parfait état : blousons bébé 126 F, robe 96 F, chaussures brides 150 F. Essayage confortable, mais peu de choix dans les modèles. De 3 mois à 10 ans.

Du Pareil au Même

On a beau chercher, elles n'ont pas leur pareil, ces boutiques font un parcours sans faute. Leur secret? Des collections non suivies, une rotation rapide des stocks, pas d'invendus, un roulement continu, un circuit de distribution court. Le résultat? Des prix imbattables pour une qualité supérieure, des vêtements bien coupés. Un conseil? Si un modèle vous plaît, n'hésitez pas, prenez-le, vous ne le retrouverez pas. Les boutiques se signalent par leur couleur, leur clarté, une circulation aisée et une bonne présentation des modèles. On entre en ne sachant pas ce que l'on va acheter mais en étant sûr de trouver. On commence par les paniers lingerie, on jette un œil sur les pyjamas (dans des coloris et tissus toujours sympa), on flâne autour des tourniquets de robes adorables, de pantalons, de jeans, on s'arrête devant les piles bien rangées de sweats aux dessins gais et variés, on prend un gilet en passant, on arrive à la layette, on repart le sac plein et le porte monnaie même pas vide. On est libre, à l'aise et on peut demander un conseil, on vous répond toujours aimablement.
• DU PAREIL AU MÊME, 25 magasins en R.P. — Tél. : 0147660331

PARIS 3e

UNISHOP

Chemises, chemisiers, pantalons, blousons, parkas, pulls, tee-shirts, jupes   Q/P : 9/10 •ASSORTIMENT : 9/10
+ : Grand choix de marques et de tailles
– : Aspect un peu fouillis

•4, rue Rambuteau — 75003 Paris •Tél. : 0142784052 •Horaires : mar.-sam. 10h15-19h •Métro : Rambuteau •Bus : 29, 69 • Voir Unishop, Paris 4e.

PARIS 4e

UNISHOP

Chemises, chemisiers, pantalons, blousons, parkas, pulls, tee-shirts, jupes	Q/P : 9/10 •ASSORTIMENT : 9/10 + : Grand choix de marques et de tailles – : Aspect un peu fouillis

•42, rue de Rivoli — 75004 Paris •Tél. : 0142726284 •Horaires : mar.-sam. 10h15-19h •Métro : Hôtel-de-Ville •Bus : 67, 72, 74, 76

•50, rue de la Verrerie — 75004 Paris •Tél. : 0142716740 •Horaires : lun. 12h-19h, mar.-sam. 10h-19h •Métro : Hôtel-de-Ville •Bus : 67, 72, 74, 76

Juste derrière le BHV, la braderie Unishop affiche les couleurs. Rabais habituels et, régulièrement, des promotions : -20 à -30 % sur les marques spécialisées enfants (on ne peut les citer). Coupe-vent 240 F, pantalons à partir de 69 F, tee-shirts à partir de 30 F, salopettes 159 F. Large choix pour les tout-petits. Bonne sélection pour les garçons. Arrivages permanents. Il faut fouiller. Classement par taille jusqu'au 12 ans. Éclairage moyen, essayage peu confortable, mais nombreuses affaires à saisir.

PARIS 6e

CHERCHEMINIPPES

Dépôt-vente : pantalons, jupes, robes, manteaux, tee-shirts, pulls, hauts	Q/P : 7/10 •ASSORTIMENT : 8/10 + : L'ampleur du choix

•110, rue du Cherche-Midi — 75006 Paris •Tél. : 0142223389 •Horaires : lun.-sam. 10h30-19h •Métro : Duroc •Bus : 70, 87, 92 •Voir Chercheminippes, Paris 6e.

LARA ET LES GARÇONS

Chemisiers, chemises, pulls, tee-shirts, sweats, pantalons, bermudas, salopettes	Q/P : 8/10 •ASSORTIMENT : 9/10 + : La variété du choix

•60, rue St-Placide — 75006 Paris •Tél. : 0145440189 •Fax : 0145484844 •Horaires : mar.-sam. 10h-19h •Métro : St-Placide •Bus : 48, 94, 95, 96

Arrivages permanents de marques pour enfants jusqu'au 16 ans. Large choix, surtout de 0 à 12 ans (autant pour les filles que les garçons). Robes 3 Pommes 149 F, ensemble Looney Tunes 175 F. Belle sélection de chaussures à partir de 149 F (Barbie, Disney, Fisher Price…) et de tennis en toile. Articles classés par tailles et par styles. Magasin relativement confortable en dehors des heures d'affluence. Bonne lumière. Musique un peu forte. Un conseil : fouiner et revenez régulièrement. Affaires à saisir.

LE MOUTON À CINQ PATTES

Robes, manteaux, parkas, jupes, pantalons, pulls, tee-shirts	Q/P : 8/10 •ASSORTIMENT : 7/10 + : Renouvellement des stocks

•10, rue St-Placide — 75006 Paris •Tél. : 0145485077 •Horaires : lun.-sam. 10h-19h •Métro : St-Placide •Bus : 48, 94, 95, 96 •Voir Le mouton à Cinq Pattes, Paris 4e.

Sergent Major

Un parcours presque sans faute pour Sergent Major. C'est très joli, d'une excellente qualité, très peu cher. Peut-être un peu trop classique pour les garçons, mais excellente adresse. Tout est à portée de regard et de main. Vous apprécierez les classiques : bermuda 129 F, pantalon toile 129 F; vous craquerez pour les robes en coton imprimé 129 F, vous adorerez le vert d'eau des molletons brodés 149 F. Conseil et possibilité d'échanger les articles. À noter : un cahier mensuel de nouveautés très attractif.

• SERGENT MAJOR : 15 magasins en R.P. — Tél. : 0142066711

SERELOU

N

Pantalons, bermudas, robes, jupes, tee-shirts, chemisiers, vestes, blousons	Q/P : 9/10 •ASSORTIMENT : 9/10 **+** : Le style du magasin **−** : L'absence de coin jeux

•7, rue St-Placide — 75006 Paris •Tél. : 0140490033 •Horaires : lun.-sam. 10h-19h •Métro : St-Placide •Bus : 39, 63, 70, 94

Encore une nouvelle marque de vêtements mode à petits prix. Boutique fonctionnelle, décorée dans des tons non agressifs. Vêtements bien mis en évidence avec corners pour chaque type d'articles. Bermudas 75 F, pulls à partir de 69 F, pantalons 100 F, robes 115 F. Essayage confortable, climatisation. Grand choix de tailles (de 0 à 16 ans).

TAPE À L'ŒIL

N

Jupes, pantalons, bermudas, robes, pulls, polos, sweaters, blousons, doudounes	Q/P : 8/10 •ASSORTIMENT : 9/10 **+** : La décoration et les vêtements

•13, rue Vavin — 75006 Paris •Tél. : 0156244697 •Horaires : lun.-sam. 9h30-19h30 •Métro : St-Placide •Bus : 39, 63, 70, 94

•37, rue St-Placide — 75006 Paris •Tél. : 0145493143 •Horaires : lun.-sam. 9h30-19h30 •Métro : St-Placide •Bus : 39, 63, 70, 94

L'enseigne porte bien son nom car le décor vu de la rue a de quoi surprendre : murs peints en bleu gitane et orange chaud avec petites vitrines encastrées. Intérieur plus classique mais très réussi, confort, d'espace. Beau et large choix d'articles colorés des tout-petits jusqu'au 12 ans. Des formes modernes, très travaillées, à des prix étudiés. Salopettes 139 F, sweatshirts à partir de 119 F, bermudas à partir de 69 F, blousons 199 F. Accueil agréable, essayage très confortable. Boutique climatisée.

PARIS 7e

STOCK BONPOINT

Bermudas, robes, jupes, pulls, sweats, gilets, vestes, pantalons, manteaux	Q/P : 9/10 •ASSORTIMENT : 8/10 **+** : Des articles indémodables

•82, rue de Grenelle — 75007 Paris •Tél. : 0145480545 •Fax : 0145560261 •Horaires : lun.-sam. 10h30-18h30 •Métro : Rue-du-Bac •Bus : 63, 83

Petite boutique blanche, beau choix d'articles BCBG de la célèbre marque. Réductions de 30 à 40 % sur les invendus de l'année précédente. Tailles de 1 mois à 16 ans. Essayage confortable, accueil agréable. Pantalons velours 260 F, robes brodées main 600 F. Également quelques costumes et des coupons de tissus.

TROC MIOCHE

Dépôt-vente de vêtements et chaussures enfants, future maman	Q/P : 7/10 •ASSORTIMENT : 7/10 **+** : La sélection

•26, rue Malar — 75007 Paris •Tél. : 0145518830 •Horaires : lun. 14h30-19h, mar.-ven. 10h30-19h, sam. 11h-13h30, 15h-18h30 •Métro : La Tour-Maubourg •Bus : 28, 49

Des vêtements et des chaussures en excellent état, de 0 à 6 ans, et tous de grandes marques : Floriane, Baby Dior, Tartine et Chocolat, Start-Rite, à -50 % minimum. Quelques tenues pour les futures mamans. Tout est présenté sur cintre, les dépôts se font sans RDV (sauf le mercredi) et sont gardés 3 mois.

PARIS 12e

BAMBINI TROC

Dépôt-vente de vêtements, chaussures, matériel de puériculture	Q/P : 8/10 •ASSORTIMENT : 7/10 **+** : La présentation

•26, av. du Bel-Air — 75012 Paris •Tél. : 0143473376 •Horaires : mar.-sam. 10h-13h, 14h30-18h30 •Métro : Nation •Bus : 56, 86

Vêtements de marque (Bonpoint, Jean Bourget, Petit Bateau, Arthur Confiture...) pour les enfants de 0 à 14 ans, mais aussi matériel de puériculture à -50 %, chaussures (Pomme d'Api, Aster, Kickers) et quelques jeux d'éveil pour les petits. Tout est classé par âge et présenté sur cintre. Les dépôts durent 3 mois et se font uniquement sur RDV...

COMME DES ENFANTS

Pantalons, bermudas, robes, jupes, tee-shirts, chemisiers, vestes, pulls, parkas	Q/P : 8/10 •ASSORTIMENT : 9/10
	+ : Ouvert le dimanche

•35, rue de Cotte — 75012 Paris •Tél. : 0143463921 •Horaires : lun.-sam. 10h-19h, dim. 10h-13h •Métro : Ledru-Rollin •Bus : 26

Une nouvelle enseigne de vêtements mode à petits prix. Décor sobre, mais des prix et une qualité intéressants. Pantalons 69 F, sweats 49 F, robes 89 F, tee-shirts 25 F. Habille les enfants de 0 à 14 ans. Grand choix de modèles très colorés. Essayage confortable.

POMME DE PIN

Robes, pantalons, vestes, blousons, joggings, bermudas, maillots, tee-shirts	Q/P : 8/10 •ASSORTIMENT : 7/10
	+ : Les vêtements pour garçons
	− : Le côté fouillis du magasin

•262, av. Daumesnil — 75012 Paris •Tél. : 0144749820 •Horaires : mar.-sam. 10h-13h30, 15h-19h30, dim. 10h-13h30 •Métro : Michel-Bizot •Bus : 46, 62 • Voir Pomme de Pin, Paris 20e.

SERELOU

Pantalons, bermudas, robes, jupes, tee-shirts, chemisiers, vestes, blousons	Q/P : 9/10 •ASSORTIMENT : 9/10
	+ : Le style du magasin
	− : L'absence de coin jeux

•122, rue Fg-St-Antoine — 75012 Paris •Tél. : 0143439601 •Horaires : lun.-sam. 10h-19h •Métro : Faidherbe-Chaligny •Bus : 26, 46 • Voir Serelou, Paris 6e.

PARIS 13e

NI PLUS, NI MOINS

Blousons, pantalons, jupes, chemises, chemisiers, manteaux, jeans, robes	Q/P : 8/10 •ASSORTIMENT : 8/10
	+ : Des modèles originaux

•8-10, rue Jeanne-d'Arc — 75013 Paris •Tél. : 0145864646 •Horaires : mar.-sam. 9h30-19h, dim. 9h30-13h •Métro : Nationale •Bus : 27, 62

Des modèles originaux et sympas pour habiller à petits prix les enfants de 0 à 16 ans. Il n»y a que des marques aux noms évocateurs : Bac à Sable, Tim Pouce, Girafe... Du manteau à l'ensemble de jogging, les prix varient entre 89 et 250 F. Une bonne adresse pour des idées de cadeaux à trouver. Magasin agréable, essayage confortable. Accueil chaleureux.

TROC RIBAMBELLE

Dépôt-vente : pulls, pantalons, vestes, blousons, layette, puériculture	Q/P : 7/10 •ASSORTIMENT : 7/10
	+ : Le grand choix 1er âge

•8, rue du Chef-de-la-Ville — 75013 Paris •Tél. : 0144238159 •Horaires : lun.-sam. 9h30-13h30, 14h30-19h •Métro : Chevaleret •Bus : 27, 62

Une petite boutique qui habille dans de grandes et petites marques les enfants de 0 à 12 ans et les futures mamans. Petits prix : layette à partir de 30 F, ensembles garçons 100 F, robes 85 F. Arrivages fréquents. Beaucoup de 1er âge. Magasin simple mais accueillant.

PARIS 15ᵉ

BAMBINS TROC

Dépôt-vente de vêtements de bébés, enfants et femmes enceintes	Q/P : 8/10 •ASSORTIMENT : 8/10
	✛ : Les tenues de sport

•4, rue de l'Abbé-Groult — 75015 Paris •Tél. : 0142507793 •Horaires : mar.-ven. 10h-18h30, sam. 10h-12h30, 14h30-18h30 •Métro : Commerce, Félix-Faure •Bus : 62, 42

Sur 2 étages, superbe dépôt-vente de vêtements et chaussures pour enfants de 0 à 18 ans, et futures mamans. Grand choix de tenues de ski (combinaisons à partir de 150 F), danse, judo, escrime, équitation. À l'étage, vêtements en bon état (vestes 100 F, jupes 75 F, pulls 35 F) de facture classique et, plus rarement, originale. Essayage correct. Beaucoup de jeux éducatifs et de nombreux articles de puériculture. Qualité du choix et grand nombre d'articles proposés. Une des meilleures adresses de Paris.

SERELOU

Pantalons, bermudas, robes, jupes, tee-shirts, chemisiers, vestes, blousons	Q/P : 9/10 •ASSORTIMENT : 9/10
	✛ : Le style du magasin
	▬ : L'absence de coin jeux

•18-20, rue du Commerce — 75015 Paris •Tél. : 0145756511 •Horaires : lun.-sam. 10h-19h •Métro : La Motte-Picquet-Grenelle •Bus : 49, 80 • Voir Serelou, Paris 6e.

PARIS 16ᵉ

LOLLIPOPS   N

Dépôt-vente de vêtements, chaussures, jouets, livres, matériel de puériculture	Q/P : 8/10 •ASSORTIMENT : 7/10
	✛ : Espace clair, spacieux et ordonné

•64, rue La Fontaine — 75016 Paris •Tél. : 0142305051 •Fax : 0146478825 •Horaires : lun-ven, 10h-13h, 14h30-19h •Métro : Église-d'Auteuil •Bus : 22, 52

Grand choix, notamment en vêtements pour enfants (2000 à 3000 références). Articles retenus à condition d'être en excellent état (ni défaut, ni accroc), à la mode et drôles pour les enfants. Les grandes marques ne sont pas une priorité : sweats à 20 F et petits manteaux à 59 F. Grands noms (Baby Dior, Floriane, Bonpoint ou Cyrillus) mais dont les étiquettes ne dépassent pas 249 F. Livres et vidéos entre 40 et 70 F (Walt Disney). Pour les chaussures, presque exclusivement des Start-Rite et des Clarks, critères sévères : elles n'ont été portées qu'une ou deux fois. Puériculture à 50 % du prix du neuf.

ORPHELINS D'AUTEUIL

Robes, pantalons, jupes, chemisiers, costumes, pulls, jouets, livres, bijoux	Q/P : 7/10 •ASSORTIMENT : 7/10
	✛ : Ambiance très chaleureuse

•40, rue La Fontaine — 75016 Paris •Tél. : 0144147575 •Horaires : lun.-ven. 14h30-18h •Métro : Porte-d'Auteuil •Bus : 32, 52, PC

Passer par le jardin de ce couvent, qui se donne pour vocation l'aide à l'enfance en difficulté, incite déjà à la sérénité : on entre, on est surpris par le va-et-vient incessant, les bouquins dans un coin, les objets, les bijoux, et le stock énorme de vêtements. Allez, on fouille : robe 50 F, chemisier enfant 30 F, jouet 25 F, cravate pour papa 30 F… On arrête, on paye, on reviendra. Vêtements griffés pas neufs mais propres. Vendeuses bénévoles. Les prix sont si bas que l'on dépense une fortune. Mais c'est pour une bonne cause…

POIDS PLUME

Dépôt-vente de vêtements, chaussures, mobilier enfant	Q/P : 8/10 •ASSORTIMENT : 7/10
	✛ : Les vitrines
	▬ : Dépôts sur RDV

•92, rue Boileau — 75016 Paris •Tél. : 0142570852 •Horaires : mar.-sam. 10h30-13h, 15h-19h •Métro : Exelmans •Bus : PC

De tout, de 0 à 12 ans, des vêtements aux chaussures en passant par le matériel de puériculture et le mobilier de chambre d'enfant. Spécialité de la maison : les petites robes et, notamment, les fins de série de la marque Porte-Plume, entre 199 et 249 F. Tout est présenté sur cintre ou rangé sur des étagères et les vitrines ne passent pas inaperçues !

SAPERLI ET POPETTE

Dépôt-vente de vêtements enfants et futures mamans, accessoires	Q/P : 8/10 •ASSORTIMENT : 7/10
	+ : Des modèles très sympas

•20, bd Exelmans — 75016 Paris •Tél. : 0140500363 •Horaires : lun. 15h-19h30, mar.-sam. 10h30-19h •Métro : Exelmans •Bus : 22

Véritable île aux trésors pour enfants, jusqu'à 16 ans, et beaucoup de jolies choses pour les futures mamans. Un stock très fourni, on fouille, on trouve des tas de modèles sympas : jeans Levi's à partir de 80 F, robes Ikks 90 F, ensembles Tartine et Chocolat 160 F… Tous les vêtements sont impeccables et classés par âge, griffés ou non, pour tous les budgets.

TROC DE LA MUETTE

Dépôt-vente : pantalons, vestes, robes, jupes, manteaux, salopettes, jeans	Q/P : 9/10 •ASSORTIMENT : 8/10
	+ : Stock très important

•21, rue de la Pompe — 75016 Paris •Tél. : 0145040610 •Horaires : lun.-ven. 10h-19h •Métro : La Muette •Bus : 22, 32, 52

Beaucoup de stock dans ce troc, des vêtements quasi neufs et de marques : Jacadi, Lili Tornade, Oshkosh, Bonpoint. Pour les futures mamans, Véronique Delachaux, Neuf Lune, Balloon. Robe Bonpoint 200 F, jean Levis 220 F, des valeurs sûres qui font le succès de ce dépôt-vente agréable.

PARIS 17ᵉ

ANGÈLE, GASPARD & CIE

Vêtements prêts à créer : tissus, boutons, fils	Q/P : 7/10 •ASSORTIMENT : 9/10
	+ : L'originalité des cours de couture

•65, rue Pierre-Demours — 75017 Paris •Tél. : 0144400727 •Horaires : lun. 14h30-19h30, mar.-dim. 10h-19h30 •Métro : Ternes •Bus : 30, 43

Des vêtements prêts à créer : c'est original et valorisant pour les mamans qui veulent habiller elles-mêmes leurs petites têtes blondes et qui savent coudre ou veulent apprendre. Cours pour adultes (128 F/h) et, aussi, initiations pour enfants (699 F le trimestre pour les 10-19 ans). La boutique : une ancienne cave St-Georges relookée. Vitrines alléchantes. Beaucoup de superbes tissus et de jolis matériaux (boutons, fils…). Pour les moins manuelles, quelques modèles en prêt-à-porter, signés Arthur Confiture et Contre Vents et Marées. Robe fille "cookies" faite maison 358 F.

BÉCANINI

Robes, jupes, chemisiers, caleçons, sweats, gilets	Q/P : 8/10 •ASSORTIMENT : 7/10
	+ : Le bon rapport qualité-prix
	− : La présentation des articles

•19 bis, rue Legendre — 75017 Paris •Tél. : 0142277341 •Horaires : lun.-sam. 10h30-19h •Métro : Villiers •Bus : 53, 94

De 0 à 16 ans, de jolis vêtements pas prétentieux : Bécanini, Creeks, Joly Girl à des prix sympa. Robe Creeks 99 F, jupe + chemisier Baby 150 F, pantalon strech 120 F. Ce n'est pas toujours bien mis en valeur (vêtements en vrac dans des paniers), ce n'est pas très grand mais l'on vous y accueille bien et l'on vous aide à choisir.

CHAPÔPOINTU

Robes, pantalons, tee-shirts, joggings, sweats, manteaux, parkas, maillots

Q/P : 9/10 •ASSORTIMENT : 8/10
+ : Coupes et imprimés originaux

•17, bd de Courcelles — 75017 Paris •Tél. : 0142568290 •Horaires : lun. 13h-18h30, mar.-sam. 11h-19h •Métro : Villiers •Bus : 53, 94

Ce créateur-fabricant français diffuse ses modèles exclusifs. Bonne coupe et imprimés colorés sont les points forts des collections pour enfants, qui permettent de sortir des sentiers battus et d'habiller vos petits, jusqu'à 14 ans, avec des vêtements faciles à porter, jolis et peu chers, car vendus directement aux particuliers. Tee-shirts 95 F, robes 219 F, pulls marinières 139 F. Tee-shirts vraiment superbes à 149 F. Conseils et attention : la créatrice vous recevra comme une amie et saura vous fidéliser. Bonbons, sièges et tables attendent les enfants. Jolies vitrines. Une excellente adresse à retenir.

LA MÔMERIE

Robes, jupes, pantalons, shorts, tee-shirts, accessoires

Q/P : 7/10 •ASSORTIMENT : 8/10
+ : Modèles été toute l'année

•37, rue Laugier — 75017 Paris •Tél. : 0147643779 •Horaires : mar.-sam. 10h-19h •Métro : Péreire, Ternes •Bus : 30, 31, 43, 93

Accueil fort aimable, très belle sélection de vêtements pour enfants, choisis pour leur bon rapport qualité-prix. Absorba, Alphabet, Jeudi Après-Midi, Cacao, Berlingot, Joly Girl… Des modèles adorables, des prix séduisants : robes et bloomers 225 F, robes Jeudi Après-Midi 295 F, gilets 139 F. Boutique claire, rangée, vêtements bien présentés. Modèles d'été toute l'année, idéal pour les voyages hors saison.

MACHIN-CHOUETTE

Dépôt-vente enfants et futures mamans : robes, jupes, chemisiers, salopettes

Q/P : 8/10 •ASSORTIMENT : 7/10
+ : Coin pour les enfants

•47, av. de Villiers — 75017 Paris •Tél. : 0147634044 •Horaires : mar.-ven. 10h30-18h30, sam. 10h-12h30 •Métro : Malesherbes •Bus : 94

Un dépôt pour bambins élégants. Des mamans ou futures mamans contentes car pas ruinées : salopettes 80 F, robes de 120 à 250 F, bloomers de 90 à 120 F. Rayon femmes enceintes, signé Balloon, Delachaux, Neuf Lunes… Coin détente pour les enfants.

MAMAN TROC

Dépôt-vente : robes, ensembles, pantalons, salopettes

Q/P : 9/10 •ASSORTIMENT : 7/10
+ : Articles 1er choix

•14, rue Laugier — 75017 Paris •Tél. : 0147667020 •Horaires : lun.-ven. 11h-13h, 15h-19h •Métro : Ternes •Bus : 30, 92

Maman troque pour vous depuis presque vingt ans. Elle a l'œil pour le beau, le quasi neuf, la qualité, les marques. Que du 1er choix, ce qui fait son succès et sa réputation. Petite robe Cyrillus, ensemble Bonpoint, salopette Jacadi, Tartine et Chocolat, Baby Dior ou Floriane… en parfait état, quasi neufs, que l'on les paye le quart du prix à peine. Boutique charmante, vêtements classés par âge, joliment indiqués dans des cadres photo. Maman Troc saura vite vous guider après avoir testé vos goûts en 2 ou 3 questions bien ciblées. Un vrai dépôt-vente, avec de vraies bonnes affaires et de bons prix, comme on aimerait en rencontrer plus souvent.

MERCI MAMAN

Robes, pantalons, sweats, tee-shirts, salopettes

Q/P : 9/10 •ASSORTIMENT : 9/10
+ : Déco de la boutique et ambiance cosy

•73, place du Docteur-Félix-Lobligeois — 75017 Paris •Tél. : 0142291162 •Horaires : lun. 12h-19h, mar.-sam. 10h-19h •Métro : Rome

Merci Muriel Friaud, qui ouvre sa "boutique-maison" aux enfants depuis plus de 10 ans. Marques sympas de 20 à 40 % moins cher. En entrant, on s'attend à prendre le thé tellement l'ambiance est cosy. Vêtements joliment présentés, prix alléchants : pantalons élastiques 105 F, bermudas 129 F, robes 145 F. Grandes marques : Ikks, Éliane & Lewa, Nono, Antisèche, Artur et Confiture. Beaucoup d'accessoires très mignons : casquettes, lunettes, chapeaux, foulards. Levez le nez : en haut des armoires, une collection de jouets anciens vous fait de l'œil, certaines reproductions sont à vendre.

SOLFÈGE

Salopettes, joggings, robes, pantalons, layette, pulls, gilets, sweaters	Q/P : 7/10 •ASSORTIMENT : 8/10
	✚ : À porter tous les jours

•17, rue des Acacias — 75017 Paris •Tél. : 0146229860 •Horaires : lun.-sam. 10h-19h •Métro : Ternes •Bus : 30, 43, 93

Un bon point de vente de grandes marques dégriffées. À fréquenter souvent, les bonnes affaires dépendent des arrivages. Vêtements pour tous les jours, choix plus important pour les moins de 10 ans. Boutique manquant peut-être un peu de charme. Accueil fort aimable et prix doux. Salopettes 8 mois 125 F, joggings 4 ans 95 F, robes fillette 115 F, pantalons garçon 85 F.

STOCK Z

Pulls, tee-shirts, salopettes, doudounes, pantalons, blousons, parkas, vestes	Q/P : 8/10 •ASSORTIMENT : 8/10
	✚ : L'accueil des enfants

•135, av. de Clichy — 75017 Paris •Tél. : 0142290228 •Horaires : lun.-sam. 10h-19h •Métro : Place-de-Clichy •Bus : 54, 74, 80, 95

Boutique claire et spacieuse, à l'enseigne facilement repérable. Vêtements rangés par âges, de 3 mois à 16 ans. L'ensemble du stock provient de la dernière saison ou de l'année précédente. Mini-prix assurés. Pantalons 69 F, robes 115 F, sweats 75 F, tee-shirts 20 F. En vrac, articles en promo. Ceintures 7 F, pulls 50 F, ensembles fillette 98 F. Conditions d'essayage confortables. Venez avec vos enfants, il y a un service de garde. Une bonne idée.

TROC CÂLIN

Dépôt-vente : robes, pantalons, salopettes, bloomers, jupes, chemisiers	Q/P : 6/10 •ASSORTIMENT : 6/10
	✚ : Bon assortiment

•54, rue Legendre — 75017 Paris •Tél. : 0144159937 •Horaires : lun. 14h15-19h, mar.-sam. 10h15-13h, 14h15-19h •Métro : La Fourche, Brochant •Bus : 54, 74

Petits prix pour petites tailles, jusqu'à 12 ans. Un bon assortiment de vêtements prêts à porter. Petite boutique mais bien agencée, accueil agréable, rayon puériculture bien fourni. Salopettes 120 F, tee-shirts 75 F, pantalons garçons 80 F.

PARIS 18ᵉ

COMME IL VOUS PLAIRA

Pantalons, tee-shirts, sweaters, chemises, pulls, parkas, blousons, jeans, robes	Q/P : 9/10 •ASSORTIMENT : 8/10
	✚ : Prix serrés
	━ : Manque de confort

•98 bis, av. de St-Ouen — 75018 Paris •Tél. : 0142291508 •Horaires : mar.-sam. 10h-19h30 •Métro : Porte-de-St-Ouen •Bus : 81

Une devanture peu engageante et un magasin peu confortable et plutôt fouillis, mais on peut y faire de vraies bonnes affaires pour habiller, de pied en cap, les enfants de 0 à 16 ans. On y trouve un grand choix de modèles Camps dégriffés à petits prix. Polos rugby 85 F, bermudas 59 F, pantalons 120 F. Les arrivages sont fréquents et il y a des promotions permanentes.

RÉCRÉATROC

Dépôt-vente de vêtements et chaussures, jouets à Noël

Q/P : 8/10 •ASSORTIMENT : 8/10
✚ : Beaucoup de prix à moins de 200 F

•45, rue Lepic — 75018 Paris •Tél. : 0142570852 •Horaires : mar.-sam. 10h30-19h •Métro : Abbesses •Bus : 30

Dépôt-vente consacré aux enfants, de 0 à 14 ans. Grand choix en vêtements et chaussures. Les marques sont une priorité, mais les prix très abordables. Chemisier Jacadi à partir de 45 F, salopette Gap en jean 150 F. Dans une grande panière, on fouille... et on trouve plein de vêtements démarqués entre 10 et 40 F. Au moment de Noël, quelques jouets et des chaussures de ski. Les dépôts restent toute la saison et se font sans RDV.

PARIS 19e

INTEMPOREL   Ⓝ

Dépôt-vente de vêtements, chaussures, puériculture, jouets

Q/P : 9/10 •ASSORTIMENT : 7/10
✚ : Les jouets

•6, rue de la Villette — 75019 Paris •Tél. : 0140038782 •Horaires : lun. 11h30-16h, mar.-sam. 11h-19h •Métro : Jourdain, Pyrénées •Bus : 26

Nichée dans un coin perdu du 19e, boutique simple mais d'allure sympathique. Intéressante sélection d'articles pour enfants. Bon choix premier âge à partir de 50 F, chaussures état neuf à partir de 100 F et, surtout, très beau rayon de puériculture et de jouets, quasi neufs. Tapis d'activités Fisher Price 100 F, jeux Playskool 150 F, boîte musicale 120 F.

TROC BÉBÉ

Dépôt-vente : pulls, tee-shirts, pulls, pantalons, vestes, blousons, layette

Q/P : 8/10 •ASSORTIMENT : 8/10
✚ : La qualité de la sélection

•128, rue de Crimée — 75019 Paris •Tél. : 0153199391 •Horaires : lun. 15h-20h, mar.-ven. 10h-13h30, 15h-20h, sam. 10h-20h •Métro : Laumière •Bus : 26, 75

Plus de 3000 vêtements pour les 0 à 6-8 ans (quelques 10 ans parfois). État impeccable. Layette à partir de 50 F, manteaux entre 45 et 99 F. Chaussures à partir de 50 F. Important rayon puériculture et jouets, les crèches viennent s'y approvisionner. Magasin spacieux et ordonné. Essayage correct. Accueil sympathique. Heures d'ouverture très pratiques.

PARIS 20e

POMME DE PIN

Robes, pantalons, vestes, blousons, joggings, bermudas, maillots, tee-shirts

Q/P : 8/10 •ASSORTIMENT : 7/10
✚ : Les vêtements pour garçons

•108, rue d'Avron — 75020 Paris •Tél. : 0143728753 •Horaires : mar.-sam. 9h30-19h30 •Métro : Maraîchers •Bus : 76

•148, rue de Belleville — 75020 Paris •Tél. : 0143585944 •Horaires : mar.-sam. 10h-13h, 15h-19h, dim. 10h-13h •Métro : Jourdain •Bus : 60

Une boutique qui ne paye pas de mine, débordant de marchandises diverses. Arrivages fréquents et lots d'articles pour enfants, de 0 à 16 ans. Quelques marques connues (Camps, Petit Bateau), d'autres moins. Tee-shirts 29 F, joggings 59 F, sweats à capuche 95 F, polos rugby 75 F... Magasin sombre, essayage peu confortable. Occasions à saisir.

VÉLIZY-VILLACOUBLAY 78

KIKI ET CALOU

Pantalons, vestes, parkas, jupes

Q/P : 7/10 •ASSORTIMENT : 6/10
✚ : Des marques à des prix abordables

•Usine Center — Rue André-Citroën — 78140 Vélizy-Villacoublay •Tél. : 0139464500 •Horaires : mer.-ven. 11h-20h, sam.-dim. 10h-20h

Sportswear pour enfants et adolescents jusqu'à 16 ans, avec leurs marques préférées : Schott, Teddy Smith, ou Kenzo pour les petits. Pulls Kenzo 210 F, sweats 299 F, caleçons 125 F. Boutique qui met à des prix abordables des marques souvent chères.

LEVALLOIS-PERRET 92

ÉDOUARD LECLERC "BB"

Layette, pantalons, joggings, pulls, sweats, tee-shirts, robes, vestes,	Q/P : 9/10 • ASSORTIMENT : 8/10
	+ : Les prix
	− : L'accueil

•100, rue Jean-Jaurès — 92300 Levallois-Perret • Tél. : 0141279160 • Horaires : lun.-jeu. 9h-20h, ven. 9h-21h, sam. 8h30-20h • Métro : Louise-Michel • Bus : 93

Ce vaste entrepôt habille l'enfant, de 0 à 16 ans. Beaucoup de marques connues, mais qui souhaitent rester discrètes. Remise de 30 % environ sur les collections de l'année. La maison ne souhaite pas communiquer les prix d'origine. Accueil peu sympathique.

LE PETIT TROQUEUR

Dépôt-vente de vêtements	Q/P : 8/10 • ASSORTIMENT : 7/10
	+ : Les petits prix

•34, rue Gabriel-Péri — 92300 Levallois-Perret • Tél. : 0141050563 • Horaires : lun. 16h-19h, mar.-ven. 10h-19h, sam. 15h-19h • Métro : Louise-Michel • Bus : 93

Boutique toute en longueur, un peu sombre. Vous pouvez dénicher une bonne affaire à condition d'aimer fouiller car c'est un peu hétéroclite. Vêtements pour les 0 à 12 ans. Bon choix de tenues de ski, anoraks à partir de 130 F; layette 40 F, pantalons 60 F. Essayage correct. Arrivages irréguliers. Musique un peu forte.

MARNES-LA-COQUETTE 92

LA COMPAGNIE DES PETITS

Combinaisons, blousons, vestes, parkas, doudounes, robes, jupes, pantalons	Q/P : 8/10 • ASSORTIMENT : 9/10
	+ : L'accueil et le cadre
	− : Prévoir un plan détaillé

•35, bd de Jardy — 92430 Marnes-la-Coquette • Tél. : 0147012063 • Fax : 0147012069 • Horaires : lun.-sam. 10h-19h

Dans les anciennes cliniques du haras de Jardy, deux maisons charmantes de style normand. Dans l'une, le dépôt-usine de la marque (plus de 100 magasins en France) avec plus de 8000 articles référencés pour filles et garçons, de 1 mois à 10 ans — attention, la marque taille grand! Remise de 30 à 40 % sur les modèles de la collection précédente. Blousons à partir de 239 F, pantalons à partir de 119 F, robes à partir de 149 F. Nouveautés chaque semaine. Entrepôt spacieux et agréable. Accueil charmant, jeux pour enfants.

NEUILLY 92

TOUT COMPTE FAIT

Robes, pantalons, jupes, sweats, salopettes, polos, gilets, tee-shirts, vestes	Q/P : 9/10 • ASSORTIMENT : 9/10
	+ : Les petits prix et le choix
	− : Bondé le samedi

•19, rue de Chartres — 92200 Neuilly • Tél. : 0147451112 • Horaires : lun.-sam. 9h30-19h30 • Métro : Pont-de-Neuilly • Bus : 73

Ce concurrent direct du Pareil au Même joue aussi la couleur, la qualité, le choix et les petits prix. Ça ne désemplit pas et il faut jouer des coudes le samedi. Préférez la semaine pour choisir plus à l'aise tee-shirt (29 F), ensemble caleçon + pull (89 F), gilet molleton (39 F), sweat (59 F) ou robe Pénélope (99 F). Promos toute l'année, nombreux et jolis accessoires, choix énorme. Magasin peu pratique (un peu étroit) mais on s'y retrouve facilement. Conseils et sourires sont au RDV. Une boutique qui s'approche du sans faute.

CATIMINI STOCK

Jupes, pulls, chemisiers, pantalons, sweaters, tee-shirts	Q/P : 7/10 •ASSORTIMENT : 9/10
	✚ : Coin pour enfants

•Quai des Marques — 9, quai du Châtelier — 93450 Île St-Denis •Tél. : 01 48 09 04 05 •Horaires : lun.-sam. 11h-20h

Un grand coup de cœur pour cet entrepôt. Tissus superbes, stock très important, bien rangé. Vendeuses agréables qui vous conseillent sans vous envahir. Si vous venez avec vos enfants, un coin leur est réservé. Robe madras bain de soleil 1 an 199 F, ensemble naissance maille 159 F, superbe veste en lin 10 ans 279 F. C'est un peu plus cher que les autres magasins pour enfants, mais beaucoup plus joli et l'on fait de 30 à 50 % d'économie sur les prix boutique.

CLAYEUX STOCK

Sweats, salopettes, barboteuses, polos, robes, chemisiers, cardigans	Q/P : 7/10 •ASSORTIMENT : 8/10
	✚ : De l'imagination dans les collections
	▬ : Pas de coin pour enfants

•Quai des Marques — 9, quai du Châtelier — 93450 Île St-Denis •Tél. : 01 48 09 04 05 •Horaires : lun.-sam. 11h-20h

C'est mignon, facile à porter et ça fait rêver : collections "câlin", "bébé d'amour", "java", "rose". C'est Clayeux… et 40 % moins cher qu'en boutique. Ce magasin d'usine vaut le détour : polo 3 ans 95 F, robe coton rouge et blanc 8 ans 155 F, salopette 18 mois 129 F. On oublie la lumière trop crue, les petites cabines d'essayage, l'ambiance pas terrible… et c'est vraiment dommage qu'ils aient oublié de réserver un espace aux enfants.

IKKS COMPAGNIE

Robes, maillots, bermudas, polos, pantalons, blousons jeans	Q/P : 6/10 •ASSORTIMENT : 9/10
	✚ : Promotions très intéressantes
	▬ : Aucun accueil, aucun conseil

•Quai des Marques — 9, quai du Châtelier — 93450 Île St-Denis •Tél. : 01 48 09 04 05 •Horaires : lun.-sam. 11h-20h

Un des espaces enfants à visiter au Quai des Marques : un peu fouillis, un peu fripes parfois, inégal sur les prix mais, en faisant le tri, vous trouverez des petites merveilles dans les marques du groupe Jean Bourget. Maillots fillette 99 F, blousons jean 2 ans 199 F, robes coton 12 ans 199 F. Et si l'on achète 2 articles, on n'en paye qu'un.

STOCADI

Caleçons, pantalons, chemisiers, robes, pulls, jupes	Q/P : 8/10 •ASSORTIMENT : 8/10
	✚ : Très belle collection
	▬ : Éclairage et accueil des enfants

•Quai des Marques — 9, quai du Châtelier — 93450 Île St-Denis •Tél. : 01 48 09 04 05 •Horaires : lun.-sam. 11h-20h

Modèles proposés adorables. 3 marques : Dipaki, plus sportswear, Jacadi, plus BCBG, et l'incontournable Véronique Delachaux pour les futures mamans. Stock fréquemment renouvelé et 40 % moins cher qu'en boutique. Robes d'été jaune paille 8 ans 85 F, bloomers 6 mois 139 F, chemisiers "lapin" 2 ans 79 F. Mais sortez pour vérifier les couleurs car l'éclairage est trompeur. Il faut fouiller, les meilleurs modèles sont au fond.

MARÈSE

Robes, tee-shirts, chemises, salopettes, pantalons	Q/P : 7/10 •ASSORTIMENT : 9/10
	✚ : Un stylisme remarquable

•Quai des Marques — 395, av. du Général-Leclerc — 95130 Franconville •Tél. : 01 34 13 93 74
•Horaires : mar.-ven. 11h-20h, sam. 10h-20h

Vraiment un coup de chapeau pour le stylisme des vêtements Marèse, craquants et croquants à motifs fruits et fleurs. Boutique joliment décorée, à l'image des vêtements. Caleçons 6 ans 129 F, salopettes 119 F, ensembles jupe et tee-shirt 225 F. Comme dit leur pub "ça donne envie d'inventer", enfin, plutôt envie d'acheter!

St-Gratien 95

STOCK Z

Pulls, tee-shirts, salopettes, doudounes, pantalons, blousons, parkas, vestes	Q/P : 8/10 •ASSORTIMENT : 8/10 ✚ : L'accueil des enfants

•10, bd Pasteur — 95210 St-Gratien •Tél. : 0134171638 •Horaires : lun.-sam. 10h-12h, 14h-19h, dim. 10h-19h • Voir Stock Z, Paris 17e.

Roissy/Usines Center 95

POMMIE

Jupes, robes, pantalons, chemisiers, tee-shirts, layette	Q/P : 6/10 •ASSORTIMENT : 8/10 ✚ : De très jolis modèles

•Usines Center — ZI Paris Nord II — 95700 Roissy •Tél. : 0148632072 •Horaires : lun.-ven. 10h-20h

Des vêtements signés Pomme Framboise dans cette petite boutique qui manque un peu de gaieté. Jusqu'au 16 ans, vêtements à 20 et 30 % moins cher qu'en boutique. Jupes 3 ans 189 F, robes 199 F, pantalons rouges Paquita 12 ans 229 F, bermudas 8 ans beiges 219 F. Malgré tout un peu cher mais très mignon.

STYLE & JUNIOR

Robes, pantalons, jupes, tee-shirts, chemises, chemisiers, blousons	Q/P : 7/10 •ASSORTIMENT : 7/10 ✚ : Des marques à prix réduits

•Usine Center — ZI Paris Nord II — 95700 Roissy •Tél. : 0148632072 •Horaires : lun.-ven. 10h-20h

Vêtements bébés, enfants, juniors, toutes les marques se côtoient : Chevignon, Ikks, Naf-Naf, Creeks, Levi's, Liberto à -10 ou -20 %. C'est classique, sympa, jeune. Boutique agréable, cabines confortables. Robes Kenzo Jungle 239 F, tee-shirts Scott & Fox 59 F…

Chaussures

Paris 3e

MARY COLLINS

Chaussures de marques	Q/P : 8/10 •ASSORTIMENT : 8/10 ✚ : Des modèles robustes pour enfants

•17, rue Meslay — 75003 Paris •Tél. : 0142743326 •Horaires : lun.-sam. 9h30-19h •Métro : République •Bus : 20, 56, 65, 75

Magasin d'allure vieillotte, large sélection pour hommes, femmes et enfants. Modèles particulièrement intéressants pour les plus petits. Chaussures Loïs, GBB, Karston proposées à petits prix (-30 % en moyenne) à partir de 199 F. Grand choix de pointures et de coloris. Magasin un peu sombre. Conditions d'essayage correctes, en dehors des heures de pointe.

IL COURT, LE FURET

Chaussures, sandales, mocassins, tennis, bottes

Q/P : 9/10 •ASSORTIMENT : 8/10
✛ : Grand choix, grandes tailles

•6 bis, rue Fourcroy — 75017 Paris •Tél. : 0143802808 •Horaires : lun. 14h-19h, mar. et jeu.-ven. 10h-14h, 15h-19h, mer. et sam. 10h-19h •Métro : Ternes •Bus : 30, 31, 43, 93

Grandes marques et petits prix, choix alléchant. Des GBB, des Bopy, des Mariette à moins de 300 F, jusqu'au 41. Même les mamans se laissent tenter par les sandales ou les tennis. Excellent rapport qualité-prix, bons conseils et patience des vendeuses.

Petits Petons

Une enseigne facilement reconnaissable à ses boîtes jaunes donnant aux boutiques de la chaîne une allure pimpante. Toute l'année, des prix formidables sur des modèles de grandes marques, très sympas, pour filles et garçons. Prix unique en fonction de la pointure sur l'ensemble des articles, du 17 au 40 : de 229 à 299 F. Grand choix, surtout jusqu'au 30. Bon rayon pour les tout-petits à partir de 145 F. Vendeuses gaies et toniques, essayage confortable en dehors des heures d'affluence. Magasin climatisé. Venir de préférence en début de saison.

- PETITS PETONS : 20, rue St-Placide — 75006 Paris — Tél. : 0142840005
- PETITS PETONS : 2, rue Cler — 75007 Paris — Tél. : 0147538170
- PETITS PETONS : 23, rue Tronchet — 75008 Paris — Tél. : 0147427569
- PETITS PETONS : 135, rue du Fg-St-Antoine — 75011 Paris — Tél. : 0140190719
- PETITS PETONS : 115, rue d'Alésia — 75014 Paris — Tél. : 0145428052
- PETITS PETONS : 34, rue du Midi — 94300 Vincennes — Tél. : 0143742526

Grolles de Mômes

Grolles de Mômes propose aux petits pieds de quoi se chausser bien et bon marché : des fins de stock, des lots, jolis, agréables, de marques italiennes ou espagnoles de 30 à 40 % moins cher qu'en boutique, entre 150 et 250 F la paire. Un très bon rapport qualité-prix.

- GROLLES DE MÔMES : 59, rue de la Pompe — 75016 Paris •Tél. : 0145046404
- GROLLES DE MÔMES : 25, av. Niel — 75017 Paris •Tél. : 0140548600

Jouets, jeux, livres et CD-rom

Zig et Puce : le meilleur rapport qualité-prix des jouets

Petite boutique à l'ancienne où l'on trouve tout pour faire la fête et animer les anniversaires des enfants. Disposés sur une grande table, de vrais petits jouets : clips, bracelets, ballons, mirlitons… de 2 à 10 F. Du bois, car Maria Christina, scandinave, est restée fidèle aux jouets authentiques. Maison de poupée à décorer à partir de 75 F, jouets à traîner à partir de 100 F.

- ZIG ET PUCE : 59, rue de Boulainvilliers — 75016 Paris — Tél. : 0145243114

PARIS 1er

LE CIEL EST À TOUT LE MONDE

Jouets et jeux   Q/P : 7/10 • ASSORTIMENT : 6/10
                                                        + : Ateliers gratuits

• Galerie du Carrousel — 99, rue de Rivoli — 75001 Paris • Tél. : 0149279303 • Horaires : 7 J/7
10h-20h • Métro : Palais-Royal • Bus : 27 • Voir Le Ciel est à Tout le Monde, Paris 5e.

PARIS 2e

SI TU VEUX

Jouets, ateliers gratuits   Q/P : 8/10 • ASSORTIMENT : 8/10
                                                        + : Ateliers gratuits et accueil des enfants

• 68, galerie Vivienne — 75002 Paris • Tél. : 0142605997 • Fax : 0142604542 • Horaires : lun.-sam.
10h30-19h • Métro : Bourse • Bus : 39, 48 • Voir Si Tu Veux, Paris 6e.

PARIS 5e

LE CIEL EST À TOUT LE MONDE

Jouets et cerfs-volants   Q/P : 7/10 • ASSORTIMENT : 6/10
                                                        + : Ateliers gratuits

• 10, rue Gay-Lussac — 75005 Paris • Tél. : 0146332150 • Fax : 0144072524 • Horaires : mar.-sam.
10h-19h • Métro : RER C Luxembourg • Bus : 21

Spécialiste des cerfs-volants, statiques, dirigeables ou de vitesse dont les modèles viennent d'Angleterre. Pour les enfants, on trouve son bonheur entre 60 et 450 F. Chaque week-end, en été, séances de 2h d'initiation au cerf-volant et de fabrication de cerfs-volants, pour parents et enfants à partir de 6-7 ans. C'est gratuit et l'on vous prête du matériel. Parfois quelques bonnes occasions à saisir, renseignez-vous! Les autres boutiques de la capitale ne vendent que des jouets et des jeux traditionnels.

UN JOUR UN JOUET

Jouets et déguisements   Q/P : 7/10 • ASSORTIMENT : 7/10
                                                        + : Location de jouets et de déguisements
                                                        − : Pas d'ateliers pour les enfants

• 8, rue de l'Abbé-de-l'Épée — 75005 Paris • Tél. : 0143259701 • Fax : 0143262794 • Horaires :
lun.-sam. 11h-19h • Métro : RER B Luxembourg • Bus : 89 • Voir Décembre en mars, Paris 7e.

PARIS 6e

CHANTELIVRE

Livres, vidéos et animations pour enfants   Q/P : 7/10 • ASSORTIMENT : 8/10
                                                        + : Cadre d'une vraie librairie
                                                        − : Pas d'ateliers

• 13, rue de Sèvres — 75006 Paris • Tél. : 0145488790 • Fax : 0145489769 • Horaires : lun. 13h-18h50, mar.-sam. 10h-18h50 • Métro : Sèvres-Babylone • Bus : 68, 87

La plus ancienne librairie pour enfants de la capitale. Ici, le mobilier est adapté aux petits avec un coin lecture pour dessiner, écrire ou lire. Le fond compte près de 10000 titres, essentiellement des livres de loisir et quelques cahiers de vacances. Albums du Père Castor, 19 ou 22 F, l'Ours brun 12 F et poches à partir de 20 F. Cassettes vidéo à partir de 99 F mais pas de Walt-Disney, car Chantelivre préfère proposer des créations de petites maisons d'édition, moins faciles à trouver ailleurs et, enfin, jouets et jeux pour les plus grands. Pour les parents, vaste rayon de références psychopédagogiques. Depuis la rentrée, la librairie vous accueille dans des locaux refaits à neuf, à la même adresse, avec une grande verrière aménagée. Les animations restent les mêmes : marionnettistes, rencontres d'auteurs et d'illustrateurs, etc.

Association des ludothèques françaises

L'ALF dispose de 180 ludothèques à Paris et en région parisienne. Selon la superficie, on peut y jouer, ou simplement emprunter des jouets.
• ASSOCIATION DES LUDOTHÈQUES FRANÇAISES : 7, impasse Chartière — 75005 Paris — Tél. : 01 43 26 84 62 — Fax : 01 43 26 81 73 — Serveur minitel : 3615 LUDOTEK (1,29 F/min).

FNAC JUNIOR

Livres, disques, musiques, CD-rom et
vidéos adaptés aux enfants

Q/P : 6/10 • ASSORTIMENT : 7/10
+ : Fond important et animations
– : Pas de vrais ateliers

• 19, rue Vavin — 75006 Paris • Tél. : 01 56 24 03 46 • Fax : 01 56 24 03 34 • Horaires : lun.-sam. 10h-19h30 • Métro : Vavin, Notre-Dame-des-Champs • Bus : 58, 82, 91 • Internet : http://www. fnac. fr

Plus de 6 000 références adaptées aux enfants, selon le système bien connu de la Fnac : étagères de rayonnages classées par thème. La Fnac Junior se démarque de sa grande sœur par des animations ponctuelles destinées au jeune public : découverte Internet, CAO, ateliers maquillage ou lecture de contes : c'est gratuit et cela dure 10 à 20 min. Magasin organisé en 6 ateliers thématiques : "se divertir", "imaginer, raconter", "faire et créer", "découvrir, explorer", "apprendre, comprendre", "les tout-petits". Écrans à disposition en permanence à condition de posséder une carte à puce (35 F pour 50 min), mais sous la responsabilité des parents.

IL ÉTAIT UNE FOIS

Jouets en bois et de construction

Q/P : 7/10 • ASSORTIMENT : 7/10
+ : Le cadre
– : Ni carte de fidélité, ni ateliers

• 1, rue Cafet — 75006 Paris • Tél. : 01 45 48 21 10 • Fax : 01 42 84 28 25 • Horaires : lun.-sam. 10h-19h30 • Métro : St-Sulpice • Bus : 63, 95

On y entre comme dans un conte… Lieux propices à l'imagination : cave voûtée qui ressemble à une caverne d'Ali Baba avec, pour décor, des jouets en bois teinté ou naturel ! Les enfants retrouvent leurs thèmes préférés : Babar, Tintin, le Petit Prince… et des jeux de construction en bois. Le village en bois, en jeux de cube, 495 F, le petit train à partir de 155 F. Beaucoup de produits artisanaux, peu de jouets industriels. Livraisons gratuites sur Paris.

LE DAUPHIN VOYAGEUR

Jouets et matériel de puériculture
de 0 à 6 ans

Q/P : 6/10 • ASSORTIMENT : 5/10
+ : Cadre
– : Circulation difficile

• 163, rue de Rennes — 75006 Paris • Tél. : 01 45 44 39 49 • Fax : 01 45 44 50 63 • Horaires : lun.-sam. 10h-18h30 • Métro : Montparnasse, St-Placide • Bus : 58, 91, 96

Concept original et philosophie au service des tout-petits. Joyce Merich voyage à travers le monde et rapporte de ses périples jouets, livres, jeux (en bois et plastique) et matériel de puériculture. Pour être retenus, les objets doivent être pratiques et répondre aux normes de sécurité (ils sont testés avant leur mise en vente), mais surtout favoriser l'éveil de l'enfant, son épanouissement. Mobiles en bois, à suspendre au-dessus du lit, comme les poissons (269 F) ou Ernest à vélo. Table à langer suédoise, qui se replie selon le principe du lit-armoire (1 128 F), idéale pour les petits espaces. Magasin sur cour avec possibilité d'y garer les poussettes et d'y laisser jouer les enfants pendant que vous faites votre choix. Catalogue VPC gratuit, livraison garantie sous 48h.

SI TU VEUX   N

Jouets, ateliers gratuits

Q/P : 8/10 • ASSORTIMENT : 8/10
+ : Ateliers gratuits et accueil des enfants

• 10, rue Vavin — 75006 Paris • Tél. : 01 55 42 14 14 • Horaires : lun-sam, 10h30-19h • Métro : Vavin
• Bus : 58, 68, 82, 91

Le royaume des enfants, tout est fait pour qu'ils s'y sentent bien : cabanes pour jouer, boissons rafraîchissantes et jeux à tester... Surtout des jeux créatifs et des coffrets d'activités : comment fabriquer un journal (95 F), comment fabriquer du papier vitrail (35 F), déguisement en kit à coudre (160 F), mais aussi kits anniversaires dans de grandes pochettes, pour occuper 10 enfants pendant 3h (195 F). En tout, 250 vrais jouets à moins de 100 F. Catalogue de VPC avec 250 références, dont 60 % d'exclusivités Si Tu Veux; remise à jour 2 fois/an. Ateliers gratuits, 1/2h, 2 fois par semaine, les mercredi et samedi : au programme, pâtisserie (sur place, four et cuisine équipée...) et travail manuel en fonction du calendrier : masques, bracelets brésiliens, décorations de Noël... Mieux vaut réserver une semaine avant par téléphone.

PARIS 7ᵉ

CHOUPIN

Jouets en bois artisanaux, objets de décoration

Q/P : 7/10 •ASSORTIMENT : 8/10
+ : 2000 références
− : Pas de service

•52, rue de Bourgogne — 75007 Paris •Tél. : 0145514570 •Fax : 0145511739 •Horaires : lun. 14h-19h30, mar.-sam. 10h-19h30 •Métro : Varenne •Bus : 28

Boutique bleue tout en haut de la rue de Bourgogne... Spécialisée dans les jouets en bois fabriqués par des artisans et spécialement étudiés pour les enfants et pour tous les âges : dominos d'images entre 135 et 175 F, puzzles à encastrer entre 75 et 145 F et quelques objets de décoration faits dans différentes sortes de bois. À la sortie de l'école, les enfants viennent ici et ont un coin goûter; les mamans peuvent boire le thé pendant que leurs petits testent les jouets. Choupin, c'est bien plus qu'un simple lieu de passage...

DÉCEMBRE EN MARS

Jouets et déguisements enfants

Q/P : 7/10 •ASSORTIMENT : 7/10
+ : Location de jouets et de déguisements
− : Pas d'ateliers pour les enfants

•65, av. de la Bourdonnais — 75007 Paris •Tél. : 0145511545 •Horaires : mar.-sam. 11h-19h •Métro : École-Militaire •Bus : 82

Un magasin nostalgique et, pour les enfants, le paradis des jouets, avec du bois, des jeux de collection et d'adresse et toute la collection de jouets Bass & Bass... Très grand choix pour les 2-6 ans. Location de jeux pour les anniversaires ou pour un week-end : jeux collectifs à partir de 50 F, le jeu de Guillaume Tell à partir de 170 F. Sélection de déguisements Bandicoot, à vendre ou à louer.

LES 3 HIBOUX

Espace enfants, jeux, jouets, ateliers

Q/P : 6/10 •ASSORTIMENT : 8/10
+ : Cadre
− : Pas de matériel multimédia

•Au Bon Marché — 24, rue de Sèvres — 75007 Paris •Tél. : 0144396313 •Fax : 0144398050 •Horaires : lun.-sam. 9h30-19h •Métro : Sèvres-Babylone •Bus : 83, 87

400 m² au sous-sol du Bon Marché, toutes les activités culturelles dédiées aux enfants. La librairie compte plus de 20000 références (images, albums, livres d'expression manuelle, de poche, de pédagogie, d'initiation à l'art...). Grand choix de jeux : sensoriels (pour les petits), de coordination (habiller son ourson 70 F) et d'éveil. Zone aménagée en salle de jeux (accès libre, sous surveillance des parents). Ateliers gratuits (8 enfants maximum) lors des événements calendaires (Noël, carnaval, Halloween, Pâques), s'inscrire dans l'heure qui précède l'atelier. Espace de bricolage avec toutes les matières premières nécessaires à la confection d'objets : perles, pierres, fil, pièces de bois (au détail ou par lots).

PARIS 8ᵉ

LE BONHOMME DE BOIS

Jouets en bois

Q/P : 6/10 •ASSORTIMENT : 6/10
+ : Accueil

•43, bd Malesherbes — 75008 Paris •Tél. : 01 40 17 03 33 •Fax : 01 40 17 03 69 •Horaires : lun.-sam. 10h-19h30 •Métro : St-Augustin •Bus : 92

Magasin très coloré et jouets aussi, presque essentiellement en bois et provenant d'Allemagne, de Suède ou du Jura. Pour 2 F, vous pouvez acheter un sifflet en bois, et si vous pouvez dépenser jusqu'à 1595 F, vous repartez au volant d'une voiture à pédales en bois. Cadeaux de naissance : lanternes avec visuel à l'intérieur, mobiles musicaux (à partir de 320 F).

PARIS 9ᵉ

LE CIEL EST À TOUT LE MONDE

Jouets et jeux

Q/P : 7/10 •ASSORTIMENT : 6/10
+ : Ateliers gratuits

•7, av. Trudaine — 75009 Paris •Tél. : 01 48 78 93 40 •Horaires : mar.-sam. 10h-13h30, 14h30-19h •Métro : Anvers •Bus : 54 • Voir Le Ciel est à Tout le Monde, Paris 5e.

LE PRINTEMPS, ESPACE LOISIRS ET CRÉATION   N

Livres, disques et CD-rom pour enfants

Q/P : 7/10 •ASSORTIMENT : 8/10
+ : Service de commande sous 48h
− : Inscription sur place pour les ateliers

•64, bd Hausmann — 75009 Paris •Tél. : 01 42 82 55 00 •Horaires : lun.-sam. 9h35-19h, jeu. jusqu'à 22h •Métro : Havre-Caumartin •Bus : 24, 26

Nouvel espace enfants (de 0 à 14 ans) conçu pour les tout-petits. Livres classés par thèmes, coin BD, etc. L'univers "petite enfance" propose beaucoup de matières brutes pour réaliser ses propres objets : perles, cadres en bois naturel à peindre… ainsi que des ateliers animés, les mercredis et samedis (50 F pour 1h30, c'est un peu cher) mais il faut venir la veille pour inscrire les enfants. Espace multimédia, équipé de 5 ordinateurs en libre service, pour tester CD-rom et jeux, avant d'acheter. Vestiaire gratuit.

PARIS 13ᵉ

MOTS ET MERVEILLES

Cassettes audio et vidéo, CD-rom

Q/P : 8/10 •ASSORTIMENT : 6/10
+ : Le choix des produits

•63, bd St-Marcel — 75013 Paris •Tél. : 01 47 07 25 21 •Fax : 01 43 37 61 27 •Horaires : mar-sam 10h-13h, 14h-19h •Métro : Gobelins •Bus : 91

Choix restreint, mais de grande qualité, de cassettes audio (contes, livres lus, musiques et chansons), de cassettes vidéo et de CD-rom. Équipe compétente que les aspects pédagogiques préoccupent autant que le plaisir de l'enfant.

Kid CD, le catalogue de CD-rom pour enfants

Trois mères de famille, exaspérées par la mauvaise qualité des CD-rom pour enfants en vente dans le commerce, proposent leur sélection dans un catalogue gratuit de VPC. Pari réussi : près de 90 références (dont 40 nouveautés), classées par thème (parascolaire, langues, littérature ou histoire de l'art), puis par âge (de 2 à 12 ans). Chaque CD a été testé par des enfants et des instituteurs. Produits pas toujours disponibles dans le commerce, dont beaucoup sont destinés aux moins de 5 ans. 2 éditions par an.

• KID CD : 65, rue Jean-Jacques-Rousseau — BP 118 — 92153 Suresnes — Tél. : 01 41 18 63 40 — Fax : 01 41 18 03 07 — Serveur minitel : 3615 KIDCD (2,23 F/min)

BANDICOOT LAPIN

Déguisements enfants
Q/P : 6/10 •ASSORTIMENT : 7/10
+ : Des tissus très résistants

•57, rue Jouffroy-d'Abbans — 75017 Paris •Tél. : 0147645400 •Horaires : lun.-ven. 8h30-19h
•Métro : Wagram •Bus : 30

31 modèles de déguisements et des accessoires pour compléter les tenues. Grands classiques qui ont fait le succès de la marque (le Petit Chaperon rouge et la Princesse), et nouveautés du moment : déguisements de nounours et de lapin en peluche, la marquise, le chapeau de sorcière pour Halloween. Deux collections différentes : les "tout faits", de 400 à 700 F, en fonction des tailles et des modèles, et les "prêts à coudre" (pas de découpe, tout est fourni), de 200 à 300 F. VPC, catalogue gratuit sur demande et livraison assurée sous 48h.

Allô K7

Service efficace de location de cassettes vidéo, et location d'une cassette vidéo offerte pour l'anniversaire de votre enfant. Conditions : venir muni de la pièce d'identité de l'enfant — si c'est son anniversaire — et laisser un dépôt de garantie de 500 F. Cassette à rendre le lendemain, avant minuit. Choix important pour les enfants : tous les Walt Disney et les dernières nouveautés.
•ALLÔ K7 : 241, rue Tolbiac — 75013 Paris •Tél. : 0153802727
•ALLÔ K7 : 4, rue de la Croix-Nivert — 75015 Paris •Tél. : 0145677727
•ALLÔ K7 : 9 bis, av. Murat — 75016 Paris •Tél. : 0147431100
•ALLÔ K7 : 101, rue Joufroy-d'Abbans — 75017 Paris •Tél. : 0146228383

LE BONHOMME DE BOIS

Jouets en bois
Q/P : 6/10 •ASSORTIMENT : 6/10
+ : Accueil
− : Peu de services, pas de livraison

•46, av. Niel — 75017 Paris •Tél. : 0140547988 •Horaires : lun.-sam. 10h-19h30 •Métro : Péreire
• Voir Le Bonhomme de Bois, Paris 8e.

CURIO-CITÉ, LA BOUTIQUE DE LA CITÉ DES SCIENCES

Jeux et jouets d'éveil
Q/P : 7/10 •ASSORTIMENT : 6/10
+ : Des jeux originaux
− : Pas d'animation dans le magasin

•26, av. Corentin-Cariou — 75019 Paris •Tél. : 0140057192 •Horaires : mar.-sam. 10h30-18h30,
dim. 10h30-19h •Métro : Porte-de-la-Villette •Bus : PC, 75

On y retrouve les thèmes de l'espace enfants de la Cité des Sciences. Jeux sélectionnés en rapport avec les expositions du moment. La Cité des Fourmis : pour faire un élevage de petites bêtes à la maison (130 F) ; le Parfumaster, pour apprendre aux enfants à reconnaître les odeurs (168 F) ; un jeu tactile (Cadre à clous, 130 F)… Objets insolites, jeux d'eau, de formes et de couleurs. VPC, mais catalogue restreint avec une sélection d'articles peu représentative. Mieux vaut se déplacer.

LE DRAGON SAVANT

Livres, jeux, jouets, déguisements
Q/P : 7/10 •ASSORTIMENT : 9/10
+ : Choix impressionnant
− : Ateliers pas très réguliers

•44 bis, rue de Palestine — 75019 Paris •Tél. : 0142457530 •Horaires : mar.-sam. 10h30-19h30
•Métro : Jourdain •Bus : 26, 60

On vient au Dragon Savant pour se faire plaisir. Librairie spécialisée jeunesse, avec 17000 références. Jeux et jouets, de préférence en bois, mais aussi patinettes et tricycles en plastique. Commande de déguisements personnalisés (1 semaine de délai, confection par une couturière, à partir de 450 F, sinon possibilité de devis). Le dimanche matin, boutique parfois animée par des ateliers de conteurs (événement ponctuel, se renseigner avant). Ateliers d'1h à 1h30 gratuits, et par groupes d'âge. Le Dragon Savant ressemble plus à une association qu'à une simple boutique; il organise des défilés pour le carnaval ou Halloween… Le repère des enfants du quartier!

BOULOGNE 92

LE BONHOMME DE BOIS ☒

Jouets en bois

Q/P : 6/10 •ASSORTIMENT : 6/10
+ : Accueil
− : Peu de services, pas de livraison

•77, bd Jean-Jaurès — 92100 Boulogne •Tél. : 0146031530 •Horaires : mar.-sam. 10h-19h30 •Métro : Boulogne-Jean-Jaurès •Bus : 72 • Voir Le Bonhomme de Bois, Paris 8e.

LEVALLOIS-PERRET 92

LE BONHOMME DE BOIS

Jouets en bois

Q/P : 6/10 •ASSORTIMENT : 6/10
+ : Accueil
− : Peu de services, pas de livraison

•74, rue Louis-Rouquier — 92300 Levallois-Perret •Tél. : 0147576592 •Horaires : mar.-sam. 10h-19h30 •Métro : Louise-Michel • Voir Le Bonhomme de Bois, Paris 8e.

IVRY-SUR-SEINE 94

FNAC JUNIOR

Livres, disques, musiques, CD-rom et vidéos adaptés aux enfants

Q/P : 6/10 •ASSORTIMENT : 7/10
+ : Fonds important et animations
− : Pas de vrais ateliers

•Centre commercial Grand Ciel — 30, av. Paul-Vaillant-Couturier — 94200 Ivry-sur-Seine •Tél. : 0146589486 •Fax : 0146589486 •Horaires : lun.-ven. 10h-20h30, sam. 10h-20h •Métro : Mairie-d'Ivry •Internet : http://www. fnac. fr • Voir Fnac Junior, Paris 6e.

THIAIS 94

APACHE ☒

Espace consacré aux enfants : jouets, mobilier, décoration, ateliers, services

Q/P : 6/10 •ASSORTIMENT : 7/10
+ : Services

•Centre commercial Belle Épine — 94320 Thiais •Tél. : 0156301030 •Fax : 0156301045 •Horaires : lun.-sam. 9h30-19h •Métro : RER C •Bus : 396

Un territoire de 750 m² dédié aux enfants de 3 à 12 ans, conçu comme un village. Mobilier (armoire houssable, 620 F), éléments de décoration, jouets éducatifs (Siegel, la peluche rieuse, 159 F), CD-rom, livres, linge (housse de couette 140 x 200, 450 F). Au centre du magasin, un espace animé qui devient, en fonction des époques, une piste de cirque, un champ de sorcières ou un atelier de Père Noël… Originalité de la boutique : on peut aussi y jouer (ateliers créatifs de dessin, de maquillage, d'informatique…), se faire couper les cheveux chez le coiffeur Apache (80 F), ou boire un verre au Barabul. Tout est à échelle enfantine, même une mini boutique, pour qu'ils fassent leur propre sélection. À noter, enfin, un kiosque d'information qui donne des pistes aux parents pour l'éveil de leurs enfants (expositions, relais baby-sitting, musées, organisation de fêtes…).

Toys'R'Us

On pourrait parler d'un "paradis du jouet", puisque chaque magasin Toys'r'us compte près de 12 000 références de jouets, à partir de 30 F. Magasins organisés en univers (puériculture, jouets traditionnels, cybertoys, multimédia et ordinateurs, livres, création...), toujours ludiques et colorés. Toutes sortes de jouets, adaptés à tous les âges. La nouveauté concerne l'informatique, avec une sélection "familiale" d'ordinateurs et de matériel multimédia adaptés aux besoins d'une famille. Depuis la rentrée, ateliers multimédia ludiques pour les enfants, mais formule réservée aux groupes. Autre point fort, les services : hot line, 7j/7, de 9h à 22h, pour vous dépanner à distance (dépannages gratuits à domicile pendant un an, pièces et main-d'œuvre). Horaires : lun.-ven. 9h-18h, livraisons à domicile, carte d'adhérent et serveur Minitel : 3615 TOYS'R'US (2,23 F/min).

• TOYS'R'US : 15 magasins en R.P. — Tél. : 01 60 76 83 00 — Fax : 01 60 86 24 48

Mobilier enfant, aménagements

PARIS 3ᵉ

C'EST MA CHAMBRE

Mobilier, linge de lit, objets de décoration en bois	Q/P : 6/10 •ASSORTIMENT : 7/10
	+ : Le cadre
	= : C'est un peu cher

•45, rue des Archives — 75003 Paris •Tél. : 01 48 87 26 67 •Fax : 01 48 87 26 66 •Horaires : lun. 14h-18h, mar.-sam. 10h30-19h •Métro : Hôtel-de-Ville •Bus : 26, 76

Mobilier enfant en bois, de fabrication artisanale. Modèles en pin massif achetés à des artisans, puis peints et lasurés dans l'atelier de la boutique. Trois tailles de lits : le lit nu pour bébé (60 x 1,20 m, 2275 F), taille intermédiaire (70 x 1,50 m, 3 080 F) tout équipé, la tête de lit est découpée en forme d'ours. Modèle standard à partir de 1690 F, bicolore jean et blanc, à baldaquin. Le styliste est Jean-Claude Maugirard. Parures de lit en lin et coton brodés de Valérie Krangel, à partir de 395 F. La décoration de la boutique change avec les saisons, mais les cadres patinés de la collection de Michèle Borgström sont en exposition permanente (cadre nounours à partir de 495 F : c'est un peu cher, mais ce sont des originaux!). Disséminés dans les 120 m² du magasin, lampes, toises, tapis et tables en fer forgé, ainsi que du mobilier de brocante, chiné par le patron...

PARIS 6ᵉ

JACADI

Mobilier, décoration, puériculture, vêtements, listes de naissance	Q/P : 7/10 •ASSORTIMENT : 8/10
	+ : L'accueil

•76, rue d'Assas — 75006 Paris •Tél. : 01 45 44 60 44 •Fax : 01 42 84 17 22 •Horaires : lun.-sam. 9h-19h •Métro : Vavin •Bus : 58, 82, 83

Si la marque est connue, la boutique l'est peut-être moins... Tous les accessoires pour les enfants, de 0 à 14 ans (c'est nouveau pour les 14 ans), matériel de puériculture (Bébéconfort pour Jacadi), mobilier et accessoires de décoration (luminaires, papier peint). Tout es griffé Jacadi, meubles dessinés en exclusivité pour la marque. Mobilier livré et monté contre participation du client. Dans les 4 modèles de chambres présentés, tous les éléments, en hêtre naturel ou en pin blanc, se déclinent pour créer un univers d'enfant : coffre à jouets, armoire, commode, table à langer et lit bien sûr. Listes de naissance et carte de fidélité.

Vibel, l'architecte de l'enfant

Avant de pousser la porte de la boutique, notez les dimensions de la pièce à aménager et ayez déjà quelques idées en tête. L'architecte est là pour les concrétiser et vous propose différentes gammes de couleurs parmi plus de 500 modèles. Délai d'une semaine pour une proposition et d'un mois à partir de la commande. Le mobilier Vibel est plutôt moderne : laqué couleurs ou hêtre naturel, mais style personnalisé en fonction de votre décoration. Compter 3500 F pour un lit de base en 90, nu, et 15000 à 20000 F pour une chambre complète. Concept original : fabrication de mobilier évolutif et modulable dans le temps qui permet de surélever un lit, de compléter les éléments d'un bureau… et d'amortir l'investissement!

•*VIBEL* : 16, rue d'Assas — 75006 Paris — Tél. : 0145488572

•*VIBEL* : 16, bd des Filles-du-Calvaire — 75011 Paris — Tél. : 0143575132

•*VIBEL* : 14, rue St-Didier — 75116 Paris — Tél. : 0147275909

•*VIBEL* : 8, rue des Coches — 78100 St-Germain-en-Laye — Tél. : 0134512006

•*VIBEL* : 67, rue de la Paroisse — 78000 Versailles — Tél. : 0139531903

PETIT À PETIT

Mobilier original, mobilier sur mesure   Q/P : 6/10 •ASSORTIMENT : 7/10
✦ : Les couleurs
= : Un peu cher

•33, rue Mazarine — 75006 Paris •Tél. : 0146348182 •Horaires : mar.-sam. 11h-19h •Métro : Odéon •Bus : 75, 86, 96

Mobilier coloré, éclectique et original : lits en forme de vague (3150 F) ou de fleur, petits lits avec tête découpée (à partir de 2450 F). Les fournisseurs sont exclusivement des artisans, les matières, le bois et le médium. Chaque modèle est déclinable en plusieurs coloris (jusqu'à 15 dans certaines gammes) et le travail peut être effectué sur mesure (délai de 3 à 4 semaines). Quelques accessoires de décoration de chambre d'enfants à partir de 80 F.

PARIS 7e

BONPOINT AMEUBLEMENT

Mobilier, décoration et linge de maison   Q/P : 5/10 •ASSORTIMENT : 7/10
✦ : Meubles livrés et montés gratuitement
= : C'est cher

•7, rue de Solférino — 75007 Paris •Tél. : 0145517922 •Fax : 0142226898 •Horaires : lun.-sam. 10h-19h •Métro : Solférino •Bus : 63, 83, 84, 94

De quoi aménager et décorer la chambre de bébé, de 0 à 12 ans et de A à Z. Lit à barreau, table à langer, lampadaires et linge griffé Bonpoint… Large choix. Compter 1700 F pour un lit à barreau, couvertures jusqu'à 3000 F et parures de draps 1500 F.

PARIS 15e

PARECHUTE ET PARACHOC

Sécurité des enfants   Q/P : 8/10 •ASSORTIMENT : 9/10
✦ : Conseils et choix

•39, rue du Docteur-Roux — 75015 Paris •Tél. : 0153690300 •Horaires : lun.-ven. 9h-19h, sam. 11h-19h •Métro : Volontaires •Bus : 48 •e-mail : parechute@ad.com

Tout pour la sécurité domestique et quotidienne de vos enfants : crochets, barrières de portes, de piscines, de lits, cadenas, systèmes de blocage des tiroirs et portes, filets de protection, casques, et bien d'autres choses auxquelles vous ne pensez même pas.

VINCENNES 94

JEP

Chambres d'enfants et d'adolescents, lampes, tapis, tissus, papiers peints

Q/P : 7/10 •ASSORTIMENT : 7/10
✚ : Mobilier modulable

• 129-131, rue de Fontenay — 94300 Vincennes •Tél. : 0143289186 •Horaires : mar.-sam. 9h-19h •Métro : Bérault •Bus : 86

Une vingtaine de chambres d'enfants et d'adolescents exposées illustre les possibilités de cette maison. Mobilier de bois peint dans des couleurs douces, mobilier en pin naturel, lits, mezzanines, lits superposés (à partir de 1800 F). Souvent, les meubles sont modulables afin de durer jusqu'à l'adolescence. Possibilité de personnalisation des fabrications sur dessins et croquis. Gamme de papiers peints et tissus aux motifs enfantins. Lampes, tapis et objets de décoration.

Ikéa

Ikéa a décidé de consacrer plus de place aux enfants et a imaginé, en collaboration avec des psychologues et des éducateurs, un espace ludique adapté à leurs besoins. Le rayon enfants a d'ailleurs été testé grandeur nature par les principaux intéressés. Cadres, lampes de chevet, linge de lit, peluches et jeux de création. Chaise enfant en hêtre massif à partir de 89 F, siège balançoire en lune 239 F. Les enfants peuvent y accéder par un toboggan et essayer les produits dans des mini-maisons thématiques (jeux musicaux, dînettes, planche à repasser, jeux de société…). Style, pas de surprise : le savoir-faire suédois au service de l'enfant. Et toujours 1h de garderie gratuite et des ateliers gratuits chaque mercredi. Horaires : lun.-mer. et ven.-sam. 10h-20h, jeu. 10h-22h

• IKÉA : CC Grand Plaisir — 202, rue Henri-Barbusse — 78370 Plaisir — Tél. : 0169111614
• IKÉA : ZI Le Clos-aux-Pois — 91028 Évry CEDEX — Tél. : 0169111600
• IKÉA : CC des Armoiries — rue Jean-Jaurès — 94350 Villiers-sur-Marne — Tél. : 0169111613
• IKÉA : CC Paris Nord II — BP 50 — 123, rue des Buttes — 95950 Roissy — Tél. : 0169111615

Gardes

PARIS I er

DÉPANN'FAMILLES

Gardes d'enfants ponctuelles

Q/P : 8/10 •ASSORTIMENT : 8/10
✚ : Service efficace et de confiance

• 23, rue de la Sourdière — 75001 Paris •Tél. : 0142965832 •Horaires : lun.-ven. 9h-13h •Métro : Tuileries •Bus : 72

Association qui a pour mission de répondre exclusivement à des besoins ponctuels et imprévus de garde d'enfants au domicile des parents. Vous travaillez et votre enfant est malade, vous devez vous absenter impérativement, la garde habituelle de votre enfant est défaillante… Une personne salariée, expérimentée et assurée, viendra à votre domicile, au besoin dans l'heure qui suit votre appel. Participation familiale demandée en fonction de vos ressources et du nombre d'enfants à garder (de 4 à 95 F/h), maximum fixé à 40 heures par famille et par an.

Paris Familles Services

Tout savoir sur les modes de garde à domicile, de 0 à 6 ans, connaître les adresses des associations agréées (10) et se renseigner sur les intérêts ou les pièges à éviter depuis la réforme de l'AGED... Des professionnels vous conseillent et vous donnent toutes les infos sur les services aux personnes... Standard : lun.-jeu. 9h30-17h, ven. 9h30-15h30.

• **PARIS FAMILLES SERVICES** : 88, rue de la Jonquière — 75017 Paris — Tél. : 01 42 28 92 43

KID SERVICES

Gardes d'enfants ponctuelles ou régulières par baby-sitter ou nurse	Q/P : 6/10 •ASSORTIMENT : 7/10 ✚ : Abonnement non obligatoire ━ : Pas de permanence le dimanche

•17, rue Molière — 75001 Paris •Tél. : 01 42 61 90 00 •Fax : 01 42 61 55 00 •Horaires : lun.-ven. 8h-20h, sam. 10h-19h •Métro : Pyramides •Bus : 21

Depuis 26 ans, sur Paris et en région parisienne. Gardes ponctuelles ou régulières, mais aussi retours de maternité ou sorties d'école. Abonnement annuel : 2000 F, ensuite vous ne payez que les heures de garde à 33 F pour le baby-sitting et 48 F pour une nurse. Baby-sitters et nurses (diplômées ou expérimentées) sont recrutées surtout par bouche-à-oreille, c'est-à-dire sur recommandation des familles. Délai d'intervention de 2h pour une garde ponctuelle, de 24h à 5 jours pour une nurse.

PARIS 8ᵉ

ABC PUÉRICULTURE

Retours de maternité, nurses, gardes ponctuelles, crèches, garderies	Q/P : 8/10 •ASSORTIMENT : 8/10 ✚ : La sélection du personnel

•Les Coquin'Ours — 7 bis, rue de la Bienfaisance — 75008 Paris •Tél. : 01 43 87 31 61 •Horaires : lun.-ven. 8h30-18h •Métro : St-Augustin •Bus : 30, 32, 84, 94 • Voir ABC Puériculture, Paris 16e.

PARIS 9ᵉ

GOÉLANGUES

Placement au pair de jeunes filles étrangères	Q/P : 7/10 •ASSORTIMENT : 6/10 ✚ : Toutes nationalités représentées ━ : Pas de test pour les jeunes filles

•33, rue de Trévise — 75009 Paris •Tél. : 01 64 73 11 25 •Fax : 01 45 23 39 23 •Horaires : lun.-ven. 9h-12h30, 14h-18h •Métro : Cadet •Bus : 67

L'organisme travaille avec des agences étrangères qui sélectionnent déjà les jeunes filles (en fournissant des références). Goélangues leur demande ensuite de parler un peu le français, d'avoir une expérience avec les enfants et 18 ans révolus. Les jeunes filles viennent de tous les pays : Europe, Amérique, Australie, Afrique du Sud, elles restent pour un an ou pour les mois d'été. Attention, selon les périodes, les demandes sont plus ou moins bien satisfaites (il faut s'y prendre en mai pour septembre). Condition indispensable : adhérer à l'association (1200 F pour 1 an, 950 F pour 6 mois et 850 F pour les 3 mois d'été). En cas de problème, Goélangues s'engage à remplacer la baby-sitter dans un délai de 15 jours.

Pensez à la filière étudiante

Pour faire garder vos enfants, pensez aussi aux étudiants. Quelques endroits affichent régulièrement des offres de baby-sitting. Cela évite pas mal de paperasses et d'attente. Le CIDJ accueille notamment dans ses locaux la seule agence ANPE à diffuser des offres de baby-sitters.

• **CROUS** : Tél. : 01 40 51 36 00
• **CIDJ** : 101, quai Branly — 75015 Paris — Tél. : 01 44 49 12 54 — Serveur minitel : 3615 CIDJ (1,29 F/min)

PARIS 10ᵉ

RELATIONS INTERNATIONALES

Placement au pair de jeunes filles étrangères

Q/P : 8/10 • ASSORTIMENT : 6/10
+ : Les tarifs des cotisations
— : Les délais de remplacement

•32, bd de Strasbourg — 75010 Paris •Tél. : 0142463313 •Fax : 0142471480 •Horaires : lun.-ven. 9h-17h30 •Métro : Château-d'Eau •Bus : 65

Organisme spécialisé. Vous payez une cotisation de 1200 F pour l'année ou de 600 F pour 6 mois. Les jeunes filles, recommandées par des agences de leur pays d'origine, viennent essentiellement d'Europe. En cas de problème, Relations Internationales reconnaît cependant que les délais de remplacement peuvent être longs...

Des nounous express

Votre enfant est malade, votre baby-sitter vous laisse tomber au dernier moment... Pas de panique, il existe des solutions. Il s'agit d'associations de gardes ponctuelles à domicile ou non, selon que l'enfant est malade ou pas. Les tarifs, calculés en fonction des revenus, peuvent être dérisoires. Les nounous sont de jeunes grands-mères ou des mères de famille. Restrictions : pour Depann Famille, il faut habiter Paris; pour SOS Urgence Maman, on n'assure les gardes ni le week-end ni pendant les vacances. Mais, dans tous les cas, on vous dépanne dans les 24h!

• *DÉPANN FAMILLES* : 23, rue de la Sourdière — 75001 Paris — Tél. : 0142965832
• *SOS URGENCE MAMAN* : 56, rue de Passy — 75016 Paris — Tél. : 0146478998

PARIS 14ᵉ

ALLÔ ASSISTANCE BABY CHOU

Recherches de nounous et de baby-sitters pour les familles

Q/P : 7/10 • ASSORTIMENT : 7/10
+ : Une solution originale et économique

•11 bis, rue Huyghens — 75014 Paris •Tél. : 0142798002 •Fax : 0142798004 •Horaires : lun.-ven. 9h-19h •Métro : Vavin •Bus : 58, 82, 83

Allô Assistance Baby Chou se charge de recruter pour vous nounous et baby sitters et a mis au point un système de garde partagée entre deux familles, qui permet d'en réduire les frais. Il vous en coûtera 200 F pour lancer la recherche, puis 600 F lorsque l'association aura trouvé votre famille partenaire (horaires, lieu de domicile, etc.). Également gardes ponctuelles, sorties d'école ou recrutement d'auxiliaires familiales.

L'ARCHE

Placement au pair de jeunes filles étrangères

Q/P : 6/10 • ASSORTIMENT : 7/10
+ : Délai de remplacement court
— : Cotisations chères

•53, rue de Gergovie — 75014 Paris •Tél. : 0145454639 •Horaires : lun.-ven. 9h30-17h •Métro : Pernéty •Bus : 82

Spécialisée dans le placement de jeunes filles au pair, surtout des pays de l'Est, sélectionnées par le bouche-à-oreille. Cotisations : 1650 F pour un an; remplacement de la jeune fille garanti dans un délai de 8 jours à 3 semaines maximum en cas de problème.

PARIS 15ᵉ

ABABA LA MAMAN EN PLUS

Gardes d'enfants, baby-sitter ou nurse

Q/P : 7/10 • ASSORTIMENT : 7/10
+ : Délais courts

•8, av. du Maine — 75015 Paris •Tél. : 0145494646 •Fax : 0145491586 •Horaires : 7 j/7 8h-20h •Métro : Montparnasse •Bus : 92

Pour des gardes ponctuelles ou régulières, interventions garanties sous une heure, 24h/24 et 7/j7. Abonnement annuel : 1 860 F, puis tarifs horaires de 33 F pour un baby-sitting, et de 49 F pour une garde effectuée par une nurse. Si vous n'êtes pas abonné, l'intervention vous coûtera 64 F, quelle qu'en soit la durée. Les baby-sitters sont de jeunes étudiantes expérimentées; les nurses sont obligatoirement diplômées.

PARIS 16e

ABC PUÉRICULTURE

Retours de maternité, nurses, gardes ponctuelles, crèches, garderies	Q/P : 8/10 •ASSORTIMENT : 8/10 ✚ : La sélection du personnel

•5-7, rue la Fontaine — 75016 Paris •Tél. : 01 40 50 13 64 •Fax : 01 45 27 11 54 •Horaires : lun.-ven. 9h-12h30, 14h-18h •Métro : Jasmin •Bus : 22, 52

•Teddy Club — 73, bd Flandrin — 75016 Paris •Tél. : 01 47 55 62 69 •Horaires : lun.-ven. 9h-17h30 •Métro : Porte-Dauphine •Bus : PC

•Les Oursons — 7, rue La Fontaine — 75016 Paris •Tél. : 01 40 50 13 64 •Horaires : lun.-ven. 8h30-20h •Métro : Jasmin •Bus : 22, 52

•Les Calin'Ours — 1, rue Charles-Tellier — 75016 Paris •Tél. : 01 42 88 99 93 •Horaires : lun.-ven. 8h30-18h30 •Métro : Porte-de-St-Cloud •Bus : 72

Plus qu'une simple agence de garde d'enfants et plusieurs formules. À vous de trouver celle qui s'adaptera le mieux à vos besoins. Condition indispensable : payer une cotisation annuelle de 550 F (+ des frais de gestion de 50 à 370 F en fonction de la formule). Ensuite, vous avez le choix entre une garde à domicile, par exemple pour faciliter votre retour de maternité (une nuit de 10h pour 390 F); une infirmière puéricultrice à domicile, dès les 2 mois et demi de votre enfant et jusqu'à ses 3 ans (10h par jour, 5 jours par semaine, rémunération de 55 F net de l'heure); une baby-sitter à la sortie de l'école (37 F/h), ou enfin, une halte garderie ou l'accès à l'une des 5 crèches d'ABC Puériculture. Tarifs de garde (de 7 à 28 F/h) adaptés aux revenus des foyers.

PARIS 17e

NURSING

Gardes d'enfants à domicile, temporaires ou à l'année, retours de maternité	Q/P : 6/10 ✚ : Baby-sitters formées ▬ : Pas de permanence le week-end

•3, rue Cino-Del-Duca — 75017 Paris •Tél. : 01 40 55 07 33 •Fax : 01 45 74 03 61 •Horaires : lun.-ven. 8h30-12h30, 14h-18h30 •Métro : Louise-Michel •Bus : 92

Gardes d'enfants à domicile, relais des mamans pour les sorties de maternité et gardes temporaires pendant les premiers mois de bébé par une équipe composée de 600 infirmières et auxiliaires de puériculture. Service de gardes à l'année, par des professionnelles formées en école et encadrées à domicile, qui peuvent intervenir dès le 3e mois de l'enfant (soins, alimentation, éveil, éducation, promenade et sorties…) au tarif mensuel de 7800 F. Gardes ponctuelles, les mercredis ou les sorties d'école, au tarif horaire de 37 F (avec minimum de 3h). Cotisation annuelle 650 F; des frais de fonctionnement se rajoutent à chaque type d'intervention.

MONTIGNY 77

SOAMES INTERNATIONAL

Jeunes filles au pair ou nurses anglaises spécialisées	Q/P : 6/10 ✚ : Réseau IAAP et suivi des jeunes filles ▬ : Sélection peu rigoureuse

•6, route de Marlote — 77690 Montigny •Tél. : 01 64 78 37 98 •Fax : 01 64 45 91 75 •Horaires : lun.-ven. 9h-18h (permanence téléphonique le week-end) •e-mail : soames. parisnannies@wanadoo. fr

Deux formules de gardes d'enfants à domicile : des jeunes filles au pair ou des "nannies", des nurses spécialisées, françaises ou anglaises. Soames International appartient à l'International Association Au Pair (IAAP), sorte de charte de qualité pour la jeune fille et pour la famille. Les jeunes filles viennent le plus souvent des pays de l'Est, de Hollande ou d'Allemagne, elles ont le niveau bac. Elles comprennent un minimum le français. Les nannies ont une expérience obligatoire des enfants, mais aucun diplôme n'est exigé. Mieux vaut se renseigner au mois de mai pour accueillir une fille au pair ou une nurse en septembre. En cas d'incident en cours d'année, le remplacement peut prendre un mois. Coût : 1 800 F pour un placement de jeune fille pendant une année scolaire, et 400 F/sem. Pour une nannie, entre 7000 et 10000 F/mois en fonction de son expérience.

BOULOGNE 92

AGENCE SUZANNE REINACH

Gardes d'enfants à l'année ou ponctuelles

Q/P : 7/10
 + : Sélection des jeunes filles

•39, route de la Reine — 92100 Boulogne •Tél. : 01 46 05 07 09 •Fax : 01 46 04 88 17 •Horaires : lun.-mar. et jeu.-ven. 9h30-17h, mer. 9h30-12h30 •Métro : Porte-de-St-Cloud •Bus : 72

Des jeunes filles au pair âgées de 18 à 22 ans, étudiantes en français. Sélection sur entretiens, lettres de motivation et niveau de langue. Frais d'agence : 650 F pour un mois, ou à 2700 F pour l'année scolaire. Puis, deux formules : 30h par semaine pour 1 750 F par mois (+ la carte orange), ou 36h pour 2300 F par mois. Jeunes filles au pair pour l'été.

VINCENNES 94

AU PARADIS DES PETITS

Gardes ponctuelles et de vacances, sorties d'écoles ou de crèches

Q/P : 6/10 •ASSORTIMENT : 6/10
 + : Délai d'intervention très rapide
 − : La sélection

•21, rue Raymond-du-Temple — 94300 Vincennes •Tél. : 01 43 65 58 58 •Fax : 01 43 65 07 97 •Horaires : lun.-ven. 8h-20h30, sam. 9h30-20h30 •Métro : Château-de-Vincennes

Cette agence de baby-sitting travaille exclusivement avec des étudiants. Elles sont recrutées dans les facultés, passent un entretien à l'agence mais ne sont pas tenues d'avoir une expérience particulière. Le tarif est de 35 F/h, + une commission de 50 F pour l'agence. Tarif mensuel 400 F, trimestriel 1 000 F, annuel 2 700 F.

ENGHIEN-LES-BAINS 95

ALLÔ MAMAN DÉPANNAGE

Dépannage rapide pour garder les enfants

Q/P : 7/10 •ASSORTIMENT : 6/10
 + : Les urgences

•BP 18 — 95880 Enghien-les-Bains •Tél. : 01 34 05 00 47 •Horaires : lun.-ven. 9h30-12h30, 15h-20h

Composée d'étudiantes et d'étudiants motorisés, cette équipe vous propose de vous venir en aide, au quotidien ou ponctuellement, pour garder vos enfants. Une adhésion annuelle de 1 700 F est demandée, 35 F l'intervention et 45 F/h. Une journée entière (10h) vous coûtera 280 F. Ce service proposé à Enghien et dans les villes limitrophes.

Sports, vacances, loisirs, ateliers

Le moins cher des ateliers : les gratuits!

De nombreux ateliers sont payants, au mois, au trimestre ou à l'année, mais nous vous avons quand même déniché quelques boutiques dédiées aux tout-petits, qui proposent des ateliers gratuits, animés toute l'année. Bien sûr, la fréquence de ces animations est variable en fonction des lieux, et la durée des ateliers n'excède pas toujours l'heure. Néanmoins, ces commerçants ont le mérite d'avoir pensé à occuper les tout-petits sans ruiner les parents!

- **LES TROIS HIBOUX** : Au Bon Marché — 75007 Paris — Tél. : 01 44 39 80 00
- **FNAC JUNIOR** : 19, rue Vavin — 75006 Paris — Tél. : 01 56 24 03 46
- **FNAC JUNIOR** : 30 av. P. Vaillant-Couturier — 94200 Ivry-sur-Seine — Tél. : 01 46 58 94 86

Le moins cher des séjours pour enfants

L'UCPA propose toujours aux enfants de nombreuses formules de vacances (40 activités), du sport au tourisme en passant par la découverte de la nature ou les séjours linguistiques. La bonne nouvelle : les "séjours malins", pour les enfants à partir de 9 ans. Séjours à petits prix, avec des activités un peu plus traditionnelles (tennis, kayak, voile…) en France. Une semaine à partir de 1 190 F, tout compris, sauf le voyage (rajouter environ 500 F). Il vaut mieux réserver en mars pour le mois de juillet.

- **UCPA** : 62, rue de la Glacière — 75013 Paris — Tél. : 0803820830 — Serveur minitel : 3615 UCPA (1,29 F/min)

PARIS 1er

ARTSDÉCOJEUNES

Goûters d'anniversaire au musée des Arts déco	Q/P : 7/10
	+ : Très culturel
	— : Pas d'animation

- 107, rue de Rivoli — 75001 Paris • Tél. : 01 44 55 59 25 • Horaires : lun.-ven. 10h-12h, 14h-16h
- Métro : Palais-Royal • Bus : 21, 27, 48, 58, 68

3 formules originales, pour fêter l'anniversaire de vos enfants dans le cadre du musée des Arts décoratifs. Visites à la fois pédagogiques, ludiques et culturelles. Visite guidée dans le musée de la Mode, 40 F par enfant, pour 15 enfants maximum. Visite guidée et goûter dans une salle louée (couverts fournis mais service et nourriture assurés par les parents), 70 F par enfant. Visite, ateliers pédagogiques (thème choisi avec les parents et l'enfant, en fonction de son âge et de ses centres d'intérêt), puis goûter, 90 F par enfant. Visites et ateliers assurés par des stylistes ou des diplômés de l'école du Louvre. Tout est basé sur une participation active de l'enfant. Réserver un mois à l'avance.

Allô Sport...

C'est le mot de passe pour connaître les coordonnées de tous les lieux où l'on peut pratiquer tous les sports, à Paris. Sur demande, on vous envoie le Guide du sport à Paris et le calendrier des événements sportifs de la capitale. Prenez votre mal en patience si vous essayez de les joindre car c'est souvent occupé!

- **SERVICE DES SPORTS DE LA MAIRIE DE PARIS** : Tél. : 01 42 76 54 54

PARIS 2ᵉ

L'ATELIER DES TUILERIES

Atelier de jardinage, à partir de 4 ans

Q/P : 6/10
+ : Thèmes (plantes aromatiques...)
− : Pas de jardinier

•Jardin des Tuileries, sous l'escalier de la terrasse au bord de l'eau — 75001 Paris •Tél. : 0142961933 •Horaires : mer. et vacances 9h30-17h30 •Métro : Tuileries •Bus : 68, 69, 48, 39

Ateliers de jardinage gérés par l'association Enfance de l'Art. À partir de 4 ans, par groupes de 12, les petits apprennent à bêcher, semer, repiquer et entretenir un jardin... Ils acquièrent leur première expérience sur un potager de 30 m². S'il pleut, ateliers d'arts plastiques ou de peinture, plantations dans des petits pots, ou "petite cuisine" (confiture, conserves, pain...). Accueil possible à la journée, à condition de fournir son pique-nique ; les enfants participent alors à plusieurs ateliers dans la journée. 37 F pour un atelier d'1h30 (tous les mercredis et pendant les vacances) ou carte de fidélité : 370 F pour 11 ateliers. Pendant les vacances, réserver 15 jours avant, et pendant l'année, au moins 3 jours avant.

PARIS 4ᵉ

MADE IN SPORT   N

Articles de sport, vêtements, chaussures, jeux vidéo, gadgets

Q/P : 8/10 •ASSORTIMENT : 6/10
+ : Un concept inédit
− : Pas énormément de références enfant

•33, rue Quincampoix — 75004 Paris •Tél. : 0144618041 •Fax : 0144617590 •Horaires : lun.-sam. 10h30-20h •Métro : Rambuteau •Bus : 20

Ce nouveau concept de magasin de sport séduit déjà le jeune public et lui permet de s'identifier à ses sportifs préférés. Sept univers thématiques : formule 1, football, rugby, voile, golf, tennis et sports US, avec des images de héros en situation et en grandeur nature. Espace réservé aux enfants (30 m² avec une centaine de références). Prix moyen des articles autour de 250 F. Fanion des lakers 19 F, maillot des All Blacks à moins de 400 F. Murs d'images et espace actualités évoluant en fonction des grands événements sportifs.

NOMADES   N

Vente et location de rollers

Q/P : 7/10 •ASSORTIMENT : 7/10
+ : Piste pour essayer les rollers
− : Balades non encadrées

•37, bd Bourdon — 75004 Paris •Tél. : 0144540744 •Fax : 0144540767 •Horaires : 7 J/7 11h-19h •Métro : Bastille •Bus : 65, 20, 91

Les rollermaniaques connaissent déjà. Sur 580 m², tous les accessoires de rollers, mais aussi des jeux de rôle, de société et de cartes. Sur le modèle des grandes surface américaines, on peut y passer l'après-midi, entre le bar sans alcool, la piste de 120 m² pour tester les rollers avant de les acheter, et la salle de jeu en accès libre à l'étage... Côté achat, des rollers sous toutes les formes, rayon fitness, rayon hockey et rayon street (pour les ados), avec tenues et accessoires. Trois modèles de patins pour enfants, de 390 à 800 F, avec trois tailles réglables. Vous pouvez commencer par louer : 50 F la journée, 60 F le week-end, ou 30 F la demi-journée. Le dimanche, balades en rollers pour les enfants, avec l'association Roller et Coquillages, mais présence des parents obligatoire.

Paris pour les Jeunes

Cette association coordonne 18 ateliers d'éveil et d'initiation aux nouvelles technologies, pour les enfants à partir de 8 ans et jusqu'à 18 ans, dans différents arrondissements de la capitale. Les séances d'1h30 ont lieu le mercredi, le vendredi et le samedi. 450 F le trimestre ou 1 150 F par an. Stages également proposés pendant toutes les vacances scolaires, sauf en août.
• *PARIS POUR LES JEUNES : 110, rue des Amandiers — 75020 Paris — Tél. : 0144628540*

PARIS 5ᵉ

ARPHONIE

Atelier de musique

Q/P : 6/10
✚ : Ambiance
━ : Instruments non fournis

•14, rue Censier — 75005 Paris •Tél. : 0143367754 •Horaires : lun.-ven. 16h-20h30, mer. 9h-21h •Métro : Censier-Daubenton •Bus : 47

Association installée dans une Maison des jeunes, accueil des enfants, à partir de 3 ans, en cours d'initiation musicale et, à partir de 5 ans, en cours d'initiation instrumentale. Possibilité de faire de la musique de chambre pour les enfants qui jouent d'un instrument depuis 2 ans. Pas de méthode particulière, mais des professeurs diplômés et de petits groupes de travail; on prépare souvent les élèves à des concours extérieurs. Les plus grands ont libre accès au centre aéré de la Maison des jeunes et peuvent se faire à manger dans un coin cuisine aménagé. Tarifs trimestriels, en supplément de l'adhésion annuelle. Un cours de solfège et de musique de chambre coûte de 490 à 1000 F (prix dégressifs en fonction du nombre d'activités) + 510 F d'adhésion. Réserver en juin pour la rentrée.

L'ATELIER THÉÂTRE

Théâtre, improvisation, écriture de chansons et dialogues, de 5 à 14 ans

Q/P : 7/10
✚ : Supports vidéo
━ : Petit local

•37, rue Monge — 75005 Paris •Tél. : 0146333674 •Fax : 0139852666 •Horaires : lun.-ven. 17h30-19h30 •Métro : Cardinal-Lemoine •Bus : 47, 89

Accent mis sur la création et l'improvisation. Les enfants choisissent des thèmes très contemporains, et les utilisent ensuite pour s'exprimer. Minimum de 2 spectacles par an, devant d'autres enfants. Expression corporelle, chant, matériel vidéo... Les cours durent 1h30, tous les mercredis, de 17h à 18h30. Enfants dirigés par Christian Vérité et Esther Pestre, comédiens et chanteurs. Pour les tout-petits, ateliers de création de 2h le mercredi matin. Fabrication de masques et de costumes, puis mise en place d'un spectacle dans lequel ils jouent. Un mois d'essai pour les plus jeunes avant de confirmer l'inscription. Tarif trimestriel : 600 F pour 1h30, 850 F pour 2h. Adhésion annuelle de 250 F.

PARIS 6ᵉ

JEUNESSE ET MARINE

Stages nautiques en France

Q/P : 5/10 •ASSORTIMENT : 6/10
✚ : Agréé jeunesse et sport

•5, rue Jean-Bart — 75006 Paris •Tél. : 0145484370 •Fax : 0145226052 •Horaires : lun.-jeu. 9h-18h, ven. 9h-17h, sam. 9h-14h •Métro : Rennes, St-Placide •Bus : 58, 94

Au bord du lac d'Hourtin, en Gironde, entre la mer et la forêt, les enfants (à partir de 8 ans) sont initiés aux différents sports de voile. Une seule obligation : posséder le brevet de natation de 50 m. Séjours de 2 semaines; capacité totale de 120 lits, enfants logés par tentes de 6 à 10. Matériel fourni, mais cautions exigées en cas de casse (100 F pour la voile et 200 F pour la plongée). Salle polyvalente à disposition en cas de mauvais temps. Pour les plus grands, stages de plongée (6 destinations au total en France). Stage multi-voile : 4000 F pour 15 jours, voyage non compris, et une cotisation de 110 F à l'association.

PARIS 7ᵉ

ATELIERS VERTS

Atelier de jardinage pour les enfants à partir de 4 ans

Q/P : 7/10
✚ : Sensibilisation à l'environnement
━ : Pas de jardinier

•Jardin Catherine Labouré — 29, rue de Babylone — 75007 Paris •Tél. : 0142224346 •Fax : 0142224346 •Horaires : lun.-ven. 9h-18h •Métro : Sèvres-Babylone •Bus : 87, 92

Tous les mercredis, de mars à octobre, de 14h à 17h, les enfants entretiennent un petit potager juste derrière Matignon. Par groupe de 12 maximum, encadrés par des moniteurs titulaires du BAFA. Le reste du temps, visites de parcs et jardins de la capitale et, en hiver, s'il pleut, éducation à l'environnement par des jeux, sur des thèmes précis (insectes, déchets…). Les enfants doivent fournir leur goûter. 600 F par trimestre.

PAGE 18

Atelier d'initiation à l'informatique, à partir de 5 ans

Q/P : 8/10
+ : Écoute et conseil

•18, rue Pérignon — 75007 Paris •Tél. : 0145666535 •Fax : 0145666232 •Horaires : lun.-sam. 7h30-19h30 •Métro : Ségur, Sèvres-Lecourbe •Bus : 39 •Internet : http://www. micronet. fr/page18

Cette librairie, qui a créé le réseau « Cybercredi » (librairies dispensant des ateliers d'initiation à l'informatique), propose des ateliers pour les enfants, à partir de 5 ans. Cours individuels, sur rendez-vous, chaque soir après l'école et même pendant les vacances. Les plus petits pianotent sur un clavier, apprennent à manipuler la souris et à utiliser des logiciels pédagogiques. À partir de 7-8 ans, possibilité d'utiliser le matériel en accès libre et de se connecter à Internet (sous surveillance!). Encadrés par un étudiant en informatique, les enfants apprennent à créer leur home page. Nombreux CD-rom à consulter. 1h d'initiation, 85 F et 1h en accès libre, 60 F. Conseils et "remise en route" pour tous les enfants qui ont du mal à se servir de leur ordinateur à la maison. Réserver une semaine à l'avance.

PARIS 8e

BOUTIQUE PSG/NIKE

N

Vêtements, chaussures, accessoires de sport PSG et Nike

Q/P : 7/10 •ASSORTIMENT : 7/10
+ : Les horaires d'ouverture

•27, av. des Champs-Élysées — 75008 Paris •Tél. : 0156692222 •Fax : 0156692229 •Horaires : 7 J/7 10h-0h •Métro : Victor-Hugo •Bus : 80

L'endroit a été conçu pour accueillir les fans de foot! Dans un espace de 250 m², 2500 produits à l'effigie du PSG ou de Nike. Dans la collection Kid Baby PSG (2-16 ans), mini maillots de foot à partir de 129 F, casquettes 99 F et, en exclusivité, une collection inédite avec jeans, sweats ou polos piqués, pour la ville. Du côté de Nike, on habille et on chausse les 6-16 ans; choix parmi les produits essentiels de la marque. 10 % de réduction permanente aux supporters du PSG.

ESPACE CYBERMÉTROPOLE

Initiation gratuite au multimédia au Palais de la Découverte, à partir de 5 ans

Q/P : gratuit •ASSORTIMENT : 9/10
+ : Gratuité
- : Foule pendant les vacances

•Palais de la Découverte — 9, av. Franklin-Roosevelt — 75008 Paris •Tél. : 0140748015 •Horaires : mar.-dim. 9h30-18h •Métro : Franklin-Roosevelt •Bus : 42, 80 •Internet : http://www. cybermetropole. tm. fr

Entre 10 et 20 min d'initiation à Internet et quelques 200 CD-rom (éveil, culturels, de loisirs…), pour enfants à partir de 5 ans. 18 ordinateurs au total, dont 8 connectés à Internet. Dans la mesure du possible, on met un enfant par ordinateur, 3 au plus. Gratuit, moyennant l'entrée au Palais de la Découverte, 17 F pour les moins de 18 ans. En contrepartie, l'attente est parfois un peu longue lorsqu'il y a beaucoup de monde.

OCTAVE ET ARPÈGE

École de musique, à partir de 2 ans

Q/P : 5/10
+ : Chorale pour enfants
- : Instruments non fournis

•4, rue de St-Pétersbourg — 75008 Paris •Tél. : 0142934794 •Horaires : lun. 14h-19h, mar. et jeu. 10h-12h, 14h-19h, mer. 10h-19h •Métro : Europe •Bus : 66, 95

Dans un luxueux appartement du 8e, non loin du quartier des musiciens, Octave et Arpège accueillent les petits, dès 2 ans, dans des cours de nid musical (percussions, rythmes et reconnaissance des sons). Pas de méthode particulière mais des professeurs diplômés et concertistes. École fermée pendant les vacances scolaires. 30 h de cours par an, 2550 F pour le nid musical, 4350 F pour le 1er cycle (un enfant de 6 ans avec instrument, solfège et chorale facultative). Adhésion annuelle de 500 F par famille. Il faut s'inscrire en juin pour la rentrée de septembre.

Futurkids

Il existe 5 centres Futurkids à Paris et 6 en province. Sur un thème déterminé et développé toute l'année, les enfants ont une approche ludique et concrète de l'ordinateur et du multimédia. Cours tous les jours de l'année, le soir après l'école, entre 17h et 19h. Tarifs un peu élevés : 4000 F d'abonnement annuel et de droit d'entrée pour 35 séances, soit 108 F/h mais les cours sont approfondis et la progression des enfants est évidente. Pendant les vacances, stages de 10h par semaine, 1000 F la semaine ou 100 F de l'heure. Les mamans peuvent choisir les heures de cours de leurs enfants en début d'année. 2 enfants par ordinateur. Tarifs légèrement variables d'un centre à l'autre.

• *FUTURKIDS* : 201, rue Lecourbe — 75015 Paris — Tél. : 01 48 28 44 99
• *FUTURKIDS* : 6, rue François-Ponsard — 75016 Paris — Tél. : 01 42 15 15 15
• *FUTURKIDS* : 99, rue de Prony — 75017 Paris — Tél. : 01 40 54 87 00
• *FUTURKIDS* : 17 bis, rue des Coches — 78100 St-Germain-en-Laye — Tél. : 01 39 21 80 20
• *FUTURKIDS* : 7, rue de l'Église — 92200 Neuilly-sur-Seine — Tél. : 01 47 45 39 43

PARIS 11e

CORETA

Conférences de sensibilisation à l'histoire de la peinture pour les 7-11 ans

Q/P : 7/10 •ASSORTIMENT : 7/10
✛ : Très culturel
━ : Cycles trop courts

•242, bd Voltaire — 75011 Paris •Tél. : 01 43 73 18 66 •Fax : 01 43 20 59 95 •Horaires : lun.-ven. 10h-16h •Métro : Voltaire •Bus : 96

Qui a dit que les enfants étaient trop jeunes pour apprécier la peinture? Il suffit de les initier! C'est le pari tenté par l'association Coreta, à travers un cycle de conférences interactives. 2 fois/mois, le mercredi après-midi, entre octobre et février. Chaque séance est imaginée comme une promenade dans les tableaux, une histoire que l'on raconte, et dans laquelle les enfants sont libres d'intervenir. La conteuse met en scène Gaspard, un personnage imaginaire auquel les petits s'identifient avec, comme support, des diapositives… et ça marche! Conférences dans un grand auditorium. Enfants considérés comme des adultes au spectacle. La formule connaît un vrai succès, mieux vaut réserver en début de saison. 400 F les 10 séances ou 50 F/séance.

PARIS 12e

ARC-EN-CIEL

Expression corporelle à partir de 3 ans

Q/P : 7/10 •ASSORTIMENT : 6/10
✛ : Méthode Irène Popard

•101, rue de Reuilly — 75012 Paris •Tél. : 01 43 40 27 59 •Fax : 01 43 46 79 19 •Horaires : lun. 16h30-21h, mar. 10h-21h, mer. 9h-21h, jeu. 13h30-20h30 •Métro : Montgallet •Bus : 46

Les enfants font de l'expression corporelle, en suivant la méthode Irène Popard avec un professeur diplômé. Exercices au sol et à la barre, ou avec des instruments : foulards, ballons, cerceaux. Les cours durent trois quarts d'heure par semaine, groupes de 20 maximum. À la fin de l'année, les enfants participent au spectacle : la Fête de la danse. Tarif annuel : 1450 F avec une adhésion de 130 F.

VACANCES MUSICALES SANS FRONTIÈRES

**Séjours musicaux en France et à
l'étranger pour débutants ou non**

Q/P : 7/10 •ASSORTIMENT : 8/10
+ : On apprend en s'amusant
— : Groupes un peu importants

•67, rue de Reuilly — 75012 Paris •Tél. : 01 43 45 31 32 •Fax : 01 43 45 63 09 •Horaires : lun.-ven. 9h-12h30, 13h30-18h •Métro : Reuilly-Diderot •Bus : 46 •e-mail : vmsf@club-internet. fr

Activité principale (pour les 6-12 ans) : la pratique de la musique, associée à une autre activité artistique (théâtre, cirque, BD, rollers, langues…); débutants acceptés. On choisit sa destination parmi une trentaine en France, en Irlande ou en Italie. Pour les 13-15 ans qui ont déjà une certaine expérience musicale, séjours axés sur la découverte d'une autre forme de musique (musiques du monde, comédie musicale, musiques amplifiées…). Les enfants jouent dans des cadres insolites : petits villages de montagne, fromageries, grottes… 1 700 F la semaine, voyage non compris. En Irlande, non loin de Cork, stage de musique folklorique avec des musiciens irlandais, activités en langue anglaise. But : apprendre l'anglais par la musique. Logement en familles d'accueil (4 900 F pour 15 jours, tout compris). Réserver en mars pour les séjours à l'étranger.

PARIS 13ᵉ

GAREF AÉRONAUTIQUE

**Club de recherche pour les jeunes
scientifiques**

Q/P : 6/10 •ASSORTIMENT : 7/10
+ : La dimension scientifique
— : Encadrement limité

•6, rue Émile-Levassor — 75013 Paris •Tél. : 01 45 82 11 99 •Horaires : lun.-dim. 9h-20h •Métro : Porte-d'Ivry •Bus : PC

La priorité : l'espace et la construction de fusées expérimentales, de sondes et de ballons. Ici, les jeunes ne sont pas encadrés, ils mènent leurs projets eux-mêmes et trouvent de l'aide auprès des ingénieurs. Club ouvert à tous, mais seuls les plus passionnés poursuivent l'expérience. Le cadre? Un laboratoire, bien sûr!

PARIS 14ᵉ

GAREF OCÉANOGRAPHIQUE

**Club de recherche pour les jeunes
scientifiques, à partir de 15 ans**

Q/P : 6/10 •ASSORTIMENT : 7/10
+ : Atelier à dimension scientifique
— : Adhésion un peu chère

•26, allée du Chef-de-l'Escadron-de-Guillebon — 75014 Paris •Tél. : 01 40 64 11 99 •Fax : 01 43 20 96 25 •Horaires : lun.-dim. 9h-20h •Métro : Montparnasse •Bus : 91

Cours de biologie marine, encadrés par le biologiste du Palais de la Découverte, ateliers de photo-vidéo, expositions et conférences (faune et flore en Guyane, cétacés en Méditerranée…), ateliers de technologies marines (sondes, suivi de requins…). Dans le cadre des jardins de l'Atlantique, avec 6 aquariums reconstitués (bassins d'eau tropicale, bassin de quarantaine…), les jeunes passionnés des sciences et de la mer apprennent à observer les océans, leur faune et leur flore. On propose aussi aux jeunes adhérents des stages à l'étranger (mission scientifique en mer Rouge, 4 000 F pour 15 jours) et des week-ends. Les groupes sont limités : 8 jeunes maximum, encadrés par des moniteurs. L'adhésion était de 1 600 F en 1997/1998, mais les tarifs devraient baisser l'an prochain!

PARIS 15ᵉ

CENTRE GYMBORÉE

**Jeux parents-enfants animés par une
psychomotricienne**

Q/P : 5/10
+ : Psychomotricienne
— : Groupes un peu importants

•Aquaboulevard — 4, rue Louis-Armand — 75015 Paris •Tél. : 01 40 71 61 60 •Horaires : lun.-sam. 9h30-12h30, 14h-18h30 •Métro : Balard •Bus : PC

Dès la naissance et jusqu'à l'âge de 6 ans, les enfants participent à des activités d'éveil et de jeux avec leurs parents, d'après les conseils d'une psychomotricienne. Thème différent et adapté à l'âge de l'enfant chaque semaine (équilibre, notions spatiales, jeux avec le corps, exercices d'imagination…). Enfants répartis par groupes de 15; il est impératif de prendre rendez-vous à l'avance pour connaître l'horaire qui correspond à l'âge de l'enfant. Les plus grands (de 4 à 6 ans) viennent sans les parents, guidés par 2 psychomotriciennes, et s'initient à des activités sportives, à raison d'1h par semaine. Matériel fourni. Le cadre est une salle de 200 m², équipée de matériel modulable en fonction des thèmes des ateliers. Abonnements de 8, 12 ou 16 semaines, aux tarifs respectifs de 675, 885 ou 1030 F, ou abonnement annuel, 2090 F pour 2 séances par semaine.

CHILDREN'S ACADEMY ON TOUR

Ateliers artistiques, sorties culturelles, cours de langues

Q/P : 5/10 •ASSORTIMENT : 7/10
+ : Des animateurs bilingues
= : Tarifs un peu élevés

•20, bd du Montparnasse — 75015 Paris •Tél. : 0145664555 •Fax : 0145664556 •Horaires : lun.-ven. 10h-18h •Métro : Duroc, Falguière •Bus : 28, 82, 89, 92

Ateliers artistiques chaque mercredi et samedi, sorties culturelles (par demi-journée) et cours de langues pour les enfants, de 4 à 12 ans. Cours de 1h, dispensés par des professeurs diplômés, par groupes de 6 maximum. Débutants acceptés. 50 F la séance ou 1000 F pour 24 cours. Ateliers (100 F les 3h) : on y fait de la peinture et l'on s'initie à Internet, dans un cybercafé, car l'association ne dispose pas d'ordinateur! Sorties culturelles aux alentours de Paris, encadrées par des animateurs bilingues. Cotisation annuelle de 495 F par an et par famille. Mais les factures de faux frais lors de sorties culturelles sont envoyées aux parents à la fin de l'année!

Pour vous aider à choisir un séjour équestre

Avant de choisir un stage de poney pour vos enfants, pensez à consulter les guides spécialisés. Le Guide des séjours équestres pour enfants rassemble plus de 80 centres agréés Jeunesse et Sport. Il est illustré et détaille prix et prestations. 80 F par correspondance. Le guide Gîtes et cheval récapitule plus de 300 adresses en France avec des cours d'équitation à l'heure ou à la demi-journée. 60 F.

• *GUIDE DES SÉJOURS ÉQUESTRES POUR ENFANTS* : Éditions Uni-D-Fox — Tél. : 0557241191
• *GUIDE GÎTES ET CHEVAL* : Maison des Gîtes de France — 59, rue St-Lazare — 75009 Paris — Tél. : 0149707575 — Minitel : 3615 GITESDEFRANCE (1,29 F/min)

ÉCOLE KOËNIG

Conservatoire américain de musique, à partir de 3 ans

Q/P : 7/10
+ : Cours particuliers
= : Présence des parents requise

•22, rue Vaugelas — 75015 Paris •Tél. : 0145311615 •Fax : 0145314281 •Horaires : lun.-ven. 14h-18h sauf mer. 9h-18h •Métro : Convention •Bus : 39, 49

Initiations à la musique, à partir de 3 ans, dans des cours d'éveil musical (expression corporelle, graphisme et musique…), à raison d'1h par semaine, après l'école. Dès 5 ans, apprentissage d'un instrument, cours particuliers (20 min) et collectifs (45 min). Petits groupes (8 enfants maximum), mais un des parents (ou un proche) doit obligatoirement assister au cours individuel. Pour les cours collectifs, ce n'est pas une obligation mais c'est préférable. Il vaut donc mieux être disponible! Cadre agréable : locaux de 300 m², entièrement rénovés. Pendant les vacances, stages proposés avec différentes activités : anglais, théâtre, arts plastiques, musique… (1500 F la semaine, inscription 2 mois avant). Adhésion annuelle 300 F, éveil musical 900 F par trimestre, puis, de 1950 à 2700 F par trimestre, en fonction de la durée du cours particulier et du nombre d'heures de cours collectifs.

LE PROLOGUE

**Atelier de théâtre pour enfants et
adolescents**

Q/P : 5/10
✛ : Cadre

•20, rue des Quatre-Frères-Peignot — 75015 Paris •Tél. : 0145780517 •Fax : 0145773912
•Horaires : lun.-sam. 9h-14h, 18h-21h •Métro : Javel, Charles-Michel •Bus : 42, 70

Cours dans le petit théâtre du Prologue, le mercredi et le samedi, pendant 2h, sous la
direction de Micheline Parque. Elle apprend avant tout aux enfants (de 6 à 15 ans) à développer leur imagination et leur sensibilité. À partir de thèmes choisis, chaque séance
débute par de petits exercices. Ensuite, les enfants apprennent à jouer, à partir de textes
d'auteurs classiques (La Fontaine, St-Exupéry…). Spectacle de fin d'année. Inscription en
mai pour le mois de septembre.

PARIS 16e

CONSERVATOIRE RACHMANINOFF

**École de musique, histoire de la
musique et enseignement du russe,
à partir de 3 ans**

Q/P : 6/10
✛ : Découverte de la culture russe
━ : Tarifs opaques et assez élevés

•26, av. de New-York — 75016 Paris •Tél. : 0147235144 •Horaires : lun.-sam. 9h-13h, 14h-18h
•Métro : Alma-Marceau, Iéna •Bus : 78

Le conservatoire, fondé en 1923 par d'anciens professeurs des conservatoires impériaux
de Russie, est fidèle à sa tradition. Aujourd'hui, l'ambition est toujours de former de vrais
musiciens, mais aussi de faire plaisir aux élèves et, à travers des cours collectifs ou particuliers, de se rapprocher de la culture, de la langue et de la gastronomie russes (cantine
russe ouverte aux élèves dans les locaux). À partir de 3 ans, éveil musical général ou sur
instruments (non fournis), et initiation au solfège. Méthode Suzuki (pour débuter) ou traditionnelle. Forfait annuel de 350 F, puis tarif à la carte en fonction des cours choisis ; par
exemple, 100 F par mois pour 1h de cours particulier par semaine. Pas de réservation
possible.

MINI CLUB

**Goûters d'anniversaire à thème,
à domicile**

Q/P : 7/10
✛ : Animations

•135, rue du Mont-Cenis — 75018 Paris •Tél. : 0142626266 •Fax : 0142626146 •Horaires : lun.-
ven. 10h-20h •Métro : Porte-Dauphine

Deux formules selon la durée de l'animation. Forfait pour 2h d'animations sur un thème
choisi (les pirates, les jeux olympiques…), un spectacle de marionnettes pour les plus
jeunes et une séance de maquillage pour ceux qui le désirent : 900 F pour 16 enfants,
nourriture et boissons non comprises. Forfait pour 3h d'animations destinées aux 7-12
ans, suivies d'un atelier (poterie, sculpture, peinture…) : 1100 F (matériel fourni). Les
animateurs sont des anciens du Club Med. Cela promet de joyeuses après-midi…

VERTICAL

**Dépôt-vente de rollers, randonnées et
balades**

Q/P : 8/10 •ASSORTIMENT : 9/10
✛ : Antenne du Rollerskate Institut

•60 bis, rue Raymond-Poincarré — 75016 Paris •Tél. : 0147272121 •Fax : 0147271997
•Horaires : 7 J/7 de 10h à 19h30, ven. 22h •Métro : Victor-Hugo, Trocadéro •Bus : 52, 82

Les 100 meilleurs modèles du marché, tous testés ; et tous les accessoires du roller (clés,
sacs, vêtements…). Près de 100 paires de patins en dépôt-vente, en permanence. Rollers
pour enfants entre 390 et 690 F. Les connaisseurs apprécieront puisque l'on trouve des
marques rares. Randonnées en Europe pour les enfants : Bruxelles (200 F A/R), Londres
(3 jours à 890 F). Pour les cours, le "cycle kid" accueille les petits en groupes de 12 maximum (encadrés par des moniteurs diplômés), "cycles d'initiation et de perfectionnement"
pour les plus grands. L'inscription annuelle (comprenant les assurances, des tarifs préférentiels et des infos roller) s'élève à 180 F. Carte club (10 % dès le 2e achat), VPC, SAV.

Loisirs & Création

Important rayon enfant destiné à développer leur sens de la créativité : moulages, coloriages, découpages, décoration, perles à moins de 1 F, coquetiers supports à peindre à moins de 5 F. Tout est fait pour essayer, et à ces prix, on a droit à l'erreur ! En permanence, 15 000 références. Les mercredis et samedis, ateliers pour les enfants à partir de 5 ans, basés sur la création et l'acquisition des techniques : 50 F pour 1h30, inscriptions 2 jours avant.

•**LOISIRS & CRÉATION** : CC Passy-Plaza — 53, rue de Passy — 75016 Paris — Tél. : 01 42 15 13 43
•**LOISIRS & CRÉATION** : CC Carrefour — 77000 Villiers-en-Bière — Tél. : 01 64 87 92 72
•**LOISIRS & CRÉATION** : CC Parly II — 78150 Le Chesnais — Tél. : 01 39 43 06 35
•**LOISIRS & CRÉATION** : CC Évry II — 91028 Évry — Tél. : 01 69 36 20 34
•**LOISIRS & CRÉATION** : CC Créteil Soleil — 94016 Créteil — Tél. : 01 49 56 07 57
•**LOISIRS & CRÉATION** : Grand Ciel — 30, bd P. Vaillant-Couturier — 94762 Ivry — Tél. : 01 43 90 00 87

PARIS 17ᵉ

LA MAISON DES TOUT-PETITS

Atelier d'éveil pour les enfants
de 1 à 3 ans

Q/P : 8/10
+ : Éducateurs de jeunes enfants
− : Fermé le mercredi

•14, rue des Apenins — 75017 Paris •Tél. : 01 42 29 20 09 •Horaires : lun.-mar. et jeu.-ven. 8h30-12h, 14h-18h •Métro : Brochant •Bus : 31, 54, 66, 74

Ici, on apprend aux tout-petits (acceptés dès qu'ils savent marcher) à faire de la peinture, des puzzles, des pâtisseries ou de l'expression corporelle. Éveil musical, jeux d'eau, pâte à sel ou découpage… Enfants répartis par groupes (capacité maximale de 25) et encadrés par 4 éducateurs. Repas de midi non assurés (les ateliers durent une demi-journée), mais goûter et casse-croûte de 10h fournis. Quand les beaux jours arrivent, les enfants jouent sur la terrasse, dans un espace aménagé (murs d'escalade, filets…). Inscription annuelle 350 F, puis 430 F par mois pour 4 demi-journées. S'inscrire en mai pour septembre. Réunions à thèmes animées par des professionnels (cauchemars, maladies infantiles…) organisées pour les parents.

PARIS 19ᵉ

CANAUXRAMA

Croisières éducatives sur la Seine

Q/P : 8/10
+ : Plus culturel que touristique
− : Rien pour les particuliers

•13, quai de la Loire — 75019 Paris •Tél. : 01 42 39 15 00 •Fax : 01 42 39 11 24 •Horaires : 7 J/7 9h-18h •Métro : Jaurès •Bus : 26

Une croisière pour expliquer aux enfants le fonctionnement des écluses, l'histoire des cours d'eau et du bassin de La Villette, avec des jeux sur les cours d'eau, les rivières et les poissons et la traversée de l'écluse du pont de Flandre, la plus haute d'Île-de-France. L'hôtesse qui anime l'excursion raconte l'histoire de La Villette à proximité du parc. La croisière dure 1h15 et se termine en chansons. Mais on n'accepte les enfants que par groupe de 20 minimum à raison de 28 F par personne, 4 départs quotidiens : 9h30, 10h45, 14h et 15h15. Il faut réserver 8 jours avant.

PARIS CANAL

Croisière sur la seine et le canal
St-Martin

Q/P : 7/10
+ : Croisière très complète
− : Peu d'animation

•Bassin de la Villette — 19-21, quai de la Loire — 75019 Paris •Tél. : 01 42 40 96 97 •Fax : 01 42 40 77 30 •Horaires : lun.-ven. 10h-12h30, 14h-18h30, sam. 10h-12h30, 14h-17h30 •Métro : Porte-de-Pantin •Bus : 75, PC

3h au fil de l'eau pour (re) découvrir l'histoire de Paris à travers ses monuments, l'histoire du canal St-Martin et du bassin de la Villette. Traversée des écluses et des ponts tournants. Croisières commentées en français et en anglais, mais peu d'animation. Pour les enfants en groupes, on distribue au préalable des guides pédagogiques. Réserver 2 jours à l'avance pour les particuliers et 2 mois pour les groupes. 50 F/pers., adulte ou enfant.

PARIS 20°

STAGE MULTIMÉDIA AUX AMANDIERS

Stages autour des nouvelles technologies informatiques, à partir de 8 ans

Q/P : 9/10
+ : Tarifs intéressants
— : N'acceptent pas les moins de 8 ans

•110, rue des Amandiers — 75020 Paris •Tél. : 0144628544 •Fax : 0143664924 •Horaires : 7 J/7 9h-12h, 14h-18h (vacances scolaires sauf août) •Métro : Ménilmontant •Bus : 96 •e-mail : gjunquet@plj. fr

Stages pendant toutes les vacances scolaires (sauf en août), à raison de 3 h par jour, sur 4 ou 5 jours. À partir de thèmes originaux – création de paysages virtuels, BD ou retouche d'image – liés à la pédagogie de l'Éducation nationale, les enfants se familiarisent avec un ordinateur (1 enfant par ordinateur, 10 enfants maximum) et réalisent un projet individuel ou de groupe. Adhésion annuelle de 50 F, compter entre 240 et 300 F pour un stage et réservez 15 jours à l'avance.

Où prendre un brunch avec vos enfants?

Le dimanche, pour rompre avec les habitudes et vous éviter une corvée déjeuner, allez prendre un brunch en famille! Certains endroits font des brunchs allégés pour les petits sur demande, d'autres vous réservent l'accueil voiturier, organisent des spectacles de clown pour occuper les enfants pendant que vous déjeunez et lavent votre voiture si vous le souhaitez (Quai Ouest…). Les brunchs n'ont en général lieu que les dimanches et les jours fériés de 12h à 17h. Voici notre sélection d'adresses. Dans certains cas, les réservations sont recommandées.

• WEB BAR : 32, rue de Picardie — 75003 Paris — Tél. : 0142726655
• VIADUC CAFÉ : 43, av. Daumesnil — 75012 Paris — Tél. : 0144747070
• VIRGIN : 52, av. des Champs-Élysées — 75008 Paris — Tél. : 0142894681
• QUAI OUEST : 1200, quai Marcel-Dassault — 92210 St-Cloud — Tél. : 0146023554

BRÉVAL 78

MAISON DE LA NATURE EN MANTOIS

Séjours dans une ferme équestre de 3 à 13 ans, randonnées de 12 à 15 ans

Q/P : 8/10
+ : Petits groupes
— : Dortoirs

• 78980 Bréval •Tél. : 0134783388 •Fax : 0134783388 •Horaires : lun.-sam. 9h-20h •Internet : http://www. educenvir. com/graineidfmantois/ • e-mail : naturemantois@minitel. net

Ferme équestre qui accueille les enfants, de 6 à 13 ans, et les initie à la nature et à l'environnement. Sentiers pédagogiques à thème : l'eau, lecture du paysage, balades sensorielles, visite d'exploitation fermière, initiation à l'ornithologie, randonnées à pied ou avec un attelage (séjour poney club classique). Pour les plus grands (12-15 ans), randonnées aventure, à travers le parc régional de Basse-Normandie, à condition d'avoir déjà monté. Petite structure, capacité maximale : 20 enfants, logés en dortoirs de 10. Réservation en février pour l'été. 1750 F la semaine, tout compris, pour les 6-8 ans, 2250 F pour les 8-11 ans (randonnées quotidiennes et retour à la ferme chaque soir, débutants acceptés), 2850 F pour les 12-15 ans pour une randonnée de la semaine entière.

Le Chesnais 78

CENTRE GYMBORÉE

Jeux parents-enfants animés par une psychomotricienne

Q/P : 5/10
+ : Psychomotricienne
− : Trop d'enfants par groupe

•8, av. Dutartre — salle Jean XXIII — 78150 Le Chesnais •Tél. : 0141716160 •Horaires : lun.-sam. 9h-12h30, 14h-18h30 •Métro : RER C • Voir Centre Gymborée, Paris 15e.

Louveciennes 78

MUSÉE PROMENADE DU PARC DE MARLY

Ateliers d'arts plastiques et animation pour anniversaires, musée du parc de Marly

Q/P : 7/10
+ : Culturel
− : Accès difficile

•Parc de Marly — 78430 Louveciennes •Tél. : 0139690626 •Fax : 0130820995 •Horaires : lun.-ven. 9h-18h •Métro : RER A1 •Bus : Navette

Pour fêter un anniversaire au Musée du parc de Marly, on peut inviter ses copains à un atelier d'arts plastiques, animé par une plasticienne. Le forfait est de 450 F pour 15 enfants, et comprend 2h d'ateliers (gravure, peinture, théâtre, danse…). On peut disposer d'une salle pour un supplément de 150 F, le musée fournit tables, chaises et couverts, et la famille s'occupe des gâteaux, des boissons et des décorations. Il est conseillé de réserver 1 mois à l'avance. Pendant les vacances de février, de Pâques, de la Toussaint et en juillet, des stages sont organisés pour les enfants de 6 à 11 ans (35 F par enfant, réservez 15 jours à l'avance).

Noisy-le-Roi 78

STAGES JEAN-MICHEL LARQUÉ

Stages de football pour les 7-18 ans sur la côte basque

Q/P : 7/10
+ : Présence de Jean-Michel Larqué
− : Pas de visite de la région

•BP 31 — 78590 Noisy-le Roi •Tél. : 0130804441 •Fax : 0130804441 •Horaires : lun.-ven. 8h-12h, 14h-18h (juillet et août)

Chaque été, depuis 15 ans, Jean-Michel Larqué, ancien joueur stéphanois, anime personnellement ces stages d'une semaine sur la côte basque. Deux sites distincts : Cambo-les-Bains (arrière-pays), au cœur d'une station thermale, pour les plus jeunes, et St-Jean-de-Luz, à moins d'1 km de la plage, pour les plus âgés. Le matin, séances techniques et tests de vitesse, l'après-midi étant consacré aux tournois. Pour leur inculquer l'esprit de groupe, ils vivent en équipes de 16 pendant tout le séjour (matchs, dortoirs…), encadrés par un éducateur. Activités annexes : piscine (sur place) pour les petits, jeux vidéo, tennis de table ou basket pour les plus grands. Moniteurs titulaires du brevet d'état de football. Suivi diététique. Stage en juillet et en août. 1700 F la semaine, mais dégressif (1550 F) pour les semaines supplémentaires. Pensez à réserver dès le mois de février.

SOS colonie de vacances

Ce serveur met à la disposition des parents près de 6000 adresses de séjours vacances pour les enfants. Mise à jour quotidienne, en fonction des disponibilités. Vous choisissez selon les critères qui vous intéressent : lieux, âge de l'enfant, mode d'hébergement, séjour en France ou à l'étranger, linguistique ou culturel… Tous les enfants, de 4 à 18 ans, y trouvent leur compte!
• SOS COLONIE DE VACANCES : 3617 COLO (5,57 F/min)

ATELIER DE JARDINAGE DU JARDIN D'ACCLIMATATION

Ateliers de jardinage pour les petits
de 3 à 12 ans

Q/P : 7/10
✚ : Chacun repart avec une plante en pot

•Jardin d'acclimatation — 92100 Boulogne •Tél. : 0140677702 •Fax : 0140679873 •Horaires : mer. et sam. 10h-12h, 14h-16h (du lun. au sam. pendant vacances scolaires) •Métro : Sablons •Bus : 43, 73, PC

Hervé, le jardinier, initie les petits aux plaisirs du jardinage (ateliers de 2 heures). 50 F + 12 F (entrée au parc) pour 2h, ou 150 F la journée, repas compris. Autour d'un thème (radis, courges ou plantes aromatiques), on apprend aux enfants l'origine du légume et la manière de le cultiver, puis l'on passe aux travaux pratiques. Les enfants disposent d'un potager de 50 m² qu'ils entretiennent. En cas de pluie, on leur apprend à semer sous une serre. Groupes de 10 par tranche d'âge (3-5 ans et 6-12 ans). Ateliers tous les jours pendant les vacances scolaires. Réserver 15 jours avant (pendant l'année scolaire, réserver 2 jours avant). Minitel 3615, JARDINDACCLIMATATION (1,29 F/min).

DIFADON

Goûters d'anniversaire à thème,
à domicile

Q/P : 6/10
✚ : Gâteaux
━ : Tarifs élevés

•82, av. Jean-Baptiste-Clément — 92100 Boulogne •Tél. : 0148256161 •Fax : 0148250162 •Horaires : lun.-ven. 9h30-18h30 •Métro : Pont-de-Boulogne

Animations de 3h, assurées par une animatrice professionnelle. Possibilité de goûter traditionnel (1300 F) ou de goûter fourni par les parents. Une animatrice s'occupe des enfants pendant le goûter, présente un spectacle de marionnettes de 30 min et organise une pêche à la ligne avec un cadeau pour chacun... Animations à la carte possibles : chasse aux trésors, sorcière, cirque...; la maison est décorée en fonction du thème (y compris la table et les couverts) : 1900 F pour 16 enfants. Gâteau à thème (Barbie dont on mange la robe ou tarte bonbon) à partir de 400 F. Mini boum, 1600 F, mini karaoké, 2200 F. Mieux vaut réserver 2 semaines avant.

LA MAISON ENCHANTÉE

Atelier d'éveil en accès libre

Q/P : 8/10
✚ : Psychomotricienne
━ : Surveillance des parents

•Jardin d'acclimatation (à côté de Guignol) — 92100 Boulogne •Tél. : 0140679287 •Fax : 0140679873 •Horaires : 7 J/7 9h-18h •Métro : Sablons •Bus : 43, 73, PC

Un espace de jeux (mini téléphérique, mur d'escalade, toboggan, consoles Nintendo, jeux d'éveil, ordinateurs avec CD-rom...), en accès libre, au cœur du Jardin d'acclimatation. Ouvert aux enfants à partir de 1 an, mais uniquement sous la surveillance des parents. L'utilisation de l'espace jeux coûte 11 F la demi-heure. Depuis peu, une psychomotricienne organise aussi des ateliers d'éveil (sensoriel, corporel, manipulation, musical). Groupes de 8 enfants maximum (de 18 mois à 3 ans). Les petits apprennent à manipuler les couleurs, font de la peinture au pied ou jouent avec de la pâte à modeler (100 F/2 h). Formule anniversaire clé en main : 1000 F pour 3h d'animation et 10 enfants (tout est compris : entrée au jardin, gâteau, boissons, bougies, jeu, un animateur, un tour de manège..., mais il faut réserver 1 mois avant).

LE THÉÂTRE SANS FARD

Théâtre d'improvisation pour enfants

Q/P : 7/10
✚ : Improvisation

•12, rue Larmeroux — 92170 Vanves •Tél. : 0146422281 •Fax : 0146422281 •Horaires : lun.-ven. 9h-18h •Métro : Plateau-de-Vanves •Bus : 189

On commence et on termine les séances par de la relaxation. Entre les deux, les enfants racontent une histoire autour d'un objet et apprennent à s'exprimer. Les cours sont plus axés sur la communication et la sensibilisation que sur la diction ou la prononciation. Les enfants développent leur imagination librement. Groupes de 15 maximum, volontairement mélangés de 6 à 13 ans. Tarifs de 690 F le trimestre, plus une adhésion annuelle de 250 F.

CRÉTEIL 94

MADE IN SPORT   N

Articles de sport, vêtements,   Q/P : 8/10 •ASSORTIMENT : 6/10
chaussures, jeux, vidéos, gadgets   **+** : Concept inédit
                                            – : Pas énormément de références enfant

•Centre commercial Créteil Soleil — 94016 Créteil CEDEX •Tél. : 01 41 94 12 59 •Fax : 01 43 99 96 32 •Horaires : lun. et sam. 10h-20h, mar.-ven. 10h-21h •Métro : Créteil-Préfecture •Bus : 117, 308, 317 • Voir Made in Sport, Paris 4e.

IVRY-SUR-SEINE 94

HAWAÏ SURF

Tous les sports de glisse, neige, ville,   Q/P : 6/10 •ASSORTIMENT : 6/10
eau, location et vente   **+** : Toute la glisse en un seul endroit
                                                – : Pas de cours

•69, av. Casanova — 94200 Ivry-sur-Seine •Tél. : 01 46 72 07 10 •Fax : 01 46 58 95 32 •Horaires : mar.-sam. 10h-13h, 14h-19h •Internet : http://www. hawaisurf. com

Du skateboard au rollerquad, en passant par le ski parabolique ou le wakeboard. Toutes sortes de planches, dans un décor californien (palmiers et pierres ocre). Dépôt-vente (toujours 40 à 50 modèles), vente de surfs ou location de rollers (70 F du samedi au lundi, à partir du 36, protections prêtées gratuitement aux débutants). Pas de véritables tailles enfants puisqu'on commence au small (38 français). Visite guidée sur Internet.

IVRY-SUR-SEINE 94

VISIT JUNIOR

Séjours sportifs ou linguistiques, en   Q/P : 6/10 •ASSORTIMENT : 6/10
France et à l'étranger   **+** : Le site
                                              – : La présence des joueurs fait défaut

•23, rue Raspail — 94858 Ivry-sur-Seine •Tél. : 01 45 15 77 06 •Fax : 01 45 15 77 37 •Horaires : lun.-ven. 9h-17h •Métro : Mairie-d'Ivry

Séjours linguistiques, randonnées touristiques ou formules sport passion. Les amoureux du ballon rond pourront ainsi, à partir de 7 ans et jusqu'à 18 ans, aller s'entraîner sur le fameux centre des Girondins, au Haillan. L'objectif des stages est l'enseignement (technique et tactique) du football, avec tests de vitesse et tournois. Malheureusement, les joueurs fétiches des petits ne font que des apparitions éclairs pour faire plaisir aux enfants sans vraiment mener l'entraînement. Enfants logés dans des bungalows de 8 par tranche d'âge. Séjours de 6, 13 ou 20 jours au choix (2200 F la semaine, 4070 F pour 2 semaines et 5610 F pour 3 semaines, voyage non compris).

Cours particuliers, aide scolaire, langues

PARIS 2e

ASSOCIATION PRESSE ENSEIGNEMENT

Soutien scolaire et préparation aux concours et examens

Q/P : 10/10
➕ : Gratuité et suivi des jeunes

•157, rue Montmartre — 75002 Paris •Tél. : 0142332238 •Fax : 0142330587 •Horaires : lun.-sam. 8h-20h •Métro : Rue-Montmartre •Bus : 48, 74, 39

Fondée il y a 20 ans, l'association accueille des jeunes de 14 à 25 ans en difficulté scolaire, pour des cours gratuits de remise à niveau ou de soutien scolaire, à condition qu'ils aient un projet professionnel et qu'ils ne puissent pas s'offrir un professeur à domicile. Les étudiants, bénévoles, sont tous élèves de l'enseignement supérieur. Cours individuels, dans des box, à raison de 2h par semaine.

PARIS 3e

ESPACES DE LANGUES

Initiation gratuite aux langues étrangères

Q/P : gratuit •ASSORTIMENT : 6/10
➕ : gratuité totale
➖ : Peu de postes disponibles

•Bibliothèque Brantôme — 11, rue Brantôme — 75003 Paris •Tél. : 0144781384 •Horaires : lun. et mer.-ven. 12h-22h, sam.-dim. 10h-22h •Métro : Châtelet, Rambuteau •Bus : 38, 47, 70 •Internet : http://www. bpi. fr

Pour vous initier ou vous perfectionner en langues étrangères, la bibliothèque Brantôme met gratuitement à votre disposition 5 postes d'initiation dans 9 langues différentes. Vous pouvez aussi vous informer sur les cours de langues existant à Paris et en région parisienne grâce à une banque de données intitulée Langues Info.

PARIS 6e

MATHS ASSISTANCE

Cours particuliers ou en groupe, à domicile ou à l'école, stages de révisions

Q/P : 6/10 •ASSORTIMENT : 7/10
➕ : Délai de 24h pour cours particulier
➖ : C'est un peu cher

•17, rue du Regard — 75006 Paris •Tél. : 0142223535 •Fax : 0142843888 •Horaires : lun.-sam. 9h-18h •Métro : St-Placide •Bus : 68, 94, 96 •Internet : http://users. aol. com/mathassist

Nom trompeur, puisque toutes les matières scientifiques et littéraires sont enseignées ici, sous forme de cours hebdomadaires en petits groupes (8 maxi) ou de cours particuliers à domicile ou à l'école (de 180 à 350 F/h). Stages de révisions pendant les vacances (120 F/h pour 12h de cours par semaine). Professeurs certifiés agrégés ou normaliens.

PARIS 7e

OBJECTIF MATHS

Cours particuliers et stages intensifs

Q/P : 7/10 •ASSORTIMENT : 8/10
➕ : Suivi des élèves et groupes réduits

•15, rue Oudinot — 75007 Paris •Tél. : 0147341377 •Fax : 0145664166 •Horaires : lun.-ven. 8h30-19h •Métro : St-François-Xavier •Bus : 92

Stages pendant les vacances scolaires, préparations de rentrée ou cours hebdomadaires... Différentes formules pour améliorer le niveau scolaire des enfants à partir de la 6e, dans 9 matières différentes. 6 jours de cours, de niveau collège, dans une seule matière, à raison de 2h par jour : 1290 F. Formule identique pour un niveau lycée : 1470 F. La formule des cours hebdomadaires coûte 190 F par module de 2h pour le collège et 220 F pour le lycée. Particularité de l'association : tous les professeurs sont diplômés de grandes écoles. Aucune formule d'abonnement, car le but est que les élèves progressent rapidement et n'aient pas besoin de cours pendant toute l'année!

PARIS 12ᵉ

MATHS ASSISTANCE

| Cours particuliers ou en groupe à domicile ou à l'école, stages de révisions | Q/P : 6/10 •ASSORTIMENT : 7/10
✚ : Délai de 24h pour cours particulier
━ : C'est un peu cher |

•7, rue du Sergent-Bauchat — 75012 Paris •Tél. : 0143435550 •Fax : 0142843888 •Horaires : lun.-sam. 9h-18h •Métro : Montgallet •Bus : 46, 56 •Internet : http://users. aol. com/mathassist
Voir Maths Assistance, Paris 6e.

PARIS 16ᵉ

ACADOMIA

| Cours particuliers à domicile de langues, musique, informatique, prérentrée | Q/P : 8/10 •ASSORTIMENT : 6/10
✚ : Les réductions d'impôts |

•66, av. Victor-Hugo — 75016 Paris •Horaires : lun.-ven. 9h-17h •Métro : Victor-Hugo •Bus : 52
•e-mail : acadomia@acadomia. fr • Voir Acadomia, Choisy-le-Roi, 94.

APREP

| Cours particulier à domicile et stages de révisions | Q/P : 8/10 •ASSORTIMENT : 7/10
✚ : Réductions d'impôts |

•60, av. Paul-Doumer — 75116 Paris •Tél. : 0145048181 •Fax : 0145030339 •Horaires : lun.-ven. 9h-18h30, sam. 9h-17h30 •Métro : La Muette •Bus : 22 •Internet : http://www. aprep. fr

Du CP (on peut commencer jeune...) au bac + 3, cours particuliers à domicile, dispensés par des professeurs en exercice ou par des maîtres auxiliaires. Le tarif dépend du niveau d'études et du lieu. 1h de cours pour un élève de 6e à Paris coûte 145 F. Pour un étudiant en terminale en banlieue, 175 F/h. Les forfaits de stage comprennent 10h de cours dans la semaine. Le délai d'intervention est de 24h, assuré à toutes les périodes de l'année.

ESPACES DE LANGUES

| Initiation aux langues gratuite | Q/P : gratuit •ASSORTIMENT : 6/10
✚ : Gratuit pour les inscrits à la bibliothèque |

•Bibliothèque du Trocadéro — 6, rue du Commandant-Schloesing — 75116 Paris •Tél. : 0147272647 •Horaires : mar.-sam. 13h-18h30 •Métro : Trocadéro •Bus : 22, 30, 32, 63
Voir Espaces de Langues, Paris 3e.

ST-QUENTIN-EN-YVELINES 78

MATHS ASSISTANCE

| Cours particuliers ou en groupe, à domicile ou à l'école, stages de révisions | Q/P : 6/10 •ASSORTIMENT : 7/10
✚ : Délai de 24h pour cours particulier
━ : C'est un peu cher |

•1, place Charles-de-gaulle — 78180 St-Quentin-en-Yvelines •Tél. : 0130437987 •Fax : 0130609660 •Horaires : lun.-sam. 9h-18h •Métro : RER C St-Quentin-en-Yvelines •Internet : http://users. aol. com/mathassist • Voir Maths Assistance, Paris 6e.

MONTREUIL 93

TUTEUR PLUS

Soutien scolaire sur Internet avec tutorat suivi

Q/P : 7/10 •ASSORTIMENT : 7/10
+ : Résolument moderne
– : Séances trop courtes

•110, rue de Paris — 93100 Montreuil •Tél. : 0148704675 •Fax : 0148704676 •Horaires : lun.-ven. 9h-18h •Métro : Robespierre •Bus : PC •Internet : http://www. tuteurplus. fr •e-mail : gary. prieur@wanadoo. fr

La formule fonctionnait déjà par téléphone, mais Tuteur Plus s'est mis depuis peu à l'heure d'Internet. Les enfants (du CM2 à la 3e) communiquent désormais quotidiennement avec leur tuteur grâce à leur ordinateur. Dans cette formule de tutorat suivi, chaque enfant a le même tuteur toute l'année. Les séances de soutien scolaire durent entre un quart d'heure et une demi-heure pour un abonnement mensuel de 500 F. Aide pour l'organisation des devoirs et initiations à Internet à condition de souscrire un abonnement supplémentaire de 30 F. Les tuteurs sont de vrais tuteurs scolaires, titulaires d'un bac + 3 minimum, et polyvalents.

CHOISY-LE-ROI 94

ACADOMIA

Cours particuliers à domicile, langues, musique, informatique, prérentrée

Q/P : 8/10 •ASSORTIMENT : 6/10
+ : Des réductions d'impôts

•16, av. Jean-Jaurès — 94600 Choisy-le-Roi •Tél. : 0148537000 •Fax : 0148537250 •Horaires : lun.-ven. 9h-19h30 •Métro : RER C Choisy-le-Roi •Bus : 183 •e-mail : academia@academia. fr

Tutorats bilingues pour les enfants, de 0 à 5 ans, cours particuliers de musique ou d'informatique, et stages intensifs de prérentrée. Le tout à domicile. Tarifs en fonction de la nature du cours, du niveau de l'élève et de son lieu de résidence, mais ils donnent droit de toute façon à 50 % de réduction d'impôts, charges sociales comprises. Depuis septembre, cours d'éveil musical en petits groupes (5 maximum), à tour de rôle au domicile de chacun des élèves. Instruments de musique fournis pour l'éveil musical.

POITIERS/FUTUROSCOPE 86

CENTRE NATIONAL D'ENSEIGNEMENT À DISTANCE

Cours et formations à distance

Q/P : 8/10 •ASSORTIMENT : 8/10
+ : Enseignement à distance

•BP 200 — 86890 Futuroscope CEDEX •Tél. : 0549499494 •Fax : 0549499696 •Horaires : lun.-ven. 9h-17h

Le CNED offre chaque année, à près de 380000 usagers, un enseignement de qualité conforme aux programmes scolaires des écoles publiques, et la possibilité d'apprendre et de progresser chez soi et à son rythme. 3000 formations de tous niveaux, pour adultes, étudiants, élèves du primaire et du secondaire. Tarif de l'Éducation nationale (515 F/ an). Dossier d'inscription sur appel téléphonique. Minitel 3615, CNED (1,29 F/min).

Des cours donnés par des étudiants bénévoles

Pas toujours facile de trouver un prof pour donner des cours particuliers à vos enfants. Alors, plutôt que d'engager un précepteur, pensez à la filière des grandes écoles. Les étudiants sont toujours bénévoles, donc motivés, et de surcroît diplômés ou en passe de l'être... De quoi rassurer les parents désespérés par les résultats de leurs enfants!
• ACTION SOCIALE ÉTUDIANTE : 270, rue St-Jacques — 75005 Paris — Tél. : 0143545705
• BUREAU DES ÉTUDIANTS DE L'ESSEC : av. Bernard-Hirsch — 95000 Cergy — Tél. : 0130304369

BIJOUX, CADEAUX, ACCESSOIRES

- Bijoux
- Bagages, sacs
- Horlogerie, montres
- Cadeaux, objets
- Artisanat régional
- Artisanat étranger

N'ATTENDEZ PAS NOËL! Acheter en période de soldes, c'est-à-dire en été pour préparer les cadeaux de Noël ou en février pour la Fête des Mères, est un bon moyen de faire des économies car, dans certaines boutiques, les prix sont parfois majorés de 30 % à l'approche des fêtes. Les boutiques spécialisées soldent leurs marchandises deux fois par an, aux dates légales.

Vérifiez que le service après-vente autorisera la personne à laquelle vous offrez un cadeau à venir l'échanger ou à faire mettre un bijou à la bonne taille.

Profitez des expositions-ventes de certaines boutiques qui travaillent avec des créateurs et qui vous permettent d'acquérir un objet d'art unique ou un tirage d'artiste, signé et numéroté.

Pour les bijoux, le centre de Paris est truffé de boutiques de créateurs. La rue Saint-Honoré, du côté de la place Vendôme, cache quelques boutiques de bijoux d'occasion dans lesquelles on peut faire d'excellentes affaires pour tous les types de budget. Près de Barbès, vous trouverez d'intéressantes boutiques, surtout pour les bijoux en or. Un prix élevé n'est pas toujours un gage de qualité : jugez de l'habileté des créateurs et demandez des précisions sur les matériaux utilisés afin de mesurer le bon rapport qualité-prix.

Pour la maroquinerie et les sacs, le 6e arr. – et particulièrement la rue du Cherche-Midi – regroupe de nombreuses boutiques de créateurs. Les magasins discounts proposent des collections classiques des années précédentes, mais souvent de bonne qualité et à des prix très compétitifs.

Les objets en provenance des pays étrangers ont envahi Paris depuis quelques années. La plupart des boutiques spécialisées dans ce domaine sont concentrées dans les 5e et 6e arr. et proposent de petits objets, des bijoux, des meubles et, parfois, de véritables objets d'art que leurs globe-trotters de gérants vont dénicher aux quatre coins de la planète.

Enquêtes et rédaction :
Sylvie Basdevant, Eric Juherian, Gaëlle Lor

Bijoux

Les bijoux les moins chers

Si vous cherchez des bijoux en or à petit prix, deux adresses sont à retenir : Tati Or et le Comptoir Magenta. Mais, pour trouver vraiment le moins cher, il est encore plus intéressant de faire soi-même ses bijoux, grâce à des boutiques comme La Droguerie ou Perles en Vrac.

- COMPTOIR MAGENTA : 154, bd Magenta — 75010 Paris — Tél. : 01 48 78 10 07
- TATI OR : 11, rue Belhomme — 75018 Paris — Tél. : 01 42 55 13 09
- LA DROGUERIE : 9-11, rue du Jour — 75001 Paris — Tél. : 01 45 08 93 27
- PERLES EN VRAC : 43, rue Bobillot — 75013 Paris — Pas de téléphone

PARIS 1er

20 SUR 20

Bijoux fantaisie
Q/P : 8/10 •ASSORTIMENT : 9/10
✚ : Accueil

•3, rue des Lavandières-Ste-Opportune — 75001 Paris •Tél. : 01 45 08 44 94 •Horaires : lun.-sam. 12h30-19h •Métro : Châtelet-Les Halles •Bus : 58, 70, 75, 76, 81

Une toute petite boutique, mais un grand choix de bijoux fantaisie de couleurs et de formes variées. Il y en a tant que vous ne saurez plus où donner de la tête. Les prix démarrent à 150 F et restent compétitifs.

AU VASE DE DELFT

Beaux bijoux anciens et d'occasion
Q/P : 8/10 •ASSORTIMENT : 8/10
✚ : Bijoux anciens

•19, rue Cambon — 75001 Paris •Tél. : 01 42 60 92 49 •Horaires : lun.-ven. 10h-18h, sam. 13h-18h •Métro : Opéra •Bus : 22, 52, 53, 66

Une boutique consacrée aux beaux bijoux anciens, dont certains de très grande valeur, achetés à des particuliers, restaurés et poinçonnés. Quelques montres et œuvres d'art également exposées.

CÉCILE & JEANNE

Création de bijoux
Q/P : 8/10 •ASSORTIMENT : 9/10
✚ : Pour toutes les femmes

•Carroussel du Louvre — 99, rue de Rivoli — 75001 Paris •Tél. : 01 42 61 26 15 •Horaires : lun. et mer.-dim. 11h-19h30 •Métro : Palais-Royal •Bus : 69, 72, 81 • Voir Cécile & Jeanne, Paris 12e.

DARY'S

Or et argent d'occasion
Q/P : 8/10 •ASSORTIMENT : 8/10
✚ : Bijoux anciens

•362, rue St-Honoré — 75001 Paris •Tél. : 01 42 60 95 23 •Fax : 01 42 60 26 19 •Horaires : lun.-ven. 10h-18h, sam. 12h-18h •Métro : Opéra •Bus : 22, 52, 53, 66

Boutique divisée en deux : une partie réservée à l'argent, et l'autre à l'or. Bijoux de valeur, achetés à des particuliers, restaurés et poinçonnés. Ils datent des années 40 ou 60, et, pour certains, du XIXe siècle. Des bijoux très bon marché, à partir de 300 F, et d'autres pièces précieuses réservées aux grandes fortunes. Également, quelques montres anciennes et des bibelots.

LA DROGUERIE

Bijoux à monter soi-même, perles   Q/P : 9/10 •ASSORTIMENT : 9/10
✚ : Perles

•9-11, rue du Jour — 75001 Paris •Tél. : 0145089327 •Fax : 0142363080 •Horaires : lun. 14h-18h45, mar.-sam. 10h30-18h45 •Métro : Les Halles •Bus : 29, 38, 47

Droguerie spécialisée dans les perles, mais probablement le plus grand choix de Paris : toutes les couleurs, toutes les formes et tous les matériaux possibles. Prix variables, selon les perles choisies. Tous les accessoires (fil de lin, fermetures), ainsi que des boutons et de la laine pour achever votre travail.

LEÏ

Dépôt-vente de bijoux anciens   Q/P : 7/10 •ASSORTIMENT : 8/10
✚ : Bijoux anciens

•15, rue des Petits-Champs — 75001 Paris •Tél. : 0142860016 •Fax : 0140159128 •Horaires : lun.-ven. 11h-19h, sam. 14h30-19h •Métro : Palais-Royal •Bus : 29

Cette toute petite boutique détient des trésors. Bijoux du XIXe siècle jusqu'aux années 1950 et un large choix de bijoux fantaisie, or et argent.

MÉTAL POINTU'S

Bijoux de créateurs   Q/P : 8/10 •ASSORTIMENT : 6/10
✚ : Créations contemporaines

•13, rue du Jour — 75001 Paris •Tél. : 0142335152 •Horaires : lun.-sam. 10h30-19h •Métro : Les Halles •Bus : 29, 38, 47

Bijoux de créateurs, aux couleurs et aux formes parfois imposantes, mais aussi des gammes plus discrètes. Quoi qu'il en soit, une certaine originalité. Prix très accessibles.

MUSÉES ET COMPAGNIES

Copies et créations de bijoux,   Q/P : 7/10 •ASSORTIMENT : 6/10
reproductions d'œuvres d'art   ✚ : Reproductions d'œuvres d'art

•49, rue Étienne-Marcel — 75001 Paris •Tél. : 0140134913 •Fax : 0140134911 •Horaires : lun.-sam. 10h-18h30 •Métro : Étienne-Marcel, Louvre-Rivoli •Bus : 29, 48, 85

Principalement des copies de bijoux anciens, mais aussi des bijoux de création, cette boutique appartenant à la Réunion des musées nationaux vend également les catalogues d'expositions. Bijoux un peu chers, peu de choix, mais pièces d'une grande qualité. Catalogue de VPC, avec un choix beaucoup plus large.

PARIS-MUSÉES

Bijoux, vaisselle, accessoires   Q/P : 8/10 •ASSORTIMENT : 6/10
✚ : Bijoux d'art

•1, rue Pierre-Lescot — 75001 Paris •Tél. : 0140265665 •Horaires : lun. 14h-19h30, mar.-sam. 10h30-19h30 •Métro : Les Halles •Bus : 29, 38, 47

Entre la vaisselle et les tissus, c'est dans le comptoir vitré que se trouvent les bijoux de créateurs contemporains. Ces bijoux s'inspirent parfois d'œuvres d'art, mais ce ne sont pas des reproductions. Boucles d'oreilles à partir de 100 F et broches à partir de 80 F. Également, colliers et bracelets. Le choix n'est pas grand mais fréquemment renouvelé.

SCOOTER

Bijoux fantaisie, bijoux de créateurs,   Q/P : 8/10 •ASSORTIMENT : 7/10
mode, chaussures, sacs   ✚ : Petits prix

•10, rue de Turbigo — 75001 Paris •Tél. : 0145085054 •Fax : 0145085612 •Horaires : lun. 14h-19h, mar.-ven. 10h-19h, sam. 11h-19h •Métro : Étienne-Marcel •Bus : 29

Bijoux de la créatrice Zaza, fondatrice du magasin. D'un style fantaisie et varié, en métal, ils sont d'un bon rapport qualité-prix. Sacs et vêtements en grande quantité.

TOTALE ÉCLIPSE

Bijoux fantaisie, montres, sacs, réparation de bijoux

Q/P : 8/10 •ASSORTIMENT : 8/10
+ : Bijoux de création artisanale

•Place Pierre-Emmanuel — 75001 Paris •Tél. : 0142338595 •Horaires : lun.-sam. 11h-19h •Métro : Les Halles •Bus : 29, 38, 47

Grand choix de bijoux fantaisie de toutes les couleurs et à petits prix : bagues entre 65 et 180 F, boucles d'oreilles entre 85 et 210 F, colliers entre 110 et 360 F. Bijoux en pâte de verre ou en métal argenté (pas de nickel, pour éviter les allergies). Toute l'année, un espace réservé aux fins de séries. Réparations, même si les bijoux viennent d'ailleurs.

PARIS 2e

ÉRIC & LYDIE

Bijoux de créateurs, accessoires de mode

Q/P : 9/10 •ASSORTIMENT : 8/10
+ : Bijoux de créateurs

•7, passage du Grand-Cerf — 75002 Paris •Tél. : 0140265259 •Fax : 0140265028 •Horaires : lun.-sam. 14h-19h •Métro : Étienne-Marcel •Bus : 29

Éric & Lydie consacrent le rez-de-chaussée de leur atelier de création de bijoux à la vente de leur travail : bijoux contemporains, très fins, en cuivre, métal ou bronze patiné, avec ou sans strass. Bijoux de grande qualité, reconnue par les professionnels de la haute couture comme Christian Lacroix, mais également par le cinéma (certains bijoux ont servi pour le film Hamlet). Comptez entre 80 et 900 F le bijou, il y en a pour toutes les bourses.

HARPO

Bijoux américains et indiens

Q/P : 7/10 •ASSORTIMENT : 8/10
+ : Bijoux indiens

•19, rue de Turbigo — 75002 Paris •Tél. : 0140261003 •Fax : 0140261292 •Horaires : lun.-ven. 9h-19h, sam. 12h-19h •Métro : Étienne-Marcel •Bus : 29 •e-mail : contact@harpo-paris. com

Outre les bijoux indiens, des bijoux traditionnels venus du Nouveau Mexique, du Colorado et d'Arizona, composés de turquoises, de corail, de perles et d'onyx. Grand choix de produits assortis : colliers, bracelets, boucles d'oreilles, montres, etc. À partir de 70 F.

PARIS 3e

PARIS-MUSÉES

Bijoux, vaisselle, accessoires

Q/P : 8/10 •ASSORTIMENT : 6/10
+ : Bijoux d'art

•23, rue de Sévigné — 75003 Paris •Tél. : 0142740800 •Horaires : mar.-dim. 10h-17h35 •Métro : St-Paul •Bus : 29, 96 • Voir Paris-Musées, Paris 1er.

PARIS 4e

CÉCILE & JEANNE

Création de bijoux

Q/P : 8/10 •ASSORTIMENT : 9/10
+ : Pour toutes les femmes

•12, rue des Francs-Bourgeois — 75004 Paris •Tél. : 0144610099 •Horaires : lun. 12h-19h, mar.-sam. 11h-19h •Métro : St-Paul •Bus : 69, 76, 96 • Voir Cécile & Jeanne, Paris 12e.

FUGIT AMOR

Jeunes créateurs de bijoux

Q/P : 7/10 •ASSORTIMENT : 8/10
+ : Originalité

•11, rue des Francs-Bourgeois — 75004 Paris •Tél. : 0142745237 •Horaires : lun.-sam. 11h-19h30 •Métro : St-Paul •Bus : 29

Des bijoux de jeunes créateurs au style avant-gardiste. Adresse intéressante pour ceux qui aiment l'originalité. Prix un peu élevés pour certaines pièces (entre 100 et 2000 F). Également, des créations perlées : miroirs (440 F) et photophores (220 F) signés Lune Rousse. Même boutique que Sic Amor, Paris 4e.

JORDI

Bijoux du monde entier, anciens et modernes

Q/P : 9/10 •ASSORTIMENT : 9/10
  +   : Bijoux indiens

•24, rue St-Martin — 75004 Paris •Tél. : 0148873698 •Horaires : lun.-sam. 11h-19h, dim., 14h-19h •Métro : Rambuteau •Bus : 69, 76, 96

Bijoux de provenances diverses, d'Inde surtout, mais aussi du Tibet, en argent sertis de pierres semi-précieuses, d'un style ancien ou plus moderne. Prix aussi variables que les genres (de 10 F à 35000 F). Aussi tapis d'Iran, poteries d'Espagne, vêtements du Népal, mais les bijoux sont la spécialité maison et vous pouvez même y vendre les vôtres.

MONIC BIJOUX

Bijoux fantaisie, classiques, or, argent, réparation

Q/P : 6/10 •ASSORTIMENT : 8/10
  +   : Tous les styles

•5, rue des Francs-Bourgeois — 75004 Paris •Tél. : 0142723915 •Horaires : lun.-sam. 10h-19h •Métro : Chemin-Vert •Bus : 20, 29, 65 • Voir Monic Bijoux Paris 6e.

PARIS-MUSÉES

Bijoux, vaisselle, accessoires

Q/P : 8/10 •ASSORTIMENT : 6/10
  +   : Bijoux d'art

•29 bis, rue des Francs-Bourgeois — 75004 Paris •Tél. : 0142741302 •Horaires : lun. 14h-19h, mar.-sam. 11h-13h30, 14h30-19h •Métro : Chemin-Vert •Bus : 20, 29, 65

Voir Paris-Musées, Paris 1er.

SIC AMOR

Jeunes créateurs

Q/P : 7/10 •ASSORTIMENT : 8/10
  +   : Originalité

•20, rue du Pont-Louis-Philippe — 75004 Paris •Tél. : 0142760237 •Horaires : lun.-sam. 11h-19h30 •Métro : St-Paul •Bus : 69, 76, 96 • Même boutique que Fugit Amor, Paris 4e.

PARIS 6e

ALOA

Bijoux fantaisie

Q/P : 7/10 •ASSORTIMENT : 8/10
  +   : Bijoux fantaisie

•66, rue de Rennes — 75006 Paris •Tél. : 0145488687 •Horaires : lun.-sam. 10h-19h •Métro : St-Sulpice •Bus : 63, 84 • Voir Aloa, Paris 16e.

ANDRÉ LOPEZ DE SAN MARSAL

Bijoux or et argent, créations sur commande

Q/P : 7/10 •ASSORTIMENT : 9/10
  +   : Bijoux uniques

•1, rue Mazet — 75006 Paris •Tél. : 0143548159 •Horaires : lun.-sam. 10h-19h30 •Métro : Odéon •Bus : 63, 70, 86, 87, 91

Imposants bijoux (à partir de 10 g), en or ou argent, accompagnés parfois de pierres de couleur. Grand choix. Vous pouvez également commander une reproduction ou une création, d'après photographie ou dessin, ou encore un bijou unique. Compter entre 300 et 2500 F pour les bijoux en argent, entre 800 et 8 000 F pour ceux en or.

BIJOUX PLUS

Bijoux contemporains et de créateurs   Q/P : 8/10 •ASSORTIMENT : 6/10
+ : Bijoux de création

•54, rue Vavin — 75006 Paris •Tél. : 0143545538 •Horaires : lun. 15h-19h, mar.-sam. 11h30-19h30 •Métro : Vavin •Bus : 91

Choix peu important, mais bijoux de créateurs, luxueux ou plus sobres, mais dans tous les cas, d'un style contemporain et assez imposant. Les prix restent concurrentiels.

CÉCILE & JEANNE

Création de bijoux   Q/P : 8/10 •ASSORTIMENT : 9/10
+ : Pour toutes les femmes

•4, rue de Sèvres — 75006 Paris •Tél. : 0142228282 •Horaires : lun.-sam. 11h-19h •Métro : Sèvres-Babylone •Bus : 68, 84, 87, 94 • Voir Cécile & Jeanne, Paris 12e.

COKTAILS

Bijoux de créateurs, bijoux fantaisie   Q/P : 7/10 •ASSORTIMENT : 7/10
+ : Bijoux de créateurs
− : Parfois l'accueil

•13, rue Racine — 75006 Paris •Tél. : 0143263403 •Horaires : lun.-sam. 10h30-18h30 •Métro : Odéon, Luxembourg •Bus : 21, 27, 38, 84, 89

Bijoux de créateurs, fantaisie, répliques d'anciens, à partir de 150 F. De l'étain, de l'ambre et bien d'autres matériaux, des colliers, bracelets et boucles d'oreilles assortis. Un certain nombre d'accessoires de mode, comme des écharpes de couleur.

ÉRIC GIALE

Bijoux en or   Q/P : 7/10 •ASSORTIMENT : 8/10
+ : Promotions tous les mois

•54, rue St-Placide — 75006 Paris •Tél. : 0142225353 •Horaires : lun. 11h-19h, mar.-sam. 10h-19h •Métro : St-Placide •Bus : 48, 94, 95, 96

Des bijoux classiques, en or, avec, tous les mois, une promotion sur un produit différent. Les prix varient de 100 à 10000 F, il y en a donc pour toutes les bourses. Vous pouvez également commander un bijou à partir d'une photographie, il sera fait sur mesure.

MÉTAL POINTU'S

Bijoux de créateurs   Q/P : 8/10 •ASSORTIMENT : 6/10
+ : Créations contemporaines

•13, rue du Cherche-Midi — 75006 Paris •Tél. : 0145449699 •Horaires : lun.-sam. 10h30-19h •Métro : Rennes •Bus : 83, 84, 94 • Voir Métal Pointu's, Paris 1er.

MONIC BIJOUX

Bijoux fantaisie, classiques, or, argent,   Q/P : 6/10 •ASSORTIMENT : 9/10
réparation   **+** : Tous les styles

•14, rue de l'Ancienne-Comédie — 75006 Paris •Tél. : 0143253661 •Horaires : lun. 12h-19h, mar.-sam. 10h-19h •Métro : Odéon •Bus : 63, 70, 86, 87, 91

Un grand choix de bijoux, des styles très variés : classique, fantaisie, or, argent, copies d'ancien, et autant de prix différents, donc pour tous les goûts et tous les budgets. Atelier de réparation et de transformation de bijoux (uniquement sur devis).

PFF... LILI BLUE

Bijoux de créateurs   Q/P : 7/10 •ASSORTIMENT : 8/10
+ : Créateurs variés

•4, rue Bernard-Palissy — 75006 Paris •Tél. : 0145444480 •Horaires : mar.-sam. 11h-13h30, 14h30-19h30 •Métro : St-Germain-des-Prés •Bus : 48, 63, 86, 95

Dans une ambiance intimiste, choix varié de bijoux de créateurs. Tout n'est pas exposé par manque de place, et les créateurs présentés changent régulièrement selon les choix de la responsable. Passez de temps en temps, prix tout à fait accessibles.

SCOOTER

Bijoux fantaisie, de créateurs et mode, chaussures, sacs

Q/P : 8/10 •ASSORTIMENT : 7/10
♣ : Petits prix

•19, rue du Dragon — 75006 Paris •Tél. : 0145494828 •Horaires : lun. 14h-19h, mar.-sam. 11h-19h •Métro : St-Germain des Prés •Bus : 48, 63, 86, 95 • Voir Scooter, Paris 1er.

SIMONE D'AVRAY

Vente et réparation de bijoux

Q/P : 7/10 •ASSORTIMENT : 7/10
♣ : Réparation de tous bijoux

•14, rue de l'Échaudé — 75006 Paris •Tél. : 0144071169 •Horaires : mar.-sam. 12h-19h, dim. 14h-19h •Métro : Mabillon •Bus : 63, 70, 86, 87, 91

Boutique minuscule où il est difficile de tenir à deux. Venez avec vos bijoux nécessitant une réparation. Prix et délai de réparation après examen de l'ampleur du travail.

LE SIXIÈME CONTINENT

Bijoux africains

Q/P : 8/10 •ASSORTIMENT : 8/10
♣ : Bijoux artisanaux

•44, rue Monsieur-le-Prince — 75006 Paris •Tél. : 0143254102 •Fax : 0143256522 •Horaires : lun.-sam. 11h-20h •Métro : Cluny-La Sorbonne, RER B Luxembourg •Bus : 21, 27, 84

Une petite boutique d'objets africains et asiatiques où l'on trouve de très beaux bijoux, glanés dans toute l'Afrique par les deux jeunes responsables. À partir de 40 F.

PARIS 8e

CAZES-ÈVE

Bijoux de luxe d'occasion, dépôt-vente

Q/P : 9/10 •ASSORTIMENT : 8/10
♣ : Bijoux d'occasion

•20, rue de Miromesnil — 75008 Paris •Tél. : 0142659544 •Horaires : lun.-ven. 11h-19h, sam. 11h-17h •Métro : Miromesnil •Bus : 22, 43

Vaste et luxueuse bijouterie. Grandes marques à prix réduits (Cartier, Boucheron, Rolex, etc.). Également, réparations et transformations de bijoux (sur devis).

LA MAISON DE L'ALLIANCE

Alliances, diamants

Q/P : 9/10 •ASSORTIMENT : 9/10
♣ : Alliances à petits prix

•21, rue de Rome — 75008 Paris •Tél. : 0145226054 •Horaires : lun.-sam. 10h-19h •Métro : St-Lazare •Bus : 20, 21, 26, 29, 66

Spécialiste des bagues en diamant et des alliances. Vous découvrirez le bijou de votre choix à des prix défiant toute concurrence, de 10 à 35 % moins cher selon les fabricants. Grand choix, de plus de 800 modèles. La maison fabrique aussi n'importe quel modèle sur demande.

LOCRÉA

Location de bijoux, chapeaux, sacs, écharpes

Q/P : 7/10 •ASSORTIMENT : 8/10
♣ : Location de bijoux et chapeaux

•52, rue de Rome — 75008 Paris •Tél. : 0142932667 •Horaires : lun.-mar. et ven. 10h-15h, jeu. 10h-20h •Métro : Europe •Bus : 80, 95

Pour une grande occasion, Locréa propose des locations de bijoux (soirée ou week-end, 50 à 350 F), chapeaux (du ven. au lun., 300 à 600 F), et autres accessoires. Prenez rendez-vous pour éviter toute bousculade, l'endroit n'est pas grand. Mieux vaut venir avec sa tenue de soirée pour assortir le tout.

PARIS 10ᵉ

BIJOUX STERN

Bijoux classiques　　　　　　Q/P : 9/10 •ASSORTIMENT : 8/10
　　　　　　　　　　　　　　　　✚ : Des bijoux classiques à petits prix

•48, rue d'Enghien — 75010 Paris •Tél. : 0142467040 •Fax : 0142467181 •Horaires : lun.-ven. 8h30-12h30, 13h30-17h30 •Métro : Bonne-Nouvelle •Bus : 20, 39, 48

Ce fabricant réputé ouvre une partie de son magasin à la vente aux particuliers. Beaucoup de choix de bijoux de qualité, promotions à partir de 50 F. Vous pouvez fouiller dans les rayons, il y a des affaires à faire. Chaîne dorée avec pendentifs 150 F, boucles d'oreilles 100 F, montres-bijoux 100 F. Magasin clair, spacieux et calme. Accueil charmant. Une bonne adresse pour les cadeaux de fin d'année ou la fête des Mères.

COMPTOIR MAGENTA

Bijoux en or　　　　　　　　Q/P : 9/10 •ASSORTIMENT : 8/10
　　　　　　　　　　　　　　　　✚ : De l'or à bas prix

•154, bd Magenta — 75010 Paris •Tél. : 0148781007 •Horaires : mar.-sam. 9h-19h •Métro : Barbès-Rochechouart •Bus : 30, 31, 54, 56

Tout ce qui est proposé se trouve dans la grande vitrine. Produits tous en or et vaste choix, dans un style classique ou antillais. Prix très intéressants pour de l'or 18 carats.

L'HEURE AUX ÎLES D'OR

Réparation de bijoux　　　　Q/P : 7/10 •ASSORTIMENT : 9/10
　　　　　　　　　　　　　　　　✚ : Toutes réparations

•8, rue des Petites-Écuries — 75010 Paris •Tél. : 0140229786 •Horaires : lun.-sam. 10h-19h •Métro : Château-d'Eau •Bus : 38, 39, 47

Toutes les réparations de bijoux, anciens ou plus récents. 3 jours de délai pour les soudures de chaînes (30 F) et le réenfilage de colliers de perles (130 F).

PARIS 12ᵉ

CÉCILE & JEANNE

Création de bijoux　　　　　Q/P : 8/10 •ASSORTIMENT : 9/10
　　　　　　　　　　　　　　　　✚ : Pour toutes les femmes

•49, av. Daumesnil — 75012 Paris •Tél. : 0143412424 •Fax : 0143416060 •Horaires : lun.-ven. 9h30-19h, sam.-dim. 14h-19h •Métro : Gare-de-Lyon •Bus : 20, 24, 29, 57, 61, 63, 65

Créatrice de bijoux contemporains, Jeanne propose des bijoux en étain, dorés à l'or 24 carats et sertis de pierres (lapis lazuli, onyx, ambre, cristal, résine, verre). Bijoux discrets ou plus imposants, pour tous les goûts et pour toutes les heures de la journée. Boucles d'oreilles entre 225 et 240 F, broches entre 150 et 350 F, colliers entre 250 et 800 F. Fabrication traditionnelle, vous pouvez le vérifier puisqu'ils sont faits sur place.

PARIS 13ᵉ

PERLES EN VRAC　　　　　　　　　　　　　　　　　　　　　N

Perles, accessoires pour bijoux, bijoux　　Q/P : 8/10 •ASSORTIMENT : 9/10
　　　　　　　　　　　　　　　　　　　　　　✚ : Perles du monde entier

•43, rue Bobillot — 75013 Paris •Pas de téléphone •Horaires : lun.-sam. 11h30-19h30 •Métro : Place-d'Italie •Bus : 57, 67

Des perles venues d'Inde, des Philippines, d'Autriche, du Pérou, et tous les accessoires pour confectionner des bijoux à votre goût. Choix important, plus de 500 sortes de perles exposées. Réenfilage de colliers fantaisie (à partir de 30 F), et fabrique de bijoux pour des occasions particulières, selon la tenue que vous aurez choisie (il faut venir avec). Des colliers sont également en vente dans la boutique.

ALOA

Bijoux fantaisie
Q/P : 7/10 • ASSORTIMENT : 8/10
✚ : Pour toutes les bourses

•94, rue de Longchamp — 75016 Paris •Tél. : 0145530450 •Horaires : lun. 12h30-19h, mar.-sam. 10h-19h •Métro : Rue-de-la-Pompe •Bus : 52, 63

Un grand choix de bijoux fantaisie, pour toutes les bourses : bagues à partir de 100 F. Boucles d'oreilles classiques et de créateurs. Un peu de maroquinerie.

MANON

Bijoux de créateurs
Q/P : 9/10 • ASSORTIMENT : 7/10
✚ : Bijoux faciles à porter

•23, rue Nicolo — 75016 Paris •Tél. : 0145043200 •Horaires : mar.-sam. 10h30-13h30, 14h30-19h •Métro : Trocadéro •Bus : 22, 32, 52

Bijoux de créateurs et fantaisie, avec un peu de strass. Ils sont très fins et faciles à porter en toutes occasions. Échanges possibles avec le ticket de caisse. Prix très compétitifs.

SCOOTER

Bijoux fantaisie, de créateurs et mode, chaussures, sacs
Q/P : 8/10 • ASSORTIMENT : 7/10
✚ : Petits prix

•12, rue Guichard — 75016 Paris •Tél. : 0145202327 •Horaires : lun. 14h-19h, mar.-ven. 10h30-14h, 15h-19h, sam. 11h-14h, 15h-19h •Métro : La Muette •Bus : 22, 32, 52 • Voir Scooter, Paris 1er.

ALOA

Bijoux fantaisie
Q/P : 7/10 • ASSORTIMENT : 8/10
✚ : Bijoux fantaisie

•14, rue Poncelet — 75017 Paris •Tél. : 0142279423 •Horaires : mar.-sam. 10h-19h •Métro : Ternes •Bus : 31 • Voir Aloa, Paris 16e.

BONNIE COX

Bijoux de créateurs
Q/P : 8/10 • ASSORTIMENT : 6/10
✚ : Bijoux Géraldine Valluet

•38, rue des Abbesses — 75018 Paris •Tél. : 0142549568 •Horaires : lun.-sam. 11h-20h, dim. 11h-19h30 •Métro : Abbesses •Bus : Montmartrobus

La boutique de Ludovic Laîné, créateur de mode, consacre désormais un espace aux bijoux de créateurs. Créations de Géraldine Valluet essentiellement (d'autres créateurs présents) : bagues, colliers, bracelets en étain et en perles de verre, d'un style coloré. Les prix s'échelonnent entre 120 et 400 F.

KAZANA

Sacs, foulards, bijoux fantaisie
Q/P : 9/10 • ASSORTIMENT : 5/10
✚ : Accueil

•3, rue Tardieu — 75018 Paris •Tél. : 0142594102 •Horaires : dim. et lun. 11h30-19h30, mar.-jeu. 11h-20h, sam. 10h-20h •Métro : Anvers, Abbesses •Bus : 30, 54

Belle exposition des objets, bijoux accrochés aux murs, foulards noués à des barres et sacs posés sur des étagères. De 200 à 390 F le foulard, petit sac à dos en velours 190 F, et surtout des bijoux à tout petits prix : parure 75 F, 20 F le bracelet, 30 F les Boucles d'oreilles pendentifs. Certains colliers plus imposants à 190 F. De multiples possibilités pour se faire plaisir à prix doux.

Tati Or

Bien connues pour leurs petits prix, les boutiques Tati proposent des bijoux en or 18 carats. Bracelets, gourmettes, colliers et bagues, d'un style plutôt classique. Bijoux délivrés avec un certificat d'authenticité sur leur valeur et leur composition.

- TATI OR : 75, rue de Passy — 75016 Paris — Tél. : 01 45 27 40 80
- TATI OR : 11, rue Belhomme — 75018 Paris — Tél. : 01 42 55 13 09
- TATI OR : 19, rue de la Paix — 75002 Paris — Tél. : 01 40 07 06 76
- TATI OR : 113, rue du Fg-St-Antoine — 75011 Paris — Tél. : 01 40 02 03 13
- TATI OR : 42, av. du Général-Leclerc — 75014 Paris — Tél. : 01 45 39 83 20
- TATI OR : 30, rue du Commerce — 75015 Paris — Tél. : 01 45 78 17 26

St-Ouen 93

CLAUDE ET MARTINE

Restaurateurs de bijoux émaillés   Q/P : 7/10 •ASSORTIMENT : 7/10
　　　　　　　　　　　　　　　　　　　　✚　: Réfection de tous objets émaillés

•7, rue Edgar-Quinet — 93400 St-Ouen •Tél. : 01 40 11 70 46 •Horaires : mar.-ven. 11h-20h •Métro : Garibaldi •Bus : 81

Claude et Martine sont très connus dans le milieu des antiquaires, car ils n'ont pas leur pareil pour refaire l'émail des bijoux début de siècle, les cadrans de montres, les poudriers, les portraits miniatures anciens. Ils sont également capables, vu leur connaissance encyclopédique des bijoux et leur propre passion de collectionneurs, d'estimer certaines pièces. Création de bijoux sur commande, mais délais en conséquence. Attention, le vendredi, téléphonez avant de passer, pour prendre RDV.

Bagages, sacs

Les bagages et sacs de marque les moins chers

Le responsable des Malles Bertault vous l'expliquera, ils sont les moins chers parce qu'ils n'ont pas de vitrine. Il est donc très intéressant d'y jeter un coup d'œil, surtout pour les valises Delsey et Samsonite. Pour les sacs de marque, le magasin Sidonis, bien que peu engageant, offre des prix très compétitifs.

- MALLES BERTAULT : 135, rue d'Aboukir — 75002 Paris — Tél. : 01 42 33 03 80
- SIDONIS : 42, rue de Clignancourt — 75018 Paris — Tél. : 01 42 57 77 38
- SIDONIS : 116, rue Charles-de-Gaulle — 94130 Paris — Tél. : 01 43 94 34 83

Paris 1er

AGNÈS B VOYAGE

Bagages, sacs, accessoires Agnès B   Q/P : 6/10 •ASSORTIMENT : 7/10
　　　　　　　　　　　　　　　　　　　　✚　: Exclusivement Agnès B

•6, rue du Jour — 75001 Paris •Tél. : 01 45 08 56 56 •Horaires : lun.-sam. 10h-19h30 •Métro : Les Halles •Bus : 29, 38, 47

Boutique consacrée aux vêtements féminins, mais certains modèles de maroquinerie sont néanmoins disponibles à cette adresse. Voir Agnès B Voyage, Paris 6e.

DIDIER LUDOT

Sacs d'occasion

Q/P : 8/10 •ASSORTIMENT : 5/10
+ : Anciennes collections de grandes marques

•23-24, galerie Montpensier — 75001 Paris •Tél. : 0142960656 •Horaires : lun.-sam. 10h30-19h
•Métro : Palais-Royal •Bus : 48, 72, 81, 95

Petite boutique située devant les jardins du Palais Royal. Sacs anciens et d'occasion (fabrication entre 1920 et 1980). Les marques les plus fréquentes sont Chanel et Hermès. Prix bas, pour des sacs d'une grande qualité (environ -50 %). Vêtements, chaussures et accessoires de mode.

RIVES

Sacs, bagages

Q/P : 8/10 •ASSORTIMENT : 8/10
+ : Pour tous les goûts

•156, rue de Rivoli — 75001 Paris •Tél. : 0142602780 •Horaires : lun.-sam. 10h-19h •Métro : Louvre-Rivoli •Bus : 21, 69, 76, 81

Si vous n'avez pas d'idée précise sur ce que vous cherchez, vous découvrirez un large choix de bagages et sacs, de marques très différentes : Le Tanneur, Hermès, Samsonite, Delsey, Texier, Cosmopolis, Naf-Naf, Pouchet, Schott, etc. Valises à partir de 150 F, sacs à partir de 50 F. Promotions régulières.

PARIS 2e

LOLLIPOPS

Créations de sacs et bagages

Q/P : 8/10 •ASSORTIMENT : 5/10
+ : Ligne originale et accueil

•4, galerie du Grand-Cerf — 75002 Paris •Tél. : 0140399222 •Horaires : lun.-sam. 9h30-19h
•Métro : Étienne-Marcel •Bus : 29

Atelier de création, peu de choix de produits, mais sacs, bagages ou porte-monnaie d'une excellente finition. Classiques, mais avec une certaine touche personnelle, matière synthétique. Prix bien plus bas que dans les grands magasins (à partir de 150 F) et accueil bien plus agréable.

MALLES BERTAULT

Valises et sacs de voyage

Q/P : 9/10 •ASSORTIMENT : 8/10
+ : Service de réparation

•135, rue d'Aboukir — 75002 Paris •Tél. : 0142330380 •Fax : 0140390906 •Horaires : lun.-ven. 8h-18h, sam. 9h-17h •Métro : Strasbourg-St-Denis •Bus : 20, 38, 39, 47

Boutique située au 1er étage de l'immeuble. Spécialiste des valises Delsey et Samsonite, et d'autres marques, soit plus de 850 pièces en stock. Service réparations : certaines instantanément (poignées, serrures ou roulettes), compter 3 jours pour les autres. Promotions fréquentes. Les prix, déjà très bas, baissent encore le samedi qui précède Noël (–30 % sur le prix initial).

PARIS 4e

JADE INÈS

Sacs à main, sacs à dos

Q/P : 7/10 •ASSORTIMENT : 8/10
+ : Pour toutes les bourses

•84, rue St Martin — 75004 Paris •Tél. : 0148875500 •Horaires : lun.-sam. 10h30-19h30, dim. 14h-19h30 •Métro : Rambuteau •Bus : 69, 76, 96

Des sacs, pour tous les goûts et toutes les bourses (de 100 à 1600 F). Sacs à dos, sacs à main et accessoires coordonnés. Sacs présentés à l'extérieur moins chers. Intérieur réservé aux marques : Mandarina Duck, Lavilla, Oxyde ou Séquoïa. Même prix qu'ailleurs mais accueil très agréable.

KAZANA

Sacs du monde entier Q/P : 8/10 •ASSORTIMENT : 7/10
  ✦ : Les sacs indiens

•67, rue St-Martin — 75004 Paris •Tél. : 0148874965 •Horaires : lun.-sam. 11h-21h, dim. 12h-19h30 •Métro : Hôtel-de-Ville •Bus : 69, 70, 72, 74

Sacs venus d'Inde, d'Équateur ou d'Égypte, de toutes les couleurs, tissés à la main. Prix pas excessifs : de 90 à 295 F. Également, des écharpes, foulards ou colliers. La vendeuse, équatorienne, très accueillante, parle très bien de ses produits.

SEVEN MERRI STREET

Sacs Viahero Q/P : 8/10 •ASSORTIMENT : 6/10
  ✦ : Marque Viahero

•7, rue St-Merri — 75004 Paris •Tél. : 0142740079 •Fax : 0142746113 •Horaires : lun.-ven;, 9h30-19h30, sam.-dim. 14h-21h •Métro : Hôtel-de-Ville •Bus : 67, 72, 74, 76

Grossiste ouvert au public deux jours par semaine. Deux marques de sacs : Viahero et Fun Symbol. D'un style très contemporain, avec des matières plastiques, sacs de toutes sortes et toutes les couleurs : besaces, sacs à main. Ceintures, montres, bijoux fantaisie, lunettes, etc. Prix agréables, entre 99 et 400 F pour les sacs.

PARIS 5e

L'ÉPÉE DE CUIR

Réparation de sacs, valises, ceintures Q/P : 9/10 •ASSORTIMENT : 9/10
  ✦ : Pièces d'origine Samsonite et Delsey

•2, rue des Patriarches — 75005 Paris •Tél. : 0143374388 •Horaires : mar.-sam. 9h30-12h30, 14h-19h •Métro : Censier-Daubenton •Bus : 47

Réparations de vos sacs, valises, mallettes, cartables, ceintures, de toutes matières. Centre de SAV pour les valises Samsonite et Delsey, pour lesquelles toutes les réparations sont effectuées avec des pièces d'origine.

PARIS 6e

AGNÈS B VOYAGE N

Bagages, sacs, accessoires Agnès B Q/P : 6/10 •ASSORTIMENT : 7/10
  ✦ : Exclusivement Agnès B

•15, rue du Cherche-Midi — 75006 Paris •Tél. : 0145444463 •Fax : 0145444083 •Horaires : lun. 14h-19h30, mar.-ven. 10h30-19h, sam. 10h-19h •Métro : Rennes •Bus : 83, 84, 94

Bien connue pour ses vêtements, Agnès B a ouvert une nouvelle boutique consacrée exclusivement aux sacs, bagages et accessoires (portefeuille, porte-monnaie, lunettes de soleil). Style classique et sobre, utilisables en toute occasion. Prix un peu élevés (à partir de 700 F), mais Agnès B reste une valeur sûre en matière de qualité.

CENTRE GRÉGOIRE

Maroquinerie Q/P : 9/10 •ASSORTIMENT : 5/10
  ✦ : Grande qualité

•28, rue de l'Abbé-Grégoire — 75006 Paris •Tél. : 0149542816 •Horaires : lun.-ven. 12h30-16h30 •Métro : St-Placide, Rennes •Bus : 83, 84, 94

La boutique se trouve dans l'école de maroquinerie, à gauche de l'entrée. Petit espace où sont vendues les créations des élèves. Choix peu important, mais produits (sacs, accessoires) de très bonne qualité. Choix plus large lors des journées portes ouvertes, au mois de mars. À partir de 30 F.

DIDIER LAVILLA

Créateur contemporain de maroquinerie

Q/P : 6/10 •ASSORTIMENT : 8/10
+ : Matières originales

•15, rue du Cherche-Midi — 75006 Paris •Tél. : 0145483590 •Horaires : lun.-sam. 10h30-13h, 14h30-19h •Métro : Rennes •Bus : 83, 84, 94 • Voir Didier Lavilla, Paris 11e.

IL BISONTE

Sacs, bagages et accessoire en cuir, modèles italiens

Q/P : 7/10 •ASSORTIMENT : 9/10
+ : Cuir italien

•17, rue du Cherche-Midi — 75006 Paris •Tél. : 0142220841 •Horaires : lun.-sam. 10h30-19h •Métro : Rennes •Bus : 83, 84, 94

Modèles italiens de sacs, bagages et accessoires assortis, le tout en cuir venu d'Italie. Choix impressionnant dans les formes et les couleurs, ainsi que dans les prix (à partir de 150 F, mais aussi beaucoup plus). Vous avez l'assurance de la qualité.

KAZANA

Sacs du monde entier

Q/P : 8/10 •ASSORTIMENT : 7/10
+ : Les sacs indiens

•70, rue St-André-des-Arts — 75006 Paris •Tél. : 0155429313 •Horaires : lun.-ven. 10h-20h, sam.-dim. 10h-24h •Métro : Odéon •Bus : 24, 58, 63, 86, 87 • Voir Kazana, Paris 4e.

RIVES

Sacs, bagages

Q/P : 8/10 •ASSORTIMENT : 8/10
+ : Pour tous les goûts

•146 bis, rue de Rennes — 75006 Paris •Tél. : 0142840888 •Horaires : lun.-sam. 10h-18h45 •Métro : Montparnasse •Bus : 58, 91, 96 • Voir Rives, Paris 1er.

PARIS 7e

STOCKS SACS

Sacs en cuir, maroquinerie, valises, cartables, ceintures

Q/P : 8/10 •ASSORTIMENT : 8/10
+ : Le cuir
− : L'organisation de la boutique

•86, rue de Sèvres — 75007 Paris •Tél. : 0143063614 •Horaires : lun.-sam. 10h-19h15 •Métro : Duroc •Bus : 39, 70

•109 bis, rue St-Dominique — 75007 Paris •Tél. : 0145514212 •Horaires : lun.-sam. 10h-19h15 •Métro : Latour-Maubourg •Bus : 28, 49, 82, 92

Sacs, accessoires de maroquinerie, valises, ceintures, cartables ou besaces. La majorité des articles sont en cuir. Il y en a pour tous les goûts : Kesslord, Pourchet, Sequoïa, Morlane, Socco, Cosmopolis, Viahero, et Samsonite et Élite pour les valises. Petits prix (environ - 20 %) et promotions fréquentes.

PARIS 8e

ALLIX

Bagages, sacs de créateurs

Q/P : 7/10 •ASSORTIMENT : 6/10
+ : Bonne qualité

•6, rue de Surène — 75008 Paris •Tél. : 0142651079 •Horaires : lun.-ven. 11h-14h30, 15h30-18h30 •Métro : Madeleine, Concorde •Bus : 42, 52, 84, 94

Sacs et bagages de créateurs, dans un style contemporain et dépouillé. Formes diverses, comme les couleurs, alliant esthétique et pratique. Comptez entre 100 et 300 F le sac. Bijoux de créateurs également en vente.

PARSAC

Réparation de sacs, bagages et ceintures en cuir

Q/P : 7/10 •ASSORTIMENT : 8/10
✚ : Travail soigné

•31, rue Marbeuf — 75008 Paris •Tél. : 0142256021 •Horaires : lun.-ven. 9h30-12h, 13h-18h30 •Métro : Franklin-Roosevelt •Bus : 32, 42, 80

Minuscule boutique au fond de la cour. Tous travaux acceptés pour les sacs, les bagages et les ceintures. Prix indiqués sur devis, selon l'ampleur du travail demandé. 2 semaines de réparation au minimum. La devise du lieu : tout se répare du moment qu'on y tient.

PARIS 9ᵉ

BAGAFOLIE

Maroquinerie, bagages, sacs

Q/P : 7/10 •ASSORTIMENT : 7/10
✚ : Modèles très actuels

•60, rue Caumartin — 75009 Paris •Tél. : 0142852599 •Fax : 0142852589 •Horaires : lun.-sam. 10h30-19h •Métro : Chaussée-d'Antin •Bus : 20, 68, 81

Magasin bien situé. Au fond de la cour, rayon bagages et belle maroquinerie : Élite, Gyl, Samsonite à -20, -30 %. Sacs Pourchet, Paquetage à -20 %. Sous le porche, les modèles plus usuels. Sacs cuir à partir de 250 F. Accueil charmant. Promotions permanentes.

LA MAROQUINERIE PARISIENNE

Sacs, valises, maroquinerie

Q/P : 8/10 •ASSORTIMENT : 8/10
✚ : L'éventail du choix

•30, rue Tronchet — 75009 Paris •Tél. : 0147428340 •Fax : 0140070743 •Horaires : lun. 13h-19h, mar.-sam. 9h30-19h •Métro : Havre-Caumartin •Bus : 28

Magasin en étage, sur plusieurs niveaux. Décor lambrissé, nombreux recoins, grand choix de sacs (Le Tarrene, Balenciaga, Nina Ricci, Didier Lamarthe, Pourchet), à partir de 300 F. Rayon bagages important : Delsey, Longchamp, Samsonite. Valise-cabine, à partir de 450 F. Petite maroquinerie. Personnel stylé, conseil. Promotions permanentes.

SELLERIE D'AMSTERDAM

Vente et réparation de sacs et bagages

Q/P : 8/10 •ASSORTIMENT : 9/10
✚ : Toutes réparations

•62, rue d'Amsterdam — 75009 Paris •Tél. : 0145268613 •Horaires : lun.-ven. 10h30-19h, sam. 14h30-19h •Métro : Liège •Bus : 68, 81

Sacs en tissu ou en cuir, remplacement de lanières ou de fermetures, toutes les réparations sont possibles (prix uniquement sur devis). Sacs, bagages et accessoires en vente.

PARIS 11ᵉ

DIDIER LAVILLA

Créateur contemporain de maroquinerie

Q/P : 6/10 •ASSORTIMENT : 8/10
✚ : Matières originales

•47, rue du Fg-St-Antoine — 75011 Paris •Tél. : 0153338555 •Horaires : lun.-sam. 11h-19h •Métro : Bastille •Bus : 20, 29, 65, 69, 86, 87, 91

Les créations de Didier Lavilla sont colorées, les matières diverses mais elles peuvent en général se laver à l'éponge. Formes classiques et plus originales. Sacs de ville et accessoires assortis. Prix un peu élevés (à partir de 350 F). Grand choix de produits.

GEORGES

Maroquinerie, accessoires

Q/P : 8/10 •ASSORTIMENT : 7/10
✚ : Cuir de qualité

•104, rue St-Maur — 75011 Paris •Tél. : 0143572159 •Horaires : mar.-sam. 10h30-19h30 •Métro : St-Maur •Bus : 46, 96

Large choix de sacs et bagages en cuir, styles classique et sportif. Sacs de ville, sacs à dos ou de voyage, il y en a pour tous les goûts. Marques : Chenier, Élite, Chipie, etc. Prix très compétitifs. Des accessoires, des parapluies et des ceintures.

PARIS 13e

SELLERIES DE FRANCE

Bagages, sacs, accessoires, parapluies Q/P : 8/10 •ASSORTIMENT : 9/10
➕ : Tous les styles

•6, rue Martin-Bernard — 75013 Paris •Tél. : 0145884328 •Fax : 0145886178 •Horaires : lun.-sam. 9h-19h30 •Métro : Place-d'Italie •Bus : 57, 67

Un très grand choix de marques (Samsonite, Delsey, Kipling, Texier, Sequoia, Pourchet, etc.), de style classique ou plus moderne. Des valises, des sacs, avec les accessoires assortis. Choix aussi grand que les prix sont petits; environ -15 % sur les marques.

PARIS 14e

MARKITA

Sacs et bagages en cuir Q/P : 6/10 •ASSORTIMENT : 8/10
➕ : Sacs de sport

•101, av. du Général-Leclerc — 75014 Paris •Tél. : 0145438898 •Horaires : lun.-sam. 10h-19h30 •Métro : Porte d'Orléans •Bus : PC, 28, 38

Des marques comme Kotona, Lancaster, Jansport, Courrèges, Le Tanneur, Gyl Sport, Paquetage, Zacoci. Des styles classique ou sport, du cuir essentiellement, mais aussi du tissu. Prix pas exceptionnels mais produits variés.

PARIS 16e

PASSY RÉPARE SAC

Réparation de sacs et bagages en cuir, daim et toile Q/P : 7/10 •ASSORTIMENT : 8/10
➕ : Toutes matières

•14, rue Bois-le-Vent — 75016 Paris •Tél. : 0145270460 •Horaires : lun. 14h30-19h, mar.-ven. 8h-13h, 14h30-19h •Métro : Muette •Bus : 22, 32, 52

Tous travaux acceptés, qu'il s'agisse de cuir, de daim ou de toile. Le travail est très soigné et les prix communiqués sur devis.

PARIS 18e

GEORGES

Maroquinerie, accessoires Q/P : 8/10 •ASSORTIMENT : 7/10
➕ : Cuir de qualité

•13, rue Ramey — 75018 Paris •Tél. : 0142524023 •Horaires : mar.-sam. 10h30-18h30 •Métro : Jules-Joffrin •Bus : 31, 60, 80, 85 • Voir Georges, Paris 11e.

KAZANA

Sacs du monde entier Q/P : 8/10 •ASSORTIMENT : 7/10
➕ : Les sacs indiens

•3, rue Tardieu — 75018 Paris •Tél. : 0142594102 •Horaires : lun.-sam. 11h-19h30, dim. 12h-19h30 •Métro : Anvers •Bus : 30, 54 • Voir Kazana, Paris 4e.

SIDONIS

Discount de grandes marques Q/P : 9/10 •ASSORTIMENT : 9/10
➕ : Grandes marques
➖ : Vitrine peu engageante

•42, rue de Clignancourt — 75018 Paris •Tél. : 0142577738 •Horaires : lun. 14h-19h, mar.-sam. 10h-19h15 •Métro : Anvers •Bus : 30, 67

C'est dans un cadre surchargé de sacs, ceintures, foulards, parapluies et autres accessoires que vous trouverez de très grandes marques à prix réduit. Balanciaga, Didier Lamarthe, Pouchet, Cardin, J3, Guy Laroche, entre autres. Sacs essentiellement en cuir, et ne proviennent pas de collections très anciennes. Prix très petits : à partir de 250 F. Parapluies Yves St-Laurent. N'hésitez pas à entrer : les trésors sont à l'intérieur.

VÉLIZY 78

RIVES

Sacs, bagages	Q/P : 8/10 •ASSORTIMENT : 8/10
	+ : Pour tous les goûts

•Centre commercial Vélizy II — 78140 Vélizy •Tél. : 0130708546 •Horaires : lun. 11h-20h, mar.-ven. 10h-22h, sam. 10h-20h •Bus : 179, 295 • Voir Rives, Paris 1er.

NOGENT-SUR-MARNE 94

SIDONIS

Discount de grandes marques	Q/P : 9/10 •ASSORTIMENT : 9/10
	+ : Grandes marques
	− : Vitrine peu engageante

•116, rue de Charles-de-Gaulle — 94130 Nogent-sur-Marne •Tél. : 0143943483 •Horaires : mar.-sam. 10h-19h •Bus : 114, 120, 313 • Voir Sidonis, Paris 18e.

Horlogerie, montres

PARIS 1er

LOUIS PION

Grandes marques de montres	Q/P : 8/10 •ASSORTIMENT : 10/10
	+ : Le meilleur choix

•63, rue de Rivoli — 75001 Paris •Tél. : 0142333995 •Horaires : lun.-sam. 9h30-19h •Métro : Châtelet •Bus : 47, 58, 70, 75, 76, 81

Probablement le plus grand choix de Paris. Plus de 9000 montres de toutes sortes : Ebel, Baume & Mercier, Timberland, Tag Heuer, Breitling, Hamilton, Louis Pion. En tout, plus de 40 marques différentes. Petits prix et il y en a pour tous les goûts. Piles (25 F) posées gratuitement. Mise en place d'un service de VPC (frais de port 35 F).

PARIS 2e

À TOUT À L'HEURE

Montres, horloges, cadeaux	Q/P : 8/10 •ASSORTIMENT : 7/10
	+ : Horloges uniques

•8, passage du Grand-Cerf — 75002 Paris •Tél. : 0140265063 •Fax : 0140264178 •Horaires : mar.-sam. 14h30-18h •Métro : Étienne-Marcel •Bus : 29

Petite boutique, atelier de création au sous-sol. Petites horloges, toutes rondes, en cuivre, métal ou carton. Les couleurs et motifs varient de l'une à l'autre, les prix également : à partir de 150 F, selon les matériaux, et un peu plus cher pour les pièces uniques.

PIONCA

Toutes les marques   Q/P : 8/10 •ASSORTIMENT : 10/10
✦ : Le meilleur choix

•19, bd Montmartre — 75002 Paris •Tél. : 0142969458 •Horaires : lun.-sam. 9h30-19h •Métro : Richelieu-Drouot •Bus : 39, 48, 67

Annexe de la boutique Louis Pion, avec également un grand choix de montres de toutes sortes : Ebel, Baume & Mercier, Timberland, Tag Heuer, Breitling, Hamilton, Louis Pion, etc. Voir Louis Pion, Paris 1er.

PARIS 3ᵉ

COMPTOIR DES MONTRES

Grandes marques de montres   Q/P : 7/10 •ASSORTIMENT : 9/10
✦ : Ouvert le dimanche

•8, rue des Francs-Bourgeois — 75003 Paris •Tél. : 0148043244 •Horaires : lun.-sam. 10h30-19h15, dim. 14h-19h15 •Métro : Hôtel-de-Ville •Bus : 67, 72, 74, 76

Un très grand choix de marques, et des plus grandes : Beuchat, Baume & Mercier, Tag Heuer, Oméga, Aktéo, Seiko, Klein, Gucci, Tissot, Casio, etc. Également des montres fantaisie pour les enfants. Ouvert le dimanche.

L'ART DU TEMPS

Réparation de montres et d'horloges   Q/P : 7/10 •ASSORTIMENT : 8/10
✦ : Peu d'attente

•1, cité du Petit-Thouars — 75003 Paris •Tél. : 0148048727 •Horaires : lun.-ven. 9h-12h, 14h-18h, sam. 9h-12h •Métro : Temple •Bus : 20, 75

Qu'il s'agisse d'une montre ancienne ou plus moderne, voire même d'une horloge, vous pouvez tout apporter dans cette boutique. Réparer avec soins est leur spécialité : les montres à clé ne leur font pas plus peur que les montres à quartz. Tests d'étanchéité.

PARIS 8ᵉ

CENTRALE DE BIJOUTERIE MARTHAN-LORAND

Grandes marques de montres   Q/P : 9/10 •ASSORTIMENT : 7/10
✦ : Grandes marques

•8, place de la Madeleine — 75008 Paris •Tél. : 0142604500 •Fax : 0140159245 •Horaires : mar.-ven. 9h30-14h, 15h-18h30, sam. 10h-18h •Métro : Madeleine •Bus : 42, 52, 84

Bijouterie installée au 4e étage de l'immeuble. Large choix des plus grandes marques de montres (Tissot, Lassale, Longines, Herbelin, etc.), et petits prix, environ -20 %. Promotions régulières pendant lesquelles les prix sont encore plus bas.

LOUIS PION

Grandes marques de montres   Q/P : 8/10 •ASSORTIMENT : 10/10
✦ : Le meilleur choix

•52-60, av. des Champs-Élysées — 75008 Paris •Tél. : 0142253110 •Horaires : lun.-sam. 9h30-19h30 •Métro : Franklin-Roosevelt •Bus : 32, 73 • Voir Louis Pion, Paris 1er.

SWATCH STORE

Toutes les Swatch   Q/P : 8/10 •ASSORTIMENT : 8/10
✦ : Les séries limitées

•10, rue Royale — 75008 Paris •Tél. : 0142605838 •Horaires : lun.-sam. 9h30-19h •Métro : Madeleine •Bus : 24, 42, 94

Si vous êtes un adepte de la marque, vous trouverez ici toutes les montres Swatch, séries limitées ou non. Les couleurs et les petits prix sont de rigueur.

PARIS 9°

CAPION

Grandes marques
Q/P : 8/10 •ASSORTIMENT : 10/10
✚ : Le meilleur choix

•9, rue Auber — 75009 Paris •Tél. : 0142654033 •Horaires : lun.-sam. 9h30-19h30 •Métro : Opéra •Bus : 22, 52, 53, 66

Annexe de la boutique Louis Pion, avec également un grand choix de montres de toutes sortes : Ebel, Baume & Mercier, Timberland, Tag Heuer, Breitling, Hamilton, Louis Pion, etc. Voir Louis Pion, Paris 1er.

PARIS 11°

TOTALE ÉCLIPSE

Montres, bijoux fantaisie, sacs
Q/P : 8/10 •ASSORTIMENT : 7/10
✚ : Bijoux de création artisanale

•40, rue de la Roquette — 75011 Paris •Tél. : 0148078804 •Horaires : lun.-sam. 11h-19h30 •Métro : Bastille •Bus : 20, 29, 67, 76, 91

Grand choix de montres fantaisie et classiques (Storm, Opex), garanties 1 an et même plus. Prix bas : à partir de 150 F. Bijoux du créateur et sacs à main. Voir Totale Éclipse, Paris 1er.

PARIS 13°

MONTING

Montres, hi-fi, calculatrices, réveils
Q/P : 8/10 •ASSORTIMENT : 9/10
✚ : Plus de 5 000 montres

•25, av. d'Italie — 75013 Paris •Tél. : 0145868603 •Fax : 0145826080 •Horaires : mar.-ven. 10h-13h30, 14h30-19h30, sam. 10h-19h30 •Métro : Place d'Italie •Bus : 47

Vitrines à perte de vue, plus de 5000 pièces : Seiko, Casio, Aktéo, Citizen, Swatch, Guess, Yves Berthelin, Beuchat. Promotions régulières mais les prix courants restent en dessous de la moyenne (de -20 à -40 % selon les marques). Rayon spécial enfant. Outre les montres, radio-réveils, mini-chaînes, calculatrices et agendas électroniques. Réparations.

PARIS 14°

MONTING

Montres, hi-fi, calculatrices, réveils
Q/P : 8/10 •ASSORTIMENT : 9/10
✚ : Plus de 5 000 montres

•225, rue d'Alésia — 75014 Paris •Tél. : 0145430600 •Horaires : mar.-sam. 10h-13h30, 14h30-19h30 •Métro : Plaisance •Bus : 62, 58 • Voir Monting, Paris 13e.

PARIS 17°

L'ATELIER

Réparation de montres et d'horloges
Q/P : 9/10 •ASSORTIMENT : 8/10
✚ : Réparations en 24h maximum

•29, rue de Lévis — 75017 Paris •Tél. : 0147663060 •Fax : 0147663059 •Horaires : mar.-sam. 10h-19h •Métro : Villiers •Bus : 30

Rien ne leur résiste, tout peut se réparer, qu'il s'agisse d'une Cartier ou d'une Swatch. Le changement de pile 38 F. Spécialité : le test d'étanchéité, effectué sur place (120 F, quelle que soit la marque). Réparations en 24h maximum, montres garanties 6 mois après réparation. Catalogue de montres sur CD-Rom (10 F), pour ceux qui souhaitent choisir leur montre en toute tranquillité.

Cadeaux, objets

PARIS 1er

À L'IDÉALE

Gadgets, montres, accessoires de mode pour homme	Q/P : 6/10 •ASSORTIMENT : 8/10
	+ : Ligne cohérente
	− : Accueil un peu évasif

•4, rue Ste-Opportune — 75001 Paris •Tél. : 0142333083 •Horaires : lun.-sam. 10h30-19h30
•Métro : Châtelet-Les Halles •Bus : 58, 70, 72, 74 • Voir À L'Idéale, Neuilly-sur-Seine, 92.

BOUTIQUE DU MUSÉE DU LOUVRE

Réédition d'objets des musées nationaux	Q/P : 8/10 •ASSORTIMENT : 9/10
	+ : Qualité et soin des rééditions

•Musée du Louvre — Mezzanine de la librairie — Pyramide — 75001 Paris •Tél. : 0140205050
•Horaires : lun. et mer. 9h30-22h, jeu.-dim. 9h30-18h45 •Métro : Palais-Royal •Bus : 48
•Musée Halles — Forum des Halles (porte Berger, niveau -2) — 75001 Paris •Tél. : 0140399221
•Horaires : lun.-sam. 10h30-19h15 •Métro : Les Halles •Bus : 85

Réplique d'un bronze égyptien ou romain, tirage en résine du lièvre de Barye, bijou de l'Antiquité ou du Moyen Âge, etc. : une mine d'idées, à partir de 150 F. Lignes de foulards, de tee-shirts, de montres, de papeterie, de quoi contenter les plus difficiles.

ROBERT CAPIA

Poupées anciennes	Q/P : 7/10 •ASSORTIMENT : 9/10
	+ : Connaissance encyclopédique du sujet

•26, galerie Vérot-Dodat — 75001 Paris •Tél. : 0142362594 •Horaires : lun.-sam. 10h-19h
•Métro : Louvre, Rivoli •Bus : 48

Dans cette célèbre boutique, des centaines de poupées anciennes. Grandes marques populaires, comme les bébés Raynal, aux pièces uniques en porcelaine, toutes sont présentées habillées dans leurs vêtements d'époque, avec perruques en vrais cheveux et bottines à boutons, dont on pourrait jurer que pas un ne manque. Très belle collection, prix variables; selon la rareté et l'état de l'objet. M. Capia fait également les estimations, mais ne vend pas de pièces détachées et ne les répare pas.

PARIS 2e

PVC

Gadgets en plastique, cartes postales en 3D	Q/P : 8/10 •ASSORTIMENT : 8/10
	+ : Originalité des objets

•56, rue Tiquetonne — 75002 Paris •Tél. : 0140281308 •Horaires : lun.-sam. 9h-19h •Métro : Étienne-Marcel •Bus : 29

PVC, c'est-à-dire "Au Pays des Vedettes Célèbres", propose gadgets de toutes sortes en plastique, cartes postales en 3D et autres babioles à offrir ou à garder pour soi. Le choix est grand et les excentriques y trouveront leur bonheur.

PARIS 3e

HÉTÉROCLITE

Accessoires de mode, gadgets, bijoux, maroquinerie	Q/P : 7/10 •ASSORTIMENT : 9/10
	+ : Envois postaux sur toute la France

•16, rue Élzévir — 75003 Paris •Tél. : 0142745443 •Horaires : lun.-dim. 10h30-19h30 •Métro : St-Paul •Bus : 29

Cette boutique a repris une enseigne connue et ancienne en la modernisant. Toujours les bagues fleurs en résine qui faisaient la spécialité de l'ancienne enseigne, et de très jolies nouveautés, avec une gamme en strass et en cristal (bague 250 F). Gants peints à la main 249 F, foulards en soie 99 F. Beaucoup de chats (broche en pavone, 295 F). Pour les amis des chiens, un petit sac fox-terrier 145 F. Gadgets, sacs, barrettes… De quoi trouver un cadeau facilement et à petit prix.

PARIS 4e

LA PHOTOFACTORY

Véritables tirages de photos anciennes Q/P : 8/10 •ASSORTIMENT : 9/10
    + : 10 millions de photographies

•21, rue du Renard — 75004 Paris •Tél. : 0144788400 •Fax : 0142715855 •Horaires : lun.14h30-19h30, mar.-ven.10h30-19h30, sam.10h30-12h30, 13h30-19h30 •Métro : Hôtel-de-Ville •Bus : 67

Les trésors des grandes photothèques, dont les archives de Keystone (Amérique depuis la fin du siècle dernier) et de l'Illustration. Photos du cinéma d'avant guerre, de New York ou de Paris au tournant du siècle. Photos curieuses ou instantanés impressionnants (crash de locomotives en 1900, courses automobiles ou nautiques). Toutes ces photos sont des tirages de laboratoire sur papier photo, encadrées avec une marie-louise portant une estampille incrustée (tirages indiqués au dos de chaque œuvre). Prix très raisonnables, à partir de 225 F.

L'ATELIER 74

Galerie d'expositions tournantes, Q/P : 7/10 •ASSORTIMENT : 7/10
artisanat, tissus, bijoux   **+** : Renouvellement permanent
    − : Lumière

•74, rue de la Verrerie — 75004 Paris •Tél. : 0142723484 •Horaires : lun.-sam. 11h-20h, dim. 14h-20h •Métro : Hôtel-de-Ville •Bus : 69, 76, 96

Vous ne retrouverez pas forcément ce que vous y aviez vu le mois dernier. C'est là l'intérêt de cette adresse. Artisanat guatémaltèque, malgache, objets d'art africains et indonésiens, bijoux en pierre dure (à partir de 50 F), jeux d'échecs et de dames en pierre et en bois 250 F, couvre-lit tissé 1 200 F, nappe (dm. 180 cm) et 12 serviettes brodées 250 F, sacs et vêtements de créateurs à partir de 100 F. Le samedi, nocturne jusqu'à 23 h. Ambiance jeune, accueil sympa. De quoi trouver un cadeau original, même tard le soir.

PYLONES

Vaisselle, gadgets, cravates Q/P : 7/10 •ASSORTIMENT : 9/10
    + : Diversité des objets

•57, rue St-Louis-en-l'Île — 75004 Paris •Tél. : 0146340502 •Horaires : 7j/7, 10h30-19h30 •Métro : Pont-Marie •Bus : 47

Tire-bouchon cochon (90 F), porte-clés sardine, salière coq (50 F), sont quelques exemples d'objets que vous trouverez dans cette boutique. De nombreuses idées cadeaux, des matières et des coloris tout aussi chaleureux que l'accueil.

PARIS 5e

JEANNE ET JÉRÉMY

Poupées anciennes et de collection Q/P : 6/10 •ASSORTIMENT : 8/10
    + : Très grande qualité des produits

•4, rue Frédéric-Sauton — 75005 Paris •Tél. : 0146335454 •Fax : 0146331114 •Horaires : mar.-sam. 11h30-19h •Métro : Maubert-Mutualité •Bus : 47,63

N'hésitez pas à pénétrer dans cette boutique, juste pour le plaisir des yeux : superbes poupées de fabrication artisanale, allemande et française, et peluches de grande qualité vous attendent. Certains modèles, uniques, peuvent atteindre plus de 20000 F, mais vous découvrirez de très belles poupées à partir de 900 F.

PARIS 6ᵉ

BEAUTÉ DIVINE

Objets anciens pour la beauté et le bain   Q/P : 6/10 •ASSORTIMENT : 8/10
✚   : État impeccable

•40, rue St-Sulpice — 75006 Paris •Tél. : 0143262531 •Horaires : lun. 14h-19h, mar.-sam. 10h-13h, 14h-19h •Métro : St-Sulpice •Bus : 63, 86

Luminaires aux tons rosés qui donnent bonne mine dans la salle de bains, miroirs 1930, nécessaires en verre et en porcelaine pour les savons, brosses à dents et houppettes à poudre : le raffinement est à l'honneur chez Mme de Robien. Boîtes à poudre de collection à partir de 250 F, petits miroirs d'appoint autour de 1 000 F, barres de salle de bains 1925 rechromées 1 500 F. Assez cher mais de qualité.

CIR

Bougies, cierges, veilleuses   Q/P : 7/10 •ASSORTIMENT : 7/10
✚   : Fabrication artisanale depuis 1643

•22, rue St-Sulpice — 75006 Paris •Tél. : 0143264650 •Horaires : lun.-mar. 10h30-12h30, 13h30-19h, mer.-sam. 10h-19h •Métro : St-Sulpice •Bus : 63, 86

Une adresse irremplaçable pour la qualité et la solidité des bougies. Bougies à thème : Bonne Année, Bon Anniversaire... (autour de 100 F). Jolie gamme de bougies colorées (à partir de 20 F).

PARIS 7ᵉ

BOUTIQUE DU MUSÉE DU LOUVRE

Réédition d'objets des musées   Q/P : 8/10 •ASSORTIMENT : 9/10
nationaux   ✚   : Qualité et soin des rééditions

•Musée d'Orsay — Parvis Bellechasse — 75007 Paris •Tél. : 0140494999 •Horaires : mar.-dim. 9h30-18h, nocturne jeu. 21h45 •Métro : Musée-d'Orsay •Bus : 24, 73

Pratique pour un cadeau de dernière minute, le jeudi soir, grâce aux nocturnes. Voir Boutique du Musée du Louvre, Paris 1er.

DEYROLLE

Minéraux, animaux naturalisés,   Q/P : 7/10 •ASSORTIMENT : 8/10
insectes de collection   ✚   : Accueil et compétence

•46, rue du Bac — 75007 Paris •Tél. : 0142223007 •Horaires : lun.-sam. 10h-18h45 •Métro : Bac •Bus : 68, 69

Deyrolle ressemble à une caverne d'Ali Baba, où l'on trouve tout ce qui concerne les sciences naturelles et la conservation des spécimens. Taxidermie et création de boîtes d'insectes, devis sur place. Achat des boîtes vides possible (26 x 39 cm : 185 F), œufs d'autruche, socles en bois et présentoirs, quelques coquillages de collection, mais le principal attrait du lieu est la vente d'animaux naturalisés.

FLORENT MONESTIER

Jouets réédités, vaisselle à l'ancienne,   Q/P : 7/10 •ASSORTIMENT : 6/10
verrerie, papeterie   ✚   : Style "bon ton"
━   : Accueil un peu froid

•47 bis, av. Bosquet — 75007 Paris •Tél. : 0145550301 •Fax : 0147538629 •Horaires : lun. 12h-19h, mar.-sam. 10h30-19h •Métro : École-Militaire •Bus : 80, 92

De quoi donner une petite ambiance anglaise et raffinée à n'importe quel intérieur. Coussins en tapisserie, sets de table fleuris, bougies et photophores, plateaux en tôle peints 195 F, cadres à photo à partir de 240 F, panier à 6 verres style début de siècle 165 F + 120 F le verre gravé. Vases et verreries à partir de 105 F, jolies rééditions de services chinois et français, de théières en métal argenté, d'accessoires de maison. Coin enfant : jouets rétros, cartes postales anciennes. Coin librairie : beaux livres maison et nature, papeterie. Moins de choix qu'autrefois dans le domaine nature, mais toujours une excellente sélection d'objets.

PARIS 8ᵉ

MINERALES DO BRASIL

Fossiles et minéraux, bijoux en pierres dures	Q/P : 7/10 •ASSORTIMENT : 8/10 ✦ : Importateur direct

•86, rue de Miromesnil — 75008 Paris •Tél. : 0145631866 •Horaires : lun.-ven. 12h-18h, sam. 10h30-18h •Métro : Villiers •Bus : 30

Au fond de la 2e cour, une boutique-entrepôt qui vend fossiles (poissons, trilobites, nautiles) et minéraux magnifiques à des prix intéressants. À côté des géodes d'améthystes ou de cristaux, colliers de corail (environ 450 F), d'œil-de-tigre ou de malachite et de lapis (autour de 200 F). Pour un petit cadeau précieux, des anneaux de cornaline et de jadéite, des bracelets (entre 100 et 300 F). Collections d'œufs et de sphères, de jeux de dames chinois et solitaires (autour de 250 F).

PARIS 9ᵉ

LA BOÎTE À DOUDOU

Jouets de collection et accessoires sur le thème de la BD et des cartoons	Q/P : 6/10 •ASSORTIMENT : 9/10 ✦ : Connaissance encyclopédique du sujet

•24, passage Jouffroy — 75009 Paris •Tél. : 0148245837 •Fax : 0140229377 •Horaires : lun.-sam. 9h30-19h •Métro : Montmartre •Bus : 20, 29, 48

Avis aux collectionneurs fanatiques de personnages de BD ou de cartoons européens et américains. Pêle-mêle, le Marsupilami, Tintin, les Simpson, Félix le Chat, Wallace et Gromit, Astérix, Bécassine et Babar, les personnages de Tex Avery, Garfield et autres se poursuivent ici sur les étagères très encombrées. Cadre photo Corto Maltese ou Droopy 129 F, vêtements, cravates, tee-shirts, tablier Bécassine 159 F, sweater 10-12 ans Tintin 160 F. La boîte des amoureux de Peynet (les mariés, 229 F). Rééditions de boîtes en tôle anciennes, boîte Banania 70 F, vaisselle, carterie, stickers, gadgets disponibles sur place ou sur commande. Cette grande boutique est le pendant de "La Boîte à Joujoux", spécialiste de la maison de poupée et de la miniature, à 20 m de là.

LE MAGASIN PITTORESQUE

Objets de créateurs, bibelots, bijoux ethno, réédition de jouets	Q/P : 8/10 •ASSORTIMENT : 8/10 ✦ : Sélection d'objets de qualité

•10, av. Trudaine — 75009 Paris •Tél. : 0148781875 •Horaires : lun.-sam. 10h-19h •Métro : Anvers •Bus : 85

Superbe boutique rouge où Sandrine Sauvet vous conseille pour un cadeau ou un achat coup de cœur. Bonne sélection de bijoux en argent et corail ou pierres semi-précieuses (bagues de 25 à 250 F, colliers de 85 à 500 F), jolis objets pour la maison, un peu moins vus ailleurs, photophores et bougeoirs-fagots, vaisselle Bernard Carant, gamme L'Occitane de parfums d'ambiance, rééditions de jouets anciens (Moulin-Roty et Petit Colin). Lieu incontournable à Noël, pour les couronnes toutes faites, les jouets-automates en tôle, la carterie… et les mille idées de cadeaux à petits prix à glaner. SAV pour les bijoux, 35 F forfaitaires pour les transformations et les mises à taille des bagues. Livraison à partir de 400 F d'achats pour 40 F forfaitaires.

THOMAS BOOG

Cabinet de curiosités, décors de coquillages	Q/P : 5/10 •ASSORTIMENT : 7/10 ✦ : Pièces uniques, faites main

•36, passage Jouffroy — 75009 Paris •Tél. : 0147709810 •Fax : 0147709810 •Horaires : lun.-sam. 10h-19h •Métro : Montmartre •Bus : 20, 29, 48

On y va autant pour les créations que pour le décor baroque (nymphée en coquilles St-Jacques rose au fond de la boutique, panneaux décorés en coquillages exotiques) et avec la certitude que les pièces uniques de ce collectionneur fou de coquilles, connu dans le monde entier, seront un jour des pièces de musée. Cadres et miroirs bordés de centaines de petites nacres patiemment assemblées à partir de 1 200 F. Autres pièces, coffrets ornés de passementerie ou de coquillages savamment échafaudés, plus chers, autour de 3 000 F. Bracelets taillés d'une pièce dans une coquille, 600 F. Lampions géants d'inspiration chinoise en soie, boîtes au couvercle de porcelaine à partir de 350 F, cadres en pommes de pin, boules de nacre 800 F.

PARIS 11ᵉ

ATTITUDES   N

Gadgets électroniques, design, cadeaux	Q/P : 6/10 •ASSORTIMENT : 7/10 ＋ : Variété － : Une seule boutique

•15, rue de Montreuil — 75011 Paris •Tél. : 01 43 72 16 47 •Fax : 01 40 24 11 08 •Horaires : lun.-sam. 10h-19h30 •Métro : Faidherbe-Chaligny •Bus : 46, 86

Le show-room de la rue de Montreuil est une mine d'idées et la sélection des objets est digne du concours Lépine. Montres-diffuseurs de parfum 325 F, lunettes de vision nocturne 2990 F, stylo enregistreur miniature 210 F, étui à couteau de ceinture 99 F, lampe électrique à deux faisceaux indépendants 119 F, compteur Geiger 495 F. Mais aussi des vêtements, des sacs, de la vaisselle, des luminaires, des reproductions d'antiques (chouette d'Athéna 16 x 6 cm, 125 F), des outils (coupe-papier peint 195 F, sécateurs de jardin Fiskars 199 F) et des horloges de toutes formes. Deux catalogues de VPC par an, garantie SAV par les fabricants et les distributeurs, livraisons sur la France et l'étranger. En France, délai d'environ 15 jours.

PARIS 15ᵉ

DÉCROCHER LA LUNE

Accessoires de mode, gadgets, bijoux, vêtements	Q/P : 8/10 •ASSORTIMENT : 7/10 ＋ : Chemises en microfibres

•238, rue de la Convention — 75015 Paris •Tél. : 01 42 50 47 72 •Horaires : mar.-sam. 10h30-19h30 •Métro : Convention •Bus : 62

Large choix d'objets, de gadgets et autres babioles. Bijoux, broches en étain trempé dans un bain d'or (pour qu'il soit plus résistant), boucles d'oreilles de sculpteurs. Autre spécificité : le magasin vend (c'est le seul à Paris) des chemises pour homme en microfibres qui passent à la machine et ne se repassent pas (19 coloris, 430 F).

PARIS 17ᵉ

AU BONHEUR DES FEMMES ET DES HOMMES

Foulards, lunettes, sacs, bijoux, ceintures	Q/P : 7/10 •ASSORTIMENT : 6/10 ＋ : Les sacs

•67, place du Docteur-Félix-Lobligeois — 75017 Paris •Tél. : 01 44 85 90 29 •Horaires : mar., jeu.-sam. 11h30-19h •Métro : Rome

Petite boutique située sur une place pleine de charme. le bonheur : l'on trouve des accessoires griffés par de grands couturiers italiens ou français à 40 et 50 % moins cher qu'ailleurs. Foulards à partir de 200 F, très beaux sacs de ville Christian Lacroix 390 F, Boucles d'oreilles couture 250 F. Il faut fouiller et venir sans idée précise pour trouver l'affaire du jour.

AU COQ DE BRUYÈRE

Armes de chasse, couteaux, flasques,
sifflets, sacs

Q/P : 8/10 •ASSORTIMENT : 8/10
✚ : Atelier de réparation des armes

•78, av. des Ternes — 75017 Paris •Tél. : 0145744251 •Fax : 0145744251 •Horaires : lun. 14h-19h, mar.-ven. 10h-19h (sam. 14h-19h de septembre à janvier) •Métro : Porte-Maillot, Ternes •Bus : 43, 93

Une adresse de prédilection pour les chasseurs : hormis les armes traditionnelles (fusils et carabines), excellente sélection de coutellerie (Laguiole, Nontron, Opinel), de chaufferettes à alcool ou à essence à briquet (à partir de 80 F), de flasques en métal, de sacs en croûte de cuir autour de 300 F. La maison ne fera plus l'habillement, mais maintient ses exigences de qualité et de finitions sur les autres articles.

NEUILLY-SUR-SEINE 92
—

BATHROOM GRAFFITI

Gadgets, vaisselle, vêtements, objets
de décoration

Q/P : 6/10 •ASSORTIMENT : 8/10
✚ : Toujours très tendance

•22, rue Madeleine-Michélis — 92200 Neuilly-sur-Seine •Tél. : 0147458525 •Horaires : lun. 11h-19h30, mar.-sam. 10h-19h30, dim. 10h30-13h •Métro : Sablons •Bus : 46

Pourquoi aller ailleurs qu'à la maison mère? On y retrouve l'inspiration des premières années, ce style acidulé qui plaît tant aux ados et aux familles. Vaisselle, maroquinerie (sac Mandarina Duck, 550 F), lampes bulle de 499 à 695 F, cadres-photos en métal de 159 à 259 F, vêtements sportswear enfant, collection Tintin, 255 F le sweater. Réveils rigolos pour chambres d'enfants, à partir de 75 F. Pour les coquettes pressées, bague-montre, nombreux modèles, 199 à 225 F. Jouets et personnages Disney, vases-ventouses Pépino, 35 F. Gamme Dapy d'accessoires de salle de bains, couleurs fraîches. Accessoires et senteurs de maison Esteban, Authentics, Axis, Natura.

LA MAISON DE SARAH

Listes de mariage, luminaires,
accessoires de maison

Q/P : 7/10 •ASSORTIMENT : 9/10
✚ : Disponibilité et choix varié

•36, rue Madeleine-Michélis — 92200 Neuilly-sur-Seine •Tél. : 0147472323 •Fax : 0147479223 •Horaires : lun.-sam. 10h30-19h •Métro : Porte-Maillot •Bus : 43

Accueil irréprochable et bons conseils de Frédérique Pelleray et de son équipe. Style de la boutique : ambiance naturelle, beaux bois, coussins en abaca, tapis de laine tressée écru (à partir de 2000 F), coupes plates en faïence de Molins (180 F), beaucoup de verrerie, vases, photophores, autour de 250 F (Henri Dean). Plaids, mobilier de jeunes créateurs (consoles frêne ou chêne massif, ferronneries, cadres patinés), bibelots et parfums d'ambiance. Vous n'êtes pas sûr de votre choix? La maison vous prête l'objet en question, fût-ce un vase ou des assiettes, contre un chèque de caution. Livraisons gratuites, SAV et petites réparations (devis gratuit), échanges.

Artisanat régional

PARIS 2e

ESPACE TARN

Artisanat et produits du Tarn, maroquinerie, vins, foie gras, confitures

Q/P : 7/10 •ASSORTIMENT : 5/10
✚ : Restaurant à côté de la boutique
━ : Peu de choix pour chaque produit

•111, rue Réaumur — 75002 Paris •Tél. : 0140138181 •Fax : 0140138770 •Horaires : lun.-ven. 10h-18h30 •Métro : Bourse, Sentier •Bus : 42,48,74

Un espace moderne et réussi : la maroquinerie réputée de Graulhet (tous les mois une collection différente), les vins de Gaillac et les granits du Sidobre. Produits de terroir, selon les saisons, foie gras ou confitures de miel. Accueil charmant de Christine.

PARIS 5e

BREIZ-NORWAY

Artisanat breton, vêtements traditionnels, faïences, couteaux

Q/P : 7/10 •ASSORTIMENT : 7/10
✚ : Grand choix de tailles

•33, rue Gay-Lussac — 75005 Paris •Tél. : 0143294782 •Fax : 0140468724 •Horaires : lun. 13h-19h, mar.-sam. 10h-19h •Métro : Luxembourg •Bus : 21, 27 • Voir *Artisanat étranger*, Paris 5e.

LA TUILE À LOUP

Objets artisanaux français, céramique, petit mobilier

Q/P : 7/10 •ASSORTIMENT : 8/10
✚ : Artisanat de qualité

•35, rue Daubenton — 75005 Paris •Tél. : 0147072890 •Horaires : mar.-sam. 10h-19h30, dim. 10h30-13h •Métro : Censier-Daubenton •Bus : 86

Idéal pour donner un petit cachet paysan et authentique à une cuisine parisienne. Les œuvres des potiers de toutes les provinces sont présentées ici : terres de La Borne, vaisselle alsacienne à décor traditionnel, terres mêlées du Sud et glaçures du Jura. Grande qualité et bonne sélection des pièces, à la fois utilitaires et décoratives. Paniers de vendangeurs, pichets et gargoulettes (à partir de 200 F).

PARIS 6e

ARTISANS ET PAYSANS DE LOZÈRE

Artisanat et produits de Lozère, mobilier, poterie, vannerie, vêtements

Q/P : 8/10 •ASSORTIMENT : 8/10
✚ : Authenticité

•1 bis, rue Hautefeuille — 75006 Paris •Tél. : 0143269399 •Fax : 0143257934 •Horaires : Mar.-sam. 12h-19h •Métro : Odéon, St-Michel •Bus : 21, 27

Une adresse authentique qui mise sur la qualité. Du mobilier de bois massif de Lozère, de la poterie, de la vannerie et des vêtements traditionnels en pure laine vierge.

PARIS 9ᵉ

MAISON DU NORD-PAS-DE-CALAIS

Artisanat et produits du Nord-Pas-de-Calais, faïences, vases, bières

Q/P : 7/10 •ASSORTIMENT : 5/10
+ : Dynamisme de l'équipe
– : Boutique peu approvisionnée

•25, rue Bleue — 75009 Paris •Tél. : 0148005962 •Fax : 0148005961 •Horaires : lun. 12h-18h30, mar.-ven. 10h-18h30 •Métro : Cadet •Bus : 42, 48

Pas beaucoup de choix, mais une sélection originale de produits. Faïences, vases du musée du Verre de Trélon, bières artisanales et confiseries (bonbons à la chicorée, bêtises de Cambrai…). La Maison organise régulièrement des expositions et dispose d'une bibliothèque de 1 500 livres et 250 vidéos sur la région. Accueil très agréable et compétent.

PARIS 14ᵉ

BOUTIQUE DE L'ARTISANAT MONASTIQUE

Linge brodé, confiseries, vêtements, maroquinerie

Q/P : 6/10 •ASSORTIMENT : 8/10
+ : Qualité des objets

•68 bis, av. Denfert-Rochereau — 75014 Paris •Tél. : 0143351576 •Fax : 0143351443 •Horaires : lun.-ven. 12h-18h30, sam.14h-19h •Métro : Denfert-Rochereau •Bus : 38, 68, 83

Assez cher, mais qualité des objets : lingerie féminine (400 F la chemise de nuit brodée), nappes et draps brodés (à la machine). Articles brodés à la main sur commande. Maroquinerie et couvertures de livres en cuir. Icônes, bougies, alimentation (faites absolument un tour au rayon confiseries), statuettes. Ligne de vêtements adultes et enfants de 0 à 10 ans.

Artisanat étranger

Le moins cher de l'artisanat étranger

Les 3 magasins Artisans du Monde regorgent d'objets artisanaux en provenance des pays du Sud. Cette association achète directement les produits à des coopératives locales, permettant ainsi d'améliorer la situation des populations défavorisées. Superbes céramiques péruviennes, statuettes africaines, marionnettes de Krishna, accessoires de table et textile de tous les pays. Rayon alimentation : café colombien artisanal, chocolat et thé indien. Les magasins ne prenant qu'une faible marge, les prix sont très intéressants. Très grande disponibilité des vendeuses.
• ARTISANS DU MONDE : 20 rue de Rochechouard — 75009 Paris — Tél. : 0148785554
• ARTISANS DU MONDE : 31, rue Blomet — 75015 Paris — Tél. : 0145666297
• ARTISANS DU MONDE : 42, rue Felix-Faure — 75015 Paris — Tél. : 0145578244

PARIS 1ᵉʳ

KARIBU NI KENYA

Artisanat africain, statues, masques, tableaux, instruments de musique, bijoux

Q/P : 8/10 •ASSORTIMENT : 7/10
+ : Un beau rayon Arts de la table

•1, rue du Cygne — 75001 Paris •Tél. : 0142364997 •Fax : 0140260472 •Horaires : lun. 13h-19h30, mar.-sam. 11h30-19h30 •Métro : Étienne-Marcel •Bus : 29

Petite boutique bien ordonnée, sélection de produits africains originaux. Quelques instruments de musique (le magasin répare vos djembés abîmés), bijoux massaï, grandes statues (Bushmen du Kenya de 1,80 m à 600 F), masques teintés (450 F) et pierres à saveur en ébène. Beau choix de tableaux naïfs de Tanzanie 250 F. Accueil sympathique.

PARIS 3e

ARTISANAT DE L'INDE

Artisanat indien, meubles, statuettes, bibelots, bijoux, encens, tissus, thés

Q/P : 5/10 •ASSORTIMENT : 7/10
+ : Une gamme de prix très large
− : Prix élevé des chivas

•75, rue Quincampoix — 75003 Paris •Tél. : 01 40 29 47 08 •Fax : 01 44 70 00 73 •Horaires : lun.-sam. 11h-20h •Métro : Etienne-Marcel •Bus : 38, 39, 47

Boutique sombre et surchargée, artisanat indien de qualité. Des statuettes en bronze, des bibelots en bois de santal, des bijoux de Nagalind ou des meubles de style victorien. Également un grand choix d'encens, de thés et d'épices.

COMPAGNIE DU SÉNÉGAL ET DE L'AFRIQUE DE L'OUEST

Artisanat africain, tissus, statuettes, vanneries, parfums, verreries

Q/P : 6/10 •ASSORTIMENT : 7/10
+ : Propreté des lieux

•1-3, rue Elvézir — 75003 Paris •Tél. : 01 44 54 55 88 •Fax : 01 44 54 55 89 •Horaires : lun.-sam. 11h-19h30, dim. 12h-19h30 •Métro : St-Paul •Bus : 69, 76, 96

600 m² consacrés à l'artisanat africain. Classement thématique des objets. Tissus sénégalais tissés main, objets de récupération, statuettes, vannerie, parfums et peinture sur verre. Un endroit spacieux et très bien organisé.

RÉSONANCES

Artisanats indien et thaïlandais, antiquités chinoises, bijoux

Q/P : 5/10 •ASSORTIMENT : 7/10
+ : De nombreuses idées de cadeaux

•37 rue St Paul — 75003 Paris •Tél. : 01 42 78 44 77 •Fax : 01 42 78 02 15 •Horaires : Lun.-dim. 12h30-19h30 •Métro : St-Paul •Bus : 76, 96

Galerie-boutique, artisanat indien et thaïlandais, vieux meubles chinois. Dessus de lit, housses de couette ou kimonos en soie thaïlandaise à des prix abordables. Artisanat haut de gamme, bijoux ou boîtes en papier mâché à partir de 50 F. Accueil sympathique.

PARIS 4e

DUO 29

Artisanat russe, vaisselle, statues, poupées, bijoux

Q/P : 6/10 •ASSORTIMENT : 6/10
+ : Le rayon bijoux

•29, rue du Roi-de-Sicile — 75004 Paris •Tél. : 01 42 71 90 25 •Horaires : mar.-sam. 11h-19h •Métro : St-Paul, Hôtel-de-Ville •Bus : 76, 96

Une petite boutique bien organisée qui réunit une bonne partie de l'art populaire de Russie. Des ustensiles de cuisine, des plateaux peints, des œufs décorés sur bois et les inévitables poupées russes, les matriochkas. Accueil un peu froid mais compétent.

FIESTA GALERIE

Objets d'Amérique du nord

Q/P : 6/10 •ASSORTIMENT : 7/10
+ : Spécialiste des États-Unis

•45, rue Vieille-du-Temple — 75004 Paris •Tél. : 01 42 71 53 34 •Fax : 01 42 71 53 34 •Horaires : lun.-sam. 12h-19h, dim. 14h-19h •Métro : Hôtel-de-Ville •Bus : 29

Ambiance "dernière séance" et nostalgie des États-Unis des années 1950-1960 mais boutique très sombre. Des enseignes en plâtre : indiens, pionniers, portrait de J.-F. Kennedy, des Simpson, autour de 500 F. Vaisselle (900 F le service à café), cendriers (300-500 F), authentiques Frigidaire laqués de neuf (6000-7500 F), lampes et luminaires, fauteuils de bridge. Des pubs en tôle, des néons, des pin-up en plâtre autour de 500 F, quelques livres de photos sur cette Amérique complètement dépassée et, en prime, de modernes avis de recherche de suspects du FBI (450 F). Pour des renseignements sur la provenance exacte des objets, demandez Marie Aflalo.

GALERIE BAMYAN

Artisanat d'Asie centrale, meubles, sièges, tissus, châles, bijoux

Q/P : 8/10 •ASSORTIMENT : 6/10
\+ : Sélection de bon goût

• 1, rue des Blancs-Manteaux — 75004 Paris •Tél. : 0144780011 •Horaires : mar.-sam. 11h30-19h30, dim. 15h-20h •Métro : Rambuteau •Bus : 29

• 24, rue St-Louis-en-l'Île — 75004 Paris •Tél.-fax : 0146336966 •Horaires : mar.-sam. 11h30-19h30, dim. 14h-20h •Métro : Pont-Marie •Bus : 67

Petite boutique, sur 2 étages, débordant d'objets superbes et insolites. Au RDC, tissus indiens modernes et anciens (magnifique sari ancien à partir de 900 F), châles en cachemire et bijoux du Radjastan. Au 1er étage, dans une charmante petite salle aménagée en salon de thé, mobilier colonial anglais en bois de palissandre, fauteuils et quelques tables basses du Radjastan (1 800 F). Très bonne ambiance, esthétique orientale réussie.

IKAT

Objets d'art et d'artisanat exotiques

Q/P : 8/10 •ASSORTIMENT : 8/10
\+ : Accueil et qualité des objets

•36, rue François-Miron — 75004 Paris •Tél. : 0148045334 •Horaires : lun.-sam. 11h30-19h •Métro : St-Paul •Bus : 69, 76, 96

Une sélection irréprochable, pour des objets beaux et fonctionnels. Chez Ikat (et ses deux filiales) prime le souci de l'objet bien fait, de la vaisselle exotique facile à coordonner (bols japonais 100 F, plat à gratin polonais bleu 104 F), des vêtements adaptables à la mode occidentale (yukata 350 F, écharpes et étoles en soie autour de 200 F). Vous pouvez faire graver votre sceau à la mode chinoise, votre nom ou votre signe astrologique, acheter de magnifiques carnets à fermeture bambou à partir de 20 F, vous mettre à la calligraphie, choisir des verres à pied soufflés à 48 F pièce. Objets animaliers (tortue en marbre, poisson en corne) à partir de 100 F. Petit mobilier, tapis et grandes pièces à enlever soi-même. Stationner au parking de la place Baudoyer.

TERRES ET BOIS

Objets anciens chinois

Q/P : 5/10 •ASSORTIMENT : 7/10
\+ : Objets anciens sélectionnés

•8, rue St-Bon — 75004 Paris •Tél. : 0148049597 •Fax : 0130240514 •Horaires : mar.-sam. 11h-12h30, 14h-19h15 •Métro : Hôtel-de-Ville •Bus : 69, 76, 96

Pour offrir une belle boîte laquée (1 200 F), un porte-théière en bois (1 000 F), un panier à pique-nique en bambou verni (920 F), un pot en bois à anses de laiton (550 F). Claustras en bois à 2 400 F, panneaux taille fenêtre, belles malles en cuir laqué brun et serrures en cuivre (2 800 F), et curieux bacs à eau en bois laqué rouge (790 F) qui font d'étonnants rafraîchissoirs à bouteilles. Ces objets ont un siècle, à quelques années près, et sont très bien choisis. Quelques bibelots, des calligraphies montées sur rouleaux (900 à 1 500 F), et des meubles plus importants comme des armoires (7800 F l'armoire dite "de mariage"). La maison livre sur Paris les meubles importants (devis transporteur).

PARIS 5e

BREIZ-NORWAY

Artisanat scandinave, vêtements traditionnels, faïences, couteaux

Q/P : 7/10 •ASSORTIMENT : 7/10
\+ : Grand choix de tailles
\− : Lenteur du service

•33, rue Gay-Lussac — 75005 Paris •Tél. : 0143294782 •Fax : 0140468724 •Horaires : lun. 13h-19h, mar.-sam. 10h-19h •Métro : RER B Luxembourg •Bus : 21, 27

Tous les produits traditionnels bretons. Grand choix de pulls, de marinières (de 175 F à 295 F), de cabans ou de duffle-coats. Les fameux bols à prénoms et du chouchen artisanal. De l'artisanat norvégien, avec la coutellerie traditionnelle de ce pays, des cardigans en pure laine et des chaussons de chalets. Prix raisonnables.

FINN-AUSTRIA

Artisanat autrichien, vêtements, chapeaux, eaux-de-vie, chocolats

Q/P : 6/10 •ASSORTIMENT : 7/10
+ : Originalité des produits
− : Ambiance un peu froide

•25, rue Gay-Lussac — 75005 Paris •Tél. : 0143547540 •Fax : 0140468724 •Horaires : Lun. 13h-19h, mar.-sam. 10h-19h •Métro : RER B, Luxembourg •Bus : 21, 27

Tout l'artisanat tyrolien dans cette boutique chalet. Vestes autrichiennes, lodens à prix raisonnables et chapeaux tyroliens dans toutes les tailles. Également des chocolats Mozart, de nombreuses chopes de bières et du schnaps. Vendeuses compétentes.

LA SENSITIVE

Artisanat du Laos et du Vietnam, vêtements, tissus, objets insolites

Q/P : 6/10 •ASSORTIMENT : 7/10
+ : Qualité haut de gamme
− : Circulation difficile dans la boutique

•264, rue St-Jacques — 75005 Paris •Tél. : 0143547832 •Fax : 0146340117 •Horaires : lun.-sam. 10h-19h •Métro : RER B Luxembourg •Bus : 21, 27

Les vêtements sont dessinés et assemblés en France, mais la soie sauvage vient du Vietnam, tout comme les boîtes à bijoux en bois laqué, les étoffes récentes ou anciennes tissées main et les objets insolites fabriqués en acier recyclé (avions, scooters, vélos...). Produits de grande qualité mais prix un peu élevés.

LE CHAT HUANT

Objets d'art et d'artisanat exotiques

Q/P : 8/10 •ASSORTIMENT : 8/10
+ : Accueil et qualité des objets

•50-52, rue Galande — 75005 Paris •Tél. : 0146336756 •Horaires : lun., 15h-19h, mar.-sam. 11h30-19h •Métro : St-Michel •Bus : 24, 27, 96

Chez cette filiale d'Ikat, prime le souci de l'objet bien fait, de la vaisselle exotique facile à coordonner et des vêtements adaptables à la mode occidentale. Voir Ikat, Paris 4e.

LE THÉ BLEU

Objets d'art et d'artisanat exotiques

Q/P : 8/10 •ASSORTIMENT : 8/10
+ : Accueil et qualité des objets

•15, rue Linné — 75005 Paris •Tél. : 0143364386 •Horaires : lun., 13h-19h, mar-sam. 11h-19h •Métro : Jussieu •Bus : 63, 86 •Une autre filiale d'Ikat. Voir Ikat, Paris 4e.

L'ARTISAN VOYAGEUR

Artisanat indonésien, statues, statuettes, jarres, vases

Q/P : 6/10 •ASSORTIMENT : 8/10
+ : Grand choix de taille par produit

•21, rue St-Jacques — 75005 Paris •Tél. : 0144073245 •Fax : 0148459785 •Horaires : lun.-sam. 10h-20h •Métro : St-Michel •Bus : 63, 86

Une boutique aux tonalités ocre, jaune et rouge, un artisanat indonésien de qualité. Pour chaque produit, une fiche explique son origine et sa fabrication. Grand choix de bronzes de Java à la cire perdue (entre 60 et 220 F), boîtes médicinales en bambou et boîtes en terre cuite avec jonc tissé. Présentation des objets particulièrement claire et agréable.

MAISON DU VIETNAM

Artisanat vietnamien, meubles, tissus, châles, foulards, vaisselle, tableaux

Q/P : 9/10 •ASSORTIMENT : 5/10
+ : Prix incroyablement bas

•23, rue du Cardinal-Lemoine — 75005 Paris •Tél. : 0146342641 •Fax : 0140469171 •Horaires : lun.-sam. 10h-19h30 •Métro : Cardinal-Lemoine •Bus : 83, 86, 87

Devanture minuscule, boutique plus spacieuse. Très beaux tissus tissés main, foulards de 40 à 140 F, laques, plats de cuisine et beaucoup de tableaux. Poteries, céramiques et vannerie. Rayon livres et revues. La communauté vietnamienne vient s'approvisionner ici.

QOSQO

Artisanat d'Amérique latine, vêtements, masques, miroirs, bijoux fantaisie	Q/P : 6/10 •ASSORTIMENT : 8/10
	✚ : Grand choix de bijoux
	━ : Circulation difficile

•20, rue de la Montagne-Ste-Geneviève — 75005 Paris •Tél. : 0143255825 •Fax : 0169463112 •Horaires : lun. 14h-19h, mar.-sam. 10h-12h, 13h-19h •Métro : Maubert-Mutualité •Bus : 63, 86, 87

Petit magasin, beaux objets tels que masques incas (de 45 à 175 F), statuettes de Bolivie et superbes miroirs péruviens. Très beau choix de bijoux fantaisie en provenance de toute l'Amérique latine. Également, des vêtements traditionnels sud-américains (ponchos, bonnets, gants, sacs) avec un grand choix de tailles. Seul problème : dès qu'il y a plusieurs clients dans le magasin, il est difficile de circuler sans renverser un objet.

LE SIXIÈME CONTINENT

Artisanat africain, indonésien et thaïlandais, meubles et objets insolites	Q/P : 8/10 •ASSORTIMENT : 8/10
	✚ : Originalité des objets

•4, rue de l'Épée-de-Bois — 75005 Paris •Tél. : 0143310925 •Fax : 0143256522 •Horaires : lun.-sam. 11h-20h •Métro : Monge, Censier-Daubenton •Bus : 21, 27, 47

Jolie boutique, objets originaux, petits meubles et instruments de musique, glanés dans toute l'Afrique et en Asie par les deux jeunes responsables. Tabourets ashanis de 400 à 900 F, jeux africains et couteaux touaregs gravés 200 F, ici chaque objet a une âme. Nombreuses idées cadeaux à prix raisonnables. Lorsque les responsables ne sont pas en voyage à travers le monde, boutique souvent ouverte le dimanche. Voir Le Sixième Continent, Paris 6e, avec un choix de bijoux africains superbes et pas chers.

PARIS 6ᵉ

CUMBIA

Artisanat colombien, bijoux, vaisselle, disques, presse, café	Q/P : 8/10 •ASSORTIMENT : 5/10
	✚ : Ambiance familiale et conviviale

•113, rue du Cherche-Midi — 75006 Paris •Tél. : 0140490282 •Fax : 0140490282 •Horaires : Lun. 12h-18h, mar.-sam. 11h-19h30 •Métro : Duroc, Falguière •Bus : 82, 92

Charmant endroit aux couleurs de la Colombie. Sur les rayons surchargés, de la vaisselle en terre cuite, des Chivas (petites voitures) à 25 F, des sculptures en bois et des bijoux, fidèles reproductions du musée de l'Or de Bogota. Au fond de la boutique, beaucoup de disques, livres et journaux directement importés de Colombie ou déposés par les clients. Possibilité de boire un café colombien (4 F). Lieu particulièrement chaleureux.

INDIRA

Artisanat indien, tissus, vêtements, bijoux, sculptures	Q/P : 6/10 •ASSORTIMENT : 6/10
	✚ : Très beaux tissus indiens

•68, rue de Vaugirard — 75006 Paris •Tél. : 0145488820 •Fax : 0145490590 •Horaires : lun.-sam. 11h-13h, 14h30-19h •Métro : Rennes, St-Placide •Bus : 89

Grand choix de tissus indiens. Des impressions artisanales à l'ancienne sur coton, des jaïpurs (250 F) et des couvre-lits matelassés (490 F pour un lit 2 places).

JALAN BALI

Artisanat indonésien, meubles, miroirs, statues, marionnettes, vêtements	Q/P : 7/10 •ASSORTIMENT : 7/10
	✚ : Rayon Arts de la table original

•105, rue du Cherche-Midi — 75006 Paris •Tél. : 0145440798 •Fax : 0145441878 •Horaires : mar.-sam. 10h30-14h30, 15h30-19h •Métro : Duroc, Falguière, Vaneau •Bus : 91

Des meubles, des miroirs, des marionnettes de Java (de 100 à 1500 F), des masques, des batiks (100 F le m), dans une minuscule boutique colorée. Également, des bouddhas en bois ou en bronze (de 100 à 5000 F), ainsi qu'une multitude de fleurs en bois peint. Le gérant se rend lui-même en Indonésie pour chercher les produits.

LE SIXIÈME CONTINENT

Artisanat africain, indonésien et thaïlandais, jeux, couteaux, bijoux, objets insolites	Q/P : 8/10 •ASSORTIMENT : 8/10
	+ : Originalité des objets
	− : Petite taille de la boutique

•44, rue Monsieur-le-Prince — 75006 Paris •Tél. : 0143254102 •Fax : 0143256522 •Horaires : lun.-sam. 11h-20h •Métro : Cluny-La Sorbonne, RER B Luxembourg •Bus : 21, 27, 84

Minuscule boutique. Bijoux, objets originaux, petits meubles et instruments de musique glanés dans toute l'Afrique et en Asie. À visiter absolument pour ses très beaux bijoux, à partir de 40 F. Voir Le Sixième Continent, Paris 5e.

Compagnie Française de l'Orient et de la Chine

Un magnifique magasin de 600 m², bd Haussmann, dont le sous-sol, classé monument historique, a été réalisé par Ruhlman, pour les boiseries, et Lalique, pour le plafonnier. Cadre exceptionnel, éclairé avec parcimonie. Superbes meubles chinois, du XVIe siècle jusqu'au XIXe (de 1500 F jusqu'à 160000 F pour une armoire du XVIe de 3 m de haut), lampes Yuan (XIIIe siècle) avec des abat-jour contemporains, art de la table (théière de 120 à 1900 F), etc. Au sous-sol, le marché aux puces de Pékin : toutes sortes d'objets à tous les prix (à partir de 10 F pour un sifflet en pierre-savon). Au RDC, de magnifiques vêtements fabriqués en France, à partir de tissus chinois. Grande discrétion des vendeuses, très compétentes.
Les autres boutiques de la chaîne sont plus centrées sur les vêtements.

• C. F. O. C. : 170, bd Haussmann — 75008 Paris — Tél. : 01 53 53 40 80 — Fax : 0153534089

L'ARTISAN VOYAGEUR

Artisanat indonésien, statues, statuettes, jarres, vases	Q/P : 6/10 •ASSORTIMENT : 8/10
	+ : Grand choix de tailles par produit

•Marché St-Germain — 12, rue Lobineau — 75006 Paris •Tél. : 0143259624 •Horaires : mar.-sam. 9h30-20h •Métro : Mabillon •Bus : 63 • Voir L'Artisan Voyageur, Paris 5e.

L'OISEAU DE FEU

Artisanat russe, poupées, vaisselle, châles	Q/P : 7/10 •ASSORTIMENT : 7/10
	+ : L'exposition des objets
	− : Boutique trop sombre

•49, rue de Seine — 75006 Paris •Tél. : 0143250785 •Horaires : lun. 13h-19h30, mar.-sam. 10h30-19h30 •Métro : Odéon •Bus : 58, 70 •Internet : http://www. oiseau-de-feu. com

Cette élégante boutique galerie vous propose une très belle représentation de l'art russe authentique. Dans les vitrines harmonieusement éclairées, des œufs peints à la main (de 60 à 1000 F), des matriochkas (de 250 à 1000 F), des magnifiques plateaux peints à la main (de 100 à 2000 F) et des châles imprimés en cachemire. Les objets, très bien mis en valeur, sont accompagnés d'une fiche explicative claire et informative.

VIVA MEXICO

Artisanat mexicain, meubles, poteries, objets décoratifs, bijoux	Q/P : 6/10 •ASSORTIMENT : 6/10
	+ : Sombreros à 45 F
	− : Difficile de circuler

•35, bd du Montparnasse — 75006 Paris •Tél. : 0145440056 •Fax : 0145443639 •Horaires : mar.-sam. 10h30-13h30, 14h-19h •Métro : Montparnasse •Bus : 28, 82, 89

Une petite boutique colorée qui vend de l'artisanat mexicain en gros ou au détail. Des poteries, des fruits en papier mâché et de très beaux meubles. Les bijoux fantaisie et les idoles précolombiennes en terre cuite font la joie des clientes.

PARIS 7e

AROM

Artisanat oriental, tissus, foulards, jarres, porcelaine, statues, thés, encens

Q/P : 8/10 •ASSORTIMENT : 8/10
+ : Un véritable bazar oriental
– : Circulation difficile dans le magasin

•9, rue Augereau — 75007 Paris •Tél. : 0145519760 •Fax : 0145519760 •Horaires : mar.-sam. 10h30-14h, 15h30-19h30 •Métro : École-Militaire •Bus : 87

Tout petit lieu, multitude d'objets orientaux. Dans la salle du fond, porcelaines chinoises, rangées sur des étagères, et tissus indiens (grand choix de foulards à 65 F). Objets aussi divers qu'une table basse du Radjastan ou des jarres chinoises. Le rayon épicerie, bien fourni, avec les thés Mariage et un bon choix de riz et de chutneys, côtoie des bijoux fantaisie. Beaucoup d'idées de cadeaux, accueil remarquable.

PARIS 9e

AMPHORA

Artisanat tunisien, arts de la table, céramiques et poteries

Q/P : 7/10 •ASSORTIMENT : 8/10
+ : Produits directement importés de Tunisie

•54, rue Notre-Dame-de-Lorette — 75009 Paris •Tél. : 0145960595 •Fax : 0145960711 •Horaires : lun.-sam. 10h-20h •Métro : St-Georges •Bus : 74

Grand choix de plats, services à couscous ou cendriers tunisiens. Sur les murs trônent de superbes panneaux de carrelages (mosaïques de Nabeul entre 350 et 1350 F), mais aussi des miroirs ou des cache-lumière. Posées par terre, des cages à oiseaux de Sidi Bou Saïd ou des amphores blanches de toutes tailles. Magasin très bien tenu. Tous les produits sont fabriqués en Tunisie et à la main.

BOCORAY

Artisanat philippin, meubles, poteries, arts de la table, céramiques

Q/P : 8/10 •ASSORTIMENT : 9/10
+ : Grande gamme de prix
– : Pas de rangement thématique

•46, rue des Martyrs — 75009 Paris •Tél. : 0142809900 •Horaires : lun.-sam. 10h-13h, 14h-19h •Métro : Notre-Dame-de-Lorette, Anvers •Bus : 67 • Voir Bocoray, Paris 18e.

SHIVA BOUTIQUE

Artisanat d'Indonésie, d'Inde et du Radjastan, meubles, masques, textiles

Q/P : 6/10 •ASSORTIMENT : 7/10
+ : Très beau rayon bijoux

•4 rue Notre-Dame-de-Lorette — 75009 Paris •Tél. : 0144919521 •Horaires : Mar.-ven. 10h45-13h45, 14h15-19h15, sam. 10h45-13h45, 14h15-18h15 •Métro : Notre-dame-de-Lorette •Bus : 74

Un grand choix d'objets et de meubles (Inde, Indonésie et Radjastan). De l'art primitif, avec les masques du théâtre de Bali ou les porte-offrandes de Bornéo. Des couvre-lits indiens en soie doublés coton, des nappes, des tentures (140 F) ou des foulards en soie (90 F). Quelques meubles anciens dans la boutique adjacente : superbes coffres en palissandre (1250 F) et armoires indiennes. Nombreuses pièces uniques (remarquables tapisseries birmanes 1980 F). Un endroit bien organisé et géré avec bonne humeur.

PARIS 11e

AU PAYS DES MERVEILLES ▉N▉

Artisanat et produits turcs, tapis, meubles, vaisselle, coussins, salon de thé

Q/P : 8/10 •ASSORTIMENT : 4/10
+ : Nombreuses expositions organisées
– : Choix restreint d'objets

•38, rue de Charonne — 75011 Paris •Tél. : 0149239215 •Horaires : lun.-sam. 12h-2h •Métro : Charonne •Bus : 56, 76

Un café-boutique au style épuré. Quelques tapis, des plateaux de cuivre et des tables ottomanes. Un coin de la boutique est aménagé avec goût en salon de thé oriental. Véritable café turc et spécialités culinaires de la région. Gestion dynamique, par une famille française amoureuse de la Turquie.

BOUTIQUE CANNELLE

Sélection d'objets d'Afrique du Nord

Q/P : 7/10 •ASSORTIMENT : 6/10
✚ : Objets bien choisis

•91, rue de Charonne — 75011 Paris •Tél. : 0143716130 •Horaires : mar.-dim. 10h30-19h30 •Métro : Charonne •Bus : 46, 76

Valérie, Sonia et Mao ont ouvert cette grande boutique d'angle pour présenter, dans un esprit d'influence orientaliste, des objets venus du soleil. Vannerie à partir de 100 F, céramiques colorées de Safi à partir de 150 F (assiettes, cendriers), plats et vases à partir de 200 F. À noter, une gamme de luminaires artisanaux en fer forgé (appliques et lustres autour de 300 F) et en vessie de chameau, et des panneaux de moucharabieh faits main (prix variable selon la taille du panneau). Ambiance musicale et bon accueil garanti. La boutique vient d'ouvrir : on espère que le choix des objets s'étendra un peu (on nous promet des tissus et des tapis).

LA GALERIE DES COYOTES

Masques, vêtements, luminaires, jouets, petit mobilier

Q/P : 7/10 •ASSORTIMENT : 9/10
✚ : Des centaines d'articles originaux
━ : Circulation restreinte dans la boutique

•259, rue du Fg-St-Antoine — 75011 Paris •Tél. : 0143796581 •Horaires : lun.-sam. 11h-19h30, 20h en été •Métro : Nation •Bus : 56, 86

Cette boutique travaille avec de nombreuses associations artisanales dans le monde, ce qui explique la qualité et l'inventivité des objets présentés. Maroquinerie africaine (199 F le sac à dos), robes et vestes courtes en soie du Vietnam, de 299 à 500 F, encens de toutes provenances, jolies pochettes népalaises brochées 35 F, bijoux ethno en argent de 50 à 300 F environ, large choix de sarongs et d'écharpes, 69 à 129 F. Verrerie de l'Est (verres, vases et carafes à partir de 200 F). En hiver, choix de chaussons en cuir fourrés et d'étoles de laine très chaudes. Petits prix sur l'artisanat décoratif (masques, cadres, cendriers, assiettes). Une mine de cadeaux, même quand on a un tout petit budget.

PARIS 12e

GALERIE DE TOUBA

Artisanat africain, masques, statues, sièges, instruments de musique

Q/P : 8/10 •ASSORTIMENT : 9/10
✚ : Prix de gros
━ : Aucune organisation

•10, rue Abel — 75012 Paris •Tél. : 0143423942 •Horaires : lun.-sam. 9h-19h •Métro : Gare-de-Lyon •Bus : 20, 57, 63

Aucune organisation dans cette boutique où s'entassent masques et statues d'Afrique de l'Ouest. Un choix incroyable de sculptures, de palabres (sièges en bois) ou d'instruments de musique. Masques et statues à partir de 100 F.

PHILÉAS ET ROBINSON

Objets exotiques, mobilier indonésien

Q/P : 6/10 •ASSORTIMENT : 8/10
✚ : Sélection des meubles
━ : Meubles en promotion non livrés

•77, av. Ledru-Rollin — 75012 Paris •Tél. : 0143411343 •Horaires : lun.-ven. 11h-14h, 15h-19h, sam.10h-19h •Métro : Ledru-Rollin •Bus : 29, 61, 69, 76

Chats, grenouilles, petits dieux du bonheur en bois, peints, rayés, colorés gaiement, de 30 à 200 F, tissus indonésiens à partir de 110 F, jolis meubles d'appoint (semainier 1 500 F, table basse indienne à partir de 850 F en 40 x 40 cm), meubles coloniaux très décoratifs, meubles d'épicerie ou de grainetier en bois précieux, fauteuils club en teck, à

950 F, armoire à claire-voie à 1800 F. Soldes deux fois par an, aux dates légales (janvier et juillet). Livraisons sur Paris : 250 à 300 F.

PARIS 13e

LE COMPTOIR IRLANDAIS

Artisanat irlandais, pulls, chaussettes, écharpes, vaisselle, bières, whisky	Q/P : 7/10 •ASSORTIMENT : 6/10 + : Très beaux pulls irlandais

•57, rue de Tolbiac — 75013 Paris •Tél. : 0144240887 •Fax : 0144241655 •Horaires : lun.-sam. 10h-13h30, 15h-19h •Métro : Nationale •Bus : 62

Boutique moderne. Belle sélection de produits irlandais. Grand choix de pulls, chaussettes et écharpes (280 F) en pure laine d'Aran, dans toutes les tailles. Dans le rayon épicerie, bien organisé, beaucoup de bières locales, du whisky, du thé et des gâteaux irlandais. Quelques livres et disques de musique traditionnelle. Accueil charmant et efficace.

PARIS 15e

LA BOUTIQUE D'AMÉRIQUE LATINE

Artisanat d'Amérique latine, meubles, décoration, arts de la table, bijoux	Q/P : 7/10 •ASSORTIMENT : 8/10 + : Très beau rayon Arts de la table

•64-68, bd Pasteur — 75015 Paris •Tél. : 0143209191 •Horaires : lun.-sam. 10h-19h •Métro : Pasteur •Bus : 89

Large représentation de l'artisanat d'Amérique latine, avec une préférence pour le Mexique. Boutique colorée. Rangement thématique des objets. Personnages en papier mâché (110 F), masques en terre cuite, bijoux en argent du Mexique et vêtements traditionnels. Dans la boutiqe adjacente, des meubles (un chevet péruvien 5 tiroirs à 2480 F), des tentures murales, de l'art de la table et des objets de décoration. Carrelage mexicain fait main (16 F le carreau). Très bon accueil et grande disponibilité.

PARIS 18e

BOCORAY

Artisanat philippin, meubles, poteries, arts de la table, céramiques	Q/P : 8/10 •ASSORTIMENT : 9/10 + : Une grande gamme de prix — : Pas de rangement thématique

•64, rue de Clignancourt — 75018 Paris •Tél. : 0142594411 •Horaires : lun.-sam. 10h-13h, 14h-19h •Métro : Marcadet-Poissonniers •Bus : 85

À découvrir : une multitude d'objets originaux, directement importés des Philippines. Fauteuils en rotin (1500 F), poteries, arts de la table et objets insolites, comme des bourses en coquillages (35 F). Rangement peu conventionnel mais une multitude d'idées cadeaux pour tout budget. Accueil sympathique.

CULTURE, LOISIRS

- AUDIOVISUEL, HI-FI, TÉLÉVISION
- DISQUES, CD, CASSETTES
- PHOTO, VIDÉO, CINÉMA
- INSTRUMENTS DE MUSIQUE, PARTITIONS
- JEUX ET CLUBS DE JEUX
- MODÉLISME
- BEAUX-ARTS, LOISIRS CRÉATIFS, TRAVAUX MANUELS
- LIVRES, BOUQUINISTES, RELIEURS
- COURS ET STAGES

EN AVANT LA MUSIQUE! Vous ne trouverez pas de libraires dans le guide PARIS DES BONNES AFFAIRES, pour deux raisons essentielles. Tout d'abord, le guide est vendu par ce réseau de commerçants et il serait contraire à notre souci d'objectivité d'être à la fois juge et partie; ensuite le prix du livre étant encadré par une loi (la Loi Lang), il est donc identique dans toutes les librairies et les grandes surfaces, la remise maximum autorisée sur les nouveautés n'est que de 5 %.

Si vous êtes fou de musique, sachez que les plus grandes concentrations de disquaires se trouvent dans le Quartier Latin (rue des Écoles, rue de la Montagne-Ste-Geneviève, rue Linné…), autour de la Bastille (rue Keller, rue de Charonne…), et autour du Forum des Halles. Pour vous équiper en matériel hi-fi, télévision, vidéo ou photo, pensez aux promotions et aux crédits gratuits des grandes surfaces ou des chaînes spécialisées (*Fnac, Darty, Phox*…). Mais si vous préférez de bons conseils et un suivi, recherchez plutôt les petites enseignes. La plus grande concentration de boutiques photos se situe autour du triangle Bastille (surtout bd Beaumarchais), République et Nation.

Nous vous avons déniché de nombreux clubs de joueurs de tous genres (bridge, échecs, jeu de go…), qui organisent rencontres, cours et tournois. Souvent hébergés dans des lieux publics, ils ne sont pas toujours faciles à trouver. Pour les jeux vidéos, de nouvelles boutiques apparaissent tous les jours, mais les quartiers les mieux dotés sont le 11e (Oberkampf, bd Voltaire) et le quartier Latin (rue des Écoles). Ne vous précipitez pas sur les nouveautés, vous les retrouverez (comme pour les CD) quelques mois plus tard, d'occasion ou soldées de -20 % à -50 %. N'oubliez pas les brocantes de la région parisienne et les "vide-grenier", où l'on trouve quantité de livres, de disques, de jeux vidéos… Des magazines (*La Vie du collectionneur* ou *Aladin*), vendus en kiosque, vous informent sur les lieux et les dates.

Enquêtes et rédaction :
Laetitia Lafforgue, Gaëlle Lor, Gaël Seguillon

Audiovisuel, hi-fi, télévision

Le moins cher du matériel hi-fi, télé, vidéo

Les deux enseignes offrant le plus grand choix en matériel hi-fi, télé et vidéo restent Darty et la Fnac. Et ce, malgré la place de plus en plus importante de ce rayon dans les chaînes d'hypermarchés. Certains d'entre eux proposent même des modèles de leur propre marque (par exemple First-Line pour Carrefour) aux prix les plus bas du marché, mais le matériel s'avère souvent de qualité médiocre. À la Fnac, les modèles présentés sont de grandes marques, et si les prix restent quand même assez élevés, n'oubliez pas que vous pouvez bénéficier pendant une journée d'une remise de 6 % sur tout le matériel, si vous devenez adhérent (carte valable 3 ans, 160 F). Chez Darty, les prix sont alignés et le SAV le plus performant de France fait la différence. Ces deux enseignes proposent également de nombreuses formules de crédits. Mais, pour réaliser de vraies bonnes affaires, préférez le matériel d'occasion ou les fins de série soldées et garanties dans de nombreux magasins spécialisés (Hifissimo, Défi Télé). Même Darty possède un entrepôt où sont regroupés tous les modèles invendus à des prix imbattables.

• FNAC : 3615 FNAC (1,29 F/min) — Tél. : 0833452212
• DARTY, 43 magasins à Paris et région parisienne — Tél. : 0142797900
Entrepôts : ZI de Mitry-Compans, 1, rue Mercier — 77290 Mitry-Mory — Tél. : 0164274604
Serveur Minitel : 3615 DARTY (1,29 F/min)
• HIFISSIMO : 6 magasins à Paris et en R.P., voir notices ci-après
• DÉFI TÉLÉ : 35, rue de la Roquette — 75011 Paris — Tél. : 0143389299

PARIS 1er

SERVILUX

Vente et réparation de matériel hi-fi

Q/P : 8/10 • ASSORTIMENT : 7/10
+ : Promotions fréquentes

• 29, rue des Pyramides — 75001 Paris • Tél. : 0142613538 • Fax : 0149279790 • Horaires : mar.-sam. 10h-19h • Métro : Pyramides • Bus : 68, 69

Des pros du son vous attendent dans cette boutique placée sous le signe des services. Des marques prestigieuses – Denon, Luxman, Pioneer, Technics, Sony, pour les enceintes (la paire à partir de 1200 F), amplis (à partir de 1000 F), lecteurs (platines CD, cassettes, vinyles) ou chaînes complètes. Prix affichés à 15 % en dessous de ceux pratiqués par la Fnac et les grandes surfaces. Accueil agréable et conseils précieux, garantie de 2 ans, atelier sur place et SAV performant.

PARIS 3e

L'AUDITORIUM PARISIEN

Hi-fi, vidéo, télévision, home cinéma

Q/P : 5/10 • ASSORTIMENT : 7/10
+ : Nombreux modèles en démonstration

• 41, bd Beaumarchais — 75003 Paris • Tél. : 0142740444 • Fax : 0142740111 • Horaires : mar.-ven. 11h-13h30, 14h30-19h, sam. 11h-19h • Métro : Bastille, Chemin-Vert • Bus : 20, 29, 65

Spécialiste TV, hi-fi, vidéo et home cinéma. Grand auditorium pour essayer tous les différents systèmes audios (chaîne Denon, ampli, tuner, CD, double cassette, à 4300 F, système home theater, dolby surround, 6 enceintes, ampli et écran 90 cm à 15900 F). Quelques articles de démonstration ou de fin de stock soldés (magnétoscope Panasonic 620 à 2100 F).

ETS BISSON

Réparation de télévisions, matériel hi-fi, vidéo	Q/P : 8/10 •ASSORTIMENT : 7/10 ✚ : Travail soigné

•77, rue du Cardinal-Lemoine — 75005 Paris •Tél. : 0143293180 •Fax : 0143293180 •Horaires : mar.-ven. 8h-19h, sam. 9h-18h •Métro : Cardinal-Lemoine •Bus : 89

Spécialiste de la marque Bang & Olufsen, répare et restaure tous vos appareils hi-fi et vos télévisions, quelles que soient leurs marques. Même les cas les plus désespérés sont étudiés, et le devis ne vous sera pas facturé en cas de réparations effectuées. Réparations garanties, et travail fourni toujours de grande qualité. Révision d'un magnétoscope à partir de 200 F. L'heure est facturée de 120 à 180 F, selon le type d'appareil.

HI-FI TV NAON

Télévision, vidéo, hi-fi, téléphonie, câble et satellite, réparations	Q/P : 7/10 •ASSORTIMENT : 8/10 ✚ : Choix et accueil

•19-21 rue des Fossés-St-Jacques — 75005 Paris •Tél. : 0143545257 •Fax : 0140518564 •Horaires : lun.-sam. 10h-13h, 14h-19h •Métro : Cardinal-Lemoine, RER B Luxembourg •Bus : 84, 89

Les derniers modèles des grandes marques (Grundig, Sony, JVC, Bose, Philips, Technics, Denon), en hi-fi, vidéo, télé et téléphonie, à des prix alignés. Choix intéressant de téléviseurs à 5 % en dessous des prix habituellement pratiqués (36 cm Sony à 1290 F, 70 cm Philips à 4590 F). Bon accueil, conseils judicieux. Atelier de réparation performant, agréé par toutes les grandes marques. À domicile, dépannage et installation câble et satellite.

MIRBEL

Réparation, achat et vente de téléviseurs, magnétoscopes, électroménager	Q/P : 7/10 •ASSORTIMENT : 5/10 ✚ : Travail de qualité

•3, rue Mirbel — 75005 Paris •Tél. : 0145873077 •Horaires : lun.-jeu. 9h-12h, 14h-18h, ven. 9h-12h, 14h-17h •Métro : Censier-Daubenton •Bus : 47

Ce petit artisan, spécialiste des rénovations électriques et des équipements ménagers des collectivités, peut cependant s'occuper de votre téléviseur ou de votre magnétoscope défaillant, devis au plus près. Sur place, également un choix de matériel restauré et garanti 1 an (télé 56 cm 990 F, platine laser à 690 F et de nombreux appareils électroménagers).

MÉGAVISION

Télévision, vidéo, hi-fi, installation satellite, réparations	Q/P : 7/10 •ASSORTIMENT : 6/10 ✚ : Prix très serrés

•7, rue Sédillot — 75007 Paris •Tél. : 0145558089 •Fax : 0145557965 •Horaires : mar.-dim. 9h30-13h, 14h30-20h •Métro : Brochant, Porte-de-Clichy •Bus : 54, 74, PC

Particulièrement intéressant pour les offres promotionnelles régulières sur le matériel d'occasion (révisé et garanti de 3 mois à 1 an), de fins de séries et de démonstration. Modèles de grandes marques (Philips, Sony, Schneider…) à prix imbattables : télévisions à partir de 590 F, magnétoscopes à partir de 1200 F, chaîne hi-fi à partir de 1400 F. Dépannage toutes marques, installation de paraboles et récepteurs satellite.

CONCURRENCE

Télévisions et magnétoscopes	Q/P : 8/10 •ASSORTIMENT : 6/10 ✚ : Prix bas ━ : Pas de livraison

•19, place de la Madeleine — 75008 Paris •Tél. : 0142653599 •Horaires : mar.-sam. 10h30-19h
•Métro : Madeleine •Bus : 24, 42, 84

Matériel affiché de 10 à 20 % en dessous des prix habituels du neuf. Téléviseurs de grandes marques (Sony, Akai, Samsung...) à partir de 1300 F, magnétoscopes à partir de 1400 F. Si les prix sont si bas, c'est au détriment des services : pas de livraison ni d'installation du matériel. Le SAV et les garanties sont assurés par le constructeur.

MUSIC HALL

Chaînes hi-fi, enceintes, neuf et occasion	Q/P : 8/10 •ASSORTIMENT : 8/10
	✚ : Accueil, conseil et prix bas

•67 bis, rue Rome — 75008 Paris •Tél. : 0142942132 •Fax : 0142947032 •Horaires : mar.-sam. 11h-13h, 14h-19h •Métro : Rome, Europe •Bus : 53 •e-mail : musichall@hotmail. com

Grand spécialiste de la hi-fi. Du système hi-fi haut de gamme (Marantz, Denon, Accuphase...) à la mini-chaîne de série économique, du neuf, de l'occasion. Le nombre de modèles est vraiment impressionnant (démonstration dans l'auditorium au sous-sol). Paire d'enceintes de 1500 à 60000 F, amplis de 2000 à 60000 F. Pour acquérir un système audio complet (ampli, enceintes, lecteur laser) et de bonne qualité, compter 4000 F. Selon les arrivages, matériel d'occasion ou de démonstration à -20 et -30 %. Livraison, VPC, réparations et devis gratuit.

Hifissimo

Spécialistes du matériel neuf à prix cassés (liquidations, fins de série, modèles d'exposition). Un choix de télévisions de marques Sony, Thompson, Sharp (à partir de 840 F), magnétoscopes à partir de 1200 F, lecteur CDV 1990 F, double lecteur cassettes 850 F. Selon les stocks, certains modèles peuvent être soldés à -60 %. Pièces détachées, accessoires, câbles, catalogue, VPC, tout le matériel est garanti 2 ans.

- *HIFISSIMO : 59, rue du Cardinal-Lemoine — 75005 Paris — Tél. : 0143296513*
- *HIFISSIMO : 99, rue Monge — 75005 Paris — Tél. : 0147072136*
- *HIFISSIMO : 173 bis, bd Voltaire — 92600 Asnières — Tél. : 0147932095*
- *HIFISSIMO : Usines Center — 95138 Franconville — Tél. : 0130721190*
- *HIFISSIMO : Usines Center — 95952 Roissy — Tél. : 0148632359*
- *HIFISSIMO : Usines Center — 78140 Vélizy-Villacoublay — Tél. : 0139465852*

PARIS 9e

SOVETILOR

Hi-fi, télévision, vidéo et téléphonie d'occasion, réparation toutes marques	Q/P : 8/10 •ASSORTIMENT : 5/10
	✚ : Service performant

•56, rue de Rochechouart — 75009 Paris •Tél. : 0144539767 •Fax : 0140164736 •Horaires : lun. 14h-20h, mar.-sam. 10h30-12h30 14h-20h •Métro : Anvers •Bus : 85

Derrière cette enseigne se cache un technicien en électronique hors pair. Avec devis gratuit, il répare à moindre coût téléviseurs, magnétoscopes, caméscopes, chaînes hi-fi, répondeurs et fax. Au milieu des modèles entassés pêle-mêle dans le magasin, de bonnes occasions (téléviseurs à partir de 490 F, magnétoscopes 600 F, amplis 800 F).

PARIS 11e

CAP ÉLECTRONIQUE

Composants et pièces détachées hi-fi, télévision, vidéo, antennes, paraboles	Q/P : 7/10 •ASSORTIMENT : 9/10
	✚ : Des pièces détachées introuvables

•167, rue de la Roquette — 75011 Paris •Tél. : 0143720401 •Fax : 0143725151 •Horaires : lun.-ven. 8h30-18h, sam. 8h30-12h30 •Métro : Philippe-Auguste

Uniquement de la vente de pièces détachées et de composants chez ce spécialiste hi-fi, télévision, vidéo. Pour ceux qui veulent composer eux-mêmes leur système acoustique, ou ceux qui recherchent des pièces pour des modèles anciens, cette boutique est la caverne d'Ali Baba. Tout le matériel pour confectionner une parabole pour la télévision par satellite. En stock, des composants ou des pièces de rechange introuvables ailleurs. Pas de réparation sur place.

COBRA TV HI-FI VIDÉO

Hi-fi, télévision, vidéo
Q/P : 7/10 •ASSORTIMENT : 9/10
✦ : Le grand choix

•66, av. Parmentier — 75011 Paris •Tél. : 0149291080 •Horaires : mar.-sam. 10h-13h, 14h-19h •Métro : Parmentier •Bus : 96

Uniquement du matériel de premier choix et en exposition (1350 m² sur 3 niveaux). Pour la hi-fi : amplis Luxman, Sony, Proton, Quad, Rotel à partir de 1500 F, enceintes Cabasse, JBL, Kappa, platines disques, CD ou cassettes, enregistreurs numériques. Téléviseurs et magnétoscopes (combi 36 cm à 1900 F) Philips, Thomson, Panasonic, Sony, lecteurs DVD et laserdiscs à partir de 3900 F, équipement audio Prologic à partir de 5000 F. Garanties de 1 à 5 ans et SAV assuré par une équipe de spécialistes, dépannage à domicile. Catalogue, VPC et livraison.

DÉFI-TÉLÉ

Télévisions, magnétoscopes, achat, vente et réparations
Q/P : 8/10 •ASSORTIMENT : 6/10
✦ : Télévisions à bas prix

•35, rue de la Roquette — 75011 Paris •Tél. : 0143389299 •Horaires : lun.-ven. 9h30-13h30 15h-19h, dim. 9h30-13h30 15h-17h30 •Métro : Bastille •Bus : 65

Depuis plus de 10 ans, une solide réputation sur le marché du téléviseur d'occasion. Son service de reprise alimente continuellement le stock de télévisions et de magnétoscopes de toutes marques qui, une fois réparés et vérifiés, sont vendus de -40 à -70 % par rapport au neuf. Télévisons couleurs à partir de 490 F, magnétoscopes à partir de 650 F. Service de réparation efficace avec prêt d'un poste de télé, si la réparation excède 48h.

DMS

Télévisions et magnétoscopes, neuf et occasion, réparations
Q/P : 7/10 •ASSORTIMENT : 7/10
✦ : Le SAV

•76, av. Parmentier — 75011 Paris •Tél. : 0143579077 •Horaires : lun.-sam. 10h-13h, 14h30-19h •Métro : Parmentier •Bus : 46

Du matériel de moyen et haut de gamme (Sony, Panasonic, Daewo, Philips, JVC, Aiwa) neuf et quelques occasions affichées à des prix alignés. Toute l'année, promotions tournantes sur un type d'appareil : par exemple une télévision Sony 36 cm à -15 %, 1060 F au lieu de 1290 F. Garanties de 6 mois à 2 ans, pièces et main-d'œuvre. Livraison gratuite sur Paris et banlieue sont les autres atouts de cette enseigne.

LA MAISON DU HAUT-PARLEUR

Réparation et vente d'enceintes, de haut-parleurs
Q/P : 6/10 •ASSORTIMENT : 7/10
✦ : Choix de matériel haut de gamme

•138, av. Parmentier — 75011 Paris •Tél. : 0143578055 •Fax : 0143579557 •Horaires : lun. 14h30-19h, mar.-sam. 9h30-13h, 14h30-19h •Métro : Goncourt •Bus : 46, 96

Cet auditorium propose le plus grand choix de kits audio. Enceintes de marques Philips, SEAS, Fostex, Davis, TAD (de 325 à 12500 F) et kits audio, composants et accessoires. Nouveau rayon consacré aux différents systèmes de home cinéma (installation complète audio à partir de 6000 F). Réparation très rapide (parfois, il suffit d'1/2h) des enceintes du commerce, à des prix avantageux. Le service technique vous aide à étudier et à réaliser votre système audio.

PRIMACOM SARL

Hi-fi, vidéo, home cinéma, télévision

Q/P : 7/10 •ASSORTIMENT : 7/10
+ : Accueil et conseil

•102, bd Beaumarchais — 75011 Paris •Tél. : 0140217133 •Fax : 0140219689 •Horaires : lun.-sam. 10h-13h30, 14h30-19h •Métro : St-Sébastien-Froissart •Bus : 20, 56, 65

Un mur impressionnant de télévisions de toutes tailles (jusqu'à des écrans géants de plus de 90 cm) à l'entrée du magasin. Service de qualité, choix important en télévisions, magnétoscopes, caméscopes et chaînes hi-fi. Grandes marques uniquement (Philips, JVC, Sony), à des prix de 5 à 10 % en dessous de ceux pratiqués par les grosses enseignes. Service personnalisé, garantie et SAV à toute épreuve.

STC

Réparation de télévisions et matériel vidéo

Q/P : 8/10 •ASSORTIMENT : 7/10
+ : Technique de pointe

•54, av. de la République — 75011 Paris •Tél. : 0147002848 •Horaires : mar.-sam. 10h-13h, 14h-19h •Métro : Parmentier •Bus : 96

Atelier à la pointe de la technique. Accepte tous modèles de marques connues, de l'antique téléviseur au rétroprojecteur ou lecteur DVD dernier cri. Devis gratuit.

TÉLÉ PARIS VIDÉO

Télévisions, magnétoscopes, hi-fi, électroménager

Q/P : 8/10 •ASSORTIMENT : 7/10
+ : Prix et promotions

•68, rue du Fg-du-Temple — 75011 Paris •Tél. : 0143574141 •Fax : 0143572323 •Horaires : lun.-sam. 10h-13h, 14h-19h •Métro : Goncourt •Bus : 46, 75 • Voir Télé Paris Vidéo, Paris 11e.

•55, rue de la Roquette — 75011 Paris •Tél. : 0148050225 •Horaires : lun.-sam. 10h-13h, 14h-19h •Métro : Bastille •Bus : 61, 69, 86

Chaîne de magasins qui s'auto-proclame numéro un. Toutes les grandes marques (Sony, Grundig, Philips, Toshiba, JVC...). Téléviseurs à partir de 1290 F (36 cm), magnétoscopes à partir de 1390 F, ampli-tuner Dolby Prologic, 4 x 50 W à 1990 F, mini-chaînes à partir de 1490 F. Et aussi, walkmans, caméscopes, réfrigérateurs (Fagor à 1990 F), fours, aspirateurs et un rayon téléphonie. De très nombreux services : crédits de 10 échéances sans frais, réparation, garantie totale, reprise de votre ancien matériel, enlèvements et livraisons gratuits.

TVO

Télévisions et magnétoscopes d'occasion

Q/P : 8/10 •ASSORTIMENT : 5/10
+ : Garantie d'un an

•38, rue de Charonne — 75011 Paris •Tél. : 0147008681 •Horaires : lun.-jeu. 10h-20h, ven. 10h-19h, dim. 10h-13h, 14h-18h •Métro : Ledru-Rollin •Bus : 76

Boutique qui recèle de véritables bonnes affaires pour ceux qui veulent s'équiper en télévisions et magnétoscopes à moindre coût. Toutes les marques défilent dans le magasin, selon les arrivages, à des prix vraiment attractifs : télévisions à partir de 450 F, magnétoscopes de 500 à 800 F (n'hésitez pas à marchander les prix, le patron est plutôt conciliant et accordera volontiers une remise de 25 % aux étudiants ou aux chômeurs par exemple). Matériel garanti 1 an, et l'équipe de TVO assure la maintenance et les dépannages à domicile (devis gratuit). Reprise de votre ancien matériel, échange, réparations.

VIDÉO PHIL

Télévision, hi-fi, vidéo, réparation

Q/P : 8/10 •ASSORTIMENT : 8/10
+ : Prix et services

•137, rue de la Roquette — 75011 Paris •Tél. : 0143484973 •Horaires : mar.-sam. 10h-13h, 14h30-19h30 •Métro : Voltaire •Bus : 61

Chez Vidéo Phil, promotions régulières sur tout le matériel : téléviseur Philips 70 cm à 3990 F; combi Radiola à 1990 F; chaîne hi-fi Kenwood, 2 x 100 W, lecteur 3 CD, à 2490 F; système audio pour home cinéma Dolby Prologic, comprenant un ampli-tuner

Denon, 3 enceintes 50 W, 2 enceintes 15 W, système Bose avec Acoustimass 6, à 6490 F au lieu de 7490 F. Accueil très agréable. Réparation de tout modèle de marques.

Inter Discount

Spécialistes du multimédia. Bon choix de téléviseurs Sony, Philips (à partir de 1490 F), de magnétoscopes Sony, Daewoo, Radiola (de 1290 à 2990 F); autoradios à partir de 390 F, mini-chaînes à partir de 690 F, appareils photo Minolta, Canon (modèle compact à 290 F), téléphonie, multimédia et matériel informatique à prix alignés. Conseils et crédits.

• *INTER DISCOUNT*, 18 magasins en R.P. : Tél. : 0142360272 — Internet : http://www. interdiscount. fr.

PARIS 12e

AUDIO SYNTHÈSE

Chaînes hi-fi, enceintes, home cinéma   Q/P : 6/10 •ASSORTIMENT : 8/10
                                                  ✛ : Matériel haut de gamme

•8, rue de Prague — 75012 Paris •Tél. : 0143070701 •Fax : 0143070501 •Horaires : mar.-ven. 13h-20h, sam. 11h-19h •Métro : Ledru-Rollin •Bus : 29, 61, 76

Pas de bas de gamme chez ce spécialiste du matériel hi-fi, présélection effectuée très rigoureuse, et stock uniquement composé de marques reconnues : Linn, Arcan, Réga, Naim Audio, Microméga. Prix d'une chaîne hi-fi complète entre 5000 et 500000 F, enceintes de 1500 à 50000 F la paire. 3 auditoriums, dont un consacré aux systèmes acoustiques de home cinéma (THX, Dolby Prologic…). Matériel garanti de 1 an à 5 ans. Livraison et installation gratuites sur Paris et région parisienne.

TERAL

Matériel hi-fi, autoradios, enceintes,   Q/P : 7/10 •ASSORTIMENT : 7/10
haut-parleurs   ✛ : Bon choix de haut-parleurs et d'enceintes

•53, rue Traversière — 75012 Paris •Tél. : 0143078774 •Fax : 0143076032 •Horaires : lun. 14h-19h, mar.-sam. 10h-19h •Métro : Ledru-Rollin •Bus : 29

Choix particulièrement attractif en matière d'enceintes et de haut-parleurs. L'un des plus anciens revendeurs de hi-fi sur Paris. Provenance anglaise ou française (Luxman, Cambridge Audio). Paire d'enceintes acoustiques très haut de gamme (2 x 75 W) à partir de 1100 F. Chaîne complète, environ 7000 F. À noter, un rayon audio-vidéo bien fourni : home cinéma, système Dolby Prologic et lecteur CDV à partir de 5290 F.

TVS SMT DEM

Télévision, chaînes hi-fi,   Q/P : 7/10 •ASSORTIMENT : 6/10
électroménager   ✛ : Gamme Dual à prix alignés

•250, rue de Charenton — 75012 Paris •Tél. : 0143474666 •Horaires : mar.-sam. 10h-13h 14h30-19h30 •Métro : Dugommier •Bus : 87

Spécialiste de la marque Dual. Nombreux téléviseurs de toutes tailles, de 1390 F pour un écran 36 cm, à 7290 F pour un 70 cm, amplificateur incorporé Dolby Prologic. Télévisions d'autres marques, neuves ou d'occasion, à partir de 1090 F (pour tout modèle acheté, reprise de votre ancienne télé pour 1500 F). Pour les chaînes hi-fi aussi, la gamme Dual (chaîne complète, ampli-tuner, CD, cassette, 2 x 25 W à 4490 F). Magnétoscopes à partir de 1350 F. Sélection d'appareils électroménagers, aspirateurs, fours… Accueil sympa, de nombreuses possibilités de crédit (paiement en 4 fois sans frais par exemple).

TVS SMT DEM/ATELIER

Réparation de télévisions, chaînes hi-fi,   Q/P : 7/10 •ASSORTIMENT : 6/10
électroménager   ✛ : Réparations en tous genres

•229, rue de Charenton — 75012 Paris •Tél. : 0143445696 •Horaires : mar.-sam. 10h-13h 14h30-19h30 •Métro : Dugommier •Bus : 87

L'atelier de réparation de TVS STM DEM accepte toutes les marques et remet en état de marche vos téléviseurs, magnétoscopes, équipements hi-fi, aspirateurs… En stock, de nombreuses pièces détachées pour le gros ménager (sacs d'aspirateurs, accessoires…).

PARIS 13ᵉ

TV LABO

Réparation de télévisions et   Q/P : 8/10 •ASSORTIMENT : 5/10
magnétoscopes, occasions   ✛ : Service de dépannage

•9, rue du Moulin-des-Prés — 75013 Paris •Tél. : 01 45 80 71 30 •Horaires : lun.-ven. 9h30-12h30, 14h-20h •Métro : Corvisart •Bus : 57, 67

Assez des arnaques en matière de réparation de télévisions, ici le prix de la facture est annoncé à l'avance, coût des pièces et main-d'œuvre compris. Le devis est gratuit. De 190 à 220 F/h pour la réparation d'un téléviseur ou d'un magnétoscope. Réparations garanties de 2 à 6 mois selon les cas. Quelques modèles de télévisions d'occasion, à partir de 800 F.

PARIS 15ᵉ

AFFIRMATIF

Chaînes hi-fi, neuf et occasion   Q/P : 7/10 •ASSORTIMENT : 6/10
                                                 ✛ : Matériel d'occasion à bas prix

•4, rue Nicolas-Charlet — 75015 Paris •Tél. : 01 47 34 16 82 •Fax : 01 40 56 93 23 •Horaires : mar.-sam. 11h-19h30 •Métro : Pasteur •Bus : 39, 48, 70, 89

Ne vous fiez pas à la vitrine peu engageante. Les amateurs de bon son peuvent dénicher ici de très bonnes occasions, révisées et garanties (de 6 mois à 1 an). Principalement des marques anglaises (Creeks, Rogers, Cambridge Audio…). Amplis à partir de 700 F (pour 2 x 25 W), enceintes à partir de 900 F la paire, platine laser à 800 F. De façon générale, le matériel est proposé de 40 à 50 % en dessous du prix du neuf.

DOCTEUR TÉLÉ

Réparation de télévisions et   Q/P : 8/10 •ASSORTIMENT : 8/10
magnétoscopes   ✛ : Service performant

•85, rue de l'Amiral-Roussin — 75015 Paris •Tél. : 01 45 31 15 45 •Horaires : lun.-ven. 9h-12h30, 14h-19h, sam. 9h30-12h •Métro : Vaugirard •Bus : 39, 49, 80

Petit artisan. Délai de 8 jours environ pour réviser de fond en comble vos téléviseurs et magnétoscopes, et il ne vous facturera que 155 F/h. Intervention à domicile entre 235 et 350 F (pour plus d'1h de main-d'œuvre). Possibilité d'enlèvement et de livraison du matériel à domicile, à partir de 170 F. Tous travaux garantis 6 mois.

NEW TONE

Télévisions, magnétoscopes, hi-fi,   Q/P : 8/10 •ASSORTIMENT : 5/10
vidéo, home cinéma   ✛ : Prix réduits sur fins de stock

•9, rue de l'Abbé-Groult — 75015 Paris •Tél. : 01 45 30 06 44 •Fax : 01 45 30 22 43 •Horaires : mar.-ven. 13h30-19h, sam. 10h-13h30, 14h30-18h •Métro : Félix-Faure •Bus : 39, 49, 80

Peu de choix, mais matériel proposé (fins de série, matériel d'exposition…) de grande qualité et prix vraiment intéressants. Amplis Marantz et Denon à partir de 1290 F, télévisions et home cinéma Philips à partir de 1690 F. Très bon accueil, et conseils éclairés.

PRÉSENCE RIVE GAUCHE

Chaînes hi-fi, sonorisation, home   Q/P : 7/10 •ASSORTIMENT : 7/10
cinéma haut de gamme   ✛ : Qualité du matériel

•7, av. du Maine — 75015 Paris •Tél. : 01 45 48 49 89 •Fax : 01 45 48 77 59 •Horaires : mar.-sam. 10h30-19h •Métro : Montparnasse •Bus : 28, 58

Pour les maniaques de la perfection sonore : que du matériel très haut de gamme. Chaînes hi-fi Martin Logan, Castle, Genesis, Meridian, Cyrns. Chaîne complète de 7000 à 600000 F. De même, les équipements pour home cinéma sont ce qui se fait de mieux en la matière : Dolby Prologic, pour un son plus pur qu'au cinéma, 5 enceintes à partir de 7000 F. Tous équipements à tester sur place, dans les trois auditoriums. Catalogue, VPC.

PARIS 16ᵉ

LOEWE GALERIE

Téléviseurs et magnétoscopes très design
Q/P : 9/10 •ASSORTIMENT : 9/10
✚ : Téléviseurs design

•178, av. Victor-Hugo — 75116 Paris •Tél. : 0147046957 •Fax : 0145530149 •Horaires : lun.-sam. 10h-13h, 14h-19h •Métro : Rue-de-la-Pompe

Galerie exclusivement réservée aux produits Loewe. Téléviseurs et magnétoscopes beaux et colorés. Lignes parfaites : cette boîte à images que l'on avait envie de cacher devient un objet d'art que l'on expose… Mariage de l'esthétique d'avant-garde et du high tech accessible à partir de 3 490 F (gamme Calida). Livraison gratuite, réseau SAV partout en France.

PARIS 17ᵉ

LA CENTRALE DES AFFAIRES

Téléviseurs, magnétoscopes, chaînes hi-fi, matériel soldé
Q/P : 8/10 •ASSORTIMENT : 6/10
✚ : Prix bas

•49, av. de St-Ouen — 75017 Paris •Tél. : 0142296141 •Horaires : lun. 14h-19h30, mar.-sam. 9h30-19h30 •Métro : Guy-Môquet •Bus : 81

Tout le matériel proposé est neuf et pourtant vendu de 5 à 50 % moins cher que les prix habituels. Regardez de plus près : la plupart des modèles ont des petits défauts de fabrication (rayures, coins mal polis), uniquement liés à l'aspect du matériel et qui n'altèrent en rien son potentiel technologique. Matériel d'exposition soldé à -50 %. De grandes marques (Sony, Philips) comme des marques moins réputées (Telefunken, Daewo…), à des prix vraiment attractifs (télévision à partir de 900 F, mini-chaîne à 1 300 F).

TÉLÉ ROYAL

Téléviseurs, magnétoscopes, hi-fi
Q/P : 6/10 •ASSORTIMENT : 8/10
✚ : Un bon choix

•81, av. de Clichy — 75017 Paris •Tél. : 0146270589 •Horaires : mar.-sam. 10h15-19h15 •Métro : Brochant, La Fourche •Bus : 54, 74

Beaucoup de matériel en exposition. Télévisions (Sony, Philips à partir de 1490 F), magnétosopes (JVC, Panasonic, à partir de 1550 F), combinés (TV et magnétoscope Daewo à 2490 F), caméscopes Sony… Tarifs alignés et, parmi les promotions régulières, le choix est souvent difficile. Conseils des vendeurs précis et judicieux.

PARIS 18ᵉ

PÉRITEL

Télévision, hi-fi, vidéo, électroménager
Q/P : 8/10 •ASSORTIMENT : 7/10
✚ : Matériel neuf de démonstration soldé

•78, bd d'Ornano — 75018 Paris •Tél. : 0142514065 •Horaires : lun.-sam. 10h-19h30 •Métro : Simplon •Bus : 56

Enseigne réputée. Matériel de démonstration soldé à des prix intéressants, sur plus de 400 m². Rayon électroménager parmi les moins chers de Paris, tout comme le secteur hi-fi, télévision, vidéo. Marques de moyen et haut de gamme (Sony, Philips, Telefunken, Saba, Radiola…), télévisions à partir de 600 F, magnétoscopes à partir de 700 F, caméscopes à partir de 2800 F. Tout le matériel est garanti 1 an.

PARIS 19ᵉ

TÉLÉ DIFFUSION

Télévisions et magnétoscopes
d'occasion, réparations

Q/P : 8/10 •ASSORTIMENT : 5/10
+ : Matériel d'occasion à prix réduits
– : Choix limité

•7, av. Jean-Jaurès — 75019 Paris •Tél. : 0142416641 •Horaires : lun.-ven. 10h-19h30, dim. 10h-12h30 •Métro : Jaurès •Bus : 26

Ambiance bruyante et téléviseurs entassés pêle-mêle. Marques sont plus ou moins réputées (Saba, Telefunken, Océanic…); tout le matériel est d'occasion et révisé. En fouillant un peu, de très bonnes occasions : télévisions 500 F, magnétoscopes 800 F. Garanties de 6 mois à 1 an, atelier de réparation (main-d'œuvre 170 F/h), révision totale d'un magnétoscope à 450 F. SAV rapide et fiable.

PARIS 20ᵉ

TÉLÉ PARIS VIDÉO

Télévisions, magnétoscopes, hi-fi,
électroménager

Q/P : 8/10 •ASSORTIMENT : 7/10
+ : Prix et promotions

•1, rue de Ménilmontant — 75020 Paris •Tél. : 0146367672 •Horaires : mar.-sam. 10h-13h, 14h-19h •Métro : Ménilmontant •Bus : 96 • Voir Télé Paris Vidéo, Paris 11e.

TÉLÉ VINCENNES

Réparation de télévisions et
magnétoscopes

Q/P : 7/10 •ASSORTIMENT : 6/10
+ : Réparations fiables

•26, rue Serpollet — 75020 Paris •Tél. : 0140310101 •Fax : 0140310253 •Horaires : lun.-ven. 9h-12h30, 13h30-18h30 •Métro : Porte-de-Bagnolet •Bus : 76, PC

Un réparateur de confiance qui accomplit de petits miracles pour remettre en état télévisions et magnétoscopes en un temps record. Agréé Sony, JVC, Thompson et Mitsubishi, il ne rechigne pas à accepter les appareils d'autres marques. L'heure de main-d'œuvre facturée de 180 à 250 F, selon le matériel. Attention, les devis sont payants.

MONTREUIL 93

GILLET

Accessoires pour CD, disques et
platines

Q/P : 8/10 •ASSORTIMENT : 8/10
+ : Grand choix d'accessoires audio

•16, rue de la Révolution — 93100 Montreuil •Tél. : 0148180761 •Horaires : lun.-ven. 12h-20h •Métro : Croix-de-Chavaux •Bus : 102

Boutique destinée au bien-être de vos disques et de vos platines. Prix compétitifs et choix. Meubles de rangement et boîtiers pour CD (lot de 50 pour moins de 100 F), pochettes de protection pour vinyles (les 40 à 50 F), feutrines de platines, divers produits de nettoyage, d'entretien et même de réparation. Fly-cases, sacoches DJ et autres accessoires, de marque Technics, Sony et autres.

AUBERVILLIERS 93

TÉLÉ PARIS VIDÉO

Télévisions, magnétoscopes, hi-fi,
électroménager

Q/P : 8/10 •ASSORTIMENT : 7/10
+ : Prix et promotions

•2, rue Émile-Raynaud — 93300 Aubervilliers •Tél. : 0148333628 •Horaires : mar.-sam.10h-13h, 14h-19h •Métro : Porte-de-la-Villette •Bus : 139 • Voir Télé Paris Vidéo, Paris 11e.

Disques, CD, cassettes

Le moins cher des disques

Pour acquérir des disques au meilleur prix, vous bénéficiez depuis déjà quelque temps de -20 % sur les nouveautés (CD de 90 à 110 F), dans les grandes enseignes parisiennes (FNAC, Virgin, Gibert...) et dans certaines grandes surfaces. Mais une fois le délai d'un mois écoulé, les prix sont de nouveau affichés entre 120 et 140 F. Si vous savez attendre, vous retrouverez ces mêmes CD deux à trois mois après leur sortie (parfois plus rapidement), à des prix réduits, entre 55 et 95 F, dans les nombreuses boutiques spécialisées dans l'achat et l'échange des CD d'occasion (O'CD, Jussieu Music). Pour les amateurs de vinyles, les bonnes occasions deviennent de plus en plus rares, et s'il y a de nombreux disquaires parisiens bien fournis en disques de collection (Crocodisc, Paris Jazz Corner), ils connaissent la valeur de leur marchandise (comptez de 80 à 250 F pour des 33 tours originaux très recherchés). Pour les collectionneurs au portefeuille peu fourni, le meilleur moyen de trouver encore des pièces de collection à des prix incroyables (à partir de 5 F) est d'écumer brocantes et vide-greniers de la région parisienne. Au milieu des bibelots et des fripes, on déniche parfois un vieux carton contenant le 33 tours ou le 45 tours tant recherchés. Pour connaître le calendrier des brocantes de l'Île-de-France, 2 journaux vendus en kiosque : Aladin (tous les mois, 25 F) et La Vie des Collectionneurs (chaque semaine, 10 F).

- *FNAC*, 14 magasins en R.P. — Tél. : 0833452212 — Serveur Minitel : 3615 FNAC (1,29 F/min)
- *GIBERT* : 34, bd St-Michel — 75005 Paris — Tél. : 0144418855
- *VIRGIN* : Carrousel du Louvre 99, rue de Rivoli — 75001 Paris — Tél. : 0142975279
- *VIRGIN* : 52, av. des Champs-Elysées — 75008 Paris — Tél. : 0149535000
- *O'CD* : 26, rue des Écoles — 75005 Paris — Tél. : 0143252327
- *JUSSIEU MUSIC* : 19, rue Linné — 75005 Paris — Tél. : 0143311418
- *CROCODISC* : 42, rue des Écoles — 75005 Paris — Tél. : 0143543322
- *PARIS JAZZ CORNER* : 5-7, rue de Navarre — 75005 Paris — Tél. : 0143367892

PARIS 1er

CINÉ-MUSIC

CD, disques, cassettes, bandes originales de film

Q/P : 6/10 •ASSORTIMENT : 9/10
+ : Bandes originales rares et de collection

•50, rue de l'Arbre-Sec — 75001 Paris •Tél. : 0142603030 •Fax : 0142603022 •Horaires : lun.-sam. 10h-18h30 •Métro : Louvre •Bus : 21, 69, 81

Une impressionnante collection de bandes originales de films attend les amateurs du 7e art. Nombreux disques rares à des prix honnêtes (CD et 33 tours de 85 à 135 F), large choix de vidéos et de laserdiscs (imports japonais et américains), dont certains à -20 %. Comme tout bon disquaire, un service de VPC et de recherche de titres épuisés.

CLUB NEWS INTERNATIONAL

Disques et CD house, jungle, techno

Q/P : 7/10 •ASSORTIMENT : 7/10
+ : Ambiance, écoute libre

•37, rue St-Honoré — 75001 Paris •Tél. : 0140139970 •Horaires : lun.-sam. 12h-20h •Métro : Louvre •Bus : 38, 85

Une véritable ambiance de club (projecteurs, stromboscopes, mixes en live), un haut lieu de la techno, particulièrement fourni en house (12 bacs), jungle et techno (vinyles à partir de 65 F). Choix de platines de marques Geminy et Technics (à partir de 1360 F). 6 platines d'écoute libre, gros choix d'imports US et GB.

GILDA

Disques, CD, jazz, classique, posters, vidéos, occasions

Q/P : 8/10 •ASSORTIMENT : 8/10
✚ : Accueil

•36, rue des Bourdonnais — 75001 Paris •Tél. : 0142336000 •Horaires : lun.-sam. 10h-19h
•Métro : Châtelet-Les Halles, Pont-Neuf •Bus : 63, 72, 74

Un grand choix de matériel d'occasion, une ambiance sympathique. Des 33 tours et des CD (jazz, musique classique, bandes originales de films), à des prix toujours intéressants (de 25 à 70 F). 45 tours et cassettes de tous les styles (de 5 F à 35 F), posters, tee-shirts, badges, vidéos (de 10 à 80 F) et laserdiscs (de 60 à 180 F) d'occasion.

MÉDIATHÈQUE MUSICALE DE PARIS

Consultation, emprunt d'archives musicales, disques et CD

Q/P : 8/10 •ASSORTIMENT : 9/10
✚ : Grand nombre de références disponibles

•Forum des Halles — 8, porte St-Eustache — 75001 Paris •Tél. : 0142332050 •Fax : 0140266516
•Horaires : mar.-sam. 12h-19h •Métro : Châtelet-Les Halles •Bus : 58, 70, 75, 76, 81

Le lieu idéal pour effectuer des recherches sur la musique, ou accroître ses connaissances personnelles. Plus de 40000 disques et archives sonores, 70000 livres, revues et dictionnaires concernant la musique, et plus de 10000 partitions. Inscriptions sur place et formalités facilement franchissables (abonnement prêt CD et cassettes audio 200 F par an, prêt de cassettes vidéo 100 F par an, prêt CD, cassettes vidéo et audio 400 F par an).

PARALLÈLES

Achat et vente de disques, CD, variétés, pop, rock, fanzines, revues

Q/P : 8/10 •ASSORTIMENT : 8/10
✚ : Bonnes affaires, en permanence

•47, rue St-Honoré — 75001 Paris •Tél. : 0142336270 •Horaires : lun.-sam. 10h-19h •Métro : Châtelet-Les Halles •Bus : 58, 70, 75, 76, 81

La Mecque incontournable de la vente et de la revente. Grand choix de 33 tours et de CD de rock, pop, variété française, funk et reggae. Nombreuses occasions en disques (à partir de 30 F pour les vinyles et de 35 F pour les CD) et des fanzines. Reprise de vos disques à des prix intéressants.

SOUND RECORDS

Disques, CD, cassettes, rap, ragga, soul, funk

Q/P : 6/10 •ASSORTIMENT : 9/10
✚ : Ambiance dans le magasin

•6, rue des Prêcheurs — 75001 Paris •Tél. : 0140130945 •Horaires : lun. 14h-19h30, mar.-sam. 11h-19h30 •Métro : Les Halles •Bus : 29, 38, 47

L'esprit de la musique black : le patron (DJ) anime tous les jours des mini-fêtes, au son des nouveautés rap et new-jack. Bon choix de CD et possibilité de tomber sur des collectors (nombreux imports US et GB). Prix un peu élevés : CD entre 100 et 140 F, maxis à partir de 50 F. Écoute sur demande, bacs de soldes (3 disques pour 100 F).

PARIS 3e

KLUB KARAMEL

Disques, CD soul, funk, jazz, house, label Karamel

Q/P : 6/10 •ASSORTIMENT : 8/10
✚ : Imports nombreux, arrivages fréquents

•73, rue de Turbigo — 75003 Paris •Tél. : 0142711399 •Fax : 0142711399 •Horaires : lun.-sam. 12h-19h •Métro : Temple •Bus : 20, 65

Magasin distributeur du label Karamel, grand spécialiste de la musique black (soul, jazz, funk, mais aussi house, garage, drum'n bass…). Vinyles et CD neufs (principalement de production Karamel) importés des États-Unis et de Grande-Bretagne. Prix corrects, CD entre 109 et 139 F, maxis à partir de 50 F. De nombreux magazines et revues de musique anglais et américains. Déco chaleureuse, vendeurs accueillants qui connaissent très bien leur catalogue. 2 platines d'écoute. Possibilité de commande, catalogue, VPC.

Musique sur Internet

Pour tous ceux qui souhaitent s'informer sur l'actualité musicale, commander des CD, acheter des instruments, Internet offre de nombreux sites consacrés à la musique sous toutes ses formes : Jazz Central Station et Jazz en France pour connaître l'agenda des concerts, les dernières nouveautés et dialoguer avec vos jazzmen favoris. Techno et Planet Techno, soirées techno, raves, animations et extraits de morceaux, possibilité de participer à des mixes en direct. Internet Undeground Music, le site des groupes et chanteurs sans maison de disques (pour 2 500 $ par an, un artiste peut exposer sa biographie, ses chansons…). Plus de 8000 annonces à ce jour, certains ont trouvé des contacts!

- **JAZZ CENTRAL STATION** : http://www. jazzcentralstation. com
- **TECHNO** : http://www. nirvanet. fr
- **INTERNET UNDERGROUND MUSIC ARCHIVES** : http://www. iuma. com
- **PLANET'TEKNO** : http://www. members. aol. com
- **JAZZ EN FRANCE** : http://www. jazzfrance. com/fr
- **OKAZIC** : http://www. okazic. com

MISTER DISK

Disques et CD techno, house, garage, trip-hop, jungle

Q/P : 6/10 • ASSORTIMENT : 6/10
+ : House, trip-hop

•36, rue de Turbigo — 75003 Paris •Tél. : 0142788384 •Horaires : mar.-sam. 12h-14h, 16h-20h •Métro : Réaumur-Sébastopol, Arts-et-Métiers •Bus : 75

Ici, musiques essentiellement électroniques : techno, house, garage, et toutes les sous-familles de ces genres musicaux. Pour les connaisseurs, de très bonnes sélections de trip-hop et drums n'bass, dont de nombreux imports anglais. Autres genres musicaux, hormis le classique. CD à partir de 30 F, pour les occasions, et environ 100 F pour les neufs, de 30 à 100 F pour les vinyles. Une seule platine d'écoute libre, flyers.

SHOP CD

CD, vidéos, CD vidéo neufs et d'occasion

Q/P : 8/10 • ASSORTIMENT : 8/10
+ : Prix bas des disques récents

•7, rue aux Ours — 75003 Paris •Tél. : 0144786969 •Horaires : lun.-sam. 12h-21h, lun.-dim. 14h-21h •Métro : Rambuteau, Étienne-Marcel •Bus : 29, 38, 47

Ce disquaire de la rue aux Ours reste toujours un must en matière de CD. Chaque mois, choix de 500 références majeures en nouveauté, à 99 F (soit 10 à 20 % moins cher qu'en grande surface), mais aussi plus de 10000 références en occasion (tous styles représentés, techno, rock, jazz…), de 59 à 85 F. 2 platines d'écoute libre, pour bien choisir. Également, pour les cinéphiles, cassettes vidéo de 29 à 95 F, et CD vidéo à partir de 80 F. Carte de fidélité (réduction de 10 % du montant total indiqué sur la carte, au bout de 10 achats). Au 15 de la rue (ancienne adresse de Shop CD), boutique jumelle, mais uniquement consacrée aux vinyles.

PARIS 5e

CROCO JAZZ

CD, disques, cassettes de jazz, blues, gospel

Q/P : 7/10 • ASSORTIMENT : 9/10
+ : Conseil

•64, rue de la Montagne-Ste-Geneviève — 75005 Paris •Tél. : 0146347838 •Horaires : mar.-sam. 11h-19h •Métro : Maubert-Mutualité •Bus : 63, 86, 87

Lieu de communion pour tous les fans de jazz, nombreux titres en stock : CD de 80 à 140 F (l'intégrale du catalogue Blue Note et de nombreux autres labels), 33 tours de 20 F (4 bacs de vinyles soldés) à 160 F (pour les imports américains et japonais). Conseils du patron, véritable encyclopédie vivante du jazz; écoute des morceaux de votre choix.

CROCODISC 1

CD, disques et cassettes rock, pop,
indé, techno

Q/P : 7/10 •ASSORTIMENT : 9/10
+ : Choix
– : Accès aux disques

•42, rue des Écoles — 75005 Paris •Tél. : 0143543322 •Horaires : mar.-sam. 11h-19h •Métro : Maubert-Mutualité •Bus : 63, 87

Pionnier du disque d'occasion, choix important en rock, hard rock, indé et pop. Prix de 70 à 140 F pour les CD, de 70 à 190 F pour les vinyles; quelques bacs de soldes (à partir de 15 F). Mais il faudra savoir jouer des coudes pour atteindre les bacs, et le classement n'est pas toujours évident. Écoutes sur demande uniquement.

CROCODISC 2

CD, disques et cassettes reggae, rap,
funk, soul

Q/P : 7/10 •ASSORTIMENT : 8/10
+ : Choix
– : Accès aux disques et accueil

•40, rue des Écoles — 75005 Paris •Tél. : 0143544795 •Horaires : mar.-sam. 11h-19h •Métro : Maubert-Mutualité •Bus : 63, 87

Frère jumeau du magasin précédent, entièrement consacré aux musiques black : grand choix de 33 tours (50 à 160 F), CD (75 à 145 F), maxis (5 à 75 F) de reggae, soul, rap, funk, et quelques collectors, mais vraies bonnes affaires de plus en plus rares. Ici, la débrouille prime : accès aux disques très difficile (CD sous vitrines, 33 tours dans des bacs trop serrés), vendeurs rarement disponibles.

JOSEPH GIBERT   N

Disques, CD, vidéos, laserdiscs

Q/P : 7/10 •ASSORTIMENT : 8/10
+ : Choix, points d'écoute

•34, bd St-Michel — 75005 Paris •Tél. : 0144418855 •Horaires : lun.-sam. 9h30-19h30 •Métro : St-Michel •Bus : 38, 85

Un tout nouveau bâtiment pour accueillir le rayon musique de Joseph Gibert. Surface immense, 3 niveaux, écran géant retransmettant des concerts live à l'entrée du magasin, plus de 40 points d'écoute et tous les styles de musique. Dans chaque rayon, dernières nouveautés (-20 % sur les sorties du mois, de 95 à 119 F), quelques bacs d'occasions (CD à partir de 38 F) et un bon choix de vinyles pour la techno et le rap. Espace consacré aux cassettes vidéo, films, documentaires, dessins animés, VO (-20 % sur les nouveautés, à partir de 79 F). La reprise de vos CD s'effectue rue Pierre-Sarrazin.

JUSSIEU CLASSIQUE

CD neufs et occasion, de musique
classique

Q/P : 6/10 •ASSORTIMENT : 8/10
+ : Prix bas

•16, rue Linné — 75005 Paris •Tél. : 0147076045 •Fax : 0147076065 •Horaires : lun.-sam. 11h-19h30, dim. 14h-19h •Métro : Jussieu •Bus : 87, 89

Bon choix de CD neufs (à partir de 80 F) et d'occasion (de 49 à 69 F), tous styles du classique (opéra, musique sacrée, etc.). Boutique agréable, présentation des disques impeccable. Tous les grands labels de musique classique, choix particulièrement intéressant chez Deutsche Gramophon. Vos CD sont repris entre 25 et 30 F.

JUSSIEU MUSIC 1

CD neufs et occasion reggae, salsa,
zouk, country, world music

Q/P : 7/10 •ASSORTIMENT : 7/10
+ : Bas prix et ouvert le dimanche

•19, rue Linné — 75005 Paris •Tél. : 0143311418 •Fax : 0147076065 •Horaires : lun.-sam. 11h-19h30, dim. 14h-19h •Métro : Jussieu •Bus : 87, 89

La première de toutes les enseignes "Jussieu Music". Si le stock accumulé depuis plus de 10 ans est impressionnant, l'état du magasin et l'exposition des produits laissent vraiment à désirer. Un conseil, prenez le temps de venir plusieurs fois et de chercher minutieusement : des perles rares oubliées depuis longtemps sont restées à des prix étonnants (CD à partir de 29 F).

JUSSIEU MUSIC 2

CD neufs et occasion jazz, blues
Q/P : 7/10 •ASSORTIMENT : 6/10
+ : Bas prix

•5, rue Guy-de-la-Brosse — 75005 Paris •Tél. : 0143363254 •Horaires : lun.-sam. 11h-19h30,
dim. 14h-19h •Métro : Jussieu •Bus : 87, 89

La toute dernière-née des boutiques de cette enseigne : local flambant neuf dédié à tous
les grands labels de blues et de jazz : Blue Note, Warner… (CD à partir de 29 F). Choix
peu important mais patience, cette enseigne s'installe à peine et de gros arrivages sont
en vue pour le courant de l'année.

JUSSIEU MUSIC 3

CD neufs et occasion rock, hard rock,
variétés
Q/P : 7/10 •ASSORTIMENT : 7/10
+ : Bas prix et ouvert le dimanche
— : État du magasin

•20, rue Linné — 75005 Paris •Tél. : 0143378868 •Horaires : lun.-sam. 11h-19h30, dim. 14h-19h
•Métro : Jussieu •Bus : 87, 89

Cette nouvelle enseigne répond à l'engouement actuel pour la world music : reggae,
salsa, zouk et country (CD à partir de 39 F). Bon choix de disques d'occasion de labels
réputés (Island, Studio One, Fania), à des prix inférieurs de 20 à 40 % à ceux des grandes
surfaces. Nombreux tracts et flyers pour concerts, soirées, sound systems.

JUSSIEU MUSIC 4

CD neufs et occasion techno, rap, soul,
dance
Q/P : 7/10 •ASSORTIMENT : 8/10
+ : Bas prix
— : Classement et circulation

•17, rue Guy-de-la-Brosse — 75005 Paris •Tél. : 0143375702 •Horaires : lun.-sam. 11h-19h30
dim. 14h-19h •Métro : Jussieu •Bus : 87, 89

De nombreuses références à des prix très intéressants (CD de 39 à 129 F). Classement
des références pas toujours évident, circulation dans le magasin parfois difficile. Nouveautés entre 95 et 130 F. Pas d'écoute libre; conseils des vendeurs parfois judicieux.

LA DAME BLANCHE

Disques, CD, cassettes tous styles
musicaux
Q/P : 7/10 •ASSORTIMENT : 6/10
+ : Accueil

•47, rue de la-Montagne-Ste-Geneviève — 75005 Paris •Tél. : 0143545445 •Horaires : lun.-
sam. 10h30-20h, dim. 11h-19h •Métro : Maubert-Mutualité •Bus : 82, 89

Bon choix de disques d'occasion à des prix très intéressants, de 5 à 140 F pour les 33
tours et de 20 à 150 F pour les CD. Styles les mieux représentés : le jazz, la musique
classique et les bandes originales de films. Les vendeurs prodiguent de bons conseils et,
si vous ne trouvez pas ce que vous cherchez, vous pouvez toujours commander.

MOBY DISQUES

Vinyles jazz et autres styles musicaux
Q/P : 7/10 •ASSORTIMENT : 7/10
+ : Imports japonais

•28, rue Monge — 75005 Paris •Tél. : 0143297051 •Horaires : lun.-sam. 13h-18h ou sur RDV
•Métro : Cardinal-Lemoine •Bus : 47, 89

Spécialiste du vinyle (essentiellement jazz et blues) d'import japonais. Une minuscule
boutique, tenue par deux spécialistes du jazz qui vous aideront à dénicher la perle rare
ou pourront même vous proposer de passer commande directement au Japon.

O'CD

CD, tous styles musicaux
Q/P : 9/10 •ASSORTIMENT : 8/10
+ : Choix et nombreux points d'écoute libre

•26, rue des Écoles — 75005 Paris •Tél. : 0143252339 •Horaires : lun. 14h-19h, mar.-sam. 11h-
21h, dim. 15h-19h •Métro : Maubert-Mutualité •Bus : 63, 86, 87

Plus de 35000 CD d'occasion. Tous les styles de musique avec, en prime, un choix particulièrement intéressant de disques récents de 20 à 30 % moins chers qu'en grande surface (de 55 à 85 F pour les albums, de 5 à 35 F pour les singles). Si vous voulez vous débarrasser de certains de vos disques, O'CD vous échange deux de vos CD contre un du magasin. Stocks renouvelés régulièrement. Pour profiter des conseils judicieux des vendeurs, écouter et choisir vos disques en toute tranquillité, évitez les heures de sortie de lycée et les samedis après-midi.

PARIS JAZZ CORNER, JAZZ ENSUITE

CD, disques jazz

Q/P : 6/10 •ASSORTIMENT : 9/10
+ : Choix de "collectors" jazz

•5-7, rue de Navarre — 75005 Paris •Tél. : 0143367892 •Fax : 0143374005 •Horaires : lun.-sam. 11h30-20h •Métro : Place-Monge, Jussieu •Bus : 47, 67

Le spécialiste du jazz de la place parisienne propose depuis si longtemps un nombre tellement impressionnant de références qu'il a dû ouvrir récemment une annexe à la première boutique (Jazz Ensuite). Paris Jazz Corner, c'est un large panel de prix qui s'adresse à toutes les bourses. CD soldés à 20 F, vinyles "collectors" à plus de 300 F (du jazz mais aussi de la salsa ou du blues). Conseils éclairés, système de reprise et d'échange de vos CD.

SWEET FLAVOUR

Disques et CD house, techno, jungle, trip-hop, garage

Q/P : 6/10 •ASSORTIMENT : 6/10
+ : Accueil et conseil

•4, rue Lanneau — 75005 Paris •Tél. : 0153100639 •Fax : 0153100640 •Horaires : lun.-jeu. 12h30-20h, ven.-sam.12h30-22h •Métro : Maubert-Mutualité •Bus : 63, 86, 87, 89

Nouveau disquaire, musique électronique exclusivement. Choix de vinyles assez conséquent, house, garage, jungle, trip-hop, techno, drum'n bass, un bac par style, de 65 à 135 F (principalement des imports anglais et américains). Deux platines d'écoute neuves. En CD, choix moins large, mais quand même quelques compilations de techno (100 à 120 F), et tout le catalogue du label Big Cheese (79 F). Bon accueil. Nombreux flyers annonçant les soirées techno à venir.

CD Now

Avec plus de 100000 titres commentés et notés selon un système de barème, c'est la principale source de vente de musique au détail sur Internet. Un logiciel intégré de recherche par titre vous permet de vous déplacer dans cet immense catalogue (ouvert 24h/24h, aucun minimum d'achat, livraison garantie sous 6 jours, CD à partir de 69 F). Possibilité de consulter la discographie de l'artiste de votre choix, d'écouter des extraits de ses morceaux, et de commander toutes sortes de documentations, partitions, tee-shirts et casquettes s'y rapportant.

• CD NOW — Internet : http://www. cdnow. com

PARIS 6ᵉ

BOULINIER

CD, disques, cassettes et BD d'occasion, échanges et reprises

Q/P : 8/10 •ASSORTIMENT : 5/10
+ : Prix bas et ouvert 7j/7
– : Classement des articles

•20, bd St-Michel — 75006 Paris •Tél. : 0143269057 •Horaires : lun. 10h-0h, mar.-jeu. 10h-23h, sam. 10h-0h, dim. 14h-0h •Métro : Cluny-La Sorbonne •Bus : 38

Mieux vaut avoir le temps pour explorer à fond toutes les ressources de ce magasin : occasions présentées en vrac, sans classement particulier. Prix vraiment attractifs : CD de 29 à 129 F, 33 tours de 1 à 69 F, et BD de 10 à 80 F. Échanges et reprises.

DREAM STORE

Disques, CD, cassettes, CDV concerts, tous styles de musique

Q/P : 7/10 •ASSORTIMENT : 6/10
+ : Séries économiques de CD

•4, place St-Michel — 75006 Paris •Tél. : 0143264975 •Horaires : lun.-sam. 9h30-19h30 •Métro : St-Michel •Bus : 21, 24, 38, 85, 96

Plus de 20000 références, à des prix attractifs (de 11,50 à 89 F pour les CD, et de 25 à 45 F pour les cassettes). Le plus souvent, collections économiques (petits labels et enregistrements de qualité moyenne), mais aussi disques provenant de fins de stock de grands labels. Tous styles musicaux représentés, spécialement pour les amateurs de classique : grand choix de références en CD, mais aussi de CDV, enregistrements de concerts et d'opéras à partir de 99 F. Promotions ponctuelles sur les coffrets de séries économiques.

LA CHAUMIÈRE

CD, musique classique

Q/P : 7/10 •ASSORTIMENT : 8/10
+ : Disques de collection à prix réduits

•5, rue de Vaugirard — 75006 Paris •Tél. : 0143540725 •Horaires : lun.-ven 11h-20h, sam. 10h-20h, dim. 14h-19h •Métro : Odéon, RER B Luxembourg •Bus : 84, 89

Dans un vieil immeuble, ce magasin aux murs en pierre de taille a plus de 9000 références en stock. Tous les styles de musique classique : opéra, musique baroque, musique de chambre, musique sacrée… et, en plus, une petite sélection de musique du monde. CD d'occasion à partir de 30 F, neufs à partir de 79 F. Échanges et reprise de vos anciens CD.

PARIS 9ᵉ

GOOD SOUND

Disques, CD, synthés, sampleurs, informatique musicale

Q/P : 6/10 •ASSORTIMENT : 7/10
+ : Matériel de pointe, prix alignés

•37, rue Victor-Massé — 75009 Paris •Tél. : 0144630088 •Fax : 0144630162 •Horaires : mar.-sam. 10h-13h, 14h-19h •Métro : Pigalle •Bus : 54, 67

Le temple de la musique électronique! Bon choix d'imports techno, house, jungle, trip-hop en CD et en vinyles de 70 F à120 F. Tout le matériel pour composer un home studio et créer chez vous vos propres morceaux. Sampleurs Akai et E-mu System, synthétiseurs et synthés analogiques, expandeurs, un grand choix d'effets, tout pour s'adonner aux joies de la MAO (musique assistée par ordinateur). Gros catalogue disponible, VPC.

PLANET ROCK

Disques, CD, picture disks, posters, tee-shirts et sweat-shirts hard rock

Q/P : 7/10 •ASSORTIMENT : 8/10
+ : Choix de disques de hard rock

•18, rue de Douai — 75009 Paris •Tél. : 0144539511 •Horaires : lun. 14h-19h, mar.-sam. 11h-13h 14h-19h •Métro : Pigalle •Bus : 67

Ici c'est du hard rock pur et dur qui résonne à vos oreilles. Sans doute un des plus gros stocks de ce genre sur Paris. Imports en vinyles (50 à 100 F) et CD (60 à 140 F), picture disks (150 à 200 F). Posters (30 F), tee-shirts (de 70 à 90 F), sweat-shirts (de 120 à 170 F); sur demande, on vous imprime tous vêtements.

RYTHMO-DISC

Disques, CD et cassettes antillais, haïtiens, africains, afro-cubains

Q/P : 6/10 •ASSORTIMENT : 8/10
+ : Accueil et bons conseils

•89, rue Dunkerque — 75009 Paris •Tél. : 0142855011 •Fax : 0145267458 •Horaires : lun. 14h-19h15, mar.-sam. 10h30-19h15 •Métro : Anvers •Bus : 85

La propriétaire de ce magasin importe, depuis plus de 25 ans, des enregistrements d'artistes des Caraïbes, des Antilles, de Cuba et d'Afrique. Choix sur place déjà assez fourni, de nombreux titres également disponibles sur commande. Après avoir longtemps vendu des vinyles, boutique désormais réservée aux CD (de 110 à 135 F pour les imports) et aux cassettes.

ARTS SONORES

Vinyles (33, 45, 78 tours) rock et variétés Q/P : 7/10 •ASSORTIMENT : 8/10
+ : Choix de 45 tours

•8, rue des Taillandiers — 75011 Paris •Tél. : 0147005804 •Horaires : mar.-sam. 13h30-19h30
•Métro : Bastille, Ledru-Rollin •Bus : 69, 86

Spécialisée dans la variété et le rock français, une grande boutique, un stock impressionnant de disques vinyles. 33 tours comme 45 tours parfaitement ordonnés. Prix variant selon la rareté des enregistrements et l'état des disques (de 10 F à plus de 500 F pour certains 45 tours). Le responsable vous dénichera aussi les disques les plus originaux : conférences, discours politiques, exercices de diction, stimulation pour l'auto-hypnose…

BLACK LABEL RECORDS

Disques, CD, jungle, drum'n'bass, trip-hop, house, sweat-shirts Q/P : 6/10 •ASSORTIMENT : 7/10
+ : Choix d'imports UK

•25, rue Keller — 75011 Paris •Tél. : 0140219244 •Fax : 0140219261 •Horaires : mar.-sam. 14h-20h •Métro : Bastille •Bus : 65

Le temple de la jungle et du drum'n'bass. Tous les labels indépendants et les majors produisant ces styles musicaux, avec un grand choix d'imports anglais (arrivages toutes les semaines). Maxis à partir de 59 F, classés par bacs en sous-genres (break beat, hard step, deep house, abstract…). Écoutes sur demande. Vous pouvez souvent assister à des mixtes en direct. Distributeur exclusif de la marque de streetwear Metalheads, sweat-shirts molletonnés à capuches 560 F, tee-shirts au logo de la marque brodé en relief 190 F.

BPM RECORDS PARIS

Disques et CD techno, house, garage Q/P : 6/10 •ASSORTIMENT : 8/10
+ : Imports américains

•1, rue Keller — 75011 Paris •Tél. : 0148052444 •Fax : 0148052444 •Horaires : lun.-sam. 12h-20h
•Métro : Bastille, Ledru-Rollin, Voltaire •Bus : 76 •e-mail : salbpm@easynet.fr

Depuis 10 ans, boutique sur le devant de la scène pour faire connaître son amour et sa foi pour la house et la techno. Chaque semaine, l'équipe de BPM écume les bacs de musique électronique, de Londres à Détroit, pour vous proposer de nouveaux arrivages fraîchement pressés. Prix corrects : maxis de 50 à 55 F, 33 tours de 80 à 110 F, CD de 120 à 180 F. Une sélection de rap et de ragga. La constante évolution des technologies empêchant le classement de se conformer à des terminologies précises, ici, le classement se fait par provenance géographique du disque (ex : rap de New York, house Europe). 2 platines d'écoute libre. Choix spécial raver de tee-shirts (150 F) et de sweats (250 F).

DIKE NATION

Disques, CD, rap français, soul collectors, streetwear Q/P : 7/10 •ASSORTIMENT : 8/10
+ : Accueil et qualité des vêtements

•17, rue Keller — 75011 Paris •Tél. : 0148063417 •Horaires : lun.-sam. 13h-20h •Métro : Bastille
•Bus : 65

Le 100 % français débarque à la Bastille : disques et vêtements se démarquent des habituels produits américains. Enfin un vrai choix de disques de rap français, CD (100 F environ), maxis (à partir de 50 F). Tout le hip-hop national est là, de l'auto-production à la major. Quelques bacs de soul collectors (pressages originaux américains, vinyles de soul et funk à partir de 100 F). Côté vêtements, le show-room de la marque Hamza (100 % française), bientôt rejointe par d'autres créateurs : sweat-shirts, tee-shirts (150 à 200 F), pantalons baggies (400 F) et chemises Prisonnier, tous de grande qualité. Boutique originale, au concept nouveau et à l'accueil très sympathique. Un lieu à visiter d'urgence.

PATATE RECORDS

Disques, CD et cassettes de funk, soul, reggae, rap…   Q/P : 5/10 •ASSORTIMENT : 8/10
✚ : Choix de musique black

•14, rue Deguerry — 75011 Paris •Tél. : 0148064050 •Fax : 0147007110 •Horaires : mar.-sam. 13h-19h30, dim. 16h •Métro : Goncourt •Bus : 75

Un des plus importants stocks de musique black (reggae, soul, funk, rap…). De nombreux labels (Studio One, Capitol, Warner…), des arrivages réguliers (imports des États-Unis et de Grande-Bretagne) et des prix corrects (en moyenne, CD à 120 F, vinyles à 80 F, cassettes à 50 F) : un lieu de RDV apprécié par tous les collectionneurs parisiens. Sélection de fanzines, revues et livres sur la musique. Platines d'écoute libre et VPC.

ROUGH TRADE

Disques et CD techno, house, rock, indé   Q/P : 5/10 •ASSORTIMENT : 8/10
✚ : Imports techno

•30, rue de Charonne — 75011 Paris •Tél. : 0140216162 •Horaires : lun.-mer. 12h-19h, jeu.-sam. 12h-20h •Métro : Ledru-Rollin •Bus : 61, 86

L'un des premiers magasins techno installé à paris, une référence en la matière. Toutes les composantes de la musique techno (house, garage, transe, hardcore…), mais aussi quelques bacs de rock indé. Choisissez librement dans le stock (80 % des disques sont des imports) de CD (85 à 155 F) et de vinyles (50 à 85 F), que vous pourrez découvrir sur les 2 platines d'écoute libre. Flyers, annonces concerts, soirées et petites annonces.

SOUNDIMENSION

Disques, vinyles, collectors reggae   Q/P : 6/10 •ASSORTIMENT : 8/10
✚ : Disques rares de reggae

•2, rue du Marché-Popincourt — 75011 Paris •Tél. : 0148050212 •Horaires : lun.-jeu. 15h-20h, ven.-sam. 11h-20h •Métro : Parmentier, Oberkampf •Bus : 96

Une petite enclave jamaïcaine en plein centre de la capitale! Amateurs de reggae, voilà lla Terre promise que vous recherchiez. Un choix impressionnant d'occasions, de pressages jamaïcains arrivés tout droit de Kingstown, et de véritables pièces de collection. Prix en fonction de la rareté et de l'état du disque. Vinyles à partir de 90 F, singles de 10 à 100 F. Les écoutes sont sur demande mais les vendeurs ont souvent du mal à émerger.

TECHNO IMPORT

Disques et CD techno, house, jungle   Q/P : 7/10 •ASSORTIMENT : 8/10
✚ : Choix et écoute libre

•22, rue des Taillandiers — 75011 Paris •Tél. : 0148057156 •Horaires : lun.-sam. 12h-20h •Métro : Bastille •Bus : 20, 29, 65, 69, 76

Le lieu fait penser à un mini entrepôt désaffecté, murs bariolés, graffitis… et il cadre très bien avec l'univers des raves. Choix de vinyles vraiment impressionnant : techno, jungle, break-beat, house, de labels américains, anglais et français. Maxis à parti de 40 F, petit stock de CD (compilations techno) à partir de 100 F. Mais, principal atout : le nombre important de points d'écoute libre, plus de 10 platines vinyles et 5 platines CD à votre disposition.

PARIS 18e

EXODISC

Disques et CD tous styles sauf classique   Q/P : 8/10 •ASSORTIMENT : 7/10
✚ : CD d'occasion à bas prix

•70, rue du Mont-Cenis — 75018 Paris •Tél. : 0142233940 •Horaires : mar.-sam. 12h-20h •Métro : Jules-Joffrin •Bus : 31

Un petit soldeur, tous les styles de musique (sauf le classique) sur différents supports : vinyles de 5 à 120 F, avec un bon choix en soul-funk, CD de 20 à 100 F (imports japonais et américains de 100 à 130 F). Cassettes audios et vidéos musicales (de 50 à100 F). Vente ou échange de vos CD; points d'écoute libre. Un endroit prisé des amateurs de musique.

PICK-UP

Disques, CD et cassettes de variétés, rock, pop

Q/P : 7/10 •ASSORTIMENT : 5/10
✚ : CD à prix réduits

•109, bd Sérurier — 75019 Paris •Tél. : 0148030418 •Horaires : mar.-sam. 14h-19h30 •Métro : Pré-St-Gervais •Bus : PC

Accueil cordial dans cette petite boutique. Part belle faite au rock, au pop et à la variété. Choix assez important (neuf et occasion), prix attractifs : CD de 50 à 65 F, promos 2 CD pour 100 F, vinyles à partir de 40 F, cassettes à 30 F. La carte de fidélité, valable sur le neuf et l'occasion, peut vous faire bénéficier de remises importantes. À noter, une petite sélection de partitions (principalement rock et hard rock).

Disc King

Chaîne de magasins spécialisée dans les collections économiques de CD et cassettes vidéo. Prix vraiment avantageux : CD 39 F, les 3 pour 100 F, vidéo 59 F, les 2 pour 100 F. Tous les styles de musique, mais qui dit série économique dit enregistrement de qualité moyenne. Pas d'albums de labels connus, mais nombreuses compilations, enregistrements live et quelques albums pirates. Pour les vidéos, un choix important, mais pas parmi les chefs-d'œuvre du septième art. Carte de fidélité, 20 articles achetés donnent 50 F de bon d'achat.

- DISC KING : 60, rue Montorgueil — 75002 Paris — Tél. : 0142360345
- DISC KING : 42, rue de Rambuteau — 75003 Paris — Tél. : 0142787863
- DISC KING : 10, rue St-Antoine — 75004 Paris — Tél. : 0142717516
- DISC KING : 15, rue de l'Ancienne-Comédie — 75006 Paris — Tél. : 0143255442
- DISC KING : 37, rue St-Placide — 75006 Paris — Tél. : 0145499570
- DISC KING : 93, rue St-Lazare — 75009 Paris — Tél. : 0148780925
- DISC KING : 142, rue du Fg-St-Lazare — 75009 Paris — Tél. : 0144870440
- DISC KING : 15, rue Daguerre — 75014 Paris — Tél. : 0143225355
- DISC KING : 21, rue du Général-Leclerc — 94000 Créteil — Tél. : 0142070617

Photo, vidéo, cinéma

Le moins cher du matériel photo et vidéo

Les grandes chaînes spécialisées (Fnac, Phox...) vous proposent le plus grand choix de matériel photo et des travaux photo à des prix alignés, avec quelques promotions sur les fins de séries et les appareils de démonstration — en général après la période des fêtes. Pour profiter de prix attractifs sur des appareils d'occasion ou du matériel professionnel, nul besoin de courir tout Paris : le plus grand nombre de magasins photo-vidéo (Le Cirque, Le Moyen Format...) est concentré sur un périmètre compris entre Bastille, République et Nation. Comparez les prix et les garanties avant d'acheter. Enfin, pour ceux qui ont déjà une bonne connaissance du matériel photo, de nombreuses offres alléchantes de particuliers sont publiées dans les mensuels spécialisés (Chasseur d'Images 28 F, Réponse-Photo 24 F ou Photo Reporter 32 F).

- FNAC : 14 magasins en R.P. — Tél. : 0833452212 — Minitel : 3615 FNAC (1,29 F/min)
- PHOX : http://www. phox. fr — Tél. : 0148398787
- CIRQUE PHOTO-VIDÉO : 9-9 bis, bd des Filles-du-Calvaire — 75003 Paris — Tél. : 0140299191
- MOYEN FORMAT : 50, bd Beaumarchais — 75012 Paris — Tél. : 0148051588

PARIS 1 er

VIDÉOTHÈQUE DE PARIS

Projections et consultations de films, Q/P : 8/10 •ASSORTIMENT : 8/10
documents, archives ✚ : Séance de cinéma à 25-30 F

•Forum des Halles — 2, Grande-Galerie (porte St-Eustache) — 75001 Paris •Tél. : 0144766200
•Fax : 0140264096 •Horaires : mar.-dim. 12h30-20h30 •Métro : Les Halles •Bus : 29, 38, 47

Plus de 10000 références (films, diapositives...) à consulter (dont 5600 films accessibles
en consultation individuelle). Tout au long de l'année, de nombreuses projections, dans
le cadre d'un festival, autour d'un thème ou d'un auteur, ou bien à la séance (4 par jour).
Le prix d'accès est de 30 F (tarif réduit pour étudiants, chômeurs et retraités, 25 F),
abonnement à l'année 650 F (tarif réduit 385 F).

PARIS 3e

AS'IMAGE

Transfert de films, copies, Q/P : 7/10 •ASSORTIMENT : 6/10
transcodages cassettes vidéo, montage ✚ : Service spécialisé de qualité

•75, bd Beaumarchais — 75003 Paris •Tél. : 0142776927 •Fax : 0142773920 •Horaires : mar.-
jeu. 9h15-12h30, 13h30-18h30 •Métro : Bastille, Chemin-Vert •Bus : 20, 65

Cette société effectue le transfert de tous vos films (8 mm, super 8, 9,5 mm et 16 mm,
environ 10 F/min), diapositives, négatifs et photos (4,80 F l'unité) sur cassette vidéo
(VHS, Pal ou Secam, Vidéo 8, HI8, SVHS), avec la possibilité d'un mixage diapos et photos
et incruste de scrolling (texte défilant). Autre service : les copies (VHS, Pal ou Secam) et
transcodages de vos vidéos (VHS, NTSC, HI8 ou vidéo 8 NTSC en VHS PAl ou Secam
et inversement, 250 F/h). Service de montage (location de table et technicien) en VHS
450 F/h, en U Matic 650 F/h. Possibilité, pour les entreprises, les associations et les particuliers, de faire réaliser et monter leurs films (prix sur devis).

CINÉ-TECHNIQUE

Matériel cinéma, projecteurs, caméras Q/P : 5/10 •ASSORTIMENT : 7/10
Super8, neuf et occasion ✚ : Choix de modèles anciens et d'occasion

•45, bd Beaumarchais — 75003 Paris •Tél. : 0142720513 •Fax : 0142717584 •Horaires : lun.-
sam. 10h-12h, 14h30-18h30 •Métro : Bastille, Chemin-Vert •Bus : 20, 29, 65

Du matériel cinéma neuf et d'occasion, des modèles récents de caméras (à partir de 9000 F)
comme de plus anciens (Éclair AACL 16, zoom Angénieux, cellule, 2 magasins, un chargeur,
2 batteries, un pare-soleil à 3200 F). Nombreux modèles de collection : rétroprojecteurs,
projecteurs Super8 (Sankyo 600 sonore à 1500 F) et objectifs (Isco F55 et F80 à 2200 F) proposés par le patron, un grand amateur du 7e art.

CIRQUE PHOTO VIDÉO

Achat et vente de matériel photo et Q/P : 8/10 •ASSORTIMENT : 8/10
vidéo, neuf et occasion ✚ : Choix

•9-9 bis, bd des Filles-du-Calvaire — 75003 Paris •Tél. : 0140299191 •Fax : 0140299199
•Horaires : mar.-sam. 9h30-13h, 14h-18h45 •Métro : St-Sébastien-Froissart •Bus : 20, 56, 65

Franchissez la porte d'un des deux magasins Cirque : vous serez surpris par le choix de
matériel (appareils photo, caméras, projecteurs, laboratoire...) et la diversité des rayons
spécialisés (photo numérique : station multimédia PC et Mac, scanners et imprimantes
de grandes marques, labo projection, vidéo numérique, montage numérique, informatique). Des prix qui collent à ceux du marché et de bonnes affaires, alimentées par le service reprise : Agfa, Futura AF, coffret avec 2 films (15 poses), format APS Contax, Canon
à partir de 690 F, moyens formats Bronica, Hasselblad à partir de 9990 F.

LE RÉFLEXE PHOTO

**Matériel photo neuf et occasion,
réparation, agent Nikon**

Q/P : 7/10 •ASSORTIMENT : 7/10
+ : Gamme Nikon

•89, bd Beaumarchais — 75003 Paris •Tél. : 01 42 78 27 16 •Horaires : lun.-sam. 9h-12h, 13h-19h,
sam. 10h-12h, 14h-17h •Métro : Chemin-Vert •Bus : 20, 65

Ce spécialiste Nikon propose toute la gamme d'appareils et d'accessoires de la marque,
neuf ou d'occasion. Prix alignés (Nikon FE à 1700 F, Nikon F3 garanti 6 mois à 3300 F).
Nombreux appareils d'autres marques (OM1 Olympus à 2000 F, Pentax PC55 à 390 F,
Minox 35GT avec flash et garanti 1 mois à 1200 F). Atelier de réparation performant.

ODÉON PHOTO VIDÉO

**Vente et achat de matériel photo et
vidéo, travaux photo et vidéo**

Q/P : 7/10 •ASSORTIMENT : 7/10
+ : Travaux photo

•73, bd Beaumarchais — 75003 Paris •Tél. : 01 48 87 74 54 •Horaires : mar.-sam. 10h-13h, 14h-
19h •Métro : Chemin-Vert •Bus : 65 • Voir Odéon Photo Vidéo, Paris 6e.

PARIS 5ᵉ

CINÉ IMAGES

**Cartes postales, posters, figurines,
photos de cinéma**

Q/P : 7/10 •ASSORTIMENT : 8/10
+ : Photos d'acteurs rares et de collection

•9, bd du Port-Royal — 75005 Paris •Tél. : 01 45 35 66 79 •Horaires : lun. 14h-21h, mer.-sam. 14h-
21h •Métro : Gobelins •Bus : 83, 91

Avis aux amateurs de cinéma : cette boutique contient plus de 10000 posters, cartes
postales, affiches de cinéma. Notamment, choix de photos originales de vieux films américains (de 50 à 1000 F). Tout l'univers des cartoons en figurines (Wallace & Gromit à
200 F), sous forme de réveils ou de montres (pendule Betty Boop 300 F). Cartes postales d'affiches de films et de photos d'acteurs à partir de 5 F.

LA MÉDIATHÈQUE DES TROIS MONDES

**Vente et location de cassettes vidéo et
films 16/35 mm**

Q/P : 6/10 •ASSORTIMENT : 8/10
+ : Films rares

•63 bis, rue du Cardinal-Lemoine — 75005 Paris •Tél. : 01 42 34 99 00 •Fax : 01 42 34 99 01
•Horaires : mar.-sam. 10h30-19h •Métro : Cardinal-Lemoine •Bus : 47, 89 •e-mail :
106464@compuserve. com

L'association des Trois Mondes et sa médiathèque vous proposent un vaste catalogue de
films d'auteurs de toutes nationalités, et souvent jamais distribués en France. Films africains, du Maghreb, du Moyen-Orient et de l'Amérique latine, réalisateurs de toutes
nationalités et tous les types de film : fictions, comiques. Mais aussi de nombreux films
autour de thèmes comme l'immigration, l'intégration et les difficultés du brassage ethnique. Cassettes en VO sous-titrée entre 100 et 200 F. Catalogue et VPC, 50 F de frais
d'envoi pour 5 cassettes. Location de films 16 et 35 mm.

MÉGAVIDÉO

Cassettes vidéo, CD à prix réduits

Q/P : 8/10 •ASSORTIMENT : 7/10
+ : Prix bas et arrivages réguliers
= : Accueil un peu froid

•63, bd St-Michel — 75005 Paris •Horaires : lun.-sam. 10h-19h30 •Métro : St-Michel, RER B
Luxembourg •Bus : 38,

Gros stock de séries économiques de cassettes vidéo et CD. Pour les films, choix
impressionnant : nombreux films français des années 1950 et 1960, nombreuses références
en VO (entre 35 et 165 F par cassette). CD neufs (série éco de 39 à 69 F, les 3 pour 100 F)
et d'occasion, de labels plus connus (79 F). Passer souvent, arrivages réguliers et variés.

Phox photo-vidéo

Phox vous offre les meilleurs prix du marché, grâce à sa centrale d'achat fédérant plus de 3500 magasins. Sachez profiter de l'offre du moment (affaires "point vert"). Dans chacune de ses enseignes, vous pourrez choisir, dans une gamme de prix déterminés, entre plusieurs produits (compacts, réflex, instantanés, moyens formats, numériques, magnétoscopes, caméscopes...) de grandes marques (Canon, Leica, Contax, Minolta...). Nombreux secteurs très pointus : laboratoire, post-production, audio, vidéo numérique, connectique vidéo, logiciels, cartes de montage vidéo, scanners... Matériel garanti 1 an, mais aussi garantie d'un an supplémentaire, assurances spéciales sur votre matériel, remises et possibilités de crédit, en prenant la carte "Émeraude Plus Phox ". Développement de vos photos en 24h. Catalogue (28 F) et VPC.

• **PHOX PHOTO-VIDÉO** : 54 Magasins en R.P. — Tél. : 01 48 39 87 87 — Internet : http://www. phox. fr

PARIS 6e

ODÉON PHOTO VIDÉO

Vente et achat de matériel photo et vidéo, travaux photo et vidéo	Q/P : 7/10 •ASSORTIMENT : 7/10 + : Travaux photo

•110, bd St-Germain — 75006 Paris •Tél. : 01 43 29 40 50 •Horaires : mar.-sam. 10h-13h, 14h-19h •Métro : Odéon •Bus : 63, 86, 87

Du matériel photo et vidéo, neuf et d'occasion (compact Pentax à 370 F, zoom Minolta à partir de 190 F, filtres à partir de 210 F, nombreuses marques, Tohura, Praktica, Voigtlander...). Des services variés : travaux photo (tirage 9x13, 36 poses sous 3 jours à 48 F), agrandissement d'après négatif, transfert sur CD-Rom de vos photos, transfert de films sur cassettes vidéo, copies de cassettes... Carte de fidélité "Odéon Privilège", 100 F/an : 10 % de remise sur tous achats et travaux photo.

PARIS 8e

PHOTO DISCOUNT

Appareils photo, matériel et accessoires de photo, neuf et occasion	Q/P : 8/10 •ASSORTIMENT : 7/10 + : Appareils soldés

•27, place de la Madeleine — 75008 Paris •Tél. : 01 42 68 03 62 •Fax : 01 42 68 03 42 •Horaires : sur RDV •Métro : Madeleine •Bus : 24, 42, 84 •Internet : http://www. photodiscount. com

Spécialiste de la VPC, choix de matériel neuf et d'occasion, de marques Nikon (F5 à 16 900 F, FM2 à 3390 F), Minolta (600 Si classiques à 3 150 F, 700 Si à 3 900 F), mais aussi Canon, Tamron, Sigma-AF, Contax, Metz. Pour vous tenir au courant des promotions, catalogue sur Minitel, 3615 PHOTODIS (2,29 F/min) ou Internet, remis à jour selon les arrivages. Pour venir sur place, prendre RDV et entrer par le 11, rue Tronchet.

PARIS 9e

PHOTO VERDEAU

Réparation des appareils photo et des caméras	Q/P : 8/10 •ASSORTIMENT : 7/10 + : Techniciens compétents

•14-16, passage Verdeau — 75009 Paris •Tél. : 01 47 70 51 91 •Horaires : lun.-ven. 11h-19h •Métro : Richelieu-Drouot •Bus : 29, 39

Accueil dynamique et compétent. Les restaurateurs se consacrent à des appareils d'avant l'âge de l'électronique. Kodak, Zeiss Ikon, Rolleiflex, Foca, Voitlanger et autres Leica tout métal retrouvent ici une nouvelle jeunesse. L'honnêteté de la maison va jusqu'à vous déconseiller de faire réparer une pièce si sa valeur est inférieure au prix de la réparation. Tarif horaire de la main-d'œuvre : 210 F HT. Pièces mécaniques et soufflets peuvent être refaits sur mesure.

PARIS 10ᵉ

EUROP'PHOTO CINÉ SON

Appareils photo, caméscopes, magnétoscopes, télévision

Q/P : 9/10 •ASSORTIMENT : 7/10
  ✦ : Bas prix

•18, rue du Fg-Poissonnière — 75010 Paris •Tél. : 0147706762 •Horaires : lun.-sam. 9h-19h •Métro : Bonne-Nouvelle •Bus : 48

Aspect négligé de la boutique qui croule sous le matériel mais stock de qualité. Appareils photo (de 280 à 15000 F, Kodak, Minolta, Canon...), télévisions (de 1390 à 3000 F), caméscopes, magnétoscopes, jumelles ou fours à micro-ondes : prix de 15 à 20 % plus bas que ceux pratiqués en grande surface. Autres points forts : le SAV (sous-traitance rapide par les fabricants) et une garantie d'1 an extensible. VPC sur le monde entier.

PHOTO-TROC

Appareils photo d'occasion, réparation, disques vinyles

Q/P : 8/10 •ASSORTIMENT : 6/10
  ✦ : Prix bas des occasions

•71, bd de Magenta — 75010 Paris •Tél. : 0148244380 •Horaires : mar.-sam. 9h30-13h, 14h30-19h •Métro : Gare-de-l'Est •Bus : 54, 56, 65

Tout petit magasin, nombreux appareils photo réflex et compacts d'occasion (Canon, Nikon et Minolta), à des prix très intéressants, de 100 à 3000 F. Une sélection de modèles neufs à partir de 110 F (la plupart des modèles disponibles à la commande). Occasions garanties 3 mois. Pour le neuf, garantie constructeur (environ 1 an). Réparations sous-traitées.

PARIS 11ᵉ

ABDON PHOTO LOCATION

Location d'appareils photo, cinéma, accessoires

Q/P : 7/10 •ASSORTIMENT : 7/10
  ✦ : Choix de matériel à la location

•6, bd Beaumarchais — 75011 Paris •Tél. : 0143558741 •Fax : 0147006677 •Horaires : mar.-sam. 9h30-12h, 14h-18h30 •Métro : Bastille •Bus : 20, 29, 65, 69, 76

À cette adresse, uniquement du matériel à la location : du moyen format (6x4,5, 6x6, 6x7, 6x9) de marques Hasselblad, Mamya, Pentax; des panoramiques (Fuji) et des chambres (par exemple chambre 4x5 Linhof 150 F/sem.). À louer aussi, un grand choix d'objectifs, de zooms, de matériel d'éclairage, projecteurs de diapos (24x36, 6x6), projecteurs cinéma (16 mm), rétroprojecteurs... Locations au jour, à la semaine, au mois, payables à l'avance. En cas de problème pour les locations de gros matériel (projecteurs, caméras...), un technicien spécialisé se déplace pour vous dépanner rapidement.

ABDON PHOTO

Appareils photo et accessoires neufs et d'occasion

Q/P : 7/10 •ASSORTIMENT : 7/10
  ✦ : Choix de matériel d'occasion

•24, bd Beaumarchais — 75011 Paris •Tél. : 0147006727 •Fax : 0147006939 •Horaires : mar.-sam. 9h30-12h, 14h-18h30 •Métro : Bastille •Bus : 20, 29, 65, 69, 76

Ce magasin Abdon vend du matériel neuf et d'occasion. Spécialiste Nikon, il dispose également de modèles d'autres marques, Canon, Leica. Particulièrement intéressant pour les zooms d'occasion (à partir de 129 F). Matériel d'occasion garanti 6 mois.

AMC PHOTO

Achat et vente de matériel photo neuf et d'occasion

Q/P : 6/10 •ASSORTIMENT : 7/10
  ✦ : Choix d'accessoires

•93, bd Beaumarchais — 75011 Paris •Tél. : 0142716090 •Fax : 0142716181 •Horaires : lun.-sam. 10h-13h, 14h-19h •Métro : St-Sébastien-Froissart •Bus : 20, 65

Des appareils de toutes sortes, neufs et d'occasion, des modèles de collection, compacts, réflex ou moyen format, et un énorme stock d'accessoires d'occasion : objectifs à partir de 380 F, Mamya 6/75, 6x6 11500 F, Compact zoom Vectris 30 de chez Minolta dans son étui pour 1890 F.

LE MOYEN FORMAT

Appareils photo moyen format, accessoires, neuf et occasion   Q/P : 7/10 •ASSORTIMENT : 7/10
✛ : Choix de moyens formats

•50, bd Beaumarchais — 75011 Paris •Tél. : 0148051588 •Fax : 0148053474 •Horaires : mar.-sam. 9h30-13h, 14h-19h •Métro : Chemin-Vert •Bus : 20, 65

Amateurs de moyen format, voilà une boutique faite pour vous. Les marques les plus réputées – Rolleiflex, Hasselblad – à partir de 1500 F, avec des garanties allant jusqu'à 1 an pour le matériel d'occasion. Également un bon choix d'accessoires : filtres, trépieds, caches, de marques Leica, Rolleicord. Visitez le magasin, véritable musée, avec de nombreux modèles anciens et quelques curiosités : briquet-appareil photo 750 F, stylo-appareil photo 250 F.

PHOTO 40

Matériel photo, cinéma et optique, neuf et occasion, réparation   Q/P : 7/10 •ASSORTIMENT : 7/10
✛ : Accueil, conseil, atelier de réparation

•40, bd Beaumarchais — 75011 Paris •Tél. : 0143558906 •Horaires : mar.-sam.10h-12h30, 14h-19h •Métro : Chemin-Vert •Bus : 20, 65

Un bon endroit pour s'équiper en matériel neuf, de qualité, à des prix alignés (Rolleiflex 2,8/80 à 3000 F, Nikon MD12 à 1300 F, Minox EL avec flash 1300 F). Accueil très cordial, les vendeurs connaissent parfaitement leurs produits et savent expliquer les avantages et les inconvénients d'un modèle. Garanties de 6 mois à 3 ans. Atelier sérieux.

PHOTO BEAUMARCHAIS

Dépôt-vente d'appareils photo et accessoires, neuf et occasion   Q/P : 6/10 •ASSORTIMENT : 7/10
✛ : Accessoires d'occasion

•38, bd Beaumarchais — 75011 Paris •Tél. : 0143570743 •Fax : 0143570743 •Horaires : lun.-sam. 9h30-19h •Métro : Bastille •Bus : 20, 65

Gros stock de matériel et d'accessoires d'occasion (zoom Canon à partir de 109 F, compact Fujica à 200 F). Mais aussi du neuf (Minolta Dynax de 500 à 2190 F). Des prix pour toutes les bourses, les marques les plus prestigieuses – Nikon, Minolta, Canon, Leica, Minox… – et des conseils compétents. Une des bonnes adresses du boulevard.

PARIS 12ᵉ

STUDIO JAMES

Appareils photo, développement photo, téléphonie   Q/P : 7/10 •ASSORTIMENT : 4/10
✛ : Appareils compacts à bas prix

•265, rue de Charenton — 75012 Paris •Tél. : 0143078316 •Horaires : lun.-sam. 8h30-13h, 15h-19h30 •Métro : Dugommier •Bus : 86

Petit magasin, peu de choix, mais les prix pratiqués sur les appareils réflex et compacts neufs sont très intéressants (Olympus et Pentax à partir de 190 F). Promotions régulières sur les pellicules photo (3 boîtes 24 poses Fujicolor Supéria à 59 F). Également, une sélection de paires de jumelles (marque Alpine à partir de 235 F), un studio express pour vos photos d'identité et quelques accessoires d'occasion (pieds à 150 F).

PARIS 13ᵉ

PHOTO PHOCIREP

Réparation des appareils photo et des caméras   Q/P : 8/10 •ASSORTIMENT : 7/10
✛ : Techniciens compétents

•14-16, bd Blanqui — 75013 Paris •Tél. : 0145359756 •Horaires : mar.-sam. 9h-12h30, 14h30-19h •Métro : Place-d'Italie •Bus : 47

Réparation des appareils Kodak, Zeiss Ikon, Rolleiflex, Foca, Voitlanger et autres Leica tout métal. Compter 210 F HT/h pour la main-d'œuvre.

PARIS 14e

PHOTO MULLER

Matériel photo et cinéma, neuf et occasion	Q/P : 8/10 •ASSORTIMENT : 6/10 ✦ : Matériel neuf et occasion à bas prix

•17, rue des Plantes — 75014 Paris •Tél. : 01 45 40 93 65 •Horaires : mar. sam. 9h30-12h30, 14h30-19h15 •Métro : Alésia •Bus : 58

Du matériel photo neuf et de 2e choix, à des prix de 5 à 10 % moins chers qu'en grande surface, des occasions et des modèles de collection de toutes marques (Canon, Nikon, Minolta…). Compacts d'occasion à partir de 50 F, réflex à partir de 750 F. Distributeur exclusif de la marque Praktica. À côté des appareils, du matériel de tirage (papier Ilford soldé à -40 %, pellicules…). Le patron est spécialiste du cinéma 9,5 mm, et vous propose du matériel ancien (lot de pellicules, projecteurs…). VPC.

Shop Photo

Des prix parmi les plus bas du marché, stock impressionnant de matériel neuf photo et vidéo, un service de travaux photo très performant. Réflex (à partir de 1 390 F), appareils instantanés (269 F), compacts (à partir de 290 F), moyen format (à partir de 10 490 F), appareils photo numériques (à partir de 2 990 F) et un grand choix de zooms, poignées, flashes de marques Canon, Pentax, Nikon… Les travaux photo bénéficient du service Kodak Premier, et les procédés numériques de Shop Photo vous permettent de restaurer vos vieilles photos. Toute la gamme Sony et Panasonic de caméscopes et vidéos numériques (5 990 à 37 990 F), téléviseurs (1 690 à 19 990 F), minidiscs et walkmans (190 à 1 990 F), ainsi que magnétoscopes et lecteurs DVD. À noter aussi un choix de jumelles Bushnell, Bausch, Lomb et Canon (690 à 8 990 F).
- SHOP PHOTO MINOLTA : 158, rue St-Charles — 75015 Paris — Tél. : 01 45 58 22 05
- SHOP PHOTO VIDÉO : 61, rue d'Auteuil — 75016 Paris — Tél. : 01 45 27 14 83
- SHOP PHOTO VIDÉO CANON : 55, rue de Prony — 75017 Paris — Tél. : 01 47 63 68 56
- SHOP PHOTO VIDÉO NIKON : 191, rue de Courcelles — 75017 Paris — Tél. : 01 42 27 13 50
- SHOP PHOTO VIDÉO NUMÉRIQUE : 53, rue de Prony — 75017 Paris — Tél. : 01 47 54 00 66
- SHOP PHOTO VIDÉO : 38, Grande-Rue — 78550 Houdan — Tél. : 01 30 59 60 74
- SHOP PHOTO VIDÉO : 21, rue Gambetta — 78200 Mantes-la-Jolie — Tél. : 01 34 77 07 61
- SHOP PHOTO VIDÉO : 51, rue de Paris — 78100 St-Germain-en-Laye — Tél. : 01 39 21 93 21
- SHOP PHOTO VIDÉO : 16, rue au Pain — 78000 Versailles — Tél. : 01 39 20 07 07
- SHOP PHOTO VIDÉO : 52, av. J.-B-Clément — 92100 Boulogne — Tél. : 01 46 05 30 17
- SHOP PHOTO VIDÉO : 106 bis, av. du Gén.-de-Gaulle — 94170 Le Perreux — Tél. : 01 43 24 24 42

PARIS 15e

ODÉON PHOTO VIDÉO

Vente et achat de matériel photo et vidéo, travaux photo et vidéo	Q/P : 7/10 •ASSORTIMENT : 7/10 ✦ : Travaux photo

•256, rue de Vaugirard — 75015 Paris •Tél. : 01 48 28 43 80 •Horaires : mar.-sam. 10h-13h, 14h-19h •Métro : Vaugirard •Bus : 39, 70, 89 • Voir Odéon Photo Vidéo, Paris 6e.

REELS ON WHEEL

Location, vente, livraison de cassettes vidéo en VO	Q/P : 7/10 •ASSORTIMENT : 8/10 ✦ : Films en VO

•12, villa de la Croix-Nivert — 75015 Paris •Tél. : 01 45 67 64 99 •Horaires : lun.-dim. 11h30-22h30 •Métro : Cambronne •Bus : 49, 80

Spécialiste de la VO, que des films en anglais, sous-titrés ou non. Large catalogue : des grands classiques du cinéma américain et anglais (comédies musicales, drames, polars…) aux dernières productions hollywoodiennes. À louer (35 F) ou à acheter (de 79 à 249 F), les cassettes sont livrées à domicile dans un délai d'1h sur Paris et proche banlieue.

LA PHOTO-LIBRAIRIE

Photo, livres, revues, documentations techniques   Q/P : 6/10 •ASSORTIMENT : 8/10
+ : Nombreuses notices techniques

•49, av. de Villiers — 75017 Paris •Tél. : 0142675012 •Fax : 0142670831 •Horaires : lun.-sam. 10h-13h, 14h-19h •Métro : Malesherbes •Bus : 31, 94

Un lieu idéal pour photographes amateurs ou plus chevronnés, pour se documenter sur les techniques et le matériel. Grand nombre de méthodes de photographie (de 90 à 230 F), de notices techniques sur les différents modèles d'appareils (de 50 à 190 F) et des revues spécialisées (de 30 à 90 F). Également, de magnifiques ouvrages regroupant les clichés d'un photographe, ou autour d'un thème (de 50 à 100 F). Catalogue, VPC (de 10 à 75 F pour les frais d'envoi).

MAC MAHON PHOTO VIDÉO

Appareils photo, matériel, accessoires neuf et occasion   Q/P : 7/10 •ASSORTIMENT : 6/10
+ : Accueil et conseil

•31, av. Mac-Mahon — 75017 Paris •Tél. : 0143801701 •Fax : 0145744020 •Horaires : lun.-ven. 9h-19h30, sam. 9h-19h •Métro : Ternes •Bus : 92, 93

Appareils photo de toutes les grandes marques, Canon, Leica, Contax, Minolta…, neufs ou d'occasion, à des prix vraiment concurrentiels (de -10 à -20 % par rapport aux grandes surfaces). Il y en a pour toutes les bourses, des réflex et compacts à 900 F aux appareils haut de gamme à plus de 20000 F. Bon choix de zooms de 900 à 15000 F. Le matériel est garanti 2 ans. Les réparations et le développement sont sous-traités par Fox.

VO ONLY

Vidéo haute technologie, vidéos laser, lecteurs laserdiscs et DVD   Q/P : 7/10 •ASSORTIMENT : 7/10
+ : Choix et qualité du matériel

•23, bd de la Somme — 75017 Paris •Tél. : 0143807060 •Fax : 0142270490 •Horaires : lun.-sam. 11h-20h, dim. 15h-19h •Métro : Porte-de-Champerret •Bus : 93, PC •Internet : http://www. vo-only. com •e-mail : voinfo@vo-only. com

Tous les nouveaux systèmes vidéo, lecteurs laserdiscs et DVD de marques Pioneer, Toshiba, Microméga Premium, Panasonic, Denon, de 4990 à 11900 F. Promotions permanentes sur les fins de série : ensemble audio, ampli-tuner Denon, système acoustique 5 enceintes à 11490 F; téléviseur Toshiba 81 cm, 16/9e, dolby digital, 5 enceintes à 12990 F. Également, une vidéothèque avec plus de 1200 titres en stock, spécialiste de la VO, nombreux imports américains et japonais. Laserdiscs 30 F et 10 F/jour supplémentaire à la location, de 149 à 400 F à la vente, DVD à la vente de 200 à 300 F. Lecteurs aussi disponibles à la location. Catalogue, VPC.

PARIS 18ᵉ

COUP D'ŒIL

Matériel photo, travaux photo, photos d'identité   Q/P : 8/10 •ASSORTIMENT : 6/10
+ : Prix compétitifs

•95, rue Ordener — 75018 Paris •Tél. : 0142591968 •Horaires : mar.-sam. 9h30-12h30, 14h-19h30 •Métro : Jules-Joffrin •Bus : 31

Prix de cette enseigne vraiment compétitifs pour le matériel : compacts de 250 à 2500 F, réflex de 2200 à 6000 F, de marques Canon, Leica, Minolta, mais aussi pour les travaux photo (développement, agrandissement…) et même pour les photos d'identité. Un choix important de jumelles et d'accessoires (zoom, objectifs…). On vous compose également vos cadres sur mesure, ainsi que des albums photo personnalisés.

Allô K7

Un service appréciable lorsque l'on est bien au chaud chez soi et que les films programmés à la télévision ont été vus et revus. Choisissez parmi plus de 1000 références de films, dont les dernières sorties vidéo du moment. La cassette louée coûte 65 F, les deux 100 F, et un livreur vient la reprendre le lendemain (si vous rapportez vous-même la cassette, comptez 50 F). Livraison sous 45 min sur Paris 15e, 16e, 17e, 18e, Levallois, Neuilly, Boulogne. Consultation du catalogue et location également possibles sur le serveur Minitel, 3615 ALLO K7 (1,29 F/min). Ouvert 7j/7, 12h-0h

• ALLÔ K7 : 4, rue de la Croix-Nivert — 75015 Paris • Tél. : 01 45 67 77 27
• ALLÔ K7 : 9 bis, bd Murat — 75016 Paris • Tél. : 01 47 43 11 00
• ALLÔ K7 : 101, rue Jouffroy — 75017 Paris • Tél. : 01 46 22 83 83

Instruments de musique, partitions

Le moins cher des instruments de musique

S'équiper en instruments de musique représente souvent un gros investissement. Des modèles de qualité sont pourtant disponibles à des prix abordables, mais il faut savoir les repérer. Tout d'abord, la plupart des gros magasins spécialisés (Hamm, Paul Beuscher) proposent de nombreuses formules de crédit, ou des systèmes de location-vente pouvant se reporter d'un instrument à un autre (très utile dans le cas des enfants dont l'instrument doit être adapté à leur taille, violon, guitare...). Ensuite, faites jouer la concurrence! Le quartier de Pigalle regorge de petits magasins spécialisés (California Music, Backstage Music), n'hésitez pas à traverser plusieurs fois la rue pour négocier le meilleur prix. Enfin, si vous êtes un minimum connaisseur, sachez que de nombreux mensuels spécialisés (Guitaristes Mag, Guitares et Claviers, Batteur Mag, Keyboards) sont disponibles en kiosque. Pour environ 30 F, vous aurez accès à un grand nombre d'annonces de particuliers désirant vendre leur matériel à des prix très intéressants. Pour les réparations, préférez les ateliers de maisons réputées (Hamm, Paul Beuscher) pour les menus réglages, et les petits artisans (Quintette musique, Musique et Arts Vincent Genod) pour les restaurations ou les travaux minutieux.

• PAUL BEUSCHER : 23-29, bd Beaumarchais — 75180 Paris — Tél. : 01 44 54 36 00
• HAMM : 135-139, rue de Rennes — 75006 Paris — Tél. : 01 43 39 35 35
• BACKSTAGE MUSIC : 9 rue de Douai — 75009 Paris — Tél. : 01 42 82 10 82
• CALIFORNIA MUSIC : 5, rue de Douai — 75009 Paris — Tél. : 01 42 85 00 49
• MUSIQUE ET ARTS VINCENT GENOD : 47, rue de Rome — 75008 Paris — Tél. : 01 42 93 53 80
• QUINTETTE MUSIQUE : 44, rue St-Sébastien — 75003 Paris — Tél. : 01 48 06 01 02

PARIS 3e

QUINTETTE MUSIQUE

Instruments à vent, partitions, méthodes, réparations	Q/P : 6/10 • ASSORTIMENT : 6/10 ✦ : Instruments à vent d'occasion

• 71, bd Beaumarchais — 75003 Paris • Tél. : 01 42 78 25 75 • Fax : 01 42 78 96 15 • Horaires : lun. 14h30-19h30, mar.-sam. 11h-13h, 14h-19h30 • Métro : Chemin-Vert • Bus : 20, 65

Boutique qui vend à peu près tous les types d'instruments à vent. Son point fort : son choix de clarinettes et de saxophones. Neuf ou occasion, garantis 1 an, de très nombreux modèles (trompettes, clarinettes, saxophones de toutes tailles, flûtes…) de marques Buffet-Crampon, Yamaha, Selmer, Yangisawa, Leblanc… Prix du neuf alignés sur les grands fournisseurs. Très bonnes affaires sur l'occasion (clarinette à moins de 2000 F et saxo à partir de 3500 F). Librairie musicale, partitions, méthodes d'apprentissage et atelier de réparation très fiable.

PARIS 4e

PAUL BEUSCHER

Librairie musicale, partitions, recueils, méthodes
Q/P : 7/10 •ASSORTIMENT : 8/10
✛ : Le choix

•23, bd Beaumarchais — 75004 Paris •Tél. : 0144543612 •Fax : 0144543627 •Horaires : lun. 11h-19h, mar.-sam. 10h-19h •Métro : Bastille •Bus : 20, 29, 65, 69

La librairie musicale Paul Beuscher vous propose plus de 10000 références de partitions, méthodes, recueils, CD et cassettes d'accompagnement. Voir Paul Beuscher, Paris 4e.

PAUL BEUSCHER

Vente, location et réparation d'instruments de musique et accessoires
Q/P : 6/10 •ASSORTIMENT : 8/10
✛ : Accueil et facilités de paiement

•25-27, bd Beaumarchais — 75004 Paris •Tél. : 0144543600 •Fax : 0144543627 •Horaires : lun.-ven. 9h45-12h30, 14h-19h, sam. 9h45-19h •Métro : Bastille •Bus : 20, 29, 65, 69

Si les enseignes Paul Beuscher se sont étendues sur plusieurs pâtés de maison du boulevard, c'est que le stock proposé est sans cesse plus important. Au 25, des instruments à vent (flûtes, saxophones, accordéons), pianos et claviers (de 400 à 4000 F) de marques Yamaha, Roland, mais également tout le matériel pour home studio. Au 27, guitares acoustiques, électro-acoustiques et électriques de marques Ibanez, Ovation, Seagull… (guitare folk neuve de marque Paul Beuscher Diffusion à 1050 F). Tous les accessoires (courroies, cordes, capodastres-accordeurs, pièces détachées). SAV complet assuré par des professionnels (l'enseigne a son luthier attitré). Conseils, financements à la carte, devis et détaxes à l'exportation. Catalogue, VPC.

PARIS 5e

HAMM — LA MAISON DE LA MUSIQUE

Vente, location, réparation, entretien d'instruments de musique
Q/P : 6/10 •ASSORTIMENT : 9/10
✛ : Choix important et essai des instruments

•17-21, rue Monge — 75005 Paris •Tél. : 0143259184 •Fax : 0143266240 •Horaires : lun.-sam. 10h-19h •Métro : Maubert-Mutualité •Bus : 47, 63, 86, 87

Cette boutique a une surface moins importante que celle de Montparnasse mais elle offre néanmoins un très bon choix d'instruments. Secteur batterie et percussions (au sous-sol) très fourni, et les vendeurs vous laisseront battre quelques rythmes (avec modération). Une petite extension au 15 de la rue, où se trouvent de nombreux pianos en démonstration, à essayer en toute tranquillité. École de chant et de piano, location de 3 studios de répétition. Voir Hamm — La Maison de la Musique, Paris 6e.

PARIS 6e

HAMM — LA MAISON DE LA MUSIQUE

Vente, location, réparation, entretien d'instruments de musique
Q/P : 6/10 •ASSORTIMENT : 8/10
✛ : Choix important et essai des instruments

•135-139, rue de Rennes — 75006 Paris •Tél. : 0144393535 •Fax : 0144393555 •Horaires : lun. 14h-19h30, mar.-sam. 10h-19h30 •Métro : St-Placide, Montparnasse •Bus : 58, 91, 96

Depuis 1909, Hamm est un lieu privilégié pour tous les mélomanes. Promenez-vous sur les 3 niveaux (sous-sol réservé au jazz) et essayez les instruments en démonstration sur une surface totale de plus de 4500 m². Les vendeurs, tous musiciens professionnels, sélectionneront l'instrument correspondant le mieux à vos goûts, à votre niveau et à votre budget (pianos droits à partir de 9990 F, claviers à partir de 1290 F, guitares folk à partir 890 F et violons d'étude à partir de 2290 F). Service de réparation, d'entretien et de livraison (gratuite à partir de 5000 F d'achat) très performant. Possibilités de financement, de contrats de location-vente (à partir de 100 F/mois pour un violon, et de 250 à 590 F/mois pour un piano). Une librairie musicale avec plus de 50000 partitions et une école de musique très réputée sont les autres atouts de cette enseigne.

HAMM — LA MAISON DE LA MUSIQUE

Vente, location, réparation, entretien de pianos et claviers

Q/P : 6/10 •ASSORTIMENT : 9/10
✚ : Choix important et essai des instruments

•55-55 bis, rue St-Placide — 75006 Paris •Tél. : 0144444444 •Horaires : mar.-sam. 10h-14h 15h-19h •Métro : St-Placide •Bus : 48, 89, 96

Tout nouvel espace Hamm de 1000 m², ouvert au printemps dernier, uniquement consacré aux pianos, orgues et claviers. Au 1er niveau, une sélection d'occasions "en or", des modèles de 30 à 70 % moins cher que le neuf, synthétiseurs analogiques et numériques. Voir Hamm — La Maison de la Musique, Paris 6e.

PARIS 8e

ART ET GUITARE

Restaurations de guitares

Q/P : 7/10 • ASSORTIMENT : 6/10
✚ : Réparation de guitares romantiques

• 3, rue de Constantinople — 75008 Paris • Tél. : 0143873950 • Horaires : lun. 13h30-18h, mar.-sam. 9h30-12h, 13h30-18h • Métro : Europe • Bus : 30, 53, 80

Récemment installé, l'atelier Cantaluccia restaure, répare et règle les guitares des musiciens professionnels ou amateurs. Bon accueil, savoir-faire et patience sont les trois qualités de la maison. Devis sur place.

FEELING MUSIQUE

Réparation d'instruments à vent de toutes époques

Q/P : 7/10 •ASSORTIMENT : 8/10
✚ : Toutes marques, toutes époques

•61, rue de Rome — 75008 Paris •Tél. : 0145223080 •Fax : 0145224018 •Horaires : lun. 9h-12h30, 14h-18h, mar.-sam. 9h-12h30, 14h-18h30 •Métro : Rome •Bus : 20, 21, 66, 80

Maurice André et les jazzmen se retrouvent ici pour faire régler ou réparer leurs instruments, car la maison traite aussi bien le classique que le jazz. Des trompettes à la petite harmonie, en passant par les saxos et les flûtes, vous y serez très bien accueilli, et tous les instruments apportés sont traités avec le même soin, que vous soyez débutant, collectionneur averti ou musicien professionnel.

LA CENTRALE

Instruments de musique, guitares, claviers, samplers, neuf et occasion

Q/P : 6/10 •ASSORTIMENT : 7/10
✚ : Choix de grandes marques d'occasion

•12, rue de Douai — 75008 Paris •Tél. : 0142811871 •Horaires : mar.-sam. 10h-13h, 14h-19h •Métro : Pigalle •Bus : 54, 67

Ce magasin mise avant tout sur le choix proposé en matériel d'occasion. Du moyen et du haut de gamme à des prix très en dessous de ceux du neuf (guitares électriques Gibson ou Fender à partir de 6000 F, basses Schmick à partir de 3500 F). Également du matériel neuf : synthétiseurs, claviers, et un bon choix (à la commande) de samplers, expandeurs et autres appareils destinés à la musique électronique.

LA GUITARRERIA

Guitares classiques, d'étude et de concert   Q/P : 6/10 •ASSORTIMENT : 7/10
✦ : Qualité des guitares

•5, rue d'Édimbourg — 75008 Paris •Tél. : 0145225472 •Fax : 0142948461 •Horaires : lun. 14h-18h, mar.-sam. 9h-18h •Métro : Europe •Bus : 93

Du guitariste en herbe (modèles pour enfants à partir de 4 ans) au guitariste professionnel, chacun trouvera ici une guitare à sa main parmi les nombreux modèles proposés. Guitares d'études pour enfants à partir de 790 F, guitares classiques pour adultes, espagnoles ou françaises (marques Alhambra, Cuenca, Bernabé) à partir de 1000 F et jusqu'à 50 000 F. Cordes, accordeurs, partitions, méthodes et diffusion de journaux spécialisés (Cahier de la guitare, Classic Guitar…). Matériel garanti 1 an, livraison possible.

LE MÉNÉTRIER — MUSIC FORUM

Vente et location d'instruments à vent et de percussions, neuf et occasion   Q/P : 7/10 •ASSORTIMENT : 7/10
✦ : Service de maintenance gratuit

•50, rue de Rome — 75008 Paris •Tél. : 0145223090 •Fax : 0145227175 •Horaires : mar.-sam. 9h-19h •Métro : Europe •Bus : 94

Depuis toujours, cette boutique est un point de rencontre pour tous les musiciens, des débutants aux plus grands artistes internationaux. Faites votre choix dans la gamme très étendue d'instruments à vent (saxophones de 5000 F à 20000 F, trombones à partir de 3000 F…), de percussions (grosses caisses, timbales, gongs, tam-tam…), d'accessoires (écouvillons, hanches, housses, huile pour piston…) et de tenues de défilé. Tous les instruments bénéficient d'une garantie générale de 2 ans pièces et main-d'œuvre, à laquelle s'ajoute une maintenance gratuite, comprenant l'entretien et les réglages courants, sur place dans l'atelier et immédiatement, même en cas d'urgence avant une répétition, un concert, une audition…

MUSIQUE ET ART VINCENT GENOD

Instruments à vent, neuf et occasion, location et réparation   Q/P : 7/10 •ASSORTIMENT : 6/10
✦ : Instruments de grande qualité

•47, rue de Rome — 75008 Paris •Tél. : 0145221680 •Fax : 0142935380 •Horaires : lun.-sam. 9h30-18h30 •Métro : St-Lazare •Bus : 20, 21, 24, 26, 27, 28, 29, 95 •Internet : http://www.musique-et-art com

Bonne adresse pour les adeptes des instruments à vent. La vitrine étincelle de mille feux et offre un échantillon du contenu de la boutique : saxophones, clarinettes, bassons, hautbois, flûtes, trompettes, tubas et cors de très haute qualité, de marque Selder, Yamaha, Buffet-Crampon. Saxos entre 6000 et 15000 F, clarinettes entre 300 et 15000 F. Toutes sortes d'accessoires, sourdines, embouchures, métronomes, accordeurs et même des instruments miniatures (cor, flûte, harpe, saxo à 250 F). Catalogue de percussions classiques ou de défilés sur commandes. Studios d'essais à votre disposition. Toutes réparations, transformations et remises à neuf de vos instruments.

PIANOS LABROUSSE

Achat, vente, location pianos, claviers, lutherie, percussions, neuf et occasion   Q/P : 8/10 •ASSORTIMENT : 8/10
✦ : Grand choix d'occasions

•221, rue du Fg-St-Honoré — 75008 Paris •Tél. : 0145611355 •Fax : 0143590861 •Horaires : mar.-sam. 10h-13h, 14h15-19h •Métro : Ternes •Bus : 30, 31

Confiance et tradition sont les maîtres mots de cette enseigne. Spécialiste des pianos anciens de grandes marques (Pleyel, Gaveau, Erard, Bechstein, 200 modèles exposés…), de 15000 à 60000 F pour les modèles droits neufs, et à partir de 8000 F pour les occasions. Choix de claviers numériques (Yamaha de 800 à 30000 F), rayon lutherie et batterie-percussions. Garantie de 10 ans pour les pianos neufs et de 5 ans pour les occasions, garantie d'1 an sur le numérique. Location d'un piano à partir de 190 F/mois, avec possibilité d'option d'achat. Une équipe qualifiée restaure vos pianos après avoir établi gratuitement un devis personnalisé.

PIANOS ST-HONORÉ

Pianos, orgues classiques et liturgiques   Q/P : 6/10 •ASSORTIMENT : 5/10
✦ : Orgues liturgiques

•252, rue du Fg-St-Honoré — 75008 Paris •Tél. : 0142253349 •Fax : 0143595943 •Horaires : lun. 14h30-18h, mar.-sam. 10h-19h •Métro : Ternes •Bus : 30, 31, 93

Chez ce spécialiste de l'orgue liturgique, vous trouverez également des pianos classiques de 20000 à 500000 F (droits et demi-queue) et des orgues classiques de marques Pleyel, Kawai, Petrof. Conseils experts pour guider votre choix, service d'expertise et de réparation. Livraison et garantie de 10 ans (dont 5 ans d'entretien gratuit) sur tous les modèles. Location et location-vente d'orgues.

PARIS 9ᵉ

BACKSTAGE MUSIC 1

Claviers, synthés, multi-effets, filtres, expandeurs   Q/P : 7/10 •ASSORTIMENT : 7/10
✦ : Stock important

•9, rue de Douai — 75009 Paris •Tél. : 0142821082 •Fax : 0145264722 •Horaires : mar.-sam. 10h-19h •Métro : Pigalle •Bus : 54, 67 •e-mail : 106031.1531@compuserve. com

Cette enseigne ne compte pas moins de 5 boutiques à quelques pas les unes des autres, avec un stock total qui compte sans doute parmi les plus importants des boutiques parisiennes de musique. À ce numéro, une gamme de claviers et de synthétiseurs de marques Roland, Yamaha... à des prix concurrentiels, et tous les équipements annexes (filtres, effets...) et câblages nécessaires pour profiter pleinement de votre clavier dans votre home studio.

BACKSTAGE MUSIC 2

Enceintes, systèmes acoustiques, neuf et occasion   Q/P : 7/10 •ASSORTIMENT : 7/10
✦ : Stock important

•16, rue de Douai — 75009 Paris •Tél. : 0142821012 •Horaires : mar.-sam. 10h-19h •Métro : Pigalle •e-mail : 106031.1531@compuserve. com

Ne soyez pas impressionné par la quantité et l'état du matériel exposé, certaines enceintes d'occasion ont déjà beaucoup vécu, mais leurs prix sont en conséquence, et du matériel neuf est également en vente. La boutique peut receler des merveilles en pièces détachées, pour ceux qui veulent restaurer de vieux modèles.

BACKSTAGE MUSIC 3

Musique assistée par ordinateur, cartes son, extensions   Q/P : 7/10 •ASSORTIMENT : 7/10
✦ : Conseil technique

•8, rue de Douai — 75009 Paris •Tél. : 0144530474 •Fax : 0142821405 •Horaires : mar.-sam. 10h-19h •Métro : Pigalle •Bus : 54, 67 •e-mail : 106031.1531@compuserve. com

Pour beaucoup de créateurs de musique électronique, techno, trip-hop, jungle et autres sous-familles, cette adresse est une référence. Faites-vous conseiller pour connaître l'utilisation et les connexions disponibles pour équiper votre home studio (séquenceurs, EMU System, sampleurs, Akai, cartes sons, extensions...).

BACKSTAGE MUSIC 4

Mixage son, tables, enregistrement, multi-pistes, micros   Q/P : 7/10 •ASSORTIMENT : 7/10
✦ : Stock important

•11, rue de Douai — 75009 Paris •Tél. : 0148743914 •Fax : 0142813721 •Horaires : mar.-sam. 10h-19h •Métro : Pigalle •Bus : 54, 67 •e-mail : 106031.1531@compuserve. com

À cette adresse, tout le nécessaire pour mixer, en live (mixettes, micros, câblages et accessoires DJ) ou en studio. Grand choix de tables de mixage, de multi-pistes. Des démonstrations peuvent être effectuées sur place. Possibilité de commande rapide.

BACKSTAGE GUITAR

Guitares électriques et électro-acoustiques, amplis, pédales d'effets
Q/P : 7/10 •ASSORTIMENT : 7/10
✛ : Stock important

•59 bis, rue de Pigalle — 75009 Paris •Tél. : 0142809720 •Fax : 0142809721 •Horaires : mar.-sam. 10h-19h •Métro : Pigalle •Bus : 54, 67 •e-mail : 106031.1531@compuserve. com

Enseigne Back Stage entièrement dédiée aux bassistes et aux guitaristes, avec une sélection de modèles neufs de marques de qualité : Ibanez, Fender, Schmick (guitares électriques à partir de 7500 F, basses à partir de 3600 F). Et aussi, des modèles d'occasion à des prix abordables pour des marques réputées. Un choix d'amplis pour guitares et basses et tous les accessoires (câblage, cordage, pédales d'effet, accordeurs…).

BGC, PASCAL CORDIER LUTHIER

Instruments à vent, cuivres, guitares, atelier de réparation
Q/P : 6/10 •ASSORTIMENT : 7/10
✛ : Luthier de grande qualité

•18, rue Victor-Massé — 75009 Paris •Tél. : 0140829796 •Fax : 0140829852 •Horaires : lun. 14h-19h, mar.-sam. 10h-12h30, 14h-19h •Métro : Pigalle •Bus : 67

Sans doute le seul véritable artisan de cette rue entièrement occupée par des revendeurs d'instruments. Ce luthier propose un grand choix de guitares classiques, folk, acoustiques de très grande qualité (marques Ibanez, Ovation…) à partir de 1290 F. Également, de nombreux instruments à vent et cuivres (trompettes, saxophones Zéphir à partir de 2220 F, harmonicas Lee Oskar, Folk-Blues, Honher de 100 à 735 F, accordéons à partir de 4600 F). Boutique à l'image du service fourni par l'atelier : impeccable.

BUFFET-CRAMPON

Facteur et restaurateur d'instruments à vent
Q/P : 7/10 •ASSORTIMENT : 7/10
✛ : Mondialement connu

•30, rue de La Rochefoucauld — 75009 Paris •Tél. : 0145262821 •Horaires : lun.-ven. 9h-17h •Métro : St-Georges •Bus : 74

Cette maison ne reçoit que sur RDV et vous établira un devis de réparation sur place. Pour tous les trombones, les clarinettes, les flûtes et même les bassons, vérification de la mécanique, débosselage et débouchage, vérification des petites pièces de feutre, changements selon l'état. Après cette remise à neuf, réglage final. La maison propose aussi sa propre gamme d'instruments, sortis de ses ateliers, dont elle assure par la suite l'entretien.

CALIFORNIA MUSIC 1

Achat, vente, échange de guitares électriques et amplis, neuf et occasion
Q/P : 7/10 •ASSORTIMENT : 7/10
✛ : Cordage à prix réduits

•2, rue de Douai — 75009 Paris •Tél. : 0148743902 •Horaires : lun. 14h-19h, mar.-sam. 10h-19h •Métro : Pigalle •Bus : 54, 67

Comme leur nom l'indique, ces enseignes sont destinées aux musiciens qui ont pour référence le rock californien et des morceaux comme "Hôtel California" et "Stairway to heaven". Ici, un choix de guitares électriques neuves et d'occasion (Warwick, Schmick, Gibson), de 3000 à 30000 F. Cordages à prix réduits, sélection d'amplis (Fender, Beavey…) et d'autres équipements (filtres, pédales d'effet…). Réparations et réglages.

CALIFORNIA MUSIC 2

Guitares folk, acoustiques, électro-acoustiques, accessoires, neuf et occasion
Q/P : 5/10 •ASSORTIMENT : 7/10
✛ : Marques réputées

•4, rue de Douai — 75009 Paris •Tél. : 0148745802 •Horaires : lun. 14h-19h, mar.-sam. 10h-19h •Métro : Pigalle •Bus : 54, 67

Ici, guitares folk, acoustiques et électro-accoustiques pour jouer le blues, la country… De nombreuses grandes marques sont représentées – Ibanez, Ovation, Seagull, Taylor… Guitares à partir de 1950 F.

CALIFORNIA MUSIC 3

Guitares basses, pièces détachées, accessoires, neuf et occasion

Q/P : 5/10 •ASSORTIMENT : 7/10
✦ : Marque Noguera

•5, rue de Douai — 75009 Paris •Tél. : 0142850049 •Horaires : lun. 14h-19h, mar.-sam. 10h-19h •Métro : Pigalle •Bus : 54, 67

Bon choix de guitares basses, modèles haut de gamme, neufs et d'occasion (Schmick à partir de 6500 F), et toute la gamme de basses de la marque Noguera, faites de bois brut de couleur naturelle, alliant esthétisme et qualité du son. Et aussi, des amplis pour basses, des pédales d'effet, des médiators, des cordes...

CENTRAL BASS

Guitares basses, pièces détachées, accessoires, neuf et occasion

Q/P : 5/10 •ASSORTIMENT : 8/10
✦ : Choix de modèles de basses

•7, rue de Douai — 75009 Paris •Tél. : 0144539457 •Horaires : mar.-sam. 10h-19h •Métro : Pigalle •Bus : 54, 67

Des guitares basses, neuves ou d'occasion (Gibson, Shamick, de 2500 à 30000 F), un très grand choix d'accessoires (cordages, pédales multi-effets, filtres, amplis), des modèles spécifiques pour gauchers, un accueil correct et des conseils de connaisseurs font de cette enseigne le rendez-vous incontournable de tous les aficionados de cet instrument.

GENERAL MUSIC STORE OCC'LAND

Batteries, percussions, sonos, amplis d'occasion

Q/P : 7/10 •ASSORTIMENT : 5/10
✦ : Bonnes affaires d'occasion

•9, rue de Douai — 75009 Paris •Tél. : 0148743192 •Fax : 0153200389 •Horaires : lun. 14h30-19h, mar.-sam. 10h-12h45 14h-19h •Métro : Pigalle •Bus : 54, 67

Des professionnels de l'occasion, tout leur stock de -10 à -50 % par rapport au prix du neuf. Lots intéressants de sonos, amplis Power, Quad, Sure, Cambridge Audio et des enceintes d'occasion également à des prix performants (sono complète à 3900 F). À noter aussi, un choix de batteries (éléments vendus séparément) et de percussions.

HOUSE OF GUITAR

Guitares électriques et acoustiques d'occasion

Q/P : 6/10 •ASSORTIMENT : 6/10
✦ : Marques réputées d'occasion

•6, rue de Douai — 75009 Paris •Tél. : 0145265510 •Horaires : lun. 14h30-19h, mar.-sam. 10h-12h45, 14h-19h •Métro : Pigalle •Bus : 54, 67

Des modèles d'occasion de marques réputées, à des prix intéressants. Choix de guitares électriques (Fender à 4200 F, Ibanez à 4800 F), de guitares acoustiques (Aria à 5500 F) et de guitares basses. Quelques modèles neufs de gamme moyenne à partir de 2500 F.

JVV AUDIO PARTNERS

Matériel audio, tables de mixage, câblages, amplis

Q/P : 7/10 •ASSORTIMENT : 7/10
✦ : Matériel d'occasion à bas prix

•49, av. Trudaine — 75009 Paris •Tél. : 0142827754 •Fax : 0142824256 •Horaires : mar.-sam. 10h-13h, 14h15-19h •Métro : Anvers •Bus : 67

Tout le matériel audio, accessoires et câblage, à des prix sympas. Nombre de modèles en vente sont des fins de séries ou des modèles d'exposition. Amplis à partir de 1500 F, paire d'enceintes à partir de 1000 F. Grand choix de tables de mixage, mixettes DJ, micros de marques Roland, Sure, Sony... Matériel garanti de 6 mois à 1 an. Conseils précis pour choisir votre matériel. Service rapide et performant de l'atelier de réparation.

LA BAGUETTERIE

Batteries, percussions, boîtes à rythmes, accessoires

Q/P : 7/10 •ASSORTIMENT : 9/10
✦ : Choix et conseil

•16, rue Victor-Massé — 75009 Paris •Tél. : 0142851337 •Horaires : lun. 14h-19h, mar.-sam. 10h-19h •Métro : Pigalle •Bus : 54, 67

•36-38, rue Victor Massé — 75009 Paris •Tél. : 0142810680 •Horaires : lun. 14h-19h, mar.-sam. 10h-19h •Métro : Pigalle •Bus : 54, 67

Le grand lieu du rythme à Paris. Énorme choix de batteries, percussions et accessoires. Beaucoup de modèles en démonstration, et l'on peut faire des essais au sous-sol, dans les deux salles insonorisées. Toutes les grandes marques : batteries Pearl, Ludwig, D Drum, DW…, percussions, djembés, congas, bongos et pieds Latin Percussion, D Premier… À noter, le nombre important de petites percussions afro-cubaines et brésiliennes (maracas, cloches, sifflets…), entre 100 et 200 F. Des accessoires indispensables : sièges, tabourets, housses et étuis de protection, peaux. En plus : un atelier de réparation, une garantie de 1 an sur le matériel, un catalogue complet et détaillé, un service de VPC, un serveur Minitel 3615 BAGUETTERIE (2,19 F/min).

LA BAG'SERVICES

Batteries, neuf et occasion   Q/P : 5/10 •ASSORTIMENT : 6/10
                                     ✚ : Choix de caisses claires

•16, rue Victor-Massé — 75009 Paris •Tél. : 0142851337 •Fax : 0142852979 •Horaires : mar.-sam. 10h-19h •Métro : Pigalle •Bus : 68

Tous les batteurs trouveront ici de quoi s'équiper. Choix impressionnant de grosses caisses et caisses claires de marques Pearl, DW… Beaucoup de matériel en exposition, mais principalement du matériel d'occasion. Les éléments sont vendus séparément et la boutique ne vend pas d'accessoires ni de pièces détachées. Comptez environ 3500 F pour un ensemble caisse claire, grosse caisse et 2 toms.

LA BOÎTE AUX RYTHMES 1

Batteries, neuf et occasion   Q/P : 6/10 •ASSORTIMENT : 6/10
                                     ✚ : Conseil, commande

•8, rue Lallier — 75009 Paris •Tél. : 0148784816 •Horaires : mar.-sam. 10h30-13h, 14h15-19h •Métro : Pigalle •Bus : 67, 68, 85

Caisse claire, charleston, cymbales, grosse caisse, neufs ou d'occasion, séparés ou dans un ensemble complet avec pieds, supports (comptez 3500 F pour une batterie complète). Toute la gamme Pearl, et un grand choix de pièces détachées (baguettes, balais, tabourets…). Accueil courtois réservé aux connaisseurs. Commande rapide de tout accessoire n'étant pas en stock.

LA BOÎTE AUX RYTHMES 2

Percussions   Q/P : 6/10 •ASSORTIMENT : 6/10
                                     ✚ : Conseil, commande

•29, rue Henry-Monnier — 75009 Paris •Tél. : 0145265210 •Horaires : mar.-sam. 10h30-13h, 14h15-19h •Métro : Pigalle •Bus : 67, 68, 85

Ce second magasin de l'enseigne est consacré aux percussions : grand choix de congas (à partir de 1300 F avec pied), de djembés (790 F), de bongos (460 F) et de djerboukas (en terre cuite ou en métal). Également, des cloches (à partir de 390 F), des maracas et tous styles de percussions afro-cubaines. Accueil agréable. Les tarifs peuvent se discuter.

L'AMPLI À LAMPES

Amplis anciens et de collection,   Q/P : 6/10 •ASSORTIMENT : 7/10
enceintes, pièces détachées   ✚ : Pièces détachées et lampes rares

•31 bis, rue Victor-Massé — 75009 Paris •Tél. : 0142810408 •Fax : 0142810402 •Horaires : mar.-sam. 10h-13h, 14h-19h •Métro : Pigalle •Bus : 54, 67

Pour tous les nostalgiques des bons vieux amplis à lampes d'autrefois, dont la chaleur du son n'a, paraît-il, jamais trouvé d'égale dans les nouvelles technologies. Pour restaurer ou reconstruire vous-même votre ampli, un grand choix de pièces détachées et de lampes. De nombreux modèles anciens et de collection : toutes les marques mythiques sont représentées – Marshall, Fender, Trace Elliot, Laney, Vox – pour le plus grand plaisir de vos oreilles (amplis à partir de 1900 F, baffles à partir de 1000 F).

OSCAR MUSIC

**Librairie musicale, partitions,
méthodes, accessoires**

Q/P : 6/10 •ASSORTIMENT : 8/10
✛ : Choix d'ouvrages spécialisés

•19, rue de Douai — 75009 Paris •Tél. : 0148748454 •Fax : 0140164338 •Horaires : mar.-sam.
10h-19h •Métro : Pigalle •Bus : 67

Plus de 10000 ouvrages recouvrant tous les styles de musique (songbooks de 50 à 250 F,
méthodes de 50 à 200 F, partitions, livres de solfège, carnets de chant), 2000 vidéos
pédagogiques, CD de play-back et informatique musicale (CD-Rom et disquettes de
séquence et de play-back). À noter, un rayon accessoires avec une sélection de cordes
(Ernie Ball), de câbles (Rapco) et courroies (DiMarzio), ainsi que métronomes (à partir
de 190 F), accordeurs (de 20 F à 1620 F), mini-amplis, housses et étuis, pieds de guitare,
sangles, et même du papier à musique.

PARIS 10ᵉ

MUSIC PLUS DJ SCHOOL

**École de DJ, vente et location de
matériel audio et éclairage**

Q/P : 8/10 •ASSORTIMENT : 8/10
✛ : Accueil, service, prix intéressants

•64, rue de l'Aqueduc — 75010 Paris •Tél. : 0146072526 •Fax : 0146078560 •Horaires : mar.-
sam. 10h30-19h30 •Métro : Louis-Blanc •Bus : 26

3 étages pour les 3 services principaux de Music Plus. Tout d'abord, un espace matériel
audio (tables de mixage Gemini, Pioneer à partir de 890 F, amplis Technics, BST de 820 à
2990 F, sampleurs à partir de 1350 F, accessoires DJ) et éclairage (spots, projecteurs, effets
disco et light show…), mais aussi des feutrines (les 2 à 75 F), des tee-shirts (129 F), des
CD, une librairie spécialisée et un espace dépôt-vente de matériel d'occasion (d'ailleurs
proposé à la location, à des prix compétitifs : pour un week-end, amplis de 100 à 300 F,
tables de mixage de 120 à 650 F, projecteurs, effets de 30 à 360 F, karaoké à 930 F). Enfin,
plusieurs formules de stages, d'une journée (8h de cours pour 995 F) à 1 mois (145h de
cours pour 6690 F). Tous les aspects de l'animation abordés, sous forme de modules, formation validée par un diplôme. Sur place, petites annonces vente-achat, opportunités
d'embauche et, par téléphone, un service gratuit de conseils techniques.

PARIS 11ᵉ

QUINTETTE MUSIQUE

**Réparation et entretien d'instruments
à vent**

Q/P : 6/10 •ASSORTIMENT : 6/10
✛ : Instruments à vent d'occasion

•44, rue St-Sébastien — 75011 Paris •Tél. : 0148060102 •Horaires : lun. 14h30-19h30, mar.-sam.
11h-13h, 14h-19h30 •Métro : St-Sébastien-Froissart •Bus : 20, 65 •Voir Quintette Musique, Paris 3e.

PARIS 12ᵉ

ROGER LANNE

Restauration d'instruments de quatuor

Q/P : 7/10 •ASSORTIMENT : 8/10
✛ : Formé chez Étienne Vatelot

•103, av. Daumesnil — 75012 Paris •Tél. : 0143406767 •Horaires : mar.-sam. 9h-12h, 13h30-
18h30 •Métro : Montgallet •Bus : 46

Installé depuis une petite année au Viaduc des Arts, l'atelier restaure les altos, violoncelles et
violons de toutes époques. Roger Lanne est membre du Groupement des Luthiers et Arche-
tiers d'art de France, qui rassemble 95 des meilleurs professionnels en France et à l'étranger.
Grande qualité d'intervention, prix et devis étudiés. Professionnels et particuliers.

PARIS 13ᵉ

ITALIE MUSIQUE

Guitares électriques et acoustiques,   Q/P : 7/10 •ASSORTIMENT : 7/10
effets, claviers   **+**   : Le choix de guitares

•169, rue de Tolbiac — 75013 Paris •Tél. : 01 45 88 64 00 •Fax : 01 45 80 93 90 •Horaires : mar.-sam. 10h-13h, 14h-19h •Métro : Tolbiac •Bus : 21, 62

Stock particulièrement intéressant de guitares neuves et d'occasion (Ibanez, Schmick, Barclay, Bronze...). Guitares électriques à partir de 700 F, amplis à partir de 290 F et guitares folk à partir de 390 F. Gamme variée de modèles de cordes, et de nombreux accessoires d'effets sonores à ajouter à votre guitare (pédales, filtres...). Méthodes, partitions, ainsi que quelques claviers (Yamaha...), et du matériel pour home studio aussi en vente.

PARIS 14ᵉ

PARIS ACCORDÉON   N

Vente et réparation d'accordéons,   Q/P : 6/10 •ASSORTIMENT : 7/10
bandonéons, concertinas   **+**   : Toutes marques, toutes provenances

•80, rue Daguerre — 75014 Paris •Tél. : 01 43 22 13 48 •Fax : 01 43 35 10 01 •Horaires : mar.-sam. 9h-12h, 13h30-19h, sam. 9h-18h •Métro : Gaîté •Bus : 38, 68

La maison, cinquantenaire, s'est agrandie. Collection de boutons de nacre et stock impressionnant de lames de rechange. Bandonéons et concertinas trouvent également ici de quoi se faire réparer. Vente d'instruments d'occasion et de collection, réparations.

PIANOS LABROUSSE

Achat, vente, location pianos, claviers,   Q/P : 8/10 •ASSORTIMENT : 8/10
lutherie, percussions, neuf et occasion   **+**   : Grand choix d'occasions

•101, av. du Général-Leclerc — 75014 Paris •Tél. : 01 45 40 86 00 •Horaires : mar.-sam. 10h-13h, 14h15-19h •Métro : Alésia, Porte-d'Orléans •Bus : 28, 38, 68 • Voir Pianos Labrousse, Paris 8e.

PARIS 15ᵉ

PAUL BEUSCHER

Vente, location et réparation   Q/P : 6/10 •ASSORTIMENT : 8/10
d'instruments de musique et   **+**   : Accueil et facilités de paiement
accessoires

•66, av. de la Motte-Picquet — 75015 Paris •Tél. : 01 47 34 84 70 •Fax : 01 47 34 04 92 •Horaires : lun. 11h-19h, mar.-sam. 10h-19h •Métro : La Motte-Picquet-Grenelle •Bus : 80

Toutes les grandes marques d'instruments de musique (guitares, claviers, lutherie traditionnelle, percussions, instruments à vent, pianos numériques et acoustiques) et un espace librairie musicale de 200 m². Voir Paul Beuscher, Paris 4e.

PARIS 17ᵉ

MUSIQUE LOCATION

Location d'instruments et de   Q/P : 6/10 •ASSORTIMENT : 7/10
sonorisations   **+**   : Location d'instruments rares

•25, rue Biot — 75017 Paris •Tél. : 01 43 87 13 63 •Horaires : lun.-ven. 9h30-12h30 14h-19h, sam. 9h30-13h 14h-18h •Métro : Place de Clichy •Bus : 30, 54, 95

Ce magasin vous loue quasiment tous les instruments existants (sauf les pianos). Location au mois d'instruments à vent, clarinettes, flûtes, trompettes et saxophones (de marques Buffet, Blessing, Artley...), de 140 à 250 F. Pour les instruments à cordes, grand choix de violons et de violoncelles du 1/4 au 4/4 (de 90 à 180 F/mois), de guitares folks, classiques et électriques (de 90 à 150 F/mois), mais aussi des accordéons (260 F/mois), des percussions, batteries, xylophones, vibraphones... À votre disposition pour vos soirées et concerts : des amplis (marques Peavey, Berry, 80 F pour le week-end), des baffles (75 W Lanney à 300 F la paire pour le week-end), des pupitres, des micros... Pour toute location seront exigés : pièce d'identité, justificatif de domicile et original du dernier bulletin de salaire, ainsi qu'une caution de 2500 à 5000 F.

PIANOS DAUDÉ

| Pianos, claviers | Q/P : 7/10 •ASSORTIMENT : 9/10 |
| | ✚ : Accueil et conseil, marque Bösendorfer |

•75 bis, av. de Wagram — 75017 Paris •Tél. : 0147633415 •Fax : 0147540967 •Horaires : lun.-sam. 9h-19h30, dim. 10h-13h, 15h-19h •Métro : Ternes, RER Étoile •Bus : 30, 31, 93 •Internet : http://www. pianosdaude. com

Un grand spécialiste, une gamme très large de pianos traditionnels (occasions à partir de 8000 F) et de pianos numériques (de 7000 à 30000 F), de marque Yamaha, Pleyel et Bösendorfer (marque autrichienne très haut de gamme, exclusivité du magasin en Île-de-France). Un service de location-vente qui travaille avec de très grands artistes et un service de crédit. Matériel garanti 10 ans. Livraison gratuite en cas d'achat.

LA VILLE-DU-BOIS 91

PIANOS LABROUSSE

| Achat, vente, location d'instruments de musique, librairie musicale | Q/P : 8/10 •ASSORTIMENT : 8/10 |
| | ✚ : Grand choix d'occasions |

•RN 20 — Montlhéry-La Ville-du-Bois — 91620 La Ville-du-Bois •Tél. : 0169809698 •Fax : 0169809697 •Horaires : mar.-sam. 10h-13h, 14h15-19h •Métro : RER C Savigny-sur-Orge

À cette adresse, tous les instruments, neufs et d'occasion (immense show-room, plus de 2000 modèles exposés), et une librairie musicale très bien fournie. Voir Pianos Labrousse, Paris 8e.

LEVALLOIS-PERRET 92

SONAMIX

| Matériel audio, home studio, numérique | Q/P : 9/10 •ASSORTIMENT : 7/10 |
| | ✚ : Gros catalogue disponible à la commande |

•39, rue Louis-Rouquier — 92300 Levallois •Tél. : 0147574506 •Fax : 0140890595 •Horaires : mar.-sam. 10h-13h, 14h30-19h •Métro : Louise-Michèle •Bus : 93 •e-mail : sonamix@pratique. fr

Au fond de la cour, ces deux petites maisons en bois recèlent tout le matériel pour la fabrication de MAO (musique assistée par ordinateur), à des prix alignés sur les moins élevés du marché. Samplers EMU-System, Akaï, Digidesign (à partir de 5000 F), cartes son, extensions, logiciels... Nombreuses démonstrations, notamment le samedi à 15h, initiation gratuite au sampling. Borne MIDI (plus de 3300 séquences en stock), borne drivers (drivers des cartes son, interfaces MIDI, démos et mises à jour des logiciels en libre service et gratuits). Nombreux catalogues et revues, VPC.

CRÉTEIL 94

HAMM — LA MAISON DE LA MUSIQUE

| Vente, location, réparation, entretien d'instruments de musique | Q/P : 6/10 •ASSORTIMENT : 9/10 |
| | ✚ : Choix important et essai des instruments |

•109-111, rue du Général-Leclerc — 94000 Créteil •Tél. : 0142079885 •Fax : 0149817282 •Horaires : mar.-sam. 9h45-19h, dim. 9h45-13h •Métro : Créteil-Préfecture • Voir Hamm — La Maison de la Musique, Paris 6e.

Jeux et clubs de jeux

Le moins cher des jeux

Pour des jeux traditionnels (échecs, backgammon…), privilégiez la qualité. Chez Games in Blue, de nombreuses promotions régulières sur des modèles neufs. Pour les jeux vidéo, préférez les magasins revendant des modèles d'occasion (de 20 à 50 % moins cher que les neufs). Le plus intéressant est sans conteste Stock Games chez qui on trouve prix les plus bas du marché (jeux N64 à partir de 129 F, PSX à partir de 49 F) et stock impressionnant d'occasions, de nouveautés et d'imports japonais ou américains. Tout le matériel neuf et occasion est garanti 6 mois. Sur place, connexion Internet, échange et rachat des jeux et CD-Rom (50 F en plus de votre jeu), switch et réparation des consoles. Vendeurs souvent submergés par les demandes, mais la plupart des jeunes clients qui fréquentent ces magasins seront aptes à vous renseigner et pourront même vous proposer des échanges encore plus avantageux que ceux offerts par la boutique

- **STOCK GAMES RIVOLI** : 32, rue de Rivoli — 75004 Paris — Tél. : 01 42 74 43 22
- **STOCKGAMES JUSSIEU CD-ROM** : 13, rue des Écoles — 75005 Paris — Tél. : 01 43 25 61 24
- **STOCK GAMES JUSSIEU CONSOLES** : 15, rue des Écoles — 75005 Paris — Tél. : 01 46 33 07 83
- **STOCK GAMES GARE-DU-NORD** : 23, rue d'Abbeville — 75009 Paris — Tél. : 01 44 63 02 49
- **STOCK GAMES RÉPUBLIQUE** : 13, bd Voltaire — 75011 Paris — Tél. : 01 43 55 76 45
- **STOCK GAMES MONTPARNASSE** : 4, rue Campagne-Première — 75014 Paris — Tél. : 01 43 35 32 10
- **STOCK GAMES**, Serveur Minitel : 3615 STOCKGAMES (2,23 F/min)
- **STOCK GAMES**, Service V.P.C. : 3, rue d'Arras — 75005 Paris — Tél. : 01 44 07 04 61
- **GAMES IN BLUE** : 24, rue Monge — 75005 Paris — Tél. : 01 43 25 96 73

PARIS 1er

BOUTIQUE DU BRIDGEUR

Bridge, tarot, jeux de cartes, accessoires

Q/P : 8/10 •ASSORTIMENT : 7/10
✚ : Qualité des produits

•28, rue de Richelieu — 75001 Paris •Tél. : 01 42 96 25 50 •Fax : 01 40 20 92 34 •Horaires : lun.-sam. 10h-19h •Métro : Palais-Royal •Bus : 39, 48, 67, 81

Les amateurs de bridge et autres jeux de cartes trouveront ici du matériel de grande qualité : documentation, jeux de cartes (à partir de 9,50 F), tables (entre 650 et 2000 F), tapis et boîtes à enchères de marques Grimaud, Patnik et Bridgeur. Livres spécialisés (enchères, défense…), possibilité de s'inscrire à des clubs ou à des tournois. Catalogue, VPC.

LE CIEL EST À TOUT LE MONDE

Jouets, jeux éducatifs, peluches, cerfs-volants

Q/P : 7/10 •ASSORTIMENT : 7/10
✚ : Qualité des produits

•Carrousel du Louvre — 75001 Paris •Tél. : 01 49 27 93 03 •Horaires : mar. 10h30-18h30, lun.-dim. 10h30-19h30 •Métro : Palais-Royal •Bus : 24, 48, 72 • Voir Le Ciel est à Tout le Monde, Paris 5e.

PARIS 4e

TEMPS LIBRE

Jeux classiques, jeux de rôles, jeux de société

Q/P : 8/10 •ASSORTIMENT : 7/10
✚ : Pour toutes les bourses

•22, rue de Sévigné — 75004 Paris •Tél. : 01 42 74 06 31 •Horaires : lun.-sam. 10h-19h •Métro : St-Paul •Bus : 69, 76, 96

Grand choix de jeux classiques (jeux d'échecs de 150 à 1000 F, jeux de société à partir de 200 F), et de quoi équiper tous les accros des jeux de rôle : documentations, accessoires, figurines (de 10 à 500 F pour une boîte de 80 figurines). Pour les débutants, conseils judicieux et démonstrations; pour les plus expérimentés, possibilité de s'inscrire à des tournois.

PARIS 5e

BOWLING MOUFFETARD

Bowling, billards, flippers

Q/P : 7/10 •ASSORTMENT : 5/10
✚ : Ambiance

•73, rue Mouffetard — 75005 Paris •Tél. : 0143310935 •Horaires : lun.-dim. 11h-2h, juillet et août 14h-2h •Métro : Place-Monge •Bus : 47, 89

L'accès à cet endroit se fait par un passage sous l'immeuble et au sous-sol. Étudiants et amateurs du quartier se retrouvent, dans une ambiance détendue, autour des billards, des flippers et des 10 pistes traditionnelles de bowling (compte des scores avec papier et crayon). La partie coûte 23 F avant 20h, et 32 F après. Location de chaussures, 10 F. Consos à partir de 10 F au bar, possibilité de se restaurer. De nombreux tournois organisés.

CERFVOLISSIME

Cerfs-volants, peluches

Q/P : 6/10 •ASSORTMENT : 9/10
✚ : Choix de cerfs-volants

•29, rue Bertholet — 75005 Paris •Tél. : 0143316565 •Fax : 0143310082 •Horaires : mar.-sam. 10-19h30 •Métro : Les Gobelins •Bus : 21, 91

Boutique presque exclusivement consacrée aux cerfs-volants. Choix des modèles exposés impressionnant : du modèle d'initiation (285 F) aux ailes spécialisées, acrobatiques, artistiques, de vitesse et de compétition (de 350 à plus de 1000 F). Choix de peluches fantaisies (à partir de 200 F), de diabolos (de 95 à 900 F), de jeux de fléchettes (35 F les 3), de balles de jonglage (à partir de 35 F pièce). Catalogue (20 F) et VPC.

FLASH GAMES

Consoles et jeux vidéo

Q/P : 7/10 •ASSORTMENT : 6/10
✚ : Accueil et conseil

•4, rue des Écoles — 75005 Paris •Tél. : 0140510304 •Fax : 0140518114 •Horaires : lun.-sam. 10h30-19h •Métro : Cardinal-Lemoine •Bus : 63, 86, 87

Petite surface mais un bon choix de nouveautés et de jeux d'occasion (de 269 à 589 F pour les jeux, console Nintendo 64 d'occasion à 790 F). On peut essayer les jeux; le patron vous indique les trucs et astuces propres au jeu choisi, ainsi que de nombreux mots de passe pour accéder rapidement aux niveaux supérieurs. Possibilité d'échanges et de reprises (de 50 à 250 F par jeu).

GAMES IN BLUE

Jeux traditionnels, jeux de stratégie, jeux optiques

Q/P : 7/10 •ASSORTMENT : 10/10
✚ : Grande qualité des produits

•24, rue Monge — 75005 Paris •Tél. : 0143259673 •Horaires : lun.-sam. 10h-19h, dim.14h-19h •Métro : Cardinal-Lemoine •Bus : 47, 89

Petit magasin, choix très diversifié de jeux : traditionnels (échiquiers et backgammon à partir de 200 F), mais aussi des jeux ethniques (Asie avec jeu de go, mah-jong, Afrique avec hawalé) et optiques (kaléidoscopes et octavioscopes à partir de 200 F). Vitrines magnifiques. Le patron, très accueillant, se fera un plaisir de vous expliquer les subtilités de certains jeux. Restauration de jeux anciens par sous-traitant. Nombreuses promotions, tout au long de l'année (-10 % à -30 %), sur les produits mis en avant.

GAMMY

Consoles et jeux vidéo Q/P : 7/10 •ASSORTIMENT : 8/10
  ✚ : Service location

•15, rue Guy-de-la-Brosse — 75005 Paris •Tél. : 0143310576 •Fax : 0143310450 •Horaires : lun.-sam. 10h30-19h30 •Métro : Jussieu •Bus : 89

Des consoles et des jeux vidéo neufs et d'occasion, à des prix intéressants (de 239 à 590 F pour N64 et de 50 à 345 F pour PSX). Nombreux services originaux : modification et switch Playstation à partir de 145 F, réparation port manette à partir de 195 F, location de jeux et consoles vidéo (jeux entre 30 et 50 F/jour, console 150 F/jour, chèque de caution et pièce d'identité exigés). Service de reprise et d'échange de jeux (votre jeu + 50 F).

JEUX DESCARTES

Jeux, puzzles et figurines Q/P : 6/10 •ASSORTIMENT : 9/10
  ✚ : Choix de jeux
  ▬ : Prix un peu élevés

•52, rue des Écoles — 75005 Paris •Tél. : 0143267983 •Horaires : mar.-sam. 10h-19h •Métro : Cluny-Sorbonne •Bus : 86, 87

Pour tous les enfants, de 7 à 77 ans. Un choix allant des jeux les plus classiques (échecs, dames, jeu de go, mah-jong…) aux plus modernes : puzzles 3D (à partir de 150 F), figurines et objets-gadgets (inspirés de la BD, de 150 à 300 F), et même un Monopoly Star Wars (290 F). Tous les accessoires pour jeux de rôles (marques War Hammer, War Games), et jeux de simulation et d'adresse (balles de jonglage à partir de 10 F, diabolos à 90 F).

LE CIEL EST À TOUT LE MONDE

Jouets, jeux éducatifs, peluches, cerfs-volants Q/P : 7/10 •ASSORTIMENT : 7/10
  ✚ : Qualité des produits

•10, rue Gay-Lussac — 75005 Paris •Tél. : 0146335391 •Horaires : mar.-sam. 10h-19h •Métro : RER B Luxembourg •Bus : 21, 27

Deux boutiques de la même enseigne : l'une destinée aux tout-petits, avec peluches (de 140 à 330 F), livres animés, jouets traditionnels en bois de très bonne qualité; l'autre s'adresse aux plus grands, avec des jeux éducatifs et des jeux d'adresse (cerf-volant de 250 à 900 F, diabolo entre 100 et 200 F).

L'ŒUF CUBE

Jeux de rôles, magic cards Q/P : 7/10 •ASSORTIMENT : 8/10
  ✚ : Choix de figurines

•15, rue Guy-de-la-Brosse — 75005 Paris •Tél. : 0143319102 •Horaires : lun.-sam. 10h15-18h45, dim. 14h-19h •Métro : Jussieu •Bus : 89 •e-mail : oeufcube@micronet.fr

•24, rue Linné — 75005 Paris •Tél. : 0145872883 •Horaires : lun.-sam. 10h15-18h45, dim. 14h-19h •Métro : Jussieu •Bus : 89 •e-mail : oeufcube@micronet.fr

Tous les produits liés aux jeux de rôle (figurines de marque Workshop à -5 %, documentation à partir de 60 F…). Tous les jours, des dizaines d'étudiants et de lycéens se retrouvent sur le trottoir d'en face pour échanger, vendre et acheter des magic cards. C'est le lieu privilégié pour rencontrer des partenaires pour vos futurs tournois.

MAYETTE MAGIE MODERNE

Accessoires pour tours de magie, feux d'artifices, farces et attrapes Q/P : 7/10 •ASSORTIMENT : 8/10
  ✚ : Compétences magiques du patron

•8, rue des Carmes — 75005 Paris •Tél. : 0143541363 •Horaires : mar.-sam. 10h-20h, dim.-lun. 14h-20h •Métro : Maubert-Mutualité •Bus : 63, 86, 87

Un lieu incontournable pour tous les magiciens amateurs et professionnels. Le responsable vous sortira de ses antiques tiroirs en bois des tours de magie accessibles à tous (à partir de 30 F). Bon choix de farces et attrapes et de feux d'artifice. En ressortant du magasin, la magie demeure quand même car le patron ne vous révèle jamais totalement la solution de ses tours.

PHÉNOMÈNE J

Jeux de rôles, trading cards
Q/P : 6/10 •ASSORTIMENT : 8/10
+ : La documentation

•23, rue Jean-de-Beauvais — 75005 Paris •Tél. : 0144071232 •Horaires : lun.-ven. 10h-19h
•Métro : Maubert-Mutualité •Bus : 63, 86, 87

De toutes les bonnes adresses de boutiques de jeux de rôles du Quartier latin, celle-ci est sans doute la mieux fournie en documentation : plus de 30000 ouvrages, scénarios, stratégies, documents concernant l'organisation de parties. Aussi, des figurines (WarHammer, WarGames), des trading cards, des dés à multiples facettes et tous les accessoires nécessaires à la pratique de ces jeux de simulation.

STAR PLAYER

Jeux de rôles
Q/P : 7/10 •ASSORTIMENT : 7/10
+ : Tournois organisés par la boutique

•3, rue Dante — 75005 Paris •Tél. : 0144073964 •Fax : 0144073979 •Horaires : lun.-sam. 10h30-19h30 •Métro : Maubert-Mutualité •Bus : 86, 87 •Internet : star-p@club. internet. fr

Un choix d'accessoires (figurines, décors) et de scénarios (livres, documentations, revues) pour les amateurs de jeux de rôles : boîtes de jeux à partir de 200 F, figurines (de 69 à 150 F), et tout pour décorer, peindre et fabriquer vous-mêmes vos décors. Distributeur des marques War Hammer et War Games.

TONKAM

BD, mangas, vidéos, laserdiscs
Q/P : 8/10 •ASSORTIMENT : 9/10
+ : Imports japonais

•24, rue Monge — 75005 Paris •Tél. : 0146339030 •Horaires : lun. 13h-19h, mar.-sam. 10h30-12h, 13h-19h •Métro : Cardinal-Lemoine •Bus : 47, 89

Un grand choix de BD, mangas (de 25 à 80 F), vidéos (de 15 à 130 F) et laserdiscs en import. Vous serez aidé par des spécialistes tout à fait disponibles. D'après les habitués, c'est ici que vous trouverez le meilleur choix de mangas. Catalogue VPC.

ULTIMA

Consoles et jeux vidéo
Q/P : 7/10 •ASSORTIMENT : 7/10
+ : Renouvellement régulier du stock
− : Taille de la boutique

•73, bd St-Germain — 75005 Paris •Tél. : 0143575000 •Horaires : lun.-sam.10h-19h •Métro : Maubert-Mutualité •Bus : 47, 63, 87 • Voir Ultima, Paris 13e.

PARIS 6e

ROUGE ET NOIR

Vente et location de jeux traditionnels, de salon, de casino
Q/P : 6/10 •ASSORTIMENT : 7/10
+ : Location de jeux de casino

•26, rue Vavin — 75006 Paris •Tél. : 0143260577 •Fax : 0143260577 •Horaires : mar.-sam. 10h30-19h •Métro : Vavin •Bus : 91

Des jeux traditionnels – échiquiers (de 30 à 2500 F), solitaires (de 95 à 4500 F), backgammons (de 95 à 5000 F) – aux jeux de casino et jeux en bois (casse-tête à partir de 55 F), tous les modèles proposés, fabriqués à partir de bois rare, sont de très grande qualité. Service de location pour roulette, tapis de black-jack avec jetons, sabots et râteau, jeu de la boule… Livraison et assistance de croupiers professionnels possibles.

VARIANTES

Jeux de stratégie, de réflexion, de société
Q/P : 7/10 •ASSORTIMENT : 7/10
+ : Accueil et conseil

•29 rue St-André-des-Arts — 75006 Paris •Tél. : 0143260101 •Fax : 0140468455 •Horaires : lun.-dim. 10h30-22h •Métro : Odéon, St-Michel •Bus : 63, 86, 96 •e-mail : variantes@aol. com

Ce spécialiste du jeu d'échecs (échiquiers de 35 F à plus de 10000 F, échiquiers électroniques à partir de 1090 F, pièces de collection, logiciels de jeu et documentation) dispose également d'un grand choix de jeux de société, de jeux de cartes et de jeux de réflexion (jeu de go, mah-jong…). Des prix corrects et une grande disponibilité des vendeurs.

PARIS 9ᵉ

BILLARDS RENÉ PIERRE

Billards, baby-foot, accessoires,   Q/P : 6/10 •ASSORTIMENT : 7/10
décoration   ✚   : Billards de qualité

•35, rue de Maubeuge — 75009 Paris •Tél. : 0144919121 •Fax : 0144919402 •Horaires : lun.-sam. 10h-13h, 14h-19h •Métro : Anvers •Bus : 26, 42

Spécialiste du billard, gamme assez complète (4 tailles) de tables de jeux (billards américains, anglais et français à partir de 6950 F). Également, 3 modèles de baby-foot (à partir de 2950 F), et de nombreux accessoires : queues de billards, porte-queues, lampes, cendriers, tableaux d'affichage des scores en bois sculpté, pour personnaliser votre salle de jeu. Sélection de jeux de stratégie de très bonne qualité (solitaires, dames chinoises…).

DIABLE BLANC

Comics, figurines   Q/P : 7/10 •ASSORTIMENT : 7/10
    ✚   : Choix de figurines Star Wars

•42, rue de Maubeuge — 75009 Paris •Tél. : 0149706556 •Horaires : mar.-sam. 10h-13h 14h-19h •Métro : Anvers •Bus : 85

Tous les fans de super-héros, Spiderman, X-mens et autres créatures Marvel, mais aussi les amateurs de films de science-fiction (Starwars, Star Trek) trouveront ici un nombre impressionnant de figurines de toutes tailles représentant leur héros favori, ou les monstres les plus effrayants (de 30 à 2000 F). Plus de 20 bacs de comics (nombreuses revues Marvel de collection), bandes dessinées consacrées aux aventures de ces étranges personnages. Toutes les semaines, des arrivages de nouveautés importées des États-Unis; revues entre 15 et 120 F.

LE CIEL EST À TOUT LE MONDE

Jouets, jeux éducatifs, peluches,   Q/P : 7/10 •ASSORTIMENT : 7/10
cerfs-volants   ✚   : Qualité des produits

•7, av. Trudaine — 75009 Paris •Tél. : 0148789340 •Horaires : mar.-sam. 10h-19h •Métro : Anvers •Bus : 30, 54 • Voir Le Ciel est à Tout le Monde, Paris 5e.

Score Games

Spécialiste du jeu d'occasion, avec ses 6 magasins parisiens qui garantissent leur matériel d'occasion (jeux N64 de 239 à 799 F, PSX de 79 à 359 F). Choix important mais prix parfois trop élevés. Les points forts du magasin : le serveur Minitel, où vous pourrez consulter la cote des jeux; de nombreux conseils et astuces, et un service de VPC. Catalogue édité tous les mois.

- *SCORE GAMES* : 46, rue des Fossés-St-Bernard — 75005 Paris — Tél. : 0143295959
- *SCORE GAMES* : 17, rue des Écoles — 75005 Paris — Tél. : 0146336868
- *SCORE GAMES* : 56, bd St-Michel — 75006 Paris — Tél. : 0143258555
- *SCORE GAMES* : 365, rue de Vaugirard — 75015 Paris — Tél. : 0153688688
- *SCORE GAMES* : 137, av. Victor-Hugo — 75016 Paris — Tél. : 0144050055
- *SCORE GAMES VPC* : 6, rue d'Amsterdam — 75009 Paris — Tél. : 0153320320
- *SCORE GAMES*, Serveur Minitel : 3615 SCORE GAMES (2,27 F/min)

PARIS 10e

ACCRO'BALLES

**Jonglage, équilibrisme, numéros de
cirque, accessoires, matériel**

Q/P : 7/10 •ASSORTIMENT : 7/10
+ : Boutique spécialisée, choix et accueil

•156, rue du Fg-Poissonnière — 75010 Paris •Tél. : 0148782008 •Fax : 0142850449 •Horaires :
lun.-sam. 10h-19h •Métro : Barbès-Rochechouart •Bus : 30, 31, 54 •e-mail :
accroballes@wanadoo.fr

Matériel de jonglage, de marque Mister Babache, Henry's, Qualatex, pour amateurs et
professionnels des jeux d'adresse (balles de 10 à 60 F, diabolos de 50 à 550 F, massues
de 50 à 220 F) et pour l'équilibrisme (monocycles, tiges d'appui...). Pour les tout-petits,
peluches de bonne qualité et quelques jouets en bois. Petit espace librairie, avec un choix
de documents de méthodes d'apprentissage et de cassettes vidéo sur les jeux d'adresse.

PARIS 11e

ATTRACTIVE ACTION AGE

**Consoles de jeux, jeux neufs et
d'occasion, réparations**

Q/P : 7/10 •ASSORTIMENT : 8/10
+ : Devis gratuits pour les réparations

•15, bd Voltaire — 75011 Paris •Tél. : 0140211402 •Fax : 0140211401 •Horaires : lun.-sam. 10h-
19h •Métro : République, Oberkampf •Bus : 20, 65

Nombreux jeux importés des États-Unis et du Japon. Le plus : un service de réparation
de consoles Nintendo 64 et Playstation, et un service pour adapter ces dernières aux
jeux américains et japonais (le marché français les reçoit avec un an de retard). Système
d'échange de jeux (rachat à la moitié du prix d'achat) et de nombreux jeux d'occasion.

BILLARDS JEAN MARTY

Tables de billard, queues, accessoires

Q/P : 6/10 •ASSORTIMENT : 6/10
+ : Qualité des tables

•16, bd des Filles-du-Calvaire — 75011 Paris •Tél. : 0147005592 •Fax : 0147002107 •Horaires : lun.
10h-12h, 14h-18h, mar.-sam. 9h30-12h30, 14h-18h30 •Métro : St-Sébastien-Froissart •Bus : 20, 65
•Internet : http://www.sollers.fr/billardsmarty/ •e-mail : marty@sollers.fr

Cet ancien champion du monde a créé sa propre ligne de tables de billard : 5 modèles
(américains, anglais, français à partir de 7000 F) tous de très grande qualité, du style Louis
XVI au billard transformable en table. Jean Marty, c'est aussi plus de 350 modèles de
queues en stock, et un service de réparation et de restauration très fiable.

CARO

Jeux de casino, roulettes, tapis de jeux

Q/P : 6/10 •ASSORTIMENT : 7/10
+ : Jeux de casino version familiale

•252, bd Voltaire — 75011 Paris •Tél. : 0143719745 •Fax : 0143719898 •Horaires : lun.-ven. 9h-
12h 14h-18h30 •Métro : Nation •Bus : 56

Tout le nécessaire pour transformer votre salon en tripot! La plupart des jeux de casino,
dans leurs versions familiale et professionnelle. 8 modèles de roulettes à partir de 440 F,
tapis de jeux, jeu de la boule et divers accessoires : pistes de 421, sabots, râteaux,
jetons... Bon choix de billards français, américains et anglais de 27430 F à 80000 F. Catalogue VPC, transporteur.

GAMMY

Consoles et jeux vidéo

Q/P : 7/10 •ASSORTIMENT : 7/10
+ : Service sur place

•8, rue Jean-Pierre-Timbaud — 75011 Paris •Tél. : 0148066923 •Fax : 0148066910 •Horaires :
lun.-sam. 10h30-19h30 •Métro : Oberkampf •Bus : 20, 65, 96 • Voir Gammy, Paris 5e.

Micromania

"Les nouveautés d'abord." Telle est la politique de cette enseigne, même si depuis peu les jeux Nintendo 64 sont repris et donc revendus d'occasion. Les prix des jeux varient de 329 à 869 F pour N64, et de 249 à 659 F pour Playstation. Si les prix sont les mêmes que ceux pratiqués en grande surface, le choix de nouveautés (imports japonais et américains) n'a pas d'équivalent. Les magasins sont spacieux, et vous pourrez essayer de nombreux jeux en démonstration. Deux catalogues (N64 et PSX) sont édités tous les mois, qui recensent les nouveautés à venir. Deux magasins ouverts le dimanche : celui des Champs-Élysées et celui du bd des Italiens.

- MICROMANIA CHAMPS-ÉLYSÉES : 84, av. Champs-Élysées — 75008 Paris — Tél. : 0148062653
- MIROMANIA ITALIENS : 5, bd des Italiens — 75002 Paris — Tél. : 0140159310
- 16 autres magasins en R.P. : Tél. : 0142560413 — Serveur Minitel : 3615 MICROMANIA (1,29 F/min)

MANGA'DISTRIBUTION

Mangas, vidéos, jeux vidéo Q/P : 7/10 •ASSORTIMENT : 8/10
✚ : Imports japonais de vidéos et jeux vidéo

•13, bd Voltaire — 75011 Paris •Tél. : 0148062653 •Fax : 0148062653 •Horaires : lun.-sam. 10h-19h30 •Métro : Oberkampf •Bus : 56, 96

L'univers manga sous toutes ses formes. Vous pourrez acheter de nombreuses cassettes vidéo (en démonstration sur deux écrans à l'entrée), un très grand choix d'imports japonais en VO ou VO sous-titrée, avec en plus des arrivages de nouveautés chaque semaine (de 59 à 129 F). Tous les jeux vidéo proposés sont aussi d'inspiration manga (Dragon Ball, Akira…) pour Nintendo 64 ou pour Playstation. Jeux neufs et d'occasion de 50 à 400 F. Catalogue, VPC, échange et reprise des jeux, réparation de consoles.

TONKAM

BD, mangas, vidéos, laserdiscs Q/P : 8/10 •ASSORTIMENT : 9/10
✚ : Imports japonais

•29, rue Keller — 75011 Paris •Tél. : 0147007838 •Horaires : lun. 13h30-19h, mar.-sam. 10h30-13h, 14h-19h •Métro : Ledru-Rollin •Bus : 86 • Voir Tonkam, Paris 5e.

ULTIMA

Consoles et jeux vidéo Q/P : 7/10 •ASSORTIMENT : 9/10
✚ : Renouvellement régulier du stock

•5, bd Voltaire — 75011 Paris •Tél. : 0143545000 •Horaires : lun.-sam. 10h-19h •Métro : République •Bus : 20, 54, 65 • Voir Ultima, Paris 13e.

PARIS 12e

JBC ROEVENS

Jeux de casino, roulettes, tapis de jeux Q/P : 6/10 •ASSORTIMENT : 7/10
✚ : Jeux de casino version familiale

•6, rue Abel — 75012 Paris •Tél. : 0143711539 •Fax : 0143719898 •Horaires : lun.-ven. 9h-12h, 14h-18h30 •Métro : Gare-de-Lyon •Bus : 20, 57, 63

La plupart des jeux de casino sont disponibles dans ce magasin. Roulettes à partir de 440 F, tapis de jeux, jeu de la boule et divers accessoires : pistes de 421, sabots, râteaux, jetons… À noter aussi un bon choix de billards français, américains et anglais de 27430 F à 80000 F. Catalogue, VPC, transporteur.

LA MAISON DU CERF-VOLANT

Cerfs-volants, documentation, accessoires, réparation Q/P : 6/10 •ASSORTIMENT : 9/10
✚ : Choix de modèles et de coloris

•7, rue de Prague — 75012 Paris •Tél. : 0144680075 •Fax : 0144680386 •Horaires : mar.-sam. 10h-19h •Métro : Ledru-Rollin •Bus : 29, 61, 76

Une vaste collection de plus de 500 cerfs-volants dans cette boutique spécialisée. Tous les types de modèles pilotables pour enfants (de 95 à 390 F), pour débutants (de 390 à 700 F), et de vitesse ou de figure pour les plus confirmés de 700 à 1600 F. Atelier de réparation. Nombreuses animations, atelier de fabrication, cours collectifs ou particuliers de pilotage, festivals, concours... Catalogue, VPC.

POWER GAMES

Achat, vente, échange de consoles et de jeux vidéo, neuf et occasion

Q/P : 6/10 •ASSORTIMENT : 6/10
♦ : Conseils

•31, rue de Reuilly — 75012 Paris •Tél. : 0143791222 •Fax : 0143791105 •Horaires : lun.-sam. 10h-19h •Métro : Nation •Bus : 46, 86

Pour tous les amateurs de jeux vidéo. Choix important en imports comme en jeux de fabrication européenne. Jeux N64 de 249 à 549 F, jeux PSX de 75 à 329 F. Essais possibles sur place. La jeune équipe de vendeurs, composée de passionnés, saura vous donner les codes ou les tips dont vous avez besoin pour progresser dans les niveaux supérieurs de votre dernière acquisition. Bourse d'échangesur Minitel 3615 POWERGAMES (1,29 F/min).

PARIS 13e

ULTIMA

Consoles et jeux vidéos

Q/P : 7/10 •ASSORTIMENT : 9/10
♦ : Renouvellement régulier du stock

•57, av. des Gobelins — 75013 Paris •Tél. : 0147073300 •Horaires : lun.-sam. 10h-19h •Métro : Les Gobelins •Bus : 47

Cette boutique est la plus grande des trois de cette enseigne. À côté des dernières nouveautés, un grand choix de jeux d'occasion (de 269 à 729 F pour N64 et de 89 à 479 F pour les jeux PSX). On vous demandera 50 F en plus de votre jeu pour un échange. Venir en semaine pour essayer tranquillement les jeux en démonstration.

PARIS 15e

JEUX DESCARTES

Jeux, puzzles et figurines

Q/P : 6/10 •ASSORTIMENT : 9/10
♦ : Choix de jeux

•39, bd Pasteur — 75015 Paris •Tél. : 0147342514 •Horaires : mar.-sam.10h-19h •Métro : Pasteur •Bus : 94 • Voir Jeux Descartes, Paris 5e.

PARIS 17e

ACADÉMIE DE BILLARD DE PARIS

Salle de billard

Q/P : 6/10 •ASSORTIMENT : 7/10
♦ : Lieu prestigieux

•47, av. de Wagram — 75017 Paris •Tél. : 0143803560 •Horaires : lun.-sam. 12h-2h, dim. 13h30-2h •Métro : Ternes •Bus : 31, 43, 93

Dans un cadre exceptionnel, plus de 20 tables de billard et de snooker. Clientèle diverse : jeunes, étudiants et vieux pros du billard. Le luxe de l'endroit n'affecte en rien les prix, très abordables : de 60 à 70 F l'heure (+ 3 F de prise en charge); bières à partir de 18 F.

JEUX DESCARTES

Jeux, puzzles et figurines

Q/P : 6/10 •ASSORTIMENT : 9/10
♦ : Choix de jeux
▬ : Prix un peu élevés

•6, rue Meissonier — 75017 Paris •Tél. : 0142275009 •Horaires : mar.-sam. 10h-19h •Métro : Wagram •Bus : 31, 94 • Voir Jeux Descartes, Paris 5e.

BAGNOLET 93

BONZINI & CIE

Baby-foots Q/P : 8/10 •ASSORTIMENT : 5/10
✚ : Le véritable baby-foot

•24, rue Désiré-Vienot — 93170 Bagnolet •Tél. : 0143603446 •Fax : 0143609478 •Horaires : lun.-ven. 8h-12h, 13h30-18h30 •Métro : Gallieni •Bus : 76

Les baby-foots Bonzini sont les modèles authentiques, utilisés en compétition officielle comme dans tous les troquets de quartier. Composés de hêtre massif, d'aluminium et d'acier chromé, ils sont garantis à vie. Choisissez parmi les 4 modèles de la gamme, et même si l'investissement est important (de 5100 à 8900 F), ce jeu indémodable fera le bonheur des petits et des grands sur de nombreuses générations.

Modélisme

PARIS 5e

EOL'1

Modèles réduits téléguidés Q/P : 6/10 •ASSORTIMENT : 8/10
✚ : Expérience
━ : Organisation du magasin

•55, bd St-Germain — 75005 Paris •Tél. : 0143540143 •Fax : 0140518647 •Horaires : lun. 13h-20h, mar.-sam. 8h-20h •Métro : Maubert-Mutualité •Bus : 63, 86, 87

Un des magasins les plus expérimentés sur Paris en matière de modélisme. Selon les saisons, vous pourrez choisir parmi une large gamme de véhicules radiocommandés (voitures, camions, planeurs, bateaux) de marque Graupner, Futuba, Scientific France, à des prix allant de 10 à 10000 F, ainsi que de nombreux produits dérivés (peinture, pièces détachées, posters…). Catalogue, VPC (monde entier), garanties et SAV.

EOL'2

Maquettes et figurines Q/P : 6/10 •ASSORTIMENT : 8/10
✚ : Expérience, diversité des produits
━ : Accès aux produits difficile

•70, bd St-Germain — 75005 Paris •Tél. : 0143540143 •Fax : 0140518647 •Horaires : lun. 13h-20h, mar.-sam. 8h-20h •Métro : Maubert-Mutualité •Bus : 63, 86, 87

Boutique entièrement consacrée aux maquettes et aux figurines. Plus de 600 modèles disponibles, de marques Heller, Tamiya, Revell (les maquettes de bateau, véhicules et avions sont à partir de 50 F). Choix important de peintures, colles, pièces détachées et accessoires. Conseils très professionnels.

EOL'3

Modèles réduits neufs et de collection Q/P : 6/10 •ASSORTIMENT : 8/10
✚ : Diversité des produits
━ : Accueil

•62, bd St-Germain — 75005 Paris •Tél. : 0143540143 •Fax : 0140518647 •Horaires : lun. 13h-19h, mar.-sam. 8h-19h •Métro : Maubert-Mutualité •Bus : 63, 86, 87

Modèles réduits de grande qualité et de collection (plus de 300 marques : Solido, Norev, Herpa) de 70 à 300 F pour les voitures (reproductions de nombreuses marques) et de 300 à 30000 F pour les bateaux. Pièces détachées, accessoires et plus de 200 couleurs.

PARIS 8e

MICROMÉGA MODÉLISME

Modèles réduits, maquettes, véhicules radiocommandés

Q/P : 7/10 •ASSORTIMENT : 7/10
✚ : Amabilité et conseil

•14 bis, av. Hoche — 75008 Paris •Tél. : 0145634652 •Horaires : lun. 14h30-19h, mar.-sam. 10h-13h30, 14h30-19h •Métro : Ternes •Bus : 31, 43, 93

Ne vous fiez pas à l'aspect désordonné de cette boutique, le patron connaît ses produits, et parmi plus de 200 marques (Tamiya, Kyosho, KWC…), il vous aidera à dénicher la maquette ou le modèle réduit de vos rêves, qui vous coûtera de 50 F pour une maquette plastique à plus de 10000 F pour des véhicules téléguidés (atelier de réparation).

PARIS 11e

AUTO-COLLECTIONS

Modèles réduits, maquettes, pièces détachées

Q/P : 6/10 •ASSORTIMENT : 7/10
✚ : Spécialiste des voitures miniatures

•17, av. Philippe-Auguste — 75011 Paris •Tél. : 0143738409 •Fax : 0143735112 •Horaires : lun. 15h-19h15, mar.-sam. 10h30-13h30, 15h-19h15 •Métro : Nation •Bus : 56, 86

Des petites voitures mais pas pour les enfants! Modèles réduits de voitures de luxe, des miniatures au 1/87e et au 1/43e de Bugatti, Rolls Royce de marque Vitesse, Minichamp à partir de 600 F. Une gamme très variée de camions de pompiers, plus de 10 modèles de 42 à 800 F. Pièces détachées, rayon figurines et jouets anciens. Catalogue, VPC.

CLAREL DISTRIBUTION

Modélisme ferroviaire, modèles réduits, maquettes

Q/P : 6/10 •ASSORTIMENT : 9/10
✚ : Un très bon choix d'articles

•25, rue de la Roquette — 75011 Paris •Tél. : 0147009894 •Fax : 0143551655 •Horaires : lun. 13h30-19h, mar.-sam. 9h30-19h •Métro : Bastille •Bus : 87

Un lieu béni pour tous les amateurs de modélisme ferroviaire : choix extraordinaire de locomotives (Rico, Kibri…) à partir de 900 F, et de wagons à partir de 200 F. Tous sont des répliques exactes de modèles originaux. Pour aménager votre propre réseau ferré, rails, décors, arbres, montagnes, tunnels, ponts… Clarel distribue également Dinky Toys, modèles à partir de 350 F. Catalogue, VPC.

PARIS 12e

ANNI-MINI

Circuits routiers électriques, miniatures automobiles, maquettes, soldats

Q/P : 7/10 •ASSORTIMENT : 7/10
✚ : Choix de circuits électriques

•22, bd de Reuilly — 75012 Paris •Tél. : 0143433351 •Fax : 0143435571 •Horaires : mar.-sam. 10h-19h •Métro : Daumesnil, Dugommier •Bus : 29, 46, 62, 87

Le spécialiste du circuit routier électrique, toutes les grandes marques (Nonco, Scalextric, SCX, Jouef, Polistil, MRRC…). Compter à partir de 500 F pour un circuit complet. Des voitures miniatures (Matchbox, Corgi…) à partir de 50 F, des soldats de plomb, des maquettes… L'accueil est très agréable et des démonstrations sont parfois organisées.

LOCO-MOTIV

Modélisme ferroviaire, fabricant de modules électroniques

Q/P : 6/10 •ASSORTIMENT : 7/10
✚ : Conseil et accueil

•276, rue de Charenton — 75012 Paris •Tél. : 0144680330 •Horaires : lun.-sam. 10h-19h •Métro : Dugommier •Bus : 87

Une autre façon de prendre le train. Pour les enfants, et surtout les adultes, un grand choix de locomotives (à partir de 600 F) et de wagons (à partir de 200 F), de marques Kibri, Rico… Nombreux accessoires pour compléter votre installation : rails, ponts, passages à niveaux, décor, reliefs et même des modules électroniques pour faire fonctionner votre réseau ferré comme un vrai (affichage, aiguillages automatiques…).

Beaux-arts, loisirs créatifs, travaux manuels

PARIS 1er

MÉMO'ART

Papeterie, agendas, crayons, peintures, argiles

Q/P : 6/10 •ASSORTIMENT : 7/10
✦ : Ouvert tard et le dimanche

•Carrousel du Louvre — 99, rue de Rivoli — 75001 Paris •Tél. : 01 42 86 54 70 •Horaires : lun. 11h-20h, mar. 11h-19h, mer. 10h-22h, jeu.-dim. 10h-20h •Métro : Palais-Royal •Bus : 69, 72, 81

Grand choix de fournitures : papiers, peintures, crayons, argile, etc. Mais également des stylos, agendas, bijoux et autres gadgets. Fournitures vendues en petites quantités, prix donc plus élevés que dans des magasins spécialisés. Pour des dépannages, surtout le dimanche !

Dalbe

Fournitures de dessin et papeterie, un grand choix de papiers, couleurs, peintures, châssis, toiles à peindre et rouleaux (coton, lin, synthétique). Rayon papeterie bien fourni. Vendeurs très compétents et accueil très agréable.

• *DALBE* : 52, passage Choiseul — 75002 Paris — Tél. : 01 42 96 95 54
• *DALBE* : 47, rue des Archives — 75004 Paris — Tél. : 01 42 78 08 56
• *DALBE* : 20-24, rue Soufflot — 75005 Paris — Tél. : 01 43 54 43 60
• *DALBE* : 49, rue Claude-Bernard — 75005 Paris — Tél. : 01 43 36 36 99
• *DALBE* : 8, bd St-Martin — 75010 Paris — Tél. : 01 42 02 05 56
• *DALBE* : 43, rue Hallé — 75014 Paris — Tél. : 01 43 27 60 20
• *DALBE* : 11, bd Edgar-Quinet — 75014 Paris — Tél. : 01 43 20 68 53
• *DALBE* : 96, rue Damrémont — 75018 Paris — Tél. : 01 46 06 60 38

PARIS 3e

ROUGIÉ & PLÉ

Matériel de dessin, peinture, poterie, reliure, encadrement, tapisserie…

Q/P : 6/10 •ASSORTIMENT : 8/10
✦ : Démonstrations gratuites

•13-15, bd des Filles-du-Calvaire — 75003 Paris •Tél. : 01 42 72 82 91 •Horaires : lun.-sam. 9h30-19h •Métro : Filles-du-Calvaire •Bus : 20, 65, 96

Cette enseigne doit d'abord sa réputation à la qualité des produits qu'elle vend. Matériel de dessin, graphisme ou peinture, le choix est important. Mais Rougié & Plé consacre désormais une grande partie de son espace aux loisirs créatifs, création de bijoux (perles à partir de 3 F), poterie, peinture sur soie, reliure, encadrement, pochoirs, tapisserie, mosaïque (415 F le kit). Pour connaître l'utilisation de ces produits, des démonstrations gratuites ont lieu tous les jours (10h-12h, 14h-17h). Des RDV à ne pas manquer, pour se perfectionner ou découvrir de nouvelles activités (le matériel utilisé lors des démonstrations est soldé à -20 %). Calendriers des RDV Rougié & Plé disponibles pour chaque magasin. Catalogue 35 F (remboursable dès le premier achat), VPC.

Graphigro

Matériel de dessin, peinture, architecture, céramique... Véritable supermarché des loisirs créatifs, un immense espace de 3 niveaux. Du matériel pour de très nombreuses activités : peinture (pigments à partir de 55 F, patines à 80 F, pinceaux à partir de 10 F), dessin, graphisme, architecture, design. Mais aussi pliages de papiers, l'assemblage de perles, la céramique... Difficile de trouver plus de choix ailleurs. Prix des fournitures courantes (crayons, papier à dessin, carnets de croquis) alignés sur ceux pratiqués en grande surface (25 feuilles à dessin 50 x 65 en 160 g à 25 F).

- **GRAPHIGRO** : 133, rue de Rennes — 75006 Paris — Tél. : 01 42 22 51 80 — Fax : 01 45 44 70 00
- **GRAPHIGRO** : 207, bd Voltaire — 75011 Paris — Tél. : 01 43 48 23 51 — Fax : 01 43 70 93 37
- **GRAPHIGRO** : 157-159, rue Lecourbe — 75015 Paris — Tél. : 01 42 50 45 59 — Fax : 01 48 56 01 65
- **GRAPHIGRO** : 120, rue Damrémont — 75018 Paris — Tél. : 01 42 58 93 40 — Fax : 01 42 59 00 91

PARIS 12ᵉ

LEJEUNE BEAUX-ARTS

Importation de matériel pour artistes peintres

Q/P : 7/10 •ASSORTIMENT : 9/10
+ : Choix de matériel de qualité

•73, av. Ledru-Rollin — 75012 Paris •Tél. : 01 43 07 57 62 •Fax : 01 43 07 98 00 •Horaires : mar.-sam. 9h30-18h •Métro : Ledru-Rollin •Bus : 61, 76

Pour les artistes peintres, du matériel de très grande qualité à des prix imbattables. Lejeune importe régulièrement des produits de grandes marques étrangères. Pour la peinture à l'huile, 121 couleurs pour les tubes de la marque hollandaise Rembrandt (tube 40 ml de 25 à 129 F) et 24 couleurs de la marque Spectrum (tube de 250 ml de 79 à 274 F). Pour l'acrylique, les couleurs Utrecht importées des États-Unis se distinguent par leur extraordinaire qualité (tube 60 ml de 35 à 81 F). Également, large gamme de produits annexes (Liquitex), gels, vernis, produits de consistance et de texture, pigments, gels, toile à peindre en rouleau (1,5 x 5,5 m à 524 F) et brosses de toutes tailles de 41 à 1694 F. Catalogue, VPC.

PARIS 14ᵉ

LA RÈGLE D'OR

Fournitures de dessin et arts plastiques

Q/P : 7/10 •ASSORTIMENT : 7/10
+ : Livraisons à domicile

•47, bd St-Jacques — 75014 Paris •Tél. : 01 45 65 21 06 •Horaires : mar.-ven. 9h30-12h30, 14h-19h, sam. 9h30-12h, 14h-17h •Métro : St-Jacques •Bus : 38, 68

Boutique au fond de la cour. Grand choix de fournitures sur tous les thèmes de la peinture, du dessin, de la sculpture, etc. Les livraisons sont possibles, uniquement le jeudi, pour un montant minimum à déterminer lors de la commande.

L'ARTISTE PEINTRE

Matériel de peinture

Q/P : 7/10 •ASSORTIMENT : 7/10
+ : Promotions ponctuelles

•54, bd Edgar-Quinet — 75014 Paris •Tél. : 01 43 22 41 79 •Fax : 01 43 22 31 71 •Horaires : lun.-sam. 9h30-19h •Métro : Edgar-Quinet •Bus : 28, 58

Artistes peintres, débutants, étudiants ou confirmés, cette boutique vous est destinée. Plus de 7400 références, peintures, acryliques, gouaches, aquarelles, huiles (de 25 à 200 F pour 250 ou 500 ml) de marques Talens, Lefranc, Pebeo, Schminke. Tout au long de l'année, des promotions sur les accessoires, chevalets, châssis à clés, pinceaux, papiers, toiles… Au sous-sol, un atelier d'encadrement express (en 48h). Remise de 10 % sur le matériel et l'atelier accordée aux étudiants.

PAPIERS PARIS

Papiers pour tous les arts, encadrements	Q/P : 8/10 • ASSORTIMENT : 9/10 ✚ : Choix de papier

• 26, rue Vercingétorix — 75014 Paris • Tél. : 0143229360 • Fax : 0142798284 • Horaires : lun.-ven. 9h30-18h30, sam. 10h-18h • Métro : Gaîté • Bus : 28, 58

1 500 variétés de papiers et autres supports, pour tous les arts (feuille de cuivre 65 x 100 à 140 F, papiers asiatiques entre 14 et 23 F la feuille 56 x 76, remise de 15 % pour l'achat de paquets entiers de papier). Au sous-sol, tout le nécessaire pour vos encadrements : plaques de verre, plus de 600 baguettes (par exemple méplat 20 mm plaqué chêne, palissandre ou merisier à 71,70 F, grosse baguette à 66 F). Un atelier se charge du découpage, de l'assemblage ou de l'encadrement complet. VPC, transporteur.

PARIS 18e

ADAM MONTMARTRE

Matériel de dessin et peinture	Q/P : 7/10 • ASSORTIMENT : 9/10 ✚ : -15 % pour les étudiants

• 96, rue Damrémont — 75018 Paris • Tél. : 0146066038 • Fax : 0142590683 • Horaires : lun. 14h-19h, mar.-sam. 9h-12h30, 14h-19h • Métro : Lamarck-Caulaincourt • Bus : 31, 60, 95

Tout le matériel pour le dessin (blocs Dalbe 24 x 32 cm à 39 F, pastels (boîte de 15 à 155 F), crayons, fusains, feutres), pour la peinture (rouleau de toile de 10 x 3,10 m à 720 F, chevalets à partir de 790 F, gouaches Fana, Linel, aquarelle Winsor & Newton, Rowney, acryliques, vernis, huiles Sennelier, Rembrandt…). Mais aussi le nécessaire pour la calligraphie, l'encadrement, le modelage et de nombreuses autres activités manuelles (confection de masques, perles, maquillage, pochoirs), et un coin librairie bien fourni (livres d'art, méthodes techniques et revues spécialisées).

LONGJUMEAU 91

ROUGIÉ & PLÉ

Matériel de dessin, peinture, poterie, reliure, encadrement, tapisserie…	Q/P : 6/10 • ASSORTIMENT : 8/10 ✚ : Démonstrations gratuites

• Place-de-la-Gare — 91160 Longjumeau • Tél. : 0164489292 • Horaires : lun.-sam. 9h30-19h • Métro : RER C Longjumeau • Voir Rougié & Plé, Paris 3e.

PANTIN 93

ETS BERMANN

Céramique, émaux, grès, faïences, matériel de sculpture et de modelage	Q/P : 7/10 • ASSORTIMENT : 8/10 ✚ : Seul fabricant de terre de Paris

• 7, rue Cartier-Bresson — 93500 Pantin • Tél. : 0148451103 • Fax : 0148457563 • Horaires : lun.-ven. 8h30-12h, 14h-17h30 • Métro : Aubervilliers-Pantin

Depuis 1931, les Ets Bermann fournissent les artistes de la région parisienne en terre à modeler (55 F les 10 kg), pâte à faïence (de 55 à 195 F les 10 kg), grès et porcelaine (de 46 à 55 F les 10 kg). Tous les matériaux sont vendus au prix de gros à partir de 60 kg. Des oxydes et des minéraux (nickel, cuivre, zinc…), ainsi que de l'outillage.

Loisirs & Création

Fournitures de dessin et d'arts plastiques. Plus qu'un simple magasin, les beaux-arts à la portée de tous, et en famille. Tout pour apprendre à peindre, dessiner, modeler, sculpter, avec le matériel en petite ou grande quantité, et les ouvrages de référence sur le sujet. Un grand choix de perles est également proposé. Prix corrects.

• *LOISIRS & CRÉATION* : 53, rue de Passy — 75016 Paris — Tél. : 01 42 15 13 43
• *LOISIRS & CRÉATION* : CC Carrefour — 77000 Villiers-en-Bière — Tél. : 01 64 87 92 72
• *LOISIRS & CRÉATION* : CC Parly II — 78000 Parly — Tél. : 01 39 43 06 35
• *LOISIRS & CRÉATION* : CC Evry II — 91000 Evry — Tél. : 01 69 36 20 34
• *LOISIRS & CRÉATION* : CC Créteil Soleil — 94000 Créteil — Tél. : 01 49 56 07 57

ARCUEIL 94

MARIN

Matériel pour artistes peintres   Q/P : 8/10 •ASSORTIMENT : 8/10
                                          ✚ : Grand choix et bas prix

•70, av. Gabriel-Péri — BP 51 — 94115 Arcueil •Tél. : 01 47 40 04 20 •Horaires : lun.-sam. 9h-18h
•Métro : RER B Laplace •Bus : 186, 323

Artistes peintres et croqueurs amateurs viennent de loin pour s'approvisionner ici. Une seule raison : l'un des stocks les plus importants de Paris, à des prix vraiment bas. Châssis nus (de 13 à 260 F) et entoilés, séries de toiles (20 à 900 F), toiles à peindre, chevalets, couleurs (huile à partir de 10 F). Tout le nécessaire pour l'encadrement et fournitures diverses, fusains, pinceaux, brosses, crochets… Catalogue, VPC.

Livres, bouquinistes, relieurs

Trouvez tous les livres disponibles

Pas d'enseignes de librairie dans PARIS DES BONNES AFFAIRES, puisque le prix du livre, encadré par la Loi Lang, est le même pour tout le monde, quel que soit le type de librairie ou de grande surface que vous fréquentez. En revanche, si vous cherchez un livre dont vous ne connaissez pas le titre, dont vous avez oublié l'auteur ou l'éditeur, ou les livres disponibles sur un sujet donné, tapez 3617 ELECTRE sur votre Minitel avant d'aller voir votre libraire.

Ce serveur Minitel génial vous permet de trouver les références complètes de n'importe quel ouvrage (ou CD-Rom) encore disponible. La recherche peut s'effectuer par sujet, auteur, titre ou mot du titre, collection, éditeur, etc. Vous n'avez plus aucune excuse pour arriver chez votre libraire avec des références approximatives et vous serez servi plus rapidement.

• *ELECTRE* : Minitel : 3617 ELECTRE, 0,12 puis 2,23 F/min

PARIS 3ᵉ

LA RELIURE DES ARQUEBUSIERS

Reliure et restauration de livres,   Q/P : 9/10 •ASSORTIMENT : 9/10
albums photo   ✚ : Les albums photo personnalisés

•4, rue des Arquebusiers — 75003 Paris •Tél. : 0144786933 •Horaires : lun.-ven. 9h-18h
•Métro : Chemin-Vert •Bus : 20, 65

Équipe composée d'un relieur, formé à la Bibliothèque nationale et au musée Carnavalet, et d'une restauratrice. Vous pouvez apporter tous vos ouvrages anciens et modernes sans distinction. Le choix des matières et des possibilités de reliures est vaste, selon vos envies et votre budget. Comptez au minimum un mois et demi d'attente avant de pouvoir récupérer votre ouvrage. Prix sur devis uniquement. Vous pouvez demander la création d'album photo sur mesure, grand format (350 F les 50 pages), et vous choisirez la reliure !

PARIS 6ᵉ

ATELIER LAMBERT-BARNETT

Reliure de livres anciens   Q/P : 8/10 •ASSORTIMENT : 6/10
                                                         ✚ : Savoir-faire d'un atelier familial

•4, rue Monsieur-le-Prince — 75006 Paris •Tél. : 0146330884 •Horaires : lun.-ven. 9h-18h
•Métro : Odéon •Bus : 24, 63, 86, 87

Une minuscule boutique, ou du moins l'espace qui y est réservé au public, avec l'ambiance des anciennes maisons de reliure. Vous pouvez y déposer tous vos livres anciens ou non et revenir les rechercher, recouverts de cartonnages ou de peaux plus ou moins précieuses, environ un mois après Prix très corrects, mais très différents selon le type de matériaux choisi.

PARIS 9ᵉ

FLORENT ROUSSEAU

Reliure   Q/P : 8/10 •ASSORTIMENT : 8/10
                                                         ✚ : Tous travaux
                                                         ▬ : 1 mois d'attente minimum

•34, rue Ballu — 75009 Paris •Tél. : 0145267058 •Horaires : lun.-ven. 9h30-12h, sam.-dim. sur rendez-vous •Métro : Place-de-Clichy •Bus : 68, 81

Reliure traditionnelle ou demande plus créative, tout est possible. Prix sur devis, selon l'état de l'ouvrage et le type de travail demandé. Comptez au minimum un mois d'attente.

JMC RELIURE

Rénovation de reliures   Q/P : 8/10 •ASSORTIMENT : 8/10
                                                         ✚ : Délais rapides

•50, rue de Rochechouart — 75009 Paris •Tél. : 0145269233 •Fax : 0140239040 •Horaires : lun.-ven. 9h-12h30, 14h-18h30, sam, 9h-13h •Métro : Anvers •Bus : 85

Reliures d'art à la main, restauration de beaux livres rares et anciens, gainerie de boîtes de rangement pour protéger des exemplaires fragiles. Rentoilage, recollage, remplacement de couvertures à l'identique lorsque c'est possible. Réparer les livres de notre enfance, leur donner une nouvelle couverture, faire refaire la couverture d'un livre endommagé, ou faire relier ses aquarelles de vacances, c'est possible et peu onéreux. Réparations de boîtes et de cartonnages administratifs. Les reliures sont faites par un artiste, Monsieur Morlent qui avait, il y a peu de temps, une boutique 12, rue Condorcet et qui vient de rejoindre celle de son épouse. Devis immédiats.

ROGER BUISSON

Restauration de livres anciens ou modernes

Q/P : 8/10 • ASSORTIMENT : 7/10
+ : Un travail de spécialiste
− : 3 à 6 mois d'attente

• 4, rue d'Aligre — 75012 Paris • Tél. : 0143071925 • Horaires : lun.-ven. 9h-19h • Métro : Ledru-Rollin • Bus : 61, 86

L'atelier Buisson (au fond de la cour) restaure vos livres, anciens ou modernes. Le travail est effectué sur le livre, et aucun élément ne sera ôté de l'ouvrage initial. Le lavage des livres permet d'ôter des taches d'humidité qui roussissent ou noircissent les pages. Différentes techniques possibles, devis et estimation des travaux sur place. M. et Mme Buisson travaillent dans l'atelier. Ils se déplacent pour les livraisons et les RDV extérieurs, mieux vaut appeler avant de passer. Compter entre 3 et 6 mois d'attente, selon le travail à effectuer.

Bouquinistes et livres anciens

Devenus le passage obligé des touristes, comme s'ils représentaient un monument au même titre que la tour Eiffel ou l'arc de Triomphe, les bouquinistes situés le long des quais de la Seine sont plus de 200, répartis sur la rive droite, du pont Marie à la rue du Louvre et, sur la rive gauche, entre le pont Sully et le pont Royal. Certains sont spécialisés dans les gravures, les lithographies, d'autres dans les livres policiers ou à suspense, ou encore les cartes postales anciennes. Mais il devient difficile d'y trouver les ouvrages rares qui faisaient autrefois leur renommée.

En revanche, les libraires de livres anciens sont environ 130 à Paris et en région parisienne. Certaines sont spécialisées (histoire, régionalisme, gastronomie, sciences, médecine, littérature du XIXᵉ siècle, etc.), d'autres sont plus généralistes. Il serait parfaitement inutile de vous les indiquer puisque le Syndicat National de la Librairie Ancienne et Moderne publie chaque année un répertoire sur la France entière, classé par villes et par ordre alphabétique d'enseignes. Un index thématique permet de trouver les libraires spécialisées. Gratuit et envoyé sur simple demande.

• *SYNDICAT NATIONAL DE LA LIBRAIRIE ANCIENNE ET MODERNE:*

4, rue Gît le Cœur — 75006 Paris — Tél. 0143294638

EDGARD GRASSIGNOUX

Reliure et restauration de livres

Q/P : 8/10 • ASSORTIMENT : 9/10
+ : Restauration de BD

• 91, rue Pascal — 75013 Paris • Tél. : 0143362044 • Horaires : lun.-ven. 8h30-12h30, 13h30-19h, sam. sur RDV • Métro : Corvisart • Bus : 62

Cet artisan se propose de relier et de restaurer vos livres anciens ou contemporains. La technique utilisée est manuelle et artistique. Tarifs fixes et indiqués (reliure toile 18,5 x 11,5 cm 285 F, charnière 100 F). Comptez entre 2 et 3 semaines de délai. Sa spécialité : la restauration de BD.

AU GAI CHAGRIN

Reliure de livres anciens et de qualité

Q/P : 7/10 • ASSORTIMENT : 8/10
+ : Ouvrages anciens

• 12, rue Froidevaux — 75014 Paris • Tél. : 0143351673 • Horaires : lun. 14h-19h, mar.-ven. 9h-12h, 13h30-19h, sam. 9h-12h • Métro : Denfert-Rochereau • Bus : 38, 68

Consacrée de préférence aux livres anciens et de qualité, la boutique accepte néanmoins les ouvrages de valeur sentimentale. Les travaux effectués sont variés et nécessitent une discussion avec la responsable. Prix uniquement sur devis.

Marché aux livres anciens Georges-Brassens

Tous les week-ends, de l'aube à la tombée de la nuit, 80 libraires anciens et bouquinistes venus de la France entière tiennent marché aux livres sous une halle dans le parc Georges-Brassens. On y trouve de tout, des livres tout juste épuisés, des BD, de l'histoire, des livres pour enfants, de beaux livres anciens, etc. Le choix est vaste et les marchands se renouvellent d'un week-end à l'autre. Une bonne promenade pour les amateurs de vieux papiers.

• MARCHÉ AUX LIVRES ANCIENS : Parc Georges Brassens — Rue de Brancion — 75015 Paris

Cours et stages

Tout apprendre à Paris

L'ADAC, qui a fêté ses 20 ans en janvier, est incontournable pour tous les Parisiens désirant pratiquer une activité artistique, culturelle ou s'essayer aux nouvelles technologies (infographie, Internet, multimedia, dessin d'animation…). Elle gère plus de 400 ateliers, dans 56 centres répartis dans tout Paris, et propose 200 disciplines différentes. L'adhésion, de 80 F par année scolaire, est valable pour plusieurs ateliers. Pour un cours par semaine vous paierez 650 F le trimestre (1 500 F la saison) si vous êtes un adulte ou un adolescent et 325 F le trimestre pour votre enfant (750 F la saison). Pour les ateliers de nouvelles technologies, les prix diffèrent mais une prise en charge par votre employeur, l'Afdas ou les Assedic est possible.

• ASSOCIATION POUR LE DÉVELOPPEMENT DE L'ANIMATION CULTURELLE DE PARIS
Tél. : 01 44 61 87 87 — Serveur Minitel : 3615 PARIS puis ADAC (1,29 F/min)

PARIS 1er

ATELIER BEAUX-ARTS

Cours de dessin, peinture, photo, sculpture, gravure, histoire de l'art	Q/P : 7/10 •ASSORTIMENT : 8/10 ✦ : Grand choix de disciplines

•15, rue Jean-Lantier — 75001 Paris •Tél. : 01 42 36 06 68 •Horaires : lun.-ven. 9h30-12h30 14h-17h •Métro : Châtelet-Les Halles •Bus : 58, 70, 75, 81

L'Atelier Beaux-Arts de la Ville de Paris s'adresse à tout adulte désireux de pratiquer différentes disciplines des arts plastiques : débutant, artiste amateur ou professionnel. L'enseignement, confié à des artistes professionnels, porte sur diverses disciplines : dessin, peinture, sculpture, gravure, photographie, histoire de l'art, formation musicale et chant en chorale. Les cours ont lieu dans des ateliers parisiens et dans des écoles élémentaires d'octobre à juin, avec 2 séances hebdomadaires, tous les jours de la semaine entre 19h et 22h. Participation annuelle de 480 à 1 260 F selon la matière étudiée.

CENTRE D'ANIMATION LES HALLES–LE MARAIS

Cours d'arts du spectacle et vidéo,
enfants et adultes

Q/P : 6/10 •ASSORTIMENT : 7/10
+ : Formations et cours de qualité

• Association Forum Animation-Loisirs — 6-8, place carrée (porte-St-Eustache) — 75001 Paris
• Tél. : 0140268788 •Fax : 0140263418 •Horaires : lun.-ven. 10h-20h, sam. 14h-19h •Métro :
Châtelet-Les Halles •Bus : 58, 70, 75, 76, 81

• Antenne St-Honoré — 32, place du Marché-St-Honoré — 75001 Paris •Tél. : 0149269212
• Horaires : lun.-ven. 10h-20h, sam. 14h-19h •Métro : Pyramides •Bus : 39, 95

De très nombreuses activités. Pour les enfants, initiation aux activités manuelles et artistiques (dessin, théâtre, musique, pâtisserie, danse...) et aux nouvelles technologies (vidéo, mini-reporter, informatique). Pour les adultes, création musicale et audio, initiation à la réalisation, prise de son, cadrage, vidéo numérique, montage numérique sur système AVID. Pour pratiquer une activité, la carte "Usager" est obligatoire; son coût est de 60 F pour les jeunes de 4 à 18 ans, de 80 F pour les étudiants, demandeurs d'emploi et retraités, et de 100 F pour les adultes. Selon l'activité choisie, le tarif varie entre 1000 et 1500 F/an.

LES ATELIERS DU CARROUSEL

Ateliers de dessin, peinture, aquarelle,
modelage, gravure

Q/P : 5/10 •ASSORTIMENT : 9/10
+ : Choix et qualité des enseignements
− : Un peu trop cher

• Palais du Louvre — 111, rue de Rivoli — 75001 Paris •Tél. : 0144555902 •Horaires : lun.-ven. 10h-12h, 14h-17h (secrétariat) •Métro : Palais-Royal •Bus : 27, 48, 72 •Internet : http://www. ucad. fr

Les ateliers d'arts plastiques de l'Union centrale des arts décoratifs vous accueillent chaque semaine dans un de leur site, au musée des Arts décoratifs, dans le pavillon de Marsan du Grand Louvre (111, rue de Rivoli) et à l'école Camondo (266, bd Raspail). Cours à l'année pour enfants (à partir de 4 ans) et adultes : dessin, peinture, design, architecture, BD... Adhésion à partir de 100 F (carte de membre, invitations aux expos, revues spécialisées...). Tarifs à l'année qui varient selon les cours : enfants à partir de 3500 F, adultes à partir de 2500 F. Tarifs réduits et cours spéciaux pour étudiants en beaux-arts.

MAISON DES CONSERVATOIRES

Cours de danse, de musique, d'art
dramatique

Q/P : 8/10 •ASSORTIMENT : 8/10
+ : Enseignement populaire de proximité

• Forum des Halles — 12, place Carrée (porte-St-Eustache) — 75001 Paris •Tél. : 0142331301
• Fax : 0142338061 •Horaires : mar.-ven. 12h-19h •Métro : Les Halles •Bus : 58, 70, 75, 76, 81

Les 17 conservatoires municipaux d'arrondissement et leurs 800 professeurs diplômés accueillent chaque année plus de 15000 élèves et leur enseignent la musique, la danse et l'art dramatique. L'enseignement s'adresse aux jeunes de moins de 26 ans, cours collectifs avec un maximum de 18 élèves. Les tarifs varient selon les niveaux des cours dispensés. Chaque année, cycles de conférences sur l'histoire de la musique, l'analyse musicale, la danse et le théâtre : entrée gratuite pour les élèves du conservatoire, sinon 22 F ou carte de 10 entrées valable pour toutes les conférences à 150 F.

PARIS 3e

COURS MUNICIPAUX D'ADULTES

Langues, beaux-arts

Q/P : 8/10 •ASSORTIMENT : 8/10
+ : Cours du soir

• 9, rue de la Perle — 75003 Paris •Tél. : 0144611616 •Horaires : lun.-ven. 9h-18h •Métro : St-Sébastien-Froissart •Bus : 20, 65

Les cours municipaux d'adultes sont organisés par la mairie de Paris. Les thèmes proposés sont nombreux : vous pouvez y apprendre les langues comme l'américain, l'arabe (480 F/an) ou l'anglais, mais également vous initier ou vous perfectionner en broderie (800 F/an) ou en reliure (640 F/an). En tout, plus de 160 cours dispensés dans 110 établissements. Les cours sont annuels, semestriels ou par stages de périodes plus limitées.

PARIS 4e

PAUL BEUSCHER

École de musique, cours de guitare   Q/P : 6/10 •ASSORTIMENT : 5/10
                                            + : Accueil

•17, bd Beaumarchais — 75004 Paris •Tél. : 0148875727 •Horaires : lun.-ven. 9h45-12h30, 14h-19h, sam. 9h45-19h •Métro : Bastille •Bus : 20, 29, 65, 69

Spécialiste de la guitare, l'école de musique Paul Beuscher vous accueille pour une initiation ou des cours de perfectionnement. Cours de guitare folk, classique et même, pour ceux qui veulent se lancer directement dans le rock, initiation à la guitare électrique et à la guitare basse. Les cours de solfège sont obligatoires. Comptez entre 100 et 200 F pour un cours d'1h30 (1h de cours particulier avec un professeur, et 1/2h de cours collectif de solfège).

PARIS 5e

COLLÈGE DE FRANCE

Conférences publiques   Q/P : 0/10 •ASSORTIMENT : 9/10
                              + : Professeurs prestigieux

•11, pl. Marcelin Berthelot — 75005 Paris •Tél. : 0144271211 •Horaires : lun.-ven. 9h-18h •Métro : Maubert-Mutualité •Bus : 84, 86, 87

Les séminaires se déroulent dans la journée et en semaine, ils sont gratuits et ne sont limités que par les places disponibles. Thèmes généraux ou plus spécifiques : philosophie, sociologie, histoire, archéologie, mathématiques, sciences physiques et naturelles, etc. En tout, plus de 54 séminaires. Les programmes sont disponibles à la mi-septembre.

PARIS 6e

ÉCOLE NATIONALE SUPÉRIEURE DES BEAUX-ARTS

Cours à l'année, du soir ou d'été :   Q/P : 6/10 •ASSORTIMENT : 5/10
dessin, peinture, modelage   **+** : Qualité de l'enseignement

•14, rue Bonaparte — 75006 Paris •Tél. : 0147035061 •Fax : 0147035454 •Horaires : lun.-ven. 10h30-17h30 (secrétariat) •Métro : St-Germain-des-Prés •Bus : 63

L'École supérieure des Beaux-Arts offre à tous la possibilité de pratiquer le dessin et la peinture, tout au long de l'année, dans le cadre de cours payants (le soir, la journée ou le samedi), ainsi que le modelage et les techniques de la peinture dans le cadre de cours d'été. À partir de 16 ans. Tarifs fixés pour session de 3 mois, 3 formules, 4h/sem. soit 48h de cours 3000 F, 3h/sem. soit 36h de cours 2200 F, 2h/sem. soit 24h de cours 1500 F.

PARIS 9e

INSTITUTS DES ARTS RYTHMIQUES DANIEL PICHON

Cours de batterie   Q/P : 7/10 •ASSORTIMENT : 7/10
                          + : Enseignement de qualité

•24, rue Victor-Massé — 75009 Paris •Tél. : 0144530270 •Fax : 0144530271 •Horaires : mer. 18h-20h, jeu. 14h-20h, ven. 14h-20h, sam. 14h-18h (accueil et secrétariat) •Métro : Pigalle •Bus : 67

Cours ouverts à tous sans restriction d'âge ni de niveau. Il est important qu'un entraînement personnel soit pratiqué entre chaque cours (si vous n'avez pas d'endroit pour répéter, certains studios du quartier offrent des tarifs réduits aux élèves du cours). L'équipement mis à la disposition des élèves est haut de gamme – batteries équipées de micros, enregistrement multi-pistes, ateliers MIDI, Atari, expandeurs Roland – et la bibliothèque pédagogique est très fournie (songbooks, méthodes, partitions, revues…). Programme de travail très complet et réactualisé régulièrement (informatique musicale, play back d'accompagnement à divers tempos, auditions, stages, examen final, collaboration avec des instructeurs américains). 3 formules : 1h/sem. 450 F/mois, 2h/sem. 760 F/mois.

Les centres d'animation parisiens

Les 39 centres d'animation de Paris proposent chaque année, de septembre à juin, près de 200 activités culturelles, artistiques, sportives ou scientifiques. De nombreux centres organisent également des formules de stages à Paris, en Province ou à l'étranger durant les petites et les grandes vacances. Les inscriptions se font dans les centres. Une cotisation annuelle est généralement demandée aux adhérents, les tarifs varient selon la nature de l'activité et la périodicité. Les cotisations des centres d'animation figurent parmi les prestations remboursables par la carte Paris-Famille. Renseignez-vous auprès de la Direction de la Jeunesse et des Sports ou dans les Kiosques Paris-Jeunes.

- **DIR. DE LA JEUNESSE ET DES SPORTS** : 25, bd Bourdon — 75004 Paris — Tél. : 0142765454
- **KIOSQUES PARIS-JEUNES** : 25, bd Bourdon — 75004 Paris — Tél. : 0142762260
- **KIOSQUE PARIS-JEUNES** : 4, rue Louis-Armand — 75015 Paris — Tél. : 0140606406

PARIS 11ᵉ

ACADÉMIE DE PORT-ROYAL

Cours de dessin et de peinture   Q/P : 6/10 •ASSORTIMENT : 6/10
                                                      ✚ : Cours permanents pendant l'année scolaire

•2, impasse du Mont-Louis — 75011 Paris •Tél. : 0143739003 •Horaires : lun.-ven. 9h-12h, 14h-17h •Métro : Philippe-Auguste •Bus : 69

L'atelier de peinture et de dessin est ouvert à tous sans limite d'âge, quel que soit le niveau de vos connaissances artistiques. La fréquentation régulière de l'atelier n'est pas exigée, cependant un minimum de 2 ou 3 journées par semaine est souhaitable. Il y a toujours dans l'atelier une nature morte disposée et un modèle qui pose nu. Des séances de correction ont lieu tous les jours. À la fin de l'année, un jury désigne un lauréat qui verra son premier rêve réalisé : une exposition personnelle dans une galerie parisienne. 2 cours/semaine pendant I an, II000 F, cartes à la journée valables 3 mois, I2 journées à 2300 F sans limite du nombre d'heures par jour.

COMMUNIC'ART

Cours de dessin, peinture, poterie,   Q/P : 8/10 •ASSORTIMENT : 6/10
modelage, sculpture   ✚ : Cours en petit groupe

•76, rue de la Folie-Régnault — 75011 Paris •Tél. : 0143389532 •Horaires : mar. 17h30-18h30, mer. 10h30-12h, 16h30-18h30, jeu. 18h30-20h30 •Métro : Père-Lachaise •Bus : 61, 69

Cet atelier d'initiation à la créativité artistique axe et dirige ses cours selon les possibilités de chacun. Enfants, adolescents ou adultes, réunis en petits groupes, suivent des cours de dessin, peinture, poterie, modelage, sculpture, dispensés par des professeurs diplômés. Les frais d'inscription, comprenant fournitures et cuissons (pour la poterie), sont de 150 F/an. Atelier enfant : 1h30 de cours/sem., 650 F/trimestre. Atelier adulte : 2h de cours/sem., 700 F/trimestre, paiement à la séance 85 F.

LA PASSERELLE

Atelier de dessin et décor   Q/P : 5/10 •ASSORTIMENT : 7/10
                                                      ✚ : Cours et stages décors et costumes

•16, rue de la Pierre-Levée — 75011 Paris •Tél. : 0143574491 •Fax : 0143574491 •Horaires : lun.-dim. 15h-19h •Métro : Parmentier •Bus : 96

Née de la rencontre d'artistes plasticiens et de professionnels du décor et du costume, La Passerelle, un atelier de conception entièrement nouvelle, vient d'ouvrir à Paris. Il propose à tous (professionnels, étudiants, amateurs) initiation ou perfectionnement aux techniques du dessin, de la peinture, de l'aquarelle, de la perspective, du trompe-l'œil, du modelage et des disciplines du décor et des costumes. Également, quelques heures consacrées soit à l'histoire de l'art, soit à la visite commentée d'une exposition. À côté des cours traditionnels, système de carnets et de stages pour ceux dont l'emploi du temps ne permet pas une présence régulière durant l'année. Rencontres organisées avec des professionnels du spectacle (metteurs en scène, comédiens, chefs opérateurs). Droits d'inscription, ouverture du dossier et cotisation 650 F, coût total de la formation de 660h : 36300 F (55 F/h), stages de 30h sur 5 jours à 1950 F.

PARIS 12ᵉ

ACADÉMIE DU VIADUC DES ARTS

Cours d'expression artistique

Q/P : 8/10 •ASSORTIMENT : 9/10
✚ : Cours à la carte

•119, av. Daumesnil — 75012 Paris •Tél. : 0143407575 •Horaires : lun.-sam.10h-19h •Métro : Gare-de-Lyon •Bus : 29

Le système est simple et pratique : vous achetez une carte valable 1 an, avec le nombre d'heures de votre choix (50h, 2100 F), et vous faites valider cette carte pour chaque heure passée dans le centre. Vous pouvez ainsi suivre les cours de votre choix, et en changer aussi souvent que vous le souhaitez. Les cours sont nombreux : peinture, dessin, gravure, sculpture, perspective, taille de pierre, histoire de l'art, aquarelle, modelage, etc. Des cours sont spécialement organisés pour les enfants. En dehors des heures de cours, des stages sont organisés, pour vous perfectionner dans un domaine particulier.

ARC-EN-CIEL AILLEURS

Ateliers de dessin, peinture, cours de musique, danse et activités sportives

Q/P : 8/10 •ASSORTIMENT : 8/10
✚ : Activités multiples

•101, rue de Reuilly — 75012 Paris •Tél. : 0143402759 •Horaires : lun. 16h30-21h, mar. 10h-21h, mer. 9h-21h, jeu. 13h30-20h30 •Métro : Montgallet, Reuilly-Diderot •Bus : 46

Cette association, agréée par le ministère de la Jeunesse et des Sports et par le Centre de formation continue, est un lieu de rencontre et d'expression artistique sous toutes ses formes. De nombreux ateliers pour enfants et adultes, dessin, peinture, aquarelle, peinture sur soie, céramique, tissage, patchwork, couture, mais aussi des activités sportives, gymnastique douce, yoga, danse rythmique, et des ateliers d'initiation au théâtre et à la musique. L'adhésion est de 130 F/an et les frais de scolarité de 2200 F/an (2h de cours par semaine avec matériel).

PARIS 13ᵉ

ACADÉMIE D'ART PARIS-ITALIE

Cours d'arts plastiques, dessin, peinture

Q/P : 7/10 •ASSORTIMENT : 7/10
✚ : Choix de formules de cours

•189, av. de Choisy — 75013 Paris •Tél. : 0145846279 •Fax : 0145840073 •Horaires : lun.-jeu. 10h-19h, ven.10h-13h •Métro : Place-d'Italie •Bus : 83

Établissement privé d'enseignement libre, étude des arts plastiques sous toutes leurs formes (peinture, modelage, dessin), selon différentes formules d'adhésion. L'adhésion forfaitaire "année scolaire", surtout destinée aux étudiants pour la préparation des concours d'entrée des différentes écoles supérieures d'arts plastiques (10800 F pour 12h de cours hebdomadaire, 19800 F pour 24h). L'adhésion "au carnet", qui permet de moduler librement son emploi du temps (carnet de 8 tickets de 3h de cours à 1200 F). Enfin, la formule "stages d'été" permet à toute personne de pratiquer les arts plastiques durant l'été à titre d'initiation ou de perfectionnement (stage d'un mois 1600 F, 40h de cours).

ATELIER BEAUX-ARTS

Cours et préparation aux grandes écoles d'arts plastiques

Q/P : 7/10 •ASSORTIMENT : 8/10
✚ : Grand choix de disciplines

•121, rue de la Glacière — 75013 Paris •Tél. : 0145895010 •Horaires : lun.-ven. 9h-13h, 14h-18h •Métro : Glacière •Bus : 21

L'Atelier propose des cours intensifs, un cycle court d'1 an de préparation aux grandes écoles d'arts plastiques essentiellement fondé sur la pratique (âge d'entrée de 17 à 23 ans, renouvelable une fois, droits d'inscription 4500 F) et un cycle normal de 3 ans sanctionné par un certificat de fin d'études, avec15h hebdomadaires de cours. Voir Atelier Beaux-Arts, Paris 1er.

Le Patrimoine de Paris

L'École du Louvre propose tous les vendredis de 18h30 à 19h30 des conférences gratuites sur le patrimoine de Paris. Les thèmes évoqués changent chaque année. Pas d'inscriptions préalables, il suffit de se présenter devant l'amphithéâtre Rohan à l'heure de la conférence.
• *ÉCOLE DU LOUVRE* : 99, rue de Rivoli — 75001 Paris — Tél. : 0155351921

PARIS 14e

ATELIER JULIAN DEL DEBBIO

Cours de dessin, modelage, peinture   Q/P : 8/10 •ASSORTIMENT : 6/10
                                             ✚ : Accueil et cours de qualité
•28 bd St-Jacques — 75014 Paris •Tél. : 0143378065 •Horaires : lun.-sam. 9h-12h 14h-17h
•Métro : St-Jacques, Denfert-Rochereau •Bus : 38

Julian Del Debbio continue toujours, malgré son âge avancé, à communiquer à tous ses élèves sa passion pour l'art et la création artistique sous toutes ses formes, peinture, modelage, dessin. Les cours se font en tout petit comité (2 à 6 pers.). Avec son extrême gentillesse et son don pour la pédagogie, il enseigne à tous, enfants, adultes, débutants ou confirmés. Les droits d'entrée à l'atelier pour l'année sont 300 F, un carnet de 10 tickets pour 10 cours de 3h vous coûtera 1500 F.

Les cours de la Direction des affaires culturelles

De nombreux enseignements culturels sont organisés à deux pas de chez vous! Vous souhaitez suivre des cours de danse, perfectionner votre jeu de guitare, prendre des cours de théâtre, c'est facile, renseignez-vous auprès de ces services et l'on vous indiquera les conservatoires municipaux les plus proches de votre domicile et leurs différentes activités.
• *DAC — ENSEIGNEMENT ARTISTIQUE* : 31, rue des Francs-Bourgeois — 75004 Paris — Tél. : 0142766700
• *INSPECTION DE LA MUSIQUE* : 35, rue des Francs-Bourgeois — 75004 Paris — Tél. : 0142765231
• *INSPECTION DE LA DANSE* : 35, rue des Francs-Bourgeois — 75004 Paris — Tél. : 0142765311

INFORMATIQUE, BUREAU, PAPIERS

- INFORMATIQUE, MATÉRIEL ET FORMATION
- TÉLÉPHONIE, PORTABLES
- PAPIERS ET FOURNITURES DE BUREAU
- IMPRIMERIE, GRAVURE, FAIRE-PART, MULTICOPIES
- MOBILIER DE BUREAU

NAVIGUEZ SUR LE WEB! Il est difficile de parler de prix en informatique, tant ce secteur évolue rapidement. En retardant votre achat de trois mois, vous risquez fort, avec le même budget, d'acheter une configuration beaucoup plus puissante. Mais il faut bien se décider un jour! Néanmoins, les enseignes qui proposent le meilleur rapport qualité-prix sont à peu près toujours les mêmes, et ce sont celles que nous vous indiquons. Surveillez tout de même les promotions des magasins ou des fabricants et les opérations de déstockage en parcourant la presse spécialisée (*Micro-Hebdo, SVM*, etc.). Pour choisir en ayant sous les yeux une grande quantité de configurations et de marques, les grandes surfaces comme *Surcouf* sont les plus appropriées, mais pas les moins chères. N'hésitez pas à faire établir des devis et faites jouer la concurrence.

Si vous mariez votre fille, que vous pendez la crémaillère de votre maison de campagne ou que vous venez d'être nommé directeur général des Editions Flammarion, peut-être aurez-vous besoin de faire-part, d'invitations ou de superbes cartes de visite. Nous vous avons sélectionné de grands classiques (comme *Cassegrain* qui réalise les plus chics faire-part de Paris), des boutiques aux créations originales et personnalisées, ainsi que celles où vous ferez les meilleures économies. Faites votre choix! Si vous voulez les réaliser vous-même sur de beaux papiers, suivez le guide, dans la rue du Pont-Louis-Philippe, où sont réunis les plus beaux papetiers de Paris, ou dans les 6e et 7e, qui comptent eux aussi quelques bonnes adresses.

Comment échapper au téléphone mobile? Dans la capitale, comme partout, les revendeurs poussent comme des champignons et disparaissent parfois aussi vite qu'ils sont apparus, concurrence oblige. Sous des dehors identiques, ces enseignes ne proposent pas toutes la même chose. Nous avons essayé de débusquer les plus fiables, celles qui offrent des services intelligents et économiques – occasions, locations, dépôts-vente, reprises –, des conseils judicieux et des garanties solides, mais aussi celles qui anticipent au mieux les évolutions futures.

Enquêteurs-rédacteurs :
Béatrice Girard, Gaëlle Lor, Marc Olujic, Marie Troissant

Informatique, matériel et formation

PARIS 1er

ADAC

Formations traitement de texte, PAO, Internet

Q/P : 9/10 •ASSORTIMENT : 8/10
✦ : Sérieux et diversité des formations

•Terrasse de Lautréamont — 75001 Paris •Tél. : 0142334554 •Horaires : lun.-ven. 14h15-18h •Métro : Les Halles •Bus : 29, 38, 47

Ce département de l'Adac propose 3 formations pour les débutants et les personnes confirmées. La formation au traitement de texte Word : des cours de 3h sur 11 semaines où vous aborderez tous les aspects de cet incontournable logiciel (2090 F pour le trimestre). XPress 4 : formation sur toutes les fonctions du logiciel (commandes, bloc texte et image, typographie, détourage, etc.) sur 11 semaines à raison de séances de 4h. Cours le mardi soir, le vendredi matin et après-midi, le mercredi soir pour les non-débutants (2840 F pour le trimestre). Site Internet : cette formation vous apprend le fonctionnement et la navigation sur Internet, la mise en page html et la conception d'un site Web (page d'accueil, arborescence, etc.). Cours de 3h sur 11 semaines le jeudi après-midi (2090 F pour le trimestre). Attention, les cours sont rapidement complets.

PARIS 2e

INTERPOLE

Mac et PC, périphériques, logiciels, jeux

Q/P : 8/10 •ASSORTIMENT : 7/10
✦ : Modèles exposés, conseils, SAV

•113, rue Réaumur — 75002 Paris •Tél. : 0153404040 •Fax : 0153404030 •Horaires : lun.-sam. 10h-19h •Métro : Bourse •Bus : 20, 39 •Internet : www. interpole. fr

Sur 3 étages, choix important d'unités centrales et, ce qui est de plus en plus rare, toute la gamme Apple. Outre des promotions permanentes, grand choix d'écrans et de configurations. Compétence et sérieux des vendeurs, qui s'alignent sur les prix de la concurrence si vous prouvez que vous avez trouvé moins cher ailleurs.

Jeux sur CD-rom PC et Mac

Chez Surcouf, tous les jeux sur CD-rom PC sont disponibles sur 4 stands avec plus de 400 références : aventure, stratégie et jeux de rôle, simulation, sport. Un stand entièrement consacré aux CD-rom éducatifs et culturels, avec une panoplie de références sur les voyages, l'aventure et le scolaire. Au 1er étage, un stand réservé à tous les jeux et CD-rom pour Macintosh.
• SURCOUF : 139, av. Daumesnil — 75012 Paris — Tél. directs : stand jeux : 0153332088, stand CD-rom éducatifs et culturels : 0153332194, stand Mac : 0153332018 — Internet : www. surcouf. fr

PARIS 4e

IFA FORMATION

Formation au traitement de texte

Q/P : 8/10 •ASSORTIMENT : 6/10
✦ : Suivi individualisé

•11, rue St-Martin — 75004 Paris •Tél. : 0142712627 •Fax : 0142781090 •Horaires : lun.-ven. 9h-18h, sam. 9h-13h •Métro : Châtelet-Les-Halles, Hôtel-de-Ville •Bus : 20, 38, 39, 47

Une formation qui permet d'aborder Word sous Windows 98 dans les meilleures conditions. L'IFA propose en effet un stage de 40h pour 2800 F avec un suivi personnalisé. Vous aborderez successivement la prise en main de l'ordinateur, les menus et commandes, les outils, la mise en forme, la mise ne page. Vous serez, à l'issue de cette formation, opérationnel pour toutes les opérations courantes de traitement de texte : courriers, rapports, présentations.

PARIS 5e

FNAC MICRO

Grandes marques PC, Mac,   Q/P : 5/10 •ASSORTIMENT : 5/10
périphériques, imprimantes, formations   **+** : Informatique grand public

•71, bd St-Germain — 75005 Paris •Tél. : 0144413150 •Fax : 0144413165 •Horaires : lun.-sam. 10h-20h •Métro : Cluny-Sorbonne •Bus : 63, 86, 87 •Internet : www. fnac. fr

La Fnac est idéale pour les personnes qui débutent dans l'informatique. Un Dossier Fnac vous aide à déterminer le choix de votre futur équipement en fonction de vos besoins. La gamme d'ordinateurs n'est pas très variée, notamment sur les Mac, mais les néophytes bénéficient d'un service achat avec installation et configuration de leur ordinateur à domicile (1 490 F) ou en magasin (de 150 à 490 F). Stages d'initiation à l'informatique (Windows, Internet, Word, Excel), 3h30 pour 900 F. Pour l'achat d'une unité centrale et d'un écran, vous bénéficiez d'une assistance téléphonique pendant un an, d'un contrat gratuit de maintenance et d'assistance sur site. Deux étages entièrement consacrés aux jeux, logiciels et livres informatiques. Prix pas très compétitifs, mais le nombre des services offerts fait la différence.

GIBERT JEUNE SCIENCES ET TECHNIQUES

Livres d'informatique, bureautique,   Q/P : 8/10 •ASSORTIMENT : 9/10
PAO, neufs et d'occasion   **+** : Les livres d'informatique d'occasion

•4, place St-Michel — 75005 Paris •Tél. : 0143259119 •Horaires : lun.-sam. 9h30-19h30 •Métro : St-Michel •Bus : 21, 24, 27, 38, 85, 96

Plus de 5000 références sur les logiciels informatiques (Internet, système d'exploitation, Photoshop, PAO...) et la bureautique (Windows, Word, Excel...). Il existe, en outre, 4000 références en anglais. Tous les guides pratiques sur les logiciels neufs ou d'occasion.

IDEKI

Matériel d'occasion Apple   Q/P : 8/10 •ASSORTIMENT : 7/10
                       + : Les promotions

•29, rue Jean-de-Beauvais — 75005 Paris •Tél. : 0143257606 •Fax : 0144072718 •Horaires : lun.-ven.10h-13h, 14h-19h30 •Métro : Maubert-Mutualité •Bus : 63, 86, 87 •e-mail : infos@ideki. com

Tous les produits Apple d'occasion : unités centrales, portables, écrans (Apple, Sony, Formac), imprimantes. Tous au minimum garantis 3 mois. Ideki organise également des opérations de déstockage sur des produits récents comme les G3. Pour être informé de ces promotions, leur laisser votre numéro de fax ou votre e-mail.

PARIS 7e

PAGE 18

Atelier d'initiation à l'informatique,   Q/P : 8/10
Word, Excel, pages web, Internet   **+** : Écoute et conseils
                       – : Pas beaucoup d'ordinateurs

•18, rue Pérignon — 75007 Paris •Tél. : 0145666535 •Fax : 0145666232 •Horaires : lun.-sam. 7h30-19h30 •Métro : Ségur, Sèvres-Lecourbe •Bus : 39 •Internet : http://www. micronet. fr/page18

Cette librairie, créatrice du réseau « Cybercredi », dispense des ateliers d'initiation à l'informatique et des cours de formation à Word, Excel, etc.. ou de création de pages Web. Cours particuliers sur rendez-vous, 120 F/h, accès libre à Internet, 60 F/h.

PC HALLE

Assembleur PC, configurations complètes, périphériques	Q/P : 7/10 •ASSORTIMENT : 6/10
	✚ : Micro-ordinateur complet

•29, rue du Colisée — 75008 Paris •Tél. : 0153939338 •Fax : 0142899208 •Horaires : lun. 14h-19h, mar.-sam.10h-13h, 14h-19h •Métro : St-Philippe-du-Roule •Voir PC Halle, Ivry-sur-Seine, 94.

BALAGAN

PC, portables, périphériques	Q/P : 8/10 •ASSORTIMENT : 7/10
	✚ : Matériel PC, portables

•107, av. Parmentier — 75011 Paris •Tél. : 0143574543 •Horaires : lun.-ven. 9h-13h, 14h-19h •Métro : Parmentier •Bus : 48, 96

Spécialiste du portable, prix de 10 à 40 % inférieurs à ceux du marché, marques Hewlett-Packard, Compaq, Toshiba. Balagan vend également des ordinateurs des constructeurs HP, Compaq et Unika. Possibilité d'installer sur votre ordinateur les principaux logiciels que vous avez acheté (Microsoft, Adobe…).

CLG INFORMATIQUE

Mac, périphériques, pièces détachées, logiciels	Q/P : 8/10 •ASSORTIMENT : 8/10
	✚ : Spécialiste du Mac, stock

•107, av. Parmentier — 75011 Paris •Tél. : 0149237400 •Fax : 0149237409 •Horaires : lun.-ven. 9h-19h, sam. 10h-13h, 14h-18h •Métro : Parmentier •Bus : 48, 96 •Internet : www. clg-info. fr

Un des spécialistes Apple, que le renouvellement permanent des configurations amène à faire régulièrement du déstockage. À noter, un grand choix de produits pour renforcer la puissance de votre Mac (mémoire, mémoire cache) et toute la gamme de scanners, écrans et imprimantes, pour professionnels et particuliers. Le site Internet vous informe sur les nouvelles promotions. Minitel (3615 CLG INFO, 2,23 F/min).

3N TECHNOLOGIE

Assembleur PC, pièces détachées	Q/P : 8/10 •ASSORTIMENT : 7/10
	✚ : Configurations maison et SAV

•82, av. Daumesnil — 75012 Paris •Tél. : 0153330048 •Fax : 0153330896 •Horaires : lun.-sam. 9h30-13h, 14h30-19h •Métro : Gare-de-Lyon, Bercy •Bus : 29, 87

Des pièces détachées (composants) pour ordinateurs. Pas de portables mais des conseils judicieux sur les cartes mères, les disques durs, les processeurs… Si votre PC rencontre des problèmes ou si vous souhaitez optimiser les performances de votre ordinateur, l'équipe efficace du SAV vous installera ou vous changera les pièces (par exemple 300 F pour changer une carte mère). Attention, pas de SAV le samedi.

LCD INTERNATIONAL

Assembleur PC, périphériques, écrans, consommables	Q/P : 9/10 •ASSORTIMENT : 9/10
	✚ : Prix, conseils, SAV

•20, rue Montgallet — 75012 Paris •Tél. : 0143432440 •Fax : 0143461317 •Horaires : lun.-sam.10h-13h, 14h-19h •Métro : Montgallet, Reuilly-Diderot •Bus : 29

C'est bondé le samedi, mais c'est le meilleur du marché. Si vous venez avec une idée précise de la configuration souhaitée, il vous suffit d'en parler pour que l'on vous fasse un devis. Pas d'exposition du matériel, mais de longues listes de prix des produits qui sont en stock : écrans, modems, scanners, graveurs, imprimantes, disques durs, cartes mères, cartes vidéo, CD-rom, etc.

Soldemicro

Sur ce service Minitel, des centaines d'offres, du matériel de démonstration ou d'occasion, mais aussi de déstockage de grandes marques, comme Compaq ou IBM, jusqu'à 40 % voire 60 % moins cher. Pour passer commande, soit vous versez un acompte de 5 % et le service commercial vous contacte sous 24h, soit vous laissez vos coordonnées; vous serez alors recontacté sous 48h, pour être éventuellement conseillé et passer votre commande par téléphone.
• *SOLDEMICRO* — Serveur minitel : 3617 SOLDEMICRO (3,57 F la min)

SURCOUF

Presque tout le matériel informatique   Q/P : 6/10 •ASSORTIMENT : 9/10
         ✚ : Tout sur le monde de l'informatique

•139, av. Daumesnil — 75012 Paris •Tél. : 0153332000 •Fax : 0153332101 •Horaires : mar.-sam. 9h30-19h •Métro : Gare-de-Lyon, Reuilly-Diderot •Bus : 29 •Internet : www. surcouf. fr

Idéal pour regarder et comparer les stands, sur 10000 m². Tous les fabricants du monde de l'informatique présents en un même lieu. Attention, les vendeurs privilégient trop souvent leur chiffre d'affaires aux dépens de la qualité du conseil en fonction de vos besoins. Au vu de la fréquentation, le SAV n'est pas toujours à la hauteur, pour cause de succès. N'hésitez pas à prendre le catalogue (250 pages), très complet et gratuit, pour réfléchir tranquillement chez vous. Tous les logiciels de bureautique, de graphisme, de jeux et les systèmes d'exploitation sont présents sur différents stands. Magasin très compétitif sur les consommables (encre, disquettes, etc.), les CD et les logiciels.

Surcouf Formation

Surcouf propose des formations à la micro-informatique sur PC. Sessions de 3h (390 F) : atelier photo (réglages scanner, photo numérique), atelier édition (mise en page, journal), atelier de gravure (installation graveur, graver un CD-rom), atelier Internet (apprendre à surfer), atelier de montage (installer les périphériques et installer Windows et des logiciels), atelier vidéo (configurer son ordinateur, montage de vidéos numériques), atelier multimédia (créer des présentations multimédias interactives). Renseignez-vous : les dates des formations sont planifiées longtemps à l'avance.
• *SURCOUF FORMATION* : 139, av. Daumesnil — 75012 Paris — Tél. : 0153332062 — Fax : 0153332101

PARIS 13ᵉ

LE MAC D'OCCASION   N

Occasions Apple, Mac, écrans,   Q/P : 7/10 •ASSORTIMENT : 7/10
périphériques   ✚ : Mac d'occasion

•39, bd St-Marcel — 75013 Paris •Tél. : 0155431400 •Fax : 0155431401 •Horaires : lun.-ven. 8h-12h, 13h-18h •Métro : St-Marcel •Bus : 57, 91 •Internet : www. mac-occasion. com

Voir Le Mac D'occasion, Paris 17e.

MULTITEXT

Matériel Mac et PC d'occasion   Q/P : 9/10 •ASSORTIMENT : 8/10
         ✚ : Conseils et convivialité

•43, rue des Cinq-Diamants — 75013 Paris •Tél. : 0145650646 •Fax : 0145651761 •Horaires : lun.-ven. 9h30-19h, sam. 10h-16h •Métro : Corvisart, Place-d'Italie •Bus : 57, 67

Si vous cherchez à vous équiper en informatique à bon prix, voilà la boutique qu'il vous faut. Multitext fait de l'occasion Mac et PC : unité centrale, écran, périphérique, disque dur externe, portables et graveurs CD. Le responsable vous consultera sur la configuration requise en fonction de l'utilisation que vous souhaitez en faire. Tout le matériel est vendu sous garantie. N'hésitez pas à téléphoner pour savoir ce qu'ils ont en stock.

Acadomia

Dépannages, cours d'informatique à domicile et conseils techniques par téléphone, Acadomia a été créé pour vous aider à vous familiariser avec votre micro sans vous déplacer. Cours d'initiation à partir de 4 ans, multimédia et recherche sur Internet dès 7 ans. 195 F/h pour 10h de cours, 175 F/ h pour plus de 10h, frais d'inscription de 195 F par foyer. Dépannages à domicile dans la journée et des conseillers techniques répondent à vos questions sur le numéro azur.

• ACADOMIA : Tél. : 0148537000 — Numéro azur : 0801101520 (0,73 F/min)

PARIS 14e

GÉNÉRATION MICRO

PC d'occasion   Q/P : 9/10 •ASSORTIMENT : 6/10
                                     ✦ : Prix bas

•53, rue de l'Ouest — 75014 Paris •Tél. : 0143207691 •Horaires : mar.-sam. 10h-13h30, 14h30-19h •Métro : Gaîté, Pernéty •Bus : 91

Matériel informatique jusqu'à 50 % moins cher que le neuf. De 2000 à 10000 F pour un micro, portables à partir de 3000 F. Marques : Compaq, Toshiba, IBM et Dell. Garantie de 6 mois et assistance technique par téléphone aux heures d'ouverture du magasin. Réparation de tous compatibles PC après devis gratuit. Dépôt-vente.

MII

Stages et formations pour débutants et   Q/P : 8/10 •ASSORTIMENT : 9/10
professionnels   ✦ : Suivi téléphonique après le stage

•10, bd Jourdan — 75014 Paris •Tél. : 0145809616 •Fax : 0145809613 •Horaires : lun.-ven. 9h-13, 14h-18h •Métro : Cité-Universitaire •Bus : PC, 21, 67 •Internet : http://www. mii-formation. com

La Maison Internationale de l'Informatique organise des stages de formation informatique pour les particuliers, les demandeurs d'emploi ou les salariés. Stages d'initiation et de perfectionnement au multimédia, à la PAO, la DAO, la CAO, ou tout simplement aux logiciels de base, durées variables selon les formations (journée, semaine ou mois). Groupes de 6 personnes maximum avec tout le matériel nécessaire. Et après votre stage, si vous tâtonnez encore, une assistance téléphonique est assurée par les formateurs.

Gateway 2000

Cette entreprise spécialiste de la VPC a la particularité d'être la première à avoir les nouveautés. Possibilité de commander sur le site Internet mais à condition de savoir exactement ce que l'on veut. Au téléphone (numéro vert, lun.-ven. 9h-22h, sam. 9h-18h), une personne est là pour vous aider à déterminer vos besoins et donc la configuration qui vous convient. Prix corrects. SAV remarquable avec une garantie sur site d'un an. Possibilités de crédits.

• GATEWAY 2000 : 152, bd Haussmann — 75008 Paris — Tél. : 0800906474
Internet : http://www. gateway2000.fr

P6 MICRO

Assembleur PC, périphériques   Q/P : 8/10 •ASSORTIMENT : 8/10
                                        ✦ : La compétence

•24, bd St-Jacques — 75014 Paris •Tél. : 0143362288 •Fax : 0143361188 •Horaires : mar.-sam. 10h30-13h, 14h-19h30 •Métro : Glacière, St-Jacques •Bus : 21 •Internet : www. softools. fr/p6

Configurations PC sur mesure : vous pouvez choisir processeur, carte mère, mémoire, disque dur, carte graphique... En permanence, des promotions sur des configurations complètes : Pentium II 266 MHz/5,2Go/64 Mo/CD-rom 32X/écran 15" à moins de

7000 F. Consultez-les car les prix évoluent très vite. Garantie constructeur de 1 an sur les pièces. SAV de 3 ans, sur l'assemblage des micro-ordinateurs.

PARIS 15e

PC HALLE

Assembleur PC, configurations complètes, périphériques

Q/P : 7/10 •ASSORTIMENT : 6/10
+ : Micro-ordinateur complet

•52, rue Balard — 75015 Paris •Tél. : 01 45 58 18 88 •Fax : 01 45 58 18 89 •Horaires : lun. 14h-19h, mar.-sam. 10h-13h, 14h-19h •Métro : Lourmel, Javel •Bus : 42, 62 • Voir PC Halle, Ivry-sur-Seine 94.

Les imprimantes

Le choix d'une imprimante est fonction de l'utilisation que vous souhaitez en faire. Il faut avant tout tenir compte de ses besoins : couleurs ou noir et blanc, nombre d'impressions et coût de revient de la page. Pour des impressions noir et blanc, une imprimante laser offre une meilleure qualité et est nettement plus économique. Pour les impressions couleurs, les imprimantes Epson offrent la meilleure qualité du marché et sont également les plus économiques (au coût par feuille). À noter que les imprimantes ALPS, Epson, et la HP Laserjet sont compatibles Mac/PC. Les tarifs des imprimantes évoluent très vite ; il ne faut donc pas hésiter à consulter de nombreux revendeurs pour connaître les tarifs les plus intéressants.

* ISIS : 20, rue Gabriel-Péri — 94700 Maison-Alfort — Tél. : 01 43 75 87 87 — Fax : 01 43 75 89 89
* MICRO HOUSE : 146, av. Daumesnil — 75012 Paris — Tél. : 01 43 07 63 63
* SURCOUF : 139, av. Daumesnil — 75012 Paris — Tél. : 01 53 33 20 70

PARIS 17e

LE MAC D'OCCASION

Occasions Apple, Mac, écrans, périphériques

Q/P : 7/10 •ASSORTIMENT : 7/10
+ : Mac d'occasion

•36-38, rue Guy-Môquet — 75017 Paris •Tél. : 01 53 31 09 00 •Horaires : lun.-ven. 8h-12h, 13h-18h •Métro : Guy-Môquet •Bus : 31, 66, 81 •Internet : www. mac-occasion. com

Ce réseau de 22 magasins en France propose principalement des produits d'occasion Apple : écrans, unités centrales et imprimantes. Possibilité de consulter par le Web les occasions disponibles par le biais de leur réseau. Pour tout achat, une garantie de 6 mois et des tarifs préférentiels sur la maintenance. Téléphonez pour obtenir la « Charte de l'occasion ».

PARIS 20e

INFORICK

PC, micro-ordinateurs complets

Q/P : 8/10 •ASSORTIMENT : 8/10
+ : Configurations complètes avec logiciels

•83, rue de Buzenval — 75020 Paris •Tél. : 01 43 73 91 65 •Fax : 01 43 73 91 64 •Horaires : lun.-sam. 9h30-19h •Métro : Buzenval •Bus : 26

Configurations complètes d'ordinateurs avec options évolutives (logiciels, fax, modem, carte graphique...). Particulièrement compétitif sur des produits comme le 266 MMX/Multimédia, écran 15" (6 990 F), PII-300 MMX Office, écran 17" (11 990 F). Inforick garantit 3 ans ces configurations (1 an pièces et main-d'œuvre + 2 ans main-d'œuvre retour atelier).

Les fournisseurs d'accès à Internet

Les fournisseurs d'accès à Internet, ou "providers", sont nombreux mais beaucoup offrent des prestations très décevantes. Les offres et les tarifs proposés fluctuent énormément, mais voici les coordonnées de ceux qui proposent les services les plus intéressants et les plus fiables.

• **AOL** : 4, rue de la Bourse — 75002 Paris — Tél. : 01 69 19 94 50

• **IMAGINET** : 21, rue de la Fontaine-aux-Rois — 75011 Paris — Tél. : 01 43 38 10 24

• **CLUB INTERNET** : 11, rue de Cambrai — 75019 Paris — Tél. : 01 55 45 46 47

• **WORLDNET** : 11-13, rue de l'Escaut — 75019 Paris — Tél. : 01 40 37 90 90

• **WANADOO** : 41, rue Camille-Desmoulins — 92130 Issy-les-Moulineaux — Tél. : 0801 63 34 34

BOULOGNE 92

MAC & PC PARTNER

Spécialiste des produits Apple
Q/P : 9/10 •ASSORTIMENT : 8/10
+ : Les prix et le stock

•150, rue Gallieni — 92100 Boulogne •Tél. : 01 49 09 96 00 •Fax : 01 49 09 94 73 •Horaires : lun.-ven. 9h-13h, 14h-18h45, sam. 10h-13h, 14h-18h •Métro : Billancourt   •Bus : 123, 175

Cette société, qui n'a pas réellement de boutique mais un point d'enlèvement, pourra vous contenter si vous savez déjà ce que vous voulez. À défaut, un commercial vous aidera dans vos recherches, par téléphone. L'essentiel des ventes se fait en Mac. Point fort : la réactivité et le stock. Téléphonez pour demander un devis afin de le comparer à la concurrence. Surtout pour les personnes qui recherchent les meilleurs prix et qui savent ce qu'elles veulent.

IVRY-SUR-SEINE 94

PC HALLE

Assembleur PC, configurations complètes, périphériques
Q/P : 7/10 •ASSORTIMENT : 6/10
+ : Micro-ordinateur complet

•145, rue de Verdun — 94200 Ivry-sur-Seine •Tél. : 01 45 15 13 88 •Fax : 01 45 21 81 71 •Horaires : lun. 14h-19h, mar.-sam. 10h-13h, 14h-19h •Métro : Mairie-d'Ivry •Bus : 125

Cette enseigne propose au grand public sa gamme de micro-ordinateurs complets Watis Multimédia. Garantie d'1 an sur les pièces et de 3 ans sur la main-d'œuvre, mais il est possible d'étendre la garantie maintenance 3 ans de plus. Assistance téléphonique clients. Exemple de prix : un Pentium II 266 MHz/3,2Go/32 Mo/CD-rom 32X/écran 15", Windows 95 + Internet à 8430 F. Également disponibles : portables, graveurs, écrans, imprimantes.

VILLEJUIF 94

COMPUTER BENCH

Mac, périphériques, pièces détachées, appareils photo numériques
Q/P : 7/10 •ASSORTIMENT : 8/10
+ : Services professionnels

•13, rue Ambroise-Croizat — 94814 Villejuif CEDEX •Tél. : 01 49 58 11 00 •Fax : 01 46 78 19 11 •Horaires : lun.-sam. 9-19h •Métro : Villejuif-Léo Lagrange •Bus : 132, 185

Toute la gamme des Mac, imprimantes, écrans, scanners, appareils photo numériques, etc., sur 1 500 m². Services d'une enseigne qui travaille souvent avec des professionnels. Computer Bench aligne ses prix sur ceux de la concurrence si vous trouvez moins cher ailleurs (apportez une publicité ou un devis). Nombreux logiciels et CD-rom pour Mac.

Les magazines Mac et PC

Si vous ne vous décidez pas avec toutes les bonnes adresses que nous vous avons révélées, consultez les magazines spécialisés des deux grandes familles Mac et PC. Vous trouverez quantité de pages de pub. des revendeurs qui vous permettront de comparer les tarifs, les annonces des promotions et des déstockages et des annonces de matériel d'occasion. Attention, si vous achetez par petite annonce, mieux vaut être un spécialiste car il n'est pas question de SAV ni de garantie. À noter que SVM Mac publie chaque mois une liste détaillée des unités centrales Apple, des imprimantes et des écrans avec leur cote sur le marché de l'occasion.

- COMPUTER PLUS (PC) : 4, rue Rouget-de-Lisle — 92793 Issy-les-Moulineaux — Tél. : 0156970000
- PC EXPERT : 14, place Marie-Jeanne-Bassot — 92593 Levallois-Perret — Tél. : 0146395500
- SVM (PC) : 1, rue du Colonel-Pierre-Avia — 75015 Paris — Tél. : 0146484848
- MICRO ACHAT (PC) : 5-7, rue Raspail — 93108 Montreuil CEDEX — Tél. : 0149886363
- PC ACHAT : 101-109, av. Jean-Jaurès — 93200 Levallois-Perret — Tél. : 0141273839
- PC DIRECT : 14, place Marie-Jeanne-Bassot — 92593 Levallois-Perret — Tél. : 0146395500
- SVM MAC : 1, rue du Colonel-Pierre-Avia — 75015 Paris — Tél. : 0146484848
- MACWORLD : Le Lafayette — 92051 Paris-La Défense CEDEX — Tél. : 0149047900
- UNIVERS MAC : 5-7, rue Raspail — 93108 Montreuil CEDEX — Tél. : 0149886363

Téléphonie, portables

La fièvre du portable

Nous n'indiquons pas de prix dans les descriptions des boutiques de téléphonie mobile que nous vous conseillons ci-après car opérateurs et fabricants se livrent une bataille sans merci et les prix sont sans cesse revus à la baisse, tandis que les boutiques s'adaptent. Nous avons donc trouvé plus judicieux de juger ces enseignes en fonction de leurs spécialités et des services qu'elles procurent.

Avant de souscrire un abonnement, assurez-vous que votre contrat sera directement lié à l'un des opérateurs (SFR, Bouygues ou Itineris). Ce n'est pas toujours le cas partout, de nombreux magasins passant par des SCS (sociétés de services qui jouent un rôle d'intermédiaire entre l'opérateur, le revendeur et le client.) vous facturent des services supplémentaires (frais de dossier, caution, frais de résiliation…). Ces mésaventures sont fréquentes dans les grandes surfaces ou les grands magasins spécialisés.

PARIS 1er

AUDIOCAR UNIMAR

Installation kit main libre dans voitures, mobiles	Q/P : 7/10 •ASSORTIMENT : 6/10
	+ : Conseils de spécialistes
	— : Choix limité

•156, rue St-Honoré — 75001 Paris •Tél. : 0142602348 •Fax : 0143602347 •Horaires : lun.-ven. 8h30-13h •Métro : Palais-Royal •Bus : 21

La grande spécialité de la maison : l'installation de kits main libre et de téléphonie dans les voitures. Une pose main libre coûte entre 600 et 1000 F; elle est normalement assurée dans la journée, mais le délai d'attente est parfois un peu plus important.

ESPACE GSM

Mobiles, accessoires, opérateur SFR

Q/P : 7/10 •ASSORTIMENT : 7/10
+ : Conseils et services
− : Ni location, ni dépôt-vente

•33, av. de l'Opéra — 75002 Paris •Tél. : 0149269089 •Fax : 0142269063 •Horaires : lun.-ven. 9h30-18h30, sam. 14h-18h30 •Métro : Opéra, Pyramides •Bus : 68, 95

La boutique travaille en direct avec SFR. On y trouve donc toutes les offres d'abonnement de l'opérateur. Accent mis sur les conseils et les services… SFR. Exemples : des assurances supplémentaires à l'achat, des abonnements professionnels, et toujours des conseils ! Pour les accessoires, surtout du matériel d'origine et quelques adaptables, garantis par SFR. Si vous n'êtes pas satisfait, vous pouvez aller directement réclamer chez l'opérateur, puisque l'espace est quasiment une filiale.

NET COM

Téléphones mobiles, accessoires, occasions et VPC

Q/P : 7/10 •ASSORTIMENT : 8/10
+ : Ouverture de ligne directe depuis PC

•36, rue Vivienne — 75002 Paris •Tél. : 0155343600 •Fax : 0140265652 •Horaires : lun.-ven. 9h30-19h •Métro : Bourse •Bus : 20 •Internet : http://perso. wanadoo. fr/netcom/ •e-mail : netcom1@wanadoo. fr

Boutique spécialisée dans la téléphonie mobile haut de gamme, avec un plus : le conseil au client. Pas de hasard : Net Com fait partie de l'un des 10 points conseil de l'opérateur SFR. On trouve cependant les abonnements de tous les opérateurs du marché dans la boutique. Côté accessoires, un grand choix, avec des produits de marques, et adaptables (batteries d'origine à partir de 490 F, adaptables à partir de 290 F). Sur demande et sur mesure, personnalisation votre téléphone par un artisan, dans la matière de votre choix (crocodile, laque vernie, acier ou chrome…). Compter 2000 F minimum (un peu cher, mais c'est de la création !). De la VPC, par téléphone, grâce à des téléconseillers, ou sur Internet, avec la possibilité d'ouvrir sa ligne directement depuis son PC, mise en service en 1h.

SIGNAL SERVICES

Téléphones mobiles neufs et d'occasion

Q/P : 7/10 •ASSORTIMENT : 6/10
+ : L'accueil
− : Pas de garantie pour les occasions

•132, rue Montmartre — 75002 Paris •Tél. : 0140267920 •Fax : 0140267921 •Horaires : lun.-ven. 9h-18h30 •Métro : Bourse •Bus : 48, 67, 74, 85 • Voir Signal Services, Paris 8e.

SIGNAL SERVICES

Téléphones mobiles neufs et d'occasion

Q/P : 7/10 •ASSORTIMENT : 6/10
+ : L'accueil
− : Pas de garantie pour les occasions

•69, rue de Rome — 75008 Paris •Tél. : 0144699300 •Fax : 0144699301 •Horaires : lun.-ven. 9h-19h •Métro : Rome •Bus : 74

Cet espace travaille avec les opérateurs SFR et Itinéris, et propose tous les produits des deux gammes. Choix d'accessoires peu important, mais qui suit l'évolution des mobiles (coloris, modèles…). Vente de mobiles d'occasion, à condition qu'ils soient en bon état. Un conseil, n'y allez pas pour votre premier achat puisque de meilleures conditions sont réservées à ceux qui sont déjà clients : pour les clients, les reprises vont de 150 à 800 F, sans que le magasin ne prenne aucune commission. Pour les non-clients, le téléphone est repris sous condition de rachat.

TCHATA DIFFUSION

Téléphones mobiles, accessoires, habillage de coques

Q/P : 7/10 •ASSORTIMENT : 7/10
+ : L'accueil

•266, rue du Fg-St-Martin — 75010 Paris •Tél. : 01 40 35 28 06 •Fax : 01 40 35 28 07 •Horaires : lun. 14h-19h30, mar.-sam. 10h30-19h30 •Métro : Stalingrad •Bus : 80

Ce centre agréé, tous les modèles et types d'abonnement proposés par l'opérateur France Télécom, mais aussi quelques abonnements SRF. Vous viendrez ici surtout pour le grand choix d'accessoires, près de 200 références (chargeurs, allume-cigares, antennes, vibreurs, kits main libre et batteries d'origine…). Autre particularité, le patron fait de "l'habillage de téléphone" et propose une dizaine de coques différentes (ronce de noyer, transparentes, métallisées, avec des motifs) adaptables sur toutes les grandes marques : Motorola, Nokia, Ericsson. Le changement de coque coûte 70 F, délai de 24h.

The Phone House

Les centres de communication The Phone House proposent tous les modèles et types d'abonnement des opérateurs de téléphonie mobile, mais aussi des pagers et quelques agendas électroniques. Dans les accessoires, la boutique garantit des batteries d'origine et offre aussi un grand choix de housses. Mais le plus, c'est incontestablement la possibilité de louer un mobile (exclusivement le pack de location The Phone House), avec livraison gratuite à domicile ou à l'hôtel, pour une durée de 1 jour à 1 an (tarif de communication 3 F/min) ; ou encore de revendre votre ancien portable (reprise jusqu'à 1 000 F) pour acquérir un modèle dernier cri.
• *THE PHONE HOUSE, 22 magasins en R.P. — Tél. : 0800800880*

PHONING

Mobiles neufs et d'occasion, dépôt-vente, location

Q/P : 7/10 •ASSORTIMENT : 8/10
+ : Point conseil Ericsson pour accessoires

•137, bd de l'Hôpital — 75013 Paris •Tél. : 01 44 24 04 44 •Fax : 01 44 24 56 00 •Horaires : lun-ven, 9h-18h30, sam, 9h-12h •Métro : campo Formio •Bus : 83

Plutôt spécialisée Bouygues, la boutique travaille en direct avec cet opérateur et passe par des sociétés de service pour les autres (SFR, Itinéris). Dépôt-vente et garantie des modèles jusqu'à 6 mois, en fonction de l'état. Si vous voulez revendre votre ancien téléphone, il faut le rapporter avec la facture, le mode d'emploi, la boîte et le maximum d'infos, ils vérifient ensuite qu'il marche… (vérification pas très poussée), et ils le reprennent entre 300 et 1 500 F, suivant le modèle. Grand choix d'accessoires, d'origine et adaptables.

LA MAISON DU TÉLÉPHONE

Mobiles neufs et d'occasion, dépôt-vente

Q/P : 7/10 •ASSORTIMENT : 7/10
+ : Toutes gammes d'occasion
− : Conditions de reprise strictes

•21, rue Médéric — 75017 Paris •Tél. : 01 47 64 67 89 •Fax : 01 47 64 67 88 •Horaires : lun.-ven. 9h30-18h30, sam. 9h30-12h30 •Métro : Courcelles •Bus : 30

Pour les mobiles neufs, la boutique travaille exclusivement avec Itinéris, puisqu'elle fait partie du réseau mobistore développé par France Télécom. Promotions permanentes. Pour le matériel d'occasion, toutes les gammes, des premiers prix au plus élevé sur le marché. Attention, les conditions de reprise et les garanties changent en fonction du matériel.

TOUT POUR LE PORTABLE

GSM Data et accessoires de téléphones portables

Q/P : 7/10 •ASSORTIMENT : 6/10
✚ : Compétences informatiques et téléphonie

•93, av. de Villiers — 75017 Paris •Tél. : 0142676440 •Fax : 0142676668 •Horaires : lun.-sam. 9h30-19h30 •Métro : Wagram •Bus : 31 •e-mail : pgramer@mboxes. com

La spécialité de la boutique est la vente du système GSM Data, un système de transmission de données par téléphone grâce à son ordinateur portable. Carte modem (Toshiba) 1200 F TTC et le kit GSM à adapter à son téléphone (Com1 ou Toshiba) 1000 F TTC. Grand choix d'accessoires pour téléphones portables (housses, mains libres…). Installation gratuite et SAV assuré.

Papiers et fournitures de bureau

PARIS 3e

CENTRE FILOFAX

Agendas Filofax et accessoires

Q/P : 7/10 •ASSORTIMENT : 8/10
✚ : Le SAV

•32, rue des Francs-Bourgeois — 75003 Paris •Tél. : 0142786787 •Fax : 0142786788 •Horaires : lun.-sam. 11h-19h •Métro : St-Paul •Bus : 29 •Internet : http://www. filofax. fr •e-mail : nathalie@filofax. fr

Boutique officielle des célèbres agendas. Vous pouvez vous procurer ces produits chez tous les revendeurs, mais si vous voulez pousser le snobisme, allez donc au Centre… Tous les produits de la gamme (50 modèles). Premier prix 200 F, et jusqu'à 1 500 F pour un agenda en veau patiné et fini à la main. Également, tous les accessoires indispensables : le polish pour entretenir l'objet et 800 recharges de papier différentes. Plus intéressant, le SAV : si votre agenda est réparable, travaux effectués gratuitement et immédiatement (uniquement pour les anneaux et les pressions), sur tous les modèles en cuir.

CHARTA, CAVE-GALERIE

Papiers rares et précieux, papiers à lettres, enveloppes, cahiers de dessin

Q/P : 7/10 •ASSORTIMENT : 6/10
✚ : Originalité et qualité du produit

•16, rue Elzevir — 75003 Paris •Tél. : 0142772537 •Fax : 0148878687 •Horaires : mar.-sam. 11h-19h30 •Métro : St-Paul •Bus : 29

Marco Baldini (artiste, designer réputé, salons à New York, Milan…) a créé sa propre ligne de papier à lettres, feuilles et cahiers faits de papiers rares et précieux. Ses compositions originales (mariage de parchemin et de feuille d'or) attirent de nombreux clients, artistes ou non. Exposition de toutes les créations de Baldini, papiers (feuilles de 1 à 300 F pièce), enveloppes (de 1 à 20 F), mais aussi sa propre ligne de bijoux et de montres (métaux précieux et acier), des expositions de photo, des réunions de poésie et des cours de calligraphie. Création de cartes et de papier à lettres personnalisés sur commande.

PARIS 4e

ORDNING & REDA

Papier, albums photo, boîtes de rangement

Q/P : 8/10 •ASSORTIMENT : 7/10
✚ : Variété des couleurs
━ : Pas de livraison

•53, rue Vieille-du-Temple — 75004 Paris •Tél. : 0148878632 •Fax : 0148878633 •Horaires : mar.-sam. 10h30-19h30, dim.-lun. 14h-19h30 •Métro : St-Paul •Bus : 29 •e-mail : paris@ordning-reda. com

C'est un peu le savoir-faire suédois au service du rangement : des produits traditionnels de reliure comme design contemporain, livres reliés en toile comme classeurs basiques. Pour les "écrivains", 2 qualités de papier à lettre dans dix coloris différents : 30 F les 30 feuilles et 30 F les 20 enveloppes. Album photo grand format 130 F, 395 F s'il est relié à l'ancienne. L'espace est clair et ne trompe pas sur les teintes des produits rangés et exposés dans des cases. Choix important de boîtes de rangement (de 55 à 70 F). Et surtout, 60 modèles d'agendas de 110 à 195 F, mais il y a rupture de stock dès le mois de février! Trois collections annuelles déclinées dans des couleurs de base et des motifs rares.

PAPIER +

Papier et accessoires de rangement   Q/P : 5/10 •ASSORTIMENT : 6/10
  + : Suivi des modèles
  − : Pas de livraison

•9, rue du Pont-Louis-Philippe — 75004 Paris •Tél. : 0142777049 •Fax : 0148873760 •Horaires : lun.-sam. 12h-19h •Métro : Pont-Marie, Hôtel-de-Ville •Bus : 67, 69, 76, 96

Les livres blancs créés par Laurent Tisné, il y a presque 30 ans, sont à l'origine de ces deux boutiques (un espace total de 70 m²) dont la réputation n'est plus à faire. Dans la première, les pages blanches reliées et collées "comme un livre" se mettent au service des agendas, albums photos, carnets à dessin ou carnets intimes… Toile identique pour tous les produits, qui se déclinent en 16 couleurs différentes. Prix plutôt élevés, mais l'on vient ici pour acheter un savoir-faire et profiter d'un conseil toujours judicieux. Albums photos, 6 tailles différentes, de 180 à 6 00 F. Pour le papier, peu de fioritures, uniquement des classiques : papier vergé ou pelure d'oignon (très fin mais difficile à imprimer!). Le papier recyclé est disposé en piles par terre et vendu au poids (80 F le kg). La seconde boutique est réservée aux grands formats, matériels pour artistes et rangement, différents modèles et plusieurs tailles mais toujours toilés (de 260 à 470 F).

PARIS 6ᵉ

MARIE PAPIER

Fabrication et vente de papier   Q/P : 6/10 •ASSORTIMENT : 6/10
  + : Accueil
  − : Éclairage insuffisant

•26, rue Vavin — 75006 Paris •Tél. : 0143264644 •Fax : 0146346415 •Horaires : lun.-sam. 10h-19h •Métro : Vavin, Notre-Dame-des-Champs •Bus : 82, 91, 58, 68

Emballage, écriture, classement, rangement ou dessin… Les produits de Marie Papier regroupent les thèmes classiques de la papeterie courante. La grande vedette reste le façonné. Près de 40 sortes de papiers différents en format A4, du papier blanc ou kraft (0,90 F la feuille) au papier très fin en coton (qualité vergé ou Ingres Fabriano) à 2 F la feuille. Plus original, le papier indien avec inclusion florale ou le japonais avec inclusion de fil de soie (5 F la feuille). Le raffinement est de mise, dans les produits comme dans les lieux. Les matières nobles de la boutique sont le bois (mobilier, présentoirs muraux) et le papier, sous toutes ses formes et ses couleurs. Quelques grands formats pour les artistes.

PARIS 8ᵉ

POLYBURO

Fournitures scolaires et professionnelles tous azimuts   Q/P : 6/10 •ASSORTIMENT : 7/10
  + : Commande par Internet en 24h
  − : Éloigné du métro, préférez le bus

•72, rue de Miromesnil — 75008 Paris •Tél. : 0145622477 •Fax : 0145636293 •Horaires : lun.-ven. 9h-19h, sam. 10h15-13h15, 14h-18h30 •Métro : Miromesnil •Bus : 84 •Internet : http://ww. top48.tm. fr

Tout le monde trouve son compte chez Polyburo : scolaires, entreprises, mordus d'informatique (de plus en plus d'encres et de disquettes formatées ou non) et même dessinateurs (gouaches, huiles et chevalets…). Dommage que le magasin soit si biscornu, dans de vieux murs, sur trois étages : circulation difficile dans les rayonnages. Pour les entreprises, possibilité de choisir du mobilier de bureau sur catalogue. Commande sur Internet gratuite, sans minimum d'achat, et assurée dans un délai de 24 heures.

PARIS 9ᵉ

LE PRINTEMPS DE LA MAISON

Papeterie de luxe, stylos et agendas

Q/P : 6/10 •ASSORTIMENT : 7/10
+ : Toutes les grandes marques
= : Peu de papeterie quotidienne

•64, bd Hausmann — 75009 Paris •Tél. : 0142826225 •Horaires : lun.-sam. 9h35-19h, jusqu'à 22h le jeu. •Métro : Havre-Caumartin •Bus : 24, 26

Nouvel espace papeterie au Printemps de la Maison. Surtout de la papeterie cadeaux et haut de gamme : Marie Papier, Letter Box, Mulberry, Béatrice Rigaud. Une gamme de couleurs importante, des papiers végétaux et népalais. Des stylos de designer : Jörg Hysek à partir de 1500 F et Senza. Point service de réservations de billets de spectacles.

PARIS 11ᵉ

PAPETERIE ST-SABIN

Stylos, agendas, et aussi un fonds de papeterie traditionnelle

Q/P : 7/10 •ASSORTIMENT : 8/10
+ : 20 % de remise à partir de 50 F d'achat

•16-18, rue St-Sabin — 75011 Paris •Tél. : 0147007863 •Fax : 0147008738 •Horaires : mar.-sam. 11h-20h •Métro : Bastille, Bréguet-Sabin •Bus : 86, 87

Cette spécialiste du papier a ouvert il y a quelques années une papeterie classique. Aujourd'hui, elle se spécialise dans les stylos, les agendas et la maroquinerie de bureau, mais aussi les sacs et les sacoches. Un grand nombre de marques, de 200 à 1500 F. Reste du passé, on trouve toujours de la papeterie classique et scolaire, des post-it, des agrafes, des cahiers Clairefontaine ou du papier Letterbox.

Imprimerie, gravure, faire-part, multicopies

PARIS 5ᵉ

ABC GRAPHICS

Photocopies, fax en accès libre, reliures collées ou à spirales

Q/P : 6/10 •ASSORTIMENT : 6/10
+ : Photocopie NetB peu chère

•19, rue du Val-de-Grâce — 75005 Paris •Tél. : 0146337678 •Fax : 0140469510 •Horaires : lun.-sam. 9h-19h30 •Métro : RER B Luxembourg •Bus : 38

Pas d'impression de fichiers numériques, mais des photocopies couleurs laser à partir de 2 F et des noir et blanc à partir de 0,17 F, sur l'une des 9 photocopieuses en libre-service. Les reliures collées ou à spirale coûtent entre 15 et 35 F. Carte d'abonnement : 1000 copies pour 250 F et 10000 copies pour 2000 F.

COREP PHOTOCOPIES

Toutes reprographies, reliures collées ou à spirales

Q/P : 7/10 •ASSORTIMENT : 6/10
+ : Le service aux abonnés

•11, rue Victor-Cousin — 75005 Paris •Tél. : 0140460366 •Fax : 0140460377 •Horaires : lun.-ven. 9h-19h, sam. 9h-13h •Métro : RER B Luxembourg •Bus : 38

•16 ter, rue Censier — 75005 Paris •Tél. : 0145354620 •Fax : 0145355074 •Horaires : lun.-ven. 9h-19h, sam. 9h-13h •Métro : Censier-Daubenton •Bus : 47, 91

À la Corep, les abonnés sont rois : Dans chacune des boutiques, un étage leur est consacré, avec des machines de meilleure qualité et des tarifs préférentiels. Pour les autres, photocopieuses en libre-service pour les demandes standards, mais le délai peut aller jusqu'à 24h pour les travaux plus délicats.

PARIS 6e

CASSEGRAIN

Gravure, maroquinerie, impression de faire-part

Q/P : 7/10 •ASSORTIMENT : 6/10
+ : Produits luxueux
- : Délai d'impression de 3 semaines

•81, rue des Sts-Pères — 75006 Paris •Tél. : 0142220476 •Fax : 0145494470 •Horaires : lun.-sam. 10h-19h •Métro : Sèvres-Babylone •Bus : 48 • Voir Cassegrain, Paris 8e.

PARIS 7e

PAPETERIE BEAUVAIS

Faire-part traditionnels, papeterie de luxe, stylos, agendas

Q/P : 5/10 •ASSORTIMENT : 6/10
+ : Conseils de professionnels

•14, rue du Bac — 75007 Paris •Tél. : 0142612761 •Fax : 0140200571 •Horaires : lun.-ven. 9h30-18h30 •Métro : Rue-du-Bac •Bus : 69

La façade de bois en dit long sur l'histoire du magasin, la boutique existe depuis 1870. La spécialité reste l'impression de ville (faire-part, cartons d'invitation…) par le procédé de gravure traditionnel sur planche en cuivre ou bloc d'acier, dans toutes les couleurs. La gravure d'une carte de visite pour un particulier coûte entre 1200 et 1800 F et le tirage de 100 cartes 480 F, sur papiers vergé ou Lalo. Pour les travaux d'imprimerie, délai d'une semaine. Grand choix de papiers cadeaux italiens, tous exposés dans les 130 m² de la boutique. Nombreux accessoires de bureaux, agendas et stylos.

PARIS 8e

CASSEGRAIN

Gravure, maroquinerie, impression de faire-part

Q/P : 8/10 •ASSORTIMENT : 6/10
+ : Produits luxueux
- : Délai d'impression de 3 semaines

•422, rue de St-Honoré — 75008 Paris •Tél. : 0142602008 •Fax : 0142614099 •Horaires : lun.-sam. 10h-19h •Métro : Concorde •Bus : 49

Une valeur sûre. Bien sûr, c'est plus cher qu'ailleurs, mais Cassegrain, imprimeur depuis 1919, reste une référence en matière d'impression de faire-part ou de papiers à en-tête. Écriture romane ou à l'anglaise, papiers classiques et graphiques épurés, on trouve ici des produits d'un luxe raffiné. La maroquinerie est également griffée à la marque Cassegrain.

PARIS 9e

ABC RECTO-VERSO

Photocopies et fax en accès libre

Q/P : 7/10 •ASSORTIMENT : 6/10
+ : Tarifs étudiants
- : Que A3 et A4

•64, rue Condorcet — 75009 Paris •Tél. : 0140230404 •Fax : 0148782512 •Horaires : lun.-ven. 9h-19h •Métro : St-Georges •Bus : 49

Des photocopies noir et blanc à partir de 1 F et couleur laser à partir de 8 F4 machines en libre-service, mais les seuls formats tirés sont A4 et A3. Cartes d'abonnement : 200 copies pour 100 F et 1000 copies pour 320 F.

ACTIV'COPY

Toutes photocopies, Internet, PC et fax en accès libre	Q/P : 6/10 •ASSORTIMENT : 6/10 ✛ : Accès Internet et 2 PC

•38, rue St-Georges — 75009 Paris •Tél. : 0148781678 •Fax : 0148781679 •Horaires : lun.-ven. 9h-19h •Métro : Notre-Dame-de-Lorette •Bus : 67, 74

Photocopies noir et blanc en libre-service, à partir de 60 centimes, et couleurs laser à partir de 10 F. Ici, pas de tarif étudiant mais des cartes d'abonnement de 1800 F HT pour 10000 copies. Pour les tirages grand format (A0, A1), prévoir un délai d'une demi-journée à 48h.

PARIS 10ᵉ

IMPRIMERIE VEDETTE

Faire-part de mariage ou de naissance	Q/P : 5/10 •ASSORTIMENT : 9/10 ✛ : Conseil ━ : Cadre vieillot

•44, rue de Lancry — 75010 Paris •Tél. : 0142082071 •Fax : 0142039530 •Horaires : lun.-ven. 8h-12h, 14h-18h, sam. 10h-12h •Métro : Jacques-Bonsergent

Un choix impressionnant (mille modèles) de faire-part de mariage et de naissance. Style de la boutique plutôt vieillot, mais le conseil est sûr. Compter 1000 F les 100 faire-part, avec un délai de 15 jours.

PARIS 14ᵉ

KC PHOTOCOPIES

Toutes photocopies et reprographies, cartes de visites	Q/P : 8/10 •ASSORTIMENT : 7/10 ✛ : Tarifs intéressants

•10, rue de la Tombe-Issoire — 75014 Paris •Tél. : 0153800448 •Fax : 0145885415 •Horaires : lun. 10h30-19h, mar.-ven. 8h-19h, sam. 10h-13h, 14h-18h •Métro : St-Jacques

Toutes photocopies en couleurs (laser) et noir et blanc, ainsi que des impressions de fichiers numériques. Les tarifs sont réduits pour les étudiants, mais ils sont de toute façon dégressifs en fonction de la quantité. Cartes d'abonnement et, au choix, une dizaine de modèles de cartes de visite (au minimum 200 cartes à partir de 190 F).

PARIS 17ᵉ

A ET O COPIES

Toutes photocopies et reprographies	Q/P : 7/10 •ASSORTIMENT : 8/10 ✛ : Ils ouvrent sur demande

•20, rue de l'Étoile — 75017 Paris •Tél. : 0144092525 •Fax : 0144092526 •Horaires : lun.-ven. 9h30-19h, sam. 11h-16h •Métro : Charles de Gaulle-Étoile •Bus : 92, 93

Photocopies couleurs, noir et blanc et laser, dans tous les formats, de A4 à A0. Tarifs dégressifs en fonction de la quantité (laser couleur de 10 F à 3,50 F). La maison propose aussi les impressions d'après fichiers numériques (Mac ou PC). L'originalité : la boutique fonctionne 24h/24 et vous ouvre ses portes sur simple coup de fil. Sachez quand même que dans ces situations d'urgence, il vous en coûtera au minimum 500 F de frais d'ouverture, à rajouter au montant de vos photocopies.

PARIS 19e

ATOUT FLANDRES

Photocopies, fax, imprimerie, papeterie   Q/P : 8/10 •ASSORTIMENT : 9/10
                                                 + : les services

•Les Eiders — 145, av. de Flandres — 75019 Paris •Tél. : 0140352576 •Fax : 0140352577
•Horaires : lun.-ven. 8h30-19h, sam. 9h30-13h30 •Métro : Crimée •Bus : 60

La spécialité reste les photocopies : couleurs ou noir et blanc, en libre-service (2 copieurs couleurs et 4 noir et blanc). La carte de 10000 copies coûte 1600 F, soit la copie à 16 centimes. Envoi de fax, reliure, copieur numérique.

Mobilier de bureau

Le moins cher du mobilier de bureau

Les mises en faillite et les liquidations judiciaires font parfois le bonheur des autres! En effet, c'est toujours le meilleur moyen d'acquérir le moins cher possible étagères, bureaux et chaises. Ça marche à une seule condition, se renseigner sur les dates des mises en vente, en achetant le Moniteur des Ventes qui paraît deux fois par semaines, le lundi et le jeudi (7 F le n°, dans certains kiosques ou par abonnement). Ikéa aussi a pensé à votre bureau, que vous l'installiez à domicile ou en entreprise. La chaîne a ouvert un département Entreprises, avec un comptoir particulier dans chacun de ses magasins et un catalogue différent. Gammes modulables, du bureau unique à la salle de réunions. Un bureau simple à partir de 1200 F. Pour les entreprises, Ikéa propose des devis gratuits. Livraison et montage sur demande en supplément.
• **LE MONITEUR DES VENTES** : 10, rue du Fg-Montmartre — 75009 Paris — Tél. : 0147709400
• **IKÉA** : ZI Le Clos au Pois — 91028 Evry CEDEX — Tél. : 0169111600
• **IKÉA** : CC Paris Nord II — BP 50 — 123, rue des Buttes — 95950 Roissy — Tél. : 0169111615
• **IKÉA** : CC des Armoiries — Rue Jean-Jaurès — 94350 Villiers-sur-Marne — Tél. : 0169111613
• **IKÉA** : CC Grand Plaisir — 202, rue Henri-Barbusse — 78370 Plaisir — Tél. : 0169111614

PARIS 5e

ARTBUREAU

Bureaux, sièges, meubles de   Q/P : 8/10 • ASSORTIMENT : 8/10
classement   **+** : L'originalité

• 26, bd St-Germain — 75005 Paris • Tél. : 0143548029 • Horaires : lun.-sam. 10h-19h • Métro : Maubert-Mutualité • Bus : 47, 63

Distributeur de la gamme Edwood, Artbureau est spécialisé dans les meubles de classement, orientés vers la décoration intérieure: Porte-revues 1190 F. Combiné porte-stylos, vide-trombones 900 F. Plumier à couvercle 510 F. De nombreuses sortes de vide-poche en bois.

PARIS 11e

BUREAUX DIFFUSION

Bureaux, sièges, rangements,   Q/P : 8/10 •ASSORTIMENT : 8/10
luminaires   **+** : Les prix

•71, bd de Ménilmontant — 75011 Paris •Tél. : 0140217390 •Fax : 0148074725 •Horaires : lun.-ven. 9h30-18h30, sam. 10h-16h •Métro : Père-Lachaise •Bus : 61

La particularité de la boutique est de travailler directement avec des fabricants espagnols et italiens, et donc... de proposer des prix beaucoup plus intéressants! Jugez plutôt : un premier prix de bureau en 140 x60 cm, à partir de 900 F HT, mais un choix important aux alentours de 1 500 F. Sous 48h, devis sur place et un schéma d'implantation gratuit.

PARIS 12ᵉ

LA HALLE AUX BUREAUX

Mobilier et accessoires de bureau	Q/P : 7/10 • ASSORTIMENT : 8/10
	+ : Le choix

• 133, av. Daumesnil — 75012 Paris • Tél. : 0144738930 • Horaires : lun.-sam. 10h-19h • Métro : Gare-de-Lyon • Bus : 29

Mobilier de bureau, consoles d'ordinateur, fauteuils... Accessoires multiples, boîtes de rangement de disquettes. Bureau informatique avec étagère télescopique pour le clavier et la souris à partir de 800 F. Fins de séries à des prix intéressants.

BOULOGNE 92

BURLING

Bureaux, sièges et accessoires neufs, occasion et fins de série	Q/P : 7/10 • ASSORTIMENT : 8/10
	+ : 8 jours de délai

• 26, rue Louis-Pasteur — 92100 Boulogne-Billancourt • Tél. : 0146032424 • Fax : 0146037422 • Horaires : lun.-jeu. 9h-18h30, ven. 9h-17h30 • Métro : Jean-Jaurès • Bus : 52

Sur 600 m², du mobilier de bureau, dans tous les styles et pour tous les budgets, ainsi qu'un grand choix d'accessoires de décoration (de la poubelle au portemanteau, en passant par le porte-plume...). Clientèle composée de professionnels mais, pour les particuliers, les bonnes affaires se font au moment des soldes et des fins de série, à moitié prix. En neuf, des choses très abordables : siège sur roulettes à partir de 500 F, caisson de rangement à partir de 900 F, chaises fixes à partir de 150 F. Pour un bureau neuf en stratifié, compter 900 F. Forfait livraison-montage 250 F, livraison gratuite à partir de 5000 F.

LE KREMLIN-BICÊTRE 94

ESPACE BUREAUX

Bureaux, rangements et accessoires neufs, occasion et fins de série	Q/P : 8/10 • ASSORTIMENT : 7/10
	+ : Le neuf est livré et installé gratuitement
	− : Pas de parking

• 116-118, av. de Fontainebleau — 94100 Le Kremlin-Bicêtre • Tél. : 0146712245 • Fax : 0146708733 • Horaires : lun. 13h30-18h30, mar.-ven. 9h-12h30, 13h30-18h30, sam. 9h-12h • Métro : Le Kremlin-Bicêtre • Bus : 26, 47, 125, 131, 185

Du neuf, des fins de séries et de l'occasion, la maison est spécialiste du moyen de gamme, même si tous les styles sont là. Table de bureau en décor à partir de 700 F, bureau en acajou thaï à partir de 13000 F. Pour les occasions, les étiquettes ne dépassent pas le tiers du prix d'origine.

CHOISY-LE-ROI 94

CEPAL

Mobilier neuf et occasion	Q/P : 8/10 • ASSORTIMENT : 8/10
	+ : Accueil

• 2, quai de Choisy — 94600 Choisy-le-Roi • Tél. : 0148523637 • Fax : 0148526535 • Horaires : lun.-jeu. 8h30-12h, 13h30-18h, ven. 8h30-12h, 13h30-17h • Métro : RER C Choisy-le-Roi • Bus : 103, 182, 183

Sur 1 200 m², du mobilier de bureau, des armoires, des tables à dessin, des sièges, des fauteuils... Le magasin est divisé en deux : une partie consacrée à l'occasion et l'autre au neuf. Pour le neuf, un catalogue est à votre disposition.

SORTIES, SPECTACLES, VACANCES

- BARS À VINS
- CAFÉS, SALONS DE THÉ, BRUNCHS, CYBERCAFÉS
- BARS ET BOÎTES DE NUIT
- RÉCEPTIONS, FÊTES,
- ANIMATIONS À DOMICILE
- THÉÂTRES, CINÉMAS, MUSIC-HALLS, ETC.
- VACANCES, VOYAGES
- VISITES, CIRCUITS, MUSÉES

FAITES LA FÊTE ! Capitale de la fête, Paris regorge de petits bars, de cafés branchés, de boîtes de nuit, de théâtres et de cabarets… Nous vous avons sélectionné tout ce qui permet de sortir sans se ruiner et si, malgré tout, vous préférez faire la fête chez vous, PARIS DES BONNES AFFAIRES vous a déniché les meilleures astuces.

Bars et bistrots parisiens évoluent comme jamais auparavant. La vague Internet a déposé de nouveaux lieux sur les trottoirs de la ville, appelés cybercafés ou web-bars. On peut y surfer sur le web pour environ 60 F de l'heure.

La plupart des boîtes de nuit offrent toujours l'entrée gratuite aux filles – surtout en semaine et avant minuit – et, si vous souhaitez passer la nuit dans un lieu branché, réputé d'accès difficile, soignez votre look et venez accompagné, une bonne présentation et beaucoup d'assurance vous ouvriront bien des portes réputées infranchissables.

Les bars à vins de Paris sont de véritables institutions, mais leur succès engendre souvent de pâles copies. Produits du terroir et vins de propriétaires choisis par le patron chez les uns ne sont parfois que banales cartes des vins chez les autres.

Pour vos réceptions, vous pouvez louer caves et péniches parisiennes, mais les salles de banlieue sont souvent meilleur marché et, à 50 km de Notre-Dame, vous pourrez louer de véritables palais pour le prix d'une cave voûtée au centre de Paris.

Pour les vacances, ne courez pas toutes les agences de voyage. Les billets les moins chers se dénichent maintenant à domicile, en consultant sur le 3615 les serveurs Minitel spécialisés (Traveltour, Dégrifftours, Voyagel, Bourse des Vols, Bye Bye, etc.). Vous y réaliserez de réelles économies, surtout si vous n'êtes pas fixé sur une destination ni sur une date de départ. Pour les longs courriers, quelques heures avant le départ, certains billets sont soldés jusqu'à la moitié de leur prix. Pourquoi rester chez soi !

Enquêtes et rédaction :
Eric Juherian, Gaëlle Lor, Marc Olujic, Gaël Séguillon

Bars à vins

Le moins cher des bars à vins

Dans ses 4 restaurants, François Clerc propose le vin au prix coûtant, au verre (bd du Montmarnasse), ou à la bouteille. Ainsi, vous ne débourserez que 145 F pour une bouteille de Gevrey Chambertin 1° cru 1992 Domaine des Echézeaux, et 86 F pour un Saint-Emilion grand cru classé 1992. Si ces prix vous séduisent, vous pouvez également acheter les vins à emporter dans le restaurant de la rue du Boccador. Restauration classique mais savoureuse. Formule à 80 F à l'heure du déjeuner (1 salade, 1 plat rôti à la broche et sa garniture, 1 café). Service rapide et agréable.
- *LES BOUCHONS DU 5E : 12, rue de l'Hôtel-Colbert — 75005 Paris — Tél. 0143541534*
- *LES BOUCHONS DU 8E : 7, rue du Boccador — 75008 Paris — Tél. 0147235780*
- *LES P'TITS BOUCHONS DU 15E : 32, bd du Montparnasse — 75015 Paris — Tél. 0145485203*
- *LES BOUCHONS DU 17E : 22, rue de la Terrasse — 75017 Paris — Tél. 0142273151*

PARIS 1er

À LA CLOCHE DES HALLES

Vins de propriété, beaujolais, charcuteries, fromages	Q/P : 7/10 • ASSORTIMENT : 6/10
	✚ : Mâchons généreux et savoureux

• 28, rue Coquillière — 75001 Paris • Tél. : 0142369389 • Horaires : lun.-ven. 8h-22h, sam. 10h-17h • Métro : Les Halles • Bus : 29, 38, 47

Un vrai bistrot parisien où découvrir plus de 10 crus du Beaujolais. Derrière le long zinc en L, Serge Lesage et sa femme confectionnent de bons mâchons au pain de campagne ou à la baguette. Spécialités de charcuterie de pays, jambon à l'os, quiches maison, fromages maison et tarte Tatin. Verres entre 8 et 22 F. Certains vins sont mis en bouteille dans la cave. Excellent crozes-hermitage.

AUX BONS CRUS

Vins de propriété, bordeaux, bourgognes, charcuteries, fromages	Q/P : 7/10 • ASSORTIMENT : 6/10
	✚ : Ambiance chaleureuse

• 7, rue des Petits-Champs — 75001 Paris • Tél. : 0142600645 • Horaires : lun. 11h30-15h, mar.-sam. 8h-23h • Métro : Bourse, Palais-Royal • Bus : 29

Créé en 1905, cet authentique bar à vins ne semble avoir fait aucune concession à la modernité. Comptoir et magnifique monte-charge d'époque, tout comme le décor de la salle. Carte des vins plus moderne, avec un excellent merlot 1996 Domaine des Schistes à 14 F le verre. Bon choix de bordeaux et de bourgognes (Hautes Côtes de Nuits 1994 à 19 F). Restauration simple avec les traditionnelles tartines pain Poilâne (45 F) ou assiette de charcuterie (53 F). Service rapide et enjoué.

AUX TONNEAUX DES HALLES

Vins de Loire, beaujolais, charcuteries, fromages, restaurant	Q/P : 7/10 • ASSORTIMENT : 5/10
	✚ : Restauration bon marché

• 28, rue Montorgueil — 75001 Paris • Tél. : 0142333619 • Horaires : lun.-sam. 12h-0h • Métro : Les Halles • Bus : 29, 38, 47

Un endroit où l'on est toujours bien reçu. Comptoir à l'ancienne, salle chaleureuse et conviviale, agrémentée d'une belle terrasse. La carte de vins de terroir, notamment des vins de Loire et de Beaujolais, est très agréable, et la restauration simple mais réussie, comme l'entrecôte bordelaise avec frites sèches. D'excellentes charcuteries, ou de bons fromages affinés sur pain Poilâne pour 20 F.

BAR DE L'ENTRACTE

Vins de propriété, bourgueils,   Q/P : 6/10 •ASSORTIMENT : 5/10
bourgognes, bières, sandwichs   **+ : Ambiance chaleureuse**
                                    – : Carte de vins réduite

•47, rue Montpensier — 75001 Paris •Tél. : 0142975776 •Horaires : lun.-ven. 10h-2h, sam. 12h-0h •Métro : Palais-Royal •Bus : 29

Situé en face du théâtre du Palais-Royal, un petit bar décoré avec des objets de récupération, à l'image des fauteuils qui sont d'anciens sièges de cinéma. Vous boirez un bourgueil Domaine des Forges à 15 F le verre, ou un vin de Bourgogne. À la sortie du théâtre, on y trouve spectateurs et professionnels en pleine discussion. Service rapide et agréable.

LA ROBE ET LE PALAIS

Restaurant à vins, charcuteries corses   Q/P : 7/10 •ASSORTIMENT : 6/10
                                      + : Formule "1 plat + 1 vin" à 75 F

•13, rue des Lavandières-Ste-Opportune — 75001 Paris •Tél. : 0145080741 •Horaires : lun.-sam. 11h-15h, 18h-0h •Métro : Châtelet •Bus : 47, 58, 70, 75, 76, 81

Caché derrière la rue de Rivoli, un spacieux restaurant à vins. Grande salle avec banquettes en moleskine, vraies chaises de bistrots et une belle carte, des plats savoureux comme l'entrecôte poêlée sauce vin rouge (92 F) ou les filets de volaille aux navets (55 F). Carte de vins complète, mais pas suffisamment de vins servis au verre. Service efficace.

LE RELAIS CHABLISIEN

Chablis, bourgognes, vins de   Q/P : 8/10 •ASSORTIMENT : 8/10
l'Auxerrois, restaurant   **+ : Le décor rustique et authentique**

•4, rue Bertin-Poirée — 75001 Paris •Tél. : 0145085373 •Horaires : lun.-ven. 9h-22h •Métro : Châtelet •Bus : 74, 81

Un décor d'auberge, avec poutres apparentes et nappes à carreaux, et un patron chaleureux et souriant. Ce bar-restaurant à vins propose une belle représentation du vignoble bourguignon, notamment quelques vins de l'Auxerrois qui se marient particulièrement bien avec le jambon persillé ou le pâté de tête. Vins au verre entre 16 et 22 F. Le soir, comptez environ 150 F, vin compris. Cuisine traditionnelle.

LE RUBIS

Beaujolais, vins de Loire et d'Alsace,   Q/P : 9/10 •ASSORTIMENT : 6/10
cuisine du terroir   **+ : Grand choix de vins au verre**
                                      – : Accueil

•10, rue du Marché-St-Honoré — 75001 Paris •Tél. : 0142610334 •Horaires : lun.-ven. 7h-22h, sam. 9h-16h •Métro : Tuileries •Bus : 68

Un vrai bistrot à vins parisien avec néons et murs défraîchis. Au programme, tous les crus du Beaujolais, des vins de Loire et du blanc d'Alsace. Une cuisine simple et copieuse comme l'andouillette grillée au pied de porc farci (48 F) ou le rôti de porc lentilles aux pommes vapeur (38 F). Clientèle d'habitués dont il vaut mieux faire partie pour être bien accueilli.

TAVERNE HENRI IV

Vins de Loire, beaujolais, bourgognes,   Q/P : 8/10 •ASSORTIMENT : 8/10
bordeaux, jurançons, charcuteries,   **+ : Tartines généreuses à 30 F**
fromages

•13, place du Pont-Neuf — 75001 Paris •Tél. : 0143542790 •Horaires : lun.-ven. 12h-22h, sam. 12h-16h •Métro : Pont-Neuf •Bus : 27

Le bar à vins de référence, dans lequel beaucoup de futurs patrons de bistrots se sont formés. Robert Cointepas vous propose un large choix de vins à boire sur place ou à emporter : val-de-loire, beaujolais, bourgogne, bordeaux ou jurançon. Fromages affinés dans les caves par le patron. Produits régionaux frais, proposés en assiette, accompagnés de l'excellent pain Moisan.

WILLY'S WINE BAR

Bar à vins chic, grands crus, vins étrangers, champagnes, eaux-de-vie	Q/P : 5/10 •ASSORTIMENT : 8/10 **+** : Cadre raffiné

•13, rue des Petits-Champs — 75001 Paris •Tél. : 0142610509 • Fax : 0147033693 •Horaires : lun.-sam. 12h-14h30, 19h-23h •Métro : Palais-Royal •Bus : 29

D'élégantes boiseries, un service impeccable. Une des plus belles caves de Paris, avec une très belle représentation des vins étrangers. Le gérant, un anglais amoureux des côtes-du-rhône, n'a pas son pareil pour trouver le vin qui accompagnera idéalement votre plat. Vin au verre (entre 16 et 60 F), à la carafe (50 cl) ou à la bouteille. Cuisine sophistiquée mais savoureuse (cassolette de coques aux pointes d'asperges et filaments de poireaux à 65 F, ou émincé d'agneau au romarin à 90 F). Menu à 148 F (déjeuner) et 185 F (dîner).

PARIS 2e

L'ANGE VIN

Vins de Loire, côtes-du-rhône, beaujolais, charcuteries, fromages, restaurant	Q/P : 7/10 •ASSORTIMENT : 7/10 **+** : Un endroit spacieux **—** : Pas de côtes-du-rhône au verre

•168, rue Montmartre — 75002 Paris •Tél. : 0142362020 •Horaires : mar.-sam. 11h-1h •Métro : Rue-Montmartre •Bus : 48, 74, 85

Moderne bar à vins qui ne manque pas de charme. En haut, une salle qui domine le bistrot fait office de restaurant. Menu à 150 F avec entrée, poisson ou viande et dessert. De bons plats savoureux : pavé de bœuf aux pommes de Noirmoutier, cailles rôties aux feuilles de vigne. À la carte, comptez entre 160 et 200 F. En bas, la grande salle est un bar à vins classique, servant assiettes de charcuteries ou fromages particulièrement bien affinés. Une carte des vins qui privilégie les vins de Loire, sans pour autant délaisser les côtes-du-rhône. Très bons liquoreux et excellent rapport qualité-prix du beaujolais Château Cambon (15 F). Verres entre 15 et 30 F. Service agréable et efficace.

PARIS 3e

LE BAROMÈTRE

Beaujolais, bourgognes, côtes-du-rhône, charcuteries, fromages	Q/P : 8/10 •ASSORTIMENT : 7/10 **+** : De vrais croque-monsieur à 24 F

•17, rue Charlot — 75003 Paris •Tél. : 0148870454 •Horaires : lun.-sam. 7h-20h30 •Métro : Filles-du-Calvaire •Bus : 96

Un bar à vins fleuri où le beaujolais est à l'honneur. Près du comptoir trônent de grands tonneaux sur lesquels vous pouvez boire l'un des dix crus du Beaujolais, un bourgogne ou un côtes-du-rhône (verre entre 8 et 17 F). Pour accompagner ces vins, de bons plats auvergnats comme les tripoux ou des tartines à prix raisonnables (de 19 à 24 F). Clientèle d'habitués.

PARIS 4e

AU BOURGUIGNON DU MARAIS

Dégustation de bourgognes et vente à emporter, restaurant	Q/P : 8/10 •ASSORTIMENT : 6/10 **+** : Le cadre **—** : Peu de vins au verre

•52 rue François-Miron — 75004 Paris •Tél. : 0148871540 • Fax : 0148871540 •Horaires : lun.-sam. 12h-15h, 20h-22h30 •Métro : St-Paul •Bus : 76, 96

10 tables bien espacées dans un décor chaleureux. Une belle carte de vins, aux prix producteurs, mettant l'accent sur la Bourgogne. Vins à emporter ou à boire sur place (prix de la bouteille + 35 F de service). Excellent Gevrey-Chambertin 1992 à 39 F la bouteille, ou Puligny Village 1995 blanc, dont le domaine appartient au responsable du restaurant. Cuisine, d'inspiration bourguignonne, simple et savoureuse (excellent jambon persillé "maison" à 48 F). Très bons fromages affinés. Service agréable.

LA TARTINE

Vins de Loire, beaujolais, bières, charcuteries, fromages

Q/P : 8/10 •ASSORTIMENT : 6/10
+ : Ambiance hors du temps
– : Service lent

•24 rue de Rivoli — 75004 Paris •Tél. : 0142727685 •Horaires : mer. 12h-22h, jeu.-lun. 8h-22h •Métro : St-Paul, Hotel-de-Ville •Bus : 69, 76

Grande salle de café, aux murs patinés, qui n'a pas changé depuis les années 1920. Banquettes en skaï et chaises en bois survivent miraculeusement à l'épreuve du temps. Spécialités de vins de Loire et de beaujolais (verre entre 11 et 14 F). Dégustation de produits régionaux (assiette de charcuteries ou de fromages à 45 F).

LE COUDE FOU

Restaurant à vins, vins de Touraine

Q/P : 5/10 •ASSORTIMENT : 6/10
+ : Convivialité de l'endroit
– : Plats sans grand intérêt

•12, rue du Bourg-Tibourg — 75004 Paris •Tél. : 0142771516 • Fax : 0148040898 •Horaires : lun.-ven. 12h-15h, 19h30-00h, sam.-dim. 19h30-00h (service) •Métro : Hôtel-de-Ville •Bus : 67, 72, 74, 76

Bar à vins convivial, murs ornés de fresques naïves et tables faites de caisses de vin. Carte originale avec, notamment, un honorable touraine 1996, cuvée Roland Topor, à 12 F le verre. Pour accompagner les vins, on prendra une assiette de saucissons ou un fromage, tous très bien choisis, plutôt qu'un plat, cher et sans grand intérêt. Le service est parfait.

LE ROUGE-GORGE

Vins de Corse, du Jura, de Provence ou du Languedoc, charcuteries

Q/P : 7/10 •ASSORTIMENT : 6/10
+ : Service enjoué

•8 rue St-Paul — 75004 Paris •Tél. : 0148047589 •Horaires : lun.-sam. 12h-2h, dim. 12h-19h •Métro : Pont-Marie •Bus : 67

Une charmante petite taverne avec murs de pierre et colombages. La carte des vins fait la part belle aux vins de Corse, du Jura, de Provence ou du Languedoc, tous directement choisis sur leur vignoble. Cuisine traditionnelle renouvelée régulièrement. Excellentes charcuteries corses à 68 F. Il est possible de louer la salle pour la soirée (30 personnes maximum).

MA BOURGOGNE

Bordeaux, bourgognes et vins de Loire, fromages, glaces Berthillon

Q/P : 5/10 •ASSORTIMENT : 5/10
+ : Cadre exceptionnel
– : Prix assez chers

•19, place des Vosges — 75004 Paris •Tél. : 0142784464 •Horaires : lun.-sam. 12h-1h40 •Métro : St-Paul, Chemin-Vert, Bastille •Bus : 96

Sous les arcades de la place des Vosges, avec une agréable terrasse, ce bar à vins séduit par son emplacement. À la carte, une trentaine de vins assez classiques (bordeaux, bourgognes et vins de Loire) entre 20 et 46 F le verre. Quelques fromages affinés à 32 F et une restauration classique qui ne suscite pas l'enthousiasme. Côté desserts par contre, les célèbres glaces Berthillon (2 boules pour 42 F). Service efficace.

PARIS 5e

LE P'TIT MUSCADET

Vins de propriété, bourgueils, charcuteries, fromages

Q/P : 9/10 •ASSORTIMENT : 5/10
+ : Plats servis généreusement
– : Service un peu lent

•22 rue Lacépède — 75005 Paris •Tél. : 0147071081 •Horaires : mar.-dim. 10h-20h •Métro : Place-Monge •Bus : 47

Un bistrot à vins de quartier minuscule où se bouscule une clientèle d'habitués. Vins de propriété, simples mais généreux (entre 8 et 12 F le verre), comme le bourgueil 1996 de Yannick Amirault. Une restauration bon marché : l'omelette au Cantalou (46 F) ou les rillettes d'Auvergne (18 F). Ambiance familiale et service enjoué.

L'Écluse

Une chaîne de bars à vins qui ne proposent que des vins de Bordeaux, au verre ou en bouteille. Une belle sélection de bons millésimes : Saint-Julien 92 (Verre à 30 F) ou Saint-Estèphe de la même année, Saint-Emilion 88 (41 F le verre). Le cadre est agréable, fait de boiseries et de velours, mais la restauration s'avère décevante. Pas de produits du terroir mais des plats assez chers et manquants d'originalité (salade de pissenlits aux noix à 59 F ou tagliatelles au foie gras d'oie à 84 F). Service pourtant impeccable, rapide et attentionné.

- *L'ÉCLUSE* : 15, quai des Grands-Augustins — 75006 Paris — Tél. : 01 47 20 77 09
- *L'ÉCLUSE* : 64, rue Fançois 1er — 75008 Paris — Tél. : 01 47 20 77 09
- *L'ÉCLUSE* : 15, pl. de la Madeleine — 75008 Paris — Tél. : 01 46 33 58 74
- *L'ÉCLUSE* : 13, rue de la Roquette — 75011 Paris — Tél. : 01 48 05 19 12
- *L'ÉCLUSE* : 1, rue d'Armaillé — 75017 Paris — Tél. : 01 47 63 88 29

PARIS 7e

AU SAUVIGNON

Bières, vins de propriété, bourgueil, charcuteries, fromages	Q/P : 5/10 •ASSORTIMENT : 6/10
	✚ : Belle terrasse très agréable
	▬ : Manque de convivialité

•80 rue des Sts-Pères — 75007 Paris •Tél. : 01 45 48 49 02 •Horaires : lun.-sam. 8h30-22h •Métro : Sèvres-Babylone •Bus : 70, 84, 87

Même si l'accueil est un peu froid, les dessins humoristiques sur les murs rappellent qu'ici le vin est roi. Petite brasserie, fréquentée par les étudiants et les touristes en goguette, une large représentation des régions viticoles. Pour accompagner un bon bourgueil, le patron vous préparera volontiers une tartine de jambon d'Auvergne (26 F). Conseils compétents mais service peu enjoué.

PARIS 11e

JACQUES MÉLAC

Restaurant aveyronnais, vins de Loire, bourgognes, beaujolais, vente à emporter	Q/P : 7/10 •ASSORTIMENT : 6/10
	✚ : L'ambiance joviale

•42 rue Léon-Frot — 75011 Paris •Tél. : 01 43 70 59 27 •Horaires : (service) mar.-sam. 12h30-14h30, 19h30-22h30 •Métro : Charonnes •Bus : 56

Un bar à vins typique avec deux salles séparées par la cuisine. Spécialités aveyronnaises comme la salade de l'Aubrac (35 F) ou l'assiette du bougnat (52 F), servies avec des vins de pays de Corrèze ou un côtes-d'auvergne. Vente à emporter de vins de Loire, bourgognes ou beaujolais. Ambiance mouvementée le soir.

PARIS 12e

LE BARON ROUGE

Vins de propriété tirés au fût, vente à emporter	Q/P : 7/10 •ASSORTIMENT : 7/10
	✚ : Le vin tiré au fût
	▬ : Peu de places assises

•1, rue Théophile-Rousset — 75012 Paris •Tél. : 01 43 43 14 32 •Horaires : mar.-ven. 10h-14h, 17h-21h30, sam. 10h-21h30, dim. 10h-15h30 •Métro : Ledru-Rollin •Bus : 86

Une adresse qui tient plus du négociant que du bistrot. Du vin vendu au litre, directement tiré du fût (de 16 à 27 F selon les appellations), à emporter ou à boire sur place.

Tous les soirs, ce véritable bar à vins est bondé et il faut battre des coudes pour commander un verre. Les effluves de vin arrivent jusqu'au trottoir où sont installés des tonneaux pour ceux, nombreux, qui n'ont pas trouvé de place à l'intérieur. Un endroit vivant qui n'hésite pas à inviter des musiciens pour faire monter l'ambiance.

PARIS 13°

CHEZ PAUL

Restaurant à vins, bourgueil, cuisine   Q/P : 7/10 •ASSORTIMENT : 5/10
traditionnelle   **+** : Une cuisine simple et savoureuse
                                                   – : Souvent bondé

•22, rue de la Butte-aux-Cailles — 75013 Paris •Tél. : 0145892211 •Horaires : lun.-sam. 12h-14h30, 19h30-0h, dim. 12h-15h, 19h30-0h •Métro : Corvisart, Tolbiac •Bus : 21, 27, 62

Situé idéalement sur la Butte aux Cailles, un bistrot moderne mais confortable avec un superbe comptoir années 1930, une salle aux couleurs chatoyantes et une terrasse prise d'assaut aux premiers rayons de soleil. Une solide cuisine traditionnelle comme le jarret de porc aux lentilles (80 F). Vins au verre, au pot lyonnais ou à la maxi-bouteille (1,5 l). Un agréable St-Nicolas-de-Bourgueil 1995 de J. Jamet (115 F). Service enjoué et rapide.

PARIS 14°

À MI-CHEMIN

Vins de Loire et bières artisanales,   Q/P : 7/10 •ASSORTIMENT : 5/10
restaurant   **+** : Le prix des bouteilles de vin

•31 rue Boulard — 75014 Paris •Tél. : 0145395645 •Horaires : mar.-sam. 12h-15h, 20h-23h30 •Métro : Mouton-Duvernet, Denfert-Rochereau •Bus : 68

La devanture orange attire l'œil. La salle, à la propreté impeccable, compte une quinzaine de tables de bistrot bien espacées. Plats de saison (excellentes terrines de lapin au romarin et aux noisettes à 38 F) proposés en formule (2 plats pour 80 F, 3 plats pour 110 F) ou à la carte. De bons vins de Loire, au verre (entre 14 et 17 F) ou à la bouteille, et 2 bières artisanales (sarrasin ou avoine) à 28 F. Un endroit moderne mais convivial qui tranche avec les classiques bars à vins. Service rapide et efficace.

LE RALLYE

Vins de Loire, beaujolais, charcuteries   Q/P : 6/10 •ASSORTIMENT : 7/10
                                                   + : La qualité des produits

•6, rue Daguerre — 75014 Paris •Tél. : 0143225705 •Horaires : dim.-lun. 9h-18h, mar.-sam. 9h-23h30 •Métro : Denfert-Rochereau •Bus : 28, 38, 68

Un large choix de vins de Loire et de beaujolais (de 18 à 28 F le verre) dans ce bistrot refait à neuf. De belles boiseries dans la salle au plafond voûté, un comptoir long et accueillant et une agréable terrasse. Spécialités de produits frais comme le beurre d'Échiré, l'andouille de Guéméné ou le tripoux frais en saison.

LE VIN DES RUES

Vins de Saône-et-Loire, cuisine   Q/P : 7/10 •ASSORTIMENT : 8/10
lyonnaise, charcuteries, fromages   **+** : Grand choix de vins au verre

•21, rue Boulard — 75014 Paris •Tél. : 0143221978 •Horaires : mar.-sam. 10h-21h •Métro : Denfert-Rochereau •Bus : 28, 38, 68

Un bar à vins authentique avec vieilles tables en bois et nappes à motifs Vichy. Excellente cuisine lyonnaise, avec andouillette à toute heure et plateau de fromages régionaux (38 F). Belle sélection de vins de pays de Saône-et-Loire et de coteaux-du-lyonnais. Le responsable est un vrai patron de bistrot, autoritaire et bougon.

PARIS 17e

VERRE BOUTEILLE

Restaurant à vins, bordeaux   Q/P : 6/10 •ASSORTIMENT : 6/10
                                          + : Service rapide

•85, av. des Ternes — 75017 Paris •Tél. : 0145740102 •Horaires : lun. dim. 12h-15h, 19h-5h
•Métro : Ternes •Bus : 43

•55, bd Gouvion-St-Cyr — 75017 Paris •Tél. : 0147633999 •Horaires : lun.-dim. 12h-15h, 19h-0h
•Métro : Porte-de-Champerret •Bus : 84, 92, 93

Décor moderne mais chaleureux. Chaque jour, un "plat tradition" différent (par exemple, un solide hachis Parmentier le samedi) à 92 F. Carte des vins assez restreinte (principalement des bordeaux) mais bien adaptée au plat proposé. Service agréable et efficace.

PARIS 18e

LE MOULIN À VINS

Vins de Corse et du Languedoc,   Q/P : 7/10 •ASSORTIMENT : 6/10
cuisine du terroir   **+ : Accueil impeccable**
                                          − : Faible choix de desserts

•6, rue Burq — 75018 Paris •Tél. : 0142528127 •Horaires : mar.-ven. 11h-16h, 18h-2h, sam. 18h-2h •Métro : Abbesses •Bus : Montmartrobus, 80

Un bistrot chaleureux avec de vieilles banquettes en skaï et des tables en mosaïque. Sur le mur, une grande fresque du Moulin de la Galette vous rappelle que vous êtes au pied de la butte Montmartre. Dany Berin-Denis, la gérante, sélectionne elle-même les vins proposés selon ses coups de cœur. Beaucoup de vins corses et du Languedoc (verres entre 19 et 23 F). Une cuisine du terroir simple (comme le jambon persillé de Bourgogne à 48 F ou les andouillettes de chez Duval à 84 F) mais largement servie. La chaleur de l'endroit doit beaucoup au dynamisme et à la gentillesse de la patronne.

PARIS 20e

BISTROT-CAVE DES ENVIERGES

Gamay, bourgueil, vins de Loire, cuisine   Q/P : 8/10 •ASSORTIMENT : 8/10
du terroir, charcuteries, fromages   **+ : Les apéritifs (xérès, madère, muscat)**

•11, rue des Envierges — 75020 Paris •Tél. : 0146364784 •Horaires : mer.-ven. 12h-2h, sam.-dim. 12h-0h •Métro : Pyrénées •Bus : 26

Un authentique bar à vins à la faune intello et bigarrée. Sur les murs, les bouteilles rangées dans des casiers servent de décoration mais sont également à vendre (35 F le gamay 1995 de Guerbois ou 43 F le bourgueil 1994 de Gambier). Plus de 150 crus, avec une large représentation des vins de Loire. Cuisine du terroir simple mais généreuse, servie avec bonne humeur. Un endroit joyeux.

LE SAINT-AMOUR

Bières, vins de propriété, charcuteries,   Q/P : 6/10 •ASSORTIMENT : 6/10
fromages   **+ : Prix bas des verres au bar**

•2, av. Gambetta — 75020 Paris •Tél. : 0147972015 •Horaires : 7j/7 8h-22h •Métro : Père-Lachaise •Bus : 61, 69

Brasserie moderne, à l'ambiance Art déco, offrant une belle carte de vins. En été, la terrasse particulièrement bien située s'étend jusqu'au bd de Ménilmontant. De bons vins au verre comme le chiroubles 1997 de René Bouillard ou le cheverny rouge (6,50 F au bar). Certains vins sont mis en bouteille directement dans la cave. Spécialités de fromages d'Auvergne sur pain Poilâne. Service efficace et souriant.

Cafés, salons de thé, brunchs, cybercafés

PARIS 1er

ANGÉLINA

Salon de thé   Q/P : 8/10 •ASSORTIMENT : 7/10
                                    ✦ : Le chocolat chaud

•226, rue de Rivoli — 75001 Paris •Tél. : 0142608200 •Horaires : 7j/7 9h-19h30 •Métro : Tuileries
•Bus : 68, 69, 72

Une vieille institution parisienne... Ici on ne sert pas de brunch, contrairement à la succursale du Palais des Congrès, mais vous pourrez y déguster le chocolat chaud le plus célèbre de Paris, accompagné d'une pâtisserie.

LE FUMOIR

Brunchs français, bar, salon de thé   Q/P : 6/10 •ASSORTIMENT : 7/10
                                            ✦ : Cadre feutré

•6, rue de l'Amiral-de-Coligny — 75001 Paris •Tél. : 0142920024 •Horaires : 7j/7 11h-2h •Métro : Louvre-Rivoli •Bus : 21, 69, 76, 81

Dans une ambiance feutrée des années 1930, vous pourrez déguster un brunch copieux (dim. 12h-16h, 120 F), comprenant une boisson chaude, orange pressée, viennoiseries, œufs brouillés, pommes de terre et surtout le müesli maison. Sinon, vous pouvez toujours venir boire un verre et lire la presse du jour disponible dans les salles.

LE NILS   [N]

Brunchs danois   Q/P : 9/10 •ASSORTIMENT : 7/10
                                    ✦ : Brunch danois

•36, rue Montorgueil — 75001 Paris •Tél. : 0155343949 •Horaires : 7j/7 10h30-22h •Métro : Les Halles, Étienne-Marcel •Bus : 29, 38, 85

À un prix très compétitif (50 F), le brunch du dimanche est complet et change un peu de nos saveurs habituelles : boisson chaude, orange pressée, des rouleaux danois à la cannelle et des spécialités comme la varmpolaren (galette au renne fumé) ou le mörrum (saumon fumé sur du pain au cumin).

LE PAIN QUOTIDIEN

Brunchs belges   Q/P : 9/10 •ASSORTIMENT : 9/10
                                    ✦ : Pour les gros appétits

•18, place du Marché-St-Honoré — 75001 Paris •Tél. : 0142963170 •Horaires : lun.-ven. 7h-19h30, sam.-dim. 7h-19h •Métro : Tuileries, Pyramides •Bus : 29, 72, 81

Avec comme spécialité le petit-déjeuner, trois formules sont proposées : boulanger, à la ferme ou continental. Plats copieux et large choix : œufs pochés, œufs coques, jus de fruits, viennoiseries, charcuteries, fromages. Les prix sont doux (30 F à 45 F).

PARIS 2e

A PRIORI THÉ

Brunchs américains   Q/P : 6/10 •ASSORTIMENT : 7/10
                                    ✦ : La galerie Vivienne

•35-37, galerie Vivienne — 75002 Paris •Tél. : 0142974875 •Horaires : lun.-ven. 9h-18h, sam. 9h-18h30, dim. 12h30-18h30 •Métro : Bourse, Pyramide •Bus : 20, 29, 39, 48

Composé d'un plat, d'un dessert, d'une boisson chaude et d'un jus d'orange frais, le brunch à l'américaine proposé par ce salon de thé (136 F) est surtout agréable pour le cadre de la galerie Vivienne. Mieux vaut réserver car il y a peu de place mais beaucoup de demandes. Les brunchs sont servis les samedis et dimanches de 12h à 16h.

L'ARBRE À CANNELLE

Salon de thé   Q/P : 8/10 •ASSORTIMENT : 7/10
   ✚ : Les cocktails de fruits

•57, passage des Panoramas — 75002 Paris •Tél. : 0145085587 •Horaires : lun.-sam. 11h-18h30 •Métro : Richelieu-Drouot, Montmartre •Bus : 20, 39, 48

Dans un cadre mêlant chaleur et gourmandise, vous pourrez déguster des tartes salées, sucrées, des crumbles aux pommes ou aux fruits rouges, accompagnés de thés ou de délicieux cocktails de fruits vitaminés. Tous les produits sont fabriqués le matin même.

PARIS 3ᵉ

L'APPAREMMENT CAFÉ

Bar, expositions   Q/P : 6/10 •ASSORTIMENT : 6/10
   ✚ : Café "comme chez soi"

•18, rue des Coutures-St-Gervais — 75003 Paris •Tél. : 0148871222 •Horaires : lun.-ven. 12h-2h, sam. 16h-2h, dim. 12h-0h •Métro : St-Sébastien-Froissart •Bus : 29, 96

Un café "comme chez soi", décor cossu (boiseries, fauteuils capitonnés, exposition permanente de tableaux), bibliothèque à la disposition des clients. Vous pourrez boire un jus de fruit (18 F) ou une bière (22 F) en disputant entre amis une partie de backgammon ou de Trivial Pursuit (de nombreux autres jeux à disposition). Possibilité de se restaurer : salades à composer soi-même ou assiette du soir de 45 à 75 F, cocktails de 40 à 55 F.

WEB BAR

Cybercafé   Q/P : 9/10 •ASSORTIMENT : 8/10
   ✚ : Connexion la moins chère, expo d'art

•32, rue de Picardie — 75003 Paris •Tél. : 0142726655 •Horaires : lun.-dim. 11h30-2h •Métro : République •Bus : 20, 65 •Internet : http://www. webbar. fr •e-mail : webbar@webbar. fr

Ici, on prône la multiculture : une clientèle hétéroclite vient profiter de la connexion la moins chère de Paris (40 F/h ou 250 F/10h), boire un verre en regardant une exposition d'art contemporain, ou écouter un conteur (tous les dimanches à 17h).

PARIS 4ᵉ

GALERIE 88

Café, salon de thé   Q/P : 6/10 •ASSORTIMENT : 6/10
   ✚ : Accueil et cadre

•88, quai de l'Hôtel-de-Ville — 75004 Paris •Tél. : 0142721758 •Horaires : 7j/7 12h-1h30 •Métro : Hôtel-de-Ville •Bus : 67, 72, 74, 76

Tout le charme de l'Orient, dans ce petit café au décor digne des mille et une nuits (murs ocre, objets précieux en métal, bois sculpté, bibelots et vitrines). Café turc, à la cardamome ou à la cannelle (15 F), thé à la menthe (20 F), pâtisseries maison (tartes citron et fruits de saison, gâteau au fromage pour 25 F). Pour le déjeuner et le dîner, des soupes de pois chiches, des salades et des pâtes fraîches (35 à 70 F). Serveuses très accueillantes et efficaces.

LA CHARLOTTE DE L'ISLE

Salon de thé, brunchs français   Q/P : 9/10 •ASSORTIMENT : 7/10
   ✚ : Les tartes

•24, rue St-Louis-en-l'Île — 75004 Paris •Tél. : 0143542583 •Horaires : jeu.-dim. 14h-20h •Métro : Pont-Marie •Bus : 67

Ambiance feutrée, brunchs et pâtisseries d'une grande qualité : chocolat chaud maison, écorce d'orange au chocolat, tartes aux groseilles, cassis, myrtilles, pêches, poires, ainsi que des charlottes. Le salon ouvre ses portes le mercredi après-midi pour célébrer les anniversaires des enfants, avec un spectacle de marionnettes, sur réservation uniquement. Vous pouvez également y entendre du piano le vendredi de 18h à 20h.

LE LOIR DANS LA THÉIÈRE

Brunchs français
Q/P : 8/10 •ASSORTIMENT : 7/10
✚ : Jus de fruits frais

•3, rue des Rosiers — 75004 Paris •Tél. : 0142729061 •Horaires :lun.-ven. 12h-19h, sam.-dim. 9h30-19h •Métro : St-Paul •Bus : 69, 76, 96

Bien installé dans de larges fauteuils en cuir, ou sur les petites tables, vous pourrez déguster un brunch français de grande qualité (80 F) : jus de fruits frais, toasts et croissants, boisson chaude, et des œufs brouillés. Pour ceux qui auraient encore faim, une autre formule (115 F) ajoute à ce menu une tarte salée.

LES ENFANTS GÂTÉS

Brunchs français, salon de thé
Q/P : 7/10 •ASSORTIMENT : 7/10
✚ : L'accueil et le cadre

•43, rue des Francs-Bourgeois — 75004 Paris •Tél. : 0142770763 •Horaires : mer.-sam. 12h-20h, dim. 11h-20h •Métro : St-Paul •Bus : 29

Ce salon de thé n'est pas réservé aux enfants gâtés, mais si vous vous y rendez vous le deviendrez. Les brunchs sont adaptés à votre appétit : small (95 F), médium (135 F) ou plus gros encore. On vous sert des jus de fruits et des boissons chaudes (thés, cafés, chocolats), des œufs, des pâtisseries et des toasts. Brunch plutôt classique mais excellent, tout aussi agréable que l'accueil.

MARIAGES FRÈRES

Thés et accessoires, brunchs français
Q/P : 8/10 •ASSORTIMENT : 9/10
✚ : Thés et pâtisseries

•30-32, rue du Bourg-Tibourg — 75004 Paris •Tél. : 0142722811 •Horaires : 7j/7 10h30-19h30 •Métro : St-Paul •Bus : 69, 76, 96

Un classique que l'on ne peut que recommander : le plus grand choix de thés de Paris avec plus de 400 références. Dans un cadre boisé, vous pourrez savourer un brunch dans le salon adjacent à la boutique. La liste des thés est impressionnante mais en saison chaude, testez les thés glacés accompagnés d'une pâtisserie (le "coup de soleil" surtout).

PARIS 5e

CYBERCAFÉ LATINO

Cybercafé
Q/P : 8/10 •ASSORTIMENT : 7/10
✚ : L'ambiance

•13, rue de l'École-Polytechnique — 75005 Paris •Tél. : 0140518694 •Horaires : lun.-sam. 10h-2h •Métro : Maubert-Mutualité, Cardinal-Lemoine •Bus : 86, 87, 89

Ce cybercafé se démarque de ses concurrents par son ambiance chaude et animée. Ici, pas de décoration high tech et glacée, on pianote sur son ordinateur au son de la salsa diffusée par Radio Latina, la connexion est de 40 F/h. Vous pourrez aussi manger des pasalados (35 F) ou boire des mojitos (35 F). Certains soirs, on danse et le spectacle est plus souvent dans la salle que sur l'écran du PC.

LA MAISON DES TROIS THÉS

Salon de thé chinois
Q/P : 6/10 •ASSORTIMENT : 9/10
✚ : Cadre et grand choix de thés

•5, rue du Pot-de-Fer — 75005 Paris •Tél. : 0143369384 •Horaires : mar.-dim. 13h-21h •Métro : Place-Monge •Bus : 47

Dans ce havre de paix et de sérénité où toute cigarette est proscrite, des sportifs, des chercheurs du CNRS et des amateurs de thé viennent boire des thés noirs, verts, rouges, fruités, âcres ou corsés à partir de 50 F et jusqu'à 2000 F pour des thés rarissimes.

LE MAYFLOWER

Café, bar   Q/P : 6/10 •ASSORTIMENT : 9/10
✚ : Ambiance calme, choix de bières

•49, rue Descartes — 75005 Paris •Tél. : 0143545647 •Horaires : lun.-dim. 11h-2h •Métro : Cardinal-Lemoine, Place-Monge •Bus : 47, 89

Ce lieu indétrônable reste une des références du quartier en matière de choix de bières (à partir de 25 F). Le décor cossu (cuivre, tissus rouge sur les fauteuils) est un peu défraîchi mais l'ambiance reste toujours aussi calme. Un fond de rock doux, et même les soirs de matchs ou de parties de fléchettes ou de backgammon, personne ne hurle ni ne monte sur les tables. Un lieu calme, cosy, appréciable dans ce quartier.

LE PANTALON

Café, bar   Q/P : 7/10 •ASSORTIMENT : 7/10
✚ : L'ambiance

•7, rue Royer-Collard — 75005 Paris •Tél. : 0140518585 •Horaires : lun.-sam. 9h-2h •Métro : RER B Luxembourg •Bus : 21, 38, 82

Ouvert depuis peu, ce bar s'est forgé une solide réputation de lieu accueillant, dans ce secteur où les attrape-touristes sont si fréquents. Étudiants et profs du quartier se rejoignent ici, pour faire la fête et profiter des happy hours (bière à 13 F) jusqu'à plus soif. Le lieu est vraiment propice aux rencontres, et des expositions ont lieu régulièrement.

LE VIOLON DINGUE

Bar américain, rock   Q/P : 6/10 •ASSORTIMENT : 6/10
✚ : Ambiance chaleureuse

•46, rue de la Montagne-Ste-Geneviève — 75005 Paris •Horaires : lun.-dim. 18h-1h30 •Métro : Maubert-Mutualité •Bus : 89

Le rendez-vous de tous les touristes américains et canadiens en visite à Paris : drapeaux suspendus aux murs, musique rock et bières (Budweiser, Lite...), tout leur rappelle le pays. Ambiance animée, très tôt : il vous sera très vite impossible de vous mouvoir, ce qui facilite les rencontres, à condition de posséder quelques rudiments de la langue de Shakespeare. Conso. à partir de 12 F, bières 32 F, happy hours de 19h30 à 22h30 (bières à 20 F). Soirées spéciales pour les fêtes nationales américaines (Halloween, Forth of July...).

L'ARBRE À CANNELLE

Salon de thé, brunchs français   Q/P : 8/10 •ASSORTIMENT : 7/10
✚ : Les cocktails de fruits

•14, rue Linné — 75005 Paris •Tél. : 0143316831 •Horaires : 7j/7 11h-18h30 •Métro : Jussieu •Bus : 67, 89 • Voir L'Arbre à Cannelle, Paris 2e.

PARIS 6e

CHEZ LES FILLES

Brunchs berbères   Q/P : 9/10 •ASSORTIMENT : 8/10
✚ : Gros appétits

•64, rue du Cherche-Midi — 75006 Paris •Tél. : 0145486154 •Horaires : 7j/7, 12h-18h45 •Métro : Vaneau, St-Placide •Bus : 39, 70

Ce salon de thé-restaurant propose le dimanche des brunchs berbères (90 F) pour les gros appétits : deux salades, des crêpes et de la semoule cannelle accompagnées de thé à la menthe, ou, si vous préférez, le tajine du jour. Plats copieux et saveurs exceptionnelles. Les gâteaux sont tout aussi excellents.

COFFEE PARISIEN

Brunchs américains
Q/P : 7/10 •ASSORTIMENT : 6/10
+ : Pour les gros appétits
– : Prix élevés

•4, rue Princesse — 75006 Paris •Tél. : 01 43 54 18 18 •Horaires : Tous les jours 11h-24h •Métro : Mabillon •Bus : 63, 70, 86, 87, 91

Pour les très gros appétits, un brunch copieux : hash brown, eggs benedist, welsh rarebit et autres spécialités américaines, pas franchement bon marché.

COFFEE ROOM

Brunchs anglais
Q/P : 7/10 •ASSORTIMENT : 8/10
+ : Brunchs anglais

•71, rue du Cherche-Midi — 75006 Paris •Tél. : 01 45 44 20 57 •Horaires : 7j/7 12h-18h30 •Métro : Vaneau, St-Placide •Bus : 39, 70

Dans cette ancienne boucherie, vous pourrez manger de copieux brunchs anglais (chutney, cheddar, rosbif et pancakes) déclinés en deux formules différentes, 99 F et 110 F.

FROG & PRINCESS

Pub, bar, soirées à thèmes
Q/P : 7/10 •ASSORTIMENT : 7/10
+ : Cadre et choix de pressions

•9, rue Princesse — 75006 Paris •Tél. : 01 40 51 77 38 •Horaires : lun.-dim. 11h-2h •Métro : Mabillon, St-Germain •Bus : 63, 70, 86, 96

L'ambiance d'un pub anglais version miniature. Sous les écrans diffusant les matchs de divers sports, d'énormes cuves de cuivre sont installées dans la salle, où sont brassées des bières variées (blondes, rousses, houblon, malt ou framboise). La pinte est à 35 F, mais pendant les happy hours (17h30-20h) et le mardi toute la journée, le prix passe à 25 F. Restauration, carte variée : hamburgers, sandwichs, fromage, salades, et le pain maison préparé à base de farine mêlée à du malt de bière.

LA PAILLOTTE

Bar jazzy
Q/P : 9/10 •ASSORTIMENT : 8/10
+ : Intimité du lieu

•45, rue Monsieur-le-Prince — 75006 Paris •Tél. : 01 43 26 45 69 •Horaires : lun.-sam. 21h-5h •Métro : Odéon •Bus : 63, 86, 87

Dans ce petit bar, des balancelles d'osier tiennent lieu de sièges et les quelques tables sont séparées par des cloisons de cordes donnant un côté très intime et exotique à l'ambiance. Le patron possède plus de 2000 références de jazz, qu'il choisit lui-même en fonction de l'humeur de ses clients. Prenez le temps de siroter un punch maison (35 F) ou un des nombreux autres cocktails proposés, en vous relaxant dans les canapés au son de John Coltrane ou Miles Davis. Un endroit privilégié pour terminer une soirée en tête à tête.

MARIAGES FRÈRES

Thés et accessoires, brunchs français
Q/P : 8/10 •ASSORTIMENT : 9/10
+ : Thés et pâtisseries

•13, rue des Grands-Augustins — 75006 Paris •Tél. : 01 40 51 82 50 •Horaires : 7j/7 10h30-19h30 •Métro : St-Michel •Bus : 24, 27, 58, 85 • Voir Mariages Frères, Paris 4e.

MARIE-THÉ

Brunchs, restaurant, salon de thé
Q/P : 7/10 •ASSORTIMENT : 8/10
+ : Pour tous les goûts

•102, rue du Cherche-Midi — 75006 Paris •Tél. : 01 42 22 50 40 •Horaires : 7j/7 10h-19h •Métro : Vaneau •Bus : 83, 84

Pour prendre un brunch, quel que soit le jour de la semaine. 3 formules : français, anglais ou américain. Avec des scones, muffins, cakes ou toasts, ils sont tous aussi copieux les uns que les autres. Compter 90 F pour un repas complet. Réservation recommandée.

ORBITAL QUARTIER LATIN

Cybercafé Q/P : 7/10 •ASSORTIMENT : 7/10
✚ : 21 ordinateurs

•13, rue de Médicis — 75006 Paris •Tél. : 0143257677 •Horaires : lun.-sam. 10h-22h, dim. 10h-20h •Métro : RER Luxembourg •Bus : 38, 84, 89 •Internet : http://www. orbital. fr •e-mail : postmaster@orbital. fr

Un des plus imposants cybercafés de la capitale. Ce véritable supermarché du Web met 21 PC et Mac à votre disposition. Le coût de la connexion est dégressif, 1 F/min., 55 F/h, et pour une carte d'abonnement de 5h ou de 10h, le prix passe à 30 F/h. Même si c'est un peu l'usine (sonnerie et lumière rouge pour vous signaler la fin de votre connexion), l'ambiance reste conviviale (conso. à partir de 12 F). Des cours d'accès et de navigation sur le web sont assurés pour 300 F/h.

TEA & TATTERED PAGES

Brunchs anglais, restaurant Q/P : 9/10 •ASSORTIMENT : 8/10
✚ : Cadre de la librairie

•24, rue Mayet — 75006 Paris •Tél. : 0140659435 •Horaires : Tous les jours 11h-22h •Métro : Duroc •Bus : 83, 84, 93

C'est au fond de la librairie, après les longues étagères de livres anglais d'occasion, que vous pourrez déguster un brunch anglais (85 F), composé d'œufs benedict, brioche à la cannelle avec crème anglaise, bacon, bagels, crumble, café ou thé. Le brunch est servi le dimanche, mais la responsable propose également des plats du jour pour la semaine. Mieux vaut réserver car les places ne sont pas nombreuses.

PARIS 9ᵉ

BAGGI

Glacier Q/P : 9/10 •ASSORTIMENT : 9/10
✚ : Grand choix de glaces

•33, rue Chaptal — 75009 Paris •Tél. : 0148740139 •Horaires : lun.-sam. 10h30-19h15 •Métro : Blanche •Bus : 67, 74

Probablement l'une des meilleures adresses de Paris pour la qualité et le choix de glaces. Les parfums sont nombreux : moccalina (caramel-café), réglisse et d'autres plus classiques. 45 F le demi-litre, 18 F le cornet 2 boules. Les dégustations peuvent se faire sur place, le salon de thé est ouvert jusqu'à 18h.

BISTROT INTERNET GALERIES LAFAYETTE

Cybercafé Q/P : 5/10 •ASSORTIMENT : 5/10
✚ : PC disponibles dans un grand magasin

•40, bd Haussmann — 75009 Paris •Tél. : 0142823033 •Horaires : lun.-mer. 9h30-19h, jeu. 9h30-21h, ven.-sam. 9h30-19h •Métro : Chaussée-d'Antin, Havre-Caumartin •Bus : 26, 32, 42, 49

Plus qu'un cybercafé, cet endroit, situé au 2e niveau des Galeries Lafayette, est un lieu de détente, où les clients du magasin et ceux qui les accompagnent peuvent faire une pause en se connectant sur l'un des 6 PC disponibles. Pas de bar. Connexion : 1 F/min.

PARIS 10ᵉ

LE BAOBAB

Café-concert, restaurant africain, Q/P : 8/10 •ASSORTIMENT : 8/10
soirées à thèmes ✚ : Repas afro, ambiance

•16, bd de Strasbourg — 75010 Paris •Tél. : 0142396665 •Horaires : mar.-sam. 19h-2h •Métro : Château-d'Eau •Bus : 38, 39, 47

Le propriétaire, Titou, fait tout pour que son bar devienne le cadre de grandes soirées animées. Plusieurs DJ se succèdent dans la semaine, et Titou assure lui-même les sélections le lundi et le mardi pour les soirées "Respire" (rap, ragga, acid jazz, trip-hop). Nombreuses soirées à thème. Délicieux plats africains pour 45 F. Conso. à prix réduits, entre 15 et 20 F. Tout est réuni pour que Le Baobab s'affirme vite comme un lieu reconnu de la nuit parisienne.

LE BAR SOUPIÈRE

Bar, café-concert jazz et rock Q/P : 8/10 •ASSORTIMENT : 8/10
  ✛ : L'ambiance et les concerts

•12, rue Marie-et-Louise — 75010 Paris •Tél. : 0142081041 •Horaires : mar.-dim. 12h-2h •Métro : Goncourt•Bus : 46, 75

Enfin un petit bar comme on les aime, ambiance "comme chez soi". La clientèle de quartier, plutôt jeune, accourt à midi, pour se régaler de petits plats mitonnés pour 40 F. Le décor, composé d'objets hétéroclites, est assez surprenant, mais l'ambiance est vraiment chaleureuse et, à l'heure de l'apéro, on profite de très bons concerts jazz ou rock, et même parfois de représentations de théâtre (happenings), en sirotant un rhum au gingembre (17 F). Conso. à partir de 10 F.

SÖGUT GÖLGESI

Café, restaurant turc Q/P : 7/10 •ASSORTIMENT : 7/10
  ✛ : Ambiance chaleureuse

•32, rue des Vinaigriers — 75010 Paris •Tél. : 0148072949 •Horaires : lun.-sam. 11h-2h, dim. 17h-2h •Métro : Jacques-Bonsergent •Bus : 54, 56, 65

Ambiance extrêmement chaleureuse dans ce petit café turc. On joue au backgammon, aux cartes, ou on lit l'un des journaux à disposition en sirotant un café turc (7 F) ou un jus de fruit (15 F). Spécialités turques : borek (friand au fromage à 25 F), boulettes de viandes, pizza turque à la viande (20 F). De temps en temps, des concerts acoustiques ou des représentations théâtrales improvisées, aux alentours de 23h.

PARIS 11ᵉ

BOCA CHICA

Restaurant tex-mex, café, brunchs sud-américains Q/P : 8/10 •ASSORTIMENT : 8/10
  ✛ : Ambiance, menu pas cher

•58, rue de Charonne — 75011 Paris •Tél. : 0143579313 •Horaires : lun.-dim. 8h-2h •Métro : Ledru-Rollin •Bus : 46, 76, 86

Endroit immense (3 salles, 2 niveaux, une terrasse) mais accueillant. Le matin, brunch ou petit noir traditionnel (accompagné d'un quotidien pour 10 F), à midi et le soir, l'on se restaure pour vraiment pas cher (plats entre 35 et 55 F, tapas à 25 F), au son de morceaux de salsa bien choisis. Régulièrement, des concerts. Bibliothèque et de nombreux jeux de société. Au 1er étage, expositions de chaussures et tee-shirts de jeunes créateurs.

CYBER ZEN CAFÉ

Cybercafé, restaurant Q/P : 8/10 •ASSORTIMENT : 8/10
  ✛ : Ambiance amicale

•85, rue Amelot — 75011 Paris •Tél. : 0153367613 •Horaires : lun.-sam. 14h-2h, dim. 16h-2h •Métro : Filles-du-Calvaire •Bus : 20, 65 •e-mail : cyberzen@cyberzen. fr

Pour ce cybercafé, un équipement de premier choix : 12 PC pentium 200 MNX, connexions à coût dégressif, 15 F le quart d'heure, 50 F 1h. Également, des formations multimédia assurées par des professionnels sur RDV, 200 F/h, et abonnement de 5h à 50 F/h et de 10h à 45 F/h. En cas de bug, prenez le temps d'admirer les expos photos régulièrement organisées. Vous pourrez aussi boire un verre (café à 9 F, cocktail sans alcool à 26 F) ou déguster des salades composées (32 à 45 F), des plats froids (38 à 60 F), des croques et des omelettes (35 F).

LE SANZ-SANS

Bar, café, restaurant

Q/P : 6/10 •ASSORTIMENT : 6/10
+ : Cadre et déco
− : Souvent bondé

•49, rue du Fg-St-Antoine — 75011 Paris •Tél. : 0144757878 •Horaires : lun.-dim. 9h-2h •Métro : Bastille •Bus : 76, 86

Clientèle plutôt branchée pour ce bar au décor ringard-kitsch défraîchi, peaux de bêtes et tentures aux murs, abat-jour et lampes de récupération. Fauteuils profonds, ambiance toujours animée (musique tendance hip-hop, soul). Lieu couru et souvent surpeuplé. Vous pourrez dîner pour environ 60 F, si vous arrivez tôt. Bières 20 F.

PARIS 12ᵉ

AH! ÇA IRA

N

Café, bar

Q/P : 10/10 •ASSORTIMENT : 5/10
+ : Plus bas prix du marché
− : Cadre et déco

•Place de la Bastille — 75012 Paris •Tél. : 0142723020 •Horaires : lun.-ven. 7h-1h, sam.-dim. 8h-1h •Métro : Bastille •Bus : 86, 87, 91

Ce café nouvelle génération n'assure pas le service. À la manière d'un fast-food, vous prenez votre conso et l'apportez vous-même à votre table. Le lieu est immense (2 étages et une terrasse), la déco assez froide et impersonnelle. Point fort : les tarifs pratiqués (café, Coca et sodas à 5 F, bière à 7 F). Seulement 20 produits proposés, mais pas de sous-marques (Coca-Cola, Kronembourg, Ricard…). On ne sert pas, mais vous pouvez apporter de quoi vous sustenter.

PARIS 13ᵉ

LA GUINGUETTE PIRATE

Café-concert, restaurant, brunchs, bar

Q/P : 8/10 •ASSORTIMENT : 7/10
+ : Sur l'eau

•157, quai de la Gare — 75013 Paris •Tél. : 0144248989 •Horaires : lun. 19h30h-2h, mar.-sam. 11h30-2h, dim. 12h-2h •Métro : Quai-de-la-Gare •Bus : 89

Face à la Très Grande Bibliothèque, ce petit lieu sympathique (en fait une jonque chinoise originale importée de Canton) s'est vite fait sa clientèle d'habitués. Plat du jour 50 F et bières 20 F. Concerts fréquemment organisés, groupes de styles très divers (rock français, ragga, guinguette, musique traditionnelle asiatique…). Le soir, grandes parties d'échecs dans la soute et, l'été, concours de pétanque sur le quai.

PARIS 14ᵉ

LE MUSTANG CAFÉ

Restaurant tex-mex, bar américain, soirées à thèmes

Q/P : 7/10 •ASSORTIMENT : 7/10
+ : Soirées à thèmes

•84, bd du Montparnasse — 75014 Paris •Tél. : 0143353612 •Horaires : lun.-dim. 11h-5h •Métro : Montparnasse •Bus : 58, 82, 91

Dans la lignée des dinners américains, brunchs le matin (pancakes, waffles…), menu varié (à partir de 59 F) à midi, composé de plats mexicains (tacos, guacamole, burritos) et américains (T-Bone steak, hamburger…). Décor plutôt cossu. Tous les jours, dès 18h, jeunes étudiants et touristes anglo-saxons se retrouvent pour profiter des happy hours (alcool de 38 à 44 F, à moitié prix de 18h à 20h). Régulièrement, des soirées à thèmes (Halloween, années 1970…), et une ambiance très animée jusqu'à 5h du matin.

PARIS 15e

CAFÉ PACIFICO

Bar, restaurant, tex-mex

Q/P : 7/10 •ASSORTIMENT : 8/10
+ : Cadre

•50, bd du Montparnasse — 75015 Paris •Tél. : 0145486387 •Horaires : lun.-dim. 12h-2h •Métro : Montparnasse •Bus : 28, 82, 89

Bar-restaurant tex-mex, déjeuners à partir de 62 F, avec un grand choix de plats mexicains (tacos, burritos, chili…). Dès le mois de mai, patio exposé plein sud. Le soir, le bar est très courtisé pendant les happy hours, de 19h à 21h.

PLANET CYBER-CAFÉ

Cybercafé

Q/P : 6/10 •ASSORTIMENT : 5/10
+ : Tarifs réduits étudiants, chômeurs
− : Seulement 4 ordinateurs

•173, rue de Vaugirard — 75015 Paris •Tél. : 0145677114 •Horaires : lun.-dim. 11h-21h •Métro : Pasteur •Bus : 28, 89 •e-mail : cyber@wanadoo. fr.

Dans ce petit cybercafé, la connexion est de 30 F les 30 min. et les conso à partir de 15 F. Possibilité de formation pour 250 F/h, et sur RDV. Cybercafé idéal pour ceux qui n'aiment pas la foule mais nombre restreint d'ordinateurs à la disposition des clients (4 seulement). Réductions pour chômeur ou étudiant. Sur place, de nombreux jeunes discutent des derniers sites en vogue devant un café (9 F), une bière (12 F) ou un sandwich (de 12 à 17 F).

PARIS 16e

COFFEE PARISIEN

Brunchs américains

Q/P : 7/10 •ASSORTIMENT : 6/10
+ : Pour les gros appétits

•7, rue Gustave-Courbet — 75016 Paris •Tél. : 0145531717 •Horaires : 7j/7 11h-24h •Métro : Victor-Hugo •Bus : 52, 82 • Voir Coffee parisien, Paris 6e.

PARIS 17e

ANGÉLINA

Brunchs français du week-end

Q/P : 8/10 •ASSORTIMENT : 7/10
+ : Le chocolat chaud

•Palais des Congrès — 2, place de la Porte-Maillot — 75017 Paris •Tél. : 0140682250 •Horaires : lun.-ven. 9h-19h30, sam.-dim. 9h-20h •Métro : Porte-Maillot •Bus : PC, 73, 82

Les brunchs se déroulent de 9h à 11h, en semaine, et de 9h à 13h, le week-end. Composés de toasts, confitures, thé ou chocolat chaud maison. Pâtisseries et viennoiseries. Le cadre est plutôt chic et l'ambiance un peu guindée. Compter 120 F pour un brunch complet.

STÜBLI

Pâtissier, salon de thé

Q/P : 8/10 •ASSORTIMENT : 8/10
+ : Très grande qualité des produits

•11, rue Poncelet — 75017 Paris •Tél. : 0142278186 • Fax : 0142676169 •Horaires : mar.-sam. 8h30-19h30, dim. 9h-13h •Métro : Ternes •Bus : 30, 31, 43, 93

Pâtisseries, gâteaux et entremets (au fromage blanc, aux fruits, au pavot, aux noisettes, aux amandes…) confectionnés selon des recettes allemandes, autrichiennes et d'Europe centrale, délicieux. : traditionnel apfelstrudel (pommes et raisins parfumés à la cannelle, enroulés dans une pâte très fine), à 20 F la part, la seule tarte dont il faut plus de temps pour prononcer le nom que pour la manger, la weichselmohntorte (tarte aux pavots et griottes), à 19 F la part. Au premier étage, cadre chaleureux au charme très viennois, où déguster les spécialités (petit-déjeuner, brunch, déjeuner ou goûter). Commande à emporter ou à faire livrer (24h à l'avance).

PARIS 18ᵉ

LA DÎNETTE DU MOULIN

Café, brunchs français	Q/P : 7/10 •ASSORTIMENT : 7/10
	✚ : Vue sur le Moulin de la Galette

•98, rue Lepic — 75018 Paris •Tél. : 0146063484 •Horaires : 7j/7 11h-2h •Métro : Blanche •Bus : 80, 95

Tous les samedis et dimanches matins, des brunchs complets, avec une boisson chaude, un jus de fruits, et le choix entre des œufs brouillés natures, au bacon, un hamburger maison ou un tartare. Brunch assez classique, mais la vue sur le Moulin de la Galette à Montmartre lui donne un goût bien supérieur. Le reste de la semaine, vous pouvez boire un verre ou grignoter. Accueil très agréable.

LA DIVETTE DE MONTMARTRE

Bar, concerts de rock	Q/P : 7/10 •ASSORTIMENT : 6/10
	✚ : Déco et ambiance typique

•36, rue Marcadet — 75018 Paris •Tél. : 0146061964 •Horaires : lun.-sam. 8h-1h •Métro : Marcadet-Poissonniers •Bus : 31, 60

Ce petit bar-tabac de quartier est un lieu de pèlerinage pour tous les fans de rock. Le patron a entièrement tapissé ses murs de picture-disks variés à l'effigie des plus grandes stars du rock et d'autres personnalités (Dalida, Pie XII…). Les bières sont à 11 F, et chaque vendredi soir à 19h30, concert de rock français ou étranger.

LA ESQUINA

Brunchs latinos, cours de salsa	Q/P : 9/10 •ASSORTIMENT : 7/10
	✚ : Brunch latino

•49, rue Lepic — 75018 Paris •Tél. : 0155790525 •Horaires : 7j/7 12h-16h, 20h-2h •Métro : Abbesses •Bus : 80

Pour un brunch latino, servi uniquement le dimanche, voici un endroit de rêve. On vous propose, dans un cadre coloré, chili, guacamole, œufs brouillés aux crevettes et tortilla. Pour les boissons : thé au gingembre, jus de fruit et café (69 F). Les autres jours, vous y serez chaleureusement accueilli pour boire un verre, ou prendre des cours de salsa.

PARIS 20ᵉ

LA FLÈCHE D'OR

Brunchs français, bar, restaurant	Q/P : 8/10 •ASSORTIMENT : 6/10
	✚ : Petit-déjeuner dans une loggia

•102 bis, rue de Bagnolet — 75020 Paris •Tél. : 0143720687 •Horaires : 7j/7 10h-2h •Métro : Porte-de-Bagnolet •Bus : PC, 76

Situé dans une ancienne gare, avec une terrasse surplombant les rails, ce café propose des concerts tous les soirs, mais aussi un brunch (69 F) composé de crêpes salés, de tartes et pommes de terre, jus d'orange et café.

QUAI OUEST

Brunchs, animations pour enfants	Q/P : 7/10 •ASSORTIMENT : 7/10
	✚ : Animations pour enfants

•1200, quai Marcel-Dassault — 92210 St-Cloud •Tél. : 0146023554 •Horaires : mar.-dim. 12h-15h, 20h-24h •Métro : Porte-de-St-Cloud •Bus : 22, 62

Le dimanche (de 12h à 16h), brunchs classiques et complets, avec de quoi occuper vos enfants pour l'après-midi. Au programme : un spectacle de 13h30 à 14h avec des clowns, suivi d'une séance de maquillage pour chacun des bambins. Comptez 130 F pour les adultes et 70 F pour les enfants (jusqu'à 8 ans).

Bars et boîtes de nuit

Le moins cher des sorties

Pour se tenir au courant de toutes les soirées organisées à Paris et en banlieue, et pour bénéficier d'invitations, plusieurs sources possibles : les serveurs Minitel PARTY NEWS, OFFI, KARAOKE, IKE (pour les cabarets), CAFEMUSIQU (pour les cafés-concerts) et FG (serveur de la radio FM du même nom entièrement dédié aux soirées techno); les bons plans de radio Nova, tous les jours à partir de 19h (nombreuses invitations offertes régulièrement par la radio). N'oubliez pas que la plupart des bars vous font profiter de consommations à moitié prix pendant les "happy hours" (le plus souvent entre 18h et 21h). Enfin, de nombreuses boîtes de nuit acceptent gratuitement les jeunes filles, certains jours de la semaine et avant minuit.

PARIS 1er

LADIES ROOM BAR

Boîte de nuit, bar lesbien

Q/P : 7/10 • ASSORTIMENT : 5/10
✚ : DJ Sex Toy

• 5, rue de la Ferronnerie — 75001 Paris • Tél. : 0140410010 • Horaires : lun.-dim. 17h-2h • Métro : Châtelet • Bus : 47, 58, 70, 75, 76, 81

Bar gay, musique forte, tendance trash et fusion. Deux étages (salle du sous-sol, boudoirs, dance floor) exclusivement réservés aux filles. Garçons néanmoins tolérés (entrée au compte-gouttes), s'ils ne s'éloignent pas trop du bar. Ce qui fait la réputation de ce lieu : son DJ, la très célèbre Sex Toy. 3 fois par semaine, vous pourrez l'écouter mixer, de 22h à 2h, pour la modique somme de 10 F (prix d'entrée). Conso. à partir de 29 F.

PARIS 2e

STEPS

Bar, dance floor salsa, soul, dance le week-end

Q/P : 6/10 • ASSORTIMENT : 6/10
✚ : Ambiance animée le week-end

• 13, rue Tiquetonne — 75002 Paris • Tél. : 0142365746 • Horaires : lun.-dim. 17h-2h • Métro : Étienne-Marcel • Bus : 29, 74, 29

Ce bar revendique le côté ringard et non branché de sa déco, faite de pubs Pastis 51 et d'autres marques d'alcool. Clientèle hétéroclite et ambiance très amicale. Le week-end, sa cave spacieuse lui sert de piste de danse (salsa, soul, dance). L'entrée est gratuite et la fête bat son plein le week-end de 21h30 à 2h. Mojito à 28 F, bière 22 F, whisky-coca 40 F.

PARIS 4e

L'ARÈNE

Bar homo

Q/P : 7/10 • ASSORTIMENT : 6/10
✚ : La déco sur 4 étages

• 80, quai de l'Hôtel-de-Ville — 75004 Paris • Horaires : lun.-jeu. 12h-6h, ven.-sam. 12h-8h • Métro : Hôtel-de-Ville • Bus : 47, 70, 76

Dans cette boîte, la clientèle, essentiellement constituée d'homosexuels de Paris et de la région parisienne, profite de 4 étages à la déco délirante, notamment le dernier étage, (dit "le Wagon"), où sont projetées, sur grand écran, des vidéos érotiques. L'entrée est gratuite, les conso. entre 18 et 30 F jusqu'à 23h, et à partir de 30 F après.

LE CAFÉ DU TRÉSOR

Café, bar, restaurant, soirées house　　Q/P : 7/10 •ASSORTIMENT : 8/10
　　　　　　　　　　　　　　　　　　✦　: Soirées variées et animées

•7, rue du Trésor — 75004 Paris •Tél. : 0144780660 •Horaires : lun.-dim. 20h-2h •Métro : Hôtel-de-Ville •Bus : 69, 76

Décoration pastel et musique douce pour ce lieu triple. Restaurant cosy, menus de bonne qualité 95 F. Café avec terrasse pour les en-cas et les demis (19 F). Enfin, bar branché offrant une grande gamme de cocktails (40 F) et où des DJ animent les soirées, de 20h à 2h. Le lundi, soirée du magazine Coda, 100 % house music; le mardi, radio-crochet nouvelle version : les platines sont accessibles à tous les DJ amateurs (tendance house, jungle, garage); le jeudi, soirée Pile ou Face (house, garage).

LE CENTRAL

Bar d'hôtel homo　　　　　　　　Q/P : 7/10 •ASSORTIMENT : 7/10
　　　　　　　　　　　　　　　　　　✦　: Convivialité

•33, rue Vieille-du-Temple — 75004 Paris •Tél. : 0148879933 •Horaires : lun.-jeu. 16h-1h, ven. 16h-2h, sam. 14h-2h, dim. 14h-1h •Métro : Hôtel-de-Ville •Bus : 69, 76, 96

Touristes anglo-saxons et allemands se mêlent à une majorité de quadragénaires homosexuels pour écouter de la variété et boire un verre (soft drinks 20 F, alcools 40 F). Lieu idéal pour les rencontres, le premier bar gay à ouvrir dans le Marais.

LES SCANDALEUSES

Bar, expositions d'art　　　　　　Q/P : 7/10 •ASSORTIMENT : 6/10
　　　　　　　　　　　　　　　　　　✦　: Lieu de rencontre

•8, rue des Écouffes — 75004 Paris •Tél. : 0148873926 •Horaires : lun.-dim. 18h-2h •Métro : Hôtel-de-Ville •Bus : 70, 72, 96

Dans ce bar spacieux, les lesbiennes (quelques garçons) peuvent profiter d'une exposition (sculpture ou peinture) en sirotant un cocktail (45 F) ou une bière (20 F). Ambiance détendue et sympathique, fond musical doux : un lieu idéal pour les rencontres.

PARIS 5ᵉ

LE CAVEAU DE LA HUCHETTE

Boîte de jazz　　　　　　　　　　Q/P : 7/10 •ASSORTIMENT : 6/10
　　　　　　　　　　　　　　　　　　✦　: Ambiance, concerts de grande qualité

•5, rue de la Huchette — 75005 Paris •Tél. : 0143266505 •Horaires : mar.-jeu. 21h30-2h, ven. 21h30-3h, sam. et veilles de fêtes 21h30-4h •Métro : St-Michel •Bus : 24, 38, 85

Lieu prestigieux dont la réputation n'est plus à faire. Clientèle diverse : touristes et amateurs de jazz viennent ici écouter des concerts de qualité, dans une ambiance chaleureuse. Mardi au jeudi, entrée 60 F (50 F pour étudiants); vendredi, samedi et veille de fêtes, 70 F. Entrée gratuite pour les apéritifs swing (17h-21h une ou deux fois par semaine). Conso. à partir de 26 F.

LE CLUB ZED

Boîte de nuit rétro　　　　　　　Q/P : 7/10 •ASSORTIMENT : 7/10
　　　　　　　　　　　　　　　　　　✦　: Musique rock années 1950-1960

•2, rue des Anglais — 75005 Paris •Tél. : 0143549378 •Horaires : mer.-sam. 22h30-6h •Métro : Maubert-Mutualité •Bus : 63, 86

Pour les nostalgiques de la musique des années 1950 et 1960. Soirées jazz-swing les mercredis et jeudis, avec rock'n roll, variétés françaises des yéyés et slows. Ambiance animée bon enfant. Moyenne d'âge pas si élevée que ça. Entrée, avec une conso., 50 F la semaine et 100 F le week-end. Bières 40 F.

LE SAINT

Boîte de nuit dance, house, funk, rock, rap, soirées étudiantes

Q/P : 8/10 •ASSORTIMENT : 6/10
+ : Soirées étudiantes

•7, rue St-Severin — 75005 Paris •Tél. : 0143255004 •Horaires : mar.-dim. 22h30-6h •Métro : Cluny-Sorbonne, St-Michel •Bus : 86, 87

Ces petites caves voûtées accueillent les étudiants du Quartier latin depuis plusieurs années. Le week-end, l'ambiance est très animée et la musique variée (dance, house, funk, rock, rap). Pendant la semaine, des soirées étudiantes sont organisées à des prix très bas (25 à 40 F avec une conso.). Entrée 50 F la semaine, vendredi 80 F et samedi 90 F. Conso. de 25 à 50 F. Éviter le mardi soir, l'endroit est généralement désert. Vous pouvez louer ces salles pour vos soirées privées.

PARIS 6ᵉ

CAVERN CAFÉ

Bar, dance floor, concerts soul, funk et blues

Q/P : 7/10 •ASSORTIMENT : 6/10
+ : L'ambiance

•21, rue Dauphine — 75006 Paris •Tél. : 0143545382 •Horaires : mar.-dim. 15h-2h •Métro : Odéon •Bus : 63, 86, 87 •Internet : http://www. artscom/tekdeum. htm

Étudiants et jeunes s'y retrouvent tous les après-midi pour boire une bière (25 F) ou un cocktail (à 45 F : "Manu le Malin", mezcal, pamplemousse, liqueur de fraise; à 25 F : "le Cavern", crème de pêche, cidre, curaçao bleu). Dans les deux bars, l'ambiance monte progressivement jusqu'au concert du soir. Tous les jours vers 21h, un groupe live (funk, soul, rythm'n blues) donne le départ de la soirée et le dance floor est bondé jusqu'à 2 h du matin.

LE DIX

Bar latino-américain

Q/P : 8/10 •ASSORTIMENT : 7/10
+ : Accueil, ambiance, déco

•10, rue de l'Odéon — 75006 Paris •Tél. : 0143266683 •Horaires : lun.-dim. 17h30-2h •Métro : Odéon •Bus : 63, 86, 87

Chaleur et soleil toute l'année dans ce bar latino. Très bon accueil. Décoration style 1900. Population plutôt composée de jeunes étudiants sud-américains, qui discutent en buvant des bières légères (El Passo, Corona, Kingstown 25 F) ou une délicieuse sangria maison (19 F) en écoutant de la salsa. Grand choix de cocktails.

PARIS 8ᵉ

LE MONTE CRISTO CAFÉ

Bar cubain, restaurant, boîte de nuit salsa, latino

Q/P : 6/10 •ASSORTIMENT : 7/10
+ : Musique et déco
− : Toujours bondé

•68, av. des Champs-Élysées — 75008 Paris •Tél. : 0145623086 •Horaires : 7j/7 24h/24h •Métro : Franklin-Roosevelt •Bus : 32, 73

Un rendez-vous incontournable : jeunes, latinos, et cadres essaient de se frayer un chemin jusqu'au bar surpeuplé. Pour dîner (100 F environ), venir avant 22h. Au sous-sol, la décoration de la salle cubaine, où une foule compacte s'agite sur des rythmes salsa, et du salon Hemingway, plus calme et tamisé, valent le détour. Cocktails 50 à 70 F, tapas 25 F.

PARIS 9ᵉ

BUS PALLADIUM

Boîte de nuit rock, soul, variétés

Q/P : 7/10 •ASSORTIMENT : 7/10
+ : Les animations

•6, rue Fontaine — 75009 Paris •Tél. : 0153210733 •Horaires : mar.-sam. 23h-6h •Métro : Blanche •Bus : 30, 54, 74

Un des rares lieux de la nuit parisienne qui ait résisté à la vague techno. Ici, l'on écoute du rock, ou de la variété FM, et de la soul lors des soirées Motown du jeudi soir. Mardi soir très prisé pour ses soirées Ladies Night, entrée gratuite pour les filles avec une consommation offerte, de même pour le mercredi où ont lieu les soirées Strip-Tease. Autant dire que toutes ces jolies jeunes filles dénudées attirent beaucoup d'hommes. Pour passer le barrage des videurs, mieux vaut être accompagné, très bien sapé ou célèbre. Entrée à 100 F avec une conso.

LE MOLOKO

Bar, boîte de nuit rap, hip-hop, soul

Q/P : 6/10 •ASSORTIMENT : 6/10
✦ : Soirées du week-end

•26, rue Fontaine — 75009 Paris •Tél. : 0148745026 •Horaires : lun.-dim. 21h-6h •Métro : Blanche •Bus : 74

Vaste bar de deux étages, pris d'assaut tous les soirs il y a encore quelques mois. Mais l'ambiance n'est plus toujours au RDV. Cependant, le week-end, les soirées soul et hip-hop connaissent toujours un bon succès et les conso. sont toujours aussi bon marché (à partir de 18 F). Concert payant le samedi.

PARIS 10ᵉ

LA JAVA

Concerts latino, salsa, dancing, thé dansant

Q/P : 8/10 •ASSORTIMENT : 8/10
✦ : Concerts de musique cubaine

•105, rue Fg-du-Temple — 75010 Paris •Tél. : 0142022052 •Horaires : jeu.-ven. 23h-5h, sam. 22h30-5h, dim. et veilles de jours fériés 14h-19h, 21h-3h •Métro : Goncourt, Belleville •Bus : 46, 75 •Internet : http://www. cubafolk. com/lajava

Ambiance de fête typiquement sud-américaine. Le lieu parisien privilégié pour danser sur des rythmes cubains. Chaque semaine, jeudi et vendredi soirs réservés aux "cuban jam sessions". Ces concerts de salsa live par des musiciens réputés attirent toujours la foule. Les autres soirées sont animées par des DJ, la tendance principale de la musique restant toujours latino-américaine et afro-cubaine. Les dimanches après-midi et les soirs de veilles de fête : thés dansants pour tous les amateurs de danse de salon. Jeudi 80 F et ven. 100 F avec conso., sam. 100 F, dim. 55 F, conso. à partir de 30 F.

RÉTRO-RÉPUBLIQUE

Dancing, soirées rétro, valse, tango, rock, twist, biguine

Q/P : 8/10 •ASSORTIMENT : 6/10
✦ : Lieu chaleureux

•23, rue du Fg-du-Temple — 75010 Paris •Tél. : 0142085406 •Horaires : dim.-jeu 14h-18h30, ven. 14h-2h, sam. 21h30-5h •Métro : République •Bus : 46, 75

Pour tous les amateurs de musique rétro, qui recherchent un endroit pour guincher, un vrai dancing populaire et traditionnel de qualité. Les après-midi où les soirs du week-end, des amateurs de danse de tous âges se retrouvent pour partager valse, rock, twist ou biguine. L'ambiance est très bon enfant et les prix très doux. Entrée après-midi 30 F avec conso., samedi soir 80 F avec conso. Les consommations sont à partir de 25 F.

PARIS 11ᵉ

CAFÉ DE LA PLAGE

Boîte de nuit, concerts techno, hip-hop, acid jazz, funk, soul, soirées à thèmes

Q/P : 7/10 •ASSORTIMENT : 7/10
✦ : Mixes de grande qualité

•59, rue de Charonne — 75011 Paris •Tél. : 0147004801 •Fax : 0147004806 •Horaires : mar.-mer. 22h-2h, ven.-sam. 23h-6h •Métro : Ledru-Rollin •Bus : 76

Ambiance soul, rap et funk dans ce petit bar. L'entrée est libre la semaine et l'on discute tranquillement au bar du RDC devant une bière à 20 F. Le mercredi soir, des concerts suivis d'un mix de musique électronique. 3 fois par mois les Beach Parties, soirées hip-hop animées par DJ Cyriaque. Le 2e jeudi du mois, soirée Black Out, 30 F l'entrée, musique techno. Et tous les week-ends, acid jazz, funk, soul avec le DJ résident, DJ Choum. Entrée libre, 50 F le week-end.

LA CHAPELLE DES LOMBARDS

Bar, dance floor, concerts latino et zouk
Q/P : 7/10 •ASSORTIMENT : 7/10
+ : Les concerts du jeudi
= : Bondé le week-end

•19, rue de Lappe — 75011 Paris •Tél. : 0143572424 • Fax : 0143574029 •Horaires : jeu.-sam. 22h30-6h •Métro : Bastille •Bus : 69

Cet endroit attire une foule importante en fin de semaine, qui vient danser au rythme des musiques tropicales. Jeudis soir : concerts de musique antillaise ou latino-américaine. Population hétéroclite et ambiance propice aux rencontres. Le week-end, le lieu est souvent pris d'assaut, un conseil, arrivez avant minuit. Entrée 100 F avec conso., 120 F le week-end, gratuit pour les filles le jeudi jusqu'à minuit.

LE BALAJO

Bar, dancing rock, latino, rétro, bal musette
Q/P : 7/10 •ASSORTIMENT : 8/10
+ : Tous les styles de danse de salons

•9, rue de Lappe — 75011 Paris •Tél. : 0147000787 • Fax : 0147000969 •Horaires : mer. 21h-2h, jeu.-ven. 23h30-5h30, sam. 15h-19h, 23h30-5h30, dim. 15h-19h •Métro : Bastille •Bus : 20, 65, 86, 91

Ce vieux cabaret de Bastille (conçu en 1936 par H. Mahé, décorateur du Grand Rex et du Moulin Rouge) au décor magnifique, style années 1930, est aujourd'hui l'un des dancings les plus cotés de la capitale. Tout au long de la semaine, des danseurs de tous âges se retrouvent, et il y en a pour tous les goûts selon le thème des soirées. Mercredis consacrés au rock des années 1950-1960 (entrée 120 F). Les sam. et dim. après-midi : bals (musette, tango, valse…), entrée 50 F. Les autres jours, swing, mambo, salsa, cha-cha, entrée 100 F avec une conso. Entrée gratuite pour les filles le jeudi soir jusqu'à minuit, les conso. au bar sont à partir de 40 F.

LE CITHÉA

Bar, boîte latino, funk, soul, jazz, world music, concerts reggae, salsa
Q/P : 7/10 •ASSORTIMENT : 8/10
+ : Les concerts

•114, rue Oberkampf — 75011 Paris •Tél. : 0140217095 •Horaires : lun.-dim. 20h30-5h30 •Métro : Parmentier •Bus : 96

Entrée gratuite dans cet ancien théâtre-cinéma. Dance floor bondé les soirs de concert (salsa ou reggae le week-end). En semaine, habitués et jeunes de tous horizons se retrouvent autour d'un demi (25 F), au son des sélections funk, soul, jazz, world music.

LE CANNIBALE CAFÉ

Bar rock branché
Q/P : 8/10 •ASSORTIMENT : 6/10
+ : Lieu de rencontre
= : Bondé le week-end

•93, rue Jean-Pierre Timbaud — 75011 Paris •Tél. : 0149299559 •Horaires : lun.-dim. 8h-2h •Métro : Couronnes •Bus : 96

Sur fond de musique rock, habitants du quartier et jeunes branchés viennent faire des rencontres, discuter ou déguster des salades (salade cannibale 45 F : tarama, crottin de chèvre chaud, guacamole et laitue). L'ambiance est conviviale et les discussions sont parfois animées autour d'une bière (20 F) ou d'un cocktail (de 40 à 60 F).

LE FACTORY CAFÉ

Bar, dance floor latino, techno, house, rap, funk, soul
Q/P : 7/10 •ASSORTIMENT : 7/10
+ : Diversité des soirées

•20, rue du Fg-St-Antoine — 75011 Paris •Tél. : 0144746874 •Horaires : lun.-dim. 21h-2h •Métro : Bastille •Bus : 76, 86

Ce bar organise des soirées très variées selon les jours de la semaine, ne vous trompez pas! Le lundi soirée salsa, ambiance de fête et danse au son des percussions afro-cubaines. Les mardis, jeudis et dimanches, musique techno, house, ambiance gay. Les mercredis, vendredis et samedis sont consacrés à la musique black, rap, funk, soul, new-jack… Entrée et accès au dancing du 1er gratuits, conso. à partir de 40 F, bouteille 500 F.

LE GIBUS

Boîte de nuit, concerts rock, techno, house

Q/P : 6/10 •ASSORTIMENT : 7/10
✛ : Soirées pas chères en semaine

•18, rue du Fg-du-Temple — 75011 Paris •Tél. : 0147007888 •Horaires : mar.-dim. 23h30-6h •Métro : République •Bus : 20, 54, 65

Autrefois temple du rock, cet ancien cabaret parisien, véritable cave, s'est adapté à la mode du jour et l'essentiel des soirées est désormais organisé sous le signe de la musique électronique. Le mardi, vendredi et samedi, house; le mercredi, hardcore; le jeudi, jungle, techno; et une à deux fois par mois, le samedi, des concerts rock. Entrée de 20 à 70 F, selon les soirées, conso. à partir de 30 F. Attention, le Gibus vient de se mettre à la page et a abandonné son look de caveau destroy pour subir un lifting complet.

LE WHAT'S UP BAR

Bar, boîte de nuit

Q/P : 7/10 •ASSORTIMENT : 7/10
✛ : Mixes de grande qualité

•15, rue Daval — 75011 Paris •Tél. : 0148058833 •Horaires : dim.-jeu. 19h-2h, ven.-sam. 19h-6h •Métro : Bastille, Bréguier-Sabin •Bus : 69

Ce bar s'est vite imposé comme un des lieux de rencontre incontournables des noctambules parisiens amateurs de techno. Programmation particulièrement soignée, alternant jeunes espoirs du mix et DJ renommés. Le bar a même créé son propre label, "What's Up Mix", ainsi qu'un magasine mensuel sur l'actualité techno, gratuit. Le lieu est très couru même si l'ambiance a parfois du mal à décoller. Entrée à 50 F, conso. de 30 à 40 F.

WAIT & SEE CAFÉ

Bar, dance floor jungle, techno, house

Q/P : 8/10 •ASSORTIMENT : 6/10
✛ : Mixes de qualité

•9, bd Voltaire — 75011 Paris •Tél. : 0148072949 •Horaires : mar.-jeu. 21h-2h, ven.-sam. 21h-4h •Métro : République •Bus : 56, 96

L'enseigne semble narguer la foule qui attend sur le trottoir, difficile de pénétrer dans ce haut lieu de la nuit parisienne si prisé pour ses concerts, ses programmations musicales et son ambiance festive. Le cadre n'a rien d'exceptionnel, mais les DJ ont fait la réputation de cette ancienne brasserie : house, techno, jungle, ce qui se fait de mieux dans le genre. Donc, si vous souhaitez participer aux fabuleuses dance-parties du week-end, venez tôt et accompagné. Les conso sont à partir de 10 F, entrée gratuite.

Paris 12e

BARTOK

Bar, dance floor house, jungle, trip-hop, concerts rock et acid jazz

Q/P : 7/10 •ASSORTIMENT : 7/10
✛ : Concerts du week-end

•64, rue de Charenton — 75012 Paris •Tél. : 0143452523 •Horaires : lun.-jeu. 17h-2h, ven.-sam. 17h-5h, dim. 17h-5h •Métro : Ledru-Rollin •Bus : 86

Soirées très animées dans ce superbe bar. Sur le premier niveau, l'ambiance plutôt paisible, propice à la discussion. Au sous-sol, dance floor rouge éclatant, concerts rock et acid jazz les vendredis et samedis. Le reste de la semaine, des DJ de tous les styles se succèdent aux platines, jungle, house, trip-hop la plupart du temps. Mercredi soir réservé à la deep house. Bières entre 12 et 19 F, alcools entre 30 et 37 F.

PARIS 13ᵉ

ASIA'S FOLIES

Soirées dansantes	Q/P : 8/10 •ASSORTIMENT : 8/10 ✦ : Ambiance déchaînée

•Arapaho — 30, av. d'Italie — 75013 Paris •Tél. : 0145896505 •Horaires : ven. 22h30-7h •Métro : Place-d'Italie •Bus : 47

Depuis 4 ans, les soirées Asia's Folies mettent à feu le Chinatown parisien, tous les vendredis soir. Décor exotique kitsch (dragon géant et fluo, lampions…), population métissée, plutôt jeune et déchaînée. La musique fait aussi la part belle aux mélanges, de la variété vietnamienne à Clo-Clo, et de la dance thaï à la techno hardcore. Entrée gratuite pour les filles, 80 F avec conso. pour les garçons. Bière 35 F, alcools 50 F, bouteille 500 F.

PARIS 16ᵉ

LE DUPLEX

Bar, restaurant, boîte de nuit disco smart	Q/P : 6/10 •ASSORTIMENT : 7/10 ✦ : Gratuit pour les filles avant minuit

•8, av. Foch — 75016 Paris •Tél. : 0145004500 •Horaires : mar.-dim. 23h-6h •Métro : Charles de Gaulle-Étoile •Bus : 52, 82

Lieu réputé très sélect. L'accès vous sera refusé si vous êtes en basket. À l'intérieur, ambiance très smart, mocassins Weston et carré Hermès de rigueur. Restaurant (ouvert de 21h à 0h) : menus corrects à prix plutôt salés (170 F le menu). Autour du dance-floor de jeunes étudiants bien sous tout rapport dansent ou discutent, au son d'une musique disco bien choisie. Conso. à partir de 60 F, entrée 120 F, mais – et c'est sans doute le plus gros atout de ce lieu – accès gratuit pour les filles avant minuit, tous les jours sauf le samedi.

PARIS 17ᵉ

LA MAIN JAUNE

Bar, boîte de nuit dance, rap, soul, soirées roller	Q/P : 7/10 •ASSORTIMENT : 6/10 ✦ : Soirées roller

•Place de la Porte-de-Champeret — 75017 Paris •Tél. : 0147632647 •Horaires : mer. 14h30-19h, ven. 22h-5h, sam.-dim. 14h30-19h, 22h-5h •Métro : Porte-de-Champeret •Bus : 84, 92, 93

Lieu immortalisé par le film "La Boum". Fréquentation toujours assidue. Plusieurs après-midi par semaine, les accros du roller viennent se trémousser au son de la dance, chaussés de leurs patins (location 10 F la paire). Le soir, ambiance de boum, les jeunes se retrouvent et boivent un verre à l'un des deux bars. Pour danser, 2 pistes aux ambiances différentes, dance et rap, soul. Entrée après-midi 50 F avec conso., soirée 70 F.

PARIS 18ᵉ

BAL DE L'ÉLYSÉE-MONTMARTRE

Bal populaire, variétés, rock, musette	Q/P : 8/10 •ASSORTIMENT : 8/10 ✦ : Ambiance bon enfant et sympathique

•72, bd Rochechouart — 75018 Paris •Tél. : 0144924545 •Horaires : un samedi sur deux 23h-7h •Métro : Pigalle •Bus : 30, 54

Un samedi sur deux, cette salle de spectacle renoue avec la tradition des bons vieux bals populaires. Un orchestre enchaîne avec conviction tous les tubes connus, de Dalida aux Beatles, et la salle est comble très rapidement. Ici, pas de frime, on vient pour danser, s'amuser et faire des rencontres en toute simplicité. Entrée 80 F, bière 25 F, alcools 60 F.

CHEZ GINETTE

Restaurant, concerts, guinguette Q/P : 6/10 •ASSORTIMENT : 6/10
          + : Ambiance et accueil

•101, rue Caulaincourt — 75018 Paris •Tél. : 0146060149 •Horaires : lun.-sam. 11h30-14h30, 19h30-23h30 •Métro : Lamarck-Caulaincourt •Bus : 80 •Internet : http://www. integra. fr/ guinguette-internet

Ce petit restaurant attire beaucoup de monde à midi comme le soir. La cuisine est traditionnelle et bon marché (menus, midi 65 F, soir de 130 à 150 F). Sachez que l'on n'y sert pas de café pour éviter aux suivants d'attendre trop longtemps. L'ambiance est toujours assurée par la patronne et en fin de soirée, on pousse les tables et un pianiste ou un accordéoniste animent le bal et l'on guinche jusqu'à minuit.

LE CLUB CLUB

Bar hip-hop, rap et poésie Q/P : 7/10 •ASSORTIMENT : 9/10
          + : Diversité des soirées

•3, rue André-Antoine — 75018 Paris •Tél. : 0142543838 •Horaires : lun.-dim. 20h-2h •Métro : Pigalle •Bus : 54, 30, 67

Petit bar décoré façon new-yorkaise. Tendance hip-hop (du jeudi au samedi, soirées groove avec DJ Bones), mais aussi autres horizons. Les dimanches et lundis soirs, musique des années 1920-1930. Mardi soir consacré à la poésie (animation par MC Clean). Le mercredi soir, venez avec trois morceaux de votre choix que vous avez envie d'écouter et de partager avec les autres clients. Conso. à des prix raisonnables, de 20 à 50 F.

LA LOCOMOTIVE

Boîte de nuit rock, techno et variétés Q/P : 7/10 •ASSORTIMENT : 9/10
          + : Trois ambiances

•90, bd de Clichy — 75018 Paris •Tél. : 0153418889 • Fax : 0153418890 •Horaires : lun.-dim. 23h-6h •Métro : Blanche •Bus : 30, 54

Gigantesque boîte, ambiances très diverses, sur 3 pistes de danse et 5 bars. Place de choix toujours réservée au rock : concerts fréquents en semaine et un des dance-floors 100 % rock. La techno s'est imposée sur le 2e niveau, grâce à des DJ réputés. Au sous-sol, des nostalgiques se déhanchent au son des vieux tubes FM. Entrée 70 F avec une conso., 100 F le vendredi et samedi. Gratuit pour les filles le dimanche avant minuit. Bières et sodas 40 F, alcools 50 F.

PARIS 20e

LA FLÈCHE D'OR

Bar, restaurant, expos, poésie, concerts Q/P : 8/10 •ASSORTIMENT : 9/10
rock, soirées techno, salsa   **+** : Concert, soirées scène ouverte

•102 bis, rue de Bagnolet — 75020 Paris •Tél. : 0143724244 •Horaires : lun. 18h-2h, mer.-sam. 10h30-2h, dim. 10h30-1h •Métro : Porte-de-Bagnolet •Bus : 26, 76

Ancien hall de gare de la voie ferrée de la Petite Ceinture, converti en 1985 en lieu de rencontre, par un groupe d'artistes. Chaque soir, l'on peut dîner au restaurant : menu cosmopolite à partir de 115 F, à déguster sous la verrière ou en terrasse, et écouter différents groupes qui se succèdent sur la scène (tendance rock). Des soirées techno aux après-midi plutôt familiaux, des soirées scène ouverte (où poètes, chanteurs et conteurs amateurs rivalisent dans des joutes oratoires animées par une sorte de M. Loyal local) aux bals salsa, il y en a vraiment pour tout le monde.

Réceptions, fêtes, animations à domicile

Le mois cher des réceptions et des fêtes à domicile

Pour vos réceptions à domicile, les accessoires (cotillons, déguisements, lampions, masques, feux d'artifice, farces et attrapes...) les moins chers vous sont proposés chez Mille Fêtes ou chez Fêtes et Feux. Pour le matériel (sonorisation, éclairage), 3ADC Music Light offre un choix restreint de matériel mais aux prix les plus bas. Pour des animations originales et pas chères, préférez les prestations fournies par Mille et Une Nuits. Pour le service de table jetable (assiettes, verres, plats en plastique ou carton), Resto Service Store casse les prix. Enfin, pour le lieu de votre réception, choisissez un jour de la semaine plutôt que le week-end et la banlieue plutôt que Paris intra muros si vous souhaitez réaliser de véritables économies.

- **FÊTES ET FEUX** : 130, av. Émile-Zola — 75015 Paris — Tél. : 01 45 79 40 88
- **MILLE FÊTES** : 60, rue du Cherche-Midi — 75006 Paris — Tél. : 01 42 22 09 43
- **LES MILLE ET UNE NUITS** : 9, rue Edmond-Magnez — 78700 Conflans-Ste-Honorine — Tél. : 01 39 72 80 77 — Fax : 01 66 14 85 69
- **3ADC MUSIC LIGHT** : 21, av. Landouzy — 95330 Domont — Tél. : 01 39 91 01 12
- **RESTO SERVICE STORE** : 28, rue de Tolbiac — 75013 Paris — Tél. : 01 45 84 97 31

PARIS 1er

LA CORPO

Vaisselle, couverts, nappes, décoration à usage unique

Q/P : 9/10 •ASSORTIMENT : 9/10
+ : Beaucoup de choix
– : Obligation d'acheter par carton

•19, rue Montmartre — 75001 Paris •Tél. : 01 42 33 81 35 • Fax : 01 40 39 04 33 •Horaires : lun. 8h-12h30, 13h45-17h30, mar.-ven. 8h-12h30, 13h45-18h, sam. 8h-12h •Métro : Les Halles, Étienne-Marcel •Bus : 29, 67, 74, 85 • Voir La Corpo, Paris 19e.

LE COQ HÉRON

Salle de réception, restaurant, traiteur

Q/P : 8/10 •ASSORTIMENT : 0/10
+ : Lieu séduisant

•3, rue Coq-Héron — 75001 Paris •Tél. : 01 40 26 88 68 • Fax : 01 40 26 28 75 •Horaires : lun.-jeu. 12h-14h30, ven. 12h-14h30, 19h30-1h (visite sur RDV) •Métro : Louvre, Les Halles •Bus : 81

Restaurant réputé pour sa cuisine délicieuse et pleine d'invention. Service traiteur et 3 salles voûtées communicantes datant de la Renaissance, d'une capacité totale de 100 personnes, pour vos réceptions, cocktails, soirées dansantes... Location, de 19h à 2 h, 4800 F, assistance de personnel de gardiennage pour 1500 F. À noter aussi, toutes les prestations annexes : traiteur, service, vaisselle, sonorisation, animation...

PARIS FLEURI

Location pour soirées de fleurs, ornements floraux, plantes

Q/P : 5/10 •ASSORTIMENT : 8/10
+ : Très belles compositions florales
– : Prix élevés

•152, rue St-Honoré — 75001 Paris •Tél. : 01 42 60 87 02 • Fax : 01 42 60 33 14 •Horaires : lun.-dim. 8h30-21h •Métro : Louvre-Rivoli •Bus : 38, 65

Ce fleuriste propose un service original de location. Pour décorer vos lieux de réceptions et de fêtes, Paris-Fleuri livre, dispose puis récupère plantes vertes et ornements floraux. Les compositions sont variées et peuvent être créées à la demande suivant la

340

SORTIES, SPECTACLES, VACANCES

saison (type de fleurs, ou couleur dominante). Le choix de plantes proposé est important : cactus, arbustes, plantes exotiques… Comptez entre 50 et 500 F par plante pour la soirée, selon le nombre et le type d'ornements choisis.

PARIS 2ᵉ

ENTRE DEUX VERRES

Restaurant, location de salle de réception   Q/P : 8/10 •ASSORTIMENT : 0/10
✚ : Cadre

•48, rue Ste-Anne — 75002 Paris •Tél. : 0142964226 •Horaires : lun.-ven. 11h-15h •Métro : Pyramides

Cette cave voûtée du XVIIIᵉ fait office de restaurant tous les midis et est à votre disposition pour organiser tous vos repas, dîners, cocktails et soirées dansantes tous les soirs de la semaine. Comptez 3500 F pour la location de 19h à 2h du matin, 500 F en plus par heure supplémentaire. Sur place à votre disposition, sonorisation et piano.

PARIS 3ᵉ

CENTRE THORIGNY

Location de salles de réception   Q/P : 7/10 •ASSORTIMENT : 0/10
✚ : Cadre magnifique

•9, rue Ste-Anastase — 75003 Paris •Tél. : 0148045042 • Fax : 0140290119 •Horaires : sur RDV (fermé en août) •Métro : St-Paul •Bus : 96

Situé dans le quartier du Marais, ce centre vous propose 7 salles pour une superficie totale de 225 m2 (pour 40-50 pers.), situées dans le cadre magnifique des jardins du Port-Royal. Profitez des nombreux jardins autour du centre pour vos réceptions et cocktails (de 1300 à 3000 F). Sonorisation et service de restauration (70 à 110 F/pers.).

MUSÉE DE LA POUPÉE

Location de salles   Q/P : 7/10 •ASSORTIMENT : 7/10
✚ : Le cadre

•28, rue Beaubourg — 75003 Paris •Tél. : 0142727311 •Horaires : lun. 10h-0h, mar.-dim. 18h30-0h •Métro : Rambuteau •Bus : 47

Au fond d'une cour fleurie du quartier du Marais, ce musée abrite plus de 250 modèles anciens (ouverture au public mar.-dim. 10h-19h), des expositions temporaires à thème, des conférences, des stages de création de poupées et un atelier de réparation. Les locaux peuvent accueillir vos réceptions (jusqu'à 200 pers.), tous les soirs jusqu'à minuit, le lundi toute la journée. De 2000 à 5000 F pour la soirée. Service traiteur sur demande.

PARIS 4ᵉ

À LA POUPÉE MERVEILLEUSE

Farces, cotillons, costumes, maquillage, masques, feux d'artifice   Q/P : 6/10 •ASSORTIMENT : 6/10
✚ : Amabilité

•9, rue du Temple — 75004 Paris •Tél. : 0142726346 • Fax : 0144598587 •Horaires : lun.-sam. 10h-19h •Métro : Hôtel-de-Ville •Bus : 70, 72, 91

Pour bien réussir vos bals costumés, goûters d'anniversaire et fêtes déguisées, un bon choix de costumes et de panoplies, à la vente (à partir de 150 F) ou en location (environ 200 F/jour). Toutes tailles, adultes et enfants à partir de 3 ans. Pour compléter votre tenue, maquillage (marque Keyolan), masques (plastique souple de 120 à 350 F, ou rigide à partir de 40 F) et chapeaux. Et, pour que la fête soit à son comble, cotillons, guirlandes, lampions, feux d'artifices (marque Ruggieri), farces et attrapes. Sur place, retouches de costumes, location d'hélium pour ballons, et restauration de poupées anciennes.

ALLÔ GLAÇONS

Livraison à domicile de glaçons, sculpture de glace

Q/P : 5/10 •ASSORTIMENT : 5/10
+ : Rapidité du dépannage
— : De l'eau à prix d'or

•11, rue de Birague — 75004 Paris •Tél. : 0142710777 •Horaires : lun.-dim. 6h-18h •Métro : Bastille •Bus : 69, 76, 96 • Voir Allô Glaçons, Paris 16e.

ORPHÉE

Location de salles de réception

Q/P : 7/10 •ASSORTIMENT : 0/10
+ : 3 salles communicantes

•94, rue St-Martin — 75004 Paris •Tél. : 0148743946 •Horaires : visites sur RDV •Métro : Hôtel-de-Ville •Bus : 67, 74

Ce lieu peut servir pour diverses occasions avec sa surface de 200 m² comprenant quatre salles dont 3 communiquent entre elles, idéal pour vos soirées (sonorisation sur place), dîners (un service traiteur peut être compris dans un forfait), défilés de mode (podium, éclairage), séminaires (matériel audiovisuel). La location est de 9800 F.

PARIS 5e

ALLÔ GLAÇONS

Livraison à domicile de glaçons, sculpture de glace

Q/P : 5/10 •ASSORTIMENT : 5/10
+ : Rapidité du dépannage
— : De l'eau à prix d'or

•2 bis, rue des Anglais — 75005 Paris •Tél. : 0144072540 •Horaires : lun.-dim. 6h-18h •Métro : Maubert-Mutualité •Bus : 63, 86 • Voir Allô Glaçons, Paris 16e.

LA RENCONTRE

Location de salles de réception

Q/P : 7/10 •ASSORTIMENT : 0/10
+ : Pas d'heure limite

•18, rue de Santeuil — 75005 Paris •Tél. : 0147075410 •Horaires : visites sur RDV (fermé en août) •Métro : Censier-Daubenton •Bus : 47

Pour ceux qui attendent de nombreux invités, deux salles d'une surface totale de 200 m² pouvant accueillir jusqu'à 120 pers. Pour vos soirées dansantes, service de sonorisation et service traiteur. Location pour la soirée de 5500 à 7500 F.

MASCARA

Location de salles de réception

Q/P : 6/10 •ASSORTIMENT : 0/10
+ : La terrasse

•43, rue des Écoles — 75005 Paris •Tél. : 0143269942 • Fax : 0143268056 •Horaires : Sur RDV •Métro : Maubert-Mutualité •Bus : 63, 86, 87

Toute l'année, deux salles indépendantes, superficie totale de 160 m². Un lieu très spacieux qui se prêtera volontiers à vos cocktails et soirées dansantes (40-50 pers., de 1200 à 2800 F la soirée selon le jour choisi), réceptions et dîners (35 pers., service de restauration disponible de 120 à 180 F/pers.). Pour les séminaires, matériel audiovisuel disponible à la location. Sans oublier la très agréable terrasse (30 places) et le sauna.

PALLAS

Vaisselle, couverts, verres et serviettes jetables

Q/P : 7/10 •ASSORTIMENT : 9/10
+ : Le choix

•8 rue St-Séverin — 75005 Paris •Tél. : 0140517761 •Horaires : lun.-ven. 9h30-13h, 15h-18h •Métro : St-Michel •Bus : 27, 38, 85

Vous craignez des fins de soirée agitées ? Vous ne souhaitez pas sortir le beau service de maman pour le goûter d'anniversaire des enfants ? Choisissez parmi un grand choix de vaisselle, en plastique ou en carton, de style divers. Les 10 assiettes 12 F, les coupes de champagne 23 F les 6, serviettes papier décorées 10 F les 20.

PARIS 6e

RUGGIERI

Feux d'artifice, cotillons,
déguisements, farces et attrapes

Q/P : 8/10 •ASSORTIMENT : 6/10
➕ : Choix de feux d'artifice

•125, bd du Montparnasse — 75006 Paris •Tél. : 0143206000 • Fax : 0142799739 •Horaires : mar.-sam. 10h30-13h, 14h-18h55 •Métro : Vavin •Bus : 82, 91

Pour illuminer vos fêtes, Ruggieri vous propose la gamme de feux d'artifice Chambord, destinées aux amateurs et facile d'utilisation. Les résultats sont néanmoins impressionnants. Un kit complet avec 18 petites chandelles et 3 grosses pour 120 F. Et de quoi habiller votre salle de réception (guirlandes, lampions, bougies, ballons...) et vos invités (masques, postiches, perruques...). Et pour détendre l'ambiance, des farces et attrapes dont certaines risquent fort de vous attirer les foudres de la victime.

JEAN-JACQUES CÉRÉMONIE

Location de costumes de cérémonie,
smokings, chaussures

Q/P : 6/10 •ASSORTIMENT : 7/10
➕ : L'accueil

•36, rue de Buci — 75006 Paris •Tél. : 0143542526 •Horaires : mar.-sam. 9h-18h •Métro : Mabillon •Bus : 63, 70, 96

Jean-Jacques Cérémonie loue costumes de ville (350 F), smokings (droits à 390 F, croisés à 450 F), habits queue de pie (600 F), chapeaux (150 F), chaussures (150 F). Tarifs de location pour 3 jours ouvrables, 60 F par jour supplémentaire. Règlement de la location et de la caution (2500 F par vêtement, 500 F pour des chaussures) à l'avance. Retouches et nettoyage compris dans la location. Vente d'accessoires : chemises de cérémonie, cravates, lavallières, nœuds papillons, bretelles, boutons de manchette, gants, pochettes, gilets dans une large gamme de prix... Pour toute réservation (max. 15 jours à l'avance), 10 F d'arrhes.

LES CAVES DE ST-SULPICE

Location de cave voûtée

Q/P : 7/10 •ASSORTIMENT : 0/10
➕ : Forfait tout compris

•10, rue Servandoni — 75006 Paris •Tél. : 0143544341 •Horaires : lun.-sam. 10h30-18h30 (accueil téléphonique) •Métro : St-Sulpice •Bus : 58, 63, 70, 84, 86

Pour donner à vos fêtes une allure gothique, et pour ne pas risquer le courroux des voisins, cette superbe cave voûtée du XVIIIe accueille vos soirées, mariages, réceptions, anniversaires... La location de la salle varie selon les jours de la semaine de 5000 à 8000 F ; pour ce prix, vous bénéficiez de la sonorisation et de la piste de danse.

MILLE-FÊTES

Cotillons, déguisements, maquillage

Q/P : 7/10 •ASSORTIMENT : 6/10
➕ : Accueil et choix de ballons

•60, rue du Cherche-Midi — 75006 Paris •Tél. : 0142220943 •Horaires : lun. 15h-19h, mar.-sam. 10h30-19h •Métro : Sèvres-Babylone, St-Placide •Bus : 84, 86

Grand choix d'accessoires pour animer tous les styles de fêtes, goûters d'enfants, anniversaires, mariages... Pour vos bambins, des déguisements (tailles à partir de 4 ans), du maquillage et de nombreuses idées d'animations et de jeux (petits cadeaux pour pêche à la ligne à partir de 3 F, bouteille 1 m³ hélium et gonfleur de ballons à 280 F, pour environ 70 ballons), cotillons, farces et attrapes, costumes (de 200 à 380 F), masques, feux d'artifice...

PARIS 7e

BATEAU LE CANOTIER

Péniche-salle de réception à louer

Q/P : 6/10 •ASSORTIMENT : 0/10
➕ : Navigation possible

• Face au musée d'Orsay — 75007 Paris •Tél. : 0142409697 • Fax : 0142407730 •Horaires : sur RDV •Métro : Solférino •Bus : 24, 63

Soirées et réceptions au fil de la Seine, du canal St-Martin ou de la Marne. Deux salles communicantes de 25 m² et 35 m² (de 40 à 80 pers.), et un pont supérieur idéal pour une petite promenade. À votre disposition, matériel sono et audiovisuel, traiteur, orchestres de tous styles ou disc-jockeys. Location entre 7400 et 12000 F selon le jour choisi.

LE CLUB DES POÈTES

Lecture de poèmes à domicile   Q/P : 6/10 •ASSORTIMENT : 6/10
                                                  + : Originalité et qualité du service

•30, rue de Bourgogne — 75007 Paris •Tél. : 0145557579 •Horaires : lun.-sam. 12h-15h, 20h30-22h •Métro : Varenne •Bus : 69

Pour des circonstances exceptionnelles : des comédiens professionnels viennent chez vous déclamer du Lamartine ou du Verlaine! Le texte peut être choisi dans le répertoire classique, ou composé spécialement à l'intention de votre événement. Durée d'une séance 45 min. 1000 F par personne récitant (possibilité de duo, trio, quatuor...).

PARIS 8ᵉ

A.N. COCKTAIL

Traiteur, organisation de réceptions   Q/P : 7/10 •ASSORTIMENT : 7/10
                                                  + : Service et menu haut de gamme

•18, av. des Champs-Élysées — 75008 Paris •Tél. : 0140743657 •Horaires : lun.-sam. 10h-19h •Métro : Franklin-Roosevelt •Bus : 28, 83, 93 • Voir A.N. Cocktail, Brie-Comte-Robert 77.

NILSSON

Location de mobilier, couverts,   Q/P : 6/10 •ASSORTIMENT : 8/10
vaisselle, verrerie, matériel de cuisine   **+** : Matériel haut de gamme

•34, rue du fg St-Honoré — 75008 Paris •Tél. : 0142652493 • Fax : 0147424987 •Horaires : lun.-ven. 9h-19h •Métro : Ternes •Bus : 43, 93

Pour vos dîners intimes ou vos banquets, Nilsson loue tout le nécessaire pour dresser les tables de ces moments uniques. Du mobilier : tables de 26 à 65 F/jour, buffets, paravents... Du linge de table : nappes, serviettes, tapis... De la vaisselle et de la verrerie (assiettes à partir de 2 F/jour, verre de 1 à 2,50 F/jour), des couverts, de l'argenterie, des plats mais aussi des barbecues, des dessertes roulantes... Livraison à partir de 360 F.

PARIS 11ᵉ

COTILLON MODERNE

Déguisements, chapeaux, perruques,   Q/P : 6/10 •ASSORTIMENT : 8/10
masques, cotillons   **+** : Diversité des produits

•13, bd Voltaire — 75011 Paris •Tél. : 0147004393 • Fax : 0143575645 •Horaires : lun.-ven. 9h30-19h, sam. 10h-18h •Métro : Oberkampf •Bus : 56, 65, 96

Bal costumé ou anniversaire déguisé de vos enfants : un grand choix de costumes et de déguisements (à partir de 120 F pour les enfants et de 250 à plus de 1000 F pour les adultes). Pour compléter votre tenue, chapeaux très originaux (à partir de 50 F), perruques (de 60 à 210 F) et maquillage (toutes les couleurs, même fluo). Pour la décoration de votre lieu de fête, lampions, guirlandes, drapeaux. Pour l'animation, des farces, des cotillons, des serpentins, des confettis et des feux d'artifice. Catalogue, VPC et location de station de gonflage de ballons à l'hélium. Minitel 3615 Cotillon Moderne (2,23 F/min).

PARIS 12ᵉ

AVLS

Location et vente de matériel   Q/P : 5/10 •ASSORTIMENT : 7/10
audiovisuel, son et éclairage   **+** : Accueil et conseils techniques
                                                  − : Prix du matériel neuf à la vente

•2, bd de la Bastille — 75012 Paris •Tél. : 0144730707 • Fax : 0144739790 •Horaires : lun.-ven. 10h-13h 14h-18h, sam. 10h-13h 14h-17h •Métro : Quai-de-la-Rapée •Bus : 57, 63

Tout le matériel pour animer réceptions et fêtes : amplis et enceintes de 200 (2 x 50 W) à 600 F (2 x 250 W), tables de mixage de 100 à 500 F, sources sonores diverses (platine Sony MK2 à 250 F, vidéoplayer karaoké à 400 F), effets lumineux (stoboscope à partir de 250 F) et effets spéciaux (machines à fumée, à neige pour 250 F). Prix pour une location d'un soir en semaine ou pour un week-end, 25 % par jour en plus. Caution de 2 à 3 fois le montant de la location, quittance EDF et pièce d'identité exigées. Ventes de matériel d'occasion. Techniciens compétents, livraison, installation, enlèvement et assistance technique.

PARIS 13e

AABYSSE PÉNICHE

Location de péniche pour réceptions, fêtes...	Q/P : 6/10 •ASSORTIMENT : 0/10
	✚ : Cadre exceptionnel

•Port de la Gare — 75013 Paris •Tél. : 0148489558 • Fax : 0148486178 •Horaires : sur RDV •Métro : Quai-de-la-Gare •Bus : 89

Aabysse péniche vous accueille à quai (au choix, quai de Bercy, quai Solférino, quai St-Bernard ou quai de Grenelle) pour vos banquets, mariages, séminaires, soirées dansantes, lunchs... Salle pouvant contenir de 50 à 150 personnes, avec bar, cuisine, vestiaire, cabine DJ, sono et jeux de lumière. En été, une terrasse de 90 m² pour vos apéritifs. Tarifs de location : samedi 10250 F, vendredi et dimanche 9000 F, autres jours 8000 F.

RESTO SERVICE STORE

Vaisselle, verrerie, couverts jetables et soldés	Q/P : 8/10 •ASSORTIMENT : 8/10
	✚ : Prix bas

•28, rue de Tolbiac — 75013 Paris •Tél. : 0145849731 •Horaires : lun.-sam. 9h-19h30 •Métro : Tolbiac •Bus : 62

Toute la vaisselle jetable en carton, papier et plastique rigide chez ce grossiste asiatique. Prix vraiment minuscules : 100 assiettes en plastique mou 15 F, en plastique rigide 50 F, avec de nombreux modèles de couleurs et de formes. Plats (10 F), saladiers (15 F) et plateaux (imitation argenté à 5 F). Verres à pied imitation cristal (90 F les 100), et tout le linge de table (en papier ou tissu non brodé), nappes, napperons, serviettes... Mais aussi, sacs à glaçons, couverts en plastique, shakers... Accueil sympathique et enthousiaste.

PARIS 14e

ATOMES

Vente et location de juke-boxes, machines à sous, flippers, décoration, mobilier	Q/P : 6/10 •ASSORTIMENT : 7/10
	✚ : Location d'objets insolites

•65, rue du Montparnasse — 75014 Paris •Tél. : 0143227013 •Horaires : mar.-sam. 11h-19h30 •Métro : Montparnasse, Edgar-Quinet •Bus : 58, 82, 91

Pour une décoration originale : objets publicitaires insolites, machines et objets Coca-Cola, affiches anciennes, luminaires, néons... Pour animer vos soirées, en vente ou à la location, juke boxes (Wurlitzer, Seeburg, Rock Ola, Ami, à partir de 25000 F à la vente), flippers (5000 F) et machines à sous (20000 F). Atelier de réparation, devis gratuit.

PARIS 15e

FÊTES ET FEUX

Feux d'artifice, feux de bengale, fontaines, pétards	Q/P : 8/10 •ASSORTIMENT : 9/10
	✚ : Grand choix

•130, av. Émile-Zola — 75015 Paris •Tél. : 0145794088 •Horaires : mar.-ven. 9h-13h 14h-19h30, sam. 10h-19h30 •Métro : Émile-Zola •Bus : 62, 80

Un maître artificier vous accueille dans cette boutique qui fait également papeterie. Des petits pétards pour enfants (à partir de 10 ans) à 2,50 F pièce aux feux d'artifice professionnels assurés par l'équipe de Fêtes et Feux (jusqu'à 200 000 F). Petites fêtes ou grandes réceptions, tous les conseils d'utilisation détaillés par les vendeurs, très compétents (kit feu d'artifice, 6 grosses fusées, 20 petites, 4 feux de bengale à partir de 150 F).

IDÉES FIXES

Livraison de gâteaux, petits déjeuners, organisation de goûters d'enfants   Q/P : 7/10 •ASSORTIMENT : 8/10
✚ : Gâteaux personnalisés

•20, rue des Quatre-Frères-Peignot — 75015 Paris •Tél. : 0145796593 • Fax : 0145796547 •Horaires : sur commande •Métro : Charles-Michels •Bus : 42, 62, 70

Une idée originale : pour toutes les occasions, cette société conçoit et livre des gâteaux personnalisés selon l'événement fêté, anniversaire, mariage... Organisation et animation de goûters d'enfants ou de fêtes du calendrier (Noël, Pâques...). Idées Fixes vous livre aussi votre petit-déjeuner à domicile accompagné du quotidien de votre choix.

PARIS 16ᵉ

ALLÔ GLAÇONS

Glaçons, sculpture de glace, livraison à domicile   Q/P : 5/10 •ASSORTIMENT : 5/10
✚ : Rapidité du dépannage

•5, av. Alphand — 75016 Paris •Tél. : 0140671788 •Horaires : lun.-dim. 6h-18h •Métro : Argentine •Bus : 73

Comment faire pour garder au frais vos bouteilles alors que votre congélateur est en panne et que les invités arrivent? Allô Glaçons vous livre sacs de glaçons (sac de 20 kg à 75 F), pains de glace, et même sculptures de glace pour décorer vos buffets. Pour 100 bouteilles, comptez 5 sacs de glaçons. Livraison (1 à 2h de délai) 55 F.

LE CUISINIER FRANÇAIS

Cuisine à domicile, courses   Q/P : 6/10 •ASSORTIMENT : 8/10
✚ : Prestation originale

•144, rue de la Pompe — 75116 Paris •Tél. : 0147275137 •Horaires : lun.-jeu. 13h30-18h •Métro : Victor-Hugo •Bus : 52, 82

Si vous ne savez pas cuisiner ou que vous n'avez pas le temps, cette association en rapport avec la Société des maîtres d'hôtel vous enverra un cuisinier qui préparera le repas de votre choix dans votre cuisine et pourra même faire vos courses. La prestation est de 850 F le déjeuner et de 1250 F le dîner jusqu'à 12 pers. (entrée, plat, dessert). Contactez-les 1 semaine à l'avance pour être sûr de pouvoir bénéficier de leurs services.

L'AFFAIRE D'UN SOIR

Vente et location d'objets de décoration   Q/P : 7/10 •ASSORTIMENT : 5/10
✚ : Location d'objets de décoration
━ : Choix d'objets assez réduit

•147, rue de la Pompe — 75116 Paris •Tél. : 0147273750 •Horaires : mar.-sam. 10h30-19h •Métro : Rue-de-la-Pompe, Victor-Hugo

Un mariage, un réveillon? Louez ou achetez les objets de décoration de votre table de réception, dans une gamme assez luxueuse (ni vaisselle, ni mobilier). Si les objets vous plaisent, vous pouvez donc les acheter, moyennant 20 % de réduction et le prix de la location en moins! Exemple de tarif de location pour un soir : grands chandeliers entre 350 et 450 F, centre de table 290 F, nappe en lin 10-12 personnes 550 F. Possibilité de livraison.

OPTION

Location de matériel pour réceptions, vaisselle, mobilier, groupe électrogène   Q/P : 6/10 •ASSORTIMENT : 8/10
✚ : La qualité du matériel

•21, rue Gros — 75016 Paris •Tél. : 0142241100 • Fax : 0140508123 •Horaires : lun. 14h-18h30, mar.-sam. 10h-19h •Métro : Ranelagh •Bus : 22, 52

Option a créé sa propre ligne de produits de grande qualité disponible à la location pour toutes vos réceptions. Des assiettes, verres et couverts, des nappes et des serviettes. Des meubles (tables, chaises, paravents, bar, vestiaire…). Sans oublier l'office (armoire réfrigérée, congélateur, friteuse, machine à barbe à papa, groupe électrogène…) et les structures d'accueil et leur décoration. En créant l'ambiance à travers éclairage, choix des couleurs et assemblages de styles, Option met en valeur votre réception.

PARIS 17°

ALLÔ APÉRO

Livraison à domicile de boissons, cocktails, amuse-gueules

Q/P : 5/10 •ASSORTIMENT : 8/10
+ : Originalité du service

•100, rue Lemercier — 75017 Paris •Tél. : 01 53 33 11 444 • Fax : 01 53 33 11 445 •Horaires : dim.-jeu. 20h-2h ven.-sam. et veilles de fêtes 20h-4h •Métro : Brochant •Bus : 31, 54, 66, 74

Pour que vos soirées et réceptions ne tombent pas à l'eau, Allô Apéro vous livre boissons, alcools, cocktails, glaçons, shakers et amuse-gueules (Coca-Cola 1,5 l à 18 F, 1664 pack de 6 à 42 F, champagne entre 145 et 280 F). Livraison sous 30 min sur Paris, Neuilly, Clichy et Levallois (à partir de 120 F).

GASTRONOMIA

Réceptions, cocktails, buffets, dîners, traiteur, livraison

Q/P : 9/10 •ASSORTIMENT : 9/10
+ : Excellent rapport qualité-prix

•37, rue Ampère — 75017 Paris •Tél. : 01 47 66 19 30 • Fax : 01 42 27 62 52 •Horaires : lun.-sam. 9h-13h, 14h-18h30 •Métro : Wagram •Bus : 31, 94 •Internet : http://www. oda. fr/aa/gastronomia

Choix et variété de menus impressionnants, de la cuisine française traditionnelle aux plats exotiques, délicieux et magnifiquement présentés. Gastronomia confectionne de grands dîners pour de petits budgets (à partir de 70 F/pers.). On étudie avec vous l'organisation, on vous aide même gratuitement à sélectionner votre lieu de réception, on peut vous fournir personnel de service et matériel (nappes, vaisselle, verrerie, sonorisation, éclairage, mobilier…). Livraison facturée 260 F jusqu'à 25 km de Paris.

HÉLIUM 7

Location de matériel de sonorisation, éclairage, vidéo, audiovisuel

Q/P : 6/10 •ASSORTIMENT : 9/10
+ : Choix et assistance technique

•9, rue Émile-Level — 75017 Paris •Tél. : 01 42 63 97 97 • Fax : 01 42 63 84 00 •Horaires : lun.-ven. 9h30-12h30, 14h-18h30 •Métro : Brochant •Bus : 74

Pour que tous vos événements soient réussis, louez du matériel de qualité. Sonorisation (lecteur CD 100 F/jour, double lecteur Denon 200 F/jour), régie (mélangeur 150 F/jour, console à partir de 300 F/jour), micros (60 F/jour), enceintes, karaoké (ensemble complet à partir de 500 F/jour). Pour la vidéo, caméscopes (300 F/jour), magnétoscopes et laserdiscs (à partir de 200 F/jour) et moniteurs vidéo et informatiques (250 F pour un 36 cm VHS, 8960 F/jour pour un mur d'écrans de 2,36 x 1,86 m). Mais cette société s'engage sur un résultat et pas seulement des moyens : des techniciens compétents, courtois et disponibles assurent la livraison (de 150 à 1000 F) et l'exploitation du matériel (250 F/h).

JOUBIN, ÉTOILE WAGRAM RÉCEPTION

Traiteur, buffets, réceptions, organisation d'événements

Q/P : 6/10 •ASSORTIMENT : 8/10
+ : Originalité et qualité du menu

•3, rue Troyon — 75017 Paris •Tél. : 01 40 55 46 33 •Horaires : lun.-sam. 8h30-20h, dim. 8h30-12h •Métro : Charles-de-Gaulle •Bus : 31, 92

En plus du service traiteur au stylisme de table irréprochable, quantité de services annexes pour l'organisation de vos soirées. Recherche de lieu sur Paris ou Île-de-France, maîtrise de la logistique d'intervention, de la décoration et du service sur place (location de tentes et structures), animations de soirées (musicales ou avec orchestre), feux d'artifice, hôtesses d'accueil, interprètes trilingues, personnel de sécurité, audiovisuel, et même recherche de cadeaux insolites. Voir Joubin Traiteur, Vincennes 94.

LÉAUTEY

Traiteur, buffets, cocktails, banquets, plateaux repas	Q/P : 7/10 •ASSORTIMENT : 8/10
	✚ : Qualité des plats

•83, av. de St-Ouen — 75017 Paris •Tél. : 0146273420 •Horaires : mar.-sam. 8h-20h •Métro : Guy-Môquet •Bus : 31, 81

De superbes et délicieux menus pour vos cocktails (mignardises, canapés, croustades...) à partir de 64 F/pers., vos apéritifs (pain surprise, saumon, crabe, tarama à 278 F) et vos dîners (râble de lapin farci 62 F/pers., crêpe de pétoncle au basilic 46 F/pers.). Commander 2 à 3 jours à l'avance. La maison est ouverte à toutes les suggestions sur la composition du menu, jusqu'aux plus inattendues et originales à travers le monde du goût.

PARIS 19e

LA CORPO

Vaisselle, couverts, nappes, décoration à usage unique	Q/P : 9/10 •ASSORTIMENT : 9/10
	✚ : Beaucoup de choix
	▬ : Obligation d'acheter par carton

•23, av. Corentin-Cariou — 75019 Paris • Tél. : 0140345055 • Fax : 0142338135 •Horaires : lun. 8h-12h30, 13h45-17h30, mar.-ven. 8h-12h30, 13h45-18h, sam. 8h-12h •Métro : Porte-de-la-Villette •Bus : 75, PC

Spécialiste des métiers de bouche et de la vaisselle à usage unique : assiettes, saladiers, bols, nappes et serviettes jetables. Habituée à une clientèle de professionnels, elle peut compléter de manière efficace et économique l'organisation de fêtes et réceptions. Il faut un minimum de commandes de 50 F et acheter par carton ou par paquet. Plats à lasagnes, vendus par 6, pour 20 F. Assiettes rondes en plastique de couleur par paquet de 100. Plats de présentations de toutes les couleurs et tous les formats. Serviettes ouate de cellulose par paquet de 200 à partir de 38 F. Nappe décorée en rouleau (1,18 x 7 m).

PARIS 20e

L'AMICALE, COMPTOIR DES ARTICLES DE FÊTES

Déguisements, chapeaux, perruques, masques, cotillons	Q/P : 8/10 •ASSORTIMENT : 9/10
	✚ : Le choix

•32, rue de Vignoles — 75020 Paris •Tél. : 0143702100 • Fax : 0143708422 •Horaires : lun.-ven. 9h30-18h30, sam. 9h30-18h •Métro : Buzenval •Bus : 26, 76

Pour vos bals costumés, vaste magasin sur 3 niveaux. Choix très important de panoplies (à partir de 120 F), masques (20 à 250 F), chapeaux en papier, carton ou feutrine. Pour décorer, des lampions, des bougies, des guirlandes, des farces et attrapes, des cotillons, des feux d'artifice et même des recueils d'histoires drôles. Catalogue, VPC.

SOLEIL SONNE

Quator vocal à domicile	Q/P : 6/10 •ASSORTIMENT : 6/10
	✚ : Cadeau original et personnalisé

•50, rue Piat — 75020 Paris •Tél. : 0147971355 •Horaires : sur RDV •Métro : Pyrénées •Bus : 26

Pour toutes les occasions, offrez vos vœux de manière originale en faisant appel à Soleil Sonne. Ce quator vocal, vêtu de superbes costumes ensoleillés, interprète un répertoire d'inspiration traditionnelle de chants de vœux, berceuses et toutes sortes de chants a capella, conçus spécialement pour l'événement que vous fêtez (chant d'anniversaire personnalisé de 20 min. : 1 200 F). Un service rare et de qualité.

AVRON 77

OTARY & CO

Animation de soirées, karaoké, jeux de casino, tours de magie, concerts

Q/P : 7/10 •ASSORTIMENT : 8/10
✚ : Animations variées

•2, rue des Basses-Loges — 77210 Avron •Tél. : 0164222494 • Fax : 0164223115 •Horaires : lun.-ven. 9h30-19h, sam. 10h-14h

Animations de qualité, choix vraiment varié. Chantez avec vos amis les tubes actuels ou des années passées grâce au karaoké — clips et paroles des chansons diffusés sur un écran géant et l'animateur invite à tour de rôle chaque invité à venir pousser la chansonnette au micro — ambiance assurée (comptez 5000 F la soirée pour le forfait complet matériel et animation). Beaucoup d'autres animations : tours de magie (1500 F pour un spectacle de 45 min.), jeux de casino, roulette, black-jack, avec l'assistance d'un croupier (4000 F pour la soirée), mais aussi orchestres de rock pour des concerts à domicile, organisation et décoration complète de soirées à thème (pour Halloween, murder-party, avec décoration sanguinolente digne des films d'horreur, pour 70 pers. à partir de 30000 F).

BRIE -COMTE-ROBERT 77

A.N. COCKTAIL

Traiteur, organisation de réceptions

Q/P : 7/10 •ASSORTIMENT : 7/10
✚ : Service et menu de haut de gamme

•3, route de Mandres — 77170 Brie-Comte-Robert •Tél. : 0164058997 • Fax : 0164058773 •Horaires : lun.-sam. 10h-19h

Depuis 10 ans, organisation des manifestations en tout genre : cocktails, buffets, repas d'affaire ou de mariage, plateaux repas, soirées à thèmes (russe, exotique, casino…). Repas et buffets de grande qualité, menu à partir de 70 F/pers. Nombreuses prestations : location et décoration (compositions florales, éclairage…) de lieux de réceptions (hôtel, péniches…), personnel de service (environ 1000 F pour un maître d'hôtel pour la soirée) et location de matériel (vaisselle, verrerie, couverts, nappage tissu, glaçons…).

CONFLANS-STE-HONORINE 78

LES MILLE ET UNE NUITS

Agence de spectacles à domicile

Q/P : 8/10 •ASSORTIMENT : 9/10
✚ : Animations de qualité

•9, rue Edmond-Magnez — 78700 Conflans-Ste-Honorine •Tél. : 0139728077 • Fax : 0661498569 •Horaires : lun.-ven. 9h-12h, 13h-20h •Métro : RER A Conflans •e-mail : 1001nuits@wanadoo.fr

Pour tout événement, animations originales de très grande qualité. Spectacles pour enfants (magie ou animation 900 F), de magie (1500 F), animation discomobile son et lumières (2500 F), spectacle de danse orientale, de cabaret (2500 F), orchestre pour soirées dansantes (créole, country, rock, variété… 7500 F), spectacle de conte (1800 F) ou de guignol (2800 F). Animations assurées par des professionnels. Succès assuré auprès de vos invités.

GARANCIÈRES 78

LES SALONS DU CHÂTEAU DU BREUIL

Location de salles de réception

Q/P : 6/10 •ASSORTIMENT : 0/10
✚ : Le cadre

•Château du Breuil — 78890 Garancières •Tél. : 0134864102 • Fax : 0134864839 •Horaires : visite sur RDV

Un cadre vraiment prestigieux pour vos réceptions : château du XVIIIe siècle (240 m²
de salon décoré, boiseries, tentures, parquets à points), dans un parc de 10 ha. Location 5000 et 10000 F, selon le jour choisi. Nombreux services sur place : sonorisation
(ampli 360 W, 2 platines, 2 enceintes et 2 caissons basses, table de mixage et micro,
et disc jockey pour 2900 F de 19h à 2h), matériel de réception (buffet, chaises, guéridon, table…). Nombreuses options (salle de jeux 1500 F, décoration florale, personnel, parking, vestiaire…).

LE-PRÉ-ST-GERVAIS 93

ASIE À VOTRE TABLE, ANTILLES CHEZ TOI

Traiteur antillais, asiatique, buffet, dîners, plateaux repas	Q/P : 7/10 •ASSORTIMENT : 9/10
	✛ : Choix, qualité et présentation des plats

•30, rue Gabriel-Péri — 93310 Le-Pré-St-Gervais •Tél. : 0148405030 • Fax : 0148401266
•Horaires : lun.-ven. 10h-14h 17h-21h •Métro : Hoche •Bus : 61, PC

De l'exotisme pour vos repas : cuisine de plus de 10 pays. Les Antilles avec le buffet
pour 20 pers. à 2500 F (colombo de porc, bœuf togolais, chiquetailles de poulet,
salade de christophines, pains aux achards, fruits frais, gâteaux). Les plateaux repas à
100 F : plateau Réunion (pains aux achards, brochette de canard à l'orange, salade de
chouchou aux lardons, banane boucanier aux raisins-rhum), accompagné d'un grand
choix de boissons, jus de fruits frais (mangue, passion, goyave à 28 F/l) ou punch maison à 160 F/l. Sans oublier l'Asie : plateaux repas thaïs, vietnamiens, laotiens, chinois,
indiens à 100 F. Recherche de salle, décoration, compositions florales, danseuses,
musiciens, location de matériel, de vaisselle, personnel de service. Pas de livraison
expresse, devis gratuit.

SEVRAN 93

ABC SONORISATION

Sonorisation, équipement vidéo, location, entretien	Q/P : 6/10 •ASSORTIMENT : 8/10
	✛ : Matériel haute technologie

•54, rue Danton — 93270 Sevran •Tél. : 0143856767 • Fax : 0143857200 •Horaires : lun.-sam.
10h-19h •Métro : RER B Sevran-Livry

Pour les réceptions de grande envergure, les concerts, les conférences ou les spectacles, de nombreuses prestations. Sonorisation de salles, équipement de micros,
sonorisation et éclairage scéniques, vidéo-projection et traduction simultanée. Matériel à la location sans cesse renouvelé et à la pointe de la technique. Prix sur devis
gratuit (minimum de 100 pers.). Suivant les forfaits, assistance et maintenance technique possibles.

CHOISY-LE-ROI 94

EURODROP SA

Spectacles pyrotechniques	Q/P : 6/10 •ASSORTIMENT : 9/10
	✛ : Feux d'artifice pour tous budgets

•123, av. Anatole-France — 94600 Choisy-le-Roi •Tél. : 0148923434 • Fax : 0148926622
•Horaires : mar.-sam. 10h-18h30 •Métro : RER C Choisy-le-Roi

Toucher l'imaginaire pour atteindre l'inoubliable, c'est la devise d'Eurodrop. Expérience dans les spectacles pyrotechniques de grande envergure (centenaire de la tour
Eiffel, concert de Jean-Michel Jarre à La Défense…) à votre disposition pour vos réceptions, mariages… Devis gratuit. Compter de 2000 à 10000 F pour un feu d'artifice de
qualité.

LE PEREUX 94

DJ'EXPRESS

Location et maintenance de sonorisations et d'éclairages, animations

Q/P : 7/10 •ASSORTIMENT : 6/10
+ : Qualité des animations

•47, bd de l'Alsace-Lorraine — 94170 Le Perreux-sur-Marne •Tél. : 0143243232 •Fax : 0143244747 •Horaires : lun.-sam. 10h-18h •Bus : 114, 116, 120

Pour des animations de soirées personnalisées et de qualité, prestations dans une fourchette de prix assez large : de la formule économique (de 20 à 80 pers., sono 2 x 10 W et éclairages 1750 F) jusqu'à la formule pro (de 340 à 530 pers., sono 2 x 1 kW, micro HF, 8 néons, 8 projecteurs à 6850 F). Techniciens et DJ (pour la maintenance, l'animation ou juste pour le montage et démontage du matériel) compétents, rigoureux et ponctuels, qui sauront contribuer à la réussite de votre fête.

VINCENNES 94

JOUBIN TRAITEUR

Traiteur, buffets, réceptions

Q/P : 6/10 •ASSORTIMENT : 8/10
+ : Originalité et qualité du menu

•42, rue du Midi — 94300 Vincennes •Tél. : 0143280036 •Fax : 0143281451 •Horaires : lun.-sam. 8h30-20h, dim. 8h30-12h •Métro : Château-de-Vincennes •Bus : 56

Maison familiale créée en 1924, perpétuant la tradition de la grande gastronomie française et étrangère avec ses menus variés, originaux et régulièrement renouvelés. Réceptions, petits déjeuners d'affaires, buffets, cocktails, des formules à l'écoute de vos souhaits et de votre budget, de 10 à 5000 pers. (buffet de 89 à 183 F/pers.). Une attention toute particulière est prêtée à la présentation des buffets et la décoration s'agence autour de thèmes (high tech, Mexique, Halloween...).

DOMONT 95

3ADC MUSIC LIGHT

Location de matériel son et éclairage, animations

Q/P : 8/10 •ASSORTIMENT : 4/10
+ : Prix bas

•21 av. Landouzy — 95330 Domont •Tél. : 0139910112 • Fax : 0139916842 •Horaires : lun.-ven. 10h-12h30, 14h-19h

Vous organisez une fête et vous craignez que votre mini-chaîne ne supporte pas le choc, vous voulez une bonne sonorisation pour votre réception mais vous ne connaissez rien à la technique ? Faites appel à cette société! Tarifs vraiment bas pour ce type de prestation. Choix de matériel restreint mais amplis, enceintes, projecteurs de très bonne qualité. Le forfait complet avec sono (2 x 100 W), éclairage et effets de lumière, animation (de 19h à 4h) pour 3000 F. Si vous voulez juste l'ensemble ampli, enceintes, table de mixage et lecteurs CD, il vous en coûtera moins de 1000 F.

Théâtres, cinémas, music-halls, etc.

Le moins cher des spectacles

Moins de 25 ans, étudiants et chômeurs bénéficient de tarifs réduits dans tous les grands théâtres parisiens (la Comédie Française, le Théâtre du Châtelet, le Théâtre Bastille). De plus, ces mêmes salles de spectacles offrent des places à partir de 20 F quelques minutes avant le début de la représentation. Attention, sièges attribués souvent très mal placés (poulailler de la Comédie Française par exemple). Pour acheter des places soldées à la dernière minute, consultez les services Minitel SORTEZ (1,29 F/min) et SPECTACTEL (2,23 F/min). Des places gratuites pour des avant-premières sont aussi proposées par les hebdomadaires de spectacles (Figaroscope, L'Officiel du Spectacle, Pariscope) et par les kiosques Paris-Jeunes (offres réservées aux étudiants et aux moins de 25 ans).

Les 3 kiosques théâtre sont ouverts du mardi au samedi de 12h30 à 20h et le dimanche de 12h30 à 16h. Places de théâtre, de ballet, de concert, vendues à la dernière minute et soldées de -30 à -50 %. Venez tôt, l'affluence est souvent importante.

Enfin, pour le cinéma, n'oubliez pas les séances du matin, 10h-12h, à prix réduits (20-30 F) et les réductions exceptionnelles (Fête du Cinéma, 18h = 18 F, etc.).

- **COMÉDIE FRANÇAISE** : 2, rue Richelieu — 75001 Paris — Tél. : 0144581515
- **THÉÂTRE DU CHÂTELET** : 1, place du Châtelet — 75001 Paris — Tél. : 0140282800
- **THÉÂTRE BASTILLE** : 76, rue de la Roquette — 75011 Paris — Tél. : 0143574214
- **KIOSQUE THÉÂTRE** : 15, Place de la Madeleine — 75008 Paris
- **KIOSQUE THÉÂTRE** : Parvis Gare Montparnasse — 75014 Paris
- **KIOSQUE THÉÂTRE** : Forum des Halles, a côté de la boutique Fnac — 75001 Paris
- **SORTEZ !** : Tél. : 0134467090 — Serveur Minitel : 3615 SORTEZ (1,29 F/min)
- **SPECTACTEL** : Serveur Minitel : 3615 SPECTACTEL (2,23 F/min)

PARIS 1er

STUDIO THÉÂTRE

Théâtre Q/P : 9/10 •ASSORTIMENT : 7/10
✚ : Représentations de qualité

•Carrousel du Louvre — 99, rue de Rivoli — 75001 Paris •Tél. : 0144589858 •Horaires : lun.-dim. 9h-18h (renseignements) •Métro : Palais-Royal •Bus : 39, 48, 72, 95

Venez profiter des comédiens et des mises en scène du "Français", qui émigrent tous les mercredis et dimanches, à 18h30, dans ce petit théâtre (place à 80 F, tarif réduit à 45 F). Les lundis et dimanches, projections de pièces filmées (théâtrothèque, entrée à 30 F, tarif réduit à 20 F); deux lundis par mois, textes sont lus par des comédiens dans le salon littéraire (55 F, tarif réduit 45 F). Places en vente sur place 1h avant la représentation.

THÉÂTRE DE LA VILLE

Ballets, chorégraphies Q/P : 8/10 •ASSORTIMENT : 7/10
✚ : Programmation de qualité

•2, place du Châtelet — 75001 Paris •Tél. : 0142742277 •Horaires : lun.-sam. 11h-19h (locations) •Métro : Châtelet •Bus : 38, 47, 75, 81

Haut lieu de la danse contemporaine, dont la figure charismatique de Pina Bausch a beaucoup fait pour la réputation. Programmation variée de ballets. Artistes internationalement célèbres ou nouveaux talents de la danse... Places de 95 à 160 F, abonnement ou carte d'adhésion (140 F) pour bénéficier des tarifs réduits (de 65 à 115 F). Places à moitié prix pour les moins de 25 ans, les étudiants et les chômeurs, s'il reste des places libres 1h avant le début de la représentation. Minitel 3615 THEAVILLE (1,29 F/min).

THÉÂTRE DU CHÂTELET

Ballets, concerts de l'orchestre de Paris

Q/P : 8/10 •ASSORTIMENT : 7/10
+ : Programmation de qualité

•1, place du Châtelet — 75001 Paris •Tél. : 0140282800 •Horaires : lun.-sam. 11h-19h (locations) •Métro : Châtelet •Bus : 38, 47, 75, 81

Le théâtre musical de Paris vous propose une programmation de ballets de qualité, dont la fameuse compagnie Forsythe. Places entre 70 et 190 F. Juste avant la représentation et dans la mesure des places disponibles, étudiants, moins de 26 ans et chômeurs peuvent profiter de places bradées à 50 F. À noter aussi, les concerts de l'orchestre de Paris pour les jeunes, tous les samedis matin, réservés au moins de 25 ans (entrée à 30 F). Informations et locations sur Minitel 3615 CHATELET (1,29 F/min).

THÉÂTRE NATIONAL DE LA COMÉDIE FRANÇAISE

Théâtre

Q/P : 7/10 •ASSORTIMENT : 7/10
+ : Tarifs réduits jeunes et étudiants

•2, rue de Richelieu — 75001 Paris •Tél. : 0144581515 •Horaires : lun.-dim. 11h-18h •Métro : Palais-Royal •Bus : 39, 48, 67, 72

La maison de Molière reste un lieu privilégié pour assister à des représentations classiques à moindre coût. Moins de 26 ans : abonnement pour 4 spectacles à 260 F. Pour ceux qui ne rechignent pas à regarder la scène de biais depuis le poulailler en se tordant le cou, places soldées pour le jour même à partir de 30 F. Minitel 3615 THEA (2,29 F/min).

Allô Ciné

Allô Ciné propose à tous les cinéphiles de la région parisienne un service de réservation de leur place de cinéma par téléphone. Les dernières sorties, les exclusivités et les autres films sont à portée de votre clavier téléphonique, seulement dix touches vous en séparent.
• *ALLÔ CINÉ* — Tél. : 0140302011

PARIS 2e

LE GRAND REX

Cinéma

Q/P : 7/10 •ASSORTIMENT : 7/10
+ : Cadre exceptionnel

•1, bd Poissonnière — 75002 Paris •Tél. : 0836687023 •Horaires : lun.-dim. 14h-22h •Métro : Bonne-Nouvelle •Bus : 20, 39

Le plus réputé des cinémas parisiens, par sa décoration de théâtre style années 30, son décor de palais et son plafond étoilé, accueille depuis 1935 plus de 2000 spectateurs par séance (même après la fermeture du balcon). Le Rex, c'est le cinéma familial par excellence, avec tous les ans ses avant-premières Walt Disney, toujours plébiscitées, et son spectacle de jeu d'eau et de lumière. Mais aussi 10 autres salles programmant les dernières sorties. Place à 47 F, tarif réduit 36 F, abonnement 5 séances à 160 F.

PARIS 5e

CROUS

Places de spectacles à prix étudiants

Q/P : 8/10 •ASSORTIMENT : 7/10
+ : Prix 20 à 40 % moins chers

•39, av. Georges-Bernanos — 75005 Paris •Tél. : 0140513711 •Horaires : lun.-sam. 9h-17h •Métro : RER B Port-Royal •Bus : 38, 83, 91

Le CROUS propose, aux étudiants uniquement, des places pour des spectacles ayant lieu dans les salles parisiennes (concert, théâtre, opéra, music-hall...) de 20 à 40 % moins cher que le prix normal. Avantages du même ordre sur certains abonnements (dès le mois de juin). Programme annoncé tous les 2 mois dans "Infos Spectacles" et sur Minitel 3615 CROUSPARIS (1,29 F/min). Vente de ces billets en personne, au CROUS.

IMAGES D'AILLEURS

Cinéma d'art et d'essai Q/P : 9/10 •ASSORTIMENT : 8/10
✚ : Films rares

•21, rue de la Clef — 75005 Paris •Tél. : 0145871809 •Horaires : lun.-dim. 14h-22h •Métro : Censier-Daubenton •Bus : 47

Une programmation internationale pour ce petit cinéma d'art et d'essai, des films rares anciens ou récents que l'on ne voit qu'ici, une vingtaine de perles rares à découvrir par semaine. Entrée 35 F, tarif réduit 30 F. Abonnement annuel 200 F (places à 25 F).

LE PARADIS LATIN

Spectacle, music-hall, revue dansante Q/P : 7/10 •ASSORTIMENT : 6/10
✚ : Prix divers

•28, rue du Cardinal-Lemoine — 75005 Paris •Tél. : 0143252828 • Fax : 0143296363 •Horaires : lun.-dim. 20h-24h •Métro : Cardinal-Lemoine •Bus : 63, 86, 87, 89

Avec ses danseurs et ses danseuses qui portent de magnifiques costumes, le Paradis Latin présente des spectacles dignes des grandes revues parisiennes. Dîner dès 20 h en assistant au spectacle (680, 865 ou 1 250 F/pers. selon la composition du menu avec 1/2 bouteille de bordeaux), ou spectacle uniquement, à partir de 21h (465 F/pers. avec 1/2 bouteille de champagne).

L'ACCATONE

Cinéma, films d'art et d'essai, festivals Q/P : 8/10 •ASSORTIMENT : 7/10
✚ : La programmation

•20, rue Cujas — 75005 Paris •Tél. : 0146338686 •Horaires : lun.-dim. 12h-21h30 •Métro : RER B Luxembourg •Bus : 21, 27, 38, 89

Une bonne dizaine de films à l'affiche chaque semaine dans ce cinéma de quartier. Grands classiques, films mythiques, souvent étranges, à voir ou revoir. Pour tous 40 F le week-end, 34 F les lundis et mercredis ; toute la semaine, un tarif réduit pour les étudiants, les chômeurs, les militaires... Festivals organisés assez régulièrement, autour d'un thème ou d'un cinéaste (Pasolini, Fassbinder...).

STUDIO GALANDE

Cinéma d'art et d'essai Q/P : 8/10 •ASSORTIMENT : 7/10
✚ : Rocky Horror Picture Show

•42, rue Galande — 75005 Paris •Tél. : 0143269408 •Horaires : lun.-dim. 14h-22h •Métro : St-Michel •Bus : 47, 63, 86

Célèbre par ses projections hebdomadaires (vendredi et samedi 22h30 et 0h20) du Rocky Horror Picture Show, comédie musicale culte à laquelle participent les spectateurs. Pour ceux qui ne connaissent pas encore, prévoyez des vêtements résistants, riz, eau, farine pleuvent dans la salle au rythme des scènes du film. Les deux salles vous proposent également des reprises (Orange Mécanique, Barton Fink, Trainspotting...). Entrée à 43 F, tarif réduit à 33 F, abonnement 7 séances pour le prix de 6.

PARIS 6e

THÉÂTRE DE L'ODÉON, THÉÂTRE DE L'EUROPE

Théâtre Q/P : 8/10 •ASSORTIMENT : 7/10
✚ : Tarifs réduits

•1, pl de l'Odéon — 75006 Paris •Tél. : 0144413636 •Horaires : lun.-dim. 11h-18h30 •Métro : Luxembourg, Odéon •Bus : 63, 84, 86, 87, 89

Une programmation de qualité et variée. Les jeunes de moins de 26 ans et les étudiants sans limite d'âge peuvent bénéficier pour 100 F de la carte Complice, qui donne des réductions sur les tarifs de 15 à 30 %. Les places sont entre 80 et 170 F, 60 F pour la petite salle, tarifs réduits de 70 à 120 F. Minitel 3615 ODEON (1,27 F/min).

PARIS 9ᵉ

MAX LINDER PANORAMA

Cinéma Q/P : 8/10 •ASSORTIMENT : 8/10
✚ : Écran hémisphérique, son THX

•24, bd Poissonnière — 75009 Paris •Tél. : 0148248888 •Horaires : lun.-dim. 14h-22h •Métro : Rue-Montmartre •Bus : 20, 39, 48

Un des plus vieux cinémas de Paris, le premier à avoir installé un écran géant hémisphérique. Depuis 1920, le lieu a suivi tous les derniers progrès technologiques et est désormais équipé du son THX. Dernières sorties et vieux classiques. Place à 48 F, tarif réduit à 38 F.

PARIS 10ᵉ

LYLO

Journal mensuel gratuit, informations soirées, concerts Q/P : 10/10 •ASSORTIMENT : 0/10
✚ : Gratuit et complet

•55, rue des Vinaigriers — 75010 Paris •Tél. : 0142096502 • Fax : 0142095484 •Métro : Jacques-Bonsergent •Bus : 54, 56, 65

Grâce à ce petit journal gratuit distribué tous les mois dans de nombreux bars, restaurants et magasins, vous connaîtrez jour par jour la liste exhaustive de tous les concerts (sauf musique classique) et soirées organisés sur la capitale et sa banlieue. Mise à jour du programme quotidienne sur le Minitel 3615 LYLO (1,29 F/min).

PARIS 11ᵉ

THÉÂTRE DE LA BASTILLE

Théâtre, spectacles Q/P : 7/10 •ASSORTIMENT : 7/10
✚ : Les abonnements

•76, rue de la Roquette — 75011 Paris •Tél. : 0143574214 •Horaires : lun.-ven. 10h-13h, 14h-18h45, sam. 14h-18h45 •Métro : Bastille •Bus : 69, 61

Programmation résolument contemporaine avec de jeunes metteurs en scène. Prix des places intéressant (120 F plein tarif, 80 F moins de 26 ans, chômeurs, carte Vermeil...) et abonnement avantageux (3 formules : 3 spectacles 210 F, 5 spectacles 300 F, laissez-passer de date à date 700 F).

PARIS 13ᵉ

GRAND ÉCRAN ITALIE

Cinéma grand écran Q/P : 8/10 •ASSORTIMENT : 6/10
✚ : Écran géant, son THX

•30, place d'Italie — 75013 Paris •Tél. : 0145807700 •Horaires : lun.-dim. 12h-22h •Métro : Place-d'Italie •Bus : 27, 47, 57, 67, 83

Le plus grand écran parisien. Sa taille, 24 x 10 m, ajoutée au son THX, vous permet de plonger au cœur du film. Salle ultra moderne, construite récemment, technologie de pointe, comme le prouve le fameux show laser présenté avant tous les films projetés (en général des films à grand spectacle, Star Wars, Cinquième Élément, Titanic...). Dans le centre commercial Grand Italie. Une fois vos places réservées, vous pouvez profiter du McDonald's ou de la salle de jeux vidéo (la Tête dans les Étoiles) situés au 1er niveau. Place à 53 F, tarif réduit à 45 F.

PARIS 14ᵉ

BRASIL TROPICAL

Music-hall, spectacle, revue dansante   Q/P : 7/10 •ASSORTIMENT : 8/10
                                                + : Plat à volonté

•36, rue du Départ — 75014 Paris •Tél. : 0142799494 • Fax : 0143201840 •Horaires : mar.-sam. 20h-6h •Métro : Montparnasse •Bus : 28, 58

Plongez au cœur d'une ambiance inspirée du carnaval de Rio avec un spectacle composé de samba, lambada, capoeira, danse du feu... Le dîner est un rodizio, c'est-à-dire une ronde de plus de 10 variétés de viandes grillées à volonté servies avec leur accompagnement. Du mardi au jeudi, dîner-spectacle à partir de 250 F/pers. Le vendredi et le samedi, entre 400 et 700 F, suivant les boissons choisies.

L'ENTREPÔT

Bar, restaurant, cinéma, concerts   Q/P : 7/10 •ASSORTIMENT : 8/10
                                            + : Programmation du cinéma

•7-9, rue Francis-de-Pressensé — 75014 Paris •Tél. : 0145406070 •Horaires : dim.-jeu. 10h-0h, ven.-sam. 10h-2h •Métro : Pernéty

Cet ancien hangar rénové a fait place à un complexe multiculturel avec 3 salles de cinéma d'art et d'essai à thèmes (35 F le billet), une salle de concert (jazz le week-end) et un restaurant (12h-14h30, 20h-23h30); un menu le midi à 79 F, le soir à 99 F. Du lundi au jeudi, formule film + repas pour 100 F. Au bar, le demi est à 19 F (34 F les soirs de concert).

THÉÂTRE DE LA CITÉ INTERNATIONALE

Théâtre, spectacles de marionnettes,   Q/P : 7/10 •ASSORTIMENT : 7/10
concerts, ballets   **+** : Politique d'ouverture au public

•21, bd Jourdan — 75014 Paris •Tél. : 0143135050 • Fax : 0145809190 •Horaires : lun.-ven. 10h-13h, 14h-19h •Métro : RER B Cité-Universitaire •Bus : 21, 67, PC

Situé dans l'enceinte de la Cité universitaire, ce théâtre pratique une très large politique d'ouverture en proposant au public d'assister à des répétitions ou à des lectures, en organisant des rencontres-débats avec les metteurs en scène ou bien encore en donnant carte blanche à des comédiens qui organisent une soirée-lecture comme ils le désirent (entrée libre). Lettre d'information ("Public, cher public"); aussi bien du théâtre que des concerts ou des chorégraphies. Bar ouvert 1h avant et après chaque spectacle. Prix des places 80 ou 110 F, 55 F pour les moins de 26 ans. Le lundi, 55 ou 80 F. Abonnement 4 spectacles 280 F, 15 spectacles 500 F. Accès handicapés.

PARIS 16ᵉ

CINÉMATHÈQUE FRANÇAISE

Cinémathèque, projections de films   Q/P : 8/10 •ASSORTIMENT : 9/10
                                             + : Programmation variée

•4, rue de Longchamp — 75116 Paris •Tél. : 0156260101 •Horaires : lun.-dim. 12h-21h30 •Métro : Iéna •Bus : 32, 63

Une véritable caverne d'Ali Baba pour les amoureux du cinéma français et international. La programmation est très variée (classiques français, films asiatiques, africains...) et quelquefois débat organisé avec le réalisateur, des professionnels du cinéma, des critiques... Les projections n'ont pas toujours lieu au même endroit, il vaut mieux téléphoner. Séances pour enfants le mercredi. Place 30 F, 25 F tarif réduit étudiants ou abonnés (carte 20 F).

THÉÂTRE DE CHAILLOT

Théâtre   Q/P : 6/10 •ASSORTIMENT : 9/10
                  + : Programmation variée

•1, place du Trocadéro — 75016 Paris •Tél. : 0147278115 •Horaires : lun.-sam. 9h-19h •Métro : Trocadéro •Bus : 22, 32, 63

Ce théâtre bénéficie d'un équipement moderne (écran individuel avec traduction simultanée pour les étrangers, système adapté pour personnes handicapées). Programmation variée (répertoire classique, comédies musicales, spectacles comiques…). Places plutôt chères (de 160 à 230 F pour un ballet de Béjart), mais de nombreuses réductions accordées aux jeunes et aux étudiants, surtout si la place est prise le jour de la représentation (à partir de 80 F la place). Informations 24h/24h au 0147272627.

PARIS 18e

LE BAL DU MOULIN ROUGE

Spectacle, music-hall, revue dansante   Q/P : 6/10 •ASSORTIMENT : 6/10
                                                ✚ : 3 formules d'entrée

•82, bd Clichy — 75018 Paris •Tél. : 0153098282 •Fax : 0142233020 •Horaires : lun.-dim. 9h-6h •Métro : Blanche •Bus : 30, 54, 68, 74

Depuis 1889, la scène du Moulin Rouge a accueilli les plus prestigieux artistes (Mistinguette, Édith Piaf, Yves Montand, Elton John…) et continue de le faire. Dernièrement au programme, la revue Formidable pour le célèbre french cancan. 3 formules permettant d'assister à la totalité ou à une partie seulement du spectacle : le "dîner-revue" à 19h à partir de 750 F/pers., la "revue champagne" à 21h à 510 F/pers. et la "revue champagne" à 23h à 450 F/pers.

PARIS 19e

CITÉ DE LA MUSIQUE

Salle de concert, musée de la Musique   Q/P : 10/10 •ASSORTIMENT : 8/10
                                                ✚ : Concerts et conférences gratuits

•221, av. Jean-Jaurès — 75019 Paris •Tél. : 0144844484 •Métro : Porte-de-Pantin •Bus : 75, PC •Internet : http://www. cite-musique. fr

La Cité de la Musique comprend la salle des concerts (où ont lieu toutes les semaines des concerts gratuits), le Musée de la Musique, l'amphithéâtre (conférences publiques et gratuites), le Centre de recherche et de documentation (véritable mine de renseignements pour des recherches concernant la musique), le Centre d'information musique et danse (inscriptions à des cours, billets pour spectacles, location de salles…), et enfin la librairie-boutique et le Café de la Musique à l'ambiance si chaleureuse. 3615 CITE MUSIQUE (1,29 F/min).

GLAZ'ART

Café, concerts, expositions, théâtre,   Q/P : 7/10 •ASSORTIMENT : 9/10
comédie musicale   ✚ : Animations

•7-15, av. de la Porte-de-la-Villette — 75019 Paris •Tél. : 0140365565 •Horaires : jeu.-ven. 20h-2h, sam. 22h-5h •Métro : Porte-de-la-Villette •Bus : PC

Derrière une devanture peu engageante, ce bâtiment adossé à un supermarché Casino cache un espace multiculturel, et du jeudi au samedi se succèdent au gré des programmations, expositions d'art, concerts divers (rock, salsa…), bals musette (tous les samedis), comédies musicales et pièces de théâtre. Le lieu est convivial malgré le décor design un peu froid (tables basses et fauteuils en cuir). Conso. à partir de 35 F. Il se passe toujours quelque chose, surveillez bien la programmation.

LA GÉODE

Cinéma   Q/P : 7/10 •ASSORTIMENT : 8/10
                                                ✚ : Écran hémisphérique

•Cité des Sciences et de l'Industrie — Parc de la Villette — 26, av. Corentin-Cariou — 75019 Paris •Tél. : 0140051212 •Fax : 0140058190 •Horaires : mar.-dim. 10h-21h •Métro : Porte-de-la-Villette •Bus : PC

Des concerts live, la conquête de l'espace, les effets spéciaux de la Guerre des Étoiles, les documentaires sous-marins, vivez tout comme si vous y étiez. Vous vous retrouvez au cœur du film grâce à l'écran hémisphérique de la Géode. Séance toutes les heures, entrée à 57 F, tarif réduit à 45 F. Tous les programmes sur le service Minitel 3615 VIL-LETTE (1,29 F/min).

LE CINAXE

Cinéma Q/P : 8/10 • ASSORTMENT : 7/10
✦ : Cinéma très réaliste

•Cité des Sciences et de l'Industrie — Parc de la Villette — 26, av. Corentin-Cariou — 75019 Paris •Tél. : 0140051212 •Horaires : mar.-dim. 11h-18h •Métro : Porte-de-la-Villette •Bus : PC

Pénétrez en plein cœur de l'action du film dans une cabine de 60 places qui se déplace et oscille en fonction des images projetées. Renversant! Séance tous les quarts d'heure. Le tarif de la place est de 33 F, tarif réduit à 29 F (moins de 25 ans). L'accès est interdit aux moins de 4 ans. Tous les programmes sur le service Minitel 3615 VIL-LETTE (1,29 F/min).

THÉÂTRE PARIS-VILLETTE

Théâtre, spectacles Q/P : 6/10 • ASSORTMENT : 7/10
✦ : Programmation création contemporaine

•211, av. Jean-Jaurès — 75019 Paris •Tél. : 0142030255 • Fax : 0142024370 •Horaires : mar.-ven. 10h-18h, sam. 15h-18h •Métro : Porte-de-Pantin •Bus : 75, PC

Une programmation qui a pour but de promouvoir la création contemporaine et de faire découvrir les auteurs contemporains français. Pour la saison 1998-1999, pas de cérémonie annuelle présentant la programmation à venir : chaque spectacle proposera sa propre "présentation de saison", environ 5 semaines avant la date de la première. Les tarifs restent les mêmes : 135 F en tarif plein, 95 F le mercredi, carte Vermeil, groupe de 10 personnes, et 65 F pour les habitants du XIXe, les chômeurs et les moins de 26 ans.

NANTERRE 92

THÉÂTRE DES AMANDIERS

Théâtre, spectacles, opéras Q/P : 6/10 • ASSORTMENT : 6/10
✦ : Opéras contemporains de grande qualité

•7, av. Pablo-Picasso — 92022 Nanterre CEDEX •Tél. : 0146147000 •Horaires : mar.-sam. 12h-19h •Métro : RER A Nanterre-Préfecture •Bus : navette gratuite

Sous la direction de Jean-Pierre Vincent, le Théâtre des Amandiers accueille chaque année des mises en scène très diverses de textes de toutes époques : Marivaux, Shakespeare, Jacques Rebotier, Jean Genet... et aussi des opéras contemporains mis en scène par Boulez, Luciano Berio et Ingrid von Wantoch, Rekowski et bien d'autres encore. Les places sont à 140 F (plein tarif), 110 F (carte Vermeil et le jeudi) et 80 F (moins de 25 ans, chômeurs, Nanterrois). Prix doux au bar-restaurant du théâtre, et en plus c'est bon!

SAINT-DENIS 93

THÉÂTRE GÉRARD-PHILIPE

Théâtre, spectacles Q/P : 9/10 • ASSORTMENT : 9/10
✦ : Prix bas, ouvert toute l'année

•59, bd Jules-Guesde — 93207 St-Denis CEDEX 01 •Tél. : 0148137000 • Fax : 0142430337 •Horaires : lun.-sam. 11h-19h (locations) •Métro : St-Denis-Basilique •Bus : 255

Depuis le début de l'année, ce théâtre pratique une nouvelle politique tarifaire. Pour rendre l'accès au théâtre plus facile et plus juste, le système d'exonération a été entièrement supprimé et des spectacles sont programmés toute l'année, même pendant les vacances d'été. 50 F la place, 200 F les 10, et pour les Dyonisiens, 200 F le laissez-passer donnant accès à tous les spectacles (une vingtaine). À ne pas rater, 2 festivals : Enfantillages (pour les grands et les petits) et Africolor (concerts de musique africaine à Noël et en juillet). Un dimanche par mois, après-midi de rencontre avec le public et les Dyonisiens

Vacances, voyages

Le moins cher des voyages et des vacances

Pour tous ceux qui apprécient les séjours organisés en clubs et les circuits touristiques de groupe, les meilleurs rapports qualité-prix sont fournis par les organismes les plus importants (Club Med-Aquarius, Havas Voyages, Fram, Forum Voyages). Pour les routards décidés à se débrouiller seuls, les meilleurs tarifs pour les vols secs sont proposés par les services Minitel les plus réputés (Dégrif'Tour et Traveltour), à condition d'avoir des créneaux de départ larges et d'être ouvert à plusieurs destinations. Enfin, pour ceux qui privilégient un voyage de qualité, encadré mais loin du tourisme de masse, en respect du pays visité et de ses habitants, mieux vaut s'adresser à des agences spécialisées (Explorator, Esprit d'Aventure).

- CLUB MED VOYAGES — AQUARIUS : 3615 CLUB MED (2,23 F/min) — Tél. : 0801802803
- HAVAS VOYAGES : 3615 HAVAS VOYAGES (2,23 F/min) — Tél. : 0141064106
- FORUM VOYAGES : 3615 FV (2,23 F/min) — Tél. : 0153057172
- FRAM : 128, rue de Rivoli — 75001 Paris — Tél. : 0140263031
- DÉGRIF'TOUR : 3615 DT (2,23 F/min) — Tél. : 0134467000
- TRAVELTOUR : 3615 TT (2,23 F/min) — Tél. : 0836696699
- EXPLORATOR : 16, rue de la Banque — 75002 Paris — Tél. : 0153458585
- ESPRIT D'AVENTURE : 12, rue St-Victor — 75005 Paris — Tél. : 0153737777

AQUILA VOYAGES

Voyages, séjours organisés

Q/P : 6/10 •ASSORTIMENT : 7/10
✚ : Accueil, écoute

•21, bd Sébastopol — 75001 Paris •Tél. : 0142332166 •Horaires : lun.-ven. 9h-19h, sam. 11h-19h •Métro : Châtelet •Bus : 47, 58, 70, 75, 76, 81

Cette agence se positionne bien parmi les généralistes du voyage grâce à son accueil et au suivi personnalisé et sérieux de chaque client. Ici, on prend en compte vos désirs et votre budget pour vous proposer les séjours organisés vous correspondant le mieux. Séjour au Kenya, une semaine en hôtel ***, vol A/R à 3990 F, séjour plongée en mer Rouge, 7 jours en hôtel ****, vol A/R pour 3190 F. Plus de 10 catalogues disponibles sur place. Bon prix sur les vols secs, A/R New York à 2180 F.

BUREAU DES VOYAGES DE LA JEUNESSE

Séjours, croisières, week-ends à prix réduits

Q/P : 9/10 •ASSORTIMENT : 4/10
✚ : Prix bas des séjours
━ : Seulement 12 destinations

•20, rue Jean-Jacques-Rousseau — 75001 Paris •Tél. : 0142368818 • Fax : 0142334053 •Horaires : lun.-sam. 10h-19h •Métro : Louvre-Rivoli •Bus : 21, 38, 65

Seulement une douzaine de destinations proposées mais à des prix très attractifs : une semaine à Ibiza en hôtel *** PC 2280 F, une semaine en Grèce en club à 2470 F, week-end de 2 nuits à Londres, Amsterdam à partir de 750 F. L'adhésion BVJ vous coûtera 200 F. Inscriptions au 0153909090 ou par Minitel 3615 BVJ (2,23 F/min.).

COUNCIL TRAVEL

Voyages, séjours, circuits organisés en Amérique du Nord

Q/P : 7/10 •ASSORTIMENT : 6/10
✚ : États-Unis, circuits organisés

•22, rue des Pyramides — 75001 Paris •Tél. : 0144555544 •Horaires : lun.-ven. 9h30-19h, sam. 10h-18h •Métro : Pyramides •Bus : 68

•1, place de l'Odéon — 75006 Paris •Tél. : 0144418980 • Fax : 0140518912 •Horaires : lun.-ven. 9h30-19h, sam. 10h-18h •Métro : Odéon •Bus : 63, 86, 87

•16, rue de Vaugirard — 75006 Paris •Tél. : 0144418989 •Horaires : lun.-ven. 9h30-19h, sam. 10h-18h •Métro : Luxembourg •Bus : 38, 84, 89

50 agences implantées Outre-Atlantique. Le spécialiste du continent nord-américain s'adresse à tous les publics. Au départ de Paris, plus de 300 destinations pour les États-Unis et le Canada avec United Airlines, TWA, US Airways... (Los Angeles A/R à 2505 F, Washington à 2185 F). Voyage à la carte ou circuits organisés, vous serez bien conseillé (nombreuses formules, hôtel, minibus, location de voitures, parcs nationaux) et des réductions importantes vous seront accordées si vous êtes étudiant. Mais Council est avant tout un organisme international d'échanges en matière d'éducation (Council on International Educational Exchange). Chaque année, plus de 20000 étudiants et jeunes diplômés utilisent ses services pour partir étudier, faire un stage ou travailler à l'étranger : séjour en université aux États-Unis et au Canada, formule de 8 semaines comprenant 1 mois de stage et 1 mois de formation et cours de langues pour 17000 F (hébergement, nourriture et cours). Minitel 3615 Council (2,23 F/min).

EF LANGUES

Voyages et cours de langues à l'étranger   Q/P : 6/10 •ASSORTIMENT : 7/10
✚ : Ambiance cosmopolite et sympathique

•4, rue Duphot — 75001 Paris •Tél. : 0142614926 • Fax : 0142860991 •Horaires : lun.-ven. 9h-19h, sam. 9h-18h (sur RDV) •Métro : Concorde •Bus : 42, 52, 72 •Internet : http://www. ef. com

Quelles que soient vos raisons d'améliorer vos aptitudes linguistiques, EF peut vous offrir un cours qui répond parfaitement à vos objectifs. Avec 8 niveaux de compétence, les cours s'adressent aussi bien aux débutants qu'aux personnes de niveau courant. La durée des stages varie de 2 semaines à 1 an. EF vous propose d'étudier l'anglais aux États-Unis, en Angleterre, en Irlande, au Canada, en Nouvelle-Zélande ou à Malte, l'espagnol en Espagne, l'italien en Italie, le russe en Russie et l'allemand en Allemagne. 25 écoles vous accueillent pour diverses formules de stages ou pour une préparation efficace aux examens internationaux (TOEFL, Cambridge, Goethe...). Pour bénéficier des autres services EF — organisation du voyage, vols et transferts à prix préférentiels, large choix d'hébergements, familles d'accueil, campus, résidence, hôtels... —, composez 0800026971.

LOOK VOYAGES

Voyages, séjours, circuits à prix réduits   Q/P : 8/10 •ASSORTIMENT : 9/10
✚ : Choix et tarifs avantageux

•8, rue Villedo — 75001 Paris •Tél. : 0153431313 •Horaires : lun.-sam. 9h-19h30 •Métro : Pyramides •Bus : 48, 95

Une référence en matière de voyages, vols secs, séjours et circuits organisés. Plus de 400 destinations desservies, à des prix avantageux : pour moins de 999 F, Ajaccio, Ibiza, Rome; de 1000 F à 1199 F, Athènes, Tunis, Porto. Large catalogue de séjours organisés dans son propre réseau de villages-clubs (les villages Lookéas, disposant de nombreux équipements sportifs et d'une animation variée) ou en hôtels (séjour 7 nuits à Ibiza tout compris à 2050 F). Circuits accompagnés aux quatre coins de la planète (le Grand Sud marocain, circuits de 10 jours tout compris 3890 F). De nombreuses agences parisiennes proposent les services de Look Voyages. 3 serveurs Minitel à votre disposition : 3615 LOOK VOYAGES pour les réservations, 3615 LOOK PROMO pour les départs de dernière minute à prix sacrifiés, et 3615 LOOK INFOS pour le détail des séjours (2,23 F/min).

UCPA

Séjours organisés, linguistiques, sport, aventure, nature   Q/P : 8/10 •ASSORTIMENT : 6/10
✚ : Séjours sportifs et ambiance conviviale

•28, bd de Sébastopol — 75001 Paris •Tél. : 0143360520 • Fax : 0145874799 •Horaires : lun.-sam. 10h-19h •Métro : Châtelet-Les Halles •Bus : 58, 70, 75, 76, 81

•62, rue de la Glacière — 75013 Paris •Tél. : 0145874936 • Fax : 0145874936 •Horaires : lun.-ven. 9h-20h, sam. 9h-19h •Métro : Glacière •Bus : 21, 62

Avec ses 3 formules, Sport Passion (séance tous les jours, deux fois par jour), Sport Détente (séances à la carte) et Sport Aventure (découverte d'une région à travers les activités sportives), l'UCPA propose tous les sports (randonnée, ski, VTT, alpinisme, kayak, rafting…). Stages adaptés à tous les âges et tous les niveaux (France et quelques pays étrangers) : séjour de surf 7 jours aux Canaries tout compris 3920 F, séjour randonnée en Corse de 15 jours pour les 11-14 ans 5320 F. L'UCPA accueille aussi les comités d'entreprise, les séjours scolaires, les clubs sportifs et les étudiants à des prix préférentiels. Minitel 3615 UCPA (1,29 F/min).

EXPLORATOR

Randonnée et exploration en Afrique,   Q/P : 6/10 •ASSORTIMENT : 9/10
Asie et Moyen-Orient   ✚   : Accès naturel et privilégié aux sites

•16, rue de la Banque — 75002 Paris •Tél. : 0153458585 • Fax : 0142608000 •Horaires : lun.-ven. 9h-18h30, sam. 10h-13h, 14h-18h •Métro : Bourse •Bus : 29 •Internet : http://www. explo. com

Loin des autoroutes et des faux-semblants du tourisme de masse, des voyages organisés en petits groupes (6 à 12 pers.), guidés par de vrais professionnels, sur des itinéraires reconnus et balisés, ce qui vous permet d'avoir un accès privilégié aux grands sites du Sahara, de l'Afrique de l'Ouest, du Moyen-Orient et de l'Amérique du Nord. Tous modes de transport utilisés (pirogue, 4x4, marche à pied…) et le logement varient selon le type de séjour (auberges locales, bivouac…). Les prix pratiqués sont par exemple, pour un circuit de 12 jours au Mali de Bamako à Tombouctou, le long du fleuve Niger : 13 700 F. Minitel 3615 Explo (2,33 F/min).

Comptoir

Une enseigne qui privilégie le voyage authentique en petit groupe dans le respect du pays, de ses habitants et de la nature. Voyages à la carte : vous partez avec qui vous voulez et concevez votre propre voyage à partir des nombreux itinéraires proposés. Circuits en randonnées pédestres, à dos de chameau, en véhicules 4x4 ou autres. Hébergement dans des lieux de charme, auberges conviviales, lodges, chez l'habitant ou en bivouacs. La préférence est toujours donnée à la chaleur de l'accueil ou à la beauté d'un site plutôt qu'à un confort aseptisé. Itinéraires adaptés à chaque groupe, et l'encadrement, la logistique et la connaissance du terrain sont irréprochables. Chaque agence est spécialisée pour un type de destinations. Comptoir des Déserts : 8 jours dans le désert marocain, circuit des citadelles du désert 5600 F, et désert de Lybie pendant 9 jours 7800 F. Comptoir des Amériques, séjours centrés autour d'une ville ou itinérants : circuit Los Angeles-San Francisco en Harley-Davidson, location moto et hébergement à partir de 495 F par jour.

• *COMPTOIR DES DÉSERTS* : 23, rue du Pont-Neuf — 75001 Paris — Tél. : 0140261940
• *COMPTOIR D'AFRIQUE* : 23, rue du Pont-Neuf — 75001 Paris — Tél. : 0142214689
• *COMPTOIR DES AMÉRIQUES* : 23, rue du Pont-Neuf — 75001 Paris — Tél. : 0140262071
• *COMPTOIR DU MAROC* : 23, rue du Pont-Neuf — 75001 Paris — Tél. : 0140261940
• *COMPTOIR D'ISLANDE* : 8, bd Pasteur — 75015 Paris — Tél. : 0145679934
• *COMPTOIR*, Serveur Minitel : 3615 COMPTOIRS (2,23 F/min)

INKATOUR

Séjours et voyages, spécialiste   Q/P : 7/10 •ASSORTIMENT : 6/10
Amérique latine   ✚   : Accueil, conseils sur l'Amérique latine

•32, rue d'Argout — 75002 Paris •Tél. : 0140260754 • Fax : 0140264850 •Horaires : lun.-ven. 9h-20h •Métro : Sentier •Bus : 29, 48 •Internet : http://www. inkatour. cli. fr •e-mail : info@inkatour. cli. fr

On vous accueillera en français, en anglais et en espagnol. De nombreux vols secs à des tarifs avantageux sur l'Amérique latine, mais aussi sur d'autres destinations (États-Unis, Canada…). Quelques formules de séjours organisés. Vols réguliers et charters sur compagnies américaines et sud-américaines : Paris-Lima A/R à 3600 F, Paris-Buenos Aires A/R à 3700 F. Accès à l'agence au deuxième étage du bâtiment.

USIT VOYAGES

Voyages, séjours organisés, étudiants, enseignants

Q/P : 7/10 •ASSORTIMENT : 6/10
✚ : Séjours en universités

•12, rue Vivienne — 75002 Paris •Tél. : 0144533260 •Horaires : lun.-ven. 10h-19h •Métro : Bourse •Bus : 29

•85, bd St-Michel — 75005 Paris •Tél. : 0143296950 •Horaires : lun.-ven. 10h-19h •Métro : St-Michel •Bus : 21, 38, 96

•37 bis, rue Liné — 75005 Paris •Tél. : 0144087120 •Horaires : lun.-ven. 10h-19h •Métro : Jussieu •Bus : 67, 89

•6, rue de Vaugirard — 75006 Paris •Tél. : 0142345690 •Horaires : lun.-ven. 10h-19h •Métro : RER B Luxembourg •Bus : 38, 84, 89

Spécialiste des séjours en universités pour étudiants, lycéens et enseignants (nombreux choix de logements et cours sur des campus en Angleterre et aux États-Unis). Aussi agence généraliste. Séjours de ski (pour étudiants 1 semaine aux Arcs tout compris, voyage, logement, matériel, forfait à 1 490 F), vols secs et billets de train (Paris-Londres A/R en Eurostar à 480 F), ainsi qu'un grand choix de destinations sur l'Italie et l'Espagne.

VOYAGEURS DU MONDE

Voyages, séjours organisés

Q/P : 7/10 •ASSORTIMENT : 9/10
✚ : Préparation et organisation des séjours

•55, rue Ste-Anne — 75002 Paris •Tél. : 0142861600 • Fax : 0142861788 •Horaires : lun.-ven. 10h-19h (accueil tel. dès 9 h), sam. 9h-19h •Métro : Quatre-Septembre, Pyramides •Bus : 68, 69 •Internet : http://www. vdm. com

Un choix immense de destinations (Afrique, Asie du Sud-Est, Amérique, Europe, Caraïbes, Antilles...) et des formules de voyage vraiment nombreuses. Pour les voyages en individuel, 3 formules : le voyage à la carte (composez vous-même votre menu, vols internationaux, transferts, mode d'hébergement, location de véhicules...), l'itinéraire en individuel (menu équilibré et adapté qui reste modifiable) et le vol simple (prix compétitifs et astuces pour obtenir le meilleur tarif). Pour les voyages en circuit, 2 formules : le circuit (itinéraires conçus par des spécialistes) et le groupe constitué (circuit sur mesure pour un groupe d'amis) de 2 à 100 pers. À la Cité des Voyages (53, rue Ste-Anne), des conférences, chaque fois consacrées à une destination, animées par des guides-accompagnateurs et suivies d'un dîner-dégustation de spécialités locales. Un excellent moyen de préparer votre voyage. Enfin, au 51 bis, rue Ste-Anne, le restaurant vous accueille pour déjeuner. Chaque jour, d'authentiques spécialités d'une cuisine étrangère.

OTU VOYAGES

Voyages et séjours organisés pour étudiants

Q/P : 8/10 •ASSORTIMENT : 8/10
✚ : Prix bas
━ : Réservé aux étudiants

•119, rue St-Martin — 75004 Paris •Tél. : 0140291212 •Horaires : lun.-ven. 10h-13h, 14h-18h45, sam. 10h-13h, 14h-17h45 •Métro : Les Halles •Bus : 58, 70, 75, 76, 81

•89, av. Georges-Bernanos — 75005 Paris •Tél. : 0144413850 •Horaires : lun. 11h-18h45, mar.-ven. 10h-18h45 •Métro : Port-Royal •Bus : 38

•2, rue Malus — 75005 Paris •Tél. : 0144413850 •Horaires : lun.-ven. 10h-13h, 14h-18h45 •Métro : Place-Monge •Bus : 47, 89

•Université Paris IX — 1, place du Maréchal-de-Lattre-de-Tassigny — 75016 Paris •Tél. : 0143368027 •Horaires : lun.-ven. 10h-13h, 14h-18h45 •Métro : Porte-Dauphine •Bus : PC

Réservé aux titulaires de la carte internationale étudiante, large gamme de séjours et de voyages vraiment adaptés aux petits budgets. Circuit de 9 jours à travers le Maroc, hébergement en pension complète, assurance, vol A/R pour 2490 F, Paris-Londres en Eurostar A/R à partir de 480 F, vols réguliers au départ de Paris : Londres 600 F, Madrid 800 F, Montréal 2060 F. Location de voiture (3 jours 459 F), crédits...

REMPART

Chantiers de bénévoles en France et à l'étranger

Q/P : 6/10 •ASSORTIMENT : 6/10
✚ : Expérience enrichissante

•1, rue des Guillemites — 75004 Paris •Tél. : 0142719655 • Fax : 0142717300 •Horaires : lun.-ven. 9h15-18h •Métro : Hôtel-de-Ville •Bus : 47, 72, 96

Union de 150 associations de défense du patrimoine. La plupart d'entre elles organisent des chantiers bénévoles et des stages de formation. À partir de 14 ans, suivant les chantiers proposés, participez à la restauration et à la réhabilitation de sites protégés. Pour les plus de 18 ans, possibilité de participer à des stages (monuments historiques, pédagogie, BAFA) payants (environ 2000 F). Frais de déplacement et de logement sur les chantiers à votre charge, mais vous bénéficiez de prix réduits pour le logement et les repas. 3 semaines en Hongrie : 750 F.

Nouvelles Frontières

Cette institution du voyage bénéficie de son expérience pour vous proposer une large gamme de formules de voyages : séjours (dans les Paladiens : clubs de vacances NF très bien équipés ou en hôtels), croisières (paquebots ou voiliers), circuits ("initiative et découverte" ou "aventure"), week-ends organisés et formules "plaisirs à la carte" permettant de combiner en toute liberté vols, nuits d'hôtel, excursions, mini-circuits, locations de voiture (société de NF, Pop's Car pratique des tarifs avantageux). Tout au long de l'année, NF offre promotions et bonnes affaires (10 jours à l'hôtel, PC, en Grèce et voyage A/R pour 2750 F, vol A/R Paris-Dakar à 2090 F, Paris-Los Angeles à 2290 F). Autres services : voyages professionnels et stages de langues, réservation de devises, conseils concernant toutes les formalités, visas, vaccins...

• *NOUVELLES FRONTIÈRES*, 37 agences en R.P. — Tél. : 0803333333

Serveur Minitel : 3615 NF (1,29 F/min) — Internet : http://www. nouvelles-frontieres. fr

AÉROMARINE

Voyages, séjours organisés, plongée sous-marine

Q/P : 8/10 •ASSORTIMENT : 6/10
✚ : Séjour plongée aux Antilles

•22, imp. Royer-Collard — 75005 Paris •Tél. : 0143293022 • Fax : 0146341697 •Horaires : lun.-jeu. 9h30-19h, ven. 9h30-18h30, sam. 9h30-12h •Métro : RER B Luxembourg •Bus : 21, 38

Toutes les mers et les océans du monde vous attendent avec votre combinaison, vos palmes et votre masque. Agence de voyages généraliste, de bons prix sur les vols secs, quelques promotions réservées aux étudiants. Ses services particulièrement remarquables en matière de séjours organisés de plongée. La mer Rouge, les Caraïbes, l'océan Indien, et des formules vraiment avantageuses pour les Antilles (9 jours, 14 plongées, vol A/R, pension complète en Martinique à partir de 5000 F). Depuis 15 ans, l'agence travaille avec les clubs de plongée locaux de plus de 30 sites de plongée.

ESPRIT D'AVENTURE

Voyages et circuits de randonnée

Q/P : 6/10 •ASSORTIMENT : 7/10
✚ : Pour randonneurs de tous niveaux

•12, rue St-Victor — 75005 Paris •Tél. : 0153737777 • Fax : 0143299631 •Horaires : lun.-ven. 10h-19h, sam. 10h-16h •Métro : Maubert-Mutualité •Bus : 47, 63, 86, 87 •Internet : http://www. terdav. com

Pour des randonnées familiales en France (plus de 50 itinéraires dans les Vosges, le Jura, les Pyrénées...) ou des marches soutenues dans des conditions extrêmes (désert, haute montagne...), un choix varié de voyages et de circuits pédestres. Maroc 8 jours de marche dans l'Atlas, vol et hébergement (bivouacs, auberges...) à partir de 5000 F. Minitel 3615 ESPRITDAV (2,23 F/min).

EUROLINES

Voyages en bus, vols secs sur l'Europe Q/P : 8/10 •ASSORTIMENT : 6/10
✚ : Tarifs autocars sur l'Europe

•55, rue St-Jacques — 75005 Paris •Tél. : 0143541199 • Fax : 0143548058 •Horaires : lun. 9h-13h, 14h-18h, mar.-ven. 9h-19h, sam. 9h-18h •Métro : Cluny-Sorbonne •Bus : 38, 86, 87

Principalement destinée aux jeunes qui veulent voyager en Europe à moindre coût, cette agence offre néanmoins à tous la possibilité de rejoindre la plupart des capitales européennes avec ses nombreux autocars, en payant moins cher que par l'avion ou le train. A/R Paris-Londres 390 F, Paris-Amsterdam à 590 F, Bruxelles, Prague... Réductions sur une sélection de vols secs. Tarifs particulièrement avantageux pour les étudiants, les moins de 26 ans et les plus de 60 ans.

GRAND NORD GRAND LARGE

Voyages extrêmes dans les régions polaires Q/P : 5/10 •ASSORTIMENT : 8/10
✚ : Destinations originales
━ : Prix élevés

•15, rue du Cardinal-Lemoine — 75005 Paris •Tél. : 0140460514 • Fax : 0143267320 •Horaires : lun. 14h-18h, mar.-ven. 10h-19h, sam. 10h-12h30 •Métro : Cardinal-Lemoine •Bus : 47, 89

Spécialiste des régions polaires et des randonnées en kayak, cette agence vous propose de découvrir des régions sauvages et méconnues (Québec, Labrador, Alaska, pôle Nord, mers australes, Groënland). En groupes de 6 à 12 pers., découverte du Spitzberg pendant 7 jours en kayak et randonnée à pied : 9800 F tout compris. Raid polaire en moto-neige de 9 jours à 12000 F.

JV

Séjours en hôtel, circuits, autotours, itinéraires, croisières Q/P : 8/10 •ASSORTIMENT : 6/10
✚ : Formule locative

•54, rue des Écoles — 75005 Paris •Tél. : 0143355555 •Horaires : lun.-ven. 9h-20h, sam. 9h-19h •Métro : Maubert-Mutualité, Cluny-Sorbonne •Bus : 38, 63, 86, 87

•15, rue de l'Aude — 75014 Paris •Tél. : 0143355555 •Horaires : lun.-ven. 9h-20h, sam. 9h-19h •Métro : Alésia •Bus : 62

L'avion, le séjour, la voiture : économisez en commandant tout chez JV. Son propre réseau de points de vente en France assure des tarifs nets de commission d'agence (remises de 10 à 50 %, nombreuses offres spéciales pour départs immédiats). La formule locative est la plus intéressante (par exemple bungalow de luxe en Martinique pour 4 pers. à 1500 F/semaine), tous les logements loués meublés et équipés, pour un couple ou pour plusieurs familles du bungalow à la villa, le choix est vaste. Spécialisé dans les destinations tropicales et les îles (Antilles, La Réunion, île Maurice). Si vous souhaitez d'autres formules de séjour que la location, séjours en hôtels et hôtels-clubs, circuits, croisières... 3615 JV DIRECT (2,23 F/min).

TERRES D'AVENTURE

Circuits organisés, voyages, randonnées, trekking Q/P : 8/10 •ASSORTIMENT : 8/10
✚ : Choix de destinations et logistique

•6, rue St-Victor — 75005 Paris •Tél. : 0153737777 • Fax : 0143299631 •Horaires : lun.-sam. 10h-19h •Métro : Cardinal-Lemoine •Bus : 47, 63, 86, 87 •Internet : http://www. terdav. com

Avec la passion du voyage à pied, l'expérience du terrain et la compétence professionnelle, l'équipe de Terres d'Aventure a tracé sur le terrain les parcours les plus beaux et les plus surprenants, des itinéraires sans cesse renouvelés garantissant des voyages hors des sentiers battus avec un soutien logistique à toute épreuve. Vous pouvez vous informer sur un voyage, ses charmes comme ses difficultés éventuelles lors de réunions de préparation organisées à l'agence. Prix compétitifs pour ce genre de voyages, trekking de 15 jours île de Pâques tout compris 19000 F, 15 jours de randonnée dans les montagnes crétoises à 8950 F tout compris. 3615 TERDAV (2,23 F/min).

WERI-PIONNEER VOYAGES

Week-ends, circuits en autocar Q/P : 9/10 •ASSORTIMENT : 6/10
✚ : Week-ends à prix réduits

•27, rue Gay-Lussac — 75005 Paris •Tél. : 0143297275 • Fax : 0143268495 •Horaires : lun.-ven. 10h-19h, sam. 14h-17h •Métro : Censier-Daubenton, RER B Luxembourg •Bus : 21, 27, 38, 82, 84, 89

Toute l'année, des voyages (Amsterdam à 320 F, Londres à 380 F…) en car, des séjours de courte durée aux quatre coins de Europe, et des visites d'une journée en France (Futuroscope, châteaux de la Loire, festivals d'été, Nice…). Choix entre plusieurs types de logements (hôtels, auberges de jeunesse…). Prix pratiqués très sympathiques, comme l'ambiance des voyages. Un week-end à Barcelone, voyage en car et 2 nuits d'hôtel 1050 F, Amsterdam, 2 jours, transport, une nuit en dortoir 450 F.

Vacances Carrefour

Vous trouverez ces agences dans la plupart des Carrefour de la région parisienne. Un grand choix de destinations sur la France (montagne, mer) et sur l'étranger, séjours en clubs, hôtels ou résidences. Par exemple un séjour de 7 jours à Marrakech en demi-pension avec le vol A/R vous coûtera 2850 F/pers., et pour un voyage organisé de 3 jours à l'Exposition universelle de Lisbonne (hôtel ***), comptez 3915 F/pers. À signaler, une unique et nouvelle agence sur Paris.

• VACANCES CARREFOUR : 126 bd St-Germain — 75006 Paris — Tél. : 0143293646

• 22 agences en R.P. — Tél. : 0803383838 — Minitel : 3615 Vacances Carrefour (1,29 F/min)

ASSINTER

Circuits culturels accompagnés de conférenciers Q/P : 6/10 •ASSORTIMENT : 7/10
✚ : Itinéraires culturels

•38, rue Madame — 75006 Paris •Tél. : 0145444587 • Fax : 0145441809 •Horaires : lun.-sam. 10h-13h 14h-18h30 •Métro : St-Sulpice •Bus : 86, 96

Voyages accompagnés ou individuels, des circuits culturels sur de nombreuses destinations (Moyen-Orient, Asie centrale, Asie du Sud-Est, Inde…). Route de la soie et comptoir des épices (Inde du Sud 20 jours, en groupe de 15 pers. : 19000 F, séjour de 7 nuits à Shangaï, pension complète et vol A/R : à partir de 4850 F). Organisation sur mesure d'un voyage selon l'itinéraire et les prestations de votre choix également possible.

CLUB DES QUATRE VENTS

Voyages, séjours organisés, culturels, linguistiques, sportifs Q/P : 7/10 •ASSORTIMENT : 7/10
✚ : Séjours sportifs juniors

•1, rue Gozlin — 75006 Paris •Tél. : 0143296020 • Fax : 0143290621 •Horaires : lun.-ven. 9h30-13h •Métro : St-Germain-des-Prés •Bus : 63

Une expérience de 46 ans dans l'organisation de séjours touristiques, culturels, linguistiques ou sportifs. Formules seniors et juniors : large éventail de possibilités de séjours à des prix très intéressants. Par exemple, séjour multi-sports, aventure en Espagne pour 11-14 ans (excursions, bivouacs, kayak, VTT…) de 2 semaines pour 5650 F tout compris; séjour linguistique pour adultes, 2 semaines à Berlin avec 15h de cours par semaine, logement en demi-pension à 5855 F. Séjours de ski, nautisme, vacances à thème, en France et à l'étranger… Quel que soit votre âge, vous devriez trouver une formule correspondant à vos envies et à votre portefeuille.

CLUB AVENTURE

Voyages, circuits, séjours organisés de randonnées Q/P : 6/10 •ASSORTIMENT : 8/10
✚ : Choix de destinations

•18, rue Séguier — 75006 Paris •Tél. : 0144320930 • Fax : 0144320959 •Horaires : lun.-ven. 9h30-18h30, sam. 14h-18h30 •Métro : St-Michel, Odéon •Bus : 38, 63, 86 •Internet : http://www. club-aventure. com

Pour fouler les chemins de l'aventure là où les autres ne vont pas, connaître l'ivresse des grands espaces et vous immerger dans une nature vierge et sauvage. Accompagnateurs choisis pour leur expérience du terrain et leur connaissance spécifique de l'itinéraire. Deux formules au choix : "voyage découverte" (tous les moyens de transport sont utilisés, 4x4, pirogues, felouks, chameaux et même éléphants), et "voyage trek" (trois niveaux de difficulté, assistance véhicule, hébergement en bivouacs ou en auberges locales). Circuit de 16 jours au Costa-Rica, pédestre, minibus, bateau pour 13950 F tout compris; raid "blanc" en traîneaux à chiens de 9 jours, 10790 F.

EURO PAIR

Voyages, jobs à l'étranger,   Q/P : 6/10 •ASSORTIMENT : 7/10
séjours au pair   ✦ : Expérience enrichissante

•13, rue Vavin — 75006 Paris •Tél. : 0143298001 • Fax : 0143298037 •Horaires : lun.-ven. 10h-13h, 14h-18h •Métro : Vavin •Bus : 58, 82

Vous avez plus de 18 ans et vous souhaitez améliorer vos connaissances linguistiques? Euro Pair vous propose des jobs (hôtellerie, restauration…) ou des placements au pair dans des familles, combinés avec des cours de la langue locale. Le choix de destinations est large, Angleterre, Écosse, Italie, Espagne, Pays-Bas, États-Unis, Suède et Grèce. L'argent de poche ou les rémunérations varient selon les pays (environ 1000 F par semaine).

CASH & GO

Voyages, vols secs   Q/P : 8/10 •ASSORTIMENT : 8/10
                                           ✦ : Prix réduits sur vols secs

•34, av. des Champs-Élysées — 75008 Paris •Tél. : 0153936363 • Fax : 0142896533 •Horaires : lun.-ven. 9h-19h, sam. 10h-18h •Métro : Georges-V •Bus : 32, 73

Plus de 800 destinations sur le monde entier. Sur charters ou vols réguliers, de nombreuses offres de dernière minute à prix très intéressants. Par exemple, vols A/R Paris-Montréal 1950 F, Paris-Sydney à 5190 F et Paris-Hong Kong à 2780 F. Vous pourrez également profiter de séjours organisés soldés de tour-opérateurs, sur le service Minitel 3615 CASHGO (2,23 F/min), et sur le serveur téléphonique au 0836685828 (2,23 F/min).

Vols secs en promotion

Les serveurs Minitel proposant leurs services en matière de voyages sont nombreux. Pour ceux qui recherchent uniquement un vol sec, les deux services les plus intéressants restent le 3615 DT (Dégrif'Tour) et le 3615 TT (TravelTour). Ils vous permettront de faire des économies de 5 à 25 % sur des billets d'avion, à condition d'être prêt à partir immédiatement.
• TRAVELTOUR : 3615 TT (2,23 F/min) — Tél. : 0134467000
• DÉGRIF'TOUR : 3615 DT (2,23 F/min) — Tél. : 0836696699

INSTITUT GÉOGRAPHIQUE NATIONAL

Cartes, plans et guides de randonnée   Q/P : 6/10 •ASSORTIMENT : 9/10
                                            ✦ : Choix de cartes

•107, rue de La Boétie — 75008 Paris •Tél. : 0143988000 • Fax : 0143988589 •Horaires : lun.-ven. 9h30-19h •Métro : Franklin-Roosevelt •Bus : 42, 80

L'endroit rêvé pour ceux qui envisagent leurs vacances uniquement en termes de randonnée, de sac à dos et de camping. 6 séries de cartes (19 à 56 F), des plus détaillées (série Top25 au 1/25 000e couvrant tout le territoire) aux cartes internationales (au 1/250 000e). L'institut édite également sa propre série de guides de randonnée (de 80 à 130 F), des topoguides qui référencent les itinéraires disponibles sur la France métropolitaine, mais également sur les Dom-Tom. Cartes spécialisées par thème : carte des golfs de France, La France par le train (réseaux SNCF), carte des canaux navigables… Grand choix de guides spécialisés pour les Franciliens : guide de Paris à pied, le Val d'Oise à pied, les Yvelines à pied. Des cartes détaillées de toutes les forêts autour de Paris : carte des circuits cyclo en Île-de-France... Une sélection d'accessoires pour randonneurs (boussoles, canifs...) et quelques idées cadeaux : mappemondes, cartes anciennes et posters.

NOUVELLES CROISIÈRES

Location de monocoques et catamarans pour croisières

Q/P : 6/10 •ASSORTIMENT : 7/10
+ : Croisières de rêve

•91, rue du Fg-St-Honoré — 75008 Paris •Tél. : 0144713615 • Fax : 0142661560 •Horaires : lun.-ven. 9h-19h •Métro : St-Philippe-du-Roule •Bus : 28, 32, 49

Connaissant parfaitement les bateaux et les zones de navigation, cette agence peut vous donner les meilleurs conseils pour l'organisation de votre croisière dans le cadre de votre budget. Location au mois de catamarans et de monocoques de diverses tailles (à partir de 6000 F jusqu'à 40000 F, selon les dates et la taille du bateau choisi). Assistance de personnel de bord, skipper, hôtesse et équipage complet. Les départs des croisières se font des Antilles, de Thaïlande, de Polynésie, des Seychelles, des Maldives, mais aussi de France (Côte d'Azur, Corse, Bretagne), d'Italie, d'Espagne et de Croatie. Caution de 10000 à 30000 F exigée.

STAR VOYAGE

Location de voiliers, organisation de croisières, Antilles, Polynésie

Q/P : 5/10 •ASSORTIMENT : 7/10
+ : Vacances paradisiaques
− : Budget important

•42, rue de Berri — 75008 Paris •Tél. : 0142561562 • Fax : 0142560017 •Horaires : lun.-ven. 9h30-18h, sam. 9h30-12h (prendre RDV par tel.) •Métro : George-V •Bus : 52, 83

Depuis plus de 20 ans, Star Voyage concilie le soleil, l'exotisme, la découverte et la liberté en vous proposant un choix de plus de 100 voiliers et bateaux à moteur (flotte moderne entretenue en permanence, louée avec ou sans équipage, de 6000 à 30000 F la semaine) au départ de nombreuses bases, Antilles (Martinique, Guadeloupe et St-Martin), Polynésie et Méditerranée. Service de réservation complet : avion, hôtel, location de voitures...

ASPECT

Stages à l'étranger, séjours linguistiques, universités étrangères

Q/P : 6/10 •ASSORTIMENT : 8/10
+ : Formations de haut niveau

•53, rue du Fg-Poissonnière — 75009 Paris •Tél. : 0148000600 • Fax : 0148000594 •Horaires : lun.-mer. et ven. 9h-13h, 14h-18h, jeu. 9h-13h, 14h-20h •Métro : Bonne-Nouvelle •Bus : 20, 39 •Internet : http://www. aspectworld. com •e-mail : 101575.2443@compuserve. com

Depuis plus de 15 ans, cet organisme international à vocation éducative organise des années scolaires à l'étranger pour les 15-18 ans, des programmes universitaires à partir de 18 ans et des cours de langues à partir de 16 ans (États-Unis, Angleterre...). Formules de séjours au pair, possibilités de stages dans l'hôtellerie et le tourisme aux États-Unis. Enseignement (préparation aux examens TOEFL, MBA...) et infrastructures de grande qualité. Les tarifs fixés par les établissements d'accueil, notamment par les universités américaines, sont au niveau des services proposés, comptez de 40000 à 50000 F pour 1 an sur un campus (vol A/R et cours compris). Pour certains de ces séjours, vous pouvez bénéficier d'une bourse (voir SERVICES).

BLUE LAGOON PLONGÉE

Séjours de plongée sous-marine

Q/P : 8/10 •ASSORTIMENT : 8/10
+ : Promotions de l'été

•81, rue St-Lazare — 75009 Paris •Tél. : 0142829540 • Fax : 0140230143 •Horaires : lun.-ven. 9h-19h, sam. 10h-18h •Métro : Cadet •Bus : 42, 43, 74

Depuis 10 ans, cette agence propose à tous les plongeurs voyages, séjours organisés et formations aux brevets PADI (norme américaine) et CMAS (norme française). En collaboration avec le Ken Club, Blue Lagoon Plongée vous permet d'accéder à une formation niveau 1 CMAS (3 cours de 2h à partir de 1500 F, matériel fourni, inscription à l'agence). Le catalogue des destinations est varié et les prix compétitifs (Maldives 10 j. de croisière, 13 plongées, vol A/R et pension complète pour 10550 F; Thaïlande 10 j. sur l'île Kho-Nang-Yuan, 2 plongées/jour, vol A/R et pension complète à partir de 9190 F).

GÎTES DE FRANCE

Gîtes ruraux, chambres et tables d'hôtes, campings à la ferme

Q/P : 8/10 •ASSORTIMENT : 7/10
✚ : Tarifs alléchants

•59, rue St-Lazare — 75009 Paris •Tél. : 0149707575 • Fax : 0142812353 •Horaires : lun.-ven. 9h-18h •Métro : Trinité •Bus : 53, 66

Cet organisme fédère en France 42000 gîtes ruraux, 19000 chambres et tables d'hôtes, et 1100 campings à la ferme. 7 formules d'hébergement : gîte rural pour toute la famille, chambre d'hôte chez l'habitant, camping sur aire naturelle, gîtes pour enfants et adolescents, chalets-loisirs et gîtes d'étapes pour sportifs, et gîtes "Panda" situés sur des parcs naturels. Près de 400 adresses en Île-de-France sur 5 départements. Tarifs alléchants : chambre d'hôte pour 2 à partir de 200 F la nuit, gîte pour 4-5 pers. à partir de 2500 F la semaine. Catalogues détaillant les offres par région à 30 F, catalogues nationaux (chambres et tables d'hôtes, nouveaux gîtes ruraux, guide des gîtes d'étapes...) de 78 à 138 F.

GOÉLANGUES

Séjours linguistiques étudiants et adultes

Q/P : 6/10 •ASSORTIMENT : 8/10
✚ : Formation à des diplômes officiels

•33, rue de Trévise — 75009 Paris •Tél. : 0145233939 • Fax : 0145233923 •Horaires : lun.-ven. 10h-18h, sam. sur RDV •Métro : Rue-Montmartre •Bus : 26, 32, 48 •Internet : http://www. goelangues. org •e-mail : goelangues@goelangues. org

Dans le cadre d'instituts ou d'universités, suivez des cours de langues en vous imprégnant réellement de l'esprit du pays. Tous les professeurs sont natifs du pays où vous étudiez, votre logement se fait en résidence, hôtel, campus universitaire ou chez l'habitant, ce qui vous garantit un contact de tous les jours avec la population locale. En Europe, Grande Bretagne, Irlande, Espagne, Allemagne... ou aux États-Unis, vous bénéficierez de tous les équipements offerts par les campus (surtout aux États-Unis où les campus sont de vraies petites villes : cinémas, boutiques, équipements sportifs, piscines). Suivant la durée de votre stage, vous pouvez préparer le TOEFL, le GMAT et le GRESAT. L'agence peut également s'occuper de votre titre de transport (vols réguliers et charters) et de votre assurance (rapatriement, vol de bagages...). 3617 AIR MARKET (5,27 F/min.).

LA BOUTIQUE DES CROISIÈRES TAITBOUT VOYAGES

Voyages organisés, croisières

Q/P : 9/10 •ASSORTIMENT : 8/10
✚ : Service et prestations haut de gamme

•76, rue Taitbout — 75009 Paris •Tél. : 0140169998 • Fax : 0145263280 •Horaires : lun.-sam. 10h-18h •Métro : Trinité-d'Estienne-d'Orves •Bus : 26, 32, 43

Vous êtes certain de trouver la croisière qui correspond à vos goûts et à votre budget dans une très large gamme présentant le meilleur rapport qualité-prix du marché (remboursement de la différence si vous trouvez moins cher ailleurs). Selon les croisières, formules "tout compris" (voyages, services, excursions), réductions enfant ou adolescent et anniversaire de mariage, sans oublier des promotions de dernière minute. Le choix de circuits est large : Caraïbes, Pacifique, océan Indien, mer Rouge, Méditerranée et archipel des Canaries, Baltique, Scandinavie et Alaska, croisières fluviales. Croisière de 10 jours, Alaska, fjords, glaciers 15150 F; 10 jours sur paquebot de luxe, Mexique, Jamaïque et vol Paris-Miami A/R à partir de 11505 F.

L'ASTROLABE

Guides touristiques, cartes géographiques

Q/P : 8/10 •ASSORTIMENT : 9/10
✚ : Les guides touristiques

•46, rue de Provence — 75009 Paris •Tél. : 0142854295 •Horaires : lun.-sam. 9h30-19h •Métro : Chaussée-d'Antin •Bus : 20, 22, 52, 53, 66

Si vous hésitez sur une destination, L'Astrolabe vous propose sur 3 étages des livres sur les pays du monde entier, ainsi que des cartes routières et géographiques. Vous y trouverez obligatoirement le guide qu'il vous faut puisque le fonds de la librairie comprend plus de 25000 guides touristiques. Un service de VPC existe, mais il faut savoir ce que vous cherchez et appeler la boutique car il n'y a pas de catalogue pour faire votre choix.

CONCORDIA

Camps et chantiers internationaux de bénévoles

Q/P : 6/10 •ASSORTIMENT : 7/10
✚ : Bénévolat pour TIG

•1, rue de Metz — 75010 Paris •Tél. : 0145230023 • Fax : 0147706827 •Horaires : lun.-ven. 10h-19h, sam. 10h-16h •Métro : Strasbourg-St-Denis •Bus : 38, 39, 47

Concordia choisit, prépare, organise et anime des chantiers en France et à l'étranger (franco-allemands, franco-québecois et chantiers jeunesse pour l'Europe) pour les jeunes à partir de 15 ans. Réalisation d'un travail d'utilité collective (construction, rénovation de patrimoine, protection de l'environnement…), en milieu rural ou dans un quartier, impliquant le groupe aussi bien que les habitants environ 30 h/sem. L'adhésion à Concordia est de 90 F, la participation aux frais est de 700 F pour un chantier de 3 semaines (tarif réduit 500 F) pour la France et de 1 900 F pour l'étranger.

INTERVAC

Échanges de logements, échange d'enfants, France et étranger

Q/P : 9/10 •ASSORTIMENT : 7/10
✚ : Système convivial et avantageux

•230, bd Voltaire — 75011 Paris •Tél. : 0143702122 • Fax : 0143707335 •Horaires : lun.-ven. 9h30-12h30, 14h30-17h30 •Métro : Boulets-Montreuil •Bus : 56, 86 •e-mail : info@intervac. fr

Vous qui souhaitez, à peu de frais, connaître de nouvelles régions, de nouveaux pays, y séjourner confortablement, Intervac peut pratiquement vous le permettre pour le prix du voyage. Des centaines de milliers d'adhérents dans le monde entier (France, Europe, Scandinavie, États-Unis, Canada, Europe de l'Est…), depuis près de 50 ans, en font le numéro 1 des échanges de logement et d'hospitalité. L'échange de maison se fait en toute confiance (nombreuses garanties et assurances prévues pour préserver les biens confiés). Une façon privilégiée de voyager à moindre coût. Le logement est gratuit, sur place vous bénéficierez de tout le confort de la maison mise à votre disposition (télévision, hi-fi, équipements ménagers, voiture…). Pendant ce temps, votre logement ne sera pas abandonné, la présence de vos nouveaux amis constituera une forme de gardiennage à ne pas sous-estimer. Enfin les facteurs humains joueront un rôle important dans la réussite de vos vacances, les voisins ou des parents de votre famille partenaire seront là pour vous accueillir, vous indiquer toutes sortes d'informations pratiques (commerces, visites, fonctionnement de l'équipement de la maison…). Annonce : 600 F pour le catalogue international et 500 F pour le catalogue français; 8 catalogues par an.

RIF, RANDONNEURS ÎLE-DE-FRANCE

Randonnées pédestres, marche à pied

Q/P : 8/10 •ASSORTIMENT : 8/10
✚ : Randonnées quotidiennes

•92, rue du Moulin-Vert — 75014 Paris •Tél. : 0145422472 • Fax : 0145423258 •Horaires : lun. et mer.-sam. 9h30-12h30, 14h-18h, mar. 9h30-12h30, 14h-19h30 •Métro : Pernéty, Plaisance •Bus : 58, 62

Randonnées organisées en Île-de-France sur une journée ou un week-end. Les RDV de départ ont lieu dans les gares parisiennes, et le transport en train jusqu'au lieu de randonnée (toutes les forêts autour de Paris) est l'occasion d'un premier contact entre les participants. Marches adaptées à tous les niveaux, de 6 à 24 km/jour. Cotisation annuelle dégressive à partir de 270 F pour la première année, l'adhésion est de 60 F. Organisation gratuite, chaque participant règle sa part de frais directement aux prestataires de service. Inscription par correspondance.

SM TRAVEL

Voyages, week-ends, séjours organisés

Q/P : 7/10 •ASSORTIMENT : 6/10
✚ : Week-ends en Europe, séjours de ski

•160, bd du Montparnasse — 75014 Paris •Tél. : 0144105410 • Fax : 0144105420 •Horaires : lun.-ven. 9h-19h •Métro : RER B Port-Royal •Bus : 38

Un grand choix de destinations et de formules d'hébergement (de l'auberge de jeunesse à l'hôtel ✱✱✱✱). Deux spécialités : les séjours de ski et les week-ends en Europe. Formule Ski First : matériel à moins de 200 F/sem., demi-pension en appartement à partir de 150 F/sem.

Formule complète (package Wintertop : séjour en demi-pension, forfait remontées mécaniques, location du matériel, voyage A/R) à partir de 2250 F/sem. Formule Week-End First : séjours dans toutes les capitales européennes à des prix attractifs (1 nuit demi-pension et voyage A/R Amsterdam à 1190 F, Bruxelles à 630 F, Londres 590 F).

MAISON DU NATURISME

Séjours en village, camping, clubs naturistes   Q/P : 7/10 •ASSORTIMENT : 7/10
+ : 48 centres et choix de logement

•65, rue de Tocqueville — 75017 Paris •Tél. : 0147643282 • Fax : 0147643263 •Horaires : lun.-ven. 9h-12h30, 13h30-17h •Métro : Wagram •Bus : 31, 53 •Internet : http://www. franceguide. com

Eau, soleil, calme, convivialité, tout est conçu pour vous assurer des vacances reposantes (bains vivifiants, thalasso, piscine) ou actives (équitation, randonnée, canyoning, escalade…). Dans le catalogue, grand choix pour le logement sur toute la France. Tous les centres répondent aux exigences des naturistes (silence, hygiène irréprochable, ambiance chaleureuse). Vacances sur un petit terrain de camping isolé en pleine nature, en village de maisonnettes ou de bungalows aux équipements sophistiqués, en bord de mer, en haute montagne ou dans la campagne profonde. Séjour en Corse une semaine en bungalow à 3000 F ; Héliomonde (Oise, 45 km de Paris) caravane 285 F/jour, bungalow 450 F/jour. Renseignements 3615 Naturism (2,23 F/min).

FÉDÉRATION UNIE DES AUBERGES DE JEUNESSE (FUAJ)

Séjours en auberges de jeunesse   Q/P : 8/10 •ASSORTIMENT : 8/10
+ : Séjours jeunes à prix réduits

•27, rue Pajol — 75018 Paris •Tél. : 0144898727 • Fax : 0144898710 •Horaires : lun. 11h-18h45, mar.-mer. 10h-18h45, jeu. 10h-19h30, ven. 10h-18h45, sam. 10h-18h •Métro : La Chapelle •Bus : 60 •Internet : http ://www. fuaj. fr

Séjours organisés en hôtels-clubs avec activités sportives, départs France, étranger, vols secs (charters et vols réguliers à prix bas) toutes saisons et tous budgets. Pour les séjours en auberge, comptez environ 110 F/nuit petit-déjeuner compris. L'adhésion vous coûtera 100 F, 70 F pour les moins de 26 ans. Carte FUAJ valable 1 an, avec assurance responsabilité civile (indemnisation, dommages corporels, rapatriement…), et de nombreuses réductions sur les transports, les musées, les campings, les piscines…

ASA — ASSISTANCE ET SERVICES AUX ASSOCIATIONS

Séjours et loisirs pour adultes handicapés   Q/P : 9/10 •ASSORTIMENT : 4/10
+ : Services proposés
− : Choix de destinations limité

•148-150, bd de la Villette — 75019 Paris •Tél. : 0142001039 • Fax : 0142023791 •Horaires : lun.-ven. 9h-18h •Métro : Jean-Jaurès •Bus : 26

Cette agence organise les vacances, les loisirs et le transport d'adultes handicapés. Selon le degré et la nature du handicap, ASA propose des séjours dans toute la France, en Guadeloupe ou sur la Costa Brava. Séjours en hôtel ou en VVF encadrés par des bénévoles et des salariés compétents. Tout cela pour un prix très modeste : une journée à Auvers-sur-Oise pour 175 F, 20 jours sur la Costa Brava pour 8500 F tout compris.

AUTO CARAVANES LOISIRS

Achat et vente de caravanes, camping-cars, tentes, auvents, neuf et occasion   Q/P : 7/10 •ASSORTIMENT : 6/10
+ : Bonnes occasions

•110, RN 10 — 78310 Coignières •Tél. : 0134617652 • Fax : 0134610102 •Horaires : lun.-sam. 9h-12h, 13h30-18h30, dim. 13h30-18h30

Tous les routards et les amateurs de camping désirant s'équiper à moindre coût trouveront leur bonheur sur ce grand terrain d'exposition permanente de caravanes (Burstner, Caraveller, Gruau, Sterckman…) et de camping-car d'occasion (entre 50000 et 150000 F) garantis de 3 mois à 1 an. Également du matériel neuf, des auvents (kit auvent Delahye, Royalauvent) et des tentes (de 1800 à 8000 F). Service d'entretien et de réparation pour tout votre équipement (garage pour réparations mécaniques sur camping-cars).

LE COMPTOIR BLEU

Voyages, séjours, circuits organisés   Q/P : 8/10 •ASSORTIMENT : 7/10
✚ : Accueil, écoute, disponibilité

•53-55 bd Romain-Rolland — 92120 Montrouge •Tél. : 0146564040 •Horaires : lun.-ven. 10h-19h, sam. 10h-18h •Métro : Porte-d'Orléans •Bus : 28, 38, PC

Petite agence où l'on sait vraiment écouter et rechercher avec le client la formule la mieux adaptée à ses disponibilités et à son budget. Les hôtesses se démèneront pour vous réserver un séjour ou un billet d'avion aux plus bas prix du marché, ce qui compense largement la commission de l'agence. Nombreux vols à prix réduits, Paris-Djerba A/R 1240 F, Paris-Bombay A/R 2750 F, 7 jours à la Martinique (en résidence hôtelière) 3250 F/pers. tout compris. Plus de 100 catalogues disponibles sur place.

SOS CAMPING SERVICE

Réparation de tentes, auvents   Q/P : 8/10 •ASSORTIMENT : 0/10
✚ : Service pratique et efficace
━ : Affluence avant les vacances

•74, allée de Nemours — 93190 Livry-Gargan •Tél. : 0143301956 •Horaires : mar.-ven. 9h30-19h, sam. 11h-15h

Spécialisé depuis plus de 40 ans dans tous les modèles de tentes : vérifications, réparations, confections sur toile de tentes, auvents de caravanes, bâchettes, tauds de bateaux, housses… Fournitures générales (imperméabilisant, œillets, rivets…). Devis gratuit systématique. Ventes de tous modèles et petit dépôt-vente avec du matériel d'occasion soldé de 20 à 50 % moins cher que le neuf.

St-Maur 94

PLANÈTE LANGUES

Voyages et cours de langues à l'étranger   Q/P : 8/10 •ASSORTIMENT : 7/10
✚ : Tarifs les plus bas pour séjours langues

•177, bd de Créteil — 94100 St-Maur •Tél. : 0142834817 •Fax : 0142834865 •Horaires : lun.-sam. sur RDV uniquement •Métro : RER A St-Maur-Créteil •Bus : 107, 111, 306

Cette association aide les étudiants, les juniors et les adultes à trouver les meilleurs séjours de langues à l'étranger aux plus petits prix. Choisissez parmi de nombreux programmes : écoles de langue internationales, stages en entreprise, immersion en famille, petits jobs… Londres, New York, San Francisco, la Floride… Hébergement en résidences étudiantes, en hôtel ou en familles d'accueil très bien sélectionnées. Écoles et programmesreconnus par le British Council. Tarifs très compétitifs : séjour en famille à partir de 15 ans, 1 mois, Californie, Colorado, Utah… hébergement complet et vol A/R à 5500 F.

Visites, circuits, musées

Paris 1er

LES AMIS DU LOUVRE

La carte des Amis du Louvre   Q/P : 8/10 •ASSORTIMENT : 6/10
✚ : La carte Adhérent Duo

•Palais du Louvre — 75001 Paris •Tél. : 0140205374 •Horaires : lun. et mer. 9h-21h45, jeu.-dim. 9h-18h •Métro : Palais-Royal •Bus : 21, 69, 72, 81

L'association des Amis du Louvre est une société de mécénat récoltant des fonds pour l'acquisition de nouvelles œuvres. Carte des Amis du Louvre selon 3 formules : la formule Adhérent pour 1 pers. (300 F) ou 2 pers. (450 F), la formule Sociétaire (650 F), qui permet également l'entrée au musée de l'Orangerie et aux expositions du Grand Palais, et la formule Bienfaiteur (4000 F). La formule Adhérent vous donne droit à l'entrée au musée et aux expositions temporaires, ainsi qu'à des réductions sur les conférences, le restaurant, les ateliers; de plus, vous recevrez gratuitement le programme du Louvre.

MUSÉE DU LOUVRE

Carte Louvre Jeune   Q/P : 9/10 •ASSORTIMENT : 9/10
                           ✚ : Accès libre aux collections du musée

•34, quai du Louvre — 75001 Paris •Tél. : 0140205104 •Horaires : lun. et mer. 9h-21h45, jeu.-dim. 9h-18h •Métro : Louvre-Rivoli •Bus : 21, 69, 72, 76, 81

Pour tous ceux qui ont moins de 26 ans, une carte Louvre Jeune (100 F). Cette carte est également destinée aux enseignants, animateurs et éducateurs de jeunes. Valable 1 an à partir de la date d'inscription, elle vous permettra d'obtenir des réductions à l'auditorium (35 %), à la librairie (5 %), au restaurant (10 %), et bien sûr l'entrée gratuite dans toutes les salles du musée.

VIDÉOTHÈQUE DE PARIS

Plus de 6000 films   Q/P : 8/10 •ASSORTIMENT : 9/10
                           ✚ : Le choix de films

• Forum des Halles (porte St-Eustache) — 75001 Paris •Tél. : 0144766200 •Horaires : mar.-mer. et ven.-dim. 12h30-20h30, jeu. 12h30-22h •Métro : Les Halles •Bus : 29, 38, 47

La Vidéothèque de Paris propose des abonnements à l'année pour vous faire profiter des 6000 films qu'elle conserve. Plusieurs solutions : abonnement simple (600 F), pour 1 pers., tarif réduit (380 F) pour les moins de 30 ans, les étudiants, les enseignants et les demandeurs d'emploi. Abonnement duo (780 F), pour 2 pers. Ces abonnements donnent droit au visionnage de 4 films/jour, et la priorité pour assister à tous les événements organisés par la vidéothèque, soit 4 à 5 par an.

PARIS 4e

ASSOCIATION INTER-MUSÉES

La carte Inter-Musées   Q/P : 8/10 •ASSORTIMENT : 8/10
                             ✚ : Entrée dans 65 musées
                             ➖ : Uniquement les collections permanentes

•25, rue du Renard — 75004 Paris •Tél. : 0144784581 •Horaires : lun.-ven. 9h-18h30 •Métro : Hôtel-de-Ville •Bus : 69, 70, 72, 74, 96

65 musées et monuments historiques de Paris et de région parisienne se sont réunis pour proposer une carte d'entrée au public. La carte Inter-Musées est un laissez-passer pour 1 jour (80 F), 3 jours (160 F) ou 5 jours (240 F), et permet d'accéder sans attente aux collections permanentes des musées et monuments. Vous pouvez vous la procurer dans les musées ou dans les gares SNCF internationales.

CNMHS

Laissez-passer pour les monuments   Q/P : 8/10 •ASSORTIMENT : 7/10
historiques   ✚ : Accès illimité et sans attente

•62, rue St-Antoine — 75004 Paris •Tél. : 0144612150 •Horaires : lun.-ven. 9h-18h30 •Métro : Bastille •Bus : 69, 76, 86

La Caisse nationale des Monuments historiques et Sites propose un laissez-passer d'une durée de 1 an, à compter de la date d'achat, permettant de visiter 100 monuments de France (13 en Île-de-France). Au tarif de 280 F, elle permet un nombre de visites illimité et un accès direct, sans attente, aux monuments et aux expositions. Cette carte peut être vendue par correspondance.

PARIS À VÉLO C'EST SYMPA

Promenades guidées, location de vélos   Q/P : 8/10 •ASSORTIMENT : 7/10
✚ : Visites en nocturne

•37, bd Bourdon — 75004 Paris •Tél. : 0148876001 •Horaires : 7j/7 9h-19h •Métro : Bastille •Bus : 29, 69, 76, 91

Pour visiter Paris à vélo, visites guidées de la capitale, par thèmes et par quartiers, pour 170 F les 3h, comprenant la location du vélo, le guide et l'assurance. Les groupes (140 F, 12 personnes) sont acceptés. Les visites peuvent êtres organisés en nocturne. Vous pouvez également louer simplement un vélo pour la journée (80 F) ou le week-end (150 F), les tarifs sont dégressifs.

PARIS 5ᵉ

PARIS VÉLO

Visite de Paris à vélo   Q/P : 7/10 •ASSORTIMENT : 7/10
✚ : Visites en nocturne

•2, rue du Fer-à-Moulin — 75005 Paris •Tél. : 0143375922 •Horaires : 7j/7 10h-12h30, 14h-19h •Métro : Censier-Daubenton •Bus : 47

Les expéditions sont organisées pour des groupes de 7 personnes. Les visites sont thématiques ("Grands monuments", "Est de Paris", etc.). Elles peuvent se dérouler de jour (150 F, 120 F pour les moins de 26 ans) comme de nuit (180 F). Le prix comprend la location du vélo, l'assurance et le guide de la visite. Les visites durent 3h en moyenne.

PARIS 7ᵉ

BATOBUS

Navettes sur la seine   Q/P : 8/10 •ASSORTIMENT : 0/10
✚ : Transport en commun exotique

•Port de la Bourdonnais — 75007 Paris •Tél. : 0144113399 •Fax : 0145560788 •Horaires : 7j/7 10h-22h (19h l'hiver) •Métro : Bir-Hakeim •Bus : 42, 69, 82, 87

Ce service de navettes propose la traversée de Paris en 6 escales, allant de la tour Eiffel à l'Hôtel de ville. Les escales intermédiaires sont : musée d'Orsay, Louvre, St-Germain-des-Prés et Notre-Dame. Un bateau passe à chaque escale toutes les 25 minutes. Les tarifs sont forfaitaires : 60 F pour 1 jour, 90 F pour 2 jours. Ce service fonctionne du 10 avril au 11 octobre.

LES BATEAUX PARISIENS

Promenade commentée sur la Seine   Q/P : 7/10 •ASSORTIMENT : 0/10
✚ : Histoire de Paris en musique

•Port de la Bourdonnais — 75007 Paris •Tél. : 0144113344 •Fax : 0145560788 •Horaires : lun.-jeu. 10h-22h30, ven.-sam. 10h-23h (été), lun.-jeu. 10h-21h, ven.-sam. 10h-22h (hiver) •Métro : Bir-Hakeim •Bus : 42, 82

Des croisières spectacles d'1h, pour vous conter l'histoire de Paris en musique. Les départs ont lieu sur le port de la Bourdonnais toutes les 30 min en été, et toutes les heures en hiver. Les tarifs sont de 50 F pour les adultes, et de 25 F pour les moins de 12 ans. Déjeuners (de 12h30 à 14h45) et dîners (de 20h à 23h). Les prix sont un peu élevés : respectivement 300 et 560 F, pour les adultes.

MUSÉE D'ORSAY

La carte Blanche   Q/P : 8/10 •ASSORTIMENT : 9/10
✚ : Accès illimité

•1, rue de Bellechasse — 75007 Paris •Tél. : 0140494814 •Horaires : mar.-mer., ven.-dim. 10h-18h, jeu. 10h-21h45 •Métro : Rue du Bac, Gare : Musée d'Orsay •Bus : 24, 73

Valable 1 an à partir de votre date d'inscription, la carte Blanche vous permet un accès illimité aux collections permanentes et aux expositions temporaires du musée d'Orsay, et des réductions sur les conférences et spectacles de l'auditorium. Vous recevrez régulièrement le programme du musée, ainsi que la revue 48/14, consacrée à la politique générale du musée. Les tarifs sont de 260 F pour 1 pers., 420 F pour 2 pers., et 180 F pour les moins de 26 ans. Elle est disponible par correspondance (10 jours d'attente), ou à la boutique du musée, qui vous délivrera un laissez-passer, valable immédiatement.

VEDETTES DE PARIS

Promenade sur la Seine   Q/P : 8/10 •ASSORTIMENT : 0/10
                                      ✚ : Grand parking gratuit devant la péniche

•Port de Suffren — 75007 Paris •Tél. : 0147057129 •Horaires : 7j/7 10h-23h •Métro : Bir-Hakeim •Bus : 42, 69, 82, 87

Croisières commentées par des hôtesses spécialisées qui vous content l'histoire et les anecdotes de Paris. La visite dure 1h et passe par le Palais de Chaillot, les Invalides, le Grand Palais, l'Assemblée nationale, la place de la Concorde, le musée d'Orsay, le Louvre, l'Institut de France, Notre-Dame, l'Hôtel de ville et se termine à l'Institut du monde arabe. Les tarifs sont de 45 F pour les adultes et de 20 F pour les enfants de moins de 12 ans.

PARIS 8ᵉ

GALERIES NATIONALES DU GRAND PALAIS

La carte Sésame   Q/P : 8/10 •ASSORTIMENT : 8/10
                              ✚ : Entrée sans attente

•3, av. du Général-Eisenhower — 75008 Paris •Tél. : 0144131747 •Horaires : lun. et jeu.-dim. 10h-20h, mer. 10h-22h •Métro : Champs Élysées-Clémenceau •Bus : 42, 80

Le Grand Palais a mis à disposition du public une carte permettant l'entrée dans les salles d'expositions, sans file d'attente et à tout moment. Il s'agit de la carte Sésame, disponible en 3 formules : Sésame Solo, valable pour une personne (245 F), Sésame Duo, pour inviter la personne de son choix (450 F), et Sésame Jeune, qui ne permet d'entrer qu'une seule fois dans chaque exposition (100 F), pour les 18-25 ans inclus. Cette carte est valable pour une saison entière, de janvier à décembre.

PARIS 12ᵉ

ESCAPADE NATURE

Excursions en Île-de-France, visites de   Q/P : 8/10 •ASSORTIMENT : 8/10
Paris   ✚ : Excursions thématiques

•3, rue Antoine-Vollon — 75012 Paris •Tél. : 0153170318 •Horaires : lun.-sam. 9h-19h, dim. 9h-14h •Métro : Ledru-Rollin •Bus : 61, 86

Excursions en vélo au départ de Châtelet, de la tour Eiffel, du bois de Boulogne ou du bois de Vincennes. Les excursions sont thématiques ("Paris médiéval", "La campagne à Paris", etc.). Plusieurs formules : balade détente, 1h30, 100 F; balade découverte, 3h, 150 F; ou l'escapade, 250 F pour une demi-journée. Les prix comprennent le vélo, l'assurance et le guide de la visite. 10 % de réduction pour les porteurs de carte orange mensuelle.

PARIS 14ᵉ

LES CATACOMBES

Les dessous de Paris   Q/P : 0/10 •ASSORTIMENT : 0/10
                                   ✚ : Sculptures et ossements

•1, place Denfert-Rochereau — 75014 Paris •Tél. : 0143224763 •Horaires : mar.-ven. 14h-16h, sam.-dim. 9h-11h, 14h-16h •Métro : Denfert-Rochereau •Bus : 38, 68

Les catacombes peuvent être visitées avec un conférencier pour découvrir les trésors du sous-sol parisien. L'entrée est de 25 F pour les adultes et de 19 F pour les enfants.

PARIS 16ᵉ

PARISBUS

Les monuments de Paris en bus   Q/P : 8/10 •ASSORTIMENT : 0/10
✚ : Paris en bus

•3, rue Talma — 75016 Paris •Tél. : 0142889288 •Horaires : 7j/7 10h-23h •Métro : La Muette
•Bus : 22, 32, 52

Paribus se propose de vous faire visiter Paris et ses grands monuments à bord de ses cars rouges très visibles dans la capitale. La visite dure 2h en moyenne, et les cars passent toutes les 20 min aux arrêts. 125 F pour les adultes et 60 F pour les 4-12 ans. Ce ticket est valable 2 jours, pendant lesquels vous pouvez prendre le bus à l'un des 9 arrêts desservis : tour Eiffel, Champ-de-Mars, Louvre, Notre-Dame, musée d'Orsay, Opéra, etc. Visite commentée en plusieurs langues.

PARIS 19ᵉ

CANAUXRAMA

Canal St-Martin, canal de l'Ourcq,   Q/P : 9/10 •ASSORTIMENT : 0/10
bords de Marne   ✚ : Les bords de Marne

•13, quai de la Loire — 75019 Paris •Tél. : 0142391500 •Horaires : 365 jours/an sur réservation
•Métro : Jaurès •Bus : 26

Croisières, tous les jours de l'année, sur le canal St-Martin (3h, 75 F pour les adultes, 45 F pour les moins de 12 ans), le long du canal de l'Ourcq (une journée entière, départ à 8h30, arrivée à Meaux en fin d'après-midi, 200 F), sur les bords de Marne (une journée, 200 F). Réservez 15 jours à l'avance selon les périodes.

PARIS-CANAL

Croisières sur le canal St-Martin   Q/P : 8/10 •ASSORTIMENT : 0/10
✚ : Croisière sur le canal St-Martin

•19-21, quai de la Loire — 75019 Paris •Tél. : 0142409697 •Horaires : 7j/7 à 9h30 et à 14h30
•Métro : Riquet •Bus : 26

2 croisières sur le canal St-Martin. L'une au départ du musée d'Orsay à 9h30, pour une arrivée à La Villette à 12h30, et la deuxième au départ de La Villette à 14h30 jusqu'au musée d'Orsay à 17h30. Du 21 mars au 11 novembre, réservation obligatoire. Compter 95 F pour un adulte, 70 F pour les moins de 25 ans et plus de 60 ans (sauf le dimanche), et 55 F pour les enfants de 4 à 11 ans. Balade magnifique.

SPORTS ET DANSE

- SALLES DE SPORT
  ET COURS
- DANSE

- ÉQUIPEMENTS
  ET VÊTEMENTS
  DE SPORT

À VOS ROLLERS! Dire qu'il est difficile de faire du sport à Paris est une légende tenace qui date des banquets d'anciens combattants de nos grands parents! Tout aujourd'hui, à Paris intra-muros comme dans toutes les communes de la région parisienne, a été fait pour que vous ne vous encroûtiez plus devant votre poste de télévision. Vous ne débourserez rien si vous fréquentez les parcours de santé des jardins publics, mais vous engouffrerez des fortunes si vous vous inscrivez dans les clubs sportifs les plus huppés de la capitale — parfois après parrainage et quelques années de patience sur une liste d'attente.

Mais jugez plutôt! Entre ces deux extrêmes, Paris nous propose, outre 2 000 associations sportives, 215 gymnases, 34 piscines, 76 terrains d'EPS, 38 stades, 12 bases de loisirs (situées en région parisienne), 5 murs d'escalade, 48 centres de tennis, 100 km de pistes cyclables, des pistes de rollers et de skate (au stade Boutroux dans le 13e, au centre sportif Suzanne Lenglen dans le 15e et dans les centres d'initiation sportive des 3e et 13e), plus de 15 terrains de basket en accès libre, des terrains de base-ball ou de football US… tout cela gratuitement ou à des prix vraiment intéressants.

Si vous recherchez des formations, les Centres d'initiation sportive accueillent gratuitement les jeunes Parisiens, et les cours municipaux pratiquent souvent les tarifs les plus bas. Renseignez-vous auprès des mairies qui accordent une place de plus en plus importante aux sports.

Pour vous équiper, ce n'est guère plus compliqué! De véritables supermarchés du sport (comme *Décathlon* ou *Go Sport* par exemple) vendent tenues et matériel à des prix très intéressants, et tous les grands stocks d'usines (*Halles aux Chaussures*, Troyes…) ou même les Puces parisiennes – Montreuil et Clignancourt en particulier – proposent des vêtements et des chaussures de sports dégriffés.

Zut, on a plus d'excuse!

Enquêtes et rédaction :
Gaëlle Lor, Laetitia Lafforgue, Gaël Séguillon

Salles et cours de sport

PARIS 5ᵉ
—

ACADÉMIE D'ARTS MARTIAUX
DE LA MONTAGNE-STE GENEVIÈVE

Cours d'arts martiaux　　　　　　Q/P : 6/10 •ASSORTIMENT : 9/10
　　　　　　　　　　　　　　　✚ : Sérieux de l'enseignement

•34, rue de la-Montagne-Ste-Geneviève — 75005 Paris •Tél. : 0144416320 •Fax : 0146342077
•Horaires : lun.-sam. 9h-18h (secrétariat) •Métro : Cardinal-Lemoine •Bus : 63, 86, 87, 89

Dans la cour, au 34 de la rue, immeuble de droite, 3e étage. Plus de 14 disciplines (aïkido, judo, taekwondo…), au sein de 4 dojos (salles). Enseignement très sérieux (stages, réunions et étude de combats sur vidéo), grande rigueur demandée aux élèves aussi bien pour les techniques de combat que pour les méthodes de relaxation. Abonnement à l'année 2850 F pour les adultes et 930 F pour les enfants (moins de 8 ans). Tarifs réduits pour anciens du club, RMistes, chômeurs. Cours assurés 12 mois par an.

DOJO 5

Arts martiaux, gymnastique douce　　　Q/P : 7/10 •ASSORTIMENT : 7/10
　　　　　　　　　　　　　　　　✚ : Disciplines originales

•13, rue Malebranche — 75005 Paris •Tél. : 0143548164 •Horaires : lun.-ven. 15h-20h, sam. 15h30-17h30 •Métro : RER B Luxembourg •Bus : 21, 27, 38

•26, rue de Pontoise — 75005 Paris •Tél. : 0146345926 •Fax : 0144543367 •Horaires : lun.-ven. 15h-20h, sam. 15h30-17h30 •Métro : Maubert-Mutualité •Bus : 63, 86, 87

Retrouver santé, bien-être et maîtrise de soi, telle est la devise de ce dojo qui abrite des arts martiaux dirigés vers la relaxation et la maîtrise mentale et physique. Pour adultes et enfants. Karaté-do, shiatsu et gymnastique douce (taji-quan). Cotisation annuelle 2700 F (-10 % la 2e année). Premier cours gratuit. Vente de matériel, short 140 F, gants d'entraînement 290 F, cordes à sauter de 40 à 70 F. Au 26, rue de Pontoise, cours de karaté-do pour enfants et séances d'acu-gym, gymnastique énergétique par des exercices respiratoires.

SQUASH CLUB QUARTIER LATIN

Courts, club et cours de squash   Q/P : 6/10 •ASSORTIMENT : 7/10
                                      ✚ : Cadre très agréable

•19, rue de Pontoise — 75005 Paris •Tél. : 01 55 42 77 88 •Horaires : lun.-ven. 9h30-0h, sam.-dim.
9h30-19h30 •Métro : Maubert-Mutualité •Bus : 63, 86, 87

Dans le même complexe que la piscine de Pontoise, 4 courts de squash. Abonnement
2200 F, un tarif unique avec accès à la piscine, au sauna et à la salle de musculation. Pour
les non-abonnés, de 60 à 75 F les 45 min, et 130 F les 40 min pour un cours particulier.

PARIS 6ᵉ
___

LA COMPAGNIE BLEUE

Club de sport   Q/P : 7/10 •ASSORTIMENT : 8/10
                    ✚ : Cours de relaxation

•100, rue du Cherche-Midi — 75006 Paris •Tél. : 01 45 44 47 48 •Horaires : 7j/7 9h-21h30 •Métro :
Vaneau •Bus : 83, 84, 94

Dans l'ancienne Maison des architectes, des cours très diversifiés. Gymnastique traditionnelle, mais surtout des cours de relaxation guidés par la célèbre Davina. Salle de musculation, hammam, jacuzzi, piscine et sauna. Abonnement annuel 4550 F, mais
promotions régulières. Bon à savoir : la carte peut être prêtée. Garderie d'enfant.

PARIS 10ᵉ
___

CLUB LAFAYETTE

Club de sport, arts martiaux, danse,   Q/P : 7/10 •ASSORTIMENT : 7/10
gymnastique, musculation, aérobic   ✚ : Tarifs intéressants

•27, rue des Petits-Hôtels — 75010 Paris •Tél. : 01 48 24 50 70 •Horaires : lun. 12h-22h, mar.-sam.
10h-22h •Métro : Poissonnière •Bus : 39

Centre culturel et sportif animé par des professeurs diplômés d'État. Plusieurs activités
sportives pour adultes et enfants. Les arts martiaux : karaté, jiu jitsu et aïkido, la remise en
forme (salle de musculation, cours de gymnastique et aérobic), mais aussi des cours de
danse jazz. Cotisation annuelle 190 F, plus 2600 F/an pour accès à la salle de musculation
et nombre de cours illimité, ou 1200 F/trim pour 30 cours. Un mois d'essai, 250 à 350 F.

PARIS 11ᵉ
___

BODY GYM

Club de sport, musculation, danse jazz,   Q/P : 6/10 •ASSORTIMENT : 6/10
arts martiaux, sauna   ✚ : Cardio-training et sauna

•157, rue du Fg-St-Antoine — 75011 Paris •Tél. : 01 43 42 42 33 •Horaires : lun.-ven. 8h-21h30,
sam. 9h-19h, dim. 10h-14h •Métro : Faidherbe-Chaligny •Bus : 46, 76

Sauna, cours de gymnastique, body-building et stretching. Cours de danse et de kung-fu
assurés pour les enfants, à partir de 6 ans (650 F/trimestre). Le forfait complet, avec
accès libre aux cours et aux installations, 2950 F/an, forfait journalier, 100 F.

Courts de tennis municipaux de la Ville de Paris

*Pour accéder à l'un des 48 centres couverts et extérieurs (toute surface) qu'offre la ville de Paris,
procurez-vous la carte Paris-tennis, gratuite. Pour l'obtenir, retirez l'imprimé auprès de la mairie
de votre arrondissement et joignez au dossier 2 photos et une photocopie de votre carte
d'identité. Réservez vos courts de 7 jours à 1h à l'avance sur Minitel. Centres ouverts lun.-sam.
7h-21h, dim. 7h-19h; tarifs de 34 F/h pour un court découvert à 70 F pour un couvert.*

• *TENNIS MUNICIPAUX* : Tél. : 01 42 76 54 54 — Serveur Minitel : 3615 PARIS (1,29 F/min)

CLUB ÉRIC PARISET

Cours d'arts martiaux, judo, jiu-jitsu Q/P : 6/10 •ASSORTIMENT : 6/10
+ : Cours pour enfants et créneaux horaires

•207, rue de Charenton — 75012 Paris •Tél. : 0143425588 •Fax : 0143424161 •Horaires : lun.-mar. et jeu.-ven. 12h-14h, 16h-18h mer. 17h-19h, sam. 10h-12h •Métro : Dugommier •Bus : 87

Éric Pariset, spécialiste du jiu-jitsu (sorte de self-défense ancêtre du judo), vous accueille dans les deux dojos de son club. Jiu-jitsu mais aussi judo, atemi-waza (boxe) et tae-kwondo, sont enseignés aux débutants comme aux plus chevronnés. Cours plusieurs fois par jour (grand choix de créneaux horaires pour les enfants comme pour les adultes). L'adhésion au club est de 200 F/an pour les adultes et de 160 F/an pour les enfants. Tarifs selon le nombre de cours par semaine (illimité, adultes, 3450 F/an, 2h/sem adultes 2850 F/an, enfants 1780 F/an). 150 F pour la licence de jiu-jitsu et 160 F pour celle de judo. Cours particuliers sur RDV.

Yoga pour tous

18 gymnases municipaux proposent des séances gratuites de hatha-yoga. Ainsi 23 cours de 1h sont dispensés par des moniteurs de l'Institut Eva Ruchpaul, durant les 35 semaines correspondant aux périodes scolaires. Les inscriptions s'effectuent dans le gymnase retenu, aux heures de cours.

• *YOGA POUR TOUS*, 18 centres en R.P. — Tél. : 0142765454 — Serveur Minitel : 3615 PARIS (1,29 F/min)

PLURIAL SPORT

Musculation, piscine, UVA, sauna, Q/P : 6/10 •ASSORTIMENT : 9/10
hammam, danse jazz, karaté + : Choix incomparable d'activités

•80, rue Traversière — 75012 Paris •Tél. : 0143070909 •Horaires : lun.-ven. 8h-21h30, sam.-dim. 9h-18h •Métro : Ledru-Rollin •Bus : 29, 61, 86

Ces enseignes bénéficient de nouvelles installations fonctionnelles et modernes, d'un cadre de détente agréable, et d'un choix incomparable d'activités : piscine, aqua-fitness, aqua-step, nage à contre-courant, stretching, musculation, aérobic, danse, sports de combat et arts martiaux, hammam, sauna... Accueil chaleureux, professeurs diplômés. Abonnement annuel, 3800 F, 2500 F pour les moins de 25 ans.

BOWLING, ACADÉMIE DE BILLARD

Bowling, billards Q/P : 6/10 •ASSORTIMENT : 7/10
+ : Matériel de qualité en très bon état

•66, av. d'Ivry — 75013 Paris •Tél. : 0145865552 •Fax : 0145864110 •Horaires : lun.-ven. 12h-2h, sam. 14h-2h, dim. 10h-2h •Métro : Tolbiac, Porte-d'Ivry •Bus : 83

Dans une ambiance détendue et plutôt sympa (moyenne d'âge 15-25 ans), les joueurs s'affrontent sur les 12 pistes de bowling et les 10 tables de billard (snooker, français, américains et anglais). Selon les heures, tarifs de 45 à 50 F/h pour le billard, de 13 à 33 F/ partie pour le bowling. Bar : bières, 20 F, et repas chauds.

DOJO ZEN DE PARIS

Pratique du zen, association Zen Q/P : 6/10 •ASSORTIMENT : 6/10
Internationnal + : Longue pratique de l'enseignement

•175, rue de Tolbiac — 75013 Paris •Tél. : 0153801919 •Fax : 0153801433 •Horaires : mar.-ven. 10h-12h30, 14h30-19h, sam. 10h30-13h, 15h-19h, dim. 10h30-13h •Métro : Tolbiac •Bus : 47, 62 •Internet : http://www. zen-azi. org •e-mail : zen-azi@worldnet. fr

Le Dojo Zen de Paris réunit dans ses locaux le siège de l'association Zen Internationnal, le dojo, lieu de la pratique de la méditation, et la boutique zen (kimonos à partir de 500 F, encens, zafu et service à thé à partir 245 F). Un lieu privilégié où chacun peut venir pratiquer la voie du zen. Chaque samedi à 16h entrée et initiation gratuite, séances de 30 F, forfait d'un mois 230 F.

PARIS 15ᵉ

LA COMPAGNIE BLEUE

Club de sport　　　Q/P : 7/10 •ASSORTIMENT : 8/10
　　　　　　　　　　　＋ : Aqua-gym

•12, rue de l'Église — 75015 Paris •Tél. : 01 40 59 49 10 •Horaires : 7j/7 9h-22h •Métro : Félix-Faure •Bus : 62, 70

Dans l'ambiance d'un hammam, la spécialité de cette salle est l'aqua-gym.
Voir La Compagnie Bleue, Paris 6e.

Piscines à Paris

La capitale compte plus de 30 piscines, renseignez-vous au service téléphonique Allô Sport ou auprès de la Fédération française de natation (lun.-ven. 9h-12h15, 13h15-18h) avant de vous y rendre : de nombreux créneaux horaires sont réservés aux écoles, lycées et centres aérés. Prix d'entrée de 15 à 30 F pour un tarif plein, et de 7,50 à 15 F pour un tarif réduit. À noter, 2 piscines au cadre particulièrement agréable, la piscine des Amiraux, au bassin de 33 x 10 m et au décor digne d'un paquebot (manches à air, hublots…) et la piscine de Pontoise, datant de 1932, classée Monument historique et récemment rénovée.
• *PISCINE DES AMIRAUX* : 6, rue Hermann-Lachapelle — 75018 Paris — Tél. : 01 40 06 46 47
• *PISCINE PONTOISE* : 19, rue de Pontoise — 75005 Paris — Tél. : 01 43 54 82 45
• *FÉD. FRANÇAISE DE NATATION* : 148, av. Gambetta — 75020 Paris — Tél. : 01 40 31 17 70 — Serveur Minitel : 3615 FFN (1,29 F/min) • *ALLÔ SPORT* : Tél. : 01 42 76 54 54

SQUASH FRONT DE SEINE

Courts de squash, UVA, sauna,　　Q/P : 6/10 •ASSORTIMENT : 7/10
restaurant　　　　　　　　　＋ : Initiation gratuite

•21, rue Gaston-de-Caillavet — 75015 Paris •Tél. : 01 45 75 35 37 •Fax : 01 45 79 17 56 •Horaires : lun.-ven. 9h-23h, sam.-dim. 9h-20h •Métro : Charles-Michels, Dupleix •Bus : 42, 70

Club de squash réputé : 8 courts de squash, 1 short court (location, 63 F/pers. pour une demi-heure), des saunas (accès 50 F), un solarium UVA haute pression (30 min à 70 F), une salle de musculation, une boutique (vente de raquettes, balles, tee-shirts, shorts, chaussettes…). Cotisation annuelle (3400 F, tarif réduit étudiant, 600 F); les cartes d'abonnement donnent accès aux courts à des tarifs préférentiels (56 à 23 F/pers. et par 1/2h). Cours (110 à 135 F par demi-heure), et initiation gratuite ouverte aux débutants, le lundi à 19h30 (inscription par téléphone).

TRAINING

Club multisports, musculation, sauna,　Q/P : 6/10 •ASSORTIMENT : 5/10
cardiotraining, stretching, aérobic,　　＋ : Cours pour enfants
gym…　　　　　　　　　　　　　▬ : Arts martiaux peu nombreux

•78, rue Lecourbe — 75015 Paris •Tél. : 01 47 83 92 54 •Horaires : lun.-ven. 8h30-21h, sam. 9h-18h30, dim. 9h30-13h •Métro : Volontaires, Sèvres-Lecourbe •Bus : 39, 70, 89

Cours de musculation, de détente (saunas et rouleaux de massage), de cardiotraining (prévention cardio-vasculaire, endurance, test de forme, suivi personnalisé). Cours plus traditionnels : stretching, aérobic, gym tonique, etc. Également, des cours d'arts martiaux : du judo pour les 4-16 ans et du kung-fu pour 7-16 ans, 1990 et 2450 F/an. Cours particuliers également, 210 F/séance.

PARIS 17ᵉ

CERCLE MAILLOT

Salle multisports, danse, fitness, musculation, aérobic, judo, karaté…

Q/P : 6/10 •ASSORTIMENT : 9/10
✚ : Choix des activités sportives

•20, rue Guersant — 75017 Paris •Tél. : 0145741940 •Fax : 0140687459 •Horaires : lun.-dim. 10h-23h •Métro : Porte-Maillot, Ternes •Bus : 43, PC

Plus de 30 activités (danse jazz ou contemporaine, fitness, musculation, aérobic, judo, karaté…) dans ces superbes locaux (plus de 700 m²). Équipements renouvelés réguliè-rement, professeurs disponibles et professionnels : un lieu de grande classe. Abonne-ment à partir de 2200 F/an pour les adultes et de 1800 F pour les enfants.

PLURIAL SPORT

Musculation, piscine, UV, sauna, hammam, danse jazz, karaté

Q/P : 6/10 •ASSORTIMENT : 9/10
✚ : Choix incomparable d'activités

•6, rue Abel-Truchet — 75017 Paris •Tél. : 0145222817 •Horaires : lun.-ven. 8h-21h30, sam.-dim. 9h-18h •Métro : Rome •Bus : 30, 66 • Voir Plurial Sport, Paris 12e.

Escalade à Paris

Les Parisiens peuvent s'initier à l'escalade au cœur même de la capitale : 5 murs accessibles en dehors des horaires occupés par écoles, lycées et associations sportives. Pour y accéder, les amateurs retirent une carte personnelle, délivrée sur place, ainsi qu'une vignette mensuelle vendue (20 F). Présenter une carte d'identité, une photo et un justificatif d'assurance.
• MUR JULES-NOËL : 3, av. Maurice-d'Ocagne — 75014 Paris — Tél. : 0145395437
• MUR MOURLON : 19, rue Gaston-de-Cavaillet — 75015 Paris — Tél. : 0145754043
• MUR BIANCOTTO : 6-8, av. de la Porte-de-Clichy — 75017 Paris — Tél. : 0142280450
• MUR POISSONNIERS : 2, rue Jean-Cocteau — 75018 Paris — Tél. : 0142512468
• MUR LILAS : 5, rue des Lilas — 75019 Paris — Tél. : 0142064213

PARIS 18ᵉ

CHAMPIONNET SPORTS

Centre multisport danse, basket, tennis, natation, gym, musculation, foot, judo…

Q/P : 8/10 •ASSORTIMENT : 9/10
✚ : Équipements et cours de qualité

•14-16, rue Georgette-Agutte — 75018 Paris •Tél. : 0142290927 •Horaires : lun.-sam. 9h-12h30, 13h30-19h (sept.-oct.), lun.-mar. 16h30-18h45, mer. 9h-12h30, 13h30-18h45, jeu. 16h30-18h45 (nov. à juil.) •Métro : Guy-Môquet •Bus : 31

Dispensées par plus de 50 professionnels, 21 activités sportives, du taekwondo à l'aqua-gym, du tennis à la danse contemporaine, pour jeunes et moins jeunes de tous niveaux. Depuis près de 100 ans, Championnet se place parmi les clubs de sports les plus appré-ciés, également pour ses tarifs (de 520 F/an pour l'athlétisme, à 2150 F/an pour la mus-culation). Lieux spacieux et équipements fréquemment renouvelés. Organisation d'activités culturelles (théâtre, expression corporelle) et de séjours de vacances.

PARIS 19ᵉ

BASE NAUTIQUE DE LA VILLETTE

Base nautique, canoë-kayak, aviron

Q/P : 10/10 •ASSORTIMENT : 6/10
✚ : Initiation gratuite

•15-17, quai de Loire — 75019 Paris •Tél. : 0142402990 •Horaires : adultes, sam. 9h-12h, 14h-17h, enfants pendant les vacances scolaires •Métro : Jaurès •Bus : 26

Cours d'initiation aux sports nautiques, ouverts aux adultes comme aux enfants, à partir du moment où ils savent nager. Situé entre la place Stalingrad et la porte de la Villette, le bassin de 600 m de long et de 65 m de large est le long d'un ancien entrepôt rénové pour accueillir les embarcations. Des moniteurs diplômés d'État encadrent les Parisiens dans la découverte des disciplines nautiques (canoë, kayak, aviron, yolettes, ramtronics).

Athlétisme et jogging

Les pistes d'athlétisme des 24 centres sportifs municipaux sont ouvertes aux amateurs de jogging. Ils peuvent les utiliser librement, en dehors des horaires réservés aux associations sportives et aux écoles. Pour l'achat d'un ticket à 20 F, accès libre aux pistes, mais aussi aux douches et aux vestiaires, pour un mois. Une assurance est recommandée.
• *CENTRES SPORTIFS MUNICIPAUX* : 24 centres en R.P. — Tél. : 0142765454 — Serveur Minitel : 3615 PARIS (1,29 F/min)

CENTRE ÉQUESTRE DE LA VILLETTE

Centre équestre, club, manège   Q/P : 6/10 •ASSORTIMENT : 7/10
                                        +   : L'accueil

•9, bd Macdonald — 75019 Paris •Tél. : 0140343333 •Horaires : lun. 14h-18h, mar.-ven. 9h-12h, 13h30-20h, sam. 9h-18h, dim. 9h-12h •Métro : Porte-de-la-Villette •Bus : PC

Les centres équestres sont plutôt rares à Paris; celui-ci, situé près de La Villette, vous propose de monter chevaux ou poneys en carrière ou en manège couvert. Séance d'1h entre 65 et 125 F, abonnement aux cours d'équitation (1h/sem), poney 780 F par trimestre (+ 190 F pour la licence), cheval 1 200 F par trimestre (+ 220 F pour la licence).

PLURIAL SPORT

Musculation, piscine, UVA, sauna,   Q/P : 9/10 •ASSORTIMENT : 6/10
hammam, danse jazz, karaté   + : Choix incomparable d'activités

•36, rue de Nantes — 75019 Paris •Tél. : 0140350505 •Horaires : lun.-ven. 8h-21h30, sam.-dim. 9h-18h •Métro : Corentin-Cariou, Crimée •Bus : 60 • Voir Plurial Sport, Paris 12e.

PARIS 20e

LE POINT FORMATION

Initiation, perfectionnement, brevets de   Q/P : 7/10 •ASSORTIMENT : 8/10
plongée sous-marine   + : Formations variées

•Centre commercial des Loisirs Nautiques de Paris-Boulogne — face au 36, quai de Gallo — 92100 Boulogne •Tél. : 0146054569 •Fax : 0146058023 •Horaires : lun.-sam. 10h-19h •Métro : Pont-de-Sèvres

Différents forfaits : un tarif fixe et le prolongement des cours jusqu'à l'obtention de votre brevet. Pour l'initiation, forfait "Lagon", 3 séances de 2h, planifiées à votre guise le week-end ou en semaine (cours particulier 3 000 F, cours collectif de 1 550 à 1 750 F). Remise à niveau, perfectionnement et préparation aux examens des brevets PADI, et CMAS (de 1 000 à 1 950 F). Baptême de plongée à 200 F.

ÉVRY 91

PLANET PAINTBALL

Paintball   Q/P : 7/10 •ASSORTIMENT : 7/10
                                    + : Scénarios élaborés

•60, allée des Champs-Élysées — 91000 Évry •Tél. : 0160775459 •Fax : 0169250119 •Horaires : lun.-dim. 10h-19h

Vaste terrain de paintball, trois aires de jeux différentes (à l'extérieur et à l'intérieur). L'équipe d'animation et d'arbitrage vous propose de multiples scénarios, pour un temps de jeu entre 15 et 20 min, et avec le même équipement pour chaque joueur : masque de protection, lance-billes et réserve de 100 billes (165 F/pers. la journée, soit 4 parties, 100 F de plus pour les munitions supplémentaires). Si vous ne voulez pas participer au jeu, vous avez quand même la possibilité d'assister aux parties de vos camarades, grâce aux filets de protection. Pour jouer, il faut téléphoner car la réservation est obligatoire.

COURBEVOIE 92

LA COMPAGNIE BLEUE

Club de sport   Q/P : 7/10 •ASSORTIMENT : 8/10
                                    ✚ : Cours de relaxation

•159, rue Armand-Sylvestre — 92400 Courbevoie •Tél. : 0141169900 •Horaires : 7j/7 9h-21h
•Métro : Pont-de-Levallois •Bus : 175, 261

En plus des cours classiques, vous y trouverez une magnifique salle de musculation. Voir La Compagnie Bleue, Paris 6e.

RUNGIS 94

CENTRE EUROPÉEN D'ESCALADE

Complexe indoor d'escalade   Q/P : 7/10 •ASSORTIMENT : 8/10
                                    ✚ : Plus de 150 voies renouvelables

•3, rue des Alouettes — 94527 Rungis CEDEX •Tél. : 0146863844 •Horaires : lun.-ven. 12h-23h, sam. 9h30-23h, dim. 9h30-19h •Métro : RER C Aéroport-d'Orly •Bus : 183, 185, 285, 292, 319

Plus de 1 200 m² de surface grimpable, de toutes difficultés (du 2e au 8e degré) et pour tous profils : dalle, vertical, dièdre, dévers, traversée et surplomb de 8 m. Bloc d'échauffement et d'entraînement. Matériel en location (cordes, ballerines, baudriers, 20 F/jour). Entrée 65 F pour une journée, 35 F pour une séance le midi (12h-14h30), carnet de 10 entrées à 600 F, abonnement pour l'année de 2400 F (1 800 F hors week-end et jours fériés). Cours particuliers (150 F/h) ou de groupe (de 30 à 100 F/h selon le nombre de participants) dispensés par des professionnels. La licence comprenant une assurance est de 100 F/an.

Bases de plein air et de loisirs

Il y a 12 bases de loisirs réparties aux quatre coins de l'Île-de-France. Chacune propose des activités permanentes et des activités estivales. Néophytes ou connaisseurs franciliens s'y retrouvent pour pratiquer des sports en vogue de plein air, nautiques ou terrestres (planche à voile, pédalo, golf, piscine…) ou pour simplement profiter d'un cadre agréable et se détendre. Entrée la plupart du temps gratuite, certaines activités payantes. Restauration et hébergement parfois possibles (chambres, centres d'hébergement, relais, dortoirs, camping, caravaning…).

- *BOIS-LE-ROI* : Rue de Tourzeny — 77590 Bois-le-Roi — Tél. : 0164878300 — Fax : 0160696202
- *BUTHIERS* : 77760 Buthiers — Tél. : 0164241287 — Fax : 0164241579
- *JABLINES-ANNET* : 77450 Esbly — Tél. : 0160260431 — Fax : 0160265243
- *TORCY* : Route de Lagny — 77200 Torcy — Tél. : 0164805875 — Fax : 0160174239
- *ÎLE DE VAIRES* : 77360 Vaires — Tél. : 0160084411
- *MOISSON-MOUSSEAUX* : 78840 Moisson-Mousseaux — Tél. : 0134793334 — Fax : 0134793170
- *ST-QUENTIN-EN-YVELINES* : RD 912 — 78190 Trappes — Tél. : 0130622012 — Fax : 0130629172
- *VAL-DE-SEINE* : Chemin du Rouillard — 78480 Verneuil-sur-Seine — Tél. : 0139281620
- *ÉTAMPES* : 5, av. Charles-de-Gaulle — 91150 Étampes — Tél. : 0164947618 — Fax : 0164948229
- *LE PORT-AUX-CERISES* : 91210 Draveil — Tél. : 0169834600 — Fax : 0169834611
- *CRÉTEIL* : Rue Jean-Gabin — 94000 Créteil — Tél. : 0148984456 — Fax : 0142075526
- *CERGY-NEUVILLE* : Rue des Étangs — 95000 Cergy-Neuville — Tél. : 0130302155
- Serveur Minitel : 3615 ILEDEFRANCE (1,29 F/min)

BOISSY-L'AILLERIE 95

RACING KART DE CORMEILLES

Circuit de karting, pilotage, matériel, vente, réparations

Q/P : 6/10 •ASSORTIMENT : 6/10
✦ : Matériel d'occasion à bas prix

•Aérodrome de Pontoise — 95650 Boissy-l'Aillerie •Tél. : 0130732800 •Horaires : lun.-dim. 9h-19h30

Un endroit idéal pour les amateurs de sensations fortes : vitesse et pilotage au programme. Deux circuits : un de 900 m, l'autre de 1200 m. Pour un kart 2 temps, 125 F les 6 min, pour un 4 temps, entre 67 et 77 F les 10 min. Pour ceux qui veulent acquérir un véhicule, de nombreux modèles d'occasion en vente, ainsi qu'un bon choix de pièces détachées. Réparations ou la révision de votre kart.

FRANCONVILLE 95

CSL SQUASH

Courts de squash et de tennis

Q/P : 7/10 •ASSORTIMENT : 6/10
✦ : Accueil

•25, av. du Marais — 95130 Franconville •Tél. : 0134138650 •Horaires : lun.-dim. 8h-23h •Métro : RER B Franconville

Au sein de ce grand ensemble sportif (comprenant également une patinoire et une piscine), 4 courts de squash et 7 courts de tennis (dont 4 en extérieur). Réservation (à partir d'une semaine à l'avance), location ou prêt de matériel pour les étourdis. Tarifs de 37 à 74 F pour 1/2h de squash et de 33 à 108 F pour 1h de tennis. Pas de cours sur place.

Moving

Des cours de gymnastique, un espace de musculation et de cardio-training, et le petit plus : les vélos d'intérieur équipés de téléviseurs qui permettent de croire que l'on pédale dans la nature! Jacuzzi, hammam et sauna. Soirées à thèmes, ainsi des week-ends sportifs. Mot d'ordre : la convivialité. Les centres fermés le dimanche. Prix d'abonnement variables selon les centres car ils n'ont pas tous le même équipement. Espace enfant : un plus pour les mamans.

• MOVING, 11 centres en R.P. — Tél. : 0144370919 — Serveur Minitel : 3615 MOVING (1,29 F/min)

Danse

PARIS 2ᵉ

REPETTO

Tenues, collants, chaussures, accessoires de danse

Q/P : 6/10 •ASSORTIMENT : 8/10
✦ : La qualité

•22, rue de la Paix — 75002 Paris •Tél. : 0144718300 •Horaires : lun.-sam. 10h-19h •Métro : Opéra •Bus : 29, 53, 81

Tutus, justaucorps, tuniques (à partir de 169 F pour les enfants), collants et même maillots de bain... Chez Repetto le choix des couleurs et des modèles, la diversité des textiles utilisés, une gamme très large de pointes (à partir de 295 F) et de demi-pointes (à partir de 89 F) font le bonheur des petits rats et des grands.

PARIS 4ᵉ

CENTRE DU MARAIS

Danse contemporaine, orientale, afro, jazz, rock, claquettes, yoga Q/P : 7/10 •ASSORTIMENT : 9/10
✚ : À toute heure

•41, rue du Temple — 75004 Paris •Tél. : 0142721542 •Horaires : 7j/7 9h-22h30 •Métro : Hôtel-de-Ville •Bus : 29

Danse orientale, afro-jazz, danse africaine, contemporaine, rock'n roll, claquettes, hip-hop ou yoga, plus de 23 sortes de danses enseignées. Des cours tous les jours et à toutes les heures. Tarifs un peu élevés (85 F le cours), mais forfait d'essai (360 F pour 5 cours différents). Nombreux stages intensifs organisés le dimanche.

PARIS 5ᵉ

STUDIO VAUQUELIN

Cours de danse, valse, tango, rock, mambo, cha-cha-cha, danse orientale Q/P : 7/10 •ASSORTIMENT : 7/10
✚ : Accueil et ambiance

•26, rue Vauquelin — 75005 Paris •Tél. : 0143376910 •Horaires : lun.-ven. 14h30-20h •Métro : Censier-Daubenton •Bus : 47

Cadre sympathique et ambiance familiale. Pour enfants et adultes : be-bop, danses de salon (valse, tango…), danses latino-américaines (mambo, cha-cha-cha…), danse orientale (initiation), assouplissements et maintien. Cours collectifs à l'année (3700 F), cours particuliers sur RDV (180 F/h), tarif préférentiel pour les couples (5550 F pour 1 an de cours au lieu de 3700 F/pers). Organisation de stages sur demande, ainsi que de soirées ou thés dansants.

PARIS 7ᵉ

GÉRARD MADGIC

Rock'n roll, salsa, tango, cha-cha-cha, valse Q/P : 9/10 •ASSORTIMENT : 7/10
✚ : Les cours de rock'n roll

•14, bd Raspail — 75007 Paris •Tél. : 0145492731 •Horaires : lun.-ven. 9h-22h30 •Métro : Sèvres-Babylone •Bus : 39, 70, 83, 84, 87

Cours de rock'n roll, de salsa, de tango, de cha-cha-cha ou de valse. Prix compétitifs : cours d'essai 50 F (35 F pour les étudiants), carte de 14 cours 700 F. Ambiance amicale.

PARIS 8ᵉ

INSTITUT NATIONAL DE DANSE STANLOWA

Danse classique Q/P : 8/10 •ASSORTIMENT : 6/10
✚ : Professionnels comme débutants

•252, rue du Fg-St-Honoré — 75008 Paris •Tél. : 0145628899 •Horaires : lun.-sam. 13h-19h15 •Métro : Ternes •Bus : 30, 31, 43, 93

Cours de danse classique exclusivement, quelques cours d'assouplissements. Enfants et adultes. Adultes : 70 F le cours, 650 F les 10 cours; enfants : inscription annuelle 260 F. Cours pour professionnels, débutants, et pour les enfants souhaitant entrer à l'Opéra.

PARIS 9ᵉ

AUX FLEURONS DE LA DANSE

Vêtements et accessoires de danse Q/P : 8/10 •ASSORTIMENT : 7/10
✚ : Pointes sur mesure

•12, rue Rochambeau — 75009 Paris •Tél. : 0148788566 •Horaires : lun.-sam. 9h30-19h •Métro : Cadet •Bus : 67, 74, 85

Tous les articles de danse, pour le plus grand bonheur des petits rats. Notamment, des pointes sur mesures (350 F) ou industrielles (300 F), des demi-pointes en tissu (100 F) et en cuir d'agneau (150 F), mais d'autres articles spécialisés.

CÔTÉ DANSE-STOCK DANSE

Tenues, chaussures de danse　　Q/P : 8/10 •ASSORTIMENT : 8/10
　　　　　　　　　　　　　　　　＋ : Choix et articles soldés

•24, rue de Châteaudun — 75009 Paris •Tél. : 0153328484 •Fax : 0153328485 •Horaires : lun. 10h-13h 14h-18h30, mar.-sam. 10h-18h30 •Métro : Notre-Dame-de-Lorette

Au RDC, chez Côté Danse, tenues et chaussures de danse neuves et de marques (Repetto, Gamba, Solling, Capezzio), à des prix alignés. Au 1er étage, chez Stock Danse, les mêmes articles, mais des fins de série ou des modèles à petits défauts à des prix vraiment attractifs. Justaucorps de 80 à 200 F, demi-pointes de 50 à 110 F. Catalogue, VPC.

DANCE DÉPÔT

Tenues, accessoires et chaussures de　Q/P : 8/10 •ASSORTIMENT : 6/10
danse　　　　　　　　　　　　　　＋ : Qualité des produits et de l'accueil

•24, rue Richer — 75009 Paris •Tél. : 0148242672 •Horaires : lun.-ven. 10h-18h, sam. 10h-17h •Métro : Cadet, Rue-Montmartre •Bus : 67, 74

Ce petit magasin situé au fond d'une cour a su gagner la confiance des professionnels comme des débutants grâce à l'innovation permanente de ses modèles et la compétitivité de ses prix : pointes à 300 F, tutus à partir de 250 F (marques Dance Dépôt, Capézio, Danskin). Vêtements sur mesure, retouches, pose de fer de claquettes. Catalogue, VPC, envoi par transporteur (30 F/article).

PARIS-CENTRE

Cours de danse　　　　　　　Q/P : 7/10 •ASSORTIMENT : 9/10
　　　　　　　　　　　　　　　　＋ : Grand choix d'horaires

•54a, rue de Clichy — 75009 Paris •Tél. : 0149708190 •Fax : 0142812633 •Horaires : 7j/7 (horaires variables) •Métro : Place-de-Clichy •Bus : 68, 81

Du classique, de la barre d'assouplissement, du modern jazz, du jazz, des claquettes et de la danse contemporaine. Horaires variés. Carte d'adhésion annuelle 200 F et séance 68 F (sans adhésion, 78 F le cours). Les cours de danse durent en moyenne 1h30.

PARIS 11e

LA MÉNAGERIE DE VERRE

Danse contemporaine　　　　Q/P : 8/10 •ASSORTIMENT : 6/10
　　　　　　　　　　　　　　　　＋ : Le cadre

•12, rue Léchevin — 75011 Paris •Tél. : 0143383344 •Horaires : lun.-ven. 9h-19h •Métro : Parmentier •Bus : 46, 96

Vous danserez dans le cadre magnifique d'une ancienne imprimerie avec verrière plein ciel. Plusieurs cours, pour débutants et confirmés. Prix abordables : 65 F le cours, 600 F les 10, et si vous êtes adhérents, 55 F le cours (carte d'adhérent, 100 F).

STUDIO HARMONIC

Danse classique, orientale, claquettes,　Q/P : 8/10 •ASSORTIMENT : 9/10
salsa, capoeira, jazz, modern jazz　　＋ : Ouvert tous les jours

•5, passage des Taillandiers — 75011 Paris •Tél. : 0148071339 •Fax : 0149234043 •Horaires : 7j/7 8h-23h •Métro : Bastille •Bus : 61, 69

Un très grand choix de cours, tous les jours. Pour tous les goûts : danse classique, orientale, claquettes, salsa, capoeira, jazz et modern jazz, etc. Lieu très agréable et spacieux (un ancien dépôt de plomberie). Les cours durent 1h30, tarifs dégressifs : 1 cours 79 F, 10 cours 640 F, 20 cours 1180 F, 50 cours 2450 F. Stages régulièrement organisés.

VAGABONDANCE

Danse contemporaine, yoga, taï-chi-chuan, qi-gong   Q/P : 8/10 •ASSORTIMENT : 6/10
✚ : Ambiance agréable et joyeuse

•38, rue de la Folie-Méricourt — 75011 Paris •Tél. : 0148070917 •Horaires : lun.-sam. selon les cours •Métro : Oberkampf, Parmentier •Bus : 56, 96

Association agréée par le ministère de la Jeunesse et des Sports et par le rectorat de Paris. Cours de danse contemporaine, yoga, taï-chi-chuan et qi-gong. Enfants (à partir de 4 ans) et adultes. Les cours sont payables par trimestre, à partir de 680 F.

PARIS 13e

ARC — ATELIER DE RECHERCHE CHORÉGRAPHIQUE ITALIE

Cours de danse classique, rythmique et assouplissements   Q/P : 8/10 •ASSORTIMENT : 5/10
✚ : Accueil des enfants

•155, av. de Choisy — 75013 Paris •Tél. : 0145708192 •Horaires : lun. 17h-20h30, mar. 14h-20h30, mer. 11h30-18h45, jeu. 18h-20h30 •Métro : Tolbiac •Bus : 27, 57

École de danse classique et rythmique spécialisée dans l'accueil des jeunes et des tout-petits (dès 3 ans). Mercredi matin et jeudis soir : des enseignants diplômés les initient à la danse rythmique. Autres jours réservés aux cours de danse classique et aux assouplissements. Inscription annuelle 80 F, participation trimestrielle de 500 F pour les enfants et de 550 F 1h de cours/sem pour les adultes.

SMOKING & BRILLANTINE

École de danse, stages et soirées dansantes   Q/P : 7/10 •ASSORTIMENT : 8/10
✚ : Choix des disciplines

•13, rue Guyton-de-Morveau — 75013 Paris •Tél. : 0145659090 •Fax : 0145652929 •Horaires : lun.-ven. 9h-22h, secrétariat 9h-18h •Métro : Place-d'Italie, Tolbiac, Corvisart •Bus : 21, 27, 47, 57, 62

Des cours dans plus de 20 disciplines, adaptés à tous les niveaux et à tous les âges. Pour les plus jeunes, initiation aux techniques du cirque et de l'acrobatie, éveil corporel et motricité, et découverte de la danse sous tous ses aspects (modern jazz, classique, hip-hop…). Abonnement à partir de 1790 F/an pour 1h/sem Pour les adultes débutants ou confirmés, tous les styles de danse : classique, modern jazz, danses de salon, salsa, rock, claquettes, tango, danses africaines et orientales, hip-hop et même des séances de stretching et de yoga. Abonnement annuel à partir de 1990 F. Réductions accordées aux jeunes, aux chômeurs, aux étudiants et aux couples. Nombreux stages tout au long de l'année. Location de studios (stages, répétitions, castings…) au 0145659090 et organisation de vos soirées au 0145652626. Adhésion annuelle obligatoire de 200 F.

PARIS 14e

ACADÉMIE DE DANSE MONTPARNASSE

Danse classique, cours pour adultes   Q/P : 6/10 •ASSORTIMENT : 4/10
✚ : Formation de haut niveau

•92 bis, bd du Montparnasse — 75014 Paris •Tél. : 0143204501 •Fax : 0140478445 •Horaires : lun.-mer. 10h-14h, 18h-20h, jeu.10h-14h, ven. 11h30-14h, 18h-19h30, sam. 10h-13h •Métro : Montparnasse •Bus : 58, 82, 91

Ici, un couple de danseurs classiques professionnels assure tous les jours de la semaine des échauffements et des cours de danse pour adultes et adolescents (à partir de 16 ans). Yvan et Yvonne se partagent les différents ateliers, 4 niveaux, base classique, classique moyen, classique avancé et classique professionnel, sans oublier 1h par jour consacrée aux échauffements et à la barre au sol. Carnet de 10 cours (d'une durée d'1h30) à 700 F, tarifs préférentiels pour les étudiants (carnet de 10 cours à 550 F), un cours à 89 F.

CENTRE DE DANSE ALÉSIA

Cours de danse de toutes sortes
Q/P : 7/10 •ASSORTIMENT : 9/10
✚ : Grand choix de cours

•119, av. du Général-Leclerc — 75014 Paris •Tél. : 01 45 43 56 57 •Fax : 01 45 43 27 52 •Horaires : 7j/7, horaires variables •Métro : Porte-d'Orléans •Bus : PC, 28, 38

Au fond de la cour d'un immeuble, en sous-sol, 5 studios de danse, cours variés (enfants et adultes) : danse classique, slave et tzigane, expression corporelle, danse moderne, brésilienne, africaine, salsa, danse de salon, danse indienne et bien d'autres. Forfait de 5 cours différents (330 F) ou prix de 50 à 80 F la séance selon la discipline choisie.

PARIS 17e

CONTINSOUZA STOCK DANSE

Vêtements et accessoires pour toutes les danses
Q/P : 8/10 •ASSORTIMENT : 8/10
✚ : Toutes les danses

•24, rue de Chateaudun — 75017 Paris •Tél. : 01 53 32 84 84 •Horaires : lun.-sam. 10h-18h30 •Métro : Notre-Dame-de-Lorette •Bus : 67, 74

Articles de danse, pour toutes les danses, aussi bien classique que contemporaine ou jazz. Vous y trouverez donc un large choix de produits : pointes, demi-pointes, tutus, collants de danse, bottines de jazz, pour adultes et pour enfants. Les prix sont compétitifs.

ROCK'N ROLL CENTER

Rock'n roll, tango, salsa, cha-cha-cha, samba
Q/P : 8/10 •ASSORTIMENT : 7/10
✚ : Les stages intensifs

•6, impasse de Lévis — 75017 Paris •Tél. : 01 43 80 90 23 •Fax : 01 44 40 24 29 •Horaires : lun.-sam. 9h-22h30 •Métro : Villiers •Bus : 31

Du tango, de la salsa, du cha-cha-cha, de la samba, mais surtout du rock'n roll, voilà les cours que vous pourrez suivre dans ce centre (1h/cours). Forfaits trimestriels (1590 F, 3 cours/sem), ou annuels (1950 F, 1 cours/sem). Carte de 10 cours pour les essais (690 F). En plus des cours journaliers, stages intensifs le week-end (3h en moyenne).

PARIS 18e

CITÉ VÉRON

Cours de danse enfants et adultes
Q/P : 7/10 •ASSORTIMENT : 8/10
✚ : Ouvert tous les jours

•4 bis, cité Véron — 75018 Paris •Tél. : 01 42 52 07 29 •Horaires : 7j/7 9h-22h •Métro : Blanche •Bus : 30, 54

Cours de danse pour enfants et adultes. Danse classique, jazz, danse contemporaine, danse de caractère, etc. Les cours durent en moyenne 1h30 (70 F). Tarif d'essai 50 F, carnet de 10 cours 600 F, 20 cours 1100 F.

SANSHA

Chaussons de danse, pointes et demi-pointes
Q/P : 9/10 •ASSORTIMENT : 9/10
✚ : Bottines de jazz

•52, rue de Clichy — 75018 Paris •Tél. : 01 42 52 52 66 •Horaires : mar.-sam. 10h-18h30 •Métro : Blanche •Bus : 30, 54

Réserve d'or pour celles et ceux qui cherchent des accessoires de danse, le stock comprend plus de 100 000 paires… Pointes 240 F (une achetée = une gratuite), demi-pointes (de 100 à 140 F), chaussons de danse pour enfant et collants 50 F. Bottines de jazz en tissu (170 F) également très appréciées.

ASSOCIATION DANSES VAGABONDES

Cours de swing, danses de salon, danses latines et tropicales

Q/P : 6/10 •ASSORTIMENT : 9/10
 + : Choix de disciplines

•11, allée Darius-Milhaud — 75019 Paris •Tél. : 0140407360 •Horaires : lun.-ven. 11h-17h (secrétariat) •Métro : Ourcq, Botzaris •Bus : 60, 75

Pour adultes et enfants (à partir de 3 ans), plus de 30 types de danse, en cours (journée ou soir) et stages (week-end). Danses swing (be bop, rock'n roll, twist, madison, charleston), danses musette et danses de salon (valse, java, tango, passo doble), danses latines et tropicales (salsa, mambo, cha-cha-cha, rumba, boléro, bosa nova, merengue, zouk, calypso…). Cotisation annuelle 50 F, cours du soir 400 F le trimestre, 300 F pour les enfants, stages du week-end de 80 à 120 F, cours particuliers à partir de 200 F/h.

TROPIC CHANGA

Cours de salsa, danses latino-américaines

Q/P : 6/10 •ASSORTIMENT : 6/10
 + : Enseignement de qualité

•6, villa Faucheur — 75020 Paris •Tél. : 0144627870 •Horaires : lun.-ven. 11h-17h •Métro : Pyrénées •Bus : 26

Pour tous, débutants et danseurs confirmés, un apprentissage à la fois original et traditionnel de la salsa. 4 niveaux de cours (débutants 1 et 2, amateurs et perfectionnement). Les cours ont lieu à la Salle des Blancs-Manteaux, 48 rue Vieille-du-Temple, 75004 Paris, les lundis, mercredis et jeudis, de 20h15 à 21h45, et au studio Pyrénées, 403 rue des Pyrénées, 75019 Paris, le samedi, de 13h30 à 15h. Tarifs : 1 cours 80 F, abonnements 5 cours 350 F, 10 cours 600 F, 20 cours 1 100 F. Stages de perfectionnement et séances libres.

ADAGE

Vêtements et accessoires de danse

Q/P : 8/10 •ASSORTIMENT : 8/10
 + : Prix compétitifs

•34, rue du Maréchal-Foch — 78110 Le Vésinet •Tél. : 0139764142 •Horaires : mar.-sam. 10h-13h, 14h30-19h30

Pour ceux qui cherchent des vêtements de danse, classiques ou modernes, mais également de gymnastique. Justaucorps, pointes, demi-pointes, collants et bien d'autres accessoires.

STUDIO ROCK'N ROLL

Cours et stages de rock'n roll, rock acrobatique, salsa

Q/P : 7/10 •ASSORTIMENT : 5/10
 + : Cours adaptés à tous niveaux

•46, av. de Fontainebleau — 94270 Le Kremlin-Bicêtre •Tél. : 0146713333 •Fax : 0146713334 •Horaires : lun.-sam. 18h-22h (fermé juillet et août) •Métro : Le Kremlin-Bicêtre •Bus : 47, 125, 131, 185, 186

Rock au sol, sauté ou acrobatique, et maintenant salsa, merengue, mambo… Cours de danse animés par des professeurs compétents. Tous danseurs, enfants ou adultes, débutants ou confirmés. Frais d'inscription 100 F, le cours d'1h 80 F. Nombreuses formules d'abonnement (carnet de 10 cours d'1h 500 F, forfait annuel de 2 cours/sem 2650 F). Également, des stages, des spectacles, des cours de danse à l'étranger et des locations de salles pour soirées.

Équipements et vêtements de sport

Le moins cher de l'équipement sportif

Les vêtements de sport sont mis à rude épreuve. Vous trouverez les survêtements, les baskets, les shorts les moins chers chez Prisunic ou Monoprix et dans les grandes surfaces. Mais ces produits de marques inconnues sont de qualité médiocre, et la solidité des textiles et des matériaux utilisés laisse souvent à désirer. Néanmoins, des stocks d'invendus de baskets de grandes marques se retrouvent parfois soldés jusqu'à -40 % : n'hésitez pas à vous renseigner sur les jours de mise en place de ces promotions en grandes surfaces. Les baskets de grandes marques sont affichées à des prix alignés dans toutes les grandes chaînes spécialisées (Footlocker, Courir...); vous pourrez cependant dénicher les mêmes modèles avec un choix limité de tailles mais à des prix plus bas de 20 % aux trois stands spécialisés situés aux Puces de Montreuil et dans les boutiques La Clef des Marques. Pour le matériel de base ou pour débutants, préférez les grandes enseignes (Décathlon, Go Sport); pour du matériel plus spécialisé (escrime, arts martiaux...), choisissez des boutiques spécialisées pour le conseil et la qualité du matériel (Soudet-Céro, Sedirep Matsuru...).

- DÉCATHLON : Tél. : 01 45 72 66 88
- GO SPORT : Tél. : 01 40 13 73 50
- MONOPRIX-PRISUNIC : Tél. : 01 53 89 67 75
- FOOT LOCKER : Tél. : 01 42 33 03 33
- COURIR : Tél. : 01 42 71 33 43
- LA CLEF DES MARQUES : Tél. : 01 45 93 31 00
- SEDIREP MATSURU : 220, rue St-Jacques — 75005 Paris — Tél. : 01 46 33 86 76
- SOUDET-CÉRO : 31, bd Voltaire — 75011 Paris — Tél. : 01 44 06 48 48

PARIS Ier

ADIDAS

Vêtements, chaussures, tenues de sport

Q/P : 7/10 •ASSORTIMENT : 7/10
✚ : Unique enseigne Adidas sur Paris

•3, rue du Louvre — 75001 Paris •Tél. : 01 42 60 34 83 •Fax : 01 42 86 98 05 •Horaires : lun.-sam. 10h-18h45 •Métro : Louvre-Rivoli •Bus : 38, 65

Tous les produits dérivés de la fameuse marque aux trois bandes. Le point fort de l'enseigne, le sportswear : grand choix de survêtements (coton ou nylon à partir de 350 F haut et bas), maillots et shorts pour tous sports, baskets à partir de 250 F, maillots de bain 125 F, matériel et accessoires, ballons, sacs, lunettes... Mais Adidas, c'est aussi une ligne de montres, de parfums et de produits de beauté (gel douche, déodorants...).

STREET MACHINE

Snowboard, roller, skate, surf, sportswear, accessoires

Q/P : 6/10 •ASSORTIMENT : 9/10
✚ : Ambiance décontractée

•6, rue de Bailleul — 75001 Paris •Tél. : 01 47 03 64 64 •Horaires : lun. 14h-19h, mar.-sam. 10h30-19h •Métro : Louvre-Rivoli •Bus : 21, 67, 74, 81

Tous les fanas de la glisse trouveront ici un matériel de premier choix de marques ES, DC Shoes, Axion, E-Mirica : snowboards entre 1 600 et 2 500 F, baskets autour de 600 F et pantalons de skate autour de 500 F. Vendeurs honnêtes, adorables et de bons conseils car ils pratiquent la glisse.

LE SHOP

Vêtements de sports de ville et de glisse, sportswear

✦ Q/P : 7/10 •ASSORTIMENT : 6/10
✦ : Les vêtements de sports de glisse

•3, rue d'Argout — 75002 Paris • Tél. : 0140289594 •Horaires : mar.-sam. 11h-19h, lun. 13h-19h •Métro : Étienne-Marcel •Bus : 29

Sorte de mini centre commercial, produits à dominante sportive (sportswear, casquettes, VTT, baskets...), agencés par thème : 24 corners (coin VTT, atelier de réparation, modèles neufs à partir de 1 000 F; coin musique (CD de 80 à 100 F, vinyles); coin glisse, snowboards, skates...), puis répartis par marque (Sunn DC, Carhartt...).

Courir

Toute une gamme de sportswear. Dans une de ses spacieuses boutiques, plus de 500 modèles de baskets de grandes marques (Nike, Reebok, Adidas, Fila, Converse... de 239 à 859 F la paire). Sweatshirts (à partir de 200 F), tee-shirts, chaussettes, survêtements... Compétence des vendeurs, large choix de modèles et de tailles : vous trouverez baskets à votre pied.

- *COURIR* : 1, rue Pierre-Lescot — 75001 Paris — Tél. : 0140280773
- *COURIR* : 51, rue de Rivoli — 75001 paris — Tél. : 0142211032
- *COURIR* : 48, rue de Rivoli — 75004 Paris — Tél. : 0142713343
- *COURIR* : 43, bd St-Michel — 75005 Paris — Tél. : 0146341367
- *COURIR* : 18, bd Poissonnière — 75009 Paris — Tél. : 0142463516
- *COURIR* : 30, av. d'Italie — 75013 Paris — Tél. : 0145813833
- *COURIR* : 50, av. du Général-Leclerc — 75014 Paris — Tél. : 0145404767
- *COURIR* : 68, av. du Maine — 75014 Paris — Tél. : 0143354575

FLOTTE FRANÇAISE

Matériel, accessoires et vêtements pour le nautisme

Q/P : 6/10 •ASSORTIMENT : 7/10
✦ : Équipements pour cabines de bateaux

•21, rue des Filles-du-Calvaire — 75003 Paris •Tél. : 0142729500 •Horaires : mar.-sam. 10h-13h, 14h-19h •Métro : Filles-du-Calvaire •Bus : 20, 65

Pour les marins : cirés (à partir de 250 F), bottes (274 F), vestes de quart (1 300 F), vêtements polaires (Aigle, Helly Hansen, Tornado...). Tout le nécessaire pour équiper votre bateau : accastillage (poulies, taquets, palans), aération (hublots, manches à air...), gréements, voilerie, cartes, guides et instruments de navigation (sextants à partir de 1250 F, jumelles, récepteurs, stations météo, radars et pilotages automatiques). Pour le confort à bord : chauffages, sanitaires, réchauds, éviers... Gamme de produits et d'accessoires pour l'entretien et la réparation du bateau. Catalogue (contre 4 timbres), VPC.

JUDOGI

Équipement, tenues, matériel, accessoires pour arts martiaux

Q/P : 6/10 •ASSORTIMENT : 8/10
✦ : Soldes d'après inventaires

•103, bd Beaumarchais — 75003 Paris •Tél. : 0142729559 • Fax : 0140279314 •Horaires : lun.-sam. 9h30-18h30 •Métro : St-Sébastien-Froissart •Bus : 65

Spécialiste du judo et autres arts martiaux. Grand choix de kimonos de marques Shonen, Shureido, Shoka de 75 F (modèle enfant débutant) à 1035 F (pour un modèle de compétition). Après les inventaires (2 fois par an), nombreux modèles de kimonos soldés entre 150 et 350 F. Armes pour aïkido (jyo-bo à partir de 85 F), et kendo (naginata à partir de 913 F), armes ninja (kamas, nunchakus, katanas) et gants pour la boxe américaine, kick-boxing (à partir de 327 F). Tout pour équiper les clubs, tatamis (stock permanent de plus de 4000 tapis Kasei, 6 modèles), sacs de frappe, protections murales… Bibliothèque entièrement consacrée aux arts martiaux, livres techniques, essais et même des méthodes en BD destinées aux plus jeunes. Catalogue, VPC.

L'ABEILLE

Armes, tenues, vêtements de chasse   Q/P : 6/10 •ASSORTIMENT : 6/10
                                                      ♣ : Atelier et SAV

•81, rue de Turbigo — 75003 Paris •Tél. : 0142784855 •Fax : 0140290628 •Horaires : mar.- sam. 9h-12h30, 14h-18h30 •Métro : Temple •Bus : 75

De quoi équiper entièrement le chasseur. Vêtements, pantalons (de 200 à 500 F) et vestes Charles Dubourg. Choix assez large d'armes de qualité, fusils Browning, Berreta, Chapuis de 2500 à 70000 F, couteaux de 35 à 1500 F. Armes garanties 2 ans. Atelier de réparation, nettoyage, montage de lunettes optiques… Catalogue, VPC.

ROLLER STATION

Roues et accessoires de rollers, cours   Q/P : 8/10 •ASSORTIMENT : 8/10
particuliers   ♣ : Choix de matériel
•107, bd de Beaumarchais — 75003 Paris •Tél. : 0142783300 •Horaires : 7j/7, 10h30-19h •Métro : St-Sébastien-Froissart •Bus : 20, 65

RDV incontournable des fanas de rollers. Un des choix les plus importants de Paris, modèles in-line (Rossignol, Salomon) ou quad (Roces), de 390 F à plus de 2000 F. Pour compléter ou réparer votre équipement, rayon streetwear avec pantalon PM Patrol et Baggy à 529 F, baskets Nike, Reebok à partir de 429 F, sweat-shirts, tee-shirts… De très nombreuses pièces détachées (roues Bulls Eyes et Kriptonics, roulements, freins) et accessoires (protections, casque à partir de 240 F, plots de slalom à 35 F, crosses de street-hockey à 260 F) en stock. Tout le matériel bénéficie d'une garantie de 6 mois à 2 ans. Location de patins 30 F par demi-journée ou 100 F pour le week-end. Des professeurs vous initient à la pratique du roller in-line dans Paris (80 F/h ou 700 F/10 h). Atelier de réparation, dépôt-vente. Minitel 3615 ROLLER STATION.

PARIS 4e

LA HAUTE ROUTE

Vente, location, réparation de matériel   Q/P : 6/10 •ASSORTIMENT : 8/10
de ski, montagne, randonnée   ♣ : Le choix
•33, bd Henry-IV — 75004 Paris •Tél. : 0142723843 •Fax : 0142727705 •Horaires : mar.-sam. 10h-13h, 14h-19h •Métro : Bastille •Bus : 86, 87

Pour les skieurs, de piste ou de randonnée : location de skis alpins à 450 F/sem, skis de fond à 150 F/sem Mais les surfeurs ne sont pas oubliés : snowboards et chaussures 700 F/sem En vente, skis et snowboards de marque Salomon, Atomic, Nordica ; tout le matériel bénéficie de la garantie fabricant d'un an. Pour la randonnée en montagne, chaussures (450 à 1540 F), sacs à dos (350 à 1100 F), sacs de couchage (800 à 2800 F). L'atelier de réparation et d'entretien est le seul à Paris qui dispose d'un système de ponçage à pierre.

MADE IN SPORT

Vêtements, chaussures, accessoires,   Q/P : 6/10 •ASSORTIMENT : 8/10
matériel de sport   ♣ : Animations et expositions
•33, rue Quincampoix — 75004 Paris •Tél. : 0144618041 •Horaires : lun.-sam. 10h30-19h30 •Métro : Les Halles •Bus : 29, 38, 47

Magasin dédié au sport et à ses stars. Animations et promotions en fonction de l'actualité sportive internationale (exposition de la Ferrari de Schumacher, projection sur plusieurs écrans des matchs de la Coupe du Monde…). Toutes les grandes marques (Adidas, Nike, Fila, Reebok, Diadora…), dans les nombreuses boutiques, et tous les genres de sport, du maillot de l'OM (165 F) au peignoir Rolland-Garros (675 F), avec un stock important pour les sports américains (basket, base-ball, football américain…).

RENÉ DUBOS, ARTICLES DE PÊCHE

Pêche à la mouche, matériel, réparation

Q/P : 7/10 •ASSORTIMENT : 7/10
✚ : Expérience et accueil

•1, bd Henri-IV — 75004 Paris •Tél. : 0143546046 •Horaires : lun.-ven. 9h-12h30, 15h-19h, sam. 9h-12h30, 15h-17h30 •Métro : Sully-Morland •Bus : 86

La pêche à la mouche est à la mode. Avant de vous précipiter pour acheter de quoi ressembler au parfait moucheur, passez par cette boutique. Montage de mouches, vente de cannes et de moulinets. En cas d'accident, la maison répare toutes sortes de matériel, y compris les cannes anciennes et les bambous refendus. Formation à cette technique très particulière : cours, au tarif de 150 F/h, tous les jours, sur RDV (matériel fourni, compter environ 5 ou 6 cours pour se débrouiller dans une rivière). Si vous renoncez à ce passe-temps, la maison fait dépôt-vente et prend 30 % sur les objets présentés.

PARIS 5ᵉ

BUDOSTORE

Tenues, matériel et accessoires d'arts martiaux

Q/P : 7/10 •ASSORTIMENT : 7/10
✚ : Professionnels expérimentés et aimables

•34, rue de la Montagne-Ste-Geneviève — 75005 Paris •Tél. : 0144416320 •Horaires : lun.-sam. 9h-19h30 •Métro : Cardinal-Lemoine •Bus : 63, 86, 87, 89

Dans la cour de l'immeuble, petit magasin, choix honnête de tenues (kimonos de 200 à 2000 F pour les tenues de compétition), gants de combat (136 à 500 F) et accessoires pour sports de combat (armes blanches, sabres, nunshaku…). Point fort : librairie (livres, méthodes, essais et documents sur les arts martiaux) et une large gamme de cassettes vidéo (combats et techniques), dont de nombreux imports asiatiques. Prix privilèges pour les membres du club, catalogue, VPC, serveur Minitel 3615 Budostore (2,23 F/min).

Le Vieux Campeur

Fiez-vous à l'expérience du Vieux Campeur : depuis 1940, il s'est adapté à toutes les nouvelles disciplines sportives. 18 boutiques spécialisées du Quartier latin : l'offre la plus complète de tenues et de matériel de sport sur Paris. Tous les sports : sports de raquettes (service de cordage sur place), sports de glisse (derniers modèles de rollers in-line, ski et snowboards, atelier de réparation et location), cyclisme (VTT, VTC, vélos de course). 5 catalogues publiés tous les ans, avec les spécialités dominantes de l'enseigne. Chaussures et vêtements de loisirs (vêtements de montagne, de randonnée, de pluie, chaussures de sport et de ville, chapeaux et accessoires); camping et randonnée (tentes, sacs de couchage, moustiquaires, lampes, mobilier de plein air); plongée et nautisme (masques, tubas, combis, cordages, cirés, photo sous-marine, compas, boussoles…); carthotèque et guides-instruments (cartes routières, fluviales, en relief, guides…); et montagne (spéléo, alpinisme, cordes, sacs, chaussures d'escalade, mousquetons, lunettes de glacier…). Paiement en 4 fois sans frais, nombreuses formes de crédit, VPC et livraison gratuite sur Paris.

• *LE VIEUX CAMPEUR : 18 boutiques autour du 48, rue des Écoles — 75005 Paris — Tél. : 0143291232*

SEDIREP MATSURU

Tenues et matériel d'arts martiaux

Q/P : 6/10 •ASSORTIMENT : 8/10
✚ : Le choix et l'accueil
━ : L'état du magasin

•220, rue St-Jacques — 75005 Paris •Tél. : 0146338676 •Horaires : mar.-sam. 9h30-13h, 14h-18h30 •Métro : RER B Luxembourg •Bus : 21, 27, 38

De l'enfant à l'adulte, tous les vêtements et le matériel nécessaires à la pratique des arts martiaux (kimonos de marque Shureido et Meiji à partir de 200 F, accessoires à partir de 150 F). Nombreuses cassettes vidéo et revues sur le sujet. Un service de retouches vous est proposé sur place. Essayage, catalogue, VPC et formules spéciales pour clubs.

PARIS 6e

AIGLE

Vêtements, chaussures de sport Q/P : 6/10 • ASSORTIMENT : 7/10
✛ : Qualité des produits

• 141, bd St-Germain — 75006 Paris • Tél. : 0146332623 • Fax : 0146332912 • Horaires : lun.-sam.10h-19h30 • Métro : St-Germain-des-Prés • Bus : 63, 86, 87, 96 • Internet : http://www. aigle. com

Toute la gamme des produits Aigle, vêtements de grande qualité connus pour résister aux conditions extrêmes : pantalons (450 F), bottes en caoutchouc et chaussures pour les sports nautiques ou la randonnée (à partir de 250 F), tee-shirts (140 F), vêtements polaires en gore-tex. Retouches par sous-traitant à partir de 50 F, catalogue, VPC. Serveur Minitel, 3615 Aigle (1,23 F/min).

Foot Locker

Difficile de ne pas trouver chaussures à son pied chez ce spécialiste multi-sports. Toutes les marques réputées, Nike, Adidas, Fila, de 99 F (baskets pour enfants à partir de 2 ans) à 790 F (pour les Air-Max). Bon choix de sportswear, shorts, maillots et large sélection de casquettes aux emblèmes de clubs américains (base-ball, football américain, hockey, basket).

• FOOT LOCKER : 45, rue de Rivoli — 75001 Paris — Tél. : 0142330333
• FOOT LOCKER : 6, rue Pierre-Lescot — 75001 Paris — Tél. : 0140263311
• FOOT LOCKER : 22, av. du Général-Leclerc — 75014 Paris — Tél. : 0140449901
• FOOT LOCKER : Centre commercial Rosny II — 93110 Rosny-sous-Bois — Tél. : 0148552740
• FOOT LOCKER : 12, chemin Mare-à-Guillaume — 94120 Fontenay-sous-Bois — Tél. : 0148767780
• FOOT LOCKER : Centre commercial Belle Épine — 94320 Thiais — Tél. : 0149790418

AMERICAN GOLF

Tenues, chaussures, accessoires, Q/P : 8/10 • ASSORTIMENT : 7/10
matériel de golf ✛ : Matériel pour gauchers

• 14, rue du Regard — 75006 Paris • Tél. : 0145491252 • Fax : 0142225765 • Horaires : lun. 10h-18h30, mar.-ven. 10h-19h, sam. 10h-18h30 • Métro : St-Placide • Bus : 48, 94, 95, 96 • e-mail : fraamericangolf@minitelnet

Ce magasin s'est forgé, depuis 15 ans, une solide réputation de qualité et de prix parmi les plus bas du marché. Clubs Taylor-Made, Cobra, McGregor, Wilson pour hommes, femmes, enfants et modèles spéciaux pour gauchers (à partir de 190 F), chariots (à partir de 190 F), sacs de golf Cobra et Lynx (à partir de 795 F). Quelques modèles de vêtements en gore-tex (vestes à 1250 F, pantalons à 960 F), de chaussures Adidas, Stylo (à partir de 580 F), et divers accessoires utilisés dans la pratique de ce sport – tees, trépieds, swing-trainers… Espace librairie, nombreux ouvrages, méthodes et essais sur le golf. Chaque année, la boutique édite son propre catalogue, le Green Book, devenu une véritable Bible du golfeur. Carte club American Golf (70 F pour 2 ans) : nombreux avantages, dont 12 % de remise immédiate sur tout achat. VPC, Minitel 3615 SPORTMOND (code : golf).

PARIS 8e

DOC SHOP

Streetwear, sportswear, CD Q/P : 8/10 • ASSORTIMENT : 8/10
✛ : Accueil

• 37, rue de Constantinople — 75008 Paris • Tél. : 0145225005 • Horaires : lun.-sam. 11h-20h
• Métro : Villiers • Bus : 30

L'ex Doc'Records a fait peau neuve et consacre désormais la plus grosse surface des deux niveaux de la boutique aux streetwear et sportswear. Les plus grandes marques à des prix chocs, polos, pantalons, bonnets, casquettes, doudounes, sweat-shirts, tee-shirts et baskets Carhartt, Geda, Dickies, STK, Eastpack. Skate shop (marques Girl, Chocolate, Blind, DC) ainsi qu'un choix d'accessoires. Petit coin réservé aux disques, nouveautés et occasions, de 69 à 119 F, avec un choix de tous les styles musicaux.

ROLLER STATION

Roues et accessoires de rollers, cours particuliers	Q/P : 8/10 •ASSORTIMENT : 8/10 ✚ : Choix de matériel

•Galerie Point Show — 66, av. des Champs-Élysées — 75008 Paris •Tél. : 0153750404 •Horaires : lun.-dim. 10h30-19h30 •Métro : Franklin-Roosevelt •Bus : 32, 73

Voir Roller Station, Paris 3e.

PARIS 9e

MADE IN SPORT

Vêtements, chaussures, accessoires, matériel de sport	Q/P : 6/10 •ASSORTIMENT : 8/10 ✚ : Animations et expositions

•5, rue Delta — 75009 Paris •Tél. : 0153328720 •Horaires : lun.-sam. 10h30-19h30 •Métro : Barbès-Rochechouart, Anvers •Bus : 30, 54, 56 • Voir Made in Sport, Paris 4e.

STAL

Équipement, tenues, matériel d'équitation	Q/P : 6/10 •ASSORTIMENT : 7/10 ✚ : Sellerie

•72, rue de Rochechouart — 75009 Paris •Tél. : 0148747851 •Fax : 0140769231 •Horaires : lun. 14h-19h, mar.-sam. 10h-19h •Métro : Anvers •Bus : 85

Que des produits de grande qualité. Pour l'équipement du cavalier, pantalons et vestes, bombes et la gamme de chaussures Paraboot (de 690 à 1290 F). Ceintures (de 120 à 450 F) et chapeaux (Indiana Jones à 390 F). Pour l'équipement de la monture, sellerie, étriers, couvertures, produits d'entretien, bandes de repos… Soldes annuelles fin janvier, catalogue, VPC.

Go Sport

Chaîne de magasins de sport, toutes les grandes marques (Adidas, Nike, Millet, Fila, Beuchat…) à des prix alignés et avec de nombreuses promotions (paire de Nike à 229 F, rollers in-line Hudson à 149 F, VTT Go Sport à 995 F au lieu de 1195 F, chaussures de randonnée à 99 F, tente 2 places à 199 F…). Grand choix de tailles et de modèles et deux marques exclusives : Go Sport et Wannabee by Go Sport, garanties de 1 à 5 ans selon le matériel. Catalogues, VPC, livraison, crédits et paiements en 4 fois sans frais (à partir de 1500 F d'achat). Atelier de réparations, entretien, montage, démontage de rollers, skate, VTT, cordage de raquettes…
• *GO SPORT*, 27 Magasins en R.P. — Tél. : 0140137350

PARIS 10e

EVERLAST

Tenues, matériel, accessoires de boxe	Q/P : 7/10 •ASSORTIMENT : 6/10 ✚ : Marque réputée pour sa qualité

•17, rue Beaurepaire — 75010 Paris •Tél. : 0142084400 •Fax : 0142084500 •Horaires : lun.-sam. 10h-13h, 14h-19h •Métro : République •Bus : 75

Exclusivement la marque Everlast. Large gamme de gants de boxe, de 180 à 999 F pour le modèle combat professionnel (les mêmes que ceux portés par Muhamed Ali). Pour la protection des boxeurs, casques en cuir (de 299 à 999 F) et coquilles, et pour la tenue, shorts à 199 F, débardeurs et tee-shirts à partir de 109 F, peignoirs professionnels à 679 F. Pour équiper les salles d'entraînement, sacs de frappe de 249 à 2889 F, plates-formes de vitesse. Quelques articles destinés à la pratique du full-contact (gants, protections…). Trophées et médailles. Devis d'équipement de salle, installation de rings complets. Catalogue (contre 9 F en timbres), VPC.

FOOT MAX

Vêtements et chaussures de sport   Q/P : 6/10 •ASSORTIMENT : 6/10
                                              ✚ : Modèles de baskets rares

•69, bd de Magenta — 75010 Paris •Tél. : 0147708047 •Fax : 0148240449 •Horaires : lun.-sam. 10h-19h •Métro : Gare-de-l'Est •Bus : 54, 56, 65

Sans doute un des choix de chaussures de sport les plus rares sur Paris. Toutes les semaines, de nouveaux modèles en importation directe des États-Unis. Nombreuses marques prestigieuses : Nike, Reebok, Adidas, Caterpillar, Timberland, Fila… et une gamme de modèles de toutes tailles, chaussures du 27 au 48 (de 279 à 999 F) et vêtements de Small à XXL (bas de survêtement de 150 à 299 F). Promotions régulières sur les fins de stock.

WINSTART

Tenues, accessoires, chaussures de   Q/P : 5/10 •ASSORTIMENT : 7/10
basket, football américain, hockey,   ✚ : Grand choix de matériel importé
base-ball

•16, av. Claude-Vellefaux — 75010 Paris •Tél. : 0142419202 •Fax : 0142418110 •Horaires : lun. 14h-19h30, mar.-sam. 10h-19h30 •Métro : Goncourt •Bus : 46, 75

Le sport made in USA est à l'honneur chez ce spécialiste du football américain, du basket, du hockey et du base-ball. Tout le matériel nécessaire à la pratique de ces sports : maillots de 20 à 300 F, protections, gaine de maintien des articulations (McDavid), épaulières (Ridell) à partir de 600 F, casques à partir de 300 F, ballons de 140 à 290 F, paniers de basket, battes de base-ball, casquettes (NFL, NHL, NBA) de 99 à 149 F. Réduction de 10 % pour les licenciés et 15 % pour les clubs. Catalogues, VPC, livraisons.

PARIS 11ᵉ

DE LONG EN LARGE

Vêtements et chaussures de sport   Q/P : 6/10 •ASSORTIMENT : 7/10
grandes tailles   ✚ : Nombreux modèles de grande taille

•30, bd Beaumarchais — 75011 Paris •Tél. : 0149299790 •Fax : 0149290203 •Horaires : mar.-sam. 10h-13h, 14h-19h •Métro : Bastille •Bus : 20, 29, 65

Le spécialiste des grandes tailles chausse les sportifs du 46 au 53, et habille les personnes fortes de la taille XL à XXXXXXL! Toutes les grandes marques de sport, grand nombre de modèles disponibles, Adidas, Fila, Nike… (baskets de 299 à 995 F, survêtement Nike à 750 F, maillot Ronaldo à 190 F). Vestes et pantalons de lin, chemises unies ou fantaisie, choix de chaussures de randonnée (Timberland de 790 à 1190 F). Catalogue et VPC.

FRANSCOOP

VTT, Rollers, ski, snowboards   Q/P : 6/10 •ASSORTIMENT : 9/10
                                           ✚ : Choix de skis à la location

•47, rue Sevran — 75011 Paris •Tél. : 0147006843 •Horaires : lun.-sam. 9h30-13h, 14h-19h30 •Métro : St-Maur

Spécialiste des vélos : 20 modèles de VTT haut de gamme (Cannondale et Grisley entre 4000 et 34000 F), VTC pour rouler en ville (Giant de 1800 à 4000 F). Choix de skis, de snowboards (neufs et d'occasion), ainsi que rollers in-line (pièces détachées et protections) et raquettes de tennis (cordage minute 130 F). Point fort : la location, avec le plus grand parc de skis de la capitale (matériel pour tous niveaux de skieurs, skis à 190 F pour 10 jours, snowboards à partir de 350 F pour 10 jours), rollers in-line de toutes tailles à partir de 45 F la journée et 90 F pour le week-end.

Décathlon

Magasins multi-sports, un large choix de vêtements, d'accessoires et de matériel. Toutes les grandes marques (Nike, Reebok, Adidas, Fila, Le Coq Sportif...), ainsi que la gamme de produits Décathlon, à un bon rapport qualité/prix. Maillot de bain femme brasse noir 49 F, 3 tee-shirts homme 100 F, set de badminton comprenant 4 raquettes, filets et volants 199 F. Cycles (réparation immédiate pour travaux de moins de 20 min, entretien, forfaits, révision), tennis (cordage immédiat des cadres neufs, cordage minute, 5e gratuit, pose de grip), golf (grip, shaft...), roller (montage, entretien, réparation).

• DÉCATHLON : 26, av. de Wagram — 75008 Paris — Tél. : 01 45 72 66 88 — Fax : 01 45 72 44 88
• DÉCATHLON : 35 Magasins en R.P. — Tél. : 01 45 72 66 88 — Serveur Minitel : 3615 Décathlon (2,23 F/min) — Internet : http://www. com

PARIS VOILE

Matériel, tenues, accessoires de nautisme   Q/P : 6/10 • ASSORTIMENT : 6/10
+ : Atelier de réparation performant, SAV

•73, av. de la République — 75011 Paris •Tél. : 01 43 38 53 13 •Fax : 01 43 38 52 61 •Horaires : mar.-sam. 10h-14h, 15h-19h •Métro : St-Maur •e-mail : paris. voile. tm. fr

Navigateurs confirmés et occasionnels trouveront ici un choix de matériel neuf et d'occasion : dériveurs de 15 000 à 100 000 F, voiles de 200 à 30 000 F, mais aussi des câbles, des poulies, des gréements et des vêtements de marques Aigle et St-James (cirés, cabans, bottes). Atelier de réparations et dépôt-vente sur place, VPC.

PRIEUR SPORTS

Tenues et équipement d'escrime   Q/P : 6/10 • ASSORTIMENT : 8/10
+ : Conseil et choix de tailles

•18, rue de Nemours — 75011 Paris •Tél. : 01 43 57 89 90 •Fax : 01 43 57 80 11 •Horaires : mar.-ven. 8h30-12h, 13h30-18h30, sam. 8h30-12h, 13h30-16h •Métro : Parmentier •Bus : 96

Tout le matériel nécessaire à la pratique de l'escrime, aussi bien pour les petits (à partir de 7 ans) que pour les grands, pour les amateurs que pour les plus expérimentés. Prix raisonnables (épées entre 400 et 750 F, tenues à 1 086 F ou 1 975 F), et produits conformes aux normes de la Fédération internationale d'escrime. Équipement pour les clubs et les salles sur devis, catalogue, VPC.

SIMONE PLONGÉE

Tenues et matériel de plongée   Q/P : 7/10 • ASSORTIMENT : 7/10
+ : Matériel haut de gamme garanti 1 an

•22, rue de la Roquette — 75011 Paris •Tél. : 01 47 00 09 81 •Fax : 01 48 06 19 06 •Horaires : lun. 13h30-19h, mar.-ven. 9h-12h, 13h30-19h, sam. 9h-12h, 12h30-18h30 •Métro : Bastille •Bus : 20, 65

Petite boutique au fond de la cour. Vente de tous les accessoires (bouteilles de 1 290 à 2 290 F) et l'équipement (combinaisons de 1 000 à 2 500 F) nécessaire à la plongée et à la chasse sous-marine. Matériel de qualité (Beuchat, Sporasub, Scubapro, Cressi...) garanti 1 an (atelier pour détendeurs, station de gonflage, réparation de stabilisateur). Catalogue, VPC, livraison gratuite pour Paris et région parisienne, et remise de 5 % à 10 % pour les clubs.

SNEAKERS

Chaussures de sport, imports US   Q/P : 5/10 • ASSORTIMENT : 8/10
+ : Modèles rares
− : Peu de petites tailles

•115, rue du Fg-St-Antoine — 75011 Paris •Tél. : 01 43 47 06 56 •Horaires : lun. 12h-19h30, mar.-sam. 10h30-19h30 •Métro : Ledru-Rollin •Bus : 86

Ici, vous trouverez des modèles de baskets que vous n'avez jamais vus ailleurs. Cette boutique importe des chaussures de sport qui ne sont pas commercialisées en France.

Plus de 300 modèles en exposition, de toutes les grandes marques américaines (Nike, Reebok, First-Down, Timberland, South-Pole…). Tarifs plutôt plus élevés que ceux pratiqués habituellement par les boutiques de sport, mais c'est le prix à payer pour pouvoir épater vos amis avec vos nouvelles baskets si originales…

SNOW BEACH WAREHOUSE

Matériel et tenues de surf et snowboard   Q/P : 6/10 •ASSORTIMENT : 6/10
     + : Choix de baskets

•30, bd Richard-Lenoir — 75011 Paris •Tél. : 0143386250 •Fax : 0143386244 •Horaires : lun. 14h30-19h30, mar.-sam. 10h30-19h30 •Métro : Bréguet-Sabin •Bus : 20, 29, 65

Magasin dédié aux sports de glisse, choix de snowboards (à partir de 980 F), de surfs et de body-boards de marques Morey, Mantas, BZ (de 600 à 2400 F). Tout pour looker les surfeurs : lunettes de soleil (Oakley, Arnet à partir de 600 F) et une sélection de sportswear de choc, de marques Quicksilver et Foster, ainsi que plus de 150 modèles de baskets (de 450 à 850 F). Sur place, quelques occasions, dépôt-vente, VPC.

SOUDET-CÉRO

Tenues et matériel d'escrime   Q/P : 7/10 •ASSORTIMENT : 8/10
     + : Qualité du matériel

•31, bd Voltaire — 75011 Paris •Tél. : 0148064848 •Fax : 0147005141 •Horaires : mar.-ven. 9h-18h30, sam. 9h-18h •Métro : Oberkampf •Bus : 96

Un magasin de grande qualité (fournisseur officiel de l'équipe de France), qui fera le bonheur des escrimeurs de tous âges, tailles et niveaux (matériel pour droitiers et gauchers). Articles principalement de marque Soudet. Tenue d'escrime complète, aux normes françaises, entre 985 et 1060 F (plus de 1900 F aux normes internationales). Prix des épées de 420 à 765 F. Catalogues en français et en anglais, VPC pour les clubs uniquement.

SWINGTAP

Chaussures et tenues de claquettes,   Q/P : 6/10 •ASSORTIMENT : 7/10
comédies musicales, CD, vidéos   **+ : Accueil**

•21, rue Keller — 75011 Paris •Tél. : 0148063818 •Horaires : mar.-sam. 14h-19h •Métro : Bastille •Bus : 61, 69, 76

Tous les amateurs de claquettes pourront s'équiper, se documenter et choisir les supports musicaux pour leurs entraînements et spectacles. Grand choix de chaussures et fers de claquettes de marques Capezio, Gregory Hines, Katz (chaussures équipées de 290 à 750 F), dans toutes les tailles (hommes, femmes, enfants). De très nombreux ouvrages techniques consacrés à la pratique des claquettes (des combinaisons de base aux analyses de numéros professionnels), des cassettes vidéo à partir de 95 F (méthodes, shows, comédies musicales…) et des cassettes et CD de 78 à 170 F (comédies musicales, musique pour entraînements…). Catalogue, VPC.

TRANCHE DE SURF

Tenues, matériel et accessoires de   Q/P : 7/10 •ASSORTIMENT : 8/10
snowboard, roller, skate, surf   **+ : De bons conseils**

•22, bd Beaumarchais — 75011 Paris •Tél. : 0147000700 •Fax : 0147007950 •Horaires : mar.-sam. 10h-19h30 •Métro : Bastille, Chemin-Vert •Bus : 20

Du matériel de précision à des prix corrects (snowboards de 1700 à 3000 F), un grand choix de tenues branchées et bariolées (combinaison intégrale pour surfeurs entre 500 et 2000 F), une sélection de sportswear de qualité (Oxbow, Quicksilver…), des cabines d'essayage impeccables, des vendeurs dynamiques et disponibles, et un service performant de location, de réparation et de maintenance, font de cette adresse le rendez-vous incontournable des surfeurs parisiens.

PARIS 13ᵉ

FRIEND SHIP SPORT

Tenue, accessoires, matériel de tennis de table	Q/P : 6/10 •ASSORTIMENT : 8/10
	✦ : Matériel de grande qualité

•6, rue Moulinet — 75013 Paris •Tél. : 0145809055 •Horaires : mar.-sam. 10h-12h30, 14h-19h •Métro : Place-d'Italie, Tolbiac •Bus : 57, 62

Matériel et tenues pour pongistes uniquement. Choix parmi un grand nombre de raquettes (à partir de 300 F) de marques Yasaka, Rit, Donic. 1er prix pour une table de ping-pong homologuée autour de 3 000 F. Grand choix d'accessoires, balles, filets, grips haut de gamme. Catalogues, VPC.

SURF & SHOP

Surfs et planches à voiles	Q/P : 6/10 •ASSORTIMENT : 8/10
	✦ : Nombreux modèles exposés

•105, rue Bobillot — 75013 Paris •Tél. : 0145815213 •Fax : 0145815356 •Horaires : mar.-sam. 10h-13h, 14h-19h •Métro : Place-d'Italie, Tolbiac •Bus : 62

Matériel de sport nautique neuf et d'occasion : planches à voile de marque Naish ou Koa à partir de 3 800 F, un choix de morreys de 600 à 2000 F, et les accessoires nécessaires à la pratique du ski nautique. Sacs et bagages adaptés au transport des planches de marque Neylpride et DA Kine. Montres de marque Gul (résistance optimale à l'eau). Nombreux catalogues et VPC.

PARIS 14ᵉ

LE CORSAIRE MALOUIN

Vêtements de marins, pêcheurs, nautisme	Q/P : 6/10 •ASSORTIMENT : 8/10
	✦ : Service location, marque Guy Cotten

•105, av. du Maine — 75014 Paris •Tél. : 0143216779 •Horaires : mar.-sam. 10h-13h, 14h-19h •Métro : Gaîté, Edgar-Quinet •Bus : 28, 58

Spécialiste du nautisme, ce magasin vend des tenues de haute mer en textile conçu pour les situations extrêmes, des pantalons et des vestes de marins de marque Guy Cotten, des vareuses et des cirés pour le yachting, des cottes, des tabliers, des cuissardes et des combinaisons pour la pêche, mais aussi une gamme pour la ville de blousons et parkas. Service de location, de 90 à 130 F pour un ensemble ciré pour un week-end.

PASSE-MONTAGNE 1

Vêtements de ski, randonnée, escalade, canoë-kayak, livres	Q/P : 7/10 •ASSORTIMENT : 7/10
	✦ : Matériel de qualité

•95, av. Denfert-Rochereau — 75014 Paris •Tél. : 0143290943 •Horaires : mar. 11h-19h, mer. 11h-20h, jeu.-ven. 11h-19h, sam. 10h-19h •Métro : Denfert-Rochereau •Bus : 38

Tous les vêtements nécessaires à la pratique de la randonnée, de l'escalade et du ski. Quelques équipements de camping. Des marques prestigieuses – Eider, Lafuma, North Face, North Scade, Lowe Alpine – à des prix alignés (vestes imperméables entre 500 et 2 500 F, sacs de couchage de 420 à 4000 F). Pour la montagne et le ski, des vestes et pantalons en gore-tex en vente ou à la location (150 à 200 F/sem). Location de matériel de randonnée, sacs à dos (130 F/sem), tente de montagne (380 F/sem), sacs de couchage (220 F/sem). Espace librairie de randonnée, avec cartes détaillées, guides IGN…

PASSE-MONTAGNE 2

Vente et location de matériel de ski, randonnée, escalade, canoë-kayak	Q/P : 7/10 •ASSORTIMENT : 7/10
	✦ : Choix à la location

•102, av. Denfert-Rochereau — 75014 Paris •Tél. : 0143222424 •Fax : 0142180483 •Horaires : mar. 11h-19h, mer. 11h-20h, jeu.-ven. 11h-19h, sam. 10h-19h •Métro : Denfert-Rochereau •Bus : 38

À cette adresse, du matériel à la vente ou à la location, pour le ski (de piste, de randonnée ou de fond, pour enfants et adultes, chaussures de 150 à 200 F/sem, skis de 160 à 260 F/sem), la randonnée (chaussures Aigle, Salomon, Line7, Lowa de 195 à 1120 F), l'escalade (piolets, cordes, mousquetons, chaussons) et les sports d'eaux vives (canoë Kerk à partir de 3200 F, kayak Prijon à 3300 F, bateaux en caoutchouc à partir de 430 F, gilets, anoraks, pagaies, chariots).

ROLLER STATION

Roues et accessoires de rollers, cours particuliers Q/P : 8/10 •ASSORTIMENT : 8/10
✚ : Choix de matériel

•136-140, av. du Maine — 75014 Paris •Tél. : 0143208227 •Horaires : lun. 13h30-19h30, mar.-sam. 10h30-19h30 •Métro : Gaîté •Bus : 28, 58 • Voir Roller Station, Paris 3e.

PARIS 15e

MI-PRIX

Vêtements dégriffés, tenues de ski, maillots de bain Q/P : 8/10 •ASSORTIMENT : 6/10
✚ : Les tenues soldées

•27, bd Victor — 75015 Paris •Tél. : 0148284248 •Fax : 0145337010 •Horaires : lun.-sam. 9h45-19h15 •Métro : Porte-de-Versailles •Bus : PC

Grandes marques dégriffées : tee-shirts, pantalons, vêtements de ville et tenues de sport (survêtement Belfe à 350 F, maillots de bain Arena à partir de 150 F). Stock d'hiver intéressant pour les tenues de ski. Anoraks (Fila, Goodi-Windi), fuseaux, combinaisons (à partir de 250 F), après-ski (Moon Boots à partir de 149 F) pour adultes et enfants.

PARIS 17e

ARCHIMÈDE

Matériel et cours de plongée sous-marine Q/P : 8/10 •ASSORTIMENT : 7/10
✚ : Prix des formations

•2, rue Brunel — 75017 Paris •Tél. : 0145747767 •Fax : 0145747736 •Horaires : lun.-sam. 10h-19h30 •Métro : Argentine •Bus : 43, 73

Un centre de plongée et une boutique d'équipement sous-marin. L'école propose des initiations (2 séances théoriques + 5 séances pratiques en piscine pour 1500 F) et des cours de perfectionnement (de 1700 à 3600 F), ou une préparation aux différents brevets (PADI et CMAS de 1750 à 2300 F). Matériel fourni pour les cours. Combinaisons à la location (de 25 à 180 F la journée) ou à la vente (combinaison "shorty" pour enfants de 450 à 600 F), palmes (de 250 à 500 F), tubas et tout le matériel de respiration de marques Beuchat, Scuba-Pro, Mares. Petit coin appareils photo sous-marins (location de 90 à 150 F la journée, forfait 30 jours à 620 F).

GOLF DISCOUNT

Tenues et matériel de golf Q/P : 8/10 •ASSORTIMENT : 6/10
✚ : Clubs à prix réduits

•19, rue Jouffroy-d'Abbans — 75017 Paris •Tél. : 0147636136 •Horaires : mar.-sam. 10h30-19h •Métro : Wagram •Bus : 31, 53

Minuscule boutique, un choix de matériel pour golfeurs à des prix intéressants : clubs (Taylor Made, Mitsushiba de 180 à 6000 F), chariots (390 à 870 F), gants et quelques tenues de golf. Atelier de réparations, garantie de 1 an pour les clubs, VPC.

GOLF PLUS

Matériel, clubs, accessoires de golf Q/P : 8/10 •ASSORTIMENT : 9/10
✚ : Le choix de matériel

•212, bd Péreire — 75017 Paris •Tél. : 0145740817 •Fax : 0145747824 •Horaires : mar.-sam. 10h-13h, 14h-19h •Métro : Porte-Maillot •Bus : 73, 82, PC

Un des grands spécialistes de matériel de golf. Matériel neuf (marques Callaway, Taylor Made, Cobra, Ping). Prix garantis les plus bas du marché (remboursement si vous trouvez moins cher ailleurs) : série de 8 fers à partir de 5760 F, bois à tête titane 2750 F, bois Ward Bird à manche graphite 1890 F. Catalogue, VPC, livraison sous 48h par Chronopost.

GOLF PLUS — GOLF EN STOCK

| Matériel et accessoires de golf d'occasion | Q/P : 8/10 •ASSORTIMENT : 9/10 + : Le choix |

•206, bd Péreire — 75017 Paris •Tél. : 0145740005 •Fax : 0145740358 •Horaires : mar.-sam. 10h-13h, 14h-19h •Métro : Porte-Maillot •Bus : 73, 82, PC

Pour les débutants et les golfeurs désirant s'équiper à prix réduits, un choix de fins de série, occasions et déstockage à des prix attractifs. Marques Browning, Stag, Taylor-Made, sacs de 199 à 690 F, club à l'unité à partir de 220 F, demies séries de 595 à 2250 F.

GOLF PLUS — GOLF SHOES

| Chaussures de golf | Q/P : 8/10 •ASSORTIMENT : 9/10 + : Le choix |

•212, bd Péreire — 75017 Paris •Tél. : 0145748436 •Fax : 0145747824 •Horaires : mar.-sam. 10h-13h, 14h-19h •Métro : Porte-Maillot •Bus : 73, 82, PC

Tous les pratiquants le confirment, on marche beaucoup au golf, et il vaut mieux être bien chaussé. Un très grand choix de modèles du 30 au 47. Des chaussures kid golfeur Adidas à 299 F aux modèles Étonic, Foot-Joy ou Nike haut de gamme (de 490 à 1190 F). Nombreux produits d'entretien, cirage, imperméabilisants, graisse de phoque pour entretenir vos chaussures.

GOLF PLUS MODE

| Tenues, vêtements de golf | Q/P : 8/10 •ASSORTIMENT : 9/10 + : Le choix de modèles |

•212 ter, bd Péreire — 75017 Paris •Tél. : 0140687161 •Fax : 0145747824 •Horaires : mar.-sam. 10h-13h, 14h-19h •Métro : Porte-Maillot •Bus : 73, 82, PC

Des vêtements alliant esthétique et pratique, de marques réputées. Polos Chervo, Ping, Ashworth, Crossways, Nicklaus de 290 à 640 F, vêtements de pluie en gore-tex de marque Peter Fleming, blouson 1150 F, veste 1250 F, pantalon, 690 F, pull-over Windstopper à 890 F, serviettes 80 F et casquettes Cobra 170 F. Choix important de modèles et de tailles.

PARIS 18e

SPORDENER

| Tenues et chaussures de sport | Q/P : 8/10 •ASSORTIMENT : 8/10 + : Promotions permanentes |

•104, rue Ordener — 75018 Paris •Tél. : 0142644502 •Horaires : mar.-sam. 9h45-13h, 14h30-19h •Métro : Jules-Joffrin •Bus : 31

De quoi vous équiper de la tête aux pieds pour toutes vos activités sportives. Pour les adultes et les enfants, un grand choix de plus de 200 modèles de baskets de marques Nike, Reebok, Adidas, Champion, Lacoste, de 179 à 949 F. Des survêtements de toutes tailles de 349 à 1100 F, des maillots, des shorts, des tee-shirts et des polos. Profitez des soldes permanentes de -10 à -40 % sur les fins de série.

PARIS 20e

PLANÈTE SPORT

| Vêtements et chaussures de sport, matériel de tennis et de squash | Q/P : 6/10 •ASSORTIMENT : 7/10 + : Choix de tailles et de modèles |

•207, rue des Pyrénées — 75020 Paris •Tél. : 0143587221 •Horaires : lun.-sam. 10h-12h30, 14h30-19h30 •Métro : Gambetta

Spécialiste du tennis, important choix de raquettes de marques (Rossignol, Head, Fischer), avec ou sans cordage (cordées à partir de 340 F). Matériel de squash. Tenues de sport, survêtements Tacchini, Elesse, Lotto, Champion, Nike à partir de 260 F (bas) et 310 F (haut), maillots de football et de rugby, chaussures de sport Adidas, Reebok, Nike.

LE CHESNAY 78

AIGLE

Vêtements, chaussures de sport   Q/P : 9/10 •ASSORTIMENT : 7/10
                                            ✚ : Qualité des produits

•Centre commercial Parly II — 78150 Le Chesnay •Tél. : 0139433941 •Fax : 0139433791
•Horaires : lun.-sam. 10h-19h30 •Bus : 460 • Voir Aigle, Paris 6e.

GARCHES 92

GOLF PLUS ST-CLOUD ATELIER

Réparation et entretien de matériel   Q/P : 8/10 •ASSORTIMENT : 8/10
de golf   ✚ : La qualité du service

•115, rue de Buzenval — 92380 Garches •Tél. : 0147414376 •Fax : 0147414722 •Horaires : mar.-sam. 10h-13h, 14h-19h •Métro : RER D Garches-Sarcelles

Ici, on répare et restaure vos clubs et autres accessoires de golf. Du travail soigné et des délais réduits. N'hésitez pas à profiter de la garantie d'un an valable sur tout le matériel neuf acheté dans l'un des magasins Golf Plus. Voir Golf Plus, Paris 17e.

MALAKOFF 92

RBO

Vêtements de planche à voile,   Q/P : 7/10 •ASSORTIMENT : 7/10
snowboard, windsurf, neuf et occasion   ✚ : Matériel d'occasion et d'exposition

•26-28, av. du Maréchal-Leclerc — 92240 Malakoff •Tél. : 0146573764 •Horaires : lun.-sam. 9h30-13h, 14h-19h •Métro : Porte-d'Orléans •Bus : 194, 195

Le RDV incontournable de tous les véliplanchistes. Sur 600 m², une exposition permanente de plus de 200 modèles, neufs et d'occasion. Planches à voile de marques Mistral, F2, RRD de 3990 à 9990 F, et snowboards de marques Nitro, Ride, Hammer entre 1590 et 3290 F. Matériel neuf garanti de 1 à 5 ans. SAV assuré par le constructeur. Service de location.

Quai 34

Planches à voile, snowboards, skates, rollers, surfs... Tout le matériel nécessaire aux sports de glisse. Sur l'eau, planches à voiles Veloce, Tiga, Hifly, Class X, Prows (voiles à partir de 1890 F, planches à partir de 2290 F), surfs de marques Rusty, Ripcurl, O'Brien, ski nautique, accessoires (étuis, chariots, protections) et de tenues (combinaisons Quicksilver, maillots de bain F2, Search). Sur neige, snowboards Burton, Morrow, Generics (à partir de 1990 F) ainsi qu'une sélection de chaussures Dee Luxe, Drake (de 600 à 1390 F) et de vêtements (gants, bonnets, anoraks, pulls et même lunettes de soleil Oakley, Arnette...). Sur bitume, skate (Santa Cruz, Menace, Acme, Think...) à partir de 390 F, rollers in-line (Roces, Oxygen, Out...) à partir de 699 F. Accessoires et pièces détachées, nombreuses foires aux occasions et reprise de votre ancien matériel, crédits, catalogue, VPC. Minitel 3615 QUAI 34 (2,23 F/min). Horaires : mar.-sam. 9h30-12h30, 14h-19h.

• QUAI 34 : 44, bd National — 92250 La Garenne-Colombes •Tél. : 0147829060
• QUAI 34 : 36, rue Raymond-Marcheron — 92170 Vanves •Tél. : 0146423227 •Fax : 0146447029
• QUAI 34 : 9, quai Artois — 94170 Le Perreux-sur-Marne •Tél. : 0148725652 •Fax : 0148728501

LA PLAINE-ST-DENIS 93

LE REFUGE DU PLONGEUR

Matériel, réparation, cours de plongée sous-marine

Q/P : 6/10 •ASSORTIMENT : 7/10
+ : Matériel haut de gamme

•86, av. du Président-Wilson — 93210 La Plaine-St-Denis •Tél. : 0148092541 •Horaires : mar.-sam. 10h-19h •Métro : Porte-de-la-Chapelle

Ce magasin spécialisé dans la plongée sous-marine vend du matériel neuf (combinaisons isothermiques de fabrication artisanale faites sur mesure, hommes à partir de 1950 F, femmes à partir de 2100 F). Bonnes occasions, toutes grandes marques (Marais, Cressi-sub, Spiro, Aqualong), à prix intéressants (combinaisons à partir de 500 F, détendeurs de 800 à 2000 F). Service d'entretien et de réparation de matériel, cours de plongée.

CRÉTEIL 94

MADE IN SPORT

Vêtements, chaussures, accessoires, matériel de sport

Q/P : 6/10 •ASSORTIMENT : 8/10
+ : Animations et expositions

•Centre commercial régional — 94000 Créteil •Tél. : 0141941259 •Horaires : lun.-sam. 10h30-19h30 •Métro : Créteil-Préfecture • Voir Made in Sport, Paris 4e.

NOGENT-SUR-MARNE 94

SELLERIE MARC LE GALL

Vêtements et matériel d'équitation, entretien et réparation de selles

Q/P : 7/10 •ASSORTIMENT : 8/10
+ : Matériel de qualité

•5, rue Plisson — 94130 Nogent-sur-Marne •Tél. : 0148732576 •Fax : 0143949338 •Horaires : lun.-mer. et ven.-sam.10h30-12h30, 14h-19h •Métro : RER A2 Nogent-sur-Marne

Une longue expérience en matière de sellerie, un gage de qualité. Que du matériel haut de gamme de marques réputées : selles Forestier, Henry de Rivel (de 4580 à 10000 F), tapis de selles (de 85 à 350 F), tenues d'équitation Brunet-Pineau, Piqueur, bombes et casques (de 199 à 720 F). Selles garanties 2 ans pour les arçons, 5 ans pour les cuirs. Pour les chevaux, shampoings, produits de soin, brosses. Atelier d'entretien et de réparation.

MAISONS-ALFORT 94

LA CENTRALE DU KAYAK

Canoës, kayaks, rafts et accessoires

Q/P : 8/10 •ASSORTIMENT : 8/10
+ : Choix et garanties

•2 bis, rue Michelet — 94700 Maisons-Alfort •Tél. : 0148994222 •Fax : 0148993539 •Horaires : mar.-ven. 9h30-13h30, 14h30-18h30, sam. 10h-12h30, 13h-17h •Métro : Maisons-Alfort-École-Vétérinaire •Bus : 107

Pour les descentes vertigineuses en eaux vives ou les balades plus tranquilles au fil de l'eau. Large gamme de canoës (en polyéthylène, polyester ou gonflable à partir de 3100 F), des rafts (13700 à 21836 F), des kayaks (de mer, de haute rivière et de rodéo, à partir de 1890 F). Tous les accessoires, jupes (160 à 545 F), combinaisons néoprène (890 F), casques (255 F), chaussures (170 à 680 F) et matériel de transport (chariots, portants, remorques). Sur place, un service de location : kayak à 120 F/jour, canoë à 180 F/jour, raft à 1390 F pour le week-end. Catalogue, VPC.

LA MAISON

- DÉCORATION, OBJETS ET ACCESSOIRES
- LUMINAIRES, ÉLECTRICITÉ
- ENCADREMENTS
- TISSUS D'AMEUBLEMENT
- ARTS DE LA TABLE
- LINGE DE MAISON
- LITERIE
- MOBILIER, RANGEMENTS
- ANTIQUITÉS, BROCANTE
- DÉPÔTS-VENTE, TROCS
- CUISINES, SALLES DE BAINS
- ÉLECTROMÉNAGER
- REVÊTEMENTS SOLS ET MURS, TAPIS
- SÉCURITÉ, ALARMES, BLINDAGES
- BRICOLAGE, OUTILLAGE, MATÉRIAUX
- NETTOYAGE, ENTRETIEN, DÉBARRAS
- RESTAURATIONS ET RÉPARATIONS

ÇA BOUGE DANS LA MAISON! Le XXIe siècle est déjà installé dans le Paris de la décoration. Ethnique ou moving, pas cher ou top de la création…, les styles fusionnent et les boutiques offrent des services originaux, des articles choisis, des prix attractifs et même des concepts d'organisation innovants. Les nouveaux magasins s'installent comme des appartements, avec peu d'articles mais un choix très personnalisé et un éventail complet de tout ce que l'on trouve dans une maison. Avec le moving, de jeunes créateurs proposent une vie gaie et colorée, détournent les objets, créent des rangements qui n'ont plus honte de se montrer et donnent aux matériaux modernes des airs de noblesse. Le fusing associe l'art et la décoration… Le sur mesure, la pièce unique, les objets à réaliser soi-même témoignent d'une nouvelle tendance qui met en scène des espaces intérieurs résolument originaux et inédits. Sorte de riposte au « tout Habitat » qui sévissait ces dernières années, les boutiques se transforment en atelier et laissent libre cours à votre imagination. Les consommateurs deviennent eux-mêmes des artistes. Et ça, c'est une bonne nouvelle!

Le moins cher, quelle qu'en soit la qualité, tend à disparaître au profit d'une recherche d'équilibre du meilleur rapport qualité-prix. Les occasions imbattables, les dégriffés ou les fins de séries s'avèrent souvent de bien médiocres affaires. Les magasins qui détiennent aujourd'hui la palme du moins cher sont de grandes entreprises, qui réussissent à offrir des tarifs réellement intéressants grâce à la quantité et à des astuces de vente. Ikéa propose des meubles à monter soi-même, le *Club d'Achat Service* vend de l'électroménager par téléphone… Mais les promenades dans les belles boutiques maison-déco, ou devant les vitrines du viaduc du Pont des Arts sont tellement charmantes…

Enquêtes et rédaction :
Sylvie Basdevant, Eric Juherian, Aurélie Surget-Roy, Marie Troissant

Décoration, objets et accessoires

Le moins cher des objets de la maison

Le moins cher en ce qui concerne les petits objets pour la maison, c'est certainement Toto : fins de série, stocks limités, il faut chiner dans l'effarant bric-à-brac. Vaisselle en limoges à filet d'or, 149 F le grand plat ovale, 49 F la saucière. 219 F une nappe brodée et ses 12 serviettes, 25 F le cadre photo 13 x 18 cm, 199 F le châle en soie, autour de 200 F pour les plaids, les luminaires, la verrerie, les housses de canapé, la maroquinerie… Vraiment pas cher, mais la qualité est en conséquence !

• *CHEZ TOTO* : 33 Magasins en R.P. — Tél. : 01 42 66 67 69

PARIS 1er

ART DOMESTIQUE ANCIEN

Ustensiles de cuisine, cuivres, grès, accessoires de cheminée, lampes à huile	Q/P : 7/10 • ASSORTIMENT : 9/10 ✚ : Antiquités fonctionnelles

• 231, rue St-Honoré — 75001 Paris • Tél. : 01 40 20 94 60 • Horaires : lun.-sam. 11h-19h • Métro : St-Paul • Bus : 69

On a un peu l'impression de rentrer dans le grenier d'un château où seraient entreposés, ici et là, des anciens ustensiles de cuisine des provinces de France, des grès culinaires, des bouteilles de vin anciennes, des coquetiers, des confituriers et des écumoires cabossées. L'art domestique ancien regroupe aussi tout ce qui concernait la cheminée, les ustensiles de foyer, les chenets et crémaillères. Un expert agréé, polyglotte et sympathique, vous renseigne et vous conseille. Cuivres culinaires des XVIIIe et XIXe siècles à partir de 450 F, lampe à huile en bronze XVIIIe, 1 500 F.

ARTIBUS

Accessoires de jeunes designers, vaisselle, luminaires, bougeoirs, linge	Q/P : 8/10 • ASSORTIMENT : 7/10 ✚ : Objets uniques à des prix abordables

• 18, rue de la Sourdière — 75001 Paris • Tél. : 01 42 60 38 38 • Fax : 01 42 60 38 39 • Horaires : mar.-sam. 12h-20h • Métro : Pyramides • Bus : 22, 52, 53, 66

Une boutique d'objets uniques et hétéroclites : un portemanteau en fer forgé (1 200 F), des tasses à café Toi et Moi peintes à la main (120 F les deux), des photophores avec incrustations de pâte de verre (180 F), de petits bols en papier mâché (30 F), des lampes réalisées avec des œufs d'autruches (556 F)…

ARTISTES SANS FRONTIÈRES

Image sous toutes ses formes, affiches, posters	Q/P : 7/10 • ASSORTIMENT : 8/10 ✚ : Large choix de posters

• 62, rue St-Denis et Forum des Halles, 13, Grande Galerie — 75001 Paris • Tél. : 01 45 08 50 00 • Horaires : 7j/7 10h-19h30 • Métro : Châtelet-Les Halles • Bus : 58, 70, 75, 76, 81

Des centaines d'affiches sur le cinéma, le rock, ou reproductions d'œuvres d'art, de 50 à 150 F. Copies de toiles de maîtres, grand format 3000 F.

COLETTE

Design, mobilier, verrerie, vases,   Q/P : 7/10 • ASSORTIMENT : 7/10
accessoires cuisine et salle de bains   ✛ : Surprises assurées

• 213, rue St-Honoré — 75001 Paris • Tél. : 0155353390 • Fax : 0155353399 • Horaires : lun.-sam. 10h -19h30 • Métro : Palais-Royal • Bus : 72, 81 • Internet : http ://www. colette. tm. fr

Un endroit qui réunit art, design, mode, photographie, musique et nouvelles technologies. En design, on trouve Michael Young avec la chaise MY 68 en hêtre, les verres tordus en cristal d'Angelo Mangiarotti, les vases de Jonathan Adler (210 F), vases aquarium 2800 F. Chez Colette, on cultive la déclinaison d'objets… À visiter pour être branché!

GALERIE RÉGIS-LANGLOYS

Copie de tableaux de maîtres   Q/P : 8/10 •CHSASSORTIMENT : 6/10
impressionnistes, posters   ✛ : Travail de qualité

• 169, rue St-Honoré — 75001 Paris • Tél. : 0142605694 • Fax : 0142605694 • Horaires : lun.-sam. 10h30-18h30, dim. 13h-18h • Métro : Pyramides, Palais-Royal • Bus : 21, 24, 27, 39, 48, 67

Des tableaux de maîtres chez vous, c'est possible. La Galerie Régis-Langloys est spécialisée dans la copie de tableaux de la période impressionniste. La facture des copies est de qualité, à partir de 1 200 F pour un tableau de 20 x 25 cm.

IL POUR L'HOMME

Vaisselle, verrerie, linge de maison,   Q/P : 8/10 • ASSORTIMENT : 9/10
accessoires de bureau, outils de jardin   ✛ : De bonnes idées

• 209, rue St-Honoré — 75001 Paris • Tél. : 0142604356 • Fax : 0142860395 • Horaires : lun.-sam. 9h30-19h (ouvert jours fériés et mois d'août) • Métro : Tuileries, Palais-Royal • Bus : 71, 95

Des articles destinés à l'homme convivial, mais les femmes trouvent aussi leur bonheur. Verrerie originale : réédition de verres anciens comme la pomponnette (flûte à champagne du XVIIIᵉ siècle) à 59 F. Gamme de verres à bière design (125 F le verre). Bol gonflable pour chien 45 F. Fixe-nappes en forme de canard 98 F. Art de la table complété par du linge de maison, des outils de jardin (Bonsaï Tools) et accessoires de bureau (encre en cartouches de toutes les couleurs 10 F la boîte). Adresse idoine pour cadeau sympathique.

LE MONDE SAUVAGE

Objets contemporains auxquels on a   Q/P : 7/10 • ASSORTIMENT : 8/10
donné un petit air ancien   ✛ : Objets patinés à l'ancienne

• 101, rue St-Denis — 75001 Paris • Tél. : 0140262881 • Fax : 0142363649 • Horaires : lun. 13h30-19h30, mar.-sam. 10h30-19h30 • Métro : Étienne-Marcel • Bus : 38, 47

Miroirs, patères, lampes, petits meubles… ces objets-là semblent avoir déjà vécu. Ils sont patinés, rouillés ou polis mais pourtant ils sont neufs. Réédition d'un abat-jour Napoléon III en perles de 180 à 340 F, miroir zinc de 300 à 1 380 F, boutons de porte en porcelaine de 40 à 60 F, armoire chinoise ancienne 6500 F.

LES PYRAMIDIONS

Reproduction des sculptures des   Q/P : 8/10 • ASSORTIMENT : 8/10
musées nationaux   ✛ : Objets d'art à des prix abordables
    ═ : Bondé de touristes

• Carrousel du Louvre — 34-36, quai du Louvre — 75001 Paris • Tél. : 0140205407 • Fax : 0142615963 • Horaires : lun. et mer. 9h30-21h30, jeu. et ven. 9h30-19h40, sam. 9h30-20h • Métro : Louvre-Rivoli • Bus : 76

Quand acquérir une petite sculpture de maître n'est pas à portée de bourse… on court à la Pyramide du Louvre pour choisir une reproduction en plâtre, en résine ou en bronze! Grande Arabesque de Degas 1900 F, Tête de Femme de Modigliani 2200 F et autres Carpeaux, Rodin et Claudel…

ROOMING

**Rangements pour la cuisine, les jouets,
le linge, les CD...**

Q/P : 7/10 • ASSORTIMENT : 7/10
+ : L'originalité des objets

• Carrousel du Louvre — 99, rue de Rivoli — 75001 Paris • Tél. : 0142601085 • Fax : 0140602801
• Horaires : lun. et mer. 11h-21h, mar. et jeu.-dim. 11h-20h • Métro : Louvre-Rivoli • Bus : 76

Détournés ou ludiques, des objets pour tout ranger dans la maison : quatre tambours de machine à laver transformés en armoire à linge... (hauteur 123 cm, diamètre 46 cm, 2000 F), une cage à oiseaux pour stocker 192 CD (2850 F), des corbeilles ou sacs à linge fabriqués à partir d'affiches de cinéma (chaque modèle est différent, à partir de 100 F). Pour changer votre quotidien de la cuisine à la salle de bains.

WHY? ALEXIS LAHELLEC & CO

**Objets et meubles ludiques, fauteuils,
cadres, vases, lampes, agendas, sacs**

Q/P : 7/10 • ASSORTIMENT : 5/10
+ : L'humour
— : Pas assez de choix

• 22, rue du Pont-Neuf — 75001 Paris • Tél. : 0153408017 • Horaires : lun.-sam. 12h-19h30 •
Métro : Pont-Neuf, Louvre • Bus : 75, 76 • Voir Why? Alexis Lahellec & Co, Paris 4e.

PARIS 2e

FRESH

**Meubles, futons, accessoires de
cuisine et de salle de bains**

Q/P : 8/10 • ASSORTIMENT : 8/10
+ : Le renouvellement

• 32, rue Étienne-Marcel — 75002 Paris • Tél. : 0140260501 • Fax : 0140260551 • Horaires : lun.-sam. 10h30-19h • Métro : Étienne-Marcel • Bus : 29

Mobilier et accessoires de créateurs européens. Fraîcheur et originalité. Le magasin renouvelle son stock tous les 2 ou 3 mois et essaye de rester à l'avant-garde. Une plaque de bougeoirs "Stumpkasten" permet de mettre en place toutes sortes de bougies et de les brûler jusqu'au bout sans abîmer table ou nappe (420 F). "Option Douce" est une ligne d'objets en toile composée d'éléments de rangement et de vide-poches. Également en rayon, le tue-mouches pro (75 F), où l'on marque des points à chaque mouche tuée...

PYLONES BOUTIQUE

**Objets quotidiens fonctionnels
détournés, art de la table ludique**

Q/P : 8/10 • ASSORTIMENT : 8/10
+ : Esprit novateur

• 54, galerie Vivienne — 75002 Paris • Tél. : 0142615160 • Horaires : lun.-sam. 11h-19h30 •
Métro : Bourse • Bus : 20, 39 • Voir Pylones Boutique, Paris 4e.

PARIS 3e

GALERIE ÉLÉMENTS

**Créations design, bougeoirs, lampes,
linge de table, meubles sur mesure**

Q/P : 8/10 • ASSORTIMENT : 7/10
+ : Lignes pures et simples

• 31 bis, rue des Tournelles — 75003 Paris • Tél. : 0144545344 • Fax : 0144545345 • Horaires : mar.-ven. 11h-19h, sam.-dim. 13h-19h • Métro : Chemin-Vert • Bus : 20, 46, 56 • e-mail : elements31@aol.com

Objets au design contemporain, souvent réalisés en série limitée, dans des matières surprenantes comme la soie caddie, le tapa, le cèdre rouge, le limestone. Ils utilisent aussi la céramique, le laiton, l'acier, le verre ou le granit. Objets variés : lampes et appliques, cendriers, table basse à roulettes, bougeoirs en bois, verre et pierre. Bougeoir en forme de cône 75 F. Nappe bicolore en voile de coton 190 F. Vous pouvez aussi faire réaliser, sur devis, un meuble ou un objet, en apportant un croquis. Ambiance calme et accueillante.

LA COMPAGNIE DU SÉNÉGAL ET DE L'AFRIQUE DE L'OUEST

Mobilier africain, malles, masques,   Q/P : 8/10 • ASSORTIMENT : 8/10
tissus, linge de table, vanneries   **+** : Mobilier africain contemporain

• 1-3, rue Elzévir — 75003 Paris • Tél. : 0144545588 • Fax : 0144545589 • Horaires : lun.-sam. 11h-19h30 • Métro : St-Paul • Bus : 76, 96

300 m^2 de mobilier contemporain et traditionnel, des objets d'art et d'artisanat en provenance des pays de l'Afrique de l'Ouest. Beaucoup de choix. Le mobilier fabriqué à partir de boîtes de conserve est amusant, malles (850 F), consoles, valises. Une autre gamme propose du mobilier africain traditionnel. Également, masques, tissus d'ameublement, nattes en plastique (180 F), nappes, objets de la vie quotidienne (calebasse, panier à linge en vannerie 360 F). La CSAO collabore directement avec 400 artistes.

PARIS 4e

CONCEPT ETHNIC

Tissus, linge de maison, coussins,   Q/P : 7/10 • ASSORTIMENT : 7/10
céramiques, masques, statues   **+** : Belle sélection de tissus

• 51, rue des Francs-Bourgeois — 75004 Paris • Tél. : 0142782409 • Horaires : mar. -sam. 10h -19h30, dim. 14h30 -19h30 • Métro : St-Paul • Bus : 69, 76, 96

Sélection d'objets et de tissus alliant modernité et authenticité. Coussins, dessus de lit, nappes et serviettes assorties avec incrustation de motifs ethniques de Nshak, Chowa ou Bogolan, masques Fang et Punu, statues Mounié. Compter entre 450 et 2500 F pour un Bogolan. À partir de 150 F pour la céramique.

CÔTÉ HACIENDA   **N**

Miroirs, lampes, verrerie, couverts en   Q/P : 6/10 • ASSORTIMENT : 7/10
fer forgé, mobilier en pin, objets   **+** : Ouvert le dimanche
mexicains   **−** : Un peu cher

• 18, place des Vosges — 75004 Paris • Tél. : 0140290339 • Horaires : lun.-dim. 14h-19h • Métro : St-Paul • Bus : 69, 76, 96

Côté accessoires, tout est en provenance du Mexique. Mobilier en pin naturel élégant et simple, commodes (à partir de 1 300 F), armoires, chaises, tables, bureaux. Une partie du mobilier en pin pas exposée, mais disponible sur commande : consultez le catalogue dans le magasin. Miroir baroque avec cadres en fer forgé à partir de 300 F.

IDEM COMME ON AIME

Vaisselle, bougies, luminaires   Q/P : 8/10 • ASSORTIMENT : 7/10
   + : Stock de Noël très intéressant

• 4, rue de Rivoli — 75004 Paris • Tél. : 0140290868 • Horaires : lun.-sam. 10h-19h • Métro : St-Paul • Bus : 69, 76 • Voir Idem Comme On Aime, Paris 11e.

PHOTOFACTORY

Tirages photographiques noir et blanc   Q/P : 7/10 • ASSORTIMENT : 7/10
   + : Assurance d'un vrai tirage de labo

• 21, rue du Renard — 75004 Paris • Tél. : 0140290590 • Fax : 0142715855 • Horaires : lun.-ven. 10h30-19h30, sam. 10h30-12h30, 13h30-19h30 • Métro : Rambuteau • Bus : 29, 47

Choisis dans la photothèque de Keystone ou de l'Illustration (10 millions de photos), de véritables tirages de laboratoire sur papier photo et sous marie-louise. Pas de tirages limités. Contrairement aux galeries d'art classiques, les prix sont clairement indiqués. Ici, pas de photos couleurs, rien que des tirages noir et blanc de photographies anciennes (de 1870 à 1970), sélectionnées selon des thématiques précises (Paris, les monuments…), de 225 F (24 x 30 cm) à 1 300 F (80 x 90 cm) encadré.

PYLONES BOUTIQUE

Objets quotidiens de créateurs, art de la
table ludique, lampes, vases

Q/P : 8/10 • ASSORTIMENT : 8/10
✦ : Esprit novateur, ouvert le dimanche

• 57, rue St-Louis-en-l'Île — 75004 Paris • Tél. : 0146340502 • Horaires : 7j/7 10h30-19h30 •
Métro : Pont-Marie • Bus : 67

Tendance "moving" chez Pylones, où l'on transforme l'esthétique des objets quotidiens
sans en ôter la fonctionnalité. Commencez par recouvrir votre frigo de taches de vache
(85 F), puis le plateau de fromage avec une cloche en résine vert-pomme (165 F).
Gamme d'objets, lampes et vases incassables en latex.

WHY? ALEXIS LAHELLEC & CO

Objets et meubles ludiques, fauteuils,
cadres, vases, lampes, agendas, sacs

Q/P : 7/10 • ASSORTIMENT : 5/10
✦ : L'humour
▬ : Pas assez de choix

• 41, rue des Francs-Bourgeois — 75004 Paris • Tél. : 0144617275 • Horaires : 7/7 10h-20h •
Métro : St-Paul • Bus : 69, 76

Alexis Lahellec se renouvelle chaque année et nous surprend par la cocasserie de ses inven-
tions. Une gamme gonflable : fauteuils 500 F, cadres photo, étuis à lunettes, bouchons de
baignoire, vases… Et une gamme Marabout (objets couverts ou cerclés de plumes de boa) :
horloges 199 F, vases, lampes serpent 299 F, corbeilles à papier, agendas, sacs à main…

PARIS 5ᵉ

DIPTYQUE

Bougies parfumées, savons et parfums
d'ambiance

Q/P : 9/10 • ASSORTIMENT : 9/10
✦ : "Luxe et Volupté" pour 148 F

• 34, bd St-Germain — 75005 Paris • Tél. : 0143264527 • Fax : 0143542701 • Horaires : mar.-sam.
10h-19h • Métro : Maubert-Mutualité • Bus : 24, 63

Bougies parfumées fabriquées à partir d'essences naturelles macérées selon des anciennes recettes orientales du XVIᵉ siècle, leur parfum est incomparable. Ici, tout est luxe,
calme et volupté : des souvenirs odorants d'héliotrope, de lilas, de cannelle, de figuier ou
de réséda flotteront dans votre maison… Près de 40 parfums en bougies, en coffrets
d'essence à diffuser ou en vaporisateurs. Eaux de toilette rafraîchissantes : "L'Eau Trois",
"L'Ombre dans l'Eau", "Phylosykos"… Bougie parfumée en verre de 200 g, 148 F; coffret
d'essence à diffuser 15 ml, 112 F; vaporisateur d'ambiance 100 ml, 124 F.

IDÉES HALOGÈNES

Halogènes, meubles, miroirs,
statuettes, vases, vaisselle, parfums

Q/P : 8/10 • ASSORTIMENT : 8/10
✦ : Les prix et la diversité des objets
▬ : Magasin petit et qualité variable

• 74, bd St-Germain — 75005 Paris • Tél. : 0143544874 • Fax : 0140510346 • Horaires : lun.-sam.
10h-19h (fermé le lun. en mai, juin, juillet) • Métro : Maubert-Mutualité • Bus : 63, 86, 87

Pénétrez dans cette mini-jungle d'objets, car entre les statuettes en plâtre de personnages hollywoodiens, les meubles de style colonial, divers accessoires de la maison
(miroirs, plaids, vases et vaisselle…) et, bien sûr, les lampes halogènes, vous trouverez
sûrement votre bonheur. Halogènes de 400 à 2000 F environ.

LAROCHE

Reproductions d'œuvres d'art,
calendriers d'art, cartes postales,
affiches

Q/P : 9/10 • ASSORTIMENT : 10/10
✦ : Le choix et le rapport qualité-prix
▬ : Pas de téléphone

• 18, rue Gay-Lussac — 75005 Paris • Pas de téléphone • Horaires : lun.-ven. 9h15-18h15 •
Métro : RER B Luxembourg • Bus : 21, 27, 38

Pas de téléphone ni de fax chez M. Laroche, mais un accueil éclairé et un stock important
d'affiches et de reproductions d'œuvres d'art des XIXᵉ et XXᵉ siècles. Qualité du papier
et de l'impression pour des prix très raisonnables. Endroit approprié pour dénicher un

calendrier d'art, une carte postale rare. Une reproduction (130 x 70 cm) coûte environ 100 F, les calendriers sont vendus entre 40 et 400 F.

LA QUINCAILLERIE

Toutes les poignées de porte, sonnettes, boutons de meubles contemporains

Q/P : 7/10 • ASSORTIMENT : 9/10
✛ : Choix et style

• 3, bd St-Germain — 75005 Paris • Tél. : 0146336671 • Fax : 0143298058 • Horaires : lun.-ven. 10h-13h, 14h-19h, sam. 10h-13h, 14h-18h • Métro : Maubert-Mutualité • Bus : 63

Spécialisée dans les accessoires pour l'ameublement contemporain. Des centaines d'articles. Toutes les poignées de porte et boutons de meuble imaginables. 666 F la paire de boutons "goutte d'eau" de Starck. Sélection de verrous, crochets, sonnettes de porte.

TAÏR MERCIER

Sets de table, nappes et vaisselle assorties, lampes

Q/P : 8/10 • ASSORTIMENT : 7/10
✛ : Sets de table originaux

• 7, bd St-Germain — 75005 Paris • Tél. : 0143547997 • Fax : 0143255722 • Horaires : mar.-ven. 11h-19h, sam. 14h-19h • Métro : Maubert-Mutualité • Bus : 47, 63 • e-mail : tairmerc@club-internet.fr

Art de la table coloré. Les sets de table, tous de fabrication française, ont subi les influences de l'art contemporain. À partir de 60 F. Vaisselle, nappes et serviettes assorties pour jouer la complémentarité des couleurs et des tons. Lampes et petits objets décoratifs.

PARIS 6e

AXIS

Luminaires, rangements, chaises, objets décoratifs très design

Q/P : 8/10 • ASSORTIMENT : 8/10
✛ : Design à des prix abordables

• 14, rue Lobineau — Marché St-Germain — 7500 § Paris • Tél. : 0143296623 • Fax : 0143251683 • Horaires : lun.-sam. 10h-20h • Métro : Mabillon • Bus : 84

Éditeur et distributeur d'objets design, un rien futuristes… Formes modernes, matériaux contemporains (plastique, gomme de silicone…), mais toujours pratiques et décoratifs. La célèbre chaise avec ressorts sous les pieds créée par le designer italien Pesci (2350 F), la lampe-pouf Tom Dixon (1950 F), le range-CD Axis en lattes de bois qui peut recevoir jusqu'à 200 CD (à partir de 790 F), ainsi que rideaux de douche à poches et des tas d'autres curiosités.

CÉLIMÈNE POMPON

Accessoires pour la broderie et la tapisserie, linge de table, coussins

Q/P : 6/10 • ASSORTIMENT : 7/10
✛ : De bons conseils

• 41, rue du Cherche-Midi — 75006 Paris • Tél. : 0145445395 • Fax : 0145445611 • Horaires : lun.-sam. 10h-19h • Métro : Rennes • Bus : 48

Patrons, fournitures, fils de laine ou de coton pour tout broder dans la maison. Nappe 100 % lin (180 x 180 cm) et 6 serviettes prêtes à broder : 1325 F. Cours pour les débutantes… Et pour les paresseuses, des ouvrages déjà faits (coussin en tapisserie 565 F, serviettes à cocktail brodées main 38 F pièce).

CONCEPT ETHNIC

Tissus, linge de maison, coussins, céramiques, masques, statues

Q/P : 7/10 • ASSORTIMENT : 7/10
✛ : Belle sélection de tissus

• 5, quai Conti — 75006 Paris • Tél. : 0156244390 • Horaires : lun. 14h30 -19h30, mar.-sam. 11h - 20h • Métro : St-Michel • Bus : 24, 27 • Voir Concept Ethnic, Paris 4e.

IDÉES HALOGÈNES

Halogènes, meubles, miroirs,
statuettes, vases, vaisselle, parfums

Q/P : 8/10 • ASSORTIMENT : 8/10
+ : Les prix, la diversité des objets
– : Magasin petit, qualité variable

• 37, bd Montparnasse — 75006 Paris • Tél. : 0145483490 • Fax : 0145448716 • Horaires : lun.-sam. 10h-19h (fermé le lun. en mai, juin, juillet) • Métro : Montparnasse • Bus : 58, 82, 91 • Voir Idées Halogènes, Paris 5e.

J.-C. MARTINEZ

Gravures anciennes

Q/P : 8/10 • ASSORTIMENT : 9/10
+ : Choix thématique très large

• 21, rue St-Sulpice — 75006 Paris • Tél. : 0143263453 • Horaires : lun.-sam. 10h-12h30, 14h-19h • Métro : St-Sulpice • Bus : 84

Des milliers de gravures d'époque, du XVIe au XIXe siècle. Classées par thème, vous trouverez celle qui conviendra le mieux à votre coin de mur libre : fleurs, fruits, paysages, chasse, marine, régionalisme, vues et plans de Paris, mode… À partir de 100 F.

MAISON DE FAMILLE

Linge de maison, rideaux, vaisselle,
ustensiles de cuisine, meubles

Q/P : 6/10 • ASSORTIMENT : 8/10
+ : Ligne d'objets simples et élégants
– : Un peu cher

• 29, rue St-Sulpice — 75006 Paris • Tél. : 0140469747 • Horaires : lun.-sam. 10h-19h • Métro : Odéon • Bus : 63

Un superbe magasin à visiter pour l'ensemble des objets de décoration et des vêtements exposés comme dans une maison… La vaisselle, le linge de table, de toilette, les rideaux, les ustensiles de cuisine, tout obéit à une même ligne directrice. Matériaux nobles et couleurs neutres mis en avant, pour un décor naturel et élégant. Sets de table en lin 65 F, drap de bain en éponge très épais (100 x 150 cm) 295 F, collection d'assiettes illustrées d'animaux sauvages "Kenya" 229 F pièce.

OLARIA

Luminaires, linge de maison, vaisselle,
coussins, ornements de jardin

Q/P : 7/10 • ASSORTIMENT : 7/10
+ : Objets attachants

• 30, rue Jacob — 75006 Paris • Tél. : 0143252721 • Horaires : lun. 14h30-19h, mar.-sam. 10h30-19h • Métro : St-Germain-des-Prés • Bus : 39

Jolie petite boutique qui donne envie d'avoir une maison de campagne pour agrémenter son jardin de fontaines en pierre, ranger son bois près de la cheminée dans des grands paniers d'osier et passer des nuits sur la terrasse éclairée de photophores parfumés… Les objets varient selon les saisons, mais toujours des luminaires, du linge de maison, des services vaisselle, des coussins, des vasques de jardin en pierre… de 50 à 1000 F.

PIERRE FREY ACCESSOIRES

Meubles, lampes, coussins, nappes,
linge de maison, vaisselle

Q/P : 7/10 • ASSORTIMENT : 7/10
+ : Élégance

• 7, rue Jacob — 75006 Paris • Tél. : 0143268261 • Fax : 0142968538 • Horaires : lun.-sam. 10h-19h • Métro : Odéon • Bus : 63, 86, 87 • Voir Pierre Frey, Paris 8e.

PLASTIQUES

Accessoires pour la cuisine, la salle de
bains, la déco tout en plastique

Q/P : 7/10 • ASSORTIMENT : 8/10
+ : Objets en plastique coloré

• 103, rue de Rennes — 75006 Paris • Tél. : 0145487588 • Fax : 0142841442 • Horaires : lun.-ven. 10h15-19h, sam. 10h15-19h30 • Métro : Rennes • Bus : 95, 48

Du plastique, partout, pour tous les usages! Des boîtes, des pichets, des assiettes, des plats, des plateaux… des objets tout en couleurs pour la cuisine, la salle de bains et toute la maison! Rideau de douche très mode, avec des poches dans lesquelles on peut glisser tout et n'importe quoi pour décorer, 150 F. Dessous-de-plat en gomme de silicone, 96 F.

REFLETS D'ORIENT

Vaisselle, meubles, tissus, vêtements,   Q/P : 6/10 • ASSORTIMENT : 6/10
foulards orientaux   ✚ : Artisanat marocain

• 80, rue de Rennes — 75006 Paris • Tél. : 0145441159 • Fax : 0142840184 • Horaires : lun.-sam. 10h-19h30 • Métro : St-Sulpice • Bus : 63, 84

• 142, rue de Rennes — 75006 Paris • Tél. : 0145487798 • Fax : 0140490582 • Horaires : lun.-sam. 10h-19h • Métro : Montparnasse • Bus : 58, 91, 96

Presque impossible de deviner que cette boutique vend autre chose que des vêtements, tant la vitrine laisse une large place aux tuniques, robes et autres foulards tendance baba cool... Allez droit au 1er étage pour découvrir un fourbi de plats à tajine en terre émaillée (625 F), de tables marocaines traditionnelles en marqueterie (2950 F), de tissus indiens en soie et en coton (housse de coussin en soie, 140 F) d'une très belle facture.

SYNTHÈSE

Œuvres d'art et encadrements   Q/P : 5/10 • ASSORTIMENT : 5/10
     ✚ : Possibilité de passer des commandes

• 116, rue de Rennes — 75006 Paris • Tél. : 0145482337 • Horaires : mar.-sam. 10h-19h • Métro : Montparnasse • Bus : 28, 48, 82

Lithographies, huiles sur toile (originaux, 3000 F en moyenne), aquarelles (de 395 à 6000 F) par des peintres du dimanche. Encadrement sur mesure et standard, avec passe-partout ou marie-louise (délai d'une semaine).

TERRE DE SIENNE

Objets neufs et chinés, meubles,   Q/P : 6/10 • ASSORTIMENT : 7/10
luminaires, vannerie   ✚ : Objets choisis avec soin
     ▬ : Parfois un peu cher

• 33, rue Vavin — 75006 Paris • Tél. : 0146331111 • Fax : 0146346375 • Horaires : lun. 14h-19h, mar.-ven. 10h-13h, 14h-19h • Métro : Notre-Dame-des-Champs • Bus : 58, 68

Les habitués vous le diront : ce qui fait le charme de cette boutique, c'est le mélange d'objets neufs et d'objets chinés par le patron, qui adore ça... Des lettres déclinées sur tous les supports (en émail 80 à 100 F), des paniers à linge en vannerie française (795 F)...

THE STENCIL STORE

Collection de pochoirs à réaliser   Q/P : 8/10 • ASSORTIMENT : 8/10
soi-même   ✚ : Nouveau concept de déco

• 20, rue Littré — 75006 Paris • Tél. : 0145499174 • Fax : 0145499371 • Horaires : lun.-sam. 10h-19h • Métro : Montparnasse • Bus : 48, 94

Pour apporter une touche finale à la décoration de votre maison, essayez le pochoir. Vous n'y connaissez rien... Pas de panique. The Stencil Store organise des démonstrations continuelles en boutique, ainsi que des ateliers d'une journée pour apprendre à maîtriser l'art du pochoir. 200 modèles très imaginatifs, pour la plupart découpés à la main, de 60 à 2000 F pour les plus sophistiqués; pinceau 30 F et bâtons de peinture à l'huile 35 F.

UN DIMANCHE DANS NOS CAMPAGNES

Vaisselle, linge de table et objets de   Q/P : 5/10 • ASSORTIMENT : 7/10
décoration, vêtements   ✚ : Boutique à thème
     ▬ : Un peu cher

• 59 ter, rue Bonaparte — 75006 Paris • Tél. : 0140468952 • Horaires : lun.-sam. 10h30-19h • Métro : St-Germain-des-Prés • Bus : 48, 86

Des objets classiques, artisanaux, fabriqués avec des matériaux nobles... de ceux qui rendent les maisons chaleureuses. Carafe et six verres 480 F, nappe en coton 150 x 150, 550 F. Mais aussi une collection de vêtements confortables à porter le week-end, à la campagne. On s'y rendra surtout pour glaner des idées déco, car les objets sont beaux.

VIVA MEXICO

**Mobilier et accessoires mexicains
pour la maison**

Q/P : 7/10 • ASSORTIMENT : 7/10
+ : Artisanat mexicain

• 35, bd du Montparnasse — 75006 Paris • Tél. : 0145444056 • Fax : 0145443639 • Horaires : mar.-sam. 10h30-13h30, 14h-19h • Métro : Montparnasse • Bus : 28, 82, 89

Importation directe de meubles et d'objets mexicains artisanaux : commode haute 5 tiroirs en pin ciré 1695 F, fauteuil "Equipale" en lattes d'olivier et peau de porc naturelle 690 F environ, miroir fer blanc et azulejos à partir de 295 F, verres soufflés à la bouche à partir de 35 F, sarape (couvre-lit) à partir de 250 F... Sans compter les dizaines de petits objets originaux à offrir... en prétendant que vous les avez rapportés de voyage!

WHY? ALEXIS LAHELLEC & CO

**Objets et meubles ludiques, fauteuils,
cadres, vases, lampes, agendas, sacs**

Q/P : 7/10 • ASSORTIMENT : 5/10
+ : L'humour
− : Pas assez de choix

• 14-16, rue Bernard-Palissy — 75006 Paris • Tél. : 0145487198 • Horaires : lun.-sam. 12h-19h30 • Métro : St-Germain-des-Prés • Bus : 63, 87 • Voir Why? Alexis Lahellec & Co, Paris 4e.

PARIS 7e

ÉTAMINE

**Luminaires, arts de la table, vases,
linge de table, tissus, coussins**

Q/P : 5/10 • ASSORTIMENT : 8/10
+ : Boutique très tendance
− : Petits budgets s'abstenir

• 63, rue du Bac — 75007 Paris • Tél. : 0142220316 • Fax : 0142841247 • Horaires : lun. 13h-19h, mar.-sam. 10h-19h • Métro : Sèvres-Babylone • Bus : 48

Boutique spacieuse, style "St-Germain" : très tendance mais chère, idéal pour y puiser des idées déco. Photophores en fils de cuivre, 250 F; abat-jour perles dorées, 380 F; vases décorés à votre signe astral, 350 F; rideaux 100 % lin, 1500 F; nappe Designers Guild, 710 F. Papiers peints, tissus d'ameublement, coussins...

IL POUR L'HOMME

**Vaisselle, verrerie, linge de maison,
accessoires de bureau, outils de jardin**

Q/P : 8/10 • ASSORTIMENT : 9/10
+ : De bonnes idées

• 68, rue de Grenelle — 75007 Paris • Tél. : 0145449827 • Fax : 0142860395 • Horaires : mar.-sam. 10h30-19h • Métro : Bac • Bus : 68, 83, 84, 94 • Voir IL pour l'Homme, Paris 1er.

JEAN LAPORTE

**Parfums d'ambiance, pots-pourris,
sachets de senteurs**

Q/P : 6/10 • ASSORTIMENT : 8/10
+ : Créations originales

• 84, rue de Grenelle — 75007 Paris • Tél. : 0145446157 • Horaires : lun.-sam. 10h30-18h30 • Métro : Rue-du-Bac • Bus : 63

Pomanders et pots-pourris donnent à cette boutique une atmosphère dense et inoubliable. Création de senteurs de maison sur fond sec ou humide, avec des huiles essentielles, de la poudre d'iris et des fleurs séchées. Comme de nombreux pots-pourris sont réalisés avec des fleurs de saison, il est difficile d'en trouver à la rose avant le mois de juin. Renseignez-vous sur place. Jolis sachets pour armoire autour de 200 F.

PARIS 8e

PIERRE FREY ACCESSOIRES

**Meubles, lampes, coussins, nappes,
linge de maison, vaisselle**

Q/P : 7/10 • ASSORTIMENT : 7/10
+ : Élégance

• 22, rue Royale — 75008 Paris • Tél. : 0149260477 • Fax : 0143547876 • Horaires : lun.-sam. 10h-19h • Métro : Concorde • Bus : 24, 42, 94

Variété d'objets et petit mobilier pour le salon, la chambre et la salle à manger, vaisselle, sets de table, nappes, plateaux de service, linge de maison, abat-jour, dessus-de-lit, draps et plaid (jeté de lit La Buissière 1995 F). À visiter pour l'esprit Pierre Frey.

PARIS 9ᵉ

BOCORAY

Lampes, cadres, bougeoirs, vaisselle,
fer forgé, petit mobilier asiatique

Q/P : 6/10 • ASSORTIMENT : 8/10
+ : Objets amusants

• 46, rue des Martyrs — 75009 Paris • Tél. : 0142809900 • Fax : 0142591200 • Horaires : lun.-sam. 11h-14h, 15h-20h • Métro : Pigalle • Bus : 54 • Voir Bocoray, Paris 18e.

LE BONHEUR DES DAMES

Broderies et tapisseries en kit, nappes,
coussins à broder

Q/P : 7/10 • ASSORTIMENT : 8/10
+ : De bons conseils

• 8, passage Verdeau — 75009 Paris • Tél. : 0145230611 • Fax : 0142461705 • Horaires : mar.-sam. 10h-19h • Métro : Richelieu-Drouot • Bus : 20, 48, 67 • Voir Le Bonheur des Dames, Paris 12e.

PARIS 11ᵉ

AXIS

Luminaires, rangements, chaises,
objets décoratifs très design

Q/P : 8/10 • ASSORTIMENT : 8/10
+ : Design à des prix abordables

• 13, rue de Charonne — 75011 Paris • Tél. : 0148067910 • Horaires : lun.-sam. 10h-20h • Métro : Ledru-Rollin • Bus : 46, 86 • Voir Axis, Paris 9e.

ETS LEJEUNE

Accessoires de laiton et de bronze

Q/P : 9/10 • ASSORTIMENT : 9/10
+ : Objets introuvables ailleurs
– : Pas d'accès direct aux articles

• 209, rue du Fg-St-Antoine — 75011 Paris • Tél. : 0143722737 • Fax : 0143729926 • Horaires : lun.-ven. 8h45-12h, 14h-18h, sam. 9h-12h, 14h-17h • Métro : Faidherbe-Chaligny • Bus : 86

Juste à côté des Frères Nordin, fantastique boutique où trouver tous les éléments décoratifs pour changer les poignées d'une commode (à partir de 65 F en laiton doré), poser un beau heurtoir de porte (151 F), remplacer les charnières fatiguées d'un paravent, trouver des patères et des portemanteaux à partir de 92 F ou orner votre rampe d'escalier d'une classique boule en cuivre (à partir de 90 F). Tous ces petits détails de finition, en bronze, cuivre ou laiton, sont souvent difficiles à dénicher et on vous conseillera utilement sur leur fixation. Nombreuses patines, un catalogue de styles très étendu.

IDEM COMME ON AIME

Vaisselle, verrerie, bougies,
luminaires, linge de maison

Q/P : 8/10 • ASSORTIMENT : 7/10
+ : Stock de Noël très intéressant

• 92, rue du Fg-St-Antoine — 75011 Paris • Tél. : 0143463918 • Horaires : lun.-sam. 10h-19h • Métro : Ledru-Rollin • Bus : 86

Deux boutiques pour la déco de la maison, gaies et pas chères. Vaisselle (théière 49,90 F), vases, verrerie à partir de 19 F. Vases en tôle peinte tournesol 99 F, grosses bougies à trois mèches 69 F, photophores modèle 1920 en verre 19,90 F. Des idées de cadeaux amusantes dans la gamme papeterie (album photo grand modèle, couverture vichy rose 79 F). Luminaires, fleurs artificielles à petits prix pour bouquets impérissables et sans prétention, nappes 150 x 250 en 100 % coton 149 F. Sélection des objets très bien assortie et prix poids plume.

PARIS 12e

LE BONHEUR DES DAMES

Broderies et tapisseries en kit, nappes, coussins à broder

Q/P : 7/10 • ASSORTIMENT : 8/10
+ : De bons conseils

• 17, av. Daumesnil — 75012 Paris • Tél. : 0143420627 • Fax : 0143420644 • Horaires : mar.-sam. 10h30-19h, dim. 15h-17h • Métro : Gare-de-Lyon • Bus : 29 • Internet : http ://members. aol. com

Pour broder comme nos grands-mères nappes, coussins, linge de toilette et napperons, des ouvrages en kit, des étoffes de lin au mètre et des fils de coton ou de laine de toutes les couleurs. Cours de broderie pour les débutantes. Tapisseries en patron à faire soi-même : grand choix d'abécédaires, de planches de botanique, d'illustrations naïves pour chambres d'enfants… Abécédaire poisson 33 x 44 cm en coton, 157 F; coussin canevas 45 x 45 cm en fils de laine, 414 F; nappe brodée à points comptés en étamine de coton, 575 F. F. Possibilité de VPC sur catalogue à commander au 0142877094.

GALERIE DE TOUBA

Objets d'art africains, statuettes, masques, bijoux, instruments de musique

Q/P : 8/10 • ASSORTIMENT : 8/10
+ : Objets d'art abordables

• 10, rue Abel — 75012 Paris • Tél. : 0143423942 • Horaires : lun.-sam. 9h-19h • Métro : Gare-de-Lyon • Bus : 20, 57, 63

Des statuettes, des masques, des bijoux de tous les pays d'Afrique (Mali, Cameroun, Côte d'Ivoire…). Anciennes ou récentes, de très belles pièces à partir de 100 F. Tête de femme malienne en bronze 5800 F, tam-tam à partir de 200 F.

Kangourou

Meubles, arts de la table, nappes, coussins, décoration… Dans l'ambiance sympathique de ce magasin vous viendra sûrement l'idée de cadeau à laquelle vous n'aviez pas pensé. Au milieu d'un bric-à-brac d'objets fantaisie, des meubles qui méritent votre intérêt. Promotions régulières sur différentes gammes d'articles. Canapé-lit 1999 F, table portefeuille en hévéa 1950 F, bibliothèque en pin massif (180 x 130 x 30 cm) 1490 F, table panier en rotin 549 F. Nappe colorée 149 F, coussin 49 F, tablier à motif fantaisie 39 F. Horaires : lun.-sam. 10h-19h30

• KANGOUROU : 94, rue de Rivoli — 75004 Paris — Tél. : 0142727421
• KANGOUROU : 64, rue Lafayette — 75009 Paris — Tél. : 0147702030
• KANGOUROU : 19, rue Auber — 75009 Paris — Tél. : 0142659040
• KANGOUROU : 57, av. du Maine — 75014 Paris — Tél. : 0143206708
• KANGOUROU : 32, av. du Général-Leclerc — 75014 Paris — Tél. : 0140448046

PARIS 14e

LE MARCHÉ DE LA CRÉATION

Marché des œuvres d'art

Q/P : 7/10 • ASSORTIMENT : 8/10
+ : Rencontres directes avec des artistes

• Bd Edgar-Quinet — 75014 Paris • Tél. : 0153792348 • Fax : 0144245712 • Horaires : dim. 10h30 à la tombée de la nuit • Métro : Edgar-Quinet • Bus : 28

Une association permet aux artistes d'exposer leurs œuvres, tous les dimanches, au pied de la tour Montparnasse (entre les rues de la Gaîté et du Départ). Domaines aussi variés que la peinture, la gravure, le dessin, la sculpture, la céramique, la peinture sur soie, la photographie, les collages, la musique, la poésie, les mimes et les chansons… Des conditions de participation strictes écartent d'emblée les productions industrielles et artisanales. Seules les pièces uniques, signées, à forte valeur créative ont leur place sur les étalages des artistes-marchands… Un bon but de promenade dominicale.

PARIS 15ᵉ

ÉTATS D'ÂME

Meubles indonésiens, thaïlandais et indiens, figurines, objets décoratifs	**Q/P : 8/10 • ASSORTIMENT : 7/10** **+ : Quelques pièces uniques**

• 29, rue du Commerce — 75015 Paris • Tél. : 0145791242 • Horaires : mar.-sam. 10h-13h30, 15h-19h • Métro : La Motte-Picquet-Grenelle • Bus : 39, 49, 80

Mobilier d'importation indonésien, thaïlandais et indien, en plus de quelques coups de cœur du patron, comme ce très bel étal de boucher réédité en chêne massif (11200 F). Pour les amateurs du genre, grand choix de figurines animalières. Fauteuil indonésien en osier et bois 1850 F. Grainetier 6200 F. Éléphant en bronze 370 F.

LA JOIE DE VIVRE

Meubles d'appoint, canapés, tapis kilim, lampes, linge de table, vaisselle	**Q/P : 6/10 • ASSORTIMENT : 7/10** **+ : Boutique de quartier** **− : Prix pas forcément intéressants**

• 43, rue Alain-Chartier — 75015 Paris • Tél. : 0148281374 • Fax : 0140450544 • Horaires : mar.-sam. 10h15-19h15 • Métro : Convention • Bus : 39

Petite boutique qui sait choisir ses objets. Elle suit les tendances... Décor ethnique et naturel. Tapis Kilim de 480 à 4000 F selon la taille, lampes de 380 à 780 F, rideaux coton prêts-à-poser 235 F.

PARIS 16ᵉ

BAUTEX FRANCE

Stores extérieurs et intérieurs, rideaux, voilages sur mesure, petits meubles	**Q/P : 9/10 • ASSORTIMENT : 9/10** **+ : Tous types de stores sur mesure**

• 155, rue de la Pompe — 75116 Paris • Tél. : 0145538090 • Fax : 0145531883 • Horaires : lun.-ven. 9h-12h30, 14h-18h, sam. 10h-12h • Métro : Victor-Hugo

Maison spécialisée dans la réalisation de stores haut de gamme, extérieurs ou intérieurs, et entièrement sur mesure. Toutes les marques de prestige sont représentées : Franciaflex, Faber, Luxoflex... Rideaux, voilages et petits meubles de décoration. Après une visite à domicile, le bureau d'études vous proposera une solution adaptée et un devis gratuit. Une équipe s'occupera de la livraison et de la pose. SAV assuré.

LAMPES BERGER

Diffusion de la marque Berger	**Q/P : 7/10 • ASSORTIMENT : 9/10** **+ : Insecticide sans danger**

• 62, av. Victor-Hugo — 75016 Paris • Tél. : 0145009680 • Horaires non communiqués • Métro : Victor-Hugo • Bus : 52, 82

Les parfums et les lampes catalytiques Berger se fondent dans tous les décors, depuis plus de cent ans, capturent et détruisent les odeurs en parfumant la maison. Il existe une quinzaine de parfums (cèdre, chypre, fleuri, pin, eucalyptus, lavande, rose, etc.) et une gamme insecticide extrêmement efficace. Un objet idéal à offrir, dans une très large gamme de prix.

POINT À LA LIGNE

Bougies, nappes, arts de la table	**Q/P : 8/10 • ASSORTIMENT : 9/10** **+ : Bougies pour tous les décors**

• 67, av. Victor-Hugo — 75016 Paris • Tél. : 0145008701 • Horaires : lun.-sam. 10h-19h • Métro : Victor-Hugo • Bus : 52, 82

Des flammes, des couleurs, des parfums... Boutique d'un fabricant de bougies, toutes les formes, toutes les couleurs, tous les usages (la table, l'extérieur, la piscine...) : "ne coulent pas", bougies fantaisie ou classiques, en boule ou parfumées, bougie classique courte 8 F, la grande 12 F, bougies fantaisie à partir de 30 F.

ART VOCATION MOBILE   N

Sculptures, estampes, éditions d'art   Q/P : 8/10 • ASSORTIMENT : 8/10
                                             ✚ : Livraison France et étranger

• 42, rue de Caulaincourt — 75018 Paris • Tél. : 0142540909 • Horaires : mar.-sam. 14h-19h30 •
Métro : Lamarck-Caulaincourt • Bus : 95 • (ouverture en septembre 1998)

C'est l'une des rares galeries d'art contemporain à poursuivre contre vents et marées
une politique de facilités de paiement et d'accueil tout à fait convivial. Sculptures en
bronze et en bois, dessins et encres, peintures et estampes à prix très étudiés sont proposés aux amateurs, quel que soit leur budget. Estampes originales à partir de 500-800 F,
encadrements sur place, éditions et tirage de petits bronzes à la commande.

AU DIAMAHILAR

Objets d'art africain anciens, tissus,   Q/P : 8/10 • ASSORTIMENT : 8/10
masques, statuettes, bijoux   ✚ : Art africain à tous les prix

• 22, rue André-Del-Sarte — 75018 Paris • Tél. : 0142597574 • Horaires : lun. 14h-19h, mar.-sam.
10h30-19h • Métro : Barbès • Bus : 85

Adresse de référence pour les collectionneurs d'art africain. Statuettes en bois, en
bronze ou en cuivre datant des XVIIIᵉ et XIXᵉ siècles, des bijoux en pierre, en pâte de
verre, en corne ou en argent. Compter entre 500 et 2000 F pour un masque selon son
ancienneté et sa provenance. Mais on peut s'offrir des objets à partir de 10 F. Tissus traditionnels présentés faits et teints à la main. Deux arrivages dans l'année, avant Noël et
avant l'été, garantissent un renouvellement important de la collection…

BOCORAY

Lampes, cadres, bougeoirs, vaisselle,   Q/P : 6/10 • ASSORTIMENT : 8/10
fer forgé, petit mobilier asiatique   ✚ : Objets amusants

• 64, rue de Clignancourt — 75018 Paris • Tél. : 0142594411 • Fax : 0142591200 • Horaires : lun.-
sam. 10h-19h • Métro : Marcadet-Poissonniers • Bus : 31, 56

Cadres, lampes, bougeoirs, lampions, couverts, ronds de serviette en fer forgé, abat-jour
en perles, bougies parfumées, vases… Petit mobilier en provenance d'Asie, consoles,
tables, chaises, tables basses et autres fournitures telles que boutons de meubles, patères
en forme d'insectes ou de poissons à partir de 40 F. Accessoires de salle de bains, plats de
présentation en bois, service de table en nacre… il y a toujours un objet amusant à trouver.

LE MONDE EN COULEURS   N

Cadeaux et objets pour la maison en   Q/P : 7/10 • ASSORTIMENT : 8/10
provenance du monde entier   ✚ : Curiosités du monde à tous les prix

• 24, rue André-Del-Sarte — 75018 Paris • Tél. : 0142641399 • Horaires : mar.-dim. 10h-19h •
Métro : Barbès • Bus : 85 • Internet : www. parismontmarte. org

Pour faire rentrer le soleil dans votre maison, des centaines d'objets bigarrés d'Amérique
latine mais aussi du Vietnam, d'Afrique du Sud ou de Russie, à tous les prix et de toutes
les couleurs. Tableau d'art naïf haïtien 1250 F, six porte-couteaux en palissandre 50 F,
hamacs en toile à partir de 230 F, miroirs en fer blanc, vases et poteries…

PYLONES BOUTIQUE

Objets quotidiens fonctionnels mais   Q/P : 8/10 • ASSORTIMENT : 8/10
détournés, art de la table ludique   ✚ : Esprit novateur, ouvert le dimanche

• 7, rue Tardieu — 75018 Paris • Tél. : 0146063700 • Horaires : lun.-ven. 10h-13h30, 14h30-19h,
sam. 10h-19h30, dim. 10h30-19h • Métro : Abbesses • Bus : 30, 54, Montmartrobus • Voir
Pylones Boutique, Paris 4e.

Kitchen Bazaar

Accessoires pour la cuisine, ustensiles, électroménager... Des ustensiles de cuisine spécifiquement choisis pour leur esthétique et leur qualité. L'inox domine : batterie de cuisine vapeur 1470 F, presse-citron signé Starck 310 F, bouilloire Alessi 600 F, balance de cuisine 145 F, poubelles allemandes, coutellerie... Introuvables ailleurs, les moules à gâteaux souples Flexipan, faciles d'emploi : plus besoin de beurrer ni de bain-marie, démoulage parfait et enfournage au micro-ondes... (moule à cake 225 F, moule à tarte 230 F). Des robots ménagers costauds et stylés Kitchen Aid et Magimix.

- **KITCHEN BAZAAR** : 50, rue Croix-des-Petits-Champs — 75001 Paris — Tél. : 01 40 15 03 11
- **KITCHEN BAZAAR** : 11, av. du Maine — 75015 Paris — Tél. : 01 42 22 91 17
- **KITCHEN BAZAAR** : 10 ter, rue de la Salle — 78100 St-Germain-en-Laye — Tél. : 01 34 51 30 10

Luminaires, électricité

PARIS 3ᵉ

LE LUMINAIRE EN DÉCORATION

Création de luminaires, restauration d'abat-jour

Q/P : 6/10 • ASSORTIMENT : 8/10
➕ : L'un des derniers de cette profession

• 26, rue St-Gilles — 75003 Paris • Tél. : 01 42 72 32 65 • Horaires : jeu.-sam 10h-12h, 14h-18h • Métro : Chemin-Vert • Bus : 29

Georges et Liliane Fichet savent, à partir d'un fragment de lampe et de quelques pièces de récupération, faire un lustre magnifique. Suspension type billard à 2 globes verts et monture en bronze doré 2350 F, appliques à pampilles de cristal, lustres et suspensions en opalines, compositions originales et souvent poétiques tel cet étonnant lustre figurant une boule de gui. L'atelier fabrique des abat-jour en tissu (200 à 400 F) et les galonne.

PARIS 4ᵉ

BAZAR DE L'ÉLECTRICITÉ

Le matériel électrique et l'éclairage de A à Z

Q/P : 8/10 • ASSORTIMENT : 9/10
➕ : Choix très étendu

• 34, bd Henri-IV — 75004 Paris • Tél. : 01 48 87 83 35 • Fax : 01 48 87 16 76 • Horaires : mar.-ven. 9h30-18-30, sam. 10h-19h • Métro : Bastille • Bus : 86, 87

Magasin sur 3 étages, véritable vade-mecum de l'éclairage, à acheter tout prêt ou à concevoir soi-même. 900 m² d'exposition de luminaires de tous types, d'abat-jour à la mesure (encollé tissu, soie, satin...), de toutes sortes d'ampoules (halogène, lumière noire, déco avec filament en forme de fleur ou de cœur 45 F), de miroirs et d'outillage électrique. Avec patience, des vendeurs très professionnels vous conseillent et vous expliquent les montages électriques délicats. Livraison gratuite sur Paris, petits montages (cordon + douille, 50 F).

DEUX MILLE & UNE NUITS

Lampes à huile, abat-jour, photophores, petit mobilier, vaisselle décorée

Q/P : 7/10 • ASSORTIMENT : 8/10
➕ : Bonne sélection de lampes d'appoint

• 13, rue des Francs-Bourgeois — 75004 Paris • Tél. : 01 48 87 07 07 • Fax : 01 48 87 07 01 • Horaires : lun.-dim. 11h-19h30 • Métro : St-Paul • Bus : 76, 96

Au fond d'une cour pavée du Marais, une caverne d'Ali Baba sur le thème de la nuit orientale. Pour recréer l'atmosphère tamisée des demeures orientales, optez pour un des nombreux éclairages d'appoint : petites lampes avec des abat-jour en perles, abat-jour en papier dans des tons chaleureux, lampes à huile, lampes Minaret (930 F), photophores. Sélection de bougeoirs et de bougies parfumées.

KERIA LUMINAIRES

Tous types de luminaires

Q/P : 7/10 • ASSORTMENT : 8/10
✚ : Essai à domicile gratuit
▬ : 15 jours de délai sur certains modèles

• 46, rue de Rivoli — 75004 Paris • Tél. : 0144786922 • Fax : 0144786924 • Horaires : lun.-ven. 9h30-19h, sam. 9h30-20h • Métro : Hôtel-de-Ville • Bus : 67, 72, 74, 76

600 m² sur trois niveaux pour trouver le luminaire qui vous convient. Contemporain, rustique, classique, halogène, lampes, lustres et autres appliques... que vous pouvez essayer chez vous pendant 48h gratuitement avant de vous décider. Possibilité de livraison et d'installation à domicile (facturées). Lampe de chevet à partir de 75 F, lampadaire halogène à partir de 119 F.

L'ART & ACTION

Lampes, appliques, bougeoirs, mobilier en fer forgé, réalisations à la demande

Q/P : 8/10 • ASSORTMENT : 8/10
✚ : Service original

• 19, rue de Turenne — 75004 Paris • Tél. : 0142714546 • Fax : 0142713904 • Horaires : mar.-ven. 14h-19h, sam. 11h-19h • Métro : St-Paul • Bus : 69, 76, 96

Laurent et Philippe sont des créateurs qui vous proposent avant tout de réaliser vos propres idées de lampes et de mobilier. Venez avec un croquis, une photo, les dimensions de votre intérieur et ils réaliseront sur mesure l'objet de vos rêves. Sélection de lampes, bougeoirs et mobilier prêts à emporter. Appliques 300 F, photophores 100 F.

PARIS 5ᵉ

DOBDECK

Réédition de luminaires Art nouveau et Arts déco, miroirs, vases, bijoux

Q/P : 8/10 • ASSORTMENT : 8/10
✚ : La beauté de certaines pièces

• 87, rue Monge — 75005 Paris • Tél. : 0143375996 • Fax : 0143378595 • Horaires : lun. 14h-19h, mar.-sam. 11h-19h • Métro : Monge • Bus : 67

Pour les amateurs du design Art nouveau ou Arts déco, certainement les plus belles rééditions de luminaires, fabriqués artisanalement. Vases, miroirs et bijoux dans le style de cette même époque. Prix des lampes : de 500 à 2000 F environ. Restaurations.

ÉLECTRORAMA

Halogènes, lampes, lustres, appliques, systèmes d'éclairage contemporains

Q/P : 8/10 • ASSORTMENT : 9/10
✚ : Une bonne écoute du client

• 11, bd St-Germain — 75005 Paris • Tél. : 0140467810 • Fax : 0140467815 • Horaires : lun.-mar. et jeu.-ven. 9h-19h, mer. 9h-22h • Métro : Maubert-Mutualité • Bus : 63, 86, 87

Un bon magasin généraliste. La clientèle vient ici pour se faire conseiller en lumière et en installation de systèmes d'éclairage. Point fort : son choix exhaustif de luminaires contemporains. Travaillant avec 180 fournisseurs, Électrorama propose à la fois les grandes marques françaises et étrangères (Artémide, Arteluce) et des innovations de jeunes créateurs. Lustres, appliques, lampes sur pieds et systèmes d'éclairage sur rails, câbles, structures métalliques. Lampe Tizio 1890 F, boule japonaise classique 30 F.

JE

Lampes, abat-jour, photophores, vaisselle, verrerie, linge de maison

Q/P : 8/10 • ASSORTMENT : 8/10
✚ : Ouvert tard

• 3, rue de l'Estrapade — 75005 Paris • Tél. : 0144070422 • Horaires : en principe 7j/7, 13h-20h, souvent ouvert jusqu'à 23h • Métro : Place-Monge, Cardinal-Lemoine • Bus : 21, 27, 84, 89

Une sélection colorée de lampes et de verrerie. Beaucoup de lumières d'appoint dans un registre contemporain, lampes aux abat-jour coniques, photophores (65 F) et bougeoirs. La verrerie (à partir de 40 F) comprend verres, vases, carafes, coupelles, objets décoratifs. Arts de la table et linge de maison viennent compléter le choix.

PARIS 6ᵉ

GALERIE DEA

Lampes, appliques, lustres, meubles, sièges, miroirs, bijoux en métal

Q/P : 6/10 • ASSORTIMENT : 7/10
+ : Magnifique travail de créateur

• 30, rue Bonaparte — 75006 Paris • Tél. : 0146346900 • Fax : 0144072676 • Horaires : lun. 14h-19h, mar.-sam. 10h-13h, 14h-19h • Métro : St-Germain des Prés • Bus : 63, 86, 87

David Rucli, d'origine vénitienne, travaille des métaux comme le laiton, le cuivre, l'aluminium ou l'étain. Il crée des lampes, des appliques, des lustres, mais aussi chaises, fauteuils, miroirs et tables. Le mouvement qu'il donne au métal fait naître des objets pleins de volutes, de déliés, de torsades. Les appliques ressemblent à des bijoux. Les lustres sont ornés de pépites de verre de Murano. Lampe de 1200 à 3500 F; lustre de 2500 à 7000 F.

PARIS 7ᵉ

LA MAISON DU FER FORGÉ

Toute la lustrerie de style, cristaux et fer forgé, accessoires de cheminée

Q/P : 6/10 • ASSORTIMENT : 7/10
+ : Spécialiste du fer forgé
− : Style très classique

• 42, bd Raspail — 75007 Paris • Tél. : 0145485169 • Horaires : mar.-sam. 10h-19h • Métro : Sèvres-Babylone • Bus : 83

Ne cherchez pas de luminaires modernes ou futuristes, ici le style est classique : cristaux et fer forgé. Lustres, appliques, lampadaires d'intérieur et d'extérieur... Lustre en fer forgé imposant, agrémenté de fines feuilles dorées : 2580 F. Également un grand choix d'accessoires en fonte ou en fer pour la cheminée : chenets, pare-feu...

PARIS 10ᵉ

MICHÈLE LEGWINSKI

Lampes, appliques, guirlandes lumineuses, objets design, vases, cadres, bijoux

Q/P : 8/10 • ASSORTIMENT : 5/10
+ : Boutique de quartier originale
− : Choix limité

• 65, rue de Lancry — 75010 Paris • Tél. : 0142036561 • Fax : 0142036561 • Horaires : lun.-ven. 11h-13h, 14h-19h30, sam. 15h-19h30 • Métro : Jacques-Bonsergent • Bus : 54, 56, 65

Tendance "design" dans cette petite boutique qui borde le canal St-Martin. Michèle Legwinski a sélectionné lampes, guirlandes lumineuses, appliques... signées Alexis Lahelec, Pylones, Quand les Belettes s'en Mêlent. Prix de 40 à 300 F. Vase pliant de Novitas 135 F, bouquet de lumières 240 F. Si vous êtes aussi à l'affût de bijoux originaux, vous trouverez peut-être votre bonheur chez Michèle.

PARIS 11ᵉ

DIDIER BRINGAS

Création et réparation de luminaires

Q/P : 7/10 • ASSORTIMENT : 7/10
+ : Ancien élève de l'école Boulle

• 8, rue Froment — 75011 Paris • Tél. : 0147007474 • Fax : 0147006494 • Horaires : lun.-ven. 9h-12h30, 14h30-19h • Métro : Bréguet-Sabin • Bus : 20, 29

Lustres anciens, créations modernes à partir d'éléments de récupération, lustres à pendeloques, électrification de lustres trouvés sur les marchés aux puces, autour de 2500 F. Nombreux lustres et lampes chromées 1930-1940, autour de 1700 F, objets transformés en pieds de lampes originaux. Tous travaux de fonte d'objets en bronze possibles. Patines sur régules, étain, bronzes.

ROBERT SCHMIDT & CIE

Réparation et création de luminaires Q/P : 7/10 • ASSORTIMENT : 8/10
➕ : Livraisons rapides

• 15, passage de la Main-d'Or — 75011 Paris • Tél. : 01 48 06 57 19 • Fax : 01 48 06 62 22 • Horaires : lun.-jeu. 8h30-12h30, 13h-18h, ven. 8h30-12h30, 13h-17h • Métro : Ledru-Rollin • Bus : 86

La restauration de luminaires anciens nécessite des monteurs et des ciseleurs en bronze disposant d'un énorme stock de pièces détachées pour pouvoir réparer un lustre à l'identique. Dans cette maison, toutes les conditions sont réunies pour qu'un lustre arrivé en triste état reparte remis à neuf. Grande collection de lanternes, d'appliques et de lampes. Apportez votre pièce pour un devis sur place.

PARIS 12e

BAGUÈS

N

Luminaires très haut de gamme, Q/P : 7/10 • ASSORTIMENT : 8/10
appliques, lustres ➕ : Artisan d'exception
➖ : Petits budgets s'abstenir

• 73, av. Daumesnil — 75012 Paris • Tél. : 01 43 41 53 53 • Fax : 01 43 41 54 55 • Horaires : lun.-jeu. 9h-13h, 14h-18h, ven. 9h-13h, 14h-17h15 • Métro : Gare-de-Lyon • Bus : 87, 63, 29 • e-mail : baguesparis@minitel. net

Fournisseur de maisons prestigieuses comme le château de Versailles ou les grandes ambassades parisiennes, cet artisan propose des luminaires haut de gamme : appliques ou lustres dorés à la feuille, rééditions Napoléon III… La facture, soignée, et fait revivre le luxe d'antan. On peut visiter l'atelier, sur place.

DIX HEURES DIX

N

Lampes, lampadaires, lampions, objets Q/P : 7/10 • ASSORTIMENT : 7/10
design, range-CD, petits meubles ➕ : Grande originalité des objets

• 127, av. Daumesnil — 75012 Paris • Tél. : 01 43 40 74 60 • Fax : 01 43 40 74 85 • Horaires : lun.-ven. 9h30-18h30, sam. 10h30-19h, dim. 13h-19h • Métro : Gare-de-Lyon • Bus : 20, 57, 63

Fabrice Berrux dessine des lampes originales, à poser ou à suspendre. Des airs de fête avec la série de lampions (à partir de 395 F), ou des airs de voyage avec la lampe "Souvenirs", en structure métal, sur laquelle sont accrochées des cartes postales (580 F). Notre coup de cœur pour le lampadaire en tissu plissé avec pied en frêne, dont la hauteur (195 cm) en fait un paravent lumineux. Range-CD en forme de cages à oiseaux (96 ou 160 CD, à partir de 1 740 F).

PARIS 14e

LUMIÈRE & FONCTION

Lampes design, montres, bougeoirs, Q/P : 8/10 • ASSORTIMENT : 9/10
vases ➕ : Le service et le choix

• 284, bd Raspail — 75014 Paris • Tél. : 01 43 35 30 42 • Fax : 01 42 79 07 71 • Horaires : mar.-ven. 10h-13h, 14h-19h, sam. 10h-19h • Métro : Denfert-Rochereau • Bus : 38, 68

Ce magasin propose un large choix de luminaires design provenant des meilleurs fabricants et créateurs d'Europe. On retiendra les Italiens Piccola, Pirellina, Alvar Alto et le créateur français Laurent Beynes. La plupart des lampes sont installées et peuvent être allumées à votre demande par des vendeurs capables de vous informer sur tous leurs produits. Possibilité d'acheter des néons et lampes très basiques, ainsi que quelques autres objets comme des montres, des bougeoirs, des vases, etc. Lampe rocher petit modèle 671 F.

PARIS 15ᵉ

BELLIER ÉLECTRICITÉ

Abat-jour en verre, lampes à pétrole, fournitures électriques

Q/P : 7/10 • ASSORTIMENT : 8/10
✚ : Verrerie ancienne

• 24, av. du Maine — 75015 Paris • Tél. : 0145482373 • Horaires : mar.-ven.10h-12h30, 15h-19h30, sam. 10h-12h30, 15h-19h • Métro : Falguière • Bus : 89

Spécialiste de verreries anciennes, la maison propose un choix très large de verres de lampes à pétrole simples ou gravés (à partir de 100 F), de globes, de tulipes, d'opalines… Les montures résistent jusqu'à 100 W. Conseils aux non-bricoleurs.

PARIS 17ᵉ

COURANT D'IDÉES

Lampes, abat-jour, appliques, lustres, cadres photo

Q/P : 7/10 • ASSORTIMENT : 9/10
✚ : Élégance contemporaine

• 9, rue des Batignolles — 75017 Paris • Tél. : 0142933443 • Fax : 0143874024 • Horaires : mar.-sam. 10h30-19h • Métro : Rome • Bus : 53, 66, 95

Mme Danziger adore la lumière. Son œil averti sélectionne le beau, l'insolite, les grandes maisons classiques (Artémide) et les créateurs (Ferrucio Laviani). Une foule d'abat-jour originaux, de lustres et d'appliques. La lampe "Istambul", ornée de perles de verre coûte 925 F, le prix des luminaires débute à 400 F. De petits objets, boîtes avec des anges (40 F), cadres photo ornés de fleurs (350 F), viennent agrémenter le décor. Consultez le catalogue, la boutique n'est pas assez grande pour tout exposer.

LA CELLE-ST-CLOUD 78

LE LUMINAIRE EN DÉCORATION

Création de luminaires, restauration d'abat-jour

Q/P : 6/10 • ASSORTIMENT : 8/10
✚ : L'un des derniers dans cette profession
═ : Fermé en août

• Atelier Fichet Luminaires — 28, av. de Verdun — 78170 La Celle St-Cloud • Tél. : 0139181446
• Horaires : lun.-sam. 10h-12h, 14h-18h • Voir Le Luminaire en Décoration, Paris 3e.

Encadrements

Kadrimages : le moins cher de l'encadrement

Sélectionner le moins cher des encadreurs n'est pas une tâche aisée, car il s'agit presque toujours d'artisans traditionnels qui travaillent sur devis et le meilleur moyen de faire des économies dans ce domaine est encore de réaliser ses cadres soi-même. Mais Kadrimage, une nouvelle boutique située à Montparnasse, encadre vite, bien et bon marché. Un choix très vaste de cadres tous en bois et vitre verre. Encadrements immédiat pour les formats standards, encadrement sur mesure dans un délai de 1 à 2 semaines. Très tendance : large baguette plate en noyer ou en couleur (30 x 40 cm) 150 F.
• KADRIMAGE : 115, rue de Rennes — 75006 Paris — Tél. : 0145491859 — Fax : 0145490290

ATELIER LUC-MICHEL

Cadres sur mesure, restauration de tableaux et de cadres anciens

Q/P : 9/10 • ASSORTIMENT : 9/10
✚ : Encadrements très artistique

• 18, rue de l'Hôtel-de-Ville — 75004 Paris • Tél. : 0148874515 • Fax : 0142715513 • Horaires : mar.-sam. 10h30-13h, 14h30-19h, lun. sur RDV • Métro : Pont-Marie • Bus : 67

Élevé au rang de maître artisan par ses pairs, Luc Michel est l'encadreur le plus récompensé de France (Nef d'or 1997, médaille de la Ville et meilleur ouvrier de France 1997). Il fait son métier avec amour. Les œuvres qu'on lui confie sont des "âmes" qu'il va s'appliquer à révéler selon votre goût, votre budget et ses propres conseils. Deux axes de travail : traditionnel (entièrement créé sur mesure) ou industriel (moins cher). Travail à l'ancienne – il utilise la colle que les encadreurs utilisaient déjà sous Louis XIV! Les distinctions n'ont pas fait augmenter les prix : cadre en bois doré (70 x 50 cm) avec marie-louise en tissu Canovas et restauration du tableau, 2000 F.

CADRIFOLIE

Encadrements traditionnels et artisanaux, tous formats

Q/P : 7/10 • ASSORTIMENT : 7/10
✚ : Sens de la tradition

• 19, rue des Blancs-Manteaux — 75004 Paris • Tél. : 0142741385 • Horaires : mar.-sam. 9h-12h30, 14h-18h30 • Métro : St-Paul, Rambuteau • Bus : 29, 75

Encadrements de très grands formats. Découpe de verre de n'importe quelle forme. Prise en compte de la durée et de la nature de l'œuvre à encadrer. Collage sur PH neutre pour éviter les détériorations. Encadrement 40 x 40 cm, baguette naturelle à partir de 700 F.

ATELIER CHRISTIAN DE BEAUMONT

Création et fabrication sur mesure de cadres, socles, vitrines de présentation

Q/P : 9/10 • ASSORTIMENT : 8/10
✚ : Excellente créativité

• 11, rue Frédéric-Sauton — 75005 Paris • Tél. : 0143298875 • Fax : 0140518806 • Horaires : mar.-ven. 14h30-19h30, sam. 11h-13h, 14h30-19h30 • Métro : Maubert-Mutualité • Bus : 63

Christian de Beaumont est artiste encadreur. Son art consiste à établir une osmose entre l'image et le cadre, pour aboutir à une véritable mise en scène de l'œuvre. Ses matériaux de prédilection : bois, métal ou résine, pour une qualité de finition irréprochable. Collectionneurs et musées lui confient l'encadrement ou la présentation de leurs collections. Fabrication sur devis d'un cadre entre 1000 et 5000 F (délai de 3 semaines).

CADRES SERDAC

Encadrements, dorure, soclage, sous-verre, restauration de tableaux

Q/P : 8/10 • ASSORTIMENT : 9/10
✚ : Créativité

• 19, rue de l'Odéon — 75006 Paris • Tél. : 0143258540 • Horaires : mar.-sam. 11h-13h, 14h30-18h30 et sur RDV • Métro : Odéon • Bus : 58, 63, 86, 87

En plus des travaux sur mesure, choix important de cadres originaux fabriqués au format standard. Réalisation de coffrages en plexiglas, modification de vos anciens cadres à volonté. Cadre "soleil" en format moyen foré au cuivre 2000 F.

HAVARD

Encadrements traditionnels, cadres, restauration de cadres et de tableaux

Q/P : 6/10 • ASSORTIMENT : 9/10
✚ : Qualité et rapidité du travail
━ : Prix élevés

• 123, bd du Montparnasse — 75006 Paris • Tél. : 0143223487 • Fax : 0143204287 • Horaires : lun.-ven. 9h-12h30, 14h-18h30, sam. 9h-12h • Métro : Vavin • Bus : 91

Fondée en 1872, cette maison fournira à partir de 1910 des cadres à des artistes aussi prestigieux que Modigliani et Matisse. Savoir-faire éprouvé dans les domaines de la restauration, de la transposition, du rentoilage et de l'encadrement de tableaux, ainsi que dans la fabrication et la restauration de cadres. Choix de plus de 1200 modèles de tous styles.

ISABELLE

Encadrements, patines, papier vieilli, soclage, restauration de tableaux

Q/P : 7/10 • ASSORTIMENT : 7/10
✛ : Encadrement tous styles

• 8, rue Jean-Ferrandi — 75006 Paris • Tél. : 0142224383 • Horaires : mar.-ven. 13h30-19h, sam. 11h-18h30 • Métro : St-Placide • Bus : 48, 95

Bon goût de cet encadreur, dont la préoccupation est d'associer au mieux ses cadres avec ce que vous lui apportez à encadrer. Si le résultat ne vous convenait pas, le travail serait alors recommencé. Faites dorer ou restaurer anciens cadres et huiles. Réalisation de patines à l'ancienne, de sous-verre avec du papier vieilli. Encadre aussi les miroirs.

PARIS 8e

BERTHELOT

Encadrements, restauration de cadres, fournitures de beaux-arts, statuettes

Q/P : 8/10 • ASSORTIMENT : 9/10
✛ : Bonne connaissance de l'art ancien

• 184, rue du Fg-St-Honoré — 75008 Paris • Tél. : 0145633407 • Horaires : lun.-ven. 9h30-19h, sam. 9h30-12h30, 14h30-18h30 • Métro : Ternes • Bus : 43, 93

Dans la grande tradition, on vous encadre ici vos plus belles œuvres : aquarelles, huiles, lithographies, photographies et miroirs. Tendance de la maison : cadres de style Renaissance italienne et époques Louis XIII à Empire. Prix moyen d'encadrement : 1500 F. Restauration de toiles et de cadres anciens. Les artistes pourront aussi s'y procurer des fournitures de qualité (Sennelier). Statuettes animalières en bronze.

PARIS 11e

CADRES CHARONNE

Encadrements tous styles, restauration, dorure, copies de maîtres, portraits

Q/P : 8/10 • ASSORTIMENT : 8/10
✛ : Travail très artistique

• 39, rue de Charonne — 75011 Paris • Tél. : 0143554664 • Fax : 0149299873 • Horaires : mar.-ven. 10h-13h, 14h-19h, sam. 10h-13h, 14h-18h • Métro : Charonne • Bus : 61

Quel que soit le style d'encadrement que vous recherchez, cet artisan obtiendra un résultat de qualité, en peu de temps et à un prix intéressant (160 F/h). Propose aussi des copies de maîtres et des portraits d'après photo sur commande.

LA VIEILLE LANTERNE

Encadrements, fabrication et restauration de cadres

Q/P : 9/10 • ASSORTIMENT : 8/10
✛ : Excellent artisan

• 80, rue de Charonne — 75011 Paris • Tél. : 0143712135 • Horaires : mar.-ven. 9h-12h, 14h-19h, sam. 9h-12h, 15h-18h • Métro : Charonne • Bus : 56, 76

C'est une petite boutique d'antiquités où l'on peut vous réaliser un encadrement irréprochable pour un prix modique. Le patron restaure et répare les cadres anciens, pratique la sculpture sur bois, la dorure et la patine et fabrique des coffres de vitrine. Au passage, la petite brocante de sa femme vaut le coup d'œil.

ZWOLINSKI

Encadrements, cadres de bois, tableaux, gravures anciennes

Q/P : 8/10 • ASSORTIMENT : 8/10
✛ : La rapidité du service et le prix

• 33-35, rue Amelot — 75011 Paris • Tél. : 0143556380 • Fax : 0143555220 • Horaires : lun.-sam. 9h-18h • Métro : Bastille • Bus : 20, 29, 65

Bon accueil de M. et Mme Zwolinski, dans ce petit atelier de fond de cour. Encadrement sur mesure dans des temps records et pour pas cher. Vous pourrez aussi acheter une des peintures de la galerie attenante avec une grosse réduction si vous la faîtes encadrer ou un cadre fabriqué maison posé parmi les soldes.

PARIS 12ᵉ

ARDUSTYL

Cadres en bois sculpté et doré,
restauration de peintures et de cadres

Q/P : 8/10 • ASSORTIMENT : 8/10
✦ : Bonne compétence

• 87, av. Daumesnil — 75012 Paris • Tél. : 0144759696 • Fax : 0144759955 • Horaires : lun.-ven. 8h-12h, 13h-18h, sam. 10h-12h, 13h-18h • Métro : Montgallet • Bus : 29

De l'encadrement à la restauration de peintures, en passant par la restauration, la dorure et la sculpture de cadres de bois, cette maison d'encadrement couvre pratiquement tous les métiers de la profession. Méthodes de fabrication traditionnelles bien maîtrisées, travail irréprochable. Cadre moyen format, sculpté et doré au cuivre : 3000 F environ; le même, doré à l'or : 5500 F environ.

ATELIER LEBEAU

Création de cadres de style ancien,
restauration de cadres et de peintures

Q/P : 9/10 • ASSORTIMENT : 8/10
✦ : Qualité et bon goût

• 117, av. Daumesnil — 75012 Paris • Tél. : 0143459605 • Fax : 0143459666 • Horaires : lun.-jeu. 9h-18h, ven. 9h-17h, sam. sur RDV • Métro : Montgallet • Bus : 29

Maison créée à l'origine par un peintre sculpteur et reprise par sa fille. Choix original de cadres de caractère ancien qui sont de véritables œuvres. Fabrication et restauration, sur commande, de cadres en bois doré de tous genres. Cadres moyen-format faits main : de 4000 à 5000 F, petit cadre : 600 F. Technique de patine très originale.

GALATRY

Encadrements, restauration de cadres
et de tableaux

Q/P : 7/10 • ASSORTIMENT : 8/10
✦ : La qualité du travail

• 43, rue de la Gare-de-Reuilly — 75012 Paris • Tél. : 0143072492 • Horaires : lun.-sam. 9h-12h, 14h-18h30 • Métro : Daumesnil • Bus : 29

Perpétuant des méthodes à l'ancienne, cet artisan sérieux vous fera un travail soigné et pas trop cher pour vos encadrements et vos restaurations de cadres et de tableaux. Les cadres pour miniatures sont une de ses spécialités. Entre-deux-verres avec lavis, 700 F.

LE CADRE D'OR

Encadrements, socles, coffrages et
sous-verre

Q/P : 8/10 • ASSORTIMENT : 7/10
✦ : La qualité et le style

• 79, av. Daumesnil — 75012 Paris • Tél. : 0143457171 • Fax : 0143457510 • Horaires : lun.-sam. 9h-13h, 15h-19h • Métro : Montgallet • Bus : 29

Fournisseur, entre autres, de quelques-uns des plus grands musées, cet encadreur-socleur a développé un procédé spécial de "mise en espace" des œuvres au moyen de plexiglas serti de plomb. Tout est pensé pour mettre en valeur l'objet ou l'image dans un esprit de sobriété moderne. Encadre aussi à la manière classique, moins de 300 F/h de main-d'œuvre.

PARIS 13ᵉ

ATELIER TÉTRAGONE

Encadrements d'images et de
photographies, affiches et illustrations

Q/P : 8/10 • ASSORTIMENT : 7/10
✦ : Beaucoup de style

• 151, rue du Chevaleret — 75013 Paris • Tél. : 0153792223 • Fax : 0153792224 • Horaires : lun.-ven. 9h30-19h • Métro : Chevaleret • Bus : 62

Les créations de ce fabricant, sobres et épurées, conviennent parfaitement à des affiches, des illustrations ou des photos. Encadre sur mesure, dans tous les styles. Vend illustrations et affiches. Organisation d'expositions d'artistes dans la boutique au cours de l'année. Petit coffre serti de plomb-étain avec illustration, 420 F. Affiches, de 80 à 140 F.

PARIS 14e

HAVARD

Encadrements traditionnels, cadres, restauration de cadres et de tableaux

Q/P : 6/10 • ASSORTIMENT : 9/10
+ : La qualité et la rapidité du travail
– : Prix élevés

• 21, rue Brézin — 75014 Paris • Tél. : 0145433551 • Fax : 0145433551 • Horaires : lun.-ven. 9h-12h30, 14h-19h, sam. 14h-18h • Métro : Mouton-Duvernet • Bus : 28, 38, 68 • Voir Havard, Paris 6e.

PARIS 17e

LE TEMPS DES COULEURS

Encadrements, vente d'affiches, gravures et peintures

Q/P : 9/10 • ASSORTIMENT : 8/10
+ : Bonne écoute du client

• 1, rue Jacquemont — 75017 Paris • Tél. : 0142630316 • Horaires : mar.-sam. 10h-13h, 15h-19h • Métro : La Fourche • Bus : 54, 74

Juliette Didier, une des plus jeunes encadreuses de Paris, travaille avec talent dans un atelier tout en vieux chêne et en zinc. Encadrements contemporains. Organisation d'expositions et vente d'affiches, gravures et peintures. Format 40 x 40 cm avec passe-partout, à partir de 300 F. Format 50 x 65 cm à partir de 350 F. Mérite le déplacement.

PLEIN CADRE

Encadrements d'art et restauration de tableaux

Q/P : 7/10 • ASSORTIMENT : 7/10
+ : Travail artisanal de qualité

• 116, rue Cardinet — 75017 Paris • Tél. : 0142275053 • Horaires : lun.-sam. 9h15-13h, 14h-19h30 • Métro : Malesherbes • Bus : 31, 53, 94

Vous serez reçu directement dans l'atelier. Conseils d'un artisan confirmé pour la restauration et l'encadrement de vos tableaux. Facture moderne ou classique. Travail sur mesure. Cadre baguettes bois (60 x 80 cm) avec passe-partout biseau, 800 F.

VALÉRIE G

Encadrements, cadres photo

Q/P : 7/10 • ASSORTIMENT : 9/10
+ : Du sur mesure esthétique

• 22, rue des Batignolles — 75017 Paris • Tél. : 0140080773 • Horaires : lun. 15h-19h, mar.-ven. 10h-13h, 14h30-19h, sam. 10h-18h • Métro : Rome • Bus : 66

Valérie G a du talent, un grand sens du raffinement et prend tout de suite le pouls de l'œuvre à encadrer. Encadrement 40x40 cm, à partir de 500 F.

PARIS 18e

FAUKY ENCADREMENTS

Encadrements, restauration de peinture chinoise

Q/P : 9/10 • ASSORTIMENT : 9/10
+ : Spécialiste de l'art chinois

• 25, rue Marx-Dormoy — 75018 Paris • Tél. : 0146074128 • Fax : 0146072706 • Horaires : mar.-sam. 10h-12h30, 14h-19h • Métro : La Chapelle, Marx-Dormoy • Bus : 65

M. Fauky est aussi silencieux que minutieux. Il est spécialisé dans l'encadrement de peintures chinoises et dans la restauration de calligraphies anciennes. Magasin ouvert à tous, prix fort abordables. Cadre en baguette de bois verni 50 x 65 cm, 239 F, en 70 x 70 cm 329 F. Grand choix de passe-partout et de baguettes.

MERCURIO

Encadrements standards et sur mesure, fournitures de beaux-arts	Q/P : 9/10 • ASSORTIMENT : 8/10 ✚ : Prix intéressants

• 113, av. Galliéni — 93170 Bagnolet • Tél. : 0143603062 • Fax : 0148973188 • Horaires : lun.-sam. 8h-12h, 13h-18h30 • Métro : Galliéni • Bus : PC

Grâce à son sérieux et à ses prix très bas, ce fabricant de cadres standards et sur mesure est devenu le fournisseur de plusieurs grands magasins de Paris. Il propose, d'autre part, des fournitures de beaux-arts, comme des châssis toilés de lin ou de coton, de la peinture acrylique et à l'huile, des pinceaux, etc. Ne fait pas les dorures ni les sculptures sur bois.

Tissus d'ameublement

Dreyfus — Marché St-Pierre : le moins cher des tissus

À part Toto, avec ses braderies permanentes principalement sur les étoffes africaines, nous n'avons pas trouvé moins cher que Dreyfus. Avec ses 400 m² par étage, cet énorme magasin du marché St-Pierre est une véritable mine d'or de tissus. Les tissus d'ameublement et les voilages sont au 3e étage. Les premiers prix correspondent à des coupons de tissus vendus par lots. Toiles unies et imprimées en 140 cm de large vendues à partir de 20 F/m. Jacquard et damas de 39,95 à 59,95 F. Les premiers prix en tissus suivis, chintz, toile bichette, en 280 cm de large, commencent à 50 F/m. Chez Dreyfus, il faut chiner, fouiner partout et revenir souvent.

• DREYFUS : 2, rue Charles-Nodier — 75018 Paris — Tél. : 0146069225 — Fax : 0142641888

PARIS 1er

LE MONDE SAUVAGE

Tissus, soies, rideaux, voilages, tentures, nappes, coussins	Q/P : 8/10 • ASSORTIMENT : 9/10 ✚ : Étoffes nobles et exotiques

• 86, rue St-Denis — 75001 Paris • Tél. : 0140262892 • Horaires : lun. 13h-19h, mar.-ven. 10h30-19h30, sam. 10h-19h • Métro : Étienne Marcel • Bus : 67, 85 • Voir Le Monde sauvage, Paris 4e.

PARIS 2e

MÉTAPHORES/VEREL DE BELVAL

Tissus en lin, taffetas, imitations de moire, soies, velours, voilages	Q/P : 7/10 • ASSORTIMENT : 8/10 ✚ : Collections uniques

• 6, rue du Mail — 75002 Paris • Tél. : 0147033449 • Fax : 0147033449 • Horaires : lun.-jeu. et sam. 9h30-18h15, ven. 9h30-17h15 • Métro : Bourse • Bus : 67, 74, 85 • Voir Métaphores, Paris 6e.

PARIS 4e

LE MONDE SAUVAGE

Tissus, soies, rideaux, voilages, tentures, nappes, coussins	Q/P : 8/10 • ASSORTIMENT : 9/10 ✚ : Saris anciens et étoffes nobles

• 21, rue de Sévigné — 75004 Paris • Tél. : 0144610261 • Horaires : lun. 13h-19h, mar.-ven. 10h30-12h, 13h-19h, sam. 10h30-19h • Métro : St-Paul • Bus : 69

Rayonnages et comptoirs en bois donnent le ton de ce lieu entièrement voué aux étoffes. Large choix de rideaux, nappes, tentures et coussins de sol… Multitude d'accessoires, tringles, passementerie, embrasses… Matières brutes côtoient étoffes nobles et raffinées. Rideaux et coussins réalisés en "rami" (ortie blanche de Chine), proposés dans trois tons naturels. Les matières sont choisies avec soin.

PARIS 6ᵉ

JAC DEY

Tissus imprimés et unis, rideaux, voilages
Q/P : 8/10 • ASSORTIMENT : 7/10
✛ : Différents supports pour le même imprimé

• 1, rue de Furstemberg — 75006 Paris • Tél. : 0143264155 • Fax : 0146337587 • Horaires : mar.-sam. 10h-18h30 • Métro : Odéon • Bus : 63, 86, 89

• 3, rue Jacob — 75006 Paris • Tél. : 0143264155 • Fax : 0146337587 • Horaires : mar.-sam. 10h-18h30 • Métro : Odéon • Bus : 63, 86, 89

Motifs floraux, toile de Jouy, rayés, unis : pas de grandes surprises dans les collections Jac Dey. La collection "junior" est plus innovante. Tissu d'ameublement en grande largeur (280 cm) à partir de 150 F/m et beaucoup de tissus ignifugés. Traitement des matières intéressant. Les mêmes dessins sont imprimés sur une dizaine de supports différents, procédé applicable à toutes les collections. Tissu occultant pour rideaux, crêpe ou toile de bâche pour fauteuils et sièges, maille polyester pour voilages, etc. Confection de rideaux sur commande.

MARINE BIRAS

Galerie de textiles, tissus africains et lettoniens, nappes, tissus pour stores
Q/P : 8/10 • ASSORTIMENT : 6/10
✛ : Tissus contemporains

• 5, rue Lobineau — 75006 Paris • Tél. : 0143250164 • Fax : 0143250835 • Horaires : mar.-sam. 11h-19h • Métro : Mabillon • Bus : 63, 96

Galerie de tissus artisanaux africains, lettoniens ou contemporains. Quelques pièces seulement mais choisies avec soin. Nappe en fils de lin de Lettonie 1300 F, tissus signés Luc Druez en fils de cuivre, fils de nylon et gomme de polyuréthane, idéaux pour réaliser des stores très déco, entre 450 et 1000 F le mètre (150 cm de largeur). Expositions régulières sur les textiles ou les mouchoirs du monde entier.

MÉTAPHORES

Tissus en lin, taffetas, imitations de moire, soies, velours, voilages
Q/P : 7/10 • ASSORTIMENT : 8/10
✛ : Collections uniques

• 7, place de Furstenberg — 75006 Paris • Tél. : 0146330320 • Fax : 0144553709 • Horaires : lun.-sam. 10h30-13h, 14h30-19h • Métro : Odéon • Bus : 63, 86, 87

Collections de tissus d'ameublement originales. Que des créations : pas de chintz à fleurs, pas de rééditions de documents anciens. Des tissus en lin, des taffetas acétate, des imitations de moire, de nombreux voilages en soie, un choix de velours imprimés. Certains tissus sont réversibles avec des dessins différents au verso. 30 à 50 coloris par gamme pour les unis, souvent tramés de fils noirs ou ivoire. Taffetas uni en 140 cm à partir de 240 F. Voilage en lin à partir de 256 F. Sur commande uniquement. Délais courts.

NOBILIS

Tissus, soies, tapisserie, papiers peints, meubles, linge de maison
Q/P : 8/10 • ASSORTIMENT : 9/10
✛ : Qualité luxe

• 38-40, rue Bonaparte — 75006 Paris • Tél. : 0143291271 • Fax : 0143297757 • Horaires : lun.-sam. 9h30-18h30 • Métro : St-Germain-des-Prés • Bus : 63, 86, 87, 95

L'un des plus importants éditeurs français. 3000 références de tissus. Il a exploré cette année plusieurs directions : la grande tradition des soies, l'innovation en tissage, la couleur à l'état pur, le monde des carreaux réinterprété et la coordination des collections entre elles. Collections présentées et mises en scène dans un espace de 500 m² rue Bonaparte. "Le 38" est plutôt destiné aux maisons des villes ou aux pièces de réception.

Collections "Toiles de Jouy", "Blasons", "Dolman", "Scaramouche". "Le 40" incarne une atmosphère plus décontractée et contemporaine. Collections "Country", "Lin", "King Kong", "Calanques"… Embarras du choix devant les multiples options de tapisserie.

PAULE MARROT

Tissus de décoration intérieure

Q/P : 8/10 • ASSORTIMENT : 9/10
✛ : La beauté des tissus

• 98, rue de Rennes — 75006 Paris • Tél. : 0144397484 • Fax : 0144397485 • Horaires : lun.-sam. 10h-19h (fermé le lun. en juillet-août) • Métro : Rennes • Bus : 48, 94, 95, 96

À voir les étoffes de la créatrice Paule Marrot, vous vous sentirez l'envie de tout recouvrir chez vous. Le choix proposé comprend les meilleurs styles. Les motifs sont vifs, fins ou bigarrés, dans des matières de soie ou de coton. Réédition de toiles à beurre comme celles du temps de nos grands-mères. Tissus chauds et originaux pour chambre d'enfant, de 55 à 60 F le mètre.

PLASTIQUES

Tissus plastifiés

Q/P : 8/10 • ASSORTIMENT : 8/10
✛ : Toiles cirées très élégantes

• 103, rue de Rennes — 75006 Paris • Tél. : 0145487588 • Fax : 0142841442 • Horaires : lun.-ven. 10h15-19h, sam. 10h15-19h • Métro : Rennes • Bus : 95, 48

Collection de tissus plastifiés pour confectionner des nappes qui ne craignent pas les maladresses. Nous sommes loin des toiles cirées de nos grands-mères : cette maison réalisera votre nappe plastifiée à vos mesures et suffisamment élégante pour ne pas la retirer après les repas. Imprimés raffinés et colorés, finitions soignées (petit galon de coton…), rendu très proche de celui du tissu. À partir de 100 F le mètre en largeur de 140 cm.

SOULEIADO

Tissus, nappes, toiles cirées, vaisselle de Provence

Q/P : 5/10 • ASSORTIMENT : 8/10
✛ : La Provence à Paris
⬗ : Petits budgets s'abstenir

• 3, rue Lobineau — 75006 Paris • Tél. : 0144073381 • Fax : 0144073378 • Horaires : lun.-sam. 10h-19h • Métro : Mabillon • Bus : 84 • Voir Souleiado, *Linge de maison*, Paris 6e.

TACO ÉDITION

Tissus en coton, coton-lin ou coton-viscose, voilages

Q/P : 8/10 • ASSORTIMENT : 9/10
✛ : Prix raisonnables

• 3, rue de Furstemberg — 75006 Paris • Tél. : 0140469482 • Fax : 0146335105 • Horaires : lun.-sam. 10h-18h30 • Métro : Odéon • Bus : 63, 75, 86

Cet éditeur et fabricant de tissus contemporains aime les tons du Sud, les dessins champêtres, la gaieté. Il utilise le coton, le coton-viscose, le coton-lin. Motifs de coquelicots, galons inspirés des fers forgés hispaniques, ambiance "romance" : les tissus se caractérisent par la tonicité et la luminosité des couleurs. Unis de 120 à 300 F/m. Voilage à partir de 140 F/m.

VEREL DE BELVAL

Soies d'ameublement, taffetas, tissus sur commande

Q/P : 7/10 • ASSORTIMENT : 9/10
✛ : Haut de gamme, sur mesure possible
⬗ : Petits budgets exclus

• 4, rue de Furstemberg — 75006 Paris • Tél. : 0143261789 • Fax : 0143261789 • Horaires : lun.-ven. 9h30-18h30, sam. 10h-13h, 14h-18h30 • Métro : Odéon • Bus : 63, 86, 87

Vive le "bombyx mori", cette petite chenille tisserande qui nous a donné la soie! Ici, environ 150 dessins pour les soies d'ameublement. Tissus, damas, taffetas, brochés, satins, brocarts, reps, bayadères tous plus beaux les uns que les autres. Le taffetas 400 coûte 770 F/m. Collection "Prestige", lampas madrigal 1764 F/m. La soie a toujours incarné le luxe. Verel de Belval, grâce à ses archives et au savoir-faire de ses créateurs, est à même de vous proposer toute réédition de tissus anciens et toute création de soieries contemporaines; pensez tout de même à demander un devis!

PARIS 11ᵉ

ASHLEY WILDE

N

Tissus d'ameublement, rideaux,
coussins, passementerie

Q/P : 8/10 • ASSORTIMENT : 7/10
✛ : Accueil et bons conseils

• 183, rue du Fg-St-Antoine — 75011 Paris • Tél. : 0143430108 • Fax : 0143070115 • Horaires : mar.-sam. 10h-13h, 14h30-19h30 • Métro : Ledru-Rollin • Bus : 86

Des tissus anglais superbes, de 89 F à 215 F/m en 140, et des rideaux prêts à poser, à partir de 199 F la paire. Très jolis métrages de soie en 120 de large, 152 F/m, embrasses en passementerie classique ou plus design. Mention spéciale pour l'embrasse-lutin pour chambre d'enfant. Gros pompons en couleur 89 F pièce, 100 F en tissage coton écru. Petits coussins en tapisserie (90 F la housse) et soyeux rideaux en mousseline imprimés ton sur ton. Bougies et senteurs "Ambiance de Nicolaï", et les très rigolotes accroches "Le-Le", lancées sur Canal +, à aimanter un peu partout dans la maison.

L'ART DU RIDEAU

Rideaux et voilages, papiers peints,
peintures et moquettes

Q/P : 8/10 • ASSORTIMENT : 7/10
✛ : Papiers peints et rideaux petit budget

• 25, av. de la République — 75011 Paris • Tél. : 0143573491 • Horaires : lun.-sam. 10h-19h • Métro : Parmentier • Bus : 46

Chaque boutique est animée par une décoratrice qui vous guidera dans le choix des couleurs, des matériaux... pour changer le décor de votre maison : rideaux et stores prêts à poser et sur mesure, papiers peints assortis, peinture, moquette... Le tout à des prix imbattables. Pour une pièce de 12 m² au sol, vous pouvez refaire toute votre déco (une paire de rideaux standard et 7 rouleaux de papier peint) pour moins de 700 F! Confection des voilages gratuite. En référence, la marque de revêtement mural prêt à l'emploi "Les murs de Provence", qui donne un rendu à l'ancienne... (pour une pièce de 12 m² au sol, 584 F). Devis à domicile gratuit, service de pose des tringles.

Toto

Le temple du tissu africain. Mais aussi un magasin soldeur de linge de maison, tapis et vaisselle. Et il y a des adresses partout, même en province. Des tissus colorés du sol au plafond (bazin, java, velours, wax hollandais, anglais et chinois), pour réaliser des rideaux ou recouvrir un fauteuil. Attention, on ne trouve pas tous les types de tissus traditionnels (pas de batik, de bogolan, d'ikat, ni d'indigo ou de tritik...). Grand choix de wax. Ce tissu, fabriqué au XVIIIe par les colons en Hollande, est imprimé des deux côtés, et les motifs ont des titres fantaisistes : "Fans de ventilateur", "La mort est pénible"... Ils peuvent aussi rendre hommage à Mandela ou commémorer un événement. Super bazin 100 F les 6 yards, soit 1,20 x 5,50 m; wax print 200 F, wax chinois 50 F, java 160 F. Chutes au poids, mais coupons souvent de petite taille.

• *TOTO* : 19 Magasins en R.P. — Tél. : 0145205727

PARIS 18ᵉ

AU BOUTON ST-PIERRE

Passementerie pour l'ameublement et
la tapisserie

Q/P : 8/10 • ASSORTIMENT : 8/10
✛ : Spécialiste

• 5, rue de Steinkerque — 75018 Paris • Tél. : 0146060974 • Fax : 0146060119 • Horaires : lun. 11h-18h45, mar.-sam. 9h-18h45 • Métro : Anvers • Bus : 30, 54

Endroit réputé pour son large choix de galons et de franges. Pas de vente en lots mais un grand choix de coloris. Galons pour fauteuil de 7,50 à 12,95 F. Galons muraux de 3 à 8,50 F/m. Embrasses à glands pour voilage à partir de 28 F. Sélection de passementerie fantaisie.

CASIMAN

Tissus muraux et d'ameublement,   Q/P : 8/10 • ASSORTIMENT : 7/10
accessoires de maison   **+**   : Grands créateurs à petits prix

• 15, rue de la Chapelle — 75018 Paris • Tél. : 0142093009 • Fax : 0142093599 • Horaires : lun.-ven. 10h-18h, sam. 10h-17h • Métro : Max-Dormoy • Bus : 65

-20 % sur toutes les collections présentées (sauf Canovas, Frey et Fontan) et de très belles affaires dans les fins de série des autres grandes marques : Fardis, Étamine, Halard, etc. Mobilier de jardin en teck sur commande, -20 % également. Passez un petit coup de fil pour savoir si votre éditeur de tissu préféré est diffusé par cette boutique. À partir de 150 F/m en 140 pour les tissus muraux et 120 F/m en 140 pour les tissus d'ameublement (Boussac). Accessoires de maison, coussins tout faits, plateaux en bois cérusé, à des prix très raisonnables.

L'Affaire des Double-Rideaux

Dans ces boutiques, vous êtes sûr de trouver des rideaux ou des voilages dignes de ce nom et prêts à accrocher. Rideaux en chintz, en velours, en satin, en percale ou en piqué de coton (à partir de 159 F/m en 140). Rideaux pour les chambres d'enfant en 100 % coton et traité anti-taches, unis ou imprimés, tendance ou classiques, il y a du choix. L'affluence des clients à cette bonne adresse explique peut-être les mouvements d'impatience de certaines vendeuses un peu trop sollicitées, mais dans l'ensemble, l'accueil est professionnel et compétent.

• L'A.D.R.   : 55, rue de Sèvres — 75006 Paris — Tél. : 0145484113
• L'A.D.R.   : Printemps Haussmann — 60, bd Haussmann — 75009 Paris — Tél. : 0130565858
• L'A.D.R.   : 4, rue de Passy — 75016 Paris — Tél. : 0145274594
• L'A.D.R.   : 106, rue de Fontenay — 94000 Vincennes — Tél. : 0130565858
• L'A.D.R.   : 7 autres magasins en R.P. — Tél. : 0130565858

CÔTÉ DÉCOR

Tissus grandes largeurs, soies, taffetas,   Q/P : 8/10 • ASSORTIMENT : 8/10
voilages   **+**   : Grandes largeurs

• 5, rue Seveste — 75018 Paris • Tél. : 0142522419 • Fax : 0143943672 • Horaires : lun. 10h-19h, mar.-sam. 9h15-19 h • Métro : Anvers • Bus : 30, 54

Spécialiste des tissus en grande largeur. Soieries, tissus de style à partir de 100 F en 140 cm de large. Soie sauvage, importée d'Inde, en 50 coloris, à partir de 110 F/m en 140. Vente de tissus d'éditeurs déclassés, prix défiant toute concurrence. Tenture murale unie à partir de 89 F/m en 280. Taffetas en 45 coloris, à partir de 79 F/m en 140.

DU CÔTÉ DE CHEZ VOUS

Tissus grandes largeurs, soies, taffetas,   Q/P : 8/10 • ASSORTIMENT : 8/10
voilages   **+**   : Grandes largeurs

• 11, rue d'Orsel — 75018 Paris • Tél. : 0155790629 • Fax : 0143943672 • Horaires : lun. 9h15-19h, mar.-sam. 10h-19h • Métro : Anvers • Bus : 30, 54 • Voir Côté Décor, ci-dessus, même maison.

MÊME PÈRE, MÊME MÈRE

Tissus gais et colorés   Q/P : 8/10 • ASSORTIMENT : 8/10
   +   : Imprimés sur commande

• 64, rue de Clignancourt — 75018 Paris • Tél. : 0142572252 • Fax : 0142571819 • Horaires : mar.-sam. 10h -19h • Métro : Marcadet-Poissonniers • Bus : 85

Cette petite boutique, tenue par le frère et la sœur, regorge de tissus aux motifs gais et colorés. Wax et bazin sont en provenance de Hollande, d'Angleterre, du Sénégal. Le tissu s'achète par coupon de 1,20 m x 5,45 m (à partir de 120 F). Bogolan à partir de 130 F le coupon. Le bazin est vendu de 40 à 75 F les 90 cm. Ambiance chaleureuse.

MERCERIE ST-PIERRE

Tout le matériel pour confectionner ses rideaux soi-même

Q/P : 7/10 • ASSORTIMENT : 8/10
+ : Grand choix de matériel
− : Attente parfois un peu longue

• 6, rue Charles-Nodier — 75018 Paris • Tél. : 0146060074 • Horaires : lun. 13h15-18h15, mar.-sam. 9h15-18h15 • Métro : Anvers • Bus : 30, 54

Grande mercerie près du marché St-Pierre où vous trouverez tringles, anneaux, franges, galons, embrases et passementerie pour confectionner vos rideaux et doubles rideaux.

MOLINE

Tissus provençaux, cretonnes, voilages, mercerie, passementerie

Q/P : 8/10 • ASSORTIMENT : 8/10
+ : Le tissu provençal

• 1, place St-Pierre — 75018 Paris • Tél. : 0146061466 • Fax : 0142550144 • Horaires : lun. 13h30-18h30, mar.-sam. 9h30-18h45 • Métro : Anvers • Bus : 30, 54

Un endroit qu'il faut fréquenter si vous êtes à la recherche d'imprimés provençaux. Grand choix disponible à partir de 39 F/m en 130 cm de large et 49 F/m en 150. Quelques cotons enduits, à partir de 89 F/m. Bon choix de toiles cirées, à partir de 29 F/m en 140. À voir : la bourrette de soie, disponible en 12 coloris (largeur 135 cm), à partir de 179 F/m.

PARIS 20e

STOP TISSUS

Tissus au mètre

Q/P : 8/10 • ASSORTIMENT : 4/10
+ : Prix bas
− : Qualité et choix moyens

• 62, bd de Belleville — 75020 Paris • Tél. : 0146362301 • Horaires : dim.-ven. 10h-13h, 14h-19h (attention, fermé le sam. !) • Métro : Couronnes

Parmi de nombreux tissus destinés à la confection, vous pourrez en trouver quelques-uns pour l'ameublement (rideaux, nappes…). Tissu imprimé provençal, 20 F/m (150 cm de largeur).

ISSY-LES-MOULINEAUX 92

L'ART DU RIDEAU

Rideaux et voilages, papiers peints, peinture, moquette

Q/P : 7/10 • ASSORTIMENT : 7/10
+ : Papiers peints et rideaux petit budget

• 42, rue Ernest-Renan — 92130 Issy-les-Moulineaux • Tél. : 0140934262 • Horaires : lun.-sam. 10h-19h • Métro : Corentin-Celton • Bus : 126, 189 • Voir L'Art du Rideau, Paris 11e.

NEUILLY 92

DÉCOR ET TISSUS

Tentures, rideaux et voilages, tissus d'ameublement

Q/P : 7/10 • ASSORTIMENT : 9/10
+ : Devis gratuits, déplacements à domicile
− : Accès aux marchandises difficile

• 130, av. Charles-de-Gaulle — 92200 Neuilly • Tél. : 0146246814 • Horaires : lun. 14h-19h, mar.-ven. 10h-19h, sam. 10h-13h, 14h-18h • Métro : Pont-de-Neuilly • Bus : 42, 73, 82

Minuscule boutique remplie de coupons, d'échantillons et de mille merveilles introuvables ailleurs. Éditions anglaises et italiennes à partir de 200 F/m, fins de série Canovas en petits métrages à des prix imbattables. Tous travaux de tapisserie, des têtes de lits aux canapés. Soldes très intéressants (janvier et juillet). Livraisons forfaitaires sur Paris et banlieue.

Laura Ashley

Chaque boutique du département maison-déco est animée par une décoratrice d'intérieur. Laura Ashley sort de ses éternels imprimés Liberty pour offrir une collection de plus de 270 tissus d'ameublement douce et fraîche (en 122 ou 140 cm, de 95 F/m pour un tissu coton, à 195 F pour un lin, ou 295 F pour un chenillé lavable). Tons et étoffes sélectionnés pour s'adapter aussi bien à un espace urbain, qu'à la campagne ou à la mer. Gamme spécialement étudiée pour habiller les chambres d'enfant. En parfaite harmonie, une gamme de papiers peints (de 95 à 115 F le rouleau) et de carrelages, des luminaires (pieds de lampe et abat-jour), des coussins, des accessoires (embrasses, patères) et une dizaine de modèles de canapés à tapisser sur commande (à votre demande, traitement Scotchgard). L'entrepôt discount de Troyes propose les anciennes collections à 40 % moins cher!

• LAURA ASHLEY : 261, rue St-Honoré — 75001 Paris — Tél. : 01 42 86 84 13
• LAURA ASHLEY : 94, rue de Rennes — 75006 Paris — Tél. : 01 45 48 43 89
• LAURA ASHLEY : 95, av. Raymond-Poincaré — 75116 Paris — Tél. : 01 45 01 24 73
• LAURA ASHLEY ENTREPÔT DISCOUNT : Marques Avenue/Troyes — 114, bd de Dijon — 10800 St-Julien-les-Villas — Tél. : 03 25 75 27 00

LIVRY-GARGAN 93

L'ART DU RIDEAU

Rideaux et voilages, papiers peints, peintures et moquettes

Q/P : 8/10 • ASSORTIMENT : 7/10
✚ : Papiers peints et rideaux petit budget

• 163, av. Aristide-Briand — 93190 Livry-Gargan • Tél. : 01 45 09 18 70 • Horaires : lun.-sam. 10h-19h • Voir L'Art du Rideau, Paris 11e.

Arts de la table

Le moins cher de l'art de la table

Outre les boutiques de quartier qui écoulent des piles de porcelaine blanche à partir de 12 F l'assiette plate (La Vaissellerie, Vaisselle Blanche, Casa Pascal...), le moins cher, quand on a envie de couleur, c'est Tati. Si les modèles ne sont pas suivis et le choix assez réduit, ils sont en revanche d'une étonnante élégance et loin d'être ruineux. Jugez-en par vous-même : assiette plate en faïence italienne rehaussée d'un imprimé très mode 6,90 F pièce, plat à four moyen format 25 F, grand plat de présentation en inox 29,90 F, un wok à 59 F, lot de 4 verres à eau 6,90 F, essoreuse à salade 12,90 F, vase 25 F, plateau 7,90 F. Le linge de table est à l'avenant : la nappe et ses 6 serviettes 100 % coton (150 x 150 cm) pour 29,90 F. Passez régulièrement pour ne pas rater les fréquents arrivages.

• LA VAISSELLERIE : 85, rue de Rennes — 75006 Paris — Tél. : 01 42 22 61 49
• LA VAISSELLERIE : 80, bd Haussmann — 75008 Paris — Tél. : 01 45 22 32 47
• LA VAISSELLERIE : 79, rue Saint-Lazare — 75009 Paris — Tél. : 01 42 85 07 27
• VAISSELLE BLANCHE : 68, rue de Sèvres — 75007 Paris — Tél. : 01 40 61 93 21
• VAISSELLE BLANCHE : 44, rue de Lévis — 75017 Paris — Tél. : 01 40 53 03 85
• CASA PASCAL : 15, rue de Rennes — 75006 Paris — Tél. : 01 42 22 96 78
• TATI : 13, place de la République — 75003 Paris — Tél. : 01 48 87 72 81
• TATI : 140, rue de Rennes — 75006 Paris — Tél. : 01 45 48 68 31
• TATI : 2 à 42, bd Rochechouart — 75018 Paris — Tél. : 01 42 55 13 09

BODUM SHOP

Théières, cafetières, vaisselle, ustensiles de cuisine	Q/P : 8/10 • ASSORTIMENT : 8/10 ✦ : Gamme complète

• 99, rue de Rivoli — 75001 Paris • Tél. : 0142604711 • Fax : 0142961835 • Horaires : lun. et mer.-dim. 11h-20h, mar. 12h-20h • Métro : Palais-Royal • Bus : 21, 27, 69

Dominante de bois d'érable pour la nouvelle décoration de Bodum Shop où l'on peut trouver toute la gamme Bodum. Cafetières, tasses à café, théières à piston, services de table lavables en machine. Moulin à sel et à poivre Peppino 105 F pièce. Quatre nouvelles couleurs : bleu pétrole, olive, brun, beige. La théière à piston Assam, une exclusivité Bodum, de 149 à 199 F. Promotions régulières, -20 % sur les fins de série.

E. DEHILLERIN

Batteries de cuisine, vaisselle, cuivres, porcelaines, verrerie	Q/P : 8/10 • ASSORTIMENT : 9/10 ✦ : Choix et charme immense ━ : Beaucoup de monde

• 18-20, rue Coquillière — 75001 Paris • Tél. : 0142365313 • Fax : 0142365480 • Horaires : lun. 8h-12h30, 14h-18h, mar.-sam. 8h-18h • Métro : Les Halles • Bus : 21, 47, 75

• 51, rue Jean-Jacques-Rousseau — 75001 Paris • Tél. : 0142365313 • Fax : 0142365480 • Horaires : lun. 8h-12h30, 14h-18h, mar.-sam. 8h-18h • Métro : Les Halles • Bus : 21, 47, 75

Bataillons de marmites (cuivre, inox, aluminium), rangées d'ustensiles de précision (découpe, présentation) pour une clientèle de gourmets et de chefs cuisiniers. Vous musarderez avec délectation de la bassine à ragoût (243 F en 28 cm) à la sauteuse évasée (190 F en 28 cm) ou au lardoire (106 F). Toutes sortes de moules à gâteaux. Porcelaine de restaurant au sous-sol. Adresse unique en son genre.

LA BOVIDA

Vaisselle, porcelaine, verrerie, ustensiles de cuisine et de découpe	Q/P : 8/10 • ASSORTIMENT : 8/10 ✦ : Qualité professionnelle

• 36, rue Montmartre — 75001 Paris • Tél. : 0142360999 • Fax : 0142330572 • Horaires : lun.-ven. 8h-12h30, 14h-17h30, sam. 8h-11h30 • Métro : Étienne-Marcel • Bus : 29, 67, 74, 85

Magasin fréquenté par les professionnels. Le design et les qualités "pro" des batteries et ustensiles de cuisine plairont aux amoureux des traditions gastronomiques. Les coupe-légumes manuels en inox ont une ligne graphique superbe. Voir le diviseur à tomates, le coupe-légumes "mandoline" (qui réduit les légumes en allumettes), ou le coupe-légumes "Le Rouet" (qui découpe les légumes en fil spaghetti). Le grand classique : le moulin à légumes! À partir de 200 F, le prix dépend des accessoires sélectionnés.

MORA/MATFER

Moules à pâtisserie et ustensiles de cuisine, porcelaine, livres de cuisine	Q/P : 9/10 • ASSORTIMENT : 9/10 ✦ : Exhaustivité des articles

• 13, rue Montmartre — 75001 Paris • Tél. : 0145081924 • Fax : 0145084905 • Horaires : mar.-ven. 8h30-18h15, sam. 8h30-12h • Métro : Les Halles • Bus : 29

La maison mère s'appelle Matfer. Réservée aux professionnels, la boutique des Halles ouvre ses portes aux particuliers à partir de 50 F d'achat. Outillage pour l'alimentation, ustensiles de cuisine, porcelaine, batteries de cuisine, plus de 8000 articles en stock. Spécialiste du petit matériel de boulangerie et de pâtisserie. Rayon moules à chocolat étonnant avec plus d'une centaine de formes (jeu d'échec, les 16 empreintes, 85 FHT).

PARIS-MUSÉES

Services de table, linge de maison, lampes, coussins, bijoux	Q/P : 7/10 • ASSORTIMENT : 8/10 ✦ : Qualité haut de gamme

• Forum des Halles — 1 rue Pierre-Lescot — 75001 Paris • Tél. : 0140265665 • Horaires : lun. 14h-19h, mar.-sam. 10h30-19h • Métro : Les Halles • Bus : 29

Collections contemporaines inspirées du musée d'Art moderne de la Ville de Paris et du musée de la Mode. Gamme design (Starck, Alessi…). Voir Paris-Musées, Paris 4e.

RMN MUSÉES ET CRÉATIONS

Création d'objets pour la table par des artistes contemporains	Q/P : 8/10 • ASSORTIMENT : 8/10
	✚ : Objets… d'artistes
	▬ : Il faut se frayer un chemin parmi les touristes

• Carrousel du Louvre — 99, rue de Rivoli — 75001 Paris • Tél. : 0140205927 • Horaires : lun. et mer.-dim. 10h-20h, fermé le mar. • Métro : Louvre-Rivoli • Bus : 76

Alberola, Vincent Corpet, Kermarrec, Clément, Viallat ou Aurélie Nemours… font tous partie du cercle très fermé des artistes contemporains qui appartiennent aux Collections nationales. Et ils ont tous donné leur propre vision de l'art de la table en acceptant de dessiner plats, assiettes, vases, nappes ou théières : verre de Claude Viallat 40 F, plat rond de Joël Kermarrec 385 F, théière d'Alain Clément 650 F, ou 2 serviettes unies Aurélie Nemours 75 F.

PARIS 4e

ARGENTERIE DES FRANCS-BOURGEOIS

Argenterie, services à thé et à café	Q/P : 8/10 • ASSORTIMENT : 8/10
	✚ : Vente à la pièce

• 17, rue des Francs-Bourgeois — 75004 Paris • Tél. : 0142720400 • Fax : 0142720824 • Horaires : lun. 14h-19h, mar.-ven. 10h30-13h, 14h-19h, sam. 10h30-19h, dim. 11h-13h, 14h-19h • Métro : St-Paul • Bus : 76, 96

Ici, plus de métal argenté que d'argent massif ; 10 % de copies, le reste est ancien ou d'occasion. Métal argenté anglais et français, argent massif français. Services à thé et à café des années 20 et 30 en exposition dans la première pièce. Dans l'arrière-boutique et au sous-sol, vous trouverez une gamme d'argenterie et de couverts provenant d'hôtels et de restaurants. Au sol, gît une caisse remplie de couverts dépareillés en métal argenté vendus au poids ! 400 F/kg, soit environ 30 F pièce. Le couvert en argent massif poinçon Minerve 650 F. L'atmosphère est amusante et très affairée.

L'ARLEQUIN

Verrerie ancienne, cristal	Q/P : 7/10 • ASSORTIMENT : 7/10
	✚ : Vente à la pièce

• 19, rue de Turenne — 75004 Paris • Tél. : 0142787700 • Horaires : mar.-sam. 11h30-19h • Métro : St. Paul • Bus : 69, 76, 96

Dominique Ronot a rassemblé sur ses étagères une sélection de verrerie du XIXe siècle. Baccarat et St-Louis. Verres en cristal, en verre, carafes de toutes tailles, tout se vend à la pièce. Verre à eau en cristal 300 à 500 F, verre à eau en verre 180 à 250 F, carafes 500 à 1 500 F. Pas de service complet, il faut jouer sur le dépareillé.

PARIS-MUSÉES

Services de table, linge de maison, lampes, coussins, bijoux	Q/P : 7/10 • ASSORTIMENT : 8/10
	✚ : Qualité haut de gamme

• 29 bis, rue des Francs-Bourgeois — 75004 Paris • Tél. : 0142741302 • Horaires : lun. 14h-19h, mar.-dim. 11h-19h • Métro : St-Paul • Bus : 69, 76, 96

Le patrimoine des musées de la Ville de Paris a servi d'inspiration pour les services de table et le linge de maison. Le service "Majolique italienne" est tiré d'un décor conservé au musée du Petit Palais (assiette plate 70 F). La collection "Arlequin" s'inspire d'un détail de "l'Orme du mail", un tableau du XVIe siècle du musée Carnavalet (carafe : 555 F). La nappe "Anges", en coton damassé (510 F), est dédiée au petit "Amour" du grand cabinet de l'Hôtel de la Rivière. Serviettes et sets de table assortis.

SENTOU GALERIE

**Vaisselle, accessoires, luminaires de
créateurs contemporains**

Q/P : 6/10 • ASSORTIMENT : 8/10
+ : Guirlande lumineuse Tsé-Tsé
– : Petits budgets s'abstenir

• 18, rue du Pont-Louis-Philippe — 75004 Paris • Tél. : 0142774479 • Horaires : mar.-ven. 11h-
14h, 15h-19h, sam.11h-19h • Métro : Pont-Marie • Bus : 67, 96, 69

Cette boutique référence plusieurs designers dans le vent (Stefano Poletti, Roger Tallon,
Robert Le Héros, 100Drine…) qui imaginent et créent des objets quotidiens beaux et
rigolos comme le vase Paresseux (800 F) ou le miroir Menteur (1000 F).

PARIS 6e

CIR

Toutes les bougies

Q/P : 8/10 • ASSORTIMENT : 10/10
+ : Choix énorme

• 22, rue St-Sulpice — 75006 Paris • Tél. : 0143264650 • Horaires : lun.-mar. 10h-12h30, 13h30-
19h, mer.-sam. 10h-19h • Métro : St-Sulpice • Bus : 84

Spécialiste de la bougie, sous toutes ses formes. Bougies droites de toutes les couleurs qui
ne coulent pas, bougies d'anniversaire (chiffres, animaux, fines…), bougies parfumées, bougies décoratives… et même des cierges! Bougie 25 cm basique en couleur 8 F, dorée 13 F.

CULINARION

**Robots ménagers, ustensiles de
cuisine, matériel de rangement**

Q/P : 8/10 • ASSORTIMENT : 8/10
+ : Batterie de cuisine en cuivre

• 99, rue de Rennes — 75006 Paris • Tél. : 0145489476 • Horaires : lun. 11h15-19h, mar.-sam.
10h-19h • Métro : Rennes • Bus : 48, 95

Des ustensiles de cuisine traditionnels et contemporains, pour décorer, ranger et conserver, pâtisser, préparer et découper, frire, sauter et gratiner, cuire à la vapeur, griller
ou bien encore mijoter… Spécialité de petits moules à cannelés bordelais en cuivre
étamé (47 F pièce). Matériel électroménager Magimix, Krups et Guzzini.

LA CASA PASCAL

Porcelaine de Limoges

Q/P : 9/10 • ASSORTIMENT : 7/10
+ : Porcelaine de Limoges bon marché

• 15, rue de Rennes — 75006 Paris • Tél. : 0142229678 • Fax : 0145494343 • Horaires : lun.-sam.
10h15-19h • Métro : Rennes • Bus : 95, 48

Des piles de vaisselle en porcelaine de Limoges blanche et imprimée : théières, assiettes,
plats de cuisson et plats de présentation… Assiette plate à partir de 12 F.

LA MAISON DE LA CHINE

**Thés et théières, bibelots, vases,
vêtements chinois**

Q/P : 6/10 • ASSORTIMENT : 5/10
+ : Incitation au voyage
– : Choix d'objets réduit

• 76, rue Bonaparte — 75006 Paris • Tél. : 0140519500 • Horaires : lun.-sam. 10h-19h • Métro :
St-Germain-des-Prés • Bus : 86

C'est un lieu de rencontres entre Chinois et Français… Nombreuses expos, vente de vêtements traditionnels, une trentaine de thés de Chine, des théières en porcelaine à motifs
d'oiseaux, des gobelets en porcelaine avec calligraphies chinoises (100 F), des flacons de
tabac à priser, des vases… À visiter comme en voyage!

LA MAISON IVRE

**Vaisselle, vases, poteries, terres
vernissées, céramiques, linge**

Q/P : 8/10 • ASSORTIMENT : 8/10
+ : Ambiance sympathique

• 38, rue Jacob — 75006 Paris • Tél. : 0142600185 • Horaires : lun.-sam. 10h30-19h • Métro : St-
Germain-des-Prés • Bus : 63, 86, 87

Céramique artisanale française, provenant à 65 % de Provence. Collections gaies, beaucoup de tons jaunes et bleus. Pichet en terre cuite décorée 385 F. Linge de maison dominé par les imprimés provençaux mais aussi unis aux tons chaleureux. Nappe imprimée 150 x 150 cm, 325 F et 399 F. Sur le comptoir, quelques raretés comme les quenouilles de lavande fabriquées à l'ancienne (159 F) et des œufs de ferme (8 F les 6).

LA MÉDINA

Inspiration marocaine pour une vaisselle dessinée par des créateurs	Q/P : 8/10 • ASSORTIMENT : 8/10 **+** : Nocturnes et 7j/7 **−** : Lavage en machine impossible

• 68-70, rue St-André-des-Arts — 75006 Paris • Tél. : 0143297065 • Fax : 0143297555 • Horaires : lun.-ven. 11h-20h, sam. 11h-22h, dim. 15h-20h • Métro : Odéon • Bus : 63, 86, 87

De jeunes créateurs font réaliser leurs idées au Maroc. Assiettes, plats, saladiers, bols, plateaux en terre cuite et entièrement peints à la main. Gammes de vaisselle dans des tons riches de bleu, de jaune, de vert, avec des motifs célestes comme la lune, les étoiles, le soleil. Une autre gamme, "Tribale", privilégie les motifs géométriques, s'inspirant de l'iconographie des Indiens d'Amérique. Verres à thé dans des couleurs orange, vert, bleu acidulé. Bols à partir de 75 F, saladiers à partir de 300 F, assiettes 159 à 420 F (4 tailles d'assiettes).

LES CONTES DE THÉS

Théières, thés en vrac	Q/P : 7/10 • ASSORTIMENT : 8/10 **+** : Théières japonaises

• 60, rue du Cherche-Midi — 75006 Paris • Tél. : 0145494760 • Horaires : mar.-sam. 10h30-19h • Métro : Sèvres-Babylone • Bus : 48

Collection impressionnante de théières en provenance des pays où le thé est élevé au rang de l'art. Fameuse théière japonaise en fonte, déclinée dans toutes les formes, kambine, sembiki, sakura… et toutes les couleurs, de 289 à 950 F. Et bien sûr, des "tea-pot" anglais en porcelaine imprimée de fruits (Port-Merion 445 F, Arden, 298 F). Offert aux clients, en guise de carte de visite : un sachet de thé. Un échantillon de la large gamme de thés en vrac proposés aux amateurs de lapsang souchong, de yunnan, de thé vert de Chine ou de thé fumé de Russie…

SALLE À MANGER

Services complets de vaisselle ancienne, céramiques	Q/P : 6/10 • ASSORTIMENT : 7/10 **+** : Services complets en excellent état **−** : Petits budgets s'abstenir

• 4, rue de Bourbon-le-Château — 75006 Paris • Tél. : 0140469142 • Horaires : lun. 14h30-19h, mar.-sam. 10h-19h • Métro : St-Germain-des-Prés • Bus : 86, 95

Michel Pépy a pensé aux jeunes couples qui se marient et qui n'ont pas la chance d'hériter du service de table de leur grand-mère… Il chine pour eux de la vaisselle ancienne, du XIXe siècle aux années 50, et il est devenu un spécialiste des céramiques de Vallauris. On ne peut pas acheter à la pièce, c'est le service complet ou rien.

PARIS 7e

ABORIGINAL'S

Assiettes et plats peints à la main, linge de table, tissus d'Australie	Q/P : 8/10 • ASSORTIMENT : 7/10 **+** : Originalité des produits

• 72, rue de Sèvres — 75007 Paris • Tél. : 0147340321 • Fax : 0140560676 • Horaires : lun. 11h30-19h30, mar.-sam. 10h30-19h30 • Métro : Duroc, Vaneau • Bus : 39, 70

Pour voyager sans quitter Paris, rejoignez l'Australie chez Aboriginal's, une petite boutique aux multiples produits. Côté arts de la table et linge de maison, l'exotisme domine. À toucher les dessous-de-plat en feuilles d'eucalyptus (199 F), on se surprend à rêver de koalas. D'ailleurs, sur l'étagère à côté, des torchons décorés de koalas et de kangourous (49 et 99 F). Sets de table "Bush" matelassés avec des feuilles et des copeaux de bois de santal qui dégagent des arômes subtils au contact de la chaleur (165 F). Céramiques d'Adélaïde (mugs, plats, vases, assiettes) réalisées par des artistes du Centre d'art d'Adelaïde. De nombreux savons et bougies à base d'huiles essentielles.

VAISSELLE BLANCHE

Vaisselle, couverts à salade, vases en
porcelaine blanche

Q/P : 5/10 • ASSORTIMENT : 6/10
✚ : La porcelaine blanche !

• 68, rue de Sèvres — 75007 Paris • Tél. : 0140619321 • Horaires : lun.-sam. 10h-19h • Métro : Duroc, Vaneau • Bus : 39, 70 • Voir Vaisselle Blanche, Paris, 17e.

La Vaissellerie

Des piles de vaisselle blanche : assiettes plates, creuses, à dessert, plats de présentation, saladiers… à prix très doux. Une assiette en porcelaine blanche de Limoges à partir de 12 F. Emballage cadeau avec le sourire, même pour les plus petites choses… Ne pas venir avec un animal ou une tribu d'enfants car la boutique est vraiment petite.
• **LA VAISSELLERIE** : 85, rue de Rennes — 75006 Paris — Tél. : 01 42226149
• **LA VAISSELLERIE** : 80, bd Haussmann — 75008 Paris — Tél. : 0145223247
• **LA VAISSELLERIE** : 79, rue Saint-Lazare — 75009 Paris — Tél. : 0142850727

PARIS 8e

ABSOLUMENT DÉCO   N

Vaisselle, carrelages, décoration de
porcelaine, céramique et mobilier en
bois

Q/P : 9/10 • ASSORTIMENT : 7/10
✚ : Céramique personnalisée

• 50, rue de Moscou — 75008 Paris • Tél. : 0142933759 • Horaires : lun. 12h-19h, mar.-sam. 9h-19h • Métro : Rome • Bus : 66

Stéphanie et Sophie viennent d'ouvrir. Elles sont spécialisées dans la décoration de céramique et de mobilier. Services de table et carrelages peints à la main. Dessous-de-plat 120 F. Ensemble tasse et sous-tasse 160 F. L'originalité : le service de personnalisation de porcelaine, qui peut reporter un dessin ou une photo sur la porcelaine ou la céramique de votre choix. Tasse personnalisée 120 F. Assiettes 100 à 200 F. Carrelage 15 x 15 cm, 40 à 50 F. Belles finitions.

PARIS 10e

KAWA

Vaisselle, ustensiles de cuisine
asiatiques, grand choix de marmites

Q/P : 8/10 • ASSORTIMENT : 8/10
✚ : La diversité

• 3, place Stalingrad — 75010 Paris • Tél. : 0140386988 • Fax : 0142034849 • Horaires : lun.-sam. 9h30-19h • Métro : Jaurès, Stalingrad • Bus : 60

Le palais du matériel de cuisine exotique. Batteries de cuisine, bouilloires, marmites vapeur (30 cm alu 135 F), couscoussiers (26 cm inox 260 F), services de table en porcelaine et en plastique. Beaux ustensiles de cuisine : écumoires et louches dotées de manches en bambou naturel (entre 50 et 90 F).

PARIS 11e

EUROTRA

Vaisselle européenne et asiatique,
ustensiles de cuisine, marmites

Q/P : 7/10 • ASSORTIMENT : 8/10
✚ : Marmites bon marché

• 119, bd Richard-Lenoir — 75011 Paris • Tél. : 0143384848 • Fax : 0143387428 • Horaires : lun.-sam. 9h30-13 h, 14h-19h • Métro : Oberkampf • Bus : 20, 65, 96

Spécialiste de la vaisselle européenne et asiatique : marmites à vapeur toutes tailles. L'exclusivité d'Eurotra, un savon en acier qui élimine les mauvaises odeurs (ail, poisson…), 60 F. Grand choix de vaisselle jetable ; le paquet de 500 nappes en papier à partir de 103 F.

LE FIACRE

Faïence anglaise, porcelaines,   Q/P : 7/10 • ASSORTIMENT : 7/10
théières, cadres photo, cadeaux   ✦ : Séries de porcelaine anglaise

• 24, bd des Filles-du-Calvaire — 75011 Paris • Tél. : 0143571550 • Horaires : lun. 14h-19h, mar.-sam. 10h-19h • Métro : Filles-du-Calvaire • Bus : 20, 96

Complétez vos services de porcelaine anglaise au Fiacre, où sont vendues, à la pièce, des séries suivies des marques Mason, Burleigh, Portmeirion, etc. Tout est en bleu et blanc. Ligne Beatrix Potter. Collection de théières excentriques. Théière zèbre, léopard, tigre 240 F. Cadres photo, petits objets décoratifs et papeterie en plus de l'art de la table.

Geneviève Lethu

L'incontournable pour organiser sa cuisine et dresser des tables joyeuses et élégantes. Du matériel électroménager aux services de table traditionnels, en passant par la batterie de cuisine… Le véritable plus : les services, notamment "l'interliste" de mariage. En déposant votre liste dans une boutique près de chez vous, elle sera transmise simultanément à un ou plusieurs autres magasins du réseau Geneviève Lethu France de votre choix. Et tous vos cadeaux seront livrés gratuitement dans un rayon de 50 km. À retenir : le service "Information fin de collection". Vous avez acheté un service de table GL dont la fabrication va être stoppée… Geneviève Lethu vous prévient pour vous permettre de garder votre service complet.

• G.L. RIVOLI : 91, rue de Rivoli — 75001 Paris — Tél. : 0142601490
• G.L. BASTILLE : 28, rue St-Antoine — 75004 Paris — Tél. : 0142742125
• G.L. RENNES : 95, rue de Rennes — 75006 Paris — Tél. : 0145444035
• G.L. LECLERC : 25, av. du Général-Leclerc — 75014 Paris — Tél. : 0145387130
• G.L. VAUGIRARD : 317, rue de Vaugirard — 75015 Paris — Tél. : 0145317784
• G.L. NIEL : 1, av. Niel — 75017 Paris — Tél. : 0145720347 Fax : 0145720373
• G.L. PARLY II : CCR Parly II — Local postal 313 — 78158 Le Chesnay CEDEX — Tél. : 0139238370
• G.L. ST-QUENTIN-EN-YVELINES : 24 ter, pl. Étienne-Marcel — 78180 Montigny-le-B. — Tél. : 0130575857
• G.L. ST-GERMAIN-EN-LAYE : 32, rue de Paris — 78100 St-Germain-en-Laye — Tél. : 0130610769
• G.L. BOULOGNE-BILLANCOURT : 89, bd Jean-Jaurès — 92100 Boulogne — Tél. : 0146055260
• G.L. RUEIL-MALMAISON : 10, rue Hervet — 92500 Rueil-Malmaison — Tél. : 0147516363
• G.L. BELLE ÉPINE : CC Belle Épine 407 — 94561 Thiais CEDEX — Tél. : 0146877913

PARIS 12ᵉ

ATELIER LE TALLEC   N

Vaisselle et boîtes en porcelaine peinte   Q/P : 7/10 • ASSORTIMENT : 8/10
à la main   ✦ : Visite de l'atelier et démonstrations

• 93-95, av. Daumesnil — 75012 Paris • Tél. : 0143406155 • Fax : 0143077181 • Horaires : lun.-ven. 8h-18h • Métro : Gare-de-Lyon • Bus : 29

Toutes les pièces sont dessinées et peintes entièrement à la main, les fleurs étant un des thèmes favoris de l'atelier. Les décoratrices sur porcelaine continuent à interpréter les admirables décors des manufacture de Sèvres, de St-Cloud, de Mennecy et de Porcelaine de Paris, avec autant d'habileté qu'il y a 200 ans ! Chaque réalisation nécessite entre 3 et 10h de travail et 3 ou 4 cuissons. Chaque pièce est une œuvre d'art. Elle est signée et peut, au gré de l'acheteur, être personnalisée par une inscription, des initiales ou des armoiries.

ATELIERS DU CUIVRE ET DE L'ARGENT

Batteries de cuisine en cuivre, réparation de cuivres anciens

Q/P : 8/10 • ASSORTIMENT : 9/10
+ : Restauration de pièces anciennes

• 113, av. Daumesnil — 75012 Paris • Tél. : 0143402020 • Fax : 0143436060 • Horaires : lun.-sam. 10-19h • Métro : Gare-de-Lyon • Bus : 29

Ces célèbres ateliers de Villedieu-les-Poêles, en Normandie, se sont installés à Paris, pour le plus grand plaisir des amateurs d'ustensiles de cuisine en cuivre martelé ou lisse. Pour faire étamer une sauteuse ancienne, comptez 260 F.

PARIS 15ᵉ

CULINARION

Robots ménagers, ustensiles de cuisine, matériel de rangement

Q/P : 8/10 • ASSORTIMENT : 8/10
+ : Ustensiles de cuisine traditionnels

• 75, rue du Commerce — 75015 Paris • Tél. : 0142503750 • Horaires : lun. 14h-19h15, mar.-sam. 10h-19h15 • Métro : Commerce • Bus : 80 • Voir Culinarion, Paris 6e.

PARIS 16ᵉ

FRANCIS BATT

Robots ménagers et ustensiles de cuisine haut de gamme

Q/P : 6/10 • ASSORTIMENT : 8/10
+ : Matériel haut de gamme
− : Petits budgets s'abstenir

• 180, av. Victor-Hugo — 75116 Paris • Tél. : 0147271328 • Fax : 0147556370 • Horaires : lun.-sam. 10h-19h • Métro : Rue-de-la-Pompe • Bus : 52

Pour habiller votre cuisine de couleurs vives : les robots multifonctions Magimix ou Kitchen Aid, et les cocottes en fonte Le Creuset, déclinées en couleurs. Des poubelles allemandes chromées ou en métal peint, Ghost, le sucrier poudre fantôme (195 F) ou Zot, le minuteur (195 F). Catalogue envoyé sur simple appel téléphonique.

ITINÉRAIRE FORESTIER

Vaisselle, objets pratiques, déco, jouets en bois

Q/P : 6/10 • ASSORTIMENT : 8/10
+ : Choix originaux
− : Parfois un peu cher

• 35, rue Duret — 75016 Paris • Tél. : 0145000861 • Horaires : hiver (du 16/9 au 14/7) mar.-sam. 10h30-19h30, été (du 15/7 au 15/9) 12h-19h • Métro : Argentine • Bus : 73

Vaisselle et bibelots pour la déco de votre appartement parisien ou de votre maison de campagne. Tous les objets sont choisis avec soin, et ont été fabriqués par des artisans. Service vaisselle en grès céladon, collection Jars France, l'assiette 65-70 F, le déjeuner 115 F, le bol à thé 45 F et les plats de 150 à 230 F.

PARIS 17ᵉ

CULINARION

Robots ménagers, ustensiles de cuisine, matériel de rangement

Q/P : 8/10 • ASSORTIMENT : 8/10
+ : Ustensiles de cuisine traditionnels

• 83 bis, rue de Courcelles — 75017 Paris • Tél. : 0142276332 • Horaires : lun. 12h-19h, mar.-sam. 10h15-19h • Métro : Courcelles • Bus : 30, 31 • Voir Culinarion, Paris 6e.

DE L'OFFICE À LA TABLE

Ustensiles de cuisine, vaisselle, linge de table

Q/P : 8/10 • ASSORTIMENT : 8/10
+ : Mme Chambel

• 26, rue des Batignolles — 75017 Paris • Tél. : 0144700973 • Horaires : mar.-sam. 10h-19h30 • Métro : Rome • Bus : 66

Chez Mme Chambel, tout est rouge, jaune, vert, bleu, orange. Elle raffole de matières nou-velles, comme la silicone molle, qui supporte des températures allant jusqu'à 220° (dessous-de-plat en forme de feuille 89 F). Elle aime les ustensiles ingénieux : bouchon à huile "drop, drop" qui module la taille de la goutte d'huile (petites gouttes pour mayonnaises réussies). Les œufs à la coque sans coque, c'est facile au micro-ondes avec Micro-Coq (19 F). Écumoires, louches, ouvre-boîtes ont des manches translucides et colorés (75 F).

LA VAISSELLE DES BATIGNOLLES

Vaisselle, porcelaine, verrerie,
bouilloires, cafetières, linge de table

Q/P : 7/10 • ASSORTIMENT : 7/10
✚ : Les bouilloires

• 37, rue des Batignolles — 75017 Paris • Tél. : 0442948763 • Fax : 0142942663 • Horaires : lun.-sam. 10h-19h30 • Métro : Rome • Bus : 66

Vaissellerie de quartier avec des services de table contemporains et de la porcelaine blanche. Côté verrerie, c'est bien fourni. 6 verres à bourgogne 189 F. Carafes de 139 à 189 F. La collection de bouilloires mérite le déplacement. En forme de fraise, poire, chat et souris, elles rajouteront une touche ludique à votre cuisine. Bouilloire 320 F.

MAY BE

Théières anglaises, cadeaux, gadgets

Q/P : 7/10 • ASSORTIMENT : 7/10
✚ : Théières anglaises

• 72, rue de Lévis — 75017 Paris • Tél. : 0147638783 • Horaires : mar.-sam. 10h30-19h30, lun. 13h-19h • Métro : Villiers • Bus : 31, 53, 94

Hormis les gadgets que l'on trouve partout ailleurs, grand choix de théières anglaises directement importées d'Outre-Manche, aux formes les plus inattendues (machine à coudre, vaisselier, animaux…) et de toutes les tailles, de 150 F à 790 F.

VAISSELLE BLANCHE

Vaisselle, couverts à salade, vases en
porcelaine blanche

Q/P : 5/10 • ASSORTIMENT : 6/10
✚ : La porcelaine blanche!

• 44, rue de Lévis — 75017 Paris • Tél. : 0140530385 • Horaires : lun.-sam. 10h-19h • Métro : Villiers • Bus : 30

Des piles de porcelaine blanche, de la porcelaine anglaise, de la porcelaine de Limoges, des moules, des couverts, des vases. Assiette blanche 26 cm 12 F. Mazagran de Limoges 35 F.

PARIS 18ᵉ

MINI CASH

Ustensiles de cuisine orientale,
vaisselle, épices, bazar

Q/P : 8/10 • ASSORTIMENT : 7/10
✚ : Ustensiles de cuisine orientale

• 75, bd Barbès — 75018 Paris • Tél. : 0142239606 • Horaires : lun.-ven. 10h-19h, sam. 9h-19h30 • Métro : Barbès • Bus : 85, 31

Une véritable caverne d'Ali Baba! Tout pour cuisiner à l'oriental… à prix de gros. Couscoussier (inox 12 l, 109 F), plats à tajine, moulins à épices, moulins à maïs, hachoirs à viande manuels et même une cocotte-minute de 22 litres! En vedette : la théière marocaine la moins chère de Barbès (grande taille 84 F).

PARIS 19ᵉ

LA BOVIDA

Vaisselle, porcelaine, verrerie,
ustensiles de cuisine et de découpe

Q/P : 8/10 • ASSORTIMENT : 8/10
✚ : Qualité professionnelle

• 19, av. Corentin-Cariou — 75019 Paris • Tél. : 0140361262 • Fax : 0146075448 • Horaires : lun.-ven. 8h-12h30, 14h-17h30, sam. 8h-11h30 • Métro : Porte-de-la-Villette • Bus : 75, PC • Voir La Bovida, Paris 1er.

CULINARION

Robots ménagers, ustensiles de
cuisine, matériel de rangement

Q/P : 8/10 • ASSORTIMENT : 8/10
✚ : Ustensiles de cuisine traditionnels

• 29-31, rue des Bourets — 92150 Suresnes • Tél. : 0145065140 • Horaires : lun. 12h-19h, mar.-sam. 10h-19h • Voir Culinarion, Paris 6e.

LES VERRES DE NOS GRANDS-MÈRES

Verres curieux et rares tous styles,
toutes époques

Q/P : 7/10 • ASSORTIMENT : 9/10
✚ : Réassortiment régulier

• 3, marché Biron — 93400 St-Ouen • Tél. : 0140127219 • Fax : 0140126513 • Horaires : sam.-lun. 9h-18h, mar.-mer. sur RDV • Métro : Porte-de-Clignancourt • Bus : 85

Ici, les verres se vendent par service ou à l'unité. Services de verres anciens en cristal, grand choix de verrerie de collection. Toutes les grandes marques – St-Louis, Baccarat, Dome, Villeroy & Boch. Verre en verre à partir de 120 F, en cristal à partir de 350 F. Si vous avez cassé un verre du service de votre arrière grand-mère on vous le trouvera en quelques semaines.

Linge de maison

Le moins cher du linge de maison

Les rois du linge de maison bon marché. Du beau et du moins beau mais un large choix d'imprimés, surtout pour les juniors. Parure de draps Barbie (200 F environ), Chipie, Tintin, Babar, Walt Disney ou Bécassine… Ensemble de draps en satin (280 x 310 cm) + 2 taies, 850 F, couverture polaire 260 x 240 cm 590 F, en mohair 1 250 F. Magasins ouverts du mar. au sam. de 10h15 à 19h. Vente sur entrepôt ouverte au public tous les samedis de 9h à 18h (parking).
• CHIFF-TIR : 11, rue Duphot — 75001 Paris — Tél. : 0142610231
• CHIFF-TIR : 104, rue de Rennes — 75006 Paris — Tél. : 0142222513
• CHIFF-TIR : 91, rue St-Charles — 75015 Paris — Tél. : 0145780698
• CHIFF-TIR : 4, rue d'Orsel — 75018 Paris — Tél. : 0142574460

PARIS 3e

AUX TISSAGES DU NORD

Toiles en tous genres, linge de maison
et de literie

Q/P : 8/10 • ASSORTIMENT : 7/10
✚ : Tradition vivante

• 19, bd du Temple — 75003 Paris • Tél. : 0142728739 • Horaires : lun.-sam. 10h-18h30 • Métro : Filles-du-Calvaire • Bus : 20, 65

Cette petite échoppe se bat pour proposer des prix compétitifs bien qu'elle vende uniquement des marques françaises : Drouot, Lestra, La Toison d'Or, Gerardmer. L'oreiller Drouot demi duvet 100 F. La couette 220 x 240 cm en Dacron-Hollofil 450 F.

PARIS 4e

COUP DE TORCHON

Linge de tradition, nappes, torchons,
linge de toilette

Q/P : 8/10 • ASSORTIMENT : 9/10
✚ : Produits authentiques

• 15, rue de Turenne — 75004 Paris • Tél. : 0142743926 • Horaires : lun. 14h-19h, mar.-sam. 11h-19h • Métro : St-Paul • Bus : 69, 76, 96

La terre d'adoption du linge de maison qui affiche son identité régionale. Toile de coton et de lin, toile de chanvre, toile d'ortie blanche, jacquard des Vosges, linge catalan. Une nappe pur lin (170 x 170 cm) à partir de 480 F. Torchon de chanvre 60 F. Draps de bain faits comme au Moyen Âge, en "touaille" de coton. Qualité fantastique.

LE JARDIN MOGHOL

Linge de table et de literie, textiles et objets d'Asie

Q/P : 7/10 • ASSORTIMENT : 7/10
+ : Accueil chaleureux

• 53, rue Vieille-du-Temple — 75004 Paris • Tél. : 01 48 87 41 32 • Fax : 01 48 87 44 45 • Horaires : mar.-sam. 11h-19h30 • Métro : Hotel-de-Ville, Rambuteau • Bus : 69, 96

Linge de maison et petits objets, surtout en provenance de l'Inde. Nappes, serviettes, housses de couette, jeté de canapé en coton et soie. À l'arrière de la boutique, des coupons de tissu avec prédominance de motifs cashmere. La nappe dessinée par la styliste Brigitte Singh 140 x 140 cm, 398 F. Taies d'oreillers 660 F.

TEXAFFAIRES

Linge de table, de toilette et de literie à prix dégriffés

Q/P : 7/10 • ASSORTIMENT : 7/10
+ : Produits Descamps
− : Choix d'imprimés réduit

• 7 rue du Temple — 75004 Paris • Tél. : 01 42 78 21 38 • Horaires : lun.-sam. 10h30-19h • Métro : Hôtel-de-Ville • Bus : 67, 72, 74, 76

Nappes, housses de couettes, draps, serviettes éponge présentés dans des rayons bien organisés. Prix et dimensions clairement affichés avec un code couleur (étiquettes blanches = 1er choix, étiquettes vertes = 2e choix). Principalement des produits Descamps au prix de dégriffés : housses de couette 240 x 220 cm à 350 F, draps de bain 80 x 150 cm à 60 F. Petit choix d'éléments de literie (couettes duvet oie 140 x 200 cm à 699 F, oreillers oie et polyester).

PARIS 6ᵉ

BLANCORAMA

Linge de literie de marques, confection sur mesure

Q/P : 8/10 • ASSORTIMENT : 9/10
+ : Accueil formidable

• 12, rue St-Placide — 75006 Paris • Tél. : 01 42 22 90 28 • Fax : 01 42 22 90 28 • Horaires : lun. 12h-19h, mar.-sam. 9h30-19h30 • Métro : Sèvres-Babylone • Bus : 39, 70, 87 • Voir Blancorama, Paris 7e.

CATHERINE MEMMI

Linge de toilette, de table, de literie, rideaux prêts à poser

Q/P : 7/10 • ASSORTIMENT : 8/10
+ : Linge de maison somptueux
− : Petits budgets s'abstenir

• 32-34, rue St-Sulpice — 75006 Paris • Tél. : 01 44 07 22 28 • Horaires : lun. 12h30-19h30, mar.-sam. 10h30-19h30 • Métro : Odéon • Bus : 63, 87

On a plaisir à admirer des nappes en lin ou damassées, des draps en voile de lin absolument somptueux (1850 F), du linge de toilette en éponge épais, d'un blanc éclatant (295 F), dans cette boutique qui sent bon la vanille et… le luxe.

SIMRANE

Linge de literie, tissus indiens, soie, coussins

Q/P : 7/10 • ASSORTIMENT : 8/10
+ : La beauté des motifs

• 23, rue Bonaparte — 75006 Paris • Tél. : 01 43 54 90 73 • Fax : 01 46 33 15 86 • Horaires : lun.-sam. 10h-19h • Métro : St-Germain-des-Prés • Bus : 63, 86, 87, 95
• 25, rue Bonaparte — 75006 Paris • Tél. : 01 46 33 98 71 • Fax : 01 46 33 75 86 • Horaires : lun.-sam. 10h-19h • Métro : St-Germain-des-Prés • Bus : 63, 86, 87, 95

Le tissu et le linge de maison de Simrane sont fabriqués en Inde. Nombreux motifs de cashmere, couleurs riches et raffinées. Les imprimés et les unis sont en coton. Panneaux de rideaux, couvre-lits en coton ou en soie. Couvre-lit matelassé 180 x 270 cm, 1000 à

2000 F. Jeté de lit ou de canapé 220 x 270 cm, à partir de 400 F. 20 à 30 % de réductions pendant les promotions de fins de série. Vente de soie au mètre en 80 coloris à partir de 220 F/m. Au n° 25 de la même rue, la boutique est spécialisée en linge de table : dessous d'assiettes 85 F, nappe 175 x 175 cm à partir de 400 F, serviette 40 x 40 cm, 45 F, etc.

SOULEIADO

Nappes, toiles cirées, vaisselle, tissus provençaux

Q/P : 5/10 • ASSORTIMENT : 8/10
+ : La Provence à Paris
− : Petits budgets s'abstenir

• 78, rue de Seine — 75006 Paris • Tél. : 0143546225 • Horaires : lun.-sam. 10h-19h • Métro : Odéon • Bus : 63, 96

Pour faire entrer toute la Provence dans votre maison, un seul inconvénient, le prix. Allez-y pour glaner des idées méridionales : toile cirée en 140 cm : 250 F/m ; nappe 180 x 270 cm : 995 F ; tablier 170 F ; assiette plate 122 F.

PARIS 7e

BLANCORAMA

Linge de literie de marques, confection sur mesure

Q/P : 8/10 • ASSORTIMENT : 9/10
+ : Accueil formidable

• 59, av. de Suffren — 75007 Paris • Tél. : 0145676477 • Fax : 0142229028 • Horaires : lun. 12h-19h30, mar.-sam. 9h30-19h30 • Métro : La Motte-Picquet-Grenelle • Bus : 80

Édouard et Marie ont une devise : "Tout est possible !" Ils vous proposent de réaliser draps, draps-housses, taies d'oreillers à n'importe quelle mesure et ceci dans plus de 50 coloris. Il leur arrive de faire des draps ronds… 200 F pour un drap de 200 x 200 cm avec un bonnet de 30 cm. Ils réalisent draps pour canapé clic clac, draps-housses pour lit à tête et pieds relevables. En magasin, linge de maison classique (Delormes, Pierre Frey), linge de bébé. En stock, linge, couettes et oreillers à de nombreuses dimensions.

PARIS 12e

GB LINGE DE MAISON

Linge de maison, vente aux particuliers et aux comités d'entreprises

Q/P : 9/10 • ASSORTIMENT : 8/10
+ : Grossiste ouvert au public même le dimanche

• 168 rue du Fg-St-Antoine — 75012 Paris • Tél. : 0143733131 • Horaires : lun.-sam. 10h-19h, dim.10h-13h • Métro : Faidherbe-Chaligny • Bus : 78, 86

Corbeille de 10 pièces de serviettes éponges dans un panier, sous cellophane, 360 F. Parures de lit complètes (Le Lin des Vosges, François Hans et Tradi Linge), autour de 400 F. Couettes pour lit de bébé à partir de 100 F. 11 coloris de serviettes éponge. Peignoirs de bain kimono ou col châle à partir de 180 F ; dessus de lit en piqué de coton 199 F en 220 x 260 cm. Torchons en lin ou coton 20 F.

PARIS 13e

FAIRY

Linge de toilette, rideaux, voilages, linge brodé fins de série

Q/P : 7/10 • ASSORTIMENT : 6/10
+ : Prix fins de série

• 28, av. des Gobelins — 75013 Paris • Tél. : 0147071364 • Horaires : lun.-sam. 10h-19h • Métro : Gobelins • Bus : 27-83

Spécialiste du linge de maison en fins de série : housses de couette, patchworks, draps, voilages, doubles rideaux, linge brodé main… Grandes marques selon les arrivages, passez de temps en temps. Housse de couette Benetton (200 x 200 cm) 199 F.

PARIS 15°

BLANCORAMA

Linge de literie de marques, confection sur mesure　　Q/P : 8/10 • ASSORTIMENT : 9/10
　　✚ : Accueil formidable

• 88, rue Lecourbe — 75015 Paris • Tél. : 0147832707 • Fax : 0142229028 • Horaires : lun. 12h-19h, mar.-sam. 9h30-19h30 • Métro : Sèvres-Lecourbe • Bus : 80 • Voir Blancorama, Paris 7e.

PARIS 16°

NOUEZ-MOI

Linge de maison, draps, coussins brodés à la demande　　Q/P : 7/10 • ASSORTIMENT : 7/10
　　✚ : Haut de gamme

• 27, rue des Sablons — 75016 Paris • Tél. : 0147048905 • Fax : 0147276988 • Horaires : lun. 14h-19h, mar.-sam.10h-19h • Métro : Trocadéro • Bus : 63

Linge de maison très BCBG. Proposés uniquement sur fond blanc, gansés de couleur, des percales ou satins de coton brodés sur commande à vos initiales ou à votre blason... Idéal pour les baptêmes ou les listes de mariage. Drap 300 x 310 cm avec initiales fleuries, 750 F. Coussin de berceau 30 x 40 cm, 230 F + 190 pour un cœur et un prénom brodés.

PÉNÉLOPE

Linge de maison brodé à la demande　　Q/P : 8/10 • ASSORTIMENT : 8/10
　　✚ : Broderies à la demande

• 19, av. Victor-Hugo — 75016 Paris • Tél. : 0145009090 • Fax : 0140671682 • Horaires : lun.-ven. 9h30-18h30 • Métro : Victor-Hugo • Bus : 52, 82

En fréquentant cette boutique cachée au fond de la cour, vous ferez une bonne action car il s'agit d'une association de bénévoles destinée à venir en aide aux personnes en difficulté : linge de maison de qualité, brodé à vos initiales, à votre blason, ou selon votre imagination... 3 à 4 semaines de délai. Nappe 8 couverts (180 x 260 cm) et 8 serviettes brodées d'abeilles, 1 670 F.

THE TOWEL FACTORY　　N

Linge de toilette en éponge au poids　　Q/P : 7/10 • ASSORTIMENT : 7/10
　　✚ : Beau linge en éponge
　　━ : Prix non affichés

• 9, rue de Passy — 75016 Paris • Tél. : 0145279427 • Horaires : lun.-sam. 10h30-19h30 • Métro : Passy • Bus : 72

Vente de linge de maison en éponge au poids, en direct d'usine : uniquement de l'uni (30 coloris) et une seule qualité d'éponge (100 % coton, 500 g/m²). Serviette 169 F/kg, peignoir 199 F/kg. C'est amusant mais pas forcément très avantageux.

PARIS 17°

NUMBER ONE

Linge de table, de literie et de toilette à prix dégriffés　　Q/P : 7/10 • ASSORTIMENT : 6/10
　　✚ : Prix bas

• 26, rue de Lévis — 75017 Paris • Tél. : 0147631401 • Horaires : mar.-ven. 10h30-19h30, dim. 10h30-13h, lun. sur RDV • Métro : Villiers • Bus : 31, 53, 94

Avec des allures de stand de marché, des lots de fins de série à des prix imbattables. Lots de nappes coton ou plastifiées, housses de couettes, peignoirs éponge ou nids-d'abeilles de grandes marques (De Witte Lietaer, Nydel, Dorma...) dans toutes les dimensions. Nappe 100 % coton à partir de 75 F (180 x 250 cm), tapis de bain éponge 30 F...

MERCERIE ST-PIERRE

Tout le matériel pour confectionner ses   Q/P : 7/10 • ASSORTIMENT : 8/10
rideaux soi-même   ✚   : Grand choix de matériel

• 6, rue Charles-Nodier — 75018 Paris • Tél. : 0146060074 • Horaires : lun. 13h15-18h15, mar.-sam. 9h15-18h15 • Métro : Anvers • Bus : 30, 54

Grande mercerie près du marché St-Pierre, où vous trouverez tringles, anneaux, franges, galons, embrasses et passementerie pour confectionner vos rideaux et doubles rideaux.

Literie

FUTON CLUB

Futons d'appartement et de voyage   Q/P : 8/10 • ASSORTIMENT : 5/10
   ✚   : L'amabilité

• 24, bd St-Germain — 75005 Paris • Tél. : 0155429128 • Fax : 0155429107 • Horaires : lun.-ven. 11h-13h, 15h-19h • Métro : Maubert-Mutualité • Bus : 47, 63, 86, 87

Le Futon Club est un endroit où il faut courir quand il vous manque un lit d'appoint. Le futon 2 places (140 cm) avec son socle en bois, 2492 F. Le futon 1 place (90 cm), 1790 F. Les futons de voyage 990 F. Situé au cœur du bd St-Germain, c'est aussi un endroit qui organise de manière impromptue expositions de peinture et happenings. Téléphonez…

LITERIE ST-GERMAIN-DES-PRÉS

Fabrication et réfection de sommiers et   Q/P : 7/10 • ASSORTIMENT : 9/10
matelas   ✚   : Literie traditionnelle sur mesure

• 8, rue Grégoire-de-Tours — 75006 Paris • Tél. : 0143265792 • Horaires : lun.-ven. 8h-12h, 13h30-18h • Métro : Odéon • Bus : 63, 96

Fabrique des sommiers tapissiers et des matelas de laine, toutes dimensions et sur mesure. Dépositaire de matelas à ressorts et mousse de grandes marques. Réfection de votre literie dans la journée. Devis gratuit.

OMOTÉ

Literie futon et accessoires, réfection   Q/P : 8/10 • ASSORTIMENT : 8/10
de futons   ✚   : La qualité

• 147, bd du Montparnasse — 75006 Paris • Tél. : 0143263358 • Fax : 0140510821 • Horaires : lun.-ven. 10h-19h30, sam. 10h-20h • Métro : Vavin • Bus : 91

Un grand du futon traditionnel, doté de sa propre charte de confiance (qualité exceptionnelle de ses futons, le meilleur rapport qualité-prix, livraison et montage gratuits, modulabilité et réfection gratuite en cas de défaut constaté dans les 5 ans après livraison). Promotions régulières sur les ensembles de lit. Livraison sous 48h dans toute la France. Ensemble sommier à lattes souples, futon chinois, housse unie, en 140 cm de large : 4100 F.

OMOTÉ

Literie futon et accessoires, réfection de futons	Q/P : 8/10 • ASSORTIMENT : 8/10
	✚ : La qualité

• 31, bd des Batignolles — 75008 Paris • Tél. : 01 43 87 42 26 • Fax : 01 43 87 42 21 • Horaires : lun.-sam. 10h-19h30 • Métro : Rome • Bus : 80 • Voir Omoté, Paris 6e.

ACT

Lits, lits superposés, matelas, sommiers, canapés-lits	Q/P : 8/10 • ASSORTIMENT : 9/10
	✚ : Choix important

• 11, place de Stalingrad — 75010 Paris • Tél. : 01 46 07 07 01 • Fax : 01 46 07 07 05 • Horaires : mar.-sam. 10h-13h, 14h-19h • Métro : Jaurès, Stalingrad • Bus : 60

Testez votre future literie dans ce grand showroom qui rassemble sommiers, matelas de marques, canapés clic clac et lits superposés en pin ou métal (à partir de 1800 F). Promotions permanentes (-25 %) sur les grandes marques de matelas – Bultex, Mérinos, Dunlopillo, Épéda, Tréca. Matelas polyuréthane 140 x 190 cm, 1390 F. La livraison à Paris ou en banlieue coûte 100 F.

MIEUX ÊTRE

Futons et lits à tiroirs	Q/P : 8/10 • ASSORTIMENT : 8/10
	✚ : Futons sur mesure

• 143, av. Parmentier — 75010 Paris • Tél. : 01 42 02 25 22 • Horaires : mar.-sam. 11h-19h • Métro : Voltaire • Bus : 56 • Voir Mieux Être, Paris 15e.

GRANDE MAISON DE LA LITERIE

Matelas et sommiers, lits de relaxation, canapés-lits	Q/P : 8/10 • ASSORTIMENT : 8/10
	✚ : Les prix
	▬ : Pas de literie sur mesure

• 38, bd Richard-Lenoir — 75011 Paris • Tél. : 01 47 00 09 89 • Fax : 01 43 57 24 12 • Horaires : lun. 14h-19h, mar.-sam. 9h-19h • Métro : Bréguet-Sabin • Bus : 20, 69

1000 m² d'exposition des plus grandes marques de literie (Épéda, Dunlopillo, Simmons, Tréca, Pirelli...), prix 30 % au-dessous de ceux habituellement pratiqués. Lit 2 pers entourage merisier, matelas 100 % latex déhoussable, 14600 F. La maison tend à se spécialiser dans les fauteuils et lits dits de relaxation, inclinables ou relevables. Pour les amateurs de gain de place, grand choix d'armoires-lits et de canapés-lits. Livraison et installation gratuites sur toute la France, débarras de votre ancienne literie.

OMOTÉ

Literie futon et accessoires, réfection de futons	Q/P : 8/10 • ASSORTIMENT : 8/10
	✚ : La qualité

• 47, rue du Fg-St-Antoine — 75011 Paris • Tél. : 01 43 42 35 74 • Fax : 01 43 44 68 60 • Horaires : lun.-ven. 10h-19h30, sam. 10h-20h • Métro : Bastille • Bus : 76, 86 • Voir Omoté, Paris 6e.

REPOS ET SOMMEIL

Matelas, sommiers, canapés, mezzanines, lits pliants	Q/P : 8/10 • ASSORTIMENT : 7/10
	✚ : Bon SAV

• 243, rue du Fg-St-Antoine — 75011 Paris • Tél. : 01 40 09 21 61 • Fax : 01 40 09 29 01 • Horaires : lun.-sam. 9h30-19h • Métro : Faidherbe-Chaligny • Bus : 56, 86

Mezzanine en pin massif traité avec son échelle, à partir de 1590 F. Les lits superposés enfants, en métal laqué blanc, garantis aux normes de sécurité européennes, 1990 F en 90 x 190 cm. Garantie 5 ans sur les articles, -30 % sur Dunlopillo, Tréca, Épéda, Simmons et les autres. Livraison Paris intra-muros 180 F, Île-de-France 250 F, et débarras des anciennes literies pour 50 F. Vaste salle d'exposition à Coulommiers (77), pleine de bonnes affaires et ouverte 7j/7.

SOF

Futons et paravents japonais　　　　Q/P : 8/10 • ASSORTIMENT : 8/10
　　　　　　　　　　　　　　　　　　　　✚　: La qualité

• 38, bd Richard-Lenoir — 75011 Paris • Tél. : 0149234202 • Horaires : lun.-mar. et ven.-sam. 10h30-19h30, mer.-jeu. 10h30-13h30, 14h45-19h30 • Métro : Voltaire • Bus : 69

SOF crée, fabrique et distribue toutes les variantes du futon traditionnel. La fabrication est contrôlée à toutes les étapes, ce qui garantit une qualité irréprochable au meilleur prix. Matelas futon 180 x 200 cm en 15 cm d'épaisseur, 7 couches de coton : 1950 F.

PARIS 12e

JEAN-BAPTISTE GARNÉRO

Réfection de matelas de laine,　　　Q/P : 7/10 • ASSORTIMENT : 8/10
garnissage de coussins en crin　　　✚　: Délais rapides

• 5, rue Claude-Tillier — 75012 Paris • Tél. : 0143725992 • Horaires : lun.-sam. 8h-12h, 13h30-19h • Métro : Reuilly-Diderot • Bus : 46

Cette minuscule boutique prend en charge les sommiers, le nettoyage, le dépoussiérage et la réfection complète des matelas fatigués. Bourrage du matelas, changement de toile, piquage à la main. La clientèle peut assister à l'opération de bout en bout. Garnissage de coussins, de matelas de petites banquettes, de traversins et de galettes en crin. Cette maison vient chercher le matelas le matin sur RDV et vous le rend le soir, avec ponctualité.

PARIS 14e

À LIT'DÉAL

Lits à eau, lits traditionnels et de　　Q/P : 8/10 • ASSORTIMENT : 8/10
relaxation　　　　　　　　　　　　✚　: Les lits à eau

• 66 bis, av. Jean-Moulin — 75014 Paris • Tél. : 0145421212 • Fax : 0145421422 • Horaires : lun.-sam. 10h-19h • Métro : Alésia • Bus : 28, 38, 62, 68

L'idéal, pour dormir, c'est un matelas à eau. La surface de couchage épouse et soutient parfaitement toutes les parties du corps. Le lit à eau "Land & Sky" est vendu complet (socle, matelas, housse-liner et thermostat). Lit de 160 x 200 cm à partir de 10500 F, grande largeur 220 x 200 cm, 18850 F. Ce magasin vend aussi matelas et sommiers classiques et propose des lits de relaxation modulables.

Allô Matelas

Toutes les grandes marques à prix d'entrepôt. Après un questionnaire personnalisé et grâce aux conseils d'un spécialiste, vous pourrez acheter votre nouvelle literie sans vous déplacer. Livraison gratuite mais à heure fixe. Enlèvement de votre ancienne literie et prise de mesure à domicile gratuitement. Remboursement de la différence si vous trouvez moins cher. Ensemble matelas et sommier Épéda (140 x 190 cm) à partir de 2429 F, Tréca "Pullman" 4390 F, Bultex 2925 F, Dunlopillo 2780 F.

• ALLÔ MATELAS : 251 bis, bd Jean-Jaurès — 92100 Boulogne — Tél. : 0146104370 (lun.-sam. 9h-19h)

GARNERO

Tapisserie, fabrication et réfection de   Q/P : 8/10 • ASSORTIMENT : 8/10
matelas de laine et sommiers   ✚ : Haut de gamme

• 46, bd Brune — 75014 Paris • Tél. : 0145437008 • Horaires : lun.-ven. 8h-12h30, 14h-19h, sam.
8h-12h30 • Métro : Porte-de-Vanves • Bus : 58, 95, PC • Voir Garnero, Paris 15e.

SOF

Futons et paravents japonais   Q/P : 8/10 • ASSORTIMENT : 8/10
                                        ✚ : La qualité

• 226, av. du Maine — 75014 Paris • Tél. : 0145410505 • Horaires : lun.-mer. et ven.-sam. 10h30-
13h30, 14h45-19h30, jeu. 10h30-19h30 • Métro : Alésia • Bus : 38, 68 • Voir SOF, Paris 11e.

PARIS 15ᵉ

GARNERO

Tapisserie, fabrication et réfection de   Q/P : 8/10 • ASSORTIMENT : 8/10
matelas de laine et sommiers   ✚ : Haut de gamme

• 101, rue de la Croix-Nivert — 75015 Paris • Tél. : 0145314056 • Horaires : lun.-ven. 9h-12h30,
14h-19h, sam. 9h-12h • Métro : Commerce, Félix-Faure • Bus : 70

Une maison qui fabrique des matelas de laine et refait matelas et sommiers à ressorts.
Matelas de laine (toutes dimensions) réalisable sur commande; en 140 cm :
3 600 F. Réfection et nettoyage à partir de 1 500 F. Pour rappel, un matelas doit être
refait environ tous les dix ans. Vous pouvez aussi faire recouvrir votre canapé ou commander des rideaux. Les membres de la famille Garnero, tapissiers de métier, travaillent
dans les règles de l'art. N'hésitez pas à leur demander conseil si vous avez du mobilier à
rafraîchir.

LA BOUTIQUE DU DUVET

Fabrication et réfection de couettes,   Q/P : 9/10 • ASSORTIMENT : 8/10
édredons, sacs de couchage en duvet   ✚ : Fabrication soignée
d'oie

• 151 bis, rue Blomet — 75015 Paris • Tél. : 0155769508 • Fax : 0164636452 • Horaires : mar.-sam.
11h-19h • Métro : Convention • Bus : 39, 80 • Voir La Boutique du Duvet, Crécy-la-Chapelle 77.

LITERIE LECOURBE

Fabricant de lits, sommiers et matelas,   Q/P : 8/10 • ASSORTIMENT : 7/10
réfection de matelas   ✚ : Réalisation artisanale

• 195, rue Lecourbe — 75015 Paris • Tél. : 0142501310 • Horaires : mar.-ven. 9h30-12h30, 15h-
19h, sam. 9h-12h30, 14h-18h • Métro : Convention • Bus : 39, 49, 80

Quoique vendant lui-même quelques standards (de Bultex), ce spécialiste de la literie traditionnelle est surtout un artisan fabriquant ses propres lits, matelas et sommiers, adaptés à vos mesures. Répare aussi votre ancienne literie dans la journée. 5350 F pour un
lit (140 × 190 cm) en fer forgé, 3 400 F pour son sommier et 2910 F pour son matelas.
Lit gigogne en 80 × 190 cm, 2 400 F. De 700 F à 1 000 F pour la réfection d'un matelas.

MIEUX ÊTRE

Futons et lits à tiroirs   Q/P : 8/10 • ASSORTIMENT : 8/10
                                    ✚ : Futons sur mesure

• 151, rue Blomet — 75015 Paris • Tél. : 0145314140 • Horaires : mar.-sam. 11h-19h • Métro :
Convention • Bus : 62

Futons traditionnels, en 140 × 200 cm et 12 cm d'épaisseur, 1 200 F, socle en pin massif
1 900 F, en hêtre massif 2860 F. Lits spécialement conçus pour le rangement et le gain
de place, à tiroirs de différentes hauteurs... Livraison et réalisation de futons sur mesure.

PARIS 16ᵉ

LE LIT NATIONAL

Literie de tradition, linge de literie, réfection de matelas et sommiers

Q/P : 8/10 • ASSORTIMENT : 8/10
✚ : Literie de grande qualité
━ : Petit budget s'abstenir

• 2, place du Trocadéro — 75016 Paris • Tél. : 01 45 53 33 55 • Fax : 01 45 53 01 43 • Horaires : lun.-sam. 9h30-19h • Métro : Trocadéro • Bus : 30

Fabricant de literie haut de gamme, Le Lit National réalise sommiers et matelas à vos mesures… (en forme de cœur, si vous le souhaitez!), ainsi que les draps et housses adaptés. C'est l'assurance d'un service traditionnel parfait. Conseils, livraison, réfection des matelas de laine. Le showroom est spacieux; vous pouvez essayer les sommiers sans stress. Tarifs en fonction des dimensions, des tissus… lit 200 x 160 cm, de 9000 à 16000 F.

PARIS 17ᵉ

CENTRALE LITERIE

Fabricant, vente de literies grandes marques, lits superposés, canapés-lits

Q/P : 7/10 • ASSORTIMENT : 9/10
✚ : Le service client

• 2-8, bd Bessières — 75017 Paris • Tél. : 01 46 27 97 58 • Fax : 01 44 83 04 18 • Horaires : lun. 14h-19h, mar.-sam. 10h-19h30 • Métro : Porte-de-St-Ouen • Bus : 81, PC

Épeda, Mérinos, Dunlopillo, Bultex… la plupart des grandes marques, des lits superposés et des canapés clic clac (à partir de 1 900 F) dans ce magasin de 600 m². Centrale Literie est aussi fabricant. Pour un matelas en 140 cm de large, vous paierez entre 1 400 et 2 500 F suivant la qualité. Livraison gratuite. Essai pendant 10 jours et échange possible.

PARIS 18ᵉ

LITERIE SAINT-PIERRE

Fabrication et réfection d'éléments de literie

Q/P : 8/10 • ASSORTIMENT : 8/10
✚ : Travail artisanal bon marché

• 22, rue André-Del-Sarte — 75018 Paris • Tél. : 01 42 64 36 91 • Horaires : mar.-sam. 9h-12h, 14h-18h30 • Métro : Anvers • Bus : 85

Édredons, oreillers, couvre-pieds, matelas et sommiers fabriqués sur mesure, en laine ou en bultex, en plumes ou en duvet. Vous pouvez même demander un lit rond. Travail artisanal et soigné, prix très étudiés. Réfection d'un matelas 1 place en laine 1200 F (en toile rayée). Un matelas pris le matin est rendu le soir. L'enlèvement et la livraison sont gratuits.

UNIVERS DÉCOR

Mousse de polyester, bultex, oreillers plumes

Q/P : 8/10 • ASSORTIMENT : 9/10
✚ : Coupé à vos mesures

• 13, rue Seveste — 75018 Paris • Tél. : 01 42 51 18 08 • Fax : 01 42 51 77 78 • Horaires : lun. 13h30-19h, mar.-sam. 10h-19h • Métro : Barbès • Bus : 85

Coupés à vos mesures avec le sourire et dans la bonne humeur, mousse et bultex de toutes formes et de différentes épaisseurs à des prix imbattables. Matelas mousse 8 cm d'épaisseur (190 x 80 cm) 165 F, plaque bultex 8 cm d'épaisseur (200 x 150 cm) 900 F.

PARIS 19ᵉ

OMOTÉ

Literie futon et accessoires, réfection de futons

Q/P : 8/10 • ASSORTIMENT : 8/10
✚ : La qualité

• 66 bis, av. Jean-Jaurès — 75019 Paris • Tél. : 01 40 40 73 59 • Fax : 01 40 40 76 23 • Horaires : lun.-ven. 10h-19h30, sam. 10h-20h • Métro : Jaurès • Bus : 26 • Voir Omoté, Paris 6e.

BOIS ET COTON

Futons	Q/P : 9/10 • ASSORTIMENT : 8/10
	✚ : Prix intéressants

• 29, rue de Ménilmontant — 75020 Paris • Tél. : 0144620353 • Horaires : lun. 14h30-19h30, mar.-ven. 10h-13h, 14h-19h30, sam. 10h-19h30 • Métro : Ménilmontant

Fabricant pratiquant des prix défiant toute concurrence (jusqu'à 30 % moins cher). Matelas futon fait main 5 couches/12 cm (160 cm) 1590 F, podium en bois massif avec tiroirs 1890 F.

CRÉCY-LA-CHAPELLE 77

LA BOUTIQUE DU DUVET

Fabrication et réfection de couettes, édredons, sacs de couchage en duvet d'oie	Q/P : 9/10 • ASSORTIMENT : 8/10
	✚ : Fabrication soignée

• 21, route Nationale — 77580 Crécy-la-Chapelle • Tél. : 0164638080 • Horaires : mar.-sam. 10h-12h30, 14h-18h30

Spécialiste de la plume d'oie, cette maison fabrique couettes, oreillers, traversins, édredons et duvets (90 % plume d'oie). Tailles standards et sur mesure, réparations et réfections. Les articles sont lavables en machine et traités anti-taches, anti-bactéries et anti-acariens. La couette 240 x 220 cm, 750 F. Réfection d'une couette 140 x 200 cm, 675 F.

Mobilier, rangements

Ikéa : le moins cher du mobilier

Bon design, fonctionnalité et bas prix. Le secret d'Ikéa : il vous laisse faire une partie du travail. Tous les meubles, vendus en paquets plats, sont conçus pour être montés chez soi. Vous n'aurez aucun mal grâce aux instructions détaillées (sur vidéo, dans le cas des cuisines). Vis, écrous, clefs... tout ce dont vous avez besoin est compris. Si vous sous-estimez vos capacités de bricoleur, n'hésitez pas à faire appel à leur service de montage payant. Tous les styles se côtoient mais le campagnard en pin massif domine (buffet 3 250 F; cuisine à partir de 3 250 F). Le style de vie Ikéa, c'est aussi les ustensiles de cuisine, la literie (en 140 x 200 cm, matelas traditionnels 990 F, futon + assise 260 F), la housse de couette et sa taie pour une personne à partir de 69 F, des rideaux prêts à poser facilement coordonnables quel que soit votre style (à partir de 78 F pièce). Gamme de meubles et de jouets bien pensés pour les enfants. Magasins accueillants, avec un espace réservé aux enfants à l'entrée (piscine de boules et ciné junior), poussettes et tables à langer à votre disposition. Lun.-sam. 10h-20h, nocturne jeu. jusqu'à 22h.

• *IKÉA* : ZI Le Clos au Pois — 91028 Evry CEDEX — Tél. : 0169111600
• *IKÉA* : CC Paris Nord II — BP 50 — 123, rue des Buttes — 95950 Roissy — Tél. : 0169111615
• *IKÉA* : CC des Armoiries — Rue Jean-Jaurès — 94350 Villiers-sur-Marne — Tél. : 0169111613
• *IKÉA* : CC Grand Plaisir — 202, rue Henri-Barbusse — 78370 Plaisir — Tél. : 0169111614

Serveur minitel : 3615 IKEA (1,29/F/min)

PARIS 3e

REGAN WEBER

Mobilier de créateurs, armoires, consoles, tables, bureaux, horloges	Q/P : 8/10 • ASSORTIMENT : 7/10 ✚ : Enfants et adultes

• 4, rue du Pas-de-la-Mule — Place des Vosges — 75503 Paris • Tél. : 0142770041 • Fax : 0164356186 • Horaires : mar.-sam. 12h-19h • Métro : Chemin-Vert • Bus : 20, 46, 56

Deux créateurs éditent en série limitée mobilier et accessoires pour la maison. Ils travaillent le bois, le cuivre, le laiton. Le mobilier ludique et coloré convient pour votre intérieur comme pour les chambres d'enfants. Chaises au dossier en forme de cœur 1300 F. Consoles, commodes, armoires ou bureaux ont des formes ovoïdes et jouent sur l'asymétrie des tiroirs, des poignées. Horloges en métal de 250 à 1000 F.

PARIS 4e

KIT VOLUME

Création de banquettes sur mesure et enduits d'intérieur	Q/P : 7/10 • ASSORTIMENT : 6/10 ✚ : Enduits de qualité et décor ethnique ━ : Petits budgets s'abstenir

• 1, rue Castex — 75004 Paris • Tél. : 0142740043 • Horaires : mar.-sam. 10h30-13h, 14h30-19h (il est plus sûr de téléphoner) • Métro : Bastille • Bus : 86, 87

Athénaïs Clarke, décoratrice, conçoit des banquettes entièrement déhoussables, en mousse haute densité, recouvertes de tapis kilim qui donneront à votre décoration intérieure un style ethnique très tendance (180 × 80 cm, 12000 F). À prévoir en harmonie, les enduits Arc/Atrium à base de poudre de pierre ou de marbre (16 coloris de base), utilisables également dans les cuisines et salles de bains

MILDÉCOR COLONIAL

Meubles d'inspiration coloniale indienne et indonésienne	Q/P : 8/10 • ASSORTIMENT : 8/10 ✚ : Prix et choix ━ : Teck de qualité inférieure

• 20, bd de Sébastopol — 75004 Paris • Tél. : 0148875024 • Fax : 0148875865 • Horaires : lun.-sam. 8h30-20h30 du 1/5 au 30/9, et 8h30-19h30 du 1/10 au 30/4 • Métro : Les-Halles • Bus : 38, 47

Même équipe qu'au magasin moquettes, tout aussi chaleureuse envers les lecteurs de ce guide, auxquels elle accordera des remises spéciales… Ici, vous trouverez des meubles en teck, chevets, tables basses, armoires… Le bois n'est pas de grande qualité, mais les prix en tiennent compte : chevet indien 5 tiroirs, 990 F ; tables thaïs (dite table à opium) de toutes tailles, à partir de 990 F ; table indienne à partir de 550 F ; grainetier 6 tiroirs, 1900 F.

Habitat

L'incontournable, quand on est jeune et que l'on veut s'installer sans prendre le risque d'une faute de goût. Tables de tous les jours ou tables de fêtes, linge de maison, accessoires de cuisine et de salle de bains, encadrements et luminaires, mobilier de jardin ou d'intérieur… Collections renouvelées régulièrement. Cosy en hiver et acidulé en été… mais toujours assez consensuel. En boutique ou sur catalogue (15 F), de nombreux avantages : listes de mariage, chèques cadeaux, livraison (facturée), assemblage de vos meubles à domicile, service de fin de collection.

• HABITAT : Forum des Halles (2e niveau) — 75001 Paris — Tél. : 0140399106
• HABITAT : 8, rue du Pont-Neuf — 75001 Paris — Tél. : 0153009988
• HABITAT : 10, place de la République — 75011 Paris — Tél. : 0148071314
• HABITAT : CC Maine Montparnasse, 17, rue de l'Arrivée — 75015 Paris — Tél. : 0145386990
• HABITAT : 35, av. de Wagram — 75017 Paris — Tél. : 0147662552
• HABITAT : CC Parly II — 78158 Le Chesnay — Tél. : 0139239999
• HABITAT : CC Les Quatre Temps — 92800 Puteaux — Tél. : 0147738404

PARIS 5e

ARTBUREAU

Bureaux, sièges, meubles de classement

Q/P : 8/10 • ASSORTIMENT : 8/10
+ : L'originalité

• 26, bd St-Germain — 75005 Paris • Tél. : 0143548029 • Horaires : lun.-sam. 10h-19h • Métro : Maubert-Mutualité • Bus : 47, 63

Distributeur de la gamme Edwood, Artbureau est spécialisé dans les meubles de classement, orientés vers la décoration intérieure. Porte-revues 1190 F. Combiné porte-stylos, vide-trombones 900 F. Plumier à couvercle 510 F. De nombreuses sortes de vide-poches en bois.

PARIS 6e

IF HOME PARIS

N

Meubles, vaisselle, accessoires de cuisine et salle de bains, vêtements

Q/P : 8/10 • ASSORTIMENT : 6/10
+ : La sélection des objets

• 20, rue Jacob — 75006 Paris • Tél. : 0142345464 • Fax : 0142345466 • Horaires : lun.-sam. 10h-20h • Métro : St-Germain-des-Prés • Bus : 48, 86

Boutique très branchée, architecture intérieure Andrée Putman : simplicité, confort, sans prétention superflue, luxe accessible à tous... Sobriété des formes et des matières : le minéral et le végétal, le blanc et le noir, l'opacité et la transparence sont les éléments qui déterminent le nouvel espace urbain... Installés comme dans un appartement, des objets, peu nombreux, sont mis en scène (de 100 à 1500 F).

LES AS DU PLACARD

La solution rangement sur mesure, penderies, dressings, étagères

Q/P : 8/10 • ASSORTIMENT : 9/10
+ : Rangements astucieux sur mesure

• 93, bd Raspail — 75006 Paris • Tél. : 0145449099 • Fax : 0145494154 • Horaires : lun. 12h-19h, mar.-sam. 10h-19h • Métro : Notre-Dame des Champs • Bus : 58

Que tout soit beau et bien rangé chez vous, en tirant parti au maximum de l'espace disponible : voilà la mission de l'agenceur-spécialiste. Il établit un diagnostic-espace à domicile gratuitement, et vous remet un plan d'aménagement en 3D. Étagères, tiroirs ou penderies, portes coulissantes, pliantes ou battantes... Du style rustique au design de Philippe Starck : large choix de matériaux, de couleurs, de styles.

MIS EN DEMEURE

Meubles, canapés, linge de table, vaisselle, tissus

Q/P : 6/10 • ASSORTIMENT : 7/10
+ : Le lieu vaut la visite!

• 27, rue du Cherche-Midi — 75006 Paris • Tél. : 0145488335 • Fax : 0145442111 • Horaires : lun. 13h-19h30, mar.-sam. 10h-19h30 • Métro : Sèvres-Babylone • Bus : 84

On a l'impression de rendre visite à des amis... Très belle boutique installée dans un appartement haussmannien. Objets présentés dans leur espace : salon, salle à manger, cuisine... Tout est de bon goût; certains objets sont hors de prix, mais on peut faire sa petite sélection : vaisselle craquelée (assiette plate 70 F, bol 65 F), nappe lin (170 x 170 cm, 395 F), nappe basque en coton (180 x 180 cm, 350 F), canapé Lexington 2 places 9800 F.

VERRE

Mobilier design de création, lampes, arts de la table

Q/P : 8/10 • ASSORTIMENT : 8/10
+ : La créativité

• 29, rue Mazarine — 75006 Paris • Tél. : 0146347473 • Fax : 0146347014 • Horaires : lun. 14h-19h, mar.-sam. 10h-19h • Métro : Odéon • Bus : 58, 70

Jeune créateur français, Julien Rondinaud propose dans sa propre boutique un nouveau concept de mobilier à base de verre Sécurit qui, grâce à la résistance de ce matériau, lui permet des audaces qui vous séduiront sûrement.

Espace Loggia

Mezzanines, meubles gain de place, bureaux, futons... Ce spécialiste de l'aménagement de l'espace optimisera votre 35 m² au maximum de son volume et de sa surface... Mezzanine-salon, lit podium, escalier-rangement, bibliothèque-bureau... Solutions gain de place esthétiques, fonctionnelles, solides et modulables. Mezzanine double en pin teinté verni orégon et noir (L 150 x L 200 cm) 7540 F sans l'escalier; lit podium/rangements Brick (H 24 x L 192 x P 144 cm) à partir de 5500 F selon combinaison. Horaires : lun.-sam. 11h-19h.

- **ESPACE LOGGIA** : 30, bd St-Germain — 75005 Paris — Tél. : 0146346974
- **ESPACE LOGGIA** : 92, rue du Bac — 75007 Paris — Tél. : 0145444449
- **ESPACE LOGGIA** : 253, rue des Pyrénées — 75020 Paris — Tél. : 0140339190
- **ESPACE LOGGIA** : 5, place de la République — 78300 Poissy — Tél. : 0139650530
- **ESPACE LOGGIA** : Conforama — av. Gallieni — 93140 Bondy — Tél. : 0148485469

PARIS 7e

DOM CRÉATIONS

Création de meubles sur mesure, tables, canapés, sièges	Q/P : 8/10 • ASSORTIMENT : 8/10 **+** : Meubles sur mesure **—** : Petits budgets s'abstenir

• 252, bd St-Germain — 75007 Paris • Tél. : 0145482286 • Fax : 0145487986 • Horaires : mar.-sam. 10h30-13h, 14h30-19h • Métro : Solférino • Bus : 83

Jacques Barthélémy est designer, il crée des meubles sur mesure : tables en marqueterie, tapis, luminaires, sièges... C'est l'assurance de posséder des pièces uniques complètement adaptées à votre intérieur. Création contemporaine soignée à prix usine.

ROYAL ARROW

Meubles en teck, arts de la table	Q/P : 9/10 • ASSORTIMENT : 9/10 **+** : Teck de qualité garanti 15 ans

• 206, bd St-Germain — 75007 Paris • Tél. : 0145494989 • Fax : 0160072095 • Horaires : lun. 14h30-19h, mar.-sam. 10h30-14h, 14h30-19h • Métro : Solférino • Bus : 63, 83, 84, 94 • Internet : www ://royal-arrow. com

Véritable spécialiste, Royal Arrow propose plus de 250 modèles de meubles en teck aux lignes classiques, élégantes et romantiques. Cette maison de réputation internationale travaille uniquement la fine fleur du bois de teck en provenance d'Indonésie (Java), préalablement séché au four. Cela lui permet de délivrer une garantie de 15 ans sur la longévité du bois et sur les techniques d'assemblage par tenons et mortaises. Outre les tables, chaises et fauteuils de jardin, la réplique du fameux banc londonien de St. James Park (6850 F), des bacs à fleurs, des éclairages d'extérieur, des dallages en teck pour réaliser terrasses et sols de salles de bains (40 x 40 cm, 95 F) et des produits d'entretien. À noter, la chaise pliante Devon créée en 1916 à Stuttgart à 550 F et la table pliante à lattes (6 convives) à 2100 F. Livraison rapide, VPC sur catalogue.

PARIS 9e

BOCORAY

N

Mobilier colonial, lanternes de Venise, jardinières	Q/P : 7/10 • ASSORTIMENT : 8/10 **+** : Mobilier original

• 72, rue du Fg-Montmartre — 75009 Paris • Tél. : 0148788888 • Fax : 0142591200 • Horaires : lun.-sam. 10h-20h, dim. 10h-15h • Métro : Notre-Dame-de-Lorette • Bus : 74

Cette boutique propose de nombreuses pièces de mobilier et des objets plus luxueux. Mobilier colonial. Chaises, table, fauteuil en osier. Éléments de rangement, armoires. Accessoires de jardin et jardinières. Lanternes de Venise en verre de Murano, 1200 à 3600 F.

Compagnie française de l'Orient et de la Chine

Cette maison fait traverser les frontières à l'artisanat chinois. Les meubles rouges du vieux Pékin, la céramique "œuf de merle" ou la céramique céladon craquelée, les jarres Song, les théières en terre de Yi Xing, le papier de mûrier, les affiches de la Révolution culturelle ou encore des pierres à rêves en marbre… Et les puces de Pékin au jour le jour. À visiter absolument : la boutique située bd Haussmann de style art déco, classée. Pipes à opium 125 F, copies de petites statuettes époque Tang (618-906) en céramique vernissée à partir de 300 F, théière 250 F environ…

- *C. F. O. C.* : 24, rue St-Roch — 75001 Paris — Tél. : 0142606532
- *C. F. O. C.* : 167, bd St-Germain — 75006 Paris — Tél. : 0145481031
- *C. F. O. C.* : 260, bd St-Germain — 75007 Paris — Tél. : 0147059282
- *C. F. O. C.* : 170, bd Haussmann — 75008 Paris — Tél. : 0153534080
- *C. F. O. C.* : 113, av. Mozart — 75016 Paris — Tél. : 0142883608
- *C. F. O. C. (TEXTILES)* : 163, bd St-Germain — 75006 Paris — Tél. : 0145480018
- *C. F. O. C. (TEXTILES)* : 65, av. Victor-Hugo — 75016 Paris — Tél. : 0145005546

PARIS 11ᵉ

CONCEPTUA

Canapés, meubles, déco, lampes, linge de maison exotiques	Q/P : 7/10 • ASSORTIMENT : 9/10
	✚ : Décor ethnique

• 9, rue de la Roquette — 75011 Paris • Tél. : 0143386887 • Fax : 0143386286 • Horaires : lun.-sam. 10h-19h30, dim. 14h-19h30 • Métro : Bastille • Bus : 86

500 m² d'exposition de meubles orientaux signés "La brocante coloniale" et d'objets pour une décoration jeune et ethnique… Grand choix de lampes marocaines, canapés, rideaux en voile de coton indien prêts à poser, linge de table en lin indien, accessoires pour la cuisine Tohu-Bohu… Armoire de mariée chinoise en orme 4990 F, masque africain 290 F, table basse thaï en teck 590 F. Livraison sur Paris forfait de 250 F. La première heure de parking (Opéra Bastille) est remboursée pour tout achat supérieur à 100 F.

ESPACE JULIET'S

Mobilier d'appoint, sièges, luminaires, armoires exotiques	Q/P : 5/10 • ASSORTIMENT : 6/10
	✚ : Bon renouvellement des articles
	━ : Circulation malaisée dans le magasin

• 61, rue du Fg-St-Antoine — 75011 Paris • Tél. : 0144689192 • Fax : 0144689500 • Horaires : lun. 14h-19h30, mar.-sam. 10h30-19h30 • Métro : Bastille • Bus : 86

Magasin typique de la nouvelle vague du faubourg St-Antoine, qui tente de trouver un look et une clientèle jeune. Beaucoup de meubles exotiques à la mode (tables basses indiennes en teck massif, 490 F). Banquettes de style gustavien à partir de 1590 F (non livrées, prix emporté), promotions et arrivages permanents, luminaires, bougeoirs et bibelots d'un goût plus discutable, mais c'est indéniablement un endroit où aller jeter un coup d'œil de temps en temps. Crédit 3 mois gratuit (Sofinco). Livraison payante Paris-banlieue.

ID DE PARIS

Structures tubulaires pour installer mezzanines, lits jumeaux et bibliothèques	Q/P : 9/10 • ASSORTIMENT : 7/10
	✚ : Structures tubulaires sur mesure

• 22, av. de la République — 75011 Paris • Tél. : 0143553869 • Fax : 0143551862 • Horaires : lun.-ven. 9h-12h30, 13h30-17h45 • Métro : République • Bus : 54, 56, 96

Des idées malignes pour réaliser sur mesure dressings, penderies, mezzanines, lits jumeaux, bibliothèques… Même prix pour les particuliers que pour les professionnels. Devis gratuit. Ces spécialistes de l'aménagement de magasins sauront vous conseiller sur le montage des éléments modulables, ou ils les poseront pour vous.

PARIS 12ᵉ

ESPACE CYRILLE VARET

Mobilier contemporain en métal, sièges, lampes, bougeoirs

Q/P : 8/10 • ASSORTIMENT : 7/10
✚ : Mobilier de créateur à prix doux

• 67, av. Daumesnil — 75012 Paris • Tél. : 0144758888 • Fax : 0144758889 • Horaires : lun.-ven. 10h-19h, sam. 14h-19h • Métro : Gare-de-Lyon • Bus : 29

Ce jeune créateur imagine des meubles en métal et velours ou peau, aux formes baroques, ambiance Alice aux Pays des Merveilles... On peut visiter son atelier sur place. Bougeoirs à partir de 380 F, lampes à partir de 850 F, sièges à partir de 2900 F.

GALERIE PAMYR

Mobilier artisanal d'Asie centrale et d'Inde, coffres, tapis, bijoux

Q/P : 7/10 • ASSORTIMENT : 7/10
✚ : Petits meubles originaux

• 49, rue de Lyon — 75012 Paris • Tél. : 0149289695 • Horaires : lun.-sam. 10h30-19h30 • Métro : Bastille • Bus : 20, 29, 65, 91, 97

Meubles anciens orientaux d'une très belle facture, tapis kilims. Armoire indienne 4500 F, table basse à partir de 500 F, tapis Boukhara d'Afghanistan XIXᵉ siècle à partir de 5000 F, mais aussi des tables hautes, des coffres indiens, des bijoux...

Objectif Bois

Meubles, canapés, sièges, paravents, futons, lampes, vaisselle à la japonaise... Cette maison vosgienne propose un ensemble de mobilier, literie et objets de déco pour un art de vivre à la japonaise. La collection Yin & Yang se compose de 310 combinaisons de meubles et rangements à monter soi-même, en pin massif verni (bureau, commode, chevet, etc.). Paravent bois et tissus japonais (L 120 x H 170 cm) à partir de 1760 F. Un choix de petits sièges ergonomiques Zen en hêtre verni 392 F, Lotus en rotin 1700 F, matelas de relaxation Ryokan (1 couche coco latecé + 2 couches coton), à partir de 1236 F. Mais aussi, canapé, literie futon (podium gain de place, matelas, housses), cloisons japonaises en bois et papier de riz, vaisselle, théières en fonte, kimonos... Horaires : lun. 14h-19h, mar.-sam. 10h-19h.

• OBJECTIF BOIS : 81-83, rue du Cherche-Midi — 75006 Paris — Tél. : 0142222393
• OBJECTIF BOIS : 8, rue de Poissy — 75005 Paris — Tél. : 0146345159
• OBJECTIF BOIS : 77, rue Legendre — 75017 Paris — Tél. : 0142290361

YAMAKADO

Meubles, lampes, vases, range-CD, objets de déco design

Q/P : 7/10 • ASSORTIMENT : 8/10
✚ : Chaise Cinderella à la couleur souhaitée en 1h

• 65, av. Daumesnil — 75012 Paris • Tél. : 0143407979 • Fax : 0143407980 • Horaires : lun.-sam. 10h-19h, dim. 15h-19h • Métro : Gare-de-Lyon • Bus : 29 • Internet : http ://www. yamakado. com

Les meubles signés par le designer japonais sont fonctionnels, innovants, ergonomiques. Inventeur du rocking-chair "Yam" (association d'une feuille de stratifié et d'une boule), Yamakado cherche son inspiration dans les formes et les symboles de la nature. Le design est épuré et poétique, comme la fameuse chaise pliable Cinderella (1300 F) dont on peut choisir la couleur à sa guise.

PARIS 13ᵉ

LA MAISON DU CONVERTIBLE

Canapés, canapés-lits, fauteuils

Q/P : 6/10 • ASSORTIMENT : 8/10
✚ : Livraison gratuite
➖ : Déco trop passe-partout

• 30, av. des Gobelins — 75013 Paris • Tél. : 0147070413 • Fax : 0145872696 • Horaires : lun.-sam. 10h-19h • Métro : Gobelins • Bus : 27, 83

500 m² consacrés à l'exposition de canapés fixes et convertibles. Avec différentes qualités de couchage et 6 systèmes conseillés en fonction d'un usage permanent ou d'appoint : clic clac, BZ (parallèle au mur), portefeuille (haut de gamme) Vous pouvez choisir les dimensions et le revêtement parmi une gamme très large de tissus et de coloris, y compris le cuir. Clic clac avec matelas garanti 5 ans et tissu au choix à partir de 3190 F, banquette BZ entièrement déhoussable entre 4500 et 6500 F, convertible structuré 5500 F et plus. Grandes marques françaises (Steiner, Canovas...), livraison gratuite dans toute la France et même en Europe!

La Galerie Anglaise

Meubles anglais et autrichiens du XIXe siècle, d'époque ou réédités... De bon conseil, cette maison spécialisée dans les meubles anglais et autrichiens du XIXe siècle, en pin massif ciré, pourra apporter certaines modifications à ses meubles en fonction de vos besoins. Scriban 4500 F, bonnetière d'enfant 4100 F, table 3990 F, coffre 1200 F. Livraison sur Paris : 280 F (+ 50 F par 10 km pour la banlieue). Horaires : lun.-sam. 10h30-13h30, 14h-19h

- **LA GALERIE ANGLAISE** : 109, bd de Grenelle — 75015 Paris — Tél. : 0145665170
- **LA GALERIE ANGLAISE** : 91, av. du Maine — 75014 Paris — Tél. : 0143222545
- **LA GALERIE ANGLAISE** : 7, bd du Montparnasse — 75006 Paris — Tél. : 0145675108
- **LA GALERIE ANGLAISE** : 67, av. des Gobelins — 75013 Paris — Tél. : 0147071501
- **LA GALERIE ANGLAISE** : 69, av. des Ternes — 75017 Paris — Tél. : 0145745909

PARIS 15ᵉ

LES FORGES D'ANTAN

Mobilier en fer forgé, tables, canapés, lampes	Q/P : 9/10 • ASSORTIMENT : 8/10 + : Originalité du matériau − : Vous ne repartez pas avec la marchandise

• 180, rue Lecourbe — 75015 Paris • Tél. : 0145572221 • Fax : 0145577500 • Horaires : lun.-sam. 10h-14h, 15h-19h • Métro : Boucicaut • Bus : 39, 49, 80

Showroom de ce fabricant de mobilier en fer forgé. Quelques objets à voir sur place; sinon, tout est sur catalogue. Les prix sont généralement plus bas que chez les distributeurs, d'autant que vous aurez une remise de 5 à 10 % sur présentation du guide. Table avec plateau en mosaïque de marbre 3000 F. Canapé avec matelas 4790 F. Lampe 290 F.

PARIS 20ᵉ

TOUTAN'FOLIE

Mobilier gain de place à bas prix	Q/P : 8/10 • ASSORTIMENT : 6/10 + : Prix bas

• 26, rue de Ménilmontant — 75020 Paris • Tél. : 0146361694 • Horaires : lun.-sam. 9h-19h • Métro : Ménilmontant

À condition de ne pas être exigeant sur l'esthétique, vous pouvez vous meubler ici pour vraiment pas cher. Banquette clic clac à partir de 890 F, mezzanine pin massif à partir de 1890 F, armoires à partir de 690 F; 450 références en stock!

MONTROUGE 92

SERAP

Canapés, armoires, tables, luminaires, tapis, moquettes, arts de la table, déco	Q/P : 8/10 • ASSORTIMENT : 6/10 + : Les prix − : Choix moyen

• 21, rue Louis-Lejeune — 92542 Montrouge • Tél. : 0141172000 • Horaires : lun. 14h-19h30, mar.-sam. 10h-19h30 • Métro : Porte-d'Orléans • Bus : 68 • Voir Serap, *Électroménager*, Paris 14e.

NOGENT-SUR-MARNE 94

VIVA MEXICO

Meubles mexicains	**Q/P : 9/10 • ASSORTIMENT : 7/10**
	✛ : Artisanat mexicain

• 7, rue du Lieutenant-Ohresser — 94130 Nogent-sur-Marne • Tél. : 0148766371 • Horaires : jeu.-sam. 10h-19h

Un vaste entrepôt, vente de meubles un peu défectueux ou de fins de série à des prix avantageux. Voir Viva Mexico, *Accessoires de la maison*, Paris 6e.

Lundia

Bibliothèques, bureaux, rangements… Lundia présente une large gamme d'éléments évolutifs en bois (14 finitions, des lasures et des laques), un assemblage solide, à partir de 1760 F pour les bibliothèques simples (deux profondeurs de tablettes), 3400 F pour un coin bureau informatique sur mesure. Idéal pour aménager de tous petits appartements ou des chambres d'étudiant. Les éléments sont tous adaptables et transformables et comprennent des mezzanines, des placards, des chambres d'enfant… Horaires : mar.-sam. 10h-13h, 14h-19h.
• LUNDIA : 100, rue du Fg-St-Antoine — 75011 Paris — Tél. : 0143454535 — Fax : 0143456222
• LUNDIA : 57, av. des Gobelins — 75013 Paris — Tél. : 0143363636 — Fax : 0143364278
• LUNDIA : 146, av. Émile-Zola — 75015 Paris — Tél. : 0145756355 — Fax : 0145756356
• LUNDIA : 6, rue Fourcroy — 75017 Paris — Tél. : 0142676242 — Fax : 0142676201
• LUNDIA : 12, bis rue de la République — 78100 St-Germain-en-Laye — Tél. : 0139733323

Antiquités, brocante

PARIS 2ᵉ

LES TENDRES ANNÉES

Meubles, sièges, miroirs, objets	**Q/P : 6/10 • ASSORTIMENT : 5/10**
publicitaires, juke-box, poupées,	✛ : Accueil charmant
disques	

• 51, rue Greneta — 75002 Paris • Tél. : 0145089202 • Horaires : lun.-sam. 12h-19h • Métro : Bourse, Sentier • Bus : 38, 39, 47

Nostalgie des années 1930 à 1960. Objets utilitaires et décoratifs, mais aussi poupées des années 60 et une incroyable collection de disques originaux de la même époque (tous les chanteurs yéyé ont leur photo dédicacée en bonne place dans le magasin).

PARIS 3ᵉ

MAX SPIRA

Brocante, antiquités	**Q/P : 8/10 • ASSORTIMENT : 8/10**
	✛ : Les prix raisonnables
	▬ : Pas de prix affichés

• 21, pl. des Vosges — 75003 Paris • Tél. : 0142771518 • Horaires : mer.-dim. 11h-20h • Métro : Bastille, Chemin Vert • Bus : 20, 29, 75

Malgré son emplacement exceptionnel, sous les arcades de la place des Vosges, et sa notoriété, Max continue à perpétuer l'esprit des brocantes populaires. Pêle-mêle, vous y trouverez toutes sortes de luminaires (grand choix de plafonniers à partir de 500 F), des petits meubles d'appoint et de nombreux objets insolites.

PARIS 4e

LE LOFT

Meubles anciens en pin, armoires, commodes, tables, coffres	Q/P : 8/10 • ASSORTIMENT : 9/10 + : La qualité des meubles

• 17 bis, rue Pavée — 75004 Paris • Tél. : 01 48 87 46 50 • Fax : 01 48 04 92 88 • Horaires : lun.-sam. 10h-19h • Métro : St-Paul • Bus : 67, 96

En plein cœur du Marais, un vieil entrepôt de 3 étages. Très large choix de vieux meubles anglais et scandinaves. Des commodes, des armoires danoises, de belles tables de ferme (5 000 F) et de très beaux coffres (de 1 000 à 3 000 F). Avant d'être vendus, les meubles sont restaurés dans un atelier adjacent. N'hésitez pas à demander des conseils, le gérant anglais est particulièrement prévenant.

L'ÉVENTAIL

Mobilier des années 1930 à 1950, armoires, commodes, buffets, bureaux	Q/P : 8/10 • ASSORTIMENT : 8/10 + : Un grand choix de meubles

• 7, rue St-Paul — 75004 Paris • Tél. : 01 42 72 74 07 • Horaires : jeu.-sam. 11h-12h30, 14h-19h, dim. 14h-19h • Métro : St-Paul, Sully-Morland • Bus : 67

Exclusivement du mobilier des années 1930 à 1950 dans cette boutique élégante. Armoires anglaises en ronce de noyer (3 300 F), buffets bas en acajou (3 400 F) ou meubles-vitrines en noyer (2 400 F). Meubles en excellent état, proposés en différentes tailles.

PARIS 5e

LA BROCANTE DU VAL DE GRÂCE

Meubles, fauteuils, bibelots, vaisselle, tableaux, faïences	Q/P : 9/10 • ASSORTIMENT : 6/10 + : Prix bas − : Propreté des lieux

• 330, rue Saint-Jacques — 75005 Paris • Tél. : 01 46 33 12 55 • Fax : 01 46 33 12 55 • Horaires : Mar.-sam. 12h-19h • Métro : RER B, Port-Royal • Bus : 83, 91

Petite par la taille mais elle regorge d'objets. Au milieu d'un incroyable bric-à-brac, vous dénicherez des faïences du XIXe siècle à 400 F, une commode années 30 à 900 F ou un fauteuil Voltaire à 1.900 F. Le jeune gérant parcourt les régions à la recherche d'objets insolites ou pratiques à des prix imbattables.

LA ROUTE DE LA SOIE

Antiquités d'Asie centrale, meubles, bijoux, tapis, restauration de tapis	Q/P : 7/10 • ASSORTIMENT : 6/10 + : Bon accueil − : Peu d'objets à petits prix

• 11 bis, rue Lacépède — 75005 Paris • Tél. : 01 43 37 88 39 • Fax : 01 43 37 88 39 • Horaires : lun.-sam. 10h30-20h • Métro : Place-Monge • Bus : 47

Les gérants de cette splendide boutique, deux frères afghans, parcourent l'Asie centrale et le nord de la Chine trois fois par an à la recherche d'objets anciens. De superbes bijoux tribaux, des meubles afghans sculptés en cèdre et des pièces uniques du sud de l'Inde. Tables basses à partir de 980 F, jusqu'à 3 500 F pour une magnifique table à thé chinoise. Dans les vitrines, quelques pièces archéologiques et sculptures anciennes du Pakistan. Restauration de tapis anciens sur devis.

DENISE CORBIER

Meubles, tableaux, bibelots, faïences,
pipes de collection, bijoux

Q/P : 8/10 • ASSORTIMENT : 8/10
+ : Grande disponibilité
− : Peu de meubles

• 3 rue de l'Odéon — 75006 Paris • Tél. : 0143260320 • Horaires : mar.-ven. 10h30-19h, sam. 14h-19h • Métro : Odéon • Bus : 63, 86, 87

Dans sa minuscule boutique, la sympathique Denise Corbier arrive à faire tenir bijoux fantaisie, faïences et tableaux du XIXe siècle, petits meubles de la même époque et une incroyable collection de pipes anciennes. Vous y trouverez des pipes en bruyère, en écume des mers, en porcelaine (les pipes austro-hongroises) ou en terre à tous les prix. Quelques magnifiques tabatières du XVIIIe (120 F) et du XIXe. Accueil agréable.

Les marchés aux puces

Lieux de promenade pour les Parisiens, les puces peuvent se révéler intéressantes pour peu que l'on arrive avant les professionnels, qui se ruent sur les bonnes affaires. Au marché de Vanves, (vendredi et samedi entre 7h et 19h), des meubles des années 30 à 60, mais aussi de la vaisselle et de l'électroménager de la même époque, des vieux disques et du linge. Le marché de St-Ouen, beaucoup plus vaste (2000 exposants se partagent 30 ha), ouvre du samedi au lundi, de 7h à 18h. Les brocanteurs sont répartis sur dix marchés selon leur spécialité. Le marché Jules-Vallès représente le mieux l'esprit des puces avec le plus grand choix de bibelots et autres curiosités.

• *PUCES JULES-VALLÈS* : 7, rue Jules-Vallès — 75011 Paris
• *PUCES DE ST-OUEN* : Porte de Clignancourt — Porte de St-Ouen — 75018 Paris
• *PUCES DE VANVES* : Porte de Vanves — 92170 Vanves
• *PUCES DE MONTREUIL* : Porte de Montreuil — 93100 Montreuil

HÉTÉROCLITE

Meubles, vaisselle, luminaires des
années 1930-1950, bijoux anciens

Q/P : 8/10 • ASSORTIMENT : 8/10
+ : Les lampes d'architecte années 1950
− : Circulation difficile

• 111, rue de Vaugirard — 75006 Paris • Tél. : 0145484451 • Horaires : lun.-sam. 11h15-19h15 • Métro : Falguière • Bus : 28, 82, 89, 92

Une toute petite boutique où il n'est pas facile de circuler. Un véritable bric-à-brac d'objets des années 1930 et 1940. Des vieux ventilateurs, quelques fauteuils clubs et beaucoup de bibelots. Un beau choix de luminaires très originaux et de lustres. Par manque de place, certains objets sont exposés dans la rue, comme les fauteuils ou la vitrine de bijoux anciens. À tous les coups, cette boutique répondra à sa devise : "Nous avons ce que vous cherchez". Ambiance décontractée.

LE FAUCON

Art islamique, meubles, sièges, tapis,
faïences, tableaux, bijoux orientaux

Q/P : 4/10 • ASSORTIMENT : 6/10
+ : Sélection de très beaux objets
− : Le prix des meubles

• 72, rue du Cherche-Midi — 75006 Paris • Tél. : 0145442328 • Fax : 0142221049 • Horaires : lun.-sam. 12h-19h • Métro : Vaneau, Duroc • Bus : 39, 70

Agnès Lecuyer ne vend que des antiquités d'Égypte, de Syrie, de Turquie ou du Maghreb. Sélection de meubles orientaux, tapis ou portes en fer forgé, mais aussi faïences du Maroc et un large choix de bijoux, à des prix abordables. À l'étage, du jeudi au samedi après-midi, sa fille vous propose des antiquités d'Asie centrale.

SCHMOCK BROC

Luminaires, sièges, vases, bijoux anciens

Q/P : 6/10 • ASSORTIMENT : 8/10
+ : Les bijoux des années 1930 à 1960
— : Pas de véritable brocante

• 15 rue Racine — 75006 Paris • Tél. : 0146337998 • Fax : 0146337998 • Horaires : Lun. 15h-20h, mar.-ven. 11h-14h, 15h-19h30, sam. 10h30-19h30 • Métro : Odéon • Bus : 63, 86, 87

Belle boutique colorée, grand choix de luminaires, du début du siècle aux années 1970. De beaux lustres suspendus des années 1920 (entre 900 et 1200 F), des lampes d'ambiance, quelques meubles des années 1950, des bijoux et un grand choix de vases dont certains signés. Tout est en parfait état.

PARIS 9e

À LA CAVERNE DU CHINEUR

Fauteuils, canapés, objets insolites, cadres, lampes, bibelots, tableaux

Q/P : 9/10 • ASSORTIMENT : 6/10
+ : Prix bas

• 63, rue de Maubeuge — 75009 Paris • Tél. : 0148780757 • Fax : 0142850982 • Horaires : Lun.-sam. 11h-19h • Métro : Gare-du-Nord • Bus : 48

Cette boutique ressemble vraiment à une caverne. Au milieu d'un fouillis organisé, un large choix de fauteuils et canapés de tous styles et dans toutes les gammes de prix. Plus de 50 fauteuils club différents en cuir et skaï, de 600 à 1500 F. Objets insolites des années 1930 et 1950, des cadres originaux et une multitude de lampes à petits prix.

Les ventes aux enchères

À l'hôtel Drouot, ventes d'objets prestigieux mais aussi des choses plus ordinaires. En semaine : des bijoux, des bibelots, de la hi-fi et même de l'électroménager. Pour vous renseigner, "la gazette de l'hôtel Drouot" paraît le vendredi et annonce les ventes de la semaine. Les objets sont exposés la veille ou le matin (les ventes se déroulent de 11h à 18h). Tout ce qui n'est pas vendu finit à Drouot Nord, lors d'enchères rapides et souvent intéressantes. Exposition le matin même à partir de 9 h, grand choix de meubles et d'objets usuels.

Les Ventes du Domaine proposent, deux fois par mois, des objets ou des biens mis en vente par l'État. Cela va des "objets trouvés" au bâtiment administratif, en passant par les voitures de la fourrière ou les saisies de la douane. Pour connaître les ventes, procurez-vous le "Bulletin Officiel des Domaines" (abonnement annuel à 190 F).

Enfin le Crédit Municipal, le fameux "Mont de Piété", vous permet d'acheter aux enchères des objets gagés. Des bijoux, de l'argenterie et de l'art de la table les jeudis et vendredis (10h30), des objets divers (hi-fi, bibelots, tableaux…) un lundi par mois (13h30). Les frais d'acquisition s'élèvent à 14,19 %.

• **HÔTEL DROUOT** : 9, rue Drouot — 75009 Paris — Tél. 0148002020
• **DROUOT NORD** : 64, rue Doudeauville — 75018 Paris — Tél. 0148002090
• **VENTES DU DOMAINE** : 17, rue Scribe — 75009 Paris — Tél. 0144947800
• **LE CRÉDIT MUNICIPAL** : 55, rue des Francs-Bourgeois — 75004 Paris — Tél. 0144616400

COCAGNE!

Brocante et dépôt-vente, exposition d'artistes

Q/P : 7/10 • ASSORTIMENT : 4/10
+ : La présentation du magasin

• 37 bis rue Rodier — 75009 Paris • Tél. : 0144539830 • Horaires : Mar. sam. 10h30-14h, 15h-19h30 • Métro : Anvers, Poissonnière • Bus : 85

Une toute petite brocante, une sélection d'objets insolites antérieurs aux années 40. De l'art de la table, de l'argenterie et des petits meubles pratiques. Sur les murs, des artistes contemporains exposent leurs œuvres. Accueil charmant.

GALERIE ST-GEORGES

Brocante, antiquités, meubles, tableaux, lustres, tapis

Q/P : 5/10 • ASSORTIMENT : 8/10
+ : Très beaux tapis anciens
− : Pas de prix affichés

• 32, place St-Georges — 75009 Paris • Tél. : 0148784143 • Horaires : lun.-sam. 9h-19h • Métro : St-Georges • Bus : 74

Une boutique avec une superbe verrière qui fait l'angle de la place St-Georges. Devant le magasin, des objets divers (chaises à 50 F, tableaux à 150 F) sont exposés sur le trottoir. À l'intérieur, un beau choix de tapis, des lustres (à partir de 1000 F), des tableaux inégaux et quelques meubles anciens. Accueil indifférent.

LE MENUET

Brocante, arts de la table, linge de maison, bibelots

Q/P : 8/10 • ASSORTIMENT : 7/10
+ : Les petits prix

• 29, rue St-Lazare — 75009 Paris • Tél. : 0148741413 • Horaires : lun.-ven. 14h-19h • Métro : Trinité • Bus : 26, 43, 49

Un ancien petit restaurant transformé en brocante. Pêle-mêle, des ustensiles de cuisine, du linge de maison et des bibelots en l'état à chiner. Accueil sympathique.

LES APRÈS-MIDI   **N**

Brocante, meubles, sièges, objets insolites

Q/P : 6/10 • ASSORTIMENT : 7/10
+ : L'esprit de la boutique

• 47, av. Trudaine — 75009 Paris • Tél. : 0148783785 • Horaires : mar.-sam. 15h-19h30 • Métro : Anvers • Bus : 85

Plus qu'une brocante, des objets insolites mis en situation. Une tête de nègre entourée d'oiseaux empaillés du début du siècle, deux superbes fauteuils années 1930 (2500 F) et une multitude de compositions d'objets industriels. Le gérant, un ancien des puces de St-Ouen, ne vend que des objets ayant du caractère. Un endroit original où vous serez toujours très bien accueilli.

PARIS 11e

LA FOUINERIE

Brocante de meubles et objets du XIXe siècle, décoration, miroirs, bijoux

Q/P : 6/10 • ASSORTIMENT : 6/10
+ : La cohérence de style
− : Petite taille de la boutique

• 141, bd Voltaire — 75011 Paris • Tél. : 0143794506 • Horaires : mer. 14h-18h, jeu.-sam. 10h30-12h, 14h-18h • Métro : Voltaire • Bus : 56, 61, 69

Une toute petite boutique encombrée, une multitude d'objets décoratifs du XIXe. Des coupes en Baccarat, des bijoux, des bougeoirs en cuivre (350 F) ou des miroirs. Au sous-sol, tables rondes Louis-Philippe (environ 7000 F) et buffets. Tout est en excellent état.

LULU BERLU

Brocante, objets publicitaires, miroirs, poupées, figurines, jouets d'occasion

Q/P : 6/10 • ASSORTIMENT : 9/10
+ : Un choix incroyable de figurines
− : Pas de prix affichés

• 27, rue Oberkampf — 75011 Paris • Tél. : 0143551252 • Fax : 0143551252 • Horaires : lun.-sam. 12h-21h, dim. 15h-21h • Métro : Oberkampf • Bus : 56

Minuscule boutique où s'entassent objets publicitaires des années 1950 et jouets de toute époque. À l'entrée, quelques meubles, des sièges "psychédéliques" des années 1970 et des collections de carafes et de cendriers aux couleurs de boissons anisées. Au fond du magasin, un incroyable choix de jouets des années 1960 et 1970 (figurines, poupées). Le jeune gérant, extrêmement compétent, répondra à toutes vos questions.

L'ARCHE DE L'ESPOIR

**Meubles, canapés, pianos,
électroménager, télévisions, jeux,
bibelots, disques**

Q/P : 9/10 • ASSORTIMENT : 7/10
+ : Les livres anciens

• 12, rue Cantagrel — 75013 Paris • Tél. : 0153618247 • Horaires : lun.-sam. 10h-13h30, 14h-18h
• Métro : RER C Bd-Masséna

Un grand magasin situé sous un refuge de l'Armée du Salut. Des meubles de tous styles et de toutes les époques, des sommiers, des canapés et des fauteuils. Un alignement de salles à manger en bon état. Plusieurs pianos anciens de 2800 à 48000 F (un vieux piano de 1899). Avant le rayon vêtements, de l'électroménager 30 à 40 % moins cher que le neuf et des télévisions en état de marche. Disques et jeux de société en vrac.

L'ÎLOT TRÉSOR

**Brocante, meubles de bistrots, briquets,
pipes, jouets, montres, céramiques**

Q/P : 7/10 • ASSORTIMENT : 7/10
+ : Une sélection d'objets originaux

• 165, rue de Tolbiac — 75013 Paris • Tél. : 0145880608 • Horaires : lun.-sam. 10h-19h • Métro : Tolbiac • Bus : 62

Une boutique désordonnée, des objets insolites, beaucoup de mobilier de bistrot (tables, banquettes, comptoirs) et des collections (briquets, pipes, jouets, montres). Quelques hélices d'avion et de bateaux, des prie-Dieu à 500 F et des céramiques entre 500 et 700 F.

L'AVENTURE

**Brocante Arts déco, meubles,
luminaires, tableaux, bibelots,
décoration**

Q/P : 6/10 • ASSORTIMENT : 5/10
+ : Le choix de lampes
− : Peu de meubles

• 42 rue Daguerre — 75014 Paris • Tél. : 0143200183 • Horaires : mar.-sam. 10h30-20h, lun. 14h-19h • Métro : Mouton-Duvernet • Bus : 28, 38, 68

Minuscule boutique spécialisée Arts déco, large choix d'objets représentatifs de cette époque. Des lampes en pâte de verre, des lampes en tulipes de 750 à 1200 F, mais aussi quelques bureaux et coiffeuses ainsi qu'une multitude d'objets de décoration.

AU COMPLÉMENT D'OBJET

**Brocante, meubles et tableaux XIXᵉ,
arts de la table, restauration de
tableaux**

Q/P : 6/10 • ASSORTIMENT : 7/10
+ : Grand choix de services complets
− : Peu de meubles

• 112, rue de Sèvres — 75015 Paris • Tél. : 0145665127 • Horaires : lun.-ven. 10h30-19h30, sam. 11h30-19h30 • Métro : Sèvres-Lecourbe • Bus : 39

Beaucoup d'art de la table dans cette brocante. Services en porcelaine ou en cristal de Baccarat, grand choix de couverts et d'assiettes dépareillées. Quelques meubles, principalement du XIXᵉ siècle, fauteuils et tableaux. Service de restauration de tableaux.

CHEZ WILL

**Brocante, meubles de style, arts de la
table, bibelots, tableaux**

Q/P : 7/10 • ASSORTIMENT : 6/10
+ : Bon choix en art de la table

• 55, rue Damrémont — 75018 Paris • Tél. : 0142626201 • Fax : 0146077501 • Horaires : mar.-sam. 10h-13h, 14h45-19h30 • Métro : Lamarck-Caulaincourt • Bus : 95

• 4, place de la Chapelle — 75018 Paris • Tél. : 0146078552 • Horaires : lun. 14h-18h30, mar.-sam. 10h-13h, 14h-18h30 • Métro : La Chapelle • Bus : 60, 65

Élégante boutique, belle sélection de meubles de style (table demi-lune en acajou à 2800 F), de services de table et de bibelots élégants à bon prix. Accueil agréable. Place de la Chapelle, moins de sélection que rue Damrémont mais, en plus, de l'électroménager en bon état et des sommiers.

PAGES 50/70   N

Objets publicitaires, meubles, sièges, lampes, céramiques des années 1950 à 1970	Q/P : 8/10 • ASSORTIMENT : 8/10 ✦ : Les objets signés ▬ : Pas de prix affichés

• 15, rue Yvonne-Le-Tac — 75018 Paris • Tél. : 0142524859 • Horaires : lun.-dim. 14h-20h, dim. 17h-20h • Métro : Abbesses • Bus : Montmartrobus

Tout est en parfait état dans ce petit magasin qui regorge d'objets publicitaires des années 1950 (carafes, cendriers et plaques émaillées que l'on trouvait dans les bistrots). Lampes d'ambiance d'origine (entre 600 et 1200 F), céramiques et meubles signés, luminaires et même Teppaz en état de marche. Le responsable des lieux est un véritable spécialiste de l'époque 1950 à 1970. Très bons conseils.

Communauté Emmaüs

Brocante, meubles, électroménager, bibelots, livres, jouets d'occasion, etc., les compagnons de l'abbé Pierre vous débarrassent gratuitement de tout ce qui vous encombre. Après réparation, si besoin, ils revendent dans leurs 8 entrepôts de la région parisienne ce qui est récupérable, à des prix dérisoires. L'entrepôt le plus grand est celui de Bougival. Vous y trouverez de l'électroménager en bon état (réfrigérateur à 500 F), des meubles, principalement des années 40 et 50, des bibelots, beaucoup de livres et des jouets. Téléphoner pour connaître les horaires d'ouverture qui varient d'un entrepôt à l'autre.

- EMMAÜS : 7, île de la Loge — Le Port marly — 78380 Bougival — Tél. : 0139691241
- EMMAÜS : 15 bis, rue de Chilly — 91160 Longjumeau — Tél. : 0169091360
- EMMAÜS : 15, bd Louis-Armand — 93330 Neuilly-sur-Marne — Tél. : 0143000552
- EMMAÜS : 38, av. Paul-Doumer — 93360 Neuilly-Plaisance — Tél. : 0143001410
- EMMAÜS : 2 bis, av. de la Liberté — 94220 Charenton — Tél. : 0148932533
- EMMAÜS : 41, av. Lefèvre — 94420 Le Plessis-Trévise — Tél. : 0145761079
- EMMAÜS : Chemin Pavé — Bernes-sur-Oise — 95340 Persan — Tél. : 0130286720

Dépôts-vente, trocs

Le moins cher des dépôts-vente

Depuis quatre ans, Cash Converters et ses nombreuses franchises échangent, achètent et revendent tout, de l'aspirateur à l'ordinateur. En général, les objets sont achetés 25 % du prix neuf, pour être revendus d'occasion à 50 %. Mais l'avantage est double pour celui qui veut se défaire de son bien : vous pouvez soit recevoir immédiatement ce qui vous est dû, soit obtenir un bon d'achat dans un des magasins. La transaction a le mérite d'être rapide et claire.

- CASH CONVERTERS : 20 magasins en R.P. — Tél. : 0836681950 — Minitel : 3615 Cash Converters (1,01 F/min)

PARIS 6ᵉ

LE PASSÉ D'AUJOURD'HUI

**Objets décoratifs, vaisselle, meubles
d'appoint, bijoux, cadres, miroirs**

Q/P : 6/10 • ASSORTIMENT : 7/10
✚ : Objets bien mis en valeur

• 43, rue du Cherche-Midi — 75006 Paris • Tél. : 0142224121 • Horaires : lun. 15h-19h, mer.-sam. 10h-14h, 15h-19h • Métro : Sèvres-Babylone • Bus : 39, 68, 70, 83, 94

Des objets, du XIXᵉ aux années 50, sélectionnés pour leur charme. De l'art de la table avec des services en cristal ou des assiettes dépareillés. Des meubles d'appoint, principalement Arts déco, côtoient des boîtes en laque Napoléon III et de la porcelaine allemande. Beaucoup de bijoux signés. Petite boutique mais accueil charmant.

PARIS 7ᵉ

LE GRENIER DE JUPITER

**Dépôt-vente de meubles de style,
argenterie, tableaux, phonogrammes**

Q/P : 6/10 • ASSORTIMENT : 6/10
✚ : Grand nombre de meubles

• 85, av. de la Bourdonnais — 75007 Paris • Tél. : 0145552999 • Fax : 0145558800 • Horaires : mar.-dim. 10h-19h • Métro : École-Militaire • Bus : 80, 92

Un dépôt-vente de qualité où les objets sont mis en valeur par un éclairage sophistiqué et un cadre soigné. Des meubles de style et d'époque, de l'argenterie et des peintures...

PARIS 9ᵉ

DÉPÔT-VENTE DU 9ᵉ

Brocante, dépôt-vente

Q/P : 7/10 • ASSORTIMENT : 7/10
✚ : Un bon choix de meubles abordables

• 40, rue Maubeuge — 75009 Paris • Tél. : 0148780591 • Horaires : Lun.-sam. 10h-19h • Métro : Cadet • Bus : 85

Un grand entrepôt : des meubles, des fauteuils et toutes sortes de bibelots., armoires années 40 à 2000 F. Le gérant, indifférent aux allers et venues, vous laissera chiner en paix.

PARIS 11ᵉ

À LA SALLE DES VENTES DU BD RICHARD-LENOIR

**Dépôt-vente de meubles, canapés,
sièges, tableaux, argenterie, bibelots**

Q/P : 6/10 • ASSORTIMENT : 6/10
✚ : Qualité, grand choix de chaises

• 116-118, bd Richard-Lenoir — 75011 Paris • Tél. : 0149234142 • Fax : 0141306867 • Horaires : lun.-sam. 10h30-19h30, dim. 14h-19h30 • Métro : Oberkampf • Bus : 56

Des salles à manger complètes et des salons assortis. Au sous-sol, fauteuils dépareillés de tous styles. Beau rayon d'antiquités chinoises, à prix raisonnables, et quelques meubles d'époque.

BANCO'DIRECT

**Troc de petits meubles,
électroménager, informatique,
hi-fi, vidéo, disques**

Q/P : 8/10 • ASSORTIMENT : 5/10
✚ : Un véritable système de troc

• 37, bd Voltaire — 75011 Paris • Tél. : 0148052542 • Horaires : lun. 14h-19h, mar.-sam. 10h-13h30, 14h15-19h • Métro : Oberkampf • Bus : 56

Créé sur le modèle de la chaîne Cash Converters, ce magasin se propose d'acheter, d'échanger ou de vendre tous les objets dont vous souhaitez vous débarrasser. Dans un espace restreint mais bien organisé, de l'électroménager (sèche-linge à 600 F), des téléviseurs, de la hi-fi, des articles de sport et toutes sortes de bibelots. Le rayon disques, qui offre un vaste choix, est très bien tenu. Vendeurs disponibles et compétents.

PARIS 12ᵉ

AU CHAT LUNATIQUE

Dépôt-vente de meubles, canapés, sièges, bibelots, tableaux

Q/P : 8/10 • ASSORTIMENT : 8/10
+ : Uniquement des objets de qualité

• 16, allée Vivaldi — 75012 Paris • Tél. : 0144759300 • Fax : 0144759500 • Horaires : mer.-dim. 14h-19h • Métro : Daumesnil • Bus : 29

Caché derrière l'avenue Daumesnil, ce dépôt-vente se distingue par la qualité de sa sélection. Dans un décor raffiné aux peintures vives, des meubles XIXᵉ siècle, des fauteuils de tous styles et beaucoup de bibelots originaux. Objets, tous en bon état, proposés à leur juste prix. Le gérant, un compagnon du Devoir, se propose également de restaurer vos meubles selon vos désirs à des prix très compétitifs. Accueil impeccable.

SALLE DES VENTES DES PARTICULIERS

Dépôt-vente de meubles, objets publicitaires, appareils photo, bijoux

Q/P : 7/10 • ASSORTIMENT : 9/10
+ : Grand choix
– : Prix élevé des objets publicitaires

• 34-36, rue de Cîteaux — 75012 Paris • Tél. : 0143430355 • Horaires : Lun.-sam. 11h-19h • Métro : Faidherbe-Chaligny • Bus : 56

Vous trouverez forcément votre bonheur dans cet entrepôt glacial, au milieu d'un gigantesque empilement d'objets divers et de salles à manger complètes. Nombreux bibelots publicitaires des années 1950 (céramiques, figurines) et des meubles pratiques pour tout budget. L'endroit est géré avec bonne humeur et sans grande rigueur. Il est difficile de circuler.

PARIS 14ᵉ

DÉPÔT-VENTE ALÉSIA

Dépôt-vente de meubles, canapés, sièges, pianos, vaisselle, bibelots

Q/P : 6/10 • ASSORTIMENT : 9/10
+ : On y trouve de tout
– : Des canapés trop chers

• 117, rue d'Alésia — 75014 Paris • Tél. : 0145424242 • Horaires : lun.-dim. 10h-19h30 • Métro : Alésia • Bus : 62

Sur plus de 1 200 m², un grand choix de meubles et d'objets de tous styles. Tous les mois, le prix des objets invendus baisse de 5 %. Au RDC, beaucoup de bibelots, des pianos, de la vaisselle et des meubles d'appoint. Au 1er étage, un grand choix de canapés modernes, des fauteuils, des armoires et buffets des années 1940. Plus de brocante que d'antiquités. Service de livraison (devis gratuit). Vendeurs compétents et aimables.

SALLE DES VENTES ALÉSIA

Dépôt-vente de meubles anciens, vaisselle, tableaux

Q/P : 7/10 • ASSORTIMENT : 6/10
+ : Meubles d'appoint à prix raisonnables

• 123, rue d'Alésia — 75014 Paris • Tél. : 0145455454 • Fax : 0145395919 • Horaires : lun.-sam. 10h-19h • Métro : Alésia • Bus : 62

Dépôt-vente haut de gamme, que des meubles de style ou d'époque, choisis pour leur caractère représentatif. Meubles du XIXᵉ siècle à des prix raisonnables (armoire Louis-Philippe en acajou à 7000 F), porcelaine et tableaux référencés. Accueil courtois.

PARIS 18ᵉ

LE DÉPÔT-VENTE DE LA BUTTE

Dépôt-vente de meubles, canapés, tissus, objets insolites, livres, disques

Q/P : 5/10 • ASSORTIMENT : 7/10
+ : Beaucoup d'objets insolites
– : Les meubles sont trop chers

• 3, rue des Abbesses — 75018 Paris • Tél. : 0144920689 • Horaires : lun.-dim. 10h30-19h • Métro : Abbesses • Bus : Montmartrobus

Au pied de la Butte Montmartre, une adresse où découvrir un choix d'objets très hétéroclite, sur 3 niveaux et près de 1 200 m². Des canapés de toutes les époques, des meubles de style, du mobilier contemporain et même des tissus bradés entre 10 et 30 F/m.

Paris 19e

DÉPÔT-VENTE FLANDRE

Dépôt-vente de meubles, sièges, bibelots

Q/P : 7/10 • ASSORTIMENT : 6/10
+ : Les commodes

• 63, quai de Seine — 75019 Paris • Tél. : 0140354725 • Fax : 0140354029 • Horaires : lun.-dim. 10h-19h • Métro : Riquet • Bus : 85

Endroit dynamique, des antiquités, de la brocante et l'achat au comptant de vos vieux meubles après estimation gratuite. Beaucoup de meubles des années 1940, pas tous en bon état. Accueil compétent et service rapide.

Paris 20e

DÉPÔT-VENTE DU PARTICULIER

Dépôt-vente de meubles, sièges, hi-fi, radios, téléphones, livres, disques

Q/P : 7/10 • ASSORTIMENT : 5/10
+ : Grand choix de 45 tours à 5 F
− : Le désordre qui règne

• 200, rue de Belleville — 75020 Paris • Tél. : 0147972097 • Fax : 0147975467 • Horaires : lun.-sam. 10h-19h, dim. 12h-19h • Métro : Place-des-Fêtes, Télégraphe • Bus : 61, 96

Des objets de récupération à petits prix. Un large choix de canapés à retaper, des fauteuils de tous styles et quelques armoires en bon état. De la hi-fi à des prix imbattables (tuners à 100 F). Beaucoup de livres en vrac et quelques objets insolites (vieilles radios, horloges murales). Local spacieux mais un peu fouillis...

LE DÉPÔT-VENTE DE PARIS

Dépôt-vente de meubles et d'électroménager

Q/P : 7/10 • ASSORTIMENT : 10/10
+ : Choix impressionnant
− : Organisation des rayons

• 81, rue de Lagny — 75020 Paris • Tél. : 0143721391 • Fax : 0143714543 • Horaires : lun.-sam. 9h30-19h • Métro : Porte-de-Vincennes • Bus : 29, 62, 56, 86

Plus de 100000 meubles et objets dans ce gigantesque entrepôt de 3000 m². Des retours d'usines d'électroménager à 50 % du prix normal. Également de nombreux meubles bon marché ramenés d'Inde par monsieur Dumont et son équipe.

Asnières 92

DÉPÔT-VENTE DU CHÂTEAU

Dépôt-vente, brocante de meubles, horloges, malles, sièges, bibelots

Q/P : 8/10 • ASSORTIMENT : 6/10
+ : Meubles bon marché

• 10, rue du Château — impasse Callot — 92600 Asnières • Tél. : 0147332511 • Horaires : mar.-sam. 13h-19h, sam. 10h-19h, dim. 14h-19h • Bus : 165

Au fond d'une impasse, un entrepôt transformé en brocante. Sur près de 600 m2, des bibelots, de vieilles horloges murales à 250 F et de nombreuses malles de voyage. Au 1er étage, un large choix de meubles des années 40 et 50, à des prix incroyablement bas.

Colombes 92

LA SALLE DES VENTES DE COLOMBES

Brocante, dépôt-vente de meubles, canapés, sièges, bibelots

Q/P : 6/10 • ASSORTIMENT : 8/10
+ : Un grand choix de meubles
− : Pas de sélection

• 121-123, av. Henri-Barbusse — 92700 Colombes • Tél. : 0141306867 • Fax : 0141306867 • Horaires : lun. 14h-19h30, mar.-dim. 10h30-19h30 • Bus : 164

Grand entrepôt de 2000 m², de la brocante et des meubles déposés par des particuliers. Des commodes années 1940 et 1950 (selon l'état entre 500 et 5000 F), des canapés et fauteuils modernes, des copies d'anciens et de l'électroménager en mauvais état. Des vendeurs compétents parcourent le hangar pour vous aider.

Pavillon-sous-Bois 93

BANCO'DIRECT

Troc de meubles, électroménager, informatique, hi-fi, vidéo, disques	Q/P : 8/10 • ASSORTIMENT : 7/10 ✦ : Un véritable système de troc

• 26-28, rue Aristide-Briand.— 93320 Les Pavillons-sous-Bois • Tél. : 0148022222 • Horaires : dim.-lun. 14h-19h, mar.-sam. 10h-12h30, 13h30-19h

Espace, vaste choix et rayon bijouterie. Voir Banco'Direct, *Antiquités, brocante,* Paris 11e.

Cuisines et salles de bains

Paris 1er

BATH BAZAAR

Accessoires pour la salle de bains	Q/P : 8/10 • ASSORTIMENT : 9/10 ✦ : De l'utile et du beau

• Galerie des Trois-Quartiers — 23, bd de la Madeleine — 75001 Paris • Tél. : 0140200850 • Horaires : lun.-sam. 10h-19h • Métro : Madeleine • Bus : 52, 84 • Voir Bath Bazaar, Paris 15e.

PARIS PASSAGE

Accessoires de salle de bains et cuisine, vaisselle, linge de maison	Q/P : 8/10 • ASSORTIMENT : 8/10 ✦ : Bonne sélection

• 134, rue St-Honoré — 75001 Paris • Tél. : 0142600068 • Horaires : lun.-ven. 10h30-14h30, 15h30-19h, sam. 11h-13h, 13h30-19h • Métro : Louvre-Rivoli, Palais-Royal • Bus : 21, 24, 27, 39, 48, 67

Très joli choix de vaisselle, d'accessoires et de linge de maison. Ligne colorée, choix de nouveaux matériaux et articles passe-partout. De nombreux éléments de rangement, coffres, boîtes, paniers à linge… Planche à découper en résine 19 F, cloche micro-onde 10 F, pot à lait en alu brossé 100 F. Rayon beaux-arts, fournitures de dessin en extra.

POTIRON

Accessoires pour la cuisine et la salle de bains, vaisselle, linge de maison	Q/P : 9/10 • ASSORTIMENT : 9/10 ✦ : Objets pratiques et pas chers

• 57, rue des Petits-Champs — 75001 Paris • Tél. : 0140150038 • Horaires : lun.-sam. 10h30-20h • Métro : Pyramides • Bus : 22, 52, 53, 66

Objets pour la salle de bains ou la cuisine : serviette éponge unie (100 x 150 cm) 98 F, rack à vêtements 6 cases à suspendre 159 F, tapis coco bordé coton (60 x 90 cm) 95 F, rideaux unis 8 coloris (140 x 280 cm) 289 F, panier inox 49,50 F, vase caoutchouc déformable aux couleurs acidulées 80 F, couverts 12,50 F pièce, assiettes unies 11 F…

LA QUINCAILLERIE

| Accessoires design de cuisine et de salle de bains | Q/P : 7/10 • ASSORTIMENT : 9/10
+ : Choix et style |

• 4, bd St-Germain — 75005 Paris • Tél. : 0146336671 • Fax : 0143298058 • Horaires : lun.-ven. 10h-13h, 14h-19h, sam. 10h-13h, 14h-18h • Métro : Maubert-Mutualité • Bus : 63

Ici, articles et ustensiles de cuisine et de salle de bains au look "pro". Beaucoup de métal chromé avec finition inox mat (qualité supérieure). Porte-papier finition inox mat 323 F.

L'ÉPI D'OR

| Accessoires de salles de bains et sanitaire des années trente | Q/P : 6/10 • ASSORTIMENT : 9/10
+ : Qualité très haut de gamme
– : Petits budgets s'abstenir |

• 17, rue des Bernardins — 75005 Paris • Tél. : 0146330847 • Fax : 0143297843 • Horaires : mar.-ven. 11h-19h, sam. il est préférable de téléphoner • Métro : Maubert-Mutualité • Bus : 63, 86, 87

Baignoires et sanitaires neufs ou anciens, robinetterie, luminaires et accessoires de salles de bains années 30 réusinés ou réédités, tous les objets sont choisis avec le plus grand soin. Présentation de la baignoire dessinée par Stark. Une boutique au charme fou…

TOTAL CONSORTIUM CLAYTON

| Cuisines et salles de bains aménagées et design | Q/P : 8/10 • ASSORTIMENT : 8/10
+ : Cuisines de qualité à prix abordables |

• 31, rue Buffon — 75005 Paris • Tél. : 0147071289 • Horaires : mar.-sam. 10h-19h30 • Métro : Gare-d'Austerlitz • Bus : 57, 91 • Voir Total Consortium Clayton, Paris 16e.

SAPONIFÈRE

| Accessoires pour la salle de bains, linge de toilette, savons | Q/P : 8/10 • ASSORTIMENT : 9/10
+ : Le confort abordable |

• 59, rue Bonaparte — 75006 Paris • Tél. : 0146339843 • Horaires : lun.-sam. 10h15-19h • Métro : St-Germain-des-Prés • Bus : 48, 83

Tout pour rendre votre salle de bains confortable et harmonieuse. Accessoires chromés (porte-serviettes sur pied 320 F, console en laiton sur roulettes avec 3 tablettes en verre 1 450 F), serviettes éponge épaisses, blanches ou écrues (drap de hammam 290 F)…

DÉCORS ET ÉVIERS

| Éviers, plans de travail, carrelages, accessoires de cuisine design | Q/P : 8/10 • ASSORTIMENT : 8/10
+ : Choix en haut de gamme |

• 39, bd des Batignolles — 75008 Paris • Tél. : 0142942027 • Horaires : lun. 14h-19h, mar.-sam. 10h-19h • Métro : Rome, Place-de-Clichy • Bus : 30, 54, 68

Spécialiste de l'évier et de son environnement. Plus de 50 modèles d'éviers présentés : céramique, inox, matériaux de synthèse, décorés à l'ancienne. Le sur mesure est à l'enseigne. Plans de travail, robinetterie Michel Meurant, cuisinières de Franke, carrelages en provenance de grandes maisons. Pour un évier rond décoré, comptez 2116 F.

TOTAL CONSORTIUM CLAYTON

| Cuisines et salles de bains aménagées et design | Q/P : 8/10 • ASSORTIMENT : 8/10
+ : Cuisines de qualité à prix abordables |

• 8, rue Roy — 75008 Paris • Tél. : 0142942700 • Horaires : mar.-sam. 10h-19h30 • Métro : St-Augustin • Bus : 22, 84 • Voir Total Consortium Clayton, Paris 16e.

La Chaise Longue

Vaisselle, ustensiles, rangements cuisine et salle de bains, linge de maison… Boutique multi-tendances pour équiper cuisine, salle de bains ou bureau avec des accessoires chromés ou colorés. Des trouvailles à faire. Lampe loft à pince en bleu-canard (90 F), égouttoir chromé, boîte à pain en acier (105 F). En mobilier, chaises longues (160 F), tabourets de bar (400 F), guéridons en plastique et meubles de cuisine. Horaires : lun.-sam. 11h-19h.

• LA CHAISE LONGUE : 30, rue Croix-des-Petits-Champs — 75001 Paris — Tél. : 01 42 96 32 14
• LA CHAISE LONGUE : 20, rue des Francs-Bourgeois — 75003 Paris — Tél. : 01 48 04 36 37
• LA CHAISE LONGUE : 8, rue Princesse — 75006 Paris — Tél. : 01 43 29 62 39

PARIS 11e

CEDEO

Mobilier et accessoires pour salles de bains et cuisines, miroirs, appliques

Q/P : 7/10 • ASSORTIMENT : 9/10
+ : Étendue du choix

• 72-74, bd Richard-Lenoir — 75011 Paris • Tél. : 01 47 00 12 94 • Horaires : lun.-ven. 7h30-12h, 13h30-18h, sam. 8h30-12h • Métro : Richard-Lenoir • Bus : 29, 69

Généraliste spécialisé en salles de bains et cuisines. Meubles, baignoires, miroirs et appliques. Receveurs, parois, robinets, cabines de douche. Toilettes et broyeurs. Pour la cuisine, éviers à encastrer, éviers à poser. Mitigeurs thermostatiques, mono commandes, style rétro ; mélangeurs contemporains et classiques. Vasque porcelaine 892 F, baignoire d'angle 145 x 145 cm en blanc 5649 F.

GODIN

Poêles, cuisines, cheminées

Q/P : 6/10 • ASSORTIMENT : 9/10
+ : La "Rolls" des cuisinières
− : Petits budgets s'abstenir

• 6, bd Richard-Lenoir — 75011 Paris • Tél. : 01 48 07 88 35 • Fax : 01 43 55 17 31 • Horaires : lun.-sam. 10h-12h30, 14h-19h • Métro : Bastille • Bus : 86

Qui n'a pas rêvé d'une "Châtelaine" dans sa cuisine, la fameuse cuisinière en fonte de la maison Godin?… C'est le seul endroit à Paris où vous pourrez la voir. À bois, à charbon, elle existe aussi à gaz et à l'électricité (à partir de 6500 F). Sur demande, Godin réalisera votre Châtelaine dans les couleurs de votre choix et dans la finition que vous souhaitez (laiton, doré à l'or fin, chromé velours, chromé brillant), et le dessus peut être émaillé. Godin aménage également les cuisines autour de ses cuisinières. Large gamme de poêles émaillés pour le chauffage. Livraison facturée.

MB AGENCEMENT

Agencement de cuisines, dressings, bibliothèques, meubles pour salle de bains

Q/P : 8/10 • ASSORTIMENT : 8/10
+ : Diversité des styles

• 18, bd du Temple — 75011 Paris • Tél. : 01 47 00 10 53 • Fax : 01 47 00 65 83 • Horaires : lun.-sam. 10h-19h • Métro : République, Filles-du-Calvaire • Bus : 20, 65

MB Agencement, qui a gagné le premier prix de l'installation de cuisines du Salon des Arts ménagers en 1997, s'adapte aux nombreux styles contemporains. Comptez en moyenne de 50 à 60000 F (hors pose) pour une cuisine (premier prix à 20000 F).

SERAP

Cuisines en kit

Q/P : 8/10 • ASSORTIMENT : 6/10
+ : Prix bas
− : Choix moyen

• 20, rue du Chemin-Vert — 75011 Paris • Tél. : 01 49 23 89 50 • Horaires : lun. 14h-19h30, mar.-sam. 10h-19h30, mer. jusqu'à 21h • Métro : Richard-Lenoir • Bus : 69 • Voir Serap, chapitre *Électroménager*, Paris 14e.

SOFRACO

60 cuisines en exposition Q/P : 9/10 • ASSORTIMENT : 10/10
✚ : Grand choix

• 4, 18, 34-42, bd du Temple — 75011 Paris • Tél. : 0143551313 • Fax : 0147008017 • Horaires : mar.-sam. 9h-19h • Métro : République • Bus : 54, 56

Une soixantaine de cuisines exposées, de tous les styles, représentant ainsi les plus grandes marques européennes : Allmilmö, Arc Linéa, Hardy, Mobalpa… Ce cuisiniste garantit le meilleur rapport qualité-prix du marché. Cuisine clé en main à partir de 30000 F.

PARIS 12ᵉ

AMBIANCE CUISINE ET BAIN

Vendeur-installateur-concepteur de Q/P : 8/10 • ASSORTIMENT : 9/10
cuisines et de salles de bains ✚ : Bon choix et bon rapport qualité-prix

• 159, av. Daumesnil — 75012 Paris • Tél. : 0143078057 • Fax : 0143474929 • Horaires : lun.-ven. 8h-12h, 14h-19h, sam. 10h30-12h, 14h-19h • Métro : Daumesnil • Bus : 29

Ce cuisiniste conçoit votre salle de bains et votre cuisine sur mesure. Modèles de tous styles AEG, Althis, Perene (de Fournier frère, qui fabrique aussi Mobalpa) et autres marques d'un bon moyen de gamme. Cuisines montées à voir sur place. L'installation coûte environ 10 % du prix d'un ensemble complet. De 30000 à 80000 F pour une cuisine clé en main.

CEDEO

Mobilier et accessoires pour salles de Q/P : 7/10 • ASSORTIMENT : 9/10
bains et cuisines, miroirs, appliques ✚ : Étendue du choix

• 60, bd Diderot — 75012 Paris • Tél. : 0146285454 • Horaires : lun.-ven. 7h30-12h, 13h30-18h, sam. 8h30-12h • Métro : Reuilly-Diderot • Bus : 46 • Voir Cedeo, Paris 11e.

PARIS 15ᵉ

BATH BAZAAR N

Accessoires pour la salle de bains Q/P : 8/10 • ASSORTIMENT : 9/10
✚ : De l'utile et du beau

• 6, av. du Maine — 75015 Paris • Tél. : 0145488900 • Horaires : lun.-sam. 10h-19h • Métro : Edgar-Quinet • Bus : 91

Couleurs acidulées, matériaux variés et modernes pour une collection d'objets de salle de bains provenant du monde entier : distributeurs de savon liquide en inox, en alu ou en chrome, en verre sablé et en plastique; étagères en verre dépoli et en acier; patères et appliques en fonte d'aluminium… Les designs espagnol (Mariscal), italien ou français (Putman, Starck et son extravagant balai de toilette!) sont bien représentés. 86 trousses de toilette différentes, des flacons transparents, du matériel de manucure en acier suédois, des serviettes tonifiantes en lin brut que les Nordiques utilisent après le sauna, des piqués de coton et des nids-d'abeilles autrichiens… Prix à portée de bourse, de 5 à 5000 F.

CUISINES D'ALEXANDRE

Cuisines et salles de bains aménagées Q/P : 8/10 • ASSORTIMENT : 8/10
✚ : Qualité de la conception

• 178, rue Lecourbe — 75015 Paris • Tél. : 0145312023 • Horaires : lun.-sam. 10h-12h30, 14h-19h30 • Métro : Vaugirard • Bus : 39, 49, 80

En plus de concevoir votre cuisine ou votre salle de bains à vos mesures, ce cabinet d'architecture d'intérieur s'occupe de son installation. Il vous recommandera des artisans sérieux pour les travaux d'électricité, de plomberie et de pose de carrelage. Plutôt spécialisé dans le style contemporain, il travaille essentiellement avec les marques haut de gamme Hardy et Allmilmö, et avec la marque Pieram, moins coûteuse. Comptez entre 60000 et 80000 F pour une cuisine fournie posée.

BATH SHOP

Accessoires et meubles de salle de bains, miroirs, linge de toilette

Q/P : 7/10 • ASSORTIMENT : 7/10
+ : Magasin spécialisé

• 3, rue Gros — 75016 Paris • Tél. : 01 46 47 50 58 • Fax : 01 46 47 67 27 • Horaires : mar.-sam. 10h-13h, 14h-19h • Métro : Passy • Bus : 72

Magasin entièrement dédié à l'art du bain. Dans un style design contemporain (Starck, Putman...), accessoires et meubles de salles de bains, miroirs, linge éponge, senteurs... Robinetterie (Stella) à partir de 1 500 F. Drap de bain 220 F ; le choix est limité à quelques unis. À noter, un abattant de cuvette très branché dessiné par Dirosa.

TOTAL CONSORTIUM CLAYTON

Cuisines et salles de bains aménagées et design

Q/P : 8/10 • ASSORTIMENT : 8/10
+ : Cuisines de qualité à prix abordables

• 25, bd Exelmans — 75016 Paris • Tél. : 01 45 24 62 81 • Horaires : mar.-sam. 10h-19h30 • Métro : Michel-Ange-Molitor • Bus : 22, 52

• 47, rue de Boulainvilliers — 75016 Paris • Tél. : 01 42 15 23 46 • Horaires : mar.-sam. 10h-19h30 • Métro : La Muette • Bus : 22, 32, 52

Livrées casseroles en main, des modèles de cuisines très citadines aux lignes italiennes d'avant-garde. Élégantissimes et de qualité irréprochable, elles s'adaptent aussi bien aux petits et grands espaces qu'aux petits et grands porte-monnaie. Entre 30000 et 200000 F, voire beaucoup plus pour une cuisine entièrement aménagée Linea Quattro (délai de 2 à 6 semaines). La maison distribue et installe également les salles de bains haut de gamme d'Antonio Lupi, d'aspect très design : verre, métal, miroirs peints à la main...

BOULENGER

Équipement de salle de bains, sanitaires, robinetterie

Q/P : 8/10 • ASSORTIMENT : 9/10
+ : Nombreuses gammes

• 28, rue Marx-Dormoy — 75018 Paris • Tél. : 01 46 07 97 84 • Fax : 01 42 05 89 23 • Horaires : mar.-ven. 10h-18h, sam. 9h30-17h30 • Métro : La Chapelle • Bus : 65

Un généraliste spécialisé en carrelages et sanitaires. Au sous-sol, le showroom salle de bains, tendance design, présente divers modèles de baignoires à hydromassages et de cabines de douche gain de place. À voir, les cabines de douche multifonctionnelles à siège, avec un système d'hydromassage dorsal et lombaire. Aménagements, sur devis.

CUISINEMENT VÔTRE

Cuisines équipées, électroménager encastrable

Q/P : 8/10 • ASSORTIMENT : 8/10
+ : Souplesse des propositions

• 17 bis, rue du Docteur-Grellière — 78640 Neauphle-le-Château • Tél. : 01 34 89 96 50 • Horaires : sur RDV

Vente et installation de cuisines entièrement équipées, d'électroménager et de meubles seuls. Distributeur de grandes marques (AS Cuisines, Chabert-Duval, Savoisienne du Meuble). Sans oublier l'électroménager : De Dietrich, Scholtès... avec des réductions allant jusqu'à 30 % en cas d'achat jumelé avec une cuisine équipée. Pour une cuisine (linéaire 3 m) en kit, comprenant les éléments hauts et bas, le plan de travail et les plinthes, les charnières clipsables et les tiroirs métalliques : compter 7490 F en mélaminé blanc, ou 10990 F en version chêne massif (hors livraison et pose).

Lescouezec

Fournitures de salle de bains, sanitaire, plomberie, chauffage… Tout le matériel pour installer une salle de bains. Essai de balnéothérapie sur RDV. Cabine de douche en verre gravé à la demande (à vos initiales par exemple), environ 10 690 F. Une gamme d'abattants WC très fun : vichy rose, illustration football, écossais… 530 F. Matériel d'exposition soldé. Prix attractifs pour les lecteurs du guide (-25 % environ sur les prix catalogues fournisseurs, sauf sur Villeroy & Boch). Horaires : mar.-ven. 10h-19h.

- LESCOUEZEC : 6, rue Abel — 75012 Paris • Tél. : 01 46 28 50 15 — Fax : 01 46 28 81 75
- LESCOUEZEC : ZI — Rue Nicéphore-Niepce — 77100 Meaux — Tél. : 01 60 23 28 42
- LESCOUEZEC : 31, av. du Général-Leclerc — 77831 Ozoir-La-Ferrière — Tél. : 01 64 43 57 57
- LESCOUEZEC : 82, av. Roger-Salengro — 94500 Champigny — Tél. : 01 42 83 26 50

BAGNOLET 93

SANIGALOR

Fournitures de salle de bains, sanitaire, plomberie, chauffage, robinetterie…

Q/P : 7/10 • ASSORTIMENT : 7/10
✚ : Prix de gros

• 142, av. Gallieni — 93170 Bagnolet • Tél. : 01 43 60 44 52 • Fax : 01 43 60 62 90 • Horaires : lun.-ven. 9h-12h, 14h-17h, sam. 9h-13h, 14h-18h • Métro : Gallieni

300 m² climatisés, ambiance musicale aquatique, éléments de salle de bains à prix de gros ou bien soldés : sanitaires, carrelages, robinetterie, chauffage, plomberie et accessoires. Toutes les grandes marques : Friedrich, Jacob Delafon, Sarreguemines, Selles, Recer… Vous pourrez, sur RDV, essayer la balnéothérapie. Aucun risque de voir vos bambins monter avec vous dans la baignoire, un coin avec TV et dessins animés est à leur disposition ! Lots permanents de carrelages à partir de 39 F/m², meubles de salle de bains avec plan marbre et vasque à partir de 1 890 F, balnéothérapie à partir de 6 500 F.

Électroménager

Club Achat Service : le moins cher de l'électroménager

Le Club Achat Service, ou CAS pour les initiés, est une centrale d'achat ouverte à tous, sans carte ni laissez-passer, qui distribue les plus grandes marques d'électroménager, hi-fi, télé et vidéo au meilleur prix : de -5 % à -20 % d'écart par rapport aux grandes enseignes. Leur secret? Pas d'exposition de marchandises, donc pas de stock en magasin, mais une disponibilité en 24h après la commande. Tout se traite par téléphone. Accueil enjoué, compétent et chaleureux. Avant d'appeler, notez bien les références de votre matériel pour faciliter les recherches. Service de devis, étude et conception de cuisines et salles de bains par ordinateur qui permet de visualiser votre projet en 3D. Dans une gamme moyenne, micro-ondes Whirlpool 1 220 F, lave-linge Bosch 3 760 F (contre 4 500 F en grande surface), aspirateur Rowenta 970 F… Garantie totale de 1 an pièces, main d'œuvre et déplacement. Horaires : lun.-ven. 10h-12h30, 14h30-19h30; sam. 10h-12h30, 14h30-19h.

- CLUB ACHAT SERVICE : 78, av. Foch — 77504 Chelles — Tél. : 01 64 21 29 34 — Fax : 01 60 08 05 14
- CLUB ACHAT SERVICE : 12-14, av. du Gén.-de-Gaulle — 77330 Ozoir-la-Ferrière — Tél. : 01 64 21 29 34
- CLUB ACHAT SERVICE : 18-20, rue de Lagny — 77600 Bussy-St-Georges — Tél. : 01 64 21 29 34

PARIS 8ᵉ

ASPI-CLINIC

Vente et réparation d'aspirateurs　　　Q/P : 8/10 • ASSORTIMENT : 8/10
　　　　　　　　　　　　　　　　　　　　　　✚　: Accueil cordial

• 36, rue du Colisée — 75008 Paris • Tél. : 0143598899 • Horaires : lun.-ven. 9h30-18h30 • Métro : St-Philippe-du-Roule • Bus : 28, 32

Miele, Siemens, Hoover, Rowenta, Philips : vente de toutes les grandes marques. Réparation sous 48h. Venir avec la facture ou le bon de garantie. Adresse de quartier.

LA CENTRALE DES AFFAIRES

Matériel neuf ou d'occasion　　　　　Q/P : 8/10 • ASSORTIMENT : 6/10
　　　　　　　　　　　　　　　　　　　　✚　: Prix bas

• 85, rue d'Amsterdam — 75008 Paris • Tél. : 0140160107 • Fax : 0140160367 • Horaires : lun.-sam. 9h-19h • Métro : St-Lazare • Bus : 20, 21, 24 • Voir La Centrale des Affaires, Paris 9e.

PARIS 9ᵉ

LA CENTRALE DES AFFAIRES

Matériel neuf ou d'occasion　　　　　Q/P : 8/10 • ASSORTIMENT : 6/10
　　　　　　　　　　　　　　　　　　　　✚　: Prix bas

• 11, rue de Parme — 75009 Paris • Tél. : 0145269816 • Fax : 0140160367 • Horaires : lun.-sam. 9h-19h • Métro : Place-de-Clichy • Bus : 81

Matériel d'occasion entièrement révisé ou matériel de retour d'exposition. Toutes les grandes marques : Bosch, Scholtès, Indésit... Duo (réfrigérateur + congélateur) Brandt d'une valeur de 3900 F, vendu 2490 F, presque neuf. D'occasion, duo à partir de 950 F, cuisinière à partir de 690 F, machine à laver le linge 790 F, ou TV couleur 36 cm 690 F. Forfait de 100 F pour une livraison sur Paris, et de 150 à 250 F pour la banlieue, mise en service comprise.

France Ménager

Électroménager, télévisions, hi-fi, téléphonie... plus de 1000 références de 1500 à 9990 F. Réfrigérateurs, congélateurs : plus de 80 références de 1390 à 19990 F. Cuisinières, micro-ondes : plus de 80 références de 790 à 8990 F. Fours et hottes : plus de 70 références de 590 à 8790 F. Marques Ariston, Arthur Martin, Whirlpool, Philips... Whirlpool 900 W, micro-ondes 950 F. Lave-linge Zanussi 1750 F, - 12 % sur les prix des grands magasins. Livraison, mise en service et garantie 2 ans comprises. Horaires : mar.-sam. 10h-13h, 14h-19h.

• FRANCE MÉNAGER : 23, rue des Lombards — 75004 Paris • Tél. : 0148877337
• FRANCE MÉNAGER : 39, rue du Fg-Poissonnière — 75009 Paris • Tél. : 0147708347
• FRANCE MÉNAGER : 18, rue de la Voûte — 75012 Paris • Tél. : 0143413300
• FRANCE MÉNAGER : 4, place Violet — 75015 Paris • Tél. : 0145775549
• FRANCE MÉNAGER : 42-44, rue Guersant — 75017 Paris • Tél. : 0155372244

PARIS 11ᵉ

CLINIQUE DU RASOIR ÉLECTRIQUE

Rasoirs de marques européennes et　　Q/P : 9/10 • ASSORTIMENT : 7/10
américaines, réparation　　　　　　　✚　: Service rare

• 42, rue de la Roquette — 75011 Paris • Tél. : 0147001270 • Horaires : lun.-sam. 10h30-12h45, 16h-19h30 • Métro : Bastille • Bus : 69

Depuis 45 ans, M. Guillaume répare les rasoirs électriques rue de la Roquette et il en connaît un rayon sur le quartier… et sur les rasoirs. L'intervention coûte de 100 à 200 F et se fait sur place en une demi-heure. La vente constitue la petite partie de son activité. Marques disponibles : Braun, Philips, Moser, Payer, Sunbeam. Braun 1800 : 300 F.

PARIS 12ᵉ

CLINIC PETIT MÉNAGER

Réparation du petit électroménager   Q/P : 8/10 • ASSORTIMENT : 7/10
✚ : Réparation des micro-ondes

• 32, rue Louis-Braille — 75012 Paris • Tél. : 0143452060 • Horaires : lun.-ven. 9h30-12h30, sam. 10h-12h30, 14h15-18h • Métro : Michel-Bizot • Bus : 29, 46

Dommage de jeter votre grille-pain pour un ressort défait ou de changer d'aspirateur pour un problème bénin. L'heure de réparation TTC tourne autour de 180-200 F selon la difficulté du mécanisme et le prix des pièces. Pour les mixeurs, fers à repasser, sèche-cheveux, compter environ 60-80 F. Pièces facturées en plus. Délais à préciser au moment du dépôt de l'objet. Garantie 3 mois.

PARIS 14ᵉ

SERAP

Électroménager, cuisines et salles de bains, meubles, micro-informatique, hi-fi   Q/P : 8/10 • ASSORTIMENT : 6/10
✚ : Les prix
— : Choix moyen

• 70, rue du Père-Corentin — 75014 Paris • Tél. : 0140527400 • Horaires : lun. 14h-19h30, mar.-sam. 10h-19h30 • Métro : Porte-d'Orléans • Bus : 28, 38, PC

Centrale d'achats réservée aux adhérents, membres d'une collectivité, fonctionnaires, étudiants, ou possesseurs d'une carte professionnelle. Prix 10 à 20 % plus bas que ceux habituellement pratiqués. Sélection des marques et des articles assez restreinte mais électroménager souvent bien choisi (micro-ondes Panasonic 1490 F, aspirateur Rowenta avec télécommande à la poignée, 995 F). Pour les meubles et l'espace déco, le style est sans surprise.

PARIS 16ᵉ

PIRIAC

Électroménager de grandes marques   Q/P : 8/10 • ASSORTIMENT : 8/10
✚ : Boutique de quartier

• 45, rue de la Pompe — 75016 Paris • Tél. : 0145042333 • Horaires : lun.-ven. 9h-13h, 14h-19h, sam. 14h30-19h • Métro : La Muette • Bus : 22, 32, 52

Spécialiste du matériel électroménager de grandes marques (Électrolux, Miele, De Dietrich, Scholtès…), on prend le temps de vous renseigner. Tous les prix s'entendent livraison comprise. Lave-linge Miele 6990 F, four à micro-ondes Laden 1190 F, réfrigérateur 275 l Siemens 3490 F. Grand choix de matériel encastrable et de petit électroménager.

NESRI

Matériel électroménager 2e choix ou occasion   Q/P : 8/10 • ASSORTIMENT : 5/10
✚ : Prix bas
— : Choix réduit

• 96, bd de Ménilmontant — 75020 Paris • Tél. : 0143661931 • Fax : 0146365544 • Horaires : lun.-sam. 9h-19h • Métro : Père-Lachaise

Au cœur de Ménilmontant, petite échoppe de matériel électroménager neuf, dégriffé ou de seconde main. Grandes marques (Bosch, Arthur Martin, Vedette, Whirlpool…). En occasion, TV à partir de 490 F, machine à laver le linge 1100 F 2e choix, frigo/congélateur 300 l, 2290 F.

Clinique de l'Aspirateur

Vente, réparation et accessoires d'aspirateurs
Des vendeurs très compétents et plus de 20 grandes marques (Krups, Électrolux, Miele...).
Nouvel aspirateur sans sacs papier Dyson 2290 F. À condition qu'il ne soit pas trop vieux
(parfois jusqu'à 30 ans!) et quelle que soit sa marque, grand choix d'accessoires pour le matériel
que vous possédez déjà (pochettes papier, flexibles, brosses...). Service de réparation toutes
marques, délai de 3 jours. Mais aussi, des nettoyeurs à vapeur, des aspirateurs industriels, des
systèmes d'aspiration intégrée et du petit matériel et produits d'entretien. Le contrat de la
maison vous offre une garantie de 2 ans sur tout aspirateur acheté et un remboursement de la
différence si vous trouvez le même moins cher ailleurs. Horaires : mar.-ven. 9h30-19h; lun. et
sam. 10h-19h

* CLINIQUE DE L'ASPIRATEUR : 79, rue Monge — 75005 Paris — Tél. : 01 42 17 02 18
* CLINIQUE DE L'ASPIRATEUR : 55, rue Cler — 75007 Paris — Tél. : 01 45 51 61 65
* CLINIQUE DE L'ASPIRATEUR : 254, av. Daumesnil — 75012 Paris — Tél. : 01 40 02 06 28
* CLINIQUE DE L'ASPIRATEUR : 57, av. Mozart — 75016 Paris — Tél. : 01 42 15 15 32 Paris 20e

OCCAS'MÉNAGER

Matériel électroménager d'occasion

Q/P : 8/10 • ASSORTIMENT : 6/10
+ : **Parfait pour les petits budgets**
− : **Marques selon arrivages**

• 75, rue de Ménilmontant — 75020 Paris • Tél. : 01 43 66 37 92 • Horaires : mar.-sam. 10h-13h, 14h-19h • Métro : Ménilmontant

Matériel de seconde main uniquement, mais entièrement révisé et remis à neuf. Le magasin assure une garantie 3, 6 mois ou 1 an et en plus la livraison est gratuite! Attention, pas de téléviseurs. Lave-linge 700 F, lave-vaisselle 990 F, frigo 500 F, cuisinière 700 F.

LEVALLOIS-PERRET 92

SERAP

Électroménager, cuisines et salles de bains, micro-informatique, hi-fi

Q/P : 8/10 • ASSORTIMENT : 6/10
+ : **Les prix**
− : **Choix moyen**

• 37, rue d'Alsace — 92300 Levallois • Tél. : 01 40 87 85 00 • Horaires : lun. 14h-19h30, mar.-sam. 10h-19h30 • Métro : Louise-Michel • Bus : 50 • Voir Serap, Paris 14e.

Dray

Électroménager grandes marques 10 % moins cher que les prix affichés dans les grands
magasins, réductions sur les retours d'exposition. Premiers prix : micro-ondes Daewo 790 F,
machine à laver Indesit 1 790 F. Livraison, mise en service et garanties comprises.

* DRAY : 10, rue de la Station — 92600 Asnières — Tél. : 01 47 90 97 93
* DRAY : 51, av. du Président-Wilson — 93210 La Plaine-St-Denis — Tél. : 01 48 09 04 00
* DRAY : 106, bd Richard-Lenoir — 75011 Paris — Tél. : 01 47 00 37 63
* DRAY : 153, av. de Clichy — 75017 Paris — Tél. : 01 48 57 13 09

Revêtements sols et murs, tapis

Mildécor Moquette : le moins cher des revêtements

Ce n'est pas une grande chaîne de magasins de moquettes, mais une adresse sûre, en plein centre de Paris. Cette équipe sympa et professionnelle soignera particulièrement les lecteurs de ce guide en leur accordant des remises spéciales sur certains produits (environ -20 % sur prix catalogue). Large choix de revêtement de sols : plusieurs qualités de moquettes, la plus simple proposée en 12 couleurs (16 F/m²), en laine (25 kg/m², 89 F/m²), grand passage (bouclée 36 F/m²)... Des sols végétaux : en coco (59 F/m²), en jonc de mer (79 F/m²) ou sisal (99 F/m²). Sols stratifiés, très haute résistance (110 F/m²). Papiers peints à partir de 20 F le rouleau en lots déclassés, papier japonais (paille) à partir de 65 F le rouleau. Peinture très bon marché, à l'eau à partir de 10 F le litre !

• MILDÉCOR MOQUETTE : 20, bd Sébastopol — 75004 Paris — Tél. : 01 48 87 58 65

PARIS 4e

CÔTÉ HACIENDA

Carrelages, faïences du Mexique, vasques, vases, plats

Q/P : 7/10 • ASSORTIMENT : 8/10
+ : Beaux articles
− : Un peu cher

• 14, rue de Birague — 75004 Paris • Tél. : 0142779997 • Fax : 0142779997 • Horaires : mar.-sam. 11h-19h, dim. 14h-19h • Métro : St-Paul • Bus : 69, 76, 96

Vaste choix d'azulejos (carrelages en terre cuite émaillée), rien que de l'artisanat mexicain. Les carrelages unis coûtent entre 3 et 5 F pièce. Les décorés entre 10 et 15 F. Vasques décorées entre 1200 et 1800 F, un bon prix pour une touche de charme et fraîcheur. Vases, plats typiquement mexicains sont aussi à dénicher.

LA MAISON DU KILIM

Tapis kilims anciens et neufs d'Anatolie

Q/P : 8/10 • ASSORTIMENT : 7/10
+ : Bon quartier pour le shopping

• 16, rue de Birague — 75504 Paris • Tél. : 0140278600 • Fax : 0144610100 • Horaires : lun.-sam. 10h30-19h30 • Métro : St-Paul • Bus : 69, 76, 96

Le kilim est un tapis de nomades, facile à transporter, à mettre au sol ou à jeter sur un canapé. Il s'utilise aussi beaucoup en décoration murale. Le propriétaire de la Maison du Kilim choisit tous les ans ses tapis en Turquie, dans les villages de l'Anatolie. Il vend une majorité de tapis anciens. Tous les tapis, anciens et neufs, sont en laine et faits main. Kilim 130 x 80 cm à partir de 450 F, 180 x 110 cm à partir de 1000 F, 300 x 150 cm à partir de 1900 F.

TAURUS

Tapis kilims

Q/P : 7/10 • ASSORTIMENT : 8/10
+ : Bonne qualité

• 52, rue des Archives — 75004 Paris • Tél. : 0142780302 • Fax : 0142780807 • Horaires : mar.-sam. 11h-19h30 • Métro : Rambuteau, Hôtel-de-Ville • Bus : 69, 75

Toute petite boutique, kilims en provenance d'Anatolie, de Perse et du Caucase. Ambiance chaleureuse, de belles couleurs. Kilim de 80 x 110 cm à partir de 500 F.

PARIS 5ᵉ

ALAIN VAGH

Céramiques, terres cuites, carrelages émaillés, frises décoratives	Q/P : 8/10 • ASSORTIMENT : 8/10 **+** : Créateur et fabriquant

• 24, rue des Fossés-St-Bernard — 75005 Paris • Tél. : 0143254474 • Fax : 0143250065 • Horaires : lun.-sam. 10h-20h • Métro : Cardinal-Lemoine • Bus : 63, 67, 86, 87

Pour les carreaux de sol, Alain Vagh travaille la terre de Salernes, caractérisée par sa finesse au toucher et sa facilité d'entretien. Dans l'esprit des authentiques sols citadins, des carreaux de petite taille et de formes simples (tomette, carré, feuillet). Tomette de Salernes 105 mm 456 F/m². La faïence émaillée représente certainement le domaine où il s'amuse le plus. 36 couleurs, pleines de nuances, aideront à composer des décors de salle de bains et de cuisine ; carreaux 10 x 10 cm 760 F/m². Les décors reproduisent des carreaux des XVIIᵉ et XVIIIᵉ siècles, des motifs d'inspiration italienne ou mauresque. Beaucoup de créations Vagh. Carrés de 13 x 13 cm, de 44 à 102 F. La totalité de la production est peinte à la main. À voir : vasques et bacs en terre cuite émaillée.

CRUCIAL TRADING

Revêtements de sols et tapis en fibres naturelles	Q/P : 8/10 • ASSORTIMENT : 9/10 **+** : L'originalité

• 35, bd St-Germain — 75005 Paris • Tél. : 0140510566 • Fax : 0140510506 • Horaires : mar.-sam. 10h30-13h, 14h-18h30 • Métro : Maubert-Mutualité • Bus : 47, 63, 86, 87

Grande gamme de tapis et revêtements entièrement constitués de fibres naturelles. Les gammes sisal, coco, jonc de mer, jute, flatweave 100 % laine, disponibles en 4 mètres de largeur, se posent comme de la moquette. Le sisal est une matière assez douce pour les chambres d'enfants, il y environ 50 styles différents. Jonc de mer à partir 126 F/m². Sisal de 216 à 450 F/m². Enfin des options d'ameublement raffinées et saines !

D'APRÈS NATURE

Tissus d'ameublement, papiers peints, moquettes, carrelages, parquets, peinture	Q/P : 8/10 • ASSORTIMENT : 8/10 **+** : Matériaux écologiques

• 2, rue Tournefort — 75005 Paris • Tél. : 0143374700 • Fax : 0143370496 • Horaires : lun.-sam. 10h-19h • Métro : Place-Monge • Bus : 47

Dans leurs conceptions architecturales, Laura et Pablo Stagni défendent avec véhémence l'utilisation de matériaux naturels et écologiques, non polluants, recyclés ou recyclables, pour un environnement sain et équilibré. Spécialement sélectionnés, textiles d'ameublement, papiers peints, moquettes, carrelages, parquets ou peintures… sont tout naturellement issus de végétaux ou de minéraux, pour la plupart labellisés Marque NF Environnement, Label écologique communautaire, Wools of New Zealand…

PARIS 6ᵉ

SÉLECTION AUX SOURCES

Tapis sur mesure, sisal, jonc de mer, dhurries, lirettes	Q/P : 8/10 • ASSORTIMENT : 8/10 **+** : Tapis sur mesure à prix attrayants

• 61, rue du Cherche-Midi — 75006 Paris • Tél. : 0140490362 • Fax : 0140490365 • Horaires : mar.-sam. 10h30-18h30 • Métro : St-Placide, Sèvres-Babylone • Bus : 48

Choix de tapis signés par des créateurs contemporains, reproduits à vos couleurs. Mais aussi création du tapis sorti tout droit de votre propre imagination, en laine ou coton. Tapis "Textes" de Philippe Chleq au point noué (ou teufté) 170 x 240 cm : 9000 F environ. Si cette boutique parvient à proposer des prix aussi doux, c'est parce qu'elle fait fabriquer ses tapis dans ses propres ateliers au Népal. En permanence, tapis soldés (après essais et prototypes) : dhurries de -60 à -70 % de remise (soit 200 F/m² environ).

TAPIS BOUZNAH

Achat, vente, échange, restauration et nettoyage de tapis d'Orient

Q/P : 8/10 • ASSORTIMENT : 8/10
+ : Kilims à prix attrayants

• 55, bd Raspail — 75006 Paris • Tél. : 0142225226 • Fax : 0145489144 • Horaires : lun.-sam. 10h-19h • Métro : Sèvres-Babylone • Bus : 48

Kilims contemporains 230 x 150 cm : 3900 F; 180 x 110 cm : 1500 F. Tapis anciens du Caucase, d'Iran... Possibilité d'expertise.

TAPIS KHAN

Vente, nettoyage et réparation de tapis d'Orient

Q/P : 7/10 • ASSORTIMENT : 6/10
+ : Devis à domicile
— : Petits budgets s'abstenir

• 35, rue de Fleurus — 75006 Paris • Tél. : 0145444600 • Fax : 0145483144 • Horaires : lun.-sam. 10h-19h • Métro : St-Placide • Bus : 48, 94, 95, 96

Importateur de tapis d'Orient, anciens ou contemporains, ce magasin expose une très belle collection de tapis persans, caucasiens, afghans ou turcs... d'une très belle facture. Devis de nettoyage ou de réparation à domicile, gratuitement.

Paris 7ᵉ

CARRÉ

Carrelages, céramiques, terres cuites, panneaux décoratifs

Q/P : 8/10 • ASSORTIMENT : 9/10
+ : Accueil sympathique

• 16, rue St-Simon — 75007 Paris • Tél. : 0142224546 • Fax : 0142221417 • Horaires : mar.-sam. 10h-12h30, 14h-18h • Métro : Rue-du-Bac • Bus : 68, 69 • Voir Carré, Paris 10e.

DIAGONALE

Carrelages, dallages, mosaïques

Q/P : 7/10 • ASSORTIMENT : 9/10
+ : Carrelages absolument splendides
— : Petits budgets s'abstenir

• 9, rue de Verneuil — 75007 Paris • Tél. : 0140209959 • Horaires : lun.-sam. 10h-19h • Métro : Rue-du-Bac • Bus : 83, 84 • Voir Diagonale, Paris 11e.

Paris 8ᵉ

LES LISSES DE FRANCE

Tapis d'Orient, moquettes, parquets

Q/P : 8/10 • ASSORTIMENT : 9/10
+ : Grand choix

• 98, bd Haussmann — 75008 Paris • Tél. : 0145228825 • Fax : 0145220100 • Horaires : lun. 14h-19h, mar.-sam. 10h-19h • Métro : St-Lazare • Bus : 22

C'est un véritable voyage en Orient que vous propose ce spécialiste du tapis. Turquie, Népal, Iran, Afghanistan, Cachemire... des milliers de tapis exposés, en soie ou en pure laine, mécaniques ou faits main. Vous trouverez sûrement le vôtre! La maison délivre un certificat d'origine authentifié par expert. Tapis de reproduction en pure laine, de 2000 à 7000 F. Entretien et restauration de tapis et moquettes. Fourniture et pose de parquets.

Paris 10ᵉ

CARRÉ

Carrelages, céramiques, terres cuites, panneaux décoratifs

Q/P : 8/10 • ASSORTIMENT : 9/10
+ : Accueil sympathique

• 91, quai de Valmy — 75010 Paris • Tél. : 0146070326 • Fax : 0146073761 • Horaires : mar.-sam. 10h-12h30, 14h-19h • Métro : Jacques-Bonsergent • Bus : 54, 56, 65

La maison Carré fabrique du carrelage depuis 1888 : terre cuite, carrelage de sol et décoration murale. De 400 à 500 F/m². L'atelier crée et réalise des fresques et des panneaux décoratifs sur différents supports : faïence, grès émaillé, terre cuite….

PARIS 11e

AIRE AZUR

Carrelages espagnols, portugais,   Q/P : 8/10 • ASSORTIMENT : 9/10
marocains et mexicains, frises   ✚ : Céramique artisanale

• 5, rue Oberkampf — 75011 Paris • Tél. : 0147003820 • Fax : 0147004164 • Horaires : lun.-ven. 9h30-19h, sam. 9h30-18h • Métro : Oberkampf • Bus : 96

La vitrine d'Aire Azur, c'est une invitation au voyage, une migration vers le sud qui nous fait découvrir le carrelage espagnol, portugais, marocain et mexicain. De la céramique artisanale qui attire l'œil par le choix des couleurs d'exposition. Tons de bleu et vert merveilleux. Les petits carreaux bonbons mettent en valeur la sélection de frises décoratives. Selon le modèle de frise, de 100 à 400 F. Ambiance décontractée et chaleureuse.

DIAGONALE

Carrelages, dallages, mosaïques,   Q/P : 7/10 • ASSORTIMENT : 9/10
faïence, marbre, lave émaillée   ✚ : Carrelages absolument splendides
                                              ═ : Petits budgets s'abstenir

• 4 bis, rue St-Sabin — 75011 Paris • Tél. : 0147008033 • Fax : 0147002392 • Horaires : lun.-sam. 10h-19h • Métro : Bastille • Bus : 46, 86

Large choix de carreaux contemporains et artisanaux pour tous les usages (sol, mur, dessus de table…), en terre cuite émaillée faite à la main, en faïence décorée à la main, en marbre, en pierres vieillies, en lave émaillée… de 150 à 1500 F/m².

PARQUETS KOVAL

Vente et pose de parquets et lambris,   Q/P : 8/10 • ASSORTIMENT : 9/10
restauration et vitrification de parquets ✚ : Parquet en bambou

• 16, bd Richard-Lenoir — 75011 Paris • Tél. : 0143382878 • Fax : 0143382773 • Horaires : lun.-sam. 9h-12h, 14h-18h • Métro : Bastille • Bus : 20, 69

À l'anglaise, campagnard, Versailles ou pont de bateau… plus de 150 modèles de parquets et de lambris en présentation. Dans toutes les essences de bois : érable, chêne, hêtre ou châtaignier, mais aussi en bambou spécialement étudié pour la salle de bains car il résiste à l'eau. À noter, des revêtements de sol en bois pour l'extérieur (tour de piscine, terrasses…). Parquet en érable blanc 435 F/m², mélaminé 119 F/m², plaquage bois 199 F/m², etc.

VAC

Carrelages, faïences, grès, terre cuite, Q/P : 7/10 • ASSORTIMENT : 7/10
marbres, granits, frises   ✚ : Carrelages de qualité en promo

• 24, bd Richard-Lenoir — 75011 Paris • Tél. : 0143550635 • Horaires : lun.-sam. 10h30-13h, 14h-19h • Métro : Bréguet-Sabin • Bus : 20, 65

Régulièrement en promo, des carreaux de faïence martelée 100 F/m², de marbre blanc de Carare 200 F/m², de grès façon terre cuite 150 F/m². Des lots de carrelages en Céram poli à partir de 250 F/m², des frises espagnoles colorées 25 F pièce, et du marbre vieilli 2e choix en carreaux 10 x 10 cm à partir de 250 F/m².

PARIS 12e

ARTIREC

Soldeur lino, sols plastiques,   Q/P : 7/10 • ASSORTIMENT : 7/10
moquettes, parquets, carrelages   ✚ : Promotions sur les fins de série

• 4, bd de la Bastille — 75012 Paris • Tél. : 0143407272 • Fax : 0143402505 • Horaires : lun.-sam. 9h-19h • Métro : Quai-de-la-Rapée • Bus : 24, 61

Vente de fins de série de linoléum au rabais. Parquets, revêtements plastiques, moquettes, carrelages. Premier prix PVC : 39,50 F/m² en 4 m de large.

GALERIE DES ARCADES

Tapis d'Orient, restauration et nettoyage

Q/P : 9/10 • ASSORTIMENT : 8/10
✚ : Pièces choisies avec soin

• 47, rue de Lyon — 75012 Paris • Tél. : 0146289746 • Horaires : mar.-sam. 10h-19h • Métro : Gare-de-Lyon • Bus : 91

Importateur direct de tapis persans et caucasiens, considérés comme les plus nobles tapis d'Orient. Magnifique collection de tapis de grande qualité à partir de 2000 F. Services de restauration, d'estimation et de nettoyage. Devis gratuit.

MATIÈRES

Décoration de murs, mosaïques, meubles en fer forgé, statuettes en bronze

Q/P : 8/10 • ASSORTIMENT : 8/10
✚ : Artisanat d'art

• 123, av. Daumesnil — 75012 Paris • Tél. : 0144740105 • Fax : 0144740115 • Horaires : lun.-ven. 10h-19h, sam. 15h-19h • Métro : Gare-de-Lyon • Bus : 29

Atelier de peintre-décorateur spécialisé dans les murs peints, les patines et les trompe-l'œil de style italien (faux marbre, faux bois, fresques…). Meubles en fer forgé, mosaïques, petites statuettes en bronze…

PARIS 14ᵉ

AU CHÊNE LIÈGE

Objets et accessoires à base de liège, liège en plaques

Q/P : 8/10 • ASSORTIMENT : 8/10
✚ : Richesse de la gamme

• 74, bd Montparnasse — 75014 Paris • Tél. : 0143220215 • Fax : 0142798123 • Horaires : mar.-sam. 9h30-12h30, 13h45-18h30 • Métro : Montparnasse • Bus : 58, 82, 91 • Internet : http ://www.au-chene-liege. com • e-mail : info@au-chene-liege. com

Toute une gamme de produits à base de liège, du bouchon de bouteille aux accessoires de la table, en passant par la maroquinerie, le tissu de décoration et le revêtement pour les murs et le sol. De quoi vous donner des idées originales. Quelques prix de carreaux de liège de revêtement, en 90 cm² : White A, 80 F/m²; DC 70, 155 F; Fjord blanc, 100 F.

MARBRES VILLARECCI

Vente et façonnage de marbres, pierres et granits

Q/P : 8/10 • ASSORTIMENT : 9/10
✚ : Choix et façonnage

• 53, rue d'Alésia — 75014 Paris • Tél. : 0143271991 • Fax : 0143204342 • Horaires : mar.-ven. 10h-18h, sam. 9h30-12h30, 14h-18h • Métro : Alésia • Bus : 38, 62

Ce showroom vous donnera un aperçu de la beauté d'une salle de bains marbrée ou d'une cuisine avec plan de travail en granit. Outre un large choix de coloris, ainsi que des marbres vieillis en carreaux standards, conception et façonnage à vos mesures. Environ 20000 F pour un plan de cuisine de 3 m² fourni et posé. Marbre 30 x 30 cm, de 340 F à 1 400 F (en 1 cm d'épaisseur). Vieilli, de 520 à 1200 F.

PARIS 15ᵉ

LA MOQUETTERIE

Moquettes, sols plastiques

Q/P : 7/10 • ASSORTIMENT : 7/10
✚ : Promotions fins de série
━ : Choix inégal

• 50, rue Vouillé — 75015 Paris • Tél. : 0142506611 • Fax : 0142500867 • Horaires : lun.-sam. 9h30-12h30, 14h30-19h • Métro : Plaisance • Bus : 62

• 334, rue Vaugirard — 75015 Paris • Tél. : 0148424262 • Fax : 0142504185 • Horaires : mar.-sam. 9h30-12h30, 14h30-19h • Métro : Convention • Bus : 39, 49

400 m² de surface d'exposition pour moquettes et revêtements plastiques. Premier prix de moquette : 39 F/m². Qualité synthétique 60 F/m², qualité laine 89 F/m², qualité supérieure de 149 à 275 F/m². Petite surface d'exposition au 334, rue de Vaugirard.

PARIS 16°

HIT CARRELAGES

Carrelages, marbres, faïence, terre cuite, lave émaillée	Q/P : 7/10 • ASSORTIMENT : 9/10
	✚ : 100 modèles de mosaïque
	━ : Petits budgets s'abstenir

• 81, rue Boissière — 75116 Paris • Tél. : 0140677666 • Fax : 0140677688 • Horaires : lun.-ven. 9h30-19h, sam. 10h-18h • Métro : Victor-Hugo • Bus : 52

Pas de carrelage de grande diffusion, ici, vous trouverez la perle rare : mosaïques de marbre à l'ancienne (100 modèles différents, à partir de 3000 F/m²), terre cuite artisanale de lave et plans de vasques assortis (entre 1150 et 1350 F/m²), carrelages avec émaux peints à la main (1400 F/m²), mosaïque en pâte de verre (1600 F/m²), carreaux de pierre de lave émaillée pour sols et murs (à partir de 495 F/m²).

SURFACE

Carrelages en céramique, faïence, terre cuite, bois	Q/P : 8/10 • ASSORTIMENT : 8/10
	✚ : Les carreaux en bois rares

• 79, rue Boissière — 75116 Paris • Tél. : 0145004649 • Fax : 0145000652 • Horaires : mar.-ven. 9h30-19h, sam. 10h-13h, 14h-18h • Métro : Victor-Hugo • Bus : 52

Belle collection de carreaux en faïence illustrés et peints à la main, sur le thème du jardinage et des animaux... (700 F/m² environ). Carreaux en bois rares, 15 x 15 cm, 63 F/pièce.

PARIS 17°

OMNIA   Ⓝ

Papiers peints, moquettes, peintures et outillage de peintre	Q/P : 8/10 • ASSORTIMENT : 9/10
	✚ : Conseil de spécialistes
	━ : Boutique un peu encombrée

• 94, rue de Lévis — 75017 Paris • Tél. : 0147632213 • Fax : 0140549334 • Horaires : mar.-ven. 8h30-19h, sam. 8h30-12h30, 14h-19h • Métro : Villiers • Bus : 31, 53, 94

• 82-84, bd des Batignolles — 75017 Paris • Tél. : 0147632213 • Horaires : mar.-ven. 8h30-19h, sam. 8h30-12h30, 14h-19h • Métro : Villiers • Bus : 31

Dans cette maison de tradition, on se passe les secrets et astuces professionnelles de père en fils depuis 1938. C'est dire que vous recevrez les conseils de spécialistes en matière de revêtements muraux! Toutes les grandes marques référencées : Ripolin ou Tollens pour la peinture; Inaltera, Essef ou Grantil pour les papiers peints, dont plus de 400 modèles en stock. Livraison possible selon les cas. Showroom récemment ouvert 82-84 rue des Batignolles.

PARIS 18°

BOULENGER

Carrelages	Q/P : 8/10 • ASSORTIMENT : 9/10
	✚ : Nombreuses gammes

• 28, rue Marx-Dormoy — 75018 Paris • Tél. : 0146079784 • Fax : 0142058923 • Horaires : mar.-ven. 10h-18h, sam. 9h30-17h30 • Métro : La Chapelle • Bus : 65

Un généraliste spécialisé en carrelages et sanitaires. Son immense showroom : carrelages venant de 50 fournisseurs différents. Les tendances sont nettement contemporaines, mais si vous souhaitez un modèle qu'ils n'ont pas, ils feront tout pour vous satisfaire.

BRADERIE DU CARRELAGE

Carrelages, faïences, grès, marbres,
peintures, outillage

Q/P : 9/10 • ASSORTIMENT : 7/10
+ : Les prix

• 69, rue Ordener — 75018 Paris • Tél. : 0142548233 • Horaires : lun.-ven. 9h-19h, sam. 9h30-13h, 14h30-18h30 • Métro : Marcadet-Poissonniers • Bus : 31, 60

Bonne adresse parisienne. Soldeur des grandes marques françaises (Émaux de Briare, Novoceram, Villeroy & Boch) : -50 % sur les fins de série et second choix. Faïences, grès, marbre. Venir souvent, pour tomber sur de très bonnes occasions. Peinture extérieure et intérieure : peinture blanche laquée 110 F les 2,5 l. Petit rayon bricolage, électricité, visserie.

PEINTURES PC

Peintures au prix du gros, papiers
peints, outillage

Q/P : 8/10 • ASSORTIMENT : 8/10
+ : Prix compétitifs

• 85, rue Ordener — 75018 Paris • Tél. : 0146062213 • Horaires : mar.-sam. 9h30-12h, 14h-19h • Métro : Marcadet-Poissonniers • Bus : 60

Vente au prix de gros des peintures Théodore Lefebre, séries économiques et haut de gamme. 10 l de peinture glycéro satinée pour 395 F. Promotion toute l'année sur les papiers peints. Compter à partir de 49 F le rouleau pour un papier de qualité. Plusieurs marques en rayon : Vénilia, Inaltéra, Grantil. 30 % de remise à partir du 3e rouleau. Vente de tout l'outillage nécessaire au travail de l'enduit, pose de papier peint et peinture.

SUPERSOL

Moquettes, tapis, sols plastiques,
papiers peints, peintures

Q/P : 9/10 • ASSORTIMENT : 5/10
+ : Prix imbattables

• 61, rue Marx-Dormoy — 75018 Paris • Tél. : 0146073998 • Fax : 0143146064 • Horaires : lun.-sam. 9h30-12h45, 14h-19h30 • Métro : La Chapelle • Bus : 65 • Voir Supersol, Paris 20e.

PARIS 20e

SUPERSOL

Moquettes, tapis, sols plastiques,
papiers peints, peintures

Q/P : 9/10 • ASSORTIMENT : 5/10
+ : Prix imbattables

• 25, bd de Belleville — 75020 Paris • Tél. : 0143140517 • Fax : 0143146064 • Horaires : lun.-sam. 9h30-12h45, 14h-19h30 • Métro : Couronnes • Bus : 96

Moquette, tapis, sols plastiques, papiers peints et peinture à des prix imbattables, mais la gamme n'est pas très étendue. Moquette 3 couleurs au choix à partir de 19 F/m². Pose par des professionnels possible.

SYNTÉKO, REVÊTEMENTS CLAIR

Lambris, parquets, plafonds

Q/P : 7/10 • ASSORTIMENT : 9/10
+ : Parc auto clients sur place

• 141, rue de Bagnolet — 75020 Paris • Tél. : 0140305555 • Fax : 0140311684 • Horaires : lun.-sam. 9h-12h, 14h-18h • Métro : Porte-de-Bagnolet • Bus : 76, 96

Importante collection de panneaux pour plafonds, de lambris et de parquets. La plupart des panneaux livrés vernis en usine et prêts à être posés. Panneaux de chêne cérusé ou naturel, grandes lames de frêne clair, planches de red cédar massif verni : de quoi habiller une pièce dans tous les styles. La maison propose des isolations phoniques très efficaces avec des plaques de liège mince posées entre le sol et le parquet. Prix raisonnables. Catalogue sur demande, exposition-vente très complète avec l'immense avantage de la disponibilité, du stockage et des livraisons immédiates.

VIRY-CHÂTILLON 91

PEINTURES PC

Peintures au prix du gros, papiers
peints, outillage

Q/P : 8/10 • ASSORTIMENT : 8/10
✦ : Compétitivité des prix

• 54, bd Gabriel-Péri — 91170 Viry-Châtillon • Tél. : 0169055050 • Horaires : lun.-sam. 9h -12h,
14h30 -19h • Métro : RER C Juvisy • Voir Peintures PC, Paris 18e.

BOULOGNE 92

MOQUETTES ET PARQUETS DE LA REINE

Parquets, moquettes, sisal, jonc de mer,
sols plastiques, tapis, dalles

Q/P : 7/10 • ASSORTIMENT : 8/10
✦ : Spécialiste de moquettes depuis 17 ans

• 40, route de la Reine — 92100 Boulogne • Tél. : 0146030230 • Fax : 0146032844 • Horaires :
lun.-sam. 9h-19h • Métro : Marcel-Sembat

Un showroom de 600 m² voué aux revêtements de sol divers et variés : 200 modèles de
parquets (flottant vernis 210 F/m², stratifié 139 F/m²), jonc de mer (65 F/m²)…

CLICHY 92

JOSSELIN FRANCE

Tapis, moquettes, sols plastiques,
papiers peints, peintures

Q/P : 7/10 • ASSORTIMENT : 7/10
✦ : Marques à prix réduits

• 40, rue Palloy — 92110 Clichy • Tél. : 0142700738 • Fax : 0142704620 • Horaires : lun.-mer. et ven.
8h30-12h, 14h-19h, jeu. 8h30-18h, sam. 10h-13h, 14h-18h • Métro : Mairie-de-Clichy • Bus : 74

Vaste entrepôt de moquettes, sols plastiques, dalles, papiers peints, peintures et tapis
mécaniques en laine… vendus 30 à 40 % moins cher.

LEVALLOIS-PERRET 92

SURFA-BIS

Carrelages dégriffés

Q/P : 8/10 • ASSORTIMENT : 8/10
✦ : Grand choix de dégriffés

• 83, rue Aristide-Briand — 92300 Levallois-Perret • Tél. : 0147372215 • Fax : 0147372408 •
Horaires : mar.-ven. 10h-13h, 14h-19h, sam. 10h-13h, 14h-18h • Métro : Anatole-France

Carrelages d'importation italiens et espagnols et de grandes marques à prix dégriffés, style
jeune et de bon goût… Carreaux blancs 15 x 15 cm 135 F/m², couleur 20 x 20 cm 140 F/m²,

CHOISY-LE-ROI 94

VOBIS

Tous revêtements de sols et murs,
électroménager, mobilier

Q/P : 7/10 • ASSORTIMENT : 7/10
✦ : Prix bas

• 60, rue Noël — 94600 Choisy-le-Roi • Tél. : 0148520022 • Horaires : lun. 14h-19h, mar.-sam. 9h-
12h, 14h-19h • Bus : 393

Vente en entrepôt de matériaux et matériels fin de série et sur-stock pour la décoration
et la maison : mobilier, literie, revêtements sols et murs, peinture, électroménager
d'occasion garanti. Peinture mate 2,5 l de 43 à 64 F, en 10 l de 170 à 245 F, brillante 2,5 l
88 F, 10 l 290 F. Papier peint de 15 à 23 F le rouleau, en vinyle de 22 à 40 F. Revêtement
sol plastique 3 mm : 52 F/m², carrelage grès mono cuisson 33 x 33 cm : 46 F/m².

Sécurité, alarmes, blindages

PRÉSENCE VERTE

Télé-assistance

Q/P : 9/10 • ASSORTIMENT : 0/10
✚ : Simple et rassurant

• 27, rue de la Ville-L'Évêque — 75008 Paris • Tél. : 0144568689 • Fax : 0144568685 • Horaires : lun.-ven. 8h-18h • Métro : Madeleine • Bus : 52, 84, 94

L'association Présence Verte propose dans tous les départements un service de télé assistance. Pour un prix moyen de 220 F qui comprend l'abonnement, la location du matériel et le branchement, on peut ainsi contacter le centre à tout moment et obtenir l'aide nécessaire (médicale ou autre). Idéal pour les personnes âgées seules.

ALFA-FLOR

Ignifugation, protection contre le feu

Q/P : 6/10 • ASSORTIMENT : 7/10
✚ : Protection et sécurité
━ : Cartes de crédit refusées

• 132, rue de la Roquette — 75011 Paris • Tél. : 0143480510 • Fax : 0143480595 • Horaires : sur RDV • Métro : Voltaire • Bus : 56

Entreprise unique en son genre, cette maison ignifuge plantes, fleurs artificielles et sapins de Noël. Technique agréée par la préfecture et les services de sécurité. Également, en période de fêtes, location de neige artificielle anti-feu et non collante, sous forme de peti-tes billes qui font un décor original dans le jardin. Accueil et conseils, devis personnalisés.

COFFRES-FORTS SOLON

Coffres-forts

Q/P : 7/10 • ASSORTIMENT : 7/10
✚ : Disponibilité et accueil

• 126, bd Richard-Lenoir — 75011 Paris • Tél. : 0148050834 • Fax : 0148065141 • Horaires : lun.-jeu. 8h30-12h, 14h-18h, ven. 8h30-12h, 14h-17h • Métro : Oberkampf • Bus : 56 • Internet : http :/ /www. cf-solon. fr

Spécialiste de la sécurité, cette entreprise fabrique et installe des coffres-forts chez les particuliers ou les entreprises. Gamme étendue de coffres selon vos besoins. SAV et pos-sibilité de location.

SPACER ÉLECTRONIC

Alarmes

Q/P : 7/10 • ASSORTIMENT : 8/10
✚ : Conseils

• 93, rue Legendre — 75017 Paris • Tél. : 0142287878 • Fax : 0142636472 • Horaires : lun.-ven. 8h30-12h30, 14h-18h30, dim. 10h-12h • Métro : La Fourche • Bus : 74

Spacer installe des systèmes d'alarmes domestiques. Kit complet d'une installation type environ 5000 F avec infrarouge et sirène. Devis gratuit, SAV et garantie d'un an.

PARIS 18e

SILVERA

Serrurerie, blindage   Q/P : 8/10 • ASSORTIMENT : 0/10
                                    ✛ : Travail sérieux

• 111, rue Championnet — 75018 Paris • Tél. : 0142641578 • Horaires : lun.-ven. 8h30-12h30, 14h-19h • Métro : Porte-de-Clignancourt • Bus : 56, 85

Ce serrurier effectue également des dépannages. Compter 350 F pour le 18e et 450 F en dehors de l'arrondissement. Installation de verrous et blindages sur devis à prix compétitifs.

Bricolage, outillage, matériaux

Le moins cher du bricolage

Outillage mécanique et électrique, tous matériaux de construction, parquets, menuiserie, carrelages, peintures, salle de bains… Enfilez votre salopette et filez tout droit chez Point P. Fort de ses 90 agences en Île-de-France, vous en trouverez sûrement une près de chez vous. Le n° 1 de la distribution des matériaux du bâtiment sait choisir ses fournisseurs pour proposer un vaste choix de produits de qualité à des prix destinés aux professionnels. Pour exemple, perceuse-visseuse Bosch 982 F, nettoyeur haute pression à partir de 952,50 F, pinceau à laquer dit "queue de morue" 7,50 F, enduit de lissage en 5 kg, 65,50 F, des pavés vieillis (12 x 12 x 6 cm), 179 F/m², lambris massif naturel verni 330 F/m². Vous aurez le bonheur de toujours trouver un parking et un homme fort pour charger votre voiture. Attention, horaires d'ouverture adaptés à ceux des professionnels : lun.-ven. 7h15-12h15, 13h30-17h, sam. 8h30-12h30, 14h-17h.

• POINT P. : 90 entrepôts en R.P. — Tél. : 0144725000 — Serveur minitel : 3615 POINTP (1,29 F/min)

PARIS 3e

TARTAIX

Métaux, outillage mécanique   Q/P : 9/10 • ASSORTIMENT : 9/10
                                           ✛ : Métal à vos mesures

• 13, rue du Pont-aux-Choux — 75003 Paris • Tél. : 0142720263 • Fax : 0142729720 • Horaires : lun.-jeu. 8h30-17h45, ven. 8h30-17h15 • Métro : Sébastien-Froissart • Bus : 20, 96

Vieux comptoir et petits tiroirs en bois qui renferment des centaines de pièces métalliques différentes, personnel professionnel qui sait vous conseiller et vous guider, même si vous n'êtes pas un bricoleur chevronné… Spécialiste du laiton (600 références), mais également cuivre, acier, inox, aluminium, bronze et zinc en plaque, tube, barre, profilés ou tiges filetées, coupés et cisaillés à vos mesures… Pour les artistes graveurs : plaques de zinc, d'acier ou de cuivres polis (maillechore, étain et antimoine). Des accessoires mécaniques de luminaires, de l'outillage à main, des outils de coupe et de la visserie.

WEBER

Quincaillerie, tous métaux, plastiques, outils et fournitures pour 100 métiers   Q/P : 9/10 • ASSORTIMENT : 9/10
✛ : Adresse de professionnels
▬ : Fermé le samedi

• 9, rue de Poitou — 75003 Paris • Tél. : 0142712345 • Fax : 0142716932 • Horaires : lun.-ven. 8h-18h • Métro : Filles-du-Calvaire • Bus : 65

• 66, rue de Turenne — 75003 Paris • Tél. : 0142712345 • Fax : 0142716932 • Horaires : lun.-ven. 8h-18h • Métro : St-Sébastien-Froissart • Bus : 96

Où diable trouver de la fibre de carbone, du verre blindé, des néons de couleur ou de la fibre optique ? Allez chez Weber, paradis des bricoleurs. Sur trois étages : 30000 références de métaux, à fondre, nobles, précieux, métaux légers, métaux blancs, alliages... en barres rondes, carrées ou hexagones, en tubes, profils...; 26000 plastiques et composites. Le tout coupé à vos mesures. Ce n'est pas fini : 47000 vis, rivets, ressorts; 102000 outils et fournitures de professionnels mécaniques et électriques.

PARIS 4e

BHV — RAYON OUTILLAGE, BRICOLAGE, QUINCAILLERIE

Outils, quincaillerie, serrurerie, bois, alarmes, etc.

Q/P : 7/10 • ASSORTIMENT : 9/10
+ : Grande surface spécialisée

• 52, rue de Rivoli — 75004 Paris • Tél. quincaillerie : 0142749362, outillage : 0142749246 • Horaires : lun.-sam. 9h30-19h, mer. 9h30-22h • Métro : Hôtel-de-Ville • Bus : 47, 70, 72, 76, 96

Comment ne pas citer le sous-sol du BHV qui est la plus grande surface de quincaillerie bricolage outillage de Paris. Prix pas toujours bon marché, mais l'on trouve presque tout (y compris vis aux dimensions les plus bizarres et boutons de porte du siècle dernier). C'est très pratique et c'est ouvert le mercredi soir jusqu'à 22h.

BHV — VERRE ET MOUSSE

Verre et mousse à la découpe, matelas, poufs, miroirs

Q/P : 7/10 • ASSORTIMENT : 7/10
+ : Adresse centrale
– : Délais de livraison

• 36, rue de la Verrerie — 75004 Paris • Tél. : 0142749806 • Fax : 0142749830 • Horaires : lun.-sam. 9h30-18h45 • Métro : Hôtel-de-Ville • Bus : 69, 76, 96

Ce magasin du BHV, situé rue de la Verrerie derrière le bâtiment principal, vend et découpe sur mesure le verre et la mousse. Découpe des formes rectangulaires et carrées exécutée dans la journée. Pour les autres formes, il faut apporter un gabarit rigide et compter 1 à 3 semaines de délai de livraison. Mousse Bultex en 3 cm, 106 F/m^2; mousse polyester en 3 cm, 78 F/m^2. Verre clair 172 F/m^2, verre cathédrale 235 F/m^2.

Kiloutou

Loue vraiment tout, dans un état de fonctionnement et de propreté impeccables : tout pour le gros œuvre, la soudure, la peinture, le nettoyage, le transport, les réceptions, sono-vidéo... Plus de 400 types d'outils à votre disposition dans les 23 agences de la région parisienne. Le matériel est réservé sur simple appel téléphonique, les techniciens vous aident à le charger dans votre véhicule ou le livrent sur place moyennant finance. La location week-end s'entend du samedi 16h au lundi 10h (1 seule journée de location est comptée), ou du vendredi 17h au lundi 10h (soit 2 journées). Décolleuse papier peint 120 F/jour, nettoyeur haute pression 240 F, perceuse 125 F, caméscope VHS 375 F. Vente de fournitures sur place (masques à peinture, produits d'entretien, vernis, cartons de déménagement...). Numéro d'assistance 24h/24 : à la moindre question, un technicien est au bout du fil pour vous aider. Appel gratuit au 0800438331.

• *KILOUTOU :* 23 Magasins en R.P. — Tél. : 0153580303 — Serveur minitel : 3615 KILOUTOU (1,29 F/min)

PARIS 5e

BRICODIDI

Tout pour le bricolage, matériaux à la coupe, meubles

Q/P : 8/10 • ASSORTIMENT : 7/10
+ : Pas cher pour le quartier
– : Manque de personnel

• 16, rue Monge — 75005 Paris • Tél. : 0143543243 • Fax : 0144072485 • Horaires : lun.-sam. 9h-19h • Métro : Place-Monge • Bus : 67

Au coin de la rue Monge et de la rue des Bernardins, tout ce dont vous aurez besoin pour bricoler (outillage, visserie, quincaillerie…). À la coupe sur mesure et gratuite : le verre, le miroir, le plexiglas et le bois. Contreplaqué (10 mm) 98 F/m², latté (16 mm) 133 F/m², médium (22 mm) 110 F/m². Meuble 4 tiroirs en pin 275 F, escabeau 3 marches 290 F.

COMPAS

Bois à la coupe, meubles sur mesure, quincaillerie Q/P : 9/10 • ASSORTIMENT : 8/10
+ : Prix bas

• 14, rue du Cardinal-Lemoine — 75005 Paris • Tél. : 0146337981 • Horaires : mar.-sam. 8h30-18h30 • Métro : Cardinal-Lemoine • Bus : 63, 86, 87, 89

Fort de pratiquer des tarifs extrêmement bas, ce magasin connaît habituellement une intense activité. Il est donc préférable d'y venir pour des commandes conséquentes et en sachant précisément ce que l'on veut. Meuble préfabriqué 4 tiroirs 380 F. Crémaillère de fer 14 F, d'alu 18 F. Contreplaqué de 1 cm d'épaisseur 70 F/m². Latté de 2,20 cm, 150 F/m².

PARIS 11ᵉ

RS LOCATION

Location d'outillage Q/P : 8/10 • ASSORTIMENT : 8/10
+ : Toutes sortes d'outillages

• 95, rue de Charonne — 75011 Paris • Tél. : 0143714535 • Horaires : lun.-ven. 8h-12h, 14h-19h, sam. 8h30-12h, 14h-18h30 • Métro : Charonne, Alexandre-Dumas • Bus : 46

Plus de 200 articles, pour tous vos travaux de bâtiment, bricolage, nettoyage et peinture. Munissez-vous d'une pièce d'identité et d'une quittance EDF ou téléphone. Caution de 200 à 2000 F, suivant l'appareil loué. Mieux vaut réserver un jour à l'avance.

PARIS 12ᵉ

ETS LAVERDURE & FILS

Produits pour ébénisterie et lutherie Q/P : 7/10 • ASSORTIMENT : 8/10
+ : Vaste catalogue
− : Cartes de crédit refusées

• 58, rue Traversière — 75012 Paris • Tél. : 0143433885 • Fax : 0143461226 • Horaires : lun.-ven. 8h-12h, 13h30-18h, sam. 8h15-12h • Métro : Ledru-Rollin • Bus : 20, 57, 61, 63

Vernis à l'ancienne, matériel à dorer (cahier de feuilles d'or : environ 140 F), brunissoirs, palettes, coussins, couteaux et pinceaux. Nombreux produits d'entretien du bois et des meubles, décapants et cires teintées en bâton (22 F), bien pratiques pour reboucher un trou dans un placage si vous n'avez pas le budget pour le refaire en entier. Très bons produits, bien sélectionnés, dans des marques qui ont fait leurs preuves. Fermeture en août.

PARIS 14ᵉ

BRICOZIK

Bricolage, matériaux à la coupe, électricité, quincaillerie, jardinage Q/P : 7/10 • ASSORTIMENT : 8/10
+ : La tranquillité du lieu et le choix
− : Certains prix et le manque de vendeurs

• 94-96, av. Denfert-Rochereau — 75014 Paris • Tél. : 0143351199 • Fax : 0142790425 • Horaires : lun.-sam. 9h-19h • Métro : Denfert-Rochereau • Bus : 38

L'ambiance n'est pas folle dans ce magasin et les vendeurs ne sont pas toujours là pour vous renseigner. Mais sur 500 m², à peu près tout ce qu'on veut pour le bricolage, le ménage et le jardinage. Tout est plutôt bien présenté, avec généralement le prix bien en vue. Découpe (relativement chère) de miroir, verre, plexiglas et bois sur mesure. Chutes de bois : 2 F pièce. Sacs pour aspirateur : de 35 à 99 F. Déboucheur liquide : 31,90 F. Poêle à bois Rosière 5131 F. Câble de fil d'antenne TV 205 F/m. Prise murale 20 F.

KING DÉCOR

Bricolage, bois à la coupe, outillage, revêtements sols et murs, tissus

Q/P : 8/10 • ASSORTIMENT : 8/10
✛ : Qualité, choix et service

• CC Gaîté — 80, av. du Maine — 75014 Paris • Tél. : 0143212310 • Horaires : lun.-sam. 9h30-19h30 • Métro : Gaîté • Bus : 28, 58

700 m² d'accessoires de quincaillerie, de nécessaires de bricolage, de revêtements pour sols et murs, de bois à la coupe, etc. Des possibilités que vous saurez apprécier. Vendeurs chevronnés, promotions régulières sur des ensembles d'articles. Frises adhésives de 50 à 120 F les 10 m; lampes de bureau 80 F; super détachant moquette 49,50 F; peinture acrylique blanc satin Tollens (en 10 l) 497 F; flexible garanti 2 ans, de 108 à 130 F; tapis d'Orient fait main (format moyen), 2100 F.

PARIS 15ᵉ

BRANCION BOIS

Bois découpé à la demande et montage de meubles en bois blanc

Q/P : 7/10 • ASSORTIMENT : 7/10
✛ : Bois à vos mesures

• 21, rue de Brancion — 75015 Paris • Tél. : 0148421337 • Horaires : mar.-sam. 9h-12h30, 14h-19h • Métro : Convention • Bus : 39

Pour fabriquer vos meubles vous-même, du bois découpé à vos mesures. Contreplaqué 169 F/m², latté collé 183 F/m², novopan (aggloméré) 54 F/m² et pin massif à partir de 345 F (prix coupe comprise). Mais si vous n'êtes pas bricoleur, vous pourrez acheter des petits meubles en bois blanc prêts à peindre ou à vernir, des placards de cuisine, des tablettes… Pour les finitions, vernis, tasseaux, moulures et quincaillerie. Livraison possible mais facturée.

RS LOCATION

Location d'outillage

Q/P : 8/10 • ASSORTIMENT : 8/10
✛ : Toutes sortes d'outillages

• 16, rue Paul-Barruel — 75015 Paris • Tél. : 0140457050 • Horaires : lun.-ven. 8h-12h, 14h-19h, sam. 8h30-12h, 14h-18h30 • Métro : Vaugirard • Bus : 39 • Voir RS Location d'Outillage, Paris 11e.

ZOLA COLOR

Bricolage, revêtements sols et murs, électroménager, luminaires, jardinage

Q/P : 7/10 • ASSORTIMENT : 9/10
✛ : Le choix et le service
— : Prix élevés

• 64-70, av. Émile-Zola (92-96, rue St-Charles) — 75015 Paris • Tél. : 0143924392 • Fax : 0145791089 • Horaires : lun.-sam. 9h-19h30 • Métro : Charles-Michels • Bus : 42, 70

Sur 4000 m², à peu près tout pour bricoler, jardiner, décorer ou aménager votre maison. C'est souvent plus cher qu'ailleurs, mais chaque rayon a un vendeur qualifié. Service livraison et service réparation maison. Découpe de tout matériau. Grand choix de luminaires. Climatiseurs. Peintures de toutes les couleurs obtenues par mélange (peinture acrylique Avi 10 l mat, 499 F). Enduit de décoration intérieure : 225 F/1,5 kg. Carrelage de couleur : 263 F/m². Moquette d'isolation en 140 × 250 cm : 380 F. Frises adhésives : 78 F. Aspirateur sans sac Dyson : 2290 F. Housse de coton pour canapé : 879 F.

PARIS 17ᵉ

BEBERSOL

Outillage, prises électriques, produits d'entretien

Q/P : 9/10 • ASSORTIMENT : 5/10
✛ : Très bon marché
— : Choix inégal

• 77, av. de Clichy — 75017 Paris • Pas de téléphone • Horaires : lun.-sam. 9h-19h • Métro : La Fourche • Bus : 54, 74

Un magasin minimaliste, sans téléphone ni fax. Marchandises empilées sur des tréteaux ou dans des caisses. Le stock se renouvelle souvent. 10 F au grand maximum pour acquérir un article. Une multiprise coûte 5 F, une scie 10 F, un mètre 10 F, le paquet de 3 cutters 6 F! De nombreux articles ménagers à des prix défiant toute concurrence.

BRICOLAGE 119

Outillage, peintures, bois à la coupe, visserie, électricité, meubles	**Q/P : 6/10 • ASSORTIMENT : 7/10** **+** : Pas de concurrence proche **−** : Ambiance maussade

• 119, av. de Clichy — 75017 Paris • Tél. : 0146272239 • Fax : 0146275560 • Horaires : lun.-sam. 9h-19h • Métro : Brochant • Bus : 54, 74

Bien achalandé en vis et chevilles, ce magasin de bricolage propose également de l'outillage (Bosch), des fournitures électriques, de la peinture (99 F le pot glycéro Astral). Au fond, tringles et anneaux, et un service de découpe de bois à partir de 72 F/m². Vente et livraison de petit mobilier en pin. Amabilité et conseils pas toujours au RDV.

PARIS 18ᵉ

BRICO-SOLD

Vente d'outillage et de matériaux pour bricolage, location d'outils	**Q/P : 7/10 • ASSORTIMENT : 7/10** **+** : Un vaste choix d'outillage **−** : Peu d'outils en location

• 56, rue Doudeauville — 75018 Paris • Tél. : 0142594449 • Fax : 0142521363 • Horaires : lun. 14h-19h, mar.-sam. 8h30-19h • Métro : Château-Rouge • Bus : 31, 56

On y trouve tout pour le bricolage dans la maison : électricité, plomberie, peinture, quincaillerie, etc. Location de petit outillage : perceuses, ponceuses, scies sauteuses, décolleuses à papiers peints, etc.

RS LOCATION

Location d'outillage	**Q/P : 8/10 • ASSORTIMENT : 8/10** **+** : Toutes sortes d'outillages

• 56, av. de St-Ouen — 75018 Paris • Tél. : 0146279131 • Horaires : lun.-ven. 8h-12h, 14h-19h, sam. 8h30-12h, 14h-18h30 • Métro : Guy-Môquet • Bus : 81 • Voir RS Location d'Outillage, Paris 11e.

PARIS 19ᵉ

RS LOCATION

Location d'outillage	**Q/P : 8/10 • ASSORTIMENT : 8/10** **+** : Toutes sortes d'outillages

• 19, av. Simon-Bolivar — 75019 Paris • Tél. : 0142068922 • Horaires : lun.-ven. 8h-12h, 14h-19h, sam. 8h30-12h, 14h-18h30 • Métro : Pyrénées • Bus : 26 • Voir RS Location d'Outillage, Paris11e.

TOUT POUR L'ÉLECTRICITÉ

Accessoires d'électricité et de quincaillerie	**Q/P : 9/10 • ASSORTIMENT : 7/10** **+** : Le prix et le conseil **−** : Accessible seulement pendant les Puces

• Marché aux puces de Montreuil — 75020 Paris • Horaires : sam.-lun. 9h-18h30 • Métro : Porte-de-Montreuil • Bus : PC

Les jours des Puces, les samedis, dimanches et lundis, au coin de l'allée attenante au périphérique et de la seconde allée en partant de la place de la porte de Montreuil, vous tomberez sans trop de difficulté sur ce stand où trouver l'essentiel des accessoires d'électricité, de quincaillerie et de connexions électroniques. Produits de bonne qualité, prix très intéressants, conseil sérieux. Équerre 15 x 25 cm, 3,50 F. Cordon péritel 21 connecteurs, 20 F. Prise murale 17,50 F. Fer à souder 50 F. Ampoules halogènes 500 et 1 000 W, 20 F.

COLOMBES 92

WEBER

Quincaillerie, tous métaux, plastiques, outils et fournitures pour 100 métiers

Q/P : 9/10 • ASSORTIMENT : 9/10
+ : Adresse de professionnels
— : Fermé le samedi

• 222, rue des Voies-du-Bois — 92700 Colombes • Tél. : 0147824760 • Horaires : lun.-ven. 8h30-18h • Voir Weber, Paris 3e.

COURBEVOIE 92

HMT

Pierres naturelles, galets, sables, marbre, granit, dallages, graviers

Q/P : 8/10 • ASSORTIMENT : 9/10
+ : Adresse de professionnels
— : Adresse de professionnels!

• 28, rue Louis-Ulbach — 92400 Courbevoie • Tél. : 0147886960 • Fax : 0143333528 • Horaires : lun.-ven. 8h-12h, 13h-17h30, sam. 8h-12h • Métro : Pont-de-Levallois • Bus : 176, 275

La pierre naturelle sous toutes ses formes : dallages taillés ou irréguliers, moellons taillés ou barrettes, plaquettes de marbre ou de granit, surface brute de sciage ou surface adoucie... Mais aussi des matériaux de jardin : rocailles, galets, graviers décoratifs et sables de couleur, bacs à fleurs... Des spécialistes vous recevront dans des aménagements d'intérieur et d'extérieur présentant plus de 200 utilisations de pierres sur 800 m² d'exposition et 20000 m² de dépôt! Dallage de Comblanchien fleuri rose (30 x 30 x 15 cm), 494 F/m². Galets de mer de 2 à 12 cm, 868 F la tonne (prix majoré de 10 % pour les commandes inférieures à 990 kg).

IVRY-SUR-SEINE 94

RS LOCATION

Location d'outillage

Q/P : 8/10 • ASSORTIMENT : 8/10
+ : Toutes sortes d'outillages

• 5, rue Moïse — 94200 Ivry-sur-Seine • Tél. : 0149606700 • Horaires : lun.-ven. 8h-12h, 14h-19h • Métro : Liberté • Voir RS Location d'Outillage, Paris 11e.

WEBER

Quincaillerie, tous métaux, plastiques, outils et fournitures pour 100 métiers

Q/P : 9/10 • ASSORTIMENT : 9/10
+ : Adresse de professionnels
— : Fermé le samedi

• 34, rue Maurice-Gunsbourg — 94200 Ivry-sur-Seine • Tél. : 0146723400 • Horaires : lun.-ven. 8h30-18h • Voir Weber, Paris 3e.

Nettoyage, entretien, débarras

ALLÔ DÉBARRAS

Débarras	Q/P : 7/10 • ASSORTIMENT : 0/10
	+ : Intervention rapide

• 22, bd St-Marcel — 75005 Paris • Tél. : 0147073707 • Horaires : 7j/7 8h-19h • Métro : Gare-d'Austerlitz • Bus : 57, 91

Allô Débarras vous établit un devis gratuit pour un débarras rapide, au plus tard sous 24 ou 48h, de cave, grenier, archives diverses. Effectue aussi des déménagements de bureau.

ALLÔ PROPRETÉ

Enlèvement d'objets encombrants	Q/P : 10/10 • ASSORTIMENT : 8/10
	+ : Service gratuit

• 156, bd Diderot — 75012 Paris • Tél. : 0143433629 • Horaires : lun.-ven. 6h-17h • Métro : Gare-de-Lyon • Bus : 29

Allô Propreté est le service de nettoyage de la ville de Paris. Il enlève gratuitement jusqu'à trois gros objets encombrants. Prévenez au moins un jour à l'avance et l'on vous fixera un RDV.

ARA NETTOYAGE

Débarras, lessivage, nettoyage de moquette	Q/P : 7/10 • ASSORTIMENT : 0/10
	+ : Délais courts

• 85, rue du Commerce — 75015 Paris • Tél. : 0148286500 • Horaires : lun.-ven. 9h30-12h, 14h-19h • Métro : Commerce • Bus : 81

Cette entreprise assure le lessivage complet de votre appartement sur devis. Shampoing moquette de 20 à 26 F/m^2 en fonction de la qualité de celle-ci. Ara Nettoyage peut également se charger de débarrasser les caves, même si elles sont encombrées par du charbon (environ 350 F/m^3).

ASSISTANCE DÉBARRAS

Débarras	Q/P : 8/10 • ASSORTIMENT : 0/10
	+ : Prix bas

• 105, rue de l'Abbé-Groult — 75015 Paris • Tél. : 0144196656 • Horaires : lun.-ven. 9h-19h • Métro : Convention • Bus : 39, 49

Assistance Débarras propose l'établissement d'un devis gratuit : le prix moyen du m^3 est en général autour de 185 F, mais en cas de récupération de matériaux, meubles de rangement, matériels, etc. ce prix diminue à proportion de la récupération.

GAVO

| **Nettoyage de moquettes, canapés, rideaux, tentures murales** | Q/P : 7/10 • ASSORTIMENT : 0/10
 ✚ : Délais courts |

• 84, rue Michel-Ange — 75016 Paris • Tél. : 0147431143 • Horaires : lun.-sam. 8h-12h30, 14h-19h. • Métro : Exelmans • Bus : 22

Lessivage de votre moquette entre 20 et 40 F/m². Gavo nettoie aussi canapés, rideaux et tentures murales, sur devis.

RAPID DÉBARRAS

| **Débarras** | Q/P : 7/10 • ASSORTIMENT : 0/10
 ✚ : La rapidité d'intervention |

• 4, place de la Chapelle — 75018 Paris • Tél. : 0146078552 • Horaires : lun.-ven. 9h-19h • Métro : La Chapelle • Bus : 65

Une des rares entreprises à facturer à l'heure et non au m³. À partir de 850 F, évaluation du temps nécessaire sur devis gratuit. Intervention dans les 48h suivantes.

NEPTUNE

| **Débarras, petits déménagements** | Q/P : 9/10 • ASSORTIMENT : 0/10
 ✚ : Économique et réinsertion |

• 32, bd Paul-Vaillant-Couturier — 93000 Montreuil • Tél. : 0148515462 • Fax : 0149881326 • Horaires : mar.-sam. 9h-12h30, 14h-18h, dim. 14h-18h • Métro : Mairie-de-Montreuil • Bus : 322

Cette association, dont la vocation est la réinsertion sociale, emploie des personnes en difficulté pour effectuer différents travaux. Débarras 90 F/m³ + 250 F de frais de camion, prix qui baisse si possibilité de récupération de matériel.

SAS

| **Nettoyage de moquettes, tapis, textiles** | Q/P : 7/10 • ASSORTIMENT : 0/10
 ✚ : Traitement anti-acariens |

• Rue Magellan — 94373 Sucy-en-Brie • Tél. : 0149828282 • Horaires : lun.-ven. 8h30-18h30

Nettoyage textile, enlèvement de tapis, biodécontamination, traitement anti-acariens 1 260 F pour une surface inférieure à 100 m², 1 760 F pour plus de 200 m² avec nettoyage de la moquette. Cette entreprise vous garantit un appartement propre et pur.

SOS Débarras

Sur simple appel (lun.-sam. 9h-12h, 14h-17h), SOS Débarras intervient rapidement pour débarrasser caves et greniers. Service sous 24h. Tarif de base 112 F/m³, sauf gravas et charbon facturés à 475 F/m³.
• *SOS DÉBARRAS* : Tél. : 0148785578

Restaurations et réparations

PARIS 1er

DEHILLERIN

Restauration de cuivres, batteries de cuisine en cuivre

Q/P : 7/10 • ASSORTIMENT : 8/10
+ : Un des seuls à Paris

• 18, rue Coquillère — 75001 Paris • Tél. : 0142365313 • Fax : 0145088683 • Horaires : lun. 8h-12h30, 14h-18h, mar.-sam. 8h-18h • Métro : Les Halles • Bus : 48, 85

Une bonne adresse pour les particuliers qui ne savent pas toujours que cette boutique cache un restaurateur. Une batterie de casseroles en cuivre est faite pour durer 100 ans, à condition que les fonds soient bien étamés et les manches correctement rivetés. Le magasin, bien connu pour ses ustensiles neufs, reçoit également les pièces à débosseler, quelle que soit leur taille. Possibilité d'étamer des moules à gâteau, devis sur place.

STYL'HONORÉ

Réparation et restauration de stylos anciens

Q/P : 7/10 • ASSORTIMENT : 7/10
+ : Accueil et expérience

• 1, rue du Marché-St-Honoré — 75001 Paris • Tél. : 0142604339 • Horaires : lun.-ven. 10h30-19h, sam. 14h-19h • Métro : Tuileries • Bus : 73

M. Arabian remet vos vieux Parker à neuf, remplace les pompes et les caoutchoucs usés, fait briller les capuchons en les passant au polissoir. Il réalise lui-même les mélanges d'encre, et vous conseille pour la manœuvre de remplissage, souvent délicate. Compter une semaine de délai environ pour changer une pompe ou remplacer une plume cassée.

PARIS 3e

CHEVALIER

Planage et soudure d'objets en argent

Q/P : 7/10 • ASSORTIMENT : 7/10
+ : Un des deux derniers spécialistes

• 26, rue des Gravilliers — 75003 Paris • Tél. : 0142741811 • Horaires : lun.-ven. 8h-12h, 13h-17h • Métro : Arts-et-Métiers • Bus : 20, 75

Un des rares planeurs spécialistes, et surtout, outillé spécifiquement pour redresser trous et bosses des pièces d'argenterie telles que plateaux et théières. Apporter la pièce pour un devis détaillé sur place. La maison pratique aussi la soudure et la réargenture. Travail sérieux.

ETS EPPE

Dorure, argenture, orfèvrerie

Q/P : 8/10 • ASSORTIMENT : 8/10
+ : Délais rapides

• 5, rue Chapon — 75003 Paris • Tél. : 0148877865 • Horaires : lun. 13h30-18h, mar.-ven. 7h30-12h, 13h30-18h • Métro : Rambuteau • Bus : 96

Osez affronter l'antre des frères Eppe, en poussant la porte du 1er étage en fond de cour. Travail sérieux. Argenture, dorure à un ou deux bains. Couverts à réargenter : grande fourchette et grande cuillère 60 F, 35 F pièce pour les petites cuillères. Réductions possibles si vous apportez un lot important à traiter. Révision et polissage des pièces d'orfèvrerie. Pensez toujours à établir la liste de ce que vous déposez et à la pointer au guichet de dépôt.

ETS VIRET

Restauration et protection d'objets métalliques

Q/P : 7/10 • ASSORTIMENT : 6/10
✚ : Délais rapides

• 26, rue des Gravilliers — 75003 Paris • Tél. : 0148872777 • Horaires : lun.-jeu. 9h-12h, 13h-17h, ven. 9h-12h, 13h-16h • Métro : Rambuteau • Bus : 38, 47

Traitement standard de toutes pièces métalliques (de l'orfèvrerie aux canons de fusils), en passant par les bijoux et les ornements de mobilier. Il est recommandé de demander un devis portant le tampon de la maison si l'on veut retrouver son bien, au milieu des centaines de pièces traitées.

LAURENÇOT

Restauration de verrerie, verre bombé, globes, miroirs,

Q/P : 8/10 • ASSORTIMENT : 8/10
✚ : Travail soigné, devis très étudiés

• 19, rue des Gravilliers — 75003 Paris • Tél. : 0142729645 • Horaires : lun.-ven. 9h-18h • Métro : Rambuteau • Bus : 21, 38

Spécialiste reconnu du verre bombé de petite taille (5 à 60 cm), des verres de pendule, des miroirs convexes, des lanternes de petite taille et des globes de mariage. Devis sur place ou possibilité de téléphoner pour donner les dimensions de l'objet (ex : pour un globe de pendule ou de mariage, donnez la dimension de la base en mesurant la rainure du socle et la hauteur souhaitée). Si vous avez ébréché plusieurs verres d'un service ancien auquel vous tenez, vous pouvez les apporter pour les faire meuler. N'oubliez pas de vous faire préciser les délais.

PATRICK DESSERME

Restauration de vitrines, verre bombé, lanternes

Q/P : 8/10 • ASSORTIMENT : 8/10
✚ : Four à bomber sur place
━ : Délais

• 17, rue du Pont-aux-Choux — 75003 Paris • Tél. : 0142720266 • Horaires : lun.-jeu. 8h-12h, 13h30-18h, ven. 8h-12h, 13h30-16h • Métro : St-Sébastien-Froissard • Bus : 20, 56, 65, 96

Complémentaire de Laurençot, Desserme fabrique des verres bombés de grande taille (plus de 2,50 m) et restaure des lanternes comme celles de la place de la Concorde, les verres d'horloges anciennes, les vitrines Napoléon III. Bon accueil des particuliers et devis clairs et détaillés.

PARIS 5ᵉ

LA CHAISERIE, FONDATION VALENTIN HAÜY

Cannage et rempaillage de sièges

Q/P : 7/10 • ASSORTIMENT : 7/10
✚ : Travail à l'ancienne
━ : Prises de commandes limitées

• 5, rue Duroc — 75005 Paris • Tél. : 0144492727 • Horaires : lun.-sam. 9h-12h, 14h-17h • Métro : Duroc • Bus : 49, 80

Rempaillage classique à la française, en carré ou en soleil, 550 à 600 F. Les rempailleurs sont non voyants. Compter un délai de 15 jours à 3 semaines pour reprendre vos sièges métamorphosés. La maison ne fait pas de livraisons, mais propose des devis gratuits pour fauteuils et banquettes de jardin. Ceux qui connaissent l'Amicale des canneurs non voyants ne seront pas dépaysés car la chaiserie a repris le flambeau, et avec talent.

PARIS 6ᵉ

AU CAÏD

Réparation et vente de pipes en bruyère, ambre, écume...

Q/P : 6/10 • ASSORTIMENT : 7/10
✚ : Expérience et accueil

• 24, bd St-Michel — 75006 Paris • Tél. : 0143260401 • Horaires : lun.-sam. 10h-19h • Métro : St-Michel • Bus : 63, 86

Fondée en 1878, cette maison se charge de toutes les réparations et restaurations en confiant les pièces endommagées à un excellent atelier extérieur. Rénovations spectaculaires et résultats garantis. Devis sur place, vente de nombreux modèles, en bruyère, en écume ou en ambre.

LISON DE CAUNES

Restauration de marqueterie	Q/P : 7/10 • ASSORTIMENT : 7/10
	✦ : Spécialiste du XVIIᵉ à l'Art déco

• 20, rue Mayet — 75006 Paris • Tél. : 01 45 48 52 09 • Fax : 01 40 56 02 10 • Horaires : lun.-sam. 9h30-12h30, 14h-18h30 • Métro : Vaneau • Bus : 39, 70, 87

Célèbre spécialiste de la marqueterie de paille, Lison de Caunes restaure des pièces de musée et des objets de particuliers avec la même précision. Marqueterie de paille de couleur ou naturelle, objets gainés en galuchat. Devis sur RDV.

SOPHIE DU BAC

Réparation de poupées anciennes	Q/P : 7/10 • ASSORTIMENT : 9/10
	✦ : 25 ans d'expérience

• 109, rue du Bac — 75006 Paris • Tél. : 01 45 48 49 01 • Horaires : mar.-sam. 15h-18h • Métro : Sèvres-Babylone • Bus : 63, 84, 94

Si les horaires d'ouverture de la boutique ne vous conviennent pas, appelez pour prendre un RDV et venez avec l'objet à réparer, pour faire établir un devis immédiat. Vous pouvez également trouver des vêtements, des perruques et de petits meubles sur place.

PARIS 9ᵉ

ART & CONSERVATION

Restauration de tableaux, de papiers anciens, de meubles et d'objets d'art	Q/P : 5/10 • ASSORTIMENT : 7/10
	✦ : Qualité musée
	━ : Accueil public restreint

• 33, av. Trudaine — 75009 Paris • Tél. : 01 48 74 95 82 • Fax : 01 42 80 35 38 • Horaires : lun.-ven. 13h-18h30 • Métro : Anvers • Bus : 85

Ces professionnels, qui ont l'habitude d'une clientèle de spécialistes, vous recevront si vous êtes accompagné d'un artisan professionnel. Cette précaution s'explique par le fait que leurs produits ne sont pas prêts à l'emploi mais, si vous leur expliquez en détail votre projet de sauvegarde ou de restauration, ils prendront le temps de vous recevoir afin de vous conseiller très efficacement. Une adresse précieuse où plus d'un objet a été sauvé. En quelque sorte la référence des restaurateurs, car on dispose sur place de tous les ingrédients nécessaires à la restauration de l'objet. Sur rendez-vous.

BRASS

Bronzerie d'art, ornements en laiton	Q/P : 7/10 • ASSORTIMENT : 8/10
	✦ : Qualité des finitions

• 4, rue Papillon — 75009 Paris • Tél. : 01 45 23 44 45 • Horaires : lun.-ven. 8h30-17h • Métro : Cadet • Bus : 43, 46, 85

Extraordinaire boutique où le simple particulier ne peut accéder qu'avec un sauf-conduit de professionnel. Faites-vous donc accompagner ou recommander pour faire votre choix dans les centaines de références du catalogue. Poignées de porte, appliques, tringles à rideaux, clés, patères, boules d'escalier, dans tous les styles connus. Du très beau matériel, fait pour durer cent ans, qui justifie parfaitement ses prix.

MAISON GRINDATTO

Miroiterie, vitrerie, polissage de verre	Q/P : 6/10 • ASSORTIMENT : 7/10
	✦ : Les livraisons
	━ : Cartes de crédit refusées

• 23, rue de Calais — 75009 Paris • Tél. : 01 42 80 57 69 • Horaires : lun.-ven. 9h-18h • Métro : Blanche • Bus : 31, 81

Miroiterie traditionnelle, atelier complet qui permet de réaliser rapidement des coupes de miroir, de glace et de vitre. Attention cependant, il vaut mieux appeler avant de passer car, en cas de livraison, il n'y a plus personne à la réception. Découpe de miroir à la demande et polissage suivant gabarits. Devis pour les grandes pièces. Livraison sur Paris et région parisienne.

PARIS 11ᵉ

ATELIER LACROIX-MAREC

Restauration de marqueteries   Q/P : 6/10 • ASSORTIMENT : 7/10
+ : Spécialiste Boulle

• 9, cité de Phalsbourg — 75011 Paris • Tél. : 0143790185 • Horaires : lun.-ven. 7h30-12h30, 13h30-17h • Métro : Charonne • Bus : 69, 76

Restauration de meubles à marqueteries de cuivre, d'écaille ou de bois. Attention néanmoins : cet atelier n'assure que la découpe des éléments de remplacement; il travaille ensuite avec un ébéniste, qui se chargera de poser les éléments, de reteinter et de revernir le meuble. Spécialistes des meubles du XIIIᵉ jusqu'à la période Art Nouveau.

AUX PRODUITS D'ANTAN

Produits de restauration bois, pierre,   Q/P : 7/10 • ASSORTIMENT : 7/10
plâtre, céramique   **+** : Qualité professionnelle des produits
− : Pas assez de vendeurs

• 10, rue St-Bernard — 75011 Paris • Tél. : 0143718285 • Horaires : lun.-sam. 8h-12h, 14h-18h • Métro : Ledru-Rollin • Bus : 46, 86

Raviver, nettoyer, patiner, rien de plus simple quand on a les bons outils et les bons produits. Colles, vernis, brosses et pinceaux métalliques à partir de 42 F. De quoi nettoyer les bois dorés (45 F environ le flacon de solution nettoyante), des rabots, des ciseaux, des produits de rénovation pour le marbre, le carrelage et la terre cuite, des pâtes à reboucher les parquets dans de nombreuses nuances. Demandez au vendeur quelles machines d'occasion sont en vente, ce sont souvent de très bonnes affaires.

ÉTIENNE RAYSSAC   [N]

Création et restauration de boiseries et   Q/P : 8/10 • ASSORTIMENT : 8/10
de mobilier   **+** : Finesse d'exécution

• 8, rue Faidherbe — 75011 Paris • Tél. : 0140090559 • Fax : 0140091054 • Horaires : lun.-ven. 8h-13h, 14h-19h, sam. 8h-13h • Métro : Faidherbe-Chaligny • Bus : 46

Sculpteur dont le travail est agréé par les Monuments historiques, Étienne Rayssac restaure pièces de mobilier, portes sculptées (comme celles du parlement de Rennes), panneaux de lambris moulurés, médaillons et meubles, dont il peut également refaire le piétement. Beau travail, à la fois inventif sur les pièces modernes et fidèle pour les restaurations. Dorure sur bois traitée à l'extérieur. Devis gratuit.

LES FRÈRES NORDIN

Produits d'entretien et de restauration,   Q/P : 6/10 • ASSORTIMENT : 8/10
ébénisterie   **+** : Professionnalisme

• 215, rue du Fg St-Antoine — 75011 Paris • Tél. : 0143723835 • Horaires : lun.-sam. 9h30-18h • Métro : Faidherbe-Chaligny • Bus : 46, 86

Archiconnu des professionnels. Tout pour entretenir votre mobilier, le cirer, le "popoter", comme on dit dans le métier. Ces ébénistes restaurateurs peuvent même se charger des réparations délicates que vous n'oseriez effectuer, car ils possèdent un superbe atelier. On vous conseillera très efficacement sur l'entretien du métal, dont les patines, très fragiles ne supportent pas les traitements brutaux. Conseil et gentillesse de rigueur dans la maison, où aller en toute confiance. Entrée de la boutique par la rue ou par la cour et l'atelier, devis sur place et à domicile.

Sylvain Brochard/orfèvrerie et argenterie

Un des spécialistes de l'orfèvrerie et de l'argenterie de maison, avec un atelier de réparation et de restauration à -20 % des tarifs habituels : argenture, débosselage, soudure, fixation des manches. Conseil et vente de pièces d'orfèvrerie comme les couverts, les timbales (à partir de 256 F), les articles de baptême. Sur place également, possibilité de déposer une liste de mariage porcelaine fine (la maison est dépositaire des marques Degrenne, Ercuis, St-Louis), orfèvrerie, cristal et même linge brodé. 976 F le coffret de 6 couteaux Scoff, flasque en métal argenté 230 F.

• **SYLVAIN BROCHARD** : 3, rue Auguste-Bartholdi — 75015 Paris — Tél. : 0145777676
• **SYLVAIN BROCHARD** : 38, rue du Puits-du-Val — 60530 Ercuis — Tél. : 0344267141
• **SYLVAIN BROCHARD** : Carreau de Neuilly — 92200 Neuilly-sur-Seine — Tél. : 0146242885
• **SYLVAIN BROCHARD** : Centre Leclerc — 95570 Moisselles — Tél. : 0139910302

LES VERNIS DU FG-ST-ANTOINE

Vernis, laques et apprêts　　　Q/P : 7/10 • ASSORTIMENT : 8/10
　　　　　　　　　　　　　　　　✛ : Accueil aimable et professionnel

• 17, rue de Charonne — 75011 Paris • Tél. : 0148061678 • Fax : 0148078036 • Horaires : lun.-ven. 8h30-12h30, 13h30-18h30, sam. 9h-12h • Métro : Bastille • Bus : 20, 29, 65, 69, 76, 86

Tous les vernis possibles et imaginables, à des prix très étudiés. Vernis teintés, isolants, étanchéifiants. Également, tous les classiques cellulosiques et polyuréthanes, des cires à 60 F/l, des huiles pour teck à 80 F/l, et des vernis simples à passer au pinceau, 70 F/l, en version cellulosique ou brillant. Pour les chasseurs, la maison peut se charger de reteindre le bois des crosses de fusil dans de nombreuses nuances au choix. Devis gratuit, s'adresser à Monsieur Segura. La maison ferme la semaine du 15 août. Cartes de crédit acceptées.

MAISON SABEAU

Cannage et rempaillage de sièges　　　Q/P : 7/10 • ASSORTIMENT : 6/10
　　　　　　　　　　　　　　　　✛ : Expérience et sérieux

• 58, rue de Charonne — 75011 Paris • Tél. : 0148052940 • Horaires : lun.-jeu. 8h-12h, 13h30-17h, ven. ferm. 16h30 • Métro : Charonne • Bus : 69, 76

Depuis 31 ans dans le quartier du meuble, leur réputation n'est plus à faire. Rempaillage de chaises 500 à 600 FHT, fauteuils 600 à 700 FHT. Pas de rotin, car c'est une activité très spécifique, mais si votre siège en a besoin, on effectuera des petits réglages d'assise. La maison traite les pièces un peu anciennes. Pas de livraison, mais un enlèvement à domicile s'il s'agit d'une pièce importante, car il n'est pas toujours très facile de garer une grosse camionnette dans ce quartier.

NOÉ-AUBRY CADORET

Argenture, restauration, orfèvrerie　　　Q/P : 5/10 • ASSORTIMENT : 6/10
　　　　　　　　　　　　　　　　✛ : Très professionnel
　　　　　　　　　　　　　　　　▬ : Délais un peu longs pour gros travaux

• 2, passage St-Sébastien — 75011 Paris • Tél. : 0147001722 • Horaires : lun.-ven. 8h-18h, sam. 9h-18h • Métro : St-Sébastien-Froissart • Bus : 20, 56, 65, 96

Les sœurs Noé se sont associées très récemment à la maison Aubry Cadoret. Elles sauront faire d'une piteuse théière en métal un objet digne d'être montré. Prix doux et accueil sympa. L'atelier traite l'étain, le cuivre, le laiton, le métal à argenter. Grandes cuillères et fourchettes 150 F, cuillères à café 35 F environ.

PHILIPPE CÉLESTE

Restauration de meubles, vernissage　　　Q/P : 7/10 • ASSORTIMENT : 8/10
　　　　　　　　　　　　　　　　✛ : Travail sérieux et bons conseils

• 51, rue de Montreuil — 75011 Paris • Tél. : 0143709460 • Horaires : lun.-ven. 14h-20h • Métro : Boulets-Montreuil • Bus : 56, 86

Même un fauteuil en pièces détachées ressortira comme neuf de cet atelier, qui prend en charge le dégarnissage, le recollage, le vernissage, et la tapisserie. Philippe Céleste vernit au pinceau ou au tampon, dans la grande tradition de l'ébénisterie française. Déplacement à domicile pour devis gratuits. Appelez pour prendre RDV. Attention, la maison ferme généralement de mi-août à mi-septembre.

QUAND BIEN MÊME

Gainerie d'art, étuis, réparation de sacs, malles et mallettes

Q/P : 6/10 • ASSORTIMENT : 9/10
✚ : Délais rapides

• 2, rue Titon — 75011 Paris • Tél. : 01 43 72 87 88 • Fax : 01 43 72 40 15 • Horaires : lun.-ven. 9h-18h30 • Métro : Boulets-Montreuil • Bus : 56, 86

Claude Lebelle est l'un des meilleurs gainiers de Paris, à la disposition des particuliers pour les réparations de malles, de mallettes et de sacs. Cuirs lisses ou grenés, peaux, crocos : tout se répare. Réalisation de fausses reliures (2532 F les 30 cm) et de boîtes-cartonniers. Étuis à fusils, étuis d'instruments de musique, cadres photo, toutes pièces réalisables sur mesure.

PARIS 12e

ATELIER ROBIN TOURENNE

Restauration d'affiches

Q/P : 7/10 • ASSORTIMENT : 8/10
✚ : Affiches anciennes et contemporaines

• 71, av. Daumesnil — 75012 Paris • Tél. : 01 43 07 59 25 • Horaires : lun.-sam. 9h-13h, 14h-19h • Métro : Gare-de-Lyon • Bus : 29

Cet atelier se propose de restaurer vos affiches, anciennes ou contemporaines. Les techniques utilisées sont l'entoilage, le marouflage ou le doublage. Vos affiches, cartes, planches et gravures peuvent être de tous formats. Prix sur devis uniquement.

ETS MICHELET

Tournage sur bois, sculptures, moulures

Q/P : 6/10 • ASSORTIMENT : 7/10
✚ : Tous modèles réalisables

• 202, rue du Fg-St-Antoine — 75012 Paris • Tél. : 01 43 72 17 93 • Fax : 01 43 72 28 18 • Horaires : lun.-ven. 8h30-12h, 13h30-18h • Métro : Nation, Faidherbe-Chaligny • Bus : 46, 86

Depuis plus de 50 ans, ces magiciens réparent et remplacent les poignées perdues des meubles, les sculptures écornées, les moulures manquantes. Quand vous cassez un bras ou un pied de fauteuil vermoulu, c'est ici que vous venez, avec l'assurance de retrouver votre bien remis à neuf. Frises de bois découpé pour orner les fenêtres et les avant-toits, des pommes de pins sculptées, des tringles cannelées, etc.

PERRIER ROLLIN

Restauration de miroirs

Q/P : 8/10 • ASSORTIMENT : 8/10
✚ : Accueil et compétence

• 85, av. Ledru-Rollin — 75012 Paris • Tél. : 01 43 43 13 12 • Fax : 01 44 73 46 66 • Horaires : mar.-sam. 8h30-13h30, 13h30-17h, ven. 8h30-13h30, 13h30-16h30 • Métro : Ledru-Rollin • Bus : 69, 86

Spécialiste des miroirs anciens et de Venise, restaurés pièce à pièce selon les méthodes traditionnelles. Glaces épaisses d'étagères ou de tables basses coupées et polies à demande. Gravure du verre, givrage et taille. Devis sur place, prix raisonnables, livraisons. Attention, la maison ferme en août.

SABLAGE BASTILLE-OUSTRY

Sablage, décapage d'éléments métalliques

Q/P : 8/10 • ASSORTIMENT : 6/10
✚ : Accueil et conseils techniques
━ : Cartes de crédit refusées

• 36, bd de la Bastille — 75012 Paris • Tél. : 01 43 43 47 35 • Fax : 01 43 43 24 54 • Horaires : lun.-jeu. 7h30-12h, 13h-17h30 • Métro : Bastille • Bus : 29, 61, 86

Au bord du bassin de l'Arsenal et du port de plaisance, cet atelier se charge de décaper toutes les pièces métalliques peintes ou corrodées. Chaises et fauteuils de jardin (150 F), plateaux de tables (350 F pour 150 cm de dm) et gravure de panneaux de verre. La maison reçoit les particuliers et traite même les petits objets comme les pièces d'armurerie. Service de vieillissement et de ponçage du bois. Fermeture annuelle en août.

PARIS 14e

ARTISANS ACCORDEURS AVEUGLES

Réparation et accord de pianos et clavecins
Q/P : 8/10 • ASSORTIMENT : 7/10
✚ : Fiabilité et disponibilité

• 5, rue Louis-Morard — 75014 Paris • Tél. : 0145435480 • Horaires : lun.-sam. 10h-21h (permanence téléphonique) • Métro : Alésia • Bus : 62

Ces facteurs de mécanique sont extraordinaires et n'ont pas leur pareil pour vous remettre un instrument à neuf. Forfait pour les interventions classiques (500 F pour un accord normal sur piano) et devis pour les gros travaux. Ils se déplacent à domicile et dans les salles de spectacle. Appelez pour prendre RDV ou laissez vos coordonnées sur leur répondeur, ils vous rappelleront sans faute.

COUTELLERIE D'ALÉSIA

Aiguisage et remise en état de lames, ciseaux, couteaux
Q/P : 7/10 • ASSORTIMENT : 7/10
✚ : Prix raisonnables

• 181, rue d'Alésia — 75014 Paris • Tél. : 0145423967 • Horaires : lun.-ven. 9h-12h, 14h30-19h • Métro : Plaisance • Bus : 62

Restauration de ciseaux et de couteaux. Recrantage des lames, aiguisage et polissage. Possibilité de faire réparer des couteaux de chasse (manche en corne de cervidé ou en os). Devis sur place dans tous les cas.

PARIS 15e

ANDRIEUX — LA MAISON DU VITRAIL

Restauration et création de verrerie et de vitraux
Q/P : 6/10 • ASSORTIMENT : 8/10
✚ : Tous vitraux sur mesure

• 69, rue Desnouettes — 75015 Paris • Tél. : 0142508803 • Fax : 0142502960 • Horaires : mar.-sam. 9h-19h • Métro : Lourmel • Bus : 49, 62

Véritable clinique du vitrail et du verre, la Maison du Vitrail utilise des techniques de pointe pour protéger et conserver ces fragiles objets d'art. Vases bouteilles bleus 68 F, soliflores jaunes 199 F, luminaires (lustres en verre de Murano 3400 F), et tout un assortiment de bijoux, vaisselle, objets décoratifs en verre, à tous les prix. Rayon librairie et carterie pour ceux qui se passionnent pour cet art. Stages organisés toute l'année dans l'atelier, sous la direction des maîtres-verriers Christiane et Philippe Andrieux. Tarif horaire, matière première comprise : 70 FHT. Pour la restauration des vases et objets en verre, même réduits à l'état de puzzle, n'hésitez pas à les contacter, ils font des miracles.

PARIS 16e

HOLLAND & HOLLAND

Restauration d'armes de collection
Q/P : 8/10 • ASSORTIMENT : 8/10
✚ : Polissage, bronzage des armes sur place

• 29, av. Victor-Hugo — 75016 Paris • Tél. : 0145022200 • Fax : 0145021481 • Horaires : lun.-sam. 10h-19h • Métro : Victor-Hugo • Bus : 52, 82

Succursale de la célèbre maison londonienne dont elle est presque la réplique, cette maison vend, restaure et règle des armes à feu de collection. M. Brunet reçoit les collectionneurs qui désirent faire réviser ou restaurer la platine, la crosse ou le canon de leurs pièces abîmées, et refait les pièces à la main. Devis sur place.

ATELIER MIDAVAINE

Restauration de meubles et d'objets vernis ou laqués

Q/P : 7/10 • ASSORTIMENT : 7/10
+ : L'expérience
– : Délais parfois un peu longs

• 54, rue des Acacias — 75017 Paris • Tél. : 0143806894 • Fax : 0144400934 • Horaires : lun.-jeu. 8h-12h, 13h-17h30, ven. 8h-12h, 13h-15h • Métro : Charles de Gaulle-Étoile • Bus : 30, 31, 43

Créé au début du siècle, l'atelier offre des services de restauration complets pour tous les accidents sur meubles laqués anciens et modernes. Création de laques et de décors, réparation de vernis Martin. Livraisons, devis gratuits. Possibilité de prendre RDV à domicile pour les pièces importantes (paravents, meubles télé, panneaux fixés).

LES COMPAGNONS ÉBÉNISTES

Ébénistes restaurateurs, spécialistes de la marqueterie

Q/P : 8/10 • ASSORTIMENT : 8/10
+ : Restauration de pièces XVIIe et XVIIIe

• 145, rue de Saussure — 75017 Paris • Tél. : 0147630182 • Fax : 0140530973 • Horaires : lun.-ven. 8h-18h • Métro : RER C Pont-Cardinet • Bus : 53, 94

Une des meilleures entreprises de restauration de meubles en marqueterie, qui compte en permanence une douzaine de compagnons ébénistes. Déplacement à domicile pour estimation et enlèvement, sur RDV auprès de M. L'Haridon. Vernissage et restauration très minutieuse, dans la grande tradition du compagnonnage. Une adresse de référence.

FLORENCE BOURGEOIS-MEYER

Restauration de coffres et coffrets, ébénisterie

Q/P : 7/10 • ASSORTIMENT : 8/10
+ : Devis étudiés
– : Cartes de crédit refusées

• 29, rue des Trois-Frères — 75018 Paris • Tél. : 0142544474 • Horaires : sur RDV • Métro : Abbesses • Bus : Montmartrobus

Restauration de tous meubles et petits objets : tables marquetées, coffrets, mobilier traditionnel, reprise et revernissage, traditionnel ou au tampon. Excellent travail, très minutieux.

ATELIER ORLANDA AGOSTINHO   N

Restauration de sculptures et d'objets en céramique

Q/P : 7/10 • ASSORTIMENT : 8/10
+ : Accueil et compétence

• 21, rue du Repos — 75020 Paris • Tél. : 0140098827 • Fax : 0140098827 • Horaires : sur RDV • Métro : Philippe-Auguste • Bus : 61, 69, 76

Pas la peine de venir pour une assiette à recoller, Orlanda Agostinho ne restaure que des œuvres d'art : plâtres, faïences, porcelaines, terre cuite, marbres et biscuits, verreries et émaux. Devis gratuits.

MAISON DUGAY

Produits de restauration, vernis, pigments

Q/P : 8/10 • ASSORTIMENT : 8/10
+ : La VPC
– : Cartes de crédit refusées

• 92, rue des Rosiers — 93400 St-Ouen • Tél. : 0140118730 • Fax : 0140122632 • Horaires : jeu.-lun. 9h-18h (fermé en août) • Métro : Porte-de-Clignancourt • Bus : 56, 85

Traitement du bois, marqueterie, vernis et colles, patines, feuilles d'or et fourniture pour la peinture. Produits de nettoyage pour les tableaux, le cuir, les métaux. Brosserie, châssis, silicone pour faire des moules. Ciseaux à bois, pâte à bois. Outils de ponçage. Traitement des sols et des marbres. Conseils en fonction de vos besoins exacts.

PLANTES, FLEURS ET JARDINS

- FLEURS COUPÉES
  ET DÉCORATION
  FLORALE

- JARDINERIES, PLANTES
- MATÉRIEL, MOBILIER,
  ORNEMENTS, OUTILLAGE

LA MAIN VERTE ! À Paris, quelques millions de m² de balcons et d'appuis de fenêtres voient pousser sur leurs rebords de vertigineux jardins miniatures, qu'on déplace au gré des saisons, qu'on rentre l'hiver, qu'on traite à la bombe l'été et qu'on jette sans trop d'états d'âme lorsqu'ils échouent, en accusant tous ensemble les pucerons, les graines, la pollution et la malchance.

Si vous ne pouvez quitter Paris pour les jardineries de sa couronne, allez quai de la Mégisserie, dans le 1er. Au gré des arrivages, vous trouverez tout ce qu'il faut pour aménager un balcon ou un parc : des plantes, des arbres, des outils, des produits de traitement, du mobilier de jardin et même des poissons pour le bassin. Un bon outil de jardin doit être lourd, avec un fer traité anticorrosion et un manche verni ergonomique. Investissez avec prudence dans les outils mécaniques que vous ne saurez pas réparer et choisissez des marques dont le SAV est présent un peu partout en France.

Mobiliers et ornements de jardins sont aussi à découvrir dans les 4e, 7e, et 16e. Demandez comment s'entretiennent les meubles et les coussins, et vérifiez qu'on ne vous vend pas des charnières pince-doigt, des meubles en faux teck d'Amérique du sud ou des parasols dont la toile n'est pas traitée contre les moisissures et la décoloration.

Sans jardin ni balcon, on a recours aux fleuristes, dont certains sont de véritables créateurs. Un même bouquet peut vous coûter de 100 à 500 F selon la notoriété du fleuriste. Mais prenez garde aux étalages trop bon marché dont les tulipes passées en chambre froide ne tiendront même pas le temps d'une nuit dans votre chambre chaude.

En dernier recours, on trouve des végétaux séchés ou naturalisés chez des fleuristes-herboristes qui créent des compositions décoratives ou les vendent en bottes raides et crissantes que vous pourrez transformer vous-même en décors et en bouquets éternels. À vous de choisir, selon vos envies et vos économies, en sachant qu'il faut « une pièce d'or pour acheter un rosier et la science d'une vie pour le faire fleurir ».

Enquêtes et rédaction :
Sylvie Basdevant

Fleurs coupées et décoration florale

Le meilleur rapport qualité-prix des fleurs coupées

Monceau Fleurs est un des fleuristes en libre-service qui pratique les prix les plus intéressants de la capitale, pour des fleurs de belle qualité qui ne baisseront pas la tête pendant la nuit qui suit leur achat. Selon les saisons, vous trouverez de quoi créer des bouquets magnifiques et toujours très frais. Grâce aux prix doux, et malgré l'attente traditionnelle au comptoir pour faire composer ou emballer ses bouquets, on y revient, en sachant qu'il y aura une nouvelle idée à prendre. Plantes vertes et potées fleuries à l'intérieur. Livraisons à partir de 250 F d'achats (+ 40 F de frais forfaitaires), gratuites au-dessus de 1 000 F. La maison livre des plantes en pots, mais aussi des bouquets et des sacs de terreau. Ouvert généralement de 9h à 20h et jusqu'à 13h30 le dimanche.

- MONCEAU FLEURS : 11, bd Henri-IV — 75004 Paris — Tél. : 01 42 72 24 86
- MONCEAU FLEURS : 84, bd Raspail — 75006 Paris — Tél. : 01 45 48 70 10
- MONCEAU FLEURS : 34, bd des Invalides — 75007 Paris — Tél. : 01 53 59 12 34
- MONCEAU FLEURS : 92, bd Malesherbes — 75008 Paris — Tél. : 01 53 77 61 77
- MONCEAU FLEURS : 60, av. Paul Doumer — 75016 Paris — Tél. : 01 40 72 79 27
- MONCEAU FLEURS : 2, place du Général-Koenig — 75017 Paris — Tél. : 01 45 74 67 39

PARIS 1er

PARIS FLEURI

Location pour soirées de fleurs, ornements floraux, plantes

Q/P : 5/10 • ASSORTIMENT : 8/10
+ : Très belles compositions florales
— : Prix élevés

• 152, rue St-Honoré — 75001 Paris • Tél. : 01 42 60 87 02 • Fax : 01 42 60 33 14 • Horaires : lun.-dim. 8h30-21h • Métro : Louvre-Rivoli • Bus : 38, 65

Un service original de location. Pour décorer vos lieux de réceptions et de fêtes, Paris-Fleuri livre, dispose puis récupère plantes vertes et ornements floraux. Compositions variées, et pouvant être créées à la demande, suivant la saison (type de fleurs, ou couleur dominante). Choix important de plantes : cactus, arbustes, plantes exotiques… Entre 50 et 500 F par plante pour la soirée, selon le nombre et le type d'ornements choisis.

PARIS 3e

RAPHIA

Fleuriste ouvert le soir

Q/P : 6/10 • ASSORTIMENT : 7/10
+ : Ouvert tard

• 13, rue du Grenier-St-Lazare — 75003 Paris • Tél. : 01 42 74 42 34 • Horaires : lun.-dim. 10h-21h • Métro : Rambuteau • Bus : 29

Pratique quand on part dîner sur les chapeaux de roue. Joli décor de serre, choix de bouquets tout faits (ça va plus vite), de plantes vertes (kentia 1,80 m, 250 F), de plantes en pots fleuries, de compositions maison en grandes fleurs ou en fleurs champêtres. Prix standards, bouquets ronds autour de 200 F. Lots de bouquets à petits prix de temps à autre.

PARIS 4ᵉ

ART ET NATURE

Fleuriste créateur   Q/P : 8/10 •ASSORTIMENT : 6/10
➕ : Envois floraux personnalisés

•15, rue des Archives — 75004 Paris •Tél. : 0142777213 •Fax : 0142774169 •Horaires : lun.-jeu. 10h-21h, ven.-sam.10h-22h •Métro : Hôtel-de-Ville •Bus : 67, 72, 74, 76

Toute petite boutique perdue dans un fouillis embaumé de fleurs coupées et de petits pots, capable de vous organiser un envoi en nombre avec message. Vous pouvez y faire composer un bouquet de roses de jardin et de traînes de jasmin pour 200 F, ou même, pour petit budget, un bouquet rond inventif à 50 F. Livraison sur Paris 55 F.

COMME À LA CAMPAGNE

Fleuriste décorateur   Q/P : 6/10 •ASSORTIMENT : 7/10
➕ : Inventivité et technique
➖ : Peu de plantes disponibles sur place

•29, rue du Roi-de-Sicile — 75004 Paris •Tél. : 0140290990 •Fax : 0140290224 •Horaires : mar.-sam. 11h-20h •Métro : St-Paul •Bus : 69, 76, 96

Confiez-leur vos fêtes : ils auront des idées pour qu'elles soient inoubliables. Déplacement sur toute la France. Guirlandes fleuries fraîches 200 F/m, centres de table décoratifs. Dans la boutique, objets (petits ours en grains de maïs 450 F), corbeilles en pomme de pin (1 200 F), plantes et fleurs fraîches. Couronnes de mariées et bouquets montés traditionnels à partir de 500 F (une merveille d'art floral).

CORISANDRE

Plantes et fleurs séchées   Q/P : 5/10 •ASSORTIMENT : 8/10
➕ : Déclinaisons nombreuses

•21, rue du Roi-de-Sicile — 75004 Paris •Tél. : 0142778811 •Horaires : mer.-sam. 11h-15h, 16h-20h •Métro : St-Paul •Bus : 69, 76, 96

Fleurs éternisées où la glycérine a remplacé la sève, compositions, bouquets de mariée autour de 500 F, rose éternisée 8 F pièce, couronnes de mariée 300 à 400 F. Mais aussi vases, bougeoirs et vannerie. Livraison sur la France et l'étranger, autour de 75 F sur Paris. Nicole Toublanc réalise tous les modèles à la commande, après estimation gratuite.

LAMBERT-BAYARD

Fleuriste décorateur   Q/P : 7/10 •ASSORTIMENT : 8/10
➕ : Originalité des créations

•6, rue du Renard — 75004 Paris •Tél. : 0142721740 •Fax : 0142728002 •Horaires : lun.-sam. 9h-20h30 •Métro : Hôtel-de-Ville •Bus : 69, 76

Véronique Fontaine, grande fleuriste, marie avec bonheur des plantes que l'on n'aurait peut-être pas songé à mélanger. Bouquets d'une grande modernité sans être inaccessibles (à partir de 150 F). Création d'arbres miniatures en mousse verte (320 F environ), tous différents. Pour une table originale : lampions en terre cuite 100 F pièce, cache-pots en fonte ou en résine (30 F vert pomme), chandeliers en mousse et plantes grimpantes (3 et 5 branches avec bougies autour de 400 F). Livraison sur Paris et banlieue, 50 F.

Aquarelle

Une chaîne de fleuristes bouquetiers, qui débitent de la fleur coupée à l'année dans toutes les nuances et toutes les variétés (des plus champêtres aux fleurs de serre les plus fragiles). Pas d'affaires à proprement parler mais, pour un dépannage, on trouve petits "bouquets de la semaine" ronds, 100 F, petits vases et pots en céramique, bouquets à emporter ou à composer, couronnes à partir de 100 F, petites plantes en pots pimpantes autour de 60 F. Bouquets composés branches et fruits sur commande, autour de 200 F. Livraison autour de 50 F sur Paris.
• AQUARELLE, 12 Magasins en R.P. — Tél. : 0145632107 — Internet : http ://www. aquarelle. com

ÉLY FLEURS

Fleuriste d'urgence   Q/P : 7/10 •ASSORTIMENT : 8/10
+ : Accueil et conseil

•82, av. de Wagram — 75008 Paris •Tél. : 0147668719 •Fax : 0142272913 •Horaires : 7j/7 24h/24 •Métro : Ternes, Wagram •Bus : 30

Infatigable, l'équipe qui anime Ély Fleurs vous permet d'offrir des fleurs à n'importe quelle heure du jour et de la nuit. Beaucoup de fleurs coupées, de bouquets à emporter (100-150 F), de branches fleuries. Beau choix de plantes vertes. Livraisons dans tout Paris, renseignez-vous pour les tarifs, qui varient selon l'heure, le lieu et la taille de l'objet à livrer. Pratique, mais pas nécessairement bon marché.

ROSEMARIE SCHULZ

Décorations florales séchées, pots-   Q/P : 5/10 •ASSORTIMENT : 7/10
pourris, sachets de senteurs   + : Pièces originales, montées main

•Galerie de la Madeleine — 30, rue Boissy-d'Anglas — 75008 Paris •Tél. : 0140170661 •Fax : 0142663527 •Horaires : lun.-ven. 11h-19h, sam. 10h-19h •Métro : Madeleine •Bus : 24, 42, 84

Pour acheter sachets de boutons de rose, oranges piquées de clous de girofle (pommes d'ambre), bouquets de nigelles ou de roses (1 rose éternisée 25 F, 3 roses et feuillage 270 F) et des dizaines d'espèces de fleurs sèches : l'odeur de la boutique est inoubliable. Nombreux vases, poteries et vannerie qui présentent de très jolies compositions mêlant les coquillages et les fleurs sèches : couronnes, paniers carrés (1 450 F), sets de table feuille (35 F pièce), corbeilles, bouquets échevelés et même des passementeries originales.

FLEURS EN COULEUR   N

Fleuriste   Q/P : 6/10 •ASSORTIMENT : 8/10
+ : Accueil chaleureux

•10, av. Trudaine — 75009 Paris •Tél. : 0142803900 •Fax : 0142803910 •Horaires : lun.-sam. 10h-20h •Métro : Anvers •Bus : 85

Une boutique de fleurs à l'ancienne, où Bruno Gérault prend le temps de vous faire un bouquet personnalisé. Devant, une sorte de jardin de curé improvisé de 20 m² où les roses parfumées et les plantes en pots rivalisent de couleurs et de fraîcheur. À l'intérieur, des fleurs plus exotiques, orchidées, bananier, anthurium. Environ 150 F pour un très beau bouquet rond, 100 à 200 F pour une plante en pot fleurie. Livraison sur Paris.

Les grands fleuristes parisiens

Offrir un bouquet d'illustre provenance est un must. Les acteurs au soir de leur première, les maîtresses de maison grand style, et les amoureux célèbres reçoivent des corbeilles de roses et des bouquets magnifiques griffés Moulié, Divert, Maxim's ou Liliane François, assortis de la carte de visite ou d'un message sous enveloppe de leur expéditeur. Chez Capucine de Mainneville, vous pouvez faire livrer votre envoi par un groom, moyennant un petit supplément, pour un remerciement très chic ou un tendre message à une personne chère…

- MAXIM'S FLEURS : 5, rue Royale — 75008 Paris — Tél. : 0147428846 — Fax : 0142661005
- MOULIÉ : 8, place du Palais-Bourbon — 75007 Paris — Tél. : 0145517843 — Fax : 0145504554
- PATRICK DIVERT : 7, place de Mexico — 75016 Paris — Tél. : 0145536935 — Fax : 0147278104
- LILIANE FRANÇOIS : 119, rue de Grenelle — 75007 Paris — Tél. : 0145517318 — Fax : 45510704
- CAPUCINE DE MAINNEVILLE : 15, bd Voltaire — 75011 Paris — Tél. : 0148065194

PARIS 11ᵉ

COROLLES

Fleurs séchées et naturalisées   Q/P : 8/10 •ASSORTIMENT : 8/10
+ : Accueil et conseil

•37, rue Faidherbe — 75011 Paris •Tél. : 0143712174 •Horaires : mar.-sam. 11h-19h, sf mer. 10h30-18h30 •Métro : Faidherbe-Chaligny •Bus : 46, 69

Une boutique minuscule. Bouquets de moisson, renouvelés chaque année, à partir de 220 F pour les petits modèles. Tableaux secs réalisés par la maison (de 230 à 560 F), mêlant les roses aux pailles et aux pavots, dans de belles compositions géométriques. Bottes de fleurs pendues au plafond, pour créer soi-même ses bouquets et ses chemins de table. Roses rouges et blanches semi-ouvertes (85 F), immortelles, calendulas, nigelles de Damas, baies sèches à partir de 30 F. Pour faire un petit cadeau champêtre, porte-bonheur en paille tressée à suspendre, à partir de 35 F.

DUMONT

Livraison de plantes et de fleurs,   Q/P : 8/10 •ASSORTIMENT : 8/10
création de compositions   + : Ouvert le week-end
— : Cartes de crédit refusées

•135, rue du Fg-St-Antoine — 75011 Paris •Tél. : 0143431580 •Fax : 0143431558 •Horaires : lun.-sam. 8h-21h, dim. 8h-20h30 •Métro : Ledru-Rollin •Bus : 69, 86

Pour envoyer un bouquet en France ou à l'étranger, dimanche compris, venez ici. Bouquets de fleurs des champs ou bouquets classiques, petits bouquets ronds, gerbes de remerciement, plantes vertes et fleurs exotiques, fleurs séchées, coloquintes colorées en saison, tout peut emprunter la voie magique de la transmission florale. Livraisons dans les meilleurs délais, livraisons forfaitaires sur Paris, 60 F.

LES FÉES D'HERBE   N

Fleuriste décorateur   Q/P : 9/10 •ASSORTIMENT : 9/10
+ : Accueil et originalité

•23, rue Faidherbe — 75011 Paris •Tél. : 0143701476 •Fax : 0143701814 •Horaires : mar.-dim. 10h-20h30 •Métro : Faidherbe-Chaligny •Bus : 46, 69, 76, 86

L'une des boutiques de fleurs les plus étonnantes de Paris. Plantes fraîches, bien sûr, mais pas de fleurs coupées, cache-pots, lustres en plâtre ou en fer forgé, petits paniers d'herbes aromatiques 30 F, magnifiques orchidées 140 F. Plantes aquatiques, plantes grimpantes, arbres fruitiers et mille merveilles selon les arrivages. Sol de cailloux sonores, jardin d'hiver où de petits oiseaux exotiques volent en liberté. Prix très abordables.

PARIS 13ᵉ

ART ET VÉGÉTAL

Compositions florales, bouquets   Q/P : 7/10 •ASSORTIMENT : 8/10
+ : Les compositions florales

•58, rue Damesme — 75013 Paris •Tél. : 0145812722 •Horaires : mar.-sam. 9h-20h, dim. 9h-13h •Métro : Maison-Blanche •Bus : 21

Il y a tant de fleurs et de plantes dans cette boutique que vous aurez du mal à trouver Jacques Castagné, le responsable et créateur de ces merveilles, spécialiste des compositions florales, de l'art floral et des bouquets structurés. Les fleurs sont triées jusqu'à la perfection. Réalisations sur commandes pour les fêtes et les décorations de buffet.

PARIS 15ᵉ

LE LIEU-DIT

Fleuriste décorateur   Q/P : 8/10 •ASSORTIMENT : 8/10
+ : Originalité des produits
— : Cartes de crédit refusées

•21, av. du Maine — 75015 Paris •Tél. : 0142222594 •Fax : 0142222750 •Horaires : lun.-ven. 10h-19h •Métro : Montparnasse •Bus : 28, 58

Dans une allée privée, venez faire composer un décor floral pour une occasion spéciale. Même si votre budget est réduit, on vous fera d'inimitables bouquets de fleurs, sèches ou fraîches, à partir de 250 F, ou des guirlandes composées de feuillages, de fruits et même de légumes. La maison n'accepte pas les cartes de crédit et ouvre irrégulièrement le samedi. Livraisons sur Paris, 60 F.

CAMÉLIA BLANC

Plantes et fleurs blanches Q/P : 7/10 •ASSORTIMENT : 8/10
✚ : Décor étonnant, jolis meubles de jardin

•113, route de la Reine — 92100 Boulogne-sur-Seine •Tél. : 0146044576 •Fax : 0147121798 •Horaires : lun.-sam. 10h-21h, dim. 10h-20h •Métro : Pont-de-St-Cloud •Bus : 52, 72

Pour un mariage, une cérémonie religieuse, une fête à thème : ici, que du blanc ! Potées d'extérieur, fleurs coupées, bouquets immaculés, à offrir ou à faire livrer. Petits bouquets de demoiselles d'honneur de 50 à 60 F ; pour les buffets, une composition de 80 cm de haut 400 F environ. Également quelques objets en fer forgé, style XIXe. Livraisons dans Paris calculées à la distance : 30 F pour le 16e, 80 F pour le 19e.

JUNGLE ÉRIKA

Fleurs et plantes artificielles Q/P : 9/10 •ASSORTIMENT : 9/10
✚ : Choix et articles pimpants

•2, rue de l'Église — 92200 Neuilly •Tél. : 0146370023 •Fax : 0146370023 •Horaires : lun. 14h-19h, mar.-sam. 10h30-19h •Métro : Pont-de-Neuilly •Bus : 73

Bouquets des champs et graminées, branches d'orchidées (80 F), branches d'arbres, faux lierre, tous les délires décoratifs sont permis ! Un buis artificiel et immortel taillé en boule (700 F), un if entier (environ 1 100 F), une liane fleurie, pourquoi pas ? Fleurs de bouquets plus classiques : roses en tissu (51 F), delphiniums et pivoines (55 F), cohabitent avec de jolis photophores et de frais petits tableaux sur le thème du jardin et de la maison. Vous pouvez composer vos bouquets comme chez un fleuriste et vous faire livrer à domicile.

Jardineries, plantes

PARIS Ier

CLAUSE JARDIN

Spécialiste des graines et semences Q/P : 8/10 •ASSORTIMENT : 9/10
✚ : Un très grand choix

•2 bis, quai de la Mégisserie — 75001 Paris •Tél. : 0142334142 •Horaires : lun.-dim. 9h-19h •Métro : Châtelet •Bus : 47, 70

Des sachets de graines et des bulbes à perte de vue, c'est la spécialité de la maison. Mais boutique plutôt fréquentée par des jardiniers avertis. Vendeurs très compétents mais très sollicités, préparez vos questions sur les caissettes, les serres froides ou chaudes et leur entretien. Catalogue Clause à consulter.

MAISON PETREMANN

Jardinerie générale Q/P : 7/10 •ASSORTIMENT : 7/10
✚ : Arrivages permanents

•12, quai de la Mégisserie — 75001 Paris •Tél. : 0142339329 •Horaires : mar.-sam. 9h-18h30, lun. ouvert l'été •Métro : Châtelet •Bus : 47, 58, 70, 75, 76, 81

Anciennement maison Bru. Plantes à fleurs en barquette à partir de 20 F, annuelles et bisannuelles, géraniums très belle qualité 16 F le pied, 140 F les 10, bulbes, et de quoi garnir vos jardinières et vos massifs à des prix très raisonnables. Plantes en libre service. Quelques plantes plus importantes telles que chèvrefeuille, grimpantes (pied de clématite 68 F), lauriers-tins et d'Apollon, arbustes, rhodos, selon arrivages. Attention, nombre de plantes vendues en conteneur souffrent de leur exposition en plein vent et au ras des voitures.

PARIS-HOLLANDE

Plantes et fleurs, graines et semences rares	Q/P : 9/10 •ASSORTIMENT : 9/10
	✚ : Spécialisation et gentillesse

•1, rue des Lavandières-Ste-Opportune — 75001 Paris •Tél. : 0142368268 •Horaires : mar.-sam. 9h30-18h30 •Métro : Châtelet •Bus : 47, 58, 70, 75, 76, 81

Toute petite boutique en pointe derrière les grands étalages du Quai, un monde immense de trésors pour les connaisseurs. Graines de lotus nain 25 F le sachet de 3 graines, jacinthes d'eau à partir de 30 F, pivoines arbustives, iris en rhizomes démarrés, graines de baobab... Visite conseillée aux curieux et aux collectionneurs de graines et semences introuvables. Accueil charmant et une patience à toute épreuve.

PARIS 7ᵉ

BONSAÏ RÉMY SAMSON

Spécialiste du bonsaï, guides et fournitures de culture, stages, garderie	Q/P : 7/10 •ASSORTIMENT : 8/10
	✚ : Pépiniériste producteur

•10, rue de la Comète — 75007 Paris •Tél. : 0145560721 •Fax : 0147026176 •Horaires : mar.-sam. 10h30-13h, 14h-19h •Métro : Latour-Maubourg •Bus : 28, 49, 69

Rémy Samson a été l'un des premiers à proposer des stages de formation et à ouvrir un club pour les passionnés de bonsaïs (590 F/an, activités à Chatenay-Malabry). Dans un très joli décor (visitez la serre et la petite cour), des petits bonsaïs à partir de 100 F, mais aussi des pièces prestigieuses à 25000 F environ. Tout le matériel de culture, terres, tables et poteries vernissées. Une visite à la pépinière de Chatenay-Malabry s'impose (renseignements 0147029199). Service de garderie autour de 200 F/mois.

PARIS 12ᵉ

GRAINETERIE DU MARCHÉ

Graines à semer et à goûter, bulbes, accessoires de jardin	Q/P : 9/10 •ASSORTIMENT : 7/10
	✚ : Authentique graineterie

•8, place d'Aligre — 75012 Paris •Tél. : 0143432264 •Horaires : mar.-sam. 11h30-13h, 15h-19h30 •Métro : Ledru-Rollin •Bus : 56, 76, 86

Semences potagères de variétés anciennes (courges spaghetti et tomates roses ou jaunes entre 6 et 12 F), semences de fleurs sauvages (20 F le sachet), d'herbes aromatiques (6,50 F), de fleurs de bordures en mélanges pour papillons, sachets de bulbes et de petits oignons à repiquer (20 F l'assortiment de dahlias pompons), semences biologiques... Sélection amusante. Pots et jardinières, engrais et terreaux. Un coup d'œil au rayon des graines comestibles (riz sauvage, maïs doux, pavot, sésame) pour repartir avec des graines prêtes à cuisiner comme prêtes à semer. Bel assortiment de graines pour oiseaux et rongeurs, du miel et des pains d'épices délicieux! Livraison (40 F les 5 kg).

PARIS 13ᵉ

TRUFFAUT SEINE RIVE GAUCHE **N**

Grande surface plantes, outillage et fournitures pour le jardinage	Q/P : 7/10 •ASSORTIMENT : 9/10
	✚ : Beaucoup de choix
	▬ : Pas assez de vendeurs

•85, quai de la Gare — 75013 Paris •Tél. : 0153608450 •Fax : 0153608451 •Horaires : lun.-dim. 9h30-20h, sauf jeu.-ven. 21h •Métro : Quai-de-la-Gare •Bus : 62

Toute l'année, un large choix de plantes adaptées à la ville. Petits arbres à la mode : Ficus benjamina en pot de 12 cm de diamètre, 99 F, yucca à partir de 160 F pour 1,20 m de haut, palmier Kentia, entre 260 et 320 F pour 1,50 m. Grand choix de lianes et de plantes fleuries, plantes et petits arbres pour terrasses et balcons. Rayon de matériel de jardinage, terreaux spécialisés, jardinières et outils impressionnants, mais pas forcément meilleur marché (gants Florina 84 F) qu'au quai de la Mégisserie. Service rempotage à domicile. Emballage, pour transport ou cadeau, gratuit et livraison sur Paris 85 F, ou gratuite au-dessus de 1500 F d'achat.

PARIS 15e

PARIS BONSAÏ

Importateur de bonsaï et de suizeki

Q/P : 6/10 •ASSORTIMENT : 8/10
✚ : -10 % avec le guide sur les arbres

•91, rue de la Croix-Nivert — 75015 Paris •Tél. : 0145322269 •Fax : 0143865410 •Horaires : mar.-sam. 11h-19h •Métro : Commerce •Bus : 42

Chez ce passionné, 300 bonsaïs d'intérieur et d'extérieur, de 4 ans à plus d'un siècle, pour tous les budgets : troènes de Chine de 4 ans, 249 F, podocarpus de 10 à 12 ans, à partir de 669 F. Tous en bonne santé et importés d'Asie (Indonésie, Corée, Chine) dans de bonnes conditions. Terres (akadana, sac de 4 l, 44 F), poteries japonaises, tablettes en bois, une gamme d'outils et d'accessoires. Mais le vrai "plus", c'est le studio de travail entièrement gratuit mis à la disposition de la clientèle, pour retailler, rempoter, soigner ses arbres avec l'aide d'un spécialiste. Locations, cadeaux d'entreprise, garderie pendant les vacances. Spécialiste de l'importation des suizeki, pierres paysagères pour décor évocateur.

NEMOURS 91

CONSERVATOIRE NATIONAL DES PLANTES

Plantes aromatiques et médicinales

Q/P : 8/10 •ASSORTIMENT : 8/10
✚ : Sélection et conservation des variétés

•Route de Nemours — 91490 Nemours •Tél. : 0164988377 •Fax : 0164988863 •Horaires : lun.-ven. 9h-17h du 15 avr. au 31 oct., dim. et jours fériés du 1er mai au 15 sept.

D'une qualité supérieure, les plantes que l'on peut acquérir auprès du conservatoire n'ont rien à voir avec ce qu'on trouve en grandes surfaces. Les 1200 variétés cultivées sur place en font un vivant musée autant qu'un but de promenade bucolique. Achat possible de plants en godets sur place, commande du catalogue complet contre une enveloppe timbrée à 4,50 F. Les semences et les graines ne se trouvent que sur le catalogue. Envoi des plants à racines nues et en mini mottes par correspondance. Visites de groupes sur RDV.

MEUDON 92

PÉPINIÈRES NICOLAS

**Pépiniériste, plantes de rocailles,
plantes grimpantes**

Q/P : 8/10 •ASSORTIMENT : 8/10
✚ : Quelques espèces exceptionnelles
▬ : fermé en juillet

•8, sentier du Clos-Madame — 92190 Meudon •Tél. : 0145340927 •Fax : 0145078005 •Horaires : lun.-mar. et jeu.-sam. 10h-18h •Bus : 169

Très jolie pépinière à deux pas de Paris. Royaume des chèvrefeuilles, des lierres et des clématites. Bel assortiment de plantes de rocaille pour les petits jardins : conifères nains, sédums, alysses, pervenches tapissantes, giroflées. Collection de lierres panachés. Quelques érables de Montpellier, d'autres acers et des fraxinus à venir voir sur pied. Une multitude de variétés belles et utiles dans un petit jardin de ville, bien acclimatées et solides. On revient toujours avec une trouvaille intéressante. Catalogue sur demande contre 10 timbres. Livraison sur toute la France.

Delbard, de la roseraie au potager

Si vous ne trouvez pas ce que vous êtes venu chercher, ce qui serait étonnant vu le choix, vous pourrez consulter les divers catalogues édités tous les ans par la maison. Delbard est surtout connu pour ses rosiers et ses arbres fruitiers (79 F le lot de 5 plants du framboisier 'Magnific'de Delbard, 89 F le rosier grimpant 'Papi Delbard'). Tous les arbres fruitiers sont garantis 2 ans et les autres plantes 1 an : arbustes à petits fruits, rosiers, plantes ornementales, bulbes. La grande boutique de Paris (ouverte lun.-sam. 8h30-19h) permet de trouver des guides pratiques et de commander sur place, où les conseillers Delbard sont en permanence à la disposition du public. Envoi des plantes gratuit à partir de 1 500 F de commande ou de la 2e commande passée entre août et sept. de l'année suivante (renseignez-vous chaque année sur ces conditions de gratuité). Les 16 jardineries Delbard en France sont localisables sur Minitel. Delbard est associé avec la banque Sofinco pour proposer à ses clients des "prêts à la carte".

• **DELBARD** : 16, quai de la Mégisserie — 75001 Paris — Tél. : 01 42 36 45 01 — Fax : 01 40 26 36 25
15 autres magasins en R.P. — Tél. : 01 44 88 80 00 — Serveur minitel : 3614 DELBARD (0,37 F/min)

CHATENAY-MALABRY 92

BONSAÏ RÉMY SAMSON

Spécialiste du bonsaï, guides et   Q/P : 7/10 •ASSORTIMENT : 8/10
fournitures de culture, stages, garderie   ✚ : Pépiniériste producteur

•Musée du Bonsaï — 25, rue de Chateaubriand — 92290 Chatenay-Malabry •Tél. : 0147029199
•Horaires : lun.-sam 9h-18h •Métro : RER B2 Robinson •Bus : 194 • Voir Bonsaï Rémy Samson, Paris 7e.

CHAMPIGNY-SUR-MARNE 94

ETS ROUCHON & FILS

Pépiniériste, plantes méditerranéennes   Q/P : 7/10 •ASSORTIMENT : 8/10
                                             ✚ : Plantes difficiles à trouver ailleurs

•130, rue de Verdun — 94500 Champigny-sur-Marne •Tél. : 0145161500 •Fax : 0145160055
•Horaires : mar.-sam. 7h-19h

Des cistes, des cades, des genévriers, des cyprès, des lauriers d'Apollon, des oliviers… Tout le Midi aux portes de Paris, le mieux étant encore les palmiers dattiers (entre 2 et 4 m de haut), dépaysants mais assez chers. Ce type de pépinière est assez rare au nord de la Loire et permet d'aménager un jardin aux teintes exotiques.

DOMONT 95

L'ARCHE DE NOÉ

Pépinière   Q/P : 7/10 •ASSORTIMENT : 9/10
                                             ✚ : Plantes très saines

•Fort de Domont, route stratégique — 95330 Domont •Tél. : 0139351149 •Fax : 0139916513
•Horaires : mer.-sam. 10h-12h30, 14h30-18h, dim. 10h-12h30

Plantes vivaces, arbustes à fleurs, plantes grimpantes, godets de fleurs des champs. Un catalogue annuel très beau et très complet, dans lequel vous retrouvez toute la production de cette pépinière dynamique. Vous pouvez vous faire livrer les godets et les bulbes sur toute la France (renseignez-vous sur les conditions de transport en consultant le bon de commande). Avant de venir faire une agréable promenade sur place, n'hésitez pas à vous faire adresser le catalogue, contre 12 timbres; la maison vend aussi par correspondance. Vente sur place de poteries et de jardinières. Noémie Vialard, maîtresse des lieux, donne également des cours de jardinage.

Matériel, mobilier, ornements, outillage

ETS AUROUZE

Pièges et insecticides Q/P : 8/10 •ASSORTIMENT : 9/10
  + : Conseils techniques et brochures

•8, rue des Halles — 75001 Paris •Tél. : 0142367388 •Fax : 0140130319 •Horaires : lun.-ven. 9h-12h30, 14h-18h30, sam. 9h-12h30, 14h-18h •Métro : Châtelet •Bus : 75, 76, 81

Pièges à souris, à rats, à taupes (12 F le piège simple, 45 F le piège à clef). Pièges à guêpes, à frelons et à mouches, en verre ou en plastique. Granulés bleus anti-limaces, vaporisateurs et aérosols insecticides. Traitements efficaces contre les cafards, service à domicile. La devanture de la maison montre que les rongeurs et autres pilleurs de poulaillers ont rarement le dernier mot. Catalogue sur demande, VPC dans toute la France.

LA TERRASSE SUR LES QUAIS

Mobilier de jardin, accessoires en tôle Q/P : 9/10 •ASSORTIMENT : 9/10
et poteries **+** : Bon rapport qualité-prix
•10, quai de la Mégisserie — 75001 Paris •Tél. : 0145080910 •Fax : 0145085025 •Horaires : lun.-dim. 10h-19h •Métro : Châtelet •Bus : 47, 58, 70, 75, 76, 81

Nouvelle boutique intéressante pour ses meubles en teck indonésiens. Appelez pour être prévenu des arrivages de ces tables, fauteuils et bancs qui s'arrachent littéralement. D'autres idées d'emplettes : petit vase Médicis patiné rouille de 85 à 188 F, vannerie et rotin de 30 à 75 F, jardinières en tôle mince laquée de couleurs gaies (120 F), grands pots en terre cuite à décor de guirlandes, modèle "Cuvier" 52 x 43 cm, 495 F.

LE JARDIN DE VICTORIA

Plantes en pots, petit mobilier et Q/P : 6/10 •ASSORTIMENT : 7/10
accessoires de jardin **+** : Plantes en pots
•24, av. Victoria — 75001 Paris •Tél. : 0142338407 •Horaires : mar.-dim. 9h-18h30 (mars-juin et oct.-déc.), mar.-sam. 9h30-18h30 (juil.-sept. et jan.-fév.) •Métro : Châtelet •Bus : 75, 76, 81

En face de Paris-Hollande et à côté du Cèdre Rouge, on dirait que cette boutique a pris un peu des deux ambiances pour se faire un nom. Beaucoup de plantes en exposition à l'extérieur, bambous, lauriers-tins, plantes grimpantes, arbustes sains et bien conditionnés, à partir de 150-200 F. Petit mobilier et accessoires de jardin à l'intérieur, mais pas d'affaires mirobolantes à dénicher.

JARDINS DE JADIS, HÉLÈNE LANDRAUD

Ornements de jardin anciens Q/P : 6/10 •ASSORTIMENT : 7/10
  + : Recherche d'objets devenus rares
  − : Ouvert seulement 2 jours/sem.

•11, rue St-Paul — 75004 Paris •Tél. : 0140279829 •Horaires : mar. et jeu. 15h-19h •Métro : St-Paul •Bus : 67, 86, 87

C'est comme si l'on entrait dans la resserre d'un jardinier du siècle dernier. Pièges à guêpe et à limaçons en verre soufflé (480 F), cloches en verre (450 F), pots de fleurs anciens où l'on discerne encore la marque des doigts du potier (de 17 F à 120 F pour les grands modèles), masques ornementaux en terre cuite patinée (de 300 à 350 F), sièges de jardin en fer forgé, sculptures à partir de 7000 F.

LE JARDIN ST-PAUL

Mobilier de jardin en métal, éclairage
Q/P : 6/10 •ASSORTIMENT : 8/10
+ : Fontaines et pompes à bras

•24, quai des Célestins — 75004 Paris •Tél. : 0142780889 •Fax : 0142784098 •Horaires : lun.-sam. 9h30-18h30 •Métro : Sully-Morland •Bus : 86

Lanternes, mobilier et luminaires d'intérieur sur le thème du jardin et de la nature. Chaises en fer forgé fait main 2400 F, tous modèles, banc de square en bois naturel, 150 cm de long, à partir de 1900 F. Tout est fabriqué par des artisans européens. Catalogue, livraison en 10 jours.

PARIS 5e

DESPALLES

Bulbes, plantes en pots, arbustes
Q/P : 7/10 •ASSORTIMENT : 7/10
+ : Expérience et accueil

•76, bd St-Germain — 75005 Paris •Tél. : 0143542898 •Horaires : lun.-sam. 10h-19h •Métro : Maubert-Mutualité •Bus : 63, 86

Une véritable sélection de bulbes et un catalogue très intéressant? L'orientation un peu déco de cette boutique fait oublier sa succursale de la rue d'Alésia et tout le travail de fond de cette maison très ancienne sur les vivaces et les arbustes. À redécouvrir, avec le petit jardin de la rue d'Alésia. Catalogue contre 30 F. Livraisons sur toute la France.

ESPACE BUFFON

Ornement du jardin, poteries, meubles de jardin
Q/P : 5/10 •ASSORTIMENT : 7/10
+ : Vente directe fabricant

•27, rue Buffon — 75005 Paris •Tél. : 0147070679 •Horaires : lun.-ven. 9h-12h, 14h-19h, sam.14h-19h •Métro : Gare-d'Austerlitz •Bus : 24

Grand espace, à côté du jardin des Plantes. Poteries d'Anduze, jardinières en tôle autour de 200 F, et objets d'artisanat ainsi que du mobilier, banc en teck moderne 1,50 m de long, 2200 F, bancs anciens 2900 à 4000 F, cheminées en céramique 5000 F. Une très jolie boutique, mais c'est un peu cher… pour rêver.

PARIS 6e

VERT VOUS

Poteries d'extérieur, thermomètres, librairie
Q/P : 6/10 •ASSORTIMENT : 8/10
+ : Objets en terre cuite
− : Prix des plantes en pots

•91, bd Raspail — 75006 Paris •Tél. : 0145499741 •Horaires : lun. 12h-20h, mar.-sam.10h-20h, dim. 10h-14h •Métro : Rennes •Bus : 68, 82

Jarres vernissées, poteries de Madagascar, jardinières à motifs. Beaucoup d'accessoires de jardin, comme des thermomètres, des motifs animaliers. Prix variables au gré des arrivages. Prix des plantes en devanture prohibitifs (700 F un rosier!), contrairement à ceux des poteries. Un petit rayon de livres sur la nature, captivera vos enfants pendant que vous ferez votre choix.

PARIS 7e

LES JARDINS DE PLAISANCE

Mobilier de jardin, cache-pots et vasques
Q/P : 6/10 •ASSORTIMENT : 8/10
+ : Suivi des modèles
− : Marchandises peu accessibles

•72, bd de Latour-Maubourg — 75007 Paris •Tél. : 0145559852 •Fax : 0145503832 •Horaires : mar.-sam. 8h30-20h •Métro : Latour-Maubourg •Bus : 87

Encore plus de poteries, de cache-pots, de vasques, de bacs en terre cuite vernissée. Classiques pots à glaçure verte thaïlandais, 5 tailles, à partir de 50 F, petites poteries d'Anduze, 50 cm de diamètre, 195 F. Du mobilier en gros rotin et en teck, table basse 1 100 F, fauteuil rotin 1 200 F, bacs en teck. Poste d'arrosage en fonte peinte et robinet cuivre 1 450 F, sujets en métal, girouettes à partir de 1 200 et 2 000 F. Tous les ans, à la Foire de Paris, prix intéressants sur le stand. Livraison pour les très grosses pièces.

Nature et Découvertes

Un catalogue, une fondation et de nombreux points de vente pour promouvoir une certaine idée de la protection de l'environnement. Gammes proposées très soigneusement sélectionnées avant d'être offertes à la vente. Mention spéciale pour le matériel optique (jumelles 10 x 25 Fréhel 399 F), qui permet d'offrir à un jeune passionné des étoiles sa première lunette d'astronomie (trépied compris, 50/600 Meade à 499 F, CD-Rom Balade à ciel ouvert 290 F). De même, les baromètres-thermomètres de style marine et de fabrication jurassienne (la station météo 3 en 1, 349 F, laiton anticorrosion) sont remarquables. Et pour jardiner sans polluer, une gamme de produits biologiques adaptés à nos jardins et balcons urbains (insecticide biologique anti-pucerons 49,50 F les 75 cl). En règle générale, matériels d'observation de la nature et de randonnée dans des marques fiables et à des prix raisonnables. Livraison par chronopost 48h après réception de votre commande, et échanges dans un magasin si vous changez d'avis.

• *NATURE ET DÉCOUVERTES*, 16 Magasins en R.P. — Tél. : 01 39 56 01 47 — Internet : nature@cie. fr

SAISONS

Objets de caractère, mobilier de maison et de jardin	Q/P : 8/10 •ASSORTIMENT : 8/10
	✚ : Accueil et conseil

•25, rue de Varenne — 75007 Paris •Tél. : 0145493820 •Fax : 0145445531 •Horaires : lun.-sam. 10h30-19h30 •Métro : Rue du Bac •Bus : 24, 48, 91, 95

Si vous n'avez pas de jardin, vous trouverez ici tout ce qu'il faut pour vivre au vert toute l'année. Sets de table en rabanne 45 F pièce, vrai mobilier Lloyd Loom en 12 coloris. Tente de jardin en toile écrue 3 x 4 m, 1 490 F. Photophores, bougies d'Anduze à partir de 150 F. Voilages en coton de couleur panneau uni 240 x 110 cm, 265 F. Table de jardin en zéllige terre cuite, piétement en fer forgé 1 m de diamètre, 3 990 F. Grosses bougies d'extérieur 125 F. Mobilier en teck à petit prix, vases, chandeliers et verrerie artisanale iranienne. Le décor et l'inspiration changent selon les saisons, très jolie boutique.

TECTONA

Mobilier de jardin en teck	Q/P : 5/10 •ASSORTIMENT : 7/10
	✚ : Ligne indémodable

•3, av. de Breteuil — 75007 Paris •Tél. : 0147357070 •Fax : 0147353766 •Horaires : été : lun.-sam. 10h-19h; hiver : mar.-sam. 10h-19h •Métro : St-François-Xavier •Bus : 69

La référence de qualité depuis 20 ans dans le mobilier en teck. Des classiques indémodables : chaise Sheffield 1 450 F, chaise longue pliante Normandie 3 450 F, parasol 3 m de diam. 4 350 F. Caisses à orangers à partir de 1 750 F. Catalogue, commandes par téléphone, par courrier ou par fax. Livraisons gratuites à partir de 2 500 F, 2 à 7 jours.

PARIS 8e

DESPALLES

Bulbes, plantes en pots, arbustes	Q/P : 7/10 •ASSORTIMENT : 7/10
	✚ : Expérience et accueil

•26, rue Boissy-d'Anglas — 75008 Paris •Tél. : 0149240565 •Horaires : lun.-sam. 10h-19h •Métro : Madeleine •Bus : 52, 94 • Voir Despalles, Paris 5e.

PARIS 12ᵉ

CASA NOVA

Ornements de jardin en terre cuite, fontaines

Q/P : 6/10 •ASSORTIMENT : 8/10
+ : Beaux modèles classiques

•38, av. Daumesnil — 75012 Paris •Tél. : 0143455151 •Fax : 0144670160 •Horaires : mar.-ven. 10h-19h, sam. 11h-19h •Métro : Gare-de-Lyon •Bus : 20, 57, 63

Autrefois uniquement réservée aux professionnels, Casa Nova a ouvert un showroom. Vases classiques des jardins d'Italie, le médicis en fonte 80 F, cache-pots à guirlandes en plusieurs tailles, jardinières à décor en ronde-bosse autour de 200 F. Intéressant : les vasques de fontaines en terre cuite non gélive, le petit modèle de 31 x 34 cm 805 F, le grand modèle 1518 F. Plus cher, les vasques en plomb, à partir de 5175 F.

PARIS 14ᵉ

DESPALLES

Bulbes, plantes en pots, arbustes

Q/P : 7/10 •ASSORTIMENT : 7/10
+ : Expérience et accueil

•5, rue d'Alésia — 75014 Paris •Tél. : 0145890531 •Fax : 0145814568 •Horaires : lun.-sam. 10h-19h •Métro : Glacière •Bus : 21, 62, 68 • Voir Despalles, Paris 5e.

PARIS 16ᵉ

ITINÉRAIRE FORESTIER

Accessoires et mobilier de jardin

Q/P : 6/10 •ASSORTIMENT : 9/10
+ : Objets artisanaux français magnifiques

•35, rue Duret — 75016 Paris •Tél. : 0145000861 •Horaires : lun. 12h-19h, mar.-sam. 10h30-19h30 •Métro : Argentine •Bus : 73

Des objets ayant pour thème la nature et la vie champêtre. Charmant bric-à-brac où faïences artisanales (110 F le plat rond décor feuille de vigne bleu et blanc) côtoient coussins en tapisserie au petit point, linge de table et de cuisine, cache-pots de tôle peinte de motifs floraux 165 F, pommes de senteur en métal ajouré, rechargeables, 115 F. Magnifiques gargoulettes en forme de poule 770 F.

PARIS 17ᵉ

ROQUES & LECŒUR

Outillage de jardin, micro-tracteurs, tondeuses, débroussailleuses

Q/P : 6/10 •ASSORTIMENT : 7/10
+ : Le catalogue

•4, bd Gouvion-St-Cyr — 75017 Paris •Tél. : 0145723600 •Fax : 0145747805 •Horaires : lun.-ven. 9h15-13h, 13h30-18h •Métro : Porte-de-Champerret •Bus : 84, 92, 93

•SAV : 8, rue Claude-Debussy — 75017 Paris •Tél. : 0145723077 •Horaires : lun.-sam. 8h30-17h

Une adresse des professionnels du jardin, qui viennent ici se fournir en matériel de jardinage motorisé. Coupe-bordure, motobineuse, dans les marques Kubota, Honda, Wolf, Gaby, tondeuses à partir de 950 F. Pour les réparations, SAV rue Claude-Debussy.

AVON 77

ROQUES & LECŒUR

Outillage de jardin, micro-tracteurs, tondeuses, débroussailleuses

Q/P : 6/10 •ASSORTIMENT : 7/10
+ : Le catalogue

•CC Les Fougères — 27, av. du Général-de-Gaulle — 77210 Avon •Tél. : 0160721235 •Horaires : lun.-ven. 8h30-12h, 13h30-18h30, sam. 8h30-12h, 14h-17h • Voir Roques & Lecœur, Paris 17e.

Le catalogue Unopiu'

Unopiu'vend sur catalogue des meubles en fer, teck, rotin et loom (fibre armée très résistante ressemblant à de l'osier), ainsi que des structures légères pour construire kiosques, pergolas et abris. Gamme très élégante, probablement ce qui se fait de plus raffiné dans le prêt à poser d'extérieur. Prix élevés mais justifiés par la solidité et le design indémodable des meubles. Chaise longue pliante en teck "Titanic" 2260 F, transat "Clio" en teck et toile écrue 1050 F, table basse en rotin style XIXe "Maxim" 960 F. Pour kiosques et pergolas, gammes évolutives, ce qui permet d'aménager son jardin selon ses possibilités. Unopiu'vend aussi parasols (770 F le parasol rectangle en toile écrue imperméabilisée), luminaires de jardin, pavillons et gloriettes, nombreux modèles de tables et de chaises, salons complets, toiles de tente, vaisselle et, même, collection de pivoines arbustives! Vous pouvez vérifier la qualité des produits au centre d'exposition d'Île-de-France, qui ouvre le samedi après-midi d'avril à juillet. Un service d'assistance permet aux clients de demander un devis précis ou de vérifier la viabilité d'un projet. Les délais de livraison varient de 2 à 3 semaines.

• CENTRE D'EXPOSITION UNOPIU' : 8, rue Leonardo-da-Vinci — 78704 Conflans-Ste-Honorine — Tél. : 01 39 72 11 00 — Fax : 01 39 72 51 09

LA VILLENEUVE-EN-CHEVRIE 78

ATWICK

Serres de charme en cèdre rouge

Q/P : 7/10 •ASSORTIMENT : 7/10
+ : Accueil et conseil, SAV
− : Pas de boutique dans Paris

•10, route de Bréval — 78270 La Villeneuve-en-Chevrie •Tél. : 01 34 76 03 16 •Fax : 01 34 76 03 17 •Horaires : lun.-sam. 9h-18h

Atwick distribue les serres anglaises Alton, construites en cèdre rouge imputrescible. Depuis 1927, leur solidité et leurs qualités esthétiques en ont fait les préférées des jardiniers professionnels. Serres rectangulaires classiques (195 x 167 x 202 cm, 3 fenêtres, à partir de 8300 F), pavillons octogonaux (182 x 182 x 238 cm, 9500 F), serres adossées à un mur (213 x 243 x 256 cm, 9500 F). Toutes serres livrées avec gouttières, embase anti-tempête, tables de travail et étagères; panneaux livrés vitres posées, ce qui est une sécurité importante. Planchers sur madriers de soubassement. Livraisons sur Paris 600 F, renseignez-vous pour les autres départements.

ENGHIEN-LES-BAINS 95

MERCURE FRANCE

Abris de jardin personnalisés

Q/P : 6/10 •ASSORTIMENT : 7/10
+ : Bon accueil, très professionnel
− : Pas régulièrement ouvert

•10, résidence du Lac — 95880 Enghien-les-Bains •Tél. : 01 39 89 26 24 •Fax : 01 39 89 26 51 •Horaires : sur rendez-vous uniquement

Très belle qualité d'abris en sapin massif, finitions soignées, aspect maisonnette avec des fenêtres vitrées et des toits à deux pentes en shingle. Nous sommes loin des cabanes à outils en planches, ces petits bungalows peuvent servir de chambre d'appoint ou d'atelier. De 4 m² (8320 F) à 16 m² (27310 F). Prix annoncés TTC dans la brochure, modèles livrés en kit. Livraisons jusqu'à 60 km de Paris, la maison peut se charger du montage.

ANIMAUX

- ANIMALERIES
- SOINS ET
  TOILETTAGE,

GARDIENNAGE
- INHUMATION,
  INCINÉRATION

C'EST LE CHAT DE LA VOISINE...! Partant souvent d'un bon sentiment, l'élan qui pousse à acheter une petite bête prostrée au fond d'une cage peut s'avérer une source de déceptions amères. Réfléchissez bien avant de prendre un animal, surtout si vous habitez en ville, et ne transformez pas sa détention en magasin en calvaire dans votre appartement. Si vous craquez, sachez que ce nouveau membre de la famille, à nourrir, à soigner, à emmener en vacances, à faire garder ou à abriter, absorbera une part non négligeable du budget de la maison.

Acheter sans discernement n'importe quel produit d'alimentation induit souvent chez nos compagnons des maladies bénignes mais gênantes : tartre dentaire, mauvaise digestion, manque de vitamines. Heureusement, de nouveaux aliments, bien dosés et mieux tolérés par les chiens et les chats, des flocons et croquettes diététiques, ont fait leur apparition et sont recommandés par de nombreux vétérinaires et éleveurs. Achetez-les à prix intéressants, par sacs de 5 ou 10 kg, avec des jouets à mâchonner qui maintiennent chiens et chats en bonne santé.

Des salons de soins spécialisés toilettent de nombreuses catégories d'animaux et l'on peut y apporter un oiseau pour lui faire tailler les griffes sans que cela n'étonne personne. Attention aux petits salons exigus où l'hygiène est précaire et où coupe-ongles, peignes et surfaces de travail ne sont pas suffisamment désinfectés.

En ville, le manque de place a développé le goût des aquariums et des terrariums, et ce secteur des animaleries gagne chaque année du terrain. Attention aux normes sanitaires et aux espèces venimeuses ou agressives, parfois mises en vente sans avertissement à la clientèle.

Si vous avez adopté un animal qui se révèle impossible à garder, l'abandon dans la nature est interdit, mais certaines associations se sont organisées pour récupérer gratuitement les indésirables. En ville, après de longues années de vie commune, que faire de son animal qui vient de mourir? Incinération et cimetières d'animaux proposent des solutions rapides et des forfaits prenant tout en charge, mais ils sont rarement bon marché.

Offrir un animal est toujours délicat, et l'on ne saura trop vous recommander d'être accompagné de la personne à qui il est destiné, surtout s'il s'agit d'un enfant, car c'est d'une rencontre que naît l'amitié d'un humain et de son animal.

Enquête et rédaction :
Sylvie Basdevant

Animaleries

LA GALERIE SUR LE QUAI

N

**Colombophilie, volières et cages
d'oiseaux, niches pour chiens, bassins**

Q/P : 7/10 • ASSORTIMENT : 6/10
✦ : Volières et cages

• 14, quai de la Mégisserie — 75001 Paris • Tél. : 0142363362 • Horaires : 7 j/7 11h-19h • Métro :
Châtelet • Bus : 47, 58, 70, 75, 76, 81

Pigeonniers démontables en grillage et bois traité, à partir de 10000 F, cage à perroquet en
métal laqué noir ou blanc à environ 6800 F. Nourrissoirs et pondoirs pour oiseaux. Pics
anti-pigeon à poser sur les rebords de fenêtres, 135 F/m linéaire. Choix de niches pour
chiens et de bassins à poissons. Tarifs d'expédition et de livraison au cas par cas.

PARIS 4^e

MARCHÉ AUX OISEAUX

**Oiseaux, cages, aliments, nichoirs et
perchoirs**

Q/P : 6/10 • ASSORTIMENT : 8/10
✦ : Renouvellement permanent

• Place Louis-Lépine — 75004 Paris • Horaires : dim. 9h-18h (hiver), 9h-20h (été) • Métro : Cité
• Bus : 21, 27, 38, 47, 96

Tous les dimanches, vous pouvez aller écouter les chants d'oiseaux du monde entier, de
préférence tôt le matin, au pied de la préfecture de police. Curieux et passionnés s'y
retrouvent, au milieu d'un joyeux déballage. Peu d'oiseaux de basse-cour (plutôt réservés
au quai de la Mégisserie), mais chanteurs multicolores, perruches et éleveurs qui vendent
en direct. Rien ne vous empêche de négocier un peu les prix si vous faites des achats groupés. Volières et cages, alimentation, nids en osier, pondoirs, nichoirs d'extérieur, produits
de soin. De temps en temps, cages anciennes et d'occasion.

PARIS 8^e

L'AQUARIUM

**Aquariums, poissons d'eau douce,
plantes aquatiques**

Q/P : 9/10 • ASSORTIMENT : 9/10
✦ : Expérience du vendeur

• 82, rue du Rocher — 75008 Paris • Tél. : 0145221244 • Fax : 0143877484 • Horaires : mar.-sam.
9h- 19h30, lun. 14h-19h30 • Métro : Villiers • Bus : 53, 30

Des petits poissons à tête de lion, des poissons exotiques magnifiques, des poissons asiatiques africains et américains... mais d'eau douce! C'est la spécialité du lieu. Vous serez
très bien reçu et servi sans attendre. Si vous avez des problèmes avec le pH de votre
aquarium, la maison en réalise gratuitement l'analyse. Entretien et réparations plus délicates (forfait autour de 500 F). Parmi le grand choix de plantes aquatiques (à partir de
30 F), d'assez rares plantes de très grande taille. Renseignez-vous pour les échanges de
poissons devenus trop grands ou pour changer carrément d'aquarium (livraison 280 F).

PARIS 11^e

ANICASH

**Fournitures pour aquariums, poissons
et invertébrés**

Q/P : 9/10 • ASSORTIMENT : 9/10
✦ : Accueil et conseils techniques

• 63, bd de Ménilmontant — 75011 Paris • Tél. : 0148060147 • Horaires : lun.-sam. 10h-12h,
14h-19h • Métro : Père-Lachaise • Bus : 61, 69

Un spécialiste : les passionnés connaissent bien cet endroit dépaysant caché au fond d'une cour triste. Très beau choix de matériel d'aération, de chauffage et de filtration dans les marques Élite, Shego, Rena, Wisa, Eheim (de 15,50 F à 2000 F). Pièces détachées, tuyaux, raccords et accessoires de fixation à partir de 5 F. Rayon d'installation des rampes d'éclairage très complet. Pour les grands aquariums, de quoi décorer et planter, tant en eau de mer qu'en eau douce (55,60 F le sac de 25 kg de sable de Loire, gorgones – petit modèle – 97,50 F et 11,20 F le kg de bloc de lave). Faites le tour des aquariums, très beaux spécimens de poissons et de coraux vivants, en vente à partir de 40 F. Promos régulières sur les aquariums, service de verrerie sur mesure (devis gratuit).

BERNARD AQUARIUMS

Installation, location et entretien d'aquariums, poissons

Q/P : 9/10 • ASSORTIMENT : 9/10
+ : Choix et souplesse des paiements
− : Pas assez de vendeurs le week-end

• 53, bd Beaumarchais — 75011 Paris • Tél. : 0148878607 • Fax : 0148872125 • Horaires : lun. 14h-19h30, mar.-sam. 9h30-12h30, 14h-19h30 • Métro : Chemin-Vert • Bus : 20, 65

Une très bonne adresse, choix, bon accueil et bonnes idées pour aménager son aquarium. Maison très connue. Service de location pour les entreprises (avec contrat d'entretien), pour les tournages ou pour des événements ponctuels. Les particuliers, le gros de sa clientèle, sont fidélisés par les promotions régulières sur meubles aquariums, plantes et certains poissons (tanches de Mongolie 50 F, 10 F le kg de sable quartz blanc ou noir, tête de lion grand modèle 250 F). Bel échantillonnage de nourritures pour poissons d'eau douce et d'eau de mer, congelé et en plaquettes (Marin Mix, Krill, Discus Food), livres, grand choix de rampes lumineuses, de produits sanitaires et d'installation (Waterlife, Midisel, Tetra Médica, Dennerle), nombreux coraux. Magasin partenaire de la carte Aurore pour un paiement en plusieurs fois; carte de crédit à partir de 100 F.

PARIS 16ᵉ

CHENIL DE PARIS

Vente de chiens de race, animalerie

Q/P : 6/10 • ASSORTIMENT : 8/10
+ : Pension pour chiens et chats

• 91, rue de la Pompe — 75016 Paris • Tél. : 0145535377 • Fax : 0145534353 • Horaires : lun.-sam. 9h-12h30, 14h-18h30 • Métro : Rue-de-la-Pompe • Bus : 52, 63

De très nombreuses races de chiens de garde, bergers allemands (3500 F), beaucerons, bergers belges, boxers, dobermans, rottweillers. Pour les chiens de petite taille, plus adaptés à la ville, voir les spitz, pinchers, cockers, yorks, lhassas, scottishs, cairns (3800-4000 F), westies (4500 F). Tous vaccinés et tatoués, expéditions à la demande et devis au poids, facilités de paiement (3 chèques sur 3 mois). Reprise des animaux en cas de problème prévu par les termes de la loi. Articles d'alimentation pour chiens et chats, poissons et rongeurs; laisses et colliers, paniers, cages et aquariums.

PARIS 20ᵉ

PARAMOUNT AQUARIUM

Aquariums, poissons et invertébrés, plantes aquatiques

Q/P : 6/10 • ASSORTIMENT : 9/10
+ : Variétés des espèces et conseil
− : État sanitaire aléatoire et éclairage

• 279, rue des Pyrénées — 75020 Paris • Tél. : 0147971145 • Fax : 0147979706 • Horaires : lun.-dim. 10h-13h, 14h-19h • Métro : Gambetta • Bus : 26

Des centaines d'espèces, certains spécimens de poissons de mer exotiques d'une taille impressionnante, beaucoup de choix, des aquariums d'anémones et de coraux qui valent le détour… et pourtant, la vétusté de l'installation et des aquariums n'incite pas, sous un éclairage peu flatteur, à faire acquisition de quoi que ce soit. Messieurs Sidoli père et fils vous renseigneront sur les filtres Eheim et les pompes King Size et vous donneront tous les conseils utiles pour leur installation. Salle supplémentaire au sous-sol, plutôt de deuxième choix. En cas de problème sanitaire, la maison ne vous rembourse pas mais vous fait un avoir de la valeur de l'animal, uniquement compensable en rayons plantes et poissons. Les prix varient en fonction des arrivages. Carpe koï 400 F environ.

SOCIÉTÉ PROTECTRICE DES ANIMAUX

Refuge et adoption

Q/P : 10/10 • ASSORTIMENT : 9/10
+ : Sérieux et suivi des animaux

• 30, av. du Général-de-Gaulle — 92230 Genevilliers • Tél. : 0147985740 • Fax : 0147637476 • Horaires : lun.-sam. 9h-16h, dim. et jours fériés 9h30-11h30 • Métro : RER C Genevilliers

L'objectif de la SPA est de ne plus pratiquer d'euthanasies mais d'encourager l'adoption. Si c'est votre intention, munissez-vous d'une pièce d'identité et d'un justificatif de domicile. Comptez 800 F pour un chien et 500 F pour un chat. Pour les chiots et les chatons, c'est un peu plus cher : 900 et 600 F. Une conseillère d'adoption vous aidera à faire un choix raisonnable parmi les centaines d'animaux disponibles. Les animaux sont vendus vaccinés, tatoués et stérilisés, avec leurs papiers en bonne et due forme. Après la vente, un inspecteur de la SPA vous contactera pour prendre des nouvelles de votre protégé.

TRUFFAUT ANIMALERIE

Vente d'animaux et de produits d'hygiène, soins et alimentation

Q/P : 9/10 • ASSORTIMENT : 7/10
+ : Prix grande distribution
− : Peu de chats disponibles

• RN14, La Patte d'Oie — 95480 Pierrelaye • Tél. : 0139313344 • Horaires : lun.-dim. 9h-20h • Métro : RER A • Bus : 9514

Vous trouverez ici surtout des chiots (petites et grandes races), tous tatoués et vaccinés. Bichons, bull-terriers, yorkshires, shih-tzu, caniches, cockers, chow-chow, terre-neuves et d'autres encore, âgés de 2 mois et demi, pour un prix variant de 4000 à 5000 F. Règlement par carte Aurore en 3 fois sans frais. Vitrines où s'ébattent les chiots très propres et bien éclairées. Pour les chats, tatoués et vaccinés eux aussi, il faut passer commande et compter environ 800 F. Reste de l'animalerie dévolu aux classiques rongeurs, poissons et oiseaux. De grandes marques d'alimentation (Science Plan, Techni-Cal, Eukanuba, Dog International) et de soin.

Soins, toilettage, gardiennage

PRIMA

Salon de toilettage

Q/P : 7/10 • ASSORTIMENT : 6/10
+ : 50 ans d'expérience

• 83, bd Malesherbes — 75008 Paris • Tél. : 0145221546 • Horaires : mar.-sam. 9h-19h • Métro : St-Augustin • Bus : 94

Une boutique ouverte avant-guerre et dont l'expérience est impressionnante. Pour un chien de taille moyenne, de type cocker, comptez 270 F pour un bon bain. Si d'autres soins plus conséquents sont à prévoir, il vaut mieux se déplacer avec l'animal pour une estimation précise. Vente de laisses et de colliers (cuir ou nylon) de 120 à 250 F.

PARIS 10ᵉ

ANIMADO

Placement ou garde à domicile d'animaux domestiques

Q/P : 6/10 • ASSORTIMENT : 8/10
+ : Originalité et variété des services

• 62, rue Louis-Blanc — 75010 Paris • Tél. : 0140357151 • Fax : 0144720393 • Horaires : lun.-dim. 9h-20h uniquement sur RDV • Métro : Porte-de-la-Chapelle • Bus : 46

Alternative idéale au chenil, Animado s'adresse à toutes les personnes qui doivent s'absenter (vacances, déplacements professionnels, hospitalisation…). Gardes à domicile (votre animal reste dans son cadre habituel, le correspondant Animado intervient chez vous pour lui donner son repas, changer la litière du chat ou promener le chien) ou placements en famille sélectionnée par l'association (exemples : formule à domicile, 20 jours pour un chien, 1300 F; placement chez des particuliers de 2700 à 3600 F par mois).

Vétérinaires à domicile

Un service ouvert 24h/24, mais à n'utiliser qu'en cas d'urgence, et aux heures où les autres vétérinaires sont fermés. Ces vétérinaires interviennent au maximum dans l'heure et demie, et dans toute la région parisienne, 91 et 95 inclus. Tarifs de l'ordre de 480 F en journée et de 520 F la nuit. En cas de sutures, prix de 400 à 500 F. Les voitures sont équipées d'un petit nécessaire chirurgical et, en cas d'intervention plus conséquente, les animaux sont emmenés gratuitement vers une clinique.
• *VÉTÉRINAIRES À DOMICILE* : 4, av. St-Honoré-d'Eylau — 75016 Paris • Tél. : 0147554700

PARIS 17ᵉ

SALON MARIE POIRIER

Salon de toilettage et vente de chiens de petite taille

Q/P : 7/10 • ASSORTIMENT : 7/10
+ : Très professionnel
− : Trop d'affluence le week-end

• 84, bd des Batignolles — 75017 Paris • Tél. : 0145222250 • Fax : 0145223334 • Horaires : lun.-sam. 9h-19h • Métro : Villiers • Bus : 30

Derrière la façade noire, très chic, du magasin, on s'occupe de chiens de petite taille. Soins, taille des griffes, démêlage, séchage et coupes spécifiques des races de chiens à poils longs (bain d'un Yorkshire 280 F). Accueil en douceur pour des chiens quelquefois un peu stressés, manipulation très professionnelle des animaux. Pour les passionnés des yorks, plein de petits accessoires (laisses et colliers autour de 200 F), manteaux, paniers de transport confortables, jouets et rayon alimentaire. Prise de rendez-vous obligatoire. Notez que Marie Poirier tiend également un salon à La Samaritaine.

KENNEL CLUB

Toilettage, alimentation canine et féline

Q/P : 9/10 • ASSORTIMENT : 9/10
+ : Choix et accueil souriant et compétent

• 26, rue Madeleine-Michelis — 92200 Neuilly • Tél. : 0147381049 • Horaires : mar.-sam. 10h-19h • Métro : Sablons • Bus : 43, 82

Des produits d'une qualité unanimement reconnue puisque ce ne sont que des produits vétérinaires (marques Hills, Laboratoires Léo, Eukanuba), dans les domaines de l'hygiène, du régime alimentaire et de l'entretien des chiens et des chats. Brosses souples (40 F), tout le petit mobilier, écuelles, griffoirs, plats. Sacs de transport et corbeilles ingénieux, avec coussins lavables amovibles et fonds plastifiés. Vêtements de marque Burbery's (289 F l'imper de petite taille), manteaux autour de 389 F, très jolis modèles de laisses et de colliers en cuir à partir de 220 F. Demandez conseil pour l'alimentation diététique pour chiens et chats, dont le rayon est très varié (jouets et mâchons : poulet 110 F, chewing-gum naturel pour chien 20 F) et si un bain s'impose, on vous proposera un devis pour un soin complet (oreilles, griffes, coupes, etc.).

Inhumation, incinération

CRÉMADOG

Incinération d'animaux familiers

Q/P : 7/10 • ASSORTIMENT : 7/10
✛ : Service funéraire personnalisé

• ZA du Moulin à Vent — 78280 Guyancourt • Tél. : 0130573129 • Horaires : lun.-ven. 9h-18h, sam. 9h-17h • Métro : RER C St-Quentin-en-Yvelines

Sur rendez-vous uniquement. Deux formules : crémation individuelle de 550 à 990 F, ou crémation collective de 255 à 510 F. Possibilité d'enlèvement à domicile (forfait sur Paris 275 F) jusqu'à 40 kg. Fournitures d'urnes funéraires de différents modèles, 220 F environ l'urne céramique, ou de coffrets, 90 F environ. Les cendres des animaux sont dispersées en mer deux fois par an. Vous pouvez vous y rendre en RER puis prendre un taxi, ou appeler Crémadog qui viendra vous chercher et vous raccompagnera ensuite.

CIMETIÈRE POUR ANIMAUX, MARBRERIE BECQUET

Inhumation d'animaux familiers, fournitures mortuaires

Q/P : 8/10 • ASSORTIMENT : 8/10
✛ : Déplacement à domicile

• 18-24, route de Tremblay — 93420 Villepinte • Tél. : 0143837633 • Fax : 0143841243 • Horaires : lun.-dim. 9h-18h (mars- sept.), lun.-dim. 9h-17h (oct.-fév .) • Métro : RER B3 Sevran-Beaudottes • Bus : 607 A, 607 B

Vous pouvez les joindre 7 j/7 en cas de décès de votre animal familier. Cette maison se déplace chez vous (Paris 300 F, banlieue 400 F), et propose un forfait d'inhumation comprenant le cercueil capitonné, l'enterrement en pleine terre, le piquet au nom de l'animal marquant sa place, pour 1650 F. Vous pouvez également acquérir une concession pour 390 F. La marbrerie peut réaliser des dalles gravées à la commande et vend de très jolies couronnes de fleurs en tissu, à partir de 80 F.

SERVICE D'INCINÉRATION D'ANIMAUX FAMILIERS (SIAF)

Incinération d'animaux familiers

Q/P : 8/10 • ASSORTIMENT : 8/10
✛ : Services rapides

• 3, rue du Fort — 94130 Nogent- sur -Marne • Tél. : 0148766818 • Horaires : lun.-ven. 9h-17h30 toute l'année • Métro : RER A2 Nogent-sur-Marne • Bus : 113

Possibilité d'assister à la crémation (1h environ) et d'acheter une urne en céramique ou un coffret en bois sur place, de 60 à 500 F environ. Crémation : 520 à 1040 F pour un chien jusqu'à 40 kg. Tarifs calculés par catégorie de 10 kg. Service de permanence téléphonique 24h/24 et déplacements à domicile pour venir enlever le corps. En descendant à la gare de Nogent-sur-Marne, prenez le bus 113 et descendez à l'arrêt Paul-Bert. Pour une incinération individuelle, appelez pour prendre rendez-vous dans la journée même. Bon accueil.

VÉLO, MOTO, AUTO, TRANSPORTS

- VÉLOS
- MOTOS, SCOOTERS
- AUTOMOBILES
- VÉHICULES ÉLECTRIQUES
- COVOITURAGE, TAXIS

LE SIÈCLE DU 2 ROUES! Vélos classiques et VTT, scooters, Vespas, 125 cm^3, customs… envahissent de plus en plus les rues de Paris. Embouteillages, contraventions et pollution obligent. Un vélo peut se louer à l'heure ou à la journée, s'acheter neuf ou d'occasion et se réparer dans de nombreuses boutiques parisiennes. Voici une sélection des meilleures, mais attention au vol qui reste le problème numéro un.

Le Vespa de la Dolce Vita s'est modernisé. Plus stable et doté de bons freins, il est devenu le principal outil de déplacement de nombreux Parisiens, des hommes d'affaires aux coursiers. Les customs représentent une vente de motos sur deux. Motos de ville par excellence, elles ont détrôné les sportives et les trails. L'avenue de la Grande-Armée et le quartier de la Bastille (bd Richard-Lenoir et Beaumarchais) sont leurs temples, en attendant le grand rendez-vous hebdomadaire des motards, le samedi soir, au pied du Château de Vincennes.

La voiture existe encore et, dans ce domaine standardisé pourquoi commander ici plutôt qu'ailleurs, sinon pour essayer d'obtenir le meilleur prix,? En achetant à des mandataires-importateurs qui travaillent avec des réseaux de concessionnaires étrangers, on peut obtenir des remises de l'ordre de 15 à 20 %. Mais il faut se méfier des escroqueries. Pour trouver des véhicules presque neufs à moindre prix, vous pouvez vous adresser aux centres de revente des loueurs de voitures, qui renouvellent constamment leur flotte. Les véhicules sont contrôlés, révisés et garantis pendant six à neuf mois.

L'automobile d'occasion est un secteur où il est facile de faire de mauvaises affaires. En dehors des réseaux de concessionnaires, fiables mais chers, il existe de nombreuses méthodes de reventes et d'achats entre particuliers : journaux d'annonces, salons ou ventes sur les parkings. En 1998, la Direction de la concurrence, de la consommation et de la répression des fraudes a stoppé les ventes sur le parking de Vélizy, car 25 % des occasions contrôlées étaient maquillées après accidents, présentaient de faux contrôles techniques, des kilométrages trafiqués ou étaient tout simplement des voitures volées. Alors, méfiance! Mieux vaut peut-être encore louer une voiture ou prendre le taxi!

Enquête et rédaction :
Thérèse Bouveret

Vélos
(vente, réparation, location)

Le moins cher du vélo

Dans les grands magasins Go Sport, rayon vélo : environ 200 modèles hommes, femmes, enfants : VTT, VTC, course… Toutes marques : Go Sport bien sûr, mais aussi Scott, Urban Bike, Coppi. Nombreux accessoires. Guide vélo disponible dans les magasins. La gamme des prix va de 300 F (enfant) à 10000 F. Les produits Go Sport sont garantis 2 ans (5 ans pour le cadre et la fourche). De plus, Go Sport s'engage à vous rembourser la différence de prix si vous trouvez, dans le mois suivant, le même article à un prix inférieur. Livraison possible. Vous pouvez également faire réparer votre vélo sans RDV. Si le délai de réparation ou d'entretien est dépassé, Go Sport s'engage à vous donner 50 F par jour de retard en bons d'achat.

• *GO SPORT*, 30 Magasins en R.P. — Tél. : 0476282020 — Serveur minitel : 3615 GO SPORT (1,29 F/min)

PARIS 1er

ESCAPADE NATURE/RATP ROUE LIBRE

Balades guidées en vélo dans Paris et la région parisienne
Q/P : 9/10 •ASSORTIMENT : 9/10
+ : Balades guidées

•Square St-Jacques — 75001 Paris •Tél. : 0153170318 •Horaires : 7 J/7, horaires variables selon les balades (permanence téléphonique : mar.-sam. 9h-19h, dim.-lun. 9h-14h) •Métro : Châtelet, Hôtel-de-Ville •Bus : 67, 72, 74, 76

À Châtelet, au départ du cyclobus, balades détente tous les jours à 11h, les dim. et jours fériés à 9h; durée 1h30 (100 F). Balades découverte tous les jours à 15h (160 F), 3h30. De la mi-juin à la fin août, balades spéciales de 2h ("Paris la nuit", le samedi à 20h ou 21h et "les petits matins de Paris", le dimanche à 6h ou 7h). Escapades en Île-de-France à la journée, 10 à 20 personnes, départ 10h, 250 F (200 F pour les 12-25 ans), avec son propre vélo 190 F.

SAMARITAINE

VTT, VTC, vélos de ville MBK, accessoires, textiles, réparation
Q/P : 8/10 •ASSORTIMENT : 7/10
+ : Réparation sans RDV
− : MBK uniquement

•19, rue de la Monnaie — 75001 Paris •Tél. : 0140412202 •Horaires : lun. mer. et ven.-sam. 9h30-19h, jeu. 9h30-22h •Métro : Les Halles •Bus : 29, 38, 47

Le rayon vélo de la Samaritaine occupe tout le 1er étage du magasin 3. Gamme MBK uniquement, mais dans toute son ampleur : vélos de ville, VTC, VTT (homme, femme, enfant). Tout y est, même le vélo électrique Axion City. Pendant les 4 S, articles en promotion à -10 ou -15 %. Nombreux accessoires et textiles. Affluence le samedi et à l'heure du déjeuner. Nocturne le jeudi. Au rayon réparation, sans RDV, l'on répare tout sauf les vélos hollandais (faute de pièces). Pour une crevaison, réparation dans la journée. Tarif horaire peu cher : 35 F le 1/4h, 40 F la 1/2h, et 70 F/h.

PARIS 2e

AU RÉPARATEUR DE BICYCLETTES

Vélos neufs et d'occasion, réparation
Q/P : 9/10 •ASSORTIMENT : 8/10
+ : Réparation
− : Pas de vélos enfants

•44, bd de Sébastopol — 75002 Paris •Tél. : 0148045119 •Fax : 0148049757 •Horaires : lun.-sam. 10h-20h •Métro : Châtelet-Les Halles •Bus : 38, 47

Atelier de réparation et vente de bicyclettes : tout, sauf le vélo de course et le vélo enfant. Choix assez éclectique et plutôt moyenne gamme (jusqu'à 5000 F). Une exception près : la Schwimm, en promo à 9999 F. VTC Batavus, Giant, Scott, vélos de ville Raleigh, Gazelle (4500 F), MGI (Symphonie à 2350 F). Clientèle féminine à 75 %. Originaux : la trottinette jaune et les vélos pliants (Dahon à 4350 F, Arcade à 1390 F, Brompton à 4920 F). La série Box 1 (3500 F), 2 (4800 F) et 3 (6000 F) de Giant, composée de modèles à suspension avec freins hydrauliques, contraste un peu.

SUNN/LE SHOP

Showroom de vélos, vêtements Sunn et accessoires Sunn	Q/P : 8/10 •ASSORTIMENT : 7/10 + : Prêt de 24h pour essai − : Pas d'accessoires

•3, rue d'Argout — 75002 Paris •Tél. : 0140289594 •Fax : 0140289007 •Horaires : lun. 13h-19h, mar.-sam. 11h-19h •Métro : Sentier, Bourse •Bus : 74

Au sous-sol d'un grand magasin de vêtements branchés, le rayon vélo Sunn jouxte celui des skateboards. Une vingtaine de modèles Sunn exposés (les autres sont livrés par l'usine sous 48h). Principalement des VTT, plutôt haut de gamme (prix moyen 5000 F) : des vélos légers (11 kg) et sportifs destinés à une clientèle masculine de jeunes passionnés (25-35 ans). Des vélos rigides ou à fourche télescopique, avec ou sans amortisseurs arrières. Polyvalent, le Vertik II est très demandé car d'un bon rapport qualité-prix (3500 et 4000 F). Les 15-25 ans trouvent des bicross (1800 à 3500 F). Pour les enfants, quelques VTT entre 1300 et 2000 F. Des pièces détachées Sunn, Synchro ou Raceface permettent de faire des montages à la carte. Atelier de réparation.

Trocathlon

Deux fois par an, fin mai-début juin et fin oct.-début nov., des week-ends de dépôt-vente ont lieu dans les magasins Décathlon. Vous apportez vos vélos à vendre. Ils doivent être propres, en bon état et sans défaut. On détermine un prix et l'article est exposé. S'il est vendu, vous disposez d'un bon d'achat pour un article neuf. Par exemple, le vélo de votre enfant est devenu trop petit, vous le revendez et vous rachetez un vélo d'occasion à sa taille.

• DÉCATHLON : 27 Magasins en R.P. — Tél. : 0320337500 — Serveur minitel : 3615 DECATHLON (1,29 F/min) — Internet : http :/www. decathlon. com

PARIS 3e

BICLOUNE

Vélos hollandais neufs et d'occasion, vélos de collection, pièces détachées, réparation	Q/P : 9/10 •ASSORTIMENT : 9/10 + : Vélos de collection

•93, bd Beaumarchais — 75003 Paris •Tél. : 0142775806 •Horaires : mar.-sam. 10h-13h, 14h-19h •Métro : Chemin-Vert, St-Sébastien-Froissart •Bus : 65, 20, 29

Vélo hollandais neuf, d'occasion et de collection : un Pederson fin XIXe à 9000 F ainsi qu'un engin spécial de 1952 à 6000 F, un Gazelle ancien à 4500 F, un tandem Sparta à 3200 F, il y a aussi toutes sortes de vélos d'occasion au RDC et au sous-sol, en particulier une série de Butterfield Robinson à 2300 F. Atelier réparation et pièces détachées, plaques de vélo et accessoires anciens. Voir Bicloune, Paris 11e.

PREYA CYCLES

Spécialiste du vélo hollandais, location, réparation	Q/P : 8/10 •ASSORTIMENT : 9/10 + : Vélos hollandais

•14, rue Froissart — 75003 Paris •Tél. : 0142770119 •Horaires : lun.-sam. 19h-13h, 14h-20h •Métro : Filles du Calvaire ou Froissart

Des vélos hollandais neufs, alignés à ne pouvoir circuler : Gazelle, Batavus, Cyrus, Rodéo, Maxwell, Raleigh, Kopra, Sparta, de 1400 à 3500 F. Quelques italiens, Douglas, Ferrari et Cinzia. Des vélos enfants Montana (1200 F), Retro, Maxwell (1400 F). Une vingtaine d'occasions de 800 à 1000 F. Et un spécimen d'Union homme à 15000 F. Location de vélos : 100 F les 24h, 200 F le week-end et 250 F les 3 jours.

PARIS 5ᵉ

AU POINT VÉLO

Vélos hollandais neufs et occasions, location, réparation

Q/P : 8/10 •ASSORTIMENT : 7/10
+ : Vélos hollandais
— : Pas de vélos enfants

•83, bd St-Michel — 75005 Paris •Tél. : 0143548536 •Horaires : lun.-sam. 11h-20h30 •Métro : RER B Luxembourg •Bus : 38

Tout petit magasin spécialisé dans le vélo hollandais : Batavus, Cyrus et Douglas. Batavus à rétropédalage 2 vitesses 2500 F, à 3 vitesses 3200 F. Le modèle Gazelle atteint 4000 F. Quelques vélos d'occasion. Location d'une quinzaine de vélos, de type VTC ou citybike, à la journée (100 F pour 24h) ou au week-end (du sam. au lun., 180 F). Atelier réparation. Attention, en été, les stocks se raréfient.

CYCLIC

Vente et location de vélos, réparation de vélos hollandais

Q/P : 8/10 •ASSORTIMENT : 5/10
+ : La location de vélos

•19, rue Monge — 75005 Paris •Tél. : 0143256367 •Fax : 0143256367 •Horaires : mar.-sam. 10h-13h15, 14h30-19h, dim. 11h-18h •Métro : Cardinal-Lemoine •Bus : 89

Magasin convivial qui ressemble à un bar. Atelier de réparation de vélos hollandais (190 F/h). Peu de vélos mais de la qualité : vélo enfant cross à 1300 F et patinette à 850 F. Marques hollandaises (Amstel), anglaises (Arrow, Fifties, Onz'Road, City), italiennes (Cinzia) ou françaises (Arcade, vélo de ville à 1800 F, VTC à 2100 F). Le vélo Pashley Princess coûte 3610 F. Quelques occasions, des reprises pour la plupart. En déposant une caution de 1500 F, vous pouvez louer une bicyclette : heure 20 F, demi-journée 60 F, journée 100 F, week-end 160 F, semaine 300 F.

RENT A BIKE

Location de vélos, excursions, vélos d'occasion

Q/P : 8/10 •ASSORTIMENT : 8/10
+ : Vélos bien entretenus
— : Peu de vélos enfants

•4, rue du Fer-à-Moulin — 75005 Paris •Tél. : 0143375922 •Horaires : 10h-12h30, 14h-19h •Métro : Jussieu •Bus : 89

Dans cette petite cour pavée, on loue VTC, citybikes, mountain bikes, dont un certain nombre de la marque Raleigh. Les vélos entretenus dans l'atelier sont revendus en bon état, chaque année au mois d'octobre. Caution de 2000 F, location 90 F la journée, 115 F pour 24h, 195 F du ven. au lun. et 420 F la semaine. Excursions accompagnées d'un guide : 5 circuits dans Paris (grands monuments, rive gauche, bois de Vincennes…), 150 F dans la journée (120 F pour les moins de 26 ans) et 180 F en soirée (150 F pour les moins de 26 ans).

PARIS 8ᵉ

DÉCATHLON

Location de vélos avec option d'achat

Q/P : 8/10 •ASSORTIMENT : 7/10
+ : Esprit de service
— : Vélos Décathlon uniquement

•26, av. de Wagram — 75008 Paris •Tél. : 0145724820 •Fax : 0145724488 •Horaires : lund.-ven 10h-20h, sam. 9h-20h, dim. 10h-21h •Métro : Wagram

Location de vélos à la journée, au week-end ou au mois : vélos de ville, VTT, VTC. Parc de 60 vélos, caution de la valeur du vélo demandée. Prix d'un week-end de location déduit du prix du vélo s'il est acheté (200 F). Casque, sacoche de réparation et, éventuellement, porte-bébé compris dans la location.

PARIS 10ᵉ

CYCLES JEAN

Vélos, cyclos, scooters Peugeot, Motobécane, MBK, réparation	Q/P : 7/10 •ASSORTIMENT : 6/10 + : Passionnés de motocross

•34, rue Philippe de Girard — 75010 Paris •Tél. : 0146076877 •Fax : 0142056721 •Horaires : lun. 10h-19h, mar.-sam. 9h-19h •Métro : La Chapelle, Stalingrad

Vélo d'entrée de gamme : vélos de ville Swan Peugeot (assurés contre le vol), VTT Dakar (1 300 F), VTC (1 375 à 1 785 F). Également quelques scooters : Trekker 100 (13 990 F), Zénithn (8990 F) et Booster (10990 F). Réparation toutes marques (180 F/h TTC).

LA MAISON DU VÉLO

Vélos neufs et d'occasion, réparation, location	Q/P : 9/10 •ASSORTIMENT : 8/10 + : Promotions toute l'année

•11, rue Fénelon — 75010 Paris •Tél. : 0142812472 •Horaires : mar.-sam. 10h-19h •Métro : Gare-du-Nord •Bus : 26, 48

Grand magasin clair et accueillant. Les 3 vendeurs sont aussi mécanos et fous de vélos. Exigeants sur la qualité, ils vendent des marques peu communes : Cannondale, Giant, Wheeler, Look, Orba, Veneto et font monter des vélos sur mesure à la demande chez Berin. Bicyclettes adultes du vélo de ville à 1500 F jusqu'au VTT (Trekk, Klein, Breezer) ou vélo de course à 40 000 F. Location de vélos à partir de 95 F la journée et 200 F le week-end, du sam. au mar. Pour les enfants, vélos à partir de 24 mois (de 950 à 1500 F) et des remorques de tous types (en particulier Bob-Yak). Atelier de réparation.

LUCIEN FLORQUIN, LE PETIT BOYAUTEUR

Réparation de vélos	Q/P : 8/10 •ASSORTIMENT : 8/10 + : Très bon mécanicien

•36, rue de l'Aqueduc — 75010 Paris •Tél. : 0140348118 •Horaires : mar.-sam. 9h-12h, 15h-19h •Métro : Louis-Blanc •Bus : 46, 75

Des coupes de courses amateurs alignées sur l'unique armoire de ce tout petit atelier : celles gagnées par Lucien Florquin. Entretien et réparation des vélos de ville (même des vieux modèles) à 150 F/h. Tout un stock de pièces détachées. Attention, l'été, il travaille à mi-temps afin de conserver du temps pour continuer à s'entraîner!

PARIS 11ᵉ

À TOUS CYCLES

Vélos hollandais, neufs et occasions, réparation	Q/P : 9/10 •ASSORTIMENT : 8/10 + : Spécialiste du hollandais − : Pas de modèles enfants

•22, bd Richard-Lenoir — 75011 Paris •Tél. : 0143555759 •Horaires : lun.-sam. 10h-20h •Métro : Bréguet-Sabin •Bus : 20, 29, 65

Vélos hollandais. 70 % de vélos de femmes (Sparta, Raleigh, Bikaboose, Moien), pas de vélos enfants, une rangée de vélos d'hommes d'un noir de jais (Cyrus). Quelques occasions provenant de Hollande, à l'intérieur des Batavus, à l'extérieur des vélos style avant-guerre. Seuls modèles colorés (jaune, rouge), les VTC Douglas 18 vitesses à 990 F. Deux rangées de VTC en promotion à -40 %. Les prix vont de 900 à 1 680 F (3 vitesses, freins à tambour). Réparation sans RDV, toutes marques.

BICLOUNE

Vélos de ville, VTC, VTT, accessoires, atelier de réparation

Q/P : 9/10 •ASSORTIMENT : 7/10
+ : L'atelier de réparation

•7, rue Froment — 75011 Paris •Tél. : 0148054775 •Fax : 0148054770 •Horaires : mar.-ven. 10h-13h, 14h-19h, sam. 10h-18h •Métro : Richard-Lenoir •Bus : 69

Éclectique, cosmopolite, alternatif, telle est l'image de ce vélociste qui vend du vélo ancien, moderne, ville ou rando (VTC, VTT). Bicyclettes Giant (Trek à 2300 F), Scott, Schwinn, des hollandais (Gazelle ou Batavus). Prix de 2000 à 6000 F. Quelques vélos enfants : Baby 985 F, Baby Cross 1 020 F. Et aussi des vélos pliants Brompton. Un modèle haut de gamme, le Scott Octane FX1 à 12995 F. Atelier de réparation très efficace.

CYCLES LAURENT

VTT, VTC, vélos de ville, vélos de course, SAV, location

Q/P : 9/10 •ASSORTIMENT : 9/10
+ : Bon vélociste
− : Entretien uniquement

•9, bd Voltaire — 75011 Paris •Tél. : 0147002747 •Horaires : lun.-sam. 10h-19h •Métro : République •Bus : 75

200 à 300 vélos dans 100 m² : VTT, VTC, vélos de ville ou de course, vélos enfants. Diverses marques : Lapierre, KTM, Racer, Bernard Hinault, Col Nago, Venetto, Orbea. Toute la gamme possible : de 1 500 à 70000 F. Montage de vélos à la carte.

FRANSCOOP

VTT, VTC

Q/P : 9/10 •ASSORTIMENT : 8/10
+ : Spécialisé VTC, VTT

•47, rue Servan — 75011 Paris •Tél. : 0147006843 •Horaires : lun.-sam. 9h30-13h, 14h -19h30 •Métro : St-Maur •Bus : 56, 96

Beaux spécimens de vélos à double suspension : 20 modèles de marques Cannondale et Grisley, de 4000 à 34000 F. Dépositaire de la gamme de VTT Sunn (avec ou sans fourche télescopique). Large variété d'accessoires vélo, location de surfs, skis et rollers in line.

JELLYPOT

Vélos bicross, BMX, free style, pièces détachées, réparation

Q/P : 8/10 •ASSORTIMENT : 7/10
+ : Spécialisé free style

•30, rue de Charonne — 75011 Paris •Tél. : 0148065566 •Fax : 0148066066 •Horaires : lun.-sam. 12h-20h •Métro : Bastille, Ledru-Rollin •Bus : 86

Dans un petit local situé dans une boutique de vêtements de sports américains, des mordus de free style vendent vélos VTT, free style et bicross dont les prix s'échelonnent de 1 660 à 4000 F. Pièces détachées BMX et catalogue de références tenu à jour.

VAR

Outillage pour cycles professionnels et particuliers

Q/P : 8/10 •ASSORTIMENT : 9/10
+ : Catalogue de 500 références

•3, rue Pasteur — 75011 Paris •Tél. : 0147000388 •Fax : 0148067074 •Horaires : lun.-ven. 8h-12h, 13h-17h •Métro : St-Ambroise •Bus : 56

Fabricant d'outils pour cycles : clés et pinces de toutes sortes, pieds de réparation et démonte-roues. Grossiste acceptant de vendre aux particuliers à des tarifs intéressants.

PARIS 12·

RANDO CYCLES

Accessoires randonnée vélo, fabrication de vélos sur mesure

Q/P : 7/10 •ASSORTIMENT : 7/10
+ : Cyclotourisme

•1, rue Fernand-Foureau — 75012 Paris •Tél. : 0140010308 •Horaires : lun.-mar. et jeu.-sam. 10h-13h, 14h-19h •Métro : Porte-de-Vincennes •Bus : 86, PC

Magasin d'accessoires spécialisé dans le cyclotourisme. Vêtements unis sans marque, vestes goretex (1100 F), sacoches vélo, chaussures cuir Carnac, selles cuir Brooks (400 à 650 F), éclairages, casques, cartes de randonnée, aliments énergétiques. Tous les amateurs de voyages au long cours connaissent cette adresse, quand ils ne sont pas venus faire fabriquer leur vélo sur mesure dans l'atelier annexe.

PARIS 12e

ESCAPADE NATURE / RATP ROUE LIBRE

Location de vélos, balades guidées
Q/P : 9/10 •ASSORTIMENT : 6/10
+ : Balades guidées

•Place Édouard-Renard — 75012 Paris •Tél. : 0836687714 •Horaires : 7 J/7, horaires variables selon les balades •Métro : Porte-Dorée •Bus : PC • Voir Escapade Nature/RATP Roue Libre, Paris 1er.

PARIS 13e

ASSOCIATION VÉLO DE VILLE

Location de vélos
Q/P : 9/10 •ASSORTIMENT : 9/10
+ : Association très active

•155, Bd Vincent Auriol — 75013 Paris •Tél. : 0611789643 •Horaires : mer. et ven. 10h-17h, sam., dim. jours fériés 9h-19h •Métro : Nationale •Bus : 27

Cette association est un partenaire actif de l'opération Roue Libre de la RATP. Ses membres se chargent de la location dans les 5 cyclobus. Accessoirement, elle loue, dans un hangar situé sous le métro aérien, ses 200 vélos en appliquant les mêmes tarifs que la RATP. Modalités de location très souples, à la journée, au week-end, au mois ou à l'année, avec entretien. Atelier de réparation.

VTT CENTER

VTT Sunn et Specialized, atelier réparation
Q/P : 9/10 •ASSORTIMENT : 8/10
+ : L'atelier de réparation
− : Pas de vêtements ni vélos enfants

•1, place de Rungis — 75013 Paris •Tél. : 0145654989 •Fax : 0145810555 •Horaires : mar.-sam. 10h-13h, 14h-19h •Métro : RER B Cité-Universitaire

Magasin spécialisé VTT, concessionnaire Sunn qui vend aussi des Specialized (de 3400 à 10995 F) et des GT (vélos suspendus), ainsi que des marques exotiques comme McMahon, Breezer, Merlin ou Look. Prix de 1800 à 30000 F. Atelier de réparation très professionnel, avec un service express (+ 30 %). Montage à la carte possible : grand choix de fourches Manitou, Marzoki et Rock Schock, de cadres (certains d'occasion) et de pièces détachées. Promos fréquentes et prix spéciaux (un Sunn à 15000 F vendu 6990 F).

PARIS 14e

CYCLES GITANE

Vélos neufs Gitane, vélos d'occasion, réparation sans RDV
Q/P : 8/10 •ASSORTIMENT : 8/10
+ : Réparations sans RDV

•129, av. du Maine — 75014 Paris •Tél. : 0143227855 •Fax : 0143209588 •Horaires : mar.-ven. 9h-19h, sam. 9h30-18h •Métro : Gaîté •Bus : 28

Le patron est toujours débordé, mais il reste ouvert parfois jusqu'à 22h. Concessionnaire exclusif Gitane (toute la gamme de 750 à 35000 F), il a aussi l'exclusivité des alarmes déclic 100 dB pour vélos (promo antivol à 460 F : un antivol "U" abus, une alarme, une pile 9 V alcaline). Son magasin est un vrai bric-à-brac où s'entassent les vélos. L'atelier, au printemps, est en plein air sur le trottoir : réparations dans la journée à des tarifs bon marché. Quelques occasions.

Décathlon

Toutes sortes de vélos, hommes, femmes, enfants, uniquement de marque Décathlon. Des vélos de ville, de route, des VTC-VTT balade et des VTT sport (plus de 100 modèles), tous garantis 5 ans sur le cadre, 2 ans sur les pièces et main-d'œuvre, et 1 an sur les fourches à suspension. Au moindre problème, apportez le vélo garanti ou non à l'atelier de réparation. Des techniciens vous dépannent dans la demi-heure, s'il n'y a pas foule et si la réparation n'est pas trop importante. Les vendeurs, cyclistes eux-mêmes, donnent des conseils avisés. Catalogue VPC.

• *DÉCATHLON* : 26 magasins en R.P. : Paris-Est, Tél. : 01 6763500X, Paris-Ouest, Tél. : 01 34653787 — Serveur minitel : 3615 DECATHLON (1,29 F/min) — Internet : http :/www. decathlon. com

DENIS ARCHAMBAULT SARL

Vélos de course et toutes catégories, scooters	Q/P : 8/10 •ASSORTIMENT : 8/10 ✚ : Vélos de bonne conception et SAV

•23, bd Edgard-Quinet — 75014 Paris •Tél. : 0143206007 •Fax : 0143213596 •Horaires : lun. 9h30-18h, mar.-ven. 9h-18h45 (fermé 13h-13h30), sam 9h-17h30 •Métro : Edgard-Quinet •Bus : 91

Connu des passionnés de vélos de course, ce magasin de petite taille, fondé par le coureur cycliste Maurice Archambault, est exigeant sur la qualité. Vous renvoyez le vélo s'il ne correspond pas à vos critères. Vélos de course, VTT, VTC, hommes, femmes, enfants, casques, antivols, pneus… Bon rapport qualité-prix pour ces beaux produits. Réduction de 10 à 35 % lors des promos. Deux mécaniciens : révisions et dépannage à la journée.

MÉTRO BIKE

Vélos de ville, VTT, VTC, montage à la carte, réparation	Q/P : 8/10 •ASSORTIMENT : 8/10 ✚ : Montage à la carte

•1, bd Edgard-Quinet — 75014 Paris •Tél. : 0143218838 •Horaires : mar.-sam. 10h-19h •Métro : Raspail •Bus : 68

Le patron aime le vélo et fait partager sa passion pour les modèles VTT atypiques de marques peu connues telles que Sunn, Trekk, Klein, Merlin, Seven. Il vend vélos suspendus Trekk oranges, vélos électriques Electra allemands (5990 F) avec une autonomie de 40 km en assistance, 20 km en électrique. Périodes d'essai prévues. Vélos enfants plutôt au moment de Noël, vélos unisexe et fonctionnels pour rouler sérieusement. Gamme dont les prix vont de 1 500 à 2000 F. Atelier dans la boutique, très convivial.

PARIS 15e

RB CYCLOS

Vélos MBK, scooters Piaggio, vespas, accessoires cyclistes	Q/P : 8/10 •ASSORTIMENT : 7/10 ✚ : Bon conseil

•262, rue Lecourbe — 75015 Paris •Tél. : 0145586729 •Fax : 0145586781 •Horaires : mar.-sam. 8h30-12h, 14h-19h •Métro : Boucicault •Bus : 39, 62

Concessionnaire MBK pour les vélos, Piaggio pour les scooters. Une vingtaine de vélos de la gamme MBK, dont presque la moitié en promotion (-10 %) : VTT, VTC, vélos de ville. Essais possibles dans le quartier. Atelier de réparation.

PARIS 16e

ESCAPADE NATURE/RATP ROUE LIBRE

Location de vélos, balades guidées	Q/P : 9/10 •ASSORTIMENT : 6/10 ✚ : Balades guidées

•Carrefour des Cascades — 75016 Paris •Tél. : 0836687714 •Horaires : dim., 14h et 16h •Métro : Ranelagh, Jasmin, La Muette •Bus : 22 • Voir Escapade Nature/RATP Roue libre, Paris 1er.

PARIS 17ᵉ

PEUGEOT CYCLEUROPE

Cycles Peugeot, location de vélos,
atelier de réparation

Q/P : 8/10 •ASSORTIMENT : 9/10
✚ : Vitrine de Peugeot Cycleurope
━ : Du monde le samedi

•72, av. de la Grande-Armée — 75017 Paris •Tél. : 0145742738 •Horaires : mar.-ven. 9h30-19h, sam. 9h-19h •Métro : Porte-Maillot •Bus : 43 •Internet : http ://www. cycleurope. com

L'un des plus gros concessionnaires Peugeot Eurocycles : 400 références, 800 vélos. 5 vendeurs, des pros qui vous conseillent la bicyclette la mieux adaptée à votre profil. Vélos de course, VTT, VTC, vélos de ville, et le Vélectron (à assistance électrique, 7405 F). Pour les enfants, plusieurs tailles et modèles : 2-4 ans (650 F), 3-5 ans (790 F), 4-7 ans et BMX (695 F). Payables en 4 fois. Sur quelques modèles, Cycleurope et les Mutuelles du Mans proposent de remplacer le vélo, en cas de vol dans les 12 mois qui suivent sa date d'achat. Quelques vélos en location : VTT 120 F, VTC 80 F, vélos de ville 60 F la journée.

PARIS 20ᵉ

CYCLE DELCAYRE

Vélos neufs et d'occasion, scooters

Q/P : 8/10 •ASSORTIMENT : 8/10
✚ : Disponibilité et stock

•24, bd de Charonne — 75020 Paris •Tél. : 0143730610 •Fax : 0143731250 •Horaires : mar.-sam. 9h-12h15, 13h30-19h •Métro : Nation •Bus : 56

Concessionnaire MBK et Giant spécialisé VTC et vélos de ville. Stock important et pièces détachées. Au sous-sol, vélos d'occasion et promos : VTT 21 vitesses à 950 F, VTC homme à 850 F, VTC dame à 550 F. Ces vélos proviennent d'un loueur de vélos, arrivages au printemps et à l'automne. Quelques scooters MBK (50 à 125 cm³) et des vélos à assistance électrique Axion-City et Yamaha. Atelier de réparation (l'été, prendre RDV).

ST-THIBAULT-DES-VIGNES 77

SPORT-TROC

Dépôt-vente de vélos

Q/P : 8/10 •ASSORTIMENT : 7/10
✚ : Occasions à moitié prix

•ZAC de la Courtillère — 77400 St-Thibault-des-Vignes •Tél. : 0164023293 •Horaires : lun. 14h30-19h30, mar.-sam. 10h-12h30, 14h30-19h30, dim. 10h30-13h

Une mer de vélos d'occasion dans un hangar de 350 m². Beaucoup de vélos de marques, bien entretenus, provenant de parcs de loisirs ou de saisies. Petits VTT enfants 199 F, Peugeot adultes (Chartres et Cheverny) à 690 F, vélos de ville Batavus (890 F). Contrôle technique préalable dans l'atelier : frein, pédalier. Voir Sport-Troc, Champigny-sur-Marne, 94.

ST-GERMAIN-EN-LAYE 78

DENIS ARCHAMBAULT SA

Vélos de course et toutes catégories,
scooters

Q/P : 7/10 •ASSORTIMENT : 8/10
✚ : Vélos de bonne conception et SAV

•105, rue du Pontel — 78100 st-Germain-en-Laye •Tél. : 0139736453 •Fax : 0139734609 •Horaires : mar.-sam. 9h-12h30, 14h-18h45 •Métro : RER A St-Germain •Bus : E, F

Créé par un coureur cycliste, recordman du monde de l'heure sur piste en 1932, ce magasin a gardé l'esprit course. Vélos Peugeot, mais aussi Djiant et Lapierre et, entre ces modèles haut de gamme, vélos de base, hommes, femmes, enfants, VTT, toutes catégories.

ESCAPADE NATURE/RATP ROUE LIBRE

Location de vélos, balades guidées Q/P : 9/10 •ASSORTIMENT : 6/10
✚ : Balades guidées

•Rue de la Surintendance — 78100 st-Germain-en-Laye •Tél. : 0836687714 •Horaires : 7 J/7, horaires variables selon les balades •Métro : RER A St-Germain-en-Laye • Voir Escapade Nature/RATP Roue libre, Paris 1er.

CROISSY 78

ARCHAMBAULT FRANCIS

Vente et réparation de VTT, VTC et Q/P : 7/10 •ASSORTIMENT : 8/10
scooters ✚ : Vélos de bonne conception et SAV

•6, rue des Gabillons — 78290 Croissy •Tél. : 0139762055 •Fax : 0139767011 •Horaires : mar.-sam. 8h30-12h30, 14h30-19h •Métro : RER A Chatou

Magasin-atelier de réparation (200 m²), vélos de ville, VTT (Djiant, Lapierre), VTC et scooters (Piaggio, Peugeot). Pas mal de choix. Le vendeur est aussi le technicien de l'atelier de réparation, qui monte les vélos et les suit après-vente (garantie 2 ans) : attendez votre tour. En contrepartie, efficacité garantie.

BOISSY-ST-LÉGER 94

CYCLES ÉVOLUTION

Vélos course et VTT, réparation sans Q/P : 8/10 •ASSORTIMENT : 7/10
RDV ✚ : Les vélos de course
━ : Pas de vélos entrée de gamme

•36 ter, rue de Paris — 94470 Boissy-St-Léger •Tél. : 0145696946 •Fax : 0145696946 •Horaires : lun.-sam. 9h30-12h30, 14h30-20h •Métro : RER A2 Boissy-St-Léger

Magasin spécialisé dans le vélo course et le VTT, moyenne et haute gamme. Répare sans RDV, avec rapidité. Prix des VTT de 1930 à 22000 F : 12 modèles de Sunn, les plus vendus étant le Total à 4995 F et des Univega. Pour les courses, cadres Fondriest et Sancinette et montage des vélos par l'atelier (3900 à 30000 F).

CHAMPIGNY-SUR-MARNE 94

SPORT-TROC

Dépôt-vente de vélos Q/P : 8/10 •ASSORTIMENT : 7/10
✚ : Occasions à moitié prix

•95, av. de la République — 94500 Champigny-sur-Marne •Tél. : 0148820360 •Fax : 0148839117 •Horaires : lun. 14h-19h, mar.-sam. 10h-12h30, 14h-19h, dim. 10h-13h •Métro : RER A Boissy-Joinville •Bus : 106

Premier dépôt-vente exclusif du sport, Sport-Troc ne vend que de l'occasion, à moitié prix. Les modèles pris en dépôt sont sélectionnés. Le rayon cycles et accessoires occupe le tiers de la surface (70 m²). Au printemps, les ventes battent leur plein et l'on trouve couramment 1 000 vélos en stock (hommes, femmes, enfants), plutôt balade de ville que course. Toutes les marques : MBK, Peugeot, Batavus (hollandais), divers VTT. Pas de réparations, vendeurs peu nombreux mais efficaces.

Motos, scooters
(vente, réparation, location)

PARIS 2e

DYNAMIC SPORT

**Vente de 50 et 125 cm³ Peugeot et
Yamaha**

Q/P : 8/10 •ASSORTIMENT : 8/10
+ : Large éventail de choix
– : Atelier à une autre adresse

•149, rue Montmartre — 75002 Paris •Tél. : 0142336182 •Fax : 0142219038 •Horaires : lun.-ven.
9h-18h30 •Métro : Bourse, Rue-Montmartre •Bus : 67, 74

Les scooters et motos 125 cm³ sont ici en majorité. Les vedettes : la SR 125 et la XV 125
Yamaha, très demandées (à 16990 et 23000 F). Quelques 50 cm³ Peugeot et une dizaine de
grosses cylindrées Yamaha complètent l'éventail. Également, quelques motos d'occasion.

PARIS 3e

ANTIQUE TRADING SUPPLY SA HARLEY DAVIDSON

**Vente de motos Harley Davidson,
neuves et occasion**

Q/P : 7/10 •ASSORTIMENT : 7/10
+ : Des motos à l'ancienne

•47, bd Beaumarchais — 75003 Paris •Tél. : 0148040707 •Fax : 0142710707 •Horaires : mar.-
sam. 9h-19h •Métro : Bastille •Bus : 86, 87

Magasin spécialisé dans la vente de Harley neuves ou d'occasion : 900, 1200 ou
1300 cm³. Toute la gamme Sporsters, Dynas, Softails et — avis aux collectionneurs! —
des tee-shirts Harley Davidson (175 F). Les occasions proviennent soit de dépôts-vente
après contrôle technique (1800 F), soit de reprises; dépêchez-vous, elles ne restent
jamais plus d'une semaine. Prix de 35000 à 100000 F. Exemple : une Buell-Sporster 883
à 47900 F. Atelier de réparation rue des Tournelles (sur RDV, délai d'une semaine).

Mondial City

*Spécialiste du roulement urbain, cette chaîne de magasins ne vend pas à des fous de motos mais
à des motards utilitaires qui ne prennent pas trop de risques. Surtout des véhicules du 50 au
125 cm³ roulant à 110-115 km/h. Toutes marques : scooters MBK, Malaguti, Kymko, motos
Derbi (50 cm³) Senda à 13500 F. Notez les motos Kymko 125 à 2 systèmes, 4 temps ou 2
temps, qui consomment du 4 l aux 100 km et ne polluent pas : elles coûtent moins de 20000 F.
Promotions régulières. Quelques reprises pour achat neuf donnent lieu à des occasions
(revendues très vite, pas trop chères, garanties 3 mois). Réparations rapides (24 à 48h) sur
RDV : l'atelier se fournit en pièces détachées dans la centrale d'achat du réseau.*

• *MONDIAL CITY* : 15 magasins en R.P. — Tél. : 0143486580

PARIS 5e

ST-MICHEL MOTOS

Vélos, cyclos, scooters MBK, solex

Q/P : 8/10 •ASSORTIMENT : 6/10
+ : Solex

•119, bd St Michel — 75005 Paris •Tél. : 0143540007 •Fax : 0143543333 •Horaires : lun.-ven.
8h45-12h30, 14h-19h •Métro : RER B Luxembourg •Bus : 38

Un des seuls magasins de Paris à encore vendre des Solex. En dehors de cela, vélos de ville dont le vélo électrique Axion-City à 7635 F, mobylettes dont les prix vont de 3750 à 8000 F (les cylos Club à 3790 F et Club Swing à 5350 F sont les plus vendus). Scooters du 50 au 125 cm³ : Ovetto, Booster, Nitro. Crédits Financo (300 ou 400 F/mois). Atelier de réparation et SAV sur les marques MBK et Peugeot.

PARIS 9e

ATELIER DYNAMIC SPORT

Réparation de motos 125 cm³ et scooters Peugeot et Yamaha

Q/P : 9/10 •ASSORTIMENT : 8/10
+ : Tarifs accessoires intéressants

•21, rue Turgot — 75009 Paris •Tél. : 0142813970 •Fax : 0142813977 •Horaires : lun. ven. 9h-12h30, 14h-18h30 •Métro : Anvers •Bus : 30, 54

Atelier important (6 ponts, 5 mécaniciens). Réparations dans la journée, sans RDV, pour de petites interventions. Pièces détachées Yamaha et Peugeot, vendues au détail à des prix intéressants. Voir Dynamic Sport, Paris 2e.

PARIS 10e

4 EN 1

Motos d'occasion, réparation, accessoires, pièces détachées

Q/P : 8/10 •ASSORTIMENT : 9/10
+ : Grand choix de motos
− : Affluence le samedi et le mardi matin

•8, rue Philippe-de-Girard — 75010 Paris •Tél. : 0140364036 •Fax : 0144724036 •Horaires : mar.-sam. 10h-13h, 14h-19h •Métro : Chateau-Landon, Gare-du-Nord •Bus : 26, 46

Un entrepôt de 4 étages dévolu à la moto. Au RDC, l'accueil et l'atelier de réparation (qui ouvre et ferme une demi-heure plus tôt). Au 1er, un rayon accessoires complet (10 % de remise pour l'achat d'une moto). Aux 2 derniers étages, sont exposées les 200 motos d'occasion toutes marques, toutes cylindrées : impeccables, elles ont été contrôlées techniquement, les pièces défectueuses changées. Ces motos proviennent de reprises à des concessionnaires (BMW, Yamaha et Ducati) qui font partie du holding 4 en 1, mais aussi de dépôt-vente de particuliers ou de professionnels et de reprises. Le panel de prix le plus large pour des gammes de cylindrées identiques. Une moto achetée est livrée dans la demi-journée. Pour une recherche précise consultez le Minitel 3615 4 EN 1 (1,29 F/min), mise à jour quotidienne.

DANIEL MOTO

Grosses cylindrées BMW, atelier de réparation

Q/P : 7/10 •ASSORTIMENT : 8/10
+ : Prix bas des accessoires

•26, av. Claude Velfaux — 75010 Paris •Tél. : 0142081818 •Fax : 0142084782 •Horaires : mar.-sam. 8h45-12h30, 14h-18h30, sam. 17h •Métro : Colonel Fabien, Goncourt •Bus : 46, 75

Ce grand garage de 1000 m² est l'un des 3 plus gros concessionnaires BMW de France : il vend exclusivement des grosses cylindrées de 600 à 1200 cm³ aux prix conseillés (43000 à 107000 F). Une dizaine de modèles de la gamme en exposition. Atelier de réparation, accessoires, pneumatiques, huile… à des prix intéressants.

PARIS 11e

DAFY MOTO

Accessoires et vêtements moto, station de montage rapide

Q/P : 8/10 •ASSORTIMENT : 8/10
+ : Catalogue

•47, bd Voltaire — 75011 Paris •Tél. : 0148051530 •Fax : 0148055724 •Horaires : lun. 15h-19h, mar.-sam. 10h-19h •Métro : Oberkampf •Bus : 20, 65, 96 •Internet : http ://www. oda. fr/aa/dafy-moto
•29, rue de Crussol — 75011 Paris •Tél. : 0148055491 •Fax : 0148055492 •Horaires : lun. 15h-19h, mar.-sam. 10-19h •Métro : Oberkampf •Bus : 20, 65, 96 •Internet : http ://www. oda. fr/aa/dafy-moto

Accessoires et vêtements. Catalogue de plus de 10000 références, avec points de vue de passionnés de motos sur les gants, lunettes, cuirs, pneus ou échappements. Commande VPC (Dafy Moto — BP 127 — 63107 Beaumont CEDEX) et livraison à domicile (délais 72h, 45 F de port). Rue de Crussol, atelier de montage rapide.

HEIN GERICKE

Accessoires et vêtements moto Q/P : 8/10 •ASSORTIMENT : 9/10
+ : Bon équipement

•9, bd Richard-Lenoir — 75011 Paris •Tél. : 0148062321 •Fax : 0143384810 •Horaires : mar-sam. 10h-20h •Métro : Bastille, Bréguet-Sabin •Bus : 86, 87

Vêtements et chaussures de la marque Hein Gericke. Des combinaisons, pantalons, bottes, blousons haut de gamme garantis un an à prix intéressants. Bagagerie G.B. et casques toutes marques, de 400 à 4000 F (Shoei, Aris, CGF, HJT). Catalogue.

LAGUNA SEGA

Spécialiste de l'accessoire moto custom Q/P : 7/10 •ASSORTIMENT : 7/10
+ : Articles en cuir de qualité

•8 bis, bd Richard-Lenoir — 75011 Paris •Tél. : 0149299288 •Fax : 0143557150 •Horaires : lun. 13h-19h30, mar.-sam. 10h-19h30 •Métro : Bastille •Bus : 69, 76, 86, 87

Magasin style western, aux murs recouverts de briques et au plancher en bois ancien, spécialisé dans les articles de cuir de qualité française : combinaisons Segura, Vanson, jeans cuirs Kokiko (1390 F), Moto Cuir (1590 F), Vancouvert (1690 et 1790 F) et Sylman Lacet (1390 F). Garanties 1 an. Casques de marques françaises : Roof, CGF, Shoei, premier prix 390 F (pour l'achat d'un casque, une paire de lunettes offerte). Promotions sur les démarqués ou les fins de séries. Plaques d'immatriculation faites sur place en une 1/2h (150 à 190 F). Quelques motos Norton d'occasion.

MOTOPORT

Accessoires moto, entretien et réparation Q/P : 9/10 •ASSORTIMENT : 8/10
+ : L'atelier

•8, bd Richard-Lenoir — 75011 Paris •Tél. : 0148062664 •Horaires : lun. 14-19h, mar.-sam. 9h30-19h •Métro : Bastille •Bus : 69, 76, 86, 87

Ce vendeur d'accessoires propose l'équipement moto au complet en 2 magasins côte à côte : l'un pour les casques, bagages, lunettes, produits d'entretien avec 50 % sur les customs monochromés (enjoliveurs, guidons, rétros, repose-pieds); l'autre pour les vêtements (combinaisons, vestes, pantalons, bottes, etc.). Forfait vidange 199 F, bilan santé moto, freinage, échappements, contrôle technique, allumage-carburation, kit chaîne.

PARADISE MOTO

Motos et scooters Aprilia, KTM, Moto Guzzi, Voxan, service rapide Q/P : 8/10 •ASSORTIMENT : 8/10
+ : Le service rapide

•5, bd Richard Lenoir — 75011 Paris •Tél. : 0143387474 •Fax : 0143387070 •Horaires : mar.-sam. 10h-21h •Métro : Bastille, Bréguet-Sabin •Bus : 86, 87 • Voir Paradise Étoile, Paris 16e.

PARIS SCOOT OCCASE

Scooters d'occasion toutes marques 50, 80, 125 cm³ Q/P : 9/10 •ASSORTIMENT : 8/10
+ : Des occasions intéressantes
− : Pas d'essais

•20, rue Gerbier — 75011 Paris •Tél. : 0144649998 •Fax : 0144649988 •Horaires : lun.-sam. 9h -12h, 14h -19h •Métro : Philippe-Auguste •Bus : 76

Scooters révisés et garantis qui se vendent rapidement, à des prix allant de 4500 à 13000 F. Marques dominantes : Peugeot (SV, Sfera, SC), MBK (Active, Breez, Evolis) et Yamaha (Fizz, Neos, Ovetto, Beluga, Evolis Zest). On trouve malgré tout des Honda (SFX, Bali) et des Piaggio (Zip, SC). Promotions périodiques et, pour l'achat d'un scooter, top case ou antivol-python offerts. Rayon d'accessoires neufs et d'occasion, casques principalement. Atelier de réparation sur RDV.

SEJEM

Location de scooters 50 cm³ jusqu'aux   Q/P : 9/10 •ASSORTIMENT : 8/10
motos 650 cm³, vente d'occasion   **+** : Motos équipées

•144, bd Voltaire — 75011 Paris •Tél. : 0144930403 •Horaires : lun.-sam. 9h-19h, l'été dim. 9h-19h •Métro : Voltaire •Bus : 56

25 motos en location, une quinzaine de 125 cm³ Honda, des scooters Piaggio 50 cm³, des Honda 650 cm³. De 195 à 900 F pour 24h, selon modèles, de 490 à 1890 F pour un week-end (du vendredi au lundi), kilométrage illimité. Location avec combinaison de pluie, 2 anti-vols, assurance au tiers, bulle devant, caisse à l'arrière. Initiation de 3h sur 125 cm³ avec un moniteur (300 F), qui permet ensuite de louer une moto. Vente d'occasions.

PARIS 12e

J.-P. BIKE

Casse moto, pièces détachées et motos   Q/P : 8/10 •ASSORTIMENT : 7/10
d'occasion, réparation auto-moto   **+** : Casse moto

•8, rue de Tunis — 75012 Paris •Tél. : 0143736807 •Fax : 0143730553 •Horaires : lun.-ven. 8h-12h30, 14h-18h30 •Métro : Nation •Bus : 56, 86

Toutes sortes de pièces détachées et, en moyenne, une dizaine d'occasions toutes marques, toutes cylindrées. Réparation moto et auto. Tarif horaire 200 F HT.

PARIS 16e

CARDY

Accessoires moto, VPC, réparation   Q/P : 9/10 •ASSORTIMENT : 9/10
rapide   **+** : Le moins cher

•41, av. de la Grande-Armée — 75116 Paris •Tél. : 0140671216 •Fax : 0140671803 •Horaires : lun.-sam. 9h30-13h, 14h-19h •Métro : Argentine •Bus : 73 • Voir Cardy, Paris 19e.

DAFY MOTO

Accessoires et vêtements moto   Q/P : 8/10 •ASSORTIMENT : 8/10
   + : Catalogue

•11, av. de la Grande-Armée — 75116 Paris •Tél. : 0145002838 •Horaires : lun. 15h-19h, mar.-sam. 10h-19h •Métro : Charles de Gaulle-Étoile •Bus : 22, 30, 31, 52 •Internet : http ://www. oda. fr/aa/dafy • Voir Dafy Moto, Paris 11e.

PARADISE ÉTOILE

Motos Moto Guzzi, Voxan, Aprilia et   Q/P : 8/10 •ASSORTIMENT : 8/10
KCM   **+** : Concessionnaire exclusif Voxan sur Paris

•9, av. de la Grande-Armée — 75116 Paris •Tél. : 0140677525 •Fax : 0140677526 •Horaires : mar.-sam. 10h-20h •Métro : Charles de Gaulle-Étoile, Argentine •Bus : 73

Motos de 50 à 1100 cm³. La gamme Aprilia connaît un grand succès et va du scooter 50 cm³ à 10000 F à la moto 650 cm³. Moto Guzzi, de 750 à 1100 cm³, à des prix allant de 45000 à 77000 F. Trois modèles de KCM : 125, 400 et 600 cm³ et nouvelles motos françaises Voxan commercialisées dès janvier 99.

PARIS 17e

PEUGEOT MOTOCYCLES

Motos, mobylettes, vélos et scooters,   Q/P : 8/10 •ASSORTIMENT : 8/10
réparation, pièces détachées   **+** : Grand espace d'exposition
   − : Pas de 125 cm³

•26, av. de la Grande-Armée — 75017 Paris •Tél. : 0143805481 •Fax : 0142271061 •Horaires : mar.-ven. 9h-18h45, sam. 9h-18h15 •Métro : Argentine •Bus : 73

Concessionnaire Peugeot, scooters du 50 au 100 cm³ (Zenithn, Trekr, Speedfight), dont quelques électriques Scoot'Élec. Remise de 3000 F sur l'achat d'un Soot'Élec (19950 F).

DUCATI

Motos Ducati, scooters et 125 cm³
Daenim, atelier de réparation
Q/P : 8/10 •ASSORTIMENT : 9/10
✚ : Bon atelier de réparation

•136-138, rue de Tocqueville — 75017 Paris •Tél. : 0147662111 •Fax : 0147660221 •Horaires : lun.-ven. 9h-12h30, 14h-18h30 •Bus : PC

Seul concessionnaire Ducati sur Paris. Large gamme de grosses cylindrées (600, 750, 900 cm³) à des prix allant de 40990 à 145490 F, scooters et 2 modèles de 125 : 17000 à 22000 F. Motos toutes marques à la demande, atelier de réparations toutes marques.

PARIS 18ᵉ

CIMO SA

Motos d'occasion, atelier mécanique,
location de motos
Q/P : 8/10 •ASSORTIMENT : 7/10
✚ : Bonnes occasions

•237, rue Marcadet — 75018 Paris •Tél. : 0142634893 •Fax : 0153066060 •Horaires : lun.-sam. 10h-19h •Métro : Guy-Môquet •Bus : 31, 81 •Internet : http ://www. cimo. fr

Vaste parc d'exposition (1400 m²), 200 motos d'occasion contrôlées et prêtes à rouler : Triumph Trophy (900 et 1200 cm³), Honda, Suzuki, Kawasaki, reprises ou dépôt-vente. Locations de motos (une dizaine), rayon accessoires et atelier de réparation.

PARIS 19ᵉ

CARDY

Accessoires moto, VPC, réparation
rapide
Q/P : 9/10 •ASSORTIMENT : 9/10
✚ : Le moins cher

•78, rue d'Aubervilliers — 75019 Paris •Tél. : 0140381130 •Fax : 0140381258 •Horaires : lun-sam. 9h30-19h, ven. 9h-22h •Métro : Stalingrad •Bus : 26

Grande surface (2000 m²), de la pièce détachée et de l'accessoire moto, au fond d'une impasse. Tout ce qui a un rapport avec la moto : plus de 15000 références (à consulter sur Minitel au 3615 CARDY, 1,29 F/min). Échappements, pneus, casques, remorques, protège-carters, ampoules, etc. Catalogue et vente par correspondance, livraison dans la semaine, échanges possibles. Tarifs préférentiels avec la carte Cardy-Club.

PARIS 20ᵉ

LE VIEUX SELLIER

Réparation et restauration de selles de
moto et de sièges auto
Q/P : 7/10 •ASSORTIMENT : 7/10
✚ : Compétence et écoute du client

•67, rue Alexandre-Dumas — 75020 Paris •Tél. : 0146590963 •Horaires : lun.-mer. 8h30-12h, 13h-18h, ven. 8h30-12h, 13h-17h •Métro : Alexandre-Dumas •Bus : 26, 76

Vous pouvez exprimer vos désirs les plus fous, la maison peut tout réaliser. Selles de motos (customs, sportives ou classiques) entre 700 et 1000 F.

MELUN 77

ESSONNE MOTO/EXPO MOTO

Motos et scooters Yamaha, motos
d'occasion toutes marques, réparation
Q/P : 9/10 •ASSORTIMENT : 9/10
✚ : Atelier Service +

•44, rue St-Barthélémy — 77000 Melun •Tél. : 0164377313 •Horaires : mar.-ven. 9h-12h30, 14h-19h, sam. 9h-18h • Voir Essonne Moto, Corbeil 91.

PRO RIDER

Motos, scooters, mobylettes d'occasion toutes marques

Q/P : 8/10 •ASSORTIMENT : 7/10
+ : Label Service +
− : Un seul vendeur

•27, rue St-Barthélémy — 77000 Melun •Tél. : 0164370566 •Horaires : mar.-sam. 9h-12h30, 14h-19h (sam. 18h)

Garage spécialisé dans la moto d'occasion, du cyclo au 1200 cm³. Entre 50 et 80 motos trails, routières, sportives. Aussi bien des motos de plus de 5 ans que de toutes récentes, toutes marques. Garanties de 3 mois à 2 ans, contrôlées et révisées dans l'atelier, qui a le label Service + mais ne fait pas de réparations.

COIGNIÈRES 78

CARDY

Accessoires moto, VPC, réparation rapide

Q/P : 9/10 •ASSORTIMENT : 9/10
+ : Le moins cher

•Zone Forum — Rue Laennec — 78310 Coignières •Tél. : 0130491549 •Fax : 0130491578 •Horaires : mar.-jeu. 9h30-13h30, vend. 9h30 -21h30, sam. 9h30-19h • Voir Cardy, Paris 19e. Atelier de montage ouvert mar.-jeu. 10h-19h30.

DRANCY 93

AMP SCOOTER'S

Scooters d'occasion, pièces détachées

Q/P : 9/10 •ASSORTIMENT : 7/10
+ : Prix intéressants
− : Des risques

•5, rue André-Sigonney — 93700 Drancy •Tél. : 0148301033 •Fax : 0148301031 •Horaires : mar.-sam. 9h30-12h30, 14h-19h

Entrepôt sur 2 étages, exclusivement des scooters, du 50 au 250 cm³. Il y en a 80 en exposition dans le magasin, dont une dizaine de 50 cm³, mais 500 à 600 en stock en attente de réparation dans l'atelier. Les véhicules révisés par le patron sont garantis et peuvent être réparés sur place. On mise sur la quantité de véhicules vendus et les prix sont relativement bas : de 4000 à 8000 F.

Automobiles
(vente, réparation, location)

PARIS 15e

CITROËN FÉLIX-FAURE

Occasions Citroën

Q/P : 9/10 •ASSORTIMENT : 9/10
+ : 15 à 20 % moins cher que le neuf

•10, place Étienne-Pernet — 75015 Paris •Tél. : 0153681502 •Fax : 0145316365 •Horaires : lun.-sam. 8h30-19h •Métro : Félix-Faure •Bus : 39, 70 •Internet : http ://www. citroenff. com

Véhicules de moins d'un an (garantis 1 an pièces et main-d'œuvre), de collaborateurs, de location (Citer). 6 centres en région parisienne disposant virtuellement de 15000 véhicules listés informatiquement. Extension de garantie d'un an supplémentaire pour 1500 F. Promotions chaque mois, atelier de SAV.

Ada location

Tarif unique à 99 F la journée, affiche la pub de ce loueur parmi les moins chers du marché. En fait, il s'agit de la première catégorie (106, Twingo) et il faut compter en plus 1,30 F/km. Il vaut mieux prendre un forfait kilométrique : catégorie A, 269 F/jour pour 100 km (taxe et assurance incluses). Tarifs en fonction des 6 catégories, qui déclinent les gammes Peugeot et Opel principalement. Gamme F composée de minibus, monospace et Peugeot 806. Pour louer un véhicule, il faut avoir 21 ans et un an de permis ou, dans certains cas, plus de 18 ans et 2 ans de conduite accompagnée.

• *ADA* : 66 centres en R.P. — Tél. : 0155461999 — Serveur minitel : 3615 ADA (2,23 F/min) — Internet : http ://www. ada-location. com

PARIS 16e

AUTOAXE

Accessoires auto, atelier de montage

Q/P : 8/10 •ASSORTIMENT : 9/10
➕ : Téléphonie mobile
➖ : Pas de pièces d'origine

•41, av. de la Grande-Armée — 75016 Paris •Tél. : 0145000216 •Fax : 0145019839 •Horaires : lun.-sam. 8h15-19h15 •Métro : Porte-Maillot, Argentine •Bus : 73 •Internet : http ://www. autoaxe. com • Voir AutoAxe, Paris 17e.

Midas

Dans ces garages on vient sans rendez-vous, tôt le matin comme à l'heure du déjeuner : ils sont ouverts sans interruption de 8h à 19h. Juste un coup de fil pour s'assurer que les pièces à changer sont disponibles. Réparations rapides, révision des amortisseurs, freins, cardans, échappements. Guettez les promotions : 25 % sur les plaquettes de freins, 4e amortisseur gratuit. Forfait vidange à 155 F, huile et main-d'œuvre.

• *MIDAS* : 80 centres en R.P. — Tél. : 0130825656 — Serveur minitel : 3615 MIDAS (1,29 F/min)

RENAULT ÉTOILE

Véhicules d'occasion, atelier d'entretien, révision, réparation

Q/P : 8/10 •ASSORTIMENT : 9/10
➕ : Grand choix
➖ : Pas de GPL

•51, av. de la Grande-Armée — 75116 Paris •Tél. : 0148882828 •Fax : 0145000330 •Horaires : lun.-jeu. 8h-18h, ven. 8h-17h, sam. 8h-12h30 •Métro : Argentine •Bus : 73

Centre occasion de l'usine, avec un parc de 450 voitures sur 10000 m² : des Clio, Mégane, Twingo, Espace (environ une dizaine) et des utilitaires, Express, Trafic… Des voitures affichant 5000 à 15000 km sont vendues 20 à 30 % moins cher. Garanties 1 an.

PARIS 17e

AUTOAXE

Accessoires auto

Q/P : 8/10 •ASSORTIMENT : 9/10
➕ : Téléphonie mobile
➖ : Pas de pièces d'origine

•66, av. de la Grande-Armée — 75017 Paris •Tél. : 0145747474 •Fax : 0145744582 •Horaires : lun.-sam. 8h15-19h15 •Métro : Porte-Maillot •Bus : 43, 73, 82 •Internet : http ://www. autoaxe. com

15000 accessoires en référence, provenant de 1500 fournisseurs : tous les accessoires auto, depuis le toit ouvrant en passant pas les portages (Free-Way), les fixations Thule, les peintures et les outils, lubrifiants, rétroviseurs, alarmes, enjoliveurs et produits d'entretien – un produit pour retirer les poils de chien des banquettes, Néoclean (59 F), fait un tabac… Les rayons autoradios (Sony, Pioneer, Alpine, Kenwood de 797 à 4000 F) et téléphonie mobile valent ceux de Darty ou de la Fnac : tarifs alignés. Au sous-sol, rayon compétition avec un catalogue spécifique.

SEINE-ET-MARNE 77

GPL SPÉCIALISTE MULTISOUPAPE ET TURBO

Installateur GPL sur tous types de véhicules sauf diesel, voitures d'occasion

Q/P : 8/10 •ASSORTIMENT : 6/10
+ : GPL
= : Pas d'indication de prix préalable

•ZAE de la Bonne-Rencontre — 77860 Quincy-Voisins •Tél. : 0164170070 •Fax : 0164170071 •Horaires : lun.-ven. 8h30-19h

Installation en GPL de tous les types de véhicules (sauf diesel). Atelier agréé par le Comité français butane-propane. Devis gratuit. SAV assuré. Un investissement vite remboursé par le prix du carburant (2 F/l).

YVELINES 78

PEINTURE-AUTO

Peinture, carrosserie sans RDV

Q/P : 8/10 •ASSORTIMENT : 8/10
+ : Carrosserie

•12, av. de l'Yser — 78800 Houilles •Tél. : 0139684454 •Fax : 0139140469 •Horaires : lun.-sam. 9h-12h 30, 14 h-19h •Métro : RER A Houilles-Carrières

Sans RDV, remise en état de carrosseries en 3-4 jours, qualité d'origine constructeur garantie. Devis gratuit. Pour 4 couches + vernis, environ 2900 F ; pour 5 couches métallisées + 2 vernis, 3200 F. Travail bien fait : ponçage main-machine, apprêt, peinture, séchage au four, blackson sur les bas de caisse, garantie 6 ans.

ESSONNE 91

CENTRE AVIS OCCASION

Véhicules de location d'occasion

Q/P : 9/10 •ASSORTIMENT : 8/10
+ : Prix très intéressants

•83-85, av. du Général-de-Gaulle — 91420 Morangis •Tél. : 0169101900 •Fax : 0169101923 •Horaires : lun.-ven. 8h30-12h, 14h-18h30, sam. 9h-12h •Bus : 399

Véhicules d'occasion de 3 à 6 mois, avec une réduction de l'ordre de 20 à 25 % par rapport au prix du véhicule neuf. Toujours 15 à 20 modèles en vente : Opel, Renault, BMW, Mercedes, Volkswagen. Exemples de prix : Espace 2l2, 16 8000 F, Twingo, 51 000 F. Voitures garanties 1 an pour 12000 km. Possibilité d'essayer les véhicules pendant 48h.

HAUTS-DE-SEINE 92

AVIS CAMPING-CAR

Location de camping-cars

Q/P : 8/10 •ASSORTIMENT : 7/10
+ : Équipement des camping-cars

•89, rue du Colonel-de-Rochebrune — 92500 Rueil •Tél. : 0147498040 •Horaires : lun.-sam. 9h-12h30, 14h-18h •Métro : RER Rueil •Bus : 467

Des camping-cars, de vraies maisons roulantes avec douche, toilettes, cuisine équipée avec vaisselle (en option), chauffage, etc. se louent à 4400 F la semaine, kilométrage illimité (modèle de base), ou 3500 F en basse saison et 4800 F en juillet-août avec 1000 km. Entre 150 et 200 camping-cars disponibles (4 à 6-7 places), tous de marque Pilote, en version turbo diesel et direction assistée. Assurance tout risque comprise, rachat de franchise 1000 F, assurance assistance rapatriement du véhicule et des personnes, literie, location de vélo (200 F), porte-vélo (150 F) et sièges bébé (100 F).

Les crédits-auto Carrefour

Les magasins Carrefour disposent d'un service crédit pour l'achat de véhicules neufs ou d'occasion. On peut remplir le contrat par téléphone (lun.-sam. 8h30-20h), ou se rendre sur le stand PASS d'un Carrefour. Prêts accordés pour des montants de 20000 à 200000F sur une durée de 6 à 60 mois. Financement possible à 100 %. Le taux varie selon la durée et le montant du remboursement. Par exemple, pour un véhicule neuf de 50000 F sur 36 mois, taux de 7,50 %, mensualités de 1551,31 F (hors assurance). Critères d'acceptation : être salarié, majeur, domicilié chez soi ou chez ses parents, et ne pas être fiché à la Banque de France. Promotions trimestrielles.

• *CARREFOUR* : 30 centres en R.P. — Tél. : 01 60 76 48 48

Serveur minitel : 3615 CARREFOUR (2,23 F/min) — Internet : http ://www. carrefour. com

HERTZ VÉHICULES D'OCCASION

Véhicules de location d'occasion Opel et Renault

Q/P : 9/10 •ASSORTIMENT : 5/10
+ : -20 à -30 % sur des véhicules de l'année
— : Opel et Renault uniquement

•24, bd de la Mission-Marchand — 92400 Courbevoie •Tél. : 01 43 33 89 30 •Fax : 01 47 68 76 54 •Horaires : mar.-sam. 10h-19h •Métro : La Défense •Bus : 161, 178, 262, 272, 378

Centre de vente d'occasions Hertz sélectionnées, moins d'un an et moins de 20000 km, garantie 1 an. 18 à 30 % moins cher que le neuf. Une cinquantaine de véhicules en stock.

SEINE-SAINT-DENIS 93

ÎLE-DE-FRANCE BATTERIES

Batteries, téléphones mobiles, piles

Q/P : 9/10 •ASSORTIMENT : 9/10
+ : Batteries en tous genres

•17, bd de la Libération — 93200 St-Denis •Tél. : 01 42 43 96 77 •Fax : 01 42 43 04 77 •Horaires : lun.-ven. 8h30-18h30 •Métro : RER D St-Denis •Bus : 174 •e-mail : idfbatt@francenet. fr

Vente en gros et demi-gros de batteries automobiles, principalement Varta, mais aussi Deta, Clément et d'autres marques : de 200 à 600 F.

CASSE CENTER

Pièces auto, neuf et occasion

Q/P : 9/10 •ASSORTIMENT : 9/10
+ : Tous types de pièces
— : Affluence le samedi

•174, av. Jean-Jaurès — 93300 Aubervilliers •Tél. : 01 48 34 54 35 •Fax : 01 48 34 99 72 •Horaires : lun.-sam. 9h-19h •Métro : Fort d'Aubervilliers •Bus : 152

Du neuf et de l'occasion dans cette grande surface de la pièce auto toutes marques : carburateurs, cardans, optique, embrayages, échappements, moteurs, disques, carrosserie, huile, amortisseurs... Tout, sauf des autoradios et des toits ouvrants. Si les pièces manquent, elles vous sont livrées sous 48h. Atelier de montage à 1 F pour les pneus.

GARAGE AUTO 33

Réparation de toutes voitures

Q/P : 8/10 •ASSORTIMENT : 8/10
+ : Rapidité et conseils

•33, av. Jean-Jaurès — 93300 Aubervilliers •Tél. : 01 48 39 00 49 •Fax : 01 48 39 26 91 •Horaires : lun.-ven. 8h30-18h, sam. 9h-12h •Métro : Pantin-Quatre-Chemins •Bus : 152, 609c

Un garage à des prix réellement attractifs. Pas de surprise sur les devis et l'on récupère son véhicule en temps et en heure. Le patron vous fera des propositions de réparations en fonction de votre budget. Un garage idéal pour préparer un contrôle technique.

SERVICE VENTE COLLABORATEURS CITROËN

Vente de véhicules de collaborateurs Citroën

Q/P : 9/10 •ASSORTIMENT : 8/10
+ : -20 % par rapport au prix du neuf

•Bd André-Citroën — BP 13 — 93600 Aulnay-sous-Bois •Tél. : 0145914525 •Fax : 0145914810
•Horaires : lun.-ven. 8h-13h, 14h-16h •Métro : RER Aulnay-sous-Bois

Occasions collaborateurs, véhicules âgés de 6 et 12 mois, entre 4000 et 15000 km, à -18 et -22 % du prix du neuf. 3615 COLLCIT (1,29 F/min) pour connaître les véhicules disponibles (environ 1000) et entrer en relation avec le collaborateur de l'un des 6 sites de vente.

VAL-DE-MARNE 94

TRANSPARCS

Vente aux enchères d'automobiles

Q/P : 8/10 •ASSORTIMENT : 8/10
+ : Certification moteur
– : Comporte des risques

•5, av. des Marguerites — 94380 Bonneuil-sur-Marne •Tél. : 0143996363 •Fax : 0143996384
•Horaires : sam. 9h30 (vente aux particuliers) •Métro : Sucy-Bonneuil

Salle des ventes automobile, véhicules de professionnels exclusivement : garages, sociétés de location, etc. Toutes marques, tous kilométrages, toutes années. Voitures vendues en l'état, après un contrôle technique et avec une certification moteur qui engage la responsabilité des fournisseurs sur 1 an ou 20000 km. Les ventes ont lieu le samedi, exposition des 150 à 200 modèles de chaque vente le vendredi après-midi (liste actualisée sur 3617 TRANSPARCS, 2,23 F/min). Pas d'essais.

BUDGET OCCASIONS

Véhicules de location d'occasion

Q/P : 9/10 •ASSORTIMENT : 7/10
+ : -25 % sur le prix du neuf

•1, rue des Hauts-Flouriers — 94517 Thiais •Tél. : 0141802667 •Fax : 0141802676 •Horaires : lun.-ven. 8h-12h, 14h-18h •Métro : RER C2 Pont-de-Rungis •Bus : 183, 319

Centre occasion des voitures de location Budget : 500 à 650 modèles entre 4 et 6 mois, 15000 km maxi, à 25 % moins cher que le neuf. La garantie constructeur court encore 6 mois. Opel, BMW, Renault, Ford Transit, Rover et Honday (Pony), etc.

VAL-D'OISE 95

AVIS CAMPING-CAR

Location de camping-cars

Q/P : 8/10 •ASSORTIMENT : 6/10
+ : Disponibilité des véhicules

•131, av. de Paris — 94380 Bonneuil-sur-Marne •Tél. : 0149805666 •Fax : 0149805083
•Horaires : lun.-sam. 9h-12h, 14 h-18h •Métro : Créteil-Préfecture •Bus : 181 • Voir Avis Camping-Car, Rueil 92.

ENCHÈRES DU VAL-DOISE

Vente aux enchères de véhicules de tourisme et utilitaires

Q/P : 9/10 •ASSORTIMENT : 7/10
+ : Enchères toutes marques
– : Prudence de rigueur

•5 bis, route de St-Leu — 95360 Montmagny •Tél. : 0139347050 •Fax : 0139835869 •Horaires : dim. 10h-14h (exposition), 14h30-17h (vente)

Chaque dimanche, vente aux enchères d'environ 150 véhicules. Le matin, vous pouvez les regarder et même faire tourner le moteur (en laissant votre carte d'identité), mais pas les faire circuler! Les voitures proviennent de saisies, de particuliers et de garagistes. Le contrôle technique ainsi qu'une fiche technique sont affichés sur tous les véhicules (possibilité de garantie moteur). Vente l'après-midi à raison d'une minute par voiture : mise à prix à la moitié de l'Argus. Programme avec ordre des ventes distribué à l'entrée.

Véhicules électriques

PARIS 6e

EDF-GDF SERVICES DE PARIS

Cartes monétiques pour véhicules électriques Q/P : 9/10 • ASSORTIMENT : 5/10
➕ : Indispensable avec une électrique

• 76 bis, rue de Rennes — 75006 Paris • Tél. : 01 49 54 80 01 • Horaires : lun.-ven. 8h30-17h • Métro : Rennes • Bus : 94, 96

Pour obtenir la carte monétique, demandez le secrétariat de l'agence et, en cas de rupture de stock, allez au Club du véhicule électrique, Paris 9e. Vous pouvez également vous y procurer une brochure "Votre véhicule électrique à Paris et environs", avec plan des parcs de stationnement souterrains gratuits et des bornes installées sur la voie publique.

PARIS 8e

INCOTEX VÉHICULES ÉLECTRIQUES

Trottinettes électriques Q/P : 5/10 • ASSORTIMENT : 6/10
➕ : Le top du déplacement non polluant

• 30, rue St-Pétersbourg — 75008 Paris • Tél. : 01 44 70 75 83 • Fax : 01 42 94 10 12 • Horaires : lun.-ven. 9h-18h • Métro : Place-de-Clichy • Bus : 68

Une trottinette électrique, silencieuse, d'une autonomie de 30 km, c'est idéal dans Paris. Ça roule à 20 km/h, pas de casque obligatoire, juste une assurance à prendre (2 formules 300 ou 500 F). Légère (32 kg), la trottinette se plie en trois et se met dans le coffre ou l'ascenseur. La batterie est placée au-dessus du pneu avant. La recharge se fait par branchement sur simple prise. L'engin coûte 8599 F, avec possibilité de paiement étalé sur deux ans (400 F/mois). Essai d'une journée possible, livraison en 2 jours et garantie de 6 mois.

PARIS 9e

CLUB DU VÉHICULE ÉLECTRIQUE

Espace d'information et d'essai de véhicules électriques Q/P : gratuit • ASSORTIMENT : 8/10
➕ : Clair, lumineux, esthétique

• 16, rue de la Tour-des-Dames — 75009 Paris • Tél. : 01 53 20 09 69 • Fax : 01 53 20 00 25 • Horaires : lun.-ven. 10h-18h • Métro : Trinité • Bus : 49, 43, 32, 26, 68, 81

Fondé par EDF et la Mairie de Paris, vaste espace d'information et d'exposition de véhicules électriques à usage urbain : voitures (106, Clio, Saxo), fourgonnettes (Partner, Berlingo), vélos (MBK, Auchan, Peugeot, Otto), scooters (Scoot'Élec Peugeot et Barigo) et trottinettes… Si vous souhaitez essayer, une hôtesse vous met en relation avec le concessionnaire le plus proche de chez vous. Vente de cartes monétiques (300 F pour 1700 km), qui permettent de faire le "plein" sur bornes et distribution de cartes de stationnement gratuit.

Covoiturage, taxis

PARIS 9e

ALLÔ STOP PROVOYA

Voyages en auto-stop organisés, billets de bus

Q/P : 9/10 •ASSORTIMENT : 5/10
+ : Faible coût ou gratuité du voyage
– : Difficulté de trouver une voiture

•8, rue Rochambeau — 75009 Paris •Tél. : 0153204242 •Horaires : lun.-ven. 9h-19h30, sam. 9h-13h, 14h-18h •Métro : Cadet •Bus : 43, 46

Cet organisme vous évite les galères de l'auto-stop. Oubliés les pouces levés, l'attente à l'entrée de l'autoroute sous la pluie! Allô stop met en relation auto-stoppeurs et possesseurs de véhicules, cotisation de 30 à 70 F suivant la distance et participation aux frais de 20 centimes par km parcouru. Dans ces conditions, Paris-Berlin vous revient à 280 F et Paris-Bruxelles à 115 F. Possibilité de régler à l'avance par chèque ou CB. En vente sur place, des billets de bus des lignes Eurolines.

Les radio-taxis

Alpha Taxi est équipé d'un système GPS et contrôle 800 véhicules. Possibilité de réservation la veille ou 3h à l'avance : pas de taxation supplémentaire mais une estimation du compteur d'approche de 12 min la nuit, 15 min le jour. Abonnements personnalisés avec règlement décalé et priorité d'appel.

• *ALPHA TAXI :* Numéro d'appel : 0145858585

G7 Radio utilise le système GPS, 2500 voitures dont 150 monospaces Renault acceptant 5 personnes. 3 formules d'abonnement : Service, à 3500 F HT/an, Service Plus, à 6500 F HT/an et Club Affaires à 9500 F HT/an, qui met à disposition des véhicules équipés de téléphone, journaux et chauffeurs en tenue de ville. En principe, chiens, fumeurs et chèques sont acceptés. Service abonnements : Tél. : 0141274500

• *G7 RADIO :* Numéro d'appel : 0147394739

Le central radio des Taxis Bleus fédère 2000 chauffeurs artisans. Système GPS. Réservations gratuites pour Orly ou Roissy entre 3h et 3 jours à l'avance. Abonnements avec accès prioritaire et privilégié : planning à 250 F/an pour 10 prises de taxis/an; Entreprises, à 7500 F HT/an ou carte VIP, qui offre la possibilité de payer en différé au moyen de chèques taxis.

• *LES TAXIS BLEUS :* Numéro d'appel : 0149361010

SERVICE DES TAXIS

Documentation, réclamations concernant les taxis de Paris et banlieue

Q/P : gratuit •ASSORTIMENT : 0/10
+ : Informations
– : Administratif

•Préfecture de police — 36, rue des Morillons — 75015 Paris •Tél. : 0155762016 •Fax : 0155762701 •Horaires : lun.-ven. 9h-17h (ven. 16h30) •Métro : Convention •Bus : 89

Ce service centralise vos réclamations concernant les chauffeurs de taxi, à adresser par courrier. Informations sur les tarifs. Le tarif A : Paris intra-muros, périphérique compris, de 7h à 19h; le tarif B, Paris intra-muros de 19h à 7h et jours fériés, et banlieue hors périphérique de 7h à 19h; le tarif C : banlieue de 19h à 7h, dim. et jours fériés. Liste des numéros de téléphone de toutes les bornes d'appel parisiennes.

GASTRONOMIE

- TRAITEURS, REPAS À DOMICILE
- VINS, BIÈRES ET ALCOOLS
- ÉPICERIES, ÉPICERIES FINES, FROMAGES
- MARCHÉS
- VIANDES, GIBIERS, CHARCUTERIES
- POISSONS, CRUSTACÉS

- PAINS, PÂTISSERIES, FRIANDISES
- CAFÉS, THÉS, CHOCOLATS
- PRODUITS FERMIERS, CUEILLETTES
- DIÉTÉTIQUE, PRODUITS BIOLOGIQUES
- PRODUITS RÉGIONAUX
- PRODUITS ÉTRANGERS

CURRY ET BEAUJOLAIS! Paris est la capitale de la gastronomie et il faudrait un guide entier pour une énumération à peu près exhaustive des meilleures adresses de la ville. C'est pourquoi vous ne trouverez pas de restaurants dans ce chapitre, notre choix serait trop restreint pour qu'il puisse vous rendre un quelconque service! Nous avons en revanche sélectionné ici les meilleures adresses où trouver de bons produits et celles proposant un réel service (rapidité de livraison, ouvert la nuit, etc.).

Parmi les traiteurs, les enseignes les plus connues ne sont pas forcément les meilleures : de petits traiteurs étrangers (des Asiatiques dans les 13e et 14e, des Indiens dans le 10e, des Marocains, Tunisiens, Algériens et Juifs dans le sentier et à Barbès, des Africains dans le 19e…) proposent souvent les meilleurs plats aux prix les plus bas.

80 % des Français achèteraient aujourd'hui leur vin en grande surface, et il est vrai que ces dernières ont fait des efforts pour développer la qualité de ces rayons. Mais les cavistes indépendants ne baissent pas pavillon; vous trouverez chez eux de belles sélections au meilleur rapport qualité-prix, de précieux conseils d'accords avec les plats et des vins originaux ou insolites.

Les produits biologiques sont devenus des produits d'alimentation courants, en bonne place pas ces temps de vaches folles. Vous les reconnaîtrez à leur label AB apposé sur un carré vert. Les boutiques spécialisées se multiplient et il devient difficile d'y faire son choix. Il faut savoir qu'il existe peu de marques dans ce domaine et que, quel que soit l'espace du magasin, vous trouverez des produits assez similaires. Sachez cependant que les responsables des petites boutiques sont souvent plus compétents pour répondre à vos questions sur la provenance et les qualités nutritives des produits.

Enquêtes et rédaction :
Eric Juherian, Gaëlle Lor, Marc Olujic, Gaël Seguillon

Traiteurs,
repas à domicile

Le moins cher des repas à domicile

Pour vos repas à domicile, les traiteurs les plus abordables sont souvent étrangers. Tous les grands noms de la pizza à domicile vous offrent une pizza gratuite pour une achetée sur place; à la livraison, les promotions les plus intéressantes sont chez Pizza Hut et Speed Rabbit. Les traiteurs asiatiques ou nord-africains vous livrent des menus à domicile à moins de 50 F, les moins chers étant Atlas Couscous et Mondo Express.

• PIZZA HUT : Tél. : 0800303030 • SPEED RABBIT PIZZA : Tél. : 0140130707
• MONDO EXPRESS : Tél. : 0803333777 • ATLAS COUSCOUS : Tél. : 0145412222

PARIS 2e

BREAD & BEST

Traiteur et restaurant,	**Q/P : 7/10 • ASSORTIMENT : 7/10**
cuisine anglo-saxonne	**+ : Cuisine anglaise de qualité**

• 10, rue St-Marc — 75002 Paris • Tél. : 0140265666 • Fax : 0140265806 • Horaires : lun.-ven. 8h-16h • Métro : Bourse • Bus : 24, 39, 48, 67, 85

Une sélection de "British delights", la fraîcheur et la qualité de la cuisine anglaise de tradition. Le menu est composé de salades (cheddar à 36 F, poulet-bacon à 44 F), sandwichs (thon et concombre 24 F, dinde et mimolette 32 F), d'un grand choix de desserts (brownies, cheese cake, apple crumble, pecan pie et le fameux gâteau à la carotte). À livrer au bureau, les plateaux réunions pour 5 à 7 pers, un assortiment de sandwichs à déguster en travaillant (de 240 à 260 F). Livraison en 1/2h, gratuite à partir de 100 F d'achat.

GERMAINE

Repas, tartes, sandwichs et salades sur	**Q/P : 10/10 • ASSORTIMENT : 8/10**
place ou à emporter	**+ : Produits de qualité à bas prix**

• 71, rue d'Argout — 75002 Paris • Tél. : 0142364107 • Horaires : lun. ven. 8h-15h 16h-19h30 • Métro : Etienne-Marcel, Sentier • Bus : 67, 85

Petit traiteur français sans prétention, produits d'une très grande qualité, à des prix défiant toute concurrence. Tartes maison salées ou sucrées, quiches, sandwichs, gâteaux et salades à composer soi-même (plus de 15 ingrédients qui changent chaque jour) : tout est délicieux. À partir de 25 F pour un repas complet.

MATSURI-SUSHI SERVICE

Traiteur japonais, sushis, livraison à	**Q/P : 6/10 • ASSORTIMENT : 7/10**
domicile	**+ : Fraîcheur et qualité des produits**
	− : Prix un peu élevés

• 26, rue Léopold-Bellan — 75002 Paris • Tél. : 0140261113 • Fax : 0142331038 • Horaires : lun.-dim. 11h-15h, 17h30-23h • Métro : Sentier • Bus : 20, 39, 67 • Internet : http ://www. matsuri-sushi. fr

Le premier traiteur japonais de la capitale. Choix varié de sushis (poisson cru sur canapé de riz, de 25 à 37 F pièce), de sashimis (assortiment de poissons crus sans riz, de 140 à 235 F l'assortiment) et de makis (rouleaux de riz enrobés d'une feuille d'algue, de 28 à 30 F pièce). Menus midi de 72 à 90 F. Livraison sur tout Paris et petite ceinture (tarifs suivant le montant de la commande et la zone de livraison), dans un délai d'1h maximum. Pour des repas de plus de 15 pers, prévenir 2 jours à l'avance.

PARIS 4e

MARIE GARANCE

Traiteur et restaurant,
spécialités espagnoles, tapas

Q/P : 9/10 • ASSORTIMENT : 7/10
✚ : De très bons tapas comme à Séville

• 16, rue de Jouy — 75004 Paris • Tél. : 0144540418 • Horaires : lun.-ven. 10h-19h • Métro : St-Paul • Bus : 69, 76, 96

Un petit traiteur espagnol. De délicieux plateaux tapas à emporter (5 spécialités au choix, 65 F) et un plat cuisiné différent chaque jour. Pas d'hésitation sur la paella (55 F la part). Livraisons à domicile à partir de 600 F de commande (y compris soirée et week-end).

PARIS 5e

ABONDANCE, LUNCH DES SAVEURS DU MONDE

Traiteur, plats de toutes nationalités,
livraisons à domicile

Q/P : 8/10 • ASSORTIMENT : 8/10
✚ : Accueil et qualité des plats

• 4, rue des Fossés-St-Jacques — 75005 Paris • Tél. : 0140518311 • Fax : 0143742938 • Horaires : lun.-sam. 12h-18h • Métro : RER B Luxembourg • Bus : 38

La responsable de cet établissement (restaurant et traiteur) a réussi à composer une équipe de cuisiniers cosmopolite et performante. Tous les plats du monde (ou presque) peuvent être préparés sur commande, dans un délai très minime. Produits utilisés toujours frais et de très grande qualité. Abondance se charge d'organiser les buffets de vos mariages, anniversaires, réceptions (cuisine française ou étrangère, alcool…). Pour un cocktail avec sangria et toasts, comptez 50 F/pers, mais le menu est composé en fonction du budget et du souhait de chacun. Livraison à domicile et sur place. Un petit restaurant très sympathique (sandwichs 20 F, salades 30 F, plat du jour 45 F).

ALLÔ CURRY

Traiteur indien, plateaux repas

Q/P : 7/10 • ASSORTIMENT : 7/10
✚ : Les currys

• 22, rue de Daubenton — 75005 Paris • Tél. : 0147075678 • Horaires : lun.-dim. 19h-23h (commande la veille pour le midi) • Métro : Censier-Daubenton • Bus : 47, 89

Avant de vous délecter des nombreux currys servis par ce traiteur (curry de poulet, de crevettes, d'agneau ou de légumes, de 49 à 56 F), accompagnés de riz et de nans (galettes de blé au fromage ou nature 17 F), ouvrez-vous l'appétit avec les nombreuses entrées chaudes proposées à la carte : beignets d'oignons, d'aubergines ou de pommes de terre, samossas (24 à 26 F). En boisson, le fameux lassi (boisson à base de yaourt), sucré, salé ou parfumé à la menthe, et les desserts indiens traditionnels, sooji halwa (gâteau de semoule au blé, 13 F), gulabjamun (boulettes de lait dans un sirop sucré, 13 F).

AMRAPALI

Restaurant, traiteur indien,
livraison à domicile

Q/P : 8/10 • ASSORTIMENT : 7/10
✚ : Qualité des produits
━ : Peu d'arrondissements livrés

• 13, quai de Montebello — 75005 Paris • Tél. : 0146340034 • Horaires : lun.-dim. 12h-14h30, 18h30-22h30 • Métro : Maubert-Mutualité • Bus : 47, 63, 86, 87

Spécialités de curry, tandoori (cuisson au tandoor) ou buriani (viande et légumes macérés dans une sauce de 25 épices). Tous les plats sont délicieux : de la vraie cuisine indienne traditionnelle de qualité. Carte très fournie : currys (45 F), burianis (55 F) et tandooris (35 F) de poulet, crevettes, agneau et légumes (aubergines, lentilles…), nan'arti (pain à pâte levée fourrée au fromage) 18 F. Deux spécialités du chef à essayer absolument, les bateras tandoori (cailles macérées dans des épices et cuites au tandoor, 42 F) et les machli tikka (filets de poissons marinés et épicés cuits au charbon de bois, 39 F). Livraisons uniquement sur le 5e et les arrondissements limitrophes.

BOCAFINA

**Traiteur brésilien, animations et
décoration de soirées**

Q/P : 7/10 • ASSORTIMENT : 8/10
+ : Accueil et animations de qualité

• 74, rue Claude Bernard — 75005 Paris • Tél. : 0143365500 • Fax : 0145355500 • Horaires : lun.-ven. 11h-20h, sam. 11h-19h • Métro : Censier-Daubenton • Bus : 91

Traiteur franco-brésilien également spécialisé dans l'organisation d'événements "clés en main" (soirées, conventions, petits déjeuners d'entreprise, mariages…). Grand choix de petits fours salés brésiliens (au poulet, aux crevettes, au fromage, à la morue…), sélection d'entrées (salades, crabes, haricots…), plats typiques – feijoda (haricots noirs, choux, bœuf et porc mijotés), moqueca de camarao (crevettes avec sauce au lait de noix de coco et coriandre) – à 55 F/pers, et aussi des desserts (gâteaux à la noix de coco, mangue, banane…), 15 F pièce. Pour l'animation : danseurs et danseuses, musiciens, revue brésilienne, concert et organisation de carnaval. Possibilité de location de costumes aux couleurs chatoyantes et boutique de petits objets réalisés au Brésil par des artisans.

SIMBAD

Cuisine libanaise, repas à domicile

Q/P : 8/10 • ASSORTIMENT : 8/10
+ : Plats délicieux

• 7, rue Lagrange — 75005 Paris • Tél. : 0143261905 • Horaires : lun.-dim 10h-23h • Métro : Maubert-Mutualité • Bus : 24, 47, 63, 86, 87

Pour grignoter rapidement un sandwich chawarma (viande ou poulet à 20 F) ou pour garnir le buffet de votre réception, un choix varié de plats composés (plats gastronomiques d'assortiments de brochettes, beignets, feuilles de vigne, hommos… pour 2-3 pers 150 F) et de menus gastronomiques (gigot à l'orientale, poisson siyadiye, grillades à partir de 65 F/pers). Livraison gratuite à partir de 150 F, sur Paris 1er, 2e, 3e, 4e, 5e, 6e, 7e.

PARIS 8e

CLASS'CROÛTE

**Livraison de plateaux repas,
sandwichs, salades, cocktails**

Q/P : 5/10 • ASSORTIMENT : 8/10
+ : Les sandwichs

• 19, rue de Penthièvre — 75008 Paris • Tél. : 0147429394 • Fax : 0142663424 • Horaires : lun.-ven. 8h30-14h30 • Métro : Miromesnil • Bus : 36, 52

Carte de ce traiteur très prisée dans tous les bureaux de la région parisienne, ainsi que chez les particuliers. Il livre sandwichs (16 recettes de baguettes ou pain de mie, de 20 à 36 F, à recommander le "tonique" : poulet mariné, guacamole, salade à 28 F), salades (7 compositions de 16 à 36 F), plateaux repas (4 formules entrée-plat-fromage-dessert de 100 à 130 F), petits déjeuners (à partir de 35 F/pers café, croissant, jus de fruit). Pour vos réceptions, coffret cocktail 140 F (24 canapés). Les commandes de petit-déjeuner sont à passer la veille, livraison sous 30 min.

Restaurants à la carte

Premier service de livraison multi-restaurants à Paris : les menus de 24 restaurants livrés chez vous. Il y en a pour tous les goûts, cuisine française traditionnelle (confit de canard et cassoulet 99 F), cuisine de bistrot et fruits de mer (les 12 fines claires 120 F), et cuisine du monde (japonaise, américaine, libanaise, russe, italienne…). Les restaurants dans lesquels sont préparées vos commandes sont tous de très bonne qualité (Joe Allen, Les Jardins de St-Benoît…) et les prix sont en conséquence. La livraison est faite sous 45 minutes et vous est facturée 30 F.

• RESTAURANTS À LA CARTE : pour les 1er, 2e, 3e, 4e, 5e et 6e arr. — Tél. : 0142332000
• RESTAURANTS À LA CARTE : pour les 7e, 8e, 16e, 17e et Neuilly — Tél. : 0145001212

FAKHR EL DINE

Restaurant, traiteur libanais,   Q/P : 7/10 • ASSORTIMENT : 7/10
plateaux repas   ✚ : Plateaux repas "prestige"

• 3, rue Quentin-Bauchart — 75008 Paris • Tél. : 0147234442 • Fax : 0147237424 • Horaires : lun.-sam. 11h-14h30, 18h30-23h • Métro : Georges V • Bus : 32, 73, 92 • Voir Fakhr El Dine, Paris 16e.

OLSEN

Plateaux repas, spécialités   Q/P : 6/10 • ASSORTIMENT : 6/10
scandinaves, livraison à domicile   ✚ : Spécialités danoises de qualité

• 6-8, rue du Commandant-Rivière — 75008 Paris • Tél. : 0145614310 • Fax : 0145632775 • Horaires : lun.-ven. 10h-19h • Métro : St-Philippe-du-Roule • Bus : 28, 32, 49

La convivialité danoise à votre porte. Choix varié de formules composées de spécialités scandinaves, principalement à base de poisson. Pour le déjeuner, plateau "classique" 60 F (harengs en sauce, truite fumée et haricots verts, fromages et desserts danois); pour un dîner à deux ou en famille, plateau "évasion" 159 F (tarama, blini, œufs de saumon, 3 poissons fumés – saumon, truite et anguille –, fromages et desserts danois); pour une réception, plateau "excellence" 240 F (caviar Sevruga, duo de saumon fumé et mariné, terrine de légumes frais, fromages et desserts danois). Délai de 48h pour les commandes importantes. Frais de livraison de 45 à 75 F, livraison gratuite au-dessus de 500 F.

VILLAGE UNG ET LI LAM

Traiteur chinois et thaïlandais,   Q/P : 8/10 • ASSORTIMENT : 7/10
livraison à domicile   ✚ : Spécialités asiatiques de qualité

• 10, rue Jean-Mermoz — 75008 Paris • Tél. : 0142259979 • Horaires : lun.-dim. 12h-15h, 18h30-23h30 • Métro : St-Philippe-du-Roule • Bus : 32, 49, 80

Traiteur chinois et thaï renommé pour la qualité de sa cuisine. Découvrez, chez vous, raviolis frits au poulet ou aux crevettes à 45 F, brochettes de porc, de bœuf ou d'agneau sauté, ou encore au caramel (75 F). Grand choix de plats à base de poissons ou de fruits de mer. Commandes livrées gratuitement sous 1h à partir d'un montant de 200 F.

Lunch Time

Pour vos déjeuners, une carte de sandwichs très variée, sur pain de mie, pain complet ou pita, garnis de crudités, de volaille, de charcuterie, de fromage, de produits de la mer, chauds ou froids. À recommander, le Brooklyn (pastrami, cream cheese, condiments, tomate à 35 F) et le Suprême (roastbeef et coleslaw à 29 F). Mais Lunch Time, ce sont aussi des salades (de 15 à 41 F) et, pour vos réunions, des paniers déjeuners (226 F pour 9 pers) et des coffrets et plateaux repas (de 49 à 82 F/pers). Le service traiteur peut préparer vos buffets de cocktails et réceptions de 10 à 500 pers, prix sur devis. Les livraisons ont lieu entre 11h30 et 14h30, comptez 45 minutes de délai et prévenez la veille pour les plateaux repas.

• LUNCH TIME : Paris 1er, 2e, 8e, 17e : 255, rue St-Honoré — 75001 Paris — Tél. : 0142608040
• LUNCH TIME : Neuilly, Levallois, Courbevoie, Puteaux : Tél. : 0146240899
• LUNCH TIME : Boulogne, Issy-les-Moulineaux : Tél. : 0146031113

PARIS 9e

THUSHI

Spécialités indiennes livrées à   Q/P : 8/10 • ASSORTIMENT : 7/10
domicile   ✚ : Ouvert jusqu'à minuit

• 58, rue Rochechouart — 75009 Paris • Tél. : 0140169933 • Fax : 0140165059 • Horaires : 7 J/7 11h-15h, 18h-24h • Métro : Anvers • Bus : 30, 54

Vos repas indiens et sri-lankais sont livrés à domicile gratuitement, en 30 minutes, tous les jours de la semaine et même si vous vous décidez à 23h.

Domino's Pizza

Le numéro 2 de la pizza à domicile affiche des tarifs un peu plus élevés que ceux pratiqués par son principal concurrent, mais les garnitures des pizzas sont plus généreuses et la qualité des ingrédients supérieure. En pâte américaine ou classique, 2 tailles, de 56 F (pour 2 pers) à 136 F (pour 4 pers). Des compositions traditionnelles (fromage, lardons, oignons, crème fraîche pour la Paysanne) et originales (ananas, jambon, poivrons pour l'Exotique). Livraison sous 30 minutes sur tout Paris.
• *DOMINO'S PIZZA,* : 13 centres de livraisons en R.P. — Tél. : 0836672121

Paris 10e

LADY DONG

Traiteur chinois, livraison à domicile Q/P : 8/10 • ASSORTIMENT : 7/10
➕ : Menus à prix réduits

• 130, rue Lafayette — 75010 Paris • Tél. : 0153340404 • Horaires : lun.-dim. 11h-14h • Métro : Gare-du-Nord • Bus : 26, 42, 43, 48

Des menus complets de 49 à 89 F, une carte très variée (nems au poulet 22 F, brochettes thaïs 22 F, samossas de crevettes 20 F, velouté d'asperge au crabe 28 F, poulet aux vermicelles 35 F, bœuf sauté à 40 F, litchis, salade de fruits). Thé chinois offert. Livraison gratuite à partir de 100 F, sous 40 min, sur Paris 1er, 2e, 8e, 9e, 10e, 19e.

Paris 11e

ALLÔ ASIA

Traiteur asiatique, plateaux repas, Q/P : 8/10 • ASSORTIMENT : 6/10
livraison à domicile ➕ : Prix bas

• 69, rue de la Folie-Regnault — 75011 Paris • Tél. : 0148068008 • Horaires : lun.-dim. 11h-14h30, 18h-23h • Métro : Père-Lachaise • Bus : 61, 69

Tous les plats traditionnels chinois, vietnamiens ou thaïlandais : nems (24 F), canard laqué (42 F) et riz cantonnais (18 F), mais aussi des menus pour le midi et le soir à des prix imbattables : menu vapeur 40 F (assortiment raviolis vapeur, salades, nouilles sautées, salade de fruits et yaourt) et menu Asia 59 F (nems et salade de poulet, poisson à la sauce piquante et riz). Livraison sous 45 min sur Paris 2e, 3e, 4e, 10e, 11e, 12e, 15e et 20e.

ALLÔ COUSCOUS

Livraison à domicile de couscous Q/P : 7/10 • ASSORTIMENT : 6/10
➕ : Pour les très gros appétits

• 70, rue Alexandre-Dumas — 75011 Paris • Tél. : 0143708283 • Horaires : lun.-dim. 11h-14h, 18h-22h • Métro : Alexandre-Dumas • Bus : 26, 76

Ce service unique sur Paris vous livre à domicile un plat de couscous chaud dans son couscoussier. Pour un dîner en tête à tête comme pour un banquet de 100 personnes, couscous royal (agneau, boulettes, merguez, poulet) à 75 F/pers, couscous agneau, poulet, bœuf ou merguez 60 F/pers. Portions tellement copieuses que vous pouvez en commander une pour 2 pers! Livraison facturée de 20 à 50 F.

CHARCUTERIE DU FAUBOURG

Charcutier, traiteur, rôtisseur Q/P : 6/10 • ASSORTIMENT : 7/10
➕ : Qualité des produits

• 46, rue du Fg-du-Temple — 75011 Paris • Tél. : 0143573200 • Fax : 0140217640 • Horaires : mar.-sam. 9h-13h45, 16h-19h45, dim. 9h-12h30 • Métro : Goncourt • Bus : 75

À la Charcuterie du Faubourg, tous les produits sont faits maison. Au détail ou au kilo, jambons (jambon cuit 96 F/kg), saucissons, pâtés, terrines, poulets rôtis... Tous les jours, une formule plateau repas (entrée, plat du jour, dessert) 45 F. Pour vos réceptions et cocktails, grand choix de styles de buffets (classique, dînatoire, exotique...) de 35 à

120 F/pers On étudie toutes propositions de 10 à 1000 pers, possibilité d'assistance de personnel pour le service.

LOTUS DE NISSAN

Traiteur chinois, repas à domicile   Q/P : 7/10 • ASSORTIMENT : 7/10
                                                    ✚ : Cuisine chinoise casher

• 53, rue Amelot — 75011 Paris • Tél. : 01 43 57 44 05 • Horaires : lun.-jeu. 10h-14h, 17h30-22h, ven. 10h-14h, sam. 19h-22h30 • Métro : St-Sébastien-Froissart • Bus : 20, 65

Une carte vraiment complète, avec des formules menu pour le midi de 50 à 65 F. Des spécialités originales de très grande qualité, à essayer d'urgence : fruits de mer au riz revenu à la pékinoise 52 F, beignets de fruits de mer sauce tartare 60 F, riz à la feuille de lotus 38 F. Comme dessert, choisir parmi un panier très varié de fruits exotiques et de saison. Livraison sous 45 min.

MANDARIN EXPRESS

Traiteur chinois, repas à domicile   Q/P : 7/10 • ASSORTIMENT : 8/10
                                                    ✚ : Plats traditionnels de qualité

• 7, av. Philippe-Auguste — 75011 Paris • Tél. : 01 43 70 88 88 • Horaires : lun.-sam. 11h-14h30, 18h-23h, dim. 18h-23h • Métro : Nation • Bus : 56, 76, 86

De la cuisine chinoise traditionnelle de qualité livrée chez vous : entrées variées, frites (nems à 24 F) ou vapeur (bouchée de crevettes à 20 F), des potages (24 F), une carte de plus de 35 plats chauds différents (canard aux 5 parfums à 45 F, cuisses de grenouilles à l'impériale à 42 F). À noter surtout les formules midi ou soir, aux prix très intéressants (menu express à partir de 39 F). Livraison à partir de 50 F, sous 35 min, sur Paris 11e, 12e, 20e, Vincennes, St-Mandé.

Ly-Weng

Les cuisines d'Asie livrées en 40 min à votre table. Spécialités chinoises, vietnamiennes ou thaïlandaises. Entrées variées : potage pékinois (26 F), accras à la thaï (25 F), petits pâtés impériaux de légumes au curry (25 F) ; plats copieux, cuisse de poulet farcie (37 F), bœuf sauce saté et ananas (39 F), accompagnés de riz (blanc 9 F, cantonnais 18 F) ou de nouilles sautées (16 F), et des formules de menus complets de 55 à 79 F. En dessert, ne passez pas à côté des délicieuses glaces artisanales aux parfums exotiques (coco, melon, mangue...).

• LY-WENG : Paris 2e, 9e, 10e : Tél. : 01 48 24 23 23
• LY-WENG : Paris 5e, 13e, 14e sud : Tél. : 01 43 31 14 44
• LY-WENG : Paris 16e sud, Boulogne, St-Cloud, Sèvres, Issy : Tél. : 01 46 05 82 82
• LY-WENG : Paris 20e, St-Mandé, Montreuil, Vincennes, : Tél. : 01 48 08 71 71
• LY-WENG : Paris 6e, 7e, 14e nord, 15e : Tél. : 01 43 06 04 04
• LY-WENG : Paris 8e, 16e nord, 17e, Neuilly, Levallois : Tél. : 01 47 64 44 44
• LY-WENG : Savigny, Morsang, Épinay, Viry-Châtillon : Tél. : 01 69 05 05 50
• LY-WENG : Versailles, Vélizy, Jouy-en-Josas : Tél. : 01 30 21 56 56
• LY-WENG : Courbevoie, Asnières, Bois-Colombes, La Garenne : Tél. : 01 43 33 88 11
• LY-WENG : Bougival, Louveciennes, Croissy, La Celle-St-Cloud, Rueil : Tél. : 01 39 18 41 41

PARIS 12e

AIR COUSCOUS

Livraison à domicile de couscous   Q/P : 8/10 • ASSORTIMENT : 5/10
                                         ✚ : Couscous excellent

• 10, av. de Corbera — 75012 Paris • Tél. : 01 53 02 40 50 • Fax : 01 40 19 04 46 • Horaires : lun.-dim.11h-14h30, 18h-23h • Métro : Reuilly-Diderot • Bus : 29

Une carte composée uniquement de couscous (légumes, semoule, harissa, oignons et raisins secs), avec un grand choix de viandes en accompagnement : boulettes d'agneau (75 F), poulet (60 F), merguez (60 F) et, à recommander, les merguez de saumon (60 F). En dessert, une sélection de pâtisseries orientales (10 F). Formule repas de midi : couscous, boisson, dessert 65 F. Sur demande, menu casher. Livraison gratuite sur Paris.

PLANÈTE PIZZA

Livraison de pizzas à domicile　　　Q/P : 7/10 • ASSORTIMENT : 6/10
　　　　　　　　　　　　　　　　　　　✚ : Formule pizza-vidéo

• 26, bd de Reuilly — 75012 Paris • Tél. : 0146288989 • Horaires : lun.-dim. 11h-14h30, 18h30-23h • Métro : Dugommier • Bus : 29, 46, 62, 87

Chez Planète, seulement 2 tailles de pizza (double à 63 F ou maxi à 95 F), 2 choix de pâtes (pan ou traditionnelle) et une carte des ingrédients originale (chipolatas, ananas, noix...). En accompagnement, salades de 15 à 35 F, chicken-wings, 25 F les 10, et glaces Häagen Dasz, 35 F le pot. Le service original en plus : la possibilité de commander un film en même temps que votre pizza : formule 1 cassette vidéo et 1 pizza maxi 129 F. Livraison sous 30 minutes pour le 11e, 12e, 13e, 14e, 15e.

TARTE THÉ TARTINE

Tartes salées, vente à emporter,　　Q/P : 8/10 • ASSORTIMENT : 8/10
livraisons à domicile　　　　　　　✚ : Choix de tartes

• 129, bd Diderot — 75012 Paris • Tél. : 0146286455 • Fax : 0140020487 • Horaires : lun.-dim. 11h-15h, 19h-22h • Métro : Nation, Reuilly-Diderot • Bus : 46, 86

Tartes, salées ou sucrées : quiche lorraine 26 F, marocaine (tourte au poulet cuisinée à la cannelle, raisins secs et oignons) 36 F, succulentes salades en deux tailles : pincée de rose (salade, tomates, maïs, poivrons, soja, ananas, crabe) 31 ou 47 F. Pour le dessert, tartes sucrées, poire-chocolat, banane-chocolat, clafoutis aux fruits de saison (20 à 22 F). Livraison à domicile sous 30 minutes sur Paris 11e, 12e, 20e, St-Mandé, Vincennes.

PARIS 13e

GOOD PIZZA

Pizzas, salades, livraison à domicile　　Q/P : 7/10 • ASSORTIMENT : 7/10
　　　　　　　　　　　　　　　　　　　　✚ : Le choix de salades

• 91, bd du Port-Royal — 75013 Paris • Tél. : 0147074040 • Horaires : lun.-jeu. 11h30-14h30, 18h30-22h30, ven.-sam. 11h30-14h30, 18h30-23h • Métro : Port-Royal • Bus : 38, 83, 91

Un nouveau nom de la restauration. Pizzas italiennes traditionnelles pour 1 à 5 pers, de 40 à 145 F. À recommander, la pizza "Spéciale Good", tomate fraîche, aubergine, assortiments de fromages et filets d'anchois (65 à 145 F selon la taille). Mais aussi, des salades fraîches et un choix de vin italiens (chianti, valpolicella, bardolino). Livraison sous 30 min.

PARIS 14e

ALLÔ SUD-OUEST

Menus et produits du Sud-Ouest,　　Q/P : 7/10 • ASSORTIMENT : 6/10
livraison à domicile　　　　　　　✚ : Magret et foie gras

• 33, av. Jean-Moulin — 75014 Paris • Tél. : 0145570000 • Fax : 0143950644 • Horaires : lun.-dim. 11h30-14h 18h30-23h • Métro : Alésia • Bus : 58, 62

Tous les produits du Sud-Ouest – foie gras, magrets de canard, cassoulet au confit d'oie (68 F/pers) –, mais aussi une sélection de plats cuisinés de toutes les régions : choucroute (68 F/pers), carpaccio de magret (58 F/pers). Choix de salades composées. Livraison gratuite (de 30 à 45 min) sur Paris Sud et 8e, 16e et 17e.

ATLAS COUSCOUS

Traiteur marocain, livraison à domicile de couscous, tajines, pastillas Q/P : 8/10 • ASSORTMENT : 6/10 ✛ : Couscous et pastillas

• 81, rue Didot — 75014 Paris • Tél. : 0145412222 • Horaires : mar.-jeu. 11h-14h30 18h-23h, ven.-sam. 11h-14h30 18h-0h, dim. 18h-23h • Métro : Alésia • Bus : 28, 38, 68

Des couscous délicieux et très copieux, de 45 à 85 F, mais vous pouvez aussi vous faire livrer tajines (à recommander poulet, cannelle, tomate à 75 F), pastillas de poulet (50 F) ou de pigeon (80 F) et pâtisseries. Minimum de 150 F de commande pour une livraison.

JINGLES

Pizzas, tex-mex, livraison à domicile Q/P : 6/10 • ASSORTMENT : 8/10 ✛ : Variété de la carte

• 142, av. du Maine — 75014 Paris • Tél. : 0143351717 • Horaires : lun.-dim. 11h30-14h30, 18h-23h • Métro : Gaîté, Edgar-Quinet • Bus : 28, 58

Deux types de plats à la carte : les pizzas américaines et les plats tex-mex. Pizzas en 3 tailles, de 50 F (pour1 pers) à 118 F (pour 4 pers), avec 2 types de pâtes (pan ou traditionnelle). À recommander, l'Indiana (tomate, fromage, agneau, ananas, raisins secs, noix de coco), pour son fabuleux goût sucré-salé. Spécialités tex-mex variées : guacamole (35 F), tacos (15 F), combo platters (assortiment de beignets de légumes frits 45 F), chili con carne (44 F) et un choix de fajitas et d'enchiladas (bœuf, poulet, fromage, de 59 à 69 F).

PARIS 15ᵉ

FEYROUZ TRAITEUR

Restaurant, traiteur libanais, livraison à domicile Q/P : 7/10 • ASSORTMENT : 8/10 ✛ : Cuisine de qualité

• 8, rue de Lourmel — 75015 Paris • Tél. : 0145780702 • Horaires : lun.-dim. 11h30-2h • Métro : Charles-Michels • Bus : 42

Fameux sandwichs chawarma, viande ou poulet, avec crudités et piments 27 F. Toute la carte du restaurant est disponible à la livraison, hommos, falafels, mezze, poissons marinés… Comptez 100 à 130 F/pers pour un repas complet, sans les boissons. Livraison gratuite en fonction du montant de la commande et de votre adresse.

PARIS 16ᵉ

FAKHR EL DINE

Restaurant, traiteur libanais, plateaux repas Q/P : 7/10 • ASSORTMENT : 7/10 ✛ : Le plateau repas "Prestige"

• 30, rue de Longchamp — 75016 Paris • Tél. : 0147279000 • Fax : 0153700181 • Horaires : lun.-sam 11h-14h30, 18h30-23h • Métro : Iéna • Bus : 52, PC

Restaurant, fleuron de la gastronomie libanaise, service de traiteur et livraison à domicile. Carte très fournie : hors-d'œuvre chauds (falafel à 28 F, sojok à 40 F) et froids (kebbe naye 45 F), grillades et desserts. Nous vous recommandons la formule plateau repas "Prestige", par exemple taboulé, kebbé (boulettes de viande, blé concassé), chawarma (grillade de viande de bœuf marinée), baklawa, dessert et pain libanais 155 F. Livraisons gratuites à partir de 270 F de commande.

PARIS 17ᵉ

LE COMPTOIR DU SAUMON

Plateaux repas, spécialités scandinaves Q/P : 6/10 • ASSORTMENT : 6/10 ✛ : Choix de poissons fumés

• 3, av. de Villiers — 75017 Paris • Tél. : 0140538900 • Horaires : lun.-sam. 10h-22h • Métro : Malesherbes • Bus : 94

Chez ce spécialiste de la cuisine nordique, vous avez le choix entre 5 formules et 10 plateaux repas (de 100 à 175 F), qui sont de véritables promenades gastronomiques : saumon fumé d'Écosse, d'Irlande ou de Norvège, œufs de saumon, poissons fumés ou marinés, pâtisseries nordiques. Un minimum de 60 F de commande est exigé, délai de livraison de 1h à 2h selon la zone.

LE PETIT COLOMBIER

Restaurant, traiteur français, plateaux repas
Q/P : 8/10 • ASSORTIMENT : 8/10
✚ : Haute gastronomie à domicile

• 42, rue des Acacias — 75017 Paris • Tél. : 0143802854 • Fax : 0144400429 • Horaires : mar.-sam. 10h-14h-20h • Métro : Argentine • Bus : 43, 73

Un grand chef vous propose menus à domicile, plateaux repas de 110 à 155 F, par exemple la formule "Le Petit Colombier" 130 F : terrine de foie gras de canard des Landes en gelée de porto, quartier d'agneau de lait rôti à l'os, haricots verts en vinaigrette balsamique, assiette de fromages fermiers affinés, festival de fruits rouge à la crème et petits pains frais maison. Carte variée d'entrées et de plats chauds et un choix de très bons vins pour faire, chez vous, un dîner digne des plus grands restaurants parisiens.

STÜBLI DELIKATESSEN

Charcutier, traiteur, buffets, réceptions, livraison à domicile
Q/P : 8/10 • ASSORTIMENT : 8/10
✚ : Très grande qualité des produits

• 10, rue Poncelet — 75017 Paris • Tél. : 0148889807 • Horaires : lun.-sam. 8h30-19h30, dim. 9h-13h • Métro : Ternes • Bus : 30, 31, 43, 93 • Internet : Ternes

En face de la pâtisserie, découvrez Stübli Délikatessen : charcuteries, pains spéciaux, épicerie fine, bières, alcools et tout un assortiment de mets préparés chaque jour pour agrémenter vos repas quotidiens ou d'exception : saucisses de Francfort 9 F pièce, frikadellen (boulettes de viandes de porc et de bœuf) 8 F pièce. Pour une réception originale, service traiteur (qui peut être complété par celui de la pâtisserie) : cocktails, fêtes, mariages ou repas d'affaires, sans oublier la décoration florale si vous le souhaitez.

Speed Rabbit Pizza

Livraison expresse avec ce spécialiste de la pizza américaine. Il y a toujours un Speed Rabbit près de chez vous, en livraison ou sur place (2 pour le prix d'une). Pizzas copieuses et variées. Mention spéciale pour la Crazy Buns, sorte de calzone (pizza soufflée), avec tomate, fromage, épaule, œuf, champignons, lardons, 99 F pour 4 pers En accompagnement, chicken wings (29 F), salades (39 F) et guacamole (29 F). Pâte américaine ou classique, 3 tailles, de 40 à 135 F.

• *SPEED RABBIT PIZZA* : 1er, 2e, 3e, 4e : 31, rue Étienne-Marcel — 75001 Paris — Tél. : 0140130707
• *SPEED RABBIT PIZZA* : 6e, 7e, 14e nord : 47, bd du Montparnasse — 75006 Paris — Tél. : 0145442881
• *SPEED RABBIT PIZZA* : 11e : 143, bd Voltaire — 75011 Paris — Tél. : 0143676868
• *SPEED RABBIT PIZZA* : 12e : 14, bd de Reuilly — 75012 Paris — Tél. : 0143448080
• *SPEED RABBIT PIZZA* : 5e, 13e, 14e sud : 54, av. des Gobelins — 75013 Paris — Tél. : 0147079616
• *SPEED RABBIT PIZZA* : 15e : 136, rue Lecourbe — 75015 Paris — Tél. : 0140457505
• *SPEED RABBIT PIZZA* : 8e, 16e nord : 69, av. Kleber — 75016 Paris — Tél. : 0147273400
• *SPEED RABBIT PIZZA* : 15e est, 16e sud : 167, av. de Versailles — 75016 Paris — Tél. : 0145203838
• *SPEED RABBIT PIZZA* : 17e, 18e : 205, rue Ordener — 75018 Paris — Tél. : 0140250808

PARIS 18e

ALLÔ TIEB, ALLÔ MAFÉ

Traiteur africain, livraison à domicile
Q/P : 8/10 • ASSORTIMENT : 8/10
✚ : Plats traditionnels

• 46, rue de La Chapelle — 75018 Paris • Tél. : 0140350404 • Horaires : lun.-sam. 11h30-14h30, 19h-22h30 • Métro : Marx-Dormoy • Bus : 60, 65

Enfin un service de livraison de plats africains à domicile. Menu varié. En entrée : pastels (beignets farcis de mérou, piments, 20 F les 5), fatayas (beignets de viandes, 20 F les 5), accras (30 F les 8), bouchons, samossas, croquettes de poulet. Plats à base de viande et de poisson, tieb (à base de mérou) 60 F, maffé 55 F, poisson et poulet braisé 55 F et, à recommander particulièrement, le mbakhal (plat diététique sans huile, poisson frais, épices, sauce piment et riz long parfumé) 55 F. Livraison sous 45 min, gratuite pour Paris à partir de 2 plats.

LADY DONG

Traiteur chinois, livraison à domicile — Q/P : 8/10 • ASSORTIMENT : 7/10
✦ : Menus à prix réduits

• 51, rue de Vauvenargues — 75018 Paris • Tél. : 0153063040 • Horaires : lun.-dim. 11h-14h
• Métro : Porte-de-St-Ouen • Bus : 31, 81 • Voir Lady Dong, Paris 10e.

PARIS 19e

LUCKY FAST PIZZA

Pizzas, livraison à domicile — Q/P : 7/10 • ASSORTIMENT : 8/10
✦ : Pizzas italiennes et américaines

• 12, rue Jules-Romain — 75019 Paris • Tél. : 0142401412 • Horaires : lun.-dim. 11h-14h30, 18h-23h • Métro : Belleville • Bus : 26

Des pizzas italiennes (pâte à pain) traditionnelles, comme la Napolitaine (tomate, fromage, origan, anchois, câpres, olives, de 40 à 80 F selon la taille) et des pizzas américaines (pâte frite à l'huile), par exemple pizza El Passo (tomate, fromage, poulet, bacon, ananas, cœur de palmier, de 52 à 120 F). En accompagnement, salades variées comme la Niçoise (salade, thon, tomate, olives à 35 F) ou la Fidji (salade, tomate, crabe, maïs, ananas à 45 F). Livraison gratuite sous 30 min, sur Paris 3e, 4e, 10e, 11e.

PARIS 20e

CHINOIS CHEZ MOI

Traiteur chinois, plateaux repas, livraison à domicile — Q/P : 7/10 • ASSORTIMENT : 7/10
✦ : Les assiettes gourmandes

• 16, rue de Belleville — 75020 Paris • Tél. : 0140336333 • Horaires : lun.-dim. 11h-14h30, 18h-23h • Métro : Place-des-Fêtes • Bus : 60, 96

La gastronomie chinoise et indochinoise à votre table : menu à la carte (entrées et salades de 22 à 39 F, plats de 38 à 55 F et accompagnements de 9 à 25 F) ou assiettes gourmandes (riz au bœuf loc-lac 49 F, porc laqué au riz cantonnais 39 F, nouilles sautées au poulet 45 F). À essayer, le très copieux menu "Chinois chez Moi" pour 2 pers 115 F. Livraison sous 30 min, sur Paris 1er, 2e, 3e, 4e, 9e, 10e, 11e, 12e, 19e et 20e.

LES MUREAUX 78

CANA 78

Plateaux repas, buffets, cocktails — Q/P : 6/10 • ASSORTIMENT : 6/10
✦ : Accueil, qualité et service

• Rue Chappe — ZI des Garennes — 78130 Les Mureaux • Tél. : 0130990700 • Fax : 0130997766
• Horaires : lun.-sam. 9h-18h • Voir Cana 78, Versailles 78.

VERSAILLES 78

CANA 78

Plateaux repas, buffets, cocktails — Q/P : 6/10 • ASSORTIMENT : 6/10
✦ : Accueil, qualité et service

• 24, rue du Maréchal-Joffre — BP 534 — 78005 Versailles • Tél. : 0139499870 • Fax : 0139511027 • Horaires : lun.-sam. 9h-18h

Plateaux repas de 56 à 90 F, entrée, plat et dessert. Cana prépare aussi les tables de vos buffets et cocktails : formule cocktail (buffet et alcools) à partir de 33 F/pers (minimum 20 pers). Tous les plats sont un régal pour le palais et pour les yeux.

CLAMART 92

LA BOUFFOTHÈQUE

Livraison de plateaux repas, lunchs,	Q/P : 7/10 • ASSORTIMENT : 7/10
petits déjeuners et cocktails	**+** : Amabilité

• 22, av. Victor-Hugo — 92140 Clamart • Tél. : 0141089363 • Fax : 0141089336 • Horaires : lun.-ven. 9h-15h, 18h-20h, sam. 11h-15h

Petit restaurant, service de livraison à domicile très varié : petits déjeuners (café, thé, viennoiseries, jus de fruits 30 F/pers), copieux plateaux repas (de 42 à 115 F) et cocktails (champagne, petits fours salés et sucrés, à partir de 75 F/pers). Livraison gratuite à partir de 100 F, et -10 % sur toute commande supérieure à 300 F passée avant 11h.

CLICHY 92

LE LAPIN VERT

Plateaux repas, sandwichs, salades,	Q/P : 7/10 • ASSORTIMENT : 7/10
livraison à domicile	**+** : Originalité des produits
	— : Temps de livraison pas toujours respecté

• 14, rue Klock — 92110 Clichy • Tél. : 0147317000 • Horaires : lun.-ven. 9h-14h30 • Métro : Porte-de-Clichy

Nombreuses formules repas : formule plat (plat du jour, fromage, dessert et boisson pour 49 F), formule sandwich (sandwich, fromage, dessert et boisson pour 44 F)… Ingrédients utilisés originaux et de qualité. Livraison gratuite à partir de 44 F (30 à 45 min).

COURBEVOIE 92

PIZZA GIRL

Pizzas, vente à emporter, livraison à	Q/P : 6/10 • ASSORTIMENT : 6/10
domicile	**+** : Service souriant, pizzas tex-mex

• 52, av. Marceau — 92400 Courbevoie • Tél. : 0147683030 • Horaires : lun.-dim. 11h-14h30, 18h-23h

En plus du sourire des charmantes livreuses (les pizzas-girls), une carte très variée. Pour vos pizzas (de 56 à 126 F), choix entre 3 types de pâtes : traditionnelle, briochée à l'origan ou tex-mex (tortilla de blé). À la carte également, salades géantes (39 F), chicken'girl (ailes de poulet marinées aux épices, 29 F), chili con carne maison (39 F)…Livraison en 30 min sur Paris 17e, Neuilly, Courbevoie, La Défense et les environs.

MALAKOFF 92

DUCAMP, SÉGUR TRAITEUR

Traiteur, repas, plateaux repas,	Q/P : 5/10 • ASSORTIMENT : 9/10
cocktails	**+** : Plats variés et très raffinés

• 58, av. Augustin-Dumont — 92240 Malakoff • Tél. : 0140921387 • Fax : 0146542378 • Horaires : 7 j/7, 7h-18h • Métro : Plateau-de-Vanves

12 formules de plateaux repas (de 90 à 120 F), repas à la carte, plus de 200 plats (viandes, poissons, salades…), de 45 à 95 F, et un choix incroyable de desserts (entremets, pâtisseries, glaces…). Pour les buffets et cocktails, Ducamp propose des assortiments (petits fours, toasts, pains surprise, alcools) à partir de 75 F/pers

Vins, bières et alcools

Le moins cher des cavistes

Deux cavistes dynamiques vous proposent la production de 120 viticulteurs vendue au même prix qu'à la propriété. Une sélection rigoureuse qui permet de découvrir, dans chaque région viticole, les meilleurs représentants d'une appellation. Bon choix de bourgognes à prix raisonnables, vins du Languedoc-Roussillon étonnants (chardonnay des Cévennes 1996 à 35 F). Nombreux vins vendus en "bag in box" de 10 l. Grand choix de champagnes à prix producteur. Nombreuses dégustations thématiques. Cours de dégustation et initiation œnologique toute l'année. Accueil parfait et conseils avisés.

• LES DOMAINES QUI MONTENT : 22, rue l'Abbé-Grégoire — 75006 Paris — Tél. : 01 45 48 73 40
• LES DOMAINES QUI MONTENT : 22, rue Cardinet — 75017 Paris — Tél. : 01 42 27 14 55

PARIS 2ᵉ

LEGRAND FILLES & FILS

Vins de propriété, armagnacs, champagnes, bières, dégustations	Q/P : 7/10 • ASSORTIMENT : 7/10 ✦ : Champagne extra brut maison à 95 F

• 1, rue de la Banque — 75002 Paris • Tél. : 01 42 60 07 12 • Fax : 01 42 61 25 51 • Horaires : mar.-ven. 9h-19h30, sam. 8h30-13h, 15h-19h • Métro : Bourse • Bus : 29

Dans une ancienne épicerie fine à la magnifique façade, Francine Legrand et ses fils proposent des vins de propriété et une belle gamme d'eaux-de-vie artisanales, d'armagnacs, de portos, des articles de cave et des produits régionaux comme les lentilles du Puy. Ici, pas de vins étrangers mais le meilleur des AOC françaises, sélectionnées pour leur caractère représentatif. Joli choix en Languedoc-Roussillon et en vins d'Alsace (superbe pinot noir d'Olivier Humbrecht à 96 F). Nombreuses dégustations. Conseils avisés.

PARIS 3ᵉ

LE NECTAR DES BOURBONS

Vins de Bourgogne, vins de propriété, dégustations	Q/P : 8/10 • ASSORTIMENT : 7/10 ✦ : Conseils avisés

• 37, rue de Turenne — 75003 Paris • Tél. : 01 40 27 99 12 • Fax : 01 40 27 99 12 • Horaires : lun. 18h-21h, mer.-dim. 10h30-21h • Métro : Chemin-Vert • Bus : 29, 96

À l'origine, cave spécialisée dans les vins de Bourgogne. Elle s'est diversifiée mais garde une prédilection pour cette région. Alain Dechy offre ainsi plus de 120 vins de propriété qu'il ne peut tous présenter dans sa boutique. Tous les mois, une liste est publiée et distribuée gratuitement dans le magasin. Réduction de 10 % pour 6 bouteilles achetées (panachage possible). Tous les mois, nombreuses dégustations gratuites.

PARIS 4ᵉ

CAVE ESTÈVE

Vins de propriété, grands crus, bordeaux, bourgognes, whiskies, eaux-de-vie	Q/P : 9/10 • ASSORTIMENT : 9/10 ✦ : Grand choix ▪ : Bouteilles vendues par 6 uniquement

• 10, rue de la Ceriseraie — 75004 Paris • Tél. : 01 42 72 33 05 • Fax : 01 42 72 47 04 • Horaires : lun.-sam. 9h39-12h30, 14h30-19h30 • Métro : Bastille • Bus : 86, 87

Une cave célèbre pour ses sélections au rapport qualité-prix imbattable. Toutes les régions de France dans cette boutique spartiate mais très bien organisé. Pour chaque vin, une fiche complète sur son origine et ses qualités gustatives. Grand choix de bordeaux, des plus abordables (premières côtes-de-blayes Château Les Graves 1995 43 F) aux millésimes des grands crus classés. Jean-Christophe Estève propose aussi une gamme "Alexis Estève", un grand choix de vins de pays et de région (bourgogne à 35 F).

CAVES ST-ANTOINE

Bordeaux, vins de Touraine, champagnes, portos, dégustations	Q/P : 8/10 • ASSORTIMENT : 7/10
	✚ : Bonne organisation du magasin

• 95 rue St-Antoine — 75004 Paris • Tél. : 0142723749 • Horaires : mar.-sam. 9h-13h, 15h-20h, dim. 9h-13h • Métro : St-Paul • Bus : 68, 76

Petite cave de quartier bien organisée. Quelques bordeaux (bordeaux maison, mis en bouteille sur place, 18 F, et l'excellent bordeaux supérieur Château de Bragues 1995 34 F), des merlots et de bons vins de Touraine (Touraine Mesland 1996 vieilles vignes 20 F). Dégustations organisées de temps à autre sur le trottoir.

LES CAVES DU MARAIS

Vins et champagnes	Q/P : 6/10 • ASSORTIMENT : 6/10
	✚ : Sélection originale et réussie
	▬ : Prix élevés

• 62-64, rue François-Miron — 75004 Paris • Tél. : 0142785464 • Horaires : lun.-sam. 10h30-13h, 16h-20h • Métro : St-Paul • Bus : 76, 96

Cave sans prétention qui cache pourtant des trésors : des vins hors appellation rarement distribués, à l'image du Domaine de Trévallon, et des petits vins de récoltants comme l'excellent Costières-de-Nîmes 1995 de Gérard Eyraud (55 F la bouteille).

PARIS 5ᵉ

CAVE ESTÈVE

Vins de propriété, grands crus, bordeaux, bourgognes, whiskies, eaux-de-vie	Q/P : 8/10 • ASSORTIMENT : 9/10
	✚ : Grand choix
	▬ : Bouteilles vendues par 6 uniquement

• 292, rue St-Jacques — 75005 Paris • Tél. : 0146346978 • Fax : 0140460829 • Horaires : mar.-sam. 10h-13h, 15h-20h • Métro : RER B Port-Royal • Bus : 83, 91 • Voir Cave Estève, Paris 4e.

PARIS 7ᵉ

L'AMOUR DU VIN

Vente directe de vins de producteurs	Q/P : 8/10 • ASSORTIMENT : 7/10
	✚ : Fiche explicative pour chaque vin

• 94, rue St-Dominique — 75007 Paris • Tél. : 0145561294 • Horaires : mar.-sam. 9h30-13h, 15h-19h30 • Métro : La Tour-Maubourg, École-Militaire • Bus : 69

• 48, av. La Bourdonnais — 75007 Paris • Tél. : 0145556863 • Fax : 0145512681 • Horaires : mar.-sam. 9h30-13h, 15h-19h30 • Métro : École-Militaire • Bus : 42

Les 100 meilleurs vins de l'année sélectionnés par Patrick Dussert-Gerber, au prix de vente à la propriété. Dans les deux boutiques, quelques-uns de ces vins, comme le beaujolais village Château Emerings 1996 à 32 F ou les premières côtes-de-blayes Château Landière 1995 à 32 F. Liste complète des vins disponible (livraison en France et à l'étranger).

PARIS 8ᵉ

AUX VIGNES PASQUIER

Vins de propriété, grands crus, champagnes, armagnacs millésimés	Q/P : 7/10 • ASSORTIMENT : 6/10
	✚ : La présentation de la boutique

• 7, rue Pasquier — 75008 Paris • Tél. : 0142653986 • Fax : 0147425520 • Horaires : lun.-ven. 10h-19h • Métro : Madeleine • Bus : 84

Une gamme impressionnante d'armagnacs millésimés, des grands crus bordelais, des vins de Loire, des côtes-du-rhône et des vins du Sud-Ouest. La boutique, particulièrement bien éclairée, est très ordonnée. Grande disponibilité et conseils avisés.

LES CAVES TAILLEVENT

Vins de tous les jours, grands crus classés

Q/P : 5/10 • ASSORTIMENT : 9/10
+ : Rayon "Vins de tous les jours"

• 199, rue du Fg-St-Honoré — 75008 Paris • Tél. : 0145611409 • Fax : 0145611968 • Horaires : lun. 14h-20h, mar.-ven. 9h-20h, sam. 9h-19h30 • Métro : Ternes • Bus : 43

Une cave élégante aux boiseries et à l'éclairage raffinés. Dans la boutique, que des factices, mais la cave dispose de 30000 bouteilles : une sélection de 500 crus des plus grands aux vins de tous les jours. Bon rapport qualité-prix du merlot Domaine La Croix Belle 1995 24 F, mais aussi des grands crus classés que l'on trouve difficilement. Dégustations le samedi en présence d'un vigneron. Bons conseils courtois de Jean-Claude et Valérie Vrinat.

NICOLAS FEUILLATTE

Champagnes premiers crus, vins de propriété, bourgognes, chinons

Q/P : 7/10 • ASSORTIMENT : 8/10
+ : Gamme complète de champagnes

• 254, rue du Fg-St Honoré — 75008 Paris • Tél. : 0142276119 • Fax : 0142279994 • Horaires : lun.-sam. 10h-19h • Métro : Ternes • Bus : 43

Uniquement les champagnes premiers crus de Nicolas Feuillatte dans cette belle boutique climatisée. Du champagne rosé millésimé, du blanc de blancs millésimé ou du demi-sec premier cru. La cuvée Palme d'Or à 60 % de chardonnay représente un excellent rapport qualité-prix pour un champagne haut de gamme millésimé 1990 (260 F). La sommelière Lydie Lenesley, qui gère la boutique, propose également une intéressante sélection de vins : bourgogne Irancy 1995 de Jean-Marc Brocard 49 F… Accueil charmant.

VIGNOBLE PASSION   N

Bordeaux, côtes-du-rhône, vins du Languedoc, champagnes, armagnacs, dégustations

Q/P : 8/10 • ASSORTIMENT : 6/10
+ : Les prix pratiqués
− : Choix restreint dans la boutique

• 130, bd Haussmann — 75008 Paris • Tél. : 0145222522 • Fax : 0145222995 • Horaires : lun.-sam. 12h-19h • Métro : St-Augustin • Bus : 43 • Internet : http ://www. vignoble-passion. com

Dans un espace restreint, la production de 50 vignerons, à commander ou acheter sur place. Quelques vins de Bordeaux, des côtes-du-Rhônes (excellent châteauneuf-du-pape 1995 de Paul Autard 95 F), des vins du Languedoc et du champagne (notamment le 1er cru 1995 de René Geoffroy). Les prix appliqués sont ceux du domaine, les frais de transport en sus. Au sous-sol, un caveau de dégustation permet au responsable des lieux, Loïc Durey, d'organiser régulièrement des rencontres avec les producteurs.

PARIS 9e

LES CAVES ST-LAZARE

Vins de propriété, bordeaux, jurançon, champagnes, whiskies

Q/P : 8/10 • ASSORTIMENT : 6/10
+ : Belle sélection de vieux whiskies

• 5, rue Bourdaloue — 75009 Paris • Tél. : 0142810486 • Horaires : lun.-sam. 9h30-13h, 15h30-20h • Métro : Notre-Dame-de-Lorette • Bus : 43, 74

Une petite cave bien ordonnée grâce à ses casiers en bois, un bon choix de bordeaux à des prix raisonnables (graves Château de Gallac 1993 56 F ou Château Gazin 1979 110 F). Également des découvertes, sélectionnées par Michel Bilger, l'exigeant responsable de ce lieu, comme un très agréable jurançon 1994 Domaine Garrade 56 F. Très bons conseils.

LES COTEAUX DU 9E

Vins de propriété, vins du Languedoc, pastis artisanal

Q/P : 8/10 • ASSORTIMENT : 8/10
✚ : De bons vins entre 20 et 40 F

• 48, rue Notre-Dame-de-Lorette — 75009 Paris • Tél. : 0153219017 • Horaires : mar.-dim. 10h30-15h30, 16h-21h30 • Métro : Notre-Dame-de-Lorette • Bus : 74

Adorable petite cave de quartier au décor soigné. Tous les vins, avec une préférence pour les vins du Languedoc, comme le superbe Pic St-Coup Domaine de l'Hortus 1996 (45 F), ou le rosé du Domaine du Poujol (40 F). Également, le pastis artisanal Pontarlier (120 F). Très bonne ambiance dans cette cave où la gérante n'hésitera pas à vous faire goûter sa sélection du mois.

PINOT NOIR ET CHARDONNAY

Vins de Bourgogne, vins de propriété, champagnes

Q/P : 7/10 • ASSORTIMENT : 7/10
✚ : Bon choix de champagnes

• 32, rue Jean-Baptiste-Pigalle — 75009 Paris • Tél. : 0144539437 • Fax : 0144539437 • Horaires : lun.-sam. 10h-13h, 15h-20h • Métro : Trinité • Bus : 74

Une belle boutique qui se consacre presque exclusivement aux vins de Bourgogne. Du pinot noir (50 F), de l'irancy, du passetoutgrain, du grand ordinaire ou du hautes côtes-de-beaune 1995 d'Henri Delagrange (56 F). Également le bourgogne rosé 1996 de J.-C. Richoux (52 F). Les deux jeunes gérants sélectionnent aussi quelques vins originaux lors de leurs visites de vignobles. Des vins du Languedoc (viognier 1996 à 55 F) et quelques bandols. Grande disponibilité et conseils avisés.

PARIS 11e

LE PETIT BLEU

Vins du Sud, produits provençaux, huiles d'olive, miel, thés, poteries, savons

Q/P : 8/10 • ASSORTIMENT : 8/10
✚ : La présentation du magasin

• 21, rue Jean-Pierre Timbaud — 75011 Paris • Tél. : 0147009073 • Horaires : Mar.-sam. 10h30-20h, lun. 12h-20h • Métro : Oberkampf • Bus : 56

Une très belle boutique aux couleurs de la Provence. Un large choix de vins du Sud, avec des côtes-de-provence (superbe Domaine de Rimauresq cru classé 1995 35 F) et des vins du Languedoc (excellent Pic St-Loup Château Cazeneuve 1997 35 F). À côté de la cave, un rayon épicerie : sélection d'huiles d'olive artisanales, herbes de Provence, nougat et miel. Au fond du magasin, quelques poteries Ravel d'Aubagne et les senteurs de l'Othantique (savons, pots-pourris). Très bonne organisation de ce magasin clair et agréable. Bons conseils en matière de vins.

PARIS 13e

CAVE DES GOBELINS

Vins de propriété, grands crus, champagnes, eaux-de-vie

Q/P : 7/10 • ASSORTIMENT : 7/10
✚ : Le bordeaux mis en bouteille sur place

• 56, av. des Gobelins — 75013 Paris • Tél. : 0143316679 • Fax : 0143316679 • Horaires : mar.-sam. 9h-13h, 15h-20h • Métro : Les Gobelins, Place-d'Italie • Bus : 27

Une cave sérieuse, gérée en famille par des professionnels des vins. Lieu spacieux et particulièrement bien ordonné. Une gamme de prix très large, du bordeaux mis en bouteille sur place, 18 F la bouteille, aux armagnacs du siècle dernier. Bon rapport qualité-prix, comme le Fronsac 1995 Château La Cornelle 45 F. Large choix de champagnes millésimés. Accueil aimable et de bons conseils.

LA CAVE DE TOLBIAC

Vins de propriété, bordeaux, whiskies, champagnes, dégustations

Q/P : 8/10 • ASSORTIMENT : 8/10
+ : Conseils compétents

• 45, rue de Tolbiac — 75013 Paris • Tél. : 01 45834883 • Horaires : mar.-sam. 9h15-13h, 15h15-20h30, dim. 9h15-13h • Métro : Nationale • Bus : 62

Une décoration fleurie et un accueil impeccable ont permis à Stéphane Corraza de transformer sa petite boutique en une cave de qualité. Tous les crus, à tous les prix. Chaque mois, ce jeune caviste sélectionne quelques nouveautés qu'il expose, accompagnées d'une fiche explicative très claire. Quelques vins sous le nom du magasin (bordeaux 20 F, merlot 16 F, cabernet-sauvignon 15 F et vins du pays d'Oc 14 F). De nombreuses dégustations thématiques.

LA CAVE DU MOULIN VIEUX

Vins de propriété, grands crus, bordeaux, vins originaux

Q/P : 7/10 • ASSORTIMENT : 7/10
+ : Accueil chaleureux
− : Pas de champagne

• 4, rue de la Butte-aux-Cailles — 75013 Paris • Tél. : 01 45804238 • Fax : 01 45804238 • Horaires : mar.-sam. 10h-12h45, 16h-20h, dim. 10h-13h • Métro : Corvisart, Place-d'Italie • Bus : 62

Une petite cave de quartier où s'entassent les caisses de vins. Une sélection de vieux originaux à petits prix (Côtes-d'Auvergne 1996 28,50 F, Orléanais 1997 28 F) et de vieux millésimes en bordeaux. Excellents conseils.

LEGRAND FILLES & FILS

Vins de propriété, armagnacs, champagnes, bières, dégustations

Q/P : 7/10 • ASSORTIMENT : 7/10
+ : Champagne extra brut maison à 95 F

• 119, rue du Dessous-des-Berges — 75013 Paris • Tél. : 01 45835888 • Fax : 01 45839003 • Horaires : mar.-ven. 8h30-13h, 16h-19h30, sam. 8h30-13h, 14h-19h • Métro : RER C Bd Masséna • Bus : 27

Entrepôt-vente de la maison Legrand. Voir Legrand Filles & Fils, Paris 2e.

PARIS 14e

CAVES PÉRET

Vins de propriété, vins de Touraine, bières, champagnes, cognacs, armagnacs

Q/P : 7/10 • ASSORTIMENT : 7/10
+ : Le champagne "Péret" à 112 F
− : Peu de grands crus

• 6, rue Daguerre — 75014 Paris • Tél. : 01 43220864 • Fax : 01 43201764 • Horaires : mar.-ven. 8h45-13h, 15h30-20h, sam. 8h45-20h, dim. 9h-13h • Métro : Denfert-Rochereau • Bus : 28, 38, 68

Une petite cave de quartier, une excellente sélection de vins de pays. Des minervois, du touraine-cabernet ou des côtes-du-roussillon entre 23 F et 29 F la bouteille. Bon choix de bières, de vieux armagnacs et de cognacs. Accueil sympathique et compétent de Philippe Péret et sa femme.

LA CAVE

Vins de Languedoc, bordeaux, beaujolais, portos, armagnacs, dégustations

Q/P : 7/10 • ASSORTIMENT : 9/10
+ : La présentation de la boutique

• 197, av. du Maine — 75014 Paris • Tél. : 01 45405818 • Horaires : mar.-ven. 10h-13h, 16h-20h, sam. 10h-13h, 15h-20h, dim. 10h-13h • Métro : Alésia • Bus : 28

Une superbe façade verte d'épicerie fine et, à l'intérieur, plus de 700 vins sélectionnés dans toutes les régions. Excellent choix en Languedoc-Roussillon (plus de 50 références) avec un côtes-du-roussillon 1995 (36 F). Superbe beaujolais 1997, cuvée non chaptalisée, sélectionné par Valéry Namur (32 F). Grand choix de bordeaux. Dégustation d'un vin autour du producteur le samedi. Belle sélection de portos.

LES PETITS BOUCHONS

Vins de l'Hérault, vins de propriété, whiskies

Q/P : 9/10 • ASSORTIMENT : 7/10
+ : Des vins originaux bon marché

• 24, rue Mouton-Duvernet — 75014 Paris • Tél. : 0145438228 • Horaires : lun.-mar. et jeu.-sam. 10h-13h, 16h-20h, mer. et dim. 10h-13h • Métro : Mouton-Duvernet • Bus : 28, 38, 68

Une charmante petite cave qui vend essentiellement des bouteilles à moins de 30 F. De belles découvertes parmi les vins de l'Hérault, comme le Domaine de Lombardie (26 F), ou l'excellent costières-de-nîmes Rajatel 1995 (30 F). Un lieu convivial où l'on est toujours bien accueilli.

PARIS 15e

LE NEZ ROUGE

Vins de propriété, vins étrangers, dégustations

Q/P : 7/10 • ASSORTIMENT : 5/10
+ : Un grand choix de vins étrangers

• 11, rue Alexandre-Cabanel — 75015 Paris • Tél. : 0147348740 • Fax : 0143060079 • Horaires : lun. 17h30-20h, mar.-mer. 11h30-20h, jeu.-sam. 11h30-21h, dim. 10h30-13h • Métro : Cambronne • Bus : 49, 80

La seule boutique à distribuer du "gibolin", le vin officiel des Deschiens (qui n'est autre qu'un cabernet-sauvignon 1994), 29 F, mais aussi la cuvée Série Noire "Nuit Blanche" de Luc Lapeyre (un vin de pays d'Oc). Belle gamme de vins d'Australie, d'Afrique du Sud et d'Italie, avec le Lisini, le "Pétrus" italien. Le gérant, Dominique Pages, également viticulteur, propose ses propres vins de pays d'Oc, pinot noir et chardonnay 1996 (27 F). 20 % de réduction pour 6 bouteilles achetées (panachage possible). Dégustations le jeudi soir. Ambiance décontractée et bons conseils.

PARIS 18e

LE PALAIS DE LA BIÈRE   N

Bières françaises et étrangères, confitures de bière, eaux-de-vie de bière

Q/P : 7/10 • ASSORTIMENT : 9/10
+ : Beaucoup de bières exotiques

• 64, rue du Mont-Cenis — 75018 Paris • Tél. : 0142516464 • Fax : 0142516465 • Horaires : lun. 16h-21h, mar.-sam. 10h-13h, 16h-21h, dim. 10h-13h • Métro : Jules-Joffrin • Bus : 80

Une minuscule boutique où sont méticuleusement rangées plus de 400 bières du monde entier. Bières artisanales françaises, belges et allemandes, mais également amazoniennes, péruviennes ou tahitiennes (de 10 à 15 F la bouteille). De nombreux autres produits liés à la bière : eau-de-vie de bière, confitures de bière, livres et magazines. Très bons conseils.

PARIS 20e

CAVES AU BON PLAISIR

Vins de propriété, armagnacs, produits du Sud-Ouest

Q/P : 8/10 • ASSORTIMENT : 6/10
+ : Grand choix de vins entre 20 et 40 F
– : Pas de vins étrangers

• 104, rue des Pyrénées — 75020 Paris • Tél. : 0143719868 • Fax : 0143719868 • Horaires : mar.-sam. 10h-13h, 16h-20h, dim. 10h-13h30 • Métro : Maraîchers • Bus : 26

En parcourant les vignobles, Didier Lefort trouve de bons rapports qualité-prix dans chaque appellation. Beaucoup d'excellents languedocs dans cette cave claire et accueillante (Cabardès 1993 à 26 F), mais aussi quelques bordeaux et bourgognes, des vins de Loire et des blancs d'Alsace. Rayon épicerie : confit d'oignons, huile d'olive artisanale (105 F/l), cuisses de canard confites (69 F), vinaigre. Accueil sympathique et conseils avisés.

MA CAVE

Bordeaux, beaujolais, vins étrangers, champagnes, eaux-de-vie

Q/P : 8/10 • ASSORTIMENT : 8/10
✤ : Conseils compétents

• 105, rue de Belleville — 75020 Paris • Tél. : 0142086295 • Horaires : mar.-sam. 9h-13h, 16h-19h30, dim. 9h30-16h • Métro : Belleville • Bus : 26

Une petite boutique fleurie et très bien organisée. Philippe Ansot, ancien sommelier, vous accueille et vous conseille de manière remarquable. Belle gamme de blancs moelleux et de vins étrangers, notamment espagnols. D'excellents rapports qualité-prix dans les beaujolais (le beaujolais village 1997, Domaine des Cadols, 38 F) et les bordeaux (graves 1994, Réserve de la Madeleine, 39 F). Beau choix de champagnes 1ers crus à partir de 115 F.

Épiceries, épiceries fines, fromages

PARIS 1er

COMPTOIR DE LA GASTRONOMIE

Épicerie de luxe, gros, demi-gros

Q/P : 8/10 • ASSORTIMENT : 8/10
✤ : Les salaisons

• 34, rue Montmartre — 75001 Paris • Tél. : 0142333132 • Fax : 0142367515 • Horaires : lun. 9h-13h, 15h-19h, mar.-sam. 6h-13h, 14h30-19h • Métro : Les Halles, Étienne-Marcel • Bus : 29, 38, 85

Petite épicerie de luxe, vaste choix de produits de grande qualité : foie gras, champignons, saumon fumé, confits, salaisons. Les prix restent très compétitifs. Livraisons possibles sur Paris et proche banlieue pour un achat de 500 F minimum.

LE MARCHÉ

Épicerie de La Samaritaine

Q/P : 6/10 • ASSORTIMENT : 8/10
✤ : Livraisons à domicile, rayon diététique

• 19, rue de la Monnaie — 75001 Paris • Tél. : 0140412020 • Horaires : lun.-sam. 9h30-19h, jeu. 9h30-22h • Métro : Pont-Neuf, Louvre-Rivoli • Bus : 21, 75, 76

Le Marché est la grande épicerie de La Samaritaine, au sous-sol du magasin, vaste et agréable. Large choix de produits classés par thèmes. À noter, un bon rayon diététique. Livraisons à domicile en moins de 2h, quel que soit l'arrondissement, pour 60 F, sans minimum d'achat.

PARIS 4e

L'ÉPICERIE

Huiles, moutardes, confitures, chocolats

Q/P : 7/10 • ASSORTIMENT : 8/10
✤ : Les confitures

• 51, rue St-Louis-en-l'Île — 75004 Paris • Tél. : 0143252014 • Horaires : 7 J/7 10h30-20h • Métro : Pont-Marie • Bus : 67

Pour changer des goûts habituels, des gourmandises exotiques : confitures de mûres sauvages, citron-noix de coco, citron au caramel, melons, bananes, oranges amères au whisky, et bien d'autres (23 F le pot). Mais également, des moutardes (noix, herbes de Provence), ou de l'huile d'olive à l'ail. Accueil très agréable, conseils par une gourmande.

PARIS 6e

HUILERIE LEBLANC

Huiles, épicerie fine   Q/P : 7/10 • ASSORTIMENT : 10/10
                                             + : Les huiles

• 6, rue Jacob — 75006 Paris • Tél. : 0146346155 • Horaires : lun.14h30-19h, mar.-sam. 11h-19h
• Métro : Odéon • Bus : 24, 63, 70, 86, 87

Seule succursale de la maison Leblanc, fondée en 1878. Grand choix d'huiles (d'olive, de noisette, de pignon, de sésame, de pistache, entre 20 et 130 F le litre), ainsi que des vinaigres pour les accompagner (champagne, xérès, estragon, etc.) et des moutardes. Le savon à l'huile d'olive est le seul produit non alimentaire. Livraison possible.

PARIS 7e

BARTHÉLÉMY

Fromages affinés, vacherins, chèvres   Q/P : 7/10 • ASSORTIMENT : 9/10
                                             + : Grand choix de fromages de chèvre
                                             − : La queue

• 51, rue de Grenelle — 75007 Paris • Tél. : 0145485675 • Horaires : mar.-jeu. 7h-13h30, 15h-19h30, ven.-sam. 7h-19h30 • Métro : Bac • Bus : 48, 63, 68, 69, 83, 94

Un petit espace tapissé de fromages de toutes sortes. Cadre magnifique qui ouvre l'appétit. Grand choix de chèvres, tarentals de Savoie 39 F, mothais 34 F, etc. Il y a souvent du monde, donc un peu d'attente, mais cela vous laissera le temps d'apprécier les lieux.

LA GRANDE ÉPICERIE DE PARIS

Épicerie du Bon Marché   Q/P : 7/10 • ASSORTIMENT : 9/10
                                             + : Livraison à domicile, service Valet

• 38, rue de Sèvres — 75007 Paris • Tél. : 0144398100 • Fax : 0144398084 • Horaires : lun.-sam. 8h30-21h • Métro : Sèvres-Babylone • Bus : 39, 70

Grande épicerie, fruits présentés dans des paniers en osier et tous les produits mis en valeur. Des services pour vous simplifier la vie. Livraisons à domicile quelle que soit votre adresse, commande par fax. Service "Valet" : vous remplissez votre caddie et réglez vos courses sans attente aux caisses. Vos achats sont stockés puis déposés dans le coffre de votre voiture à l'heure de votre choix.

MARIE-ANNE CANTIN

Fromages affinés, plateaux préparés   Q/P : 8/10 • ASSORTIMENT : 8/10
                                             + : Le beurre au lait cru

• 12, rue du Champ-de-Mars — 75007 Paris • Tél. : 0145504394 • Horaires : mar.-sam. 8h-30-19h30, dim. 8h30-13h • Métro : École-Militaire • Bus : 28, 49, 82, 92

Intérieur propre et très lumineux, la vitrine à elle seule vous fera craquer. Marie-Anne Cantin est présidente de l'association des Traditions fromagères françaises, elle sait donc ce qu'elle vend. Des plateaux de fromage sont faits sur commande, et les voyageurs peuvent demander des colis sous vide. Le meilleur : le beurre au lait cru moulé à la main.

PARIS 8e

MAILLE

Épicerie fine   Q/P : 7/10 • ASSORTIMENT : 8/10
                                             + : Coffrets de moutardes

• 6, place de la Madeleine — 75008 Paris • Tél. : 0140150600 • Fax : 0140150611 • Horaires : lun.-sam. 10h-19h • Métro : Madeleine • Bus : 42, 52, 84

Boutique exclusivement réservée aux produits de la marque Maille. De véritables trésors en moutardes et vinaigres. Moutardes à la framboise, au basilic, au cognac, aux baies roses, aux fines herbes, au champagne, à la noix, à partir de 22 F. Des coffrets contenant une sélection de petits pots de moutarde permettent d'avoir de nouvelles idées cadeaux.

PARIS 9e

MONOPRIX GOURMET

Épicerie des Galeries Lafayette   Q/P : 7/10 • ASSORTIMENT : 9/10
➕ : Livraison à domicile

• 48, bd Haussmann — 75009 Paris • Tél. : 0148744606 • Horaires : lun.-mer. et ven.-sam. 9h-20h, jeu. 9h-21h • Métro : Havre-Caumartin • Bus : 20, 22, 52, 53, 66

Le Monoprix s'est installé au cœur des Galeries Lafayette pour proposer des produits de choix. Toute l'alimentation nécessaire au quotidien, quelques produits de luxe et exotiques, et un bon rayon de vins. La marque du groupe est Monoprix Gourmet, que vous pourrez trouver sur certains produits comme la confiture, les pâtes, les moutardes, etc. Livraison à domicile dans les 3h après le passage en caisse, pour un minimum de 500 F d'achats (50 F de frais, gratuite à partir de 1000 F).

PARIS 15e

MOBIL ALIMENTATION

Épicerie ouverte la nuit   Q/P : 5/10 • ASSORTIMENT : 6/10
➕ : Ouvert la nuit

• 151, rue de la Convention — 75015 Paris • Tél. : 0148281262 • Fax : 0148281262 • Horaires : 7 j/7 24h/24 • Métro : Convention • Bus : 39, 80, 89

Une petite épicerie générale, tous les produits de base (beurre, farine, etc.) et quelques vins (pas de vente après 22h). Un peu plus cher que la normale, mais ils sont ouverts tous les jours et toute la nuit.

PARIS 17e

QUATREHOMME

Fromages affinés, chèvres   Q/P : 8/10 • ASSORTIMENT : 9/10
➕ : Fromages variés

• 62, rue de Sèvres — 75007 Paris • Tél. : 0147343345 • Horaires : mar.-sam. 8h45-19h45 • Métro : Vaneau, Sèvres-Babylone • Bus : 39, 70, 87

Grand fromager dont la large façade est impossible à rater. Le choix est immense, avec quelques particularités comme le reblochon à la coque, ou le brie aux truffes, ainsi que de très bons crottins repassés (12 F/pièce). N'hésitez pas à demander conseil, le patron en donne de judicieux.

Marchés

PARIS 5ᵉ

MARCHÉ BIOLOGIQUE RASPAIL

Produits biologiques	Q/P : 6/10 • ASSORTIMENT : 7/10
	✚ : Produits biologiques

• Bd Raspail — 75005 Paris • Le dimanche • Métro : Raspail, Rennes • Bus : 68

Premier marché biologique de Paris, vous y trouverez tous les dimanches, des produits exclusivement naturels. Tout est représenté : viandes, légumes, produits laitiers, etc. Seul point négatif : les prix très élevés, et l'accueil, un peu moins sympathique qu'aux Batignolles.

MARCHÉ MAUBERT

Alimentation générale	Q/P : 6/10 • ASSORTIMENT : 8/10
	✚ : Aux Produits d'Antan

• Place Maubert — 75005 Paris • Les mar., jeu. et sam. • Métro : Maubert-Mutualité • Bus : 47, 86, 87

Peut-être un peu cher, mais avec beaucoup de charme. Vous trouverez sur le marché Maubert tout ce dont vous avez besoin. À noter, quelques commerçants dont les produits sont particulièrement alléchants : Aux Produits d'Antan, dont les produits viennent de l'agriculture biologique, ainsi que les gourmandises de Cynthia's.

PARIS 11ᵉ

MARCHÉ DE BELLEVILLE

Marché le moins cher de Paris	Q/P : 9/10 • ASSORTIMENT : 9/10
	✚ : Les poissons et crustacés

• Bd de Belleville — 75011 Paris • Les mardis et vendredis • Métro : Belleville • Bus : 96

Probablement le moins cher des marchés parisiens, le marché de Belleville est en plus un lieu de convivialité où les sourires sont de rigueur. Vous y trouverez, entre autres, des poissons magnifiques. Les prix baissent encore plus à la fermeture du marché.

PARIS 12ᵉ

MARCHÉ D'ALIGRE

Fruits et légumes, produits exotiques	Q/P : 9/10 • ASSORTIMENT : 8/10
	✚ : Les maraîchers

• Rue d'Aligre — 75012 Paris • Du mardi au dimanche • Métro : Ledru-Rollin • Bus : 46, 86

Le marché d'Aligre propose des produits d'alimentation générale, mais nous vous conseillons particulièrement les maraîchers, dont les produits sont excellents pour des prix inférieurs à la normale des marchés parisiens. Produits exotiques (pamplemousse géant) et du pain à la farine biologique. Une partie du marché est couverte, l'autre en extérieur. Pour le complément, vous pouvez aussi faire l'acquisition de vêtements, de chaussures, etc. Accueil très agréable et convivial.

Les Marchés de Paris

Ce service mis en place par la Mairie de Paris permet d'obtenir tous les renseignements sur les marchés de Paris, marchés de rue et marchés couverts. Vous pourrez ainsi connaître les horaires et les jours de présence des marchés se trouvant près de votre domicile, ainsi que leur spécialité.
• *LES MARCHÉS DE PARIS* : Tél. : 01 42 76 34 37

PARIS 13e

MARCHÉ AUGUSTE-BLANQUI

Alimentation générale Q/P : 8/10 • ASSORTIMENT : 8/10
✚ : L'accueil des commerçants

• Bd Auguste-Blanqui — 75013 Paris • Les mardis, vendredis et dimanches • Métro : Place-d'Italie, Corvisart • Bus : 27, 47, 57, 67, 83

Tout en longueur, ce marché est couvert par des bâches, quel que soit le temps. Les produits se succèdent, vous n'avez qu'à faire votre choix et à comparer les prix (qui restent tous compétitifs). Important : le sourire. Les commerçants le savent et ne l'oublient pas.

PARIS 15e

MARCHÉ LECOURBE

Alimentation générale Q/P : 7/10 • ASSORTIMENT : 7/10
✚ : Les fruits secs

• Rue Lecourbe — 75015 Paris • Les mercredis et samedis • Métro : Balard • Bus : 42

Dans ce cadre un peu froid, le marché reste la seule pointe de gaieté. De bons produits, surtout les produits d'épicerie des Brenkritly : olives, fruits secs, taboulé, huiles, etc.

MARCHÉ ST-CHARLES

Alimentation générale Q/P : 7/10 • ASSORTIMENT : 7/10
✚ : Pour tous les goûts

• Marché St-Charles — 75015 Paris • Les mardis et vendredis • Métro : Charles-Michels • Bus : 42, 70

Petit marché classique, des produits de qualité à prix corrects : viandes, fruits, légumes, poissons, mais aussi fromages biologiques. Propre et avenant. Ambiance très agréable.

PARIS 17e

MARCHÉ BIOLOGIQUE DES BATIGNOLLES

Produits biologiques Q/P : 8/10 • ASSORTIMENT : 7/10
✚ : Ambiance agréable

• Bd des Batignolles — 75017 Paris • Les samedis • Métro : Rome • Bus : 30

Si beaucoup des commerçants présents sur ce marché sont des habitués du marché biologique de Raspail, les prix sont ici tout de même un peu moins élevés. Le choix reste important malgré la sélection du tout biologique.

PARIS 19e

MARCHÉ DE JOINVILLE

Charcuterie, produits régionaux, bonnes affaires

Q/P : 8/10 • ASSORTIMENT : 7/10
✚ : La charcuterie

• Place de Joinville — 75019 Paris • Les jeudis et dimanches • Métro : Crimée • Bus : 60

Ambiance sympathique, très bonne charcuterie et produits régionaux de qualité (Auvergne, Bretagne, etc.). Les prix intéressants, de très bonnes affaires à dénicher.

ORSAY 91

MARCHÉ D'ORSAY

Produits biologiques à prix légers

Q/P : 9/10 • ASSORTIMENT : 7/10
✚ : Les produits biologiques

• Place de l'Hôtel-de-Ville — 91400 Orsay • Le dimanche • Métro : RER B4 Le Guichet

Quelques stands de produits biologiques. Produits alléchants et, surtout, les prix sont très compétitifs. Des goldens (12 F le kg) ou un poulet biologique (56 F le kg), cela vaut probablement le déplacement pour les inconditionnels des produits naturels.

ISSY-LES-MOULINEAUX 92

MARCHÉ D'ISSY-LES-MOULINEAUX

Spécialités régionales, produits biologiques

Q/P : 8/10 • ASSORTIMENT : 8/10
✚ : Les produits biologiques

• Place de la Mairie — 92130 Issy-les-Moulineaux • Les mercredis et vendredis • Métro : Mairie-d'Issy • Bus : 123, 190, 290, 323

S'il fait beau, vous aurez l'impression d'être en vacances. Marché très agréable, de l'excellente charcuterie et un bon choix de produits biologiques. Accueil sympathique.

ST-DENIS 93

MARCHÉ DE ST-DENIS

Alimentation, vêtements, quincaillerie

Q/P : 7/10 • ASSORTIMENT : 8/10
✚ : Vêtements et alimentation

• Place Jean-Jaurès — 93200 St-Denis • Les mardis, vendredis et dimanches • Métro : St-Denis-Basilique • Bus : 153, 253

Composé de deux parties : l'une, à l'extérieur, propose des vêtements, objets de toutes sortes, chaussures, produits de quincaillerie, etc. La seconde, sous la halle, est réservée à l'alimentation. Vous y trouverez de tout, classique et exotique, à des prix concurrentiels, mais attention à la qualité des produits. L'ambiance est incomparable !

Viandes, gibiers, charcuteries

PARIS Iᵉʳ

BOUCHERIE LÉGER

Demi-grossiste Q/P : 9/10 • ASSORTIMENT : 8/10
✛ : L'accueil

• 43, rue de l'Arbre-Sec — 75001 Paris • Tél. : 0142601574 • Horaires : lun. 6h-13h, mar.-sam. 6h-13h, 15h-19h • Métro : Louvre-Rivoli • Bus : 74, 75, 85

Demi-grossiste, viandes d'une très grande qualité à petits prix. Les provenances sont diverses : bœuf charolais, agneau de Pauillac et de très bonnes volailles (caille 10 F pièce, poulet fermier 29 F). Boutique toute petite, accueil très agréable. Pas de livraisons.

BOUCHERIES DE PARIS

Grossiste Q/P : 9/10 • ASSORTIMENT : 9/10
✛ : Les saucissons

• 9, rue du Louvre — 75001 Paris • Tél. : 0142337170 • Horaires : mar.-ven. 8h-13h, 16h-19h, sam. 8h-13h • Métro : Louvre-Rivoli • Bus : 67, 74, 85

De grands étalages de viandes et de charcuteries. Boucher traitant avec les restaurants, veaux des Pyrénées et toutes sortes de viandes d'une grande qualité. Surtout un grand choix de charcuteries et particulièrement de saucissons.

FOIE GRAS LUXE

Charcuterie de luxe, grossiste, traiteur Q/P : 9/10 • ASSORTIMENT : 8/10
✛ : Grossiste de luxe

• 26, rue Montmartre — 75001 Paris • Tél. : 0142361473 • Fax : 0140264550 • Horaires : lun. 6h-12h15, 14h30-16h45, mar.-ven. 6h-12h15, 14h30-16h45, sam. (en déc.) 8h-17h • Métro : Sentier, Les Halles • Bus : 29, 48, 74, 85

C'est au fond de la cour que vous découvrirez l'entrepôt. Denrées de luxe : foie gras mi-cuit 335 F/kg, cèpes et bolets séchés 90 F/500 g, rillettes d'oie 65 F/kg, ainsi que salaisons et saumon. Livraison à partir de 2000 F d'achat, 3 jours entre la commande et la livraison.

PIÉTREMENT LAMBRET

Grossiste en boucherie Q/P : 8/10 • ASSORTIMENT : 9/10
✛ : Les chapons fermiers

• 58, rue Jean-Jacques-Rousseau — 75001 Paris • Tél. : 0142333050 • Fax : 0145085390 • Horaires : lun.-ven. 6h-19h, sam. 9h-12h30 • Métro : Louvre-Rivoli • Bus : 67, 74, 85

Le choix est incroyable et les produits de grande qualité : foie gras d'oie aux truffes (980 F le bloc), magret de mulard frais (90 F/kg), agneau de lait (85 F/kg), chevreau (78 F/kg), chapon fermier (68 F/kg), mais aussi jambon de Parme, pâté de lièvre aux pignons, confits d'oie, gésiers de canard, andouillettes… Livraisons à partir de 500 F.

PARIS 2ᵉ

LOHÉAC

Charcutier, traiteur Q/P : 9/10 • ASSORTIMENT : 9/10
✛ : Grossiste

• 34, rue Étienne-Marcel — 75002 Paris • Tél. : 0142361720 • Horaires : lun.-sam. 5h-18h • Métro : Étienne-Marcel, Les Halles • Bus : 29, 38, 85

Ce grossiste en charcuterie vous propose un large choix de produits de grande qualité. Des classiques : jambon de Bayonne entier, foie gras de canard, magret de canard frais, entre autres. Livraisons sur Paris 30 F, gratuites à partir de 1 000 F d'achat.

PARIS 4e

JEAN-PAUL GARDIL

Charcuterie fine, volailles, gibiers Q/P : 9/10 • ASSORTIMENT : 6/10
+ : L'agneau

• 44, rue St-Louis-en-l'Île — 75004 Paris • Tél. : 0143549715 • Horaires : mar.-sam. 8h30-12h30, 16h-19h30, dim. 9h-12h30 • Métro : Pont-Marie • Bus : 67

Agneau des Pyrénées, veau de lait du Limousin. Beaucoup de volailles et de gibiers, et de la charcuterie de qualité : saucissons de Lyon et jambons, à conseiller aux amateurs.

PARIS 5e

AUX FLEURONS DE LA VIANDE

Boucherie Q/P : 8/10 • ASSORTIMENT : 8/10
+ : Les conseils

• 59, rue Monge — 75005 Paris • Tél. : 0145351646 • Horaires : mar.-sam. 8h30-13h, 15h-20h, dim. 8h30-13h • Métro : Place-Monge • Bus : 47

Un cadre propre et clair, des viandes de grande qualité : agneaux de Bellec, volailles du Périgord, du Gers et des Landes, veaux de lait du Limousin, ainsi que du foie gras frais toute l'année. Le responsable ne se fournit qu'auprès de petits éleveurs. Si vous ne savez que choisir, demandez des conseils pour la viande et les accompagnements.

BOUCHERIE-CHARCUTERIE BIOLOGIQUE

Viandes et charcuteries biologiques Q/P : 8/10 • ASSORTIMENT : 7/10
+ : Produits biologiques

• 70, rue Claude-Bernard — 75005 Paris • Tél. : 0143311295 • Horaires : lun. 15h30-19h, mar.-ven. 7h-19h30 • Métro : Censier-Daubenton • Bus : 47

Charcuterie et viande biologiques. Prix un peu plus élevés que dans une boucherie classique : côtes de porc 59 F/kg, rôti de veau 128 F/kg, gigot d'agneau 99 F/kg. Rayon crémerie : de la confiture et des vins issus de l'agriculture biologique. Le samedi et le dimanche, stand sur les marchés biologiques des Batignolles, du bd Raspail, de Boulogne, Joinville et Sceaux.

PARIS 6e

CLAUDE & CIE

Boucherie, charcuterie Q/P : 7/10 • ASSORTIMENT : 9/10
+ : Le gibier

• 79, rue de Seine — 75006 Paris • Tél. : 0155426565 • Horaires : lun.-sam. 8h-19h30, dim. 8h-14h • Métro : Odéon, Mabillon • Bus : 24, 63, 70, 86, 87

Dans un décor moderniste tout à fait étonnant pour une boucherie, un grand choix de volailles et de gibiers, entre autres choses. Les prix sont agrémentés de promotions régulières, sur des produits différents à chaque fois. Accueil très agréable.

PARIS 8e

VIGNON

Charcuterie, épicerie, traiteur Q/P : 7/10 • ASSORTIMENT : 9/10
+ : Charcuteries

• 14, rue Marbeuf — 75008 Paris • Tél. : 0147202426 • Horaires : lun.-ven. 8h30-20h, sam. 9h-19h • Métro : Franklin-Roosevelt • Bus : 32

Pour une gastronomie de luxe, un large choix de charcuteries mais aussi de produits de traiteur. Catalogue disponible sur place et, pour vos réceptions, Vignon effectue des livraisons à Paris (prix selon l'arrondissement).

Les Boucheries Roger

De grands choix de viandes et de charcuteries à petits prix (rosbif 69 F/kg, côtes d'agneau 50 F/kg) sont les caractéristiques principales des boucheries Roger. Grands étalages et, surtout, chaque semaine, un nouveau produit en promotion.

- BOUCHERIE ROGER : 52, rue de Rennes — 75006 Paris — Tél. : 01 45 48 83 3
- BOUCHERIE ROGER : 52, rue Cler — 75007 Paris — Tél. : 01 45 51 34 06
- BOUCHERIE ROGER : 43, rue de l'Annonciation — 75016 Paris — Tél. : 01 42 88 30 91
- BOUCHERIE ROGER : 2, rue Bayen — 75017 Paris — Tél. : 01 43 80 28 38
- BOUCHERIE ROGER : 9, rue Bayen — 75017 Paris — Tél. : 01 42 27 57 57
- BOUCHERIE ROGER : 9, rue Poncelet — 75017 Paris — Tél. : 01 46 27 63 77
- BOUCHERIE ROGER : 83, av. de St-Ouen — 75017 Paris — Tél. : 01 46 27 63 77
- BOUCHERIE ROGER : 32, rue Lepic — 75018 Paris — Tél. : 01 46 06 19 05

PARIS 12e

AU FIN GOURMET

Charcuterie   Q/P : 8/10 • ASSORTIMENT : 7/10
     ✚ : Produits maison

• 124, rue du Fg-St-Antoine — 75012 Paris • Tél. : 01 43 43 60 83 • Horaires : mar.-sam. 8h-20h, dim. 8h-13h • Métro : Ledru-Rollin • Bus : 86

Une charcuterie de grande qualité : ne demandez pas d'où viennent les produits, ils sont tous faits maison. Jambon à l'os, jambonneau, saucisse de Toulouse, saucisson à l'ail, fromage de tête, terrine d'andouille. Mais aussi des plats préparés : lapin en compote, marbré de volailles, tartes, etc. Les porcs viennent d'Alençon et sont nourris aux céréales. Les produits varient selon les saisons : boudin blanc et foie gras pendant les fêtes. Pas de livraisons. Un petit rayon épicerie permet d'accompagner votre charcuterie.

PARIS 13e

HERVÉ

Boucherie   Q/P : 8/10 • ASSORTIMENT : 7/10
     ✚ : La viande de bœuf

• 200, rue de Tolbiac — 75013 Paris • Tél. : 01 45 89 29 56 • Horaires : mar.-sam. 8h-13h, 15h30-19h30 • Métro : Corvisart

Boucherie plutôt classique, viande de très bonne qualité et accueil largement à la hauteur. La véritable spécialité de la maison : le bœuf, de Charentes ou d'Aquitaine. Préparations maison : paupiettes aux pruneaux, canettes à l'orange, et bien d'autres qui vous mettront en appétit. Les prix sont tout à fait raisonnables pour des produits de cette qualité.

PARIS 15e

BOUCHERIE BRENIAUX

Boucherie, charcuterie, triperie, rôtisserie   Q/P : 9/10 • ASSORTIMENT : 8/10
     ✚ : Petits prix

• 5, pl. du Général-Beuret — 75015 Paris • Tél. : 01 47 34 91 20 • Horaires : mar.-sam. 7h-13h, 14h-19h30 • Métro : Volontaires • Bus : 39, 80, 89

Boucherie, charcuterie, triperie, volaille, les produits sont très variés. Ce boucher de quartier affiche en outre des prix très compétitifs : poulet rôti 25 F, caille 5,50 F pièce. Poulets biologiques (35 F/kg). Accueil tout à fait à la hauteur des produits proposés.

PARIS 16e

AU POULET DE BRESSE

Volailles, gibiers

Q/P : 8/10 • ASSORTIMENT : 8/10
+ : Les volailles

• 30, rue des Belles-Feuilles — 75016 Paris • Tél. : 0147274552 • Horaires : mar.-sam. 7h-19h30, dim. 7h-13h • Métro : Victor-Hugo • Bus : 52, 82

Poulets, coqs, coquelets, chapons élevés en liberté (ce qui fait leur fierté), dindes et pintades en grand nombre. Grand choix de gibiers : lièvres, cerfs, chevreuils. Le choix est plus important au mois de décembre, mais la qualité reste la même toute l'année.

PARIS 17e

DIVAY

Boucherie, charcuterie

Q/P : 8/10 • ASSORTIMENT : 8/10
+ : Le foie gras entier

• 4, rue Bayen — 75017 Paris • Tél. : 0143801697 • Fax : 0143803460 • Horaires : mar.-sam. 8h-13h30, 15h30-19h, dim. 8h-13h30 • Métro : Ternes • Bus : 30, 31

Les étalages sont grands, et l'espace clair et propre. Outres les viandes, spécialité de foie gras. Foie gras entier, 650 F le kg tout au long de l'année, et terrines, 260 F les 250 g. Les étalages de charcuterie sont abondamment fournis (plus de 100 produits différents), et tous ces produits sont faits artisanalement. Accueil très agréable.

PARIS 18e

BOUCHERIE DES GOURMETS

Boucherie

Q/P : 9/10 • ASSORTIMENT : 8/10
+ : Bœuf du Limousin

• 18, rue Lepic — 75018 Paris • Tél. : 0146067442 • Horaires : mar.-sam. 8h-13h, 15h30-20h, dim. 8h30-13h • Métro : Blanche • Bus : 30, 54

• 62, rue Duhesme — 75018 Paris • Tél. : 0142239901 • Horaires : mar.-sam. 8h-13h, 15h30-20h, dim. 8h30-13h • Métro : Lamarck-Caulaincourt • Bus : 80

Ce boucher ne propose que des viandes à label, et particulièrement des bœufs du Limousin (entrecôte 120 F/kg, faux filet 130 F/kg), des veaux du Périgord et des cailles des Landes. Également, du foie gras cru et cuit. Viandes d'une excellente qualité, prix tout à fait corrects.

PARIS 19e

LALAUZE

Boucherie bon marché

Q/P : 9/10 • ASSORTIMENT : 7/10
+ : La viande de bœuf

• 15-17, av. Corentin-Cariou — 75019 Paris • Tél. : 0140345566 • Horaires : lun. 7h-12h30, 15h-18h30, mar.-sam. 7h-18h30 • Métro : Corentin-Cariou • Bus : PC, 75

Boucherie traditionnelle, de la viande bon marché, surtout en ce qui concerne le bœuf (à moins de 65 F/kg). Accueil très agréable et service rapide.

LES LILAS 93

BOUCHERIE D'ÎLE-DE-FRANCE

Boucherie, grossiste   Q/P : 9/10 • ASSORTIMENT : 9/10
                                       ✚ : Viande de renne

• 60, rue de Paris — 93260 Les Lilas • Tél. : 0148974000 • Horaires : mar.-sam. 8h30-12h30, 16h-19h, dim. 8h30-12h30 • Métro : Mairie-des-Lilas • Bus : 105, 115

Grande boucherie, viandes pour tous les goûts, à des prix très compétitifs. Le bœuf de Normandie et les volailles ne vous laisseront pas indifférent. En plus des viandes classiques, de la viande de renne ou de bison, uniquement sur commande. Pas de livraisons.

Poissons, crustacés

PARIS I er

L'OCÉANIC

Poissons et crustacés en demi-gros   Q/P : 9/10 • ASSORTIMENT : 7/10
                                              ✚ : Prix demi-gros

• 39, rue Étienne-Marcel — 75001 Paris • Tél. : 0142362237 • Horaires : mar.-sam. 5h-12h • Métro : Étienne-Marcel • Bus : 29

Poisson à petit prix, mais il faut acheter des pièces entières et donc avoir un grand repas à préparer. Selon les jours, soles, bars, cabillaud, daurades grises et turbots, ainsi que des crustacés sur commande. La vente en petite quantité ne se fait que le samedi.

PARIS 2e

SOGUISA

Tous les poissons et crustacés   Q/P : 8/10 • ASSORTIMENT : 8/10
                                              ✚ : L'ambiance

• 72, rue Montorgueil — 75002 Paris • Tél. : 0142330516 • Horaires : mar.-sam. 8h-19h30, dim. 8h-13h30 • Métro : Les Halles • Bus : 29, 38, 47

Présentés dans des bacs à glace, renouvelée fréquemment s'il fait chaud, nombreux poissons, pour tous et pour tous les goûts. Crevettes, raies, soles, limandes, saumons, langoustines, espadons : tous les poissons sont à l'honneur. Bons conseils.

Chronopêches

Pêche de Dieppe... La clientèle est composée d'habitués qui viennent tous à la même heure pour profiter des arrivages venus directement de Dieppe (vers 11h). Peu de choix, mais l'assurance de produits pêchés le jour même. Ici, on ne travaille pas avec des quantités industrielles. Les poissons changent donc selon les jours. Accueil chaleureux garanti et conseils abondants. Horaires : mar.-sam. 9h-13h, 16h-19h30, dim. 9h-13h.

• CHRONOPÊCHES : 41, rue des Martyrs — 75009 Paris — Tél. : 0148780664
• CHRONOPÊCHES : 113 bis, rue de la Roquette — 75011 Paris — Tél. : 0146593833
• CHRONOPÊCHES : 52, rue St-Didier — 75016 Paris — Tél. : 0147554706
• CHRONOPÊCHES : 55, rue de Tocqueville — 75017 Paris — Tél. : 0146220202

Comptoir du Saumon

Saumons, poissons fumés, gambas, œufs de saumon... Ce traiteur fait également office d'épicerie pour les amateurs de poissons, et surtout de saumons. Ils viennent de Norvège, d'Écosse, d'Irlande ou de la Baltique, et sont servis entiers (prédécoupés) ou à la coupe (entre 450 et 575 F le kg). Également, des préparations : poissons fumés, gambas à l'ail frais ou à l'aneth, œufs de saumon, etc. Accueil très agréable. Horaires : lun.-sam. 10h-22h.

• *COMPTOIR DU SAUMON* : 3, av. de Villiers — 75017 Paris • Tél. : 0140538900
• *COMPTOIR DU SAUMON* : 60, rue François-Miron — 75004 Paris • Tél. : 0142772308
• *COMPTOIR DU SAUMON* : 61, rue Pierre-Charron — 75008 Paris • Tél. : 0145612514
• *COMPTOIR DU SAUMON* : 21, bd Edgar-Quinet — 75014 Paris • Tél. : 0140478129
• *COMPTOIR DU SAUMON* : 116, rue de la Convention — 75015 Paris • Tél. : 0145543116

PARIS 14e

DAGUERRE MARÉE

Poissonnerie, traiteur   Q/P : 8/10 • ASSORTIMENT : 8/10
                                    ✚ : Rayon traiteur

• 9, rue Daguerre — 75014 Paris • Tél. : 0143221352 • Horaires : lun.-jeu. 9h-12h30, 15h30-19h30, ven.-sam. 9h-19h, dim. 9h-12h30 • Métro : Denfert-Rochereau • Bus : 38, 68

Probablement l'un des meilleurs choix de Paris. Tout ce dont vous pouvez rêver, qu'il s'agisse de poissons ou de crustacés. Le petit plus : ce poissonnier fait aussi traiteur, en variant régulièrement les plats préparés. Ne ratez pas la roulade de rouget barbet!

POISSONNERIE DU DÔME

Poissons classiques et rares   Q/P : 8/10 • ASSORTIMENT : 7/10
                                    ✚ : Les poissons rares

• 4, rue Delambre — 75014 Paris • Tél. : 0143352395 • Horaires : mar. et jeu.-sam. 8h-13h, 16h-19h30, mer. et dim. 8h-13h • Métro : Vavin • Bus : 91

Outre les poissons que l'on peut trouver traditionnellement, la Poissonnerie du Dôme s'est spécialisée dans les espèces rares et les poissons en voie de disparition : truite sauvage, crevettes du Sénégal, omble chevalier ou pibales en saison. Si vous n'êtes pas habitué à ces espèces, le patron se fera un plaisir de vous expliquer comment les cuisiner.

PARIS 15e

DAGUERRE MARÉE

Poissonnerie, traiteur   Q/P : 8/10 • ASSORTIMENT : 8/10
                                    ✚ : Rayon traiteur

• 95, rue Lecourbe — 75015 Paris • Tél. : 0140659696 • Horaires : lun.-jeu. 9h-12h30, 15h30-19h30, ven.-sam. 9h-19h, dim. 9h-12h30 • Métro : Sèvres-Lecourbe • Bus : 49 • Voir Daguerre Marée, Paris 15e.

PARIS 17e

DAGUERRE MARÉE

Poissonnerie, traiteur   Q/P : 8/10 • ASSORTIMENT : 8/10
                                    ✚ : Rayon traiteur

• 4, rue Bayen — 75017 Paris • Tél. : 0143801629 • Horaires : lun.-jeu. 9h-12h30, 15h30-19h30, ven.-sam. 9h-19h, dim. 9h-12h30 • Métro : Ternes • Bus : 30, 31, 43, 93 • Voir Daguerre Marée, Paris 14e.

Pains, pâtisseries, friandises

PARIS 1er

BOULANGERIE JULIEN

Boulangerie, pâtisserie Q/P : 8/10 • ASSORTIMENT : 7/10
✚ : Les viennoiseries

• 75, rue St-Honoré — 75001 Paris • Tél. : 01 42 36 24 83 • Horaires : lun.-sam. 6h30-20h • Métro : Louvre-Rivoli • Bus : 74, 75, 85

Cette boulangerie propose des pains, bien sûr, mais surtout d'excellentes viennoiseries. Le rayon pâtisserie est tout aussi alléchant : charlotte abricot ou fraise (72 F), tarte aux fruits exotiques (80 F), le tout accompagné de jus de fruit frais. Prix un peu élevés.

PARIS 2e

AU PANETIER LEBON

Boulangerie, pâtisserie Q/P : 7/10 • ASSORTIMENT : 9/10
✚ : Pain à l'ancienne

• 12, place des Petits-Pères — 75002 Paris • Tél. : 01 42 60 90 23 • Horaires : lun.-ven. 7h30-20h • Métro : Bourse, Sentier • Bus : 20, 29, 39

Le cadre de la boulangerie, à l'ancienne, donne à lui seul envie de goûter aux produits. Grand choix de pains traditionnels, en grand format ou en portions individuelles (petit pain de campagne 5,20 F), et surtout le pavé des Petits Pères. Grand choix en pâtisserie.

G. DETOU

Grossiste d'ingrédients pour desserts Q/P : 9/10 • ASSORTIMENT : 9/10
✚ : Grossiste

• 58, rue Tiquetonne — 75002 Paris • Tél. : 01 42 36 54 67 • Fax : 01 40 39 08 04 • Horaires : lun.-sam. 8h-18h • Métro : Les Halles • Bus : 29, 38, 47

Petite boutique de vente en gros. Tout ce qui se rapporte aux desserts et aux plaisirs sucrés : chocolat à cuire, pâte d'amande, farine, fruits secs, etc. Prix très avantageux : pistaches grillées 29 F/500 g, pâtes d'amande 25,80 F/500 g, abricots secs 38,25 F le sac.

PARIS 6e

LA BONBONNIÈRE DE BUCI

Boulangerie, pâtisserie Q/P : 7/10 • ASSORTIMENT : 6/10
✚ : Pâtisseries

• 12, rue de Buci — 75006 Paris • Tél. : 01 43 26 97 13 • Fax : 01 43 29 03 11 • Horaires : 7 j/7 8h-21h • Métro : Odéon, Mabillon • Bus : 63, 86, 87

Petite boulangerie à l'ancienne, surtout reconnue pour ses pâtisseries maison : millefeuille, grand marnier, etc. Pas de livraison mais vous pouvez déguster sur place toutes ces merveilleuses gourmandises, dans le cadre du salon de thé.

LIONEL POILÂNE

Boulangerie, pain Poilâne Q/P : 9/10 • ASSORTIMENT : 7/10
✚ : Pains prénoms

• 8, rue du Cherche-Midi — 75006 Paris • Tél. : 01 45 48 42 59 • Horaires : lun.-sam. 7h15-20h15 • Métro : St-Sulpice • Bus : 83, 84, 94

La renommée du pain de Lionel Poilâne n'est plus à faire, mais la boulangerie propose également d'autres produits comme le pain de seigle au raisin (22,50 F), ou les petits "pains prénoms" (inscription d'un prénom par petit pain), à commander à l'avance (17,50 F).

PARIS 7ᵉ

POUJAURAN

Pains exotiques, pâtisseries   Q/P : 8/10 • ASSORTIMENT : 8/10
✛ : Les pains spéciaux

• 20, rue Jean-Nicot — 75007 Paris • Tél. : 0147058088 • Horaires : mar.-sam. 8h-20h30 • Métro : Latour-Maubourg, Invalides • Bus : 63, 69, 93

Une petite boulangerie très réputée. Cadre à l'ancienne, où vous pourrez déguster des pains classiques et des pains plus recherchés : à la confiture d'échalote, aux olives, au pavot et sésame, ou encore pain de seigle aux abricots. Les pâtisseries sont également délicieuses. Il y a souvent du monde.

PARIS 8ᵉ

RENÉ SAINT-OUEN

Boulangerie, salon de thé   Q/P : 8/10 • ASSORTIMENT : 8/10
✛ : Pains de formes originales

• 111, bd Haussmann — 75008 Paris • Tél. : 0142650625 • Horaires : lun.-sam. 7h30-19h30 • Métro : St-Augustin • Bus : 22

Outre l'espace boulangerie et le salon de thé adjacent, cette boulangerie a l'originalité de proposer des pains de la forme de votre choix. Grand nombre de modèles exposés en vitrine (tour Eiffel 45 F, animaux, etc.). Mais vous pouvez également demander des modèles différents de ceux travaillés habituellement. Vous avez l'assurance de la qualité, puisque ce boulanger est le fournisseur officiel de l'Élysée…

PARIS 13ᵉ

LES ABEILLES

Miels, savons, pains d'épices   Q/P : 9/10 • ASSORTIMENT : 10/10
✛ : Miels rares

• 21, rue de la Butte-aux-Cailles — 75013 Paris • Tél. : 0145814348 • Fax : 0145807578 • Horaires : mar.-sam. 11h-19h • Métro : Place-d'Italie • Bus : 27, 47, 57, 67, 83

Plus de 50 variétés de miels différents, surtout des miels rares et exotiques : miel de buplèvre, de houx, de sarrasin… Vendus dans des pots de 250 g ou 500 g, mais également à la tireuse pour les miels de forêt et de plaine (50 F/kg), pour lesquels vous pouvez apporter votre propre pot. Savons au miel, nougat et du pain d'épices (50 % de miel).

PARIS 14ᵉ

LE MOULIN DE LA VIERGE

Boulangerie, pâtisserie   Q/P : 8/10 • ASSORTIMENT : 8/10
✛ : Le carré au miel

• 82, rue Daguerre — 75014 Paris • Tél. : 0143225055 • Horaires : lun.-sam. 7h30-20h • Métro : Denfert-Rochereau • Bus : 38, 68

• 105, rue Vercingétorix — 75014 Paris • Tél. : 0145430984 • Horaires : lun.-sam. 7h30-20h • Métro : Plaisance • Bus : 58

Des pains de toutes sortes, à l'ancienne, à la farine biologique, au seigle, au son, ainsi que des baguettes de grande qualité. Mais aussi, des pâtisseries délicieuses : cannelles (4 F pièce), tartes aux noix (12 F pièce), carré au miel (12 F pièce), et des brownies (8 F pièce).

PARIS 15e

DOUCEURS ET PÂTISSERIES

Boulangerie, pâtisserie   Q/P : 7/10 • ASSORTIMENT : 8/10
                                      ✚ : Baguette bûcheron

• 24, rue du Commerce — 75015 Paris • Tél. : 0145751162 • Horaires : lun.-sam. 7h-20h • Métro : Commerce • Bus : 80

Pour les gourmands, l'adresse est à retenir pour son choix de pâtisseries, classiques ou non, en parts individuelles ou non. Boulangerie : baguette bûcheron (les 5, 60 F), baguette tradition et pain à la farine biologique sont proposés chaque jour. Une partie du magasin, réservée à la dégustation, permet de faire une petite pose très agréable.

LA BOULANGERIE ALSACIENNE

Boulangerie, spécialités alsaciennes   Q/P : 7/10 • ASSORTIMENT : 8/10
                                             ✚ : Flûte Gana

• 129 bis, rue St-Charles — 75015 Paris • Tél. : 0145778461 • Horaires : lun.-mar. et jeu.-sam. 7h-20h, dim. 7h-19h • Métro : Lourmel • Bus : 62

Un grand choix de spécialités alsaciennes : bretzels (cumin, sel, fromage, pavot, 6 F pièce), kugloff (100 F/kg), strudel aux pommes (10 F la part), mais aussi la fameuse flûte Gana (6,50 F) et le pavé Gana. Tous ces délices sont de très bonne qualité.

LE MOULIN DE LA VIERGE

Boulangerie, pâtisserie   Q/P : 8/10 • ASSORTIMENT : 8/10
                                      ✚ : Le carré au miel

• 35, rue Violet — 75015 Paris • Tél. : 0145756858 • Horaires : lun.-sam. 7h30-20h, dim. 7h30-14h • Métro : Commerce • Bus : 70 • Voir Le Moulin de la Vierge, Paris 14e.

• 166, av. de Suffren — 75015 Paris • Tél. : 0147834555 • Horaires : lun.-sam. 8h-20h, dim. 7h30-14h • Métro : Ségur • Bus : 49 • Voir Le Moulin de la Vierge, Paris 14e.

Le Moule à Gâteau

Un grand choix de pains de très bonne qualité, mais les magasins ne font pas tous les mêmes. Également, des tartes salées aux saveurs originales (brocolis-amandes, cabrera, languedocienne) à partir de 70 F, des tartes sucrées, et des gourmandises (croquet du Berrichon 7,50 F la part, chausson aux pruneaux 5 F). Qualité et originalité sont les deux atouts majeurs de cette chaîne de magasins ouverts tous les jours de la semaine, et même les jours fériés.

• *LE MOULE À GÂTEAU* : 13 Magasins en R.P. — Tél. : 0143111240

LIONEL POILÂNE

Boulangerie, pain Poilâne   Q/P : 9/10 • ASSORTIMENT : 7/10
                                      ✚ : Pains prénoms

• 49, bd de Grenelle — 75015 Paris • Tél. : 0145791149 • Horaires : lun.-sam. 7h15-20h15 • Métro : Sèvres-Babylone • Bus : 39, 70, 83, 84, 94 • Voir Lionel Poilâne, Paris 6e.

PARIS 17e

LE MOULIN DE LA VIERGE

Boulangerie, pâtisserie   Q/P : 8/10 • ASSORTIMENT : 8/10
                                      ✚ : Le carré au miel

• 19, rue de l'Étoile — 75017 Paris • Tél. : 0144099990 • Horaires : lun.-sam. 7h30-20h • Métro : Ternes • Bus : 30, 31, 43, 93 • Voir Le Moulin de la Vierge, Paris 14e.

━━━━━━━━━━━━━━━━━━━━━━━━━━━━━━━━━━━━

Boulangeries ouvertes 24h/24

Si vous avez envie d'un croissant, d'un pain au chocolat, d'un gâteau ou d'un sandwich à 2h du matin, deux boulangeries pourront satisfaire vos désirs. Elles sont ouvertes nuit et jour, à toute heure, ce qui ne gâche en rien la qualité des produits. Avis aux gourmands et aux insomniaques.

• CHEZ JEAN-MI : 10, rue de l'Ancienne-Comédie — 75006 Paris — Tél. : 01 43 26 89 72

• MIC-MAC : 123, bd Bessières — 75017 Paris — Tél. : 01 46 27 46 18

━━━━━━━━━━━━━━━━━━━━━━━━━━━━━━━━━━━━

Cafés, thés, chocolats

PARIS 4e

LA TABLE RONDE

Bonbons, chocolats   Q/P : 6/10 • ASSORTIMENT : 8/10
                               ✚ : Petits cadeaux d'accompagnement

• 68, rue de la Verrerie — 75004 Paris • Tél. : 01 42 78 54 53 • Fax : 01 64 43 12 01 • Horaires : mar.-sam. 10h-18h30 • Métro : Hôtel-de-Ville • Bus : 67, 72, 74, 76

Pour les goûters d'enfants, grand choix de bonbons, frites acidulées, boules réglisse, carensacs pour environ 25 F les 500 g. Catalogue saisonnier pour la vente par correspondance.

MAISON DES COLONIES

Cafés, thés et accessoires, chocolats,   Q/P : 7/10 • ASSORTIMENT : 8/10
miels, confitures   ✚ : Les cafés

• 47, rue Vieille-du-Temple — 75004 Paris • Tél. : 01 48 87 98 59 • Horaires : lun. 14h-19h, mar.-sam. 10h-19h • Métro : St-Paul • Bus : 29

Les cafés viennent du monde entier, ils sont purs ou mélangés selon les envies de la maison. Les douceurs ne s'arrêtent pas là : également des thés, du miel, des confitures maison (leur spécialité est la confiture du vert-galant, un délice!), du chocolat noir extra et des accessoires (théières et cafetières) pour apprécier le tout. Accueil très chaleureux.

PARIS 5e

BRÛLERIE MAUBERT

Café, thé, accessoires   Q/P : 8/10 • ASSORTIMENT : 8/10
                           ✚ : Thé chocolat

• 3, rue Monge — 75005 Paris • Tél. : 01 46 33 38 77 • Horaires : mar.-sam. 9h-13h, 15h-19h, dim. 10h-12h • Métro : Maubert-Mutualité • Bus : 84, 89

Un très large choix de cafés et de thés, classiques ou plus originaux comme le thé au chocolat ou le thé sangria. Prix peu élevés. Également un certain nombre d'accessoires : tout ce qui se rapproche de près ou de loin du café et du thé.

PARIS 6e

CHOCOTRUFFE

Chocolats, confiseries   Q/P : 8/10 • ASSORTIMENT : 8/10
                           ✚ : Les orangettes

• 39, rue du Cherche-Midi — 75006 Paris • Tél. : 01 42 22 49 99 • Fax : 01 42 84 12 26 • Horaires : mar.-sam. 10h-19h30 • Métro : St-Placide • Bus : 48, 92, 94, 95, 96

Chocolats et confiseries sont préparés depuis 13 ans par les trois mêmes artisans. La spécialité : les truffes, mais aussi des palets au café (76 F/100 g), les orangettes (400 F/kg), ainsi que des pâtes de fruits. Carte de fidélité avec 10 % de remise sur le 11e achat.

LA MAISON DU CHOCOLAT

Chocolatier, confiseur, pâtissier Q/P : 8/10 • ASSORTIMENT : 8/10
+ : La tasse en chocolat
– : Les prix élevés

• 19, rue de Sèvres — 75006 Paris • Tél. : 0145442040 • Horaires : lun.-sam. 9h30-19h30
• Métro : Sèvres-Babylone • Bus : 39, 70, 83, 84, 94

Cette maison dont la réputation n'est plus à faire propose un grand choix de chocolats, mais aussi tout ce qui peut s'en approcher, comme la tasse en chocolat (véritable chocolat à boire), 45 F/50 cl. Produits luxueux. Livraisons à 55 F, ou 110 F si une voiture est nécessaire.

LES CONTES DE THÉ

Thés et accessoires, vaisselle Q/P : 8/10 • ASSORTIMENT : 6/10
+ : Charme de la boutique
– : Circulation difficile

• 60, rue du Cherche-Midi — 75006 Paris • Tél. : 0145494760 • Horaires : mar.-sam. 10h30-19h
• Métro : St-Placide • Bus : 48, 92, 94, 95, 96

Petite caverne où il est parfois difficile de circuler. Des thés classiques et exotiques (entre 25 et 28 F les 100 g), mais aussi des théières de toutes les tailles et de toutes les couleurs, et de la vaisselle à l'ancienne très raffinée. Accueil très agréable.

PUYRICARD

Chocolatier, confiseur Q/P : 7/10 • ASSORTIMENT : 7/10
+ : Calissons d'Aix

• 106, rue du Cherche-Midi — 75006 Paris • Tél. : 0142842025 • Fax : 0142842039 • Horaires : lun.-sam. 10h-19h • Métro : Falguière, Vaneau • Bus : 39, 70

La maison mère se trouvant à Aix-en-Provence, il est logique de trouver ici d'excellents calissons, natures ou au chocolat . Fabriquée en Provence donc, la marchandise arrive chaque semaine dans les magasins parisiens pour que les produits que l'on vous propose soient frais : chocolats (80 F les 250 g), calissons (53 F les 250 g), pâtes de fruits (54 F les 250 g), marrons glacés (133 F les 250 g). Des envois postaux peuvent être effectués.

PARIS 7e

PUYRICARD

Chocolatier, confiseur Q/P : 7/10 • ASSORTIMENT : 7/10
+ : Calissons

• 27, av. Rapp — 75007 Paris • Tél. : 0147055947 • Horaires : lun. 14h-19h, mar.-sam. 9h30-19h30
• Métro : Alma-Marceau • Bus : 42, 63, 72, 80 • Voir Puyricard, Paris 6e.

Jadis et Gourmande

Chocolatier, pâtissier et confiseur… Adresse exclusivement conseillée aux gourmands. Leur spécialité : les nougamandines (37 F/100 g), mais le reste est tout aussi bon. Pâtes de fruits (15 F/100 g) et calissons (22 F/100 g). Cadre et accueil très agréables. Horaires : lun. 13h-19h, mar.-ven. 9h30-19h, sam. 10h30-19h.

• *JADIS ET GOURMANDE* : 39, rue des Archives — 75004 Paris — Tél. : 0148040803
• *JADIS ET GOURMANDE* : 88, bd du Port-Royal — 75005 Paris — Tél. : 0143261775
• *JADIS ET GOURMANDE* : 27, rue Boissy-d'Anglas — 75008 Paris — Tél. : 0142652323
• *JADIS ET GOURMANDE* : 49 bis, av. Franklin-Roosevelt — 75008 Paris — Tél. : 0142250604

PARIS 15ᵉ

MAISON DES COLONIES

Cafés, thés et accessoires, chocolats, Q/P : 7/10 • ASSORTIMENT : 8/10
miels, confitures ✚ : Les cafés

• 95, rue du Commerce — 75015 Paris • Tél. : 0148284434 • Horaires : mar.-sam. 10h-19h
• Métro : Commerce • Bus : 70 • Voir Maison des Colonies, Paris 4e.

PARIS 16ᵉ

LE PALAIS DES THÉS

Thés, théières, accessoires Q/P : 6/10 • ASSORTIMENT : 9/10
 ✚ : Les conseils

• 21, rue de l'Annonciation — 75016 Paris • Tél. : 0145255152 • Horaires : mar.-sam. 9h30-19h,
dim. 9h30-13h • Métro : Passy, La Muette • Bus : 32

Boutique chic et sobre. Un choix de plus de 300 thés, des odeurs et des goûts du monde
entier. Environ 30 F/100 g. Une carte de fidélité permet d'obtenir 10 % sur tous les produits du magasin, après 500 F d'achat.

RÉGIS

Chocolatier, confiseur, pâtisserie Q/P : 8/10 • ASSORTIMENT : 8/10
 ✚ : Friture au chocolat

• 89, rue de Passy — 75016 Paris • Tél. : 0145277000 • Fax : 0146476923 • Horaires : lun. 14h-
19h15, mar.-sam. 10h-19h15, dim. 10h-13h30 • Métro : La Muette • Bus : 22, 32, 52 • Internet :
http ://www. epicuria. fr/regis-chocolatier

Ce petit chocolatier propose des trésors de gourmandises, avec des chocolats d'abord,
mais aussi des gâteaux au café ou au chocolat. Choix diversifié : petite friture au chocolat
au lait ou au chocolat noir (30 F/100 g), cookies (5 F/100 g), ou une délicieuse brioche
vendéenne (4,50 F pièce).

PARIS 17ᵉ

BRÛLERIE DES TERNES

Cafés, thés Q/P : 9/10 • ASSORTIMENT : 8/10
 ✚ : Commandes précédentes mémorisées

• 10, rue Poncelet — 75017 Paris • Tél. : 0146225279 • Horaires : mar.-ven. 9h-14h, 15h30-19h30,
sam. 9h-19h30, dim. 9h-13h • Métro : Ternes • Bus : 30, 31

C'est à l'odeur du café que vous trouverez cette boutique. Les cafés sont purs ou mélangés
sur place. Il y en a plus de 30 sortes (entre 21 et 27 F les 250 g), et environ 120 thés. Vos
choix sont enregistrés sur ordinateur pour que vous puissiez retrouver vos commandes si
elles vous ont satisfait, ou au contraire si vous souhaitez essayer autre chose. Également,
des théières et des cafetières, de la confiture et des chocolats.

Produits fermiers, cueillettes

Chapeau de Paille

Ce GIE regroupe une dizaine de cueillettes dans la région parisienne. Tout est fait pour vous recevoir dans les meilleures conditions possibles. Sacs et brouettes sont mis à votre disposition, les champs sont balisés et un plan vous est remis pour vous aider à vous orienter. Et comme à chaque saison correspond une cueillette, sachez que cela démarre en avril avec les tulipes et se termine en octobre ou novembre avec les pommes (calendrier disponible sur simple appel).
- *CHAPEAU DE PAILLE : BP 29 — 95650 Puiseux-Pontoise — Tél. : 01 34 60 10 10*

LIEUSAINT 77

CUEILLETTE DE SERVIGNY

Produits de la ferme, cueillette de légumes

Q/P : 7/10 • ASSORTIMENT : 8/10
✚ : Les produits laitiers

- D 50, entre Lieusaint et Nandy — 77127 Lieusaint • Tél. : 01 64 41 81 09 • Horaires : 10h-12h30, 15h-19h tous les jours

Cueillette de radis, épinards, petits oignons, pommes de terre selon la saison. Mais aussi vente de produits fermiers : volailles, produits laitiers, lait cru.

COMPANS 77

POTAGER DE COMPANS

Cueillette de fleurs, fruits et légumes, produits fermiers, jardinerie

Q/P : 7/10 • ASSORTIMENT : 9/10
✚ : Ouvert toute l'année

- 23, rue de l'Église — 77290 Compans • Tél. : 01 60 26 88 39 • Horaires : lun.-mar. 14h-19h, mer.-dim. 10h-13h, 14h30-19h

La cueillette commence en avril, avec les tulipes, puis viennent les asperges, salades, oignons, fraises, mûres, cassis et enfin les pommes. Le potager organise des visites pour les enfants sur le thème "Comment ça pousse", pour la fraise en juin et la pomme en septembre-octobre. La jardinerie et la boutique du potager sont ouvertes toute l'année. Gazon, terreau, rosiers, végétaux de pépinières, semis… Tout le nécessaire pour le jardinage dans cette annexe du potager. De nombreux produits fermiers dans la boutique : fromage blanc à la louche, chèvres frais (13, 50 F), œufs frais, terrines, jus de pomme…

COUBERT 77

LA GRANGE BRIARDE

Produits fermiers, cueillette de fruits et légumes, ateliers pour enfants

Q/P : 7/10 • ASSORTIMENT : 9/10
✚ : Les animations du week-end

- N19, Allée des Tilleuls — 77170 Coubert • Tél. : 01 64 06 71 14 (répondeur) • Horaires : lun.-ven. 9h-12h30, 14h-19h, sam. et dim. 9h-19h30

Outre la cueillette de différents produits selon les saisons (fraises, pommes, choux, carottes…), la grange organise des animations le week-end : atelier de plantation pour les enfants, démonstration de l'élaboration de confitures, recettes diverses. Nombreux autres produits fermiers en vente à la ferme.

FERME DU PLESSIS

Produits de la ferme, cueillette de
fleurs, fruits et légumes

Q/P : 7/10 • ASSORTIMENT : 8/10
✚ : Le brie

• Rosay en Brie — A4, sortie n° 13 — 77540 Lumigny • Tél. : 0164077141 • Horaires : lun.-sam. 9h-12h30, 14h-19h

Outre la possibilité de cueillir, selon la saison, des poireaux, petits pois, choux ou tulipes, cette ferme vous propose ses produits régionaux, notamment son fromage (brie) et son jus de pomme. Commande de volaille sur simple appel.

LE VERGER DE ST-SOUPPLETS

Cueillette de fruits et légumes

Q/P : 7/10 • ASSORTIMENT : 7/10
✚ : Ouvert seulement 3 mois par an

• CD 401 — 77165 St-Soupplets • Tél. : 0160015059 • Horaires : lun.-ven 14h-18h, sam.-dim. 10h-12h, 14h-18h de septembre à novembre

Pommes, framboises, haricots verts, oignons et beaucoup d'autres fruits et légumes n'attendent que vous pour être cueillis.

CUEILLETTE DE GALLY

Cueillette de fleurs, fruits et légumes

Q/P : 8/10 • ASSORTIMENT : 7/10
✚ : L'accueil

• Route de Bailly à St-Cyr — 78870 Bailly • Tél. : 0139633090 • Horaires : 7 J/7 9h-19h

Une façon originale de faire ses courses : 10 F les trois salades, 9,50 F le kg d'épinard, 2,60 F la tulipe et 1,50 F si vous en cueillez plus de cinquante.

FERME DE VILTAIN

Cueillette de fruits et légumes, produits
laitiers

Q/P : 7/10 • ASSORTIMENT : 7/10
✚ : Traite des vaches

• Dans le village — 78350 Jouy-en-Josas • Tél. : 0139563814 • Horaires : 7 J/7 9h-20h de mai à octobre

Faites vous-même votre bouquet de tulipes après les avoir cueillies, savourez les épinards frais. Découvrez le plaisir de la cueillette traditionnelle. Vente de produits laitiers et possibilité d'assister à la traite des vaches, tous les après-midi entre 13h30 et 16h.

CUEILLETTE DE TORFOU

Cueillette de fruits et légumes

Q/P : 7/10 • ASSORTIMENT : 7/10
✚ : Les fruits rouges

• RN 20 entre Arpajon et Étampes — 91730 Torfou • Tél. : 0160829111 • Horaires : lun. et mer.-sam. 9h30-12h30, 14h-19h, mar. 14h-19h, dim. 9h-19h

Ici, vous pourrez ramasser des fraises et des framboises, mais aussi des tomates, des petits pois ou des cornichons. Il ne vous restera plus qu'à faire vos confitures et vos conserves.

ATTAINVILLE 95

CROIX VERTE

Cueillette de fleurs, fruits et légumes, Q/P : 7/10 • ASSORTIMENT : 6/10
vente de produits de la ferme   ✚ : Prix dégressifs

• RN 1 — 95570 Attainville • Tél. : 0139910531 • Horaires : lun. 14h-19h, mar.-dim. 9h-19h

Cette ferme propose la cueillette de tulipes, d'iris, de salades, d'épinards… selon la saison. Tarifs dégressifs en fonction du nombre de personnes, accueil sur RDV de groupes scolaires. Vente de poulets, d'œufs et de cidre.

PUISEUX-PONTOISE 95

CUEILLETTE DE CERGY

Produits fermiers, cueillette de Q/P : 7/10 • ASSORTIMENT : 8/10
légumes   ✚ : Les terrines

• Route de Courcelles — A 15, sortie n° 13 — 95650 Puiseux-Pontoise • Tél. : 0134461052
• Horaires : mer. 14h-18h, ven.-dim. 10h-18h

Outre la possibilité de cueillir asperges, radis, poireaux, des produits de la ferme sont en vente : jus de pomme, fromage, volailles, terrines…

Diététique, produits biologiques

Les moins chers des produits biologiques et diététiques

Les produits biologiques sont de plus en plus demandés, et l'on voit apparaître aujourd'hui de véritables supermarchés de produits biologiques et diététiques. Les commandes se faisant en plus grosse quantité, les prix sont plus compétitifs que dans les petites boutiques spécialisées. Qu'il s'agisse de Dame Nature, L'Élan Nature ou Jardin de Vie, le choix est important, les prix plus bas mais, en contrepartie, les conseils sont moins précis.

• *DAME NATURE* : 76, bd St Honoré — 75001 Paris — Tél. : 0142244234
• *DAME NATURE* : 85, bd Haussmann — 75008 Paris — Tél. : 0147427711
• *DAME NATURE* : 1, rue du Fort — 77340 Pontault-Combault — Tél. : 0160290908
• *DAME NATURE* : CC les Quatre Temps — 92092 La Défense — Tél. : 0147735519
• *DAME NATURE* : Centre commercial Les Arcades — 93160 Noisy — Tél. : 0143055303
• *DAME NATURE* : Centre commercial Créteil Soleil — 94000 Créteil — Tél. : 0149803180
• *L'ÉLAN NATURE* : 107 bis, av. du Général-Leclerc — 75014 Paris — Tél. : 0145423500
• *L'ÉLAN NATURE* : 139, av. de Verdun — 92130 Issy-les-Moulineaux — Tél. : 0141080677
• *JARDIN DE VIE* : 13, rue Brezin — 75014 Paris — Tél. : 0145435498

GUENMAÏ

Épicerie, traiteur de produits
biologiques et diététiques

Q/P : 8/10 • ASSORTIMENT : 7/10
+ : Traiteur biologique
− : Lieu très exigu

• 6, rue Cardinale — 75006 Paris • Tél. : 01 43 26 03 24 • Horaires : lun.-sam. 9h-20h30 • Métro : St-Germain-des-Prés • Bus : 48, 63, 86, 95

Cette épicerie et herboristerie tient également lieu de restaurant le midi. Grand choix de fruits secs, de produits de beauté naturels et de plats à emporter. Un lieu très agréable, même pour les non adeptes de l'alimentation biologique.

LES HERBES DU LUXEMBOURG

Herboristerie, produits diététiques

Q/P : 8/10 • ASSORTIMENT : 8/10
+ : Grande herboristerie

• 3, rue Médicis — 75006 Paris • Tél. : 01 43 26 91 53 • Horaires : lun.-sam. 10h30-19h30 • Métro : Odéon • Bus : 63, 86

Grand choix de produits diététiques et de plantes médicinales, et des personnes formées pour vous aider. Le petit plus : le pain biologique est excellent.

DAME NATURE

Produits biologiques

Q/P : 8/10 • ASSORTIMENT : 9/10
+ : Grand choix

• 85, bd Haussmann — 75008 Paris • Tél. : 01 47 42 77 11 • Horaires : lun.-ven. 9h-19h30, sam. 10h-19h • Métro : St-Augustin • Bus : 22, 43, 49, 84

Avec l'apparence d'une petite supérette, Dame Nature offre un large choix de produits biologiques, sans oublier un rayon très attractif de produits frais issus de l'agriculture biologique. Evernat, Brugier Sillon, Lima et bien d'autres, toutes les marques courantes, plutôt moins cher qu'ailleurs. Tous les mois, édition d'une lettre d'information sur les produits et des conseils d'alimentation très utiles. 5 autres magasins en R.P., voir encadré en début de chapitre.

La Vie Claire

Cette chaîne de petites supérettes propose des produits biologiques et diététiques. Outre les produits classiques, un rayon frais très bien pourvu (arrivages chaque matin), mais aussi de la viande, venant de deux producteurs différents. La marque La Vie Claire est bien sûr la mieux représentée, mais d'autres marques peuvent être vendues pour des produits spéciaux. Livraison à domicile possible pour les personnes invalides. Promotions régulières.
• *LA VIE CLAIRE* : 29 Magasins en R.P. : Tél. : 01 64 53 83 00

LA COLOMBE

Alimentation diététique

Q/P : 7/10 • ASSORTIMENT : 8/10
+ : Grand choix de produits français

• 49, rue de Douai — 75009 Paris • Tél. : 01 45 26 43 98 • Horaires : lun.-sam. 9h30-14h30, 15h30-19h30 • Métro : Blanche • Bus : 30, 54, 74

Grand choix de produits diététiques dans cette épicerie, mais également des aliments biologiques frais, et un plat préparé par jour. Les marques vendues sont exclusivement françaises, avec un petit plus : la marque maison, La Colombe. Recettes bien gardées de la maîtresse de maison, qui concernent essentiellement les compléments alimentaires et les cocktails de vitamines.

PARIS 14ᵉ

BIODESSA

Produits diététiques, compléments alimentaires Q/P : 7/10 • ASSORTIMENT : 9/10
✚ : Bons conseils

• 17, rue d'Odessa — 75014 Paris • Tél. : 0143207985 • Horaires : lun. 14h-19h30, mar.-sam. 9h-14h, 15h-19h30 • Métro : Edgar-Quinet • Bus : 62, 58

Épicier-traiteur de produits biologiques et diététiques, ce commerçant de quartier propose un grand choix de produits. Vous serez très bien renseigné, le responsable est dans le métier depuis 40 ans.

DIETETIC SHOP

Produits diététiques Q/P : 8/10 • ASSORTIMENT : 5/10
✚ : Épicerie diététique en nocturne

• 11, rue Delambre — 75014 Paris • Tél. : 0143353975 • Horaires : lun.-ven. 11h-22h30, sam. 11h-16h • Métro : Vavin, Edgar-Quinet • Bus : 68

Vous trouverez des produits alimentaires dans cette petite boutique de produits naturels. L'espace boutique n'est pas très grand car l'endroit fait aussi office de restaurant, où déguster des jus de légumes à toute heure de la journée.

JARDIN DE VIE

Grande surface de produits biologiques et diététiques Q/P : 8/10 • ASSORTIMENT : 9/10
✚ : Espace agréable

• 13, rue Brézin — 75014 Paris • Tél. : 0145435498 • Horaires : lun.-sam. 10h-19h30 • Métro : Mouton-Duvernet • Bus : 38

Dans ce véritable supermarché de l'alimentation biologique et diététique, plus de 4000 références, dont des produits frais, des compléments alimentaires, des plantes, etc. C'est de plus le seul dépositaire de la marque Biofa, produits d'entretien naturels pour la maison. Les prix sont corrects car la responsable se fournit directement auprès des producteurs.

L'ÉLAN NATURE

Grande surface de produits biologiques et diététiques Q/P : 7/10 • ASSORTIMENT : 9/10
✚ : Conseil en diététique

• 107 bis, av. du Général-Leclerc — 75014 Paris • Tél. : 0145423500 • Horaires : lun.-sam. 9h30-19h • Métro : Porte-d'Orléans • Bus : PC, 28, 38

Les rayons se succèdent comme dans une grande surface, l'espace est clair et agréable. Vous découvrirez tout ce que vous cherchez en produits diététiques et biologiques (plus de 5800 références!). Les fruits, les légumes, la viande et la charcuterie sont livrés tous les jours. Outre les fruits secs, huiles, cafés, compléments alimentaires, des produits de beauté, des produits d'entretien pour la maison, des jouets en bois, des livres et des disques. Livraison possible à partir de 500 F d'achat.

PARIS 16ᵉ

MARJOLAINE

Diététique, aliments biologiques Q/P : 7/10 • ASSORTIMENT : 6/10
✚ : Pains biologiques personnalisés

• 65 bis, av. Mozart — 75016 Paris • Tél. : 0145270210 • Fax : 0145868191 • Horaires : lun.-sam. 10h30-13h, 15h-19h • Métro : Jasmin • Bus : 22, 52

Un lieu insolite, tout en longueur, pour des produits diététiques. Commande de pains biologiques possible (le mardi avant 12h pour le mercredi) dont la composition sera faite à votre convenance (soja, noix, germes de blé, sésame, complet).

PARIS 18ᵉ

LE CARILLON

Produits biologiques et diététiques Q/P : 7/10 • ASSORTIMENT : 7/10
✚ : Les conseils

• 11, rue Tholozé — 75018 Paris • Tél. : 0146060508 • Horaires : lun.-sam. 9h30-20h, dim. 9h30-13h • Métro : Abesses • Bus : Montmartrobus

• 34, rue des Abesses — 75018 Paris • Tél. : 0146068042 • Horaires : lun.-sam. 9h30-20h, dim. 9h30-13h • Métro : Abesses • Bus : Montmartrobus

Dans cette petite supérette de produits biologiques et diététiques, des classiques du biologique, des compléments alimentaires, des pains et des produits de beauté naturels. Le rayon frais est particulièrement bien fourni. Les marques représentées sont courantes, comme Bonneterre et Évernat. Les vendeurs connaissent bien leurs produits.

MONTREUIL 93

LE COMPTOIR AUX HERBES

Herboristerie, tisanes, thés, miels, pain d'épices Q/P : 7/10 • ASSORTIMENT : 8/10
✚ : Miel d'Ardèche

• 16, rue du Général-Gallieni — 93100 Montreuil • Tél. : 0148598469 • Horaires : mar.-sam. 10h15-19h30 • Métro : Croix-de-Chavaux • Bus : 122, 127

Boutique spécialisée dans la composition de tisanes, mais vous pourrez aussi vous fournir en thés, thés en gelée, miels, pains d'épices. Les produits sont de grande qualité.

Naturalia

Spécialisé dans l'alimentation biologique et diététique, Naturalia offre un large choix de produits alimentaires et de produits de beauté (Phytomer, Weleda) avec, au fond du magasin, un rayon de produits frais. Les gammes de produits et les marques sont variées (les marques changent régulièrement), vous trouverez donc forcément votre bonheur.

• *NATURALIA* : 11 Magasins en R.P. : Tél. : 0156567900

Produits régionaux

PARIS I er

LA MAISON DU CASSOULET

Cassoulet, charcuterie régionale
Q/P : 8/10 • ASSORTIMENT : 6/10
✛ : Le cassoulet frais

• 15, rue Montorgueil — 75001 Paris • Tél. : 0142339000 • Horaires : lun.-sam. 8h30-19h30, dim. 9h-13h • Métro : Les Halles • Bus : 29, 38, 47

Dans cette maison spécialisée dans la fabrication du cassoulet, du cassoulet frais, à l'ancienne et cuit au four (92 F pour 2 pers), mais aussi du cassoulet en boîte ou en bocaux, toujours de première qualité. La boutique propose également magret de canard, foie gras et charcuteries, pour parfaire votre repas.

LABEYRIE

Foie gras des Landes, cèpes, saumon de Norvège, caviar
Q/P : 8/10 • ASSORTIMENT : 7/10
✛ : Le foie gras

• 6, rue Montmartre — 75001 Paris • Tél. : 0142335478 • Horaires : mar.-sam. 10h-13h, 14h-19h • Métro : Les Halles • Bus : 29, 38, 47 • Voir Labeyrie, Paris 16e.

LE COMPTOIR DU TERROIR

Spécialités régionales
Q/P : 7/10 • ASSORTIMENT : 10/10
✛ : Ouvert tous les jours

• 5, rue Étienne-Marcel — 75001 Paris • Tél. : 0142339924 • Fax : 0140263152 • Horaires : 7 J/7 9h-21h • Métro : Étienne-Marcel • Bus : 29, 38, 47

Sur une grande surface, un choix impressionnant de produits régionaux : sel de Guérande, confitures, confitures de lait, tapenade verte et noire, gésiers, rillettes, boudin noir aux oignons, bouillabaisse, foie gras, haricots cuisinés, gelée royale, ainsi que des vins et de très bons cognacs. Le cadre et l'accueil sont très agréables et l'endroit ouvre tous les jours.

PARIS 4 e

À LA VILLE DE RODEZ

Produits du Massif central
Q/P : 8/10 • ASSORTIMENT : 9/10
✛ : Les fromages

• 22, rue Vieille-du-Temple — 75004 Paris • Tél. : 0148877936 • Horaires : mar.-sam. 8h-13h, 15h-20h • Métro : St-Paul • Bus : 69, 76, 96

Les saveurs du centre de la France sont très bien représentées : salaisons, cantals, fourme d'Ambert, tomme fraîche pour les fromages, mais aussi du foie gras, des tripoux et de quoi savourer tout cela avec du vin du pays. Tous les produits viennent du Massif central, et le responsable vous l'expliquera avec joie.

À L'OLIVIER

Huiles, vinaigres, moutardes, tapenade, produits du Sud
Q/P : 7/10 • ASSORTIMENT : 8/10
✛ : Les huiles

• 23, rue de Rivoli — 75004 Paris • Tél. : 0148048659 • Horaires : mar.-sam. 9h30-13h, 14h-19h • Métro : St-Paul • Bus : 69, 76, 96

Les produits vendus sont composés à 80 % d'huiles : d'olive, de maïs ou de tournesol (71 F/l en moyenne), mais vous pourrez aussi vous procurer des vinaigres, de la tapenade, des moutardes, du caviar d'aubergine, du pastis Bourdouin, ou encore des savons naturels L'Occitane. Triés sur le volet, ces produits du Sud viennent de petits producteurs, et les mélanges sont faits sur place.

LES DUCS DE GASCOGNE

Épicerie fine, produits du Sud-Ouest

Q/P : 7/10 • ASSORTIMENT : 7/10
♣ : Grande qualité de produits

• 111, rue St-Antoine — 75004 Paris • Tél. : 0142711772 • Fax : 0142711772 • Horaires : lun. 15h-20h, mar.-sam. 9h30-14h, 15h-20h • Métro : St-Paul • Bus : 69, 76, 96

Spécialisés dans la cuisine traditionnelle du Sud-Ouest. Large choix de produits (foie gras entier, 850 F/kg; bloc de foie gras, 630 F/kg), de plats préparés en bocaux, et de vins. Le service est assuré par des connaisseurs des produits du terroir. Les livraisons sont gratuites le lundi. Un service de VPC est également organisé.

PARIS 10ᵉ

SCHMID

Charcuterie-traiteur alsacien

Q/P : 7/10 • ASSORTIMENT : 8/10
♣ : Produits d'Alsace

• 76, bd de Strasbourg — 75010 Paris • Tél. : 0146078974 • Fax : 0146078392 • Horaires : lun.-ven. 9h-19h, sam. 8h30-18h45 • Métro : Gare-de-l'Est • Bus : 38, 39, 47

Un grand choix de spécialités alsaciennes (choucroute garnie, munster au lait cru, strudel), de la charcuterie à profusion, mais aussi quelques plats préparés (canard au porto, 69 F/kg), et de nombreuses tartes et quiches. Pas de livraisons.

PARIS 11ᵉ

LE SAVOYARD

Produits de Savoie

Q/P : 8/10 • ASSORTIMENT : 7/10
♣ : Les saucissons

• 39, rue Popincourt — 75011 Paris • Tél. : 0143556853 • Horaires : mar.-dim. 9h30-21h • Métro : St-Ambroise • Bus : 56

Une seule boutique à Paris, qui ne pratique pas les livraisons à domicile mais qui mérite le déplacement. Les produits sont de première qualité, et vous pourrez craquer sur la tomme et sur le beaufort, ainsi que sur les saucissons (de chevreau, d'âne, de chèvre, aux noisettes, etc.), tous sont excellents.

PARIS 14ᵉ

AUX PRODUITS DU SUD-OUEST

Produits du Sud-Ouest

Q/P : 7/10 • ASSORTIMENT : 8/10
♣ : Ouvert le soir

• 21-23, rue d'Odessa — 75014 Paris • Tél. : 0143203407 • Fax : 0145385395 • Horaires : mar.-sam. 11h-23h • Métro : Montparnasse, Edgar-Quinet • Bus : 28, 58, 68

Grand choix de conserves artisanales, directement importées de la maison mère de Beaumont : foie gras (foie gras de canard entier, 137 F les 200 g), confits, cassoulets. Les amateurs de la cuisine du Sud-Ouest seront servis.

PARIS 15ᵉ

COMPTOIR CORRÉZIEN

Spécialités de Corrèze

Q/P : 7/10 • ASSORTIMENT : 7/10
♣ : Les champignons

• 8, rue des Volontaires — 75015 Paris • Tél. : 0147835297 • Horaires : lun. 15h-20h, mar.-sam. 9h-13h30, 15h-20h • Métro : Volontaires • Bus : 39, 49

Boutique réservée aux spécialités de Corrèze. Vous pourrez déguster des foies gras en bloc ou mi-cuits (au kg). Grand choix de champignons séchés (cèpes, morilles, girolles). N'hésitez pas un seul instant sur les fromages. Également : vins et champagnes.

L'ÎLE DE BEAUTÉ

Produits corses   Q/P : 7/10 • ASSORTIMENT : 7/10
                                             ✚ : La charcuterie

• 263, rue Lecourbe — 75015 Paris • Tél. : 0145582002 • Horaires : mar.-sam. 10h-19h30
• Métro : Convention • Bus : 62

Produits alimentaires et spécialités corses, charcuterie, fromages et vins directement
importés de l'île et fabriqués artisanalement : coppa, jambons crus, fromage de brebis, etc.

PARIS 16ᵉ

LABEYRIE

Foie gras des Landes, cèpes, saumon de   Q/P : 8/10 • ASSORTIMENT : 7/10
Norvège, caviar   ✚ : Le foie gras

• 11, rue d'Auteuil — 75016 Paris • Tél. : 0142241762 • Horaires : mar.-sam. 9h30-18h30 • Métro :
Michel-Ange-Auteuil • Bus : 22, 52, 62

Prix corrects et qualité. Produits directement importés des Landes : foie gras d'oie et de
canard, cuit ou mi-cuit, cèpes, ainsi que du saumon de Norvège et du caviar. Contenants
de toutes tailles. Promotions avant les fêtes.

Produits étrangers

PARIS 1ᵉʳ

LA BLINISSERIE

Épicerie d'Europe du Nord   Q/P : 7/10 • ASSORTIMENT : 5/10
                                             ✚ : Ouvert le soir

• 26, rue Montorgueil — 75001 Paris • Tél. : 0140130435 • Horaires : lun.-sam. 10h-22h • Métro :
Les Halles • Bus : 29, 38, 47

Si vous avez une envie subite de saumon de Norvège (350 F/kg), avec blinis (5 F pièce)
et tarama (15 F/100 g), ce restaurant propose ces produits à emporter. Le choix n'est
pas vaste, mais les produits sont de première qualité.

MAISON MICRO

Grossiste de produits grecs   Q/P : 8/10 • ASSORTIMENT : 8/10
                                             ✚ : Grossiste

• 140, rue St-Honoré — 75001 Paris • Tél. : 0142605302 • Horaires : lun. 14h-1h, mar. ven. 9h30-
12h30, 13h30-19h, sam. 10h-12h30, 13h30-19h • Métro : Louvre-Rivoli • Bus : 69, 72, 81

Petite boutique avec un grand nombre de produits grecs, ainsi que des épices et des fruits
secs. Raisins sultanine (20 F/kg), figues séchées (48 F/kg), miel de thym, confiture de rose,
feuilles de vigne, marissa, tabouté, champignon à la grecque, feta fraîche, et la spécialité :
le feuilleté au fromage. Les ventes se font par 500 g ou 1 kg.

PARIS 2ᵉ

CASA PICAFLOR

Épicerie péruvienne et mexicaine,   Q/P : 8/10 • ASSORTIMENT : 6/10
traiteur   ✚ : Produits rares

• 5, rue Tiquetonne — 75002 Paris • Tél. : 0142331008 • Horaires : lun.-sam. 12h-22h • Métro :
Étienne-Marcel • Bus : 29, 38, 47

Cet épicier-traiteur vend des produits du Pérou, du Mexique, des États-Unis et de la Colombie. Le choix en épicerie n'est pas grand, mais les plats préparés sont nombreux et à un prix compétitif. Produits rares.

KIOKO

Épicerie japonaise Q/P : 7/10 • ASSORTIMENT : 9/10
♣ : Plateau de sushis

• 46, rue des Petits-Champs — 75002 Paris • Tél. : 0142613366 • Fax : 0140159100 • Horaires : lun.-sam. 10h-20h • Métro : Pyramides • Bus : 29

Petit supermarché de produits asiatiques, essentiellement japonais. Les produits sont diversifiés : surgelés, boîtes de conserves, sauces d'accompagnement, et surtout des plateaux de sushis frais : petite assiette individuelle entre 30 et 80 F, plateau sushi de luxe 180 F. L'espace est propre et clair, très agréable pour faire ses courses.

LA CASA DELLA PASTA

Produits italiens Q/P : 7/10 • ASSORTIMENT : 9/10
♣ : Les raviolis

• 5, rue des Petits-Carreaux — 75002 Paris • Tél. : 0142330072 • Horaires : lun.-sam. 10h-20h, dim. 10h-13h30 • Métro : Sentier • Bus : 20, 39

Un vrai bonheur pour les amateurs de produits italiens. Vous pouvez vous procurer des pâtes fraîches et des raviolis parmi le plus grand choix de Paris (plus d'une vingtaine de pâtes artisanales). Goûtez les raviolis aux olives noires! Également, des jambons, des saucissons et un grand choix de fromages. Accueillis par des Italiens gourmands, vous pouvez vous faire conseiller un vin d'accompagnement.

PICKWICK'S

Épicerie anglaise et irlandaise Q/P : 8/10 • ASSORTIMENT : 5/10
♣ : Produits anglais et irlandais

• 8, rue Mandar — 75002 Paris • Tél. : 0140260658 • Horaires : mar.-sam. 12h-19h • Métro : Sentier • Bus : 20, 39

Une toute petite surface mais un bon choix de boîtes de conserve directement importées d'Angleterre et d'Irlande. Et quelques vidéocassettes en VO. Attention aux horaires, ils sont variables !

PARIS 3e

LA CASA DELLA PASTA

Produits italiens Q/P : 7/10 • ASSORTIMENT : 9/10
♣ : Les raviolis

• 14, rue Rambuteau — 75003 Paris • Tél. : 0142723872 • Horaires : lun.-sam. 10h-20h, dim. 10h-13h30 • Métro : Rambuteau • Bus : 29 • Voir La Casa della Pasta, Paris 2e.

PARIS 4e

IZRAËL — LE MONDE DES ÉPICES

Épices et produits frais du monde entier Q/P : 8/10 • ASSORTIMENT : 9/10
♣ : Les épices

• 30, rue François-Miron — 75004 Paris • Tél. : 0142726623 • Horaires : mar.-ven. 9h30-13h, 14h30-19h, sam. 9h-19h • Métro : St-Paul • Bus : 69, 76, 96

Rien qu'en passant la porte, vous voyagez déjà... au travers des épices et des préparations les plus odorantes. Des huiles, des épices, des fruits secs, des légumes secs et des confitures, ainsi que des plats préparés en boîte. La qualité des produits, qui viennent du monde entier (Japon, Inde, Amérique du Sud ou pays de la Méditerrannée), s'avère excellente.

THANKSGIVING

Produits américains   Q/P : 7/10 • ASSORTIMENT : 8/10
✚ : Les friandises

• 14, rue Charles-V — 75004 Paris • Tél. : 0142776829 • Horaires : mar.-sam. 10h-19h30, dim. 10h-18h • Métro : Sully-Morland • Bus : 67

Toutes les spécialités venues d'Outre-Atlantique : des sauces, des chewing-gums aux goûts farfelus, des bières et du vin californien. Pour les gourmands : muffins et bagels.

PARIS 5ᵉ

EL PICAFLOR

Spécialités péruviennes et latines   Q/P : 8/10 • ASSORTIMENT : 6/10
✚ : Produits rares

• 9, rue Lacépède — 75005 Paris • Tél. : 0143310601 • Horaires : mar.-sam. 12h-15h, 19h30-2h • Métro : Place-Monge • Bus : 47, 89

Restaurant-traiteur, spécialités péruviennes et latino-américaines, avec une ambiance musicale. Voir Casa Picaflor, Paris 2e.

PARIS 7ᵉ

ARBORIGINAL'S

Produits australiens   Q/P : 7/10 • ASSORTIMENT : 6/10
✚ : Viande d'autruche sur commande

• 72, rue de Sèvres — 75007 Paris • Tél. : 0147340321 • Horaires : lun. 11h30-19h30, mar.-sam. 10h30-19h30 • Métro : Duroc • Bus : 39, 70

Cette boutique consacrée à l'Australie réserve quelques étagères à la gastronomie. Vous n'y trouverez que des produits se conservant puisqu'il n'y a pas de rayon frais. Des bières, du thé, du miel à l'eucalyptus, mais surtout, vous pouvez passer commande de viandes comme le kangourou ou l'autruche.

PARIS 9ᵉ

COMESTIBLES RODRIGUEZ

Épicerie italienne   Q/P : 8/10 • ASSORTIMENT : 9/10
✚ : Grand choix de produits italiens

• 51, rue Blanche — 75009 Paris • Tél. : 0148741873 • Horaires : lun.-sam. 10h-21h • Métro : Blanche • Bus : 30, 54, 74

Cette petite épicerie italienne est largement achalandée en produits venus de toutes les régions d'Italie. Charcuteries, plats cuisinés, pâtes fraîches, et 22 sortes d'huiles d'olive différentes. Pas de livraison à domicile, mais le décor mérite le déplacement.

PARIS 10ᵉ

COMESTIBLES RONALBA

Spécialités d'Europe centrale   Q/P : 8/10 • ASSORTIMENT : 9/10
✚ : Grand choix de produits est-européens

• 58-60, rue du Fg-St-Denis — 75010 Paris • Tél. : 0147709838 • Horaires : mar.-sam. 9h-13h, 16h-19h, dim. 9h-13h • Métro : Strasbourg-St-Denis • Bus : 38, 39, 47

Grande épicerie de produits polonais, roumains et yougoslaves. Vous pourrez vous procurer de la charcuterie importée de Pologne, du gâteau au pavot (80 F/kg), choisir parmi les 67 sortes de vodka, sans oublier le tarama et le saumon norvégien (270 F/kg). Les livraisons sont assurées sur Paris.

DONOSTIA

Épicerie espagnole   Q/P : 8/10 • ASSORTIMENT : 8/10
✛ : Le thon à l'escabèche

• 20, rue de la Grange-aux-Belles — 75010 Paris • Tél. : 0142083044 • Horaires : mar.-sam. 10h-20h, dim. 10h-13h30 • Métro : Jacques-Bonsergent • Bus : 54, 56, 64

Accueil chaleureux, une multitude d'odeurs… espagnoles. Vins, liqueurs, conserves, charcuteries, fromages vous sont proposés, ainsi que des plats comme le thon à l'escabèche, les poivrons marinés et les lentilles. Le cadre est très agréable.

PARADIS EXOTIQUE

Produits antillais   Q/P : 8/10 • ASSORTIMENT : 9/10
✛ : Légumes frais et secs

• 108, rue du Fg-St-Denis — 75010 Paris • Tél. : 0142470756 • Horaires : lun.-sam. 9h-20h • Métro : Château-d'Eau • Bus : 38, 39, 47

Tous les ingrédients, pour un repas exotique, venus de l'île Maurice, de La Réunion ou des Antilles. De quoi boire et manger : rhum, gingembre, piments, épices et légumes secs, manioc, colombo et un grand choix de légumes frais. Accueil à la hauteur des produits.

VELAN

Épicerie indienne   Q/P : 9/10 • ASSORTIMENT : 7/10
✛ : Les conseils

• 83-87, passage Brady — 75010 Paris • Tél. : 0142460606 • Horaires : lun.-sam. 9h30-20h30 • Métro : Château-d'Eau • Bus : 38, 47

À l'extrémité du passage, cette épicerie propose des produits frais, secs et des boîtes de conserve. Riz (riz thaï 29,50 F/5 kg), épices, lentilles, haricots secs, pois chiches, à des prix très compétitifs. Des plats peuvent être préparés sur demande. Si vous ne connaissez pas les produits, demandez conseil.

PARIS 11ᵉ

LA BAGUE DE KENZA

Pâtisseries d'Algérie   Q/P : 8/10 • ASSORTIMENT : 8/10
✛ : L'Algéroise

• 106, rue St-Maur — 75011 Paris • Tél. : 0143149315 • Horaires : 7 J/7 9h-21h • Métro : St-Maur • Bus : 46, 96

Un choix de plus de 40 pâtisseries maison, faîtes à l'arrière de la boutique, mais aussi quelques plats salés. Les produits sont d'une très grande qualité, compter entre 8 et 10 F pièce. Livraisons à domicile possibles. Des commandes spéciales peuvent être faites pour des mariages et des réceptions. Leur spécialité : l'Algéroise (amandes et extrait de vanille).

PARIS 12ᵉ

LOLITA

Épicerie espagnole   Q/P : 8/10 • ASSORTIMENT : 7/10
✛ : Les conseils

• 23, rue de Toul — 75012 Paris • Tél. : 0143437797 • Horaires : lun. 15h-19h30, mar.-sam. 10h-13h, 15h-19h30 • Métro : Michel-Bizot • Bus : 46

Petite épicerie espagnole qui propose des produits de qualité, aux goûts les plus variés. Des fromages, des vins et des jambons, ainsi que quelques spécialités préparées et prêtes à être dégustées. Si vous ne connaissez pas les produits espagnols, vous serez renseigné avec le sourire.

PARIS 13ᵉ

MAISON CIPOLLI

Épicerie italienne Q/P : 7/10 • ASSORTIMENT : 9/10
 + : Les pâtes fraîches

• 81, rue Bobillot — 75013 Paris • Tél. : 0145882606 • Horaires : mar.-sam. 7h-13h, 15h30-19h30
• Métro : Place-d'Italie • Bus : 27, 57, 67, 83

Grande épicerie, avec également quelques plats préparés. Grand choix de pâtes fraîches
(plus de 13 sortes), de fromages et de vins italiens. Les préparations valent le détour : olives
colamata (53,50 F/kg), anchois à l'huile (230 F/kg) et pizzas maison délicieuses.

TANG FRÈRES

Supermarché asiatique Q/P : 8/10 • ASSORTIMENT : 9/10
 + : Supermarché
 − : Pas de conseil

• 44-48, av. d'Ivry — 75013 Paris • Tél. : 0145851985 • Horaires : lun.-sam. 10h-20h30 • Métro :
Porte-d'Ivry • Bus : PC, 27, 83

Le plus grand choix de produits asiatiques de la capitale. Qu'il s'agisse de riz, d'épices ou
de sauces, de viandes ou de poissons. Les thés sont également présents en grand nombre. Mais attention, comme dans les supermarchés français, il n'est pas question d'être
conseillé, mieux vaut savoir ce que vous voulez.

TRANH-BINH JEUNE

Produits asiatiques Q/P : 7/10 • ASSORTIMENT : 7/10
 + : Les soupes

• 10, rue Watt — 75013 Paris • Tél. : 0145708999 • Horaires : lun.-sam. 10h-19h • Métro : Porte-
d'Ivry • Bus : PC, 23, 83 • Voir Tranh-binh Jeune, Paris 5e.

PARIS 14ᵉ

SAN DANIELE

Épicerie italienne Q/P : 7/10 • ASSORTIMENT : 9/10
 + : Grand choix de produits italiens

• 7, rue Delambre — 75014 Paris • Tél. : 0143355563 • Horaires : lun.-sam. 9h-13h, 16h-20h, dim.
9h-13h • Métro : Edgar-Quinet • Bus : 68

Vous trouverez chez ce grand épicier-traiteur tout ce qui rappelle l'Italie. Des pâtes, bien
sûr, mais aussi du vin, de la charcuterie et une multitude de spécialités originaires du pays.
Les livraisons sur Paris sont gratuites.

PARIS 15ᵉ

ESKAN

Produits d'Iran Q/P : 7/10 • ASSORTIMENT : 5/10
 + : Ouvert tous les jours

• 62 bis, rue des Entrepreneurs — 75015 Paris • Tél. : 0145770616 • Horaires : 7 J/7 10h-20h
• Métro : Charles-Michel • Bus : 42, 70

Cette épicerie iranienne n'offre pas un grand choix de produits, mais propose les classiques avec, en plus, quelques pâtisseries. Le petit plus : ouvert tous les jours, livraison sur
Paris à partir de 500 F d'achats.

LA CASA DELLA PASTA

Produits italiens Q/P : 7/10 • ASSORTIMENT : 9/10
 + : Les raviolis

• 131, rue St-Charles — 75015 Paris • Tél. : 0145759999 • Horaires : lun.-sam. 10h-19h, dim. 10h-
13h30 • Métro : Javel • Bus : 62 • Voir La Casa della Pasta, Paris 2e.

MANENA

Épicerie japonaise et coréenne

Q/P : 6/10 • ASSORTIMENT : 8/10
✦ : Produits coréens

• 71 bis, rue St-Charles — 75015 Paris • Tél. : 0145753744 • Fax : 0146425135 • Horaires : lun.-sam. 10h30-19h30 • Métro : Charles-Michel • Bus : 42, 70

Un large choix de produits asiatiques, et spécialement des produits japonais et coréens. Les aliments sont frais, secs ou surgelés. Les livraisons sont possibles sur Paris.

PARIS 16e

AU RÉGAL

Épicerie russe, traiteur

Q/P : 8/10 • ASSORTIMENT : 9/10
✦ : Le cadre et l'accueil

• 4, rue Nicolo — 75016 Paris • Tél. : 0142884915 • Horaires : 7j/7 9h30-23h • Métro : Passy, La muette • Bus : 22, 32, 52

Épicerie d'un côté, restaurant de l'autre : vous aurez le choix entre acheter et goûter à toutes les spécialités russes : pirochki 6 F/pièce, strogonoff 180 F/kg, caviar d'aubergine 100 F/kg, assortiments de harengs, et bien sûr le koulibiak de saumon. Tous ces produits sont d'une très grande qualité. Livraisons gratuites sur Paris et la proche banlieue.

CEBU-MANILLA

Spécialités philippines

Q/P : 7/10 • ASSORTIMENT : 7/10
✦ : Ouvert tard le soir

• 14, rue Bois-le-Vent — 75016 Paris • Tél. : 0145245000 • Horaires : lun.-ven. 9h-22h • Métro : La Muette • Bus : 22, 32, 52

Spécialités des Philippines, mais aussi beaucoup de produits d'autres pays asiatiques : bref, tout ce que vous aimez au restaurant, pour le faire chez vous. Le choix restreint, mais produits de bonne qualité et pas trop onéreux.

PARIS 17e

LE STÜBLI DELIKATESSEN

Produits allemands et autrichiens

Q/P : 8/10 • ASSORTIMENT : 9/10
✦ : Les saucisses

• 10, rue Poncelet — 75017 Paris • Tél. : 0148889807 • Horaires : lun. 10h30-15h, mar.-sam. 9h-19h30, dim. 9h-13h • Métro : Ternes • Bus : 30, 31

Si vous aimez la charcuterie allemande, cette adresse vous conviendra. Saucisses viennoises, de Westphalie, à griller, à pocher, et de véritables saucisses de Frankfort. Également, du jambon cuit au miel, du jambon de bœuf, des fromages, de la bière et du vin. Les plats préparés sont tout aussi appétissants. Livraisons à domicile à des tarifs variant selon les quartiers.

PARIS 18e

CDA

Spécialités antillaises et asiatiques

Q/P : 7/10 • ASSORTIMENT : 6/10
✦ : Épices exotiques

• 6 bis, rue de Clignancourt — 75018 Paris • Tél. : 0142517960 • Fax : 0142517961 • Horaires : lun.-sam. 9h30-19h30 • Métro : Barbès-Rochechouart • Bus : 30, 54

Dans les rayonnages se côtoient des produits asiatiques (différentes sortes de nouilles) et antillais. Manioc à 8 F le kg, igname à 13 F le kg, patate douce à 8 F le kg. De nombreuses épices en sachets de 100 g : colombo, massalé, curry…

CHEZ FRED

Épicerie antillaise
Q/P : 7/10 • ASSORTIMENT : 9/10
✚ : Spécialités selon les saisons

• 6, rue Boissieu — 75018 Paris • Tél. : 0142236606 • Horaires : lun.-sam. 9h-21h • Métro : Barbès-Rochechouart • Bus : 30, 31, 54, 56, 85

Petite épicerie très propre et refaite à neuf depuis peu. Fruits et légumes frais (arrivages 2 fois par semaine), des poissons, du punch, du rhum, des pâtisseries. Mais aussi des spécialités comme le boudin ou les accras. Les produits changent selon les saisons : jambon de Noël, crabe vivant… Tous les produits arrivent directement des Antilles. Des plats cuisinés peuvent être préparés sur commande. Les livraisons sont gratuites, mais compter 150 F d'achat minimum.

JARDINS D'AFRIQUE

Épicerie africaine
Q/P : 8/10 • ASSORTIMENT : 9/10
✚ : Les produits frais

• 16, rue de Clignancourt — 75018 Paris • Tél. : 0142627332 • Horaires : lun.-sam. 9h-19h30
• Métro : Barbès-Rochechouart • Bus : 30, 31, 54, 56, 85

Grande épicerie de produits alimentaires très variés. Des produits frais, de la viande, des épices et tous les ingrédients nécessaires à la cuisine africaine. Également un grand rayon de produits de beauté, de la parfumerie et des bougies d'intérieurs. Si vous ne connaissez pas les produits, vous serez très bien accueilli et conseillé.

PARIS 19e

LE CAIRE

Produits d'Égypte
Q/P : 8/10 • ASSORTIMENT : 8/10
✚ : Ouvert jusqu'à 21h

• 63, rue de Belleville — 75019 Paris • Tél. : 0142060601 • Horaires : mar.-dim. 10h-22h • Métro : Belleville • Bus : 75

Si vous n'avez pas les moyens d'aller en Égypte, vous pouvez toujours vous offrir un repas du pays. Un bonheur pour les yeux et le nez. Du salé comme du sucré : graines, arachides, huiles, fruits, viandes séchées, olives et fromages. Des plats préparés se font sur commande.

ST-DENIS 93

EXOTIC CENTER

Épicerie antillaise
Q/P : 8/10 • ASSORTIMENT : 8/10
✚ : Supermarché

• 44, rue de la République — 93200 St-Denis • Tél. : 0148091467 • Horaires : mar.-sam. 9h30-19h30, dim. 9h-13h • Métro : St-Denis-Basilique • Bus : 153, 253

Dans cette caverne antillaise, tous les ingrédients pour préparer un repas complet : rayon boucherie, pâtisserie, des épices, des poissons surgelés (lambis, balarou, titiris) et des plats préparés (acras de morues). Également des boissons : rhums (à partir de 114 F) et punch sont à l'honneur. Pas de livraison à domicile. Accueil charmant.

Achevé d'imprimé
Imprimerie Maury-Eurolivres 8-98
N° d'éditeur : FT 110901 – Dépôt légal : Août 1998
N° d'imprimeur : 66209

**Bulletin à retourner par poste ou par fax
aux Editions Flammarion, département "Livres pratiques",
26 rue Racine, 75006 Paris — Fax : 01 43 29 21 48**

Aidez-nous à connaître les lecteurs du guide PARIS DES BONNES AFFAIRES :

Nom:...Prénom : ....

Adresse:..

....

Code postal:...................Ville:..

(Mentions facultatives)

Votre âge : .... ans

Votre activité :

☐ Mère de famille ☐ Etudiant

☐ Employé ou ouvrier ☐ Fonctionnaire

☐ Commerçant ☐ Cadre moyen

☐ Cadre supérieur ☐ Chef d'entreprise

☐ Profession libérale ☐ Retraité

☐ Demandeur d'emploi

Nombre de personnes vivant sous votre toit : ....

Est-ce la première fois que vous achetez un guide d'achat parisien ? :

☐ oui ☐ non

Si non, quel guide avez-vous acheté précédemment ?

....

Qu'avez-vous apprécié tout particulièrement dans le guide PARIS DES
BONNES AFFAIRES publié par Flammarion ? :

....

....

....

....

....

....

....

Quelles améliorations souhaiteriez-vous dans les prochaines éditions ? :

....

....

....

....

....

....

....

D'ACCORD / PAS D'ACCORD !

Le guide PARIS DES BONNES AFFAIRES est un guide objectif et indépendant. Il n'accepte aucune publicité ni rémunération quelconque des enseignes qu'il signale, mais ses enquêteurs peuvent parfois se tromper, vous envoyer dans une boutique qui aura changé de propriétaire entre l'époque de leur visite et celle de votre lecture et ne sera plus conforme à leur commentaire ou, inversement, ignorer une autre qui aura, entre temps, amélioré ses prestations. Pardonnez-leur, malgré tout le sérieux de leurs enquêtes, ce genre de situation ne peut manquer de se produire.

AIDEZ-NOUS

DONNEZ VOTRE AVIS sur les enseignes que nous vous signalons.
INDIQUEZ-NOUS les boutiques que vous aimez en nous expliquant pourquoi, un enquêteur ou une enquêtrice leur rendra visite pour que la prochaine édition corresponde encore plus à vos souhaits et qu'aucune "bonne affaire" de la région parisienne ne puisse vous échapper.

MON AVIS sur :

Établissement: ....
Spécialité: ....
Adresse: ....
Code postal: .... Ville: .... Tél. ....

❑ *Établissement mentionné dans le guide 1999* - ❑ *Établissement à visiter*
☞ *Mon commentaire :*

....
....
....
....
....

Date de mon passage dans l'établissement: ....

Établissement: ....
Spécialité: ....
Adresse: ....
Code postal: .... Ville: .... Tél. ....

❑ *Établissement mentionné dans le guide 1999* - ❑ *Établissement à visiter*
☞ *Mon commentaire :*

....
....
....
....
....

Date de mon passage dans l'établissement: ....

Établissement: ....

Spécialité: ....

Adresse: ....

Code postal: .... Ville: .... Tél. ....

☐ *Établissement mentionné dans le guide 1999* - ☐ *Établissement à visiter*

☞ *Mon commentaire :*

....

....

....

....

....

Date de mon passage dans l'établissement: ....

Établissement: ....

Spécialité: ....

Adresse: ....

Code postal: .... Ville: .... Tél. ....

☐ *Établissement mentionné dans le guide 1999* - ☐ *Établissement à visiter*

☞ *Mon commentaire :*

....

....

....

....

....

Date de mon passage dans l'établissement: ....

Établissement: ....

Spécialité: ....

Adresse: ....

Code postal: .... Ville: .... Tél. ....

☐ *Établissement mentionné dans le guide 1999* - ☐ *Établissement à visiter*

☞ *Mon commentaire :*

....

....

....

....

....

Date de mon passage dans l'établissement: ....

Établissement: ....
Spécialité: ....
Adresse: ....
Code postal: .... Ville: .... Tél. ....

☐ *Établissement mentionné dans le guide 1999* - ☐ *Établissement à visiter*
☞ *Mon commentaire :*
....
....
....
....
....

Date de mon passage dans l'établissement: ....

Établissement: ....
Spécialité: ....
Adresse: ....
Code postal: .... Ville: .... Tél. ....

☐ *Établissement mentionné dans le guide 1999* - ☐ *Établissement à visiter*
☞ *Mon commentaire :*
....
....
....
....
....

Date de mon passage dans l'établissement: ....

Établissement: ....
Spécialité: ....
Adresse: ....
Code postal: .... Ville: .... Tél. ....

☐ *Établissement mentionné dans le guide 1999* - ☐ *Établissement à visiter*
☞ *Mon commentaire :*
....
....
....
....
....

Date de mon passage dans l'établissement: ....